A	α	a	α	1
B	β	b	β	2
Γ	γ	g	γ	3
Δ	δ	d	δ	4
E	ε	e	ε	5
Z	ζ	z	ς	6
H	η	e	ζ	7
Θ	θ	th	η	8
I	ι	i	θ	9
K	κ	k	ι	10
Λ	λ	l		
M	μ	m		
			ια	11
N	ν	n	ιβ	12
Ξ	ξ	x	ιγ	13
O	o	o	ιδ	14
Π	π	p	ιε	15
P	ρ	r	ις	16
Σ	σ	s	ιζ	17
T	τ	t	ιη	18
Y	υ	u	ιθ	19
Φ	φ	f		
X	χ	kh	κ	20
Ψ	ψ	ps		
Ω	ω	o		

Ἡ ΚΑΙΝὴ ΔΙΑΘΗΚΗ
HĒ KAINÈ DIATHÉKĒ
THE NEW TESTAMENT
2 of 2

T.O.C

It is suggested to use audio of the Greek to listen with while reading this book. This can be purchased from places online.

ΠΡΆΞΕΙΣ α

Τὸν μὲν πρῶτον λόγον ἐποιησάμην περὶ πάντων, ὦ Θεόφιλε, ὧν ἤρξατο ὁ Ἰησοῦς ποιεῖν τε καὶ διδάσκειν
Ton men prōton logon epoiēsamēn peri pantōn, ō Theophile, hōn ērxato ho Iēsous poiein te kai didaskein
The former treatise I made, O Theophilus, concerning all that Jesus began both to do and to teach,

ἄχρι ἧς ἡμέρας ἐντειλάμενος τοῖς ἀποστόλοις διὰ πνεύματος ἁγίου οὓς ἐξελέξατο ἀνελήμφθη
achri hēs hēmeras enteilamenos tois apostolois dia pneumatos hagiou hous exelexato anelēmphthē
until the day in which he was received up, after that he had given commandment through the Holy Spirit unto the apostles whom he had chosen:

οἷς καὶ παρέστησεν ἑαυτὸν ζῶντα μετὰ τὸ παθεῖν αὐτὸν ἐν πολλοῖς τεκμηρίοις
hois kai parestēsen heauton zōnta meta to pathein auton en pollois tekmēriois,
to whom he also showed himself alive after his passion by many proofs,

δι' ἡμερῶν τεσσεράκοντα ὀπτανόμενος αὐτοῖς καὶ λέγων τὰ περὶ τῆς βασιλείας τοῦ θεοῦ
di' hēmerōn tesserakonta optanomenos autois kai legōn ta peri tēs basileias tou theou
appearing unto them by the space of forty days, and speaking the things concerning the kingdom of God:

καὶ συναλιζόμενος παρήγγειλεν αὐτοῖς ἀπὸ Ἱεροσολύμων μὴ χωρίζεσθαι
kai synalizomenos parēngeilen autois apo Hierosolymōn mē chōrizesthai
and, being assembled together with them, he charged them not to depart from Jerusalem,

ἀλλὰ περιμένειν τὴν ἐπαγγελίαν τοῦ πατρὸς ἣν ἠκούσατέ μου
alla perimenein tēn epangelian tou patros hēn ēkousate mou
but to wait for the promise of the Father, which, said he, ye heard from me:

ὅτι Ἰωάννης μὲν ἐβάπτισεν ὕδατι, ὑμεῖς δὲ ἐν πνεύματι βαπτισθήσεσθε ἁγίῳ οὐ μετὰ πολλὰς ταύτας ἡμέρας
hoti Iōannēs men ebaptisen hydati, hymeis de en pneumati baptisthēsesthe hagiō ou meta pollas tautas hēmeras
For John indeed baptized with water; but ye shall be baptized in the Holy Spirit not many days hence.

Οἱ μὲν οὖν συνελθόντες ἠρώτων αὐτὸν λέγοντες
HOi men oun synelthontes ērōtōn auton legontes
They therefore, when they were come together, asked him, saying,

Κύριε, εἰ ἐν τῷ χρόνῳ τούτῳ ἀποκαθιστάνεις τὴν βασιλείαν τῷ Ἰσραήλ
Kyrie, ei en tō chronō toutō apokathistaneis tēn basileian tō Israēl
Lord, dost thou at this time restore the kingdom to Israel?

εἶπεν δὲ πρὸς αὐτούς, Οὐχ ὑμῶν ἐστιν γνῶναι χρόνους ἢ καιροὺς οὓς ὁ πατὴρ ἔθετο ἐν τῇ ἰδίᾳ ἐξουσίᾳ
eipen de pros autous, Ouch hymōn estin gnōnai chronous ē kairous hous ho patēr etheto en tē idia exousia
And he said unto them, It is not for you to know times or seasons, which the Father hath set within his own authority.

ἀλλὰ λήμψεσθε δύναμιν ἐπελθόντος τοῦ ἁγίου πνεύματος ἐφ' ὑμᾶς, καὶ ἔσεσθέ μου μάρτυρες ἔν τε Ἱερουσαλὴμ
alla lēmpsesthe dynamin epelthontos tou hagiou pneumatos eph' hymas, kai esesthe mou martyres en te Ierousalēm
But ye shall receive power, when the Holy Spirit is come upon you: and ye shall be my witnesses both in Jerusalem,

καὶ [ἐν] πάσῃ τῇ Ἰουδαίᾳ καὶ Σαμαρείᾳ καὶ ἕως ἐσχάτου τῆς γῆς
kai [en] pasē tē Ioudaia kai Samareia kai heōs eschatou tēs gēs
and in all Judæa and Samaria, and unto the uttermost part of the earth.

καὶ ταῦτα εἰπὼν βλεπόντων αὐτῶν ἐπήρθη, καὶ νεφέλη ὑπέλαβεν αὐτὸν ἀπὸ τῶν ὀφθαλμῶν αὐτῶν
kai tauta eipōn blepontōn autōn epērthē, kai nephelē hypelaben auton apo tōn ophthalmōn autōn
And when he had said these things, as they were looking, he was taken up; and a cloud received him out of their sight.

καὶ ὡς ἀτενίζοντες ἦσαν εἰς τὸν οὐρανὸν πορευομένου αὐτοῦ
kai hōs atenizontes ēsan eis ton ouranon poreuomenou autou
And while they were looking stedfastly into heaven as he went,

καὶ ἰδοὺ ἄνδρες δύο παρειστήκεισαν αὐτοῖς ἐν ἐσθήσεσι λευκαῖς
kai idou andres dyo pareistēkeisan autois en esthēsesi leukais
behold two men stood by them in white apparel;

οἳ καὶ εἶπαν, Ἄνδρες Γαλιλαῖοι, τί ἑστήκατε [ἐμ]βλέποντες εἰς τὸν οὐρανόν
hoi kai eipan, Andres Galilaioi, ti hestēkate [em]blepontes eis ton ouranon?
who also said, Ye men of Galilee, why stand ye looking into heaven?

οὗτος ὁ Ἰησοῦς ὁ ἀναλημφθεὶς ἀφ' ὑμῶν εἰς τὸν οὐρανόν
houtos ho Iēsous ho analēmphtheis aph' hymōn eis ton ouranon
this Jesus, who was received up from you into heaven,

οὕτως ἐλεύσεται ὃν τρόπον ἐθεάσασθε αὐτὸν πορευόμενον εἰς τὸν οὐρανόν
houtōs eleusetai hon tropon etheasasthe auton poreuomenon eis ton ouranon
shall so come in like manner as ye beheld him going into heaven.

Τότε ὑπέστρεψαν εἰς Ἰερουσαλὴμ ἀπὸ ὄρους τοῦ καλουμένου Ἐλαιῶνος
Tote hypestrepsan eis Ierousalēm apo orous tou kaloumenou Elaiōnos
Then returned they unto Jerusalem from the mount called Olivet,

ὅ ἐστιν ἐγγὺς Ἰερουσαλὴμ σαββάτου ἔχον ὁδόν
ho estin engys Ierousalēm sabbatou echon hodon
which is nigh unto Jerusalem, a sabbath day's journey off.

καὶ ὅτε εἰσῆλθον, εἰς τὸ ὑπερῷον ἀνέβησαν οὗ ἦσαν καταμένοντες, ὅ τε Πέτρος καὶ Ἰωάννης
kai hote eisēlthon, eis to hyperōon anebēsan hou ēsan katamenontes, ho te Petros kai Iōannēs
And when they were come in, they went up into the upper chamber, where they were abiding; both Peter and John

καὶ Ἀνδρέας, Φίλιππος καὶ Θωμᾶς, Βαρθολομαῖος καὶ Μαθθαῖος καὶ Ἰάκωβος
kai Andreas, Philippos kai Thōmas, Bartholomaios kai Maththaios kai Iakōbos
and James and Andrew, Philip and Thomas, Bartholomew and Matthew,

Ἰάκωβος Ἀλφαίου καὶ Σίμων ὁ ζηλωτὴς καὶ Ἰούδας Ἰακώβου
Iakōbos Halphaiou kai Simōn ho zēlōtēs kai Ioudas Iakōbou
James the son of Alphæus, and Simon the Zealot, and Judas the son of James.

οὗτοι πάντες ἦσαν προσκαρτεροῦντες ὁμοθυμαδὸν τῇ προσευχῇ σὺν γυναιξὶν
houtoi pantes ēsan proskarterountes homothymadon tē proseuchē syn gynaixin
These all with one accord continued stedfastly in prayer, with the women,

καὶ Μαριὰμ τῇ μητρὶ τοῦ Ἰησοῦ καὶ τοῖς ἀδελφοῖς αὐτοῦ
kai Mariam tē mētri tou Iēsou kai tois adelphois autou
and Mary the mother of Jesus, and with his brethren.

Καὶ ἐν ταῖς ἡμέραις ταύταις ἀναστὰς Πέτρος ἐν μέσῳ τῶν ἀδελφῶν
Kai en tais hēmerais tautais anastas Petros en mesō tōn adelphōn
And in these days Peter stood up in the midst of the brethren,

εἶπεν ἦν τε ὄχλος ὀνομάτων ἐπὶ τὸ αὐτὸ ὡσεὶ ἑκατὸν εἴκοσι
eipen ēn te ochlos onomatōn epi to auto hōsei hekaton eikosi
and said (and there was a multitude of persons gathered together, about a hundred and twenty),

Ἄνδρες ἀδελφοί, ἔδει πληρωθῆναι τὴν γραφὴν ἣν προεῖπεν τὸ πνεῦμα τὸ ἅγιον διὰ στόματος Δαυὶδ
Andres adelphoi, edei plērōthēnai tēn graphēn hēn proeipen to pneuma to hagion dia stomatos Dauid
Brethren, it was needful that the scripture should be fulfilled, which the Holy Spirit spake before by the mouth of David

περὶ Ἰούδα τοῦ γενομένου ὁδηγοῦ τοῖς συλλαβοῦσιν Ἰησοῦν
peri Iouda tou genomenou hodēgou tois syllabousin Iēsoun
concerning Judas, who was guide to them that took Jesus.

ὅτι κατηριθμημένος ἦν ἐν ἡμῖν καὶ ἔλαχεν τὸν κλῆρον τῆς διακονίας ταύτης
hoti katērithmēmenos ēn en hēmin kai elachen ton klēron tēs diakonias tautēs
For he was numbered among us, and received his portion in this ministry.

Οὗτος μὲν οὖν ἐκτήσατο χωρίον ἐκ μισθοῦ τῆς ἀδικίας
Houtos men oun ektēsato chōrion ek misthou tēs adikias
Now this man obtained a field with the reward of his iniquity;

καὶ πρηνὴς γενόμενος ἐλάκησεν μέσος, καὶ ἐξεχύθη πάντα τὰ σπλάγχνα αὐτοῦ
kai prēnēs genomenos elakēsen mesos, kai exechythē panta ta splanchna autou
and falling headlong, he burst asunder in the midst, and all his bowels gushed out.

καὶ γνωστὸν ἐγένετο πᾶσι τοῖς κατοικοῦσιν Ἰερουσαλήμ
kai gnōston egeneto pasi tois katoikousin Ierousalēm
And it became known to all the dwellers at Jerusalem;

ὥστε κληθῆναι τὸ χωρίον ἐκεῖνο τῇ ἰδίᾳ διαλέκτῳ αὐτῶν Ἀκελδαμάχ, τοῦτ' ἔστιν, Χωρίον Αἵματος
hōste klēthēnai to chōrion ekeino tē idia dialektō autōn Hakeldamach, tout' estin, Chōrion Haimatos
insomuch that in their language that field was called Akeldama, that is, The field of blood.)

Γέγραπται γὰρ ἐν βίβλῳ ψαλμῶν, Γενηθήτω ἡ ἔπαυλις αὐτοῦ ἔρημος καὶ μὴ ἔστω ὁ κατοικῶν ἐν αὐτῇ
Gegraptai gar en biblō psalmōn, Genēthētō hē epaulis autou erēmos kai mē estō ho katoikōn en autē
For it is written in the book of Psalms, Let his habitation be made desolate, And let no man dwell therein:

καί, Τὴν ἐπισκοπὴν αὐτοῦ λαβέτω ἕτερος
kai, Tēn episkopēn autou labetō heteros
and, His office let another take.

δεῖ οὖν τῶν συνελθόντων ἡμῖν ἀνδρῶν ἐν παντὶ χρόνῳ ᾧ εἰσῆλθεν καὶ ἐξῆλθεν ἐφ' ἡμᾶς ὁ κύριος Ἰησοῦς
dei oun tōn synelthontōn hēmin andrōn en panti chronō hō eisēlthen kai exēlthen eph' hēmas ho kyrios Iēsous
Of the men therefore that have companied with us all the time that the Lord Jesus went in and went out among us,

ἀρξάμενος ἀπὸ τοῦ βαπτίσματος Ἰωάννου ἕως τῆς ἡμέρας ἧς ἀνελήμφθη ἀφ' ἡμῶν
arxamenos apo tou baptismatos Iōannou heōs tēs hēmeras hēs anelēmphthē aph' hēmōn
beginning from the baptism of John, unto the day that he was received up from us,

μάρτυρα τῆς ἀναστάσεως αὐτοῦ σὺν ἡμῖν γενέσθαι ἕνα τούτων
martyra tēs anastaseōs autou syn hēmin genesthai hena toutōn
of these must one become a witness with us of his resurrection.

καὶ ἔστησαν δύο, Ἰωσὴφ τὸν καλούμενον Βαρσαββᾶν, ὃς ἐπεκλήθη Ἰοῦστος, καὶ Μαθθίαν
kai estēsan dyo, Iōsēph ton kaloumenon Barsabban, hos epeklēthē Ioustos, kai Maththian
And they put forward two, Joseph called Barsabbas, who was surnamed Justus, and Matthias.

καὶ προσευξάμενοι εἶπαν
kai proseuxamenoi eipan
And they prayed, and said,

Σὺ κύριε, καρδιογνῶστα πάντων, ἀνάδειξον ὃν ἐξελέξω ἐκ τούτων τῶν δύο ἕνα
Sy kyrie, kardiognōsta pantōn, anadeixon hon exelexō ek toutōn tōn dyo hena
Thou, Lord, who knowest the hearts of all men, show of these two the one whom thou hast chosen,

λαβεῖν τὸν τόπον τῆς διακονίας ταύτης καὶ ἀποστολῆς, ἀφ' ἧς παρέβη Ἰούδας πορευθῆναι εἰς τὸν τόπον τὸν ἴδιον
labein ton topon tēs diakonias tautēs kai apostolēs, aph' hēs parebē Ioudas poreuthēnai eis ton topon ton idion
to take the place in this ministry and apostleship from which Judas fell away, that he might go to his own place.

καὶ ἔδωκαν κλήρους αὐτοῖς, καὶ ἔπεσεν ὁ κλῆρος ἐπὶ Μαθθίαν, καὶ συγκατεψηφίσθη μετὰ τῶν ἕνδεκα ἀποστόλων
kai edōkan klērous autois, kai epesen ho klēros epi Maththian, kai synkatepsēphisthē meta tōn hendeka apostolōn
And they gave lots for them; and the lot fell upon Matthias; and he was numbered with the eleven apostles.

β

Καὶ ἐν τῷ συμπληροῦσθαι τὴν ἡμέραν τῆς πεντηκοστῆς ἦσαν πάντες ὁμοῦ ἐπὶ τὸ αὐτό
Kai en tō symplērousthai tēn hēmeran tēs pentēkostēs ēsan pantes homou epi to auto
And when the day of Pentecost was now come, they were all together in one place.

καὶ ἐγένετο ἄφνω ἐκ τοῦ οὐρανοῦ ἦχος ὥσπερ φερομένης πνοῆς βιαίας
kai egeneto aphnō ek tou ouranou ēchos hōsper pheromenēs pnoēs biaias
And suddenly there came from heaven a sound as of the rushing of a mighty wind,

καὶ ἐπλήρωσεν ὅλον τὸν οἶκον οὗ ἦσαν καθήμενοι
kai eplērōsen holon ton oikon hou ēsan kathēmenoi
and it filled all the house where they were sitting.

καὶ ὤφθησαν αὐτοῖς διαμεριζόμεναι γλῶσσαι ὡσεὶ πυρός, καὶ ἐκάθισεν ἐφ' ἕνα ἕκαστον αὐτῶν
kai ōphthēsan autois diamerizomenai glōssai hōsei pyros, kai ekathisen eph' hena hekaston autōn
And there appeared unto them tongues parting asunder, like as of fire; and it sat upon each one of them.

καὶ ἐπλήσθησαν πάντες πνεύματος ἁγίου
kai eplēsthēsan pantes pneumatos hagiou
And they were all filled with the Holy Spirit,

καὶ ἤρξαντο λαλεῖν ἑτέραις γλώσσαις καθὼς τὸ πνεῦμα ἐδίδου ἀποφθέγγεσθαι αὐτοῖς
kai ērxanto lalein heterais glōssais kathōs to pneuma edidou apophthengesthai autois
and began to speak with other tongues, as the Spirit gave them utterance.

ησαν δὲ εἰς Ἰερουσαλὴμ κατοικοῦντες Ἰουδαῖοι, ἄνδρες εὐλαβεῖς ἀπὸ παντὸς ἔθνους τῶν ὑπὸ τὸν οὐρανόν
ēsan de eis Ierousalēm katoikountes Ioudaioi, andres eulabeis apo pantos ethnous tōn hypo ton ouranon
Now there were dwelling at Jerusalem Jews, devout men, from every nation under heaven.

γενομένης δὲ τῆς φωνῆς ταύτης συνῆλθεν τὸ πλῆθος
genomenēs de tēs phōnēs tautēs synēlthen to plēthos
And when this sound was heard, the multitude came together,

καὶ συνεχύθη, ὅτι ἤκουον εἷς ἕκαστος τῇ ἰδίᾳ διαλέκτῳ λαλούντων αὐτῶν
kai synechythē, hoti ēkouon heis hekastos tē idia dialektō lalountōn autōn
and were confounded, because that every man heard them speaking in his own language.

ἐξίσταντο δὲ καὶ ἐθαύμαζον λέγοντες, Οὐχ ἰδοὺ ἅπαντες οὗτοί εἰσιν οἱ λαλοῦντες Γαλιλαῖοι
existanto de kai ethaumazon legontes, Ouch idou hapantes houtoi eisin hoi lalountes Galilaioi
And they were all amazed and marvelled, saying, Behold, are not all these that speak Galilæans?

καὶ πῶς ἡμεῖς ἀκούομεν ἕκαστος τῇ ἰδίᾳ διαλέκτῳ ἡμῶν ἐν ᾗ ἐγεννήθημεν
kai pōs hēmeis akouomen hekastos tē idia dialektō hēmōn en hē egennēthēmen
And how hear we, every man in our own language wherein we were born?

Πάρθοι καὶ Μῆδοι καὶ Ἐλαμῖται
Parthoi kai Mēdoi kai Elamitai
Parthians and Medes and Elamites,

καὶ οἱ κατοικοῦντες τὴν Μεσοποταμίαν, Ἰουδαίαν τε καὶ Καππαδοκίαν, Πόντον καὶ τὴν Ἀσίαν
kai hoi katoikountes tēn Mesopotamian, Ioudaian te kai Kappadokian, Ponton kai tēn Asian
and the dwellers in Mesopotamia, in Judæa and Cappadocia, in Pontus and Asia,

Φρυγίαν τε καὶ Παμφυλίαν, Αἴγυπτον καὶ τὰ μέρη τῆς Λιβύης τῆς κατὰ Κυρήνην, καὶ οἱ ἐπιδημοῦντες Ῥωμαῖοι
Phrygian te kai Pamphylian, Aigypton kai ta merē tēs Libyēs tēs kata Kyrēnēn, kai hoi epidēmountes Rhōmaioi
in Phrygia and Pamphylia, in Egypt and the parts of Libya about Cyrene, and sojourners from Rome,

Ἰουδαῖοί τε καὶ προσήλυτοι, Κρῆτες καὶ Ἄραβες
Ioudaioi te kai prosēlytoi, Krētes kai Arabes,
both Jews and proselytes, Cretans and Arabians,

ἀκούομεν λαλούντων αὐτῶν ταῖς ἡμετέραις γλώσσαις τὰ μεγαλεῖα τοῦ θεοῦ
akouomen lalountōn autōn tais hēmeterais glōssais ta megaleia tou theou
we hear them speaking in our tongues the mighty works of God.

ἐξίσταντο δὲ πάντες καὶ διηπόρουν, ἄλλος πρὸς ἄλλον λέγοντες, Τί θέλει τοῦτο εἶναι
existanto de pantes kai diēporoun, allos pros allon legontes, Ti thelei touto einai
And they were all amazed, and were perplexed, saying one to another, What meaneth this?

ἕτεροι δὲ διαχλευάζοντες ἔλεγον ὅτι Γλεύκους μεμεστωμένοι εἰσίν
heteroi de diachleuazontes elegon hoti Gleukous memestōmenoi eisin
But others mocking said, They are filled with new wine.

Σταθεὶς δὲ ὁ Πέτρος σὺν τοῖς ἕνδεκα ἐπῆρεν τὴν φωνὴν αὐτοῦ καὶ ἀπεφθέγξατο αὐτοῖς, Ἄνδρες Ἰουδαῖοι
Statheis de ho Petros syn tois hendeka epēren tēn phōnēn autou kai apephthenxato autois, Andres Ioudaioi
But Peter, standing up with the eleven, lifted up his voice, and spake forth unto them, saying, Ye men of Judæa,

καὶ οἱ κατοικοῦντες Ἰερουσαλὴμ πάντες, τοῦτο ὑμῖν γνωστὸν ἔστω καὶ ἐνωτίσασθε τὰ ῥήματά μου
kai hoi katoikountes Ierousalēm pantes, touto hymin gnōston estō kai enōtisasthe ta rhēmata mou
and all ye that dwell at Jerusalem, be this known unto you, and give ear unto my words.

οὐ γὰρ ὡς ὑμεῖς ὑπολαμβάνετε οὗτοι μεθύουσιν, ἔστιν γὰρ ὥρα τρίτη τῆς ἡμέρας
ou gar hōs hymeis hypolambanete houtoi methyousin, estin gar hōra tritē tēs hēmeras
For these are not drunken, as ye suppose; seeing it is but the third hour of the day;

ἀλλὰ τοῦτό ἐστιν τὸ εἰρημένον διὰ τοῦ προφήτου Ἰωήλ
alla touto estin to eirēmenon dia tou prophētou Iōēl
but this is that which hath been spoken through the prophet Joel:

Καὶ ἔσται ἐν ταῖς ἐσχάταις ἡμέραις, λέγει ὁ θεός, ἐκχεῶ ἀπὸ τοῦ πνεύματός μου ἐπὶ πᾶσαν σάρκα
Kai estai en tais eschatais hēmerais, legei ho theos, ekcheō apo tou pneumatos mou epi pasan sarka
And it shall be in the last days, saith God, I will pour forth of my Spirit upon all flesh:

καὶ προφητεύσουσιν οἱ υἱοὶ ὑμῶν καὶ αἱ θυγατέρες ὑμῶν, καὶ οἱ νεανίσκοι ὑμῶν ὁράσεις ὄψονται
kai prophēteusousin hoi huioi hymōn kai hai thygateres hymōn, kai hoi neaniskoi hymōn horaseis opsontai,
And your sons and your daughters shall prophesy, And your young men shall see visions,

καὶ οἱ πρεσβύτεροι ὑμῶν ἐνυπνίοις ἐνυπνιασθήσονται
kai hoi presbyteroi hymōn enypniois enypniasthēsontai
And your old men shall dream dreams:

καί γε ἐπὶ τοὺς δούλους μου καὶ ἐπὶ τὰς δούλας μου ἐν ταῖς ἡμέραις ἐκείναις ἐκχεῶ ἀπὸ τοῦ πνεύματός μου
kai ge epi tous doulous mou kai epi tas doulas mou en tais hēmerais ekeinais ekcheō apo tou pneumatos mou,
Yea and on my servants and on my handmaidens in those days Will I pour forth of my Spirit;

καὶ προφητεύσουσιν
kai prophēteusousin
and they shall prophesy.

καὶ δώσω τέρατα ἐν τῷ οὐρανῷ ἄνω καὶ σημεῖα ἐπὶ τῆς γῆς κάτω, αἷμα καὶ πῦρ καὶ ἀτμίδα καπνοῦ
kai dōsō terata en tō ouranō anō kai sēmeia epi tēs gēs katō, haima kai pyr kai atmida kapnou
And I will show wonders in the heaven above, And signs on the earth beneath; Blood, and fire, and vapor of smoke:

ὁ ἥλιος μεταστραφήσεται εἰς σκότος καὶ ἡ σελήνη εἰς αἷμα
ho hēlios metastraphēsetai eis skotos kai hē selēnē eis haima
The sun shall be turned into darkness, And the moon into blood,

πρὶν ἐλθεῖν ἡμέραν κυρίου τὴν μεγάλην καὶ ἐπιφανῆ
prin elthein hēmeran kyriou tēn megalēn kai epiphanē
Before the day of the Lord come, That great and notable day:

καὶ ἔσται πᾶς ὃς ἂν ἐπικαλέσηται τὸ ὄνομα κυρίου σωθήσεται
kai estai pas hos an epikalesētai to onoma kyriou sōthēsetai
And it shall be, that whosoever shall call on the name of the Lord shall be saved.

Ἄνδρες Ἰσραηλῖται, ἀκούσατε τοὺς λόγους τούτους: Ἰησοῦν τὸν Ναζωραῖον
Andres Israēlitai, akousate tous logous toutous: Iēsoun ton Nazōraion
Ye men of Israel, hear these words: Jesus of Nazareth,

ἄνδρα ἀποδεδειγμένον ἀπὸ τοῦ θεοῦ εἰς ὑμᾶς δυνάμεσι
andra apodedeigmenon apo tou theou eis hymas dynamesi
a man approved of God unto you by mighty works

καὶ τέρασι καὶ σημείοις οἷς ἐποίησεν δι' αὐτοῦ ὁ θεὸς ἐν μέσῳ ὑμῶν, καθὼς αὐτοὶ οἴδατε
kai terasi kai sēmeiois hois epoiēsen di' autou ho theos en mesō hymōn, kathōs autoi oidate
and wonders and signs which God did by him in the midst of you, even as ye yourselves know;

τοῦτον τῇ ὡρισμένῃ βουλῇ καὶ προγνώσει τοῦ θεοῦ
touton tē hōrismenē boulē kai prognōsei tou theou
him, being delivered up by the determinate counsel and foreknowledge of God,

ἔκδοτον διὰ χειρὸς ἀνόμων προσπήξαντες ἀνείλατε
ekdoton dia cheiros anomōn prospēxantes aneilate
ye by the hand of lawless men did crucify and slay:

ὃν ὁ θεὸς ἀνέστησεν λύσας τὰς ὠδῖνας τοῦ θανάτου, καθότι οὐκ ἦν δυνατὸν κρατεῖσθαι αὐτὸν ὑπ' αὐτοῦ
hon ho theos anestēsen lysas tas ōdinas tou thanatou, kathoti ouk ēn dynaton krateisthai auton hyp' autou
whom God raised up, having loosed the pangs of death: because it was not possible that he should be holden of it.

Δαυὶδ γὰρ λέγει εἰς αὐτόν
Dauid gar legei eis auton
For David saith concerning him,

Προορώμην τὸν κύριον ἐνώπιόν μου διὰ παντός, ὅτι ἐκ δεξιῶν μού ἐστιν ἵνα μὴ σαλευθῶ
Proorōmēn ton kyrion enōpion mou dia pantos, hoti ek dexiōn mou estin hina mē saleuthō
I beheld the Lord always before my face; For he is on my right hand, that I should not be moved:

διὰ τοῦτο ηὐφράνθη ἡ καρδία μου καὶ ἠγαλλιάσατο ἡ γλῶσσά μου, ἔτι δὲ καὶ ἡ σάρξ μου κατασκηνώσει ἐπ' ἐλπίδι
dia touto ēuphranthē hē kardia mou kai ēgalliasato hē glōssa mou, eti de kai hē sarx mou kataskēnōsei ep' elpidi
Therefore my heart was glad, and my tongue rejoiced; Moreover my flesh also shall dwell in hope:

ὅτι οὐκ ἐγκαταλείψεις τὴν ψυχήν μου εἰς ἅ|δην, οὐδὲ δώσεις τὸν ὅσιόν σου ἰδεῖν διαφθοράν
hoti ouk enkataleipseis tēn psychēn mou eis ha|dēn, oude dōseis ton hosion sou idein diaphthoran
Because thou wilt not leave my soul unto Hades, Neither wilt thou give thy Holy One to see corruption.

ἐγνώρισάς μοι ὁδοὺς ζωῆς, πληρώσεις με εὐφροσύνης μετὰ τοῦ προσώπου σου
egnōrisas moi hodous zōēs, plērōseis me euphrosynēs meta tou prosōpou sou
Thou madest known unto me the ways of life; Thou shalt make me full of gladness with thy countenance.

Ἄνδρες ἀδελφοί, ἐξὸν εἰπεῖν μετὰ παρρησίας πρὸς ὑμᾶς περὶ τοῦ πατριάρχου Δαυίδ
Andres adelphoi, exon eipein meta parrēsias pros hymas peri tou patriarchou Dauid
Brethren, I may say unto you freely of the patriarch David,

ὅτι καὶ ἐτελεύτησεν καὶ ἐτάφη καὶ τὸ μνῆμα αὐτοῦ ἔστιν ἐν ἡμῖν ἄχρι τῆς ἡμέρας ταύτης
hoti kai eteleutēsen kai etaphē kai to mnēma autou estin en hēmin achri tēs hēmeras tautēs
that he both died and was buried, and his tomb is with us unto this day.

προφήτης οὖν ὑπάρχων
prophētēs oun hyparchōn
Being therefore a prophet,

καὶ εἰδὼς ὅτι ὅρκῳ ὤμοσεν αὐτῷ ὁ θεὸς ἐκ καρποῦ τῆς ὀσφύος αὐτοῦ καθίσαι ἐπὶ τὸν θρόνον αὐτοῦ
kai eidōs hoti horkō ōmosen autō ho theos ek karpou tēs osphyos autou kathisai epi ton thronon autou
and knowing that God had sworn with an oath to him, that of the fruit of his loins he would set one upon his throne;

προϊδὼν ἐλάλησεν περὶ τῆς ἀναστάσεως τοῦ Χριστοῦ
proidōn elalēsen peri tēs anastaseōs tou Christou
he foreseeing this spake of the resurrection of the Christ,

ὅτι οὔτε ἐγκατελείφθη εἰς ἅ|δην οὔτε ἡ σὰρξ αὐτοῦ εἶδεν διαφθοράν
hoti oute enkateleiphthē eis ha|dēn oute hē sarx autou eiden diaphthoran
that neither was he left unto Hades, nor did his flesh see corruption.

τοῦτον τὸν Ἰησοῦν ἀνέστησεν ὁ θεός, οὗ πάντες ἡμεῖς ἐσμεν μάρτυρες
touton ton Iēsoun anestēsen ho theos, hou pantes hēmeis esmen martyres
This Jesus did God raise up, whereof we all are witnesses.

τῇ δεξιᾷ οὖν τοῦ θεοῦ ὑψωθεὶς
tē dexia oun tou theou hypsōtheis
Being therefore by the right hand of God exalted,

τήν τε ἐπαγγελίαν τοῦ πνεύματος τοῦ ἁγίου λαβὼν παρὰ τοῦ πατρὸς ἐξέχεεν τοῦτο ὃ ὑμεῖς [καὶ] βλέπετε καὶ ἀκούετε
tēn te epangelian tou pneumatos tou hagiou labōn para tou patros execheen touto ho hymeis [kai] blepete kai akouete
and having received of the Father the promise of the Holy Spirit, he hath poured forth this, which ye see and hear.

οὐ γὰρ Δαυὶδ ἀνέβη εἰς τοὺς οὐρανούς, λέγει δὲ αὐτός, Εἶπεν [ὁ] κύριος τῷ κυρίῳ μου, Κάθου ἐκ δεξιῶν μου
ou gar Dauid anebē eis tous ouranous, legei de autos, Eipen [ho] kyrios tō kyriō mou, Kathou ek dexiōn mou
For David ascended not into the heavens: but he saith himself, The Lord said unto my Lord, Sit thou on my right hand,

ἕως ἂν θῶ τοὺς ἐχθρούς σου ὑποπόδιον τῶν ποδῶν σου
heōs an thō tous echthrous sou hypopodion tōn podōn sou
Till I make thine enemies the footstool of thy feet.

ἀσφαλῶς οὖν γινωσκέτω πᾶς οἶκος Ἰσραὴλ ὅτι καὶ κύριον αὐτὸν καὶ Χριστὸν ἐποίησεν ὁ θεός
asphalōs oun ginōsketō pas oikos Israēl hoti kai kyrion auton kai Christon epoiēsen ho theos
Let all the house of Israel therefore know assuredly, that God hath made him both Lord and Christ,

τοῦτον τὸν Ἰησοῦν ὃν ὑμεῖς ἐσταυρώσατε
touton ton Iēsoun hon hymeis estaurōsate
this Jesus whom ye crucified.

Ἀκούσαντες δὲ κατενύγησαν τὴν καρδίαν, εἶπόν τε πρὸς τὸν Πέτρον καὶ τοὺς λοιποὺς ἀποστόλους
Akousantes de katenygēsan tēn kardian, eipon te pros ton Petron kai tous loipous apostolous,
Now when they heard this, they were pricked in their heart, and said unto Peter and the rest of the apostles,

Τί ποιήσωμεν, ἄνδρες ἀδελφοί
Ti poiēsōmen, andres adelphoi
Brethren, what shall we do?

Πέτρος δὲ πρὸς αὐτούς, Μετανοήσατε, [φησίν,]
Petros de pros autous, Metanoēsate, [phēsin,]
And Peter said unto them, Repent ye,

καὶ βαπτισθήτω ἕκαστος ὑμῶν ἐπὶ τῷ ὀνόματι Ἰησοῦ Χριστοῦ εἰς ἄφεσιν τῶν ἁμαρτιῶν ὑμῶν
kai baptisthētō hekastos hymōn epi tō onomati Iēsou Christou eis aphesin tōn hamartiōn hymōn
and be baptized every one of you in the name of Jesus Christ unto the remission of your sins;

καὶ λήμψεσθε τὴν δωρεὰν τοῦ ἁγίου πνεύματος
kai lēmpsesthe tēn dōrean tou hagiou pneumatos
and ye shall receive the gift of the Holy Spirit.

ὑμῖν γάρ ἐστιν ἡ ἐπαγγελία καὶ τοῖς τέκνοις ὑμῶν
hymin gar estin hē epangelia kai tois teknois hymōn
For to you is the promise, and to your children,

καὶ πᾶσιν τοῖς εἰς μακρὰν ὅσους ἂν προσκαλέσηται κύριος ὁ θεὸς ἡμῶν
kai pasin tois eis makran hosous an proskalesētai kyrios ho theos hēmōn
and to all that are afar off, even as many as the Lord our God shall call unto him.

ἑτέροις τε λόγοις πλείοσιν διεμαρτύρατο, καὶ παρεκάλει αὐτοὺς λέγων, Σώθητε ἀπὸ τῆς γενεᾶς τῆς σκολιᾶς ταύτης
heterois te logois pleiosin diemartyrato, kai parekalei autous legōn, Sōthēte apo tēs geneas tēs skolias tautēs
And with many other words he testified, and exhorted them, saying, Save yourselves from this crooked generation.

οἱ μὲν οὖν ἀποδεξάμενοι τὸν λόγον αὐτοῦ ἐβαπτίσθησαν
hoi men oun apodexamenoi ton logon autou ebaptisthēsan
They then that received his word were baptized:

καὶ προσετέθησαν ἐν τῇ ἡμέρᾳ ἐκείνῃ ψυχαὶ ὡσεὶ τρισχίλιαι
kai prosetethēsan en tē hēmera ekeinē psychai hōsei trischiliai
and there were added unto them in that day about three thousand souls.

ἦσαν δὲ προσκαρτεροῦντες τῇ διδαχῇ τῶν ἀποστόλων καὶ τῇ κοινωνίᾳ, τῇ κλάσει τοῦ ἄρτου καὶ ταῖς προσευχαῖς
ēsan de proskarterountes tē didachē tōn apostolōn kai tē koinōnia, tē klasei tou artou kai tais proseuchais
And they continued stedfastly in the apostles' teaching and fellowship, in the breaking of bread and the prayers.

Ἐγίνετο δὲ πάσῃ ψυχῇ φόβος, πολλά τε τέρατα καὶ σημεῖα διὰ τῶν ἀποστόλων ἐγίνετο
Egineto de pasē psychē phobos, polla te terata kai sēmeia dia tōn apostolōn egineto
And fear came upon every soul: and many wonders and signs were done through the apostles.

πάντες δὲ οἱ πιστεύοντες ἦσαν ἐπὶ τὸ αὐτὸ καὶ εἶχον ἅπαντα κοινά
pantes de hoi pisteuontes ēsan epi to auto kai eichon hapanta koina
And all that believed were together, and had all things common;

καὶ τὰ κτήματα καὶ τὰς ὑπάρξεις ἐπίπρασκον καὶ διεμέριζον αὐτὰ πᾶσιν καθότι ἄν τις χρείαν εἶχεν
kai ta ktēmata kai tas hyparxeis epipraskon kai diemerizon auta pasin kathoti an tis chreian eichen
and they sold their possessions and goods, and parted them to all, according as any man had need.

καθ' ἡμέραν τε προσκαρτεροῦντες ὁμοθυμαδὸν ἐν τῷ ἱερῷ, κλῶντές τε κατ' οἶκον ἄρτον
kath' hēmeran te proskarterountes homothymadon en tō hierō, klōntes te kat' oikon arton
And day by day, continuing stedfastly with one accord in the temple, and breaking bread at home,

μετελάμβανον τροφῆς ἐν ἀγαλλιάσει καὶ ἀφελότητι καρδίας
metelambanon trophēs en agalliasei kai aphelotēti kardias
they took their food with gladness and singleness of heart,

αἰνοῦντες τὸν θεὸν καὶ ἔχοντες χάριν πρὸς ὅλον τὸν λαόν
ainountes ton theon kai echontes charin pros holon ton laon
praising God, and having favor with all the people.

ὁ δὲ κύριος προσετίθει τοὺς σῳζομένους καθ' ἡμέραν ἐπὶ τὸ αὐτό
ho de kyrios prosetithei tous sōzomenous kath' hēmeran epi to auto
And the Lord added to them day by day those that were saved.

γ

Πέτρος δὲ καὶ Ἰωάννης ἀνέβαινον εἰς τὸ ἱερὸν ἐπὶ τὴν ὥραν τῆς προσευχῆς τὴν ἐνάτην
Petros de kai Iōannēs anebainon eis to hieron epi tēn hōran tēs proseuchēs tēn enatēn
Now Peter and John were going up into the temple at the hour of prayer, being the ninth hour.

καί τις ἀνὴρ χωλὸς ἐκ κοιλίας μητρὸς αὐτοῦ ὑπάρχων ἐβαστάζετο
kai tis anēr chōlos ek koilias mētros autou hyparchōn ebastazeto,
And a certain man that was lame from his mother's womb was carried,

ὃν ἐτίθουν καθ' ἡμέραν πρὸς τὴν θύραν τοῦ ἱεροῦ τὴν λεγομένην Ὡραίαν τοῦ
hon etithoun kath' hēmeran pros tēn thyran tou hierou tēn legomenēn Hōraian tou
whom they laid daily at the door of the temple which is called Beautiful,

αἰτεῖν ἐλεημοσύνην παρὰ τῶν εἰσπορευομένων εἰς τὸ ἱερόν
aitein eleēmosynēn para tōn eisporeuomenōn eis to hieron
to ask alms of them that entered into the temple;

ὃς ἰδὼν Πέτρον καὶ Ἰωάννην μέλλοντας εἰσιέναι εἰς τὸ ἱερὸν ἠρώτα ἐλεημοσύνην λαβεῖν
hos idōn Petron kai Iōannēn mellontas eisienai eis to hieron ērōta eleēmosynēn labein
who seeing Peter and John about to go into the temple, asked to receive an alms.

ἀτενίσας δὲ Πέτρος εἰς αὐτὸν σὺν τῷ Ἰωάννη εἶπεν, Βλέψον εἰς ἡμᾶς
atenisas de Petros eis auton syn tō Iōannē eipen, Blepson eis hēmas
And Peter, fastening his eyes upon him, with John, said, Look on us.

ὁ δὲ ἐπεῖχεν αὐτοῖς προσδοκῶν τι παρ' αὐτῶν λαβεῖν
ho de epeichen autois prosdokōn ti par' autōn labein
And he gave heed unto them, expecting to receive something from them.

εἶπεν δὲ Πέτρος, Ἀργύριον καὶ χρυσίον οὐχ ὑπάρχει μοι, ὃ δὲ ἔχω τοῦτό σοι δίδωμι
eipen de Petros, Argyrion kai chrysion ouch hyparchei moi, ho de echō touto soi didōmi
But Peter said, Silver and gold have I none; but what I have, that give I thee.

ἐν τῷ ὀνόματι Ἰησοῦ Χριστοῦ τοῦ Ναζωραίου [ἔγειρε καὶ] περιπάτει
en tō onomati Iēsou Christou tou Nazōraiou [egeire kai] peripatei
In the name of Jesus Christ of Nazareth, walk.

καὶ πιάσας αὐτὸν τῆς δεξιᾶς χειρὸς ἤγειρεν αὐτόν: παραχρῆμα δὲ ἐστερεώθησαν αἱ βάσεις αὐτοῦ καὶ τὰ σφυδρά
kai piasas auton tēs dexias cheiros ēgeiren auton: parachrēma de estereōthēsan hai baseis autou kai ta sphydra
And he took him by the right hand, and raised him up: and immediately his feet and his ankle-bones received strength.

καὶ ἐξαλλόμενος ἔστη καὶ περιεπάτει
kai exallomenos estē kai periepatei
And leaping up, he stood, and began to walk;

καὶ εἰσῆλθεν σὺν αὐτοῖς εἰς τὸ ἱερὸν περιπατῶν καὶ ἁλλόμενος καὶ αἰνῶν τὸν θεόν
kai eisēlthen syn autois eis to hieron peripatōn kai hallomenos kai ainōn ton theon
and he entered with them into the temple, walking, and leaping, and praising God.

καὶ εἶδεν πᾶς ὁ λαὸς αὐτὸν περιπατοῦντα καὶ αἰνοῦντα τὸν θεόν
kai eiden pas ho laos auton peripatounta kai ainounta ton theon
And all the people saw him walking and praising God:

ἐπεγίνωσκον δὲ αὐτὸν ὅτι αὐτὸς ἦν ὁ πρὸς τὴν ἐλεημοσύνην καθήμενος ἐπὶ τῇ Ὡραίᾳ Πύλῃ τοῦ ἱεροῦ
epeginōskon de auton hoti autos ēn ho pros tēn eleēmosynēn kathēmenos epi tē Hōraia Pylē tou hierou
and they took knowledge of him, that it was he that sat for alms at the Beautiful Gate of the temple;

καὶ ἐπλήσθησαν θάμβους καὶ ἐκστάσεως ἐπὶ τῷ συμβεβηκότι αὐτῷ
kai eplēsthēsan thambous kai ekstaseōs epi tō symbebēkoti autō
and they were filled with wonder and amazement at that which had happened unto him.

Κρατοῦντος δὲ αὐτοῦ τὸν Πέτρον καὶ τὸν Ἰωάννην
Kratountos de autou ton Petron kai ton Iōannēn
And as he held Peter and John,

συνέδραμεν πᾶς ὁ λαὸς πρὸς αὐτοὺς ἐπὶ τῇ στοᾷ τῇ καλουμένῃ Σολομῶντος ἔκθαμβοι
synedramen pas ho laos pros autous epi tē stoa tē kaloumenē Solomōntos ekthamboi
all the people ran together unto them in the porch that is called Solomon's, greatly wondering.

ἰδὼν δὲ ὁ Πέτρος ἀπεκρίνατο πρὸς τὸν λαόν, Ἄνδρες Ἰσραηλῖται, τί θαυμάζετε ἐπὶ τούτῳ
idōn de ho Petros apekrinato pros ton laon, Andres Israēlitai, ti thaumazete epi toutō
And when Peter saw it, he answered unto the people, Ye men of Israel, why marvel ye at this man?

ἢ ἡμῖν τί ἀτενίζετε ὡς ἰδίᾳ δυνάμει ἢ εὐσεβείᾳ πεποιηκόσιν τοῦ περιπατεῖν αὐτόν
ē hēmin ti atenizete hōs idia dynamei ē eusebeia pepoiēkosin tou peripatein auton
or why fasten ye your eyes on us, as though by our own power or godliness we had made him to walk?

ὁ θεὸς Ἀβραὰμ καὶ [ὁ θεὸς] Ἰσαὰκ καὶ [ὁ θεὸς] Ἰακώβ
ho theos Abraam kai [ho theos] Isaak kai [ho theos] Iakōb
The God of Abraham, and of Isaac, and of Jacob,

ὁ θεὸς τῶν πατέρων ἡμῶν, ἐδόξασεν τὸν παῖδα αὐτοῦ Ἰησοῦν
ho theos tōn paterōn hēmōn, edoxasen ton paida autou Iēsoun
the God of our fathers, hath glorified his Servant Jesus;

ὃν ὑμεῖς μὲν παρεδώκατε καὶ ἠρνήσασθε κατὰ πρόσωπον Πιλάτου, κρίναντος ἐκείνου ἀπολύειν
hon hymeis men paredōkate kai ērnēsasthe kata prosōpon Pilatou, krinantos ekeinou apolyein
whom ye delivered up, and denied before the face of Pilate, when he had determined to release him.

ὑμεῖς δὲ τὸν ἅγιον καὶ δίκαιον ἠρνήσασθε, καὶ ᾐτήσασθε ἄνδρα φονέα χαρισθῆναι ὑμῖν
hymeis de ton hagion kai dikaion ērnēsasthe, kai ētēsasthe andra phonea charisthēnai hymin
But ye denied the Holy and Righteous One, and asked for a murderer to be granted unto you,

τὸν δὲ ἀρχηγὸν τῆς ζωῆς ἀπεκτείνατε, ὃν ὁ θεὸς ἤγειρεν ἐκ νεκρῶν, οὗ ἡμεῖς μάρτυρές ἐσμεν
ton de archēgon tēs zōēs apekteinate, hon ho theos ēgeiren ek nekrōn, hou hēmeis martyres esmen
and killed the Prince of life; whom God raised from the dead; whereof we are witnesses.

καὶ ἐπὶ τῇ πίστει τοῦ ὀνόματος αὐτοῦ τοῦτον ὃν θεωρεῖτε καὶ οἴδατε ἐστερέωσεν τὸ ὄνομα αὐτοῦ
kai epi tē pistei tou onomatos autou touton hon theōreite kai oidate estereōsen to onoma autou
And by faith in his name hath his name made this man strong, whom ye behold and know:

καὶ ἡ πίστις ἡ δι' αὐτοῦ ἔδωκεν αὐτῷ τὴν ὁλοκληρίαν ταύτην ἀπέναντι πάντων ὑμῶν
kai hē pistis hē di' autou edōken autō tēn holoklērian tautēn apenanti pantōn hymōn
yea, the faith which is through him hath given him this perfect soundness in the presence of you all.

καὶ νῦν, ἀδελφοί, οἶδα ὅτι κατὰ ἄγνοιαν ἐπράξατε, ὥσπερ καὶ οἱ ἄρχοντες ὑμῶν
kai nyn, adelphoi, oida hoti kata agnoian epraxate, hōsper kai hoi archontes hymōn
And now, brethren, I know that in ignorance ye did it, as did also your rulers.

ὁ δὲ θεὸς ἃ προκατήγγειλεν διὰ στόματος πάντων τῶν προφητῶν παθεῖν τὸν Χριστὸν αὐτοῦ ἐπλήρωσεν οὕτως
ho de theos ha prokatēngeilen dia stomatos pantōn tōn prophētōn pathein ton Christon autou eplērōsen houtōs
But the things which God foreshowed by the mouth of all the prophets, that his Christ should suffer, he thus fulfilled.

μετανοήσατε οὖν καὶ ἐπιστρέψατε εἰς τὸ ἐξαλειφθῆναι ὑμῶν τὰς ἁμαρτίας
metanoēsate oun kai epistrepsate eis to exaleiphthēnai hymōn tas hamartias
Repent ye therefore, and turn again, that your sins may be blotted out,

ὅπως ἂν ἔλθωσιν καιροὶ ἀναψύξεως ἀπὸ προσώπου τοῦ κυρίου
hopōs an elthōsin kairoi anapsyxeōs apo prosōpou tou kyriou
that so there may come seasons of refreshing from the presence of the Lord;

καὶ ἀποστείλῃ τὸν προκεχειρισμένον ὑμῖν Χριστόν, Ἰησοῦν
kai aposteilē ton prokecheirismenon hymin Christon, Iēsoun
and that he may send the Christ who hath been appointed for you, even Jesus:

ὃν δεῖ οὐρανὸν μὲν δέξασθαι ἄχρι χρόνων ἀποκαταστάσεως πάντων
hon dei ouranon men dexasthai achri chronōn apokatastaseōs pantōn
whom the heaven must receive until the times of restoration of all things,

ὧν ἐλάλησεν ὁ θεὸς διὰ στόματος τῶν ἁγίων ἀπ' αἰῶνος αὐτοῦ προφητῶν
hōn elalēsen ho theos dia stomatos tōn hagiōn ap' aiōnos autou prophētōn
whereof God spake by the mouth of his holy prophets that have been from of old.

Μωϋσῆς μὲν εἶπεν ὅτι Προφήτην ὑμῖν ἀναστήσει κύριος ὁ θεὸς ὑμῶν ἐκ τῶν ἀδελφῶν ὑμῶν ὡς ἐμέ
Mōusēs men eipen hoti Prophētēn hymin anastēsei kyrios ho theos hymōn ek tōn adelphōn hymōn hōs eme
Moses indeed said, A prophet shall the Lord God raise up unto you from among your brethren, like unto me;

αὐτοῦ ἀκούσεσθε κατὰ πάντα ὅσα ἂν λαλήσῃ πρὸς ὑμᾶς
autou akousesthe kata panta hosa an lalēsē pros hymas
to him shall ye hearken in all things whatsoever he shall speak unto you.

ἔσται δὲ πᾶσα ψυχὴ ἥτις ἐὰν μὴ ἀκούσῃ τοῦ προφήτου ἐκείνου ἐξολεθρευθήσεται ἐκ τοῦ λαοῦ
estai de pasa psychē hētis ean mē akousē tou prophētou ekeinou exolethreuthēsetai ek tou laou
And it shall be, that every soul that shall not hearken to that prophet, shall be utterly destroyed from among the people.

καὶ πάντες δὲ οἱ προφῆται ἀπὸ Σαμουὴλ καὶ τῶν καθεξῆς ὅσοι ἐλάλησαν
kai pantes de hoi prophētai apo Samouēl kai tōn kathexēs hosoi elalēsan
Yea and all the prophets from Samuel and them that followed after, as many as have spoken,

καὶ κατήγγειλαν τὰς ἡμέρας ταύτας
kai katēngeilan tas hēmeras tautas
they also told of these days.

ὑμεῖς ἐστε οἱ υἱοὶ τῶν προφητῶν καὶ τῆς διαθήκης ἧς διέθετο ὁ θεὸς πρὸς τοὺς πατέρας ὑμῶν
hymeis este hoi huioi tōn prophētōn kai tēs diathēkēs hēs dietheto ho theos pros tous pateras hymōn
Ye are the sons of the prophets, and of the covenant which God made with your fathers,

λέγων πρὸς Ἀβραάμ, Καὶ ἐν τῷ σπέρματί σου [ἐν]ευλογηθήσονται πᾶσαι αἱ πατριαὶ τῆς γῆς
legōn pros Abraam, Kai en tō spermati sou [en]eulogēthēsontai pasai hai patriai tēs gēs
saying unto Abraham, And in thy seed shall all the families of the earth be blessed.

ὑμῖν πρῶτον ἀναστήσας ὁ θεὸς τὸν παῖδα αὐτοῦ ἀπέστειλεν αὐτὸν
hymin prōton anastēsas ho theos ton paida autou apesteilen auton
Unto you first God, having raised up his Servant,

εὐλογοῦντα ὑμᾶς ἐν τῷ ἀποστρέφειν ἕκαστον ἀπὸ τῶν πονηριῶν ὑμῶν
eulogounta hymas en tō apostrephein hekaston apo tōn ponēriōn hymōn
sent him to bless you, in turning away every one of you from your iniquities.

δ

Λαλούντων δὲ αὐτῶν πρὸς τὸν λαὸν ἐπέστησαν αὐτοῖς οἱ ἱερεῖς καὶ ὁ στρατηγὸς τοῦ ἱεροῦ καὶ οἱ Σαδδουκαῖοι
Lalountōn de autōn pros ton laon epestēsan autois hoi hiereis kai ho stratēgos tou hierou kai hoi Saddoukaioi
And as they spake unto the people, the priests and the captain of the temple and the Sadducees came upon them,

διαπονούμενοι διὰ τὸ διδάσκειν αὐτοὺς τὸν λαὸν καὶ καταγγέλλειν ἐν τῷ Ἰησοῦ τὴν ἀνάστασιν τὴν ἐκ νεκρῶν
diaponoumenoi dia to didaskein autous ton laon kai katangellein en tō Iēsou tēn anastasin tēn ek nekrōn
being sore troubled because they taught the people, and proclaimed in Jesus the resurrection from the dead.

καὶ ἐπέβαλον αὐτοῖς τὰς χεῖρας καὶ ἔθεντο εἰς τήρησιν εἰς τὴν αὔριον· ἦν γὰρ ἑσπέρα ἤδη
kai epebalon autois tas cheiras kai ethento eis tērēsin eis tēn aurion: ēn gar hespera ēdē
And they laid hands on them, and put them in ward unto the morrow: for it was now eventide.

πολλοὶ δὲ τῶν ἀκουσάντων τὸν λόγον ἐπίστευσαν, καὶ ἐγενήθη [ὁ] ἀριθμὸς τῶν ἀνδρῶν [ὡς] χιλιάδες πέντε
polloi de tōn akousantōn ton logon episteusan, kai egenēthē [ho] arithmos tōn andrōn [hōs] chiliades pente
But many of them that heard the word believed; and the number of the men came to be about five thousand.

Ἐγένετο δὲ ἐπὶ τὴν αὔριον συναχθῆναι αὐτῶν τοὺς ἄρχοντας
Egeneto de epi tēn aurion synachthēnai autōn tous archontas
And it came to pass on the morrow, that their rulers

καὶ τοὺς πρεσβυτέρους καὶ τοὺς γραμματεῖς ἐν Ἰερουσαλήμ
kai tous presbyterous kai tous grammateis en Ierousalēm
and elders and scribes were gathered together in Jerusalem;

καὶ Ἀννας ὁ ἀρχιερεὺς καὶ Καϊάφας καὶ Ἰωάννης καὶ Ἀλέξανδρος
kai Annas ho archiereus kai Kaiaphas kai Iōannēs kai Alexandros
and Annas the high priest was there, and Caiaphas, and John, and Alexander,

καὶ ὅσοι ἦσαν ἐκ γένους ἀρχιερατικοῦ
kai hosoi ēsan ek genous archieratikou
and as many as were of the kindred of the high priest.

καὶ στήσαντες αὐτοὺς ἐν τῷ μέσῳ ἐπυνθάνοντο, Ἐν ποίᾳ δυνάμει ἢ ἐν ποίῳ ὀνόματι ἐποιήσατε τοῦτο ὑμεῖς
kai stēsantes autous en tō mesō epynthanonto, En poia dynamei ē en poiō onomati epoiēsate touto hymeis
And when they had set them in the midst, they inquired, By what power, or in what name, have ye done this?

τότε Πέτρος πλησθεὶς πνεύματος ἁγίου εἶπεν πρὸς αὐτούς, Ἄρχοντες τοῦ λαοῦ καὶ πρεσβύτεροι
tote Petros plēstheis pneumatos hagiou eipen pros autous, Archontes tou laou kai presbyteroi
Then Peter, filled with the Holy Spirit, said unto them, Ye rulers of the people, and elders,

εἰ ἡμεῖς σήμερον ἀνακρινόμεθα ἐπὶ εὐεργεσίᾳ ἀνθρώπου ἀσθενοῦς, ἐν τίνι οὗτος σέσωται
ei hēmeis sēmeron anakrinometha epi euergesia anthrōpou asthenous, en tini houtos sesōtai
if we this day are examined concerning a good deed done to an impotent man, by what means this man is made whole;

γνωστὸν ἔστω πᾶσιν ὑμῖν καὶ παντὶ τῷ λαῷ Ἰσραὴλ ὅτι ἐν τῷ ὀνόματι Ἰησοῦ Χριστοῦ τοῦ Ναζωραίου
gnōston estō pasin hymin kai panti tō laō Israēl hoti en tō onomati Iēsou Christou tou Nazōraiou
be it known unto you all, and to all the people of Israel, that in the name of Jesus Christ of Nazareth,

ὃν ὑμεῖς ἐσταυρώσατε, ὃν ὁ θεὸς ἤγειρεν ἐκ νεκρῶν, ἐν τούτῳ οὗτος παρέστηκεν ἐνώπιον ὑμῶν ὑγιής
hon hymeis estaurōsate, hon ho theos ēgeiren ek nekrōn, en toutō houtos parestēken enōpion hymōn hygiēs
whom ye crucified, whom God raised from the dead, even in him doth this man stand here before you whole.

οὗτός ἐστιν ὁ λίθος ὁ ἐξουθενηθεὶς ὑφ' ὑμῶν τῶν οἰκοδόμων, ὁ γενόμενος εἰς κεφαλὴν γωνίας
houtos estin ho lithos ho exouthenētheis hyph' hymōn tōn oikodomōn, ho genomenos eis kephalēn gōnias
He is the stone which was set at nought of you the builders, which was made the head of the corner.

καὶ οὐκ ἔστιν ἐν ἄλλῳ οὐδενὶ ἡ σωτηρία
kai ouk estin en allō oudeni hē sōtēria
And in none other is there salvation:

οὐδὲ γὰρ ὄνομά ἐστιν ἕτερον ὑπὸ τὸν οὐρανὸν τὸ δεδομένον ἐν ἀνθρώποις ἐν ᾧ δεῖ σωθῆναι ἡμᾶς
oude gar onoma estin heteron hypo ton ouranon to dedomenon en anthrōpois en hō dei sōthēnai hēmas
for neither is there any other name under heaven, that is given among men, wherein we must be saved.

Θεωροῦντες δὲ τὴν τοῦ Πέτρου παρρησίαν καὶ Ἰωάννου, καὶ καταλαβόμενοι ὅτι ἄνθρωποι ἀγράμματοί εἰσιν
Theōrountes de tēn tou Petrou parrēsian kai Iōannou, kai katalabomenoi hoti anthrōpoi agrammatoi eisin
Now when they beheld the boldness of Peter and John, and had perceived that they were unlearned

καὶ ἰδιῶται, ἐθαύμαζον ἐπεγίνωσκόν τε αὐτοὺς ὅτι σὺν τῷ Ἰησοῦ ἦσαν
kai idiōtai, ethaumazon epeginōskon te autous hoti syn tō Iēsou ēsan
and ignorant men, they marvelled; and they took knowledge of them, that they had been with Jesus.

τόν τε ἄνθρωπον βλέποντες σὺν αὐτοῖς ἑστῶτα τὸν τεθεραπευμένον οὐδὲν εἶχον ἀντειπεῖν
ton te anthrōpon blepontes syn autois hestōta ton tetherapeumenon ouden eichon anteipein
And seeing the man that was healed standing with them, they could say nothing against it.

κελεύσαντες δὲ αὐτοὺς ἔξω τοῦ συνεδρίου ἀπελθεῖν συνέβαλλον πρὸς ἀλλήλους
keleusantes de autous exō tou synedriou apelthein syneballon pros allēlous
But when they had commanded them to go aside out of the council, they conferred among themselves,

λέγοντες, Τί ποιήσωμεν τοῖς ἀνθρώποις τούτοις
legontes, Ti poiēsōmen tois anthrōpois toutois
saying, What shall we do to these men?

ὅτι μὲν γὰρ γνωστὸν σημεῖον γέγονεν δι' αὐτῶν πᾶσιν τοῖς κατοικοῦσιν Ἰερουσαλὴμ φανερόν
hoti men gar gnōston sēmeion gegonen di' autōn pasin tois katoikousin Ierousalēm phaneron
for that indeed a notable miracle hath been wrought through them, is manifest to all that dwell in Jerusalem;

καὶ οὐ δυνάμεθα ἀρνεῖσθαι
kai ou dynametha arneisthai
and we cannot deny it.

ἀλλ' ἵνα μὴ ἐπὶ πλεῖον διανεμηθῇ εἰς τὸν λαόν
all' hina mē epi pleion dianemēthē eis ton laon
But that it spread no further among the people,

ἀπειλησώμεθα αὐτοῖς μηκέτι λαλεῖν ἐπὶ τῷ ὀνόματι τούτῳ μηδενὶ ἀνθρώπων
apeilēsōmetha autois mēketi lalein epi tō onomati toutō mēdeni anthrōpōn
let us threaten them, that they speak henceforth to no man in this name.

καὶ καλέσαντες αὐτοὺς παρήγγειλαν τὸ καθόλου μὴ φθέγγεσθαι μηδὲ διδάσκειν ἐπὶ τῷ ὀνόματι τοῦ Ἰησοῦ
kai kalesantes autous parēngeilan to katholou mē phthengesthai mēde didaskein epi tō onomati tou Iēsou
And they called them, and charged them not to speak at all nor teach in the name of Jesus.

ὁ δὲ Πέτρος καὶ Ἰωάννης ἀποκριθέντες εἶπον πρὸς αὐτούς
ho de Petros kai Iōannēs apokrithentes eipon pros autous
But Peter and John answered and said unto them,

Εἰ δίκαιόν ἐστιν ἐνώπιον τοῦ θεοῦ ὑμῶν ἀκούειν μᾶλλον ἢ τοῦ θεοῦ, κρίνατε
Ei dikaion estin enōpion tou theou hymōn akouein mallon ē tou theou, krinate
Whether it is right in the sight of God to hearken unto you rather than unto God, judge ye:

οὐ δυνάμεθα γὰρ ἡμεῖς ἃ εἴδαμεν καὶ ἠκούσαμεν μὴ λαλεῖν
ou dynametha gar hēmeis ha eidamen kai ēkousamen mē lalein
for we cannot but speak the things which we saw and heard.

οἱ δὲ προσαπειλησάμενοι ἀπέλυσαν αὐτούς, μηδὲν εὑρίσκοντες τὸ πῶς κολάσωνται αὐτούς
hoi de prosapeilēsamenoi apelysan autous, mēden heuriskontes to pōs kolasōntai autous,
And they, when they had further threatened them, let them go, finding nothing how they might punish them,

διὰ τὸν λαόν, ὅτι πάντες ἐδόξαζον τὸν θεὸν ἐπὶ τῷ γεγονότι
dia ton laon, hoti pantes edoxazon ton theon epi tō gegonoti
because of the people; for all men glorified God for that which was done.

ἐτῶν γὰρ ἦν πλειόνων τεσσεράκοντα ὁ ἄνθρωπος ἐφ' ὃν γεγόνει τὸ σημεῖον τοῦτο τῆς ἰάσεως
etōn gar ēn pleionōn tesserakonta ho anthrōpos eph' hon gegonei to sēmeion touto tēs iaseōs
For the man was more than forty years old, on whom this miracle of healing was wrought.

Ἀπολυθέντες δὲ ἦλθον πρὸς τοὺς ἰδίους
Apolythentes de ēlthon pros tous idious
And being let go, they came to their own company,

καὶ ἀπήγγειλαν ὅσα πρὸς αὐτοὺς οἱ ἀρχιερεῖς καὶ οἱ πρεσβύτεροι εἶπαν
kai apēngeilan hosa pros autous hoi archiereis kai hoi presbyteroi eipan
and reported all that the chief priests and the elders had said unto them.

οἱ δὲ ἀκούσαντες ὁμοθυμαδὸν ἦραν φωνὴν πρὸς τὸν θεὸν καὶ εἶπαν
hoi de akousantes homothymadon ēran phōnēn pros ton theon kai eipan,
And they, when they heard it, lifted up their voice to God with one accord, and said,

Δέσποτα, σὺ ὁ ποιήσας τὸν οὐρανὸν καὶ τὴν γῆν καὶ τὴν θάλασσαν καὶ πάντα τὰ ἐν αὐτοῖς
Despota, sy ho poiēsas ton ouranon kai tēn gēn kai tēn thalassan kai panta ta en autois
O Lord, thou that didst make the heaven and the earth and the sea, and all that in them is:

ὁ τοῦ πατρὸς ἡμῶν διὰ πνεύματος ἁγίου στόματος Δαυὶδ παιδός σου εἰπών,
ho tou patros hēmōn dia pneumatos hagiou stomatos Dauid paidos sou eipōn,
who by the Holy Spirit, by the mouth of our father David thy servant, didst say,

Ἱνατί ἐφρύαξαν ἔθνη καὶ λαοὶ ἐμελέτησαν κενά
Hinati ephryaxan ethnē kai laoi emeletēsan kena
Why did the Gentiles rage, And the peoples imagine vain things?

παρέστησαν οἱ βασιλεῖς τῆς γῆς
parestēsan hoi basileis tēs gē
The kings of the earth set themselves in array,

καὶ οἱ ἄρχοντες συνήχθησαν ἐπὶ τὸ αὐτὸ κατὰ τοῦ κυρίου καὶ κατὰ τοῦ Χριστοῦ αὐτοῦ
s kai hoi archontes synēchthēsan epi to auto kata tou kyriou kai kata tou Christou autou
And the rulers were gathered together, Against the Lord, and against his Anointed:

συνήχθησαν γὰρ ἐπ' ἀληθείας ἐν τῇ πόλει ταύτῃ ἐπὶ τὸν ἅγιον παῖδά σου Ἰησοῦν
synēchthēsan gar ep' alētheias en tē polei tautē epi ton hagion paida sou Iēsoun,
for of a truth in this city against thy holy Servant Jesus,

ὃν ἔχρισας, Ἡρώδης τε καὶ Πόντιος Πιλᾶτος
hon echrisas, Hērōdēs te kai Pontios Pilatos
whom thou didst anoint, both Herod and Pontius Pilate,

σὺν ἔθνεσιν καὶ λαοῖς Ἰσραήλ
syn ethnesin kai laois Israēl
with the Gentiles and the peoples of Israel, were gathered together,

ποιῆσαι ὅσα ἡ χείρ σου καὶ ἡ βουλή [σου] προώρισεν γενέσθαι
poiēsai hosa hē cheir sou kai hē boulē [sou] proōrisen genesthai
to do whatsoever thy hand and thy council foreordained to come to pass.

καὶ τὰ νῦν, κύριε, ἔπιδε ἐπὶ τὰς ἀπειλὰς αὐτῶν, καὶ δὸς τοῖς δούλοις σου μετὰ παρρησίας πάσης λαλεῖν τὸν λόγον σου
kai ta nyn, kyrie, epide epi tas apeilas autōn, kai dos tois doulois sou meta parrēsias pasēs lalein ton logon sou
And now, Lord, look upon their threatenings: and grant unto thy servants to speak thy word with all boldness,

ἐν τῷ τὴν χεῖρά [σου] ἐκτείνειν σε εἰς ἴασιν
en tō tēn cheira [sou] ekteinein se eis iasin
while thou stretchest forth thy hand to heal;

καὶ σημεῖα καὶ τέρατα γίνεσθαι διὰ τοῦ ὀνόματος τοῦ ἁγίου παιδός σου Ἰησο
kai sēmeia kai terata ginesthai dia tou onomatos tou hagiou paidos sou Iēso
and that signs and wonders may be done through the name of thy holy Servant Jesus.

καὶ δεηθέντων αὐτῶν ἐσαλεύθη ὁ τόπος ἐν ᾧ ἦσαν συνηγμένοι
kai deēthentōn autōn esaleuthē ho topos en hō ēsan synēgmenoi,
And when they had prayed, the place was shaken wherein they were gathered together;

καὶ ἐπλήσθησαν ἅπαντες τοῦ ἁγίου πνεύματος, καὶ ἐλάλουν τὸν λόγον τοῦ θεοῦ μετὰ παρρησίας
kai eplēsthēsan hapantes tou hagiou pneumatos, kai elaloun ton logon tou theou meta parrēsias
and they were all filled with the Holy Spirit, and they spake the word of God with boldness.

Τοῦ δὲ πλήθους τῶν πιστευσάντων ἦν καρδία καὶ ψυχὴ μία
Tou de plēthous tōn pisteusantōn ēn kardia kai psychē mia
And the multitude of them that believed were of one heart and soul:

καὶ οὐδὲ εἷς τι τῶν ὑπαρχόντων αὐτῷ ἔλεγεν ἴδιον εἶναι, ἀλλ' ἦν αὐτοῖς ἅπαντα κοινά
kai oude heis ti tōn hyparchontōn autō elegen idion einai, all' ēn autois hapanta koina
and not one of them said that aught of the things which he possessed was his own; but they had all things common.

καὶ δυνάμει μεγάλῃ ἀπεδίδουν τὸ μαρτύριον οἱ ἀπόστολοι τῆς ἀναστάσεως τοῦ κυρίου Ἰησοῦ
kai dynamei megalē apedidoun to martyrion hoi apostoloi tēs anastaseōs tou kyriou Iēsou
And with great power gave the apostles their witness of the resurrection of the Lord Jesus:

χάρις τε μεγάλη ἦν ἐπὶ πάντας αὐτούς
charis te megalē ēn epi pantas autous
and great grace was upon them all.

οὐδὲ γὰρ ἐνδεής τις ἦν ἐν αὐτοῖς: ὅσοι γὰρ κτήτορες χωρίων ἢ οἰκιῶν ὑπῆρχον πωλοῦντες
oude gar endeēs tis ēn en autois: hosoi gar ktētores chōriōn ē oikiōn hypērchon pōlountes
For neither was there among them any that lacked: for as many as were possessors of lands or houses sold them,

ἔφερον τὰς τιμὰς τῶν πιπρασκομένων
epheron tas timas tōn pipraskomenōn
and brought the prices of the things that were sold, and brought the prices of the things that were sold,

καὶ ἐτίθουν παρὰ τοὺς πόδας τῶν ἀποστόλων: διεδίδετο δὲ ἑκάστῳ καθότι ἄν τις χρείαν εἶχεν
kai etithoun para tous podas tōn apostolōn: diedideto de hekastō kathoti an tis chreian eichen
and laid them at the apostles' feet: and distribution was made unto each, according as any one had need.

Ἰωσὴφ δὲ ὁ ἐπικληθεὶς Βαρναβᾶς ἀπὸ τῶν ἀποστόλων
Iōsēph de ho epiklētheis Barnabas apo tōn apostolōn
And Joseph, who by the apostles was surnamed Barnabas

ὅ ἐστιν μεθερμηνευόμενον υἱὸς παρακλήσεως, Λευίτης, Κύπριος τῷ γένει
ho estin methermēneuomenon huios paraklēseōs, Leuitēs, Kyprios tō genei
(which is, being interpreted, Son of exhortation), a Levite, a man of Cyprus by race,

ὑπάρχοντος αὐτῷ ἀγροῦ πωλήσας ἤνεγκεν τὸ χρῆμα καὶ ἔθηκεν πρὸς τοὺς πόδας τῶν ἀποστόλων
hyparchontos autō agrou pōlēsas ēnenken to chrēma kai ethēken pros tous podas tōn apostolōn
having a field, sold it, and brought the money and laid it at the apostles' feet.

ε

Ἀνὴρ δέ τις Ἀνανίας ὀνόματι σὺν Σαπφίρῃ τῇ γυναικὶ αὐτοῦ ἐπώλησεν κτῆμα
Anēr de tis Hananias onomati syn Sapphirē tē gynaiki autou epōlēsen ktēma
But a certain man named Ananias, with Sapphira his wife, sold a possession,

καὶ ἐνοσφίσατο ἀπὸ τῆς τιμῆς, συνειδυίης καὶ τῆς γυναικός
kai enosphisato apo tēs timēs, syneiduiēs kai tēs gynaikos
and kept back part of the price, his wife also being privy to it,

καὶ ἐνέγκας μέρος τι παρὰ τοὺς πόδας τῶν ἀποστόλων ἔθηκεν
kai enenkas meros ti para tous podas tōn apostolōn ethēken
and brought a certain part, and laid it at the apostles' feet.

εἶπεν δὲ ὁ Πέτρος, Ἀνανία, διὰ τί ἐπλήρωσεν ὁ Σατανᾶς τὴν καρδίαν σου ψεύσασθαί σε τὸ πνεῦμα τὸ ἅγιον
eipen de ho Petros, Hanania, dia ti eplērōsen ho Satanas tēn kardian sou pseusasthai se to pneuma to hagion
But Peter said, Ananias, why hath Satan filled thy heart to lie to the Holy Spirit,

καὶ νοσφίσασθαι ἀπὸ τῆς τιμῆς τοῦ χωρίου
kai nosphisasthai apo tēs timēs tou chōriou
and to keep back part of the price of the land?

οὐχὶ μένον σοὶ ἔμενεν καὶ πραθὲν ἐν τῇ σῇ ἐξουσίᾳ ὑπῆρχεν
ouchi menon soi emenen kai prathen en tē sē exousia hypērchen
While it remained, did it not remain thine own? and after it was sold, was it not in thy power?

τί ὅτι ἔθου ἐν τῇ καρδίᾳ σου τὸ πρᾶγμα τοῦτο
ti hoti ethou en tē kardia sou to pragma touto
How is it that thou hast conceived this thing in thy heart?

οὐκ ἐψεύσω ἀνθρώποις ἀλλὰ τῷ θεῷ
ouk epseusō anthrōpois alla tō theō
thou hast not lied unto men, but unto God.

ἀκούων δὲ ὁ Ἀνανίας τοὺς λόγους τούτους πεσὼν ἐξέψυξεν· καὶ ἐγένετο φόβος μέγας ἐπὶ πάντας τοὺς ἀκούοντας
akouōn de ho Hananias tous logous toutous pesōn exepsyxen: kai egeneto phobos megas epi pantas tous akouontas
And Ananias hearing these words fell down and gave up the ghost: and great fear came upon all that heard it.

ἀναστάντες δὲ οἱ νεώτεροι συνέστειλαν αὐτὸν καὶ ἐξενέγκαντες ἔθαψαν
anastantes de hoi neōteroi synesteilan auton kai exenenkantes ethapsan
And the young men arose and wrapped him round, and they carried him out and buried him.

Ἐγένετο δὲ ὡς ὡρῶν τριῶν διάστημα καὶ ἡ γυνὴ αὐτοῦ μὴ εἰδυῖα τὸ γεγονὸς εἰσῆλθεν
Egeneto de hōs hōrōn triōn diastēma kai hē gynē autou mē eiduia to gegonos eisēlthen
And it was about the space of three hours after, when his wife, not knowing what was done, came in.

ἀπεκρίθη δὲ πρὸς αὐτὴν Πέτρος, Εἰπέ μοι, εἰ τοσούτου τὸ χωρίον ἀπέδοσθε; ἡ δὲ εἶπεν, Ναί, τοσούτου
apekrithē de pros autēn Petros, Eipe moi, ei tosoutou to chōrion apedosthe? hē de eipen, Nai, tosoutou
And Peter answered unto her, Tell me whether ye sold the land for so much. And she said, Yea, for so much.

ὁ δὲ Πέτρος πρὸς αὐτήν, Τί ὅτι συνεφωνήθη ὑμῖν πειράσαι τὸ πνεῦμα κυρίου
ho de Petros pros autēn, Ti hoti synephōnēthē hymin peirasai to pneuma kyriou
But Peter said unto her, How is it that ye have agreed together to try the Spirit of the Lord?

ἰδοὺ οἱ πόδες τῶν θαψάντων τὸν ἄνδρα σου ἐπὶ τῇ θύρᾳ καὶ ἐξοίσουσίν σε
idou hoi podes tōn thapsantōn ton andra sou epi tē thyra kai exoisousin se
behold, the feet of them that have buried thy husband are at the door, and they shall carry thee out.

ἔπεσεν δὲ παραχρῆμα πρὸς τοὺς πόδας αὐτοῦ καὶ ἐξέψυξεν· εἰσελθόντες δὲ οἱ νεανίσκοι εὗρον αὐτὴν νεκράν
epesen de parachrēma pros tous podas autou kai exepsyxen: eiselthontes de hoi neaniskoi heuron autēn nekran
And she fell down immediately at his feet, and gave up the ghost: and the young men came in and found her dead,

καὶ ἐξενέγκαντες ἔθαψαν πρὸς τὸν ἄνδρα αὐτῆς
kai exenenkantes ethapsan pros ton andra autēs
and they carried her out and buried her by her husband.

καὶ ἐγένετο φόβος μέγας ἐφ' ὅλην τὴν ἐκκλησίαν καὶ ἐπὶ πάντας τοὺς ἀκούοντας ταῦτα
kai egeneto phobos megas eph' holēn tēn ekklēsian kai epi pantas tous akouontas tauta
And great fear came upon the whole church, and upon all that heard these things.

Διὰ δὲ τῶν χειρῶν τῶν ἀποστόλων ἐγίνετο σημεῖα καὶ τέρατα πολλὰ ἐν τῷ λαῷ
Dia de tōn cheirōn tōn apostolōn egineto sēmeia kai terata polla en tō laō
And by the hands of the apostles were many signs and wonders wrought among the people:

καὶ ἦσαν ὁμοθυμαδὸν ἅπαντες ἐν τῇ Στοᾷ Σολομῶντος
kai ēsan homothymadon hapantes en tē Stoa Solomōntos
and they were all with one accord in Solomon's porch.

τῶν δὲ λοιπῶν οὐδεὶς ἐτόλμα κολλᾶσθαι αὐτοῖς, ἀλλ' ἐμεγάλυνεν αὐτοὺς ὁ λαός
tōn de loipōn oudeis etolma kollasthai autois, all' emegalynen autous ho laos
But of the rest durst no man join himself to them: howbeit the people magnified them;

μᾶλλον δὲ προσετίθεντο πιστεύοντες τῷ κυρίῳ πλήθη ἀνδρῶν τε καὶ γυναικῶν
mallon de prosetithento pisteuontes tō kyriō plēthē andrōn te kai gynaikōn
and believers were the more added to the Lord, multitudes both of men and women:

ὥστε καὶ εἰς τὰς πλατείας ἐκφέρειν τοὺς ἀσθενεῖς καὶ τιθέναι ἐπὶ κλιναρίων καὶ κραβάττων
hōste kai eis tas plateias ekpherein tous astheneis kai tithenai epi klinariōn kai krabattōn
insomuch that they even carried out the sick into the streets, and laid them on beds and couches,

ἵνα ἐρχομένου Πέτρου κἂν ἡ σκιὰ ἐπισκιάσῃ τινὶ αὐτῶν
hina erchomenou Petrou kan hē skia episkiasē tini autōn
that, as Peter came by, at the least his shadow might overshadow some one of them.

συνήρχετο δὲ καὶ τὸ πλῆθος τῶν πέριξ πόλεων Ἰερουσαλήμ
synērcheto de kai to plēthos tōn perix poleōn Ierousalēm,
And there also came together the multitude from the cities round about Jerusalem,

φέροντες ἀσθενεῖς καὶ ὀχλουμένους ὑπὸ πνευμάτων ἀκαθάρτων, οἵτινες ἐθεραπεύοντο ἅπαντες
pherontes astheneis kai ochloumenous hypo pneumatōn akathartōn, hoitines etherapeuonto hapantes
bringing sick folk, and them that were vexed with unclean spirits: and they were healed every one.

Ἀναστὰς δὲ ὁ ἀρχιερεὺς καὶ πάντες οἱ σὺν αὐτῷ, ἡ οὖσα αἵρεσις τῶν Σαδδουκαίων
Anastas de ho archiereus kai pantes hoi syn autō, hē ousa hairesis tōn Saddoukaiōn
But the high priest rose up, and all they that were with him (which is the sect of the Sadducees),

ἐπλήσθησαν ζήλου
eplēsthēsan zēlou
and they were filled with jealousy,

καὶ ἐπέβαλον τὰς χεῖρας ἐπὶ τοὺς ἀποστόλους καὶ ἔθεντο αὐτοὺς ἐν τηρήσει δημοσίᾳ
kai epebalon tas cheiras epi tous apostolous kai ethento autous en tērēsei dēmosia
and laid hands on the apostles, and put them in public ward.

ἄγγελος δὲ κυρίου διὰ νυκτὸς ἀνοίξας τὰς θύρας τῆς φυλακῆς ἐξαγαγών τε αὐτοὺς εἶπεν
angelos de kyriou dia nyktos anoixas tas thyras tēs phylakēs exagagōn te autous eipen
But an angel of the Lord by night opened the prison doors, and brought them out, and said,

Πορεύεσθε καὶ σταθέντες λαλεῖτε ἐν τῷ ἱερῷ τῷ λαῷ πάντα τὰ ῥήματα τῆς ζωῆς ταύτης
Poreuesthe kai stathentes laleite en tō hierō tō laō panta ta rhēmata tēs zōēs tautēs
Go ye, and stand and speak in the temple to the people all the words of this Life.

ἀκούσαντες δὲ εἰσῆλθον ὑπὸ τὸν ὄρθρον εἰς τὸ ἱερὸν καὶ ἐδίδασκον
akousantes de eisēlthon hypo ton orthron eis to hieron kai edidaskon
And when they heard this, they entered into the temple about daybreak, and taught.

Παραγενόμενος δὲ ὁ ἀρχιερεὺς καὶ οἱ σὺν αὐτῷ συνεκάλεσαν τὸ συνέδριον
Paragenomenos de ho archiereus kai hoi syn autō synekalesan to synedrion
But the high priest came, and they that were with him, and called the council together,

καὶ πᾶσαν τὴν γερουσίαν τῶν υἱῶν Ἰσραήλ, καὶ ἀπέστειλαν εἰς τὸ δεσμωτήριον ἀχθῆναι αὐτούς
kai pasan tēn gerousian tōn huiōn Israēl, kai apesteilan eis to desmōtērion achthēnai autous
and all the senate of the children of Israel, and sent to the prison-house to have them brought.

οἱ δὲ παραγενόμενοι ὑπηρέται οὐχ εὗρον αὐτοὺς ἐν τῇ φυλακῇ, ἀναστρέψαντες δὲ ἀπήγγειλαν
hoi de paragenomenoi hypēretai ouch heuron autous en tē phylakē, anastrepsantes de apēngeilan
But the officers that came found them not in the prison; and they returned, and told,

λέγοντες ὅτι Τὸ δεσμωτήριον εὕρομεν κεκλεισμένον ἐν πάσῃ ἀσφαλείᾳ καὶ τοὺς φύλακας ἑστῶτας ἐπὶ τῶν θυρῶν
legontes hoti To desmōtērion heuromen kekleismenon en pasē asphaleia kai tous phylakas hestōtas epi tōn thyrōn
saying, The prison-house we found shut in all safety, and the keepers standing at the doors: but when we had opened,

ἀνοίξαντες δὲ ἔσω, οὐδένα εὕρομεν
anoixantes de esō, oudena heuromen
we found no man within.

ὡς δὲ ἤκουσαν τοὺς λόγους τούτους ὅ τε στρατηγὸς τοῦ ἱεροῦ καὶ οἱ ἀρχιερεῖς
hōs de ēkousan tous logous toutous ho te stratēgos tou hierou kai hoi archiereis
Now when the captain of the temple and the chief priests heard these words,

διηπόρουν περὶ αὐτῶν τί ἂν γένοιτο τοῦτο
diēporoun peri autōn ti an genoito touto
they were much perplexed concerning them whereunto this would grow.

παραγενόμενος δέ τις ἀπήγγειλεν αὐτοῖς ὅτι Ἰδοὺ οἱ ἄνδρες οὓς ἔθεσθε ἐν τῇ φυλακῇ εἰσὶν ἐν τῷ ἱερῷ ἑστῶτες
paragenomenos de tis apēngeilen autois hoti Idou hoi andres hous ethesthe en tē phylakē eisin en tō hierō hestōtes
And there came one and told them, Behold, the men whom ye put in the prison are in the temple standing

καὶ διδάσκοντες τὸν λαό
kai didaskontes ton lao
and teaching the people.

τότε ἀπελθὼν ὁ στρατηγὸς σὺν τοῖς ὑπηρέταις ἦγεν αὐτούς, οὐ μετὰ βίας, ἐφοβοῦντο γὰρ τὸν λαόν
tote apelthōn ho stratēgos syn tois hypēretais ēgen autous, ou meta bias, ephobounto gar ton laon
Then went the captain with the officers, and brought them, but without violence; for they feared the people,

μὴ λιθασθῶσιν
mē lithasthōsin
lest they should be stoned.

Ἀγαγόντες δὲ αὐτοὺς ἔστησαν ἐν τῷ συνεδρίῳ. καὶ ἐπηρώτησεν αὐτοὺς ὁ ἀρχιερεὺς
Agagontes de autous estēsan en tō synedriō. kai epērōtēsen autous ho archiereus
And when they had brought them, they set them before the council. And the high priest asked them,

λέγων, [Οὐ] παραγγελίᾳ παρηγγείλαμεν ὑμῖν μὴ διδάσκειν ἐπὶ τῷ ὀνόματι τούτῳ
legōn, [Ou] parangelia parēngeilamen hymin mē didaskein epi tō onomati toutō
saying, We strictly charged you not to teach in this name:

καὶ ἰδοὺ πεπληρώκατε τὴν Ἰερουσαλὴμ τῆς διδαχῆς ὑμῶν
kai idou peplērōkate tēn Ierousalēm tēs didachēs hymōn
and behold, ye have filled Jerusalem with your teaching,

καὶ βούλεσθε ἐπαγαγεῖν ἐφ' ἡμᾶς τὸ αἷμα τοῦ ἀνθρώπου τούτου
kai boulesthe epagagein eph' hēmas to haima tou anthrōpou toutou
and intend to bring this man's blood upon us.

ἀποκριθεὶς δὲ Πέτρος καὶ οἱ ἀπόστολοι εἶπαν, Πειθαρχεῖν δεῖ θεῷ μᾶλλον ἢ ἀνθρώποις
apokritheis de Petros kai hoi apostoloi eipan, Peitharchein dei theō mallon ē anthrōpois
But Peter and the apostles answered and said, We must obey God rather than men.

ὁ θεὸς τῶν πατέρων ἡμῶν ἤγειρεν Ἰησοῦν, ὃν ὑμεῖς διεχειρίσασθε κρεμάσαντες ἐπὶ ξύλου
ho theos tōn paterōn hēmōn ēgeiren Iēsoun, hon hymeis diecheirisasthe kremasantes epi xylou
The God of our fathers raised up Jesus, whom ye slew, hanging him on a tree.

τοῦτον ὁ θεὸς ἀρχηγὸν καὶ σωτῆρα ὕψωσεν τῇ δεξιᾷ αὐτοῦ, [τοῦ] δοῦναι μετάνοιαν τῷ Ἰσραὴλ καὶ ἄφεσιν ἁμαρτιῶν
touton ho theos archēgon kai sōtēra hypsōsen tē dexia autou, [tou] dounai metanoian tō Israēl kai aphesin hamartiōn
Him did God exalt with his right hand to be a Prince and a Saviour, to give repentance to Israel, and remission of sins.

καὶ ἡμεῖς ἐσμεν μάρτυρες τῶν ῥημάτων τούτων, καὶ τὸ πνεῦμα τὸ ἅγιον ὃ ἔδωκεν ὁ θεὸς τοῖς πειθαρχοῦσιν αὐτῷ.
kai hēmeis esmen martyres tōn rhēmatōn toutōn, kai to pneuma to hagion ho edōken ho theos tois peitharchousin autō.
And we are witnesses of these things; and so is the Holy Spirit, whom God hath given to them that obey him.

Οἱ δὲ ἀκούσαντες διεπρίοντο καὶ ἐβούλοντο ἀνελεῖν αὐτούς
HOi de akousantes dieprionto kai eboulonto anelein autous
But they, when they heard this, were cut to the heart, and were minded to slay them.

ἀναστὰς δέ τις ἐν τῷ συνεδρίῳ Φαρισαῖος ὀνόματι Γαμαλιήλ,
anastas de tis en tō synedriō Pharisaios onomati Gamaliēl,
But there stood up one in the council, a Pharisee, named Gamaliel,

νομοδιδάσκαλος τίμιος παντὶ τῷ λαῷ ἐκέλευσεν ἔξω βραχὺ τοὺς ἀνθρώπους ποιῆσαι
nomodidaskalos timios panti tō laō ekeleusen exō brachy tous anthrōpous poiēsai
a doctor of the law, had in honor of all the people, and commanded to put the men forth a little while.

εἶπέν τε πρὸς αὐτούς, Ἄνδρες Ἰσραηλῖται, προσέχετε ἑαυτοῖς ἐπὶ τοῖς ἀνθρώποις τούτοις τί μέλλετε πράσσει
eipen te pros autous, Andres Israēlitai, prosechete heautois epi tois anthrōpois toutois ti mellete prassei
And he said unto them, Ye men of Israel, take heed to yourselves as touching these men, what ye are about to do.

πρὸ γὰρ τούτων τῶν ἡμερῶν ἀνέστη Θευδᾶς, λέγων εἶναί τινα ἑαυτόν
pro gar toutōn tōn hēmerōn anestē Theudas, legōn einai tina heauton
For before these days rose up Theudas, giving himself out to be somebody;

ᾧ προσεκλίθη ἀνδρῶν ἀριθμὸς ὡς τετρακοσίων
hō proseklithē andrōn arithmos hōs tetrakosiōn
to whom a number of men, about four hundred, joined themselves:

ὃς ἀνηρέθη, καὶ πάντες ὅσοι ἐπείθοντο αὐτῷ διελύθησαν καὶ ἐγένοντο εἰς οὐδέν
hos anērethē, kai pantes hosoi epeithonto autō dielythēsan kai egenonto eis ouden
who was slain; and all, as many as obeyed him, were dispersed, and came to nought.

μετὰ τοῦτον ἀνέστη Ἰούδας ὁ Γαλιλαῖος ἐν ταῖς ἡμέραις τῆς ἀπογραφῆς καὶ ἀπέστησεν λαὸν ὀπίσω αὐτοῦ
meta touton anestē Ioudas ho Galilaios en tais hēmerais tēs apographēs kai apestēsen laon opisō autou
After this man rose up Judas of Galilee in the days of the enrolment, and drew away some of the people after him:

κἀκεῖνος ἀπώλετο, καὶ πάντες ὅσοι ἐπείθοντο αὐτῷ διεσκορπίσθησαν
kakeinos apōleto, kai pantes hosoi epeithonto autō dieskorpisthēsan
he also perished; and all, as many as obeyed him, were scattered abroad.

καὶ τὰ νῦν λέγω ὑμῖν, ἀπόστητε ἀπὸ τῶν ἀνθρώπων τούτων καὶ ἄφετε αὐτούς
kai ta nyn legō hymin, apostēte apo tōn anthrōpōn toutōn kai aphete autous
And now I say unto you, Refrain from these men, and let them alone:

ὅτι ἐὰν ᾖ ἐξ ἀνθρώπων ἡ βουλὴ αὕτη ᾖ τὸ ἔργον τοῦτο, καταλυθήσεται
hoti ean ē ex anthrōpōn hē boulē hautē ē to ergon touto, katalythēsetai
for if this counsel or this work be of men, it will be overthrown:

εἰ δὲ ἐκ θεοῦ ἐστιν, οὐ δυνήσεσθε καταλῦσαι αὐτούς μήποτε καὶ θεομάχοι εὑρεθῆτε. ἐπείσθησαν δὲ αὐτῷ
ei de ek theou estin, ou dynēsesthe katalysai autous mēpote kai theomachoi heurethēte. epeisthēsan de autō
but if it is of God, ye will not be able to overthrow them; lest haply ye be found even to be fighting against God.

καὶ προσκαλεσάμενοι τοὺς ἀποστόλους δείραντες παρήγγειλαν μὴ λαλεῖν ἐπὶ τῷ ὀνόματι τοῦ Ἰησοῦ καὶ ἀπέλυσαν
kai proskalesamenoi tous apostolous deirantes parēngeilan mē lalein epi tō onomati tou Iēsou kai apelysan
And to him they agreed: and when they had called the apostles unto them, they beat them and charged them not to speak in the name of Jesus, and let them go.

Οἱ μὲν οὖν ἐπορεύοντο χαίροντες ἀπὸ προσώπου τοῦ συνεδρίου ὅτι κατηξιώθησαν ὑπὲρ τοῦ ὀνόματος ἀτιμασθῆναι
HOi men oun eporeuonto chairontes apo prosōpou tou synedriou hoti katēxiōthēsan hyper tou onomatos atimasthēnai
They therefore departed from the presence of the council, rejoicing that they were counted worthy to suffer dishonor for the Name.

πᾶσάν τε ἡμέραν ἐν τῷ ἱερῷ καὶ κατ' οἶκον οὐκ ἐπαύοντο διδάσκοντες καὶ εὐαγγελιζόμενοι τὸν Χριστόν, Ἰησοῦν
pasan te hēmeran en tō hierō kai kat' oikon ouk epauonto didaskontes kai euangelizomenoi ton Christon, Iēsoun
And every day, in the temple and at home, they ceased not to teach and to preach Jesus as the Christ.

ς

Ἐν δὲ ταῖς ἡμέραις ταύταις πληθυνόντων τῶν μαθητῶν
En de tais hēmerais tautais plēthynontōn tōn mathētōn
Now in these days, when the number of the disciples was multiplying,

ἐγένετο γογγυσμὸς τῶν Ἑλληνιστῶν πρὸς τοὺς Ἑβραίους
egeneto gongysmos tōn Hellēnistōn pros tous Hebraious
there arose a murmuring of the Grecian Jews against the Hebrews,

ὅτι παρεθεωροῦντο ἐν τῇ διακονίᾳ τῇ καθημερινῇ αἱ χῆραι αὐτῶν
hoti paretheōrounto en tē diakonia tē kathēmerinē hai chērai autōn
because their widows were neglected in the daily ministration.

προσκαλεσάμενοι δὲ οἱ δώδεκα τὸ πλῆθος τῶν μαθητῶν εἶπαν
proskalesamenoi de hoi dōdeka to plēthos tōn mathētōn eipan
And the twelve called the multitude of the disciples unto them, and said,

Οὐκ ἀρεστόν ἐστιν ἡμᾶς καταλείψαντας τὸν λόγον τοῦ θεοῦ διακονεῖν τραπέζαις
Ouk areston estin hēmas kataleipsantas ton logon tou theou diakonein trapezais
It is not fit that we should forsake the word of God, and serve tables.

ἐπισκέψασθε δέ, ἀδελφοί, ἄνδρας ἐξ ὑμῶν μαρτυρουμένους ἑπτὰ πλήρεις πνεύματος καὶ σοφίας
episkepsasthe de, adelphoi, andras ex hymōn martyroumenous hepta plēreis pneumatos kai sophias
Look ye out therefore, brethren, from among you seven men of good report, full of the Spirit and of wisdom,

οὓς καταστήσομεν ἐπὶ τῆς χρείας ταύτης
hous katastēsomen epi tēs chreias tautēs
whom we may appoint over this business.

ἡμεῖς δὲ τῇ προσευχῇ καὶ τῇ διακονίᾳ τοῦ λόγου προσκαρτερήσομεν
hēmeis de tē proseuchē kai tē diakonia tou logou proskarterēsomen
But we will continue stedfastly in prayer, and in the ministry of the word.

καὶ ἤρεσεν ὁ λόγος ἐνώπιον παντὸς τοῦ πλήθους, καὶ ἐξελέξαντο Στέφανον
kai ēresen ho logos enōpion pantos tou plēthous, kai exelexanto Stephanon
And the saying pleased the whole multitude: and they chose Stephen,

ἄνδρα πλήρης πίστεως καὶ πνεύματος ἁγίου
andra plērēs pisteōs kai pneumatos hagiou
a man full of faith and of the Holy Spirit,

καὶ Φίλιππον καὶ Πρόχορον καὶ Νικάνορα καὶ Τίμωνα καὶ Παρμενᾶν καὶ Νικόλαον προσήλυτον Ἀντιοχέα
kai Philippon kai Prochoron kai Nikanora kai Timōna kai Parmenan kai Nikolaon prosēlyton Antiochea
and Philip, and Prochorus, and Nicanor, and Timon, and Parmenas, and Nicolaus a proselyte of Antioch;

οὓς ἔστησαν ἐνώπιον τῶν ἀποστόλων, καὶ προσευξάμενοι ἐπέθηκαν αὐτοῖς τὰς χεῖρας
hous estēsan enōpion tōn apostolōn, kai proseuxamenoi epethēkan autois tas cheiras
whom they set before the apostles: and when they had prayed, they laid their hands upon them.

Καὶ ὁ λόγος τοῦ θεοῦ ηὔξανεν
Kai ho logos tou theou ēuxanen
And the word of God increased;

καὶ ἐπληθύνετο ὁ ἀριθμὸς τῶν μαθητῶν ἐν Ἰερουσαλὴμ σφόδρα
kai eplēthyneto ho arithmos tōn mathētōn en Ierousalēm sphodra
and the number of the disciples multiplied in Jerusalem exceedingly;

πολύς τε ὄχλος τῶν ἱερέων ὑπήκουον τῇ πίστει
polys te ochlos tōn hiereōn hypēkouon tē pistei
and a great company of the priests were obedient to the faith.

Στέφανος δὲ πλήρης χάριτος καὶ δυνάμεως ἐποίει τέρατα καὶ σημεῖα μεγάλα ἐν τῷ λαῷ
Stephanos de plērēs charitos kai dynameōs epoiei terata kai sēmeia megala en tō laō
And Stephen, full of grace and power, wrought great wonders and signs among the people.

ἀνέστησαν δέ τινες τῶν ἐκ τῆς συναγωγῆς τῆς λεγομένης Λιβερτίνων καὶ Κυρηναίων
anestēsan de tines tōn ek tēs synagōgēs tēs legomenēs Libertinōn kai Kyrēnaiōn
But there arose certain of them that were of the synagogue called the synagogue of the Libertines, and of the Cyrenians,

καὶ Ἀλεξανδρέων καὶ τῶν ἀπὸ Κιλικίας καὶ Ἀσίας συζητοῦντες τῷ Στεφάνῳ
kai Alexandreōn kai tōn apo Kilikias kai Asias syzētountes tō Stephanō
and of the Alexandrians, and of them of Cilicia and Asia, disputing with Stephen.

καὶ οὐκ ἴσχυον ἀντιστῆναι τῇ σοφίᾳ καὶ τῷ πνεύματι ᾧ ἐλάλει
kai ouk ischyon antistēnai tē sophia kai tō pneumati hō elalei
And they were not able to withstand the wisdom and the Spirit by which he spake.

τότε ὑπέβαλον ἄνδρας λέγοντας ὅτι Ἀκηκόαμεν αὐτοῦ λαλοῦντος ῥήματα βλάσφημα εἰς Μωϋσῆν καὶ τὸν θεό
tote hypebalon andras legontas hoti Akēkoamen autou lalountos rhēmata blasphēma eis Mōusēn kai ton theo
Then they suborned men, who said, We have heard him speak blasphemous words against Moses, and against God.

συνεκίνησάν τε τὸν λαὸν καὶ τοὺς πρεσβυτέρους καὶ τοὺς γραμματεῖς
synekinēsan te ton laon kai tous presbyterous kai tous grammateis
And they stirred up the people, and the elders, and the scribes,

καὶ ἐπιστάντες συνήρπασαν αὐτὸν καὶ ἤγαγον εἰς τὸ συνέδριον,
kai epistantes synērpasan auton kai ēgagon eis to synedrion,
and came upon him, and seized him, and brought him into the council,

ἔστησάν τε μάρτυρας ψευδεῖς λέγοντας
estēsan te martyras pseudeis legontas
and set up false witnesses, who said,

Ὁ ἄνθρωπος οὗτος οὐ παύεται λαλῶν ῥήματα κατὰ τοῦ τόπου τοῦ ἁγίου [τούτου] καὶ τοῦ νόμου
HO anthrōpos houtos ou pauetai lalōn rhēmata kata tou topou tou hagiou [toutou] kai tou nomou
This man ceaseth not to speak words against this holy place, and the law:

ἀκηκόαμεν γὰρ αὐτοῦ λέγοντος ὅτι Ἰησοῦς ὁ Ναζωραῖος οὗτος καταλύσει τὸν τόπον τοῦτον
akēkoamen gar autou legontos hoti Iēsous ho Nazōraios houtos katalysei ton topon touton
for we have heard him say, that this Jesus of Nazareth shall destroy this place,

καὶ ἀλλάξει τὰ ἔθη ἃ παρέδωκεν ἡμῖν Μωϋσῆς
kai allaxei ta ethē ha paredōken hēmin Mōusēs
and shall change the customs which Moses delivered unto us.

καὶ ἀτενίσαντες εἰς αὐτὸν πάντες οἱ καθεζόμενοι ἐν τῷ συνεδρίῳ εἶδον τὸ πρόσωπον αὐτοῦ ὡσεὶ πρόσωπον ἀγγέλου
kai atenisantes eis auton pantes hoi kathezomenoi en tō synedriō eidon to prosōpon autou hōsei prosōpon angelou
And all that sat in the council, fastening their eyes on him, saw his face as it had been the face of an angel.

ζ

Εἶπεν δὲ ὁ ἀρχιερεύς, Εἰ ταῦτα οὕτως ἔχει
Eipen de ho archiereus, Ei tauta houtōs echei
And the high priest said, Are these things so?

ὁ δὲ ἔφη, Ἄνδρες ἀδελφοὶ καὶ πατέρες, ἀκούσατε
ho de ephē, Andres adelphoi kai pateres, akousate
And he said, Brethren and fathers, hearken:

Ὁ θεὸς τῆς δόξης ὤφθη τῷ πατρὶ ἡμῶν Ἀβραὰμ ὄντι ἐν τῇ Μεσοποταμίᾳ πρὶν ἢ κατοικῆσαι αὐτὸν ἐν Χαρράν
HO theos tēs doxēs ōphthē tō patri hēmōn Abraam onti en tē Mesopotamia prin ē katoikēsai auton en Charran
The God of glory appeared unto our father Abraham, when he was in Mesopotamia, before he dwelt in Haran,

καὶ εἶπεν πρὸς αὐτόν, Ἔξελθε ἐκ τῆς γῆς σου καὶ [ἐκ] τῆς συγγενείας σου, καὶ δεῦρο εἰς τὴν γῆν ἣν ἄν σοι δείξω
kai eipen pros auton, Exelthe ek tēs gēs sou kai [ek] tēs syngeneias sou, kai deuro eis tēn gēn hēn an soi deixō
and said unto him, Get thee out of thy land, and from thy kindred, and come into the land which I shall show thee.

τότε ἐξελθὼν ἐκ γῆς Χαλδαίων κατῴκησεν ἐν Χαρράν
tote exelthōn ek gēs Chaldaiōn katōkēsen en Charran
Then came he out of the land of the Chaldæans, and dwelt in Haran:

κἀκεῖθεν μετὰ τὸ ἀποθανεῖν τὸν πατέρα αὐτοῦ μετῴκισεν αὐτὸν εἰς τὴν γῆν ταύτην εἰς ἣν ὑμεῖς νῦν κατοικεῖτε
kakeithen meta to apothanein ton patera autou metōkisen auton eis tēn gēn tautēn eis hēn hymeis nyn katoikeite
and from thence, when his father was dead, God removed him into this land, wherein ye now dwell:

καὶ οὐκ ἔδωκεν αὐτῷ κληρονομίαν ἐν αὐτῇ οὐδὲ βῆμα ποδός
kai ouk edōken autō klēronomian en autē oude bēma podos
and he gave him none inheritance in it, no, not so much as to set his foot on:

καὶ ἐπηγγείλατο δοῦναι αὐτῷ εἰς κατάσχεσιν αὐτὴν καὶ τῷ σπέρματι αὐτοῦ μετ' αὐτόν, οὐκ ὄντος αὐτῷ τέκνου
kai epēngeilato dounai autō eis kataschesin autēn kai tō spermati autou met' auton, ouk ontos autō teknou
and he promised that he would give it to him in possession, and to his seed after him, when as yet he had no child.

ἐλάλησεν δὲ οὕτως ὁ θεὸς ὅτι ἔσται τὸ σπέρμα αὐτοῦ πάροικον ἐν γῇ ἀλλοτρίᾳ
elalēsen de houtōs ho theos hoti estai to sperma autou paroikon en gē allotria
And God spake on this wise, that his seed should sojourn in a strange land,

καὶ δουλώσουσιν αὐτὸ καὶ κακώσουσιν ἔτη τετρακόσια
kai doulōsousin auto kai kakōsousin etē tetrakosia
and that they should bring them into bondage, and treat them ill, four hundred years.

καὶ τὸ ἔθνος ᾧ ἐὰν δουλεύσουσιν κρινῶ ἐγώ, ὁ θεὸς εἶπεν
kai to ethnos hō ean douleusousin krinō egō, ho theos eipen,
And the nation to which they shall be in bondage will I judge, said God:

καὶ μετὰ ταῦτα ἐξελεύσονται καὶ λατρεύσουσίν μοι ἐν τῷ τόπῳ τούτῳ
kai meta tauta exeleusontai kai latreusousin moi en tō topō toutō
and after that shall they come forth, and serve me in this place.

καὶ ἔδωκεν αὐτῷ διαθήκην περιτομῆς: καὶ οὕτως ἐγέννησεν τὸν Ἰσαὰκ καὶ περιέτεμεν αὐτὸν τῇ ἡμέρᾳ τῇ ὀγδόῃ
kai edōken autō diathēkēn peritomēs: kai houtōs egennēsen ton Isaak kai perietemen auton tē hēmera tē ogdoē
And he gave him the covenant of circumcision: and so Abraham begat Isaac, and circumcised him the eighth day;

καὶ Ἰσαὰκ τὸν Ἰακώβ, καὶ Ἰακὼβ τοὺς δώδεκα πατριάρχας
kai Isaak ton Iakōb, kai Iakōb tous dōdeka patriarchas
and Isaac begat Jacob, and Jacob the twelve patriarchs.

Καὶ οἱ πατριάρχαι ζηλώσαντες τὸν Ἰωσὴφ ἀπέδοντο εἰς Αἴγυπτον: καὶ ἦν ὁ θεὸς μετ' αὐτοῦ
Kai hoi patriarchai zēlōsantes ton Iōsēph apedonto eis Aigypton: kai ēn ho theos met' autou
And the patriarchs, moved with jealousy against Joseph, sold him into Egypt: and God was with him,

καὶ ἐξείλατο αὐτὸν ἐκ πασῶν τῶν θλίψεων αὐτοῦ
kai exeilato auton ek pasōn tōn thlipseōn autou
and delivered him out of all his afflictions,

καὶ ἔδωκεν αὐτῷ χάριν καὶ σοφίαν ἐναντίον Φαραὼ βασιλέως Αἰγύπτου
kai edōken autō charin kai sophian enantion Pharaō basileōs Aigyptou
and gave him favor and wisdom before Pharaoh king of Egypt;

καὶ κατέστησεν αὐτὸν ἡγούμενον ἐπ' Αἴγυπτον καὶ [ἐφ'] ὅλον τὸν οἶκον αὐτοῦ
kai katestēsen auton hēgoumenon ep' Aigypton kai [eph'] holon ton oikon autou
and he made him governor over Egypt and all his house.

ἦλθεν δὲ λιμὸς ἐφ' ὅλην τὴν Αἴγυπτον καὶ Χανάαν καὶ θλῖψις μεγάλη
ēlthen de limos eph' holēn tēn Aigypton kai Chanaan kai thlipsis megalē
Now there came a famine over all Egypt and Canaan, and great affliction:

καὶ οὐχ ηὕρισκον χορτάσματα οἱ πατέρες ἡμῶν
kai ouch hēuriskon chortasmata hoi pateres hēmōn
and our fathers found no sustenance.

ἀκούσας δὲ Ἰακὼβ ὄντα σιτία εἰς Αἴγυπτον ἐξαπέστειλεν τοὺς πατέρας ἡμῶν πρῶτον
akousas de Iakōb onta sitia eis Aigypton exapesteilen tous pateras hēmōn prōton
But when Jacob heard that there was grain in Egypt, he sent forth our fathers the first time.

καὶ ἐν τῷ δευτέρῳ ἀνεγνωρίσθη Ἰωσὴφ τοῖς ἀδελφοῖς αὐτοῦ, καὶ φανερὸν ἐγένετο τῷ Φαραὼ τὸ γένος [τοῦ] Ἰωσήφ
kai en tō deuterō anegnōristhē Iōsēph tois adelphois autou, kai phaneron egeneto tō Pharaō to genos [tou] Iōsēph
And at the second time Joseph was made known to his brethren; and Joseph's race became manifest unto Pharaoh.

ἀποστείλας δὲ Ἰωσὴφ μετεκαλέσατο Ἰακὼβ τὸν πατέρα αὐτοῦ καὶ πᾶσαν τὴν συγγένειαν ἐν ψυχαῖς ἑβδομήκοντα πέντε
aposteilas de Iōsēph metekalesato Iakōb ton patera autou kai pasan tēn syngeneian en psychais hebdomēkonta pente
And Joseph sent, and called to him Jacob his father, and all his kindred, threescore and fifteen souls.

καὶ κατέβη Ἰακὼβ εἰς Αἴγυπτον. καὶ ἐτελεύτησεν αὐτὸς καὶ οἱ πατέρες ἡμῶν
kai katebē Iakōb eis Aigypton. kai eteleutēsen autos kai hoi pateres hēmōn
And Jacob went down into Egypt; and he died, himself and our fathers;

καὶ μετετέθησαν εἰς Συχὲμ
kai metetethēsan eis Sychem
and they were carried over unto Shechem,

καὶ ἐτέθησαν ἐν τῷ μνήματι ᾧ ὠνήσατο Ἀβραὰμ τιμῆς ἀργυρίου παρὰ τῶν υἱῶν Ἑμμὼρ ἐν Συχέμ
kai etethēsan en tō mnēmati hō ōnēsato Abraam timēs argyriou para tōn huiōn Hemmōr en Sychem
and laid in the tomb that Abraham bought for a price in silver of the sons of Hamor in Shechem.

Καθὼς δὲ ἤγγιζεν ὁ χρόνος τῆς ἐπαγγελίας ἧς ὡμολόγησεν ὁ θεὸς τῷ Ἀβραάμ
Kathōs de ēngizen ho chronos tēs epangelias hēs hōmologēsen ho theos tō Abraam
But as the time of the promise drew nigh which God vouchsafed unto Abraham,

ηὔξησεν ὁ λαὸς καὶ ἐπληθύνθη ἐν Αἰγύπτῳ
ēuxēsen ho laos kai eplēthynthē en Aigyptō
the people grew and multiplied in Egypt,

ἄχρι οὗ ἀνέστη βασιλεὺς ἕτερος [ἐπ' Αἴγυπτον] ὃς οὐκ ᾔδει τὸν Ἰωσήφ
achri hou anestē basileus heteros [ep' Aigypton] hos ouk ēdei ton Iōsēph
till there arose another king over Egypt, who knew not Joseph.

οὗτος κατασοφισάμενος τὸ γένος ἡμῶν ἐκάκωσεν τοὺς πατέρας [ἡμῶν]
houtos katasophisamenos to genos hēmōn ekakōsen tous pateras [hēmōn]
The same dealt craftily with our race, and ill-treated our fathers,

τοῦ ποιεῖν τὰ βρέφη ἔκθετα αὐτῶν εἰς τὸ μὴ ζῳογονεῖσθαι
tou poiein ta brephē ektheta autōn eis to mē zōogoneisthai
that they should cast out their babes to the end they might not live.

ἐν ᾧ καιρῷ ἐγεννήθη Μωϋσῆς, καὶ ἦν ἀστεῖος τῷ θεῷ: ὃς ἀνετράφη μῆνας τρεῖς ἐν τῷ οἴκῳ τοῦ πατρός
en hō kairō egennēthē Mōusēs, kai ēn asteios tō theō: hos anetraphē mēnas treis en tō oikō tou patros
At which season Moses was born, and was exceeding fair; and he was nourished three months in his father's house:

ἐκτεθέντος δὲ αὐτοῦ ἀνείλατο αὐτὸν ἡ θυγάτηρ Φαραὼ καὶ ἀνεθρέψατο αὐτὸν ἑαυτῇ εἰς υἱόν
ektethentos de autou aneilato auton hē thygatēr Pharaō kai anethrepsato auton heautē eis huion
and when he was cast out, Pharaoh's daughter took him up, and nourished him for her own son.

καὶ ἐπαιδεύθη Μωϋσῆς [ἐν] πάσῃ σοφίᾳ Αἰγυπτίων, ἦν δὲ δυνατὸς ἐν λόγοις καὶ ἔργοις αὐτοῦ
kai epaideuthē Mōusēs [en] pasē sophia Aigyptiōn, ēn de dynatos en logois kai ergois autou
And Moses was instructed in all the wisdom of the Egyptians; and he was mighty in his words and works.

Ὡς δὲ ἐπληροῦτο αὐτῷ τεσσερακονταετὴς χρόνος
Hōs de eplērouto autō tesserakontaetēs chronos
But when he was well-nigh forty years old,

ἀνέβη ἐπὶ τὴν καρδίαν αὐτοῦ ἐπισκέψασθαι τοὺς ἀδελφοὺς αὐτοῦ τοὺς υἱοὺς Ἰσραήλ
anebē epi tēn kardian autou episkepsasthai tous adelphous autou tous huious Israēl
it came into his heart to visit his brethren the children of Israel.

καὶ ἰδών τινα ἀδικούμενον ἠμύνατο καὶ ἐποίησεν ἐκδίκησιν τῷ καταπονουμένῳ πατάξας τὸν Αἰγύπτιον
kai idōn tina adikoumenon ēmynato kai epoiēsen ekdikēsin tō kataponoumenō pataxas ton Aigyption
And seeing one of them suffer wrong, he defended him, and avenged him that was oppressed, smiting the Egyptian:

ἐνόμιζεν δὲ συνιέναι τοὺς ἀδελφοὺς [αὐτοῦ] ὅτι ὁ θεὸς διὰ χειρὸς αὐτοῦ δίδωσιν σωτηρίαν αὐτοῖς
enomizen de synienai tous adelphous [autou] hoti ho theos dia cheiros autou didōsin sōtērian autois
and he supposed that his brethren understood that God by his hand was giving them deliverance;

οἱ δὲ οὐ συνῆκαν
hoi de ou synēkan
but they understood not.

τῇ τε ἐπιούσῃ ἡμέρᾳ ὤφθη αὐτοῖς μαχομένοις καὶ συνήλλασσεν αὐτοὺς εἰς εἰρήνην εἰπών
tē te epiousē hēmera ōphthē autois machomenois kai synēllassen autous eis eirēnēn eipōn
And the day following he appeared unto them as they strove, and would have set them at one again, saying,

Ἄνδρες, ἀδελφοί ἐστε ἱνατί ἀδικεῖτε ἀλλήλους
Andres, adelphoi este hinati adikeite allēlous
Sirs, ye are brethren; why do ye wrong one to another?

ὁ δὲ ἀδικῶν τὸν πλησίον ἀπώσατο αὐτὸν εἰπών, Τίς σε κατέστησεν ἄρχοντα καὶ δικαστὴν ἐφ' ἡμῶν
ho de adikōn ton plēsion apōsato auton eipōn, Tis se katestēsen archonta kai dikastēn eph' hēmōn
But he that did his neighbor wrong thrust him away, saying, Who made thee a ruler and a judge over us?

μὴ ἀνελεῖν με σὺ θέλεις ὃν τρόπον ἀνεῖλες ἐχθὲς τὸν Αἰγύπτιον
mē anelein me sy theleis hon tropon aneiles echthes ton Aigyption
Wouldest thou kill me, as thou killedst the Egyptian yesterday?

ἔφυγεν δὲ Μωϋσῆς ἐν τῷ λόγῳ τούτῳ, καὶ ἐγένετο πάροικος ἐν γῇ Μαδιάμ, οὗ ἐγέννησεν υἱοὺς δύο
ephygen de Mōusēs en tō logō toutō, kai egeneto paroikos en gē Madiam, hou egennēsen huious dyo
And Moses fled at this saying, and became a sojourner in the land of Midian, where he begat two sons.

Καὶ πληρωθέντων ἐτῶν τεσσεράκοντα ὤφθη αὐτῷ ἐν τῇ ἐρήμῳ τοῦ ὄρους Σινᾶ ἄγγελος
Kai plērōthentōn etōn tesserakonta ōphthē autō en tē erēmō tou orous Sina angelos
And when forty years were fulfilled, an angel appeared to him in the wilderness of mount Sinai,

ἐν φλογὶ πυρὸς βάτου
en phlogi pyros batou
in a flame of fire in a bush.

ὁ δὲ Μωϋσῆς ἰδὼν ἐθαύμαζεν τὸ ὅραμα: προσερχομένου δὲ αὐτοῦ κατανοῆσαι ἐγένετο φωνὴ κυρίου
ho de Mōusēs idōn ethaumazen to horama: proserchomenou de autou katanoēsai egeneto phōnē kyriou
And when Moses saw it, he wondered at the sight: and as he drew near to behold, there came a voice of the Lord,

Ἐγὼ ὁ θεὸς τῶν πατέρων σου, ὁ θεὸς Ἀβραὰμ καὶ Ἰσαὰκ καὶ Ἰακώβ
Egō ho theos tōn paterōn sou, ho theos Abraam kai Isaak kai Iakōb
I am the God of thy fathers, the God of Abraham, and of Isaac, and of Jacob.

ἔντρομος δὲ γενόμενος Μωϋσῆς οὐκ ἐτόλμα κατανοῆσαι
entromos de genomenos Mōusēs ouk etolma katanoēsai
And Moses trembled, and durst not behold.

εἶπεν δὲ αὐτῷ ὁ κύριος, Λῦσον τὸ ὑπόδημα τῶν ποδῶν σου, ὁ γὰρ τόπος ἐφ' ᾧ ἕστηκας γῆ ἁγία ἐστίν
eipen de autō ho kyrios, Lyson to hypodēma tōn podōn sou, ho gar topos eph' hō hestēkas gē hagia estin
And the Lord said unto him, Loose the shoes from thy feet: for the place whereon thou standest is holy ground.

ἰδὼν εἶδον τὴν κάκωσιν τοῦ λαοῦ μου τοῦ ἐν Αἰγύπτῳ
idōn eidon tēn kakōsin tou laou mou tou en Aigyptō
I have surely seen the affliction of my people that is in Egypt,

καὶ τοῦ στεναγμοῦ αὐτῶν ἤκουσα, καὶ κατέβην ἐξελέσθαι αὐτούς: καὶ νῦν δεῦρο ἀποστείλω σε εἰς Αἴγυπτον
kai tou stenagmou autōn ēkousa, kai katebēn exelesthai autous: kai nyn deuro aposteilō se eis Aigypton
and have heard their groaning, and I am come down to deliver them: and now come, I will send thee into Egypt.

Τοῦτον τὸν Μωϋσῆν, ὃν ἠρνήσαντο εἰπόντες, Τίς σε κατέστησεν ἄρχοντα καὶ δικαστήν
Touton ton Mōusēn, hon ērnēsanto eipontes, Tis se katestēsen archonta kai dikastēn?
This Moses whom they refused, saying, Who made thee a ruler and a judge?

τοῦτον ὁ θεὸς [καὶ] ἄρχοντα καὶ λυτρωτὴν ἀπέσταλκεν σὺν χειρὶ ἀγγέλου τοῦ ὀφθέντος αὐτῷ ἐν τῇ βάτῳ
touton ho theos [kai] archonta kai lytrōtēn apestalken syn cheiri angelou tou ophthentos autō en tē batō
him hath God sent to be both a ruler and a deliverer with the hand of the angel that appeared to him in the bush.

οὗτος ἐξήγαγεν αὐτοὺς ποιήσας τέρατα καὶ σημεῖα ἐν γῇ Αἰγύπτῳ
houtos exēgagen autous poiēsas terata kai sēmeia en gē Aigyptō
This man led them forth, having wrought wonders and signs in Egypt,

καὶ ἐν Ἐρυθρᾷ Θαλάσσῃ καὶ ἐν τῇ ἐρήμῳ ἔτη τεσσεράκοντα
kai en Erythra Thalassē kai en tē erēmō etē tesserakonta
and in the Red sea, and in the wilderness forty years.

οὗτός ἐστιν ὁ Μωϋσῆς ὁ εἴπας τοῖς υἱοῖς Ἰσραήλ
houtos estin ho Mōusēs ho eipas tois huiois Israēl
This is that Moses, who said unto the children of Israel,

Προφήτην ὑμῖν ἀναστήσει ὁ θεὸς ἐκ τῶν ἀδελφῶν ὑμῶν ὡς ἐμέ
Prophētēn hymin anastēsei ho theos ek tōn adelphōn hymōn hōs eme
A prophet shall God raise up unto you from among your brethren, like unto me.

οὗτός ἐστιν ὁ γενόμενος ἐν τῇ ἐκκλησίᾳ ἐν τῇ ἐρήμῳ μετὰ τοῦ ἀγγέλου τοῦ λαλοῦντος αὐτῷ ἐν τῷ ὄρει Σινᾶ
houtos estin ho genomenos en tē ekklēsia en tē erēmō meta tou angelou tou lalountos autō en tō orei Sina
This is he that was in the church in the wilderness with the angel that spake to him in the mount Sinai,

καὶ τῶν πατέρων ἡμῶν, ὃς ἐδέξατο λόγια ζῶντα δοῦναι ἡμῖν
kai tōn paterōn hēmōn, hos edexato logia zōnta dounai hēmin
and with our fathers: who received living oracles to give unto us:

ᾧ οὐκ ἠθέλησαν ὑπήκοοι γενέσθαι οἱ πατέρες ἡμῶν ἀλλὰ ἀπώσαντο
hō ouk ēthelēsan hypēkooi genesthai hoi pateres hēmōn
to whom our fathers would not be obedient,

καὶ ἐστράφησαν ἐν ταῖς καρδίαις αὐτῶν εἰς Αἴγυπτον
alla apōsanto kai estraphēsan en tais kardiais autōn eis Aigypton
but thrust him from them, and turned back in their hearts unto Egypt,

εἰπόντες τῷ Ἀαρών, Ποίησον ἡμῖν θεοὺς οἳ προπορεύσονται ἡμῶν
eipontes tō Aarōn, Poiēson hēmin theous hoi proporeusontai hēmōn
saying unto Aaron, Make us gods that shall go before us:

ὁ γὰρ Μωϋσῆς οὗτος, ὃς ἐξήγαγεν ἡμᾶς ἐκ γῆς Αἰγύπτου, οὐκ οἴδαμεν τί ἐγένετο αὐτῷ
ho gar Mōusēs houtos, hos exēgagen hēmas ek gēs Aigyptou, ouk oidamen ti egeneto autō
for as for this Moses, who led us forth out of the land of Egypt, we know not what is become of him.

καὶ ἐμοσχοποίησαν ἐν ταῖς ἡμέραις ἐκείναις καὶ ἀνήγαγον θυσίαν τῷ εἰδώλῳ
kai emoschopoiēsan en tais hēmerais ekeinais kai anēgagon thysian tō eidōlō
And they made a calf in those days, and brought a sacrifice unto the idol,

καὶ εὐφραίνοντο ἐν τοῖς ἔργοις τῶν χειρῶν αὐτῶν
kai euphrainonto en tois ergois tōn cheirōn autōn
and rejoiced in the works of their hands.

ἔστρεψεν δὲ ὁ θεὸς καὶ παρέδωκεν αὐτοὺς λατρεύειν τῇ στρατιᾷ τοῦ οὐρανοῦ
estrepsen de ho theos kai paredōken autous latreuein tē stratia tou ouranou
But God turned, and gave them up to serve the host of heaven;

καθὼς γέγραπται ἐν βίβλῳ τῶν προφητῶν
kathōs gegraptai en biblō tōn prophētōn
as it is written in the book of the prophets,

Μὴ σφάγια καὶ θυσίας προσηνέγκατέ μοι ἔτη τεσσεράκοντα ἐν τῇ ἐρήμῳ, οἶκος Ἰσραήλ
Mē sphagia kai thysias prosēnenkate moi etē tesserakonta en tē erēmō, oikos Israēl
Did ye offer unto me slain beasts and sacrifices Forty years in the wilderness, O house of Israel?

καὶ ἀνελάβετε τὴν σκηνὴν τοῦ Μολὸχ καὶ τὸ ἄστρον τοῦ θεοῦ [ὑμῶν] Ῥαιφάν
kai anelabete tēn skēnēn tou Moloch kai to astron tou theou [hymōn] Rhaiphan
And ye took up the tabernacle of Moloch, And the star of the god Rephan,

τοὺς τύπους οὓς ἐποιήσατε προσκυνεῖν αὐτοῖς: καὶ μετοικιῶ ὑμᾶς ἐπέκεινα Βαβυλῶνος
tous typous hous epoiēsate proskynein autois: kai metoikiō hymas epekeina Babylōnos.
The figures which ye made to worship them: And I will carry you away beyond Babylon.

Ἡ σκηνὴ τοῦ μαρτυρίου ἦν τοῖς πατράσιν ἡμῶν ἐν τῇ ἐρήμῳ
HĒ skēnē tou martyriou ēn tois patrasin hēmōn en tē erēmō
Our fathers had the tabernacle of the testimony in the wilderness,

καθὼς διετάξατο ὁ λαλῶν τῷ Μωϋσῇ ποιῆσαι αὐτὴν κατὰ τὸν τύπον ὃν ἑωράκει
kathōs dietaxato ho lalōn tō Mōusē poiēsai autēn kata ton typon hon heōrakei
even as he appointed who spake unto Moses, that he should make it according to the figure that he had seen.

ἣν καὶ εἰσήγαγον διαδεξάμενοι οἱ πατέρες ἡμῶν μετὰ Ἰησοῦ ἐν τῇ κατασχέσει τῶν ἐθνῶν
hēn kai eisēgagon diadexamenoi hoi pateres hēmōn meta Iēsou en tē kataschesei tōn ethnōn
Which also our fathers, in their turn, brought in with Joshua when they entered on the possession of the nations,

ὧν ἐξῶσεν ὁ θεὸς ἀπὸ προσώπου τῶν πατέρων ἡμῶν ἕως τῶν ἡμερῶν Δαυίδ
hōn exōsen ho theos apo prosōpou tōn paterōn hēmōn heōs tōn hēmerōn Dauid
that God thrust out before the face of our fathers, unto the days of David;

ὃς εὗρεν χάριν ἐνώπιον τοῦ θεοῦ καὶ ᾐτήσατο εὑρεῖν σκήνωμα τῷ οἴκῳ Ἰακώβ
hos heuren charin enōpion tou theou kai ētēsato heurein skēnōma tō oikō Iakōb
who found favor in the sight of God, and asked to find a habitation for the God of Jacob.

Σολομῶν δὲ οἰκοδόμησεν αὐτῷ οἶκον
Solomōn de oikodomēsen autō oikon
But Solomon built him a house.

ἀλλ' οὐχ ὁ ὕψιστος ἐν χειροποιήτοις κατοικεῖ: καθὼς ὁ προφήτης λέγει
all' ouch ho hypsistos en cheiropoiētois katoikei: kathōs ho prophētēs legei
Howbeit the Most High dwelleth not in houses made with hands; as saith the prophet,

Ὁ οὐρανός μοι θρόνος, ἡ δὲ γῆ ὑποπόδιον τῶν ποδῶν μου
HO ouranos moi thronos, hē de gē hypopodion tōn podōn mou
The heaven is my throne, And the earth the footstool of my feet:

ποῖον οἶκον οἰκοδομήσετέ μοι, λέγει κύριος, ἢ τίς τόπος τῆς καταπαύσεώς μου
poion oikon oikodomēsete moi, legei kyrios, ē tis topos tēs katapauseōs mou
What manner of house will ye build me? saith the Lord: Or what is the place of my rest?

οὐχὶ ἡ χείρ μου ἐποίησεν ταῦτα πάντα
ouchi hē cheir mou epoiēsen tauta panta
Did not my hand make all these things?

Σκληροτράχηλοι καὶ ἀπερίτμητοι καρδίαις καὶ τοῖς ὠσίν, ὑμεῖς ἀεὶ τῷ πνεύματι τῷ ἁγίῳ ἀντιπίπτετε
Sklērotrachēloi kai aperitmētoi kardiais kai tois ōsin, hymeis aei tō pneumati tō hagiō antipiptete
Ye stiffnecked and uncircumcised in heart and ears, ye do always resist the Holy Spirit:

ὡς οἱ πατέρες ὑμῶν καὶ ὑμεῖς
hōs hoi pateres hymōn kai hymeis
as your fathers did, so do ye.

τίνα τῶν προφητῶν οὐκ ἐδίωξαν οἱ πατέρες ὑμῶν
tina tōn prophētōn ouk ediōxan hoi pateres hymōn
Which of the prophets did not your fathers persecute?

καὶ ἀπέκτειναν τοὺς προκαταγγείλαντας περὶ τῆς ἐλεύσεως τοῦ δικαίου
kai apekteinan tous prokatangeilantas peri tēs eleuseōs tou dikaiou
and they killed them that showed before of the coming of the Righteous One;

οὗ νῦν ὑμεῖς προδόται καὶ φονεῖς ἐγένεσθε
hou nyn hymeis prodotai kai phoneis egenesthe
of whom ye have now become betrayers and murderers;

οἵτινες ἐλάβετε τὸν νόμον εἰς διαταγὰς ἀγγέλων, καὶ οὐκ ἐφυλάξατε
hoitines elabete ton nomon eis diatagas angelōn, kai ouk ephylaxate
ye who received the law as it was ordained by angels, and kept it not.

Ἀκούοντες δὲ ταῦτα διεπρίοντο ταῖς καρδίαις αὐτῶν καὶ ἔβρυχον τοὺς ὀδόντας ἐπ' αὐτόν
Akouontes de tauta dieprionto tais kardiais autōn kai ebrychon tous odontas ep' auton
Now when they heard these things, they were cut to the heart, and they gnashed on him with their teeth.

ὑπάρχων δὲ πλήρης πνεύματος ἁγίου
hyparchōn de plērēs pneumatos hagiou
But he, being full of the Holy Spirit,

ἀτενίσας εἰς τὸν οὐρανὸν εἶδεν δόξαν θεοῦ καὶ Ἰησοῦν ἑστῶτα ἐκ δεξιῶν τοῦ θεοῦ
atenisas eis ton ouranon eiden doxan theou kai Iēsoun hestōta ek dexiōn tou theou
looked up stedfastly into heaven, and saw the glory of God, and Jesus standing on the right hand of God,

καὶ εἶπεν, Ἰδοὺ θεωρῶ τοὺς οὐρανοὺς διηνοιγμένους καὶ τὸν υἱὸν τοῦ ἀνθρώπου ἐκ δεξιῶν ἑστῶτα τοῦ θεοῦ
kai eipen, Idou theōrō tous ouranous diēnoigmenous kai ton huion tou anthrōpou ek dexiōn hestōta tou theou
and said, Behold, I see the heavens opened, and the Son of man standing on the right hand of God.

κράξαντες δὲ φωνῇ μεγάλῃ συνέσχον τὰ ὦτα αὐτῶν, καὶ ὥρμησαν ὁμοθυμαδὸν ἐπ' αὐτόν
kraxantes de phōnē megalē syneschon ta ōta autōn, kai hōrmēsan homothymadon ep' auton
But they cried out with a loud voice, and stopped their ears, and rushed upon him with one accord;

καὶ ἐκβαλόντες ἔξω τῆς πόλεως ἐλιθοβόλουν
kai ekbalontes exō tēs poleōs elithoboloun
and they cast him out of the city, and stoned him:

καὶ οἱ μάρτυρες ἀπέθεντο τὰ ἱμάτια αὐτῶν παρὰ τοὺς πόδας νεανίου καλουμένου Σαύλου
kai hoi martyres apethento ta himatia autōn para tous podas neaniou kaloumenou Saulou
and the witnesses laid down their garments at the feet of a young man named Saul.

καὶ ἐλιθοβόλουν τὸν Στέφανον ἐπικαλούμενον καὶ λέγοντα, Κύριε Ἰησοῦ, δέξαι τὸ πνεῦμά μου
kai elithoboloun ton Stephanon epikaloumenon kai legonta, Kyrie Iēsou, dexai to pneuma mou
And they stoned Stephen, calling upon the Lord, and saying, Lord Jesus, receive my spirit.

θεὶς δὲ τὰ γόνατα ἔκραξεν φωνῇ μεγάλῃ, Κύριε, μὴ στήσῃς αὐτοῖς ταύτην τὴν ἁμαρτίαν
theis de ta gonata ekraxen phōnē megalē, Kyrie, mē stēsēs autois tautēn tēn hamartian
And he kneeled down, and cried with a loud voice, Lord, lay not this sin to their charge.

καὶ τοῦτο εἰπὼν ἐκοιμήθη
kai touto eipōn ekoimēthē
And when he had said this, he fell asleep.

η

Σαῦλος δὲ ἦν συνευδοκῶν τῇ ἀναιρέσει αὐτοῦ
Saulos de ēn syneudokōn tē anairesei autou
And Saul was consenting unto his death.

Ἐγένετο δὲ ἐν ἐκείνῃ τῇ ἡμέρᾳ διωγμὸς μέγας ἐπὶ τὴν ἐκκλησίαν τὴν ἐν Ἱεροσολύμοις
Egeneto de en ekeinē tē hēmera diōgmos megas epi tēn ekklēsian tēn en Hierosolymois
And there arose on that day a great persecution against the church which was in Jerusalem;

πάντες δὲ διεσπάρησαν κατὰ τὰς χώρας τῆς Ἰουδαίας καὶ Σαμαρείας πλὴν τῶν ἀποστόλων
pantes de diesparēsan kata tas chōras tēs Ioudaias kai Samareias plēn tōn apostolōn
and they were all scattered abroad throughout the regions of Judæa and Samaria, except the apostles.

συνεκόμισαν δὲ τὸν Στέφανον ἄνδρες εὐλαβεῖς καὶ ἐποίησαν κοπετὸν μέγαν ἐπ' αὐτῷ
synekomisan de ton Stephanon andres eulabeis kai epoiēsan kopeton megan ep' autō
And devout men buried Stephen, and made great lamentation over him.

Σαῦλος δὲ ἐλυμαίνετο τὴν ἐκκλησίαν κατὰ τοὺς οἴκους εἰσπορευόμενος
Saulos de elymaineto tēn ekklēsian kata tous oikous eisporeuomenos
But Saul laid waste the church, entering into every house,

σύρων τε ἄνδρας καὶ γυναῖκας παρεδίδου εἰς φυλακήν
syrōn te andras kai gynaikas paredidou eis phylakēn
and dragging men and women committed them to prison.

Οἱ μὲν οὖν διασπαρέντες διῆλθον εὐαγγελιζόμενοι τὸν λόγον
HOi men oun diasparentes diēlthon euangelizomenoi ton logon
They therefore that were scattered abroad went about preaching the word.

Φίλιππος δὲ κατελθὼν εἰς [τὴν] πόλιν τῆς Σαμαρείας ἐκήρυσσεν αὐτοῖς τὸν Χριστόν
Philippos de katelthōn eis [tēn] polin tēs Samareias ekēryssen autois ton Christon
And Philip went down to the city of Samaria, and proclaimed unto them the Christ.

προσεῖχον δὲ οἱ ὄχλοι τοῖς λεγομένοις ὑπὸ τοῦ Φιλίππου ὁμοθυμαδὸν ἐν τῷ ἀκούειν αὐτοὺς
proseichon de hoi ochloi tois legomenois hypo tou Philippou homothymadon en tō akouein autous
And the multitudes gave heed with one accord unto the things that were spoken by Philip, when they heard,

καὶ βλέπειν τὰ σημεῖα ἃ ἐποίει
kai blepein ta sēmeia ha epoiei
and saw the signs which he did.

πολλοὶ γὰρ τῶν ἐχόντων πνεύματα ἀκάθαρτα βοῶντα φωνῇ μεγάλῃ ἐξήρχοντο
polloi gar tōn echontōn pneumata akatharta boōnta phōnē megalē exērchonto
For from many of those that had unclean spirits, they came out, crying with a loud voice:

πολλοὶ δὲ παραλελυμένοι καὶ χωλοὶ ἐθεραπεύθησαν
polloi de paralelymenoi kai chōloi etherapeuthēsan
and many that were palsied, and that were lame, were healed.

ἐγένετο δὲ πολλὴ χαρὰ ἐν τῇ πόλει ἐκείνῃ
egeneto de pollē chara en tē polei ekeinē
And there was much joy in that city.

Ἀνὴρ δέ τις ὀνόματι Σίμων προϋπῆρχεν ἐν τῇ πόλει μαγεύων καὶ ἐξιστάνων τὸ ἔθνος τῆς Σαμαρείας
Anēr de tis onomati Simōn proupērchen en tē polei mageuōn kai existanōn to ethnos tēs Samareias
But there was a certain man, Simon by name, who beforetime in the city used sorcery, and amazed the people of
Samaria,

λέγων εἶναί τινα ἑαυτὸν μέγαν
legōn einai tina heauton megan
giving out that himself was some great one:

ᾧ προσεῖχον πάντες ἀπὸ μικροῦ ἕως μεγάλου λέγοντες, Οὗτός ἐστιν ἡ δύναμις τοῦ θεοῦ ἡ καλουμένη Μεγάλη
hō proseichon pantes apo mikrou heōs megalou legontes, Houtos estin hē dynamis tou theou hē kaloumenē Megalē
to whom they all gave heed, from the least to the greatest, saying, This man is that power of God which is called Great.

προσεῖχον δὲ αὐτῷ διὰ τὸ ἱκανῷ χρόνῳ ταῖς μαγείαις ἐξεστακέναι αὐτούς
proseichon de autō dia to hikanō chronō tais mageiais exestakenai autous
And they gave heed to him, because that of long time he had amazed them with his sorceries.

ὅτε δὲ ἐπίστευσαν τῷ Φιλίππῳ εὐαγγελιζομένῳ περὶ τῆς βασιλείας τοῦ θεοῦ καὶ τοῦ ὀνόματος Ἰησοῦ Χριστοῦ
hote de episteusan tō Philippō euangelizomenō peri tēs basileias tou theou kai tou onomatos Iēsou Christou
But when they believed Philip preaching good tidings concerning the kingdom of God and the name of Jesus Christ,

ἐβαπτίζοντο ἄνδρες τε καὶ γυναῖκες
ebaptizonto andres te kai gynaikes
they were baptized, both men and women.

ὁ δὲ Σίμων καὶ αὐτὸς ἐπίστευσεν, καὶ βαπτισθεὶς ἦν προσκαρτερῶν τῷ Φιλίππῳ
ho de Simōn kai autos episteusen, kai baptistheis ēn proskarterōn tō Philippō
And Simon also himself believed: and being baptized, he continued with Philip;

θεωρῶν τε σημεῖα καὶ δυνάμεις μεγάλας γινομένας ἐξίστατο
theōrōn te sēmeia kai dynameis megalas ginomenas existato
and beholding signs and great miracles wrought, he was amazed.

Ἀκούσαντες δὲ οἱ ἐν Ἱεροσολύμοις ἀπόστολοι ὅτι δέδεκται ἡ Σαμάρεια τὸν λόγον τοῦ θεοῦ
Akousantes de hoi en Hierosolymois apostoloi hoti dedektai hē Samareia ton logon tou theou
Now when the apostles that were at Jerusalem heard that Samaria had received the word of God,

ἀπέστειλαν πρὸς αὐτοὺς Πέτρον καὶ Ἰωάννην
apesteilan pros autous Petron kai Iōannēn
they sent unto them Peter and John:

οἵτινες καταβάντες προσηύξαντο περὶ αὐτῶν ὅπως λάβωσιν πνεῦμα ἅγιον
hoitines katabantes prosēuxanto peri autōn hopōs labōsin pneuma hagion
who, when they were come down, prayed for them, that they might receive the Holy Spirit:

οὐδέπω γὰρ ἦν ἐπ' οὐδενὶ αὐτῶν ἐπιπεπτωκός, μόνον δὲ βεβαπτισμένοι ὑπῆρχον εἰς τὸ ὄνομα τοῦ κυρίου Ἰησοῦ
oudepō gar ēn ep' oudeni autōn epipeptōkos, monon de bebaptismenoi hypērchon eis to onoma tou kyriou Iēsou
for as yet it was fallen upon none of them: only they had been baptized into the name of the Lord Jesus.

τότε ἐπετίθεσαν τὰς χεῖρας ἐπ' αὐτούς, καὶ ἐλάμβανον πνεῦμα ἅγιον
tote epetithesan tas cheiras ep' autous, kai elambanon pneuma hagion
Then laid they their hands on them, and they received the Holy Spirit.

ἰδὼν δὲ ὁ Σίμων ὅτι διὰ τῆς ἐπιθέσεως τῶν χειρῶν τῶν ἀποστόλων δίδοται τὸ πνεῦμα
idōn de ho Simōn hoti dia tēs epitheseōs tōn cheirōn tōn apostolōn didotai to pneuma
Now when Simon saw that through the laying on of the apostles' hands the Holy Spirit was given,

προσήνεγκεν αὐτοῖς χρήματα
prosēnenken autois chrēmata
he offered them money,

λέγων, Δότε κἀμοὶ τὴν ἐξουσίαν ταύτην ἵνα ᾧ ἐὰν ἐπιθῶ τὰς χεῖρας λαμβάνῃ πνεῦμα ἅγιον
legōn, Dote kamoi tēn exousian tautēn hina hō ean epithō tas cheiras lambanē pneuma hagion
saying, Give me also this power, that on whomsoever I lay my hands, he may receive the Holy Spirit.

Πέτρος δὲ εἶπεν πρὸς αὐτόν, Τὸ ἀργύριόν σου σὺν σοὶ εἴη εἰς ἀπώλειαν
Petros de eipen pros auton, To argyrion sou syn soi eiē eis apōleian,
But Peter said unto him, Thy silver perish with thee,

ὅτι τὴν δωρεὰν τοῦ θεοῦ ἐνόμισας διὰ χρημάτων κτᾶσθαι
hoti tēn dōrean tou theou enomisas dia chrēmatōn ktasthai
because thou hast thought to obtain the gift of God with money.

οὐκ ἔστιν σοι μερὶς οὐδὲ κλῆρος ἐν τῷ λόγῳ τούτῳ, ἡ γὰρ καρδία σου οὐκ ἔστιν εὐθεῖα ἔναντι τοῦ θεοῦ
ouk estin soi meris oude klēros en tō logō toutō, hē gar kardia sou ouk estin eutheia enanti tou theou
Thou hast neither part nor lot in this matter: for thy heart is not right before God.

μετανόησον οὖν ἀπὸ τῆς κακίας σου ταύτης, καὶ δεήθητι τοῦ κυρίου εἰ ἄρα ἀφεθήσεταί σοι ἡ ἐπίνοια τῆς καρδίας σου
metanoēson oun apo tēs kakias sou tautēs, kai deēthēti tou kyriou ei ara aphethēsetai soi hē epinoia tēs kardias sou
Repent therefore of this thy wickedness, and pray the Lord, if perhaps the thought of thy heart shall be forgiven thee.

εἰς γὰρ χολὴν πικρίας καὶ σύνδεσμον ἀδικίας ὁρῶ σε ὄντα
eis gar cholēn pikrias kai syndesmon adikias horō se onta
For I see that thou art in the gall of bitterness and in the bond of iniquity.

ἀποκριθεὶς δὲ ὁ Σίμων εἶπεν, Δεήθητε ὑμεῖς ὑπὲρ ἐμοῦ πρὸς τὸν κύριον
apokritheis de ho Simōn eipen, Deēthēte hymeis hyper emou pros ton kyrion
And Simon answered and said, Pray ye for me to the Lord,

ὅπως μηδὲν ἐπέλθῃ ἐπ' ἐμὲ ὧν εἰρήκατε
hopōs mēden epelthē ep' eme hōn eirēkate
that none of the things which ye have spoken come upon me.

Οἱ μὲν οὖν διαμαρτυράμενοι καὶ λαλήσαντες τὸν λόγον τοῦ κυρίου ὑπέστρεφον εἰς Ἱεροσόλυμα
HOi men oun diamartyramenoi kai lalēsantes ton logon tou kyriou hypestrephon eis Hierosolyma
They therefore, when they had testified and spoken the word of the Lord, returned to Jerusalem,

πολλάς τε κώμας τῶν Σαμαριτῶν εὐηγγελίζοντο
pollas te kōmas tōn Samaritōn euēngelizonto
and preached the gospel to many villages of the Samaritans.

Ἄγγελος δὲ κυρίου ἐλάλησεν πρὸς Φίλιππον λέγων
Angelos de kyriou elalēsen pros Philippon legōn
But an angel of the Lord spake unto Philip, saying,

Ἀνάστηθι καὶ πορεύου κατὰ μεσημβρίαν ἐπὶ τὴν ὁδὸν τὴν καταβαίνουσαν ἀπὸ Ἰερουσαλὴμ εἰς Γάζαν
Anastēthi kai poreuou kata mesēmbrian epi tēn hodon tēn katabainousan apo Ierousalēm eis Gazan
Arise, and go toward the south unto the way that goeth down from Jerusalem unto Gaza:

αὕτη ἐστὶν ἔρημος
hautē estin erēmos
the same is desert.

καὶ ἀναστὰς ἐπορεύθη: καὶ ἰδοὺ ἀνὴρ Αἰθίοψ εὐνοῦχος δυνάστης Κανδάκης
kai anastas eporeuthē: kai idou anēr Aithiops eunouchos dynastēs Kandakēs
And he arose and went: and behold, a man of Ethiopia, a eunuch of great authority under Candace,

βασιλίσσης Αἰθιόπων ὃς ἦν ἐπὶ πάσης τῆς γάζης αὐτῆς, ὃς ἐληλύθει προσκυνήσων εἰς Ἰερουσαλήμ
basilissēs Aithiopōn hos ēn epi pasēs tēs gazēs autēs, hos elēlythei proskynēsōn eis Ierousalēm
queen of the Ethiopians, who was over all her treasure, who had come to Jerusalem to worship;

ἦν τε ὑποστρέφων καὶ καθήμενος ἐπὶ τοῦ ἅρματος αὐτοῦ καὶ ἀνεγίνωσκεν τὸν προφήτην Ἠσαΐαν
ēn te hypostrephōn kai kathēmenos epi tou harmatos autou kai aneginōsken ton prophētēn Ēsaian
and he was returning and sitting in his chariot, and was reading the prophet Isaiah.

εἶπεν δὲ τὸ πνεῦμα τῷ Φιλίππῳ, Πρόσελθε καὶ κολλήθητι τῷ ἅρματι τούτῳ
eipen de to pneuma tō Philippō, Proselthe kai kollēthēti tō harmati toutō
And the Spirit said unto Philip, Go near, and join thyself to this chariot.

προσδραμὼν δὲ ὁ Φίλιππος ἤκουσεν αὐτοῦ ἀναγινώσκοντος Ἠσαΐαν τὸν προφήτην, καὶ εἶπεν
prosdramōn de ho Philippos ēkousen autou anaginōskontos Ēsaian ton prophētēn, kai eipen
And Philip ran to him, and heard him reading Isaiah the prophet, and said,

αρά γε γινώσκεις ἃ ἀναγινώσκεις
ara ge ginōskeis ha anaginōskeis
Understandest thou what thou readest?

ὁ δὲ εἶπεν, Πῶς γὰρ ἂν δυναίμην ἐὰν μή τις ὁδηγήσει με; παρεκάλεσέν τε τὸν Φίλιππον ἀναβάντα καθίσαι σὺν αὐτῷ
ho de eipen, Pōs gar an dynaimēn ean mē tis hodēgēsei me? parekalesen te ton Philippon anabanta kathisai syn autō
And he said, How can I, except some one shall guide me? And he besought Philip to come up and sit with him.

ἡ δὲ περιοχὴ τῆς γραφῆς ἣν ἀνεγίνωσκεν ἦν αὕτη
hē de periochē tēs graphēs hēn aneginōsken ēn hautē
Now the passage of the scripture which he was reading was this,

Ὡς πρόβατον ἐπὶ σφαγὴν ἤχθη, καὶ ὡς ἀμνὸς ἐναντίον τοῦ κείραντος αὐτὸν ἄφωνος
Hōs probaton epi sphagēn ēchthē, kai hōs amnos enantion tou keirantos auton aphōnos
He was led as a sheep to the slaughter; And as a lamb before his shearer is dumb,

οὕτως οὐκ ἀνοίγει τὸ στόμα αὐτοῦ
houtōs ouk anoigei to stoma autou
So he openeth not his mouth:

Ἐν τῇ ταπεινώσει [αὐτοῦ] ἡ κρίσις αὐτοῦ ἤρθη: τὴν γενεὰν αὐτοῦ τίς διηγήσεται; ὅτι αἴρεται ἀπὸ τῆς γῆς ἡ ζωὴ αὐτοῦ
En tē tapeinōsei [autou] hē krisis autou ērthē: tēn genean autou tis diēgēsetai? hoti airetai apo tēs gēs hē zōē autou
In his humiliation his judgment was taken away: His generation who shall declare? For his life is taken from the earth.

Ἀποκριθεὶς δὲ ὁ εὐνοῦχος τῷ Φιλίππῳ εἶπεν, Δέομαί σου, περὶ τίνος ὁ προφήτης λέγει τοῦτο
Apokritheis de ho eunouchos tō Philippō eipen, Deomai sou, peri tinos ho prophētēs legei touto
And the eunuch answered Philip, and said, I pray thee, of whom speaketh the prophet this?

περὶ ἑαυτοῦ ἢ περὶ ἑτέρου τινός
peri heautou ē peri heterou tinos
of himself, or of some other?

ἀνοίξας δὲ ὁ Φίλιππος τὸ στόμα αὐτοῦ καὶ ἀρξάμενος ἀπὸ τῆς γραφῆς ταύτης εὐηγγελίσατο αὐτῷ τὸν Ἰησοῦν
anoixas de ho Philippos to stoma autou kai arxamenos apo tēs graphēs tautēs euēngelisato autō ton Iēsoun
And Philip opened his mouth, and beginning from this scripture, preached unto him Jesus.

ὡς δὲ ἐπορεύοντο κατὰ τὴν ὁδόν, ἦλθον ἐπί τι ὕδωρ, καί φησιν ὁ εὐνοῦχος
hōs de eporeuonto kata tēn hodon, ēlthon epi ti hydōr, kai phēsin ho eunouchos
And as they went on the way, they came unto a certain water; and the eunuch saith,

Ἰδοὺ ὕδωρ: τί κωλύει με βαπτισθῆναι
Idou hydōr: ti kōlyei me baptisthēnai
Behold, here is water; what doth hinder me to be baptized?

καὶ ἐκέλευσεν στῆναι τὸ ἅρμα, καὶ κατέβησαν ἀμφότεροι εἰς τὸ ὕδωρ ὅ τε Φίλιππος καὶ ὁ εὐνοῦχος
kai ekeleusen stēnai to harma, kai katebēsan amphoteroi eis to hydōr ho te Philippos kai ho eunouchos
And he commanded the chariot to stand still: and they both went down into the water, both Philip and the eunuch;

καὶ ἐβάπτισεν αὐτόν
kai ebaptisen auton
and he baptized him.

ὅτε δὲ ἀνέβησαν ἐκ τοῦ ὕδατος, πνεῦμα κυρίου ἥρπασεν τὸν Φίλιππον, καὶ οὐκ εἶδεν αὐτὸν οὐκέτι ὁ εὐνοῦχος
hote de anebēsan ek tou hydatos, pneuma kyriou hērpasen ton Philippon, kai ouk eiden auton ouketi ho eunouchos
And when they came up out of the water, the Spirit of the Lord caught away Philip; and the eunuch saw him no more,

ἐπορεύετο γὰρ τὴν ὁδὸν αὐτοῦ χαίρων
eporeueto gar tēn hodon autou chairōn
for he went on his way rejoicing.

Φίλιππος δὲ εὑρέθη εἰς Ἄζωτον, καὶ διερχόμενος εὐηγγελίζετο τὰς πόλεις πάσας ἕως τοῦ ἐλθεῖν αὐτὸν εἰς Καισάρειαν
Philippos de heurethē eis Azōton, kai dierchomenos euēngelizeto tas poleis pasas heōs tou elthein auton eis Kaisareian
But Philip was found at Azotus: and passing through he preached the gospel to all the cities, till he came to Cæsarea.

θ

Ὁ δὲ Σαῦλος, ἔτι ἐμπνέων ἀπειλῆς καὶ φόνου εἰς τοὺς μαθητὰς τοῦ κυρίου, προσελθὼν τῷ ἀρχιερεῖ
HO de Saulos, eti empneōn apeilēs kai phonou eis tous mathētas tou kyriou, proselthōn tō archierei
But Saul, yet breathing threatening and slaughter against the disciples of the Lord, went unto the high priest,

ἠτήσατο παρ' αὐτοῦ ἐπιστολὰς εἰς Δαμασκὸν πρὸς τὰς συναγωγάς, ὅπως ἐάν τινας εὕρῃ τῆς ὁδοῦ ὄντας
ētēsato par' autou epistolas eis Damaskon pros tas synagōgas, hopōs ean tinas heurē tēs hodou ontas
and asked of him letters to Damascus unto the synagogues, that if he found any that were of the Way,

ἄνδρας τε καὶ γυναῖκας, δεδεμένους ἀγάγῃ εἰς Ἰερουσαλήμ
andras te kai gynaikas, dedemenous agagē eis Ierousalēm
whether men or women, he might bring them bound to Jerusalem.

ἐν δὲ τῷ πορεύεσθαι ἐγένετο αὐτὸν ἐγγίζειν τῇ Δαμασκῷ
en de tō poreuesthai egeneto auton engizein tē Damaskō
And as he journeyed, it came to pass that he drew nigh unto Damascus:

ἐξαίφνης τε αὐτὸν περιήστραψεν φῶς ἐκ τοῦ οὐρανοῦ
exaiphnēs te auton periēstrapsen phōs ek tou ouranou
and suddenly there shone round about him a light out of heaven:

καὶ πεσὼν ἐπὶ τὴν γῆν ἤκουσεν φωνὴν λέγουσαν αὐτῷ, Σαοὺλ Σαούλ, τί με διώκεις
kai pesōn epi tēn gēn ēkousen phōnēn legousan autō, Saoul Saoul, ti me diōkeis
and he fell upon the earth, and heard a voice saying unto him, Saul, Saul, why persecutest thou me?

εἶπεν δέ, Τίς εἶ, κύριε; ὁ δέ, Ἐγώ εἰμι Ἰησοῦς ὃν σὺ διώκεις
eipen de, Tis ei, kyrie? ho de, Egō eimi Iēsous hon sy diōkeis
And he said, Who art thou, Lord? And he said, I am Jesus whom thou persecutest:

ἀλλὰ ἀνάστηθι καὶ εἴσελθε εἰς τὴν πόλιν, καὶ λαληθήσεταί σοι ὅ τί σε δεῖ ποιεῖν
alla anastēthi kai eiselthe eis tēn polin, kai lalēthēsetai soi ho ti se dei poiein
but rise, and enter into the city, and it shall be told thee what thou must do.

οἱ δὲ ἄνδρες οἱ συνοδεύοντες αὐτῷ εἰστήκεισαν ἐνεοί, ἀκούοντες μὲν τῆς φωνῆς μηδένα δὲ θεωροῦντες
hoi de andres hoi synodeuontes autō heistēkeisan eneoi, akouontes men tēs phōnēs mēdena de theōrountes
And the men that journeyed with him stood speechless, hearing the voice, but beholding no man.

ἠγέρθη δὲ Σαῦλος ἀπὸ τῆς γῆς, ἀνεῳγμένων δὲ τῶν ὀφθαλμῶν αὐτοῦ οὐδὲν ἔβλεπεν
ēgerthē de Saulos apo tēs gēs, aneōgmenōn de tōn ophthalmōn autou ouden eblepen
And Saul arose from the earth; and when his eyes were opened, he saw nothing;

χειραγωγοῦντες δὲ αὐτὸν εἰσήγαγον εἰς Δαμασκόν
cheiragōgountes de auton eisēgagon eis Damaskon
and they led him by the hand, and brought him into Damascus.

καὶ ἦν ἡμέρας τρεῖς μὴ βλέπων, καὶ οὐκ ἔφαγεν οὐδὲ ἔπιεν
kai ēn hēmeras treis mē blepōn, kai ouk ephagen oude epien
And he was three days without sight, and did neither eat nor drink.

ην δέ τις μαθητής ἐν Δαμασκῷ ὀνόματι Ἀνανίας, καὶ εἶπεν πρὸς αὐτὸν ἐν ὁράματι ὁ κύριος, Ἀνανία
ēn de tis mathētēs en Damaskō onomati Hananias, kai eipen pros auton en horamati ho kyrios, Hanania
Now there was a certain disciple at Damascus, named Ananias; and the Lord said unto him in a vision, Ananias.

ὁ δὲ εἶπεν, Ἰδοὺ ἐγώ, κύρι
ho de eipen, Idou egō, kyri
And he said, Behold, I am here, Lord.

ὁ δὲ κύριος πρὸς αὐτόν
ho de kyrios pros auton
And the Lord said unto him,

Ἀναστὰς πορεύθητι ἐπὶ τὴν ῥύμην τὴν καλουμένην Εὐθεῖαν καὶ ζήτησον ἐν οἰκίᾳ Ἰούδα Σαῦλον
Anastas poreuthēti epi tēn rhymēn tēn kaloumenēn Eutheian kai zēteson en oikia Iouda Saulon
Arise, and go to the street which is called Straight, and inquire in the house of Judas for one named Saul,

ὀνόματι Ταρσέα: ἰδοὺ γὰρ προσεύχεται
onomati Tarsea: idou gar proseuchetai
a man of Tarsus: for behold, he prayeth;

καὶ εἶδεν ἄνδρα [ἐν ὁράματι] Ἀνανίαν ὀνόματι εἰσελθόντα καὶ ἐπιθέντα αὐτῷ [τὰς] χεῖρας ὅπως ἀναβλέψῃ
kai eiden andra [en horamati] Hananian onomati eiselthonta kai epithenta autō [tas] cheiras hopōs anablepsē
and he hath seen a man named Ananias coming in, and laying his hands on him, that he might receive his sight.

ἀπεκρίθη δὲ Ἀνανίας, Κύριε, ἤκουσα ἀπὸ πολλῶν περὶ τοῦ ἀνδρὸς τούτου
apekrithē de Hananias, Kyrie, ēkousa apo pollōn peri tou andros toutou
But Ananias answered, Lord, I have heard from many of this man,

ὅσα κακὰ τοῖς ἁγίοις σου ἐποίησεν ἐν Ἰερουσαλήμ
hosa kaka tois hagiois sou epoiēsen en Ierousalēm
how much evil he did to thy saints at Jerusalem:

καὶ ὧδε ἔχει ἐξουσίαν παρὰ τῶν ἀρχιερέων δῆσαι πάντας τοὺς ἐπικαλουμένους τὸ ὄνομά σου
kai hōde echei exousian para tōn archiereōn dēsai pantas tous epikaloumenous to onoma sou
and here he hath authority from the chief priests to bind all that call upon thy name.

εἶπεν δὲ πρὸς αὐτὸν ὁ κύριος, Πορεύου
eipen de pros auton ho kyrios, Poreuou
But the Lord said unto him, Go thy way:

ὅτι σκεῦος ἐκλογῆς ἐστίν μοι οὗτος τοῦ βαστάσαι τὸ ὄνομά μου ἐνώπιον ἐθνῶν τε καὶ βασιλέων υἱῶν τε Ἰσραήλ
hoti skeuos eklogēs estin moi houtos tou bastasai to onoma mou enōpion ethnōn te kai basileōn huiōn te Israēl
for he is a chosen vessel unto me, to bear my name before the Gentiles and kings, and the children of Israel:

ἐγὼ γὰρ ὑποδείξω αὐτῷ ὅσα δεῖ αὐτὸν ὑπὲρ τοῦ ὀνόματός μου παθεῖν
egō gar hypodeixō autō hosa dei auton hyper tou onomatos mou pathein
for I will show him how many things he must suffer for my name's sake.

Ἀπῆλθεν δὲ Ἀνανίας καὶ εἰσῆλθεν εἰς τὴν οἰκίαν, καὶ ἐπιθεὶς ἐπ' αὐτὸν τὰς χεῖρας εἶπεν, Σαοὺλ ἀδελφέ
Apēlthen de Hananias kai eisēlthen eis tēn oikian, kai epitheis ep' auton tas cheiras eipen, Saoul adelphe,
And Ananias departed, and entered into the house; and laying his hands on him said, Brother Saul,

ὁ κύριος ἀπέσταλκέν με, Ἰησοῦς ὁ ὀφθείς σοι ἐν τῇ ὁδῷ ᾗ ἤρχου
ho kyrios apestalken me, Iēsous ho ophtheis soi en tē hodō hē ērchou
the Lord, even Jesus, who appeared unto thee in the way which thou camest, hath sent me,

ὅπως ἀναβλέψῃς καὶ πλησθῇς πνεύματος ἁγίου
hopōs anablepsēs kai plēsthēs pneumatos hagiou
that thou mayest receive thy sight, and be filled with the Holy Spirit.

καὶ εὐθέως ἀπέπεσαν αὐτοῦ ἀπὸ τῶν ὀφθαλμῶν ὡς λεπίδες, ἀνέβλεψέν τε, καὶ ἀναστὰς ἐβαπτίσθη
kai eutheōs apepesan autou apo tōn ophthalmōn hōs lepides, aneblepsen te, kai anastas ebaptisthē
And straightway there fell from his eyes as it were scales, and he received his sight; and he arose and was baptized;

καὶ λαβὼν τροφὴν ἐνίσχυσεν. Ἐγένετο δὲ μετὰ τῶν ἐν Δαμασκῷ μαθητῶν ἡμέρας τινάς
kai labōn trophēn enischysen. Egeneto de meta tōn en Damaskō mathētōn hēmeras tinas
and he took food and was strengthened. And he was certain days with the disciples that were at Damascus.

καὶ εὐθέως ἐν ταῖς συναγωγαῖς ἐκήρυσσεν τὸν Ἰησοῦν ὅτι οὗτός ἐστιν ὁ υἱὸς τοῦ θεοῦ
kai eutheōs en tais synagōgais ekēryssen ton Iēsoun hoti houtos estin ho huios tou theou
And straightway in the synagogues he proclaimed Jesus, that he is the Son of God.

ἐξίσταντο δὲ πάντες οἱ ἀκούοντες καὶ ἔλεγον
existanto de pantes hoi akouontes kai elegon
And all that heard him were amazed, and said,

Οὐχ οὗτός ἐστιν ὁ πορθήσας εἰς Ἰερουσαλὴμ τοὺς ἐπικαλουμένους τὸ ὄνομα τοῦτο
Ouch houtos estin ho porthēsas eis Ierousalēm tous epikaloumenous to onoma touto,
Is not this he that in Jerusalem made havoc of them that called on this name?

καὶ ὧδε εἰς τοῦτο ἐληλύθει ἵνα δεδεμένους αὐτοὺς ἀγάγη ἐπὶ τοὺς ἀρχιερεῖς
kai hōde eis touto elēlythei hina dedemenous autous agagē epi tous archiereis
and he had come hither for this intent, that he might bring them bound before the chief priests.

Σαῦλος δὲ μᾶλλον ἐνεδυναμοῦτο καὶ συνέχυννεν [τοὺς] Ἰουδαίους τοὺς κατοικοῦντας ἐν Δαμασκῷ
Saulos de mallon enedynamouto kai synechynnen [tous] Ioudaious tous katoikountas en Damaskō
But Saul increased the more in strength, and confounded the Jews that dwelt at Damascus,

συμβιβάζων ὅτι οὗτός ἐστιν ὁ Χριστό
symbibazōn hoti houtos estin ho Christo
proving that this is the Christ.

Ὡς δὲ ἐπληροῦντο ἡμέραι ἱκαναί, συνεβουλεύσαντο οἱ Ἰουδαῖοι ἀνελεῖν αὐτόν
Hōs de eplērounto hēmerai hikanai, synebouleusanto hoi Ioudaioi anelein auton
And when many days were fulfilled, the Jews took counsel together to kill him:

ἐγνώσθη δὲ τῷ Σαύλῳ ἡ ἐπιβουλὴ αὐτῶν. παρετηροῦντο δὲ καὶ τὰς πύλας ἡμέρας τε καὶ νυκτὸς ὅπως αὐτὸν ἀνέλωσιν
egnōsthē de tō Saulō hē epiboulē autōn. paretērounto de kai tas pylas hēmeras te kai nyktos hopōs auton anelōsin
but their plot became known to Saul. And they watched the gates also day and night that they might kill him:

λαβόντες δὲ οἱ μαθηταὶ αὐτοῦ νυκτὸς διὰ τοῦ τείχους καθῆκαν αὐτὸν χαλάσαντες ἐν σπυρίδι
labontes de hoi mathētai autou nyktos dia tou teichous kathēkan auton chalasantes en spyridi
but his disciples took him by night, and let him down through the wall, lowering him in a basket.

Παραγενόμενος δὲ εἰς Ἰερουσαλὴμ ἐπείραζεν κολλᾶσθαι τοῖς μαθηταῖς
Paragenomenos de eis Ierousalēm epeirazen kollasthai tois mathētais
And when he was come to Jerusalem, he assayed to join himself to the disciples:

καὶ πάντες ἐφοβοῦντο αὐτόν, μὴ πιστεύοντες ὅτι ἐστὶν μαθητής
kai pantes ephobounto auton, mē pisteuontes hoti estin mathētēs
and they were all afraid of him, not believing that he was a disciple.

Βαρναβᾶς δὲ ἐπιλαβόμενος αὐτὸν ἤγαγεν πρὸς τοὺς ἀποστόλους
Barnabas de epilabomenos auton ēgagen pros tous apostolous
But Barnabas took him, and brought him to the apostles,

καὶ διηγήσατο αὐτοῖς πῶς ἐν τῇ ὁδῷ εἶδεν τὸν κύριον καὶ ὅτι ἐλάλησεν αὐτῷ
kai diēgēsato autois pōs en tē hodō eiden ton kyrion kai hoti elalēsen autō
and declared unto them how he had seen the Lord in the way, and that he had spoken to him,

καὶ πῶς ἐν Δαμασκῷ ἐπαρρησιάσατο ἐν τῷ ὀνόματι τοῦ Ἰησοῦ
kai pōs en Damaskō eparrēsiasato en tō onomati tou Iēsou
and how at Damascus he had preached boldly in the name of Jesus.

καὶ ἦν μετ' αὐτῶν εἰσπορευόμενος καὶ ἐκπορευόμενος εἰς Ἰερουσαλήμ, παρρησιαζόμενος ἐν τῷ ὀνόματι τοῦ κυρίου
kai ēn met' autōn eisporeuomenos kai ekporeuomenos eis Ierousalēm, parrēsiazomenos en tō onomati tou kyriou
And he was with them going in and going out at Jerusalem, preaching boldly in the name of the Lord:

ἐλάλει τε καὶ συνεζήτει πρὸς τοὺς Ἑλληνιστάς: οἱ δὲ ἐπεχείρουν ἀνελεῖν αὐτόν
elalei te kai synezētei pros tous Hellēnistas: hoi de epecheiroun anelein auton
and he spake and disputed against the Grecian Jews; but they were seeking to kill him.

ἐπιγνόντες δὲ οἱ ἀδελφοὶ κατήγαγον αὐτὸν εἰς Καισάρειαν καὶ ἐξαπέστειλαν αὐτὸν εἰς Ταρσόν
epignontes de hoi adelphoi katēgagon auton eis Kaisareian kai exapesteilan auton eis Tarson
And when the brethren knew it, they brought him down to Cæsarea, and sent him forth to Tarsus.

Ἡ μὲν οὖν ἐκκλησία καθ' ὅλης τῆς Ἰουδαίας καὶ Γαλιλαίας καὶ Σαμαρείας εἶχεν εἰρήνην, οἰκοδομουμένη
HĒ men oun ekklēsia kath' holēs tēs Ioudaias kai Galilaias kai Samareias eichen eirēnēn, oikodomoumenē
So the church throughout all Judæa and Galilee and Samaria had peace, being edified;

καὶ πορευομένη τῷ φόβῳ τοῦ κυρίου, καὶ τῇ παρακλήσει τοῦ ἁγίου πνεύματος ἐπληθύνετο
kai poreuomenē tō phobō tou kyriou, kai tē paraklēsei tou hagiou pneumatos eplēthyneto
and, walking in the fear of the Lord and in the comfort of the Holy Spirit, was multiplied.

Ἐγένετο δὲ Πέτρον διερχόμενον διὰ πάντων κατελθεῖν καὶ πρὸς τοὺς ἁγίους τοὺς κατοικοῦντας Λύδδα
Egeneto de Petron dierchomenon dia pantōn katelthein kai pros tous hagious tous katoikountas Lydda
And it came to pass, as Peter went throughout all parts, he came down also to the saints that dwelt at Lydda.

εὗρεν δὲ ἐκεῖ ἄνθρωπόν τινα ὀνόματι Αἰνέαν ἐξ ἐτῶν ὀκτὼ κατακείμενον ἐπὶ κραβάττου, ὃς ἦν παραλελυμένος
heuren de ekei anthrōpon tina onomati Ainean ex etōn oktō katakeimenon epi krabattou, hos ēn paralelymenos
And there he found a certain man named Aeneas, who had kept his bed eight years; for he was palsied.

καὶ εἶπεν αὐτῷ ὁ Πέτρος, Αἰνέα, ἰᾶταί σε Ἰησοῦς Χριστός: ἀνάστηθι καὶ στρῶσον σεαυτῷ. καὶ εὐθέως ἀνέστη
kai eipen autō ho Petros, Ainea, iatai se Iēsous Christos: anastēthi kai strōson seautō. kai eutheōs anestē
And Peter said unto him, Aeneas, Jesus Christ healeth thee: arise, and make thy bed. And straightway he arose.

καὶ εἶδαν αὐτὸν πάντες οἱ κατοικοῦντες Λύδδα καὶ τὸν Σαρῶνα, οἵτινες ἐπέστρεψαν ἐπὶ τὸν κύριον
kai eidan auton pantes hoi katoikountes Lydda kai ton Sarōna, hoitines epestrepsan epi ton kyrion
And all that dwelt at Lydda and in Sharon saw him, and they turned to the Lord.

Ἐν Ἰόππῃ δέ τις ἦν μαθήτρια ὀνόματι Ταβιθά, ἣ διερμηνευομένη λέγεται Δορκάς
En Ioppē de tis ēn mathētria onomati Tabitha, hē diermēneuomenē legetai Dorkas
Now there was at Joppa a certain disciple named Tabitha, which by interpretation is called Dorcas:

αὕτη ἦν πλήρης ἔργων ἀγαθῶν καὶ ἐλεημοσυνῶν ὧν ἐποίει
hautē ēn plērēs ergōn agathōn kai eleēmosynōn hōn epoiei
this woman was full of good works and almsdeeds which she did.

ἐγένετο δὲ ἐν ταῖς ἡμέραις ἐκείναις ἀσθενήσασαν αὐτὴν ἀποθανεῖν
egeneto de en tais hēmerais ekeinais asthenēsasan autēn apothanein
And it came to pass in those days, that she fell sick, and died:

λούσαντες δὲ ἔθηκαν [αὐτὴν] ἐν ὑπερῴῳ
lousantes de ethēkan [autēn] en hyperōō
and when they had washed her, they laid her in an upper chamber.

ἐγγὺς δὲ οὔσης Λύδδας τῇ Ἰόππῃ οἱ μαθηταὶ ἀκούσαντες ὅτι Πέτρος ἐστὶν ἐν αὐτῇ
engys de ousēs Lyddas tē Ioppē hoi mathētai akousantes hoti Petros estin en
And as Lydda was nigh unto Joppa, the disciples, hearing that Peter was there,

ἀπέστειλαν δύο ἄνδρας πρὸς αὐτὸν παρακαλοῦντες, Μὴ ὀκνήσῃς διελθεῖν ἕως ἡμῶν
autē apesteilan dyo andras pros auton parakalountes, Mē oknēsēs dielthein heōs hēmōn
sent two men unto him, entreating him, Delay not to come on unto us.

ἀναστὰς δὲ Πέτρος συνῆλθεν αὐτοῖς: ὃν παραγενόμενον ἀνήγαγον εἰς τὸ ὑπερῷον
anastas de Petros synēlthen autois: hon paragenomenon anēgagon eis to hyperōon
And Peter arose and went with them. And when he was come, they brought him into the upper chamber:

καὶ παρέστησαν αὐτῷ πᾶσαι αἱ χῆραι κλαίουσαι καὶ ἐπιδεικνύμεναι χιτῶνας
kai parestēsan autō pasai hai chērai klaiousai kai epideiknymenai chitōnas
and all the widows stood by him weeping, and showing the coats

καὶ ἱμάτια ὅσα ἐποίει μετ' αὐτῶν οὖσα ἡ Δορκάς
kai himatia hosa epoiei met' autōn ousa hē Dorkas
and garments which Dorcas made, while she was with them.

ἐκβαλὼν δὲ ἔξω πάντας ὁ Πέτρος καὶ θεὶς τὰ γόνατα προσηύξατο, καὶ ἐπιστρέψας πρὸς τὸ σῶμα εἶπεν
ekbalōn de exō pantas ho Petros kai theis ta gonata prosēuxato, kai epistrepsas pros to sōma eipen,
But Peter put them all forth, and kneeled down, and prayed; and turning to the body, he said, Tabitha, arise.

Ταβιθά, ἀνάστηθι. ἡ δὲ ἤνοιξεν τοὺς ὀφθαλμοὺς αὐτῆς, καὶ ἰδοῦσα τὸν Πέτρον ἀνεκάθισεν
Tabitha, anastēthi. hē de ēnoixen tous ophthalmous autēs, kai idousa ton Petron anekathisen
And she opened her eyes; and when she saw Peter, she sat up.

δοὺς δὲ αὐτῇ χεῖρα ἀνέστησεν αὐτήν, φωνήσας δὲ τοὺς ἁγίους καὶ τὰς χήρας παρέστησεν αὐτὴν ζῶσαν
dous de autē cheira anestēsen autēn, phōnēsas de tous hagious kai tas chēras parestēsen autēn zōsan
And he gave her his hand, and raised her up; and calling the saints and widows, he presented her alive.

γνωστὸν δὲ ἐγένετο καθ' ὅλης τῆς Ἰόππης, καὶ ἐπίστευσαν πολλοὶ ἐπὶ τὸν κύριον
gnōston de egeneto kath' holēs tēs Ioppēs, kai episteusan polloi epi ton kyrion
And it became known throughout all Joppa: and many believed on the Lord.

Ἐγένετο δὲ ἡμέρας ἱκανὰς μεῖναι ἐν Ἰόππῃ παρά τινι Σίμωνι βυρσεῖ
Egeneto de hēmeras hikanas meinai en Ioppē para tini Simōni byrsei
And it came to pass, that he abode many days in Joppa with one Simon a tanner.

ι

Ἀνὴρ δέ τις ἐν Καισαρείᾳ ὀνόματι Κορνήλιος, ἑκατοντάρχης ἐκ σπείρης τῆς καλουμένης Ἰταλικῆς
Anēr de tis en Kaisareia onomati Kornēlios, hekatontarchēs ek speirēs tēs kaloumenēs Italikēs
Now there was a certain man in Cæsarea, Cornelius by name, a centurion of the band called the Italian band,

εὐσεβὴς καὶ φοβούμενος τὸν θεὸν σὺν παντὶ τῷ οἴκῳ αὐτοῦ
eusebēs kai phoboumenos ton theon syn panti tō oikō autou
a devout man, and one that feared God with all his house,

ποιῶν ἐλεημοσύνας πολλὰς τῷ λαῷ καὶ δεόμενος τοῦ θεοῦ διὰ παντός
poiōn eleēmosynas pollas tō laō kai deomenos tou theou dia pantos
who gave much alms to the people, and prayed to God always.

εἶδεν ἐν ὁράματι φανερῶς ὡσεὶ περὶ ὥραν ἐνάτην τῆς ἡμέρας
eiden en horamati phanerōs hōsei peri hōran enatēn tēs hēmeras
He saw in a vision openly, as it were about the ninth hour of the day,

ἄγγελον τοῦ θεοῦ εἰσελθόντα πρὸς αὐτὸν καὶ εἰπόντα αὐτῷ, Κορνήλιε
angelon tou theou eiselthonta pros auton kai eiponta autō, Kornēlie
an angel of God coming in unto him, and saying to him, Cornelius.

ὁ δὲ ἀτενίσας αὐτῷ καὶ ἔμφοβος γενόμενος εἶπεν, Τί ἐστιν, κύριε; εἶπεν δὲ αὐτῷ
ho de atenisas autō kai emphobos genomenos eipen, Ti estin, kyrie? eipen de autō,
And he, fastening his eyes upon him, and being affrighted, said, What is it, Lord? And he said unto him,

Αἱ προσευχαί σου καὶ αἱ ἐλεημοσύναι σου ἀνέβησαν εἰς μνημόσυνον ἔμπροσθεν τοῦ θεοῦ
HAi proseuchai sou kai hai eleēmosynai sou anebēsan eis mnēmosynon emprosthen tou theou
Thy prayers and thine alms are gone up for a memorial before God.

καὶ νῦν πέμψον ἄνδρας εἰς Ἰόππην καὶ μετάπεμψαι Σίμωνά τινα ὃς ἐπικαλεῖται Πέτρος
kai nyn pempson andras eis Ioppēn kai metapempsai Simōna tina hos epikaleitai Petros
And now send men to Joppa, and fetch one Simon, who is surnamed Peter:

οὗτος ξενίζεται παρά τινι Σίμωνι βυρσεῖ, ᾧ ἐστιν οἰκία παρὰ θάλασσαν
houtos xenizetai para tini Simōni byrsei, hō estin oikia para thalassan
he lodgeth with one Simon a tanner, whose house is by the sea side.

ὡς δὲ ἀπῆλθεν ὁ ἄγγελος ὁ λαλῶν αὐτῷ, φωνήσας δύο τῶν οἰκετῶν
hōs de apēlthen ho angelos ho lalōn autō, phōnēsas dyo tōn oiketōn
And when the angel that spake unto him was departed, he called two of his household-servants,

καὶ στρατιώτην εὐσεβῆ τῶν προσκαρτερούντων αὐτῷ
kai stratiōtēn eusebē tōn proskarterountōn autō
and a devout soldier of them that waited on him continually;

καὶ ἐξηγησάμενος ἅπαντα αὐτοῖς ἀπέστειλεν αὐτοὺς εἰς τὴν Ἰόππην
kai exēgēsamenos hapanta autois apesteilen autous eis tēn Ioppēn
and having rehearsed all things unto them, he sent them to Joppa.

Τῇ δὲ ἐπαύριον ὁδοιπορούντων ἐκείνων
Tē de epaurion hodoiporountōn ekeinōn
Now on the morrow, as they were on their journey,

καὶ τῇ πόλει ἐγγιζόντων ἀνέβη Πέτρος ἐπὶ τὸ δῶμα προσεύξασθαι περὶ ὥραν ἕκτην
kai tē polei engizontōn anebē Petros epi to dōma proseuxasthai peri hōran hektēn
and drew nigh unto the city, Peter went up upon the housetop to pray, about the sixth hour:

ἐγένετο δὲ πρόσπεινος καὶ ἤθελεν γεύσασθαι· παρασκευαζόντων δὲ αὐτῶν ἐγένετο ἐπ' αὐτὸν ἔκστασις
egeneto de prospeinos kai ēthelen geusasthai: paraskeuazontōn de autōn egeneto ep' auton ekstasis
and he became hungry, and desired to eat: but while they made ready, he fell into a trance;

καὶ θεωρεῖ τὸν οὐρανὸν ἀνεῳγμένον καὶ καταβαῖνον σκεῦός τι ὡς ὀθόνην μεγάλην
kai theōrei ton ouranon aneōgmenon kai katabainon skeuos ti hōs othonēn megalēn
and he beholdeth the heaven opened, and a certain vessel descending, as it were a great sheet,

τέσσαρσιν ἀρχαῖς καθιέμενον ἐπὶ τῆς γῆς
tessarsin archais kathiemenon epi tēs gēs
let down by four corners upon the earth:

ἐν ᾧ ὑπῆρχεν πάντα τὰ τετράποδα καὶ ἑρπετὰ τῆς γῆς καὶ πετεινὰ τοῦ οὐρανοῦ
en hō hypērchen panta ta tetrapoda kai herpeta tēs gēs kai peteina tou ouranou
wherein were all manner of fourfooted beasts and creeping things of the earth and birds of the heaven.

καὶ ἐγένετο φωνὴ πρὸς αὐτόν, Ἀναστάς, Πέτρε, θῦσον καὶ φάγε
kai egeneto phōnē pros auton, Anastas, Petre, thyson kai phage
And there came a voice to him, Rise, Peter; kill and eat.

ὁ δὲ Πέτρος εἶπεν, Μηδαμῶς, κύριε, ὅτι οὐδέποτε ἔφαγον πᾶν κοινὸν καὶ ἀκάθαρτον
ho de Petros eipen, Mēdamōs, kyrie, hoti oudepote ephagon pan koinon kai akatharton
But Peter said, Not so, Lord; for I have never eaten anything that is common and unclean.

καὶ φωνὴ πάλιν ἐκ δευτέρου πρὸς αὐτόν, Ἃ ὁ θεὸς ἐκαθάρισεν σὺ μὴ κοίνου
kai phōnē palin ek deuterou pros auton, HA ho theos ekatharisen sy mē koinou
And a voice came unto him again the second time, What God hath cleansed, make not thou common.

τοῦτο δὲ ἐγένετο ἐπὶ τρίς, καὶ εὐθὺς ἀνελήμφθη τὸ σκεῦος εἰς τὸν οὐρανό
touto de egeneto epi tris, kai euthys anelēmphthē to skeuos eis ton ourano
And this was done thrice: and straightway the vessel was received up into heaven.

Ὡς δὲ ἐν ἑαυτῷ διηπόρει ὁ Πέτρος τί ἂν εἴη τὸ ὅραμα ὃ εἶδεν
Hōs de en heautō diēporei ho Petros ti an eiē to horama ho eiden
Now while Peter was much perplexed in himself what the vision which he had seen might mean,

ἰδοὺ οἱ ἄνδρες οἱ ἀπεσταλμένοι ὑπὸ τοῦ Κορνηλίου διερωτήσαντες τὴν οἰκίαν τοῦ Σίμωνος ἐπέστησαν ἐπὶ τὸν πυλῶνα
idou hoi andres hoi apestalmenoi hypo tou Kornēliou dierōtēsantes tēn oikian tou Simōnos epestēsan epi ton pylōna
behold, the men that were sent by Cornelius, having made inquiry for Simon's house, stood before the gate,

καὶ φωνήσαντες ἐπυνθάνοντο εἰ Σίμων ὁ ἐπικαλούμενος Πέτρος ἐνθάδε ξενίζεται
kai phōnēsantes epynthanonto ei Simōn ho epikaloumenos Petros enthade xenizetai
and called and asked whether Simon, who was surnamed Peter, were lodging there.

τοῦ δὲ Πέτρου διενθυμουμένου περὶ τοῦ ὁράματος εἶπεν [αὐτῷ] τὸ πνεῦμα, Ἰδοὺ ἄνδρες τρεῖς ζητοῦντές σε
tou de Petrou dienthymoumenou peri tou horamatos eipen [autō] to pneuma, Idou andres treis zētountes se
And while Peter thought on the vision, the Spirit said unto him, Behold, three men seek thee.

ἀλλὰ ἀναστὰς κατάβηθι καὶ πορεύου σὺν αὐτοῖς μηδὲν διακρινόμενος, ὅτι ἐγὼ ἀπέσταλκα αὐτούς
alla anastas katabēthi kai poreuou syn autois mēden diakrinomenos, hoti egō apestalka autous
But arise, and get thee down, and go with them, nothing doubting: for I have sent them.

καταβὰς δὲ Πέτρος πρὸς τοὺς ἄνδρας εἶπεν, Ἰδοὺ ἐγώ εἰμι ὃν ζητεῖτε· τίς ἡ αἰτία δι' ἣν πάρεστε
katabas de Petros pros tous andras eipen, Idou egō eimi hon zēteite: tis hē aitia di' hēn pareste
And Peter went down to the men, and said, Behold, I am he whom ye seek: what is the cause wherefore ye are come?

οἱ δὲ εἶπαν, Κορνήλιος ἑκατοντάρχης, ἀνὴρ δίκαιος καὶ φοβούμενος τὸν θεὸν
hoi de eipan, Kornēlios hekatontarchēs, anēr dikaios kai phoboumenos ton theon
And they said, Cornelius a centurion, a righteous man and one that feareth God,

μαρτυρούμενός τε ὑπὸ ὅλου τοῦ ἔθνους τῶν Ἰουδαίων,
martyroumenos te hypo holou tou ethnous tōn Ioudaiōn,
and well reported of by all the nation of the Jews,

ἐχρηματίσθη ὑπὸ ἀγγέλου ἁγίου μεταπέμψασθαί σε εἰς τὸν οἶκον αὐτοῦ καὶ ἀκοῦσαι ῥήματα παρὰ σοῦ
echrēmatisthē hypo angelou hagiou metapempsasthai se eis ton oikon autou kai akousai rhēmata para sou
was warned of God by a holy angel to send for thee into his house, and to hear words from thee.

εἰσκαλεσάμενος οὖν αὐτοὺς ἐξένισεν
eiskalesamenos oun autous exenisen
So he called them in and lodged them.

Τῇ δὲ ἐπαύριον ἀναστὰς ἐξῆλθεν σὺν αὐτοῖς, καί τινες τῶν ἀδελφῶν τῶν ἀπὸ Ἰόππης συνῆλθον αὐτῷ
Tē de epaurion anastas exēlthen syn autois, kai tines tōn adelphōn tōn apo Ioppēs synēlthon autō
And on the morrow he arose and went forth with them, and certain of the brethren from Joppa accompanied him.

τῇ δὲ ἐπαύριον εἰσῆλθεν εἰς τὴν Καισάρειαν
tē de epaurion eisēlthen eis tēn Kaisareian
And on the morrow they entered into Cæsarea.

ὁ δὲ Κορνήλιος ἦν προσδοκῶν αὐτούς, συγκαλεσάμενος τοὺς συγγενεῖς αὐτοῦ καὶ τοὺς ἀναγκαίους φίλους
ho de Kornēlios ēn prosdokōn autous, synkalesamenos tous syngeneis autou kai tous anankaious philous
And Cornelius was waiting for them, having called together his kinsmen and his near friends.

ὡς δὲ ἐγένετο τοῦ εἰσελθεῖν τὸν Πέτρον, συναντήσας αὐτῷ ὁ Κορνήλιος πεσὼν ἐπὶ τοὺς πόδας προσεκύνησεν
hōs de egeneto tou eiselthein ton Petron, synantēsas autō ho Kornēlios pesōn epi tous podas prosekynēsen
And when it came to pass that Peter entered, Cornelius met him, and fell down at his feet, and worshipped him.

ὁ δὲ Πέτρος ἤγειρεν αὐτὸν λέγων, Ἀνάστηθι· καὶ ἐγὼ αὐτὸς ἄνθρωπός εἰμι
ho de Petros ēgeiren auton legōn, Anastēthi: kai egō autos anthrōpos eimi
But Peter raised him up, saying, Stand up; I myself also am a man.

καὶ συνομιλῶν αὐτῷ εἰσῆλθεν, καὶ εὑρίσκει συνεληλυθότας πολλούς
kai synomilōn autō eisēlthen, kai heuriskei synelēlythotas pollous
And as he talked with him, he went in, and findeth many come together:

ἔφη τε πρὸς αὐτούς
ephē te pros autous
and he said unto them,

Ὑμεῖς ἐπίστασθε ὡς ἀθέμιτόν ἐστιν ἀνδρὶ Ἰουδαίῳ κολλᾶσθαι ἢ προσέρχεσθαι ἀλλοφύλῳ
Hymeis epistasthe hōs athemiton estin andri Ioudaiō kollasthai ē proserchesthai allophylō
Ye yourselves know how it is an unlawful thing for a man that is a Jew to join himself or come unto one of another
nation;

κάμοὶ ὁ θεὸς ἔδειξεν μηδένα κοινὸν ἢ ἀκάθαρτον λέγειν ἄνθρωπον
kamoi ho theos edeixen mēdena koinon ē akatharton legein anthrōpon
and yet unto me hath God showed that I should not call any man common or unclean:

διὸ καὶ ἀναντιρρήτως ἦλθον μεταπεμφθείς. πυνθάνομαι οὖν τίνι λόγῳ μετεπέμψασθέ με
dio kai anantirrētōs ēlthon metapemphtheis. pynthanomai oun tini logō metepempsasthe me
wherefore also I came without gainsaying, when I was sent for. I ask therefore with what intent ye sent for me.

καὶ ὁ Κορνήλιος ἔφη, Ἀπὸ τετάρτης ἡμέρας μέχρι ταύτης τῆς ὥρας ἤμην τὴν ἐνάτην προσευχόμενος ἐν τῷ οἴκῳ μου
kai ho Kornēlios ephē, Apo tetartēs hēmeras mechri tautēs tēs hōras ēmēn tēn enatēn proseuchomenos en tō oikō mou,
And Cornelius said, Four days ago, until this hour, I was keeping the ninth hour of prayer in my house;

καὶ ἰδοὺ ἀνὴρ ἔστη ἐνώπιόν μου ἐν ἐσθῆτι λαμπρᾷ
kai idou anēr estē enōpion mou en esthēti lampra
and behold, a man stood before me in bright apparel,

καὶ φησίν, Κορνήλιε, εἰσηκούσθη σου ἡ προσευχὴ καὶ αἱ ἐλεημοσύναι σου ἐμνήσθησαν ἐνώπιον τοῦ θεοῦ
kai phēsin, Kornēlie, eisēkousthē sou hē proseuchē kai hai eleēmosynai sou emnēsthēsan enōpion tou theou
and saith, Cornelius, thy prayer is heard, and thine alms are had in remembrance in the sight of God.

πέμψον οὖν εἰς Ἰόππην καὶ μετακάλεσαι Σίμωνα ὃς ἐπικαλεῖται Πέτρος
pempson oun eis Ioppēn kai metakalesai Simōna hos epikaleitai Petros
Send therefore to Joppa, and call unto thee Simon, who is surnamed Peter;

οὗτος ξενίζεται ἐν οἰκίᾳ Σίμωνος βυρσέως παρὰ θάλασσαν
houtos xenizetai en oikia Simōnos byrseōs para thalassan
he lodgeth in the house of Simon a tanner, by the sea side.

ἐξαυτῆς οὖν ἔπεμψα πρὸς σέ, σύ τε καλῶς ἐποίησας παραγενόμενος
exautēs oun epempsa pros se, sy te kalōs epoiēsas paragenomenos
Forthwith therefore I sent to thee; and thou hast well done that thou art come.

νῦν οὖν πάντες ἡμεῖς ἐνώπιον τοῦ θεοῦ πάρεσμεν ἀκοῦσαι πάντα τὰ προστεταγμένα σοι ὑπὸ τοῦ κυρίου
nyn oun pantes hēmeis enōpion tou theou paresmen akousai panta ta prostetagmena soi hypo tou kyriou
Now therefore we are all here present in the sight of God, to hear all things that have been commanded thee of the Lord.

Ἀνοίξας δὲ Πέτρος τὸ στόμα εἶπεν, Ἐπ' ἀληθείας καταλαμβάνομαι ὅτι οὐκ ἔστιν προσωπολήμπτης ὁ θεός
Anoixas de Petros to stoma eipen, Ep' alētheias katalambanomai hoti ouk estin prosōpolēmptēs ho theos
And Peter opened his mouth, and said, Of a truth I perceive that God is no respecter of persons:

ἀλλ' ἐν παντὶ ἔθνει ὁ φοβούμενος αὐτὸν καὶ ἐργαζόμενος δικαιοσύνην δεκτὸς αὐτῷ ἐστιν
all' en panti ethnei ho phoboumenos auton kai ergazomenos dikaiosynēn dektos autō estin
but in every nation he that feareth him, and worketh righteousness, is acceptable to him.

τὸν λόγον [ὃν] ἀπέστειλεν τοῖς υἱοῖς Ἰσραὴλ εὐαγγελιζόμενος εἰρήνην διὰ Ἰησοῦ Χριστοῦ οὗτός ἐστιν πάντων κύριος
ton logon [hon] apesteilen tois huiois Israēl euangelizomenos eirēnēn dia Iēsou Christou houtos estin pantōn kyrios
The word which he sent unto the children of Israel, preaching good tidings of peace by Jesus Christ (he is Lord of all)—

ὑμεῖς οἴδατε, τὸ γενόμενον ῥῆμα καθ' ὅλης τῆς Ἰουδαίας
hymeis oidate, to genomenon rhēma kath' holēs tēs Ioudaias
that saying ye yourselves know, which was published throughout all Judæa,

ἀρξάμενος ἀπὸ τῆς Γαλιλαίας μετὰ τὸ βάπτισμα ὃ ἐκήρυξεν Ἰωάννης
arxamenos apo tēs Galilaias meta to baptisma ho ekēryxen Iōannēs
beginning from Galilee, after the baptism which John preached;

Ἰησοῦν τὸν ἀπὸ Ναζαρέθ, ὡς ἔχρισεν αὐτὸν ὁ θεὸς πνεύματι ἁγίῳ καὶ δυνάμει
Iēsoun ton apo Nazareth, hōs echrisen auton ho theos pneumati hagiō kai dynamei,
even Jesus of Nazareth, how God anointed him with the Holy Spirit and with power:

ὃς διῆλθεν εὐεργετῶν καὶ ἰώμενος πάντας τοὺς καταδυναστευομένους ὑπὸ τοῦ διαβόλου, ὅτι ὁ θεὸς ἦν μετ' αὐτοῦ
hos diēlthen euergetōn kai iōmenos pantas tous katadynasteuomenous hypo tou diabolou, hoti ho theos ēn met' autou
who went about doing good, and healing all that were oppressed of the devil; for God was with him.

καὶ ἡμεῖς μάρτυρες πάντων ὧν ἐποίησεν ἔν τε τῇ χώρᾳ τῶν Ἰουδαίων καὶ [ἐν] Ἰερουσαλήμ
kai hēmeis martyres pantōn hōn epoiēsen en te tē chōra tōn Ioudaiōn kai [en] Ierousalēm
And we are witnesses of all things which he did both in the country of the Jews, and in Jerusalem;

ὃν καὶ ἀνεῖλαν κρεμάσαντες ἐπὶ ξύλου
hon kai aneilan kremasantes epi xylou
whom also they slew, hanging him on a tree.

τοῦτον ὁ θεὸς ἤγειρεν [ἐν] τῇ τρίτῃ ἡμέρᾳ καὶ ἔδωκεν αὐτὸν ἐμφανῆ γενέσθαι
touton ho theos ēgeiren [en] tē tritē hēmera kai edōken auton emphanē genesthai
Him God raised up the third day, and gave him to be made manifest,

οὐ παντὶ τῷ λαῷ ἀλλὰ μάρτυσιν τοῖς προκεχειροτονημένοις ὑπὸ τοῦ θεοῦ,
ou panti tō laō alla martysin tois prokecheirotonēmenois hypo tou theou,
not to all the people, but unto witnesses that were chosen before of God,

ἡμῖν, οἵτινες συνεφάγομεν καὶ συνεπίομεν αὐτῷ μετὰ τὸ ἀναστῆναι αὐτὸν ἐκ νεκρῶν
hēmin, hoitines synephagomen kai synepiomen autō meta to anastēnai auton ek nekrōn
even to us, who ate and drank with him after he rose from the dead.

καὶ παρήγγειλεν ἡμῖν κηρύξαι τῷ λαῷ
kai parēngeilen hēmin kēryxai tō laō
And he charged us to preach unto the people,

καὶ διαμαρτύρασθαι ὅτι οὗτός ἐστιν ὁ ὡρισμένος ὑπὸ τοῦ θεοῦ κριτὴς ζώντων καὶ νεκρῶν
kai diamartyrasthai hoti houtos estin ho hōrismenos hypo tou theou kritēs zōntōn kai nekrōn
and to testify that this is he who is ordained of God to be the Judge of the living and the dead.

τούτῳ πάντες οἱ προφῆται μαρτυροῦσιν
toutō pantes hoi prophētai martyrousin
To him bear all the prophets witness,

ἄφεσιν ἁμαρτιῶν λαβεῖν διὰ τοῦ ὀνόματος αὐτοῦ πάντα τὸν πιστεύοντα εἰς αὐτόν
aphesin hamartiōn labein dia tou onomatos autou panta ton pisteuonta eis auton
that through his name every one that believeth on him shall receive remission of sins.

Ἔτι λαλοῦντος τοῦ Πέτρου τὰ ῥήματα ταῦτα ἐπέπεσεν τὸ πνεῦμα τὸ ἅγιον ἐπὶ πάντας τοὺς ἀκούοντας τὸν λόγον
Eti lalountos tou Petrou ta rhēmata tauta epepesen to pneuma to hagion epi pantas tous akouontas ton logon
While Peter yet spake these words, the Holy Spirit fell on all them that heard the word.

καὶ ἐξέστησαν οἱ ἐκ περιτομῆς πιστοὶ ὅσοι συνῆλθαν τῷ Πέτρῳ,
kai exestēsan hoi ek peritomēs pistoi hosoi synēlthan tō Petrō,
And they of the circumcision that believed were amazed, as many as came with Peter,

ὅτι καὶ ἐπὶ τὰ ἔθνη ἡ δωρεὰ τοῦ ἁγίου πνεύματος ἐκκέχυται
hoti kai epi ta ethnē hē dōrea tou hagiou pneumatos ekkechytai
because that on the Gentiles also was poured out the gift of the Holy Spirit.

ἤκουον γὰρ αὐτῶν λαλούντων γλώσσαις καὶ μεγαλυνόντων τὸν θεόν. τότε ἀπεκρίθη Πέτρος
ēkouon gar autōn lalountōn glōssais kai megalynontōn ton theon. tote apekrithē Petros
For they heard them speak with tongues, and magnify God. Then answered Peter,

Μήτι τὸ ὕδωρ δύναται κωλῦσαί τις τοῦ μὴ βαπτισθῆναι τούτους οἵτινες τὸ πνεῦμα τὸ ἅγιον ἔλαβον ὡς καὶ ἡμεῖς
Mēti to hydōr dynatai kōlysai tis tou mē baptisthēnai toutous hoitines to pneuma to hagion elabon hōs kai hēmeis
Can any man forbid the water, that these should not be baptized, who have received the Holy Spirit as well as we?

προσέταξεν δὲ αὐτοὺς ἐν τῷ ὀνόματι Ἰησοῦ Χριστοῦ βαπτισθῆναι. τότε ἠρώτησαν αὐτὸν ἐπιμεῖναι ἡμέρας τινάς
prosetaxen de autous en tō onomati Iēsou Christou baptisthēnai. tote ērōtēsan auton epimeinai hēmeras tinas
And he commanded them to be baptized in the name of Jesus Christ. Then prayed they him to tarry certain days.

ια

Ἤκουσαν δὲ οἱ ἀπόστολοι καὶ οἱ ἀδελφοὶ οἱ ὄντες κατὰ τὴν Ἰουδαίαν ὅτι καὶ τὰ ἔθνη ἐδέξαντο τὸν λόγον τοῦ θεοῦ
Ēkousan de hoi apostoloi kai hoi adelphoi hoi ontes kata tēn Ioudaian hoti kai ta ethnē edexanto ton logon tou theou
Now the apostles and the brethren that were in Judæa heard that the Gentiles also had received the word of God.

ὅτε δὲ ἀνέβη Πέτρος εἰς Ἰερουσαλήμ, διεκρίνοντο πρὸς αὐτὸν οἱ ἐκ περιτομῆς
hote de anebē Petros eis Ierousalēm, diekrinonto pros auton hoi ek peritomēs
And when Peter was come up to Jerusalem, they that were of the circumcision contended with him,

λέγοντες ὅτι Εἰσῆλθες πρὸς ἄνδρας ἀκροβυστίαν ἔχοντας καὶ συνέφαγες αὐτοῖς
legontes hoti Eisēlthes pros andras akrobystian echontas kai synephages autois
saying, Thou wentest in to men uncircumcised, and didst eat with them.

ἀρξάμενος δὲ Πέτρος ἐξετίθετο αὐτοῖς καθεξῆς λέγων
arxamenos de Petros exetitheto autois kathexēs legōn
But Peter began, and expounded the matter unto them in order, saying,

Ἐγὼ ἤμην ἐν πόλει Ἰόππῃ προσευχόμενος καὶ εἶδον ἐν ἐκστάσει ὅραμα καταβαῖνον
Egō ēmēn en polei Ioppē proseuchomenos kai eidon en ekstasei horama katabainon
I was in the city of Joppa praying: and in a trance I saw a vision, a certain vessel descending,

σκεῦός τι ὡς ὀθόνην μεγάλην τέσσαρσιν ἀρχαῖς καθιεμένην ἐκ τοῦ οὐρανοῦ, καὶ ἦλθεν ἄχρι ἐμοῦ
skeuos ti hōs othonēn megalēn tessarsin archais kathiemenēn ek tou ouranou, kai ēlthen achri emou
as it were a great sheet let down from heaven by four corners; and it came even unto me:

εἰς ἣν ἀτενίσας κατενόουν καὶ εἶδον τὰ τετράποδα τῆς γῆς καὶ τὰ θηρία καὶ τὰ ἑρπετὰ καὶ τὰ πετεινὰ τοῦ οὐρανοῦ
eis hēn atenisas katenooun kai eidon ta tetrapoda tēs gēs kai ta thēria kai ta herpeta kai ta peteina tou ouranou
upon which when I had fastened mine eyes, I considered, and saw the fourfooted beasts of the earth and wild beasts and creeping things and birds of the heaven.

ἤκουσα δὲ καὶ φωνῆς λεγούσης μοι, Ἀναστάς, Πέτρε, θῦσον καὶ φάγε
ēkousa de kai phōnēs legousēs moi, Anastas, Petre, thyson kai phage
And I heard also a voice saying unto me, Rise, Peter; kill and eat.

εἶπον δέ, Μηδαμῶς, κύριε, ὅτι κοινὸν ἢ ἀκάθαρτον οὐδέποτε εἰσῆλθεν εἰς τὸ στόμα μου
eipon de, Mēdamōs, kyrie, hoti koinon ē akatharton oudepote eisēlthen eis to stoma mou
But I said, Not so, Lord: for nothing common or unclean hath ever entered into my mouth.

ἀπεκρίθη δὲ φωνὴ ἐκ δευτέρου ἐκ τοῦ οὐρανοῦ, Ἃ ὁ θεὸς ἐκαθάρισεν σὺ μὴ κοίνου
apekrithē de phōnē ek deuterou ek tou ouranou, HA ho theos ekatharisen sy mē koinou
But a voice answered the second time out of heaven, What God hath cleansed, make not thou common.

τοῦτο δὲ ἐγένετο ἐπὶ τρίς, καὶ ἀνεσπάσθη πάλιν ἅπαντα εἰς τὸν οὐρανόν
touto de egeneto epi tris, kai anespasthē palin hapanta eis ton ouranon
And this was done thrice: and all were drawn up again into heaven.

καὶ ἰδοὺ ἐξαυτῆς τρεῖς ἄνδρες ἐπέστησαν ἐπὶ τὴν οἰκίαν ἐν ᾗ ἦμεν, ἀπεσταλμένοι ἀπὸ Καισαρείας πρός με
kai idou exautēs treis andres epestēsan epi tēn oikian en hē ēmen, apestalmenoi apo Kaisareias pros me
And behold, forthwith three men stood before the house in which we were, having been sent from Cæsarea unto me.

εἶπεν δὲ τὸ πνεῦμά μοι συνελθεῖν αὐτοῖς μηδὲν διακρίναντα
eipen de to pneuma moi synelthein autois mēden diakrinanta
And the Spirit bade me go with them, making no distinction.

ἦλθον δὲ σὺν ἐμοὶ καὶ οἱ ἓξ ἀδελφοὶ οὗτοι, καὶ εἰσήλθομεν εἰς τὸν οἶκον τοῦ ἀνδρός
ēlthon de syn emoi kai hoi hex adelphoi houtoi, kai eisēlthomen eis ton oikon tou andros
And these six brethren also accompanied me; and we entered into the man's house:

ἀπήγγειλεν δὲ ἡμῖν πῶς εἶδεν [τὸν] ἄγγελον ἐν τῷ οἴκῳ αὐτοῦ σταθέντα
apēngeilen de hēmin pōs eiden [ton] angelon en tō oikō autou stathenta
and he told us how he had seen the angel standing in his house,

καὶ εἰπόντα Ἀπόστειλον εἰς Ἰόππην καὶ μετάπεμψαι Σίμωνα τὸν ἐπικαλούμενον Πέτρον
kai eiponta Aposteilon eis Ioppēn kai metapempsai Simōna ton epikaloumenon Petron
and saying, Send to Joppa, and fetch Simon, whose surname is Peter;

ὃς λαλήσει ῥήματα πρὸς σὲ ἐν οἷς σωθήσῃ σὺ καὶ πᾶς ὁ οἶκός σου
hos lalēsei rhēmata pros se en hois sōthēsē sy kai pas ho oikos sou
who shall speak unto thee words, whereby thou shalt be saved, thou and all thy house.

ἐν δὲ τῷ ἄρξασθαί με λαλεῖν ἐπέπεσεν τὸ πνεῦμα τὸ ἅγιον ἐπ' αὐτοὺς ὥσπερ καὶ ἐφ' ἡμᾶς ἐν ἀρχῇ
en de tō arxasthai me lalein epepesen to pneuma to hagion ep' autous hōsper kai eph' hēmas en archē
And as I began to speak, the Holy Spirit fell on them, even as on us at the beginning.

ἐμνήσθην δὲ τοῦ ῥήματος τοῦ κυρίου ὡς ἔλεγεν
emnēsthēn de tou rhēmatos tou kyriou hōs elegen
And I remembered the word of the Lord, how he said,

Ἰωάννης μὲν ἐβάπτισεν ὕδατι, ὑμεῖς δὲ βαπτισθήσεσθε ἐν πνεύματι ἁγίῳ
Iōannēs men ebaptisen hydati, hymeis de baptisthēsesthe en pneumati hagiō
John indeed baptized with water; but ye shall be baptized in the Holy Spirit.

εἰ οὖν τὴν ἴσην δωρεὰν ἔδωκεν αὐτοῖς ὁ θεὸς ὡς καὶ ἡμῖν πιστεύσασιν ἐπὶ τὸν κύριον Ἰησοῦν Χριστόν
ei oun tēn isēn dōrean edōken autois ho theos hōs kai hēmin pisteusasin epi ton kyrion Iēsoun Christon
If then God gave unto them the like gift as he did also unto us, when we believed on the Lord Jesus Christ,

ἐγὼ τίς ἤμην δυνατὸς κωλῦσαι τὸν θεόν
egō tis ēmēn dynatos kōlysai ton theon
who was I, that I could withstand God?

ἀκούσαντες δὲ ταῦτα ἡσύχασαν καὶ ἐδόξασαν τὸν θεὸν λέγοντες
akousantes de tauta hēsychasan kai edoxasan ton theon legontes
And when they heard these things, they held their peace, and glorified God, saying,

Ἄρα καὶ τοῖς ἔθνεσιν ὁ θεὸς τὴν μετάνοιαν εἰς ζωὴν ἔδωκεν
Ara kai tois ethnesin ho theos tēn metanoian eis zōēn edōken
Then to the Gentiles also hath God granted repentance unto life.

Οἱ μὲν οὖν διασπαρέντες ἀπὸ τῆς θλίψεως τῆς γενομένης ἐπὶ Στεφάνῳ διῆλθον ἕως Φοινίκης
HOi men oun diasparentes apo tēs thlipseōs tēs genomenēs epi Stephanō diēlthon heōs Phoinikēs
They therefore that were scattered abroad upon the tribulation that arose about Stephen travelled as far as Phoenicia,

καὶ Κύπρου καὶ Ἀντιοχείας, μηδενὶ λαλοῦντες τὸν λόγον εἰ μὴ μόνον Ἰουδαίοις
kai Kyprou kai Antiocheias, mēdeni lalountes ton logon ei mē monon Ioudaiois
and Cyprus, and Antioch, speaking the word to none save only to Jews.

ἦσαν δέ τινες ἐξ αὐτῶν ἄνδρες Κύπριοι καὶ Κυρηναῖοι
ēsan de tines ex autōn andres Kyprioi kai Kyrēnaioi
But there were some of them, men of Cyprus and Cyrene,

οἵτινες ἐλθόντες εἰς Ἀντιόχειαν ἐλάλουν καὶ πρὸς τοὺς Ἑλληνιστάς, εὐαγγελιζόμενοι τὸν κύριον Ἰησοῦν
hoitines elthontes eis Antiocheian elaloun kai pros tous Hellēnistas, euangelizomenoi ton kyrion Iēsoun
who, when they were come to Antioch, spake unto the Greeks also, preaching the Lord Jesus.

καὶ ἦν χεὶρ κυρίου μετ' αὐτῶν, πολύς τε ἀριθμὸς ὁ πιστεύσας ἐπέστρεψεν ἐπὶ τὸν κύριον
kai ēn cheir kyriou met' autōn, polys te arithmos ho pisteusas epestrepsen epi ton kyrion
And the hand of the Lord was with them: and a great number that believed turned unto the Lord.

ἠκούσθη δὲ ὁ λόγος εἰς τὰ ὦτα τῆς ἐκκλησίας τῆς οὔσης ἐν Ἰερουσαλὴμ περὶ αὐτῶν
ēkousthē de ho logos eis ta ōta tēs ekklēsias tēs ousēs en Ierousalēm peri autōn
And the report concerning them came to the ears of the church which was in Jerusalem:

καὶ ἐξαπέστειλαν Βαρναβᾶν [διελθεῖν] ἕως Ἀντιοχείας
kai exapesteilan Barnaban [dielthein] heōs Antiocheias
and they sent forth Barnabas as far as Antioch:

ὃς παραγενόμενος καὶ ἰδὼν τὴν χάριν [τὴν] τοῦ θεοῦ ἐχάρη
hos paragenomenos kai idōn tēn charin [tēn] tou theou echarē
who, when he was come, and had seen the grace of God, was glad;

καὶ παρεκάλει πάντας τῇ προθέσει τῆς καρδίας προσμένειν τῷ κυρίῳ
kai parekalei pantas tē prothesei tēs kardias prosmenein tō kyriō
and he exhorted them all, that with purpose of heart they would cleave unto the Lord:

ὅτι ἦν ἀνὴρ ἀγαθὸς καὶ πλήρης πνεύματος ἁγίου καὶ πίστεως. καὶ προσετέθη ὄχλος ἱκανὸς τῷ κυρίῳ
hoti ēn anēr agathos kai plērēs pneumatos hagiou kai pisteōs. kai prosetethē ochlos hikanos tō kyriō
for he was a good man, and full of the Holy Spirit and of faith: and much people was added unto the Lord.

ἐξῆλθεν δὲ εἰς Ταρσὸν ἀναζητῆσαι Σαῦλον
exēlthen de eis Tarson anazētēsai Saulon
And he went forth to Tarsus to seek for Saul;

καὶ εὑρὼν ἤγαγεν εἰς Ἀντιόχειαν
kai heurōn ēgagen eis Antiocheian
and when he had found him, he brought him unto Antioch.

ἐγένετο δὲ αὐτοῖς καὶ ἐνιαυτὸν ὅλον συναχθῆναι ἐν τῇ ἐκκλησίᾳ καὶ διδάξαι ὄχλον ἱκανόν
egeneto de autois kai eniauton holon synachthēnai en tē ekklēsia kai didaxai ochlon hikanon
And it came to pass, that even for a whole year they were gathered together with the church,

χρηματίσαι τε πρώτως ἐν Ἀντιοχείᾳ τοὺς μαθητὰς Χριστιανούς
chrēmatisai te prōtōs en Antiocheia tous mathētas Christianous
and taught much people; and that the disciples were called Christians first in Antioch.

Ἐν ταύταις δὲ ταῖς ἡμέραις κατῆλθον ἀπὸ Ἱεροσολύμων προφῆται εἰς Ἀντιόχειαν
En tautais de tais hēmerais katēlthon apo Hierosolymōn prophētai eis Antiocheian
Now in these days there came down prophets from Jerusalem unto Antioch.

ἀναστὰς δὲ εἷς ἐξ αὐτῶν ὀνόματι Αγαβος
anastas de heis ex autōn onomati Agabos
And there stood up one of them named Agabus,

ἐσήμανεν διὰ τοῦ πνεύματος λιμὸν μεγάλην μέλλειν ἔσεσθαι ἐφ' ὅλην τὴν οἰκουμένην:
esēmanen dia tou pneumatos limon megalēn mellein esesthai eph' holēn tēn oikoumenēn:
and signified by the Spirit that there should be a great famine over all the world:

ἥτις ἐγένετο ἐπὶ Κλαυδίου
hētis egeneto epi Klaudiou
which came to pass in the days of Claudius.

τῶν δὲ μαθητῶν καθὼς εὐπορεῖτό τις
tōn de mathētōn kathōs euporeito tis
And the disciples, every man according to his ability,

ὥρισαν ἕκαστος αὐτῶν εἰς διακονίαν πέμψαι τοῖς κατοικοῦσιν ἐν τῇ Ἰουδαίᾳ ἀδελφοῖς
hōrisan hekastos autōn eis diakonian pempsai tois katoikousin en tē Ioudaia adelphois
determined to send relief unto the brethren that dwelt in Judæa:

ὃ καὶ ἐποίησαν ἀποστείλαντες πρὸς τοὺς πρεσβυτέρους διὰ χειρὸς Βαρναβᾶ καὶ Σαύλου
ho kai epoiēsan aposteilantes pros tous presbyterous dia cheiros Barnaba kai Saulou
which also they did, sending it to the elders by the hand of Barnabas and Saul.

ιβ

Κατ' ἐκεῖνον δὲ τὸν καιρὸν ἐπέβαλεν Ἡρώδης ὁ βασιλεὺς τὰς χεῖρας κακῶσαί τινας τῶν ἀπὸ τῆς ἐκκλησίας
Kat' ekeinon de ton kairon epebalen Hērōdēs ho basileus tas cheiras kakōsai tinas tōn apo tēs ekklēsias
Now about that time Herod the king put forth his hands to afflict certain of the church.

ἀνεῖλεν δὲ Ἰάκωβον τὸν ἀδελφὸν Ἰωάννου μαχαίρῃ
aneilen de Iakōbon ton adelphon Iōannou machairē
And he killed James the brother of John with the sword.

ἰδὼν δὲ ὅτι ἀρεστόν ἐστιν τοῖς Ἰουδαίοις προσέθετο συλλαβεῖν καὶ Πέτρον
idōn de hoti areston estin tois Ioudaiois prosetheto syllabein kai Petron
And when he saw that it pleased the Jews, he proceeded to seize Peter also.

ἦσαν δὲ [αἱ] ἡμέραι τῶν ἀζύμω
ēsan de [hai] hēmerai tōn azymō
And those were the days of unleavened bread.

ὃν καὶ πιάσας ἔθετο εἰς φυλακήν
hon kai piasas etheto eis phylakēn
And when he had taken him, he put him in prison,

παραδοὺς τέσσαρσιν τετραδίοις στρατιωτῶν φυλάσσειν αὐτόν
paradous tessarsin tetradiois stratiōtōn phylassein auton
and delivered him to four quaternions of soldiers to guard him;

βουλόμενος μετὰ τὸ πάσχα ἀναγαγεῖν αὐτὸν τῷ λαῷ
boulomenos meta to pascha anagagein auton tō laō
intending after the Passover to bring him forth to the people.

ὁ μὲν οὖν Πέτρος ἐτηρεῖτο ἐν τῇ φυλακῇ
ho men oun Petros etēreito en tē phylakē
Peter therefore was kept in the prison:

προσευχὴ δὲ ἦν ἐκτενῶς γινομένη ὑπὸ τῆς ἐκκλησίας πρὸς τὸν θεὸν περὶ αὐτοῦ
proseuchē de ēn ektenōs ginomenē hypo tēs ekklēsias pros ton theon peri autou
but prayer was made earnestly of the church unto God for him.

Οτε δὲ ἤμελλεν προαγαγεῖν αὐτὸν ὁ Ἡρώδης
Ote de ēmellen proagagein auton ho Hērōdēs
And when Herod was about to bring him forth,

τῇ νυκτὶ ἐκείνῃ ἦν ὁ Πέτρος κοιμώμενος μεταξὺ δύο στρατιωτῶν δεδεμένος ἁλύσεσιν δυσίν
tē nykti ekeinē ēn ho Petros koimōmenos metaxy dyo stratiōtōn dedemenos halysesin dysin
the same night Peter was sleeping between two soldiers, bound with two chains:

φύλακές τε πρὸ τῆς θύρας ἐτήρουν τὴν φυλακήν
phylakes te pro tēs thyras etēroun tēn phylakēn
and guards before the door kept the prison.

καὶ ἰδοὺ ἄγγελος κυρίου ἐπέστη, καὶ φῶς ἔλαμψεν ἐν τῷ οἰκήματι
kai idou angelos kyriou epestē, kai phōs elampsen en tō oikēmati
And behold, an angel of the Lord stood by him, and a light shined in the cell:

πατάξας δὲ τὴν πλευρὰν τοῦ Πέτρου ἤγειρεν αὐτὸν λέγων, Ἀνάστα ἐν τάχει
pataxas de tēn pleuran tou Petrou ēgeiren auton legōn, Anasta en tachei
and he smote Peter on the side, and awoke him, saying, Rise up quickly.

καὶ ἐξέπεσαν αὐτοῦ αἱ ἁλύσεις ἐκ τῶν χειρῶν
kai exepesan autou hai halyseis ek tōn cheirōn
And his chains fell off from his hands.

εἶπεν δὲ ὁ ἄγγελος πρὸς αὐτόν, Ζῶσαι καὶ ὑπόδησαι τὰ σανδάλιά σου. ἐποίησεν δὲ οὕτως
eipen de ho angelos pros auton, Zōsai kai hypodēsai ta sandalia sou. epoiēsen de houtōs
And the angel said unto him, Gird thyself, and bind on thy sandals. And he did so.

καὶ λέγει αὐτῷ, Περιβαλοῦ τὸ ἱμάτιόν σου καὶ ἀκολούθει μοι
kai legei autō, Peribalou to himation sou kai akolouthei moi
And he saith unto him, Cast thy garment about thee, and follow me.

καὶ ἐξελθὼν ἠκολούθει, καὶ οὐκ ᾔδει ὅτι ἀληθές ἐστιν τὸ γινόμενον διὰ τοῦ ἀγγέλου
kai exelthōn ēkolouthei, kai ouk ēdei hoti alēthes estin to ginomenon dia tou angelou
And he went out, and followed; and he knew not that it was true which was done by the angel,

ἐδόκει δὲ ὅραμα βλέπειν
edokei de horama blepein
but thought he saw a vision.

διελθόντες δὲ πρώτην φυλακὴν καὶ δευτέραν ἦλθαν ἐπὶ τὴν πύλην τὴν σιδηρᾶν τὴν φέρουσαν εἰς τὴν πόλιν
dielthontes de prōtēn phylakēn kai deuteran ēlthan epi tēn pylēn tēn sidēran tēn pherousan eis tēn polin
And when they were past the first and the second guard, they came unto the iron gate that leadeth into the city;

ἥτις αὐτομάτη ἠνοίγη αὐτοῖς, καὶ ἐξελθόντες προῆλθον ῥύμην μίαν
hētis automatē ēnoigē autois, kai exelthontes proēlthon rhymēn mian
which opened to them of its own accord: and they went out, and passed on through one street;

καὶ εὐθέως ἀπέστη ὁ ἄγγελος ἀπ' αὐτοῦ
kai eutheōs apestē ho angelos ap' autou
and straightway the angel departed from him.

καὶ ὁ Πέτρος ἐν ἑαυτῷ γενόμενος εἶπεν, Νῦν οἶδα ἀληθῶς ὅτι ἐξαπέστειλεν [ὁ] κύριος τὸν ἄγγελον αὐτοῦ
kai ho Petros en heautō genomenos eipen, Nyn oida alēthōs hoti exapesteilen [ho] kyrios ton angelon autou
And when Peter was come to himself, he said, Now I know of a truth, that the Lord hath sent forth his angel

καὶ ἐξείλατό με ἐκ χειρὸς Ἡρῴδου καὶ πάσης τῆς προσδοκίας τοῦ λαοῦ τῶν Ἰουδαίων
kai exeilato me ek cheiros Hērōdou kai pasēs tēs prosdokias tou laou tōn Ioudaiōn
and delivered me out of the hand of Herod, and from all the expectation of the people of the Jews.

συνιδών τε ἦλθεν ἐπὶ τὴν οἰκίαν τῆς Μαρίας τῆς μητρὸς Ἰωάννου τοῦ ἐπικαλουμένου Μάρκου
synidōn te ēlthen epi tēn oikian tēs Marias tēs mētros Iōannou tou epikaloumenou Markou
And when he had considered the thing, he came to the house of Mary the mother of John whose surname was Mark;

οὗ ἦσαν ἱκανοὶ συνηθροισμένοι καὶ προσευχόμενο
hou ēsan hikanoi synēthroismenoi kai proseuchomeno
where many were gathered together and were praying.

κρούσαντος δὲ αὐτοῦ τὴν θύραν τοῦ πυλῶνος προσῆλθεν παιδίσκη ὑπακοῦσαι ὀνόματι Ῥόδη
krousantos de autou tēn thyran tou pylōnos prosēlthen paidiskē hypakousai onomati Rhodē
And when he knocked at the door of the gate, a maid came to answer, named Rhoda.

καὶ ἐπιγνοῦσα τὴν φωνὴν τοῦ Πέτρου ἀπὸ τῆς χαρᾶς οὐκ ἤνοιξεν τὸν πυλῶνα, εἰσδραμοῦσα δὲ ἀπήγγειλεν
kai epignousa tēn phōnēn tou Petrou apo tēs charas ouk ēnoixen ton pylōna, eisdramousa de apēngeilen
And when she knew Peter's voice, she opened not the gate for joy, but ran in,

ἑστάναι τὸν Πέτρον πρὸ τοῦ πυλῶνος
hestanai ton Petron pro tou pylōnos
and told that Peter stood before the gate.

οἱ δὲ πρὸς αὐτὴν εἶπαν, Μαίνῃ. ἡ δὲ διϊσχυρίζετο οὕτως ἔχειν. οἱ δὲ ἔλεγον, Ὁ ἄγγελός ἐστιν αὐτοῦ
hoi de pros autēn eipan, Mainē. hē de diischyrizeto houtōs echein. hoi de elegon, HO angelos estin autou
And they said unto her, Thou art mad. But she confidently affirmed that it was even so. And they said, It is his angel.

ὁ δὲ Πέτρος ἐπέμενεν κρούων: ἀνοίξαντες δὲ εἶδαν αὐτὸν καὶ ἐξέστησαν
ho de Petros epemenen krouōn: anoixantes de eidan auton kai exestēsan
But Peter continued knocking: and when they had opened, they saw him, and were amazed.

κατασείσας δὲ αὐτοῖς τῇ χειρὶ σιγᾶν
kataseisas de autois tē cheiri sigan
But he, beckoning unto them with the hand to hold their peace,

διηγήσατο [αὐτοῖς] πῶς ὁ κύριος αὐτὸν ἐξήγαγεν ἐκ τῆς φυλακῆς,
diēgēsato [autois] pōs ho kyrios auton exēgagen ek tēs phylakēs,
declared unto them how the Lord had brought him forth out of the prison.

εἶπέν τε, Ἀπαγγείλατε Ἰακώβῳ καὶ τοῖς ἀδελφοῖς ταῦτα. καὶ ἐξελθὼν ἐπορεύθη εἰς ἕτερον τόπον
eipen te, Apangeilate Iakōbō kai tois adelphois tauta. kai exelthōn eporeuthē eis heteron topon
And he said, Tell these things unto James, and to the brethren. And he departed, and went to another place.

Γενομένης δὲ ἡμέρας ἦν τάραχος οὐκ ὀλίγος ἐν τοῖς στρατιώταις, τί ἄρα ὁ Πέτρος ἐγένετο
Genomenēs de hēmeras ēn tarachos ouk oligos en tois stratiōtais, ti ara ho Petros egeneto
Now as soon as it was day, there was no small stir among the soldiers, what was become of Peter.

Ἡρῴδης δὲ ἐπιζητήσας αὐτὸν καὶ μὴ εὑρὼν ἀνακρίνας τοὺς φύλακας
Hērōdēs de epizētēsas auton kai mē heurōn anakrinas tous phylakas
And when Herod had sought for him, and found him not, he examined the guards,

ἐκέλευσεν ἀπαχθῆναι καὶ κατελθὼν ἀπὸ τῆς Ἰουδαίας εἰς Καισάρειαν διέτριβεν
ekeleusen apachthēnai kai katelthōn apo tēs Ioudaias eis Kaisareian dietriben
and commanded that they should be put to death. And he went down from Judæa to Cæsarea, and tarried there.

ην δὲ θυμομαχῶν Τυρίοις καὶ Σιδωνίοις
ēn de thymomachōn Tyriois kai Sidōniois
Now he was highly displeased with them of Tyre and Sidon:

ὁμοθυμαδὸν δὲ παρῆσαν πρὸς αὐτόν, καὶ πείσαντες Βλάστον τὸν ἐπὶ τοῦ κοιτῶνος τοῦ βασιλέως ᾐτοῦντο εἰρήνην
homothymadon de parēsan pros auton, kai peisantes Blaston ton epi tou koitōnos tou basileōs ētounto eirēnēn
and they came with one accord to him, and, having made Blastus the king's chamberlain their friend,

διὰ τὸ τρέφεσθαι αὐτῶν τὴν χώραν ἀπὸ τῆς βασιλικῆς
dia to trephesthai autōn tēn chōran apo tēs basilikēs
they asked for peace, because their country was fed from the king's country.

τακτῇ δὲ ἡμέρᾳ ὁ Ἡρῴδης ἐνδυσάμενος ἐσθῆτα βασιλικὴν [καὶ] καθίσας ἐπὶ τοῦ βήματος ἐδημηγόρει πρὸς αὐτούς
taktē de hēmera ho Hērōdēs endysamenos esthēta basilikēn [kai] kathisas epi tou bēmatos edēmēgorei pros autous
And upon a set day Herod arrayed himself in royal apparel, and sat on the throne, and made an oration unto them.

ὁ δὲ δῆμος ἐπεφώνει, Θεοῦ φωνὴ καὶ οὐκ ἀνθρώπου
ho de dēmos epephōnei, Theou phōnē kai ouk anthrōpou
And the people shouted, saying, The voice of a god, and not of a man.

παραχρῆμα δὲ ἐπάταξεν αὐτὸν ἄγγελος κυρίου ἀνθ' ὧν οὐκ ἔδωκεν τὴν δόξαν τῷ θεῷ
parachrēma de epataxen auton angelos kyriou anth' hōn ouk edōken tēn doxan tō theō
And immediately an angel of the Lord smote him, because he gave not God the glory:

καὶ γενόμενος σκωληκόβρωτος ἐξέψυξεν
kai genomenos skōlēkobrōtos exepsyxen
and he was eaten of worms, and gave up the ghost.

Ὁ δὲ λόγος τοῦ θεοῦ ηὔξανεν καὶ ἐπληθύνετο
HO de logos tou theou ēuxanen kai eplēthyneto
But the word of God grew and multiplied.

Βαρναβᾶς δὲ καὶ Σαῦλος ὑπέστρεψαν εἰς Ἰερουσαλὴμ πληρώσαντες τὴν διακονίαν
Barnabas de kai Saulos hypestrepsan eis Ierousalēm plērōsantes tēn diakonian
And Barnabas and Saul returned from Jerusalem, when they had fulfilled their ministration,

συμπαραλαβόντες Ἰωάννην τὸν ἐπικληθέντα Μᾶρκον
symparalabontes Iōannēn ton epiklēthenta Markon
taking with them John whose surname was Mark.

ιγ

ησαν δὲ ἐν Ἀντιοχείᾳ κατὰ τὴν οὖσαν ἐκκλησίαν προφῆται καὶ διδάσκαλοι ὅ τε Βαρναβᾶς
ēsan de en Antiocheia kata tēn ousan ekklēsian prophētai kai didaskaloi ho te Barnabas
Now there were at Antioch, in the church that was there, prophets and teachers, Barnabas,

καὶ Συμεὼν ὁ καλούμενος Νίγερ, καὶ Λούκιος ὁ Κυρηναῖος
kai Symeōn ho kaloumenos Niger, kai Loukios ho Kyrēnaios
and Symeon that was called Niger, and Lucius of Cyrene,

Μαναήν τε Ἡρῴδου τοῦ τετραάρχου σύντροφος καὶ Σαῦλος
Manaēn te Hērōdou tou tetraarchou syntrophos kai Saulos
and Manaen the foster-brother of Herod the tetrarch, and Saul.

λειτουργούντων δὲ αὐτῶν τῷ κυρίῳ καὶ νηστευόντων εἶπεν τὸ πνεῦμα τὸ ἅγιον
leitourgountōn de autōn tō kyriō kai nēsteuontōn eipen to pneuma to hagion,
And as they ministered to the Lord, and fasted, the Holy Spirit said,

Ἀφορίσατε δή μοι τὸν Βαρναβᾶν καὶ Σαῦλον εἰς τὸ ἔργον ὃ προσκέκλημαι αὐτούς
Aphorisate dē moi ton Barnaban kai Saulon eis to ergon ho proskeklēmai autous
Separate me Barnabas and Saul for the work whereunto I have called them.

τότε νηστεύσαντες καὶ προσευξάμενοι καὶ ἐπιθέντες τὰς χεῖρας αὐτοῖς ἀπέλυσαν
tote nēsteusantes kai proseuxamenoi kai epithentes tas cheiras autois apelysan
Then, when they had fasted and prayed and laid their hands on them, they sent them away.

Αὐτοὶ μὲν οὖν ἐκπεμφθέντες ὑπὸ τοῦ ἁγίου πνεύματος κατῆλθον εἰς Σελεύκειαν
Autoi men oun ekpemphthentes hypo tou hagiou pneumatos katēlthon eis Seleukeian
So they, being sent forth by the Holy Spirit, went down to Seleucia;

ἐκεῖθέν τε ἀπέπλευσαν εἰς Κύπρον
ekeithen te apepleusan eis Kypron
and from thence they sailed to Cyprus.

καὶ γενόμενοι ἐν Σαλαμῖνι κατήγγελλον τὸν λόγον τοῦ θεοῦ ἐν ταῖς συναγωγαῖς τῶν Ἰουδαίων
kai genomenoi en Salamini katēngellon ton logon tou theou en tais synagōgais tōn Ioudaiōn:
And when they were at Salamis, they proclaimed the word of God in the synagogues of the Jews:

εἶχον δὲ καὶ Ἰωάννην ὑπηρέτην
eichon de kai Iōannēn hypēretēn
and they had also John as their attendant.

διελθόντες δὲ ὅλην τὴν νῆσον ἄχρι Πάφου
dielthontes de holēn tēn nēson achri Paphou
And when they had gone through the whole island unto Paphos,

εὗρον ἄνδρα τινὰ μάγον ψευδοπροφήτην Ἰουδαῖον ᾧ ὄνομα Βαριησοῦ
heuron andra tina magon pseudoprophētēn Ioudaion hō onoma Bariēsou
they found a certain sorcerer, a false prophet, a Jew, whose name was Bar-Jesus;

ὃς ἦν σὺν τῷ ἀνθυπάτῳ Σεργίῳ Παύλῳ, ἀνδρὶ συνετῷ
hos ēn syn tō anthypatō Sergiō Paulō, andri synetō
who was with the proconsul, Sergius Paulus, a man of understanding.

οὗτος προσκαλεσάμενος Βαρναβᾶν καὶ Σαῦλον ἐπεζήτησεν ἀκοῦσαι τὸν λόγον τοῦ θεοῦ
houtos proskalesamenos Barnaban kai Saulon epezētēsen akousai ton logon tou theou
The same called unto him Barnabas and Saul, and sought to hear the word of God.

ἀνθίστατο δὲ αὐτοῖς Ἐλύμας ὁ μάγος, οὕτως γὰρ μεθερμηνεύεται τὸ ὄνομα αὐτοῦ
anthistato de autois Elymas ho magos, houtōs gar methermēneuetai to onoma autou
But Elymas the sorcerer (for so is his name by interpretation) withstood them,

ζητῶν διαστρέψαι τὸν ἀνθύπατον ἀπὸ τῆς πίστεως
zētōn diastrepsai ton anthypaton apo tēs pisteōs
seeking to turn aside the proconsul from the faith.

Σαῦλος δέ, ὁ καὶ Παῦλος, πλησθεὶς πνεύματος ἁγίου ἀτενίσας εἰς αὐτὸν
Saulos de, ho kai Paulos, plēstheis pneumatos hagiou atenisas eis auton
But Saul, who is also called Paul, filled with the Holy Spirit, fastened his eyes on him,

εἶπεν, ω πλήρης παντὸς δόλου καὶ πάσης ῥᾳδιουργίας, υἱὲ διαβόλου, ἐχθρὲ πάσης δικαιοσύνης
eipen, ō plērēs pantos dolou kai pasēs rhadiourgias, huie diabolou, echthre pasēs dikaiosynēs
and said, O full of all guile and all villany, thou son of the devil, thou enemy of all righteousness,

οὐ παύσῃ διαστρέφων τὰς ὁδοὺς [τοῦ] κυρίου τὰς εὐθείας
ou pausē diastrephōn tas hodous [tou] kyriou tas eutheias
wilt thou not cease to pervert the right ways of the Lord?

καὶ νῦν ἰδοὺ χεὶρ κυρίου ἐπὶ σέ, καὶ ἔσῃ τυφλὸς μὴ βλέπων τὸν ἥλιον ἄχρι καιροῦ
kai nyn idou cheir kyriou epi se, kai esē typhlos mē blepōn ton hēlion achri kairou
And now, behold, the hand of the Lord is upon thee, and thou shalt be blind, not seeing the sun for a season.

παραχρῆμά τε ἔπεσεν ἐπ' αὐτὸν ἀχλὺς καὶ σκότος, καὶ περιάγων ἐζήτει χειραγωγούς
parachrēma te epesen ep' auton achlys kai skotos, kai periagōn ezētei cheiragōgous
And immediately there fell on him a mist and a darkness; and he went about seeking some to lead him by the hand.

τότε ἰδὼν ὁ ἀνθύπατος τὸ γεγονὸς ἐπίστευσεν ἐκπλησσόμενος ἐπὶ τῇ διδαχῇ τοῦ κυρίου
tote idōn ho anthypatos to gegonos episteusen ekplēssomenos epi tē didachē tou kyriou
Then the proconsul, when he saw what was done, believed, being astonished at the teaching of the Lord.

Ἀναχθέντες δὲ ἀπὸ τῆς Πάφου οἱ περὶ Παῦλον ἦλθον εἰς Πέργην τῆς Παμφυλίας
Anachthentes de apo tēs Paphou hoi peri Paulon ēlthon eis Pergēn tēs Pamphylias
Now Paul and his company set sail from Paphos, and came to Perga in Pamphylia:

Ἰωάννης δὲ ἀποχωρήσας ἀπ' αὐτῶν ὑπέστρεψεν εἰς Ἱεροσόλυμα
Iōannēs de apochōrēsas ap' autōn hypestrepsen eis Hierosolyma
and John departed from them and returned to Jerusalem.

αὐτοὶ δὲ διελθόντες ἀπὸ τῆς Πέργης παρεγένοντο εἰς Ἀντιόχειαν τὴν Πισιδίαν
autoi de dielthontes apo tēs Pergēs paregenonto eis Antiocheian tēn Pisidian
But they, passing through from Perga, came to Antioch of Pisidia;

καὶ [εἰσ]ελθόντες εἰς τὴν συναγωγὴν τῇ ἡμέρᾳ τῶν σαββάτων ἐκάθισαν
kai [eis]elthontes eis tēn synagōgēn tē hēmera tōn sabbatōn ekathisan
and they went into the synagogue on the sabbath day, and sat down.

μετὰ δὲ τὴν ἀνάγνωσιν τοῦ νόμου
meta de tēn anagnōsin tou nomou
And after the reading of the law

καὶ τῶν προφητῶν ἀπέστειλαν οἱ ἀρχισυνάγωγοι πρὸς αὐτοὺς λέγοντες
kai tōn prophētōn apesteilan hoi archisynagōgoi pros autous legontes,
and the prophets the rulers of the synagogue sent unto them, saying,

Ἄνδρες ἀδελφοί, εἴ τίς ἐστιν ἐν ὑμῖν λόγος παρακλήσεως πρὸς τὸν λαόν, λέγετε
Andres adelphoi, ei tis estin en hymin logos paraklēseōs pros ton laon, legete
Brethren, if ye have any word of exhortation for the people, say on.

ἀναστὰς δὲ Παῦλος καὶ κατασείσας τῇ χειρὶ εἶπεν: Ἄνδρες Ἰσραηλῖται καὶ οἱ φοβούμενοι τὸν θεόν, ἀκούσατε
anastas de Paulos kai kataseisas tē cheiri eipen: Andres Israēlitai kai hoi phoboumenoi ton theon, akousate
And Paul stood up, and beckoning with the hand said, Men of Israel, and ye that fear God, hearken:

ὁ θεὸς τοῦ λαοῦ τούτου Ἰσραὴλ ἐξελέξατο τοὺς πατέρας ἡμῶν, καὶ τὸν λαὸν ὕψωσεν ἐν τῇ παροικίᾳ ἐν γῇ Αἰγύπτου
ho theos tou laou toutou Israēl exelexato tous pateras hēmōn, kai ton laon hypsōsen en tē paroikia en gē Aigyptou
The God of this people Israel chose our fathers, and exalted the people when they sojourned in the land of Egypt,

καὶ μετὰ βραχίονος ὑψηλοῦ ἐξήγαγεν αὐτοὺς ἐξ αὐτῆς
kai meta brachionos hypsēlou exēgagen autous ex autēs
and with a high arm led he them forth out of it.

καὶ ὡς τεσσερακονταετῆ χρόνον ἐτροποφόρησεν αὐτοὺς ἐν τῇ ἐρήμῳ
kai hōs tesserakontaetē chronon etropophorēsen autous en tē erēmō
And for about the time of forty years as a nursing-father bare he them in the wilderness.

καὶ καθελὼν ἔθνη ἑπτὰ ἐν γῇ Χανάαν κατεκληρονόμησεν τὴν γῆν αὐτῶν
kai kathelōn ethnē hepta en gē Chanaan kateklēronomēsen tēn gēn autōn
And when he had destroyed seven nations in the land of Canaan, he gave them their land for an inheritance, for about four hundred and fifty years:

ὡς ἔτεσιν τετρακοσίοις καὶ πεντήκοντα. καὶ μετὰ ταῦτα ἔδωκεν κριτὰς ἕως Σαμουὴλ [τοῦ] προφήτου
hōs etesin tetrakosiois kai pentēkonta. kai meta tauta edōken kritas heōs Samouēl [tou] prophētou
and after these things he gave them judges until Samuel the prophet.

κἀκεῖθεν ᾐτήσαντο βασιλέα
kakeithen ētēsanto basilea
And afterward they asked for a king:

καὶ ἔδωκεν αὐτοῖς ὁ θεὸς τὸν Σαοὺλ υἱὸν Κίς, ἄνδρα ἐκ φυλῆς Βενιαμίν, ἔτη τεσσεράκοντα
kai edōken autois ho theos ton Saoul huion Kis, andra ek phylēs Beniamin, etē tesserakonta
and God gave unto them Saul the son of Kish, a man of the tribe of Benjamin, for the space of forty years.

καὶ μεταστήσας αὐτὸν ἤγειρεν τὸν Δαυὶδ αὐτοῖς εἰς βασιλέα, ᾧ καὶ εἶπεν μαρτυρήσας
kai metastēsas auton ēgeiren ton Dauid autois eis basilea, hō kai eipen martyrēsas,
And when he had removed him, he raised up David to be their king; to whom also he bare witness and said,

Εὗρον Δαυὶδ τὸν τοῦ Ἰεσσαί, ἄνδρα κατὰ τὴν καρδίαν μου, ὃς ποιήσει πάντα τὰ θελήματά μου
Heuron Dauid ton tou Iessai, andra kata tēn kardian mou, hos poiēsei panta ta thelēmata mou
I have found David the son of Jesse, a man after my heart, who shall do all my will.

τούτου ὁ θεὸς ἀπὸ τοῦ σπέρματος κατ' ἐπαγγελίαν ἤγαγεν τῷ Ἰσραὴλ σωτῆρα Ἰησοῦ
toutou ho theos apo tou spermatos kat' epangelian ēgagen tō Israēl sōtēra Iēsou
Of this man's seed hath God according to promise brought unto Israel a Saviour, Jesus;

προκηρύξαντος Ἰωάννου πρὸ προσώπου τῆς εἰσόδου αὐτοῦ βάπτισμα μετανοίας παντὶ τῷ λαῷ Ἰσραήλ
prokēryxantos Iōannou pro prosōpou tēs eisodou autou baptisma metanoias panti tō laō Israēl
when John had first preached before his coming the baptism of repentance to all the people of Israel.

ὡς δὲ ἐπλήρου Ἰωάννης τὸν δρόμον, ἔλεγεν, Τί ἐμὲ ὑπονοεῖτε εἶναι; οὐκ εἰμὶ ἐγώ
hōs de eplērou Iōannēs ton dromon, elegen, Ti eme hyponoeite einai
And as John was fulfilling his course, he said, What suppose ye that I am?

ἀλλ' ἰδοὺ ἔρχεται μετ' ἐμὲ οὗ οὐκ εἰμὶ ἄξιος τὸ ὑπόδημα τῶν ποδῶν λῦσαι
ouk eimi egō: all' idou erchetai met' eme hou ouk eimi axios to hypodēma tōn podōn lysai
I am not he. But behold, there cometh one after me the shoes of whose feet I am not worthy to unloose.

Ἄνδρες ἀδελφοί, υἱοὶ γένους Ἀβραὰμ καὶ οἱ ἐν ὑμῖν φοβούμενοι τὸν θεόν
Andres adelphoi, huioi genous Abraam kai hoi en hymin phoboumenoi ton theon
Brethren, children of the stock of Abraham, and those among you that fear God,

ἡμῖν ὁ λόγος τῆς σωτηρίας ταύτης ἐξαπεστάλη
hēmin ho logos tēs sōtērias tautēs exapestalē
to us is the word of this salvation sent forth.

οἱ γὰρ κατοικοῦντες ἐν Ἰερουσαλὴμ καὶ οἱ ἄρχοντες αὐτῶν τοῦτον ἀγνοήσαντες
hoi gar katoikountes en Ierousalēm kai hoi archontes autōn touton agnoēsantes
For they that dwell in Jerusalem, and their rulers, because they knew him not,

καὶ τὰς φωνὰς τῶν προφητῶν τὰς κατὰ πᾶν σάββατον ἀναγινωσκομένας κρίναντες ἐπλήρωσαν
kai tas phōnas tōn prophētōn tas kata pan sabbaton anaginōskomenas krinantes eplērōsan
nor the voices of the prophets which are read every sabbath, fulfilled them by condemning him.

καὶ μηδεμίαν αἰτίαν θανάτου εὑρόντες ᾐτήσαντο Πιλᾶτον ἀναιρεθῆναι αὐτόν
kai mēdemian aitian thanatou heurontes ētēsanto Pilaton anairethēnai auton
And though they found no cause of death in him, yet asked they of Pilate that he should be slain.

ὡς δὲ ἐτέλεσαν πάντα τὰ περὶ αὐτοῦ γεγραμμένα
hōs de etelesan panta ta peri autou gegrammena
And when they had fulfilled all things that were written of him,

καθελόντες ἀπὸ τοῦ ξύλου ἔθηκαν εἰς μνημεῖον
kathelontes apo tou xylou ethēkan eis mnēmeion
they took him down from the tree, and laid him in a tomb.

ὁ δὲ θεὸς ἤγειρεν αὐτὸν ἐκ νεκρῶν
ho de theos ēgeiren auton ek nekrōn
But God raised him from the dead:

ὃς ὤφθη ἐπὶ ἡμέρας πλείους τοῖς συναναβᾶσιν αὐτῷ ἀπὸ τῆς Γαλιλαίας εἰς Ἰερουσαλήμ
hos ōphthē epi hēmeras pleious tois synanabasin autō apo tēs Galilaias eis Ierousalēm
and he was seen for many days of them that came up with him from Galilee to Jerusalem,

οἵτινες [νῦν] εἰσιν μάρτυρες αὐτοῦ πρὸς τὸν λαόν
hoitines [nyn] eisin martyres autou pros ton laon
who are now his witnesses unto the people.

καὶ ἡμεῖς ὑμᾶς εὐαγγελιζόμεθα τὴν πρὸς τοὺς πατέρας ἐπαγγελίαν γενομένην
kai hēmeis hymas euangelizometha tēn pros tous pateras epangelian genomenēn
And we bring you good tidings of the promise made unto the fathers,

ὅτι ταύτην ὁ θεὸς ἐκπεπλήρωκεν τοῖς τέκνοις [αὐτῶν] ἡμῖν ἀναστήσας Ἰησοῦν
hoti tautēn ho theos ekpeplērōken tois teknois [autōn] hēmin anastēsas Iēsoun
that God hath fulfilled the same unto our children, in that he raised up Jesus;

ὡς καὶ ἐν τῷ ψαλμῷ γέγραπται τῷ δευτέρῳ, Υἱός μου εἶ σύ, ἐγὼ σήμερον γεγέννηκά σε
hōs kai en tō psalmō gegraptai tō deuterō, Huios mou ei sy, egō sēmeron gegennēka se
as also it is written in the second psalm, Thou art my Son, this day have I begotten thee.

ὅτι δὲ ἀνέστησεν αὐτὸν ἐκ νεκρῶν μηκέτι μέλλοντα ὑποστρέφειν εἰς διαφθοράν
hoti de anestēsen auton ek nekrōn mēketi mellonta hypostrephein eis diaphthoran
And as concerning that he raised him up from the dead, now no more to return to corruption,

οὕτως εἴρηκεν ὅτι Δώσω ὑμῖν τὰ ὅσια Δαυὶδ τὰ πιστά
houtōs eirēken hoti Dōsō hymin ta hosia Dauid ta pista
he hath spoken on this wise, I will give you the holy and sure blessings of David.

διότι καὶ ἐν ἑτέρῳ λέγει, Οὐ δώσεις τὸν ὅσιόν σου ἰδεῖν διαφθοράν
dioti kai en heterō legei, Ou dōseis ton hosion sou idein diaphthoran
Because he saith also in another psalm, Thou wilt not give thy Holy One to see corruption.

Δαυὶδ μὲν γὰρ ἰδίᾳ γενεᾷ ὑπηρετήσας τῇ τοῦ θεοῦ βουλῇ ἐκοιμήθη
Dauid men gar idia genea hypēretēsas tē tou theou boulē ekoimēthē
For David, after he had in his own generation served the counsel of God, fell asleep,

καὶ προσετέθη πρὸς τοὺς πατέρας αὐτοῦ καὶ εἶδεν διαφθοράν
kai prosetethē pros tous pateras autou kai eiden diaphthoran
and was laid unto his fathers, and saw corruption:

ὃν δὲ ὁ θεὸς ἤγειρεν οὐκ εἶδεν διαφθοράν
hon de ho theos ēgeiren ouk eiden diaphthoran
but he whom God raised up saw no corruption.

γνωστὸν οὖν ἔστω ὑμῖν, ἄνδρες ἀδελφοί, ὅτι διὰ τούτου ὑμῖν ἄφεσις ἁμαρτιῶν καταγγέλλεται
gnōston oun estō hymin, andres adelphoi, hoti dia toutou hymin aphesis hamartiōn katangelletai
Be it known unto you therefore, brethren, that through this man is proclaimed unto you remission of sins:

[,καὶ] ἀπὸ πάντων ὧν οὐκ ἠδυνήθητε ἐν νόμῳ Μωϋσέως δικαιωθῆναι
[,kai] apo pantōn hōn ouk ēdynēthēte en nomō Mōuseōs dikaiōthēnai
and by him every one that believeth is justified from all things, from which ye could not be justified by the law of Moses.

ἐν τούτῳ πᾶς ὁ πιστεύων δικαιοῦται
en toutō pas ho pisteuōn dikaioutai
In Him everyone believing is justified.

βλέπετε οὖν μὴ ἐπέλθῃ τὸ εἰρημένον ἐν τοῖς προφήταις
blepete oun mē epelthē to eirēmenon en tois prophētais
Beware therefore, lest that come upon you which is spoken in the prophets:

Ἴδετε, οἱ καταφρονηταί, καὶ θαυμάσατε καὶ ἀφανίσθητε, ὅτι ἔργον ἐργάζομαι ἐγὼ ἐν ταῖς ἡμέραις ὑμῶν
Idete, hoi kataphronētai, kai thaumasate kai aphanisthēte, hoti ergon ergazomai egō en tais hēmerais hymōn
Behold, ye despisers, and wonder, and perish; For I work a work in your days,

ἔργον ὃ οὐ μὴ πιστεύσητε ἐάν τις ἐκδιηγῆται ὑμῖν
ergon ho ou mē pisteusēte ean tis ekdiēgētai hymin
A work which ye shall in no wise believe, if one declare it unto you.

Ἐξιόντων δὲ αὐτῶν παρεκάλουν εἰς τὸ μεταξὺ σάββατον λαληθῆναι αὐτοῖς τὰ ῥήματα ταῦτα
Exiontōn de autōn parekaloun eis to metaxy sabbaton lalēthēnai autois ta rhēmata tauta
And as they went out, they besought that these words might be spoken to them the next sabbath.

λυθείσης δὲ τῆς συναγωγῆς ἠκολούθησαν πολλοὶ τῶν Ἰουδαίων καὶ τῶν σεβομένων προσηλύτων τῷ Παύλῳ
lytheisēs de tēs synagōgēs ēkolouthēsan polloi tōn Ioudaiōn kai tōn sebomenōn prosēlytōn tō Paulō
Now when the synagogue broke up, many of the Jews and of the devout proselytes followed Paul

καὶ τῷ Βαρναβᾷ, οἵτινες προσλαλοῦντες αὐτοῖς ἔπειθον αὐτοὺς προσμένειν τῇ χάριτι τοῦ θεοῦ
kai tō Barnaba, hoitines proslalountes autois epeithon autous prosmenein tē chariti tou theou
and Barnabas; who, speaking to them, urged them to continue in the grace of God.

Τῷ δὲ ἐρχομένῳ σαββάτῳ σχεδὸν πᾶσα ἡ πόλις συνήχθη ἀκοῦσαι τὸν λόγον τοῦ κυρίου
Tō de erchomenō sabbatō schedon pasa hē polis synēchthē akousai ton logon tou kyriou
And the next sabbath almost the whole city was gathered together to hear the word of God.

ἰδόντες δὲ οἱ Ἰουδαῖοι τοὺς ὄχλους ἐπλήσθησαν ζήλου
idontes de hoi Ioudaioi tous ochlous eplēsthēsan zēlou
But when the Jews saw the multitudes, they were filled with jealousy,

καὶ ἀντέλεγον τοῖς ὑπὸ Παύλου λαλουμένοις βλασφημοῦντες
kai antelegon tois hypo Paulou laloumenois blasphēmountes
and contradicted the things which were spoken by Paul, and blasphemed.

παρρησιασάμενοί τε ὁ Παῦλος καὶ ὁ Βαρναβᾶς εἶπαν, Ὑμῖν ἦν ἀναγκαῖον πρῶτον λαληθῆναι τὸν λόγον τοῦ θεοῦ
parrēsiasamenoi te ho Paulos kai ho Barnabas eipan, Hymin ēn anankaion prōton lalēthēnai ton logon tou theou
And Paul and Barnabas spake out boldly, and said, It was necessary that the word of God should first be spoken to you.

ἐπειδὴ ἀπωθεῖσθε αὐτὸν καὶ οὐκ ἀξίους κρίνετε ἑαυτοὺς τῆς αἰωνίου ζωῆς, ἰδοὺ στρεφόμεθα εἰς τὰ ἔθνη
epeidē apōtheisthe auton kai ouk axious krinete heautous tēs aiōniou zōēs, idou strephometha eis ta ethnē
Seeing ye thrust it from you, and judge yourselves unworthy of eternal life, lo, we turn to the Gentiles.

οὕτως γὰρ ἐντέταλται ἡμῖν ὁ κύριος
houtōs gar entetaltai hēmin ho kyrios
For so hath the Lord commanded us, saying,

Τέθεικά σε εἰς φῶς ἐθνῶν τοῦ εἶναί σε εἰς σωτηρίαν ἕως ἐσχάτου τῆς γῆς
Tetheika se eis phōs ethnōn tou einai se eis sōtērian heōs eschatou tēs gēs
I have set thee for a light of the Gentiles, That thou shouldest be for salvation unto the uttermost part of the earth.

ἀκούοντα δὲ τὰ ἔθνη ἔχαιρον καὶ ἐδόξαζον τὸν λόγον τοῦ κυρίου
akouonta de ta ethnē echairon kai edoxazon ton logon tou kyriou
And as the Gentiles heard this, they were glad, and glorified the word of God:

καὶ ἐπίστευσαν ὅσοι ἦσαν τεταγμένοι εἰς ζωὴν αἰώνιον
kai episteusan hosoi ēsan tetagmenoi eis zōēn aiōnion
and as many as were ordained to eternal life believed.

διεφέρετο δὲ ὁ λόγος τοῦ κυρίου δι' ὅλης τῆς χώρας
diephereto de ho logos tou kyriou di' holēs tēs chōras
And the word of the Lord was spread abroad throughout all the region.

οἱ δὲ Ἰουδαῖοι παρώτρυναν τὰς σεβομένας γυναῖκας τὰς εὐσχήμονας καὶ τοὺς πρώτους τῆς πόλεως
hoi de Ioudaioi parōtrynan tas sebomenas gynaikas tas euschēmonas kai tous prōtous tēs poleōs
But the Jews urged on the devout women of honorable estate, and the chief men of the city,

καὶ ἐπήγειραν διωγμὸν ἐπὶ τὸν Παῦλον καὶ Βαρναβᾶν, καὶ ἐξέβαλον αὐτοὺς ἀπὸ τῶν ὁρίων αὐτῶν
kai epēgeiran diōgmon epi ton Paulon kai Barnaban, kai exebalon autous apo tōn horiōn autōn
and stirred up a persecution against Paul and Barnabas, and cast them out of their borders.

οἱ δὲ ἐκτιναξάμενοι τὸν κονιορτὸν τῶν ποδῶν ἐπ' αὐτοὺς ἦλθον εἰς Ἰκόνιον
hoi de ektinaxamenoi ton koniorton tōn podōn ep' autous ēlthon eis Ikonion
But they shook off the dust of their feet against them, and came unto Iconium.

οἵ τε μαθηταὶ ἐπληροῦντο χαρᾶς καὶ πνεύματος ἁγίου
hoi te mathētai eplērounto charas kai pneumatos hagiou
And the disciples were filled with joy and with the Holy Spirit.

ιδ

Ἐγένετο δὲ ἐν Ἰκονίῳ κατὰ τὸ αὐτὸ εἰσελθεῖν αὐτοὺς εἰς τὴν συναγωγὴν τῶν Ἰουδαίων
Egeneto de en Ikoniō kata to auto eiselthein autous eis tēn synagōgēn tōn Ioudaiōn
And it came to pass in Iconium that they entered together into the synagogue of the Jews,

καὶ λαλῆσαι οὕτως ὥστε πιστεῦσαι Ἰουδαίων τε καὶ Ἑλλήνων πολὺ πλῆθος
kai lalēsai houtōs hōste pisteusai Ioudaiōn te kai Hellēnōn poly plēthos
and so spake that a great multitude both of Jews and of Greeks believed.

οἱ δὲ ἀπειθήσαντες Ἰουδαῖοι ἐπήγειραν
hoi de apeithēsantes Ioudaioi epēgeiran
But the Jews that were disobedient stirred up the souls of the Gentiles,

καὶ ἐκάκωσαν τὰς ψυχὰς τῶν ἐθνῶν κατὰ τῶν ἀδελφῶν
kai ekakōsan tas psychas tōn ethnōn kata tōn adelphōn
and made them evil affected against the brethren.

ἱκανὸν μὲν οὖν χρόνον διέτριψαν παρρησιαζόμενοι ἐπὶ τῷ κυρίῳ τῷ μαρτυροῦντι [ἐπὶ] τῷ λόγῳ τῆς χάριτος αὐτοῦ
hikanon men oun chronon dietripsan parrēsiazomenoi epi tō kyriō tō martyrounti [epi] tō logō tēs charitos autou
Long time therefore they tarried there speaking boldly in the Lord, who bare witness unto the word of his grace,

διδόντι σημεῖα καὶ τέρατα γίνεσθαι διὰ τῶν χειρῶν αὐτῶν
didonti sēmeia kai terata ginesthai dia tōn cheirōn autōn
granting signs and wonders to be done by their hands.

ἐσχίσθη δὲ τὸ πλῆθος τῆς πόλεως, καὶ οἱ μὲν ἦσαν σὺν τοῖς Ἰουδαίοις οἱ δὲ σὺν τοῖς ἀποστόλοις
eschisthē de to plēthos tēs poleōs, kai hoi men ēsan syn tois Ioudaiois hoi de syn tois apostolois
But the multitude of the city was divided; and part held with the Jews, and part with the apostles.

ὡς δὲ ἐγένετο ὁρμὴ τῶν ἐθνῶν τε καὶ Ἰουδαίων σὺν τοῖς ἄρχουσιν αὐτῶν
hōs de egeneto hormē tōn ethnōn te kai Ioudaiōn syn tois archousin autōn
And when there was made an onset both of the Gentiles and of the Jews with their rulers,

ὑβρίσαι καὶ λιθοβολῆσαι αὐτούς
hybrisai kai lithobolēsai autous
to treat them shamefully and to stone them,

συνιδόντες κατέφυγον εἰς τὰς πόλεις τῆς Λυκαονίας Λύστραν καὶ Δέρβην καὶ τὴν περίχωρον
synidontes katephygon eis tas poleis tēs Lykaonias Lystran kai Derbēn kai tēn perichōron
they became aware of it, and fled unto the cities of Lycaonia, Lystra and Derbe, and the region round about:

κἀκεῖ εὐαγγελιζόμενοι ἦσαν
kakei euangelizomenoi ēsan
and there they preached the gospel.

Καί τις ἀνὴρ ἀδύνατος ἐν Λύστροις τοῖς ποσὶν ἐκάθητο, χωλὸς ἐκ κοιλίας μητρὸς αὐτοῦ, ὃς οὐδέποτε περιεπάτησεν
Kai tis anēr adynatos en Lystrois tois posin ekathēto, chōlos ek koilias mētros autou, hos oudepote periepatēsen
And at Lystra there sat a certain man, impotent in his feet, a cripple from his mother's womb, who never had walked.

οὗτος ἤκουσεν τοῦ Παύλου λαλοῦντος· ὃς ἀτενίσας αὐτῷ καὶ ἰδὼν ὅτι ἔχει πίστιν τοῦ σωθῆναι
houtos ēkousen tou Paulou lalountos: hos atenisas autō kai idōn hoti echei pistin tou sōthēnai
The same heard Paul speaking: who, fastening his eyes upon him, and seeing that he had faith to be made whole,

εἶπεν μεγάλῃ φωνῇ, Ἀνάστηθι ἐπὶ τοὺς πόδας σου ὀρθός. καὶ ἥλατο καὶ περιεπάτει
eipen megalē phōnē, Anastēthi epi tous podas sou orthos. kai hēlato kai periepatei
said with a loud voice, Stand upright on thy feet. And he leaped up and walked.

οἵ τε ὄχλοι ἰδόντες ὃ ἐποίησεν Παῦλος ἐπῆραν τὴν φωνὴν αὐτῶν Λυκαονιστὶ λέγοντες
hoi te ochloi idontes ho epoiēsen Paulos epēran tēn phōnēn autōn Lykaonisti legontes
And when the multitude saw what Paul had done, they lifted up their voice, saying in the speech of Lycaonia,

Οἱ θεοὶ ὁμοιωθέντες ἀνθρώποις κατέβησαν πρὸς ἡμᾶς
HOi theoi homoiōthentes anthrōpois katebēsan pros hēmas
The gods are come down to us in the likeness of men.

ἐκάλουν τε τὸν Βαρναβᾶν Δία, τὸν δὲ Παῦλον Ἑρμῆν, ἐπειδὴ αὐτὸς ἦν ὁ ἡγούμενος τοῦ λόγου
ekaloun te ton Barnaban Dia, ton de Paulon Hermēn, epeidē autos ēn ho hēgoumenos tou logou
And they called Barnabas, Jupiter; and Paul, Mercury, because he was the chief speaker.

ὅ τε ἱερεὺς τοῦ Διὸς τοῦ ὄντος πρὸ τῆς πόλεως
ho te hiereus tou Dios tou ontos pro tēs poleōs
And the priest of Jupiter whose temple was before the city,

ταύρους καὶ στέμματα ἐπὶ τοὺς πυλῶνας ἐνέγκας σὺν τοῖς ὄχλοις ἤθελεν θύειν
taurous kai stemmata epi tous pylōnas enenkas syn tois ochlois ēthelen thyein
brought oxen and garlands unto the gates, and would have done sacrifice with the multitudes.

ἀκούσαντες δὲ οἱ ἀπόστολοι Βαρναβᾶς καὶ Παῦλος
akousantes de hoi apostoloi Barnabas kai Paulos
But when the apostles, Barnabas and Paul, heard of it,

διαρρήξαντες τὰ ἱμάτια αὐτῶν ἐξεπήδησαν εἰς τὸν ὄχλον, κράζοντες
diarrēxantes ta himatia autōn exepēdēsan eis ton ochlon, krazontes
they rent their garments, and sprang forth among the multitude, crying out

καὶ λέγοντες, Ἄνδρες, τί ταῦτα ποιεῖτε; καὶ ἡμεῖς ὁμοιοπαθεῖς ἐσμεν ὑμῖν ἄνθρωποι
kai legontes, Andres, ti tauta poieite? kai hēmeis homoiopatheis esmen hymin anthrōpoi,
and saying, Sirs, why do ye these things? We also are men of like passions with you,

εὐαγγελιζόμενοι ὑμᾶς ἀπὸ τούτων τῶν ματαίων ἐπιστρέφειν ἐπὶ θεὸν ζῶντα ὃς ἐποίησεν τὸν οὐρανὸν
euangelizomenoi hymas apo toutōn tōn mataiōn epistrephein epi theon zōnta hos epoiēsen ton ouranon
and bring you good tidings, that ye should turn from these vain things unto a living God, who made the heaven

καὶ τὴν γῆν καὶ τὴν θάλασσαν καὶ πάντα τὰ ἐν αὐτοῖς
kai tēn gēn kai tēn thalassan kai panta ta en autois
and the earth and the sea, and all that in them is:

ὃς ἐν ταῖς παρῳχημέναις γενεαῖς εἴασεν πάντα τὰ ἔθνη πορεύεσθαι ταῖς ὁδοῖς αὐτῶν
hos en tais parōchēmenais geneais eiasen panta ta ethnē poreuesthai tais hodois autōn
who in the generations gone by suffered all the nations to walk in their own ways.

καίτοι οὐκ ἀμάρτυρον αὐτὸν ἀφῆκεν ἀγαθουργῶν
kaitoi ouk amartyron auton aphēken agathourgōn
And yet he left not himself without witness,

οὐρανόθεν ὑμῖν ὑετοὺς διδοὺς καὶ καιροὺς καρποφόρους, ἐμπιπλῶν τροφῆς καὶ εὐφροσύνης τὰς καρδίας ὑμῶν
ouranothen hymin hyetous didous kai kairous karpophorous, empiplōn trophēs kai euphrosynēs tas kardias hymōn
in that he did good and gave you from heaven rains and fruitful seasons, filling your hearts with food and gladness.

καὶ ταῦτα λέγοντες μόλις κατέπαυσαν τοὺς ὄχλους τοῦ μὴ θύειν αὐτοῖς
kai tauta legontes molis katepausan tous ochlous tou mē thyein autois
And with these sayings scarce restrained they the multitudes from doing sacrifice unto them.

Ἐπῆλθαν δὲ ἀπὸ Ἀντιοχείας καὶ Ἰκονίου Ἰουδαῖοι, καὶ πείσαντες τοὺς ὄχλους
Epēlthan de apo Antiocheias kai Ikoniou Ioudaioi, kai peisantes tous ochlous
But there came Jews thither from Antioch and Iconium: and having persuaded the multitudes,

καὶ λιθάσαντες τὸν Παῦλον ἔσυρον ἔξω τῆς πόλεως, νομίζοντες αὐτὸν τεθνηκέναι
kai lithasantes ton Paulon esyron exō tēs poleōs, nomizontes auton tethnēkenai
they stoned Paul, and dragged him out of the city, supposing that he was dead.

κυκλωσάντων δὲ τῶν μαθητῶν αὐτὸν ἀναστὰς εἰσῆλθεν εἰς τὴν πόλιν
kyklōsantōn de tōn mathētōn auton anastas eisēlthen eis tēn polin
But as the disciples stood round about him, he rose up, and entered into the city:

καὶ τῇ ἐπαύριον ἐξῆλθεν σὺν τῷ Βαρναβᾷ εἰς Δέρβην
kai tē epaurion exēlthen syn tō Barnaba eis Derbēn
and on the morrow he went forth with Barnabas to Derbe.

Εὐαγγελισάμενοί τε τὴν πόλιν ἐκείνην καὶ μαθητεύσαντες ἱκανοὺς ὑπέστρεψαν εἰς τὴν Λύστραν
Euangelisamenoi te tēn polin ekeinēn kai mathēteusantes hikanous hypestrepsan eis tēn Lystran
And when they had preached the gospel to that city, and had made many disciples, they returned to Lystra,

καὶ εἰς Ἰκόνιον καὶ εἰς Ἀντιόχειαν
kai eis Ikonion kai eis Antiocheian
and to Iconium, and to Antioch,

ἐπιστηρίζοντες τὰς ψυχὰς τῶν μαθητῶν, παρακαλοῦντες ἐμμένειν τῇ πίστει
epistērizontes tas psychas tōn mathētōn, parakalountes emmenein tē pistei
confirming the souls of the disciples, exhorting them to continue in the faith,

καὶ ὅτι διὰ πολλῶν θλίψεων δεῖ ἡμᾶς εἰσελθεῖν εἰς τὴν βασιλείαν τοῦ θεοῦ
kai hoti dia pollōn thlipseōn dei hēmas eiselthein eis tēn basileian tou theou
and that through many tribulations we must enter into the kingdom of God.

χειροτονήσαντες δὲ αὐτοῖς κατ' ἐκκλησίαν πρεσβυτέρους
cheirotonēsantes de autois kat' ekklēsian presbyterous
And when they had appointed for them elders in every church,

προσευξάμενοι μετὰ νηστειῶν παρέθεντο αὐτοὺς τῷ κυρίῳ εἰς ὃν πεπιστεύκεισαν
proseuxamenoi meta nēsteiōn parethento autous tō kyriō eis hon pepisteukeisan
and had prayed with fasting, they commended them to the Lord, on whom they had believed.

καὶ διελθόντες τὴν Πισιδίαν ἦλθον εἰς τὴν Παμφυλίαν
kai dielthontes tēn Pisidian ēlthon eis tēn Pamphylian
And they passed through Pisidia, and came to Pamphylia.

καὶ λαλήσαντες ἐν Πέργῃ τὸν λόγον κατέβησαν εἰς Ἀττάλειαν
kai lalēsantes en Pergē ton logon katebēsan eis Attaleian
And when they had spoken the word in Perga, they went down to Attalia;

κἀκεῖθεν ἀπέπλευσαν εἰς Ἀντιόχειαν
kakeithen apepleusan eis Antiocheian
and thence they sailed to Antioch,

ὅθεν ἦσαν παραδεδομένοι τῇ χάριτι τοῦ θεοῦ εἰς τὸ ἔργον ὃ ἐπλήρωσαν
hothen ēsan paradedomenoi tē chariti tou theou eis to ergon ho eplērōsan
from whence they had been committed to the grace of God for the work which they had fulfilled.

παραγενόμενοι δὲ καὶ συναγαγόντες τὴν ἐκκλησίαν
paragenomenoi de kai synagagontes tēn ekklēsian
And when they were come, and had gathered the church together,

ἀνήγγελλον ὅσα ἐποίησεν ὁ θεὸς μετ' αὐτῶν καὶ ὅτι ἤνοιξεν τοῖς ἔθνεσιν θύραν πίστεως
anēngellon hosa epoiēsen ho theos met' autōn kai hoti ēnoixen tois ethnesin thyran pisteōs
they rehearsed all things that God had done with them, and that he had opened a door of faith unto the Gentiles.

διέτριβον δὲ χρόνον οὐκ ὀλίγον σὺν τοῖς μαθηταῖς
dietribon de chronon ouk oligon syn tois mathētais
And they tarried no little time with the disciples.

ιε

Καί τινες κατελθόντες ἀπὸ τῆς Ἰουδαίας ἐδίδασκον τοὺς ἀδελφοὺς ὅτι Ἐὰν μὴ περιτμηθῆτε
Kai tines katelthontes apo tēs Ioudaias edidaskon tous adelphous hoti Ean mē peritmēthēte
And certain men came down from Judæa and taught the brethren, saying, Except ye be circumcised

τῷ ἔθει τῷ Μωϋσέως οὐ δύνασθε σωθῆναι
tō ethei tō Mōuseōs ou dynasthe sōthēnai
after the custom of Moses, ye cannot be saved.

γενομένης δὲ στάσεως καὶ ζητήσεως οὐκ ὀλίγης τῷ Παύλῳ καὶ τῷ Βαρναβᾷ πρὸς αὐτοὺς ἔταξαν ἀναβαίνειν Παῦλον
genomenēs de staseōs kai zētēseōs ouk oligēs tō Paulō kai tō Barnaba pros autous etaxan anabainein Paulon
And when Paul and Barnabas had no small dissension and questioning with them, the brethren appointed that Paul

καὶ Βαρναβᾶν καί τινας ἄλλους ἐξ αὐτῶν
kai Barnaban kai tinas allous ex autōn
and Barnabas, and certain other of them,

πρὸς τοὺς ἀποστόλους καὶ πρεσβυτέρους εἰς Ἱερουσαλὴμ περὶ τοῦ ζητήματος τούτου
pros tous apostolous kai presbyterous eis Ierousalēm peri tou zētēmatos toutou
should go up to Jerusalem unto the apostles and elders about this question.

Οἱ μὲν οὖν προπεμφθέντες ὑπὸ τῆς ἐκκλησίας
HOi men oun propemphthentes hypo tēs ekklēsias
They therefore, being brought on their way by the church,

διήρχοντο τήν τε Φοινίκην καὶ Σαμάρειαν ἐκδιηγούμενοι τὴν ἐπιστροφὴν τῶν ἐθνῶν
diērchonto tēn te Phoinikēn kai Samareian ekdiēgoumenoi tēn epistrophēn tōn ethnōn,
passed through both Phoenicia and Samaria, declaring the conversion of the Gentiles:

καὶ ἐποίουν χαρὰν μεγάλην πᾶσιν τοῖς ἀδελφοῖς
kai epoioun charan megalēn pasin tois adelphois
and they caused great joy unto all the brethren.

παραγενόμενοι δὲ εἰς Ἱερουσαλὴμ παρεδέχθησαν ἀπὸ τῆς ἐκκλησίας
paragenomenoi de eis Ierousalēm paredechthēsan apo tēs ekklēsias
And when they were come to Jerusalem, they were received of the church

καὶ τῶν ἀποστόλων καὶ τῶν πρεσβυτέρων, ἀνήγγειλάν τε ὅσα ὁ θεὸς ἐποίησεν μετ' αὐτῶν
kai tōn apostolōn kai tōn presbyterōn, anēngeilan te hosa ho theos epoiēsen met' autōn
and the apostles and the elders, and they rehearsed all things that God had done with them.

ἐξανέστησαν δέ τινες τῶν ἀπὸ τῆς αἱρέσεως τῶν Φαρισαίων πεπιστευκότες
exanestēsan de tines tōn apo tēs haireseōs tōn Pharisaiōn pepisteukotes
But there rose up certain of the sect of the Pharisees who believed,

λέγοντες ὅτι δεῖ περιτέμνειν αὐτοὺς παραγγέλλειν τε τηρεῖν τὸν νόμον Μωϋσέως
legontes hoti dei peritemnein autous parangellein te tērein ton nomon Mōuseōs
saying, It is needful to circumcise them, and to charge them to keep the law of Moses.

Συνήχθησάν τε οἱ ἀπόστολοι καὶ οἱ πρεσβύτεροι ἰδεῖν περὶ τοῦ λόγου τούτου
Synēchthēsan te hoi apostoloi kai hoi presbyteroi idein peri tou logou toutou
And the apostles and the elders were gathered together to consider of this matter.

πολλῆς δὲ ζητήσεως γενομένης ἀναστὰς Πέτρος εἶπεν πρὸς αὐτούς, Ἄνδρες ἀδελφοί
pollēs de zētēseōs genomenēs anastas Petros eipen pros autous, Andres adelphoi
And when there had been much questioning, Peter rose up, and said unto them, Brethren,

ὑμεῖς ἐπίστασθε ὅτι ἀφ' ἡμερῶν ἀρχαίων ἐν ὑμῖν ἐξελέξατο ὁ θεὸς
hymeis epistasthe hoti aph' hēmerōn archaiōn en hymin exelexato ho theos
ye know that a good while ago God made choice among you,

διὰ τοῦ στόματός μου ἀκοῦσαι τὰ ἔθνη τὸν λόγον τοῦ εὐαγγελίου καὶ πιστεῦσαι
dia tou stomatos mou akousai ta ethnē ton logon tou euangeliou kai pisteusai
that by my mouth the Gentiles should hear the word of the gospel, and believe.

καὶ ὁ καρδιογνώστης θεὸς ἐμαρτύρησεν αὐτοῖς δοὺς τὸ πνεῦμα τὸ ἅγιον καθὼς καὶ ἡμῖν
kai ho kardiognōstēs theos emartyrēsen autois dous to pneuma to hagion kathōs kai hēmin
And God, who knoweth the heart, bare them witness, giving them the Holy Spirit, even as he did unto us;

καὶ οὐθὲν διέκρινεν μεταξὺ ἡμῶν τε καὶ αὐτῶν, τῇ πίστει καθαρίσας τὰς καρδίας αὐτῶν
kai outhen diekrinen metaxy hēmōn te kai autōn, tē pistei katharisas tas kardias autōn
and he made no distinction between us and them, cleansing their hearts by faith.

νῦν οὖν τί πειράζετε τὸν θεόν
nyn oun ti peirazete ton theon
Now therefore why make ye trial of God,

ἐπιθεῖναι ζυγὸν ἐπὶ τὸν τράχηλον τῶν μαθητῶν ὃν οὔτε οἱ πατέρες ἡμῶν οὔτε ἡμεῖς ἰσχύσαμεν βαστάσαι
epitheinai zygon epi ton trachēlon tōn mathētōn hon oute hoi pateres hēmōn oute hēmeis ischysamen bastasai
that ye should put a yoke upon the neck of the disciples which neither our fathers nor we were able to bear?

ἀλλὰ διὰ τῆς χάριτος τοῦ κυρίου Ἰησοῦ πιστεύομεν σωθῆναι καθ' ὃν τρόπον κἀκεῖνοι
alla dia tēs charitos tou kyriou Iēsou pisteuomen sōthēnai kath' hon tropon kakeinoi
But we believe that we shall be saved through the grace of the Lord Jesus, in like manner as they.

Ἐσίγησεν δὲ πᾶν τὸ πλῆθος, καὶ ἤκουον Βαρναβᾶ
Esigēsen de pan to plēthos, kai ēkouon Barnaba
And all the multitude kept silence; and they hearkened unto Barnabas

καὶ Παύλου ἐξηγουμένων ὅσα ἐποίησεν ὁ θεὸς σημεῖα καὶ τέρατα ἐν τοῖς ἔθνεσιν δι' αὐτῶ
kai Paulou exēgoumenōn hosa epoiēsen ho theos sēmeia kai terata en tois ethnesin di' autō
and Paul rehearsing what signs and wonders God had wrought among the Gentiles through them.

Μετὰ δὲ τὸ σιγῆσαι αὐτοὺς ἀπεκρίθη Ἰάκωβος λέγων, Ἄνδρες ἀδελφοί, ἀκούσατέ μου
Meta de to sigēsai autous apekrithē Iakōbos legōn, Andres adelphoi, akousate mou
And after they had held their peace, James answered, saying, Brethren, hearken unto me:

Συμεὼν ἐξηγήσατο καθὼς πρῶτον ὁ θεὸς ἐπεσκέψατο λαβεῖν ἐξ ἐθνῶν λαὸν τῷ ὀνόματι αὐτοῦ
Symeōn exēgēsato kathōs prōton ho theos epeskepsato labein ex ethnōn laon tō onomati autou
Symeon hath rehearsed how first God visited the Gentiles, to take out of them a people for his name.

καὶ τούτῳ συμφωνοῦσιν οἱ λόγοι τῶν προφητῶν, καθὼς γέγραπται
kai toutō symphōnousin hoi logoi tōn prophētōn, kathōs gegraptai
And to this agree the words of the prophets; as it is written,

Μετὰ ταῦτα ἀναστρέψω καὶ ἀνοικοδομήσω τὴν σκηνὴν Δαυὶδ τὴν πεπτωκυῖαν
Meta tauta anastrepsō kai anoikodomēsō tēn skēnēn Dauid tēn peptōkuian
After these things I will return, And I will build again the tabernacle of David, which is fallen;

καὶ τὰ κατεσκαμμένα αὐτῆς ἀνοικοδομήσω καὶ ἀνορθώσω αὐτήν
kai ta kateskammena autēs anoikodomēsō kai anorthōsō autēn
And I will build again the ruins thereof, And I will set it up:

ὅπως ἂν ἐκζητήσωσιν οἱ κατάλοιποι τῶν ἀνθρώπων τὸν κύριον
hopōs an ekzētēsōsin hoi kataloipoi tōn anthrōpōn ton kyrion,
That the residue of men may seek after the Lord,

καὶ πάντα τὰ ἔθνη ἐφ' οὓς ἐπικέκληται τὸ ὄνομά μου ἐπ' αὐτούς, λέγει κύριος ποιῶν ταῦτα
kai panta ta ethnē eph' hous epikeklētai to onoma mou ep' autous, legei kyrios poiōn tauta
And all the Gentiles, upon whom my name is called, Saith the Lord, who maketh these things

γνωστὰ ἀπ' αἰῶνος
gnōsta ap' aiōnos
known from of old.

διὸ ἐγὼ κρίνω μὴ παρενοχλεῖν τοῖς ἀπὸ τῶν ἐθνῶν ἐπιστρέφουσιν ἐπὶ τὸν θεόν
dio egō krinō mē parenochlein tois apo tōn ethnōn epistrephousin epi ton theon
Wherefore my judgment is, that we trouble not them that from among the Gentiles turn to God;

ἀλλὰ ἐπιστεῖλαι αὐτοῖς τοῦ ἀπέχεσθαι τῶν ἀλισγημάτων τῶν εἰδώλων
alla episteilai autois tou apechesthai tōn alisgēmatōn tōn eidōlōn
but that we write unto them, that they abstain from the pollutions of idols,

καὶ τῆς πορνείας καὶ τοῦ πνικτοῦ καὶ τοῦ αἵματος
kai tēs porneias kai tou pniktou kai tou haimatos
and from fornication, and from what is strangled, and from blood.

Μωϋσῆς γὰρ ἐκ γενεῶν ἀρχαίων κατὰ πόλιν τοὺς κηρύσσοντας αὐτὸν ἔχει
Mōusēs gar ek geneōn archaiōn kata polin tous kēryssontas auton echei
For Moses from generations of old hath in every city them that preach him,

ἐν ταῖς συναγωγαῖς κατὰ πᾶν σάββατον ἀναγινωσκόμενος
en tais synagōgais kata pan sabbaton anaginōskomenos
being read in the synagogues every sabbath.

Τότε ἔδοξε τοῖς ἀποστόλοις καὶ τοῖς πρεσβυτέροις
Tote edoxe tois apostolois kai tois presbyterois
Then it seemed good to the apostles and the elders,

σὺν ὅλῃ τῇ ἐκκλησίᾳ ἐκλεξαμένους ἄνδρας ἐξ αὐτῶν πέμψαι εἰς Ἀντιόχειαν σὺν τῷ Παύλῳ καὶ Βαρναβᾷ
syn holē tē ekklēsia eklexamenous andras ex autōn pempsai eis Antiocheian syn tō Paulō kai Barnaba
with the whole church, to choose men out of their company, and send them to Antioch with Paul and Barnabas;

Ἰούδαν τὸν καλούμενον Βαρσαββᾶν καὶ Σιλᾶν, ἄνδρας ἡγουμένους ἐν τοῖς ἀδελφοῖς
Ioudan ton kaloumenon Barsabban kai Silan, andras hēgoumenous en tois adelphois
namely, Judas called Barsabbas, and Silas, chief men among the brethren:

γράψαντες διὰ χειρὸς αὐτῶν, Οἱ ἀπόστολοι καὶ οἱ πρεσβύτεροι
grapsantes dia cheiros autōn, HOi apostoloi kai hoi presbyteroi
and they wrote thus by them, The apostles and the elders,

ἀδελφοὶ τοῖς κατὰ τὴν Ἀντιόχειαν καὶ Συρίαν καὶ Κιλικίαν ἀδελφοῖς τοῖς ἐξ ἐθνῶν χαίρειν
adelphoi tois kata tēn Antiocheian kai Syrian kai Kilikian adelphois tois ex ethnōn chairein
brethren, unto the brethren who are of the Gentiles in Antioch and Syria and Cilicia, greeting:

Ἐπειδὴ ἠκούσαμεν ὅτι τινὲς ἐξ ἡμῶν [ἐξελθόντες] ἐτάραξαν ὑμᾶς λόγοις ἀνασκευάζοντες τὰς ψυχὰς ὑμῶν
Epeidē ēkousamen hoti tines ex hēmōn [exelthontes] etaraxan hymas logois anaskeuazontes tas psychas hymōn
Forasmuch as we have heard that certain who went out from us have troubled you with words, subverting your souls;

οἷς οὐ διεστειλάμεθα
hois ou diesteilametha
to whom we gave no commandment;

ἔδοξεν ἡμῖν
edoxen hēmin
it seemed good unto us,

γενομένοις ὁμοθυμαδὸν ἐκλεξαμένοις ἄνδρας πέμψαι πρὸς ὑμᾶς σὺν τοῖς ἀγαπητοῖς ἡμῶν Βαρναβᾷ καὶ Παύλῳ
genomenois homothymadon eklexamenois andras pempsai pros hymas syn tois agapētois hēmōn Barnaba kai Paulō
having come to one accord, to choose out men and send them unto you with our beloved Barnabas and Paul,

ἀνθρώποις παραδεδωκόσι τὰς ψυχὰς αὐτῶν ὑπὲρ τοῦ ὀνόματος τοῦ κυρίου ἡμῶν Ἰησοῦ Χριστοῦ
anthrōpois paradedōkosi tas psychas autōn hyper tou onomatos tou kyriou hēmōn Iēsou Christou
men that have hazarded their lives for the name of our Lord Jesus Christ.

ἀπεστάλκαμεν οὖν Ἰούδαν καὶ Σιλᾶν, καὶ αὐτοὺς διὰ λόγου ἀπαγγέλλοντας τὰ αὐτά
apestalkamen oun Ioudan kai Silan, kai autous dia logou apangellontas ta auta
We have sent therefore Judas and Silas, who themselves also shall tell you the same things by word of mouth.

ἔδοξεν γὰρ τῷ πνεύματι τῷ ἁγίῳ καὶ ἡμῖν μηδὲν πλέον ἐπιτίθεσθαι ὑμῖν βάρος πλὴν τούτων τῶν ἐπάναγκες
edoxen gar tō pneumati tō hagiō kai hēmin mēden pleon epitithesthai hymin baros plēn toutōn tōn epanankes
For it seemed good to the Holy Spirit, and to us, to lay upon you no greater burden than these necessary things:

ἀπέχεσθαι εἰδωλοθύτων καὶ αἵματος καὶ πνικτῶν καὶ πορνείας
apechesthai eidōlothytōn kai haimatos kai pniktōn kai porneias
that ye abstain from things sacrificed to idols, and from blood, and from things strangled, and from fornication;

ἐξ ὧν διατηροῦντες ἑαυτοὺς εὖ πράξετε. Ἔρρωσθε
ex hōn diatērountes heautous eu praxete. Errōsthe
from which if ye keep yourselves, it shall be well with you. Fare ye well.

Οἱ μὲν οὖν ἀπολυθέντες κατῆλθον εἰς Ἀντιόχειαν,
HOi men oun apolythentes katēlthon eis Antiocheian,
So they, when they were dismissed, came down to Antioch;

καὶ συναγαγόντες τὸ πλῆθος ἐπέδωκαν τὴν ἐπιστολήν
kai synagagontes to plēthos epedōkan tēn epistolēn
and having gathered the multitude together, they delivered the epistle.

ἀναγνόντες δὲ ἐχάρησαν ἐπὶ τῇ παρακλήσει
anagnontes de echarēsan epi tē paraklēsei
And when they had read it, they rejoiced for the consolation.

Ἰούδας τε καὶ Σιλᾶς, καὶ αὐτοὶ προφῆται ὄντες, διὰ λόγου πολλοῦ παρεκάλεσαν τοὺς ἀδελφοὺς καὶ ἐπεστήριξαν
Ioudas te kai Silas, kai autoi prophētai ontes, dia logou pollou parekalesan tous adelphous kai epestērixan
And Judas and Silas, being themselves also prophets, exhorted the brethren with many words, and confirmed them.

ποιήσαντες δὲ χρόνον
poiēsantes de chronon
And after they had spent some time there,

ἀπελύθησαν μετ' εἰρήνης ἀπὸ τῶν ἀδελφῶν πρὸς τοὺς ἀποστείλαντας αὐτούς
apelythēsan met' eirēnēs apo tōn adelphōn pros tous aposteilantas autous
they were dismissed in peace from the brethren unto those that had sent them forth.

Παῦλος δὲ καὶ Βαρναβᾶς διέτριβον ἐν Ἀντιοχείᾳ
Paulos de kai Barnabas dietribon en Antiocheia
But Paul and Barnabas tarried in Antioch,

διδάσκοντες καὶ εὐαγγελιζόμενοι μετὰ καὶ ἑτέρων πολλῶν τὸν λόγον τοῦ κυρίου
didaskontes kai euangelizomenoi meta kai heterōn pollōn ton logon tou kyriou
teaching and preaching the word of the Lord, with many others also.

Μετὰ δέ τινας ἡμέρας εἶπεν πρὸς Βαρναβᾶν Παῦλος
Meta de tinas hēmeras eipen pros Barnaban Paulos
And after some days Paul said unto Barnabas,

Ἐπιστρέψαντες δὴ ἐπισκεψώμεθα τοὺς ἀδελφοὺς κατὰ πόλιν πᾶσαν ἐν αἷς κατηγγείλαμεν τὸν λόγον τοῦ κυρίου
Epistrepsantes dē episkepsōmetha tous adelphous kata polin pasan en hais katēngeilamen ton logon tou kyriou
Let us return now and visit the brethren in every city wherein we proclaimed the word of the Lord,

πῶς ἔχουσιν
pōs echousin
and see how they fare.

Βαρναβᾶς δὲ ἐβούλετο συμπαραλαβεῖν καὶ τὸν Ἰωάννην τὸν καλούμενον Μᾶρκον
Barnabas de ebouleto symparalabein kai ton Iōannēn ton kaloumenon Markon
And Barnabas was minded to take with them John also, who was called Mark.

Παῦλος δὲ ἠξίου τὸν ἀποστάντα ἀπ' αὐτῶν ἀπὸ Παμφυλίας
Paulos de ēxiou ton apostanta ap' autōn apo Pamphylias
But Paul thought not good to take with them him who withdrew from them from Pamphylia,

καὶ μὴ συνελθόντα αὐτοῖς εἰς τὸ ἔργον μὴ συμπαραλαμβάνειν τοῦτον
kai mē synelthonta autois eis to ergon mē symparalambanein touton
and went not with them to the work.

ἐγένετο δὲ παροξυσμὸς ὥστε ἀποχωρισθῆναι αὐτοὺς ἀπ' ἀλλήλων
egeneto de paroxysmos hōste apochōristhēnai autous ap' allēlōn
And there arose a sharp contention, so that they parted asunder one from the other,

τόν τε Βαρναβᾶν παραλαβόντα τὸν Μᾶρκον ἐκπλεῦσαι εἰς Κύπρον
ton te Barnaban paralabonta ton Markon ekpleusai eis Kypron
and Barnabas took Mark with him, and sailed away unto Cyprus:

Παῦλος δὲ ἐπιλεξάμενος Σιλᾶν ἐξῆλθεν παραδοθεὶς τῇ χάριτι τοῦ κυρίου ὑπὸ τῶν ἀδελφῶν
Paulos de epilexamenos Silan exēlthen paradotheis tē chariti tou kyriou hypo tōn adelphōn
but Paul chose Silas, and went forth, being commended by the brethren to the grace of the Lord.

διήρχετο δὲ τὴν Συρίαν καὶ [τὴν] Κιλικίαν ἐπιστηρίζων τὰς ἐκκλησίας
diērcheto de tēn Syrian kai [tēn] Kilikian epistērizōn tas ekklēsias
And he went through Syria and Cilicia, confirming the churches.

ις

Κατήντησεν δὲ [καὶ] εἰς Δέρβην καὶ εἰς Λύστραν
Katēntēsen de [kai] eis Derbēn kai eis Lystran
And he came also to Derbe and to Lystra:

καὶ ἰδοὺ μαθητής τις ἦν ἐκεῖ ὀνόματι Τιμόθεος, υἱὸς γυναικὸς Ἰουδαίας πιστῆς πατρὸς δὲ Ελληνος
kai idou mathētēs tis ēn ekei onomati Timotheos, huios gynaikos Ioudaias pistēs patros de Ellēnos
and behold, a certain disciple was there, named Timothy, the son of a Jewess that believed; but his father was a Greek.

ὃς ἐμαρτυρεῖτο ὑπὸ τῶν ἐν Λύστροις καὶ Ἰκονίῳ ἀδελφῶν
hos emartyreito hypo tōn en Lystrois kai Ikoniō adelphōn
The same was well reported of by the brethren that were at Lystra and Iconium.

τοῦτον ἠθέλησεν ὁ Παῦλος σὺν αὐτῷ ἐξελθεῖν
touton ēthelēsen ho Paulos syn autō exelthein
Him would Paul have to go forth with him;

καὶ λαβὼν περιέτεμεν αὐτὸν διὰ τοὺς Ἰουδαίους τοὺς ὄντας ἐν τοῖς τόποις ἐκείνοις
kai labōn perietemen auton dia tous Ioudaious tous ontas en tois topois ekeinois
and he took and circumcised him because of the Jews that were in those parts:

ᾔδεισαν γὰρ ἅπαντες ὅτι Ελλην ὁ πατὴρ αὐτοῦ ὑπῆρχεν
ēdeisan gar hapantes hoti Ellēn ho patēr autou hypērchen
for they all knew that his father was a Greek.

ὡς δὲ διεπορεύοντο τὰς πόλεις
hōs de dieporeuonto tas poleis
And as they went on their way through the cities,

παρεδίδοσαν αὐτοῖς φυλάσσειν τὰ δόγματα τὰ κεκριμένα ὑπὸ τῶν ἀποστόλων καὶ πρεσβυτέρων τῶν ἐν Ἱεροσολύμοις
paredidosan autois phylassein ta dogmata ta kekrimena hypo tōn apostolōn kai presbyterōn tōn en Hierosolymois
they delivered them the decrees to keep which had been ordained of the apostles and elders that were at Jerusalem.

αἱ μὲν οὖν ἐκκλησίαι ἐστερεοῦντο τῇ πίστει καὶ ἐπερίσσευον τῷ ἀριθμῷ καθ' ἡμέραν
hai men oun ekklēsiai estereounto tē pistei kai eperisseuon tō arithmō kath' hēmeran
So the churches were strengthened in the faith, and increased in number daily.

Διῆλθον δὲ τὴν Φρυγίαν καὶ Γαλατικὴν χώραν
Diēlthon de tēn Phrygian kai Galatikēn chōran
And they went through the region of Phrygia and Galatia,

κωλυθέντες ὑπὸ τοῦ ἁγίου πνεύματος λαλῆσαι τὸν λόγον ἐν τῇ Ἀσίᾳ
kōlythentes hypo tou hagiou pneumatos lalēsai ton logon en tē Asia
having been forbidden of the Holy Spirit to speak the word in Asia;

ἐλθόντες δὲ κατὰ τὴν Μυσίαν ἐπείραζον εἰς τὴν Βιθυνίαν πορευθῆναι
elthontes de kata tēn Mysian epeirazon eis tēn Bithynian poreuthēnai
and when they were come over against Mysia, they assayed to go into Bithynia;

καὶ οὐκ εἴασεν αὐτοὺς τὸ πνεῦμα Ἰησοῦ
kai ouk eiasen autous to pneuma Iēsou
and the Spirit of Jesus suffered them not;

παρελθόντες δὲ τὴν Μυσίαν κατέβησαν εἰς Τρῳάδα
parelthontes de tēn Mysian katebēsan eis Trōada
and passing by Mysia, they came down to Troas.

καὶ ὅραμα διὰ [τῆς] νυκτὸς τῷ Παύλῳ ὤφθη
kai horama dia [tēs] nyktos tō Paulō ōphthē
And a vision appeared to Paul in the night:

ἀνὴρ Μακεδών τις ἦν ἑστὼς καὶ παρακαλῶν αὐτὸν καὶ λέγων, Διαβὰς εἰς Μακεδονίαν βοήθησον ἡμῖν
anēr Makedōn tis ēn hestōs kai parakalōn auton kai legōn, Diabas eis Makedonian boēthēson hēmin
There was a man of Macedonia standing, beseeching him, and saying, Come over into Macedonia, and help us.

ὡς δὲ τὸ ὅραμα εἶδεν, εὐθέως ἐζητήσαμεν ἐξελθεῖν εἰς Μακεδονίαν
hōs de to horama eiden, eutheōs ezētēsamen exelthein eis Makedonian
And when he had seen the vision, straightway we sought to go forth into Macedonia,

συμβιβάζοντες ὅτι προσκέκληται ἡμᾶς ὁ θεὸς εὐαγγελίσασθαι αὐτούς
symbibazontes hoti proskeklētai hēmas ho theos euangelisasthai autous
concluding that God had called us to preach the gospel unto them.

Ἀναχθέντες δὲ ἀπὸ Τρῳάδος εὐθυδρομήσαμεν εἰς Σαμοθρᾴκην, τῇ δὲ ἐπιούσῃ εἰς Νέαν Πόλιν
Anachthentes de apo Trōados euthydromēsamen eis Samothrakēn, tē de epiousē eis Nean Polin
Setting sail therefore from Troas, we made a straight course to Samothrace, and the day following to Neapolis;

κἀκεῖθεν εἰς Φιλίππους, ἥτις ἐστὶν πρώτη[ς] μερίδος τῆς Μακεδονίας πόλις, κολωνία
kakeithen eis Philippous, hētis estin prōtē[s] meridos tēs Makedonias polis, kolōnia
and from thence to Philippi, which is a city of Macedonia, the first of the district, a Roman colony:

ἦμεν δὲ ἐν ταύτῃ τῇ πόλει διατρίβοντες ἡμέρας τινάς
ēmen de en tautē tē polei diatribontes hēmeras tinas
and we were in this city tarrying certain days.

τῇ τε ἡμέρᾳ τῶν σαββάτων ἐξήλθομεν ἔξω τῆς πύλης παρὰ ποταμὸν οὗ ἐνομίζομεν προσευχὴν εἶναι
tē te hēmera tōn sabbatōn exēlthomen exō tēs pylēs para potamon hou enomizomen proseuchēn einai
And on the sabbath day we went forth without the gate by a river side, where we supposed there was a place of prayer;

καὶ καθίσαντες ἐλαλοῦμεν ταῖς συνελθούσαις γυναιξί
kai kathisantes elaloumen tais synelthousais gynaixi
and we sat down, and spake unto the women that were come together.

καί τις γυνὴ ὀνόματι Λυδία, πορφυρόπωλις πόλεως Θυατείρων σεβομένη τὸν θεόν
kai tis gynē onomati Lydia, porphyropōlis poleōs Thyateirōn sebomenē ton theon
And a certain woman named Lydia, a seller of purple, of the city of Thyatira, one that worshipped God,

ἤκουεν, ἧς ὁ κύριος διήνοιξεν τὴν καρδίαν προσέχειν τοῖς λαλουμένοις ὑπὸ τοῦ Παύλου
ēkouen, hēs ho kyrios diēnoixen tēn kardian prosechein tois laloumenois hypo tou Paulou
heard us: whose heart the Lord opened to give heed unto the things which were spoken by Paul.

ὡς δὲ ἐβαπτίσθη καὶ ὁ οἶκος αὐτῆς, παρεκάλεσεν λέγουσα
hōs de ebaptisthē kai ho oikos autēs, parekalesen legousa
And when she was baptized, and her household, she besought us, saying,

Εἰ κεκρίκατέ με πιστὴν τῷ κυρίῳ εἶναι, εἰσελθόντες εἰς τὸν οἶκόν μου μένετε: καὶ παρεβιάσατο ἡμᾶς
Ei kekrikate me pistēn tō kyriō einai, eiselthontes eis ton oikon mou menete: kai parebiasato hēmas
If ye have judged me to be faithful to the Lord, come into my house, and abide there. And she constrained us.

Ἐγένετο δὲ πορευομένων ἡμῶν εἰς τὴν προσευχὴν παιδίσκην τινὰ ἔχουσαν πνεῦμα πύθωνα ὑπαντῆσαι ἡμῖν
Egeneto de poreuomenōn hēmōn eis tēn proseuchēn paidiskēn tina echousan pneuma pythōna hypantēsai hēmin
And it came to pass, as we were going to the place of prayer, that a certain maid having a spirit of divination met us,

ἥτις ἐργασίαν πολλὴν παρεῖχεν τοῖς κυρίοις αὐτῆς μαντευομένη
hētis ergasian pollēn pareichen tois kyriois autēs manteuomenē
who brought her masters much gain by soothsaying.

αὕτη κατακολουθοῦσα τῷ Παύλῳ καὶ ἡμῖν ἔκραζεν λέγουσα, Οὗτοι οἱ ἄνθρωποι δοῦλοι τοῦ θεοῦ τοῦ ὑψίστου εἰσίν
hautē katakolouthousa tō Paulō kai hēmin ekrazen legousa, Houtoi hoi anthrōpoi douloi tou theou tou hypsistou eisin
The same following after Paul and us cried out, saying, These men are servants of the Most High God,

οἵτινες καταγγέλλουσιν ὑμῖν ὁδὸν σωτηρίας
hoitines katangellousin hymin hodon sōtērias
who proclaim unto you the way of salvation.

τοῦτο δὲ ἐποίει ἐπὶ πολλὰς ἡμέρας. διαπονηθεὶς δὲ Παῦλος καὶ ἐπιστρέψας τῷ πνεύματι εἶπεν
touto de epoiei epi pollas hēmeras. diaponētheis de Paulos kai epistrepsas tō pneumati eipen
And this she did for many days. But Paul, being sore troubled, turned and said to the spirit,

Παραγγέλλω σοι ἐν ὀνόματι Ἰησοῦ Χριστοῦ ἐξελθεῖν ἀπ' αὐτῆς: καὶ ἐξῆλθεν αὐτῇ τῇ ὥρᾳ
Parangellō soi en onomati Iēsou Christou exelthein ap' autēs: kai exēlthen autē tē hōra
I charge thee in the name of Jesus Christ to come out of her. And it came out that very hour.

ἰδόντες δὲ οἱ κύριοι αὐτῆς ὅτι ἐξῆλθεν ἡ ἐλπὶς τῆς ἐργασίας αὐτῶν ἐπιλαβόμενοι τὸν Παῦλον
idontes de hoi kyrioi autēs hoti exēlthen hē elpis tēs ergasias autōn epilabomenoi ton Paulon
But when her masters saw that the hope of their gain was gone, they laid hold on Paul

καὶ τὸν Σιλᾶν εἵλκυσαν εἰς τὴν ἀγορὰν ἐπὶ τοὺς ἄρχοντας
kai ton Silan heilkysan eis tēn agoran epi tous archontas
and Silas, and dragged them into the marketplace before the rulers,

καὶ προσαγαγόντες αὐτοὺς τοῖς στρατηγοῖς εἶπαν
kai prosagagontes autous tois stratēgois eipan
and when they had brought them unto the magistrates, they said,

Οὗτοι οἱ ἄνθρωποι ἐκταράσσουσιν ἡμῶν τὴν πόλιν Ἰουδαῖοι ὑπάρχοντες
Houtoi hoi anthrōpoi ektarassousin hēmōn tēn polin Ioudaioi hyparchontes
These men, being Jews, do exceedingly trouble our city,

καὶ καταγγέλλουσιν ἔθη ἃ οὐκ ἔξεστιν ἡμῖν παραδέχεσθαι οὐδὲ ποιεῖν Ῥωμαίοις οὖσιν
kai katangellousin ethē ha ouk exestin hēmin paradechesthai oude poiein Rhōmaiois ousin
and set forth customs which it is not lawful for us to receive, or to observe, being Romans.

καὶ συνεπέστη ὁ ὄχλος κατ' αὐτῶν
kai synepestē ho ochlos kat' autōn
And the multitude rose up together against them:

καὶ οἱ στρατηγοὶ περιρήξαντες αὐτῶν τὰ ἱμάτια ἐκέλευον ῥαβδίζειν
kai hoi stratēgoi perirēxantes autōn ta himatia ekeleuon rhabdizein
and the magistrates rent their garments off them, and commanded to beat them with rods.

πολλάς τε ἐπιθέντες αὐτοῖς πληγὰς ἔβαλον εἰς φυλακήν, παραγγείλαντες τῷ δεσμοφύλακι ἀσφαλῶς τηρεῖν αὐτούς
pollas te epithentes autois plēgas ebalon eis phylakēn, parangeilantes tō desmophylaki asphalōs tērein autous
And when they had laid many stripes upon them, they cast them into prison, charging the jailor to keep them safely:

ὃς παραγγελίαν τοιαύτην λαβὼν ἔβαλεν αὐτοὺς εἰς τὴν ἐσωτέραν φυλακήν
hos parangelian toiautēn labōn ebalen autous eis tēn esōteran phylakēn
who, having received such a charge, cast them into the inner prison,

καὶ τοὺς πόδας ἠσφαλίσατο αὐτῶν εἰς τὸ ξύλον
kai tous podas ēsphalisato autōn eis to xylon
and made their feet fast in the stocks.

Κατὰ δὲ τὸ μεσονύκτιον Παῦλος καὶ Σιλᾶς προσευχόμενοι ὕμνουν τὸν θεόν, ἐπηκροῶντο δὲ αὐτῶν οἱ δέσμιοι
Kata de to mesonyktion Paulos kai Silas proseuchomenoi hymnoun ton theon, epēkroōnto de autōn hoi desmioi
But about midnight Paul and Silas were praying and singing hymns unto God, and the prisoners were listening to them;

ἄφνω δὲ σεισμὸς ἐγένετο μέγας ὥστε σαλευθῆναι τὰ θεμέλια τοῦ δεσμωτηρίου
aphnō de seismos egeneto megas hōste saleuthēnai ta themelia tou desmōtēriou
and suddenly there was a great earthquake, so that the foundations of the prison-house were shaken:

ἠνεῴχθησαν δὲ παραχρῆμα αἱ θύραι πᾶσαι, καὶ πάντων τὰ δεσμὰ ἀνέθη
ēneōchthēsan de parachrēma hai thyrai pasai, kai pantōn ta desma anethē
and immediately all the doors were opened; and every one's bands were loosed.

ἔξυπνος δὲ γενόμενος ὁ δεσμοφύλαξ καὶ ἰδὼν ἀνεῳγμένας τὰς θύρας τῆς φυλακῆς
exypnos de genomenos ho desmophylax kai idōn aneōgmenas tas thyras tēs phylakēs
And the jailor, being roused out of sleep and seeing the prison doors open,

σπασάμενος [τὴν] μάχαιραν ἤμελλεν ἑαυτὸν ἀναιρεῖν, νομίζων ἐκπεφευγέναι τοὺς δεσμίους
spasamenos [tēn] machairan ēmellen heauton anairein, nomizōn ekpepheugenai tous desmious
drew his sword and was about to kill himself, supposing that the prisoners had escaped.

ἐφώνησεν δὲ μεγάλη φωνῇ [ὁ] Παῦλος λέγων, Μηδὲν πράξῃς σεαυτῷ κακόν, ἅπαντες γάρ ἐσμεν ἐνθάδε
ephōnēsen de megalē phōnē [ho] Paulos legōn, Mēden praxēs seautō kakon, hapantes gar esmen enthade
But Paul cried with a loud voice, saying, Do thyself no harm: for we are all here.

αἰτήσας δὲ φῶτα εἰσεπήδησεν, καὶ ἔντρομος γενόμενος προσέπεσεν τῷ Παύλῳ καὶ [τῷ] Σιλᾷ
aitēsas de phōta eisepēdēsen, kai entromos genomenos prosepesen tō Paulō kai [tō] Sila
And he called for lights and sprang in, and, trembling for fear, fell down before Paul and Silas,

καὶ προαγαγὼν αὐτοὺς ἔξω ἔφη, Κύριοι, τί με δεῖ ποιεῖν ἵνα σωθῶ
kai proagagōn autous exō ephē, Kyrioi, ti me dei poiein hina sōthō
and brought them out and said, Sirs, what must I do to be saved?

οἱ δὲ εἶπαν, Πίστευσον ἐπὶ τὸν κύριον Ἰησοῦν, καὶ σωθήσῃ σὺ καὶ ὁ οἶκός σου
hoi de eipan, Pisteuson epi ton kyrion Iēsoun, kai sōthēsē sy kai ho oikos sou
And they said, Believe on the Lord Jesus, and thou shalt be saved, thou and thy house.

καὶ ἐλάλησαν αὐτῷ τὸν λόγον τοῦ κυρίου σὺν πᾶσιν τοῖς ἐν τῇ οἰκίᾳ αὐτοῦ
kai elalēsan autō ton logon tou kyriou syn pasin tois en tē oikia autou
And they spake the word of the Lord unto him, with all that were in his house.

καὶ παραλαβὼν αὐτοὺς ἐν ἐκείνῃ τῇ ὥρᾳ τῆς νυκτὸς ἔλουσεν ἀπὸ τῶν πληγῶν
kai paralabōn autous en ekeinē tē hōra tēs nyktos elousen apo tōn plēgōn
And he took them the same hour of the night, and washed their stripes;

καὶ ἐβαπτίσθη αὐτὸς καὶ οἱ αὐτοῦ πάντες παραχρῆμα
kai ebaptisthē autos kai hoi autou pantes parachrēma
and was baptized, he and all his, immediately.

ἀναγαγών τε αὐτοὺς εἰς τὸν οἶκον παρέθηκεν τράπεζαν
anagagōn te autous eis ton oikon parethēken trapezan
And he brought them up into his house, and set food before them,

καὶ ἠγαλλιάσατο πανοικεὶ πεπιστευκὼς τῷ θεῷ
kai ēgalliasato panoikei pepisteukōs tō theō
and rejoiced greatly, with all his house, having believed in God.

Ἡμέρας δὲ γενομένης ἀπέστειλαν οἱ στρατηγοὶ τοὺς ῥαβδούχους λέγοντες, Ἀπόλυσον τοὺς ἀνθρώπους ἐκείνους
Hēmeras de genomenēs apesteilan hoi stratēgoi tous rhabdouchous legontes, Apolyson tous anthrōpous ekeinous
But when it was day, the magistrates sent the serjeants, saying, Let those men go.

ἀπήγγειλεν δὲ ὁ δεσμοφύλαξ τοὺς λόγους [τούτους] πρὸς τὸν Παῦλον
apēngeilen de ho desmophylax tous logous [toutous] pros ton Paulon
And the jailor reported the words to Paul, saying,

ὅτι Ἀπέσταλκαν οἱ στρατηγοὶ ἵνα ἀπολυθῆτε: νῦν οὖν ἐξελθόντες πορεύεσθε ἐν εἰρήνῃ
hoti Apestalkan hoi stratēgoi hina apolythēte: nyn oun exelthontes poreuesthe en eirēnē
The magistrates have sent to let you go: now therefore come forth, and go in peace.

ὁ δὲ Παῦλος ἔφη πρὸς αὐτούς, Δείραντες ἡμᾶς δημοσίᾳ ἀκατακρίτους, ἀνθρώπους Ῥωμαίους ὑπάρχοντας
ho de Paulos ephē pros autous, Deirantes hēmas dēmosia akatakritous, anthrōpous Rhōmaious hyparchontas
But Paul said unto them, They have beaten us publicly, uncondemned, men that are Romans,

ἔβαλαν εἰς φυλακήν: καὶ νῦν λάθρᾳ ἡμᾶς ἐκβάλλουσιν
ebalan eis phylakēn: kai nyn lathra hēmas ekballousin
and have cast us into prison; and do they now cast us out privily?

οὐ γάρ, ἀλλὰ ἐλθόντες αὐτοὶ ἡμᾶς ἐξαγαγέτωσαν
ou gar, alla elthontes autoi hēmas exagagetōsan
nay verily; but let them come themselves and bring us out.

ἀπήγγειλαν δὲ τοῖς στρατηγοῖς οἱ ῥαβδοῦχοι τὰ ῥήματα ταῦτα. ἐφοβήθησαν δὲ ἀκούσαντες ὅτι Ῥωμαῖοί εἰσιν
apēngeilan de tois stratēgois hoi rhabdouchoi ta rhēmata tauta. ephobēthēsan de akousantes hoti Rhōmaioi eisin
And the serjeants reported these words unto the magistrates: and they feared when they heard that they were Romans;

καὶ ἐλθόντες παρεκάλεσαν αὐτούς, καὶ ἐξαγαγόντες ἠρώτων ἀπελθεῖν ἀπὸ τῆς πόλεως
kai elthontes parekalesan autous, kai exagagontes ērōtōn apelthein apo tēs poleōs
and they came and besought them; and when they had brought them out, they asked them to go away from the city.

ἐξελθόντες δὲ ἀπὸ τῆς φυλακῆς εἰσῆλθον πρὸς τὴν Λυδίαν
exelthontes de apo tēs phylakēs eisēlthon pros tēn Lydian
And they went out of the prison, and entered into the house of Lydia:

καὶ ἰδόντες παρεκάλεσαν τοὺς ἀδελφοὺς καὶ ἐξῆλθαν
kai idontes parekalesan tous adelphous kai exēlthan
and when they had seen the brethren, they comforted them, and departed.

ιζ

Διοδεύσαντες δὲ τὴν Ἀμφίπολιν καὶ τὴν Ἀπολλωνίαν ἦλθον εἰς Θεσσαλονίκην
Diodeusantes de tēn Amphipolin kai tēn Apollōnian ēlthon eis Thessalonikēn
Now when they had passed through Amphipolis and Apollonia, they came to Thessalonica,

ὅπου ἦν συναγωγὴ τῶν Ἰουδαίων
hopou ēn synagōgē tōn Ioudaiōn
where was a synagogue of the Jews:

κατὰ δὲ τὸ εἰωθὸς τῷ Παύλῳ εἰσῆλθεν πρὸς αὐτοὺς καὶ ἐπὶ σάββατα τρία διελέξατο αὐτοῖς ἀπὸ τῶν γραφῶν
kata de to eiōthos tō Paulō eisēlthen pros autous kai epi sabbata tria dielexato autois apo tōn graphōn
and Paul, as his custom was, went in unto them, and for three sabbath days reasoned with them from the scriptures,

διανοίγων καὶ παρατιθέμενος ὅτι τὸν Χριστὸν ἔδει παθεῖν καὶ ἀναστῆναι ἐκ νεκρῶν
dianoigōn kai paratithemenos hoti ton Christon edei pathein kai anastēnai ek nekrōn
opening and alleging that it behooved the Christ to suffer, and to rise again from the dead;

καὶ ὅτι οὗτός ἐστιν ὁ Χριστός, [ὁ] Ἰησοῦς, ὃν ἐγὼ καταγγέλλω ὑμῖν
kai hoti houtos estin ho Christos, [ho] Iēsous, hon egō katangellō hymin
and that this Jesus, whom, said he, I proclaim unto you, is the Christ.

καί τινες ἐξ αὐτῶν ἐπείσθησαν καὶ προσεκληρώθησαν τῷ Παύλῳ καὶ τῷ Σιλᾷ
kai tines ex autōn epeisthēsan kai proseklērōthēsan tō Paulō kai tō Sila
And some of them were persuaded, and consorted with Paul and Silas;

τῶν τε σεβομένων Ἑλλήνων πλῆθος πολὺ γυναικῶν τε τῶν πρώτων οὐκ ὀλίγαι
tōn te sebomenōn Hellēnōn plēthos poly gynaikōn te tōn prōtōn ouk oligai
and of the devout Greeks a great multitude, and of the chief women not a few.

Ζηλώσαντες δὲ οἱ Ἰουδαῖοι καὶ προσλαβόμενοι τῶν ἀγοραίων ἄνδρας τινὰς πονηροὺς καὶ ὀχλοποιήσαντες
Zēlōsantes de hoi Ioudaioi kai proslabomenoi tōn agoraiōn andras tinas ponērous kai ochlopoiēsantes
But the Jews, being moved with jealousy, took unto them certain vile fellows of the rabble, and gathering a crowd,

ἐθορύβουν τὴν πόλιν, καὶ ἐπιστάντες τῇ οἰκίᾳ Ἰάσονος ἐζήτουν αὐτοὺς προαγαγεῖν εἰς τὸν δῆμον
ethoryboun tēn polin, kai epistantes tē oikia Iasonos ezētoun autous proagagein eis ton dēmon
set the city on an uproar; and assaulting the house of Jason, they sought to bring them forth to the people.

μὴ εὑρόντες δὲ αὐτοὺς ἔσυρον Ἰάσονα καί τινας ἀδελφοὺς ἐπὶ τοὺς πολιτάρχας
mē heurontes de autous esyron Iasona kai tinas adelphous epi tous politarchas
And when they found them not, they dragged Jason and certain brethren before the rulers of the city,

βοῶντες ὅτι Οἱ τὴν οἰκουμένην ἀναστατώσαντες οὗτοι καὶ ἐνθάδε πάρεισιν
boōntes hoti HOi tēn oikoumenēn anastatōsantes houtoi kai enthade pareisin
crying, These that have turned the world upside down are come hither also;

οὓς ὑποδέδεκται Ἰάσων
hous hypodedektai Iasōn
whom Jason hath received:

καὶ οὗτοι πάντες ἀπέναντι τῶν δογμάτων Καίσαρος πράσσουσιν, βασιλέα ἕτερον λέγοντες εἶναι Ἰησοῦν
kai houtoi pantes apenanti tōn dogmatōn Kaisaros prassousin, basilea heteron legontes einai Iēsoun
and these all act contrary to the decrees of Cæsar, saying that there is another king, one Jesus.

ἐτάραξαν δὲ τὸν ὄχλον καὶ τοὺς πολιτάρχας ἀκούοντας ταῦτα
etaraxan de ton ochlon kai tous politarchas akouontas tauta
And they troubled the multitude and the rulers of the city, when they heard these things.

καὶ λαβόντες τὸ ἱκανὸν παρὰ τοῦ Ἰάσονος καὶ τῶν λοιπῶν ἀπέλυσαν αὐτούς
kai labontes to hikanon para tou Iasonos kai tōn loipōn apelysan autous
And when they had taken security from Jason and the rest, they let them go.

Οἱ δὲ ἀδελφοὶ εὐθέως διὰ νυκτὸς ἐξέπεμψαν τόν τε Παῦλον καὶ τὸν Σιλᾶν εἰς Βέροιαν
HOi de adelphoi eutheōs dia nyktos exepempsan ton te Paulon kai ton Silan eis Beroian
And the brethren immediately sent away Paul and Silas by night unto Beroea:

οἵτινες παραγενόμενοι εἰς τὴν συναγωγὴν τῶν Ἰουδαίων ἀπῄεσαν
hoitines paragenomenoi eis tēn synagōgēn tōn Ioudaiōn apēesan
who when they were come thither went into the synagogue of the Jews.

οὗτοι δὲ ἦσαν εὐγενέστεροι τῶν ἐν Θεσσαλονίκῃ, οἵτινες ἐδέξαντο τὸν λόγον μετὰ πάσης προθυμίας
houtoi de ēsan eugenesteroi tōn en Thessalonikē, hoitines edexanto ton logon meta pasēs prothymias
Now these were more noble than those in Thessalonica, in that they received the word with all readiness of mind,

καθ' ἡμέραν ἀνακρίνοντες τὰς γραφὰς εἰ ἔχοι ταῦτα οὕτως
kath' hēmeran anakrinontes tas graphas ei echoi tauta houtōs
examining the scriptures daily, whether these things were so.

πολλοὶ μὲν οὖν ἐξ αὐτῶν ἐπίστευσαν, καὶ τῶν Ἑλληνίδων γυναικῶν τῶν εὐσχημόνων καὶ ἀνδρῶν οὐκ ὀλίγοι
polloi men oun ex autōn episteusan, kai tōn Hellēnidōn gynaikōn tōn euschēmonōn kai andrōn ouk oligoi
Many of them therefore believed; also of the Greek women of honorable estate, and of men, not a few.

Ὡς δὲ ἔγνωσαν οἱ ἀπὸ τῆς Θεσσαλονίκης Ἰουδαῖοι ὅτι καὶ ἐν τῇ Βεροίᾳ κατηγγέλη ὑπὸ τοῦ Παύλου ὁ λόγος τοῦ θεοῦ
Hōs de egnōsan hoi apo tēs Thessalonikēs Ioudaioi hoti kai en tē Beroia katēngelē hypo tou Paulou ho logos tou theou
But when the Jews of Thessalonica had knowledge that the word of God was proclaimed of Paul at Beroea also,

ἦλθον κἀκεῖ σαλεύοντες καὶ ταράσσοντες τοὺς ὄχλους
ēlthon kakei saleuontes kai tarassontes tous ochlous
they came thither likewise, stirring up and troubling the multitudes.

εὐθέως δὲ τότε τὸν Παῦλον ἐξαπέστειλαν οἱ ἀδελφοὶ πορεύεσθαι ἕως ἐπὶ τὴν θάλασσαν
eutheōs de tote ton Paulon exapesteilan hoi adelphoi poreuesthai heōs epi tēn thalassan
And then immediately the brethren sent forth Paul to go as far as to the sea:

ὑπέμεινάν τε ὅ τε Σιλᾶς καὶ ὁ Τιμόθεος ἐκε
hypemeinan te ho te Silas kai ho Timotheos eke
and Silas and Timothy abode there still.

οἱ δὲ καθιστάνοντες τὸν Παῦλον ἤγαγον ἕως Ἀθηνῶν
hoi de kathistanontes ton Paulon ēgagon heōs Athēnōn
But they that conducted Paul brought him as far as Athens:

καὶ λαβόντες ἐντολὴν πρὸς τὸν Σιλᾶν καὶ τὸν Τιμόθεον ἵνα ὡς τάχιστα ἔλθωσιν πρὸς αὐτὸν ἐξῄεσαν
kai labontes entolēn pros ton Silan kai ton Timotheon hina hōs tachista elthōsin pros auton exēesan
and receiving a commandment unto Silas and Timothy that they should come to him with all speed, they departed.

Ἐν δὲ ταῖς Ἀθήναις ἐκδεχομένου αὐτοὺς τοῦ Παύλου
En de tais Athēnais ekdechomenou autous tou Paulou
Now while Paul waited for them at Athens,

παρωξύνετο τὸ πνεῦμα αὐτοῦ ἐν αὐτῷ θεωροῦντος κατείδωλον οὖσαν τὴν πόλιν
parōxyneto to pneuma autou en autō theōrountos kateidōlon ousan tēn polin
his spirit was provoked within him as he beheld the city full of idols.

διελέγετο μὲν οὖν ἐν τῇ συναγωγῇ τοῖς Ἰουδαίοις καὶ τοῖς σεβομένοις
dielegeto men oun en tē synagōgē tois Ioudaiois kai tois sebomenois
So he reasoned in the synagogue with the Jews and the devout persons,

καὶ ἐν τῇ ἀγορᾷ κατὰ πᾶσαν ἡμέραν πρὸς τοὺς παρατυγχάνοντας
kai en tē agora kata pasan hēmeran pros tous paratynchanontas
and in the marketplace every day with them that met him.

τινὲς δὲ καὶ τῶν Ἐπικουρείων καὶ Στοϊκῶν φιλοσόφων συνέβαλλον αὐτῷ, καί τινες ἔλεγον
tines de kai tōn Epikoureiōn kai Stoikōn philosophōn syneballon autō, kai tines elegon
And certain also of the Epicurean and Stoic philosophers encountered him. And some said,

Τί ἂν θέλοι ὁ σπερμολόγος οὗτος λέγειν; οἱ δέ, Ξένων δαιμονίων δοκεῖ καταγγελεὺς εἶναι
Ti an theloi ho spermologos houtos legein? hoi de, Xenōn daimoniōn dokei katangeleus einai
What would this babbler say? others, He seemeth to be a setter forth of strange gods:

ὅτι τὸν Ἰησοῦν καὶ τὴν ἀνάστασιν εὐηγγελίζετο
hoti ton Iēsoun kai tēn anastasin euēngelizeto
because he preached Jesus and the resurrection.

ἐπιλαβόμενοί τε αὐτοῦ ἐπὶ τὸν Ἄρειον Πάγον ἤγαγον, λέγοντες
epilabomenoi te autou epi ton Areion Pagon ēgagon, legontes
And they took hold of him, and brought him unto the Areopagus, saying,

Δυνάμεθα γνῶναι τίς ἡ καινὴ αὕτη ἡ ὑπὸ σοῦ λαλουμένη διδαχή
Dynametha gnōnai tis hē kainē hautē hē hypo sou laloumenē didachē
May we know what this new teaching is, which is spoken by thee?

ξενίζοντα γάρ τινα εἰσφέρεις εἰς τὰς ἀκοὰς ἡμῶν: βουλόμεθα οὖν γνῶναι τίνα θέλει ταῦτα εἶναι
xenizonta gar tina eisphereis eis tas akoas hēmōn: boulometha oun gnōnai tina thelei tauta einai
For thou bringest certain strange things to our ears: we would know therefore what these things mean.

Ἀθηναῖοι δὲ πάντες καὶ οἱ ἐπιδημοῦντες ξένοι εἰς οὐδὲν ἕτερον ηὐκαίρουν
Athēnaioi de pantes kai hoi epidēmountes xenoi eis ouden heteron ēukairoun
(Now all the Athenians and the strangers sojourning there spent their time in nothing else,

ἢ λέγειν τι ἢ ἀκούειν τι καινότερον
ē legein ti ē akouein ti kainoteron
but either to tell or to hear some new thing.)

Σταθεὶς δὲ [ὁ] Παῦλος ἐν μέσῳ τοῦ Ἀρείου Πάγου ἔφη,
Statheis de [ho] Paulos en mesō tou Areiou Pagou ephē,
And Paul stood in the midst of the Areopagus, and said,

Ἄνδρες Ἀθηναῖοι, κατὰ πάντα ὡς δεισιδαιμονεστέρους ὑμᾶς θεωρῶ
Andres Athēnaioi, kata panta hōs deisidaimonesterous hymas theōrō
Ye men of Athens, in all things I perceive that ye are very religious.

διερχόμενος γὰρ καὶ ἀναθεωρῶν τὰ σεβάσματα ὑμῶν εὗρον καὶ βωμὸν ἐν ᾧ ἐπεγέγραπτο
dierchomenos gar kai anatheōrōn ta sebasmata hymōn heuron kai bōmon en hō epegegrapto
For as I passed along, and observed the objects of your worship, I found also an altar with this inscription,

Ἀγνώστῳ θεῷ. ὃ οὖν ἀγνοοῦντες εὐσεβεῖτε, τοῦτο ἐγὼ καταγγέλλω ὑμῖν
Agnōstō theō. ho oun agnoountes eusebeite, touto egō katangellō hymin
TO AN UNKNOWN GOD. What therefore ye worship in ignorance, this I set forth unto you.

ὁ θεὸς ὁ ποιήσας τὸν κόσμον καὶ πάντα τὰ ἐν αὐτῷ
ho theos ho poiēsas ton kosmon kai panta ta en autō
The God that made the world and all things therein,

οὗτος οὐρανοῦ καὶ γῆς ὑπάρχων κύριος οὐκ ἐν χειροποιήτοις ναοῖς κατοικεῖ
houtos ouranou kai gēs hyparchōn kyrios ouk en cheiropoiētois naois katoikei
he, being Lord of heaven and earth, dwelleth not in temples made with hands;

οὐδὲ ὑπὸ χειρῶν ἀνθρωπίνων θεραπεύεται προσδεόμενός τινος
oude hypo cheirōn anthrōpinōn therapeuetai prosdeomenos tinos
neither is he served by men's hands, as though he needed anything,

αὐτὸς διδοὺς πᾶσι ζωὴν καὶ πνοὴν καὶ τὰ πάντα
autos didous pasi zōēn kai pnoēn kai ta panta
seeing he himself giveth to all life, and breath, and all things;

ἐποίησέν τε ἐξ ἑνὸς πᾶν ἔθνος ἀνθρώπων κατοικεῖν ἐπὶ παντὸς προσώπου τῆς γῆς
epoiēsen te ex henos pan ethnos anthrōpōn katoikein epi pantos prosōpou tēs gēs,
and he made of one every nation of men to dwell on all the face of the earth,

ὁρίσας προστεταγμένους καιροὺς καὶ τὰς ὁροθεσίας τῆς κατοικίας αὐτῶν
horisas prostetagmenous kairous kai tas horothesias tēs katoikias autōn
having determined their appointed seasons, and the bounds of their habitation;

ζητεῖν τὸν θεὸν εἰ ἄρα γε ψηλαφήσειαν αὐτὸν καὶ εὕροιεν, καί γε οὐ μακρὰν ἀπὸ ἑνὸς ἑκάστου ἡμῶν ὑπάρχοντα
zētein ton theon ei ara ge psēlaphēseian auton kai heuroien, kai ge ou makran apo henos hekastou hēmōn hyparchonta
that they should seek God, if haply they might feel after him and find him, though he is not far from each one of us:

Ἐν αὐτῷ γὰρ ζῶμεν καὶ κινούμεθα καὶ ἐσμέν, ὡς καί τινες τῶν καθ' ὑμᾶς ποιητῶν εἰρήκασιν
En autō gar zōmen kai kinoumetha kai esmen, hōs kai tines tōn kath' hymas poiētōn eirēkasin
for in him we live, and move, and have our being; as certain even of your own poets have said,

Τοῦ γὰρ καὶ γένος ἐσμέν
Tou gar kai genos esmen
For we are also his offspring.

γένος οὖν ὑπάρχοντες τοῦ θεοῦ οὐκ ὀφείλομεν νομίζειν
genos oun hyparchontes tou theou ouk opheilomen nomizein
Being then the offspring of God, we ought not to think

χρυσῷ ἢ ἀργύρῳ ἢ λίθῳ, χαράγματι τέχνης καὶ ἐνθυμήσεως ἀνθρώπου, τὸ θεῖον εἶναι ὅμοιον
chrysō ē argyrō ē lithō, charagmati technēs kai enthymēseōs anthrōpou, to theion einai homoion
that the Godhead is like unto gold, or silver, or stone, graven by art and device of man.

τοὺς μὲν οὖν χρόνους τῆς ἀγνοίας ὑπεριδὼν ὁ θεὸς
tous men oun chronous tēs agnoias hyperidōn ho theos
The times of ignorance therefore God overlooked;

τὰ νῦν παραγγέλλει τοῖς ἀνθρώποις πάντας πανταχοῦ μετανοεῖν
ta nyn parangellei tois anthrōpois pantas pantachou metanoein
but now he commandeth men that they should all everywhere repent:

καθότι ἔστησεν ἡμέραν ἐν ᾗ μέλλει κρίνειν τὴν οἰκουμένην ἐν δικαιοσύνη
kathoti estēsen hēmeran en hē mellei krinein tēn oikoumenēn en dikaiosynē
inasmuch as he hath appointed a day in which he will judge the world in righteousness

ἐν ἀνδρὶ ᾧ ὥρισεν
en andri hō hōrisen
by the man whom he hath ordained;

πίστιν παρασχὼν πᾶσιν ἀναστήσας αὐτὸν ἐκ νεκρῶν
pistin paraschōn pasin anastēsas auton ek nekrōn
whereof he hath given assurance unto all men, in that he hath raised him from the dead.

Ἀκούσαντες δὲ ἀνάστασιν νεκρῶν οἱ μὲν ἐχλεύαζον
Akousantes de anastasin nekrōn hoi men echleuazon
Now when they heard of the resurrection of the dead, some mocked;

οἱ δὲ εἶπαν, Ἀκουσόμεθά σου περὶ τούτου καὶ πάλιν
hoi de eipan, Akousometha sou peri toutou kai palin
but others said, We will hear thee concerning this yet again.

οὕτως ὁ Παῦλος ἐξῆλθεν ἐκ μέσου αὐτῶν
houtōs ho Paulos exēlthen ek mesou autōn
Thus Paul went out from among them.

τινὲς δὲ ἄνδρες κολληθέντες αὐτῷ ἐπίστευσαν,
tines de andres kollēthentes autō episteusan,
But certain men clave unto him, and believed:

ἐν οἷς καὶ Διονύσιος ὁ Ἀρεοπαγίτης καὶ γυνὴ ὀνόματι Δάμαρις καὶ ἕτεροι σὺν αὐτοῖς
en hois kai Dionysios ho Areopagitēs kai gynē onomati Damaris kai heteroi syn autois
among whom also was Dionysius the Areopagite, and a woman named Damaris, and others with them.

ιη

Μετὰ ταῦτα χωρισθεὶς ἐκ τῶν Ἀθηνῶν ἦλθεν εἰς Κόρινθον
Meta tauta chōristheis ek tōn Athēnōn ēlthen eis Korinthon
After these things he departed from Athens, and came to Corinth.

καὶ εὑρών τινα Ἰουδαῖον ὀνόματι Ἀκύλαν
kai heurōn tina Ioudaion onomati Akylan
And he found a certain Jew named Aquila,

Ποντικὸν τῷ γένει, προσφάτως ἐληλυθότα ἀπὸ τῆς Ἰταλίας καὶ Πρίσκιλλαν γυναῖκα
Pontikon tō genei, prosphatōs elēlythota apo tēs Italias kai Priskillan gynaika
a man of Pontus by race, lately come from Italy, with his wife Priscilla,

αὐτοῦ διὰ τὸ διατεταχέναι Κλαύδιον χωρίζεσθαι πάντας τοὺς Ἰουδαίους ἀπὸ τῆς Ῥώμης, προσῆλθεν αὐτοῖς
autou dia to diatetachenai Klaudion chōrizesthai pantas tous Ioudaious apo tēs Rhōmēs, prosēlthen autois
because Claudius had commanded all the Jews to depart from Rome: and he came unto them;

καὶ διὰ τὸ ὁμότεχνον εἶναι ἔμενεν παρ' αὐτοῖς καὶ ἠργάζετο: ἦσαν γὰρ σκηνοποιοὶ τῇ τέχνῃ
kai dia to homotechnon einai emenen par' autois kai ērgazeto: ēsan gar skēnopoioi tē technē
and because he was of the same trade, he abode with them, and they wrought; for by their trade they were tentmakers.

διελέγετο δὲ ἐν τῇ συναγωγῇ κατὰ πᾶν σάββατον, ἔπειθέν τε Ἰουδαίους καὶ Ελληνας
dielegeto de en tē synagōgē kata pan sabbaton, epeithen te Ioudaious kai Ellēnas
And he reasoned in the synagogue every sabbath, and persuaded Jews and Greeks.

Ὡς δὲ κατῆλθον ἀπὸ τῆς Μακεδονίας ὅ τε Σιλᾶς καὶ ὁ Τιμόθεος, συνείχετο τῷ λόγῳ ὁ Παῦλος
Hōs de katēlthon apo tēs Makedonias ho te Silas kai ho Timotheos, syneicheto tō logō ho Paulos,
But when Silas and Timothy came down from Macedonia, Paul was constrained by the word,

διαμαρτυρόμενος τοῖς Ἰουδαίοις εἶναι τὸν Χριστόν, Ἰησοῦν
diamartyromenos tois Ioudaiois einai ton Christon, Iēsoun
testifying to the Jews that Jesus was the Christ.

ἀντιτασσομένων δὲ αὐτῶν καὶ βλασφημούντων ἐκτιναξάμενος τὰ ἱμάτια εἶπεν πρὸς αὐτούς
antitassomenōn de autōn kai blasphēmountōn ektinaxamenos ta himatia eipen pros autous
And when they opposed themselves and blasphemed, he shook out his raiment and said unto them,

Τὸ αἷμα ὑμῶν ἐπὶ τὴν κεφαλὴν ὑμῶν: καθαρὸς ἐγώ: ἀπὸ τοῦ νῦν εἰς τὰ ἔθνη πορεύσομαι
To haima hymōn epi tēn kephalēn hymōn: katharos egō: apo tou nyn eis ta ethnē poreusomai
Your blood be upon your own heads; I am clean: from henceforth I will go unto the Gentiles.

καὶ μεταβὰς ἐκεῖθεν εἰσῆλθεν εἰς οἰκίαν τινὸς ὀνόματι Τιτίου Ἰούστου σεβομένου τὸν θεόν
kai metabas ekeithen eisēlthen eis oikian tinos onomati Titiou Ioustou sebomenou ton theon,
And he departed thence, and went into the house of a certain man named Titus Justus, one that worshipped God,

οὗ ἡ οἰκία ἦν συνομοροῦσα τῇ συναγωγῇ
hou hē oikia ēn synomorousa tē synagōgē
whose house joined hard to the synagogue.

Κρίσπος δὲ ὁ ἀρχισυνάγωγος ἐπίστευσεν τῷ κυρίῳ σὺν ὅλῳ τῷ οἴκῳ αὐτοῦ
Krispos de ho archisynagōgos episteusen tō kyriō syn holō tō oikō autou
And Crispus, the ruler of the synagogue, believed in the Lord with all his house;

καὶ πολλοὶ τῶν Κορινθίων ἀκούοντες ἐπίστευον καὶ ἐβαπτίζοντο
kai polloi tōn Korinthiōn akouontes episteuon kai ebaptizonto
and many of the Corinthians hearing believed, and were baptized.

εἶπεν δὲ ὁ κύριος ἐν νυκτὶ δι' ὁράματος τῷ Παύλῳ, Μὴ φοβοῦ, ἀλλὰ λάλει καὶ μὴ σιωπήσῃς
eipen de ho kyrios en nykti di' horamatos tō Paulō, Mē phobou, alla lalei kai mē siōpēsēs
And the Lord said unto Paul in the night by a vision, Be not afraid, but speak and hold not thy peace:

διότι ἐγώ εἰμι μετὰ σοῦ καὶ οὐδεὶς ἐπιθήσεταί σοι τοῦ κακῶσαί σε, διότι λαός ἐστί μοι πολὺς ἐν τῇ πόλει ταύτῃ
dioti egō eimi meta sou kai oudeis epithēsetai soi tou kakōsai se, dioti laos esti moi polys en tē polei tautē
for I am with thee, and no man shall set on thee to harm thee: for I have much people in this city.

Ἐκάθισεν δὲ ἐνιαυτὸν καὶ μῆνας ἓξ διδάσκων ἐν αὐτοῖς τὸν λόγον τοῦ θεοῦ
Ekathisen de eniauton kai mēnas hex didaskōn en autois ton logon tou theou
And he dwelt there a year and six months, teaching the word of God among them.

Γαλλίωνος δὲ ἀνθυπάτου ὄντος τῆς Ἀχαΐας
Galliōnos de anthypatou ontos tēs Achaias
But when Gallio was proconsul of Achaia,

κατεπέστησαν ὁμοθυμαδὸν οἱ Ἰουδαῖοι τῷ Παύλῳ καὶ ἤγαγον αὐτὸν ἐπὶ τὸ βῆμα
katepestēsan homothymadon hoi Ioudaioi tō Paulō kai ēgagon auton epi to bēma
the Jews with one accord rose up against Paul and brought him before the judgment-seat,

λέγοντες ὅτι Παρὰ τὸν νόμον ἀναπείθει οὗτος τοὺς ἀνθρώπους σέβεσθαι τὸν θεόν
legontes hoti Para ton nomon anapeithei houtos tous anthrōpous sebesthai ton theon
saying, This man persuadeth men to worship God contrary to the law.

μέλλοντος δὲ τοῦ Παύλου ἀνοίγειν τὸ στόμα εἶπεν ὁ Γαλλίων πρὸς τοὺς Ἰουδαίους
mellontos de tou Paulou anoigein to stoma eipen ho Galliōn pros tous Ioudaious
But when Paul was about to open his mouth, Gallio said unto the Jews,

Εἰ μὲν ἦν ἀδίκημά τι ἢ ῥᾳδιούργημα πονηρόν, ὦ Ἰουδαῖοι, κατὰ λόγον ἂν ἀνεσχόμην ὑμῶν
Ei men ēn adikēma ti ē rhadiourgēma ponēron, ō Ioudaioi, kata logon an aneschomēn hymōn
If indeed it were a matter of wrong or of wicked villany, O ye Jews, reason would that I should bear with you:

εἰ δὲ ζητήματά ἐστιν περὶ λόγου καὶ ὀνομάτων καὶ νόμου τοῦ καθ' ὑμᾶς, ὄψεσθε αὐτοί
ei de zētēmata estin peri logou kai onomatōn kai nomou tou kath' hymas, opsesthe autoi
but if they are questions about words and names and your own law, look to it yourselves;

κριτὴς ἐγὼ τούτων οὐ βούλομαι εἶναι
kritēs egō toutōn ou boulomai einai
I am not minded to be a judge of these matters.

καὶ ἀπήλασεν αὐτοὺς ἀπὸ τοῦ βήματος
kai apēlasen autous apo tou bēmatos
And he drove them from the judgment-seat.

ἐπιλαβόμενοι δὲ πάντες Σωσθένην τὸν ἀρχισυνάγωγον ἔτυπτον ἔμπροσθεν τοῦ βήματος
epilabomenoi de pantes Sōsthenēn ton archisynagōgon etypton emprosthen tou bēmatos
And they all laid hold on Sosthenes, the ruler of the synagogue, and beat him before the judgment-seat.

καὶ οὐδὲν τούτων τῷ Γαλλίωνι ἔμελεν
kai ouden toutōn tō Galliōni emelen
And Gallio cared for none of these things.

Ὁ δὲ Παῦλος ἔτι προσμείνας ἡμέρας ἱκανὰς τοῖς ἀδελφοῖς ἀποταξάμενος ἐξέπλει εἰς τὴν Συρίαν
HO de Paulos eti prosmeinas hēmeras hikanas tois adelphois apotaxamenos exeplei eis tēn Syrian,
And Paul, having tarried after this yet many days, took his leave of the brethren, and sailed thence for Syria,

καὶ σὺν αὐτῷ Πρίσκιλλα καὶ Ἀκύλας, κειράμενος ἐν Κεγχρεαῖς τὴν κεφαλήν, εἶχεν γὰρ εὐχήν
kai syn autō Priskilla kai Akylas, keiramenos en Kenchreais tēn kephalēn, eichen gar euchēn
and with him Priscilla and Aquila: having shorn his head in Cenchreæ; for he had a vow.

κατήντησαν δὲ εἰς Ἔφεσον, κἀκείνους κατέλιπεν αὐτοῦ, αὐτὸς δὲ εἰσελθὼν εἰς τὴν συναγωγὴν
katēntēsan de eis Epheson, kakeinous katelipen autou, autos de eiselthōn eis tēn synagōgēn
And they came to Ephesus, and he left them there: but he himself entered into the synagogue,

διελέξατο τοῖς Ἰουδαίοις
dielexato tois Ioudaiois
and reasoned with the Jews.

ἐρωτώντων δὲ αὐτῶν ἐπὶ πλείονα χρόνον μεῖναι οὐκ ἐπένευσεν
erōtōntōn de autōn epi pleiona chronon meinai ouk epeneusen
And when they asked him to abide a longer time, he consented not;

ἀλλὰ ἀποταξάμενος καὶ εἰπών, Πάλιν ἀνακάμψω πρὸς ὑμᾶς τοῦ θεοῦ θέλοντος, ἀνήχθη ἀπὸ τῆς Ἐφέσου
alla apotaxamenos kai eipōn, Palin anakampsō pros hymas tou theou thelontos, anēchthē apo tēs Ephesou
but taking his leave of them, and saying, I will return again unto you if God will, he set sail from Ephesus.

καὶ κατελθὼν εἰς Καισάρειαν, ἀναβὰς καὶ ἀσπασάμενος τὴν ἐκκλησίαν, κατέβη εἰς Ἀντιόχειαν
kai katelthōn eis Kaisareian, anabas kai aspasamenos tēn ekklēsian, katebē eis Antiocheian
And when he had landed at Cæsarea, he went up and saluted the church, and went down to Antioch.

καὶ ποιήσας χρόνον τινὰ ἐξῆλθεν
kai poiēsas chronon tina exēlthen
And having spent some time there, he departed,

διερχόμενος καθεξῆς τὴν Γαλατικὴν χώραν καὶ Φρυγίαν, ἐπιστηρίζων πάντας τοὺς μαθητάς
dierchomenos kathexēs tēn Galatikēn chōran kai Phrygian, epistērizōn pantas tous mathētas
and went through the region of Galatia, and Phrygia, in order, establishing all the disciples.

Ἰουδαῖος δέ τις Ἀπολλῶς ὀνόματι, Ἀλεξανδρεὺς τῷ γένει, ἀνὴρ λόγιος
Ioudaios de tis Apollōs onomati, Alexandreus tō genei, anēr logios
Now a certain Jew named Apollos, an Alexandrian by race, an eloquent man,

κατήντησεν εἰς Ἔφεσον, δυνατὸς ὢν ἐν ταῖς γραφαῖς
katēntēsen eis Epheson, dynatos ōn en tais graphais
came to Ephesus; and he was mighty in the scriptures.

οὗτος ἦν κατηχημένος τὴν ὁδὸν τοῦ κυρίου
houtos ēn katēchēmenos tēn hodon tou kyriou,
This man had been instructed in the way of the Lord;

καὶ ζέων τῷ πνεύματι ἐλάλει καὶ ἐδίδασκεν ἀκριβῶς τὰ περὶ τοῦ Ἰησοῦ
kai zeōn tō pneumati elalei kai edidasken akribōs ta peri tou Iēsou
and being fervent in spirit, he spake and taught accurately the things concerning Jesus,

ἐπιστάμενος μόνον τὸ βάπτισμα Ἰωάννου
epistamenos monon to baptisma Iōannou
knowing only the baptism of John:

οὗτός τε ἤρξατο παρρησιάζεσθαι ἐν τῇ συναγωγῇ· ἀκούσαντες δὲ αὐτοῦ Πρίσκιλλα καὶ Ἀκύλας
houtos te ērxato parrēsiazesthai en tē synagōgē: akousantes de autou Priskilla kai Akylas
and he began to speak boldly in the synagogue. But when Priscilla and Aquila heard him,

προσελάβοντο αὐτὸν καὶ ἀκριβέστερον αὐτῷ ἐξέθεντο τὴν ὁδὸν [τοῦ θεοῦ]
proselabonto auton kai akribesteron autō exethento tēn hodon [tou theou]
they took him unto them, and expounded unto him the way of God more accurately.

βουλομένου δὲ αὐτοῦ διελθεῖν εἰς τὴν Ἀχαΐαν
boulomenou de autou dielthein eis tēn Achaian
And when he was minded to pass over into Achaia,

προτρεψάμενοι οἱ ἀδελφοὶ ἔγραψαν τοῖς μαθηταῖς ἀποδέξασθαι αὐτόν
protrepsamenoi hoi adelphoi egrapsan tois mathētais apodexasthai auton:
the brethren encouraged him, and wrote to the disciples to receive him:

ὃς παραγενόμενος συνεβάλετο πολὺ τοῖς πεπιστευκόσιν διὰ τῆς χάριτος
hos paragenomenos synebaleto poly tois pepisteukosin dia tēs charitos
and when he was come, he helped them much that had believed through grace;

εὐτόνως γὰρ τοῖς Ἰουδαίοις διακατηλέγχετο δημοσίᾳ ἐπιδεικνὺς διὰ τῶν γραφῶν εἶναι τὸν Χριστὸν, Ἰησοῦν
eutonōs gar tois Ioudaiois diakatēlencheto dēmosia epideiknys dia tōn graphōn einai ton Christon, Iēsoun
for he powerfully confuted the Jews, and that publicly, showing by the scriptures that Jesus was the Christ.

ιθ

Ἐγένετο δὲ ἐν τῷ τὸν Ἀπολλῶ εἶναι ἐν Κορίνθῳ Παῦλον διελθόντα τὰ ἀνωτερικὰ μέρη [κατ]ελθεῖν εἰς Ἔφεσον
Egeneto de en tō ton Apollō einai en Korinthō Paulon dielthonta ta anōterika merē [kat]elthein eis Epheson
And it came to pass, that, while Apollos was at Corinth, Paul having passed through the upper country came to Ephesus,

καὶ εὑρεῖν τινας μαθητάς
kai heurein tinas mathētas
and found certain disciples:

εἶπέν τε πρὸς αὐτούς, Εἰ πνεῦμα ἅγιον ἐλάβετε πιστεύσαντες
eipen te pros autous, Ei pneuma hagion elabete pisteusantes
and he said unto them, Did ye receive the Holy Spirit when ye believed?

οἱ δὲ πρὸς αὐτόν, Ἀλλ' οὐδ' εἰ πνεῦμα ἅγιον ἔστιν ἠκούσαμεν
hoi de pros auton, All' oud' ei pneuma hagion estin ēkousamen
And they said unto him, Nay, we did not so much as hear whether the Holy Spirit was given.

εἶπέν τε, Εἰς τί οὖν ἐβαπτίσθητε; οἱ δὲ εἶπαν, Εἰς τὸ Ἰωάννου βάπτισμα
eipen te, Eis ti oun ebaptisthēte? hoi de eipan, Eis to Iōannou baptisma
And he said, Into what then were ye baptized? And they said, Into John's baptism.

εἶπεν δὲ Παῦλος, Ἰωάννης ἐβάπτισεν βάπτισμα μετανοίας
eipen de Paulos, Iōannēs ebaptisen baptisma metanoias
And Paul said, John baptized with the baptism of repentance,

τῷ λαῷ λέγων εἰς τὸν ἐρχόμενον μετ' αὐτὸν ἵνα πιστεύσωσιν, τοῦτ' ἔστιν εἰς τὸν Ἰησοῦν
tō laō legōn eis ton erchomenon met' auton hina pisteusōsin, tout' estin eis ton Iēsoun
saying unto the people that they should believe on him that should come after him, that is, on Jesus.

ἀκούσαντες δὲ ἐβαπτίσθησαν εἰς τὸ ὄνομα τοῦ κυρίου Ἰησοῦ
akousantes de ebaptisthēsan eis to onoma tou kyriou Iēsou
And when they heard this, they were baptized into the name of the Lord Jesus.

καὶ ἐπιθέντος αὐτοῖς τοῦ Παύλου [τὰς] χεῖρας ἦλθε τὸ πνεῦμα τὸ ἅγιον ἐπ' αὐτούς
kai epithentos autois tou Paulou [tas] cheiras ēlthe to pneuma to hagion ep' autous
And when Paul had laid his hands upon them, the Holy Spirit came on them;

ἐλάλουν τε γλώσσαις καὶ ἐπροφήτευον
elaloun te glōssais kai eprophēteuon
and they spake with tongues, and prophesied.

ἦσαν δὲ οἱ πάντες ἄνδρες ὡσεὶ δώδεκα
ēsan de hoi pantes andres hōsei dōdeka
And they were in all about twelve men.

Εἰσελθὼν δὲ εἰς τὴν συναγωγὴν ἐπαρρησιάζετο ἐπὶ μῆνας τρεῖς
Eiselthōn de eis tēn synagōgēn eparrēsiazeto epi mēnas treis
And he entered into the synagogue, and spake boldly for the space of three months,

διαλεγόμενος καὶ πείθων [τὰ] περὶ τῆς βασιλείας τοῦ θεοῦ
dialegomenos kai peithōn [ta] peri tēs basileias tou theou
reasoning and persuading as to the things concerning the kingdom of God.

ὡς δέ τινες ἐσκληρύνοντο καὶ ἠπείθουν κακολογοῦντες τὴν ὁδὸν ἐνώπιον τοῦ πλήθους
hōs de tines esklērynonto kai ēpeithoun kakologountes tēn hodon enōpion tou plēthous
But when some were hardened and disobedient, speaking evil of the Way before the multitude,

ἀποστὰς ἀπ' αὐτῶν ἀφώρισεν τοὺς μαθητάς, καθ' ἡμέραν διαλεγόμενος ἐν τῇ σχολῇ Τυράννου
apostas ap' autōn aphōrisen tous mathetas, kath' hēmeran dialegomenos en tē scholē Tyrannou
he departed from them, and separated the disciples, reasoning daily in the school of Tyrannus.

τοῦτο δὲ ἐγένετο ἐπὶ ἔτη δύο
touto de egeneto epi etē dyo
And this continued for the space of two years;

ὥστε πάντας τοὺς κατοικοῦντας τὴν Ἀσίαν ἀκοῦσαι τὸν λόγον τοῦ κυρίου, Ἰουδαίους τε καὶ Ἕλληνας
hōste pantas tous katoikountas tēn Asian akousai ton logon tou kyriou, Ioudaious te kai Ellēnas
so that all they that dwelt in Asia heard the word of the Lord, both Jews and Greeks.

Δυνάμεις τε οὐ τὰς τυχούσας ὁ θεὸς ἐποίει διὰ τῶν χειρῶν Παύλου
Dynameis te ou tas tychousas ho theos epoiei dia tōn cheirōn Paulou
And God wrought special miracles by the hands of Paul:

ὥστε καὶ ἐπὶ τοὺς ἀσθενοῦντας ἀποφέρεσθαι ἀπὸ τοῦ χρωτὸς αὐτοῦ σουδάρια ἢ σιμικίνθια
hōste kai epi tous asthenountas apopheresthai apo tou chrōtos autou soudaria ē simikinthia
insomuch that unto the sick were carried away from his body handkerchiefs or aprons,

καὶ ἀπαλλάσσεσθαι ἀπ' αὐτῶν τὰς νόσους, τά τε πνεύματα τὰ πονηρὰ ἐκπορεύεσθαι
kai apallassesthai ap' autōn tas nosous, ta te pneumata ta ponēra ekporeuesthai
and the diseases departed from them, and the evil spirits went out.

ἐπεχείρησαν δέ τινες καὶ τῶν περιερχομένων Ἰουδαίων ἐξορκιστῶν
epecheirēsan de tines kai tōn perierchomenōn Ioudaiōn exorkistōn
But certain also of the strolling Jews, exorcists,

ὀνομάζειν ἐπὶ τοὺς ἔχοντας τὰ πνεύματα τὰ πονηρὰ τὸ ὄνομα τοῦ κυρίου Ἰησοῦ λέγοντες
onomazein epi tous echontas ta pneumata ta ponēra to onoma tou kyriou Iēsou legontes
took upon them to name over them that had the evil spirits the name of the Lord Jesus, saying,

Ὁρκίζω ὑμᾶς τὸν Ἰησοῦν ὃν Παῦλος κηρύσσει
Horkizō hymas ton Iēsoun hon Paulos kēryssei
I adjure you by Jesus whom Paul preacheth.

ἦσαν δέ τινος Σκευᾶ Ἰουδαίου ἀρχιερέως ἑπτὰ υἱοὶ τοῦτο ποιοῦντες
ēsan de tinos Skeua Ioudaiou archiereōs hepta huioi touto poiountes
And there were seven sons of one Sceva, a Jew, a chief priest, who did this.

ἀποκριθὲν δὲ τὸ πνεῦμα τὸ πονηρὸν εἶπεν αὐτοῖς
apokrithen de to pneuma to ponēron eipen autois
And the evil spirit answered and said unto them,

Τὸν [μὲν] Ἰησοῦν γινώσκω καὶ τὸν Παῦλον ἐπίσταμαι, ὑμεῖς δὲ τίνες ἐστέ
Ton [men] Iēsoun ginōskō kai ton Paulon epistamai, hymeis de tines este
Jesus I know, and Paul I know; but who are ye?

καὶ ἐφαλόμενος ὁ ἄνθρωπος ἐπ' αὐτοὺς ἐν ᾧ ἦν τὸ πνεῦμα τὸ πονηρὸν κατακυριεύσας ἀμφοτέρων
kai ephalomenos ho anthrōpos ep' autous en hō ēn to pneuma to ponēron katakyrieusas amphoterōn
And the man in whom the evil spirit was leaped on them, and mastered both of them,

ἴσχυσεν κατ' αὐτῶν ὥστε γυμνοὺς καὶ τετραυματισμένους ἐκφυγεῖν ἐκ τοῦ οἴκου ἐκείνου
ischysen kat' autōn hōste gymnous kai tetraumatismenous ekphygein ek tou oikou ekeinou
and prevailed against them, so that they fled out of that house naked and wounded.

τοῦτο δὲ ἐγένετο γνωστὸν πᾶσιν Ἰουδαίοις τε καὶ Ἕλλησιν τοῖς κατοικοῦσιν τὴν Ἔφεσον
touto de egeneto gnōston pasin Ioudaiois te kai Ellēsin tois katoikousin tēn Epheson
And this became known to all, both Jews and Greeks, that dwelt at Ephesus;

καὶ ἐπέπεσεν φόβος ἐπὶ πάντας αὐτούς, καὶ ἐμεγαλύνετο τὸ ὄνομα τοῦ κυρίου Ἰησοῦ
kai epepesen phobos epi pantas autous, kai emegalyneto to onoma tou kyriou Iēsou
and fear fell upon them all, and the name of the Lord Jesus was magnified.

πολλοί τε τῶν πεπιστευκότων ἤρχοντο ἐξομολογούμενοι καὶ ἀναγγέλλοντες τὰς πράξεις αὐτῶν
polloi te tōn pepisteukotōn ērchonto exomologoumenoi kai anangellontes tas praxeis autōn
Many also of them that had believed came, confessing, and declaring their deeds.

ἱκανοὶ δὲ τῶν τὰ περίεργα πραξάντων συνενέγκαντες τὰς βίβλους κατέκαιον ἐνώπιον πάντων
hikanoi de tōn ta perierga praxantōn synenenkantes tas biblous katekaion enōpion pantōn
And not a few of them that practised magical arts brought their books together and burned them in the sight of all;

καὶ συνεψήφισαν τὰς τιμὰς αὐτῶν καὶ εὗρον ἀργυρίου μυριάδας πέντε
kai synepsēphisan tas timas autōn kai heuron argyriou myriadas pente
and they counted the price of them, and found it fifty thousand pieces of silver.

Οὕτως κατὰ κράτος τοῦ κυρίου ὁ λόγος ηὔξανεν καὶ ἴσχυεν
Houtōs kata kratos tou kyriou ho logos ēuxanen kai ischyen
So mightily grew the word of the Lord and prevailed.

Ὡς δὲ ἐπληρώθη ταῦτα, ἔθετο ὁ Παῦλος ἐν τῷ πνεύματι διελθὼν τὴν Μακεδονίαν
Hōs de eplērōthē tauta, etheto ho Paulos en tō pneumati dielthōn tēn Makedonian
Now after these things were ended, Paul purposed in the spirit, when he had passed through Macedonia

καὶ Ἀχαΐαν πορεύεσθαι εἰς Ἱεροσόλυμα, εἰπὼν ὅτι Μετὰ τὸ γενέσθαι με ἐκεῖ δεῖ με καὶ Ῥώμην ἰδεῖν
kai Achaian poreuesthai eis Hierosolyma, eipōn hoti Meta to genesthai me ekei dei me kai Rhōmēn idein
and Achaia, to go to Jerusalem, saying, After I have been there, I must also see Rome.

ἀποστείλας δὲ εἰς τὴν Μακεδονίαν δύο τῶν διακονούντων αὐτῷ
aposteilas de eis tēn Makedonian dyo tōn diakonountōn autō,
And having sent into Macedonia two of them that ministered unto him,

Τιμόθεον καὶ Ἔραστον, αὐτὸς ἐπέσχεν χρόνον εἰς τὴν Ἀσίαν
Timotheon kai Eraston, autos epeschen chronon eis tēn Asian
Timothy and Erastus, he himself stayed in Asia for a while.

Ἐγένετο δὲ κατὰ τὸν καιρὸν ἐκεῖνον τάραχος οὐκ ὀλίγος περὶ τῆς ὁδοῦ
Egeneto de kata ton kairon ekeinon tarachos ouk oligos peri tēs hodou
And about that time there arose no small stir concerning the Way.

Δημήτριος γάρ τις ὀνόματι, ἀργυροκόπος
Dēmētrios gar tis onomati, argyrokopos
For a certain man named Demetrius, a silversmith,

ποιῶν ναοὺς ἀργυροῦς Ἀρτέμιδος παρείχετο τοῖς τεχνίταις οὐκ ὀλίγην ἐργασίαν
poiōn naous argyrous Artemidos pareicheto tois technitais ouk oligēn ergasian
who made silver shrines of Diana, brought no little business unto the craftsmen;

οὓς συναθροίσας καὶ τοὺς περὶ τὰ τοιαῦτα ἐργάτας εἶπεν, Ἄνδρες
hous synathroisas kai tous peri ta toiauta ergatas eipen, Andres
whom he gathered together, with the workmen of like occupation, and said, Sirs,

ἐπίστασθε ὅτι ἐκ ταύτης τῆς ἐργασίας ἡ εὐπορία ἡμῖν ἐστιν
epistasthe hoti ek tautēs tēs ergasias hē euporia hēmin estin
ye know that by this business we have our wealth.

καὶ θεωρεῖτε καὶ ἀκούετε ὅτι οὐ μόνον Ἐφέσου ἀλλὰ σχεδὸν πάσης τῆς Ἀσίας
kai theōreite kai akouete hoti ou monon Ephesou alla schedon pasēs tēs Asias
And ye see and hear, that not alone at Ephesus, but almost throughout all Asia,

ὁ Παῦλος οὗτος πείσας μετέστησεν ἱκανὸν ὄχλον, λέγων ὅτι οὐκ εἰσὶν θεοὶ οἱ διὰ χειρῶν γινόμενοι
ho Paulos houtos peisas metestēsen hikanon ochlon, legōn hoti ouk eisin theoi hoi dia cheirōn ginomenoi
this Paul hath persuaded and turned away much people, saying that they are no gods, that are made with hands:

οὐ μόνον δὲ τοῦτο κινδυνεύει ἡμῖν τὸ μέρος εἰς ἀπελεγμὸν ἐλθεῖν
ou monon de touto kindyneuei hēmin to meros eis apelegmon elthein
and not only is there danger that this our trade come into disrepute;

ἀλλὰ καὶ τὸ τῆς μεγάλης θεᾶς Ἀρτέμιδος ἱερὸν εἰς οὐθὲν λογισθῆναι
alla kai to tēs megalēs theas Artemidos hieron eis outhen logisthēnai
but also that the temple of the great goddess Diana be made of no account,

μέλλειν τε καὶ καθαιρεῖσθαι τῆς μεγαλειότητος αὐτῆς, ἣν ὅλη ἡ Ἀσία καὶ ἡ οἰκουμένη σέβεται
mellein te kai kathaireisthai tēs megaleiotētos autēs, hēn holē hē Asia kai hē oikoumenē sebetai
and that she should even be deposed from her magnificence whom all Asia and the world worshippeth.

Ἀκούσαντες δὲ καὶ γενόμενοι πλήρεις θυμοῦ ἔκραζον λέγοντες, Μεγάλη ἡ Ἄρτεμις Ἐφεσίων
Akousantes de kai genomenoi plēreis thymou ekrazon legontes, Megalē hē Artemis Ephesiōn
And when they heard this they were filled with wrath, and cried out, saying, Great is Diana of the Ephesians.

καὶ ἐπλήσθη ἡ πόλις τῆς συγχύσεως
kai eplēsthē hē polis tēs synchyseōs
And the city was filled with the confusion:

ὥρμησάν τε ὁμοθυμαδὸν εἰς τὸ θέατρον συναρπάσαντες Γάϊον καὶ Ἀρίσταρχον Μακεδόνας
hōrmēsan te homothymadon eis to theatron synarpasantes Gaion kai Aristarchon Makedonas
and they rushed with one accord into the theatre, having seized Gaius and Aristarchus, men of Macedonia,

συνεκδήμους Παύλου
synekdēmous Paulou
Paul's companions in travel.

Παύλου δὲ βουλομένου εἰσελθεῖν εἰς τὸν δῆμον οὐκ εἴων αὐτὸν οἱ μαθηταί
Paulou de boulomenou eiselthein eis ton dēmon ouk eiōn auton hoi mathētai
And when Paul was minded to enter in unto the people, the disciples suffered him not.

τινὲς δὲ καὶ τῶν Ἀσιαρχῶν, ὄντες αὐτῷ φίλοι
tines de kai tōn Asiarchōn, ontes autō philoi
And certain also of the Asiarchs, being his friends,

πέμψαντες πρὸς αὐτὸν παρεκάλουν μὴ δοῦναι ἑαυτὸν εἰς τὸ θέατρον
pempsantes pros auton parekaloun mē dounai heauton eis to theatron
sent unto him and besought him not to adventure himself into the theatre.

ἄλλοι μὲν οὖν ἄλλο τι ἔκραζον, ἦν γὰρ ἡ ἐκκλησία συγκεχυμένη
alloi men oun allo ti ekrazon, ēn gar hē ekklēsia synkechymenē
Some therefore cried one thing, and some another: for the assembly was in confusion;

καὶ οἱ πλείους οὐκ ᾔδεισαν τίνος ἕνεκα συνεληλύθεισαν
kai hoi pleious ouk ēdeisan tinos heneka synelēlytheisan
and the more part knew not wherefore they were come together.

ἐκ δὲ τοῦ ὄχλου συνεβίβασαν Ἀλέξανδρον, προβαλόντων αὐτὸν τῶν Ἰουδαίων
ek de tou ochlou synebibasan Alexandron, probalontōn auton tōn Ioudaiōn
And they brought Alexander out of the multitude, the Jews putting him forward.

ὁ δὲ Ἀλέξανδρος κατασείσας τὴν χεῖρα ἤθελεν ἀπολογεῖσθαι τῷ δήμῳ
ho de Alexandros kataseisas tēn cheira ēthelen apologeisthai tō dēmō
And Alexander beckoned with the hand, and would have made a defence unto the people.

ἐπιγνόντες δὲ ὅτι Ἰουδαῖός ἐστιν φωνὴ ἐγένετο μία ἐκ πάντων ὡς ἐπὶ ὥρας δύο κραζόντων
epignontes de hoti Ioudaios estin phōnē egeneto mia ek pantōn hōs epi hōras dyo krazontōn
But when they perceived that he was a Jew, all with one voice about the space of two hours cried out,

Μεγάλη ἡ Ἄρτεμις Ἐφεσίων
Megalē hē Artemis Ephesiōn
Great is Diana of the Ephesians.

καταστείλας δὲ ὁ γραμματεὺς τὸν ὄχλον φησίν, Ἄνδρες Ἐφέσιοι
katasteilas de ho grammateus ton ochlon phēsin, Andres Ephesioi,
And when the townclerk had quieted the multitude, he saith, Ye men of Ephesus,

τίς γάρ ἐστιν ἀνθρώπων ὃς οὐ γινώσκει τὴν Ἐφεσίων πόλιν
tis gar estin anthrōpōn hos ou ginōskei tēn Ephesiōn polin
what man is there who knoweth not that the city of the Ephesians

νεωκόρον οὖσαν τῆς μεγάλης Ἀρτέμιδος καὶ τοῦ διοπετοῦς
neōkoron ousan tēs megalēs Artemidos kai tou diopetous
is temple-keeper of the great Diana, and of the image which fell down from Jupiter?

ἀναντιρρήτων οὖν ὄντων τούτων δέον ἐστὶν ὑμᾶς κατεσταλμένους ὑπάρχειν καὶ μηδὲν προπετὲς πράσσειν
anantirrētōn oun ontōn toutōn deon estin hymas katestalmenous hyparchein kai mēden propetes prassein
Seeing then that these things cannot be gainsaid, ye ought to be quiet, and to do nothing rash.

ἠγάγετε γὰρ τοὺς ἄνδρας τούτους οὔτε ἱεροσύλους οὔτε βλασφημοῦντας τὴν θεὸν ἡμῶν
ēgagete gar tous andras toutous oute hierosylous oute blasphēmountas tēn theon hēmōn
For ye have brought hither these men, who are neither robbers of temples nor blasphemers of our goddess.

εἰ μὲν οὖν Δημήτριος καὶ οἱ σὺν αὐτῷ τεχνῖται ἔχουσι πρός τινα λόγον, ἀγοραῖοι ἄγονται
ei men oun Dēmētrios kai hoi syn autō technitai echousi pros tina logon, agoraioi agontai
If therefore Demetrius, and the craftsmen that are with him, have a matter against any man, the courts are open,

καὶ ἀνθύπατοί εἰσιν ἐγκαλείτωσαν ἀλλήλοις
kai anthypatoi eisin enkaleitōsan allēlois
and there are proconsuls: let them accuse one another.

εἰ δέ τι περαιτέρω ἐπιζητεῖτε, ἐν τῇ ἐννόμῳ ἐκκλησίᾳ ἐπιλυθήσεται
ei de ti peraiterō epizēteite, en tē ennomō ekklēsia epilythēsetai
But if ye seek anything about other matters, it shall be settled in the regular assembly.

καὶ γὰρ κινδυνεύομεν ἐγκαλεῖσθαι στάσεως περὶ τῆς σήμερον, μηδενὸς αἰτίου ὑπάρχοντος
kai gar kindyneuomen enkaleisthai staseōs peri tēs sēmeron, mēdenos aitiou hyparchontos
For indeed we are in danger to be accused concerning this day's riot, there being no cause for it:

περὶ οὗ [οὐ] δυνησόμεθα ἀποδοῦναι λόγον περὶ τῆς συστροφῆς ταύτης
peri hou [ou] dynēsometha apodounai logon peri tēs systrophēs tautēs
and as touching it we shall not be able to give account of this concourse.

καὶ ταῦτα εἰπὼν ἀπέλυσεν τὴν ἐκκλησίαν
kai tauta eipōn apelysen tēn ekklēsian
And when he had thus spoken, he dismissed the assembly.

Κ

Μετὰ δὲ τὸ παύσασθαι τὸν θόρυβον μεταπεμψάμενος ὁ Παῦλος τοὺς μαθητὰς καὶ παρακαλέσας
Meta de to pausasthai ton thorybon metapempsamenos ho Paulos tous mathētas kai parakalesas
And after the uproar ceased, Paul having sent for the disciples and exhorted them,

ἀσπασάμενος ἐξῆλθεν πορεύεσθαι εἰς Μακεδονίαν
aspasamenos exēlthen poreuesthai eis Makedonian
took leave of them, and departed to go into Macedonia.

διελθὼν δὲ τὰ μέρη ἐκεῖνα καὶ παρακαλέσας αὐτοὺς λόγῳ πολλῷ ἦλθεν εἰς τὴν Ἑλλάδα
dielthōn de ta merē ekeina kai parakalesas autous logō pollō ēlthen eis tēn Hellada
And when he had gone through those parts, and had given them much exhortation, he came into Greece.

ποιήσας τε μῆνας τρεῖς γενομένης ἐπιβουλῆς αὐτῷ ὑπὸ τῶν Ἰουδαίων μέλλοντι ἀνάγεσθαι
poiēsas te mēnas treis genomenēs epiboulēs autō hypo tōn Ioudaiōn mellonti anagesthai
And when he had spent three months there, and a plot was laid against him by the Jews as he was about to set sail

εἰς τὴν Συρίαν ἐγένετο γνώμης τοῦ ὑποστρέφειν διὰ Μακεδονίας
eis tēn Syrian egeneto gnōmēs tou hypostrephein dia Makedonias
for Syria, he determined to return through Macedonia.

συνείπετο δὲ αὐτῷ Σώπατρος Πύρρου Βεροιαῖος, Θεσσαλονικέων
syneipeto de autō Sōpatros Pyrrou Beroiaios, Thessalonikeōn
And there accompanied him as far as Asia, Sopater of Beroea, the son of Pyrrhus; and of the Thessalonians,

δὲ Ἀρίσταρχος καὶ Σεκοῦνδος καὶ Γάϊος Δερβαῖος καὶ Τιμόθεος, Ἀσιανοὶ δὲ Τυχικὸς καὶ Τρόφιμος
de Aristarchos kai Sekoundos kai Gaios Derbaios kai Timotheos, Asianoi de Tychikos kai Trophimos
Aristarchus and Secundus; and Gaius of Derbe, and Timothy; and of Asia, Tychicus and Trophimus.

οὗτοι δὲ προελθόντες ἔμενον ἡμᾶς ἐν Τρῳάδι
houtoi de proelthontes emenon hēmas en Trōadi
But these had gone before, and were waiting for us at Troas.

ἡμεῖς δὲ ἐξεπλεύσαμεν μετὰ τὰς ἡμέρας τῶν ἀζύμων ἀπὸ Φιλίππων
hēmeis de exepleusamen meta tas hēmeras tōn azymōn apo Philippōn
And we sailed away from Philippi after the days of unleavened bread,

καὶ ἤλθομεν πρὸς αὐτοὺς εἰς τὴν Τρῳάδα ἄχρι ἡμερῶν πέντε
kai ēlthomen pros autous eis tēn Trōada achri hēmerōn pente
and came unto them to Troas in five days;

ὅπου διετρίψαμεν ἡμέρας ἑπτά
hopou dietripsamen hēmeras hepta
where we tarried seven days.

Ἐν δὲ τῇ μιᾷ τῶν σαββάτων συνηγμένων ἡμῶν κλάσαι ἄρτον ὁ Παῦλος διελέγετο αὐτοῖς
En de tē mia tōn sabbatōn synēgmenōn hēmōn klasai arton ho Paulos dielegeto autois
And upon the first day of the week, when we were gathered together to break bread, Paul discoursed with them,

μέλλων ἐξιέναι τῇ ἐπαύριον, παρέτεινέν τε τὸν λόγον μέχρι μεσονυκτίου
mellōn exienai tē epaurion, pareteinen te ton logon mechri mesonyktiou
intending to depart on the morrow; and prolonged his speech until midnight.

ἦσαν δὲ λαμπάδες ἱκαναὶ ἐν τῷ ὑπερῴῳ οὗ ἦμεν συνηγμένοι
ēsan de lampades hikanai en tō hyperōō hou ēmen synēgmenoi
And there were many lights in the upper chamber where we were gathered together.

καθεζόμενος δέ τις νεανίας ὀνόματι Εὔτυχος ἐπὶ τῆς θυρίδος
kathezomenos de tis neanias onomati Eutychos epi tēs thyridos
And there sat in the window a certain young man named Eutychus

καταφερόμενος ὕπνῳ βαθεῖ διαλεγομένου τοῦ Παύλου ἐπὶ πλεῖον
katapheromenos hypnō bathei dialegomenou tou Paulou epi pleion
borne down with deep sleep; and as Paul discoursed yet longer,

κατενεχθεὶς ἀπὸ τοῦ ὕπνου ἔπεσεν ἀπὸ τοῦ τριστέγου κάτω καὶ ἤρθη νεκρός
katenechtheis apo tou hypnou epesen apo tou tristegou katō kai ērthē nekros
being borne down by his sleep he fell down from the third story, and was taken up dead.

καταβὰς δὲ ὁ Παῦλος ἐπέπεσεν αὐτῷ καὶ συμπεριλαβὼν εἶπεν, Μὴ θορυβεῖσθε, ἡ γὰρ ψυχὴ αὐτοῦ ἐν αὐτῷ ἐστιν
katabas de ho Paulos epepesen autō kai symperilabōn eipen, Mē thorybeisthe, hē gar psychē autou en autō estin
And Paul went down, and fell on him, and embracing him said, Make ye no ado; for his life is in him.

ἀναβὰς δὲ καὶ κλάσας τὸν ἄρτον καὶ γευσάμενος ἐφ' ἱκανόν
anabas de kai klasas ton arton kai geusamenos eph' hikanon
And when he was gone up, and had broken the bread, and eaten,

τε ὁμιλήσας ἄχρι αὐγῆς οὕτως ἐξῆλθεν
te homilēsas achri augēs houtōs exēlthen
and had talked with them a long while, even till break of day, so he departed.

ἤγαγον δὲ τὸν παῖδα ζῶντα, καὶ παρεκλήθησαν οὐ μετρίως
ēgagon de ton paida zōnta, kai pareklēthēsan ou metriōs
And they brought the lad alive, and were not a little comforted.

Ἡμεῖς δὲ προελθόντες ἐπὶ τὸ πλοῖον ἀνήχθημεν ἐπὶ τὴν ασσον
Hēmeis de proelthontes epi to ploion anēchthēmen epi tēn asson
But we, going before to the ship, set sail for Assos,

ἐκεῖθεν μέλλοντες ἀναλαμβάνειν τὸν Παῦλον, οὕτως γὰρ διατεταγμένος ἦν μέλλων αὐτὸς πεζεύειν
ekeithen mellontes analambanein ton Paulon, houtōs gar diatetagmenos ēn mellōn autos pezeuein
there intending to take in Paul: for so had he appointed, intending himself to go by land.

ὡς δὲ συνέβαλλεν ἡμῖν εἰς τὴν ασσον, ἀναλαβόντες αὐτὸν ἤλθομεν εἰς Μιτυλήνην
hōs de syneballen hēmin eis tēn asson, analabontes auton ēlthomen eis Mitylēnēn
And when he met us at Assos, we took him in, and came to Mitylene.

κἀκεῖθεν ἀποπλεύσαντες τῇ ἐπιούσῃ κατηντήσαμεν ἄντικρυς Χίου
kakeithen apopleusantes tē epiousē katēntēsamen antikrys Chiou
And sailing from thence, we came the following day over against Chios;

τῇ δὲ ἑτέρᾳ παρεβάλομεν εἰς Σάμον, τῇ δὲ ἐχομένῃ ἤλθομεν εἰς Μίλητον
tē de hetera parebalomen eis Samon, tē de echomenē ēlthomen eis Milēton
and the next day we touched at Samos; and the day after we came to Miletus.

κεκρίκει γὰρ ὁ Παῦλος παραπλεῦσαι τὴν Ἔφεσον, ὅπως μὴ γένηται αὐτῷ χρονοτριβῆσαι ἐν τῇ Ἀσίᾳ
kekrikei gar ho Paulos parapleusai tēn Epheson, hopōs mē genētai autō chronotribēsai en tē Asia
For Paul had determined to sail past Ephesus, that he might not have to spend time in Asia;

ἔσπευδεν γὰρ εἰ δυνατὸν εἴη αὐτῷ τὴν ἡμέραν τῆς πεντηκοστῆς γενέσθαι εἰς Ἱεροσόλυμα
espeuden gar ei dynaton eiē autō tēn hēmeran tēs pentēkostēs genesthai eis Hierosolyma
for he was hastening, if it were possible for him, to be at Jerusalem the day of Pentecost.

Ἀπὸ δὲ τῆς Μιλήτου πέμψας εἰς Ἔφεσον μετεκαλέσατο τοὺς πρεσβυτέρους τῆς ἐκκλησίας
Apo de tēs Milētou pempsas eis Epheson metekalesato tous presbyterous tēs ekklēsias
And from Miletus he sent to Ephesus, and called to him the elders of the church.

ὡς δὲ παρεγένοντο πρὸς αὐτὸν εἶπεν αὐτοῖς
hōs de paregenonto pros auton eipen autois
And when they were come to him, he said unto them,

Ὑμεῖς ἐπίστασθε ἀπὸ πρώτης ἡμέρας ἀφ' ἧς ἐπέβην εἰς τὴν Ἀσίαν πῶς μεθ' ὑμῶν τὸν πάντα χρόνον ἐγενόμην
Hymeis epistasthe apo prōtēs hēmeras aph' hēs epebēn eis tēn Asian pōs meth' hymōn ton panta chronon egenomēn
Ye yourselves know, from the first day that I set foot in Asia, after what manner I was with you all the time,

δουλεύων τῷ κυρίῳ μετὰ πάσης ταπεινοφροσύνης καὶ δακρύων
douleuōn tō kyriō meta pasēs tapeinophrosynēs kai dakryōn
serving the Lord with all lowliness of mind, and with tears,

καὶ πειρασμῶν τῶν συμβάντων μοι ἐν ταῖς ἐπιβουλαῖς τῶν Ἰουδαίων
kai peirasmōn tōn symbantōn moi en tais epiboulais tōn Ioudaiōn
and with trials which befell me by the plots of the Jews;

ὡς οὐδὲν ὑπεστειλάμην τῶν συμφερόντων τοῦ μὴ ἀναγγεῖλαι ὑμῖν
hōs ouden hypesteilamēn tōn sympherontōn tou mē anangeilai hymin
how I shrank not from declaring unto you anything that was profitable,

καὶ διδάξαι ὑμᾶς δημοσίᾳ καὶ κατ' οἴκους
kai didaxai hymas dēmosia kai kat' oikous
and teaching you publicly, and from house to house,

διαμαρτυρόμενος Ἰουδαίοις τε καὶ Ελλησιν τὴν εἰς θεὸν μετάνοιαν καὶ πίστιν εἰς τὸν κύριον ἡμῶν Ἰησοῦν
diamartyromenos Ioudaiois te kai Ellēsin tēn eis theon metanoian kai pistin eis ton kyrion hēmōn Iēsoun
testifying both to Jews and to Greeks repentance toward God, and faith toward our Lord Jesus Christ.

καὶ νῦν ἰδοὺ δεδεμένος ἐγὼ τῷ πνεύματι πορεύομαι εἰς Ἱερουσαλήμ, τὰ ἐν αὐτῇ συναντήσοντά μοι μὴ εἰδώς
kai nyn idou dedemenos egō tō pneumati poreuomai eis Ierousalēm, ta en autē synantēsonta moi mē eidōs
And now, behold, I go bound in the spirit unto Jerusalem, not knowing the things that shall befall me there:

πλὴν ὅτι τὸ πνεῦμα τὸ ἅγιον κατὰ πόλιν διαμαρτύρεταί μοι λέγον ὅτι δεσμὰ καὶ θλίψεις με μένουσιν
plēn hoti to pneuma to hagion kata polin diamartyretai moi legon hoti desma kai thlipseis me menousin
save that the Holy Spirit testifieth unto me in every city, saying that bonds and afflictions abide me.

ἀλλ' οὐδενὸς λόγου ποιοῦμαι τὴν ψυχὴν τιμίαν ἐμαυτῷ ὡς τελειῶσαι τὸν δρόμον μου
all' oudenos logou poioumai tēn psychēn timian emautō hōs teleiōsai ton dromon mou
But I hold not my life of any account as dear unto myself, so that I may accomplish my course,

καὶ τὴν διακονίαν ἣν ἔλαβον παρὰ τοῦ κυρίου Ἰησοῦ, διαμαρτύρασθαι τὸ εὐαγγέλιον τῆς χάριτος τοῦ θεοῦ
kai tēn diakonian hēn elabon para tou kyriou Iēsou, diamartyrasthai to euangelion tēs charitos tou theou
and the ministry which I received from the Lord Jesus, to testify the gospel of the grace of God.

Καὶ νῦν ἰδοὺ ἐγὼ οἶδα ὅτι οὐκέτι ὄψεσθε τὸ πρόσωπόν μου ὑμεῖς πάντες ἐν οἷς διῆλθον κηρύσσων τὴν βασιλείαν
Kai nyn idou egō oida hoti ouketi opsesthe to prosōpon mou hymeis pantes en hois diēlthon kēryssōn tēn basileian
And now, behold, I know that ye all, among whom I went about preaching the kingdom, shall see my face no more.

διότι μαρτύρομαι ὑμῖν ἐν τῇ σήμερον ἡμέρᾳ ὅτι καθαρός εἰμι ἀπὸ τοῦ αἵματος πάντων
dioti martyromai hymin en tē sēmeron hēmera hoti katharos eimi apo tou haimatos pantōn
Wherefore I testify unto you this day, that I am pure from the blood of all men.

οὐ γὰρ ὑπεστειλάμην τοῦ μὴ ἀναγγεῖλαι πᾶσαν τὴν βουλὴν τοῦ θεοῦ ὑμῖν
ou gar hypesteilamēn tou mē anangeilai pasan tēn boulēn tou theou hymin
For I shrank not from declaring unto you the whole counsel of God.

προσέχετε ἑαυτοῖς καὶ παντὶ τῷ ποιμνίῳ, ἐν ᾧ ὑμᾶς τὸ πνεῦμα τὸ ἅγιον ἔθετο ἐπισκόπους
prosechete heautois kai panti tō poimniō, en hō hymas to pneuma to hagion etheto episkopous
Take heed unto yourselves, and to all the flock, in which the Holy Spirit hath made you bishops,

ποιμαίνειν τὴν ἐκκλησίαν τοῦ θεοῦ, ἣν περιεποιήσατο διὰ τοῦ αἵματος τοῦ ἰδίου
poimainein tēn ekklēsian tou theou, hēn periepoiēsato dia tou haimatos tou idiou
to feed the church of the Lord which he purchased with his own blood.

ἐγὼ οἶδα ὅτι εἰσελεύσονται μετὰ τὴν ἄφιξίν μου λύκοι βαρεῖς εἰς ὑμᾶς μὴ φειδόμενοι τοῦ ποιμνίου
egō oida hoti eiseleusontai meta tēn aphixin mou lykoi bareis eis hymas mē pheidomenoi tou poimniou
I know that after my departing grievous wolves shall enter in among you, not sparing the flock;

καὶ ἐξ ὑμῶν αὐτῶν ἀναστήσονται ἄνδρες λαλοῦντες διεστραμμένα τοῦ ἀποσπᾶν τοὺς μαθητὰς ὀπίσω αὐτῶν
kai ex hymōn autōn anastēsontai andres lalountes diestrammena tou apospan tous mathētas opisō autōn
and from among your own selves shall men arise, speaking perverse things, to draw away the disciples after them.

διὸ γρηγορεῖτε
dio grēgoreite
Wherefore watch ye,

μνημονεύοντες ὅτι τριετίαν νύκτα καὶ ἡμέραν οὐκ ἐπαυσάμην μετὰ δακρύων νουθετῶν ἕνα ἕκαστον
mnēmoneuontes hoti trietian nykta kai hēmeran ouk epausamēn meta dakryōn nouthetōn hena hekaston
remembering that by the space of three years I ceased not to admonish every one night and day with tears.

καὶ τὰ νῦν παρατίθεμαι ὑμᾶς τῷ θεῷ καὶ τῷ λόγῳ τῆς χάριτος αὐτοῦ τῷ δυναμένῳ οἰκοδομῆσαι
kai ta nyn paratithemai hymas tō theō kai tō logō tēs charitos autou tō dynamenō oikodomēsai
And now I commend you to God, and to the word of his grace, which is able to build you up,

καὶ δοῦναι τὴν κληρονομίαν ἐν τοῖς ἡγιασμένοις πᾶσιν
kai dounai tēn klēronomian en tois hēgiasmenois pasin
and to give you the inheritance among all them that are sanctified.

ἀργυρίου ἢ χρυσίου ἢ ἱματισμοῦ οὐδενὸς ἐπεθύμησα
argyriou ē chrysiou ē himatismou oudenos epethymēsa
I coveted no man's silver, or gold, or apparel.

αὐτοὶ γινώσκετε ὅτι ταῖς χρείαις μου καὶ τοῖς οὖσιν μετ' ἐμοῦ ὑπηρέτησαν αἱ χεῖρες αὗται
autoi ginōskete hoti tais chreiais mou kai tois ousin met' emou hypēretēsan hai cheires hautai
Ye yourselves know that these hands ministered unto my necessities, and to them that were with me.

πάντα ὑπέδειξα ὑμῖν ὅτι οὕτως κοπιῶντας δεῖ ἀντιλαμβάνεσθαι τῶν ἀσθενούντων
panta hypedeixa hymin hoti houtōs kopiōntas dei antilambanesthai tōn asthenountōn
In all things I gave you an example, that so laboring ye ought to help the weak,

μνημονεύειν τε τῶν λόγων τοῦ κυρίου Ἰησοῦ ὅτι αὐτὸς εἶπεν, Μακάριόν ἐστιν μᾶλλον διδόναι ἢ λαμβάνειν
mnēmoneuein te tōn logōn tou kyriou Iēsou hoti autos eipen, Makarion estin mallon didonai ē lambanein
and to remember the words of the Lord Jesus, that he himself said, It is more blessed to give than to receive.

Καὶ ταῦτα εἰπὼν θεὶς τὰ γόνατα αὐτοῦ σὺν πᾶσιν αὐτοῖς προσηύξατο
Kai tauta eipōn theis ta gonata autou syn pasin autois prosēuxato
And when he had thus spoken, he kneeled down and prayed with them all.

ἱκανὸς δὲ κλαυθμὸς ἐγένετο πάντων, καὶ ἐπιπεσόντες ἐπὶ τὸν τράχηλον τοῦ Παύλου κατεφίλουν αὐτόν
hikanos de klauthmos egeneto pantōn, kai epipesontes epi ton trachēlon tou Paulou katephiloun auton
And they all wept sore, and fell on Paul's neck and kissed him,

ὀδυνώμενοι μάλιστα ἐπὶ τῷ λόγῳ ᾧ εἰρήκει ὅτι οὐκέτι μέλλουσιν τὸ πρόσωπον αὐτοῦ θεωρεῖν
odynōmenoi malista epi tō logō hō eirēkei hoti ouketi mellousin to prosōpon autou theōrein
sorrowing most of all for the word which he had spoken, that they should behold his face no more.

προέπεμπον δὲ αὐτὸν εἰς τὸ πλοῖον
proepempon de auton eis to ploion
And they brought him on his way unto the ship.

κα

Ὡς δὲ ἐγένετο ἀναχθῆναι ἡμᾶς ἀποσπασθέντας ἀπ' αὐτῶν, εὐθυδρομήσαντες ἤλθομεν εἰς τὴν Κῶ
Hōs de egeneto anachthēnai hēmas apospasthentas ap' autōn, euthydromēsantes ēlthomen eis tēn Kō
And when it came to pass that we were parted from them and had set sail, we came with a straight course unto Cos,

τῇ δὲ ἑξῆς εἰς τὴν Ῥόδον, κἀκεῖθεν εἰς Πάταρα
tē de hexēs eis tēn Rhodon, kakeithen eis Patara
and the next day unto Rhodes, and from thence unto Patara:

καὶ εὑρόντες πλοῖον διαπερῶν εἰς Φοινίκην ἐπιβάντες ἀνήχθημεν
kai heurontes ploion diaperōn eis Phoinikēn epibantes anēchthēmen
and having found a ship crossing over unto Phoenicia, we went aboard, and set sail.

ἀναφάναντες δὲ τὴν Κύπρον καὶ καταλιπόντες αὐτὴν εὐώνυμον ἐπλέομεν εἰς Συρίαν
anaphanantes de tēn Kypron kai katalipontes autēn euōnymon epleomen eis Syrian
And when we had come in sight of Cyprus, leaving it on the left hand, we sailed unto Syria,

καὶ κατήλθομεν εἰς Τύρον, ἐκεῖσε γὰρ τὸ πλοῖον ἦν ἀποφορτιζόμενον τὸν γόμον
kai katēlthomen eis Tyron, ekeise gar to ploion ēn apophortizomenon ton gomon
and landed at Tyre; for there the ship was to unlade her burden.

ἀνευρόντες δὲ τοὺς μαθητὰς ἐπεμείναμεν αὐτοῦ ἡμέρας ἑπτά
aneurontes de tous mathētas epemeinamen autou hēmeras hepta
And having found the disciples, we tarried there seven days:

οἵτινες τῷ Παύλῳ ἔλεγον διὰ τοῦ πνεύματος μὴ ἐπιβαίνειν εἰς Ἱεροσόλυμα
hoitines tō Paulō elegon dia tou pneumatos mē epibainein eis Hierosolyma
and these said to Paul through the Spirit, that he should not set foot in Jerusalem.

ὅτε δὲ ἐγένετο ἡμᾶς ἐξαρτίσαι τὰς ἡμέρας, ἐξελθόντες ἐπορευόμεθα
hote de egeneto hēmas exartisai tas hēmeras, exelthontes eporeuometha
And when it came to pass that we had accomplished the days, we departed and went on our journey;

προπεμπόντων ἡμᾶς πάντων σὺν γυναιξὶ καὶ τέκνοις ἕως ἔξω τῆς πόλεως
propempontōn hēmas pantōn syn gynaixi kai teknois heōs exō tēs poleōs
and they all, with wives and children, brought us on our way till we were out of the city:

καὶ θέντες τὰ γόνατα ἐπὶ τὸν αἰγιαλὸν προσευξάμενοι
kai thentes ta gonata epi ton aigialon proseuxamenoi
and kneeling down on the beach, we prayed, and bade each other farewell;

ἀπησπασάμεθα ἀλλήλους, καὶ ἀνέβημεν εἰς τὸ πλοῖον, ἐκεῖνοι δὲ ὑπέστρεψαν εἰς τὰ ἴδια
apēspasametha allēlous, kai anebēmen eis to ploion, ekeinoi de hypestrepsan eis ta idia
and we went on board the ship, but they returned home again.

Ἡμεῖς δὲ τὸν πλοῦν διανύσαντες ἀπὸ Τύρου κατηντήσαμεν εἰς Πτολεμαΐδα
Hēmeis de ton ploun dianysantes apo Tyrou katēntēsamen eis Ptolemaida
And when we had finished the voyage from Tyre, we arrived at Ptolemais;

καὶ ἀσπασάμενοι τοὺς ἀδελφοὺς ἐμείναμεν ἡμέραν μίαν παρ' αὐτοῖς
kai aspasamenoi tous adelphous emeinamen hēmeran mian par' autois
and we saluted the brethren, and abode with them one day.

τῇ δὲ ἐπαύριον ἐξελθόντες ἤλθομεν εἰς Καισάρειαν
tē de epaurion exelthontes ēlthomen eis Kaisareian
And on the morrow we departed, and came unto Cæsarea:

καὶ εἰσελθόντες εἰς τὸν οἶκον Φιλίππου τοῦ εὐαγγελιστοῦ ὄντος ἐκ τῶν ἑπτὰ ἐμείναμεν παρ' αὐτῷ
kai eiselthontes eis ton oikon Philippou tou euangelistou ontos ek tōn hepta emeinamen par' autō
and entering into the house of Philip the evangelist, who was one of the seven, we abode with him.

τούτῳ δὲ ἦσαν θυγατέρες τέσσαρες παρθένοι προφητεύουσαι
toutō de ēsan thygateres tessares parthenoi prophēteuousai
Now this man had four virgin daughters, who prophesied.

ἐπιμενόντων δὲ ἡμέρας πλείους κατῆλθέν τις ἀπὸ τῆς Ἰουδαίας προφήτης ὀνόματι Αγαβος
epimenontōn de hēmeras pleious katēlthen tis apo tēs Ioudaias prophētēs onomati Agabos
And as we tarried there some days, there came down from Judæa a certain prophet, named Agabus.

καὶ ἐλθὼν πρὸς ἡμᾶς καὶ ἄρας τὴν ζώνην τοῦ Παύλου δήσας ἑαυτοῦ τοὺς πόδας καὶ τὰς χεῖρας εἶπεν
kai elthōn pros hēmas kai aras tēn zōnēn tou Paulou dēsas heautou tous podas kai tas cheiras eipen,
And coming to us, and taking Paul's girdle, he bound his own feet and hands, and said,

Τάδε λέγει τὸ πνεῦμα τὸ ἅγιον
Tade legei to pneuma to hagion,
Thus saith the Holy Spirit,

Τὸν ἄνδρα οὗ ἐστιν ἡ ζώνη αὕτη οὕτως δήσουσιν ἐν Ἰερουσαλὴμ οἱ Ἰουδαῖοι καὶ παραδώσουσιν εἰς χεῖρας ἐθνῶν
Ton andra hou estin hē zōnē hautē houtōs dēsousin en Ierousalēm hoi Ioudaioi kai paradōsousin eis cheiras ethnōn
So shall the Jews at Jerusalem bind the man that owneth this girdle, and shall deliver him into the hands of the Gentiles.

ὡς δὲ ἠκούσαμεν ταῦτα, παρεκαλοῦμεν ἡμεῖς τε καὶ οἱ ἐντόπιοι τοῦ μὴ ἀναβαίνειν αὐτὸν εἰς Ἰερουσαλήμ
hōs de ēkousamen tauta, parekaloumen hēmeis te kai hoi entopioi tou mē anabainein auton eis Ierousalēm
And when we heard these things, both we and they of that place besought him not to go up to Jerusalem.

τότε ἀπεκρίθη ὁ Παῦλος, Τί ποιεῖτε κλαίοντες καὶ συνθρύπτοντές μου τὴν καρδίαν
tote apekrithē ho Paulos, Ti poieite klaiontes kai synthryptontes mou tēn kardian
Then Paul answered, What do ye, weeping and breaking my heart?

ἐγὼ γὰρ οὐ μόνον δεθῆναι ἀλλὰ καὶ ἀποθανεῖν εἰς Ἰερουσαλὴμ ἑτοίμως ἔχω ὑπὲρ τοῦ ὀνόματος τοῦ κυρίου Ἰησοῦ
egō gar ou monon dethēnai alla kai apothanein eis Ierousalēm hetoimōs echō hyper tou onomatos tou kyriou Iēsou
for I am ready not to be bound only, but also to die at Jerusalem for the name of the Lord Jesus.

μὴ πειθομένου δὲ αὐτοῦ ἡσυχάσαμεν εἰπόντες, Τοῦ κυρίου τὸ θέλημα γινέσθω
mē peithomenou de autou hēsychasamen eipontes, Tou kyriou to thelēma ginesthō
And when he would not be persuaded, we ceased, saying, The will of the Lord be done.

Μετὰ δὲ τὰς ἡμέρας ταύτας ἐπισκευασάμενοι ἀνεβαίνομεν εἰς Ἱεροσόλυμα
Meta de tas hēmeras tautas episkeuasamenoi anebainomen eis Hierosolyma
And after these days we took up our baggage and went up to Jerusalem.

συνῆλθον δὲ καὶ τῶν μαθητῶν ἀπὸ Καισαρείας σὺν ἡμῖν
synēlthon de kai tōn mathētōn apo Kaisareias syn hēmin
And there went with us also certain of the disciples from Cæsarea,

ἄγοντες παρ' ᾧ ξενισθῶμεν Μνάσωνί τινι Κυπρίῳ, ἀρχαίῳ μαθητῇ
agontes par' hō xenisthōmen Mnasōni tini Kypriō, archaiō mathētē
bringing with them one Mnason of Cyprus, an early disciple, with whom we should lodge.

Γενομένων δὲ ἡμῶν εἰς Ἱεροσόλυμα ἀσμένως ἀπεδέξαντο ἡμᾶς οἱ ἀδελφοί
Genomenōn de hēmōn eis Hierosolyma asmenōs apedexanto hēmas hoi adelphoi
And when we were come to Jerusalem, the brethren received us gladly.

τῇ δὲ ἐπιούσῃ εἰσῄει ὁ Παῦλος σὺν ἡμῖν πρὸς Ἰάκωβον, πάντες τε παρεγένοντο οἱ πρεσβύτεροι
tē de epiousē eisēei ho Paulos syn hēmin pros Iakōbon, pantes te paregenonto hoi presbyteroi
And the day following Paul went in with us unto James; and all the elders were present.

καὶ ἀσπασάμενος αὐτοὺς
kai aspasamenos autous
And when he had saluted them,

ἐξηγεῖτο καθ' ἓν ἕκαστον ὧν ἐποίησεν ὁ θεὸς ἐν τοῖς ἔθνεσιν διὰ τῆς διακονίας αὐτοῦ
exēgeito kath' hen hekaston hōn epoiēsen ho theos en tois ethnesin dia tēs diakonias autou
he rehearsed one by one the things which God had wrought among the Gentiles through his ministry.

οἱ δὲ ἀκούσαντες ἐδόξαζον τὸν θεόν, εἶπόν τε αὐτῷ, Θεωρεῖς, ἀδελφέ
hoi de akousantes edoxazon ton theon, eipon te autō, Theōreis, adelphe,
And they, when they heard it, glorified God; and they said unto him, Thou seest, brother,

πόσαι μυριάδες εἰσὶν ἐν τοῖς Ἰουδαίοις τῶν πεπιστευκότων, καὶ πάντες ζηλωταὶ τοῦ νόμου ὑπάρχουσιν
posai myriades eisin en tois Ioudaiois tōn pepisteukotōn, kai pantes zēlōtai tou nomou hyparchousin
how many thousands there are among the Jews of them that have believed; and they are all zealous for the law:

κατηχήθησαν δὲ περὶ σοῦ
katēchēthēsan de peri sou
and they have been informed concerning thee,

ὅτι ἀποστασίαν διδάσκεις ἀπὸ Μωϋσέως τοὺς κατὰ τὰ ἔθνη πάντας Ἰουδαίους
hoti apostasian didaskeis apo Mōuseōs tous kata ta ethnē pantas Ioudaious
that thou teachest all the Jews who are among the Gentiles to forsake Moses,

λέγων μὴ περιτέμνειν αὐτοὺς τὰ τέκνα μηδὲ τοῖς ἔθεσιν περιπατεῖν
legōn mē peritemnein autous ta tekna mēde tois ethesin peripatein
telling them not to circumcise their children, neither to walk after the customs.

τί οὖν ἐστιν; πάντως ἀκούσονται ὅτι ἐλήλυθας
ti oun estin? pantōs akousontai hoti elēlythas
What is it therefore? they will certainly hear that thou art come.

τοῦτο οὖν ποίησον ὅ σοι λέγομεν: εἰσὶν ἡμῖν ἄνδρες τέσσαρες εὐχὴν ἔχοντες ἐφ' ἑαυτῶν
touto oun poiēson ho soi legomen: eisin hēmin andres tessares euchēn echontes eph' heautōn
Do therefore this that we say to thee: We have four men that have a vow on them;

τούτους παραλαβὼν ἁγνίσθητι σὺν αὐτοῖς καὶ δαπάνησον ἐπ' αὐτοῖς ἵνα ξυρήσονται τὴν κεφαλήν
toutous paralabōn hagnisthēti syn autois kai dapanēson ep' autois hina xyrēsontai tēn kephalēn
these take, and purify thyself with them, and be at charges for them, that they may shave their heads:

καὶ γνώσονται πάντες ὅτι ὧν κατήχηνται περὶ σοῦ οὐδέν ἐστιν
kai gnōsontai pantes hoti hōn katēchēntai peri sou ouden estin
and all shall know that there is no truth in the things whereof they have been informed concerning thee;

ἀλλὰ στοιχεῖς καὶ αὐτὸς φυλάσσων τὸν νόμον
alla stoicheis kai autos phylassōn ton nomon
but that thou thyself also walkest orderly, keeping the law.

περὶ δὲ τῶν πεπιστευκότων ἐθνῶν ἡμεῖς ἐπεστείλαμεν
peri de tōn pepisteukotōn ethnōn hēmeis epesteilamen
But as touching the Gentiles that have believed, we wrote,

κρίναντες φυλάσσεσθαι αὐτοὺς τό τε εἰδωλόθυτον
krinantes phylassesthai autous to te eidōlothyton
giving judgment that they should keep themselves from things sacrificed to idols,

καὶ αἷμα καὶ πνικτὸν καὶ πορνείαν
kai haima kai pnikton kai porneian
and from blood, and from what is strangled, and from fornication.

τότε ὁ Παῦλος παραλαβὼν τοὺς ἄνδρας, τῇ ἐχομένῃ ἡμέρᾳ σὺν αὐτοῖς ἁγνισθεὶς εἰσῄει εἰς τὸ ἱερόν
tote ho Paulos paralabōn tous andras, tē echomenē hēmera syn autois hagnistheis eisēei eis to hieron
Then Paul took the men, and the next day purifying himself with them went into the temple,

διαγγέλλων τὴν ἐκπλήρωσιν τῶν ἡμερῶν τοῦ ἁγνισμοῦ
diangellōn tēn ekplērōsin tōn hēmerōn tou hagnismou
declaring the fulfilment of the days of purification,

ἕως οὗ προσηνέχθη ὑπὲρ ἑνὸς ἑκάστου αὐτῶν ἡ προσφορά
heōs hou prosēnechthē hyper henos hekastou autōn hē prosphora
until the offering was offered for every one of them.

Ὡς δὲ ἔμελλον αἱ ἑπτὰ ἡμέραι συντελεῖσθαι
Hōs de emellon hai hepta hēmerai synteleisthai
And when the seven days were almost completed,

οἱ ἀπὸ τῆς Ἀσίας Ἰουδαῖοι θεασάμενοι αὐτὸν ἐν τῷ ἱερῷ συνέχεον πάντα τὸν ὄχλον καὶ ἐπέβαλον ἐπ' αὐτὸν τὰς χεῖρας
hoi apo tēs Asias Ioudaioi theasamenoi auton en tō hierō synecheon panta ton ochlon kai epebalon ep' auton tas cheiras
the Jews from Asia, when they saw him in the temple, stirred up all the multitude and laid hands on him,

κράζοντες, Ἄνδρες Ἰσραηλῖται, βοηθεῖτε
krazontes, Andres Israēlitai, boētheite
crying out, Men of Israel, help:

οὗτός ἐστιν ὁ ἄνθρωπος ὁ κατὰ τοῦ λαοῦ καὶ τοῦ νόμου καὶ τοῦ τόπου τούτου πάντας πανταχῇ διδάσκων
houtos estin ho anthrōpos ho kata tou laou kai tou nomou kai tou topou toutou pantas pantachē didaskōn
This is the man that teacheth all men everywhere against the people, and the law, and this place;

ἔτι τε καὶ Ἕλληνας εἰσήγαγεν εἰς τὸ ἱερὸν καὶ κεκοίνωκεν τὸν ἅγιον τόπον τοῦτον
eti te kai Ellēnas eisēgagen eis to hieron kai kekoinōken ton hagion topon touton
and moreover he brought Greeks also into the temple, and hath defiled this holy place.

ἦσαν γὰρ προεωρακότες Τρόφιμον τὸν Ἐφέσιον ἐν τῇ πόλει σὺν αὐτῷ
ēsan gar proeōrakotes Trophimon ton Ephesion en tē polei syn autō
For they had before seen with him in the city Trophimus the Ephesian,

ὃν ἐνόμιζον ὅτι εἰς τὸ ἱερὸν εἰσήγαγεν ὁ Παῦλος
hon enomizon hoti eis to hieron eisēgagen ho Paulos
whom they supposed that Paul had brought into the temple.

ἐκινήθη τε ἡ πόλις ὅλη καὶ ἐγένετο συνδρομὴ τοῦ λαοῦ
ekinēthē te hē polis holē kai egeneto syndromē tou laou
And all the city was moved, and the people ran together;

καὶ ἐπιλαβόμενοι τοῦ Παύλου εἷλκον αὐτὸν ἔξω τοῦ ἱεροῦ, καὶ εὐθέως ἐκλείσθησαν αἱ θύραι
kai epilabomenoi tou Paulou heilkon auton exō tou hierou, kai eutheōs ekleisthēsan hai thyrai
and they laid hold on Paul, and dragged him out of the temple: and straightway the doors were shut.

ζητούντων τε αὐτὸν ἀποκτεῖναι
zētountōn te auton apokteinai
And as they were seeking to kill him,

ἀνέβη φάσις τῷ χιλιάρχῳ τῆς σπείρης ὅτι ὅλη συγχύννεται Ἰερουσαλήμ
anebē phasis tō chiliarchō tēs speirēs hoti holē synchynnetai Ierousalēm
tidings came up to the chief captain of the band, that all Jerusalem was in confusion.

ὃς ἐξαυτῆς παραλαβὼν στρατιώτας καὶ ἑκατοντάρχας κατέδραμεν ἐπ' αὐτούς
hos exautēs paralabōn stratiōtas kai hekatontarchas katedramen ep' autous
And forthwith he took soldiers and centurions, and ran down upon them:

οἱ δὲ ἰδόντες τὸν χιλίαρχον καὶ τοὺς στρατιώτας ἐπαύσαντο τύπτοντες τὸν Παῦλον
hoi de idontes ton chiliarchon kai tous stratiōtas epausanto typtontes ton Paulon
and they, when they saw the chief captain and the soldiers, left off beating Paul.

τότε ἐγγίσας ὁ χιλίαρχος ἐπελάβετο αὐτοῦ καὶ ἐκέλευσεν δεθῆναι ἁλύσεσι δυσί
tote engisas ho chiliarchos epelabeto autou kai ekeleusen dethēnai halysesi dysi
Then the chief captain came near, and laid hold on him, and commanded him to be bound with two chains;

καὶ ἐπυνθάνετο τίς εἴη καὶ τί ἐστιν πεποιηκώς
kai epynthaneto tis eiē kai ti estin pepoiēkōs
and inquired who he was, and what he had done.

ἄλλοι δὲ ἄλλο τι ἐπεφώνουν ἐν τῷ ὄχλῳ
alloi de allo ti epephōnoun en tō ochlō
And some shouted one thing, some another, among the crowd:

μὴ δυναμένου δὲ αὐτοῦ γνῶναι τὸ ἀσφαλὲς διὰ τὸν θόρυβον ἐκέλευσεν ἄγεσθαι αὐτὸν εἰς τὴν παρεμβολήν
mē dynamenou de autou gnōnai to asphales dia ton thorybon ekeleusen agesthai auton eis tēn parembolēn
and when he could not know the certainty for the uproar, he commanded him to be brought into the castle.

ὅτε δὲ ἐγένετο ἐπὶ τοὺς ἀναβαθμούς, συνέβη βαστάζεσθαι αὐτὸν ὑπὸ τῶν στρατιωτῶν διὰ τὴν βίαν τοῦ ὄχλου
hote de egeneto epi tous anabathmous, synebē bastazesthai auton hypo tōn stratiōtōn dia tēn bian tou ochlou
And when he came upon the stairs, so it was that he was borne of the soldiers for the violence of the crowd;

ἠκολούθει γὰρ τὸ πλῆθος τοῦ λαοῦ κράζοντες, Αἶρε αὐτόν
ēkolouthei gar to plēthos tou laou krazontes, Aire auton
for the multitude of the people followed after, crying out, Away with him.

Μέλλων τε εἰσάγεσθαι εἰς τὴν παρεμβολὴν ὁ Παῦλος λέγει τῷ χιλιάρχῳ
Mellōn te eisagesthai eis tēn parembolēn ho Paulos legei tō chiliarchō
And as Paul was about to be brought into the castle, he saith unto the chief captain,

Εἰ ἔξεστίν μοι εἰπεῖν τι πρὸς σέ; ὁ δὲ ἔφη, Ἑλληνιστὶ γινώσκεις
Ei exestin moi eipein ti pros se? ho de ephē, Hellēnisti ginōskeis
May I say something unto thee? And he said, Dost thou know Greek?

οὐκ ἄρα σὺ εἶ ὁ Αἰγύπτιος ὁ πρὸ τούτων τῶν ἡμερῶν ἀναστατώσας
ouk ara sy ei ho Aigyptios ho pro toutōn tōn hēmerōn anastatōsas
Art thou not then the Egyptian, who before these days stirred up to sedition

καὶ ἐξαγαγὼν εἰς τὴν ἔρημον τοὺς τετρακισχιλίους ἄνδρας τῶν σικαρίων
kai exagagōn eis tēn erēmon tous tetrakischilious andras tōn sikariōn
and led out into the wilderness the four thousand men of the Assassins?

εἶπεν δὲ ὁ Παῦλος, Ἐγὼ ἄνθρωπος μέν εἰμι Ἰουδαῖος, Ταρσεὺς τῆς Κιλικίας, οὐκ ἀσήμου πόλεως πολίτης
eipen de ho Paulos, Egō anthrōpos men eimi Ioudaios, Tarseus tēs Kilikias, ouk asēmou poleōs politēs
But Paul said, I am a Jew, of Tarsus in Cilicia, a citizen of no mean city:

δέομαι δέ σου, ἐπίτρεψόν μοι λαλῆσαι πρὸς τὸν λαόν
deomai de sou, epitrepson moi lalēsai pros ton laon
and I beseech thee, give me leave to speak unto the people.

ἐπιτρέψαντος δὲ αὐτοῦ ὁ Παῦλος ἑστὼς ἐπὶ τῶν ἀναβαθμῶν κατέσεισεν τῇ χειρὶ τῷ λαῷ
epitrepsantos de autou ho Paulos hestōs epi tōn anabathmōn kateseisen tē cheiri tō laō:
And when he had given him leave, Paul, standing on the stairs, beckoned with the hand unto the people;

πολλῆς δὲ σιγῆς γενομένης προσεφώνησεν τῇ Ἑβραΐδι διαλέκτῳ λέγων
pollēs de sigēs genomenēs prosephōnēsen tē Hebraidi dialektō legōn
and when there was made a great silence, he spake unto them in the Hebrew language, saying,

κβ

Ἄνδρες ἀδελφοὶ καὶ πατέρες, ἀκούσατέ μου τῆς πρὸς ὑμᾶς νυνὶ ἀπολογίας
Andres adelphoi kai pateres, akousate mou tēs pros hymas nyni apologias
Brethren and fathers, hear ye the defence which I now make unto you.

ἀκούσαντες δὲ ὅτι τῇ Ἑβραΐδι διαλέκτῳ προσεφώνει αὐτοῖς μᾶλλον παρέσχον ἡσυχίαν. καὶ φησίν
akousantes de hoti tē Hebraidi dialektō prosephōnei autois mallon pareschon hēsychian. kai phēsin
And when they heard that he spake unto them in the Hebrew language, they were the more quiet: and he saith,

Ἐγώ εἰμι ἀνὴρ Ἰουδαῖος, γεγεννημένος ἐν Ταρσῷ τῆς Κιλικίας, ἀνατεθραμμένος δὲ ἐν τῇ πόλει ταύτῃ
Egō eimi anēr Ioudaios, gegennēmenos en Tarsō tēs Kilikias, anatethrammenos de en tē polei tautē
I am a Jew, born in Tarsus of Cilicia, but brought up in this city,

παρὰ τοὺς πόδας Γαμαλιὴλ πεπαιδευμένος κατὰ ἀκρίβειαν τοῦ πατρῴου νόμου
para tous podas Gamaliēl pepaideumenos kata akribeian tou patrōou nomou
at the feet of Gamaliel, instructed according to the strict manner of the law of our fathers,

ζηλωτὴς ὑπάρχων τοῦ θεοῦ καθὼς πάντες ὑμεῖς ἐστε σήμερον
zēlōtēs hyparchōn tou theou kathōs pantes hymeis este sēmeron
being zealous for God, even as ye all are this day:

ὃς ταύτην τὴν ὁδὸν ἐδίωξα ἄχρι θανάτου, δεσμεύων καὶ παραδιδοὺς εἰς φυλακὰς ἄνδρας τε καὶ γυναῖκας
hos tautēn tēn hodon ediōxa achri thanatou, desmeuōn kai paradidous eis phylakas andras te kai gynaikas
and I persecuted this Way unto the death, binding and delivering into prisons both men and women.

ὡς καὶ ὁ ἀρχιερεὺς μαρτυρεῖ μοι καὶ πᾶν τὸ πρεσβυτέριον
hōs kai ho archiereus martyrei moi kai pan to presbyterion
As also the high priest doth bear me witness, and all the estate of the elders:

παρ' ὧν καὶ ἐπιστολὰς δεξάμενος πρὸς τοὺς ἀδελφοὺς εἰς Δαμασκὸν ἐπορευόμην ἄξων καὶ τοὺς ἐκεῖσε ὄντας
par' hōn kai epistolas dexamenos pros tous adelphous eis Damaskon eporeuomēn axōn kai tous ekeise ontas
from whom also I received letters unto the brethren, and journeyed to Damascus to bring them also that were there

δεδεμένους εἰς Ἰερουσαλὴμ ἵνα τιμωρηθῶσιν
dedemenous eis Ierousalēm hina timōrēthōsin
unto Jerusalem in bonds to be punished.

Ἐγένετο δέ μοι πορευομένῳ καὶ ἐγγίζοντι τῇ Δαμασκῷ
Egeneto de moi poreuomenō kai engizonti tē Damaskō
And it came to pass, that, as I made my journey, and drew nigh unto Damascus,

περὶ μεσημβρίαν ἐξαίφνης ἐκ τοῦ οὐρανοῦ περιαστράψαι φῶς ἱκανὸν περὶ ἐμέ
peri mesēmbrian exaiphnēs ek tou ouranou periastrapsai phōs hikanon peri eme
about noon, suddenly there shone from heaven a great light round about me.

ἔπεσά τε εἰς τὸ ἔδαφος καὶ ἤκουσα φωνῆς λεγούσης μοι, Σαοὺλ Σαούλ, τί με διώκεις
epesa te eis to edaphos kai ēkousa phōnēs legousēs moi, Saoul Saoul, ti me diōkeis
And I fell unto the ground, and heard a voice saying unto me, Saul, Saul, why persecutest thou me?

ἐγὼ δὲ ἀπεκρίθην, Τίς εἶ, κύριε; εἶπέν τε πρός με, Ἐγώ εἰμι Ἰησοῦς ὁ Ναζωραῖος ὃν σὺ διώκεις
egō de apekrithēn, Tis ei, kyrie? eipen te pros me, Egō eimi Iēsous ho Nazōraios hon sy diōkeis
And I answered, Who art thou, Lord? And he said unto me, I am Jesus of Nazareth, whom thou persecutest.

οἱ δὲ σὺν ἐμοὶ ὄντες τὸ μὲν φῶς ἐθεάσαντο τὴν δὲ φωνὴν οὐκ ἤκουσαν τοῦ λαλοῦντός μοι
hoi de syn emoi ontes to men phōs etheasanto tēn de phōnēn ouk ēkousan tou lalountos moi
And they that were with me beheld indeed the light, but they heard not the voice of him that spake to me.

εἶπον δέ, Τί ποιήσω, κύριε; ὁ δὲ κύριος εἶπεν πρός με, Ἀναστὰς πορεύου εἰς Δαμασκόν
eipon de, Ti poiēsō, kyrie? ho de kyrios eipen pros me, Anastas poreuou eis Damaskon
And I said, What shall I do, Lord? And the Lord said unto me, Arise, and go into Damascus;

κἀκεῖ σοι λαληθήσεται περὶ πάντων ὧν τέτακταί σοι ποιῆσαι
kakei soi lalēthēsetai peri pantōn hōn tetaktai soi poiēsai
and there it shall be told thee of all things which are appointed for thee to do.

ὡς δὲ οὐκ ἐνέβλεπον ἀπὸ τῆς δόξης τοῦ φωτὸς ἐκείνου
hōs de ouk eneblepon apo tēs doxēs tou phōtos ekeinou
And when I could not see for the glory of that light,

χειραγωγούμενος ὑπὸ τῶν συνόντων μοι ἦλθον εἰς Δαμασκόν
cheiragōgoumenos hypo tōn synontōn moi ēlthon eis Damaskon
being led by the hand of them that were with me I came into Damascus.

Ἀνανίας δέ τις, ἀνὴρ εὐλαβὴς κατὰ τὸν νόμον, μαρτυρούμενος ὑπὸ πάντων τῶν κατοικούντων Ἰουδαίων
Hananias de tis, anēr eulabēs kata ton nomon, martyroumenos hypo pantōn tōn katoikountōn Ioudaiōn
And one Ananias, a devout man according to the law, well reported of by all the Jews that dwelt there,

ἐλθὼν πρός με καὶ ἐπιστὰς εἶπέν μοι, Σαοὺλ ἀδελφέ, ἀνάβλεψον
elthōn pros me kai epistas eipen moi, Saoul adelphe, anablepson
came unto me, and standing by me said unto me, Brother Saul, receive thy sight.

κἀγὼ αὐτῇ τῇ ὥρᾳ ἀνέβλεψα εἰς αὐτόν
kagō autē tē hōra aneblepsa eis auton
And in that very hour I looked up on him.

ὁ δὲ εἶπεν, Ὁ θεὸς τῶν πατέρων ἡμῶν προεχειρίσατό σε γνῶναι τὸ θέλημα αὐτοῦ
ho de eipen, HO theos tōn paterōn hēmōn proecheirisato se gnōnai to thelēma autou
And he said, The God of our fathers hath appointed thee to know his will,

καὶ ἰδεῖν τὸν δίκαιον καὶ ἀκοῦσαι φωνὴν ἐκ τοῦ στόματος αὐτοῦ
kai idein ton dikaion kai akousai phōnēn ek tou stomatos autou
and to see the Righteous One, and to hear a voice from his mouth.

ὅτι ἔσῃ μάρτυς αὐτῷ πρὸς πάντας ἀνθρώπους ὧν ἑώρακας καὶ ἤκουσας
hoti esē martys autō pros pantas anthrōpous hōn heōrakas kai ēkousas
For thou shalt be a witness for him unto all men of what thou hast seen and heard.

καὶ νῦν τί μέλλεις; ἀναστὰς βάπτισαι καὶ ἀπόλουσαι τὰς ἁμαρτίας σου ἐπικαλεσάμενος τὸ ὄνομα αὐτοῦ
kai nyn ti melleis? anastas baptisai kai apolousai tas hamartias sou epikalesamenos to onoma autou
And now why tarriest thou? arise, and be baptized, and wash away thy sins, calling on his name.

Ἐγένετο δέ μοι ὑποστρέψαντι εἰς Ἰερουσαλὴμ καὶ προσευχομένου μου ἐν τῷ ἱερῷ γενέσθαι με ἐν ἐκστάσει
Egeneto de moi hypostrepsanti eis Ierousalēm kai proseuchomenou mou en tō hierō genesthai me en ekstasei
And it came to pass, that, when I had returned to Jerusalem, and while I prayed in the temple, I fell into a trance,

καὶ ἰδεῖν αὐτὸν λέγοντά μοι, Σπεῦσον καὶ ἔξελθε ἐν τάχει ἐξ Ἰερουσαλήμ
kai idein auton legonta moi, Speuson kai exelthe en tachei ex Ierousalēm
and saw him saying unto me, Make haste, and get thee quickly out of Jerusalem;

116

διότι οὐ παραδέξονταί σου μαρτυρίαν περὶ ἐμοῦ
dioti ou paradexontai sou martyrian peri emou
because they will not receive of thee testimony concerning me.

κἀγὼ εἶπον, Κύριε, αὐτοὶ ἐπίστανται ὅτι ἐγὼ ἤμην φυλακίζων καὶ δέρων κατὰ τὰς συναγωγὰς τοὺς πιστεύοντας ἐπὶ σέ
kagō eipon, Kyrie, autoi epistantai hoti egō ēmēn phylakizōn kai derōn kata tas synagōgas tous pisteuontas epi se
And I said, Lord, they themselves know that I imprisoned and beat in every synagogue them that believed on thee:

καὶ ὅτε ἐξεχύννετο τὸ αἷμα Στεφάνου τοῦ μάρτυρός σου
kai hote exechynneto to haima Stephanou tou martyros sou
and when the blood of Stephen thy witness was shed,

καὶ αὐτὸς ἤμην ἐφεστὼς καὶ συνευδοκῶν καὶ φυλάσσων τὰ ἱμάτια τῶν ἀναιρούντων αὐτόν
kai autos ēmēn ephestōs kai syneudokōn kai phylassōn ta himatia tōn anairountōn auton
I also was standing by, and consenting, and keeping the garments of them that slew him.

καὶ εἶπεν πρός με, Πορεύου, ὅτι ἐγὼ εἰς ἔθνη μακρὰν ἐξαποστελῶ σε
kai eipen pros me, Poreuou, hoti egō eis ethnē makran exapostelō se
And he said unto me, Depart: for I will send thee forth far hence unto the Gentiles.

Ἤκουον δὲ αὐτοῦ ἄχρι τούτου τοῦ λόγου καὶ ἐπῆραν τὴν φωνὴν αὐτῶν λέγοντες
Ēkouon de autou achri toutou tou logou kai epēran tēn phōnēn autōn legontes
And they gave him audience unto this word; and they lifted up their voice, and said,

Αἶρε ἀπὸ τῆς γῆς τὸν τοιοῦτον, οὐ γὰρ καθῆκεν αὐτὸν ζῆν
Aire apo tēs gēs ton toiouton, ou gar kathēken auton zēn
Away with such a fellow from the earth: for it is not fit that he should live.

κραυγαζόντων τε αὐτῶν καὶ ῥιπτούντων τὰ ἱμάτια καὶ κονιορτὸν βαλλόντων εἰς τὸν ἀέρα
kraugazontōn te autōn kai rhiptountōn ta himatia kai koniorton ballontōn eis ton aera
And as they cried out, and threw off their garments, and cast dust into the air,

ἐκέλευσεν ὁ χιλίαρχος εἰσάγεσθαι αὐτὸν εἰς τὴν παρεμβολήν
ekeleusen ho chiliarchos eisagesthai auton eis tēn parembolēn
the chief captain commanded him to be brought into the castle,

εἴπας μάστιξιν ἀνετάζεσθαι αὐτὸν ἵνα ἐπιγνῶ δι' ἣν αἰτίαν οὕτως ἐπεφώνουν αὐτῷ
eipas mastixin anetazesthai auton hina epignō di' hēn aitian houtōs epephōnoun autō
bidding that he should be examined by scourging, that he might know for what cause they so shouted against him.

ὡς δὲ προέτειναν αὐτὸν τοῖς ἱμᾶσιν εἶπεν πρὸς τὸν ἑστῶτα ἑκατόνταρχον ὁ Παῦλος
hōs de proeteinan auton tois himasin eipen pros ton hestōta hekatontarchon ho Paulos
And when they had tied him up with the thongs, Paul said unto the centurion that stood by,

Εἰ ἄνθρωπον Ῥωμαῖον καὶ ἀκατάκριτον ἔξεστιν ὑμῖν μαστίζειν
Ei anthrōpon Rhōmaion kai akatakriton exestin hymin mastizein
Is it lawful for you to scourge a man that is a Roman, and uncondemned?

ἀκούσας δὲ ὁ ἑκατοντάρχης προσελθὼν τῷ χιλιάρχῳ ἀπήγγειλεν λέγων, Τί μέλλεις ποιεῖν
akousas de ho hekatontarchēs proselthōn tō chiliarchō apēngeilen legōn, Ti melleis poiein
And when the centurion heard it, he went to the chief captain and told him, saying, What art thou about to do?

ὁ γὰρ ἄνθρωπος οὗτος Ῥωμαῖός ἐστιν
ho gar anthrōpos houtos Rhōmaios estin
for this man is a Roman.

προσελθὼν δὲ ὁ χιλίαρχος εἶπεν αὐτῷ, Λέγε μοι, σὺ Ῥωμαῖος εἶ; ὁ δὲ ἔφη, Ναί
proselthōn de ho chiliarchos eipen autō, Lege moi, sy Rhōmaios ei? ho de ephē, Nai
And the chief captain came and said unto him, Tell me, art thou a Roman? And he said, Yea.

ἀπεκρίθη δὲ ὁ χιλίαρχος, Ἐγὼ πολλοῦ κεφαλαίου τὴν πολιτείαν ταύτην ἐκτησάμην
apekrithē de ho chiliarchos, Egō pollou kephalaiou tēn politeian tautēn ektēsamēn
And the chief captain answered, With a great sum obtained I this citizenship.

ὁ δὲ Παῦλος ἔφη, Ἐγὼ δὲ καὶ γεγέννημαι
ho de Paulos ephē, Egō de kai gegennēmai
And Paul said, But I am a Roman born.

εὐθέως οὖν ἀπέστησαν ἀπ' αὐτοῦ οἱ μέλλοντες αὐτὸν ἀνετάζειν
eutheōs oun apestēsan ap' autou hoi mellontes auton anetazein
They then that were about to examine him straightway departed from him:

καὶ ὁ χιλίαρχος δὲ ἐφοβήθη ἐπιγνοὺς ὅτι Ῥωμαῖός ἐστιν καὶ ὅτι αὐτὸν ἦν δεδεκώς
kai ho chiliarchos de ephobēthē epignous hoti Rhōmaios estin kai hoti auton ēn dedekōs
and the chief captain also was afraid when he knew that he was a Roman, and because he had bound him.

Τῇ δὲ ἐπαύριον βουλόμενος γνῶναι τὸ ἀσφαλὲς τὸ τί κατηγορεῖται ὑπὸ τῶν Ἰουδαίων ἔλυσεν αὐτόν
Tē de epaurion boulomenos gnōnai to asphales to ti katēgoreitai hypo tōn Ioudaiōn elysen auton
But on the morrow, desiring to know the certainty wherefore he was accused of the Jews, he loosed him,

καὶ ἐκέλευσεν συνελθεῖν τοὺς ἀρχιερεῖς καὶ πᾶν τὸ συνέδριον, καὶ καταγαγὼν τὸν Παῦλον ἔστησεν εἰς αὐτούς
kai ekeleusen synelthein tous archiereis kai pan to synedrion, kai katagagōn ton Paulon estēsen eis autous
and commanded the chief priests and all the council to come together, and brought Paul down and set him before them.

κγ

ἀτενίσας δὲ ὁ Παῦλος τῷ συνεδρίῳ εἶπε
atenisas de ho Paulos tō synedriō eipen
And Paul, looking stedfastly on the council, said,

Ἄνδρες ἀδελφοί, ἐγὼ πάσῃ συνειδήσει ἀγαθῇ πεπολίτευμαι τῷ θεῷ ἄχρι ταύτης τῆς ἡμέρας
Andres adelphoi, egō pasē syneidēsei agathē pepoliteumai tō theō achri tautēs tēs hēmeras
Brethren, I have lived before God in all good conscience until this day.

ὁ δὲ ἀρχιερεὺς Ἁνανίας ἐπέταξεν τοῖς παρεστῶσιν αὐτῷ τύπτειν αὐτοῦ τὸ στόμα
ho de archiereus Hananias epetaxen tois parestōsin autō typtein autou to stoma
And the high priest Ananias commanded them that stood by him to smite him on the mouth.

τότε ὁ Παῦλος πρὸς αὐτὸν εἶπεν, Τύπτειν σε μέλλει ὁ θεός, τοῖχε κεκονιαμένε
tote ho Paulos pros auton eipen, Typtein se mellei ho theos, toiche kekoniamene
Then said Paul unto him, God shall smite thee, thou whited wall:

καὶ σὺ κάθῃ κρίνων με κατὰ τὸν νόμον, καὶ παρανομῶν κελεύεις με τύπτεσθαι
kai sy kathē krinōn me kata ton nomon, kai paranomōn keleueis me typtesthai
and sittest thou to judge me according to the law, and commandest me to be smitten contrary to the law?

οἱ δὲ παρεστῶτες εἶπαν, Τὸν ἀρχιερέα τοῦ θεοῦ λοιδορεῖς
hoi de parestōtes eipan, Ton archierea tou theou loidoreis
And they that stood by said, Revilest thou God's high priest?

ἔφη τε ὁ Παῦλος, Οὐκ ᾔδειν, ἀδελφοί, ὅτι ἐστὶν ἀρχιερεύς
ephē te ho Paulos, Ouk ēdein, adelphoi, hoti estin archiereus
And Paul said, I knew not, brethren, that he was high priest:

γέγραπται γὰρ ὅτι Ἄρχοντα τοῦ λαοῦ σου οὐκ ἐρεῖς κακῶς
gegraptai gar hoti Archonta tou laou sou ouk ereis kakōs
for it is written, Thou shalt not speak evil of a ruler of thy people.

Γνοὺς δὲ ὁ Παῦλος ὅτι τὸ ἓν μέρος ἐστὶν Σαδδουκαίων τὸ δὲ ἕτερον Φαρισαίων ἔκραζεν ἐν τῷ συνεδρίῳ
Gnous de ho Paulos hoti to hen meros estin Saddoukaiōn to de heteron Pharisaiōn ekrazen en tō synedriō
But when Paul perceived that the one part were Sadducees and the other Pharisees, he cried out in the council,

Ἄνδρες ἀδελφοί, ἐγὼ Φαρισαῖός εἰμι, υἱὸς Φαρισαίων
Andres adelphoi, egō Pharisaios eimi, huios Pharisaiōn:
Brethren, I am a Pharisee, a son of Pharisees:

περὶ ἐλπίδος καὶ ἀναστάσεως νεκρῶν [ἐγὼ] κρίνομαι
peri elpidos kai anastaseōs nekrōn [egō] krinomai
touching the hope and resurrection of the dead I am called in question.

τοῦτο δὲ αὐτοῦ εἰπόντος ἐγένετο στάσις τῶν Φαρισαίων καὶ Σαδδουκαίων
touto de autou eipontos egeneto stasis tōn Pharisaiōn kai Saddoukaiōn
And when he had so said, there arose a dissension between the Pharisees and Sadducees;

καὶ ἐσχίσθη τὸ πλῆθος
kai eschisthē to plēthos
and the assembly was divided.

Σαδδουκαῖοι μὲν γὰρ λέγουσιν μὴ εἶναι ἀνάστασιν μήτε ἄγγελον μήτε πνεῦμα
Saddoukaioi men gar legousin mē einai anastasin mēte angelon mēte pneuma
For the Sadducees say that there is no resurrection, neither angel, nor spirit;

Φαρισαῖοι δὲ ὁμολογοῦσιν τὰ ἀμφότερα
Pharisaioi de homologousin ta amphotera
but the Pharisees confess both.

ἐγένετο δὲ κραυγὴ μεγάλη, καὶ ἀναστάντες τινὲς τῶν γραμματέων τοῦ μέρους τῶν Φαρισαίων διεμάχοντο λέγοντες
egeneto de kraugē megalē, kai anastantes tines tōn grammateōn tou merous tōn Pharisaiōn diemachonto legontes
And there arose a great clamor: and some of the scribes of the Pharisees' part stood up, and strove, saying,

Οὐδὲν κακὸν εὑρίσκομεν ἐν τῷ ἀνθρώπῳ τούτῳ: εἰ δὲ πνεῦμα ἐλάλησεν αὐτῷ ἢ ἄγγελος
Ouden kakon heuriskomen en tō anthrōpō toutō: ei de pneuma elalēsen autō ē angelos
We find no evil in this man: and what if a spirit hath spoken to him, or an angel?

Πολλῆς δὲ γινομένης στάσεως φοβηθεὶς ὁ χιλίαρχος μὴ διασπασθῇ ὁ Παῦλος ὑπ' αὐτῶν
Pollēs de ginomenēs staseōs phobētheis ho chiliarchos mē diaspasthē ho Paulos hyp' autōn
And when there arose a great dissension, the chief captain, fearing lest Paul should be torn in pieces by them,

ἐκέλευσεν τὸ στράτευμα καταβὰν ἁρπάσαι αὐτὸν ἐκ μέσου αὐτῶν,
ekeleusen to strateuma kataban harpasai auton ek mesou autōn,
commanded the soldiers to go down and take him by force from among them,

ἄγειν τε εἰς τὴν παρεμβολήν
agein te eis tēn parembolēn
and bring him into the castle.

Τῇ δὲ ἐπιούσῃ νυκτὶ ἐπιστὰς αὐτῷ ὁ κύριος εἶπεν
Tē de epiousē nykti epistas autō ho kyrios eipen
And the night following the Lord stood by him, and said,

Θάρσει, ὡς γὰρ διεμαρτύρω τὰ περὶ ἐμοῦ εἰς Ἰερουσαλὴμ οὕτω σε δεῖ καὶ εἰς Ῥώμην μαρτυρῆσαι
Tharsei, hōs gar diemartyrō ta peri emou eis Ierousalēm houtō se dei kai eis Rhōmēn martyrēsai
Be of good cheer: for as thou hast testified concerning me at Jerusalem, so must thou bear witness also at Rome.

Γενομένης δὲ ἡμέρας ποιήσαντες συστροφὴν οἱ Ἰουδαῖοι ἀνεθεμάτισαν ἑαυτοὺς
Genomenēs de hēmeras poiēsantes systrophēn hoi Ioudaioi anethematisan heautous
And when it was day, the Jews banded together, and bound themselves under a curse,

λέγοντες μήτε φαγεῖν μήτε πίειν ἕως οὗ ἀποκτείνωσιν τὸν Παῦλον
legontes mēte phagein mēte piein heōs hou apokteinōsin ton Paulon
saying that they would neither eat nor drink till they had killed Paul.

ἦσαν δὲ πλείους τεσσεράκοντα οἱ ταύτην τὴν συνωμοσίαν ποιησάμενοι
ēsan de pleious tesserakonta hoi tautēn tēn synōmosian poiēsamenoi
And they were more than forty that made this conspiracy.

οἵτινες προσελθόντες τοῖς ἀρχιερεῦσιν καὶ τοῖς πρεσβυτέροις εἶπαν
hoitines proselthontes tois archiereusin kai tois presbyterois eipan
And they came to the chief priests and the elders, and said,

Ἀναθέματι ἀνεθεματίσαμεν ἑαυτοὺς μηδενὸς γεύσασθαι ἕως οὗ ἀποκτείνωμεν τὸν Παῦλον
Anathemati anethematisamen heautous mēdenos geusasthai heōs hou apokteinōmen ton Paulon
We have bound ourselves under a great curse, to taste nothing until we have killed Paul.

νῦν οὖν ὑμεῖς ἐμφανίσατε τῷ χιλιάρχῳ σὺν τῷ συνεδρίῳ ὅπως καταγάγῃ αὐτὸν εἰς ὑμᾶς
nyn oun hymeis emphanisate tō chiliarchō syn tō synedriō hopōs katagagē auton eis hymas
Now therefore do ye with the council signify to the chief captain that he bring him down unto you,

ὡς μέλλοντας διαγινώσκειν ἀκριβέστερον τὰ περὶ αὐτοῦ
hōs mellontas diaginōskein akribesteron ta peri autou
as though ye would judge of his case more exactly:

ἡμεῖς δὲ πρὸ τοῦ ἐγγίσαι αὐτὸν ἕτοιμοί ἐσμεν τοῦ ἀνελεῖν αὐτόν
hēmeis de pro tou engisai auton hetoimoi esmen tou anelein auton
and we, before he comes near, are ready to slay him.

Ἀκούσας δὲ ὁ υἱὸς τῆς ἀδελφῆς Παύλου τὴν ἐνέδραν παραγενόμενος
Akousas de ho huios tēs adelphēs Paulou tēn enedran paragenomenos
But Paul's sister's son heard of their lying in wait,

καὶ εἰσελθὼν εἰς τὴν παρεμβολὴν ἀπήγγειλεν τῷ Παύλῳ
kai eiselthōn eis tēn parembolēn apēngeilen tō Paulō
and he came and entered into the castle and told Paul.

προσκαλεσάμενος δὲ ὁ Παῦλος ἕνα τῶν ἑκατονταρχῶν ἔφη
proskalesamenos de ho Paulos hena tōn hekatontarchōn ephē
And Paul called unto him one of the centurions, and said,

Τὸν νεανίαν τοῦτον ἀπάγαγε πρὸς τὸν χιλίαρχον, ἔχει γὰρ ἀπαγγεῖλαί τι αὐτῷ
Ton neanian touton apagage pros ton chiliarchon, echei gar apangeilai ti autō
Bring this young man unto the chief captain; for he hath something to tell him.

ὁ μὲν οὖν παραλαβὼν αὐτὸν ἤγαγεν πρὸς τὸν χιλίαρχον καὶ φησίν Ὁ δέσμιος Παῦλος προσκαλεσάμενός με
ho men oun paralabōn auton ēgagen pros ton chiliarchon kai phēsin HO desmios Paulos proskalesamenos me
So he took him, and brought him to the chief captain, and saith, Paul the prisoner called me unto him,

ἠρώτησεν τοῦτον τὸν νεανίσκον ἀγαγεῖν πρὸς σέ, ἔχοντά τι λαλῆσαί σοι
ērōtēsen touton ton neaniskon agagein pros se, echonta ti lalēsai soi
and asked me to bring this young man unto thee, who hath something to say to thee.

ἐπιλαβόμενος δὲ τῆς χειρὸς αὐτοῦ ὁ χιλίαρχος καὶ ἀναχωρήσας κατ' ἰδίαν ἐπυνθάνετο
epilabomenos de tēs cheiros autou ho chiliarchos kai anachōrēsas kat' idian epynthaneto
And the chief captain took him by the hand, and going aside asked him privately,

Τί ἐστιν ὃ ἔχεις ἀπαγγεῖλαί μοι
Ti estin ho echeis apangeilai moi
What is it that thou hast to tell me?

εἶπεν δὲ ὅτι Οἱ Ἰουδαῖοι συνέθεντο τοῦ ἐρωτῆσαί σε ὅπως αὔριον τὸν Παῦλον καταγάγῃς εἰς τὸ συνέδριον
eipen de hoti HOi Ioudaioi synethento tou erōtēsai se hopōs aurion ton Paulon katagagēs eis to synedrion
And he said, The Jews have agreed to ask thee to bring down Paul tomorrow unto the council,

ὡς μέλλον τι ἀκριβέστερον πυνθάνεσθαι περὶ αὐτοῦ
hōs mellon ti akribesteron pynthanesthai peri autou
as though thou wouldest inquire somewhat more exactly concerning him.

σὺ οὖν μὴ πεισθῇς αὐτοῖς: ἐνεδρεύουσιν γὰρ αὐτὸν ἐξ αὐτῶν ἄνδρες πλείους τεσσεράκοντα
sy oun mē peisthēs autois: enedreuousin gar auton ex autōn andres pleious tesserakonta
Do not thou therefore yield unto them: for there lie in wait for him of them more than forty men,

οἵτινες ἀνεθεμάτισαν ἑαυτοὺς μήτε φαγεῖν μήτε πιεῖν ἕως οὗ ἀνέλωσιν αὐτόν
hoitines anethematisan heautous mēte phagein mēte piein heōs hou anelōsin auton
who have bound themselves under a curse, neither to eat nor to drink till they have slain him:

καὶ νῦν εἰσιν ἕτοιμοι προσδεχόμενοι τὴν ἀπὸ σοῦ ἐπαγγελίαν
kai nyn eisin hetoimoi prosdechomenoi tēn apo sou epangelian
and now are they ready, looking for the promise from thee.

ὁ μὲν οὖν χιλίαρχος ἀπέλυσε τὸν νεανίσκον παραγγείλας μηδενὶ ἐκλαλῆσαι ὅτι ταῦτα ἐνεφάνισας πρός με
ho men oun chiliarchos apelyse ton neaniskon parangeilas mēdeni eklalēsai hoti tauta enephanisas pros me
So the chief captain let the young man go, charging him, Tell no man that thou hast signified these things to me.

Καὶ προσκαλεσάμενος δύο [τινὰς] τῶν ἑκατονταρχῶν εἶπεν
Kai proskalesamenos dyo [tinas] tōn hekatontarchōn eipen
And he called unto him two of the centurions, and said,

Ἑτοιμάσατε στρατιώτας διακοσίους ὅπως πορευθῶσιν ἕως Καισαρείας
Hetoimasate stratiōtas diakosious hopōs poreuthōsin heōs Kaisareias
Make ready two hundred soldiers to go as far as Cæsarea,

καὶ ἱππεῖς ἑβδομήκοντα καὶ δεξιολάβους διακοσίους, ἀπὸ τρίτης ὥρας τῆς νυκτός
kai hippeis hebdomēkonta kai dexiolabous diakosious, apo tritēs hōras tēs nyktos
and horsemen threescore and ten, and spearmen two hundred, at the third hour of the night:

κτήνη τε παραστῆσαι ἵνα ἐπιβιβάσαντες τὸν Παῦλον διασώσωσι πρὸς Φήλικα τὸν ἡγεμόνα
ktēnē te parastēsai hina epibibasantes ton Paulon diasōsōsi pros Phēlika ton hēgemona
and he bade them provide beasts, that they might set Paul thereon, and bring him safe unto Felix the governor.

γράψας ἐπιστολὴν ἔχουσαν τὸν τύπον τοῦτον
grapsas epistolēn echousan ton typon touton
And he wrote a letter after this form:

Κλαύδιος Λυσίας τῷ κρατίστῳ ἡγεμόνι Φήλικι χαίρειν
Klaudios Lysias tō kratistō hēgemoni Phēliki chairein
Claudius Lysias unto the most excellent governor Felix, greeting.

Τὸν ἄνδρα τοῦτον συλλημφθέντα ὑπὸ τῶν Ἰουδαίων καὶ μέλλοντα ἀναιρεῖσθαι ὑπ' αὐτῶν
Ton andra touton syllēmphthenta hypo tōn Ioudaiōn kai mellonta anaireisthai hyp' autōn
This man was seized by the Jews, and was about to be slain of them,

ἐπιστὰς σὺν τῷ στρατεύματι ἐξειλάμην, μαθὼν ὅτι Ῥωμαῖός ἐστιν
epistas syn tō strateumati exeilamēn, mathōn hoti Rhōmaios estin
when I came upon them with the soldiers and rescued him, having learned that he was a Roman.

βουλόμενός τε ἐπιγνῶναι τὴν αἰτίαν δι' ἣν ἐνεκάλουν αὐτῷ κατήγαγον εἰς τὸ συνέδριον αὐτῶν
boulomenos te epignōnai tēn aitian di' hēn enekaloun autō katēgagon eis to synedrion autōn
And desiring to know the cause wherefore they accused him, I brought him down unto their council:

ὃν εὗρον ἐγκαλούμενον περὶ ζητημάτων τοῦ νόμου αὐτῶν
hon heuron enkaloumenon peri zētēmatōn tou nomou autōn
whom I found to be accused about questions of their law,

μηδὲν δὲ ἄξιον θανάτου ἢ δεσμῶν ἔχοντα ἔγκλημα
mēden de axion thanatou ē desmōn echonta enklēma
but to have nothing laid to his charge worthy of death or of bonds.

μηνυθείσης δέ μοι ἐπιβουλῆς εἰς τὸν ἄνδρα ἔσεσθαι, ἐξαυτῆς ἔπεμψα πρὸς σέ
mēnytheisēs de moi epiboulēs eis ton andra esesthai, exautēs epempsa pros se
And when it was shown to me that there would be a plot against the man, I sent him to thee forthwith,

παραγγείλας καὶ τοῖς κατηγόροις λέγειν [τὰ] πρὸς αὐτὸν ἐπὶ σοῦ
parangeilas kai tois katēgorois legein [ta] pros auton epi sou
charging his accusers also to speak against him before thee.

Οἱ μὲν οὖν στρατιῶται κατὰ τὸ διατεταγμένον αὐτοῖς ἀναλαβόντες τὸν Παῦλον ἤγαγον διὰ νυκτὸς εἰς τὴν Ἀντιπατρίδα
HOi men oun stratiōtai kata to diatetagmenon autois analabontes ton Paulon ēgagon dia nyktos eis tēn Antipatrida
So the soldiers, as it was commanded them, took Paul and brought him by night to Antipatris.

τῇ δὲ ἐπαύριον ἐάσαντες τοὺς ἱππεῖς ἀπέρχεσθαι σὺν αὐτῷ ὑπέστρεψαν εἰς τὴν παρεμβολήν
tē de epaurion easantes tous hippeis aperchesthai syn autō hypestrepsan eis tēn parembolēn
But on the morrow they left the horsemen to go with him, and returned to the castle:

οἵτινες εἰσελθόντες εἰς τὴν Καισάρειαν καὶ ἀναδόντες τὴν ἐπιστολὴν τῷ ἡγεμόνι παρέστησαν καὶ τὸν Παῦλον αὐτῷ
hoitines eiselthontes eis tēn Kaisareian kai anadontes tēn epistolēn tō hēgemoni parestēsan kai ton Paulon autō
and they, when they came to Cæsarea and delivered the letter to the governor, presented Paul also before him.

ἀναγνοὺς δὲ καὶ ἐπερωτήσας ἐκ ποίας ἐπαρχείας ἐστὶν καὶ πυθόμενος ὅτι ἀπὸ Κιλικίας
anagnous de kai eperōtēsas ek poias eparcheias estin kai pythomenos hoti apo Kilikias
And when he had read it, he asked of what province he was; and when he understood that he was of Cilicia,

Διακούσομαί σου, ἔφη, ὅταν καὶ οἱ κατήγοροί σου παραγένωνται
Diakousomai sou, ephē, hotan kai hoi katēgoroi sou paragenōntai
I will hear thee fully, said he, when thine accusers also are come:

κελεύσας ἐν τῷ πραιτωρίῳ τοῦ Ἡρῴδου φυλάσσεσθαι αὐτόν
keleusas en tō praitōriō tou Hērōdou phylassesthai auton
and he commanded him to be kept in Herod's palace.

κδ

Μετὰ δὲ πέντε ἡμέρας κατέβη ὁ ἀρχιερεὺς Ἀνανίας μετὰ πρεσβυτέρων τινῶν καὶ ῥήτορος Τερτύλλου τινός
Meta de pente hēmeras katebē ho archiereus Hananias meta presbyterōn tinōn kai rhētoros Tertyllou tinos
And after five days the high priest Ananias came down with certain elders, and with an orator, one Tertullus;

οἵτινες ἐνεφάνισαν τῷ ἡγεμόνι κατὰ τοῦ Παύλου
hoitines enephanisan tō hēgemoni kata tou Paulou
and they informed the governor against Paul.

κληθέντος δὲ αὐτοῦ ἤρξατο κατηγορεῖν ὁ Τέρτυλλος λέγων
klēthentos de autou ērxato katēgorein ho Tertyllos legōn
And when he was called, Tertullus began to accuse him, saying,

Πολλῆς εἰρήνης τυγχάνοντες διὰ σοῦ καὶ διορθωμάτων γινομένων τῷ ἔθνει τούτῳ διὰ τῆς σῆς προνοίας
Pollēs eirēnēs tynchanontes dia sou kai diorthōmatōn ginomenōn tō ethnei toutō dia tēs sēs pronoias
Seeing that by thee we enjoy much peace, and that by thy providence evils are corrected for this nation,

πάντη τε καὶ πανταχοῦ ἀποδεχόμεθα, κράτιστε Φῆλιξ, μετὰ πάσης εὐχαριστίας
pantē te kai pantachou apodechometha, kratiste Phēlix, meta pasēs eucharistias
we accept it in all ways and in all places, most excellent Felix, with all thankfulness.

ἵνα δὲ μὴ ἐπὶ πλεῖόν σε ἐγκόπτω, παρακαλῶ ἀκοῦσαί σε ἡμῶν συντόμως τῇ σῇ ἐπιεικείᾳ
hina de mē epi pleion se enkoptō, parakalō akousai se hēmōn syntomōs tē sē epieikeia
But, that I be not further tedious unto thee, I entreat thee to hear us of thy clemency a few words.

εὑρόντες γὰρ τὸν ἄνδρα τοῦτον λοιμὸν καὶ κινοῦντα στάσεις πᾶσιν τοῖς Ἰουδαίοις τοῖς κατὰ τὴν οἰκουμένην
heurontes gar ton andra touton loimon kai kinounta staseis pasin tois Ioudaiois tois kata tēn oikoumenēn
For we have found this man a pestilent fellow, and a mover of insurrections among all the Jews throughout the world,

πρωτοστάτην τε τῆς τῶν Ναζωραίων αἱρέσεως
prōtostatēn te tēs tōn Nazōraiōn haireseōs
and a ringleader of the sect of the Nazarenes:

ὃς καὶ τὸ ἱερὸν ἐπείρασεν βεβηλῶσαι, ὃν καὶ ἐκρατήσαμεν
hos kai to hieron epeirasen bebēlōsai, hon kai ekratēsamen
who moreover assayed to profane the temple: on whom also we laid hold:

παρ' οὗ δυνήσῃ αὐτὸς ἀνακρίνας περὶ πάντων τούτων ἐπιγνῶναι ὧν ἡμεῖς κατηγοροῦμεν αὐτοῦ
par' hou dynēsē autos anakrinas peri pantōn toutōn epignōnai hōn hēmeis katēgoroumen autou
from whom thou wilt be able, by examining him thyself, to take knowledge of all these things whereof we accuse him.

συνεπέθεντο δὲ καὶ οἱ Ἰουδαῖοι φάσκοντες ταῦτα οὕτως ἔχειν
synepethento de kai hoi Ioudaioi phaskontes tauta houtōs echein
And the Jews also joined in the charge, affirming that these things were so.

Ἀπεκρίθη τε ὁ Παῦλος νεύσαντος αὐτῷ τοῦ ἡγεμόνος λέγειν
Apekrithē te ho Paulos neusantos autō tou hēgemonos legein
And when the governor had beckoned unto him to speak, Paul answered,

Ἐκ πολλῶν ἐτῶν ὄντα σε κριτὴν τῷ ἔθνει τούτῳ ἐπιστάμενος εὐθύμως τὰ περὶ ἐμαυτοῦ ἀπολογοῦμαι
Ek pollōn etōn onta se kritēn tō ethnei toutō epistamenos euthymōs ta peri emautou apologoumai
Forasmuch as I know that thou hast been of many years a judge unto this nation, I cheerfully make my defence:

δυναμένου σου ἐπιγνῶναι ὅτι οὐ πλείους εἰσίν μοι ἡμέραι δώδεκα ἀφ' ἧς ἀνέβην προσκυνήσων εἰς Ἰερουσαλήμ
dynamenou sou epignōnai hoti ou pleious eisin moi hēmerai dōdeka aph' hēs anebēn proskynēsōn eis Ierousalēm
seeing that thou canst take knowledge that it is not more than twelve days since I went up to worship at Jerusalem:

καὶ οὔτε ἐν τῷ ἱερῷ εὗρόν με πρός τινα διαλεγόμενον ἢ ἐπίστασιν ποιοῦντα ὄχλου
kai oute en tō hierō heuron me pros tina dialegomenon ē epistasin poiounta ochlou
and neither in the temple did they find me disputing with any man or stirring up a crowd,

οὔτε ἐν ταῖς συναγωγαῖς οὔτε κατὰ τὴν πόλιν
oute en tais synagōgais oute kata tēn polin
nor in the synagogues, nor in the city.

οὐδὲ παραστῆσαι δύνανταί σοι περὶ ὧν νυνὶ κατηγοροῦσίν μου
oude parastēsai dynantai soi peri hōn nyni katēgorousin mou
Neither can they prove to thee the things whereof they now accuse me.

ὁμολογῶ δὲ τοῦτό σοι ὅτι κατὰ τὴν ὁδὸν ἣν λέγουσιν αἵρεσιν οὕτως λατρεύω τῷ πατρῴῳ θεῷ
homologō de touto soi hoti kata tēn hodon hēn legousin hairesin houtōs latreuō tō patrōō theō
But this I confess unto thee, that after the Way which they call a sect, so serve I the God of our fathers,

πιστεύων πᾶσι τοῖς κατὰ τὸν νόμον καὶ τοῖς ἐν τοῖς προφήταις γεγραμμένοις
pisteuōn pasi tois kata ton nomon kai tois en tois prophētais gegrammenois
believing all things which are according to the law, and which are written in the prophets;

ἐλπίδα ἔχων εἰς τὸν θεόν, ἣν καὶ αὐτοὶ οὗτοι προσδέχονται
elpida echōn eis ton theon, hēn kai autoi houtoi prosdechontai
having hope toward God, which these also themselves look for,

ἀνάστασιν μέλλειν ἔσεσθαι δικαίων τε καὶ ἀδίκων
anastasin mellein esesthai dikaiōn te kai adikōn
that there shall be a resurrection both of the just and unjust.

ἐν τούτῳ καὶ αὐτὸς ἀσκῶ ἀπρόσκοπον συνείδησιν ἔχειν πρὸς τὸν θεὸν καὶ τοὺς ἀνθρώπους διὰ παντός
en toutō kai autos askō aproskopon syneidēsin echein pros ton theon kai tous anthrōpous dia pantos
Herein I also exercise myself to have a conscience void of offence toward God and men always.

δι' ἐτῶν δὲ πλειόνων ἐλεημοσύνας ποιήσων εἰς τὸ ἔθνος μου παρεγενόμην καὶ προσφοράς
di' etōn de pleionōn eleēmosynas poiēsōn eis to ethnos mou paregenomēn kai prosphoras
Now after some years I came to bring alms to my nation, and offerings:

ἐν αἷς εὗρόν με ἡγνισμένον ἐν τῷ ἱερῷ, οὐ μετὰ ὄχλου
en hais heuron me hēgnismenon en tō hierō, ou meta ochlou
amidst which they found me purified in the temple, with no crowd, nor yet with tumult:

οὐδὲ μετὰ θορύβου
oude meta thorybou
but there were certain Jews from Asia—

τινὲς δὲ ἀπὸ τῆς Ἀσίας Ἰουδαῖοι, οὓς ἔδει ἐπὶ σοῦ παρεῖναι καὶ κατηγορεῖν εἴ τι ἔχοιεν πρὸς ἐμέ
tines de apo tēs Asias Ioudaioi, hous edei epi sou pareinai kai katēgorein ei ti echoien pros eme
who ought to have been here before thee, and to make accusation, if they had aught against me.

ἢ αὐτοὶ οὗτοι εἰπάτωσαν τί εὗρον ἀδίκημα στάντος μου ἐπὶ τοῦ συνεδρίου
ē autoi houtoi eipatōsan ti heuron adikēma stantos mou epi tou synedriou
Or else let these men themselves say what wrong-doing they found when I stood before the council,

ἢ περὶ μιᾶς ταύτης φωνῆς ἧς ἐκέκραξα ἐν αὐτοῖς ἑστὼς ὅτι
ē peri mias tautēs phōnēs hēs ekekraxa en autois hestōs hoti
except it be for this one voice, that I cried standing among them,

Περὶ ἀναστάσεως νεκρῶν ἐγὼ κρίνομαι σήμερον ἐφ' ὑμῶν
Peri anastaseōs nekrōn egō krinomai sēmeron eph' hymōn
Touching the resurrection of the dead I am called in question before you this day.

Ἀνεβάλετο δὲ αὐτοὺς ὁ Φῆλιξ, ἀκριβέστερον εἰδὼς τὰ περὶ τῆς ὁδοῦ, εἴπας
Anebaleto de autous ho Phēlix, akribesteron eidōs ta peri tēs hodou, eipas
But Felix, having more exact knowledge concerning the Way, deferred them, saying,

Οταν Λυσίας ὁ χιλίαρχος καταβῇ διαγνώσομαι τὰ καθ' ὑμᾶς
Otan Lysias ho chiliarchos katabē diagnōsomai ta kath' hymas
When Lysias the chief captain shall come down, I will determine your matter.

διαταξάμενος τῷ ἑκατοντάρχῃ τηρεῖσθαι αὐτὸν ἔχειν τε ἄνεσιν
diataxamenos tō hekatontarchē tēreisthai auton echein te anesin
And he gave order to the centurion that he should be kept in charge, and should have indulgence;

καὶ μηδένα κωλύειν τῶν ἰδίων αὐτοῦ ὑπηρετεῖν αὐτῷ
kai mēdena kōlyein tōn idiōn autou hypēretein autō
and not to forbid any of his friends to minister unto him.

Μετὰ δὲ ἡμέρας τινὰς παραγενόμενος ὁ Φῆλιξ σὺν Δρουσίλλῃ τῇ ἰδίᾳ γυναικὶ οὔσῃ Ἰουδαίᾳ
Meta de hēmeras tinas paragenomenos ho Phēlix syn Drousillē tē idia gynaiki ousē Ioudaia
But after certain days, Felix came with Drusilla, his wife, who was a Jewess,

μετεπέμψατο τὸν Παῦλον καὶ ἤκουσεν αὐτοῦ περὶ τῆς εἰς Χριστὸν Ἰησοῦν πίστεως
metepempsato ton Paulon kai ēkousen autou peri tēs eis Christon Iēsoun pisteōs
and sent for Paul, and heard him concerning the faith in Christ Jesus.

διαλεγομένου δὲ αὐτοῦ περὶ δικαιοσύνης καὶ ἐγκρατείας
dialegomenou de autou peri dikaiosynēs kai enkrateias
And as he reasoned of righteousness, and self-control,

καὶ τοῦ κρίματος τοῦ μέλλοντος ἔμφοβος γενόμενος ὁ Φῆλιξ ἀπεκρίθη
kai tou krimatos tou mellontos emphobos genomenos ho Phēlix apekrithē
and the judgment to come, Felix was terrified, and answered,

Τὸ νῦν ἔχον πορεύου, καιρὸν δὲ μεταλαβὼν μετακαλέσομαί σε
To nyn echon poreuou, kairon de metalabōn metakalesomai se
Go thy way for this time; and when I have a convenient season, I will call thee unto me.

ἅμα καὶ ἐλπίζων ὅτι χρήματα δοθήσεται αὐτῷ ὑπὸ τοῦ Παύλου
hama kai elpizōn hoti chrēmata dothēsetai autō hypo tou Paulou
He hoped withal that money would be given him of Paul:

διὸ καὶ πυκνότερον αὐτὸν μεταπεμπόμενος ὡμίλει αὐτῷ
dio kai pyknoteron auton metapempomenos hōmilei autō
wherefore also he sent for him the oftener, and communed with him.

Διετίας δὲ πληρωθείσης ἔλαβεν διάδοχον ὁ Φῆλιξ Πόρκιον Φῆστον
Dietias de plērōtheisēs elaben diadochon ho Phēlix Porkion Phēston
But when two years were fulfilled, Felix was succeeded by Porcius Festus;

θέλων τε χάριτα καταθέσθαι τοῖς Ἰουδαίοις ὁ Φῆλιξ κατέλιπε τὸν Παῦλον δεδεμένον
thelōn te charita katathesthai tois Ioudaiois ho Phēlix katelipe ton Paulon dedemenon
and desiring to gain favor with the Jews, Felix left Paul in bonds.

ΚΕ

Φῆστος οὖν ἐπιβὰς τῇ ἐπαρχείᾳ μετὰ τρεῖς ἡμέρας ἀνέβη εἰς Ἱεροσόλυμα ἀπὸ Καισαρείας
Phēstos oun epibas tē eparcheia meta treis hēmeras anebē eis Hierosolyma apo Kaisareias
Festus therefore, having come into the province, after three days went up to Jerusalem from Cæsarea.

ἐνεφάνισάν τε αὐτῷ οἱ ἀρχιερεῖς καὶ οἱ πρῶτοι τῶν Ἰουδαίων κατὰ τοῦ Παύλου, καὶ παρεκάλουν αὐτὸν
enephanisan te autō hoi archiereis kai hoi prōtoi tōn Ioudaiōn kata tou Paulou, kai parekaloun auton
And the chief priests and the principal men of the Jews informed him against Paul; and they besought him,

αἰτούμενοι χάριν κατ' αὐτοῦ ὅπως μεταπέμψηται αὐτὸν εἰς Ἱερουσαλήμ
aitoumenoi charin kat' autou hopōs metapempsētai auton eis Ierousalēm
asking a favor against him, that he would send for him to Jerusalem;

ἐνέδραν ποιοῦντες ἀνελεῖν αὐτὸν κατὰ τὴν ὁδόν
enedran poiountes anelein auton kata tēn hodon
laying a plot to kill him on the way.

ὁ μὲν οὖν Φῆστος ἀπεκρίθη τηρεῖσθαι τὸν Παῦλον εἰς Καισάρειαν
ho men oun Phēstos apekrithē tēreisthai ton Paulon eis Kaisareian
Howbeit Festus answered, that Paul was kept in charge at Cæsarea,

ἑαυτὸν δὲ μέλλειν ἐν τάχει ἐκπορεύεσθαι
heauton de mellein en tachei ekporeuesthai
and that he himself was about to depart thither shortly.

Οἱ οὖν ἐν ὑμῖν, φησίν, δυνατοὶ συγκαταβάντες
HOi oun en hymin, phēsin, dynatoi synkatabantes
Let them therefore, saith he, that are of power among you go down with me,

εἴ τί ἐστιν ἐν τῷ ἀνδρὶ ἄτοπον κατηγορείτωσαν αὐτοῦ
ei ti estin en tō andri atopon katēgoreitōsan autou
and if there is anything amiss in the man, let them accuse him.

Διατρίψας δὲ ἐν αὐτοῖς ἡμέρας οὐ πλείους ὀκτὼ ἢ δέκα, καταβὰς εἰς Καισάρειαν
Diatripsas de en autois hēmeras ou pleious oktō ē deka, katabas eis Kaisareian
And when he had tarried among them not more than eight or ten days, he went down unto Cæsarea;

τῇ ἐπαύριον καθίσας ἐπὶ τοῦ βήματος ἐκέλευσεν τὸν Παῦλον ἀχθῆναι
tē epaurion kathisas epi tou bēmatos ekeleusen ton Paulon achthēnai
and on the morrow he sat on the judgment-seat, and commanded Paul to be brought.

παραγενομένου δὲ αὐτοῦ περιέστησαν αὐτὸν οἱ ἀπὸ Ἱεροσολύμων καταβεβηκότες Ἰουδαῖοι
paragenomenou de autou periestēsan auton hoi apo Hierosolymōn katabebēkotes Ioudaioi
And when he was come, the Jews that had come down from Jerusalem stood round about him,

πολλὰ καὶ βαρέα αἰτιώματα καταφέροντες ἃ οὐκ ἴσχυον ἀποδεῖξα
polla kai barea aitiōmata katapherontes ha ouk ischyon apodeixa
bringing against him many and grievous charges which they could not prove;

τοῦ Παύλου ἀπολογουμένου ὅτι
tou Paulou apologoumenou hoti
while Paul said in his defence,

Οὔτε εἰς τὸν νόμον τῶν Ἰουδαίων οὔτε εἰς τὸ ἱερὸν οὔτε εἰς Καίσαρά τι ἥμαρτον
Oute eis ton nomon tōn Ioudaiōn oute eis to hieron oute eis Kaisara ti hēmarton
Neither against the law of the Jews, nor against the temple, nor against Cæsar, have I sinned at all.

ὁ Φῆστος δὲ θέλων τοῖς Ἰουδαίοις χάριν καταθέσθαι ἀποκριθεὶς τῷ Παύλῳ εἶπεν
ho Phēstos de thelōn tois Ioudaiois charin katathesthai apokritheis tō Paulō eipen,
But Festus, desiring to gain favor with the Jews, answered Paul and said,

Θέλεις εἰς Ἱεροσόλυμα ἀναβὰς ἐκεῖ περὶ τούτων κριθῆναι ἐπ' ἐμοῦ
Theleis eis Hierosolyma anabas ekei peri toutōn krithēnai ep' emou
Wilt thou go up to Jerusalem, and there be judged of these things before me?

εἶπεν δὲ ὁ Παῦλος, Ἐπὶ τοῦ βήματος Καίσαρός ἐστώς εἰμι, οὗ με δεῖ κρίνεσθαι
eipen de ho Paulos, Epi tou bēmatos Kaisaros hestōs eimi, hou me dei krinesthai.
But Paul said, I am standing before Cæsar's judgment-seat, where I ought to be judged:

Ἰουδαίους οὐδὲν ἠδίκησα, ὡς καὶ σὺ κάλλιον ἐπιγινώσκεις
Ioudaious ouden ēdikēsa, hōs kai sy kallion epiginōskeis
to the Jews have I done no wrong, as thou also very well knowest.

εἰ μὲν οὖν ἀδικῶ καὶ ἄξιον θανάτου πέπραχά τι, οὐ παραιτοῦμαι τὸ ἀποθανεῖν
ei men oun adikō kai axion thanatou pepracha ti, ou paraitoumai to apothanein:
If then I am a wrong-doer, and have committed anything worthy of death, I refuse not to die;

εἰ δὲ οὐδέν ἐστιν ὧν οὗτοι κατηγοροῦσίν μου, οὐδείς με δύναται αὐτοῖς χαρίσασθαι: Καίσαρα ἐπικαλοῦμαι
ei de ouden estin hōn houtoi katēgorousin mou, oudeis me dynatai autois charisasthai: Kaisara epikaloumai
but if none of those things is true whereof these accuse me, no man can give me up unto them. I appeal unto Cæsar.

τότε ὁ Φῆστος συλλαλήσας μετὰ τοῦ συμβουλίου ἀπεκρίθη
tote ho Phēstos syllalēsas meta tou symbouliou apekrithē
Then Festus, when he had conferred with the council, answered,

Καίσαρα ἐπικέκλησαι, ἐπὶ Καίσαρα πορεύσῃ
Kaisara epikeklēsai, epi Kaisara poreusē
Thou hast appealed unto Cæsar: unto Cæsar shalt thou go.

Ἡμερῶν δὲ διαγενομένων τινῶν
Hēmerōn de diagenomenōn tinōn Agrippas
Now when certain days were passed,

Ἀγρίππας ὁ βασιλεὺς καὶ Βερνίκη κατήντησαν εἰς Καισάρειαν ἀσπασάμενοι τὸν Φῆστον
Agrippas ho basileus kai Bernikē katēntēsan eis Kaisareian aspasamenoi ton Phēston
Agrippa the king and Bernice arrived at Cæsarea, and saluted Festus.

ὡς δὲ πλείους ἡμέρας διέτριβον ἐκεῖ, ὁ Φῆστος τῷ βασιλεῖ ἀνέθετο τὰ κατὰ τὸν Παῦλον λέγων
hōs de pleious hēmeras dietribon ekei, ho Phēstos tō basilei anetheto ta kata ton Paulon legōn
And as they tarried there many days, Festus laid Paul's case before the king, saying,

Ἀνήρ τίς ἐστιν καταλελειμμένος ὑπὸ Φήλικος δέσμιος
Anēr tis estin kataleleimmenos hypo Phēlikos desmios
There is a certain man left a prisoner by Felix;

περὶ οὗ γενομένου μου εἰς Ἱεροσόλυμα ἐνεφάνισαν οἱ ἀρχιερεῖς καὶ οἱ πρεσβύτεροι τῶν Ἰουδαίων
peri hou genomenou mou eis Hierosolyma enephanisan hoi archiereis kai hoi presbyteroi tōn Ioudaiōn,
about whom, when I was at Jerusalem, the chief priests and the elders of the Jews informed me,

αἰτούμενοι κατ' αὐτοῦ καταδίκην
aitoumenoi kat' autou katadikēn
asking for sentence against him.

πρὸς οὓς ἀπεκρίθην ὅτι οὐκ ἔστιν ἔθος Ῥωμαίοις χαρίζεσθαί τινα ἄνθρωπον
pros hous apekrithēn hoti ouk estin ethos Rhōmaiois charizesthai tina anthrōpon
To whom I answered, that it is not the custom of the Romans to give up any man,

πρὶν ἢ ὁ κατηγορούμενος κατὰ πρόσωπον
prin ē ho katēgoroumenos kata prosōpon
before that the accused have the accusers face to face,

ἔχοι τοὺς κατηγόρους τόπον τε ἀπολογίας λάβοι περὶ τοῦ ἐγκλήματος
echoi tous katēgorous topon te apologias laboi peri tou enklēmatos
and have had opportunity to make his defence concerning the matter laid against him.

συνελθόντων οὖν [αὐτῶν] ἐνθάδε ἀναβολὴν μηδεμίαν ποιησάμενος
synelthontōn oun [autōn] enthade anabolēn mēdemian poiēsamenos
When therefore they were come together here, I made no delay,

τῇ ἑξῆς καθίσας ἐπὶ τοῦ βήματος ἐκέλευσα ἀχθῆναι τὸν ἄνδρα
tē hexēs kathisas epi tou bēmatos ekeleusa achthēnai ton andra
but on the next day sat on the judgment-seat, and commanded the man to be brought.

περὶ οὗ σταθέντες οἱ κατήγοροι οὐδεμίαν αἰτίαν ἔφερον ὧν ἐγὼ ὑπενόουν πονηρῶν
peri hou stathentes hoi katēgoroi oudemian aitian epheron hōn egō hypenooun ponērōn
Concerning whom, when the accusers stood up, they brought no charge of such evil things as I supposed;

ζητήματα δέ τινα περὶ τῆς ἰδίας δεισιδαιμονίας εἶχον πρὸς αὐτὸν καὶ περί τινος Ἰησοῦ τεθνηκότος
zētēmata de tina peri tēs idias deisidaimonias eichon pros auton kai peri tinos Iēsou tethnēkotos
but had certain questions against him of their own religion, and of one Jesus, who was dead,

ὃν ἔφασκεν ὁ Παῦλος ζῆν
hon ephasken ho Paulos zēn
whom Paul affirmed to be alive.

ἀπορούμενος δὲ ἐγὼ τὴν περὶ τούτων ζήτησιν
aporoumenos de egō tēn peri toutōn zētēsin
And I, being perplexed how to inquire concerning these things,

ἔλεγον εἰ βούλοιτο πορεύεσθαι εἰς Ἱεροσόλυμα κἀκεῖ κρίνεσθαι περὶ τούτων
elegon ei bouloito poreuesthai eis Hierosolyma kakei krinesthai peri toutōn
asked whether he would go to Jerusalem and there be judged of these matters.

τοῦ δὲ Παύλου ἐπικαλεσαμένου τηρηθῆναι αὐτὸν εἰς τὴν τοῦ Σεβαστοῦ διάγνωσιν
tou de Paulou epikalesamenou tērēthēnai auton eis tēn tou Sebastou diagnōsin
But when Paul had appealed to be kept for the decision of the emperor,

ἐκέλευσα τηρεῖσθαι αὐτὸν ἕως οὗ ἀναπέμψω αὐτὸν πρὸς Καίσαρα
ekeleusa tēreisthai auton heōs hou anapempsō auton pros Kaisara
I commanded him to be kept till I should send him to Cæsar.

Ἀγρίππας δὲ πρὸς τὸν Φῆστον, Ἐβουλόμην καὶ αὐτὸς τοῦ ἀνθρώπου ἀκοῦσαι. Αὔριον, φησίν, ἀκούσῃ αὐτοῦ
Agrippas de pros ton Phēston, Eboulomēn kai autos tou anthrōpou akousai. Aurion, phēsin, akousē autou
And Agrippa said unto Festus, I also could wish to hear the man myself. To-morrow, saith he, thou shalt hear him.

Τῇ οὖν ἐπαύριον ἐλθόντος τοῦ Ἀγρίππα καὶ τῆς Βερνίκης μετὰ πολλῆς φαντασίας
Tē oun epaurion elthontos tou Agrippa kai tēs Bernikēs meta pollēs phantasias
So on the morrow, when Agrippa was come, and Bernice, with great pomp,

καὶ εἰσελθόντων εἰς τὸ ἀκροατήριον σύν τε χιλιάρχοις καὶ ἀνδράσιν τοῖς κατ' ἐξοχὴν τῆς πόλεως,
kai eiselthontōn eis to akroatērion syn te chiliarchois kai andrasin tois kat' exochēn tēs poleōs,
and they were entered into the place of hearing with the chief captains and the principal men of the city,

καὶ κελεύσαντος τοῦ Φήστου ἤχθη ὁ Παῦλος
kai keleusantos tou Phēstou ēchthē ho Paulos
at the command of Festus Paul was brought in.

καί φησιν ὁ Φῆστος, Ἀγρίππα βασιλεῦ καὶ πάντες οἱ συμπαρόντες ἡμῖν ἄνδρες
kai phēsin ho Phēstos, Agrippa basileu kai pantes hoi symparontes hēmin andres
And Festus saith, King Agrippa, and all men who are here present with us,

θεωρεῖτε τοῦτον περὶ οὗ ἅπαν τὸ πλῆθος τῶν Ἰουδαίων ἐνέτυχόν μοι ἔν τε Ἱεροσολύμοις καὶ ἐνθάδε
theōreite touton peri hou hapan to plēthos tōn Ioudaiōn enetychon moi en te Hierosolymois kai enthade
ye behold this man, about whom all the multitude of the Jews made suit to me, both at Jerusalem and here,

βοῶντες μὴ δεῖν αὐτὸν ζῆν μηκέτι
boōntes mē dein auton zēn mēketi
crying that he ought not to live any longer.

ἐγὼ δὲ κατελαβόμην μηδὲν ἄξιον αὐτὸν θανάτου πεπραχέναι
egō de katelabomēn mēden axion auton thanatou peprachenai
But I found that he had committed nothing worthy of death:

αὐτοῦ δὲ τούτου ἐπικαλεσαμένου τὸν Σεβαστὸν ἔκρινα πέμπειν
autou de toutou epikalesamenou ton Sebaston ekrina pempein
and as he himself appealed to the emperor I determined to send him.

περὶ οὗ ἀσφαλές τι γράψαι τῷ κυρίῳ οὐκ ἔχω
peri hou asphales ti grapsai tō kyriō ouk echō:
Of whom I have no certain thing to write unto my lord.

διὸ προήγαγον αὐτὸν ἐφ' ὑμῶν καὶ μάλιστα ἐπὶ σοῦ, βασιλεῦ Ἀγρίππα
dio proēgagon auton eph' hymōn kai malista epi sou, basileu Agrippa
Wherefore I have brought him forth before you, and specially before thee, king Agrippa,

ὅπως τῆς ἀνακρίσεως γενομένης σχῶ τί γράψω
hopōs tēs anakriseōs genomenēs schō ti grapsō
that, after examination had, I may have somewhat to write.

ἄλογον γάρ μοι δοκεῖ πέμποντα δέσμιον μὴ καὶ τὰς κατ' αὐτοῦ αἰτίας σημᾶναι
alogon gar moi dokei pemponta desmion mē kai tas kat' autou aitias sēmanai
For it seemeth to me unreasonable, in sending a prisoner, not withal to signify the charges against him.

Κϛ

Ἀγρίππας δὲ πρὸς τὸν Παῦλον ἔφη, Ἐπιτρέπεταί σοι περὶ σεαυτοῦ λέγειν
Agrippas de pros ton Paulon ephē, Epitrepetai soi peri seautou legein
And Agrippa said unto Paul, Thou art permitted to speak for thyself.

τότε ὁ Παῦλος ἐκτείνας τὴν χεῖρα ἀπελογεῖτο
tote ho Paulos ekteinas tēn cheira apelogeito
Then Paul stretched forth his hand, and made his defence:

Περὶ πάντων ὧν ἐγκαλοῦμαι ὑπὸ Ἰουδαίων, βασιλεῦ Ἀγρίππα
Peri pantōn hōn enkaloumai hypo Ioudaiōn, basileu Agrippa,
I think myself happy, king Agrippa,

ἥγημαι ἐμαυτὸν μακάριον ἐπὶ σοῦ μέλλων σήμερον ἀπολογεῖσθαι
hēgēmai emauton makarion epi sou mellōn sēmeron apologeisthai
that I am to make my defence before thee this day touching all the things whereof I am accused by the Jews:

μάλιστα γνώστην ὄντα σε πάντων τῶν κατὰ Ἰουδαίους ἐθῶν τε καὶ ζητημάτων
malista gnōstēn onta se pantōn tōn kata Ioudaious ethōn te kai zētēmatōn
especially because thou art expert in all customs and questions which are among the Jews:

διὸ δέομαι μακροθύμως ἀκοῦσαί μου
dio deomai makrothymōs akousai mou
wherefore I beseech thee to hear me patiently.

Τὴν μὲν οὖν βίωσίν μου [τὴν] ἐκ νεότητος τὴν ἀπ' ἀρχῆς γενομένην ἐν τῷ ἔθνει μου
Tēn men oun biōsin mou [tēn] ek neotētos tēn ap' archēs genomenēn en tō ethnei mou
My manner of life then from my youth up, which was from the beginning among mine own nation

ἔν τε Ἱεροσολύμοις ἴσασι πάντες [οἱ] Ἰουδαῖοι
en te Hierosolymois isasi pantes [hoi] Ioudaioi
and at Jerusalem, know all the Jews;

προγινώσκοντές με ἄνωθεν, ἐὰν θέλωσι μαρτυρεῖν
proginōskontes me anōthen, ean thelōsi martyrein
having knowledge of me from the first, if they be willing to testify,

ὅτι κατὰ τὴν ἀκριβεστάτην αἵρεσιν τῆς ἡμετέρας θρησκείας ἔζησα Φαρισαῖος
hoti kata tēn akribestatēn hairesin tēs hēmeteras thrēskeias ezēsa Pharisaios
that after the straitest sect of our religion I lived a Pharisee.

καὶ νῦν ἐπ' ἐλπίδι τῆς εἰς τοὺς πατέρας ἡμῶν ἐπαγγελίας γενομένης ὑπὸ τοῦ θεοῦ ἔστηκα κρινόμενος
kai nyn ep' elpidi tēs eis tous pateras hēmōn epangelias genomenēs hypo tou theou hestēka krinomenos
And now I stand here to be judged for the hope of the promise made of God unto our fathers;

εἰς ἣν τὸ δωδεκάφυλον ἡμῶν ἐν ἐκτενείᾳ νύκτα καὶ ἡμέραν λατρεῦον ἐλπίζει καταντῆσαι
eis hēn to dōdekaphylon hēmōn en ekteneia nykta kai hēmeran latreuon elpizei katantēsai
unto which promise our twelve tribes, earnestly serving God night and day, hope to attain.

περὶ ἧς ἐλπίδος ἐγκαλοῦμαι ὑπὸ Ἰουδαίων, βασιλεῦ
peri hēs elpidos enkaloumai hypo Ioudaiōn, basileu
And concerning this hope I am accused by the Jews, O king!

τί ἄπιστον κρίνεται παρ' ὑμῖν εἰ ὁ θεὸς νεκροὺς ἐγείρει
ti apiston krinetai par' hymin ei ho theos nekrous egeirei
Why is it judged incredible with you, if God doth raise the dead?

ἐγὼ μὲν οὖν ἔδοξα ἐμαυτῷ πρὸς τὸ ὄνομα Ἰησοῦ τοῦ Ναζωραίου δεῖν πολλὰ ἐναντία πρᾶξαι
egō men oun edoxa emautō pros to onoma Iēsou tou Nazōraiou dein polla enantia praxai
I verily thought with myself that I ought to do many things contrary to the name of Jesus of Nazareth.

ὃ καὶ ἐποίησα ἐν Ἱεροσολύμοις
ho kai epoiēsa en Hierosolymois
And this I also did in Jerusalem:

καὶ πολλούς τε τῶν ἁγίων ἐγὼ ἐν φυλακαῖς κατέκλεισα τὴν παρὰ τῶν ἀρχιερέων ἐξουσίαν λαβών
kai pollous te tōn hagiōn egō en phylakais katekleisa tēn para tōn archiereōn exousian labōn
and I both shut up many of the saints in prisons, having received authority from the chief priests,

ἀναιρουμένων τε αὐτῶν κατήνεγκα ψῆφον
anairoumenōn te autōn katēnenka psēphon
and when they were put to death I gave my vote against them.

καὶ κατὰ πάσας τὰς συναγωγὰς πολλάκις τιμωρῶν αὐτοὺς ἠνάγκαζον βλασφημεῖν
kai kata pasas tas synagōgas pollakis timōrōn autous ēnankazon blasphēmein
And punishing them oftentimes in all the synagogues, I strove to make them blaspheme;

περισσῶς τε ἐμμαινόμενος αὐτοῖς ἐδίωκον ἕως καὶ εἰς τὰς ἔξω πόλεις
perissōs te emmainomenos autois ediōkon heōs kai eis tas exō poleis
and being exceedingly mad against them, I persecuted them even unto foreign cities.

Ἐν οἷς πορευόμενος εἰς τὴν Δαμασκὸν μετ' ἐξουσίας καὶ ἐπιτροπῆς τῆς τῶν ἀρχιερέων
En hois poreuomenos eis tēn Damaskon met' exousias kai epitropēs tēs tōn archiereōn
Whereupon as I journeyed to Damascus with the authority and commission of the chief priests,

ἡμέρας μέσης κατὰ τὴν ὁδὸν εἶδον, βασιλεῦ
hēmeras mesēs kata tēn hodon eidon, basileu
at midday, O king,

οὐρανόθεν ὑπὲρ τὴν λαμπρότητα τοῦ ἡλίου
ouranothen hyper tēn lamprotēta tou hēliou
I saw on the way a light from heaven, above the brightness of the sun,

περιλάμψαν με φῶς καὶ τοὺς σὺν ἐμοὶ πορευομένους
perilampsan me phōs kai tous syn emoi poreuomenous
shining round about me and them that journeyed with me.

πάντων τε καταπεσόντων ἡμῶν εἰς τὴν γῆν ἤκουσα φωνὴν λέγουσαν πρός με τῇ Ἑβραΐδι διαλέκτῳ
pantōn te katapesontōn hēmōn eis tēn gēn ēkousa phōnēn legousan pros me tē Hebraidi dialektō
And when we were all fallen to the earth, I heard a voice saying unto me in the Hebrew language,

Σαοὺλ Σαούλ, τί με διώκεις; σκληρόν σοι πρὸς κέντρα λακτίζειν
Saoul Saoul, ti me diōkeis? sklēron soi pros kentra laktizein
Saul, Saul, why persecutest thou me? it is hard for thee to kick against the goad.

ἐγὼ δὲ εἶπα, Τίς εἶ, κύριε; ὁ δὲ κύριος εἶπεν, Ἐγώ εἰμι Ἰησοῦς ὃν σὺ διώκεις
egō de eipa, Tis ei, kyrie? ho de kyrios eipen, Egō eimi Iēsous hon sy diōkeis
And I said, Who art thou, Lord? And the Lord said, I am Jesus whom thou persecutest.

ἀλλὰ ἀνάστηθι καὶ στῆθι ἐπὶ τοὺς πόδας σου
alla anastēthi kai stēthi epi tous podas sou
But arise, and stand upon thy feet:

εἰς τοῦτο γὰρ ὤφθην σοι, προχειρίσασθαί σε ὑπηρέτην καὶ μάρτυρα
eis touto gar ōphthēn soi, procheirisasthai se hypēretēn kai martyra
for to this end have I appeared unto thee, to appoint thee a minister and a witness

ὧν τε εἶδές [με] ὧν τε ὀφθήσομαί σοι
hōn te eides [me] hōn te ophthēsomai soi
both of the things wherein thou hast seen me, and of the things wherein I will appear unto thee;

ἐξαιρούμενός σε ἐκ τοῦ λαοῦ καὶ ἐκ τῶν ἐθνῶν, εἰς οὓς ἐγὼ ἀποστέλλω σε
exairoumenos se ek tou laou kai ek tōn ethnōn, eis hous egō apostellō se
delivering thee from the people, and from the Gentiles, unto whom I send thee,

ἀνοῖξαι ὀφθαλμοὺς αὐτῶν, τοῦ ἐπιστρέψαι ἀπὸ σκότους εἰς φῶς καὶ τῆς ἐξουσίας τοῦ Σατανᾶ ἐπὶ τὸν θεόν
anoixai ophthalmous autōn, tou epistrepsai apo skotous eis phōs kai tēs exousias tou Satana epi ton theon
to open their eyes, that they may turn from darkness to light and from the power of Satan unto God,

τοῦ λαβεῖν αὐτοὺς ἄφεσιν ἁμαρτιῶν καὶ κλῆρον ἐν τοῖς ἡγιασμένοις πίστει τῇ εἰς ἐμέ
tou labein autous aphesin hamartiōn kai klēron en tois hēgiasmenois pistei tē eis eme
that they may receive remission of sins and an inheritance among them that are sanctified by faith in me.

Ὅθεν, βασιλεῦ Ἀγρίππα, οὐκ ἐγενόμην ἀπειθὴς τῇ οὐρανίῳ ὀπτασίᾳ
Othen, basileu Agrippa, ouk egenomēn apeithēs tē ouraniō optasia
Wherefore, O king Agrippa, I was not disobedient unto the heavenly vision:

ἀλλὰ τοῖς ἐν Δαμασκῷ πρῶτόν τε καὶ Ἱεροσολύμοις, πᾶσάν τε τὴν χώραν τῆς Ἰουδαίας
alla tois en Damaskō prōton te kai Hierosolymois, pasan te tēn chōran tēs Ioudaias
but declared both to them of Damascus first, and at Jerusalem, and throughout all the country of Judæa,

καὶ τοῖς ἔθνεσιν ἀπήγγελλον μετανοεῖν καὶ ἐπιστρέφειν ἐπὶ τὸν θεόν, ἄξια τῆς μετανοίας ἔργα πράσσοντας
kai tois ethnesin apēngellon metanoein kai epistrephein epi ton theon, axia tēs metanoias erga prassontas
and also to the Gentiles, that they should repent and turn to God, doing works worthy of repentance.

ἕνεκα τούτων με Ἰουδαῖοι συλλαβόμενοι [ὄντα] ἐν τῷ ἱερῷ ἐπειρῶντο διαχειρίσασθαι
heneka toutōn me Ioudaioi syllabomenoi [onta] en tō hierō epeirōnto diacheirisasthai
For this cause the Jews seized me in the temple, and assayed to kill me.

ἐπικουρίας οὖν τυχὼν τῆς ἀπὸ τοῦ θεοῦ ἄχρι τῆς ἡμέρας ταύτης ἔστηκα μαρτυρόμενος μικρῷ τε καὶ μεγάλῳ
epikourias oun tychōn tēs apo tou theou achri tēs hēmeras tautēs hestēka martyromenos mikrō te kai megalō
Having therefore obtained the help that is from God, I stand unto this day testifying both to small and great,

οὐδὲν ἐκτὸς λέγων ὧν τε οἱ προφῆται ἐλάλησαν μελλόντων γίνεσθαι καὶ Μωϋσῆς
ouden ektos legōn hōn te hoi prophētai elalēsan mellontōn ginesthai kai Mōusēs
saying nothing but what the prophets and Moses did say should come;

εἰ παθητὸς ὁ Χριστός
ei pathētos ho Christos
how that the Christ must suffer,

εἰ πρῶτος ἐξ ἀναστάσεως νεκρῶν φῶς μέλλει καταγγέλλειν τῷ τε λαῷ καὶ τοῖς ἔθνεσιν
ei prōtos ex anastaseōs nekrōn phōs mellei katangellein tō te laō kai tois ethnesin
and how that he first by the resurrection of the dead should proclaim light both to the people and to the Gentiles.

Ταῦτα δὲ αὐτοῦ ἀπολογουμένου ὁ Φῆστος μεγάλη τῇ φωνῇ φησιν, Μαίνῃ, Παῦλε
Tauta de autou apologoumenou ho Phēstos megalē tē phōnē phēsin, Mainē, Paule
And as he thus made his defence, Festus saith with a loud voice, Paul, thou art mad;

τὰ πολλά σε γράμματα εἰς μανίαν περιτρέπει
ta polla se grammata eis manian peritrepei
thy much learning is turning thee mad.

ὁ δὲ Παῦλος, Οὐ μαίνομαι, φησίν, κράτιστε Φῆστε, ἀλλὰ ἀληθείας καὶ σωφροσύνης ῥήματα ἀποφθέγγομαι
ho de Paulos, Ou mainomai, phēsin, kratiste Phēste, alla alētheias kai sōphrosynēs rhēmata apophthengomai
But Paul saith, I am not mad, most excellent Festus; but speak forth words of truth and soberness.

ἐπίσταται γὰρ περὶ τούτων ὁ βασιλεύς, πρὸς ὃν καὶ παρρησιαζόμενος λαλῶ
epistatai gar peri toutōn ho basileus, pros hon kai parrēsiazomenos lalō
For the king knoweth of these things, unto whom also I speak freely:

λανθάνειν γὰρ αὐτὸν [τι] τούτων οὐ πείθομαι οὐθέν, οὐ γάρ ἐστιν ἐν γωνίᾳ πεπραγμένον τοῦτο
lanthanein gar auton [ti] toutōn ou peithomai outhen, ou gar estin en gōnia pepragmenon touto
for I am persuaded that none of these things is hidden from him; for this hath not been done in a corner.

πιστεύεις, βασιλεῦ Ἀγρίππα, τοῖς προφήταις; οἶδα ὅτι πιστεύεις
pisteueis, basileu Agrippa, tois prophētais? oida hoti pisteueis
King Agrippa, believest thou the prophets? I know that thou believest.

ὁ δὲ Ἀγρίππας πρὸς τὸν Παῦλον, Ἐν ὀλίγῳ με πείθεις Χριστιανὸν ποιῆσαι
ho de Agrippas pros ton Paulon, En oligō me peitheis Christianon poiēsai
And Agrippa said unto Paul, With but little persuasion thou wouldest fain make me a Christian.

ὁ δὲ Παῦλος, Εὐξαίμην ἂν τῷ θεῷ καὶ ἐν ὀλίγῳ καὶ ἐν μεγάλῳ οὐ μόνον σὲ
ho de Paulos, Euxaimēn an tō theō kai en oligō kai en megalō ou monon se
And Paul said, I would to God, that whether with little or with much, not thou only,

ἀλλὰ καὶ πάντας τοὺς ἀκούοντάς μου σήμερον γενέσθαι τοιούτους ὁποῖος καὶ ἐγώ εἰμι, παρεκτὸς τῶν δεσμῶν τούτων
alla kai pantas tous akouontas mou sēmeron genesthai toioutous hopoios kai egō eimi, parektos tōn desmōn toutōn
but also all that hear me this day, might become such as I am, except these bonds.

Ἀνέστη τε ὁ βασιλεὺς καὶ ὁ ἡγεμὼν ἥ τε Βερνίκη καὶ οἱ συγκαθήμενοι αὐτοῖς
Anestē te ho basileus kai ho hēgemōn hē te Bernikē kai hoi synkathēmenoi autois
And the king rose up, and the governor, and Bernice, and they that sat with them:

καὶ ἀναχωρήσαντες ἐλάλουν πρὸς ἀλλήλους λέγοντες ὅτι
kai anachōrēsantes elaloun pros allēlous legontes hoti
and when they had withdrawn, they spake one to another, saying,

Οὐδὲν θανάτου ἢ δεσμῶν ἄξιον [τι] πράσσει ὁ ἄνθρωπος οὗτος
Ouden thanatou ē desmōn axion [ti] prassei ho anthrōpos houtos
This man doeth nothing worthy of death or of bonds.

Ἀγρίππας δὲ τῷ Φήστῳ ἔφη, Ἀπολελύσθαι ἐδύνατο ὁ ἄνθρωπος οὗτος εἰ μὴ ἐπεκέκλητο Καίσαρα
Agrippas de tō Phēstō ephē, Apolelysthai edynato ho anthrōpos houtos ei mē epekeklēto Kaisara
And Agrippa said unto Festus, This man might have been set at liberty, if he had not appealed unto Cæsar.

κζ

Ὡς δὲ ἐκρίθη τοῦ ἀποπλεῖν ἡμᾶς εἰς τὴν Ἰταλίαν
Hōs de ekrithē tou apoplein hēmas eis tēn Italian
And when it was determined that we should sail for Italy,

παρεδίδουν τόν τε Παῦλον καί τινας ἑτέρους δεσμώτας ἑκατοντάρχῃ ὀνόματι Ἰουλίῳ σπείρης Σεβαστῆς
paredidoun ton te Paulon kai tinas heterous desmōtas hekatontarchē onomati Iouliō speirēs Sebastēs
they delivered Paul and certain other prisoners to a centurion named Julius, of the Augustan band.

ἐπιβάντες δὲ πλοίῳ Ἀδραμυττηνῷ μέλλοντι πλεῖν εἰς τοὺς κατὰ τὴν Ἀσίαν τόπους ἀνήχθημεν
epibantes de ploiō Adramyttēnō mellonti plein eis tous kata tēn Asian topous anēchthēmen
And embarking in a ship of Adramyttium, which was about to sail unto the places on the coast of Asia, we put to sea,

ὄντος σὺν ἡμῖν Ἀριστάρχου Μακεδόνος Θεσσαλονικέως
ontos syn hēmin Aristarchou Makedonos Thessalonikeōs
Aristarchus, a Macedonian of Thessalonica, being with us.

τῇ τε ἑτέρᾳ κατήχθημεν εἰς Σιδῶνα
tē te hetera katēchthēmen eis Sidōna
And the next day we touched at Sidon:

φιλανθρώπως τε ὁ Ἰούλιος τῷ Παύλῳ χρησάμενος ἐπέτρεψεν πρὸς τοὺς φίλους πορευθέντι ἐπιμελείας τυχεῖν
philanthrōpōs te ho Ioulios tō Paulō chrēsamenos epetrepsen pros tous philous poreuthenti epimeleias tychein
and Julius treated Paul kindly, and gave him leave to go unto his friends and refresh himself.

κἀκεῖθεν ἀναχθέντες ὑπεπλεύσαμεν τὴν Κύπρον διὰ τὸ τοὺς ἀνέμους εἶναι ἐναντίους
kakeithen anachthentes hypepleusamen tēn Kypron dia to tous anemous einai enantious
And putting to sea from thence, we sailed under the lee of Cyprus, because the winds were contrary.

τό τε πέλαγος τὸ κατὰ τὴν Κιλικίαν καὶ Παμφυλίαν διαπλεύσαντες κατήλθομεν εἰς Μύρα τῆς Λυκίας
to te pelagos to kata tēn Kilikian kai Pamphylian diapleusantes katēlthomen eis Myra tēs Lykias
And when we had sailed across the sea which is off Cilicia and Pamphylia, we came to Myra, a city of Lycia.

κἀκεῖ εὑρὼν ὁ ἑκατοντάρχης πλοῖον Ἀλεξανδρῖνον πλέον εἰς τὴν Ἰταλίαν ἐνεβίβασεν ἡμᾶς εἰς αὐτό
kakei heurōn ho hekatontarchēs ploion Alexandrinon pleon eis tēn Italian enebibasen hēmas eis auto
And there the centurion found a ship of Alexandria sailing for Italy; and he put us therein.

ἐν ἱκαναῖς δὲ ἡμέραις βραδυπλοοῦντες καὶ μόλις γενόμενοι κατὰ τὴν Κνίδον
en hikanais de hēmerais bradyploountes kai molis genomenoi kata tēn Knidon
And when we had sailed slowly many days, and were come with difficulty over against Cnidus,

μὴ προσεῶντος ἡμᾶς τοῦ ἀνέμου, ὑπεπλεύσαμεν τὴν Κρήτην κατὰ Σαλμώνην
mē proseōntos hēmas tou anemou, hypepleusamen tēn Krētēn kata Salmōnēn
the wind not further suffering us, we sailed under the lee of Crete, over against Salmone;

μόλις τε παραλεγόμενοι αὐτὴν ἤλθομεν εἰς τόπον τινὰ καλούμενον Καλοὺς Λιμένας
molis te paralegomenoi autēn ēlthomen eis topon tina kaloumenon Kalous Limenas
and with difficulty coasting along it we came unto a certain place called Fair Havens;

ᾧ ἐγγὺς πόλις ἦν Λασαία
hō engys polis ēn Lasaia
nigh whereunto was the city of Lasea.

Ἱκανοῦ δὲ χρόνου διαγενομένου καὶ ὄντος ἤδη ἐπισφαλοῦς τοῦ πλοὸς διὰ τὸ
Hikanou de chronou diagenomenou kai ontos ēdē episphalous tou ploos dia to
And when much time was spent, and the voyage was now dangerous,

καὶ τὴν νηστείαν ἤδη παρεληλυθέναι, παρῄνει ὁ Παῦλος
kai tēn nēsteian ēdē parelēlythenai, parēnei ho Paulos
because the Fast was now already gone by, Paul admonished them,

λέγων αὐτοῖς, Ἄνδρες, θεωρῶ ὅτι μετὰ ὕβρεως καὶ πολλῆς ζημίας οὐ μόνον τοῦ φορτίου
legōn autois, Andres, theōrō hoti meta hybreōs kai pollēs zēmias ou monon tou phortiou
and said unto them, Sirs, I perceive that the voyage will be with injury and much loss,

καὶ τοῦ πλοίου ἀλλὰ καὶ τῶν ψυχῶν ἡμῶν μέλλειν ἔσεσθαι τὸν πλοῦν
kai tou ploiou alla kai tōn psychōn hēmōn mellein esesthai ton ploun
not only of the lading and the ship, but also of our lives.

ὁ δὲ ἑκατοντάρχης τῷ κυβερνήτῃ καὶ τῷ ναυκλήρῳ
ho de hekatontarchēs tō kybernētē kai tō nauklērō
But the centurion gave more heed to the master and to the owner of the ship,

μᾶλλον ἐπείθετο ἢ τοῖς ὑπὸ Παύλου λεγομένοις
mallon epeitheto ē tois hypo Paulou legomenois
than to those things which were spoken by Paul.

ἀνευθέτου δὲ τοῦ λιμένος ὑπάρχοντος πρὸς παραχειμασίαν οἱ πλείονες ἔθεντο βουλὴν ἀναχθῆναι ἐκεῖθεν
aneuthetou de tou limenos hyparchontos pros paracheimasian hoi pleiones ethento boulēn anachthēnai ekeithen
And because the haven was not commodious to winter in, the more part advised to put to sea from thence,

εἴ πως δύναιντο καταντήσαντες εἰς Φοίνικα παραχειμάσαι
ei pōs dynainto katantēsantes eis Phoinika paracheimasai
if by any means they could reach Phoenix, and winter there;

λιμένα τῆς Κρήτης βλέποντα κατὰ λίβα καὶ κατὰ χῶρον
limena tēs Krētēs bleponta kata liba kai kata chōron
which is a haven of Crete, looking north-east and south-east.

Ὑποπνεύσαντος δὲ νότου δόξαντες τῆς προθέσεως κεκρατηκέναι
Hypopneusantos de notou doxantes tēs protheseōs kekratēkenai
And when the south wind blew softly, supposing that they had obtained their purpose,

ἄραντες ἆσσον παρελέγοντο τὴν Κρήτην
arantes asson parelegonto tēn Krētēn
they weighed anchor and sailed along Crete, close in shore.

μετ' οὐ πολὺ δὲ ἔβαλεν κατ' αὐτῆς ἄνεμος τυφωνικὸς ὁ καλούμενος Εὐρακύλων
met' ou poly de ebalen kat' autēs anemos typhōnikos ho kaloumenos Eurakylōn
But after no long time there beat down from it a tempestuous wind, which is called Euraquilo:

συναρπασθέντος δὲ τοῦ πλοίου καὶ μὴ δυναμένου ἀντοφθαλμεῖν τῷ ἀνέμῳ ἐπιδόντες ἐφερόμεθα
synarpasthentos de tou ploiou kai mē dynamenou antophthalmein tō anemō epidontes epherometha
and when the ship was caught, and could not face the wind, we gave way to it, and were driven.

νησίον δέ τι ὑποδραμόντες καλούμενον Καῦδα ἰσχύσαμεν μόλις περικρατεῖς γενέσθαι τῆς σκάφης
nēsion de ti hypodramontes kaloumenon Kauda ischysamen molis perikrateis genesthai tēs skaphēs
And running under the lee of a small island called Cauda, we were able, with difficulty, to secure the boat:

ἣν ἄραντες βοηθείαις ἐχρῶντο ὑποζωννύντες τὸ πλοῖον
hēn arantes boētheiais echrōnto hypozōnnyntes to ploion
and when they had hoisted it up, they used helps, under-girding the ship;

φοβούμενοί τε μὴ εἰς τὴν Σύρτιν ἐκπέσωσιν, χαλάσαντες τὸ σκεῦος, οὕτως ἐφέροντο
phoboumenoi te mē eis tēn Syrtin ekpesōsin, chalasantes to skeuos, houtōs epheronto
and, fearing lest they should be cast upon the Syrtis, they lowered the gear, and so were driven.

σφοδρῶς δὲ χειμαζομένων ἡμῶν τῇ ἑξῆς ἐκβολὴν ἐποιοῦντο
sphodrōs de cheimazomenōn hēmōn tē hexēs ekbolēn epoiounto
And as we labored exceedingly with the storm, the next day they began to throw the freight overboard;

καὶ τῇ τρίτῃ αὐτόχειρες τὴν σκευὴν τοῦ πλοίου ἔρριψαν
kai tē tritē autocheires tēn skeuēn tou ploiou erripsan
and the third day they cast out with their own hands the tackling of the ship.

μήτε δὲ ἡλίου μήτε ἄστρων ἐπιφαινόντων ἐπὶ πλείονας ἡμέρας
mēte de hēliou mēte astrōn epiphainontōn epi pleionas hēmeras,
And when neither sun nor stars shone upon us for many days,

χειμῶνός τε οὐκ ὀλίγου ἐπικειμένου, λοιπὸν περιῃρεῖτο ἐλπὶς πᾶσα τοῦ σῴζεσθαι ἡμᾶς
cheimōnos te ouk oligou epikeimenou, loipon periēreito elpis pasa tou sōzesthai hēmas
and no small tempest lay on us, all hope that we should be saved was now taken away.

Πολλῆς τε ἀσιτίας ὑπαρχούσης τότε σταθεὶς ὁ Παῦλος ἐν μέσῳ αὐτῶν εἶπεν, Ἔδει μέν, ὦ ἄνδρες
Pollēs te asitias hyparchousēs tote statheis ho Paulos en mesō autōn eipen, Edei men, ō andres,
And when they had been long without food, then Paul stood forth in the midst of them, and said, Sirs,

πειθαρχήσαντάς μοι μὴ ἀνάγεσθαι ἀπὸ τῆς Κρήτης κερδῆσαί τε τὴν ὕβριν ταύτην καὶ τὴν ζημίαν
peitharchēsantas moi mē anagesthai apo tēs Krētēs kerdēsai te tēn hybrin tautēn kai tēn zēmian
ye should have hearkened unto me, and not have set sail from Crete, and have gotten this injury and loss.

καὶ τὰ νῦν παραινῶ ὑμᾶς εὐθυμεῖν, ἀποβολὴ γὰρ ψυχῆς οὐδεμία ἔσται ἐξ ὑμῶν πλὴν τοῦ πλοίου
kai ta nyn parainō hymas euthymein, apobolē gar psychēs oudemia estai ex hymōn plēn tou ploiou
And now I exhort you to be of good cheer; for there shall be no loss of life among you, but only of the ship.

παρέστη γάρ μοι ταύτῃ τῇ νυκτὶ τοῦ θεοῦ οὗ εἰμι [ἐγώ], ᾧ καὶ λατρεύω, ἄγγελος
parestē gar moi tautē tē nykti tou theou hou eimi [egō], hō kai latreuō, angelos
For there stood by me this night an angel of the God whose I am, whom also I serve,

λέγων, Μὴ φοβοῦ, Παῦλε: Καίσαρί σε δεῖ παραστῆναι, καὶ ἰδοὺ κεχάρισταί σοι ὁ θεὸς πάντας τοὺς πλέοντας μετὰ σοῦ
legōn, Mē phobou, Paule: Kaisari se dei parastēnai, kai idou kecharistai soi ho theos pantas tous pleontas meta sou
saying, Fear not, Paul; thou must stand before Cæsar: and lo, God hath granted thee all them that sail with thee.

διὸ εὐθυμεῖτε, ἄνδρες: πιστεύω γὰρ τῷ θεῷ ὅτι οὕτως ἔσται καθ' ὃν τρόπον λελάληταί μοι
dio euthymeite, andres: pisteuō gar tō theō hoti houtōs estai kath' hon tropon lelalētai moi
Wherefore, sirs, be of good cheer: for I believe God, that it shall be even so as it hath been spoken unto me.

εἰς νῆσον δέ τινα δεῖ ἡμᾶς ἐκπεσεῖν
eis nēson de tina dei hēmas ekpesein
But we must be cast upon a certain island.

Ὡς δὲ τεσσαρεσκαιδεκάτη νὺξ ἐγένετο διαφερομένων ἡμῶν ἐν τῷ Ἀδρίᾳ
Hōs de tessareskaidekatē nyx egeneto diapheromenōn hēmōn en tō Adria
But when the fourteenth night was come, as we were driven to and fro in the sea of Adria,

κατὰ μέσον τῆς νυκτὸς ὑπενόουν οἱ ναῦται προσάγειν τινὰ αὐτοῖς χώραν
kata meson tēs nyktos hypenooun hoi nautai prosagein tina autois chōran
about midnight the sailors surmised that they were drawing near to some country:

καὶ βολίσαντες εὗρον ὀργυιὰς εἴκοσι, βραχὺ δὲ διαστήσαντες καὶ πάλιν βολίσαντες εὗρον ὀργυιὰς δεκαπέντε
kai bolisantes heuron orguias eikosi, brachy de diastēsantes kai palin bolisantes heuron orguias dekapente
and they sounded, and found twenty fathoms; and after a little space, they sounded again, and found fifteen fathoms.

φοβούμενοί τε μή που κατὰ τραχεῖς τόπους ἐκπέσωμεν
phoboumenoi te mē pou kata tracheis topous ekpesōmen
And fearing lest haply we should be cast ashore on rocky ground,

ἐκ πρύμνης ῥίψαντες ἀγκύρας τέσσαρας ηὔχοντο ἡμέραν γενέσθαι
ek prymnēs rhipsantes ankyras tessaras ēuchonto hēmeran genesthai
they let go four anchors from the stern, and wished for the day.

τῶν δὲ ναυτῶν ζητούντων φυγεῖν ἐκ τοῦ πλοίου
tōn de nautōn zētountōn phygein ek tou ploiou
And as the sailors were seeking to flee out of the ship,

καὶ χαλασάντων τὴν σκάφην εἰς τὴν θάλασσαν προφάσει ὡς ἐκ πρώρης ἀγκύρας μελλόντων ἐκτείνειν
kai chalasantōn tēn skaphēn eis tēn thalassan prophasei hōs ek prōrēs ankyras mellontōn ekteinein
and had lowered the boat into the sea, under color as though they would lay out anchors from the foreship,

εἶπεν ὁ Παῦλος τῷ ἑκατοντάρχη καὶ τοῖς στρατιώταις, Ἐὰν μὴ οὗτοι μείνωσιν ἐν τῷ πλοίῳ, ὑμεῖς σωθῆναι οὐ δύνασθε
eipen ho Paulos tō hekatontarchē kai tois stratiōtais, Ean mē houtoi meinōsin en tō ploiō, hymeis sōthēnai ou dynasthe
Paul said to the centurion and to the soldiers, Except these abide in the ship, ye cannot be saved.

τότε ἀπέκοψαν οἱ στρατιῶται τὰ σχοινία τῆς σκάφης καὶ εἴασαν αὐτὴν ἐκπεσεῖν
tote apekopsan hoi stratiōtai ta schoinia tēs skaphēs kai eiasan autēn ekpesein
Then the soldiers cut away the ropes of the boat, and let her fall off.

Ἄχρι δὲ οὗ ἡμέρα ἤμελλεν γίνεσθαι παρεκάλει ὁ Παῦλος ἅπαντας μεταλαβεῖν τροφῆς λέγων
Achri de hou hēmera ēmellen ginesthai parekalei ho Paulos hapantas metalabein trophēs legōn
And while the day was coming on, Paul besought them all to take some food, saying,

Τεσσαρεσκαιδεκάτην σήμερον ἡμέραν προσδοκῶντες ἄσιτοι διατελεῖτε, μηθὲν προσλαβόμενοι
Tessareskaidekatēn sēmeron hēmeran prosdokōntes asitoi diateleite, mēthen proslabomenoi
This day is the fourteenth day that ye wait and continue fasting, having taken nothing.

διὸ παρακαλῶ ὑμᾶς μεταλαβεῖν τροφῆς, τοῦτο γὰρ πρὸς τῆς ὑμετέρας σωτηρίας ὑπάρχει
dio parakalō hymas metalabein trophēs, touto gar pros tēs hymeteras sōtērias hyparchei
Wherefore I beseech you to take some food: for this is for your safety:

οὐδενὸς γὰρ ὑμῶν θρὶξ ἀπὸ τῆς κεφαλῆς ἀπολεῖται
oudenos gar hymōn thrix apo tēs kephalēs apoleitai
for there shall not a hair perish from the head of any of you.

εἴπας δὲ ταῦτα καὶ λαβὼν ἄρτον εὐχαρίστησεν τῷ θεῷ ἐνώπιον πάντων
eipas de tauta kai labōn arton eucharistēsen tō theō enōpion pantōn
And when he had said this, and had taken bread, he gave thanks to God in the presence of all;

καὶ κλάσας ἤρξατο ἐσθίειν
kai klasas ērxato esthiein
and he brake it, and began to eat.

εὔθυμοι δὲ γενόμενοι πάντες καὶ αὐτοὶ προσελάβοντο τροφῆς
euthymoi de genomenoi pantes kai autoi proselabonto trophēs
Then were they all of good cheer, and themselves also took food.

ἤμεθα δὲ αἱ πᾶσαι ψυχαὶ ἐν τῷ πλοίῳ διακόσιαι ἑβδομήκοντα ἕξ
ēmetha de hai pasai psychai en tō ploiō diakosiai hebdomēkonta hex
And we were in all in the ship two hundred threescore and sixteen souls.

κορεσθέντες δὲ τροφῆς ἐκούφιζον τὸ πλοῖον ἐκβαλλόμενοι τὸν σῖτον εἰς τὴν θάλασσαν
koresthentes de trophēs ekouphizon to ploion ekballomenoi ton siton eis tēn thalassan
And when they had eaten enough, they lightened the ship, throwing out the wheat into the sea.

Οτε δὲ ἡμέρα ἐγένετο, τὴν γῆν οὐκ ἐπεγίνωσκον
Ote de hēmera egeneto, tēn gēn ouk epeginōskon
And when it was day, they knew not the land:

κόλπον δέ τινα κατενόουν ἔχοντα αἰγιαλὸν εἰς ὃν ἐβουλεύοντο εἰ δύναιντο ἐξῶσαι τὸ πλοῖον
kolpon de tina katenooun echonta aigialon eis hon ebouleuonto ei dynainto exōsai to ploion
but they perceived a certain bay with a beach, and they took counsel whether they could drive the ship upon it.

καὶ τὰς ἀγκύρας περιελόντες εἴων εἰς τὴν θάλασσαν, ἅμα ἀνέντες τὰς ζευκτηρίας τῶν πηδαλίων
kai tas ankyras perielontes eiōn eis tēn thalassan, hama anentes tas zeuktērias tōn pēdaliōn
And casting off the anchors, they left them in the sea, at the same time loosing the bands of the rudders;

καὶ ἐπάραντες τὸν ἀρτέμωνα τῇ πνεούσῃ κατεῖχον εἰς τὸν αἰγιαλόν
kai eparantes ton artemōna tē pneousē kateichon eis ton aigialon
and hoisting up the foresail to the wind, they made for the beach.

περιπεσόντες δὲ εἰς τόπον διθάλασσον ἐπέκειλαν τὴν ναῦν
peripesontes de eis topon dithalasson epekeilan tēn naun
But lighting upon a place where two seas met, they ran the vessel aground;

καὶ ἡ μὲν πρῷρα ἐρείσασα ἔμεινεν ἀσάλευτος, ἡ δὲ πρύμνα ἐλύετο ὑπὸ τῆς βίας [τῶν κυμάτων]
kai hē men prōra ereisasa emeinen asaleutos, hē de prymna elyeto hypo tēs bias [tōn kymatōn]
and the foreship struck and remained unmoveable, but the stern began to break up by the violence of the waves.

τῶν δὲ στρατιωτῶν βουλὴ ἐγένετο ἵνα τοὺς δεσμώτας ἀποκτείνωσιν, μή τις ἐκκολυμβήσας διαφύγῃ
tōn de stratiōtōn boulē egeneto hina tous desmōtas apokteinōsin, mē tis ekkolymbēsas diaphygē
And the soldiers' counsel was to kill the prisoners, lest any of them should swim out, and escape.

ὁ δὲ ἑκατοντάρχης βουλόμενος διασῶσαι τὸν Παῦλον ἐκώλυσεν αὐτοὺς τοῦ βουλήματος
ho de hekatontarchēs boulomenos diasōsai ton Paulon ekōlysen autous tou boulēmatos
But the centurion, desiring to save Paul, stayed them from their purpose;

ἐκέλευσέν τε τοὺς δυναμένους κολυμβᾶν ἀπορίψαντας πρώτους ἐπὶ τὴν γῆν ἐξιέναι
ekeleusen te tous dynamenous kolymban aporipsantas prōtous epi tēn gēn exienai
and commanded that they who could swim should cast themselves overboard, and get first to the land;

καὶ τοὺς λοιποὺς οὓς μὲν ἐπὶ σανίσιν οὓς δὲ ἐπί τινων τῶν ἀπὸ τοῦ πλοίου
kai tous loipous hous men epi sanisin hous de epi tinōn tōn apo tou ploiou
and the rest, some on planks, and some on other things from the ship.

καὶ οὕτως ἐγένετο πάντας διασωθῆναι ἐπὶ τὴν γῆν
kai houtōs egeneto pantas diasōthēnai epi tēn gēn
And so it came to pass, that they all escaped safe to the land.

κη

Καὶ διασωθέντες τότε ἐπέγνωμεν ὅτι Μελίτη ἡ νῆσος καλεῖται
Kai diasōthentes tote epegnōmen hoti Melitē hē nēsos kaleitai
And when we were escaped, then we knew that the island was called Melita.

οἵ τε βάρβαροι παρεῖχον οὐ τὴν τυχοῦσαν φιλανθρωπίαν ἡμῖν
hoi te barbaroi pareichon ou tēn tychousan philanthrōpian hēmin
And the barbarians showed us no common kindness:

ἅψαντες γὰρ πυρὰν προσελάβοντο πάντας ἡμᾶς διὰ τὸν ὑετὸν τὸν ἐφεστῶτα καὶ διὰ τὸ ψῦχος
hapsantes gar pyran proselabonto pantas hēmas dia ton hyeton ton ephestōta kai dia to psychos
for they kindled a fire, and received us all, because of the present rain, and because of the cold.

συστρέψαντος δὲ τοῦ Παύλου φρυγάνων τι πλῆθος καὶ ἐπιθέντος ἐπὶ τὴν πυράν
systrepsantos de tou Paulou phryganōn ti plēthos kai epithentos epi tēn pyran
But when Paul had gathered a bundle of sticks and laid them on the fire,

ἔχιδνα ἀπὸ τῆς θέρμης ἐξελθοῦσα καθῆψεν τῆς χειρὸς αὐτοῦ
echidna apo tēs thermēs exelthousa kathēpsen tēs cheiros autou
a viper came out by reason of the heat, and fastened on his hand.

ὡς δὲ εἶδον οἱ βάρβαροι κρεμάμενον τὸ θηρίον ἐκ τῆς χειρὸς αὐτοῦ, πρὸς ἀλλήλους ἔλεγον
hōs de eidon hoi barbaroi kremamenon to thērion ek tēs cheiros autou, pros allēlous elegon,
And when the barbarians saw the venomous creature hanging from his hand, they said one to another,

Πάντως φονεύς ἐστιν ὁ ἄνθρωπος οὗτος ὃν διασωθέντα ἐκ τῆς θαλάσσης ἡ δίκη ζῆν οὐκ εἴασεν
Pantōs phoneus estin ho anthrōpos houtos hon diasōthenta ek tēs thalassēs hē dikē zēn ouk eiasen
No doubt this man is a murderer, whom, though he hath escaped from the sea, yet Justice hath not suffered to live.

ὁ μὲν οὖν ἀποτινάξας τὸ θηρίον εἰς τὸ πῦρ ἔπαθεν οὐδὲν κακόν
ho men oun apotinaxas to thērion eis to pyr epathen ouden kakon
Howbeit he shook off the creature into the fire, and took no harm.

οἱ δὲ προσεδόκων αὐτὸν μέλλειν πίμπρασθαι ἢ καταπίπτειν ἄφνω νεκρόν. ἐπὶ πολὺ δὲ αὐτῶν προσδοκώντων
hoi de prosedokōn auton mellein pimprasthai ē katapiptein aphnō nekron. epi poly de autōn prosdokōntōn
But they expected that he would have swollen, or fallen down dead suddenly: but when they were long in expectation

καὶ θεωρούντων μηδὲν ἄτοπον εἰς αὐτὸν γινόμενον, μεταβαλόμενοι ἔλεγον αὐτὸν εἶναι θεόν
kai theōrountōn mēden atopon eis auton ginomenon, metabalomenoi elegon auton einai theon
and beheld nothing amiss came to him, they changed their minds, and said that he was a god.

Ἐν δὲ τοῖς περὶ τὸν τόπον ἐκεῖνον ὑπῆρχεν χωρία τῷ πρώτῳ τῆς νήσου ὀνόματι Ποπλίῳ
En de tois peri ton topon ekeinon hypērchen chōria tō prōtō tēs nēsou onomati Popliō
Now in the neighborhood of that place were lands belonging to the chief man of the island, named Publius;

ὃς ἀναδεξάμενος ἡμᾶς τρεῖς ἡμέρας φιλοφρόνως ἐξένισεν
hos anadexamenos hēmas treis hēmeras philophronōs exenisen
who received us, and entertained us three days courteously.

ἐγένετο δὲ τὸν πατέρα τοῦ Ποπλίου πυρετοῖς καὶ δυσεντερίῳ συνεχόμενον κατακεῖσθαι
egeneto de ton patera tou Popliou pyretois kai dysenteriō synechomenon katakeisthai
And it was so, that the father of Publius lay sick of fever and dysentery:

πρὸς ὃν ὁ Παῦλος εἰσελθὼν καὶ προσευξάμενος ἐπιθεὶς τὰς χεῖρας αὐτῷ ἰάσατο αὐτόν
pros hon ho Paulos eiselthōn kai proseuxamenos epitheis tas cheiras autō iasato auton
unto whom Paul entered in, and prayed, and laying his hands on him healed him.

τούτου δὲ γενομένου καὶ οἱ λοιποὶ οἱ ἐν τῇ νήσῳ ἔχοντες ἀσθενείας προσήρχοντο καὶ ἐθεραπεύοντο
toutou de genomenou kai hoi loipoi hoi en tē nēsō echontes astheneias prosērchonto kai etherapeuonto
And when this was done, the rest also that had diseases in the island came, and were cured:

οἳ καὶ πολλαῖς τιμαῖς ἐτίμησαν ἡμᾶς καὶ ἀναγομένοις ἐπέθεντο τὰ πρὸς τὰς χρείας
hoi kai pollais timais etimēsan hēmas kai anagomenois epethento ta pros tas chreias
who also honored us with many honors; and when we sailed, they put on board such things as we needed.

Μετὰ δὲ τρεῖς μῆνας ἀνήχθημεν ἐν πλοίῳ παρακεχειμακότι ἐν τῇ νήσῳ Ἀλεξανδρίνῳ
Meta de treis mēnas anēchthēmen en ploiō parakecheimakoti en tē nēsō Alexandrinō
And after three months we set sail in a ship of Alexandria which had wintered in the island,

παρασήμῳ Διοσκούροις
parasēmō Dioskourois
whose sign was The Twin Brothers.

καὶ καταχθέντες εἰς Συρακούσας ἐπεμείναμεν ἡμέρας τρεῖς
kai katachthentes eis Syrakousas epemeinamen hēmeras treis
And touching at Syracuse, we tarried there three days.

ὅθεν περιελόντες κατηντήσαμεν εἰς Ῥήγιον
hothen perielontes katēntēsamen eis Rhēgion
And from thence we made a circuit, and arrived at Rhegium:

καὶ μετὰ μίαν ἡμέραν ἐπιγενομένου νότου δευτεραῖοι ἤλθομεν εἰς Ποτιόλους
kai meta mian hēmeran epigenomenou notou deuteraioi ēlthomen eis Potiolous
and after one day a south wind sprang up, and on the second day we came to Puteoli;

οὗ εὑρόντες ἀδελφοὺς παρεκλήθημεν παρ' αὐτοῖς ἐπιμεῖναι ἡμέρας ἑπτά: καὶ οὕτως εἰς τὴν Ῥώμην ἤλθαμεν
hou heurontes adelphous pareklēthēmen par' autois epimeinai hēmeras hepta: kai houtōs eis tēn Rhōmēn ēlthamen
where we found brethren, and were entreated to tarry with them seven days: and so we came to Rome.

κἀκεῖθεν οἱ ἀδελφοὶ ἀκούσαντες τὰ περὶ ἡμῶν
kakeithen hoi adelphoi akousantes ta peri hēmōn
And from thence the brethren, when they heard of us,

ἦλθαν εἰς ἀπάντησιν ἡμῖν ἄχρι Ἀππίου Φόρου καὶ Τριῶν Ταβερνῶν
ēlthan eis apantēsin hēmin achri Appiou Phorou kai Triōn Tabernōn
came to meet us as far as The Market of Appius and The Three Taverns;

οὓς ἰδὼν ὁ Παῦλος εὐχαριστήσας τῷ θεῷ ἔλαβε θάρσος
hous idōn ho Paulos eucharistēsas tō theō elabe tharsos
whom when Paul saw, he thanked God, and took courage.

Οτε δὲ εἰσήλθομεν εἰς Ῥώμην, ἐπετράπη τῷ Παύλῳ μένειν καθ' ἑαυτὸν σὺν τῷ φυλάσσοντι αὐτὸν στρατιώτῃ
Ote de eisēlthomen eis Rhōmēn, epetrapē tō Paulō menein kath' heauton syn tō phylassonti auton stratiōtē
And when we entered into Rome, Paul was suffered to abide by himself with the soldier that guarded him.

Ἐγένετο δὲ μετὰ ἡμέρας τρεῖς συγκαλέσασθαι αὐτὸν τοὺς ὄντας τῶν Ἰουδαίων πρώτους
Egeneto de meta hēmeras treis synkalesasthai auton tous ontas tōn Ioudaiōn prōtous
And it came to pass, that after three days he called together those that were the chief of the Jews:

συνελθόντων δὲ αὐτῶν ἔλεγεν πρὸς αὐτούς, Ἐγώ, ἄνδρες ἀδελφοί
synelthontōn de autōn elegen pros autous, Egō, andres adelphoi
and when they were come together, he said unto them, I, brethren,

οὐδὲν ἐναντίον ποιήσας τῷ λαῷ ἢ τοῖς ἔθεσι τοῖς πατρῴοις
ouden enantion poiēsas tō laō ē tois ethesi tois patrōois
though I had done nothing against the people, or the customs of our fathers,

δέσμιος ἐξ Ἱεροσολύμων παρεδόθην εἰς τὰς χεῖρας τῶν Ῥωμαίων
desmios ex Hierosolymōn paredothēn eis tas cheiras tōn Rhōmaiōn
yet was delivered prisoner from Jerusalem into the hands of the Romans:

οἵτινες ἀνακρίναντές με ἐβούλοντο ἀπολῦσαι διὰ τὸ μηδεμίαν αἰτίαν θανάτου ὑπάρχειν ἐν ἐμοί
hoitines anakrinantes me eboulonto apolysai dia to mēdemian aitian thanatou hyparchein en emoi
who, when they had examined me, desired to set me at liberty, because there was no cause of death in me.

ἀντιλεγόντων δὲ τῶν Ἰουδαίων ἠναγκάσθην ἐπικαλέσασθαι Καίσαρα
antilegontōn de tōn Ioudaiōn ēnankasthēn epikalesasthai Kaisara
But when the Jews spake against it, I was constrained to appeal unto Cæsar;

οὐχ ὡς τοῦ ἔθνους μου ἔχων τι κατηγορεῖν
ouch hōs tou ethnous mou echōn ti katēgorein
not that I had aught whereof to accuse my nation.

διὰ ταύτην οὖν τὴν αἰτίαν παρεκάλεσα ὑμᾶς ἰδεῖν καὶ προσλαλῆσαι
dia tautēn oun tēn aitian parekalesa hymas idein kai proslalēsai
For this cause therefore did I entreat you to see and to speak with me:

ἕνεκεν γὰρ τῆς ἐλπίδος τοῦ Ἰσραὴλ τὴν ἅλυσιν ταύτην περίκειμαι
heneken gar tēs elpidos tou Israēl tēn halysin tautēn perikeimai
for because of the hope of Israel I am bound with this chain.

οἱ δὲ πρὸς αὐτὸν εἶπαν, Ἡμεῖς οὔτε γράμματα περὶ σοῦ ἐδεξάμεθα ἀπὸ τῆς Ἰουδαίας
hoi de pros auton eipan, Hēmeis oute grammata peri sou edexametha apo tēs Ioudaias
And they said unto him, We neither received letters from Judæa concerning thee,

οὔτε παραγενόμενός τις τῶν ἀδελφῶν ἀπήγγειλεν ἢ ἐλάλησέν τι περὶ σοῦ πονηρόν
oute paragenomenos tis tōn adelphōn apēngeilen ē elalēsen ti peri sou ponēron
nor did any of the brethren come hither and report or speak any harm of thee.

ἀξιοῦμεν δὲ παρὰ σοῦ ἀκοῦσαι ἃ φρονεῖς
axioumen de para sou akousai ha phroneis
But we desire to hear of thee what thou thinkest:

περὶ μὲν γὰρ τῆς αἱρέσεως ταύτης γνωστὸν ἡμῖν ἐστιν ὅτι πανταχοῦ ἀντιλέγεται
peri men gar tēs haireseōs tautēs gnōston hēmin estin hoti pantachou antilegetai
for as concerning this sect, it is known to us that everywhere it is spoken against.

Ταξάμενοι δὲ αὐτῷ ἡμέραν ἦλθον πρὸς αὐτὸν εἰς τὴν ξενίαν πλείονες
Taxamenoi de autō hēmeran ēlthon pros auton eis tēn xenian pleiones
And when they had appointed him a day, they came to him into his lodging in great number;

οἷς ἐξετίθετο διαμαρτυρόμενος τὴν βασιλείαν τοῦ θεοῦ πείθων τε αὐτοὺς περὶ τοῦ Ἰησοῦ
hois exetitheto diamartyromenos tēn basileian tou theou peithōn te autous peri tou Iēsou
to whom he expounded the matter, testifying the kingdom of God, and persuading them concerning Jesus,

ἀπό τε τοῦ νόμου Μωϋσέως καὶ τῶν προφητῶν ἀπὸ πρωῒ ἕως ἑσπέρας
apo te tou nomou Mōuseōs kai tōn prophētōn apo prōi heōs hesperas
both from the law of Moses and from the prophets, from morning till evening.

καὶ οἱ μὲν ἐπείθοντο τοῖς λεγομένοις, οἱ δὲ ἠπίστουν
kai hoi men epeithonto tois legomenois, hoi de ēpistoun
And some believed the things which were spoken, and some disbelieved.

ἀσύμφωνοι δὲ ὄντες πρὸς ἀλλήλους ἀπελύοντο
asymphōnoi de ontes pros allēlous apelyonto
And when they agreed not among themselves,

εἰπόντος τοῦ Παύλου ῥῆμα ἓν ὅτι
eipontos tou Paulou rhēma hen hoti
they departed after that Paul had spoken one word,

Καλῶς τὸ πνεῦμα τὸ ἅγιον ἐλάλησεν διὰ Ἡσαΐου τοῦ προφήτου πρὸς τοὺς πατέρας ὑμῶν
Kalōs to pneuma to hagion elalēsen dia Ēsaiou tou prophētou pros tous pateras hymōn
Well spake the Holy Spirit through Isaiah the prophet unto your fathers,

λέγων, Πορεύθητι πρὸς τὸν λαὸν τοῦτον καὶ εἰπόν, Ἀκοῇ ἀκούσετε καὶ οὐ μὴ συνῆτε
legōn, Poreuthēti pros ton laon touton kai eipon, Akoē akousete kai ou mē synēte,
saying, Go thou unto this people, and say, By hearing ye shall hear, and shall in no wise understand;

καὶ βλέποντες βλέψετε καὶ οὐ μὴ ἴδητε
kai blepontes blepsete kai ou mē idēte
And seeing ye shall see, and shall in no wise perceive:

ἐπαχύνθη γὰρ ἡ καρδία τοῦ λαοῦ τούτου, καὶ τοῖς ὠσὶν βαρέως ἤκουσαν, καὶ τοὺς ὀφθαλμοὺς αὐτῶν ἐκάμμυσαν
epachynthē gar hē kardia tou laou toutou, kai tois ōsin bareōs ēkousan, kai tous ophthalmous autōn ekammysan
For this people's heart is waxed gross, And their ears are dull of hearing, And their eyes they have closed;

μήποτε ἴδωσιν τοῖς ὀφθαλμοῖς καὶ τοῖς ὠσὶν ἀκούσωσιν καὶ τῇ καρδίᾳ συνῶσιν
mēpote idōsin tois ophthalmois kai tois ōsin akousōsin kai tē kardia synōsin
Lest haply they should perceive with their eyes, And hear with their ears, And understand with their heart,

καὶ ἐπιστρέψωσιν, καὶ ἰάσομαι αὐτούς
kai epistrepsōsin, kai iasomai autous
And should turn again, And I should heal them.

γνωστὸν οὖν ἔστω ὑμῖν ὅτι τοῖς ἔθνεσιν ἀπεστάλη τοῦτο τὸ σωτήριον τοῦ θεοῦ: αὐτοὶ καὶ ἀκούσονται
gnōston oun estō hymin hoti tois ethnesin apestalē touto to sōtērion tou theou: autoi kai akousontai
Be it known therefore unto you, that this salvation of God is sent unto the Gentiles: they will also hear.

Ἐνέμεινεν δὲ διετίαν ὅλην ἐν ἰδίῳ μισθώματι, καὶ ἀπεδέχετο πάντας τοὺς εἰσπορευομένους πρὸς αὐτόν
Enemeinen de dietian holēn en idiō misthōmati, kai apedecheto pantas tous eisporeuomenous pros auton
And he abode two whole years in his own hired dwelling, and received all that went in unto him,

κηρύσσων τὴν βασιλείαν τοῦ θεοῦ καὶ διδάσκων τὰ περὶ τοῦ κυρίου Ἰησοῦ Χριστοῦ μετὰ πάσης παρρησίας
kēryssōn tēn basileian tou theou kai didaskōn ta peri tou kyriou Iēsou Christou meta pasēs parrēsias
preaching the kingdom of God, and teaching the things concerning the Lord Jesus Christ with all boldness,

ἀκωλύτως
akōlytōs
none forbidding him.

ῬΩΜΑΪΟΥΣ α

Παῦλος δοῦλος Χριστοῦ Ἰησοῦ, κλητὸς ἀπόστολος, ἀφωρισμένος εἰς εὐαγγέλιον θεοῦ
Paulos doulos Christou Iēsou, klētos apostolos, aphōrismenos eis euangelion theou
Paul, a servant of Jesus Christ, called to be an apostle, separated unto the gospel of God,

ὃ προεπηγγείλατο διὰ τῶν προφητῶν αὐτοῦ ἐν γραφαῖς ἁγίαις
ho proepēngeilato dia tōn prophētōn autou en graphais hagiais
which he promised afore through his prophets in the holy scriptures,

περὶ τοῦ υἱοῦ αὐτοῦ τοῦ γενομένου ἐκ σπέρματος Δαυὶδ κατὰ σάρκα
peri tou huiou autou tou genomenou ek spermatos Dauid kata sarka
concerning his Son, who was born of the seed of David according to the flesh,

τοῦ ὁρισθέντος υἱοῦ θεοῦ ἐν δυνάμει κατὰ πνεῦμα ἁγιωσύνης
tou horisthentos huiou theou en dynamei kata pneuma hagiōsynēs
who was declared to be the Son of God with power, according to the spirit of holiness,

ἐξ ἀναστάσεως νεκρῶν, Ἰησοῦ Χριστοῦ τοῦ κυρίου ἡμῶν
ex anastaseōs nekrōn, Iēsou Christou tou kyriou hēmōn
by the resurrection from the dead; even Jesus Christ our Lord,

δι' οὗ ἐλάβομεν χάριν καὶ ἀποστολὴν εἰς ὑπακοὴν πίστεως ἐν πᾶσιν τοῖς ἔθνεσιν ὑπὲρ τοῦ ὀνόματος αὐτοῦ
di' hou elabomen charin kai apostolēn eis hypakoēn pisteōs en pasin tois ethnesin hyper tou onomatos autou
through whom we received grace and apostleship, unto obedience of faith among all the nations, for his name's sake;

ἐν οἷς ἐστε καὶ ὑμεῖς κλητοὶ Ἰησοῦ Χριστοῦ
en hois este kai hymeis klētoi Iēsou Christou
among whom are ye also, called to be Jesus Christ's:

πᾶσιν τοῖς οὖσιν ἐν Ῥώμῃ ἀγαπητοῖς θεοῦ, κλητοῖς ἁγίοις
pasin tois ousin en Rhōmē agapētois theou, klētois hagiois
to all that are in Rome, beloved of God, called to be saints:

χάρις ὑμῖν καὶ εἰρήνη ἀπὸ θεοῦ πατρὸς ἡμῶν καὶ κυρίου Ἰησοῦ Χριστοῦ
charis hymin kai eirēnē apo theou patros hēmōn kai kyriou Iēsou Christou
Grace to you and peace from God our Father and the Lord Jesus Christ.

Πρῶτον μὲν εὐχαριστῶ τῷ θεῷ μου διὰ Ἰησοῦ Χριστοῦ περὶ πάντων ὑμῶν
Prōton men eucharistō tō theō mou dia Iēsou Christou peri pantōn hymōn
First, I thank my God through Jesus Christ for you all,

ὅτι ἡ πίστις ὑμῶν καταγγέλλεται ἐν ὅλῳ τῷ κόσμῳ
hoti hē pistis hymōn katangelletai en holō tō kosmō
that your faith is proclaimed throughout the whole world.

μάρτυς γάρ μού ἐστιν ὁ θεός, ᾧ λατρεύω ἐν τῷ πνεύματί μου ἐν τῷ εὐαγγελίῳ τοῦ υἱοῦ αὐτοῦ
martys gar mou estin ho theos, hō latreuō en tō pneumati mou en tō euangeliō tou huiou autou
For God is my witness, whom I serve in my spirit in the gospel of his Son,

ὡς ἀδιαλείπτως μνείαν ὑμῶν ποιοῦμαι
hōs adialeiptōs mneian hymōn poioumai
how unceasingly I make mention of you,

πάντοτε ἐπὶ τῶν προσευχῶν μου
pantote epi tōn proseuchōn mou
always in my prayers making request,

δεόμενος εἴ πως ἤδη ποτὲ εὐοδωθήσομαι ἐν τῷ θελήματι τοῦ θεοῦ ἐλθεῖν πρὸς ὑμᾶς
deomenos ei pōs ēdē pote euodōthēsomai en tō thelēmati tou theou elthein pros hymas
if by any means now at length I may be prospered by the will of God to come unto you.

ἐπιποθῶ γὰρ ἰδεῖν ὑμᾶς, ἵνα τι μεταδῶ χάρισμα ὑμῖν πνευματικὸν εἰς τὸ στηριχθῆναι ὑμᾶς
epipothō gar idein hymas, hina ti metadō charisma hymin pneumatikon eis to stērichthēnai hymas
For I long to see you, that I may impart unto you some spiritual gift, to the end ye may be established;

τοῦτο δέ ἐστιν συμπαρακληθῆναι ἐν ὑμῖν διὰ τῆς ἐν ἀλλήλοις πίστεως ὑμῶν τε καὶ ἐμοῦ
touto de estin symparaklēthēnai en hymin dia tēs en allēlois pisteōs hymōn te kai emou
that is, that I with you may be comforted in you, each of us by the other's faith, both yours and mine.

οὐ θέλω δὲ ὑμᾶς ἀγνοεῖν, ἀδελφοί, ὅτι πολλάκις προεθέμην ἐλθεῖν πρὸς ὑμᾶς
ou thelō de hymas agnoein, adelphoi, hoti pollakis proethemēn elthein pros hymas
And I would not have you ignorant, brethren, that oftentimes I purposed to come unto you

καὶ ἐκωλύθην ἄχρι τοῦ δεῦρο, ἵνα τινὰ καρπὸν σχῶ καὶ ἐν ὑμῖν καθὼς καὶ ἐν τοῖς λοιποῖς ἔθνεσι
kai ekōlythēn achri tou deuro, hina tina karpon schō kai en hymin kathōs kai en tois loipois ethnesi
(and was hindered hitherto), that I might have some fruit in you also, even as in the rest of the Gentiles.

Ελλησίν τε καὶ βαρβάροις, σοφοῖς τε καὶ ἀνοήτοις ὀφειλέτης εἰμί
Ellēsin te kai barbarois, sophois te kai anoētois opheiletēs eimi
I am debtor both to Greeks and to Barbarians, both to the wise and to the foolish.

οὕτως τὸ κατ' ἐμὲ πρόθυμον καὶ ὑμῖν τοῖς ἐν Ῥώμη εὐαγγελίσασθαι
houtōs to kat' eme prothymon kai hymin tois en Rhōmē euangelisasthai
So, as much as in me is, I am ready to preach the gospel to you also that are in Rome.

Οὐ γὰρ ἐπαισχύνομαι τὸ εὐαγγέλιον
Ou gar epaischynomai to euangelion
For I am not ashamed of the gospel:

δύναμις γὰρ θεοῦ ἐστιν εἰς σωτηρίαν παντὶ τῷ πιστεύοντι, Ἰουδαίῳ τε πρῶτον καὶ Ελληνι
dynamis gar theou estin eis sōtērian panti tō pisteuonti, Ioudaiō te prōton kai Ellēni
for it is the power of God unto salvation to every one that believeth; to the Jew first, and also to the Greek.

δικαιοσύνη γὰρ θεοῦ ἐν αὐτῷ ἀποκαλύπτεται ἐκ πίστεως εἰς πίστιν, καθὼς γέγραπται, Ὁ δὲ δίκαιος ἐκ πίστεως ζήσεται
dikaiosynē gar theou en autō apokalyptetai ek pisteōs eis pistin, kathōs gegraptai, HO de dikaios ek pisteōs zēsetai
For therein is revealed a righteousness of God from faith unto faith: as it is written, But the righteous shall live by faith.

Ἀποκαλύπτεται γὰρ ὀργὴ θεοῦ ἀπ' οὐρανοῦ ἐπὶ πᾶσαν ἀσέβειαν καὶ ἀδικίαν ἀνθρώπων
Apokalyptetai gar orgē theou ap' ouranou epi pasan asebeian kai adikian anthrōpōn
For the wrath of God is revealed from heaven against all ungodliness and unrighteousness of men,

τῶν τὴν ἀλήθειαν ἐν ἀδικίᾳ κατεχόντων
tōn tēn alētheian en adikia katechontōn
who hinder the truth in unrighteousness;

διότι τὸ γνωστὸν τοῦ θεοῦ φανερόν ἐστιν ἐν αὐτοῖς: ὁ θεὸς γὰρ αὐτοῖς ἐφανέρωσεν
dioti to gnōston tou theou phaneron estin en autois: ho theos gar autois ephanerōsen
because that which is known of God is manifest in them; for God manifested it unto them.

τὰ γὰρ ἀόρατα αὐτοῦ ἀπὸ κτίσεως κόσμου
ta gar aorata autou apo ktiseōs kosmou tois
For the invisible things of him since the creation of the world are clearly seen,

τοῖς ποιήμασιν νοούμενα καθορᾶται
poiēmasin nooumena kathoratai
being perceived through the things that are made,

ἥ τε ἀΐδιος αὐτοῦ δύναμις καὶ θειότης, εἰς τὸ εἶναι αὐτοὺς ἀναπολογήτους
hē te aidios autou dynamis kai theiotēs, eis to einai autous anapologētous
even his everlasting power and divinity; that they may be without excuse:

διότι γνόντες τὸν θεὸν οὐχ ὡς θεὸν ἐδόξασαν ἢ ηὐχαρίστησαν
dioti gnontes ton theon ouch hōs theon edoxasan ē ēucharistēsan
because that, knowing God, they glorified him not as God, neither gave thanks;

ἀλλ' ἐματαιώθησαν ἐν τοῖς διαλογισμοῖς αὐτῶν καὶ ἐσκοτίσθη ἡ ἀσύνετος αὐτῶν καρδί
all' emataiōthēsan en tois dialogismois autōn kai eskotisthē hē asynetos autōn kardi
but became vain in their reasonings, and their senseless heart was darkened.

φάσκοντες εἶναι σοφοὶ ἐμωράνθησαν
phaskontes einai sophoi emōranthēsan
Professing themselves to be wise, they became fools,

καὶ ἤλλαξαν τὴν δόξαν τοῦ ἀφθάρτου θεοῦ ἐν ὁμοιώματι εἰκόνος φθαρτοῦ ἀνθρώπου
kai ēllaxan tēn doxan tou aphthartou theou en homoiōmati eikonos phthartou anthrōpou
and changed the glory of the incorruptible God for the likeness of an image of corruptible man,

καὶ πετεινῶν καὶ τετραπόδων καὶ ἑρπετῶν
kai peteinōn kai tetrapodōn kai herpetōn
and of birds, and four-footed beasts, and creeping things.

Διὸ παρέδωκεν αὐτοὺς ὁ θεὸς ἐν ταῖς ἐπιθυμίαις τῶν καρδιῶν αὐτῶν εἰς ἀκαθαρσίαν τοῦ
Dio paredōken autous ho theos en tais epithymiais tōn kardiōn autōn eis akatharsian tou
Wherefore God gave them up in the lusts of their hearts unto uncleanness,

ἀτιμάζεσθαι τὰ σώματα αὐτῶν ἐν αὐτοῖς
atimazesthai ta sōmata autōn en autois
that their bodies should be dishonored among themselves:

οἵτινες μετήλλαξαν τὴν ἀλήθειαν τοῦ θεοῦ ἐν τῷ ψεύδει
hoitines metēllaxan tēn alētheian tou theou en tō pseudei
for that they exchanged the truth of God for a lie,

καὶ ἐσεβάσθησαν καὶ ἐλάτρευσαν τῇ κτίσει παρὰ τὸν κτίσαντα, ὅς ἐστιν εὐλογητὸς εἰς τοὺς αἰῶνας: ἀμήν
kai esebasthēsan kai elatreusan tē ktisei para ton ktisanta, hos estin eulogētos eis tous aiōnas: amēn
and worshipped and served the creature rather than the Creator, who is blessed for ever. Amen.

διὰ τοῦτο παρέδωκεν αὐτοὺς ὁ θεὸς εἰς πάθη ἀτιμίας
dia touto paredōken autous ho theos eis pathē atimias
For this cause God gave them up unto vile passions:

αἵ τε γὰρ θήλειαι αὐτῶν μετήλλαξαν τὴν φυσικὴν χρῆσιν εἰς τὴν παρὰ φύσιν
hai te gar thēleiai autōn metēllaxan tēn physikēn chrēsin eis tēn para physin
for their women changed the natural use into that which is against nature:

ὁμοίως τε καὶ οἱ ἄρσενες ἀφέντες τὴν φυσικὴν χρῆσιν τῆς θηλείας ἐξεκαύθησαν ἐν τῇ ὀρέξει αὐτῶν εἰς ἀλλήλους,
homoiōs te kai hoi arsenes aphentes tēn physikēn chrēsin tēs thēleias exekauthēsan en tē orexei autōn eis allēlous,
and likewise also the men, leaving the natural use of the woman, burned in their lust one toward another,

ἄρσενες ἐν ἄρσεσιν τὴν ἀσχημοσύνην κατεργαζόμενοι
arsenes en arsesin tēn aschēmosynēn katergazomenoi
men with men working unseemliness,

καὶ τὴν ἀντιμισθίαν ἣν ἔδει τῆς πλάνης αὐτῶν ἐν ἑαυτοῖς ἀπολαμβάνοντες
kai tēn antimisthian hēn edei tēs planēs autōn en heautois apolambanontes
and receiving in themselves that recompense of their error which was due.

καὶ καθὼς οὐκ ἐδοκίμασαν τὸν θεὸν ἔχειν ἐν ἐπιγνώσει
kai kathōs ouk edokimasan ton theon echein en epignōsei
And even as they refused to have God in their knowledge

παρέδωκεν αὐτοὺς ὁ θεὸς εἰς ἀδόκιμον νοῦν, ποιεῖν τὰ μὴ καθήκοντα
paredōken autous ho theos eis adokimon noun, poiein ta mē kathēkonta
God gave them up unto a reprobate mind, to do those things which are not fitting;

πεπληρωμένους πάσῃ ἀδικίᾳ πονηρίᾳ πλεονεξίᾳ κακίᾳ, μεστοὺς
peplērōmenous pasē adikia ponēria pleonexia kakia, mestous
being filled with all unrighteousness, wickedness, covetousness, maliciousness;

φθόνου φόνου ἔριδος δόλου κακοηθείας, ψιθυριστάς
phthonou phonou eridos dolou kakoētheias, psithyristas
full of envy, murder, strife, deceit, malignity; whisperers,

καταλάλους, θεοστυγεῖς, ὑβριστάς, ὑπερηφάνους, ἀλαζόνας, ἐφευρετὰς κακῶν, γονεῦσιν ἀπειθεῖς
katalalous, theostygeis, hybristas, hyperēphanous, alazonas, epheuretas kakōn, goneusin apeitheis
backbiters, hateful to God, insolent, haughty, boastful, inventors of evil things, disobedient to parents,

ἀσυνέτους, ἀσυνθέτους, ἀστόργους, ἀνελεήμονας
asynetous, asynthetous, astorgous, aneleēmonas
without understanding, covenant-breakers, without natural affection, unmerciful:

οἵτινες τὸ δικαίωμα τοῦ θεοῦ ἐπιγνόντες, ὅτι οἱ τὰ τοιαῦτα πράσσοντες ἄξιοι θανάτου εἰσίν
hoitines to dikaiōma tou theou epignontes, hoti hoi ta toiauta prassontes axioi thanatou eisin
who, knowing the ordinance of God, that they that practise such things are worthy of death,

οὐ μόνον αὐτὰ ποιοῦσιν ἀλλὰ καὶ συνευδοκοῦσιν τοῖς πράσσουσιν
ou monon auta poiousin alla kai syneudokousin tois prassousin
not only do the same, but also consent with them that practise them.

β

Διὸ ἀναπολόγητος εἶ, ὦ ἄνθρωπε πᾶς ὁ κρίνων
Dio anapologētos ei, ō anthrōpe pas ho krinōn
Wherefore thou art without excuse, O man, whosoever thou art that judgest:

ἐν ᾧ γὰρ κρίνεις τὸν ἕτερον, σεαυτὸν κατακρίνεις, τὰ γὰρ αὐτὰ πράσσεις ὁ κρίνων
en hō gar krineis ton heteron, seauton katakrineis, ta gar auta prasseis ho krinōn
for wherein thou judgest another, thou condemnest thyself; for thou that judgest dost practise the same things.

οἴδαμεν δὲ ὅτι τὸ κρίμα τοῦ θεοῦ ἐστιν κατὰ ἀλήθειαν ἐπὶ τοὺς τὰ τοιαῦτα πράσσοντας
oidamen de hoti to krima tou theou estin kata alētheian epi tous ta toiauta prassontas
And we know that the judgment of God is according to truth against them that practise such things.

λογίζῃ δὲ τοῦτο, ὦ ἄνθρωπε ὁ κρίνων τοὺς τὰ τοιαῦτα πράσσοντας
logizē de touto, ō anthrōpe ho krinōn tous ta toiauta prassontas
And reckonest thou this, O man, who judgest them that practise such things,

καὶ ποιῶν αὐτά, ὅτι σὺ ἐκφεύξῃ τὸ κρίμα τοῦ θεοῦ
kai poiōn auta, hoti sy ekpheuxē to krima tou theou
and doest the same, that thou shalt escape the judgment of God?

ἢ τοῦ πλούτου τῆς χρηστότητος αὐτοῦ καὶ τῆς ἀνοχῆς καὶ τῆς μακροθυμίας καταφρονεῖς
ē tou ploutou tēs chrēstotētos autou kai tēs anochēs kai tēs makrothymias kataphroneis
Or despisest thou the riches of his goodness and forbearance and longsuffering,

ἀγνοῶν ὅτι τὸ χρηστὸν τοῦ θεοῦ εἰς μετάνοιάν σε ἄγει
agnoōn hoti to chrēston tou theou eis metanoian se agei
not knowing that the goodness of God leadeth thee to repentance?

κατὰ δὲ τὴν σκληρότητά σου καὶ ἀμετανόητον καρδίαν θησαυρίζεις σεαυτῷ ὀργὴν ἐν ἡμέρᾳ ὀργῆς
kata de tēn sklērotēta sou kai ametanoēton kardian thēsaurizeis seautō orgēn en hēmera orgēs
but after thy hardness and impenitent heart treasurest up for thyself wrath in the day of wrath

καὶ ἀποκαλύψεως δικαιοκρισίας τοῦ θεοῦ
kai apokalypseōs dikaiokrisias tou theou
and revelation of the righteous judgment of God;

ὃς ἀποδώσει ἑκάστῳ κατὰ τὰ ἔργα αὐτοῦ
hos apodōsei hekastō kata ta erga autou
who will render to every man according to his works:

τοῖς μὲν καθ' ὑπομονὴν ἔργου ἀγαθοῦ δόξαν καὶ τιμὴν καὶ ἀφθαρσίαν ζητοῦσιν, ζωὴν αἰώνιον
tois men kath' hypomonēn ergou agathou doxan kai timēn kai aphtharsian zētousin, zōēn aiōnion
to them that by patience in well-doing seek for glory and honor and incorruption, eternal life:

τοῖς δὲ ἐξ ἐριθείας καὶ ἀπειθοῦσι τῇ ἀληθείᾳ πειθομένοις δὲ τῇ ἀδικίᾳ, ὀργὴ καὶ θυμός
tois de ex eritheias kai apeithousi tē alētheia peithomenois de tē adikia, orgē kai thymos
but unto them that are factious, and obey not the truth, but obey unrighteousness, shall be wrath and indignation,

θλῖψις καὶ στενοχωρία ἐπὶ πᾶσαν ψυχὴν ἀνθρώπου τοῦ κατεργαζομένου τὸ κακόν, Ἰουδαίου τε πρῶτον καὶ Ἕλληνος
thlipsis kai stenochōria epi pasan psychēn anthrōpou tou katergazomenou to kakon, Ioudaiou te prōton kai Ellēnos
tribulation and anguish, upon every soul of man that worketh evil, of the Jew first, and also of the Greek;

δόξα δὲ καὶ τιμὴ καὶ εἰρήνη παντὶ τῷ ἐργαζομένῳ τὸ ἀγαθόν, Ἰουδαίῳ τε πρῶτον καὶ Ἕλληνι
doxa de kai timē kai eirēnē panti tō ergazomenō to agathon, Ioudaiō te prōton kai Ellēni
but glory and honor and peace to every man that worketh good, to the Jew first, and also to the Greek:

οὐ γάρ ἐστιν προσωπολημψία παρὰ τῷ θεῷ
ou gar estin prosōpolēmpsia para tō theō
for there is no respect of persons with God.

ὅσοι γὰρ ἀνόμως ἥμαρτον, ἀνόμως καὶ ἀπολοῦνται
hosoi gar anomōs hēmarton, anomōs kai apolountai
For as many as have sinned without the law shall also perish without the law:

καὶ ὅσοι ἐν νόμῳ ἥμαρτον, διὰ νόμου κριθήσονται
kai hosoi en nomō hēmarton, dia nomou krithēsontai
and as many as have sinned under the law shall be judged by the law;

οὐ γὰρ οἱ ἀκροαταὶ νόμου δίκαιοι παρὰ [τῷ] θεῷ, ἀλλ' οἱ ποιηταὶ νόμου δικαιωθήσονται
ou gar hoi akroatai nomou dikaioi para [tō] theō, all' hoi poiētai nomou dikaiōthēsontai
for not the hearers of the law are just before God, but the doers of the law shall be justified;

ὅταν γὰρ ἔθνη τὰ μὴ νόμον ἔχοντα φύσει τὰ τοῦ νόμου ποιῶσιν
hotan gar ethnē ta mē nomon echonta physei ta tou nomou poiōsin
(for when Gentiles that have not the law do by nature the things of the law,

οὗτοι νόμον μὴ ἔχοντες ἑαυτοῖς εἰσιν νόμος
houtoi nomon mē echontes heautois eisin nomos
these, not having the law, are the law unto themselves;

οἵτινες ἐνδείκνυνται τὸ ἔργον τοῦ νόμου γραπτὸν ἐν ταῖς καρδίαις αὐτῶν
hoitines endeiknyntai to ergon tou nomou grapton en tais kardiais autōn
in that they show the work of the law written in their hearts,

συμμαρτυρούσης αὐτῶν τῆς συνειδήσεως καὶ μεταξὺ ἀλλήλων τῶν λογισμῶν κατηγορούντων ἢ καὶ ἀπολογουμένων
symmartyrousēs autōn tēs syneidēseōs kai metaxy allēlōn tōn logismōn katēgorountōn ē kai apologoumenōn
their conscience bearing witness therewith, and their thoughts one with another accusing or else excusing them);

ἐν ἡμέρᾳ ὅτε κρίνει ὁ θεὸς τὰ κρυπτὰ τῶν ἀνθρώπων κατὰ τὸ εὐαγγέλιόν μου διὰ Χριστοῦ Ἰησοῦ
en hēmera hote krinei ho theos ta krypta tōn anthrōpōn kata to euangelion mou dia Christou Iēsou
in the day when God shall judge the secrets of men, according to my gospel, by Jesus Christ.

Εἰ δὲ σὺ Ἰουδαῖος ἐπονομάζῃ καὶ ἐπαναπαύῃ νόμῳ καὶ καυχᾶσαι ἐν θεῷ
Ei de sy Ioudaios eponomazē kai epanapauē nomō kai kauchasai en theō
But if thou bearest the name of a Jew, and restest upon the law, and gloriest in God,

καὶ γινώσκεις τὸ θέλημα καὶ δοκιμάζεις τὰ διαφέροντα κατηχούμενος ἐκ τοῦ νόμου
kai ginōskeis to thelēma kai dokimazeis ta diapheronta katēchoumenos ek tou nomou
and knowest his will, and approvest the things that are excellent, being instructed out of the law,

πέποιθάς τε σεαυτὸν ὁδηγὸν εἶναι τυφλῶν, φῶς τῶν ἐν σκότει
pepoithas te seauton hodēgon einai typhlōn, phōs tōn en skotei
and art confident that thou thyself art a guide of the blind, a light of them that are in darkness,

παιδευτὴν ἀφρόνων, διδάσκαλον νηπίων, ἔχοντα τὴν μόρφωσιν τῆς γνώσεως καὶ τῆς ἀληθείας ἐν τῷ νόμῳ
paideutēn aphronōn, didaskalon nēpiōn, echonta tēn morphōsin tēs gnōseōs kai tēs alētheias en tō nomō
a corrector of the foolish, a teacher of babes, having in the law the form of knowledge and of the truth;

ὁ οὖν διδάσκων ἕτερον σεαυτὸν οὐ διδάσκεις
ho oun didaskōn heteron seauton ou didaskeis
thou therefore that teachest another, teachest thou not thyself?

ὁ κηρύσσων μὴ κλέπτειν κλέπτεις
ho kēryssōn mē kleptein klepteis
thou that preachest a man should not steal, dost thou steal?

ὁ λέγων μὴ μοιχεύειν μοιχεύεις
ho legōn mē moicheuein moicheueis
thou that sayest a man should not commit adultery, dost thou commit adultery?

ὁ βδελυσσόμενος τὰ εἴδωλα ἱεροσυλεῖς
ho bdelyssomenos ta eidōla hierosyleis
thou that abhorrest idols, dost thou rob temples?

ὃς ἐν νόμῳ καυχᾶσαι, διὰ τῆς παραβάσεως τοῦ νόμου τὸν θεὸν ἀτιμάζεις
hos en nomō kauchasai, dia tēs parabaseōs tou nomou ton theon atimazeis
thou who gloriest in the law, through thy transgression of the law dishonorest thou God?

τὸ γὰρ ὄνομα τοῦ θεοῦ δι' ὑμᾶς βλασφημεῖται ἐν τοῖς ἔθνεσιν, καθὼς γέγραπται
to gar onoma tou theou di' hymas blasphēmeitai en tois ethnesin, kathōs gegraptai
For the name of God is blasphemed among the Gentiles because of you, even as it is written.

περιτομὴ μὲν γὰρ ὠφελεῖ ἐὰν νόμον πράσσῃς
peritomē men gar ōphelei ean nomon prassēs
For circumcision indeed profiteth, if thou be a doer of the law:

ἐὰν δὲ παραβάτης νόμου ᾖς, ἡ περιτομή σου ἀκροβυστία γέγονεν
ean de parabatēs nomou ēs, hē peritomē sou akrobystia gegonen
but if thou be a transgressor of the law, thy circumcision is become uncircumcision.

ἐὰν οὖν ἡ ἀκροβυστία τὰ δικαιώματα τοῦ νόμου φυλάσσῃ
ean oun hē akrobystia ta dikaiōmata tou nomou phylassē
If therefore the uncircumcision keep the ordinances of the law,

οὐχ ἡ ἀκροβυστία αὐτοῦ εἰς περιτομὴν λογισθήσεται
ouch hē akrobystia autou eis peritomēn logisthēsetai
shall not his uncircumcision be reckoned for circumcision?

καὶ κρινεῖ ἡ ἐκ φύσεως ἀκροβυστία τὸν νόμον τελοῦσα
kai krinei hē ek physeōs akrobystia ton nomon telousa
and shall not the uncircumcision which is by nature, if it fulfil the law, judge thee,

σὲ τὸν διὰ γράμματος καὶ περιτομῆς παραβάτην νόμου
se ton dia grammatos kai peritomēs parabatēn nomou
who with the letter and circumcision art a transgressor of the law?

οὐ γὰρ ὁ ἐν τῷ φανερῷ Ἰουδαῖός ἐστιν, οὐδὲ ἡ ἐν τῷ φανερῷ ἐν σαρκὶ περιτομή
ou gar ho en tō phanerō Ioudaios estin, oude hē en tō phanerō en sarki peritomē
For he is not a Jew who is one outwardly; neither is that circumcision which is outward in the flesh:

ἀλλ' ὁ ἐν τῷ κρυπτῷ Ἰουδαῖος, καὶ περιτομὴ καρδίας ἐν πνεύματι οὐ γράμματι
all' ho en tō kryptō Ioudaios, kai peritomē kardias en pneumati ou grammati
but he is a Jew who is one inwardly; and circumcision is that of the heart,

οὗ ὁ ἔπαινος οὐκ ἐξ ἀνθρώπων ἀλλ' ἐκ τοῦ θεοῦ
hou ho epainos ouk ex anthrōpōn all' ek tou theou
in the spirit not in the letter; whose praise is not of men, but of God.

γ

Τί οὖν τὸ περισσὸν τοῦ Ἰουδαίου, ἢ τίς ἡ ὠφέλεια τῆς περιτομῆς
Ti oun to perisson tou Ioudaiou, ē tis hē ōpheleia tēs peritomēs
What advantage then hath the Jew? or what is the profit of circumcision?

πολὺ κατὰ πάντα τρόπον. πρῶτον μὲν [γὰρ] ὅτι ἐπιστεύθησαν τὰ λόγια τοῦ θεοῦ
poly kata panta tropon. prōton men [gar] hoti episteuthēsan ta logia tou theou
Much every way: first of all, that they were intrusted with the oracles of God.

τί γὰρ εἰ ἠπίστησάν τινες; μὴ ἡ ἀπιστία αὐτῶν τὴν πίστιν τοῦ θεοῦ καταργήσει
ti gar ei ēpistēsan tines? mē hē apistia autōn tēn pistin tou theou katargēsei
For what if some were without faith? shall their want of faith make of none effect the faithfulness of God?

μὴ γένοιτο: γινέσθω δὲ ὁ θεὸς ἀληθής, πᾶς δὲ ἄνθρωπος ψεύστης, καθὼς γέγραπται
mē genoito: ginesthō de ho theos alēthēs, pas de anthrōpos pseustēs, kathōs gegraptai,
God forbid: yea, let God be found true, but every man a liar; as it is written,

Οπως ἂν δικαιωθῇς ἐν τοῖς λόγοις σου καὶ νικήσεις ἐν τῷ κρίνεσθαί σε
Opōs an dikaiōthēs en tois logois sou kai nikēseis en tō krinesthai se
That thou mightest be justified in thy words, And mightest prevail when thou comest into judgment.

εἰ δὲ ἡ ἀδικία ἡμῶν θεοῦ δικαιοσύνην συνίστησιν, τί ἐροῦμεν
ei de hē adikia hēmōn theou dikaiosynēn synistēsin, ti eroumen
But if our unrighteousness commendeth the righteousness of God, what shall we say?

μὴ ἄδικος ὁ θεὸς ὁ ἐπιφέρων τὴν ὀργήν; κατὰ ἄνθρωπον λέγω
mē adikos ho theos ho epipherōn tēn orgēn? kata anthrōpon legō
Is God unrighteous who visiteth with wrath? (I speak after the manner of men.)

μὴ γένοιτο: ἐπεὶ πῶς κρινεῖ ὁ θεὸς τὸν κόσμον
mē genoito: epei pōs krinei ho theos ton kosmon
God forbid: for then how shall God judge the world?

εἰ δὲ ἡ ἀλήθεια τοῦ θεοῦ ἐν τῷ ἐμῷ ψεύσματι ἐπερίσσευσεν εἰς τὴν δόξαν αὐτοῦ, τί ἔτι κἀγὼ ὡς ἁμαρτωλὸς κρίνομα
ei de hē alētheia tou theou en tō emō pseusmati eperisseusen eis tēn doxan autou, ti eti kagō hōs hamartōlos krinoma
But if the truth of God through my lie abounded unto his glory, why am I also still judged as a sinner?

καὶ μὴ καθὼς βλασφημούμεθα καὶ καθὼς φασίν τινες ἡμᾶς λέγειν ὅτι Ποιήσωμεν τὰ κακὰ ἵνα ἔλθη τὰ ἀγαθά
kai mē kathōs blasphēmoumetha kai kathōs phasin tines hēmas legein hoti Poiēsōmen ta kaka hina elthē ta agatha
and why not (as we are slanderously reported, and as some affirm that we say), Let us do evil, that good may come?

ὧν τὸ κρίμα ἔνδικόν ἐστιν
hōn to krima endikon estin
whose condemnation is just.

Τί οὖν; προεχόμεθα; οὐ πάντως
Ti oun? proechometha? ou pantōs
What then? are we better than they? No, in no wise:

προητιασάμεθα γὰρ Ἰουδαίους τε καὶ Ἕλληνας πάντας ὑφ' ἁμαρτίαν εἶναι
proētiasametha gar Ioudaious te kai Ellēnas pantas hyph' hamartian einai
for we before laid to the charge both of Jews and Greeks, that they are all under sin;

καθὼς γέγραπται ὅτι Οὐκ ἔστιν δίκαιος οὐδὲ εἷς
kathōs gegraptai hoti Ouk estin dikaios oude heis
as it is written, There is none righteous, no, not one;

οὐκ ἔστιν ὁ συνίων, οὐκ ἔστιν ὁ ἐκζητῶν τὸν θεόν
ouk estin ho syniōn, ouk estin ho ekzētōn ton theon
There is none that understandeth, There is none that seeketh after God;

πάντες ἐξέκλιναν, ἅμα ἠχρεώθησαν
pantes exeklinan, hama ēchreōthēsan
They have all turned aside, they are together become unprofitable;

οὐκ ἔστιν ὁ ποιῶν χρηστότητα, [οὐκ ἔστιν] ἕως ἑνός
ouk estin ho poiōn chrēstotēta, [ouk estin] heōs henos
There is none that doeth good, no, not so much as one:

τάφος ἀνεῳγμένος ὁ λάρυγξ αὐτῶν, ταῖς γλώσσαις αὐτῶν ἐδολιοῦσαν, ἰὸς ἀσπίδων ὑπὸ τὰ χείλη αὐτῶν
taphos aneōgmenos ho larynx autōn, tais glōssais autōn edoliousan, ios aspidōn hypo ta cheilē autōn
Their throat is an open sepulchre; With their tongues they have used deceit: The poison of asps is under their lips:

ὧν τὸ στόμα ἀρᾶς καὶ πικρίας γέμει
hōn to stoma aras kai pikrias gemei
Whose mouth is full of cursing and bitterness:

ὀξεῖς οἱ πόδες αὐτῶν ἐκχέαι αἷμα
oxeis hoi podes autōn ekcheai haima
Their feet are swift to shed blood;

σύντριμμα καὶ ταλαιπωρία ἐν ταῖς ὁδοῖς αὐτῶν
syntrimma kai talaipōria en tais hodois autōn
Destruction and misery are in their ways;

καὶ ὁδὸν εἰρήνης οὐκ ἔγνωσαν
kai hodon eirēnēs ouk egnōsan
And the way of peace have they not known:

οὐκ ἔστιν φόβος θεοῦ ἀπέναντι τῶν ὀφθαλμῶν αὐτῶν
ouk estin phobos theou apenanti tōn ophthalmōn autōn
There is no fear of God before their eyes.

Οἴδαμεν δὲ ὅτι ὅσα ὁ νόμος λέγει τοῖς ἐν τῷ νόμῳ λαλεῖ
Oidamen de hoti hosa ho nomos legei tois en tō nomō lalei
Now we know that what things soever the law saith, it speaketh to them that are under the law;

ἵνα πᾶν στόμα φραγῇ καὶ ὑπόδικος γένηται πᾶς ὁ κόσμος τῷ θεῷ
hina pan stoma phragē kai hypodikos genētai pas ho kosmos tō theō
that every mouth may be stopped, and all the world may be brought under the judgment of God:

διότι ἐξ ἔργων νόμου οὐ δικαιωθήσεται πᾶσα σὰρξ ἐνώπιον αὐτοῦ, διὰ γὰρ νόμου ἐπίγνωσις ἁμαρτίας
dioti ex ergōn nomou ou dikaiōthēsetai pasa sarx enōpion autou, dia gar nomou epignōsis hamartias
because by the works of the law shall no flesh be justified in his sight; for through the law cometh the knowledge of sin.

Νυνὶ δὲ χωρὶς νόμου δικαιοσύνη θεοῦ πεφανέρωται, μαρτυρουμένη ὑπὸ τοῦ νόμου καὶ τῶν προφητῶν
Nyni de chōris nomou dikaiosynē theou pephanerōtai, martyroumenē hypo tou nomou kai tōn prophētōn
But now apart from the law a righteousness of God hath been manifested, being witnessed by the law and the prophets;

δικαιοσύνη δὲ θεοῦ διὰ πίστεως Ἰησοῦ Χριστοῦ, εἰς πάντας τοὺς πιστεύοντας: οὐ γάρ ἐστιν διαστολή
dikaiosynē de theou dia pisteōs Iēsou Christou, eis pantas tous pisteuontas: ou gar estin diastolē
even the righteousness of God through faith in Jesus Christ unto all them that believe; for there is no distinction;

πάντες γὰρ ἥμαρτον καὶ ὑστεροῦνται τῆς δόξης τοῦ θεοῦ
pantes gar hēmarton kai hysterountai tēs doxēs tou theou
for all have sinned, and fall short of the glory of God;

δικαιούμενοι δωρεὰν τῇ αὐτοῦ χάριτι διὰ τῆς ἀπολυτρώσεως τῆς ἐν Χριστῷ Ἰησοῦ
dikaioumenoi dōrean tē autou chariti dia tēs apolytrōseōs tēs en Christō Iēsou
being justified freely by his grace through the redemption that is in Christ Jesus:

ὃν προέθετο ὁ θεὸς ἱλαστήριον διὰ [τῆς] πίστεως ἐν τῷ αὐτοῦ αἵματι
hon proetheto ho theos hilastērion dia [tēs] pisteōs en tō autou haimati
whom God set forth to be a propitiation, through faith, in his blood,

εἰς ἔνδειξιν τῆς δικαιοσύνης αὐτοῦ διὰ τὴν πάρεσιν τῶν προγεγονότων ἁμαρτημάτων
eis endeixin tēs dikaiosynēs autou dia tēn paresin tōn progegonotōn hamartēmatōn
to show his righteousness because of the passing over of the sins done aforetime, in the forbearance of God;

ἐν τῇ ἀνοχῇ τοῦ θεοῦ, πρὸς τὴν ἔνδειξιν τῆς δικαιοσύνης αὐτοῦ ἐν τῷ νῦν καιρῷ
en tē anochē tou theou, pros tēn endeixin tēs dikaiosynēs autou en tō nyn kairō
for the showing, I say, of his righteousness at this present season:

εἰς τὸ εἶναι αὐτὸν δίκαιον καὶ δικαιοῦντα τὸν ἐκ πίστεως Ἰησοῦ
eis to einai auton dikaion kai dikaiounta ton ek pisteōs Iēsou
that he might himself be just, and the justifier of him that hath faith in Jesus.

Ποῦ οὖν ἡ καύχησις; ἐξεκλείσθη. διὰ ποίου νόμου; τῶν ἔργων; οὐχί, ἀλλὰ διὰ νόμου πίστεως
Pou oun hē kauchēsis? exekleisthē. dia poiou nomou? tōn ergōn? ouchi, alla dia nomou pisteōs
Where then is the glorying? It is excluded. By what manner of law? of works? Nay: but by a law of faith.

λογιζόμεθα γὰρ δικαιοῦσθαι πίστει ἄνθρωπον χωρὶς ἔργων νόμου
logizometha gar dikaiousthai pistei anthrōpon chōris ergōn nomou
We reckon therefore that a man is justified by faith apart from the works of the law.

ἢ Ἰουδαίων ὁ θεὸς μόνον; οὐχὶ καὶ ἐθνῶν; ναὶ καὶ ἐθνῶν
ē Ioudaiōn ho theos monon? ouchi kai ethnōn? nai kai ethnōn
Or is God the God of Jews only? is he not the God of Gentiles also? Yea, of Gentiles also:

εἴπερ εἷς ὁ θεός, ὃς δικαιώσει περιτομὴν ἐκ πίστεως καὶ ἀκροβυστίαν διὰ τῆς πίστεως
eiper heis ho theos, hos dikaiōsei peritomēn ek pisteōs kai akrobystian dia tēs pisteōs
if so be that God is one, and he shall justify the circumcision by faith, and the uncircumcision through faith.

νόμον οὖν καταργοῦμεν διὰ τῆς πίστεως; μὴ γένοιτο, ἀλλὰ νόμον ἱστάνομεν
nomon oun katargoumen dia tēs pisteōs? mē genoito, alla nomon histanomen
Do we then make the law of none effect through faith? God forbid: nay, we establish the law.

δ

Τί οὖν ἐροῦμεν εὑρηκέναι Ἀβραὰμ τὸν προπάτορα ἡμῶν κατὰ σάρκα
Ti oun eroumen heurēkenai Abraam ton propatora hēmōn kata sarka
What then shall we say that Abraham, our forefather, hath found according to the flesh?

εἰ γὰρ Ἀβραὰμ ἐξ ἔργων ἐδικαιώθη, ἔχει καύχημα: ἀλλ' οὐ πρὸς θεόν
ei gar Abraam ex ergōn edikaiōthē, echei kauchēma: all' ou pros theon
For if Abraham was justified by works, he hath whereof to glory; but not toward God.

τί γὰρ ἡ γραφὴ λέγει; Ἐπίστευσεν δὲ Ἀβραὰμ τῷ θεῷ, καὶ ἐλογίσθη αὐτῷ εἰς δικαιοσύνην
ti gar hē graphē legei? Episteusen de Abraam tō theō, kai elogisthē autō eis dikaiosynēn
For what saith the scripture? And Abraham believed God, and it was reckoned unto him for righteousness.

τῷ δὲ ἐργαζομένῳ ὁ μισθὸς οὐ λογίζεται κατὰ χάριν ἀλλὰ κατὰ ὀφείλημα
tō de ergazomenō ho misthos ou logizetai kata charin alla kata opheilēma
Now to him that worketh, the reward is not reckoned as of grace, but as of debt.

τῷ δὲ μὴ ἐργαζομένῳ, πιστεύοντι δὲ ἐπὶ τὸν δικαιοῦντα τὸν ἀσεβῆ, λογίζεται ἡ πίστις αὐτοῦ εἰς δικαιοσύνην
tō de mē ergazomenō, pisteuonti de epi ton dikaiounta ton asebē, logizetai hē pistis autou eis dikaiosynēn
But to him that worketh not, but believeth on him that justifieth the ungodly, his faith is reckoned for righteousness.

καθάπερ καὶ Δαυὶδ λέγει τὸν μακαρισμὸν τοῦ ἀνθρώπου ᾧ ὁ θεὸς λογίζεται δικαιοσύνην χωρὶς ἔργων
kathaper kai Dauid legei ton makarismon tou anthrōpou hō ho theos logizetai dikaiosynēn chōris ergōn
Even as David also pronounceth blessing upon the man, unto whom God reckoneth righteousness apart from works,

Μακάριοι ὧν ἀφέθησαν αἱ ἀνομίαι καὶ ὧν ἐπεκαλύφθησαν αἱ ἁμαρτίαι
Makarioi hōn aphethēsan hai anomiai kai hōn epekalyphthēsan hai hamartiai
saying, Blessed are they whose iniquities are forgiven, And whose sins are covered.

μακάριος ἀνὴρ οὗ οὐ μὴ λογίσηται κύριος ἁμαρτίαν
makarios anēr hou ou mē logisētai kyrios hamartian
Blessed is the man to whom the Lord will not reckon sin.

ὁ μακαρισμὸς οὖν οὗτος ἐπὶ τὴν περιτομὴν ἢ καὶ ἐπὶ τὴν ἀκροβυστίαν
ho makarismos oun houtos epi tēn peritomēn ē kai epi tēn akrobystian
Is this blessing then pronounced upon the circumcision, or upon the uncircumcision also?

λέγομεν γάρ, Ἐλογίσθη τῷ Ἀβραὰμ ἡ πίστις εἰς δικαιοσύνην
legomen gar, Elogisthē tō Abraam hē pistis eis dikaiosynēn
for we say, To Abraham his faith was reckoned for righteousness.

πῶς οὖν ἐλογίσθη; ἐν περιτομῇ ὄντι ἢ ἐν ἀκροβυστίᾳ
pōs oun elogisthē? en peritomē onti ē en akrobystia
How then was it reckoned? when he was in circumcision, or in uncircumcision?

οὐκ ἐν περιτομῇ ἀλλ' ἐν ἀκροβυστίᾳ
ouk en peritomē all' en akrobystia
Not in circumcision, but in uncircumcision:

καὶ σημεῖον ἔλαβεν περιτομῆς, σφραγῖδα τῆς δικαιοσύνης τῆς πίστεως τῆς ἐν τῇ ἀκροβυστίᾳ
kai sēmeion elaben peritomēs, sphragida tēs dikaiosynēs tēs pisteōs tēs en tē akrobystia,
and he received the sign of circumcision, a seal of the righteousness of the faith which he had while he was in uncircumcision:

εἰς τὸ εἶναι αὐτὸν πατέρα πάντων τῶν πιστευόντων δι' ἀκροβυστίας, εἰς τὸ λογισθῆναι [καὶ] αὐτοῖς [τὴν] δικαιοσύνην
eis to einai auton patera pantōn tōn pisteuontōn di' akrobystias, eis to logisthēnai [kai] autois [tēn] dikaiosynēn
that he might be the father of all them that believe, though they be in uncircumcision, that righteousness might be reckoned unto them;

καὶ πατέρα περιτομῆς τοῖς οὐκ ἐκ περιτομῆς μόνον
kai patera peritomēs tois ouk ek peritomēs monon
and the father of circumcision to them who not only are of the circumcision,

ἀλλὰ καὶ τοῖς στοιχοῦσιν τοῖς ἴχνεσιν τῆς ἐν ἀκροβυστίᾳ πίστεως τοῦ πατρὸς ἡμῶν Ἀβραά
alla kai tois stoichousin tois ichnesin tēs en akrobystia pisteōs tou patros hēmōn Abraa
but who also walk in the steps of that faith of our father Abraham which he had in uncircumcision.

Οὐ γὰρ διὰ νόμου ἡ ἐπαγγελία τῷ Ἀβραὰμ ἢ τῷ σπέρματι αὐτοῦ, τὸ κληρονόμον αὐτὸν εἶναι κόσμου
Ou gar dia nomou hē epangelia tō Abraam ē tō spermati autou, to klēronomon auton einai kosmou
For not through the law was the promise to Abraham or to his seed that he should be heir of the world,

ἀλλὰ διὰ δικαιοσύνης πίστεως
alla dia dikaiosynēs pisteōs
but through the righteousness of faith.

εἰ γὰρ οἱ ἐκ νόμου κληρονόμοι, κεκένωται ἡ πίστις καὶ κατήργηται ἡ ἐπαγγελία
ei gar hoi ek nomou klēronomoi, kekenōtai hē pistis kai katērgētai hē epangelia
For if they that are of the law are heirs, faith is made void, and the promise is made of none effect:

ὁ γὰρ νόμος ὀργὴν κατεργάζεται: οὗ δὲ οὐκ ἔστιν νόμος, οὐδὲ παράβασις
ho gar nomos orgēn katergazetai: hou de ouk estin nomos, oude parabasis
for the law worketh wrath; but where there is no law, neither is there transgression.

διὰ τοῦτο ἐκ πίστεως, ἵνα κατὰ χάριν, εἰς τὸ εἶναι βεβαίαν τὴν ἐπαγγελίαν παντὶ τῷ σπέρματι
dia touto ek pisteōs, hina kata charin, eis to einai bebaian tēn epangelian panti tō spermati
For this cause it is of faith, that it may be according to grace; to the end that the promise may be sure to all the seed;

οὐ τῷ ἐκ τοῦ νόμου μόνον ἀλλὰ καὶ τῷ ἐκ πίστεως Ἀβραάμ {ὅς ἐστιν πατὴρ πάντων ἡμῶ
ou tō ek tou nomou monon alla kai tō ek pisteōs Abraam {hos estin patēr pantōn hēmō
not to that only which is of the law, but to that also which is of the faith of Abraham, who is the father of us all

καθὼς γέγραπται ὅτι Πατέρα πολλῶν ἐθνῶν τέθεικά σε}
kathōs gegraptai hoti Patera pollōn ethnōn tetheika se}
(as it is written, A father of many nations have I made thee)

κατέναντι οὗ ἐπίστευσεν θεοῦ τοῦ ζῳοποιοῦντος τοὺς νεκροὺς καὶ καλοῦντος τὰ μὴ ὄντα ὡς ὄντα
katenanti hou episteusen theou tou zōopoiountos tous nekrous kai kalountos ta mē onta hōs onta
before him whom he believed, even God, who giveth life to the dead, and calleth the things that are not, as though they were.

ὃς παρ' ἐλπίδα ἐπ' ἐλπίδι ἐπίστευσεν εἰς τὸ γενέσθαι αὐτὸν πατέρα πολλῶν ἐθνῶν
hos par' elpida ep' elpidi episteusen eis to genesthai auton patera pollōn ethnōn
Who in hope believed against hope, to the end that he might become a father of many nations,

κατὰ τὸ εἰρημένον Οὕτως ἔσται τὸ σπέρμα σου
kata to eirēmenon Houtōs estai to sperma sou
according to that which had been spoken, So shall thy seed be.

καὶ μὴ ἀσθενήσας τῇ πίστει κατενόησεν τὸ ἑαυτοῦ σῶμα [ἤδη] νενεκρωμένον
kai mē asthenēsas tē pistei katenoēsen to heautou sōma [ēdē] nenekrōmenon
And without being weakened in faith he considered his own body now as good as dead

ἑκατονταετής που ὑπάρχων καὶ τὴν νέκρωσιν τῆς μήτρας Σάρρας
hekatontaetēs pou hyparchōn kai tēn nekrōsin tēs mētras Sarras
(he being about a hundred years old), and the deadness of Sarah's womb;

εἰς δὲ τὴν ἐπαγγελίαν τοῦ θεοῦ οὐ διεκρίθη τῇ ἀπιστίᾳ ἀλλ' ἐνεδυναμώθη τῇ πίστει, δοὺς δόξαν τῷ θεῷ
eis de tēn epangelian tou theou ou diekrithē tē apistia all' enedynamōthē tē pistei, dous doxan tō theō
yet, looking unto the promise of God, he wavered not through unbelief, but waxed strong through faith, giving glory to God,

καὶ πληροφορηθεὶς ὅτι ὃ ἐπήγγελται δυνατός ἐστιν καὶ ποιῆσαι
kai plērophorētheis hoti ho epēngeltai dynatos estin kai poiēsai
and being fully assured that what he had promised, he was able also to perform.

διὸ [καὶ] ἐλογίσθη αὐτῷ εἰς δικαιοσύνην
dio [kai] elogisthē autō eis dikaiosynēn
Wherefore also it was reckoned unto him for righteousness.

Οὐκ ἐγράφη δὲ δι' αὐτὸν μόνον ὅτι ἐλογίσθη αὐτῷ
Ouk egraphē de di' auton monon hoti elogisthē autō
Now it was not written for his sake alone, that it was reckoned unto him;

ἀλλὰ καὶ δι' ἡμᾶς οἷς μέλλει λογίζεσθαι, τοῖς πιστεύουσιν ἐπὶ τὸν ἐγείραντα Ἰησοῦν τὸν κύριον ἡμῶν ἐκ νεκρῶν
alla kai di' hēmas hois mellei logizesthai, tois pisteuousin epi ton egeiranta Iēsoun ton kyrion hēmōn ek nekrōn
but for our sake also, unto whom it shall be reckoned, who believe on him that raised Jesus our Lord from the dead,

ὃς παρεδόθη διὰ τὰ παραπτώματα ἡμῶν καὶ ἠγέρθη διὰ τὴν δικαίωσιν ἡμῶν
hos paredothē dia ta paraptōmata hēmōn kai ēgerthē dia tēn dikaiōsin hēmōn
who was delivered up for our trespasses, and was raised for our justification.

ε

Δικαιωθέντες οὖν ἐκ πίστεως εἰρήνην ἔχομεν πρὸς τὸν θεὸν διὰ τοῦ κυρίου ἡμῶν Ἰησοῦ Χριστοῦ
Dikaiōthentes oun ek pisteōs eirēnēn echomen pros ton theon dia tou kyriou hēmōn Iēsou Christou
Being therefore justified by faith, we have peace with God through our Lord Jesus Christ;

δι' οὗ καὶ τὴν προσαγωγὴν ἐσχήκαμεν [τῇ πίστει] εἰς τὴν χάριν ταύτην ἐν ᾗ ἑστήκαμεν
di' hou kai tēn prosagōgēn eschēkamen [tē pistei] eis tēn charin tautēn en hē hestēkamen
through whom also we have had our access by faith into this grace wherein we stand;

καὶ καυχώμεθα ἐπ' ἐλπίδι τῆς δόξης τοῦ θεοῦ
kai kauchōmetha ep' elpidi tēs doxēs tou theou
and we rejoice in hope of the glory of God.

οὐ μόνον δέ, ἀλλὰ καὶ καυχώμεθα ἐν ταῖς θλίψεσιν, εἰδότες ὅτι ἡ θλῖψις ὑπομονὴν κατεργάζεται
ou monon de, alla kai kauchōmetha en tais thlipsesin, eidotes hoti hē thlipsis hypomonēn katergazetai
And not only so, but we also rejoice in our tribulations: knowing that tribulation worketh stedfastness;

ἡ δὲ ὑπομονὴ δοκιμήν, ἡ δὲ δοκιμὴ ἐλπίδα
hē de hypomonē dokimēn, hē de dokimē elpida
and stedfastness, approvedness; and approvedness, hope:

ἡ δὲ ἐλπὶς οὐ καταισχύνει
hē de elpis ou kataischynei
and hope putteth not to shame;

ὅτι ἡ ἀγάπη τοῦ θεοῦ ἐκκέχυται ἐν ταῖς καρδίαις ἡμῶν διὰ πνεύματος ἁγίου τοῦ δοθέντος ἡμῖν
hoti hē agapē tou theou ekkechytai en tais kardiais hēmōn dia pneumatos hagiou tou dothentos hēmin
because the love of God hath been shed abroad in our hearts through the Holy Spirit which was given unto us.

ἔτι γὰρ Χριστὸς ὄντων ἡμῶν ἀσθενῶν ἔτι κατὰ καιρὸν ὑπὲρ ἀσεβῶν ἀπέθανεν
eti gar Christos ontōn hēmōn asthenōn eti kata kairon hyper asebōn apethanen
For while we were yet weak, in due season Christ died for the ungodly.

μόλις γὰρ ὑπὲρ δικαίου τις ἀποθανεῖται: ὑπὲρ γὰρ τοῦ ἀγαθοῦ τάχα τις καὶ τολμᾷ ἀποθανεῖν
molis gar hyper dikaiou tis apothaneitai: hyper gar tou agathou tacha tis kai tolma apothanein
For scarcely for a righteous man will one die: for peradventure for the good man some one would even dare to die.

συνίστησιν δὲ τὴν ἑαυτοῦ ἀγάπην εἰς ἡμᾶς ὁ θεὸς
synistēsin de tēn heautou agapēn eis hēmas ho theos
But God commendeth his own love toward us,

ὅτι ἔτι ἁμαρτωλῶν ὄντων ἡμῶν Χριστὸς ὑπὲρ ἡμῶν ἀπέθανεν
hoti eti hamartōlōn ontōn hēmōn Christos hyper hēmōn apethanen
in that, while we were yet sinners, Christ died for us.

πολλῷ οὖν μᾶλλον δικαιωθέντες νῦν ἐν τῷ αἵματι αὐτοῦ σωθησόμεθα δι' αὐτοῦ ἀπὸ τῆς ὀργῆ
pollō oun mallon dikaiōthentes nyn en tō haimati autou sōthēsometha di' autou apo tēs orgē
Much more then, being now justified by his blood, shall we be saved from the wrath of God through him.

εἰ γὰρ ἐχθροὶ ὄντες κατηλλάγημεν τῷ θεῷ διὰ τοῦ θανάτου τοῦ υἱοῦ αὐτοῦ
ei gar echthroi ontes katēllagēmen tō theō dia tou thanatou tou huiou autou
For if, while we were enemies, we were reconciled to God through the death of his Son,

πολλῷ μᾶλλον καταλλαγέντες σωθησόμεθα ἐν τῇ ζωῇ αὐτοῦ
pollō mallon katallagentes sōthēsometha en tē zōē autou
much more, being reconciled, shall we be saved by his life;

οὐ μόνον δέ, ἀλλὰ καὶ καυχώμενοι ἐν τῷ θεῷ διὰ τοῦ κυρίου ἡμῶν Ἰησοῦ Χριστοῦ
ou monon de, alla kai kauchōmenoi en tō theō dia tou kyriou hēmōn Iēsou Christou
and not only so, but we also rejoice in God through our Lord Jesus Christ,

δι' οὖ νῦν τὴν καταλλαγὴν ἐλάβομεν
di' hou nyn tēn katallagēn elabomen
through whom we have now received the reconciliation.

Διὰ τοῦτο ὥσπερ δι' ἑνὸς ἀνθρώπου ἡ ἁμαρτία εἰς τὸν κόσμον εἰσῆλθεν καὶ διὰ τῆς ἁμαρτίας ὁ θάνατος
Dia touto hōsper di' henos anthrōpou hē hamartia eis ton kosmon eisēlthen kai dia tēs hamartias ho thanatos
Therefore, as through one man sin entered into the world, and death through sin;

καὶ οὕτως εἰς πάντας ἀνθρώπους ὁ θάνατος διῆλθεν, ἐφ' ᾧ πάντες ἥμαρτον
kai houtōs eis pantas anthrōpous ho thanatos diēlthen, eph' hō pantes hēmarton
and so death passed unto all men, for that all sinned:—

ἄχρι γὰρ νόμου ἁμαρτία ἦν ἐν κόσμῳ, ἁμαρτία δὲ οὐκ ἐλλογεῖται μὴ ὄντος νόμου
achri gar nomou hamartia ēn en kosmō, hamartia de ouk ellogeitai mē ontos nomou
for until the law sin was in the world; but sin is not imputed when there is no law.

ἀλλὰ ἐβασίλευσεν ὁ θάνατος ἀπὸ Ἀδὰμ μέχρι Μωϋσέως
alla ebasileusen ho thanatos apo Adam mechri Mōuseōs
Nevertheless death reigned from Adam until Moses,

καὶ ἐπὶ τοὺς μὴ ἁμαρτήσαντας ἐπὶ τῷ ὁμοιώματι τῆς παραβάσεως Ἀδάμ, ὅς ἐστιν τύπος τοῦ μέλλοντος
kai epi tous mē hamartēsantas epi tō homoiōmati tēs parabaseōs Adam, hos estin typos tou mellontos
even over them that had not sinned after the likeness of Adam's transgression, who is a figure of him that was to come.

Ἀλλ' οὐχ ὡς τὸ παράπτωμα, οὕτως καὶ τὸ χάρισμα
All' ouch hōs to paraptōma, houtōs kai to charisma
But not as the trespass, so also is the free gift.

εἰ γὰρ τῷ τοῦ ἑνὸς παραπτώματι οἱ πολλοὶ ἀπέθανον, πολλῷ μᾶλλον ἡ χάρις τοῦ θεοῦ
ei gar tō tou henos paraptōmati hoi polloi apethanon, pollō mallon hē charis tou theou
For if by the trespass of the one the many died, much more did the grace of God,

καὶ ἡ δωρεὰ ἐν χάριτι τῇ τοῦ ἑνὸς ἀνθρώπου Ἰησοῦ Χριστοῦ εἰς τοὺς πολλοὺς ἐπερίσσευσεν
kai hē dōrea en chariti tē tou henos anthrōpou Iēsou Christou eis tous pollous eperisseusen
and the gift by the grace of the one man, Jesus Christ, abound unto the many.

καὶ οὐχ ὡς δι' ἑνὸς ἁμαρτήσαντος τὸ δώρημα
kai ouch hōs di' henos hamartēsantos to dōrēma
And not as through one that sinned, so is the gift:

τὸ μὲν γὰρ κρίμα ἐξ ἑνὸς εἰς κατάκριμα, τὸ δὲ χάρισμα ἐκ πολλῶν παραπτωμάτων εἰς δικαίωμα
to men gar krima ex henos eis katakrima, to de charisma ek pollōn paraptōmatōn eis dikaiōma
for the judgment came of one unto condemnation, but the free gift came of many trespasses unto justification.

εἰ γὰρ τῷ τοῦ ἑνὸς παραπτώματι ὁ θάνατος ἐβασίλευσεν διὰ τοῦ ἑνός
ei gar tō tou henos paraptōmati ho thanatos ebasileusen dia tou henos
For if, by the trespass of the one, death reigned through the one;

πολλῷ μᾶλλον οἱ τὴν περισσείαν τῆς χάριτος
pollō mallon hoi tēn perisseian tēs charitos
much more shall they that receive the abundance of grace

καὶ τῆς δωρεᾶς τῆς δικαιοσύνης λαμβάνοντες ἐν ζωῇ βασιλεύσουσιν διὰ τοῦ ἑνὸς Ἰησοῦ Χριστοῦ
kai tēs dōreas tēs dikaiosynēs lambanontes en zōē basileusousin dia tou henos Iēsou Christou
and of the gift of righteousness reign in life through the one, even Jesus Christ.

Ἄρα οὖν ὡς δι' ἑνὸς παραπτώματος εἰς πάντας ἀνθρώπους εἰς κατάκριμα
Ara oun hōs di' henos paraptōmatos eis pantas anthrōpous eis katakrima
So then as through one trespass the judgment came unto all men to condemnation;

οὕτως καὶ δι' ἑνὸς δικαιώματος εἰς πάντας ἀνθρώπους εἰς δικαίωσιν ζωῆς
houtōs kai di' henos dikaiōmatos eis pantas anthrōpous eis dikaiōsin zōēs
even so through one act of righteousness the free gift came unto all men to justification of life.

ὥσπερ γὰρ διὰ τῆς παρακοῆς τοῦ ἑνὸς ἀνθρώπου ἁμαρτωλοὶ κατεστάθησαν οἱ πολλοί
hōsper gar dia tēs parakoēs tou henos anthrōpou hamartōloi katestathēsan hoi polloi
For as through the one man's disobedience the many were made sinners,

οὕτως καὶ διὰ τῆς ὑπακοῆς τοῦ ἑνὸς δίκαιοι κατασταθήσονται οἱ πολλοί
houtōs kai dia tēs hypakoēs tou henos dikaioi katastathēsontai hoi polloi
even so through the obedience of the one shall the many be made righteous.

νόμος δὲ παρεισῆλθεν ἵνα πλεονάσῃ τὸ παράπτωμα: οὗ δὲ ἐπλεόνασεν ἡ ἁμαρτία, ὑπερεπερίσσευσεν ἡ χάρις
nomos de pareisēlthen hina pleonasē to paraptōma: hou de epleonasen hē hamartia, hypereperisseusen hē charis
And the law came in besides, that the trespass might abound; but where sin abounded, grace did abound more exceedingly:

ἵνα ὥσπερ ἐβασίλευσεν ἡ ἁμαρτία ἐν τῷ θανάτῳ
hina hōsper ebasileusen hē hamartia en tō thanatō
that, as sin reigned in death,

οὕτως καὶ ἡ χάρις βασιλεύσῃ διὰ δικαιοσύνης εἰς ζωὴν αἰώνιον διὰ Ἰησοῦ Χριστοῦ τοῦ κυρίου ἡμῶν
houtōs kai hē charis basileusē dia dikaiosynēs eis zōēn aiōnion dia Iēsou Christou tou kyriou hēmōn
even so might grace reign through righteousness unto eternal life through Jesus Christ our Lord.

ς

Τί οὖν ἐροῦμεν; ἐπιμένωμεν τῇ ἁμαρτίᾳ, ἵνα ἡ χάρις πλεονάσῃ
Ti oun eroumen? epimenōmen tē hamartia, hina hē charis pleonasē
What shall we say then? Shall we continue in sin, that grace may abound?

μὴ γένοιτο: οἵτινες ἀπεθάνομεν τῇ ἁμαρτίᾳ, πῶς ἔτι ζήσομεν ἐν αὐτῇ
mē genoito: hoitines apethanomen tē hamartia, pōs eti zēsomen en autē
God forbid. We who died to sin, how shall we any longer live therein?

ἢ ἀγνοεῖτε ὅτι ὅσοι ἐβαπτίσθημεν εἰς Χριστὸν Ἰησοῦν εἰς τὸν θάνατον αὐτοῦ ἐβαπτίσθημεν
ē agnoeite hoti hosoi ebaptisthēmen eis Christon Iēsoun eis ton thanaton autou ebaptisthēmen
Or are ye ignorant that all we who were baptized into Christ Jesus were baptized into his death?

συνετάφημεν οὖν αὐτῷ διὰ τοῦ βαπτίσματος εἰς τὸν θάνατον
synetaphēmen oun autō dia tou baptismatos eis ton thanaton
We were buried therefore with him through baptism into death:

ἵνα ὥσπερ ἠγέρθη Χριστὸς ἐκ νεκρῶν διὰ τῆς δόξης τοῦ πατρός, οὕτως καὶ ἡμεῖς ἐν καινότητι ζωῆς περιπατήσωμεν
hina hōsper ēgerthē Christos ek nekrōn dia tēs doxēs tou patros, houtōs kai hēmeis en kainotēti zōēs peripatēsōmen
that like as Christ was raised from the dead through the glory of the Father, so we also might walk in newness of life.

εἰ γὰρ σύμφυτοι γεγόναμεν τῷ ὁμοιώματι τοῦ θανάτου αὐτοῦ, ἀλλὰ καὶ τῆς ἀναστάσεως ἐσόμεθα
ei gar symphytoi gegonamen tō homoiōmati tou thanatou autou, alla kai tēs anastaseōs esometha
For if we have become united with him in the likeness of his death, we shall be also in the likeness of his resurrection;

τοῦτο γινώσκοντες, ὅτι ὁ παλαιὸς ἡμῶν ἄνθρωπος συνεσταυρώθη
touto ginōskontes, hoti ho palaios hēmōn anthrōpos synestaurōthē
knowing this, that our old man was crucified with him,

ἵνα καταργηθῇ τὸ σῶμα τῆς ἁμαρτίας, τοῦ μηκέτι δουλεύειν ἡμᾶς τῇ ἁμαρτίᾳ
hina katargēthē to sōma tēs hamartias, tou mēketi douleuein hēmas tē hamartia
that the body of sin might be done away, that so we should no longer be in bondage to sin;

ὁ γὰρ ἀποθανὼν δεδικαίωται ἀπὸ τῆς ἁμαρτίας
ho gar apothanōn dedikaiōtai apo tēs hamartias
for he that hath died is justified from sin.

εἰ δὲ ἀπεθάνομεν σὺν Χριστῷ, πιστεύομεν ὅτι καὶ συζήσομεν αὐτῷ
ei de apethanomen syn Christō, pisteuomen hoti kai syzēsomen autō
But if we died with Christ, we believe that we shall also live with him;

εἰδότες ὅτι Χριστὸς ἐγερθεὶς ἐκ νεκρῶν οὐκέτι ἀποθνήσκει, θάνατος αὐτοῦ οὐκέτι κυριεύει
eidotes hoti Christos egertheis ek nekrōn ouketi apothnēskei, thanatos autou ouketi kyrieuei
knowing that Christ being raised from the dead dieth no more; death no more hath dominion over him.

ὃ γὰρ ἀπέθανεν, τῇ ἁμαρτίᾳ ἀπέθανεν ἐφάπαξ: ὃ δὲ ζῇ, ζῇ τῷ θεῷ
ho gar apethanen, tē hamartia apethanen ephapax: ho de zē, zē tō theō
For the death that he died, he died unto sin once: but the life that he liveth, he liveth unto God.

οὕτως καὶ ὑμεῖς λογίζεσθε ἑαυτοὺς [εἶναι] νεκροὺς μὲν τῇ ἁμαρτίᾳ ζῶντας δὲ τῷ θεῷ ἐν Χριστῷ Ἰησοῦ
houtōs kai hymeis logizesthe heautous [einai] nekrous men tē hamartia zōntas de tō theō en Christō Iēsou
Even so reckon ye also yourselves to be dead unto sin, but alive unto God in Christ Jesus.

Μὴ οὖν βασιλευέτω ἡ ἁμαρτία ἐν τῷ θνητῷ ὑμῶν σώματι εἰς τὸ ὑπακούειν ταῖς ἐπιθυμίαις αὐτοῦ
Mē oun basileuetō hē hamartia en tō thnētō hymōn sōmati eis to hypakouein tais epithymiais autou
Let not sin therefore reign in your mortal body, that ye should obey the lusts thereof:

μηδὲ παριστάνετε τὰ μέλη ὑμῶν ὅπλα ἀδικίας τῇ ἁμαρτίᾳ
mēde paristanete ta melē hymōn hopla adikias tē hamartia
neither present your members unto sin as instruments of unrighteousness;

ἀλλὰ παραστήσατε ἑαυτοὺς τῷ θεῷ ὡσεὶ ἐκ νεκρῶν ζῶντας καὶ τὰ μέλη ὑμῶν ὅπλα δικαιοσύνης τῷ θεῷ
alla parastēsate heautous tō theō hōsei ek nekrōn zōntas kai ta melē hymōn hopla dikaiosynēs tō theō
but present yourselves unto God, as alive from the dead, and your members as instruments of righteousness unto God.

ἁμαρτία γὰρ ὑμῶν οὐ κυριεύσει, οὐ γάρ ἐστε ὑπὸ νόμον ἀλλὰ ὑπὸ χάριν
hamartia gar hymōn ou kyrieusei, ou gar este hypo nomon alla hypo charin
For sin shall not have dominion over you: for ye are not under law, but under grace.

Τί οὖν; ἁμαρτήσωμεν ὅτι οὐκ ἐσμὲν ὑπὸ νόμον ἀλλὰ ὑπὸ χάριν; μὴ γένοιτο
Ti oun? hamartēsōmen hoti ouk esmen hypo nomon alla hypo charin? mē genoito
What then? shall we sin, because we are not under law, but under grace? God forbid.

οὐκ οἴδατε ὅτι ᾧ παριστάνετε ἑαυτοὺς δούλους εἰς ὑπακοήν
ouk oidate hoti hō paristanete heautous doulous eis hypakoēn
Know ye not, that to whom ye present yourselves as servants unto obedience,

δοῦλοί ἐστε ᾧ ὑπακούετε, ἤτοι ἁμαρτίας εἰς θάνατον ἢ ὑπακοῆς εἰς δικαιοσύνην
douloi este hō hypakouete, ētoi hamartias eis thanaton ē hypakoēs eis dikaiosynēn
his servants ye are whom ye obey; whether of sin unto death, or of obedience unto righteousness?

χάρις δὲ τῷ θεῷ ὅτι ἦτε δοῦλοι τῆς ἁμαρτίας
charis de tō theō hoti ēte douloi tēs hamartias
But thanks be to God, that, whereas ye were servants of sin,

ὑπηκούσατε δὲ ἐκ καρδίας εἰς ὃν παρεδόθητε τύπον διδαχῆς
hypēkousate de ek kardias eis hon paredothēte typon didachēs
ye became obedient from the heart to that form of teaching whereunto ye were delivered;

ἐλευθερωθέντες δὲ ἀπὸ τῆς ἁμαρτίας ἐδουλώθητε τῇ δικαιοσύνῃ
eleutherōthentes de apo tēs hamartias edoulōthēte tē dikaiosynē
and being made free from sin, ye became servants of righteousness.

ἀνθρώπινον λέγω διὰ τὴν ἀσθένειαν τῆς σαρκὸς ὑμῶν
anthrōpinon legō dia tēn astheneian tēs sarkos hymōn
I speak after the manner of men because of the infirmity of your flesh:

ὥσπερ γὰρ παρεστήσατε τὰ μέλη ὑμῶν δοῦλα τῇ ἀκαθαρσίᾳ καὶ τῇ ἀνομίᾳ εἰς τὴν ἀνομίαν
hōsper gar parestēsate ta melē hymōn doula tē akatharsia kai tē anomia eis tēn anomian
for as ye presented your members as servants to uncleanness and to iniquity unto iniquity,

οὕτως νῦν παραστήσατε τὰ μέλη ὑμῶν δοῦλα τῇ δικαιοσύνῃ εἰς ἁγιασμόν
houtōs nyn parastēsate ta melē hymōn doula tē dikaiosynē eis hagiasmon
even so now present your members as servants to righteousness unto sanctification.

ὅτε γὰρ δοῦλοι ἦτε τῆς ἁμαρτίας, ἐλεύθεροι ἦτε τῇ δικαιοσύνῃ
hote gar douloi ēte tēs hamartias, eleutheroi ēte tē dikaiosynē
For when ye were servants of sin, ye were free in regard of righteousness.

τίνα οὖν καρπὸν εἴχετε τότε ἐφ' οἷς νῦν ἐπαισχύνεσθε; τὸ γὰρ τέλος ἐκείνων θάνατος
tina oun karpon eichete tote eph' hois nyn epaischynesthe? to gar telos ekeinōn thanatos
What fruit then had ye at that time in the things whereof ye are now ashamed? for the end of those things is death.

νυνὶ δέ, ἐλευθερωθέντες ἀπὸ τῆς ἁμαρτίας δουλωθέντες δὲ τῷ θεῷ
nyni de, eleutherōthentes apo tēs hamartias doulōthentes de tō theō
But now being made free from sin and become servants to God,

ἔχετε τὸν καρπὸν ὑμῶν εἰς ἁγιασμόν, τὸ δὲ τέλος ζωὴν αἰώνιον
echete ton karpon hymōn eis hagiasmon, to de telos zōēn aiōnion
ye have your fruit unto sanctification, and the end eternal life.

τὰ γὰρ ὀψώνια τῆς ἁμαρτίας θάνατος, τὸ δὲ χάρισμα τοῦ θεοῦ ζωὴ αἰώνιος ἐν Χριστῷ Ἰησοῦ τῷ κυρίῳ ἡμῶν
ta gar opsōnia tēs hamartias thanatos, to de charisma tou theou zōē aiōnios en Christō Iēsou tō kyriō hēmōn
For the wages of sin is death; but the free gift of God is eternal life in Christ Jesus our Lord.

ζ

Ἢ ἀγνοεῖτε, ἀδελφοί, γινώσκουσιν γὰρ νόμον λαλῶ, ὅτι ὁ νόμος κυριεύει τοῦ ἀνθρώπου ἐφ' ὅσον χρόνον ζῇ
Ē agnoeite, adelphoi, ginōskousin gar nomon lalō, hoti ho nomos kyrieuei tou anthrōpou eph' hoson chronon zē
Or are ye ignorant, brethren (for I speak to men who know the law), that the law hath dominion over a man for so long time as he liveth?

ἡ γὰρ ὕπανδρος γυνὴ τῷ ζῶντι ἀνδρὶ δέδεται νόμῳ: ἐὰν δὲ ἀποθάνῃ ὁ ἀνήρ, κατήργηται ἀπὸ τοῦ νόμου τοῦ ἀνδρός
hē gar hypandros gynē tō zōnti andri dedetai nomō: ean de apothanē ho anēr, katērgētai apo tou nomou tou andros
For the woman that hath a husband is bound by law to the husband while he liveth; but if the husband die, she is discharged from the law of the husband.

ἄρα οὖν ζῶντος τοῦ ἀνδρὸς μοιχαλὶς χρηματίσει ἐὰν γένηται ἀνδρὶ ἑτέρῳ
ara oun zōntos tou andros moichalis chrēmatisei ean genētai andri heterō
So then if, while the husband liveth, she be joined to another man, she shall be called an adulteress:

ἐὰν δὲ ἀποθάνῃ ὁ ἀνήρ, ἐλευθέρα ἐστὶν ἀπὸ τοῦ νόμου, τοῦ μὴ εἶναι αὐτὴν μοιχαλίδα γενομένην ἀνδρὶ ἑτέρῳ
ean de apothanē ho anēr, eleuthera estin apo tou nomou, tou mē einai autēn moichalida genomenēn andri heterō
but if the husband die, she is free from the law, so that she is no adulteress, though she be joined to another man.

ὥστε, ἀδελφοί μου, καὶ ὑμεῖς ἐθανατώθητε τῷ νόμῳ διὰ τοῦ σώματος τοῦ Χριστοῦ
hōste, adelphoi mou, kai hymeis ethanatōthēte tō nomō dia tou sōmatos tou Christou
Wherefore, my brethren, ye also were made dead to the law through the body of Christ;

εἰς τὸ γενέσθαι ὑμᾶς ἑτέρῳ, τῷ ἐκ νεκρῶν ἐγερθέντι, ἵνα καρποφορήσωμεν τῷ θεῷ
eis to genesthai hymas heterō, tō ek nekrōn egerthenti, hina karpophorēsōmen tō theō
that ye should be joined to another, even to him who was raised from the dead, that we might bring forth fruit unto God.

ὅτε γὰρ ἦμεν ἐν τῇ σαρκί
hote gar ēmen en tē sarki
For when we were in the flesh,

τὰ παθήματα τῶν ἁμαρτιῶν τὰ διὰ τοῦ νόμου ἐνηργεῖτο ἐν τοῖς μέλεσιν ἡμῶν εἰς τὸ καρποφορῆσαι τῷ θανάτῳ
ta pathēmata tōn hamartiōn ta dia tou nomou enērgeito en tois melesin hēmōn eis to karpophorēsai tō thanatō
the sinful passions, which were through the law, wrought in our members to bring forth fruit unto death.

νυνὶ δὲ κατηργήθημεν ἀπὸ τοῦ νόμου, ἀποθανόντες ἐν ᾧ κατειχόμεθα
nyni de katērgēthēmen apo tou nomou, apothanontes en hō kateichometha
But now we have been discharged from the law, having died to that wherein we were held;

ὥστε δουλεύειν ἡμᾶς ἐν καινότητι πνεύματος καὶ οὐ παλαιότητι γράμματος
hōste douleuein hēmas en kainotēti pneumatos kai ou palaiotēti grammatos
so that we serve in newness of the spirit, and not in oldness of the letter.

Τί οὖν ἐροῦμεν; ὁ νόμος ἁμαρτία; μὴ γένοιτο: ἀλλὰ τὴν ἁμαρτίαν οὐκ ἔγνων εἰ μὴ διὰ νόμου
Ti oun eroumen? ho nomos hamartia? mē genoito: alla tēn hamartian ouk egnōn ei mē dia nomou
What shall we say then? Is the law sin? God forbid. Howbeit, I had not known sin, except through the law:

τήν τε γὰρ ἐπιθυμίαν οὐκ ᾔδειν εἰ μὴ ὁ νόμος ἔλεγεν, Οὐκ ἐπιθυμήσεις
tēn te gar epithymian ouk ēdein ei mē ho nomos elegen, Ouk epithymēseis
for I had not known coveting, except the law had said, Thou shalt not covet:

ἀφορμὴν δὲ λαβοῦσα ἡ ἁμαρτία διὰ τῆς ἐντολῆς κατειργάσατο ἐν ἐμοὶ πᾶσαν ἐπιθυμίαν
νεκρά.aphormēn de labousa hē hamartia dia tēs entolēs kateirgasato en emoi pasan epithymian
but sin, finding occasion, wrought in me through the commandment all manner of coveting:

χωρὶς γὰρ νόμου ἁμαρτία
chōris gar nomou hamartia nekra
for apart from the law sin is dead.

ἐγὼ δὲ ἔζων χωρὶς νόμου ποτέ: ἐλθούσης δὲ τῆς ἐντολῆς ἡ ἁμαρτία ἀνέζησεν
egō de ezōn chōris nomou pote: elthousēs de tēs entolēs hē hamartia anezēsen
And I was alive apart from the law once: but when the commandment came, sin revived, and I died;

ἐγὼ δὲ ἀπέθανον, καὶ εὑρέθη μοι ἡ ἐντολὴ ἡ εἰς ζωὴν αὕτη εἰς θάνατον
egō de apethanon, kai heurethē moi hē entolē hē eis zōēn hautē eis thanaton
and the commandment, which was unto life, this I found to be unto death:

ἡ γὰρ ἁμαρτία ἀφορμὴν λαβοῦσα διὰ τῆς ἐντολῆς ἐξηπάτησέν με καὶ δι' αὐτῆς ἀπέκτεινεν
hē gar hamartia aphormēn labousa dia tēs entolēs exēpatēsen me kai di' autēs apekteinen
for sin, finding occasion, through the commandment beguiled me, and through it slew me.

ὥστε ὁ μὲν νόμος ἅγιος, καὶ ἡ ἐντολὴ ἁγία καὶ δικαία καὶ ἀγαθή
hōste ho men nomos hagios, kai hē entolē hagia kai dikaia kai agathē
So that the law is holy, and the commandment holy, and righteous, and good.

Τὸ οὖν ἀγαθὸν ἐμοὶ ἐγένετο θάνατος; μὴ γένοιτο
To oun agathon emoi egeneto thanatos? mē genoito
Did then that which is good become death unto me? God forbid.

ἀλλὰ ἡ ἁμαρτία, ἵνα φανῇ ἁμαρτία, διὰ τοῦ ἀγαθοῦ μοι κατεργαζομένη θάνατον
alla hē hamartia, hina phanē hamartia, dia tou agathou moi katergazomenē thanaton
But sin, that it might be shown to be sin, by working death to me through that which is good;—

ἵνα γένηται καθ' ὑπερβολὴν ἁμαρτωλὸς ἡ ἁμαρτία διὰ τῆς ἐντολῆς
hina genētai kath' hyperbolēn hamartōlos hē hamartia dia tēs entolēs
that through the commandment sin might become exceeding sinful.

οἴδαμεν γὰρ ὅτι ὁ νόμος πνευματικός ἐστιν: ἐγὼ δὲ σάρκινός εἰμι, πεπραμένος ὑπὸ τὴν ἁμαρτίαν
oidamen gar hoti ho nomos pneumatikos estin: egō de sarkinos eimi, pepramenos hypo tēn hamartian
For we know that the law is spiritual: but I am carnal, sold under sin.

ὃ γὰρ κατεργάζομαι οὐ γινώσκω: οὐ γὰρ ὃ θέλω τοῦτο πράσσω, ἀλλ' ὃ μισῶ τοῦτο ποιῶ
ho gar katergazomai ou ginōskō: ou gar ho thelō touto prassō, all' ho misō touto poiō
For that which I do I know not: for not what I would, that do I practise; but what I hate, that I do.

εἰ δὲ ὃ οὐ θέλω τοῦτο ποιῶ, σύμφημι τῷ νόμῳ ὅτι καλός
ei de ho ou thelō touto poiō, symphēmi tō nomō hoti kalos
But if what I would not, that I do, I consent unto the law that it is good.

νυνὶ δὲ οὐκέτι ἐγὼ κατεργάζομαι αὐτὸ ἀλλὰ ἡ οἰκοῦσα ἐν ἐμοὶ ἁμαρτία
nyni de ouketi egō katergazomai auto alla hē oikousa en emoi hamartia
So now it is no more I that do it, but sin which dwelleth in me.

οἶδα γὰρ ὅτι οὐκ οἰκεῖ ἐν ἐμοί, τοῦτ' ἔστιν ἐν τῇ σαρκί μου, ἀγαθόν
oida gar hoti ouk oikei en emoi, tout' estin en tē sarki mou, agathon
For I know that in me, that is, in my flesh, dwelleth no good thing:

τὸ γὰρ θέλειν παράκειταί μοι, τὸ δὲ κατεργάζεσθαι τὸ καλὸν οὔ
to gar thelein parakeitai moi, to de katergazesthai to kalon ou
for to will is present with me, but to do that which is good is not.

οὐ γὰρ ὃ θέλω ποιῶ ἀγαθόν, ἀλλὰ ὃ οὐ θέλω κακὸν τοῦτο πράσσω
ou gar ho thelō poiō agathon, alla ho ou thelō kakon touto prassō
For the good which I would I do not: but the evil which I would not, that I practise.

εἰ δὲ ὃ οὐ θέλω [ἐγὼ] τοῦτο ποιῶ, οὐκέτι ἐγὼ κατεργάζομαι αὐτὸ ἀλλὰ ἡ οἰκοῦσα ἐν ἐμοὶ ἁμαρτία
ei de ho ou thelō [egō] touto poiō, ouketi egō katergazomai auto alla hē oikousa en emoi hamartia
But if what I would not, that I do, it is no more I that do it, but sin which dwelleth in me.

Εὑρίσκω ἄρα τὸν νόμον τῷ θέλοντι ἐμοὶ ποιεῖν τὸ καλὸν ὅτι ἐμοὶ τὸ κακὸν παράκειται
Heuriskō ara ton nomon tō thelonti emoi poiein to kalon hoti emoi to kakon parakeitai
I find then the law, that, to me who would do good, evil is present.

συνήδομαι γὰρ τῷ νόμῳ τοῦ θεοῦ κατὰ τὸν ἔσω ἄνθρωπον
synēdomai gar tō nomō tou theou kata ton esō anthrōpon
For I delight in the law of God after the inward man:

βλέπω δὲ ἕτερον νόμον ἐν τοῖς μέλεσίν μου ἀντιστρατευόμενον τῷ νόμῳ τοῦ νοός μου
blepō de heteron nomon en tois melesin mou antistrateuomenon tō nomō tou noos mou
but I see a different law in my members, warring against the law of my mind,

καὶ αἰχμαλωτίζοντά με ἐν τῷ νόμῳ τῆς ἁμαρτίας τῷ ὄντι ἐν τοῖς μέλεσίν μου
kai aichmalōtizonta me en tō nomō tēs hamartias tō onti en tois melesin mou
and bringing me into captivity under the law of sin which is in my members.

ταλαίπωρος ἐγὼ ἄνθρωπος: τίς με ῥύσεται ἐκ τοῦ σώματος τοῦ θανάτου τούτου
talaipōros egō anthrōpos: tis me rhysetai ek tou sōmatos tou thanatou toutou
Wretched man that I am! who shall deliver me out of the body of this death?

χάρις δὲ τῷ θεῷ διὰ Ἰησοῦ Χριστοῦ τοῦ κυρίου ἡμῶν
charis de tō theō dia Iēsou Christou tou kyriou hēmōn
I thank God through Jesus Christ our Lord.

ἄρα οὖν αὐτὸς ἐγὼ τῷ μὲν νοῒ δουλεύω νόμῳ θεοῦ, τῇ δὲ σαρκὶ νόμῳ ἁμαρτίας
ara oun autos egō tō men noi douleuō nomō theou, tē de sarki nomō hamartias
So then I of myself with the mind, indeed, serve the law of God; but with the flesh the law of sin.

η

Οὐδὲν ἄρα νῦν κατάκριμα τοῖς ἐν Χριστῷ Ἰησοῦ
Ouden ara nyn katakrima tois en Christō Iēsou
There is therefore now no condemnation to them that are in Christ Jesus.

ὁ γὰρ νόμος τοῦ πνεύματος τῆς ζωῆς ἐν Χριστῷ Ἰησοῦ ἠλευθέρωσέν σε ἀπὸ τοῦ νόμου τῆς ἁμαρτίας καὶ τοῦ θανάτου
ho gar nomos tou pneumatos tēs zōēs en Christō Iēsou ēleutherōsen se apo tou nomou tēs hamartias kai tou thanatou
For the law of the Spirit of life in Christ Jesus made me free from the law of sin and of death.

τὸ γὰρ ἀδύνατον τοῦ νόμου, ἐν ᾧ ἠσθένει διὰ τῆς σαρκός
to gar adynaton tou nomou, en hō ēsthenei dia tēs sarkos,

ὁ θεὸς τὸν ἑαυτοῦ υἱὸν πέμψας ἐν ὁμοιώματι σαρκὸς ἁμαρτίας
ho theos ton heautou huion pempsas en homoiōmati sarkos hamartias
For what the law could not do, in that it was weak through the flesh, God, sending his own Son in the likeness of sinful flesh

καὶ περὶ ἁμαρτίας κατέκρινεν τὴν ἁμαρτίαν ἐν τῇ σαρκί
kai peri hamartias katekrinen tēn hamartian en tē sarki
and for sin, condemned sin in the flesh:

ἵνα τὸ δικαίωμα τοῦ νόμου πληρωθῇ ἐν ἡμῖν τοῖς μὴ κατὰ σάρκα περιπατοῦσιν ἀλλὰ κατὰ πνεῦμα
hina to dikaiōma tou nomou plērōthē en hēmin tois mē kata sarka peripatousin alla kata pneuma
that the ordinance of the law might be fulfilled in us, who walk not after the flesh, but after the Spirit.

οἱ γὰρ κατὰ σάρκα ὄντες τὰ τῆς σαρκὸς φρονοῦσιν, οἱ δὲ κατὰ πνεῦμα τὰ τοῦ πνεύματος
hoi gar kata sarka ontes ta tēs sarkos phronousin, hoi de kata pneuma ta tou pneumatos
For they that are after the flesh mind the things of the flesh; but they that are after the Spirit the things of the Spirit.

τὸ γὰρ φρόνημα τῆς σαρκὸς θάνατος, τὸ δὲ φρόνημα τοῦ πνεύματος ζωὴ καὶ εἰρήνη
to gar phronēma tēs sarkos thanatos, to de phronēma tou pneumatos zōē kai eirēnē
For the mind of the flesh is death; but the mind of the Spirit is life and peace:

διότι τὸ φρόνημα τῆς σαρκὸς ἔχθρα εἰς θεόν, τῷ γὰρ νόμῳ τοῦ θεοῦ οὐχ ὑποτάσσεται, οὐδὲ γὰρ δύναται
dioti to phronēma tēs sarkos echthra eis theon, tō gar nomō tou theou ouch hypotassetai, oude gar dynatai
because the mind of the flesh is enmity against God; for it is not subject to the law of God, neither indeed can it be:

οἱ δὲ ἐν σαρκὶ ὄντες θεῷ ἀρέσαι οὐ δύνανται
hoi de en sarki ontes theō aresai ou dynantai
and they that are in the flesh cannot please God.

ὑμεῖς δὲ οὐκ ἐστὲ ἐν σαρκὶ ἀλλὰ ἐν πνεύματι
hymeis de ouk este en sarki alla en pneumati
But ye are not in the flesh but in the Spirit,

εἴπερ πνεῦμα θεοῦ οἰκεῖ ἐν ὑμῖν. εἰ δέ τις πνεῦμα Χριστοῦ οὐκ ἔχει, οὗτος οὐκ ἔστιν αὐτοῦ
eiper pneuma theou oikei en hymin. ei de tis pneuma Christou ouk echei, houtos ouk estin autou
if so be that the Spirit of God dwelleth in you. But if any man hath not the Spirit of Christ, he is none of his.

εἰ δὲ Χριστὸς ἐν ὑμῖν, τὸ μὲν σῶμα νεκρὸν διὰ ἁμαρτίαν, τὸ δὲ πνεῦμα ζωὴ διὰ δικαιοσύνην
ei de Christos en hymin, to men sōma nekron dia hamartian, to de pneuma zōē dia dikaiosynēn
And if Christ is in you, the body is dead because of sin; but the spirit is life because of righteousness.

εἰ δὲ τὸ πνεῦμα τοῦ ἐγείραντος τὸν Ἰησοῦν ἐκ νεκρῶν οἰκεῖ ἐν ὑμῖν
ei de to pneuma tou egeirantos ton Iēsoun ek nekrōn oikei en hymin
But if the Spirit of him that raised up Jesus from the dead dwelleth in you,

ὁ ἐγείρας Χριστὸν ἐκ νεκρῶν ζωοποιήσει καὶ τὰ θνητὰ σώματα ὑμῶν διὰ τοῦ ἐνοικοῦντος αὐτοῦ πνεύματος ἐν ὑμῖν
ho egeiras Christon ek nekrōn zōopoiēsei kai ta thnēta sōmata hymōn dia tou enoikountos autou pneumatos en hymin
he that raised up Christ Jesus from the dead shall give life also to your mortal bodies through his Spirit that dwelleth in you.

Ἄρα οὖν, ἀδελφοί, ὀφειλέται ἐσμέν, οὐ τῇ σαρκὶ τοῦ κατὰ σάρκα ζῆν
Ara oun, adelphoi, opheiletai esmen, ou tē sarki tou kata sarka zēn
So then, brethren, we are debtors, not to the flesh, to live after the flesh:

εἰ γὰρ κατὰ σάρκα ζῆτε μέλλετε ἀποθνήσκειν, εἰ δὲ πνεύματι τὰς πράξεις τοῦ σώματος θανατοῦτε ζήσεσθε
ei gar kata sarka zēte mellete apothnēskein, ei de pneumati tas praxeis tou sōmatos thanatoute zēsesthe
for if ye live after the flesh, ye must die; but if by the Spirit ye put to death the deeds of the body, ye shall live.

ὅσοι γὰρ πνεύματι θεοῦ ἄγονται, οὗτοι υἱοὶ θεοῦ εἰσιν
hosoi gar pneumati theou agontai, houtoi huioi theou eisin
For as many as are led by the Spirit of God, these are sons of God.

οὐ γὰρ ἐλάβετε πνεῦμα δουλείας πάλιν εἰς φόβον, ἀλλὰ ἐλάβετε πνεῦμα υἱοθεσίας, ἐν ᾧ κράζομεν, Αββα ὁ πατήρ
ou gar elabete pneuma douleias palin eis phobon, alla elabete pneuma huiothesias, en hō krazomen, Abba ho patēr
For ye received not the spirit of bondage again unto fear; but ye received the spirit of adoption, whereby we cry, Abba, Father.

αὐτὸ τὸ πνεῦμα συμμαρτυρεῖ τῷ πνεύματι ἡμῶν ὅτι ἐσμὲν τέκνα θεοῦ
auto to pneuma symmartyrei tō pneumati hēmōn hoti esmen tekna theou
The Spirit himself beareth witness with our spirit, that we are children of God:

εἰ δὲ τέκνα, καὶ κληρονόμοι: κληρονόμοι μὲν θεοῦ, συγκληρονόμοι δὲ Χριστοῦ
ei de tekna, kai klēronomoi: klēronomoi men theou, synklēronomoi de Christou
and if children, then heirs; heirs of God, and joint-heirs with Christ;

εἴπερ συμπάσχομεν ἵνα καὶ συνδοξασθῶμεν
eiper sympaschomen hina kai syndoxasthōmen
if so be that we suffer with him, that we may be also glorified with him.

Λογίζομαι γὰρ ὅτι οὐκ ἄξια τὰ παθήματα τοῦ νῦν καιροῦ πρὸς τὴν μέλλουσαν δόξαν ἀποκαλυφθῆναι εἰς ἡμᾶς
Logizomai gar hoti ouk axia ta pathēmata tou nyn kairou pros tēn mellousan doxan apokalyphthēnai eis hēmas
For I reckon that the sufferings of this present time are not worthy to be compared with the glory which shall be revealed to us-ward.

ἡ γὰρ ἀποκαραδοκία τῆς κτίσεως τὴν ἀποκάλυψιν τῶν υἱῶν τοῦ θεοῦ ἀπεκδέχεται
hē gar apokaradokia tēs ktiseōs tēn apokalypsin tōn huiōn tou theou apekdechetai
For the earnest expectation of the creation waiteth for the revealing of the sons of God.

τῇ γὰρ ματαιότητι ἡ κτίσις ὑπετάγη, οὐχ ἑκοῦσα ἀλλὰ διὰ τὸν ὑποτάξαντα, ἐφ' ἐλπίδι
tē gar mataiotēti hē ktisis hypetagē, ouch hekousa alla dia ton hypotaxanta, eph' helpidi
For the creation was subjected to vanity, not of its own will, but by reason of him who subjected it, in hope

ὅτι καὶ αὐτὴ ἡ κτίσις ἐλευθερωθήσεται ἀπὸ τῆς δουλείας τῆς φθορᾶς
hoti kai autē hē ktisis eleutherōthēsetai apo tēs douleias tēs phthoras
that the creation itself also shall be delivered from the bondage of corruption

εἰς τὴν ἐλευθερίαν τῆς δόξης τῶν τέκνων τοῦ θεοῦ
eis tēn eleutherian tēs doxēs tōn teknōn tou theou
into the liberty of the glory of the children of God.

οἴδαμεν γὰρ ὅτι πᾶσα ἡ κτίσις συστενάζει καὶ συνωδίνει ἄχρι τοῦ νῦν
oidamen gar hoti pasa hē ktisis systenazei kai synōdinei achri tou nyn
For we know that the whole creation groaneth and travaileth in pain together until now.

οὐ μόνον δέ, ἀλλὰ καὶ αὐτοὶ τὴν ἀπαρχὴν τοῦ πνεύματος ἔχοντες
ou monon de, alla kai autoi tēn aparchēn tou pneumatos echontes
And not only so, but ourselves also, who have the first-fruits of the Spirit,

ἡμεῖς καὶ αὐτοὶ ἐν ἑαυτοῖς στενάζομεν υἱοθεσίαν ἀπεκδεχόμενοι, τὴν ἀπολύτρωσιν τοῦ σώματος ἡμῶν
hēmeis kai autoi en heautois stenazomen huiothesian apekdechomenoi, tēn apolytrōsin tou sōmatos hēmōn
even we ourselves groan within ourselves, waiting for our adoption, to wit, the redemption of our body.

τῇ γὰρ ἐλπίδι ἐσώθημεν· ἐλπὶς δὲ βλεπομένη οὐκ ἔστιν ἐλπίς· ὃ γὰρ βλέπει τίς ἐλπίζει
tē gar elpidi esōthēmen: elpis de blepomenē ouk estin elpis: ho gar blepei tis elpizei
For in hope were we saved: but hope that is seen is not hope: for who hopeth for that which he seeth?

εἰ δὲ ὃ οὐ βλέπομεν ἐλπίζομεν, δι' ὑπομονῆς ἀπεκδεχόμεθα
ei de ho ou blepomen elpizomen, di' hypomonēs apekdechometha
But if we hope for that which we see not, then do we with patience wait for it.

Ὡσαύτως δὲ καὶ τὸ πνεῦμα συναντιλαμβάνεται τῇ ἀσθενείᾳ ἡμῶν
Hōsautōs de kai to pneuma synantilambanetai tē astheneia hēmōn
And in like manner the Spirit also helpeth our infirmity:

τὸ γὰρ τί προσευξώμεθα καθὸ δεῖ οὐκ οἴδαμεν, ἀλλὰ αὐτὸ τὸ πνεῦμα ὑπερεντυγχάνει στεναγμοῖς ἀλαλήτοις
to gar ti proseuxōmetha katho dei ouk oidamen, alla auto to pneuma hyperentynchanei stenagmois alalētois
for we know not how to pray as we ought; but the Spirit himself maketh intercession for us with groanings which cannot be uttered;

ὁ δὲ ἐραυνῶν τὰς καρδίας οἶδεν τί τὸ φρόνημα τοῦ πνεύματος, ὅτι κατὰ θεὸν ἐντυγχάνει ὑπὲρ ἁγίων
ho de eraunōn tas kardias oiden ti to phronēma tou pneumatos, hoti kata theon entynchanei hyper hagiōn
and he that searcheth the hearts knoweth what is the mind of the Spirit, because he maketh intercession for the saints according to the will of God.

οἴδαμεν δὲ ὅτι τοῖς ἀγαπῶσιν τὸν θεὸν πάντα συνεργεῖ εἰς ἀγαθόν, τοῖς κατὰ πρόθεσιν κλητοῖς οὖσιν
oidamen de hoti tois agapōsin ton theon panta synergei eis agathon, tois kata prothesin klētois ousin
And we know that to them that love God all things work together for good, even to them that are called according to his purpose.

ὅτι οὓς προέγνω, καὶ προώρισεν συμμόρφους τῆς εἰκόνος τοῦ υἱοῦ αὐτοῦ
hoti hous proegnō, kai proōrisen symmorphous tēs eikonos tou huiou autou
For whom he foreknew, he also foreordained to be conformed to the image of his Son,

εἰς τὸ εἶναι αὐτὸν πρωτότοκον ἐν πολλοῖς ἀδελφοῖς
eis to einai auton prōtotokon en pollois adelphois
that he might be the firstborn among many brethren:

οὓς δὲ προώρισεν, τούτους καὶ ἐκάλεσεν
hous de proōrisen, toutous kai ekalesen
and whom he foreordained, them he also called:

καὶ οὓς ἐκάλεσεν, τούτους καὶ ἐδικαίωσεν· οὓς δὲ ἐδικαίωσεν, τούτους καὶ ἐδόξασεν
kai hous ekalesen, toutous kai edikaiōsen: hous de edikaiōsen, toutous kai edoxasen
and whom he called, them he also justified: and whom he justified, them he also glorified.

Τί οὖν ἐροῦμεν πρὸς ταῦτα; εἰ ὁ θεὸς ὑπὲρ ἡμῶν, τίς καθ' ἡμῶν
Ti oun eroumen pros tauta? ei ho theos hyper hēmōn, tis kath' hēmōn
What then shall we say to these things? If God is for us, who is against us?

ὅς γε τοῦ ἰδίου υἱοῦ οὐκ ἐφείσατο, ἀλλὰ ὑπὲρ ἡμῶν πάντων παρέδωκεν αὐτόν
hos ge tou idiou huiou ouk epheisato, alla hyper hēmōn pantōn paredōken auton
He that spared not his own Son, but delivered him up for us all,

πῶς οὐχὶ καὶ σὺν αὐτῷ τὰ πάντα ἡμῖν χαρίσεται
pōs ouchi kai syn autō ta panta hēmin charisetai
how shall he not also with him freely give us all things?

τίς ἐγκαλέσει κατὰ ἐκλεκτῶν θεοῦ; θεὸς ὁ δικαιῶν
tis enkalesei kata eklektōn theou? theos ho dikaiōn
Who shall lay anything to the charge of God's elect? It is God that justifieth;

τίς ὁ κατακρινῶν; Χριστὸς [Ἰησοῦς] ὁ ἀποθανών, μᾶλλον δὲ ἐγερθείς
tis ho katakrinōn? Christos [Iēsous] ho apothanōn, mallon de egertheis
who is he that condemneth? It is Christ Jesus that died, yea rather, that was raised from the dead,

ὃς καί ἐστιν ἐν δεξιᾷ τοῦ θεοῦ, ὃς καὶ ἐντυγχάνει ὑπὲρ ἡμῶν
hos kai estin en dexia tou theou, hos kai entynchanei hyper hēmōn
who is at the right hand of God, who also maketh intercession for us.

τίς ἡμᾶς χωρίσει ἀπὸ τῆς ἀγάπης τοῦ Χριστοῦ
tis hēmas chōrisei apo tēs agapēs tou Christou
Who shall separate us from the love of Christ?

θλῖψις ἢ στενοχωρία ἢ διωγμὸς ἢ λιμὸς ἢ γυμνότης ἢ κίνδυνος ἢ μάχαιρα
thlipsis ē stenochōria ē diōgmos ē limos ē gymnotēs ē kindynos ē machaira
shall tribulation, or anguish, or persecution, or famine, or nakedness, or peril, or sword?

καθὼς γέγραπται ὅτι Ενεκεν σοῦ θανατούμεθα ὅλην τὴν ἡμέραν, ἐλογίσθημεν ὡς πρόβατα σφαγῆς
kathōs gegraptai hoti Eneken sou thanatoumetha holēn tēn hēmeran, elogisthēmen hōs probata sphagēs
Even as it is written, For thy sake we are killed all the day long; We were accounted as sheep for the slaughter.

ἀλλ' ἐν τούτοις πᾶσιν ὑπερνικῶμεν διὰ τοῦ ἀγαπήσαντος ἡμᾶς
all' en toutois pasin hypernikōmen dia tou agapēsantos hēmas
Nay, in all these things we are more than conquerors through him that loved us.

πέπεισμαι γὰρ ὅτι οὔτε θάνατος οὔτε ζωὴ οὔτε ἄγγελοι οὔτε ἀρχαὶ οὔτε ἐνεστῶτα οὔτε μέλλοντα οὔτε δυνάμεις
pepeismai gar hoti oute thanatos oute zōē oute angeloi oute archai oute enestōta oute mellonta oute dynameis
For I am persuaded, that neither death, nor life, nor angels, nor principalities, nor things present, nor things to come, nor powers,

οὔτε ὕψωμα οὔτε βάθος οὔτε τις κτίσις ἑτέρα
oute hypsōma oute bathos oute tis ktisis hetera
nor height, nor depth, nor any other creature,

δυνήσεται ἡμᾶς χωρίσαι ἀπὸ τῆς ἀγάπης τοῦ θεοῦ τῆς ἐν Χριστῷ Ἰησοῦ τῷ κυρίῳ ἡμῶν
dynēsetai hēmas chōrisai apo tēs agapēs tou theou tēs en Christō Iēsou tō kyriō hēmōn
shall be able to separate us from the love of God, which is in Christ Jesus our Lord.

θ

Ἀλήθειαν λέγω ἐν Χριστῷ, οὐ ψεύδομαι, συμμαρτυρούσης μοι τῆς συνειδήσεώς μου ἐν πνεύματι ἁγίῳ
Alētheian legō en Christō, ou pseudomai, symmartyrousēs moi tēs syneidēseōs mou en pneumati hagiō
I say the truth in Christ, I lie not, my conscience bearing witness with me in the Holy Spirit,

ὅτι λύπη μοί ἐστιν μεγάλη καὶ ἀδιάλειπτος ὀδύνη τῇ καρδίᾳ μου
hoti lypē moi estin megalē kai adialeiptos odynē tē kardia mou
that I have great sorrow and unceasing pain in my heart.

ηὐχόμην γὰρ ἀνάθεμα εἶναι αὐτὸς ἐγὼ ἀπὸ τοῦ Χριστοῦ ὑπὲρ τῶν ἀδελφῶν μου τῶν συγγενῶν μου κατὰ σάρκα
ēuchomēn gar anathema einai autos egō apo tou Christou hyper tōn adelphōn mou tōn syngenōn mou kata sarka
For I could wish that I myself were anathema from Christ for my brethren's sake, my kinsmen according to the flesh:

οἵτινές εἰσιν Ἰσραηλῖται, ὧν ἡ υἱοθεσία καὶ ἡ δόξα καὶ αἱ διαθῆκαι καὶ ἡ νομοθεσία καὶ ἡ λατρεία καὶ αἱ ἐπαγγελίαι
hoitines eisin Israēlitai, hōn hē huiothesia kai hē doxa kai hai diathēkai kai hē nomothesia kai hē latreia kai hai epangeliai
who are Israelites; whose is the adoption, and the glory, and the covenants, and the giving of the law, and the service of God, and the promises;

ὧν οἱ πατέρες, καὶ ἐξ ὧν ὁ Χριστὸς τὸ κατὰ σάρκα: ὁ ὢν ἐπὶ πάντων θεὸς εὐλογητὸς εἰς τοὺς αἰῶνας, ἀμήν
hōn hoi pateres, kai ex hōn ho Christos to kata sarka: ho ōn epi pantōn theos eulogētos eis tous aiōnas, amēn
whose are the fathers, and of whom is Christ as concerning the flesh, who is over all, God blessed for ever. Amen.

Οὐχ οἷον δὲ ὅτι ἐκπέπτωκεν ὁ λόγος τοῦ θεοῦ. οὐ γὰρ πάντες οἱ ἐξ Ἰσραήλ, οὗτοι Ἰσραήλ
Ouch hoion de hoti ekpeptōken ho logos tou theou. ou gar pantes hoi ex Israēl, houtoi Israēl
But it is not as though the word of God hath come to nought. For they are not all Israel, that are of Israel:

οὐδ' ὅτι εἰσὶν σπέρμα Ἀβραάμ, πάντες τέκνα, ἀλλ', Ἐν Ἰσαὰκ κληθήσεταί σοι σπέρμα
oud' hoti eisin sperma Abraam, pantes tekna, all', En Isaak klēthēsetai soi sperma
neither, because they are Abraham's seed, are they all children: but, In Isaac shall thy seed be called.

τοῦτ' ἔστιν, οὐ τὰ τέκνα τῆς σαρκὸς ταῦτα τέκνα τοῦ θεοῦ, ἀλλὰ τὰ τέκνα τῆς ἐπαγγελίας λογίζεται εἰς σπέρμα
tout' estin, ou ta tekna tēs sarkos tauta tekna tou theou, alla ta tekna tēs epangelias logizetai eis sperma
That is, it is not the children of the flesh that are children of God; but the children of the promise are reckoned for a seed.

ἐπαγγελίας γὰρ ὁ λόγος οὗτος, Κατὰ τὸν καιρὸν τοῦτον ἐλεύσομαι καὶ ἔσται τῇ Σάρρᾳ υἱός
epangelias gar ho logos houtos, Kata ton kairon touton eleusomai kai estai tē Sarra huios
For this is a word of promise, According to this season will I come, and Sarah shall have a son.

οὐ μόνον δέ, ἀλλὰ καὶ Ῥεβέκκα ἐξ ἑνὸς κοίτην ἔχουσα, Ἰσαὰκ τοῦ πατρὸς ἡμῶν
ou monon de, alla kai Rhebekka ex henos koitēn echousa, Isaak tou patros hēmōn
And not only so; but Rebecca also having conceived by one, even by our father Isaac—

μήπω γὰρ γεννηθέντων μηδὲ πραξάντων τι ἀγαθὸν ἢ φαῦλον, ἵνα ἡ κατ' ἐκλογὴν πρόθεσις τοῦ θεοῦ μένῃ
mēpō gar gennēthentōn mēde praxantōn ti agathon ē phaulon, hina hē kat' eklogēn prothesis tou theou menē
for the children being not yet born, neither having done anything good or bad, that the purpose of God according to election might stand, not of works,

οὐκ ἐξ ἔργων ἀλλ' ἐκ τοῦ καλοῦντος, ἐρρέθη αὐτῇ ὅτι Ὁ μείζων δουλεύσει τῷ ἐλάσσονι
ouk ex ergōn all' ek tou kalountos, errethē autē hoti HO meizōn douleusei tō elassoni
but of him that calleth, it was said unto her, The elder shall serve the younger.

καθὼς γέγραπται, Τὸν Ἰακὼβ ἠγάπησα, τὸν δὲ Ἡσαῦ ἐμίσησα
kathōs gegraptai, Ton Iakōb ēgapēsa, ton de Ēsau emisēsa
Even as it is written, Jacob I loved, but Esau I hated.

Τί οὖν ἐροῦμεν; μὴ ἀδικία παρὰ τῷ θεῷ; μὴ γένοιτο
Ti oun eroumen? mē adikia para tō theō? mē genoito
What shall we say then? Is there unrighteousness with God? God forbid.

τῷ Μωϋσεῖ γὰρ λέγει, Ἐλεήσω ὃν ἂν ἐλεῶ, καὶ οἰκτιρήσω ὃν ἂν οἰκτίρω
tō Mōusei gar legei, Eleēsō hon an eleō, kai oiktirēsō hon an oiktirō
For he saith to Moses, I will have mercy on whom I have mercy, and I will have compassion on whom I have compassion.

ἄρα οὖν οὐ τοῦ θέλοντος οὐδὲ τοῦ τρέχοντος, ἀλλὰ τοῦ ἐλεῶντος θεοῦ
ara oun ou tou thelontos oude tou trechontos, alla tou eleōntos theou
So then it is not of him that willeth, nor of him that runneth, but of God that hath mercy.

λέγει γὰρ ἡ γραφὴ τῷ Φαραὼ ὅτι Εἰς αὐτὸ τοῦτο ἐξήγειρά σε ὅπως ἐνδείξωμαι ἐν σοὶ τὴν δύναμίν μου
legei gar hē graphē tō Pharaō hoti Eis auto touto exēgeira se hopōs endeixōmai en soi tēn dynamin mou
For the scripture saith unto Pharaoh, For this very purpose did I raise thee up, that I might show in thee my power,

καὶ ὅπως διαγγελῇ τὸ ὄνομά μου ἐν πάσῃ τῇ γῇ
kai hopōs diangelē to onoma mou en pasē tē gē
and that my name might be published abroad in all the earth.

ἄρα οὖν ὃν θέλει ἐλεεῖ, ὃν δὲ θέλει σκληρύνει
ara oun hon thelei eleei, hon de thelei sklērynei
So then he hath mercy on whom he will, and whom he will he hardeneth.

Ἐρεῖς μοι οὖν, Τί [οὖν] ἔτι μέμφεται; τῷ γὰρ βουλήματι αὐτοῦ τίς ἀνθέστηκεν
Ereis moi oun, Ti [oun] eti memphetai? tō gar boulēmati autou tis anthestēken
Thou wilt say then unto me, Why doth he still find fault? For who withstandeth his will?

ὦ ἄνθρωπε, μενοῦνγε σὺ τίς εἶ ὁ ἀνταποκρινόμενος τῷ θεῷ
ō anthrōpe, menounge sy tis ei ho antapokrinomenos tō theō
Nay but, O man, who art thou that repliest against God?

μὴ ἐρεῖ τὸ πλάσμα τῷ πλάσαντι, Τί με ἐποίησας οὕτως
mē erei to plasma tō plasanti, Ti me epoiēsas houtōs
Shall the thing formed say to him that formed it, Why didst thou make me thus?

ἢ οὐκ ἔχει ἐξουσίαν ὁ κεραμεὺς τοῦ πηλοῦ ἐκ τοῦ αὐτοῦ φυράματος ποιῆσαι ὃ μὲν εἰς τιμὴν σκεῦος
ē ouk echei exousian ho kerameus tou pēlou ek tou autou phyramatos poiēsai ho men eis timēn skeuos
Or hath not the potter a right over the clay, from the same lump to make one part a vessel unto honor,

ὃ δὲ εἰς ἀτιμίαν
ho de eis atimian
and another unto dishonor?

εἰ δὲ θέλων ὁ θεὸς ἐνδείξασθαι τὴν ὀργὴν
ei de thelōn ho theos endeixasthai tēn orgēn
What if God, willing to show his wrath,

καὶ γνωρίσαι τὸ δυνατὸν αὐτοῦ ἤνεγκεν ἐν πολλῇ μακροθυμίᾳ σκεύη ὀργῆς κατηρτισμένα εἰς ἀπώλειαν
kai gnōrisai to dynaton autou ēnenken en pollē makrothymia skeuē orgēs katērtismena eis apōleian
and to make his power known, endured with much longsuffering vessels of wrath fitted unto destruction:

καὶ ἵνα γνωρίσῃ τὸν πλοῦτον τῆς δόξης αὐτοῦ ἐπὶ σκεύη ἐλέους, ἃ προητοίμασεν εἰς δόξαν
kai hina gnōrisē ton plouton tēs doxēs autou epi skeuē eleous, ha proētoimasen eis doxan
and that he might make known the riches of his glory upon vessels of mercy, which he afore prepared unto glory,

οὓς καὶ ἐκάλεσεν ἡμᾶς οὐ μόνον ἐξ Ἰουδαίων ἀλλὰ καὶ ἐξ ἐθνῶν
hous kai ekalesen hēmas ou monon ex Ioudaiōn alla kai ex ethnōn
even us, whom he also called, not from the Jews only, but also from the Gentiles?

ὡς καὶ ἐν τῷ Ὡσηὲ λέγει, Καλέσω τὸν οὐ λαόν μου λαόν μου καὶ τὴν οὐκ ἠγαπημένην ἠγαπημένην
hōs kai en tō Hōsēe legei, Kalesō ton ou laon mou laon mou kai tēn ouk ēgapēmenēn ēgapēmenēn
As he saith also in Hosea, I will call that my people, which was not my people; And her beloved, that was not beloved.

καὶ ἔσται ἐν τῷ τόπῳ οὗ ἐρρέθη αὐτοῖς
kai estai en tō topō hou errethē autois
And it shall be, that in the place where it was said unto them,

Οὐ λαός μου ὑμεῖς, ἐκεῖ κληθήσονται υἱοὶ θεοῦ ζῶντος
Ou laos mou hymeis, ekei klēthēsontai huioi theou zōntos
Ye are not my people, There shall they be called sons of the living God.

Ἡσαΐας δὲ κράζει ὑπὲρ τοῦ Ἰσραὴλ
Ēsaias de krazei hyper tou Israēl
And Isaiah crieth concerning Israel,

Ἐὰν ᾖ ὁ ἀριθμὸς τῶν υἱῶν Ἰσραὴλ ὡς ἡ ἄμμος τῆς θαλάσσης, τὸ ὑπόλειμμα σωθήσεται
Ean ē ho arithmos tōn huiōn Israēl hōs hē ammos tēs thalassēs, to hypoleimma sōthēsetai
If the number of the children of Israel be as the sand of the sea, it is the remnant that shall be saved:

λόγον γὰρ συντελῶν καὶ συντέμνων ποιήσει κύριος ἐπὶ τῆς γῆς
logon gar syntelōn kai syntemnōn poiēsei kyrios epi tēs gēs
for the Lord will execute his word upon the earth, finishing it and cutting it short.

καὶ καθὼς προείρηκεν Ἡσαΐας
kai kathōs proeirēken Ēsaias
And, as Isaiah hath said before,

Εἰ μὴ κύριος Σαβαὼθ ἐγκατέλιπεν ἡμῖν σπέρμα, ὡς Σόδομα ἂν ἐγενήθημεν καὶ ὡς Γόμορρα ἂν ὡμοιώθημεν
Ei mē kyrios Sabaōth enkatelipen hēmin sperma, hōs Sodoma an egenēthēmen kai hōs Gomorra an hōmoiōthēmen
Except the Lord of Sabaoth had left us a seed, We had become as Sodom, and had been made like unto Gomorrah.

Τί οὖν ἐροῦμεν; ὅτι ἔθνη τὰ μὴ διώκοντα δικαιοσύνην κατέλαβεν δικαιοσύνην, δικαιοσύνην δὲ τὴν ἐκ πίστεως
Ti oun eroumen? hoti ethnē ta mē diōkonta dikaiosynēn katelaben dikaiosynēn, dikaiosynēn de tēn ek pisteōs
What shall we say then? That the Gentiles, who followed not after righteousness, attained to righteousness, even the righteousness which is of faith:

Ἰσραὴλ δὲ διώκων νόμον δικαιοσύνης εἰς νόμον οὐκ ἔφθασεν
Israēl de diōkōn nomon dikaiosynēs eis nomon ouk ephthasen
but Israel, following after a law of righteousness, did not arrive at that law.

διὰ τί; ὅτι οὐκ ἐκ πίστεως ἀλλ' ὡς ἐξ ἔργων: προσέκοψαν τῷ λίθῳ τοῦ προσκόμματος
dia ti? hoti ouk ek pisteōs all' hōs ex ergōn: prosekopsan tō lithō tou proskommatos
Wherefore? Because they sought it not by faith, but as it were by works. They stumbled at the stone of stumbling;

καθὼς γέγραπται, Ἰδοὺ τίθημι ἐν Σιὼν λίθον προσκόμματος καὶ πέτραν σκανδάλου
kathōs gegraptai, Idou tithēmi en Siōn lithon proskommatos kai petran skandalou
even as it is written, Behold, I lay in Zion a stone of stumbling and a rock of offence

καὶ ὁ πιστεύων ἐπ' αὐτῷ οὐ καταισχυνθήσεται
kai ho pisteuōn ep' autō ou kataischynthēsetai
And he that believeth on him shall not be put to shame.

ι

Ἀδελφοί, ἡ μὲν εὐδοκία τῆς ἐμῆς καρδίας καὶ ἡ δέησις πρὸς τὸν θεὸν ὑπὲρ αὐτῶν εἰς σωτηρίαν
Adelphoi, hē men eudokia tēs emēs kardias kai hē deēsis pros ton theon hyper autōn eis sōtērian
Brethren, my heart's desire and my supplication to God is for them, that they may be saved.

μαρτυρῶ γὰρ αὐτοῖς ὅτι ζῆλον θεοῦ ἔχουσιν, ἀλλ' οὐ κατ' ἐπίγνωσιν
martyrō gar autois hoti zēlon theou echousin, all' ou kat' epignōsin
For I bear them witness that they have a zeal for God, but not according to knowledge.

ἀγνοοῦντες γὰρ τὴν τοῦ θεοῦ δικαιοσύνην
agnoountes gar tēn tou theou dikaiosynēn
For being ignorant of God's righteousness,

καὶ τὴν ἰδίαν [δικαιοσύνην] ζητοῦντες στῆσαι, τῇ δικαιοσύνῃ τοῦ θεοῦ οὐχ ὑπετάγησαν
kai tēn idian [dikaiosynēn] zētountes stēsai, tē dikaiosynē tou theou ouch hypetagēsan
and seeking to establish their own, they did not subject themselves to the righteousness of God.

τέλος γὰρ νόμου Χριστὸς εἰς δικαιοσύνην παντὶ τῷ πιστεύοντι
telos gar nomou Christos eis dikaiosynēn panti tō pisteuonti
For Christ is the end of the law unto righteousness to every one that believeth.

Μωϋσῆς γὰρ γράφει τὴν δικαιοσύνην τὴν ἐκ [τοῦ] νόμου ὅτι ὁ ποιήσας αὐτὰ ἄνθρωπος ζήσεται ἐν αὐτοῖς
Mōusēs gar graphei tēn dikaiosynēn tēn ek [tou] nomou hoti ho poiēsas auta anthrōpos zēsetai en autois
For Moses writeth that the man that doeth the righteousness which is of the law shall live thereby.

ἡ δὲ ἐκ πίστεως δικαιοσύνη οὕτως λέγει, Μὴ εἴπῃς ἐν τῇ καρδίᾳ σου
hē de ek pisteōs dikaiosynē houtōs legei, Mē eipēs en tē kardia sou
But the righteousness which is of faith saith thus, Say not in thy heart,

Τίς ἀναβήσεται εἰς τὸν οὐρανόν; τοῦτ' ἔστιν Χριστὸν καταγαγεῖν
Tis anabēsetai eis ton ouranon? tout' estin Christon katagagein
Who shall ascend into heaven? (that is, to bring Christ down:)

ἤ, Τίς καταβήσεται εἰς τὴν ἄβυσσον; τοῦτ' ἔστιν Χριστὸν ἐκ νεκρῶν ἀναγαγεῖν
ē, Tis katabēsetai eis tēn abysson? tout' estin Christon ek nekrōn anagagein
or, Who shall descend into the abyss? (that is, to bring Christ up from the dead.)

ἀλλὰ τί λέγει; Ἐγγύς σου τὸ ῥῆμά ἐστιν, ἐν τῷ στόματί σου καὶ ἐν τῇ καρδίᾳ σου
alla ti legei? Engys sou to rhēma estin, en tō stomati sou kai en tē kardia sou
But what saith it? The word is nigh thee, in thy mouth, and in thy heart:

τοῦτ' ἔστιν τὸ ῥῆμα τῆς πίστεως ὃ κηρύσσομεν
tout' estin to rhēma tēs pisteōs ho kēryssomen
that is, the word of faith, which we preach:

ὅτι ἐὰν ὁμολογήσῃς ἐν τῷ στόματί σου κύριον Ἰησοῦν
hoti ean homologēsēs en tō stomati sou kyrion Iēsoun
because if thou shalt confess with thy mouth Jesus as Lord,

καὶ πιστεύσῃς ἐν τῇ καρδίᾳ σου ὅτι ὁ θεὸς αὐτὸν ἤγειρεν ἐκ νεκρῶν, σωθήσῃ
kai pisteusēs en tē kardia sou hoti ho theos auton ēgeiren ek nekrōn, sōthēsē
and shalt believe in thy heart that God raised him from the dead, thou shalt be saved:

καρδίᾳ γὰρ πιστεύεται εἰς δικαιοσύνην, στόματι δὲ ὁμολογεῖται εἰς σωτηρίαν
kardia gar pisteuetai eis dikaiosynēn, stomati de homologeitai eis sōtērian
for with the heart man believeth unto righteousness; and with the mouth confession is made unto salvation.

λέγει γὰρ ἡ γραφή, Πᾶς ὁ πιστεύων ἐπ' αὐτῷ οὐ καταισχυνθήσεται
legei gar hē graphē, Pas ho pisteuōn ep' autō ou kataischynthēsetai
For the scripture saith, Whosoever believeth on him shall not be put to shame.

οὐ γάρ ἐστιν διαστολὴ Ἰουδαίου τε καὶ Ἕλληνος, ὁ γὰρ αὐτὸς κύριος πάντων
ou gar estin diastolē Ioudaiou te kai Ellēnos, ho gar autos kyrios pantōn
For there is no distinction between Jew and Greek: for the same Lord is Lord of all,

πλουτῶν εἰς πάντας τοὺς ἐπικαλουμένους αὐτόν
ploutōn eis pantas tous epikaloumenous auton
and is rich unto all that call upon him:

Πᾶς γὰρ ὃς ἂν ἐπικαλέσηται τὸ ὄνομα κυρίου σωθήσεται
Pas gar hos an epikalesētai to onoma kyriou sōthēsetai
for, Whosoever shall call upon the name of the Lord shall be saved.

Πῶς οὖν ἐπικαλέσωνται εἰς ὃν οὐκ ἐπίστευσαν
Pōs oun epikalesōntai eis hon ouk episteusan
How then shall they call on him in whom they have not believed?

πῶς δὲ πιστεύσωσιν οὗ οὐκ ἤκουσαν; πῶς δὲ ἀκούσωσιν χωρὶς κηρύσσοντος
pōs de pisteusōsin hou ouk ēkousan? pōs de akousōsin chōris kēryssontos
and how shall they believe in him whom they have not heard? and how shall they hear without a preacher?

πῶς δὲ κηρύξωσιν ἐὰν μὴ ἀποσταλῶσιν; καθὼς γέγραπται
pōs de kēryxōsin ean mē apostalōsin? kathōs gegraptai
and how shall they preach, except they be sent? even as it is written,

Ὡς ὡραῖοι οἱ πόδες τῶν εὐαγγελιζομένων [τὰ] ἀγαθά
Hōs hōraioi hoi podes tōn euangelizomenōn [ta] agatha
How beautiful are the feet of them that bring glad tidings of good things!

Ἀλλ' οὐ πάντες ὑπήκουσαν τῷ εὐαγγελίῳ· Ἠσαΐας γὰρ λέγει, Κύριε, τίς ἐπίστευσεν τῇ ἀκοῇ ἡμῶν
All' ou pantes hypēkousan tō euangeliō: Ēsaias gar legei, Kyrie, tis episteusen tē akoē hēmōn
But they did not all hearken to the glad tidings. For Isaiah saith, Lord, who hath believed our report?

ἄρα ἡ πίστις ἐξ ἀκοῆς, ἡ δὲ ἀκοὴ διὰ ῥήματος Χριστοῦ
ara hē pistis ex akoēs, hē de akoē dia rhēmatos Christou
So belief cometh of hearing, and hearing by the word of Christ.

ἀλλὰ λέγω, μὴ οὐκ ἤκουσαν; μενοῦνγε, Εἰς πᾶσαν τὴν γῆν ἐξῆλθεν ὁ φθόγγος αὐτῶν
alla legō, mē ouk ēkousan? menounge, Eis pasan tēn gēn exēlthen ho phthongos autōn
But I say, Did they not hear? Yea, verily, Their sound went out into all the earth,

καὶ εἰς τὰ πέρατα τῆς οἰκουμένης τὰ ῥήματα αὐτῶν
kai eis ta perata tēs oikoumenēs ta rhēmata autōn
And their words unto the ends of the world.

ἀλλὰ λέγω, μὴ Ἰσραὴλ οὐκ ἔγνω; πρῶτος Μωϋσῆς λέγει
alla legō, mē Israēl ouk egnō? prōtos Mōusēs legei
But I say, Did Israel not know? First Moses saith,

Ἐγὼ παραζηλώσω ὑμᾶς ἐπ' οὐκ ἔθνει, ἐπ' ἔθνει ἀσυνέτῳ παροργιῶ ὑμᾶς
Egō parazēlōsō hymas ep' ouk ethnei, ep' ethnei asynetō parorgiō hymas
I will provoke you to jealousy with that which is no nation, With a nation void of understanding will I anger you.

Ἡσαΐας δὲ ἀποτολμᾷ καὶ λέγει, Εὑρέθην [ἐν] τοῖς ἐμὲ μὴ ζητοῦσιν
Ēsaias de apotolma kai legei, Heurethēn [en] tois eme mē zētousin
And Isaiah is very bold, and saith, I was found of them that sought me not;

ἐμφανὴς ἐγενόμην τοῖς ἐμὲ μὴ ἐπερωτῶσιν
emphanēs egenomēn tois eme mē eperōtōsin
I became manifest unto them that asked not of me.

πρὸς δὲ τὸν Ἰσραὴλ λέγει, Ὅλην τὴν ἡμέραν ἐξεπέτασα τὰς χεῖράς μου πρὸς λαὸν ἀπειθοῦντα καὶ ἀντιλέγοντα
pros de ton Israēl legei, Olēn tēn hēmeran exepetasa tas cheiras mou pros laon apeithounta kai antilegonta
But as to Israel he saith, All the day long did I spread out my hands unto a disobedient and gainsaying people.

ια

Λέγω οὖν, μὴ ἀπώσατο ὁ θεὸς τὸν λαὸν αὐτοῦ; μὴ γένοιτο
Legō oun, mē apōsato ho theos ton laon autou? mē genoito
I say then, Did God cast off his people? God forbid.

καὶ γὰρ ἐγὼ Ἰσραηλίτης εἰμί, ἐκ σπέρματος Ἀβραάμ, φυλῆς Βενιαμίν
kai gar egō Israēlitēs eimi, ek spermatos Abraam, phylēs Beniamin
For I also am an Israelite, of the seed of Abraham, of the tribe of Benjamin.

οὐκ ἀπώσατο ὁ θεὸς τὸν λαὸν αὐτοῦ ὃν προέγνω
ouk apōsato ho theos ton laon autou hon proegnō
God did not cast off his people which he foreknew.

ἢ οὐκ οἴδατε ἐν Ἠλίᾳ τί λέγει ἡ γραφή; ὡς ἐντυγχάνει τῷ θεῷ κατὰ τοῦ Ἰσραήλ
ē ouk oidate en Ēlia ti legei hē graphē? hōs entynchanei tō theō kata tou Israēl
Or know ye not what the scripture saith of Elijah? how he pleadeth with God against Israel:

Κύριε, τοὺς προφήτας σου ἀπέκτειναν, τὰ θυσιαστήριά σου κατέσκαψαν
Kyrie, tous prophētas sou apekteinan, ta thysiastēria sou kateskapsan
Lord, they have killed thy prophets, they have digged down thine altars;

κἀγὼ ὑπελείφθην μόνος, καὶ ζητοῦσιν τὴν ψυχήν μου
kagō hypeleiphthēn monos, kai zētousin tēn psychēn mou
and I am left alone, and they seek my life.

ἀλλὰ τί λέγει αὐτῷ ὁ χρηματισμός; Κατέλιπον ἐμαυτῷ ἑπτακισχιλίους ἄνδρας, οἵτινες οὐκ ἔκαμψαν γόνυ τῇ Βάαλ
alla ti legei autō ho chrēmatismos? Katelipon emautō heptakischilious andras, hoitines ouk ekampsan gony tē Baal
But what saith the answer of God unto him? I have left for myself seven thousand men, who have not bowed the knee to Baal.

οὕτως οὖν καὶ ἐν τῷ νῦν καιρῷ λεῖμμα κατ' ἐκλογὴν χάριτος γέγονεν
houtōs oun kai en tō nyn kairō leimma kat' eklogēn charitos gegonen
Even so then at this present time also there is a remnant according to the election of grace.

εἰ δὲ χάριτι, οὐκέτι ἐξ ἔργων, ἐπεὶ ἡ χάρις οὐκέτι γίνεται χάρις
ei de chariti, ouketi ex ergōn, epei hē charis ouketi ginetai charis
But if it is by grace, it is no more of works: otherwise grace is no more grace.

τί οὖν; ὃ ἐπιζητεῖ Ἰσραήλ, τοῦτο οὐκ ἐπέτυχεν, ἡ δὲ ἐκλογὴ ἐπέτυχεν: οἱ δὲ λοιποὶ ἐπωρώθησαν
ti oun? ho epizētei Israēl, touto ouk epetychen, hē de eklogē epetychen: hoi de loipoi epōrōthēsan
What then? That which Israel seeketh for, that he obtained not; but the election obtained it, and the rest were hardened:

καθὼς γέγραπται, Ἔδωκεν αὐτοῖς ὁ θεὸς πνεῦμα κατανύξεως
kathōs gegraptai, Edōken autois ho theos pneuma katanyxeōs
according as it is written, God gave them a spirit of stupor,

ὀφθαλμοὺς τοῦ μὴ βλέπειν καὶ ὦτα τοῦ μὴ ἀκούειν, ἕως τῆς σήμερον ἡμέρας
ophthalmous tou mē blepein kai ōta tou mē akouein, heōs tēs sēmeron hēmeras
eyes that they should not see, and ears that they should not hear, unto this very day.

καὶ Δαυὶδ λέγει, Γενηθήτω ἡ τράπεζα αὐτῶν εἰς παγίδα καὶ εἰς θήραν καὶ εἰς σκάνδαλον καὶ εἰς ἀνταπόδομα αὐτοῖς
kai Dauid legei, Genēthētō hē trapeza autōn eis pagida kai eis thēran kai eis skandalon kai eis antapodoma autois
And David saith, Let their table be made a snare, and a trap, And a stumblingblock, and a recompense unto them:

σκοτισθήτωσαν οἱ ὀφθαλμοὶ αὐτῶν τοῦ μὴ βλέπειν, καὶ τὸν νῶτον αὐτῶν διὰ παντὸς σύγκαμψον
skotisthētōsan hoi ophthalmoi autōn tou mē blepein, kai ton nōton autōn dia pantos synkampson
Let their eyes be darkened, that they may not see, And bow thou down their back always.

Λέγω οὖν, μὴ ἔπταισαν ἵνα πέσωσιν; μὴ γένοιτο
Legō oun, mē eptaisan hina pesōsin? mē genoito
I say then, Did they stumble that they might fall? God forbid:

ἀλλὰ τῷ αὐτῶν παραπτώματι ἡ σωτηρία τοῖς ἔθνεσιν, εἰς τὸ παραζηλῶσαι αὐτούς
alla tō autōn paraptōmati hē sōtēria tois ethnesin, eis to parazēlōsai autous
but by their fall salvation is come unto the Gentiles, to provoke them to jealousy.

εἰ δὲ τὸ παράπτωμα αὐτῶν πλοῦτος κόσμου καὶ τὸ ἥττημα αὐτῶν πλοῦτος ἐθνῶν, πόσῳ μᾶλλον τὸ πλήρωμα αὐτῶν
ei de to paraptōma autōn ploutos kosmou kai to hēttēma autōn ploutos ethnōn, posō mallon to plērōma autōn
Now if their fall is the riches of the world, and their loss the riches of the Gentiles; how much more their fulness?

Ὑμῖν δὲ λέγω τοῖς ἔθνεσιν. ἐφ' ὅσον μὲν οὖν εἰμι ἐγὼ ἐθνῶν ἀπόστολος, τὴν διακονίαν μου δοξάζω
Hymin de legō tois ethnesin. eph' hoson men oun eimi egō ethnōn apostolos, tēn diakonian mou doxazō
But I speak to you that are Gentiles. Inasmuch then as I am an apostle of Gentiles, I glorify my ministry;

εἴ πως παραζηλώσω μου τὴν σάρκα καὶ σώσω τινὰς ἐξ αὐτῶν
ei pōs parazēlōsō mou tēn sarka kai sōsō tinas ex autōn
if by any means I may provoke to jealousy them that are my flesh, and may save some of them.

183

εἰ γὰρ ἡ ἀποβολὴ αὐτῶν καταλλαγὴ κόσμου
ei gar hē apobolē autōn katallagē kosmou
For if the casting away of them is the reconciling of the world,

τίς ἡ πρόσλημψις εἰ μὴ ζωὴ ἐκ νεκρῶν
tis hē proslēmpsis ei mē zōē ek nekrōn
what shall the receiving of them be, but life from the dead?

εἰ δὲ ἡ ἀπαρχὴ ἁγία, καὶ τὸ φύραμα: καὶ εἰ ἡ ῥίζα ἁγία, καὶ οἱ κλάδοι
ei de hē aparchē hagia, kai to phyrama: kai ei hē rhiza hagia, kai hoi kladoi
And if the firstfruit is holy, so is the lump: and if the root is holy, so are the branches.

Εἰ δέ τινες τῶν κλάδων ἐξεκλάσθησαν
Ei de tines tōn kladōn exeklasthēsan
But if some of the branches were broken off,

σὺ δὲ ἀγριέλαιος ὢν ἐνεκεντρίσθης ἐν αὐτοῖς καὶ συγκοινωνὸς τῆς ῥίζης τῆς πιότητος τῆς ἐλαίας ἐγένου
sy de agrielaios ōn enekentristhēs en autois kai synkoinōnos tēs rhizēs tēs piotētos tēs elaias egenou
and thou, being a wild olive, wast grafted in among them, and didst become partaker with them of the root of the fatness of the olive tree;

μὴ κατακαυχῶ τῶν κλάδων: εἰ δὲ κατακαυχᾶσαι, οὐ σὺ τὴν ῥίζαν βαστάζεις ἀλλὰ ἡ ῥίζα σέ
mē katakauchō tōn kladōn: ei de katakauchasai, ou sy tēn rhizan bastazeis alla hē rhiza se
glory not over the branches: but if thou gloriest, it is not thou that bearest the root, but the root thee.

ἐρεῖς οὖν, Ἐξεκλάσθησαν κλάδοι ἵνα ἐγὼ ἐγκεντρισθῶ
ereis oun, Exeklasthēsan kladoi hina egō enkentristhō
Thou wilt say then, Branches were broken off, that I might be grafted in.

καλῶς: τῇ ἀπιστίᾳ ἐξεκλάσθησαν, σὺ δὲ τῇ πίστει ἕστηκας. μὴ ὑψηλὰ φρόνει, ἀλλὰ φοβοῦ
kalōs: tē apistia exeklasthēsan, sy de tē pistei hestēkas. mē hypsēla phronei, alla phobou
Well; by their unbelief they were broken off, and thou standest by thy faith. Be not highminded, but fear:

εἰ γὰρ ὁ θεὸς τῶν κατὰ φύσιν κλάδων οὐκ ἐφείσατο, [μή πως] οὐδὲ σοῦ φείσεται
ei gar ho theos tōn kata physin kladōn ouk epheisato, [mē pōs] oude sou pheisetai
for if God spared not the natural branches, neither will he spare thee.

ἴδε οὖν χρηστότητα καὶ ἀποτομίαν θεοῦ
ide oun chrēstotēta kai apotomian theou
Behold then the goodness and severity of God:

ἐπὶ μὲν τοὺς πεσόντας ἀποτομία, ἐπὶ δὲ σὲ χρηστότης θεοῦ, ἐὰν ἐπιμένῃς τῇ χρηστότητι
epi men tous pesontas apotomia, epi de se chrēstotēs theou, ean epimenēs tē chrēstotēti
toward them that fell, severity; but toward thee, God's goodness, if thou continue in his goodness:

ἐπεὶ καὶ σὺ ἐκκοπήσῃ
epei kai sy ekkopēsē
otherwise thou also shalt be cut off.

κἀκεῖνοι δέ, ἐὰν μὴ ἐπιμένωσιν τῇ ἀπιστίᾳ, ἐγκεντρισθήσονται: δυνατὸς γάρ ἐστιν ὁ θεὸς πάλιν ἐγκεντρίσαι αὐτούς
kakeinoi de, ean mē epimenōsin tē apistia, enkentristhēsontai: dynatos gar estin ho theos palin enkentrisai autous
And they also, if they continue not in their unbelief, shall be grafted in: for God is able to graft them in again.

εἰ γὰρ σὺ ἐκ τῆς κατὰ φύσιν ἐξεκόπης ἀγριελαίου καὶ παρὰ φύσιν ἐνεκεντρίσθης εἰς καλλιέλαιον
ei gar sy ek tēs kata physin exekopēs agrielaiou kai para physin enekentristhēs eis kallielaion
For if thou wast cut out of that which is by nature a wild olive tree, and wast grafted contrary to nature into a good olive tree;

πόσῳ μᾶλλον οὗτοι οἱ κατὰ φύσιν ἐγκεντρισθήσονται τῇ ἰδίᾳ ἐλαίᾳ
posō mallon houtoi hoi kata physin enkentristhēsontai tē idia elaia
how much more shall these, which are the natural branches, be grafted into their own olive tree?

Οὐ γὰρ θέλω ὑμᾶς ἀγνοεῖν, ἀδελφοί, τὸ μυστήριον τοῦτο, ἵνα μὴ ἦτε [παρ'] ἑαυτοῖς φρόνιμοι
Ou gar thelō hymas agnoein, adelphoi, to mystērion touto, hina mē ēte [par'] heautois phronimoi
For I would not, brethren, have you ignorant of this mystery, lest ye be wise in your own conceits,

ὅτι πώρωσις ἀπὸ μέρους τῷ Ἰσραὴλ γέγονεν ἄχρις οὗ τὸ πλήρωμα τῶν ἐθνῶν εἰσέλθῃ
hoti pōrōsis apo merous tō Israēl gegonen achris hou to plērōma tōn ethnōn eiselthē
that a hardening in part hath befallen Israel, until the fulness of the Gentiles be come in;

καὶ οὕτως πᾶς Ἰσραὴλ σωθήσεται: καθὼς γέγραπται, Ἥξει ἐκ Σιὼν ὁ ῥυόμενος, ἀποστρέψει ἀσεβείας ἀπὸ Ἰακώβ
kai houtōs pas Israēl sōthēsetai: kathōs gegraptai, Ēxei ek Siōn ho rhyomenos, apostrepsei asebeias apo Iakōb
and so all Israel shall be saved: even as it is written, There shall come out of Zion the Deliverer; He shall turn away ungodliness from Jacob:

καὶ αὕτη αὐτοῖς ἡ παρ' ἐμοῦ διαθήκη, ὅταν ἀφέλωμαι τὰς ἁμαρτίας αὐτῶν
kai hautē autois hē par' emou diathēkē, hotan aphelōmai tas hamartias autōn
And this is my covenant unto them, When I shall take away their sins.

κατὰ μὲν τὸ εὐαγγέλιον ἐχθροὶ δι' ὑμᾶς
kata men to euangelion echthroi di' hymas
As touching the gospel, they are enemies for your sake:

κατὰ δὲ τὴν ἐκλογὴν ἀγαπητοὶ διὰ τοὺς πατέρας
kata de tēn eklogēn agapētoi dia tous pateras
but as touching the election, they are beloved for the fathers' sake.

ἀμεταμέλητα γὰρ τὰ χαρίσματα καὶ ἡ κλῆσις τοῦ θεοῦ
ametamelēta gar ta charismata kai hē klēsis tou theou
For the gifts and the calling of God are not repented of.

ὥσπερ γὰρ ὑμεῖς ποτε ἠπειθήσατε τῷ θεῷ, νῦν δὲ ἠλεήθητε τῇ τούτων ἀπειθείᾳ
hōsper gar hymeis pote ēpeithēsate tō theō, nyn de ēleēthēte tē toutōn apeitheia
For as ye in time past were disobedient to God, but now have obtained mercy by their disobedience,

οὕτως καὶ οὗτοι νῦν ἠπείθησαν τῷ ὑμετέρῳ ἐλέει ἵνα καὶ αὐτοὶ [νῦν] ἐλεηθῶσιν
houtōs kai houtoi nyn ēpeithēsan tō hymeterō eleei hina kai autoi [nyn] eleēthōsin
even so have these also now been disobedient, that by the mercy shown to you they also may now obtain mercy.

συνέκλεισεν γὰρ ὁ θεὸς τοὺς πάντας εἰς ἀπείθειαν ἵνα τοὺς πάντας ἐλεήσῃ
synekleisen gar ho theos tous pantas eis apeitheian hina tous pantas eleēsē
For God hath shut up all unto disobedience, that he might have mercy upon all.

ω βάθος πλούτου καὶ σοφίας καὶ γνώσεως θεοῦ: ὡς ἀνεξεραύνητα τὰ κρίματα αὐτοῦ καὶ ἀνεξιχνίαστοι αἱ ὁδοὶ αὐτοῦ
ō bathos ploutou kai sophias kai gnōseōs theou: hōs anexeraunēta ta krimata autou kai anexichniastoi hai hodoi autou
O the depth of the riches both of the wisdom and the knowledge of God! how unsearchable are his judgments, and his ways past tracing out!

Τίς γὰρ ἔγνω νοῦν κυρίου; ἢ τίς σύμβουλος αὐτοῦ ἐγένετο
Tis gar egnō noun kyriou? ē tis symboulos autou egeneto
For who hath known the mind of the Lord? or who hath been his counsellor?

ἢ τίς προέδωκεν αὐτῷ, καὶ ἀνταποδοθήσεται αὐτῷ
ē tis proedōken autō, kai antapodothēsetai autō
or who hath first given to him, and it shall be recompensed unto him again?

ὅτι ἐξ αὐτοῦ καὶ δι' αὐτοῦ καὶ εἰς αὐτὸν τὰ πάντα: αὐτῷ ἡ δόξα εἰς τοὺς αἰῶνας: ἀμήν
hoti ex autou kai di' autou kai eis auton ta panta: autō hē doxa eis tous aiōnas: amēn
For of him, and through him, and unto him, are all things. To him be the glory for ever. Amen.

ιβ

Παρακαλῶ οὖν ὑμᾶς, ἀδελφοί, διὰ τῶν οἰκτιρμῶν τοῦ θεοῦ
Parakalō oun hymas, adelphoi, dia tōn oiktirmōn tou theou
I beseech you therefore, brethren, by the mercies of God,

παραστῆσαι τὰ σώματα ὑμῶν θυσίαν ζῶσαν ἁγίαν εὐάρεστον τῷ θεῷ, τὴν λογικὴν λατρείαν ὑμῶν
parastēsai ta sōmata hymōn thysian zōsan hagian euareston tō theō, tēn logikēn latreian hymōn
to present your bodies a living sacrifice, holy, acceptable to God, which is your spiritual service.

καὶ μὴ συσχηματίζεσθε τῷ αἰῶνι τούτῳ, ἀλλὰ μεταμορφοῦσθε τῇ ἀνακαινώσει τοῦ νοός
kai mē syschēmatizesthe tō aiōni toutō, alla metamorphousthe tē anakainōsei tou noos
And be not fashioned according to this world: but be ye transformed by the renewing of your mind,

εἰς τὸ δοκιμάζειν ὑμᾶς τί τὸ θέλημα τοῦ θεοῦ, τὸ ἀγαθὸν καὶ εὐάρεστον καὶ τέλειον
eis to dokimazein hymas ti to thelēma tou theou, to agathon kai euareston kai teleion
that ye may prove what is the good and acceptable and perfect will of God.

Λέγω γὰρ διὰ τῆς χάριτος τῆς δοθείσης μοι παντὶ τῷ ὄντι ἐν ὑμῖν μὴ ὑπερφρονεῖν παρ' ὃ δεῖ φρονεῖν
Legō gar dia tēs charitos tēs dotheisēs moi panti tō onti en hymin mē hyperphronein par' ho dei phronein
For I say, through the grace that was given me, to every man that is among you, not to think of himself more highly than he ought to think;

ἀλλὰ φρονεῖν εἰς τὸ σωφρονεῖν, ἑκάστῳ ὡς ὁ θεὸς ἐμέρισεν μέτρον πίστεως
alla phronein eis to sōphronein, hekastō hōs ho theos emerisen metron pisteōs
but so to think as to think soberly, according as God hath dealt to each man a measure of faith.

καθάπερ γὰρ ἐν ἑνὶ σώματι πολλὰ μέλη ἔχομεν, τὰ δὲ μέλη πάντα οὐ τὴν αὐτὴν ἔχει πρᾶξιν
kathaper gar en heni sōmati polla melē echomen, ta de melē panta ou tēn autēn echei praxin
For even as we have many members in one body, and all the members have not the same office:

οὕτως οἱ πολλοὶ ἓν σῶμά ἐσμεν ἐν Χριστῷ, τὸ δὲ καθ' εἷς ἀλλήλων μέλη
houtōs hoi polloi hen sōma esmen en Christō, to de kath' heis allēlōn melē
so we, who are many, are one body in Christ, and severally members one of another.

ἔχοντες δὲ χαρίσματα κατὰ τὴν χάριν τὴν δοθεῖσαν ἡμῖν διάφορα, εἴτε προφητείαν κατὰ τὴν ἀναλογίαν τῆς πίστεως
echontes de charismata kata tēn charin tēn dotheisan hēmin diaphora, eite prophēteian kata tēn analogian tēs pisteōs
And having gifts differing according to the grace that was given to us, whether prophecy, let us prophesy according to the proportion of our faith;

εἴτε διακονίαν ἐν τῇ διακονίᾳ, εἴτε ὁ διδάσκων ἐν τῇ διδασκαλίᾳ
eite diakonian en tē diakonia, eite ho didaskōn en tē didaskalia
or ministry, let us give ourselves to our ministry; or he that teacheth, to his teaching;

εἴτε ὁ παρακαλῶν ἐν τῇ παρακλήσει, ὁ μεταδιδοὺς ἐν ἁπλότητι, ὁ προϊστάμενος ἐν σπουδῇ, ὁ ἐλεῶν ἐν ἱλαρότητι
eite ho parakalōn en tē paraklēsei, ho metadidous en haplotēti, ho proistamenos en spoudē, ho eleōn en hilarotēti
or he that exhorteth, to his exhorting: he that giveth, let him do it with liberality; he that ruleth, with diligence; he that showeth mercy, with cheerfulness.

Ἡ ἀγάπη ἀνυπόκριτος. ἀποστυγοῦντες τὸ πονηρόν, κολλώμενοι τῷ ἀγαθῷ
HĒ agapē anypokritos. apostygountes to ponēron, kollōmenoi tō agathō
Let love be without hypocrisy. Abhor that which is evil; cleave to that which is good.

τῇ φιλαδελφίᾳ εἰς ἀλλήλους φιλόστοργοι, τῇ τιμῇ ἀλλήλους προηγούμενοι
tē philadelphia eis allēlous philostorgoi, tē timē allēlous proēgoumenoi
In love of the brethren be tenderly affectioned one to another; in honor preferring one another;

τῇ σπουδῇ μὴ ὀκνηροί, τῷ πνεύματι ζέοντες, τῷ κυρίῳ δουλεύοντες
tē spoudē mē oknēroi, tō pneumati zeontes, tō kyriō douleuontes
in diligence not slothful; fervent in spirit; serving the Lord;

τῇ ἐλπίδι χαίροντες, τῇ θλίψει ὑπομένοντες, τῇ προσευχῇ προσκαρτεροῦντες
tē elpidi chairontes, tē thlipsei hypomenontes, tē proseuchē proskarterountes
rejoicing in hope; patient in tribulation; continuing stedfastly in prayer;

ταῖς χρείαις τῶν ἁγίων κοινωνοῦντες, τὴν φιλοξενίαν διώκοντες
tais chreiais tōn hagiōn koinōnountes, tēn philoxenian diōkontes
communicating to the necessities of the saints; given to hospitality.

εὐλογεῖτε τοὺς διώκοντας [ὑμᾶς], εὐλογεῖτε καὶ μὴ καταρᾶσθε
eulogeite tous diōkontas [hymas], eulogeite kai mē katarasthe
Bless them that persecute you; bless, and curse not.

χαίρειν μετὰ χαιρόντων, κλαίειν μετὰ κλαιόντων
chairein meta chairontōn, klaiein meta klaiontōn
Rejoice with them that rejoice; weep with them that weep.

τὸ αὐτὸ εἰς ἀλλήλους φρονοῦντες
to auto eis allēlous phronountes
Be of the same mind one toward another.

μὴ τὰ ὑψηλὰ φρονοῦντες ἀλλὰ τοῖς ταπεινοῖς συναπαγόμενοι. μὴ γίνεσθε φρόνιμοι παρ' ἑαυτοῖς
mē ta hypsēla phronountes alla tois tapeinois synapagomenoi. mē ginesthe phronimoi par' heautois
Set not your mind on high things, but condescend to things that are lowly. Be not wise in your own conceits.

μηδενὶ κακὸν ἀντὶ κακοῦ ἀποδιδόντες: προνοούμενοι καλὰ ἐνώπιον πάντων ἀνθρώπων
mēdeni kakon anti kakou apodidontes: pronooumenoi kala enōpion pantōn anthrōpōn
Render to no man evil for evil. Take thought for things honorable in the sight of all men.

εἰ δυνατόν, τὸ ἐξ ὑμῶν μετὰ πάντων ἀνθρώπων εἰρηνεύοντες
ei dynaton, to ex hymōn meta pantōn anthrōpōn eirēneuontes
If it be possible, as much as in you lieth, be at peace with all men.

μὴ ἑαυτοὺς ἐκδικοῦντες, ἀγαπητοί, ἀλλὰ δότε τόπον τῇ ὀργῇ, γέγραπται γάρ
mē heautous ekdikountes, agapētoi, alla dote topon tē orgē, gegraptai gar
Avenge not yourselves, beloved, but give place unto the wrath of God: for it is written,

Ἐμοὶ ἐκδίκησις, ἐγὼ ἀνταποδώσω, λέγει κύριος
Emoi ekdikēsis, egō antapodōsō, legei kyrios
Vengeance belongeth unto me; I will recompense, saith the Lord.

ἀλλὰ ἐὰν πεινᾷ ὁ ἐχθρός σου, ψώμιζε αὐτόν: ἐὰν διψᾷ, πότιζε αὐτόν
alla ean peina ho echthros sou, psōmize auton: ean dipsa, potize auton
But if thine enemy hunger, feed him; if he thirst, give him to drink:

τοῦτο γὰρ ποιῶν ἄνθρακας πυρὸς σωρεύσεις ἐπὶ τὴν κεφαλὴν αὐτοῦ
touto gar poiōn anthrakas pyros sōreuseis epi tēn kephalēn autou
for in so doing thou shalt heap coals of fire upon his head.

μὴ νικῶ ὑπὸ τοῦ κακοῦ, ἀλλὰ νίκα ἐν τῷ ἀγαθῷ τὸ κακόν
mē nikō hypo tou kakou, alla nika en tō agathō to kakon
Be not overcome of evil, but overcome evil with good.

ιγ

Πᾶσα ψυχὴ ἐξουσίαις ὑπερεχούσαις ὑποτασσέσθω
Pasa psychē exousiais hyperechousais hypotassesthō
Let every soul be in subjection to the higher powers:

οὐ γὰρ ἔστιν ἐξουσία εἰ μὴ ὑπὸ θεοῦ, αἱ δὲ οὖσαι ὑπὸ θεοῦ τεταγμέναι εἰσίν
ou gar estin exousia ei mē hypo theou, hai de ousai hypo theou tetagmenai eisin
for there is no power but of God; and the powers that be are ordained of God.

ὥστε ὁ ἀντιτασσόμενος τῇ ἐξουσίᾳ τῇ τοῦ θεοῦ διαταγῇ ἀνθέστηκεν, οἱ δὲ ἀνθεστηκότες ἑαυτοῖς κρίμα λήμψονται
hōste ho antitassomenos tē exousia tē tou theou diatagē anthestēken, hoi de anthestēkotes heautois krima lēmpsontai
Therefore he that resisteth the power, withstandeth the ordinance of God: and they that withstand shall receive to themselves judgment.

οἱ γὰρ ἄρχοντες οὐκ εἰσὶν φόβος τῷ ἀγαθῷ ἔργῳ ἀλλὰ τῷ κακῷ
hoi gar archontes ouk eisin phobos tō agathō ergō alla tō kakō
For rulers are not a terror to the good work, but to the evil.

θέλεις δὲ μὴ φοβεῖσθαι τὴν ἐξουσίαν; τὸ ἀγαθὸν ποίει, καὶ ἕξεις ἔπαινον ἐξ αὐτῆς
theleis de mē phobeisthai tēn exousian? to agathon poiei, kai hexeis epainon ex autēs
And wouldest thou have no fear of the power? do that which is good, and thou shalt have praise from the same:

θεοῦ γὰρ διάκονός ἐστιν σοὶ εἰς τὸ ἀγαθόν. ἐὰν δὲ τὸ κακὸν ποιῇς, φοβοῦ
theou gar diakonos estin soi eis to agathon. ean de to kakon poiēs, phobou
for he is a minister of God to thee for good. But if thou do that which is evil, be afraid;

οὐ γὰρ εἰκῇ τὴν μάχαιραν φορεῖ: θεοῦ γὰρ διάκονός ἐστιν, ἔκδικος εἰς ὀργὴν τῷ τὸ κακὸν πράσσοντ
ou gar eikē tēn machairan phorei: theou gar diakonos estin, ekdikos eis orgēn tō to kakon prassont
for he beareth not the sword in vain: for he is a minister of God, an avenger for wrath to him that doeth evil.

διὸ ἀνάγκη ὑποτάσσεσθαι, οὐ μόνον διὰ τὴν ὀργὴν ἀλλὰ καὶ διὰ τὴν συνείδησιν
dio anankē hypotassesthai, ou monon dia tēn orgēn alla kai dia tēn syneidēsin
Wherefore ye must needs be in subjection, not only because of the wrath, but also for conscience' sake.

διὰ τοῦτο γὰρ καὶ φόρους τελεῖτε, λειτουργοὶ γὰρ θεοῦ εἰσιν εἰς αὐτὸ τοῦτο προσκαρτεροῦντες
dia touto gar kai phorous teleite, leitourgoi gar theou eisin eis auto touto proskarterountes
For for this cause ye pay tribute also; for they are ministers of God's service, attending continually upon this very thing.

ἀπόδοτε πᾶσιν τὰς ὀφειλάς, τῷ τὸν φόρον τὸν φόρον
apodote pasin tas opheilas, tō ton phoron ton phoron,
Render to all their dues: tribute to whom tribute is due;

τῷ τὸ τέλος τὸ τέλος, τῷ τὸν φόβον τὸν φόβον, τῷ τὴν τιμὴν τὴν τιμή
tō to telos to telos, tō ton phobon ton phobon, tō tēn timēn tēn timē
custom to whom custom; fear to whom fear; honor to whom honor.

Μηδενὶ μηδὲν ὀφείλετε, εἰ μὴ τὸ ἀλλήλους ἀγαπᾶν: ὁ γὰρ ἀγαπῶν τὸν ἕτερον νόμον πεπλήρωκεν
Mēdeni mēden opheilete, ei mē to allēlous agapan: ho gar agapōn ton heteron nomon peplērōken
Owe no man anything, save to love one another: for he that loveth his neighbor hath fulfilled the law.

τὸ γὰρ Οὐ μοιχεύσεις, Οὐ φονεύσεις, Οὐ κλέψεις, Οὐκ ἐπιθυμήσεις
to gar Ou moicheuseis, Ou phoneuseis, Ou klepseis, Ouk epithymēseis
For this, Thou shalt not commit adultery, Thou shalt not kill, Thou shalt not steal, Thou shalt not covet,

καὶ εἴ τις ἑτέρα ἐντολή ἐν τῷ λόγῳ τούτῳ ἀνακεφαλαιοῦται, [ἐν τῷ] Ἀγαπήσεις τὸν πλησίον σου ὡς σεαυτόν
kai ei tis hetera entolē en tō logō toutō anakephalaioutai, [en tō] Agapēseis ton plēsion sou hōs seauton
and if there be any other commandment, it is summed up in this word, namely, Thou shalt love thy neighbor as thyself.

ἡ ἀγάπη τῷ πλησίον κακὸν οὐκ ἐργάζεται: πλήρωμα οὖν νόμου ἡ ἀγάπη
hē agapē tō plēsion kakon ouk ergazetai: plērōma oun nomou hē agapē
Love worketh no ill to his neighbor: love therefore is the fulfilment of the law.

Καὶ τοῦτο εἰδότες τὸν καιρόν, ὅτι ὥρα ἤδη ὑμᾶς ἐξ ὕπνου ἐγερθῆναι
Kai touto eidotes ton kairon, hoti hōra ēdē hymas ex hypnou egerthēnai
And this, knowing the season, that already it is time for you to awake out of sleep:

νῦν γὰρ ἐγγύτερον ἡμῶν ἡ σωτηρία ἢ ὅτε ἐπιστεύσαμεν
nyn gar engyteron hēmōn hē sōtēria ē hote episteusamen
for now is salvation nearer to us than when we first believed.

ἡ νὺξ προέκοψεν, ἡ δὲ ἡμέρα ἤγγικεν. ἀποθώμεθα οὖν τὰ ἔργα τοῦ σκότους
hē nyx proekopsen, hē de hēmera ēngiken. apothōmetha oun ta erga tou skotous
The night is far spent, and the day is at hand: let us therefore cast off the works of darkness,

ἐνδυσώμεθα [δὲ] τὰ ὅπλα τοῦ φωτός
endysōmetha [de] ta hopla tou phōtos
and let us put on the armor of light.

ὡς ἐν ἡμέρᾳ εὐσχημόνως περιπατήσωμεν, μὴ κώμοις καὶ μέθαις, μὴ κοίταις καὶ ἀσελγείαις, μὴ ἔριδι καὶ ζήλῳ
hōs en hēmera euschēmonōs peripatēsōmen, mē kōmois kai methais, mē koitais kai aselgeiais, mē eridi kai zēlō
Let us walk becomingly, as in the day; not in revelling and drunkenness, not in chambering and wantonness, not in strife and jealousy.

ἀλλὰ ἐνδύσασθε τὸν κύριον Ἰησοῦν Χριστόν, καὶ τῆς σαρκὸς πρόνοιαν μὴ ποιεῖσθε εἰς ἐπιθυμίας
alla endysasthe ton kyrion Iēsoun Christon, kai tēs sarkos pronoian mē poieisthe eis epithymias
But put ye on the Lord Jesus Christ, and make not provision for the flesh, to fulfil the lusts thereof.

ιδ

Τὸν δὲ ἀσθενοῦντα τῇ πίστει προσλαμβάνεσθε, μὴ εἰς διακρίσεις διαλογισμῶν
Ton de asthenounta tē pistei proslambanesthe, mē eis diakriseis dialogismōn
But him that is weak in faith receive ye, yet not for decision of scruples.

ὃς μὲν πιστεύει φαγεῖν πάντα, ὁ δὲ ἀσθενῶν λάχανα ἐσθίει
hos men pisteuei phagein panta, ho de asthenōn lachana esthiei
One man hath faith to eat all things: but he that is weak eateth herbs.

ὁ ἐσθίων τὸν μὴ ἐσθίοντα μὴ ἐξουθενείτω
ho esthiōn ton mē esthionta mē exoutheneitō
Let not him that eateth set at nought him that eateth not;

ὁ δὲ μὴ ἐσθίων τὸν ἐσθίοντα μὴ κρινέτω, ὁ θεὸς γὰρ αὐτὸν προσελάβετο
ho de mē esthiōn ton esthionta mē krinetō, ho theos gar auton proselabeto
and let not him that eateth not judge him that eateth: for God hath received him.

σὺ τίς εἶ ὁ κρίνων ἀλλότριον οἰκέτην; τῷ ἰδίῳ κυρίῳ στήκει ἢ πίπτει
sy tis ei ho krinōn allotrion oiketēn? tō idiō kyriō stēkei ē piptei
Who art thou that judgest the servant of another? to his own lord he standeth or falleth.

σταθήσεται δέ, δυνατεῖ γὰρ ὁ κύριος στῆσαι αὐτόν
stathēsetai de, dynatei gar ho kyrios stēsai auton
Yea, he shall be made to stand; for the Lord hath power to make him stand.

ὃς μὲν [γὰρ] κρίνει ἡμέραν παρ' ἡμέραν, ὃς δὲ κρίνει πᾶσαν ἡμέραν
hos men [gar] krinei hēmeran par' hēmeran, hos de krinei pasan hēmeran
One man esteemeth one day above another: another esteemeth every day alike.

ἕκαστος ἐν τῷ ἰδίῳ νοΐ πληροφορείσθω
hekastos en tō idiō noi plērophoreisthō
Let each man be fully assured in his own mind.

ὁ φρονῶν τὴν ἡμέραν κυρίῳ φρονεῖ: καὶ ὁ ἐσθίων κυρίῳ ἐσθίει
ho phronōn tēn hēmeran kyriō phronei: kai ho esthiōn kyriō esthiei
He that regardeth the day, regardeth it unto the Lord: and he that eateth, eateth unto the Lord,

εὐχαριστεῖ γὰρ τῷ θεῷ καὶ ὁ μὴ ἐσθίων κυρίῳ οὐκ ἐσθίει, καὶ εὐχαριστεῖ τῷ θεῷ
eucharistei gar tō theō kai ho mē esthiōn kyriō ouk esthiei, kai eucharistei tō theō
for he giveth God thanks; and he that eateth not, unto the Lord he eateth not, and giveth God thanks.

οὐδεὶς γὰρ ἡμῶν ἑαυτῷ ζῇ, καὶ οὐδεὶς ἑαυτῷ ἀποθνήσκει
oudeis gar hēmōn heautō zē, kai oudeis heautō apothnēskei
For none of us liveth to himself, and none dieth to himself.

ἐάν τε γὰρ ζῶμεν, τῷ κυρίῳ ζῶμεν, ἐάν τε ἀποθνήσκωμεν, τῷ κυρίῳ ἀποθνήσκομεν
ean te gar zōmen, tō kyriō zōmen, ean te apothnēskōmen, tō kyriō apothnēskomen
For whether we live, we live unto the Lord; or whether we die, we die unto the Lord:

ἐάν τε οὖν ζῶμεν ἐάν τε ἀποθνήσκωμεν, τοῦ κυρίου ἐσμέν
ean te oun zōmen ean te apothnēskōmen, tou kyriou esmen
whether we live therefore, or die, we are the Lord's.

εἰς τοῦτο γὰρ Χριστὸς ἀπέθανεν καὶ ἔζησεν ἵνα καὶ νεκρῶν καὶ ζώντων κυριεύσῃ
eis touto gar Christos apethanen kai ezēsen hina kai nekrōn kai zōntōn kyrieusē
For to this end Christ died and lived again, that he might be Lord of both the dead and the living.

σὺ δὲ τί κρίνεις τὸν ἀδελφόν σου
sy de ti kRineis ton adelphon sou
But thou, why dost thou judge thy brother?

ἢ καὶ σὺ τί ἐξουθενεῖς τὸν ἀδελφόν σου; πάντες γὰρ παραστησόμεθα τῷ βήματι τοῦ θεοῦ
ē kai sy ti exoutheneis ton adelphon sou? pantes gar parastēsometha tō bēmati tou theou
or thou again, why dost thou set at nought thy brother? for we shall all stand before the judgment-seat of God.

γέγραπται γάρ, Ζῶ ἐγώ, λέγει κύριος, ὅτι ἐμοὶ κάμψει πᾶν γόνυ, καὶ πᾶσα γλῶσσα ἐξομολογήσεται τῷ θεῷ
gegraptai gar, Zō egō, legei kyrios, hoti emoi kampsei pan gony, kai pasa glōssa exomologēsetai tō theō
For it is written, As I live, saith the Lord, to me every knee shall bow, And every tongue shall confess to God.

ἄρα [οὖν] ἕκαστος ἡμῶν περὶ ἑαυτοῦ λόγον δώσει [τῷ θεῷ]
ara [oun] hekastos hēmōn peri heautou logon dōsei [tō theō]
So then each one of us shall give account of himself to God.

Μηκέτι οὖν ἀλλήλους κρίνωμεν
Mēketi oun allēlous krinōmen
Let us not therefore judge one another any more:

ἀλλὰ τοῦτο κρίνατε μᾶλλον, τὸ μὴ τιθέναι πρόσκομμα τῷ ἀδελφῷ ἢ σκάνδαλον
alla touto krinate mallon, to mē tithenai proskomma tō adelphō ē skandalon
but judge ye this rather, that no man put a stumblingblock in his brother's way, or an occasion of falling.

οἶδα καὶ πέπεισμαι ἐν κυρίῳ Ἰησοῦ ὅτι οὐδὲν κοινὸν δι' ἑαυτοῦ
oida kai pepeismai en kyriō Iēsou hoti ouden koinon di' heautou
I know, and am persuaded in the Lord Jesus, that nothing is unclean of itself:

εἰ μὴ τῷ λογιζομένῳ τι κοινὸν εἶναι, ἐκείνῳ κοινόν
ei mē tō logizomenō ti koinon einai, ekeinō koinon
save that to him who accounteth anything to be unclean, to him it is unclean.

εἰ γὰρ διὰ βρῶμα ὁ ἀδελφός σου λυπεῖται, οὐκέτι κατὰ ἀγάπην περιπατεῖς
ei gar dia brōma ho adelphos sou lypeitai, ouketi kata agapēn peripateis
For if because of meat thy brother is grieved, thou walkest no longer in love.

μὴ τῷ βρώματί σου ἐκεῖνον ἀπόλλυε ὑπὲρ οὗ Χριστὸς ἀπέθανεν
mē tō brōmati sou ekeinon apollye hyper hou Christos apethanen
Destroy not with thy meat him for whom Christ died.

μὴ βλασφημείσθω οὖν ὑμῶν τὸ ἀγαθόν
mē blasphēmeisthō oun hymōn to agathon
Let not then your good be evil spoken of:

οὐ γάρ ἐστιν ἡ βασιλεία τοῦ θεοῦ βρῶσις καὶ πόσις, ἀλλὰ δικαιοσύνη καὶ εἰρήνη καὶ χαρὰ ἐν πνεύματι ἁγίῳ
ou gar estin hē basileia tou theou brōsis kai posis, alla dikaiosynē kai eirēnē kai chara en pneumati hagiō
for the kingdom of God is not eating and drinking, but righteousness and peace and joy in the Holy Spirit.

ὁ γὰρ ἐν τούτῳ δουλεύων τῷ Χριστῷ εὐάρεστος τῷ θεῷ καὶ δόκιμος τοῖς ἀνθρώποις
ho gar en toutō douleuōn tō Christō euarestos tō theō kai dokimos tois anthrōpois
For he that herein serveth Christ is well-pleasing to God, and approved of men.

ἄρα οὖν τὰ τῆς εἰρήνης διώκωμεν καὶ τὰ τῆς οἰκοδομῆς τῆς εἰς ἀλλήλους
ara oun ta tēs eirēnēs diōkōmen kai ta tēs oikodomēs tēs eis allēlous
So then let us follow after things which make for peace, and things whereby we may edify one another.

μὴ ἕνεκεν βρώματος κατάλυε τὸ ἔργον τοῦ θεοῦ
mē heneken brōmatos katalye to ergon tou theou
Overthrow not for meat's sake the work of God.

πάντα μὲν καθαρά, ἀλλὰ κακὸν τῷ ἀνθρώπῳ τῷ διὰ προσκόμματος ἐσθίοντι
panta men kathara, alla kakon tō anthrōpō tō dia proskommatos esthionti
All things indeed are clean; howbeit it is evil for that man who eateth with offence.

καλὸν τὸ μὴ φαγεῖν κρέα μηδὲ πιεῖν οἶνον μηδὲ ἐν ᾧ ὁ ἀδελφός σου προσκόπτει
kalon to mē phagein krea mēde piein oinon mēde en hō ho adelphos sou proskoptei
It is good not to eat flesh, nor to drink wine, nor to do anything whereby thy brother stumbleth.

σὺ πίστιν [ἣν] ἔχεις κατὰ σεαυτὸν ἔχε ἐνώπιον τοῦ θεοῦ
sy pistin [hēn] echeis kata seauton eche enōpion tou theou
The faith which thou hast, have thou to thyself before God.

μακάριος ὁ μὴ κρίνων ἑαυτὸν ἐν ᾧ δοκιμάζε
makarios ho mē krinōn heauton en hō dokimaze
Happy is he that judgeth not himself in that which he approveth.

ὁ δὲ διακρινόμενος ἐὰν φάγῃ κατακέκριται, ὅτι οὐκ ἐκ πίστεως: πᾶν δὲ ὃ οὐκ ἐκ πίστεως ἁμαρτία ἐστίν
ho de diakrinomenos ean phagē katakekritai, hoti ouk ek pisteōs: pan de ho ouk ek pisteōs hamartia estin
But he that doubteth is condemned if he eat, because he eateth not of faith; and whatsoever is not of faith is sin.

ιε

Ὀφείλομεν δὲ ἡμεῖς οἱ δυνατοὶ τὰ ἀσθενήματα τῶν ἀδυνάτων βαστάζειν, καὶ μὴ ἑαυτοῖς ἀρέσκειν
Opheilomen de hēmeis hoi dynatoi ta asthenēmata tōn adynatōn bastazein, kai mē heautois areskein
Now we that are strong ought to bear the infirmities of the weak, and not to please ourselves.

ἕκαστος ἡμῶν τῷ πλησίον ἀρεσκέτω εἰς τὸ ἀγαθὸν πρὸς οἰκοδομήν
hekastos hēmōn tō plēsion aresketō eis to agathon pros oikodomēn
Let each one of us please his neighbor for that which is good, unto edifying.

καὶ γὰρ ὁ Χριστὸς οὐχ ἑαυτῷ ἤρεσεν: ἀλλὰ καθὼς γέγραπται, Οἱ ὀνειδισμοὶ τῶν ὀνειδιζόντων σε ἐπέπεσαν ἐπ' ἐμέ
kai gar ho Christos ouch heautō ēresen: alla kathōs gegraptai, HOi oneidismoi tōn oneidizontōn se epepesan ep' eme
For Christ also pleased not himself; but, as it is written, The reproaches of them that reproached thee fell upon me.

ὅσα γὰρ προεγράφη, εἰς τὴν ἡμετέραν διδασκαλίαν ἐγράφη
hosa gar proegraphē, eis tēn hēmeteran didaskalian egraphē
For whatsoever things were written aforetime were written for our learning,

ἵνα διὰ τῆς ὑπομονῆς καὶ διὰ τῆς παρακλήσεως τῶν γραφῶν τὴν ἐλπίδα ἔχωμεν
hina dia tēs hypomonēs kai dia tēs paraklēseōs tōn graphōn tēn elpida echōmen
that through patience and through comfort of the scriptures we might have hope.

ὁ δὲ θεὸς τῆς ὑπομονῆς καὶ τῆς παρακλήσεως δῴη ὑμῖν τὸ αὐτὸ φρονεῖν ἐν ἀλλήλοις κατὰ Χριστὸν Ἰησοῦν
ho de theos tēs hypomonēs kai tēs paraklēseōs dōē hymin to auto phronein en allēlois kata Christon Iēsoun
Now the God of patience and of comfort grant you to be of the same mind one with another according to Christ Jesus:

ἵνα ὁμοθυμαδὸν ἐν ἑνὶ στόματι δοξάζητε τὸν θεὸν καὶ πατέρα τοῦ κυρίου ἡμῶν Ἰησοῦ Χριστοῦ
hina homothymadon en heni stomati doxazēte ton theon kai patera tou kyriou hēmōn Iēsou Christou
that with one accord ye may with one mouth glorify the God and Father of our Lord Jesus Christ.

Διὸ προσλαμβάνεσθε ἀλλήλους, καθὼς καὶ ὁ Χριστὸς προσελάβετο ὑμᾶς, εἰς δόξαν τοῦ θεοῦ
Dio proslambanesthe allēlous, kathōs kai ho Christos proselabeto hymas, eis doxan tou theou
Wherefore receive ye one another, even as Christ also received you, to the glory of God.

λέγω γὰρ Χριστὸν διάκονον γεγενῆσθαι περιτομῆς ὑπὲρ ἀληθείας θεοῦ
legō gar Christon diakonon gegenēsthai peritomēs hyper alētheias theou
For I say that Christ hath been made a minister of the circumcision for the truth of God,

εἰς τὸ βεβαιῶσαι τὰς ἐπαγγελίας τῶν πατέρων
eis to bebaiōsai tas epangelias tōn paterōn
that he might confirm the promises given unto the fathers,

τὰ δὲ ἔθνη ὑπὲρ ἐλέους δοξάσαι τὸν θεόν
ta de ethnē hyper eleous doxasai ton theon:
and that the Gentiles might glorify God for his mercy;

καθὼς γέγραπται, Διὰ τοῦτο ἐξομολογήσομαί σοι ἐν ἔθνεσιν, καὶ τῷ ὀνόματί σου ψαλῶ
kathōs gegraptai, Dia touto exomologēsomai soi en ethnesin, kai tō onomati sou psalō
as it is written, Therefore will I give praise unto thee among the Gentiles, And sing unto thy name.

καὶ πάλιν λέγει, Εὐφράνθητε, ἔθνη, μετὰ τοῦ λαοῦ αὐτοῦ
kai palin legei, Euphranthēte, ethnē, meta tou laou autou
And again he saith, Rejoice, ye Gentiles, with his people.

καὶ πάλιν, Αἰνεῖτε, πάντα τὰ ἔθνη, τὸν κύριον, καὶ ἐπαινεσάτωσαν αὐτὸν πάντες οἱ λαοί
kai palin, Aineite, panta ta ethnē, ton kyrion, kai epainesatōsan auton pantes hoi laoi
And again, Praise the Lord, all ye Gentiles; And let all the peoples praise him.

καὶ πάλιν Ἡσαΐας λέγει, Ἔσται ἡ ῥίζα τοῦ Ἰεσσαί, καὶ ὁ ἀνιστάμενος ἄρχειν ἐθνῶν
kai palin Ēsaias legei, Estai hē rhiza tou Iessai, kai ho anistamenos archein ethnōn
And again, Isaiah saith, There shall be the root of Jesse, And he that ariseth to rule over the Gentiles;

ἐπ' αὐτῷ ἔθνη ἐλπιοῦσιν
ep' autō ethnē elpiousin
On him shall the Gentiles hope.

ὁ δὲ θεὸς τῆς ἐλπίδος πληρώσαι ὑμᾶς πάσης χαρᾶς καὶ εἰρήνης ἐν τῷ πιστεύειν
ho de theos tēs elpidos plērōsai hymas pasēs charas kai eirēnēs en tō pisteuein
Now the God of hope fill you with all joy and peace in believing,

εἰς τὸ περισσεύειν ὑμᾶς ἐν τῇ ἐλπίδι ἐν δυνάμει πνεύματος ἁγίου
eis to perisseuein hymas en tē elpidi en dynamei pneumatos hagiou
that ye may abound in hope, in the power of the Holy Spirit.

Πέπεισμαι δέ, ἀδελφοί μου, καὶ αὐτὸς ἐγὼ περὶ ὑμῶν, ὅτι καὶ αὐτοὶ μεστοί ἐστε ἀγαθωσύνης
Pepeismai de, adelphoi mou, kai autos egō peri hymōn, hoti kai autoi mestoi este agathōsynēs
And I myself also am persuaded of you, my brethren, that ye yourselves are full of goodness,

πεπληρωμένοι πάσης [τῆς] γνώσεως, δυνάμενοι καὶ ἀλλήλους νουθετεῖν
peplērōmenoi pasēs [tēs] gnōseōs, dynamenoi kai allēlous nouthetein
filled with all knowledge, able also to admonish one another.

τολμηρότερον δὲ ἔγραψα ὑμῖν ἀπὸ μέρους
tolmēroteron de egrapsa hymin apo merous
But I write the more boldly unto you in some measure,

ὡς ἐπαναμιμνήσκων ὑμᾶς διὰ τὴν χάριν τὴν δοθεῖσάν μοι ὑπὸ τοῦ θεοῦ
hōs epanamimnēskōn hymas dia tēn charin tēn dotheisan moi hypo tou theou
as putting you again in remembrance, because of the grace that was given me of God,

εἰς τὸ εἶναί με λειτουργὸν Χριστοῦ Ἰησοῦ εἰς τὰ ἔθνη, ἱερουργοῦντα τὸ εὐαγγέλιον τοῦ θεοῦ
eis to einai me leitourgon Christou Iēsou eis ta ethnē, hierourgounta to euangelion tou theou
that I should be a minister of Christ Jesus unto the Gentiles, ministering the gospel of God,

ἵνα γένηται ἡ προσφορὰ τῶν ἐθνῶν εὐπρόσδεκτος, ἡγιασμένη ἐν πνεύματι ἁγίῳ
hina genētai hē prosphora tōn ethnōn euprosdektos, hēgiasmenē en pneumati hagiō
that the offering up of the Gentiles might be made acceptable, being sanctified by the Holy Spirit.

ἔχω οὖν [τὴν] καύχησιν ἐν Χριστῷ Ἰησοῦ τὰ πρὸς τὸν θεόν
echō oun [tēn] kauchēsin en Christō Iēsou ta pros ton theon
I have therefore my glorying in Christ Jesus in things pertaining to God.

οὐ γὰρ τολμήσω τι λαλεῖν ὧν οὐ κατειργάσατο Χριστὸς δι' ἐμοῦ εἰς ὑπακοὴν ἐθνῶν, λόγῳ καὶ ἔργῳ
ou gar tolmēsō ti lalein hōn ou kateirgasato Christos di' emou eis hypakoēn ethnōn, logō kai ergō
For I will not dare to speak of any things save those which Christ wrought through me, for the obedience of the Gentiles,
by word and deed,

ἐν δυνάμει σημείων καὶ τεράτων, ἐν δυνάμει πνεύματος [θεοῦ]
en dynamei sēmeiōn kai teratōn, en dynamei pneumatos [theou]
in the power of signs and wonders, in the power of the Holy Spirit;

ὥστε με ἀπὸ Ἰερουσαλὴμ καὶ κύκλῳ μέχρι τοῦ Ἰλλυρικοῦ πεπληρωκέναι τὸ εὐαγγέλιον τοῦ Χριστοῦ
hōste me apo Ierousalēm kai kyklō mechri tou Illyrikou peplērōkenai to euangelion tou Christou
so that from Jerusalem, and round about even unto Illyricum, I have fully preached the gospel of Christ;

οὕτως δὲ φιλοτιμούμενον εὐαγγελίζεσθαι οὐχ ὅπου ὠνομάσθη Χριστός
houtōs de philotimoumenon euangelizesthai ouch hopou ōnomasthē Christos
yea, making it my aim so to preach the gospel, not where Christ was already named,

ἵνα μὴ ἐπ' ἀλλότριον θεμέλιον οἰκοδομῶ
hina mē ep' allotrion themelion oikodomō
that I might not build upon another man's foundation;

ἀλλὰ καθὼς γέγραπται, Οἷς οὐκ ἀνηγγέλη περὶ αὐτοῦ ὄψονται, καὶ οἳ οὐκ ἀκηκόασιν συνήσουσιν
alla kathōs gegraptai, Hois ouk anēngelē peri autou opsontai, kai hoi ouk akēkoasin synēsousin
but, as it is written, They shall see, to whom no tidings of him came, And they who have not heard shall understand.

Διὸ καὶ ἐνεκοπτόμην τὰ πολλὰ τοῦ ἐλθεῖν πρὸς ὑμᾶς
Dio kai enekoptomēn ta polla tou elthein pros hymas
Wherefore also I was hindered these many times from coming to you:

νυνὶ δὲ μηκέτι τόπον ἔχων ἐν τοῖς κλίμασι τούτοις, ἐπιποθίαν δὲ ἔχων τοῦ ἐλθεῖν πρὸς ὑμᾶς ἀπὸ πολλῶν ἐτῶν
nyni de mēketi topon echōn en tois klimasi toutois, epipothian de echōn tou elthein pros hymas apo pollōn etōn
but now, having no more any place in these regions, and having these many years a longing to come unto you,
ὡς ἂν πορεύωμαι εἰς τὴν Σπανίαν
hōs an poreuōmai eis tēn Spanian
whensoever I go unto Spain

ἐλπίζω γὰρ διαπορευόμενος θεάσασθαι ὑμᾶς καὶ ὑφ' ὑμῶν προπεμφθῆναι ἐκεῖ ἐὰν ὑμῶν πρῶτον ἀπὸ μέρους ἐμπλησθῶ
elpizō gar diaporeuomenos theasasthai hymas kai hyph' hymōn propemphthēnai ekei ean hymōn prōton apo merous emplēsthō
(for I hope to see you in my journey, and to be brought on my way thitherward by you, if first in some measure I shall have been satisfied with your company)—

νυνὶ δὲ πορεύομαι εἰς Ἰερουσαλὴμ διακονῶν τοῖς ἁγίοις
nyni de poreuomai eis Ierousalēm diakonōn tois hagiois
but now, I say, I go unto Jerusalem, ministering unto the saints.

εὐδόκησαν γὰρ Μακεδονία καὶ Ἀχαΐα κοινωνίαν τινὰ ποιήσασθαι εἰς τοὺς πτωχοὺς τῶν ἁγίων τῶν ἐν Ἰερουσαλήμ
eudokēsan gar Makedonia kai Achaia koinōnian tina poiēsasthai eis tous ptōchous tōn hagiōn tōn en Ierousalēm
For it hath been the good pleasure of Macedonia and Achaia to make a certain contribution for the poor among the saints that are at Jerusalem.

εὐδόκησαν γάρ, καὶ ὀφειλέται εἰσὶν αὐτῶν
eudokēsan gar, kai opheiletai eisin autōn
Yea, it hath been their good pleasure; and their debtors they are.

εἰ γὰρ τοῖς πνευματικοῖς αὐτῶν ἐκοινώνησαν τὰ ἔθνη, ὀφείλουσιν καὶ ἐν τοῖς σαρκικοῖς λειτουργῆσαι αὐτοῖς
ei gar tois pneumatikois autōn ekoinōnēsan ta ethnē, opheilousin kai en tois sarkikois leitourgēsai autois
For if the Gentiles have been made partakers of their spiritual things, they owe it to them also to minister unto them in carnal things.

τοῦτο οὖν ἐπιτελέσας, καὶ σφραγισάμενος αὐτοῖς τὸν καρπὸν τοῦτον, ἀπελεύσομαι δι' ὑμῶν εἰς Σπανία
touto oun epitelesas, kai sphragisamenos autois ton karpon touton, apeleusomai di' hymōn eis Spania
When therefore I have accomplished this, and have sealed to them this fruit, I will go on by you unto Spain.

οἶδα δὲ ὅτι ἐρχόμενος πρὸς ὑμᾶς ἐν πληρώματι εὐλογίας Χριστοῦ ἐλεύσομαι
oida de hoti erchomenos pros hymas en plērōmati eulogias Christou eleusomai
And I know that, when I come unto you, I shall come in the fulness of the blessing of Christ.

Παρακαλῶ δὲ ὑμᾶς [,ἀδελφοί,] διὰ τοῦ κυρίου ἡμῶν Ἰησοῦ Χριστοῦ καὶ διὰ τῆς ἀγάπης τοῦ πνεύματος
Parakalō de hymas [,adelphoi,] dia tou kyriou hēmōn Iēsou Christou kai dia tēs agapēs tou pneumatos
Now I beseech you, brethren, by our Lord Jesus Christ, and by the love of the Spirit,

συναγωνίσασθαί μοι ἐν ταῖς προσευχαῖς ὑπὲρ ἐμοῦ πρὸς τὸν θεόν
synagōnisasthai moi en tais proseuchais hyper emou pros ton theon
that ye strive together with me in your prayers to God for me;

ἵνα ῥυσθῶ ἀπὸ τῶν ἀπειθούντων ἐν τῇ Ἰουδαίᾳ
hina rhysthō apo tōn apeithountōn en tē Ioudaia
that I may be delivered from them that are disobedient in Judæa,

καὶ ἡ διακονία μου ἡ εἰς Ἰερουσαλὴμ εὐπρόσδεκτος τοῖς ἁγίοις γένητα
kai hē diakonia mou hē eis Ierousalēm euprosdektos tois hagiois genēta
and that my ministration which I have for Jerusalem may be acceptable to the saints;

ἵνα ἐν χαρᾷ ἐλθὼν πρὸς ὑμᾶς διὰ θελήματος θεοῦ συναναπαύσωμαι ὑμῖν
hina en chara elthōn pros hymas dia thelēmatos theou synanapausōmai hymin
that I may come unto you in joy through the will of God, and together with you find rest.

ὁ δὲ θεὸς τῆς εἰρήνης μετὰ πάντων ὑμῶν: ἀμήν
ho de theos tēs eirēnēs meta pantōn hymōn: amēn
Now the God of peace be with you all. Amen.

ις

Συνίστημι δὲ ὑμῖν Φοίβην τὴν ἀδελφὴν ἡμῶν, οὖσαν [καὶ] διάκονον τῆς ἐκκλησίας τῆς ἐν Κεγχρεαῖς
Synistēmi de hymin Phoibēn tēn adelphēn hēmōn, ousan [kai] diakonon tēs ekklēsias tēs en Kenchreais
I commend unto you Phoebe our sister, who is a servant of the church that is at Cenchreæ:

ἵνα αὐτὴν προσδέξησθε ἐν κυρίῳ ἀξίως τῶν ἁγίων, καὶ παραστῆτε αὐτῇ ἐν ᾧ ἂν ὑμῶν χρῄζῃ πράγματι
hina autēn prosdexēsthe en kyriō axiōs tōn hagiōn, kai parastēte autē en hō an hymōn chrēzē pragmati
that ye receive her in the Lord, worthily of the saints, and that ye assist her in whatsoever matter she may have need of you:

καὶ γὰρ αὐτὴ προστάτις πολλῶν ἐγενήθη καὶ ἐμοῦ αὐτοῦ
kai gar autē prostatis pollōn egenēthē kai emou autou
for she herself also hath been a helper of many, and of mine own self.

Ἀσπάσασθε Πρίσκαν καὶ Ἀκύλαν τοὺς συνεργούς μου ἐν Χριστῷ Ἰησοῦ
Aspasasthe Priskan kai Akylan tous synergous mou en Christō Iēsou
Salute Prisca and Aquila my fellow-workers in Christ Jesus,

οἵτινες ὑπὲρ τῆς ψυχῆς μου τὸν ἑαυτῶν τράχηλον ὑπέθηκαν
hoitines hyper tēs psychēs mou ton heautōn trachēlon hypethēkan
who for my life laid down their own necks;

οἷς οὐκ ἐγὼ μόνος εὐχαριστῶ ἀλλὰ καὶ πᾶσαι αἱ ἐκκλησίαι τῶν ἐθνῶν
hois ouk egō monos eucharistō alla kai pasai hai ekklēsiai tōn ethnōn
unto whom not only I give thanks, but also all the churches of the Gentiles:

καὶ τὴν κατ' οἶκον αὐτῶν ἐκκλησίαν. ἀσπάσασθε Ἐπαίνετον τὸν ἀγαπητόν μου, ὅς ἐστιν ἀπαρχὴ τῆς Ἀσίας εἰς Χριστόν
kai tēn kat' oikon autōn ekklēsian. aspasasthe Epaineton ton agapēton mou, hos estin aparchē tēs Asias eis Christon
and salute the church that is in their house. Salute Epænetus my beloved, who is the firstfruits of Asia unto Christ.

ἀσπάσασθε Μαρίαν, ἥτις πολλὰ ἐκοπίασεν εἰς ὑμᾶς
aspasasthe Marian, hētis polla ekopiasen eis hymas
Salute Mary, who bestowed much labor on you.

ἀσπάσασθε Ἀνδρόνικον καὶ Ἰουνιᾶν τοὺς συγγενεῖς μου καὶ συναιχμαλώτους μου
aspasasthe Andronikon kai Iounian tous syngeneis mou kai synaichmalōtous mou
Salute Andronicus and Junias, my kinsmen, and my fellow-prisoners,

οἵτινές εἰσιν ἐπίσημοι ἐν τοῖς ἀποστόλοις, οἳ καὶ πρὸ ἐμοῦ γέγοναν ἐν Χριστῷ
hoitines eisin episēmoi en tois apostolois, hoi kai pro emou gegonan en Christō
who are of note among the apostles, who also have been in Christ before me.

ἀσπάσασθε Ἀμπλιᾶτον τὸν ἀγαπητόν μου ἐν κυρίῳ
aspasasthe Ampliaton ton agapēton mou en kyriō
Salute Ampliatus my beloved in the Lord.

ἀσπάσασθε Οὐρβανὸν τὸν συνεργὸν ἡμῶν ἐν Χριστῷ καὶ Στάχυν τὸν ἀγαπητόν μου
aspasasthe Ourbanon ton synergon hēmōn en Christō kai Stachyn ton agapēton mou
Salute Urbanus our fellow-worker in Christ, and Stachys my beloved.

ἀσπάσασθε Ἀπελλῆν τὸν δόκιμον ἐν Χριστῷ. ἀσπάσασθε τοὺς ἐκ τῶν Ἀριστοβούλου
aspasasthe Apellēn ton dokimon en Christō. aspasasthe tous ek tōn Aristoboulou
Salute Apelles the approved in Christ. Salute them that are of the household of Aristobulus.

ἀσπάσασθε Ἡρῳδίωνα τὸν συγγενῆ μου. ἀσπάσασθε τοὺς ἐκ τῶν Ναρκίσσου τοὺς ὄντας ἐν κυρίῳ
aspasasthe Hērōdiōna ton syngenē mou. aspasasthe tous ek tōn Narkissou tous ontas en kyriō
Salute Herodion my kinsman. Salute them of the household of Narcissus, that are in the Lord.

ἀσπάσασθε Τρύφαιναν καὶ Τρυφῶσαν τὰς κοπιώσας ἐν κυρίῳ
aspasasthe Tryphainan kai Tryphōsan tas kopiōsas en kyriō
Salute Tryphæna and Tryphosa, who labor in the Lord.

ἀσπάσασθε Περσίδα τὴν ἀγαπητήν, ἥτις πολλὰ ἐκοπίασεν ἐν κυρίῳ
aspasasthe Persida tēn agapētēn, hētis polla ekopiasen en kyriō
Salute Persis the beloved, who labored much in the Lord.

ἀσπάσασθε Ῥοῦφον τὸν ἐκλεκτὸν ἐν κυρίῳ καὶ τὴν μητέρα αὐτοῦ καὶ ἐμοῦ
aspasasthe Rhouphon ton eklekton en kyriō kai tēn mētera autou kai emou
Salute Rufus the chosen in the Lord, and his mother and mine.

ἀσπάσασθε Ἀσύγκριτον, Φλέγοντα, Ἑρμῆν, Πατροβᾶν, Ἑρμᾶν, καὶ τοὺς σὺν αὐτοῖς ἀδελφούς
aspasasthe Asynkriton, Phlegonta, Hermēn, Patroban, Herman, kai tous syn autois adelphous
Salute Asyncritus, Phlegon, Hermes, Patrobas, Hermas, and the brethren that are with them.

ἀσπάσασθε Φιλόλογον καὶ Ἰουλίαν, Νηρέα καὶ τὴν ἀδελφὴν αὐτοῦ, καὶ Ὀλυμπᾶν, καὶ τοὺς σὺν αὐτοῖς πάντας ἁγίους
aspasasthe Philologon kai Ioulian, Nērea kai tēn adelphēn autou, kai Olympan, kai tous syn autois pantas hagious
Salute Philologus and Julia, Nereus and his sister, and Olympas, and all the saints that are with them.

Ἀσπάσασθε ἀλλήλους ἐν φιλήματι ἁγίῳ. Ἀσπάζονται ὑμᾶς αἱ ἐκκλησίαι πᾶσαι τοῦ Χριστοῦ
Aspasasthe allēlous en philēmati hagiō. Aspazontai hymas hai ekklēsiai pasai tou Christou
Salute one another with a holy kiss. All the churches of Christ salute you.

Παρακαλῶ δὲ ὑμᾶς, ἀδελφοί
Parakalō de hymas, adelphoi
Now I beseech you, brethren,

σκοπεῖν τοὺς τὰς διχοστασίας καὶ τὰ σκάνδαλα παρὰ τὴν διδαχὴν ἣν ὑμεῖς ἐμάθετε ποιοῦντας
skopein tous tas dichostasias kai ta skandala para tēn didachēn hēn hymeis emathete poiountas
mark them that are causing the divisions and occasions of stumbling, contrary to the doctrine which ye learned:

καὶ ἐκκλίνετε ἀπ' αὐτῶν
kai ekklinete ap' autōn
and turn away from them.

οἱ γὰρ τοιοῦτοι τῷ κυρίῳ ἡμῶν Χριστῷ οὐ δουλεύουσιν ἀλλὰ τῇ ἑαυτῶν κοιλίᾳ
hoi gar toioutoi tō kyriō hēmōn Christō ou douleuousin alla tē heautōn koilia
For they that are such serve not our Lord Christ, but their own belly;

καὶ διὰ τῆς χρηστολογίας καὶ εὐλογίας ἐξαπατῶσιν τὰς καρδίας τῶν ἀκάκων
kai dia tēs chrēstologias kai eulogias exapatōsin tas kardias tōn akakōn
and by their smooth and fair speech they beguile the hearts of the innocent.

ἡ γὰρ ὑμῶν ὑπακοὴ εἰς πάντας ἀφίκετο:
hē gar hymōn hypakoē eis pantas aphiketo:
For your obedience is come abroad unto all men. I rejoice therefore over you:

ἐφ' ὑμῖν οὖν χαίρω, θέλω δὲ ὑμᾶς σοφοὺς εἶναι εἰς τὸ ἀγαθόν, ἀκεραίους δὲ εἰς τὸ κακόν
eph' hymin oun chairō, thelō de hymas sophous einai eis to agathon, akeraious de eis to kakon
but I would have you wise unto that which is good, and simple unto that which is evil.

ὁ δὲ θεὸς τῆς εἰρήνης συντρίψει τὸν Σατανᾶν ὑπὸ τοὺς πόδας ὑμῶν ἐν τάχει
ho de theos tēs eirēnēs syntripsei ton Satanan hypo tous podas hymōn en tachei
And the God of peace shall bruise Satan under your feet shortly.

ἡ χάρις τοῦ κυρίου ἡμῶν Ἰησοῦ μεθ' ὑμῶν
hē charis tou kyriou hēmōn Iēsou meth' hymōn
The grace of our Lord Jesus Christ be with you.

Ἀσπάζεται ὑμᾶς Τιμόθεος ὁ συνεργός μου, καὶ Λούκιος καὶ Ἰάσων καὶ Σωσίπατρος οἱ συγγενεῖς μου
Aspazetai hymas Timotheos ho synergos mou, kai Loukios kai Iasōn kai Sōsipatros hoi syngeneis mou
Timothy my fellow-worker saluteth you; and Lucius and Jason and Sosipater, my kinsmen.

ἀσπάζομαι ὑμᾶς ἐγὼ Τέρτιος ὁ γράψας τὴν ἐπιστολὴν ἐν κυρίῳ
aspazomai hymas egō Tertios ho grapsas tēn epistolēn en kyriō
I Tertius, who write the epistle, salute you in the Lord.

ἀσπάζεται ὑμᾶς Γάϊος ὁ ξένος μου καὶ ὅλης τῆς ἐκκλησίας
aspazetai hymas Gaios ho xenos mou kai holēs tēs ekklēsias
Gaius my host, and of the whole church, saluteth you.

ἀσπάζεται ὑμᾶς Ἔραστος ὁ οἰκονόμος τῆς πόλεως καὶ Κούαρτος ὁ ἀδελφός
aspazetai hymas Erastos ho oikonomos tēs poleōs kai Kouartos ho adelphos
Erastus the treasurer of the city saluteth you, and Quartus the brother.

[Τῷ δὲ δυναμένῳ ὑμᾶς στηρίξαι κατὰ τὸ εὐαγγέλιόν μου καὶ τὸ κήρυγμα Ἰησοῦ Χριστοῦ
[Tō de dynamenō hymas stērixai kata to euangelion mou kai to kērygma Iēsou Christou
Now to him that is able to establish you according to my gospel and the preaching of Jesus Christ,

κατὰ ἀποκάλυψιν μυστηρίου χρόνοις αἰωνίοις σεσιγημένου
kata apokalypsin mystēriou chronois aiōniois sesigēmenou
according to the revelation of the mystery which hath been kept in silence through times eternal,

φανερωθέντος δὲ νῦν διά τε γραφῶν προφητικῶν κατ' ἐπιταγὴν τοῦ αἰωνίου θεοῦ
phanerōthentos de nyn dia te graphōn prophētikōn kat' epitagēn tou aiōniou theou
but now is manifested, and by the scriptures of the prophets, according to the commandment of the eternal God,

εἰς ὑπακοὴν πίστεως εἰς πάντα τὰ ἔθνη γνωρισθέντος
eis hypakoēn pisteōs eis panta ta ethnē gnōristhentos
is made known unto all the nations unto obedience of faith:

μόνῳ σοφῷ θεῷ διὰ Ἰησοῦ Χριστοῦ ᾧ ἡ δόξα εἰς τοὺς αἰῶνας: ἀμήν]
monō sophō theō dia Iēsou Christou hō hē doxa eis tous aiōnas: amēn]
to the only wise God, through Jesus Christ, to whom be the glory for ever. Amen.

ΚΟΡΙΝΘΙΟΥΣ Α' α

Παῦλος κλητὸς ἀπόστολος Χριστοῦ Ἰησοῦ διὰ θελήματος θεοῦ, καὶ Σωσθένης ὁ ἀδελφός
Paulos klētos apostolos Christou Iēsou dia thelēmatos theou, kai Sōsthenēs ho adelphos
Paul, called to be an apostle of Jesus Christ through the will of God, and Sosthenes our brother,

τῇ ἐκκλησίᾳ τοῦ θεοῦ τῇ οὔσῃ ἐν Κορίνθῳ, ἡγιασμένοις ἐν Χριστῷ Ἰησοῦ, κλητοῖς ἁγίοις
tē ekklēsia tou theou tē ousē en Korinthō, hēgiasmenois en Christō Iēsou, klētois hagiois
unto the church of God which is at Corinth, even them that are sanctified in Christ Jesus, called to be saints,

σὺν πᾶσιν τοῖς ἐπικαλουμένοις τὸ ὄνομα τοῦ κυρίου ἡμῶν Ἰησοῦ Χριστοῦ ἐν παντὶ τόπῳ, αὐτῶν καὶ ἡμῶν
syn pasin tois epikaloumenois to onoma tou kyriou hēmōn Iēsou Christou en panti topō, autōn kai hēmōn
with all that call upon the name of our Lord Jesus Christ in every place, their Lord and ours:

χάρις ὑμῖν καὶ εἰρήνη ἀπὸ θεοῦ πατρὸς ἡμῶν καὶ κυρίου Ἰησοῦ Χριστοῦ
charis hymin kai eirēnē apo theou patros hēmōn kai kyriou Iēsou Christou
Grace to you and peace from God our Father and the Lord Jesus Christ.

Εὐχαριστῶ τῷ θεῷ μου πάντοτε περὶ ὑμῶν ἐπὶ τῇ χάριτι τοῦ θεοῦ τῇ δοθείσῃ ὑμῖν ἐν Χριστῷ Ἰησοῦ
Eucharistō tō theō mou pantote peri hymōn epi tē chariti tou theou tē dotheisē hymin en Christō Iēsou
I thank my God always concerning you, for the grace of God which was given you in Christ Jesus;

ὅτι ἐν παντὶ ἐπλουτίσθητε ἐν αὐτῷ, ἐν παντὶ λόγῳ καὶ πάσῃ γνώσει
hoti en panti eploutisthēte en autō, en panti logō kai pasē gnōsei
that in everything ye were enriched in him, in all utterance and all knowledge;

καθὼς τὸ μαρτύριον τοῦ Χριστοῦ ἐβεβαιώθη ἐν ὑμῖν
kathōs to martyrion tou Christou ebebaiōthē en hymin
even as the testimony of Christ was confirmed in you:

ὥστε ὑμᾶς μὴ ὑστερεῖσθαι ἐν μηδενὶ χαρίσματι
hōste hymas mē hystereisthai en mēdeni charismati
so that ye come behind in no gift;

ἀπεκδεχομένους τὴν ἀποκάλυψιν τοῦ κυρίου ἡμῶν Ἰησοῦ Χριστοῦ
apekdechomenous tēn apokalypsin tou kyriou hēmōn Iēsou Christou
waiting for the revelation of our Lord Jesus Christ;

ὃς καὶ βεβαιώσει ὑμᾶς ἕως τέλους ἀνεγκλήτους ἐν τῇ ἡμέρᾳ τοῦ κυρίου ἡμῶν Ἰησοῦ [Χριστοῦ]
hos kai bebaiōsei hymas heōs telous anenklētous en tē hēmera tou kyriou hēmōn Iēsou [Christou]
who shall also confirm you unto the end, that ye be unreproveable in the day of our Lord Jesus Christ.

πιστὸς ὁ θεὸς δι' οὗ ἐκλήθητε εἰς κοινωνίαν τοῦ υἱοῦ αὐτοῦ Ἰησοῦ Χριστοῦ τοῦ κυρίου ἡμῶν
pistos ho theos di' hou eklēthēte eis koinōnian tou huiou autou Iēsou Christou tou kyriou hēmōn
God is faithful, through whom ye were called into the fellowship of his Son Jesus Christ our Lord.

Παρακαλῶ δὲ ὑμᾶς, ἀδελφοί, διὰ τοῦ ὀνόματος τοῦ κυρίου ἡμῶν Ἰησοῦ Χριστοῦ, ἵνα τὸ αὐτὸ λέγητε πάντες
Parakalō de hymas, adelphoi, dia tou onomatos tou kyriou hēmōn Iēsou Christou, hina to auto legēte pantes
Now I beseech you, brethren, through the name of our Lord Jesus Christ, that ye all speak the same thing,

καὶ μὴ ᾖ ἐν ὑμῖν σχίσματα, ἦτε δὲ κατηρτισμένοι ἐν τῷ αὐτῷ νοῒ καὶ ἐν τῇ αὐτῇ γνώμῃ
kai mē ē en hymin schismata, ēte de katērtismenoi en tō autō noi kai en tē autē gnōmē
and that there be no divisions among you; but that ye be perfected together in the same mind and in the same judgment.

ἐδηλώθη γάρ μοι περὶ ὑμῶν, ἀδελφοί μου, ὑπὸ τῶν Χλόης ὅτι ἔριδες ἐν ὑμῖν εἰσιν
edēlōthē gar moi peri hymōn, adelphoi mou, hypo tōn Chloēs hoti erides en hymin eisin
For it hath been signified unto me concerning you, my brethren, by them that are of the household of Chloe, that there are contentions among you.

λέγω δὲ τοῦτο, ὅτι ἕκαστος ὑμῶν λέγει, Ἐγὼ μέν εἰμι Παύλου, Ἐγὼ δὲ Ἀπολλῶ, Ἐγὼ δὲ Κηφᾶ, Ἐγὼ δὲ Χριστοῦ
legō de touto, hoti hekastos hymōn legei, Egō men eimi Paulou, Egō de Apollō, Egō de Kēpha, Egō de Christou
Now this I mean, that each one of you saith, I am of Paul; and I of Apollos; and I of Cephas; and I of Christ.

μεμέρισται ὁ Χριστός; μὴ Παῦλος ἐσταυρώθη ὑπὲρ ὑμῶν, ἢ εἰς τὸ ὄνομα Παύλου ἐβαπτίσθητε
memeristai ho Christos? mē Paulos estaurōthē hyper hymōn, ē eis to onoma Paulou ebaptisthēte
Is Christ divided? was Paul crucified for you? or were ye baptized into the name of Paul?

εὐχαριστῶ [τῷ θεῷ] ὅτι οὐδένα ὑμῶν ἐβάπτισα εἰ μὴ Κρίσπον καὶ Γάϊον
eucharistō [tō theō] hoti oudena hymōn ebaptisa ei mē Krispon kai Gaion
I thank God that I baptized none of you, save Crispus and Gaius;

ἵνα μή τις εἴπῃ ὅτι εἰς τὸ ἐμὸν ὄνομα ἐβαπτίσθητε
hina mē tis eipē hoti eis to emon onoma ebaptisthēte
lest any man should say that ye were baptized into my name.

ἐβάπτισα δὲ καὶ τὸν Στεφανᾶ οἶκον: λοιπὸν οὐκ οἶδα εἴ τινα ἄλλον ἐβάπτισα
ebaptisa de kai ton Stephana oikon: loipon ouk oida ei tina allon ebaptisa
And I baptized also the household of Stephanas: besides, I know not whether I baptized any other.

οὐ γὰρ ἀπέστειλέν με Χριστὸς βαπτίζειν ἀλλὰ εὐαγγελίζεσθαι
ou gar apesteilen me Christos baptizein alla euangelizesthai
For Christ sent me not to baptize, but to preach the gospel:

οὐκ ἐν σοφίᾳ λόγου, ἵνα μὴ κενωθῇ ὁ σταυρὸς τοῦ Χριστοῦ
ouk en sophia logou, hina mē kenōthē ho stauros tou Christou
not in wisdom of words, lest the cross of Christ should be made void.

Ὁ λόγος γὰρ ὁ τοῦ σταυροῦ τοῖς μὲν ἀπολλυμένοις μωρία ἐστίν, τοῖς δὲ σωζομένοις ἡμῖν δύναμις θεοῦ ἐστιν
HO logos gar ho tou staurou tois men apollymenois mōria estin, tois de sōzomenois hēmin dynamis theou estin
For the word of the cross is to them that perish foolishness; but unto us who are saved it is the power of God.

γέγραπται γάρ, Ἀπολῶ τὴν σοφίαν τῶν σοφῶν, καὶ τὴν σύνεσιν τῶν συνετῶν ἀθετήσω
gegraptai gar, Apolō tēn sophian tōn sophōn, kai tēn synesin tōn synetōn athetēsō
For it is written, I will destroy the wisdom of the wise, And the discernment of the discerning will I bring to nought.

ποῦ σοφός; ποῦ γραμματεύς; ποῦ συζητητὴς τοῦ αἰῶνος τούτου; οὐχὶ ἐμώρανεν ὁ θεὸς τὴν σοφίαν τοῦ κόσμου
pou sophos? pou grammateus? pou syzētētēs tou aiōnos toutou? ouchi emōranen ho theos tēn sophian tou kosmou
Where is the wise? where is the scribe? where is the disputer of this world? hath not God made foolish the wisdom of the world?

ἐπειδὴ γὰρ ἐν τῇ σοφίᾳ τοῦ θεοῦ οὐκ ἔγνω ὁ κόσμος διὰ τῆς σοφίας τὸν θεόν
epeidē gar en tē sophia tou theou ouk egnō ho kosmos dia tēs sophias ton theon
For seeing that in the wisdom of God the world through its wisdom knew not God,

εὐδόκησεν ὁ θεὸς διὰ τῆς μωρίας τοῦ κηρύγματος σῶσαι τοὺς πιστεύοντας
eudokēsen ho theos dia tēs mōrias tou kērygmatos sōsai tous pisteuontas
it was God's good pleasure through the foolishness of the preaching to save them that believe.

ἐπειδὴ καὶ Ἰουδαῖοι σημεῖα αἰτοῦσιν καὶ Ελληνες σοφίαν ζητοῦσιν
epeidē kai Ioudaioi sēmeia aitousin kai Ellēnes sophian zētousin
Seeing that Jews ask for signs, and Greeks seek after wisdom:

ἡμεῖς δὲ κηρύσσομεν Χριστὸν ἐσταυρωμένον, Ἰουδαίοις μὲν σκάνδαλον ἔθνεσιν δὲ μωρίαν
hēmeis de kēryssomen Christon estaurōmenon, Ioudaiois men skandalon ethnesin de mōrian
but we preach Christ crucified, unto Jews a stumblingblock, and unto Gentiles foolishness;

αὐτοῖς δὲ τοῖς κλητοῖς, Ἰουδαίοις τε καὶ Ελλησιν, Χριστὸν θεοῦ δύναμιν καὶ θεοῦ σοφίαν
autois de tois klētois, Ioudaiois te kai Ellēsin, Christon theou dynamin kai theou sophian
but unto them that are called, both Jews and Greeks, Christ the power of God, and the wisdom of God.

ὅτι τὸ μωρὸν τοῦ θεοῦ σοφώτερον τῶν ἀνθρώπων ἐστίν, καὶ τὸ ἀσθενὲς τοῦ θεοῦ ἰσχυρότερον τῶν ἀνθρώπων
hoti to mōron tou theou sophōteron tōn anthrōpōn estin, kai to asthenes tou theou ischyroteron tōn anthrōpōn
Because the foolishness of God is wiser than men; and the weakness of God is stronger than men.

Βλέπετε γὰρ τὴν κλῆσιν ὑμῶν, ἀδελφοί, ὅτι οὐ πολλοὶ σοφοὶ κατὰ σάρκα, οὐ πολλοὶ δυνατοί, οὐ πολλοὶ εὐγενεῖς
Blepete gar tēn klēsin hymōn, adelphoi, hoti ou polloi sophoi kata sarka, ou polloi dynatoi, ou polloi eugeneis
For behold your calling, brethren, that not many wise after the flesh, not many mighty, not many noble, are called:

ἀλλὰ τὰ μωρὰ τοῦ κόσμου ἐξελέξατο ὁ θεὸς ἵνα καταισχύνῃ τοὺς σοφούς
alla ta mōra tou kosmou exelexato ho theos hina kataischynē tous sophous
but God chose the foolish things of the world, that he might put to shame them that are wise;

καὶ τὰ ἀσθενῆ τοῦ κόσμου ἐξελέξατο ὁ θεὸς ἵνα καταισχύνῃ τὰ ἰσχυρά
kai ta asthenē tou kosmou exelexato ho theos hina kataischynē ta ischyra
and God chose the weak things of the world, that he might put to shame the things that are strong;

καὶ τὰ ἀγενῆ τοῦ κόσμου καὶ τὰ ἐξουθενημένα ἐξελέξατο ὁ θεός, τὰ μὴ ὄντα, ἵνα τὰ ὄντα καταργήσῃ
kai ta agenē tou kosmou kai ta exouthenēmena exelexato ho theos, ta mē onta, hina ta onta katargēsē
and the base things of the world, and the things that are despised, did God choose, yea and the things that are not, that
he might bring to nought the things that are:

ὅπως μὴ καυχήσηται πᾶσα σὰρξ ἐνώπιον τοῦ θεοῦ
hopōs mē kauchēsētai pasa sarx enōpion tou theou
that no flesh should glory before God.

ἐξ αὐτοῦ δὲ ὑμεῖς ἐστε ἐν Χριστῷ Ἰησοῦ, ὃς ἐγενήθη σοφία ἡμῖν ἀπὸ θεοῦ
ex autou de hymeis este en Christō Iēsou, hos egenēthē sophia hēmin apo theou
But of him are ye in Christ Jesus, who was made unto us wisdom from God,

δικαιοσύνη τε καὶ ἁγιασμὸς καὶ ἀπολύτρωσις
dikaiosynē te kai hagiasmos kai apolytrōsis
and righteousness and sanctification, and redemption:

ἵνα καθὼς γέγραπται, Ὁ καυχώμενος ἐν κυρίῳ καυχάσθω
hina kathōs gegraptai, HO kauchōmenos en kyriō kauchasthō
that, according as it is written, He that glorieth, let him glory in the Lord.

β

Κἀγὼ ἐλθὼν πρὸς ὑμᾶς, ἀδελφοί, ἦλθον οὐ καθ' ὑπεροχὴν λόγου ἢ σοφίας καταγγέλλων ὑμῖν τὸ μυστήριον τοῦ θεο
Kagō elthōn pros hymas, adelphoi, ēlthon ou kath' hyperochēn logou ē sophias katangellōn hymin to mystērion tou theo
And I, brethren, when I came unto you, came not with excellency of speech or of wisdom, proclaiming to you the
testimony of God.

οὐ γὰρ ἔκρινά τι εἰδέναι ἐν ὑμῖν εἰ μὴ Ἰησοῦν Χριστὸν καὶ τοῦτον ἐσταυρωμένον
ou gar ekrina ti eidenai en hymin ei mē Iēsoun Christon kai touton estaurōmenon
For I determined not to know anything among you, save Jesus Christ, and him crucified.

κἀγὼ ἐν ἀσθενείᾳ καὶ ἐν φόβῳ καὶ ἐν τρόμῳ πολλῷ ἐγενόμην πρὸς ὑμᾶς
kagō en astheneia kai en phobō kai en tromō pollō egenomēn pros hymas
And I was with you in weakness, and in fear, and in much trembling.

καὶ ὁ λόγος μου καὶ τὸ κήρυγμά μου οὐκ ἐν πειθοῖ[ς] σοφίας [λόγοις] ἀλλ' ἐν ἀποδείξει πνεύματος καὶ δυνάμεω
kai ho logos mou kai to kērygma mou ouk en peithoi[s] sophias [logois] all' en apodeixei pneumatos kai dynameō
And my speech and my preaching were not in persuasive words of wisdom, but in demonstration of the Spirit and of
power:

ἵνα ἡ πίστις ὑμῶν μὴ ᾖ ἐν σοφίᾳ ἀνθρώπων ἀλλ' ἐν δυνάμει θεοῦ
hina hē pistis hymōn mē ē en sophia anthrōpōn all' en dynamei theou
that your faith should not stand in the wisdom of men, but in the power of God.

Σοφίαν δὲ λαλοῦμεν ἐν τοῖς τελείοις
Sophian de laloumen en tois teleiois
We speak wisdom, however, among them that are fullgrown:

σοφίαν δὲ οὐ τοῦ αἰῶνος τούτου οὐδὲ τῶν ἀρχόντων τοῦ αἰῶνος τούτου τῶν καταργουμένων
sophian de ou tou aiōnos toutou oude tōn archontōn tou aiōnos toutou tōn katargoumenōn
yet a wisdom not of this world, nor of the rulers of this world, who are coming to nought:

ἀλλὰ λαλοῦμεν θεοῦ σοφίαν ἐν μυστηρίῳ, τὴν ἀποκεκρυμμένην
alla laloumen theou sophian en mystēriō, tēn apokekrymmenēn
but we speak God's wisdom in a mystery, even the wisdom that hath been hidden,

ἣν προώρισεν ὁ θεὸς πρὸ τῶν αἰώνων εἰς δόξαν ἡμῶν
hēn proōrisen ho theos pro tōn aiōnōn eis doxan hēmōn
which God foreordained before the worlds unto our glory:

ἣν οὐδεὶς τῶν ἀρχόντων τοῦ αἰῶνος τούτου ἔγνωκεν
hēn oudeis tōn archontōn tou aiōnos toutou egnōken
which none of the rulers of this world hath known:

εἰ γὰρ ἔγνωσαν, οὐκ ἂν τὸν κύριον τῆς δόξης ἐσταύρωσαν
ei gar egnōsan, ouk an ton kyrion tēs doxēs estaurōsan
for had they known it, they would not have crucified the Lord of glory:

ἀλλὰ καθὼς γέγραπται, Ἃ ὀφθαλμὸς οὐκ εἶδεν καὶ οὖς οὐκ ἤκουσεν
alla kathōs gegraptai, HA ophthalmos ouk eiden kai ous ouk ēkousen
but as it is written, Things which eye saw not, and ear heard not,

καὶ ἐπὶ καρδίαν ἀνθρώπου οὐκ ἀνέβη, ἃ ἡτοίμασεν ὁ θεὸς τοῖς ἀγαπῶσιν αὐτόν
kai epi kardian anthrōpou ouk anebē, ha hētoimasen ho theos tois agapōsin auton
And which entered not into the heart of man, Whatsoever things God prepared for them that love him.

ἡμῖν δὲ ἀπεκάλυψεν ὁ θεὸς διὰ τοῦ πνεύματος: τὸ γὰρ πνεῦμα πάντα ἐραυνᾷ, καὶ τὰ βάθη τοῦ θεοῦ
hēmin de apekalypsen ho theos dia tou pneumatos: to gar pneuma panta erauna, kai ta bathē tou theou
But unto us God revealed them through the Spirit: for the Spirit searcheth all things, yea, the deep things of God.

τίς γὰρ οἶδεν ἀνθρώπων τὰ τοῦ ἀνθρώπου εἰ μὴ τὸ πνεῦμα τοῦ ἀνθρώπου τὸ ἐν αὐτῷ
tis gar oiden anthrōpōn ta tou anthrōpou ei mē to pneuma tou anthrōpou to en autō
For who among men knoweth the things of a man, save the spirit of the man, which is in him?

οὕτως καὶ τὰ τοῦ θεοῦ οὐδεὶς ἔγνωκεν εἰ μὴ τὸ πνεῦμα τοῦ θεοῦ
houtōs kai ta tou theou oudeis egnōken ei mē to pneuma tou theou
even so the things of God none knoweth, save the Spirit of God.

ἡμεῖς δὲ οὐ τὸ πνεῦμα τοῦ κόσμου ἐλάβομεν ἀλλὰ τὸ πνεῦμα τὸ ἐκ τοῦ θεοῦ
hēmeis de ou to pneuma tou kosmou elabomen alla to pneuma to ek tou theou
But we received, not the spirit of the world, but the spirit which is from God;

ἵνα εἰδῶμεν τὰ ὑπὸ τοῦ θεοῦ χαρισθέντα ἡμῖν
hina eidōmen ta hypo tou theou charisthenta hēmin
that we might know the things that were freely given to us of God.

ἃ καὶ λαλοῦμεν οὐκ ἐν διδακτοῖς ἀνθρωπίνης σοφίας λόγοις ἀλλ' ἐν διδακτοῖς πνεύματος
ha kai laloumen ouk en didaktois anthrōpinēs sophias logois all' en didaktois pneumatos
Which things also we speak, not in words which man's wisdom teacheth, but which the Spirit teacheth;

πνευματικοῖς πνευματικὰ συγκρίνοντες
pneumatikois pneumatika synkrinontes
combining spiritual things with spiritual words.

ψυχικὸς δὲ ἄνθρωπος οὐ δέχεται τὰ τοῦ πνεύματος τοῦ θεοῦ, μωρία γὰρ αὐτῷ ἐστιν
psychikos de anthrōpos ou dechetai ta tou pneumatos tou theou, mōria gar autō estin
Now the natural man receiveth not the things of the Spirit of God: for they are foolishness unto him;

καὶ οὐ δύναται γνῶναι, ὅτι πνευματικῶς ἀνακρίνεται
kai ou dynatai gnōnai, hoti pneumatikōs anakrinetai
and he cannot know them, because they are spiritually judged.

ὁ δὲ πνευματικὸς ἀνακρίνει [τὰ] πάντα, αὐτὸς δὲ ὑπ' οὐδενὸς ἀνακρίνεται
ho de pneumatikos anakrinei [ta] panta, autos de hyp' oudenos anakrinetai
But he that is spiritual judgeth all things, and he himself is judged of no man.

τίς γὰρ ἔγνω νοῦν κυρίου, ὃς συμβιβάσει αὐτόν; ἡμεῖς δὲ νοῦν Χριστοῦ ἔχομεν
tis gar egnō noun kyriou, hos symbibasei auton? hēmeis de noun Christou echomen
For who hath known the mind of the Lord, that he should instruct him? But we have the mind of Christ.

γ

Κἀγώ, ἀδελφοί, οὐκ ἠδυνήθην λαλῆσαι ὑμῖν ὡς πνευματικοῖς ἀλλ' ὡς σαρκίνοις, ὡς νηπίοις ἐν Χριστῷ
Kagō, adelphoi, ouk ēdynēthēn lalēsai hymin hōs pneumatikois all' hōs sarkinois, hōs nēpiois en Christō
And I, brethren, could not speak unto you as unto spiritual, but as unto carnal, as unto babes in Christ.

γάλα ὑμᾶς ἐπότισα, οὐ βρῶμα, οὔπω γὰρ ἐδύνασθε. ἀλλ' οὐδὲ ἔτι νῦν δύνασθε
gala hymas epotisa, ou brōma, oupō gar edynasthe. all' oude eti nyn dynasthe
I fed you with milk, not with meat; for ye were not yet able to bear it: nay, not even now are ye able;

ἔτι γὰρ σαρκικοί ἐστε. ὅπου γὰρ ἐν ὑμῖν ζῆλος καὶ ἔρις, οὐχὶ σαρκικοί ἐστε καὶ κατὰ ἄνθρωπον περιπατεῖτε
eti gar sarkikoi este. hopou gar en hymin zēlos kai eris, ouchi sarkikoi este kai kata anthrōpon peripateite
for ye are yet carnal: for whereas there is among you jealousy and strife, are ye not carnal, and do ye not walk after the manner of men?

ὅταν γὰρ λέγῃ τις, Ἐγὼ μέν εἰμι Παύλου, ἕτερος δέ, Ἐγὼ Ἀπολλῶ, οὐκ ἄνθρωποί ἐστε
hotan gar legē tis, Egō men eimi Paulou, heteros de, Egō Apollō, ouk anthrōpoi este
For when one saith, I am of Paul; and another, I am of Apollos; are ye not men?

τί οὖν ἐστιν Ἀπολλῶς; τί δέ ἐστιν Παῦλος; διάκονοι δι' ὧν ἐπιστεύσατε, καὶ ἑκάστῳ ὡς ὁ κύριος ἔδωκεν
ti oun estin Apollōs? ti de estin Paulos? diakonoi di' hōn episteusate, kai hekastō hōs ho kyrios edōken
What then is Apollos? and what is Paul? Ministers through whom ye believed; and each as the Lord gave to him.

ἐγὼ ἐφύτευσα, Ἀπολλῶς ἐπότισεν, ἀλλὰ ὁ θεὸς ηὔξανεν
egō ephyteusa, Apollōs epotisen, alla ho theos ēuxanen
I planted, Apollos watered; but God gave the increase.

ὥστε οὔτε ὁ φυτεύων ἐστίν τι οὔτε ὁ ποτίζων, ἀλλ' ὁ αὐξάνων θεός
hōste oute ho phyteuōn estin ti oute ho potizōn, all' ho auxanōn theos
So then neither is he that planteth anything, neither he that watereth; but God that giveth the increase.

ὁ φυτεύων δὲ καὶ ὁ ποτίζων ἕν εἰσιν, ἕκαστος δὲ τὸν ἴδιον μισθὸν λήμψεται κατὰ τὸν ἴδιον κόπον
ho phyteuōn de kai ho potizōn hen eisin, hekastos de ton idion misthon lēmpsetai kata ton idion kopon
Now he that planteth and he that watereth are one: but each shall receive his own reward according to his own labor.

θεοῦ γάρ ἐσμεν συνεργοί: θεοῦ γεώργιον, θεοῦ οἰκοδομή ἐστε
theou gar esmen synergoi: theou geōrgion, theou oikodomē este
For we are God's fellow-workers: ye are God's husbandry, God's building.

Κατὰ τὴν χάριν τοῦ θεοῦ τὴν δοθεῖσάν μοι ὡς σοφὸς ἀρχιτέκτων θεμέλιον ἔθηκα
Kata tēn charin tou theou tēn dotheisan moi hōs sophos architektōn themelion ethēka
According to the grace of God which was given unto me, as a wise masterbuilder I laid a foundation;

ἄλλος δὲ ἐποικοδομεῖ. ἕκαστος δὲ βλεπέτω πῶς ἐποικοδομεῖ
allos de epoikodomei. hekastos de blepetō pōs epoikodomei
and another buildeth thereon. But let each man take heed how he buildeth thereon.

θεμέλιον γὰρ ἄλλον οὐδεὶς δύναται θεῖναι παρὰ τὸν κείμενον, ὅς ἐστιν Ἰησοῦς Χριστός
themelion gar allon oudeis dynatai theinai para ton keimenon, hos estin Iēsous Christos
For other foundation can no man lay than that which is laid, which is Jesus Christ.

εἰ δέ τις ἐποικοδομεῖ ἐπὶ τὸν θεμέλιον χρυσόν, ἄργυρον, λίθους τιμίους, ξύλα, χόρτον, καλάμην
ei de tis epoikodomei epi ton themelion chryson, argyron, lithous timious, xyla, chorton, kalamēn
But if any man buildeth on the foundation gold, silver, costly stones, wood, hay, stubble;

ἑκάστου τὸ ἔργον φανερὸν γενήσεται, ἡ γὰρ ἡμέρα δηλώσει
hekastou to ergon phaneron genēsetai, hē gar hēmera dēlōsei
each man's work shall be made manifest: for the day shall declare it,

ὅτι ἐν πυρὶ ἀποκαλύπτεται, καὶ ἑκάστου τὸ ἔργον ὁποῖόν ἐστιν τὸ πῦρ [αὐτὸ] δοκιμάσει
hoti en pyri apokalyptetai, kai hekastou to ergon hopoion estin to pyr [auto] dokimasei
because it is revealed in fire; and the fire itself shall prove each man's work of what sort it is.

εἴ τινος τὸ ἔργον μενεῖ ὃ ἐποικοδόμησεν, μισθὸν λήμψεται
ei tinos to ergon menei ho epoikodomēsen, misthon lēmpsetai
If any man's work shall abide which he built thereon, he shall receive a reward.

εἴ τινος τὸ ἔργον κατακαήσεται, ζημιωθήσεται, αὐτὸς δὲ σωθήσεται, οὕτως δὲ ὡς διὰ πυρός
ei tinos to ergon katakaēsetai, zēmiōthēsetai, autos de sōthēsetai, houtōs de hōs dia pyros
If any man's work shall be burned, he shall suffer loss: but he himself shall be saved; yet so as through fire.

οὐκ οἴδατε ὅτι ναὸς θεοῦ ἐστε καὶ τὸ πνεῦμα τοῦ θεοῦ οἰκεῖ ἐν ὑμῖν
ouk oidate hoti naos theou este kai to pneuma tou theou oikei en hymin
Know ye not that ye are a temple of God, and that the Spirit of God dwelleth in you?

εἴ τις τὸν ναὸν τοῦ θεοῦ φθείρει, φθερεῖ τοῦτον ὁ θεός: ὁ γὰρ ναὸς τοῦ θεοῦ ἅγιός ἐστιν, οἵτινές ἐστε ὑμεῖς
ei tis ton naon tou theou phtheirei, phtherei touton ho theos: ho gar naos tou theou hagios estin, hoitines este hymeis
If any man destroyeth the temple of God, him shall God destroy; for the temple of God is holy, and such are ye.

Μηδεὶς ἑαυτὸν ἐξαπατάτω: εἴ τις δοκεῖ σοφὸς εἶναι ἐν ὑμῖν ἐν τῷ αἰῶνι τούτῳ, μωρὸς γενέσθω, ἵνα γένηται σοφός
Mēdeis heauton exapatatō: ei tis dokei sophos einai en hymin en tō aiōni toutō, mōros genesthō, hina genētai sophos
Let no man deceive himself. If any man thinketh that he is wise among you in this world, let him become a fool, that he may become wise.

ἡ γὰρ σοφία τοῦ κόσμου τούτου μωρία παρὰ τῷ θεῷ ἐστιν
hē gar sophia tou kosmou toutou mōria para tō theō estin
For the wisdom of this world is foolishness with God.

γέγραπται γάρ, Ὁ δρασσόμενος τοὺς σοφοὺς ἐν τῇ πανουργίᾳ αὐτῶν
gegraptai gar, HO drassomenos tous sophous en tē panourgia autōn
For it is written, He that taketh the wise in their craftiness:

καὶ πάλιν, Κύριος γινώσκει τοὺς διαλογισμοὺς τῶν σοφῶν ὅτι εἰσὶν μάταιοι
kai palin, Kyrios ginōskei tous dialogismous tōn sophōn hoti eisin mataioi
and again, The Lord knoweth the reasonings of the wise, that they are vain.

ὥστε μηδεὶς καυχάσθω ἐν ἀνθρώποις: πάντα γὰρ ὑμῶν ἐστιν
hōste mēdeis kauchasthō en anthrōpois: panta gar hymōn estin
Wherefore let no one glory in men. For all things are yours;

εἴτε Παῦλος εἴτε Ἀπολλῶς εἴτε Κηφᾶς εἴτε κόσμος εἴτε ζωὴ εἴτε θάνατος εἴτε ἐνεστῶτα εἴτε μέλλοντα, πάντα ὑμῶν
eite Paulos eite Apollōs eite Kēphas eite kosmos eite zōē eite thanatos eite enestōta eite mellonta, panta hymōn
whether Paul, or Apollos, or Cephas, or the world, or life, or death, or things present, or things to come; all are yours;

ὑμεῖς δὲ Χριστοῦ, Χριστὸς δὲ θεοῦ
hymeis de Christou, Christos de theou
and ye are Christ's; and Christ is God's.

δ

Οὕτως ἡμᾶς λογιζέσθω ἄνθρωπος ὡς ὑπηρέτας Χριστοῦ καὶ οἰκονόμους μυστηρίων θεοῦ
Houtōs hēmas logizesthō anthrōpos hōs hypēretas Christou kai oikonomous mystēriōn theou
Let a man so account of us, as of ministers of Christ, and stewards of the mysteries of God.

ὧδε λοιπὸν ζητεῖται ἐν τοῖς οἰκονόμοις ἵνα πιστός τις εὑρεθῇ
hōde loipon zēteitai en tois oikonomois hina pistos tis heurethē
Here, moreover, it is required in stewards, that a man be found faithful.

ἐμοὶ δὲ εἰς ἐλάχιστόν ἐστιν ἵνα ὑφ' ὑμῶν ἀνακριθῶ ἢ ὑπὸ ἀνθρωπίνης ἡμέρας: ἀλλ' οὐδὲ ἐμαυτὸν ἀνακρίνω
emoi de eis elachiston estin hina hyph' hymōn anakrithō ē hypo anthrōpinēs hēmeras: all' oude emauton anakrinō
But with me it is a very small thing that I should be judged of you, or of man's judgment: yea, I judge not mine own self.

οὐδὲν γὰρ ἐμαυτῷ σύνοιδα, ἀλλ' οὐκ ἐν τούτῳ δεδικαίωμαι, ὁ δὲ ἀνακρίνων με κύριός ἐστιν
ouden gar emautō synoida, all' ouk en toutō dedikaiōmai, ho de anakrinōn me kyrios estin
For I know nothing against myself; yet am I not hereby justified: but he that judgeth me is the Lord.

ὥστε μὴ πρὸ καιροῦ τι κρίνετε, ἕως ἂν ἔλθῃ ὁ κύριος, ὃς καὶ φωτίσει τὰ κρυπτὰ τοῦ σκότους
hōste mē pro kairou ti krinete, heōs an elthē ho kyrios, hos kai phōtisei ta krypta tou skotous
Wherefore judge nothing before the time, until the Lord come, who will both bring to light the hidden things of darkness,

καὶ φανερώσει τὰς βουλὰς τῶν καρδιῶν: καὶ τότε ὁ ἔπαινος γενήσεται ἑκάστῳ ἀπὸ τοῦ θεοῦ
kai phanerōsei tas boulas tōn kardiōn: kai tote ho epainos genēsetai hekastō apo tou theou
and make manifest the counsels of the hearts; and then shall each man have his praise from God.

Ταῦτα δέ, ἀδελφοί, μετεσχημάτισα εἰς ἐμαυτὸν καὶ Ἀπολλῶν δι' ὑμᾶς
Tauta de, adelphoi, meteschēmatisa eis emauton kai Apollōn di' hymas,
Now these things, brethren, I have in a figure transferred to myself and Apollos for your sakes;

ἵνα ἐν ἡμῖν μάθητε τὸ Μὴ ὑπὲρ ἃ γέγραπται, ἵνα μὴ εἷς ὑπὲρ τοῦ ἑνὸς φυσιοῦσθε κατὰ τοῦ ἑτέρου
hina en hēmin mathēte to Mē hyper ha gegraptai, hina mē heis hyper tou henos physiousthe kata tou heterou
that in us ye might learn not to go beyond the things which are written; that no one of you be puffed up for the one against the other.

τίς γάρ σε διακρίνει; τί δὲ ἔχεις ὃ οὐκ ἔλαβες
tis gar se diakrinei? ti de echeis ho ouk elabes
For who maketh thee to differ? and what hast thou that thou didst not receive?

εἰ δὲ καὶ ἔλαβες, τί καυχᾶσαι ὡς μὴ λαβών
ei de kai elabes, ti kauchasai hōs mē labōn
but if thou didst receive it, why dost thou glory as if thou hadst not received it?

ἤδη κεκορεσμένοι ἐστέ: ἤδη ἐπλουτήσατε: χωρὶς ἡμῶν ἐβασιλεύσατε
ēdē kekoresmenoi este: ēdē eploutēsate: chōris hēmōn ebasileusate
Already are ye filled, already ye are become rich, ye have come to reign without us:

καὶ ὄφελόν γε ἐβασιλεύσατε, ἵνα καὶ ἡμεῖς ὑμῖν συμβασιλεύσωμεν
kai ophelon ge ebasileusate, hina kai hēmeis hymin symbasileusōmen
yea and I would that ye did reign, that we also might reign with you.

δοκῶ γάρ, ὁ θεὸς ἡμᾶς τοὺς ἀποστόλους ἐσχάτους ἀπέδειξεν ὡς ἐπιθανατίους
dokō gar, ho theos hēmas tous apostolous eschatous apedeixen hōs epithanatious
For, I think, God hath set forth us the apostles last of all, as men doomed to death:

ὅτι θέατρον ἐγενήθημεν τῷ κόσμῳ καὶ ἀγγέλοις καὶ ἀνθρώποις
hoti theatron egenēthēmen tō kosmō kai angelois kai anthrōpois
for we are made a spectacle unto the world, both to angels and men.

ἡμεῖς μωροὶ διὰ Χριστόν, ὑμεῖς δὲ φρόνιμοι ἐν Χριστῷ
hēmeis mōroi dia Christon, hymeis de phronimoi en Christō
We are fools for Christ's sake, but ye are wise in Christ;

ἡμεῖς ἀσθενεῖς, ὑμεῖς δὲ ἰσχυροί: ὑμεῖς ἔνδοξοι, ἡμεῖς δὲ ἄτιμοι
hēmeis astheneis, hymeis de ischyroi: hymeis endoxoi, hēmeis de atimoi
we are weak, but ye are strong; ye have glory, but we have dishonor.

ἄχρι τῆς ἄρτι ὥρας καὶ πεινῶμεν καὶ διψῶμεν καὶ γυμνιτεύομεν καὶ κολαφιζόμεθα καὶ ἀστατοῦμεν
achri tēs arti hōras kai peinōmen kai dipsōmen kai gymniteuomen kai kolaphizometha kai astatoumen
Even unto this present hour we both hunger, and thirst, and are naked, and are buffeted, and have no certain dwelling-
place;

καὶ κοπιῶμεν ἐργαζόμενοι ταῖς ἰδίαις χερσίν: λοιδορούμενοι εὐλογοῦμεν, διωκόμενοι ἀνεχόμεθα
kai kopiōmen ergazomenoi tais idiais chersin: loidoroumenoi eulogoumen, diōkomenoi anechometha
and we toil, working with our own hands: being reviled, we bless; being persecuted, we endure;

δυσφημούμενοι παρακαλοῦμεν: ὡς περικαθάρματα τοῦ κόσμου ἐγενήθημεν, πάντων περίψημα, ἕως ἄρτι
dysphēmoumenoi parakaloumen: hōs perikatharmata tou kosmou egenēthēmen, pantōn peripsēma, heōs arti
being defamed, we entreat: we are made as the filth of the world, the offscouring of all things, even until now.

Οὐκ ἐντρέπων ὑμᾶς γράφω ταῦτα, ἀλλ' ὡς τέκνα μου ἀγαπητὰ νουθετῶ[ν]
Ouk entrepōn hymas graphō tauta, all' hōs tekna mou agapēta nouthetō[n]
I write not these things to shame you, but to admonish you as my beloved children.

ἐὰν γὰρ μυρίους παιδαγωγοὺς ἔχητε ἐν Χριστῷ, ἀλλ' οὐ πολλοὺς πατέρας
ean gar myrious paidagōgous echēte en Christō, all' ou pollous pateras,
For though ye have ten thousand tutors in Christ, yet have ye not many fathers;

ἐν γὰρ Χριστῷ Ἰησοῦ διὰ τοῦ εὐαγγελίου ἐγὼ ὑμᾶς ἐγέννησα
en gar Christō Iēsou dia tou euangeliou egō hymas egennēsa
for in Christ Jesus I begat you through the gospel.

παρακαλῶ οὖν ὑμᾶς, μιμηταί μου γίνεσθε
parakalō oun hymas, mimētai mou ginesthe
I beseech you therefore, be ye imitators of me.

διὰ τοῦτο ἔπεμψα ὑμῖν Τιμόθεον, ὅς ἐστίν μου τέκνον ἀγαπητὸν καὶ πιστὸν ἐν κυρίῳ
dia touto epempsa hymin Timotheon, hos estin mou teknon agapēton kai piston en kyriō
For this cause have I sent unto you Timothy, who is my beloved and faithful child in the Lord,

ὃς ὑμᾶς ἀναμνήσει τὰς ὁδούς μου τὰς ἐν Χριστῷ [Ἰησοῦ], καθὼς πανταχοῦ ἐν πάσῃ ἐκκλησίᾳ διδάσκω
hos hymas anamnēsei tas hodous mou tas en Christō [Iēsou], kathōs pantachou en pasē ekklēsia didaskō
who shall put you in remembrance of my ways which are in Christ, even as I teach everywhere in every church.

ὡς μὴ ἐρχομένου δέ μου πρὸς ὑμᾶς ἐφυσιώθησάν τινες
hōs mē erchomenou de mou pros hymas ephysiōthēsan tines
Now some are puffed up, as though I were not coming to you.

ἐλεύσομαι δὲ ταχέως πρὸς ὑμᾶς, ἐὰν ὁ κύριος θελήσῃ
eleusomai de tacheōs pros hymas, ean ho kyrios thelēsē
But I will come to you shortly, if the Lord will;

καὶ γνώσομαι οὐ τὸν λόγον τῶν πεφυσιωμένων ἀλλὰ τὴν δύναμιν
kai gnōsomai ou ton logon tōn pephysiōmenōn alla tēn dynamin
and I will know, not the word of them that are puffed up, but the power.

οὐ γὰρ ἐν λόγῳ ἡ βασιλεία τοῦ θεοῦ ἀλλ' ἐν δυνάμει
ou gar en logō hē basileia tou theou all' en dynamei
For the kingdom of God is not in word, but in power.

τί θέλετε; ἐν ῥάβδῳ ἔλθω πρὸς ὑμᾶς, ἢ ἐν ἀγάπῃ πνεύματί τε πραΰτητος
ti thelete? en rhabdō elthō pros hymas, ē en agapē pneumati te prautētos
What will ye? shall I come unto you with a rod, or in love and a spirit of gentleness?

ε

Ὅλως ἀκούεται ἐν ὑμῖν πορνεία, καὶ τοιαύτη πορνεία ἥτις οὐδὲ ἐν τοῖς ἔθνεσιν, ὥστε γυναῖκά τινα τοῦ πατρὸς ἔχειν
Olōs akouetai en hymin porneia, kai toiautē porneia hētis oude en tois ethnesin, hōste gynaika tina tou patros echein
It is actually reported that there is fornication among you, and such fornication as is not even among the Gentiles, that one of you hath his father's wife.

καὶ ὑμεῖς πεφυσιωμένοι ἐστέ, καὶ οὐχὶ μᾶλλον ἐπενθήσατε, ἵνα ἀρθῇ ἐκ μέσου ὑμῶν ὁ τὸ ἔργον τοῦτο πράξας
kai hymeis pephysiōmenoi este, kai ouchi mallon epenthēsate, hina arthē ek mesou hymōn ho to ergon touto praxas
And ye are puffed up, and did not rather mourn, that he that had done this deed might be taken away from among you.

ἐγὼ μὲν γάρ, ἀπὼν τῷ σώματι παρὼν δὲ τῷ πνεύματι, ἤδη κέκρικα ὡς παρὼν τὸν οὕτως τοῦτο κατεργασάμενον
egō men gar, apōn tō sōmati parōn de tō pneumati, ēdē kekrika hōs parōn ton houtōs touto katergasamenon
For I verily, being absent in body but present in spirit, have already as though I were present judged him that hath so wrought this thing,

ἐν τῷ ὀνόματι τοῦ κυρίου [ἡμῶν] Ἰησοῦ
en tō onomati tou kyriou [hēmōn] Iēsou,
in the name of our Lord Jesus,

συναχθέντων ὑμῶν καὶ τοῦ ἐμοῦ πνεύματος σὺν τῇ δυνάμει τοῦ κυρίου ἡμῶν Ἰησοῦ
synachthentōn hymōn kai tou emou pneumatos syn tē dynamei tou kyriou hēmōn Iēsou
ye being gathered together, and my spirit, with the power of our Lord Jesus,

παραδοῦναι τὸν τοιοῦτον τῷ Σατανᾷ εἰς ὄλεθρον τῆς σαρκός, ἵνα τὸ πνεῦμα σωθῇ ἐν τῇ ἡμέρᾳ τοῦ κυρίου
paradounai ton toiouton tō Satana eis olethron tēs sarkos, hina to pneuma sōthē en tē hēmera tou kyriou
to deliver such a one unto Satan for the destruction of the flesh, that the spirit may be saved in the day of the Lord Jesus.

Οὐ καλὸν τὸ καύχημα ὑμῶν. οὐκ οἴδατε ὅτι μικρὰ ζύμη ὅλον τὸ φύραμα ζυμοῖ
Ou kalon to kauchēma hymōn. ouk oidate hoti mikra zymē holon to phyrama zymoi
Your glorying is not good. Know ye not that a little leaven leaveneth the whole lump?

ἐκκαθάρατε τὴν παλαιὰν ζύμην, ἵνα ἦτε νέον φύραμα, καθώς ἐστε ἄζυμοι. καὶ γὰρ τὸ πάσχα ἡμῶν ἐτύθη Χριστός
ekkatharate tēn palaian zymēn, hina ēte neon phyrama, kathōs este azymoi. kai gar to pascha hēmōn etythē Christos
Purge out the old leaven, that ye may be a new lump, even as ye are unleavened. For our passover also hath been sacrificed, even Christ:

ὥστε ἑορτάζωμεν, μὴ ἐν ζύμῃ παλαιᾷ μηδὲ ἐν ζύμῃ κακίας καὶ πονηρίας, ἀλλ' ἐν ἀζύμοις εἰλικρινείας καὶ ἀληθείας
hōste heortazōmen, mē en zymē palaia mēde en zymē kakias kai ponērias, all' en azymois eilikrineias kai alētheias
wherefore let us keep the feast, not with old leaven, neither with the leaven of malice and wickedness, but with the unleavened bread of sincerity and truth.

Ἔγραψα ὑμῖν ἐν τῇ ἐπιστολῇ μὴ συναναμίγνυσθαι πόρνοις
Egrapsa hymin en tē epistolē mē synanamignysthai pornois
I wrote unto you in my epistle to have no company with fornicators;

οὐ πάντως τοῖς πόρνοις τοῦ κόσμου τούτου ἢ τοῖς πλεονέκταις καὶ ἅρπαξιν ἢ εἰδωλολάτραις
ou pantōs tois pornois tou kosmou toutou ē tois pleonektais kai harpaxin ē eidōlolatrais
not at all meaning with the fornicators of this world, or with the covetous and extortioners, or with idolaters;

ἐπεὶ ὠφείλετε ἄρα ἐκ τοῦ κόσμου ἐξελθεῖν
epei ōpheilete ara ek tou kosmou exelthein
for then must ye needs go out of the world:

νῦν δὲ ἔγραψα ὑμῖν μὴ συναναμίγνυσθαι ἐάν τις ἀδελφὸς ὀνομαζόμενος ᾖ πόρνος
nyn de egrapsa hymin mē synanamignysthai ean tis adelphos onomazomenos ē pornos
but as it is, I wrote unto you not to keep company, if any man that is named a brother be a fornicator,

ἢ πλεονέκτης ἢ εἰδωλολάτρης ἢ λοίδορος ἢ μέθυσος ἢ ἅρπαξ, τῷ τοιούτῳ μηδὲ συνεσθίειν
ē pleonektēs ē eidōlolatrēs ē loidoros ē methysos ē harpax, tō toioutō mēde synesthiein
or covetous, or an idolater, or a reviler, or a drunkard, or an extortioner; with such a one no, not to eat.

τί γάρ μοι τοὺς ἔξω κρίνειν; οὐχὶ τοὺς ἔσω ὑμεῖς κρίνετε
ti gar moi tous exō krinein? ouchi tous esō hymeis krinete
For what have I to do with judging them that are without? Do not ye judge them that are within?

τοὺς δὲ ἔξω ὁ θεὸς κρινεῖ. ἐξάρατε τὸν πονηρὸν ἐξ ὑμῶν αὐτῶν
tous de exō ho theos krinei. exarate ton ponēron ex hymōn autōn
But them that are without God judgeth. Put away the wicked man from among yourselves.

ς

Τολμᾷ τις ὑμῶν πρᾶγμα ἔχων πρὸς τὸν ἕτερον κρίνεσθαι ἐπὶ τῶν ἀδίκων, καὶ οὐχὶ ἐπὶ τῶν ἁγίων
Tolma tis hymōn pragma echōn pros ton heteron krinesthai epi tōn adikōn, kai ouchi epi tōn hagiōn
Dare any of you, having a matter against his neighbor, go to law before the unrighteous, and not before the saints?

ἢ οὐκ οἴδατε ὅτι οἱ ἅγιοι τὸν κόσμον κρινοῦσιν
ē ouk oidate hoti hoi hagioi ton kosmon krinousin
Or know ye not that the saints shall judge the world?

καὶ εἰ ἐν ὑμῖν κρίνεται ὁ κόσμος, ἀνάξιοί ἐστε κριτηρίων ἐλαχίστων
kai ei en hymin krinetai ho kosmos, anaxioi este kritēriōn elachistōn
and if the world is judged by you, are ye unworthy to judge the smallest matters?

οὐκ οἴδατε ὅτι ἀγγέλους κρινοῦμεν, μήτι γε βιωτικά
ouk oidate hoti angelous krinoumen, mēti ge biōtika
Know ye not that we shall judge angels? how much more, things that pertain to this life?

βιωτικὰ μὲν οὖν κριτήρια ἐὰν ἔχητε, τοὺς ἐξουθενημένους ἐν τῇ ἐκκλησίᾳ τούτους καθίζετε
biōtika men oun kritēria ean echēte, tous exouthenēmenous en tē ekklēsia toutous kathizete
If then ye have to judge things pertaining to this life, do ye set them to judge who are of no account in the church?

πρὸς ἐντροπὴν ὑμῖν λέγω
pros entropēn hymin legō
I say this to move you to shame.

οὕτως οὐκ ἔνι ἐν ὑμῖν οὐδεὶς σοφὸς ὃς δυνήσεται διακρῖναι ἀνὰ μέσον τοῦ ἀδελφοῦ αὐτοῦ
houtōs ouk eni en hymin oudeis sophos hos dynēsetai diakrinai ana meson tou adelphou autou
What, cannot there be found among you one wise man who shall be able to decide between his brethren,

ἀλλὰ ἀδελφὸς μετὰ ἀδελφοῦ κρίνεται, καὶ τοῦτο ἐπὶ ἀπίστων
alla adelphos meta adelphou krinetai, kai touto epi apistōn
but brother goeth to law with brother, and that before unbelievers?

ἤδη μὲν [οὖν] ὅλως ἥττημα ὑμῖν ἐστιν ὅτι κρίματα ἔχετε μεθ' ἑαυτῶν
ēdē men [oun] holōs hēttēma hymin estin hoti krimata echete meth' heautōn
Nay, already it is altogether a defect in you, that ye have lawsuits one with another.

διὰ τί οὐχὶ μᾶλλον ἀδικεῖσθε; διὰ τί οὐχὶ μᾶλλον ἀποστερεῖσθε
dia ti ouchi mallon adikeisthe? dia ti ouchi mallon apostereisthe
Why not rather take wrong? why not rather be defrauded?

ἀλλὰ ὑμεῖς ἀδικεῖτε καὶ ἀποστερεῖτε, καὶ τοῦτο ἀδελφούς
alla hymeis adikeite kai apostereite, kai touto adelphous
Nay, but ye yourselves do wrong, and defraud, and that your brethren.

ἢ οὐκ οἴδατε ὅτι ἄδικοι θεοῦ βασιλείαν οὐ κληρονομήσουσιν; μὴ πλανᾶσθε
ē ouk oidate hoti adikoi theou basileian ou klēronomēsousin? mē planasthe:
Or know ye not that the unrighteous shall not inherit the kingdom of God? Be not deceived:

οὔτε πόρνοι οὔτε εἰδωλολάτραι οὔτε μοιχοὶ οὔτε μαλακοὶ οὔτε ἀρσενοκοῖται
oute pornoi oute eidōlolatrai oute moichoi oute malakoi oute arsenokoitai
neither fornicators, nor idolaters, nor adulterers, nor effeminate, nor abusers of themselves with men,

οὔτε κλέπται οὔτε πλεονέκται, οὐ μέθυσοι, οὐ λοίδοροι, οὐχ ἄρπαγες βασιλείαν θεοῦ κληρονομήσουσιν
oute kleptai oute pleonektai, ou methysoi, ou loidoroi, ouch harpages basileian theou klēronomēsousin
nor thieves, nor covetous, nor drunkards, nor revilers, nor extortioners, shall inherit the kingdom of God.

καὶ ταῦτά τινες ἦτε: ἀλλὰ ἀπελούσασθε, ἀλλὰ ἡγιάσθητε
kai tauta tines ēte: alla apelousasthe, alla hēgiasthēte,
And such were some of you: but ye were washed,

ἀλλὰ ἐδικαιώθητε ἐν τῷ ὀνόματι τοῦ κυρίου Ἰησοῦ Χριστοῦ καὶ ἐν τῷ πνεύματι τοῦ θεοῦ ἡμῶν
alla edikaiōthēte en tō onomati tou kyriou Iēsou Christou kai en tō pneumati tou theou hēmōn
but ye were sanctified, but ye were justified in the name of the Lord Jesus Christ, and in the Spirit of our God.

Πάντα μοι ἔξεστιν, ἀλλ' οὐ πάντα συμφέρει
Panta moi exestin, all' ou panta sympherei
All things are lawful for me; but not all things are expedient.

πάντα μοι ἔξεστιν, ἀλλ' οὐκ ἐγὼ ἐξουσιασθήσομαι ὑπό τινος
panta moi exestin, all' ouk egō exousiasthēsomai hypo tinos
All things are lawful for me; but I will not be brought under the power of any.

τὰ βρώματα τῇ κοιλίᾳ, καὶ ἡ κοιλία τοῖς βρώμασιν: ὁ δὲ θεὸς καὶ ταύτην καὶ ταῦτα καταργήσει
ta brōmata tē koilia, kai hē koilia tois brōmasin: ho de theos kai tautēn kai tauta katargēsei
Meats for the belly, and the belly for meats: but God shall bring to nought both it and them.

τὸ δὲ σῶμα οὐ τῇ πορνείᾳ ἀλλὰ τῷ κυρίῳ, καὶ ὁ κύριος τῷ σώματι
to de sōma ou tē porneia alla tō kyriō, kai ho kyrios tō sōmati
But the body is not for fornication, but for the Lord; and the Lord for the body:

ὁ δὲ θεὸς καὶ τὸν κύριον ἤγειρεν καὶ ἡμᾶς ἐξεγερεῖ διὰ τῆς δυνάμεως αὐτοῦ
ho de theos kai ton kyrion ēgeiren kai hēmas exegerei dia tēs dynameōs autou
and God both raised the Lord, and will raise up us through his power.

οὐκ οἴδατε ὅτι τὰ σώματα ὑμῶν μέλη Χριστοῦ ἐστιν
ouk oidate hoti ta sōmata hymōn melē Christou estin
Know ye not that your bodies are members of Christ?

ἄρας οὖν τὰ μέλη τοῦ Χριστοῦ ποιήσω πόρνης μέλη; μὴ γένοιτο
aras oun ta melē tou Christou poiēsō pornēs melē? mē genoito
shall I then take away the members of Christ, and make them members of a harlot? God forbid.

[ἢ] οὐκ οἴδατε ὅτι ὁ κολλώμενος τῇ πόρνῃ ἓν σῶμά ἐστιν; Ἔσονται γάρ, φησίν, οἱ δύο εἰς σάρκα μίαν
[ē] ouk oidate hoti ho kollōmenos tē pornē hen sōma estin? Esontai gar, phēsin, hoi dyo eis sarka mian
Or know ye not that he that is joined to a harlot is one body? for, The twain, saith he, shall become one flesh.

ὁ δὲ κολλώμενος τῷ κυρίῳ ἓν πνεῦμά ἐστιν
ho de kollōmenos tō kyriō hen pneuma estin
But he that is joined unto the Lord is one spirit.

φεύγετε τὴν πορνείαν: πᾶν ἁμάρτημα ὃ ἐὰν ποιήσῃ ἄνθρωπος ἐκτὸς τοῦ σώματός ἐστιν
pheugete tēn porneian: pan hamartēma ho ean poiēsē anthrōpos ektos tou sōmatos estin
Flee fornication. Every sin that a man doeth is without the body;

ὁ δὲ πορνεύων εἰς τὸ ἴδιον σῶμα ἁμαρτάνει
ho de porneuōn eis to idion sōma hamartanei
but he that committeth fornication sinneth against his own body.

ἢ οὐκ οἴδατε ὅτι τὸ σῶμα ὑμῶν ναὸς τοῦ ἐν ὑμῖν ἁγίου πνεύματός ἐστιν, οὗ ἔχετε ἀπὸ θεοῦ
ē ouk oidate hoti to sōma hymōn naos tou en hymin hagiou pneumatos estin, hou echete apo theou
Or know ye not that your body is a temple of the Holy Spirit which is in you, which ye have from God?

καὶ οὐκ ἐστὲ ἑαυτῶν ἠγοράσθητε γὰρ τιμῆς: δοξάσατε δὴ τὸν θεὸν ἐν τῷ σώματι ὑμῶν
kai ouk este heautōn ēgorasthēte gar timēs: doxasate dē ton theon en tō sōmati hymōn
and ye are not your own; for ye were bought with a price: glorify God therefore in your body.

ζ

Περὶ δὲ ὧν ἐγράψατε, καλὸν ἀνθρώπῳ γυναικὸς μὴ ἅπτεσθαι
Peri de hōn egrapsate, kalon anthrōpō gynaikos mē haptesthai
Now concerning the things whereof ye wrote: It is good for a man not to touch a woman.

διὰ δὲ τὰς πορνείας ἕκαστος τὴν ἑαυτοῦ γυναῖκα ἐχέτω, καὶ ἑκάστη τὸν ἴδιον ἄνδρα ἐχέτω
dia de tas porneias hekastos tēn heautou gynaika echetō, kai hekastē ton idion andra echetō
But, because of fornications, let each man have his own wife, and let each woman have her own husband.

τῇ γυναικὶ ὁ ἀνὴρ τὴν ὀφειλὴν ἀποδιδότω, ὁμοίως δὲ καὶ ἡ γυνὴ τῷ ἀνδρί
tē gynaiki ho anēr tēn opheilēn apodidotō, homoiōs de kai hē gynē tō andri
Let the husband render unto the wife her due: and likewise also the wife unto the husband.

ἡ γυνὴ τοῦ ἰδίου σώματος οὐκ ἐξουσιάζει ἀλλὰ ὁ ἀνήρ
hē gynē tou idiou sōmatos ouk exousiazei alla ho anēr
The wife hath not power over her own body, but the husband:

ὁμοίως δὲ καὶ ὁ ἀνὴρ τοῦ ἰδίου σώματος οὐκ ἐξουσιάζει ἀλλὰ ἡ γυνή
homoiōs de kai ho anēr tou idiou sōmatos ouk exousiazei alla hē gynē
and likewise also the husband hath not power over his own body, but the wife.

μὴ ἀποστερεῖτε ἀλλήλους, εἰ μήτι ἂν ἐκ συμφώνου πρὸς καιρὸν ἵνα σχολάσητε τῇ προσευχῇ
mē apostereite allēlous, ei mēti an ek symphōnou pros kairon hina scholasēte tē proseuchē
Defraud ye not one the other, except it be by consent for a season, that ye may give yourselves unto prayer,

καὶ πάλιν ἐπὶ τὸ αὐτὸ ἦτε, ἵνα μὴ πειράζῃ ὑμᾶς ὁ Σατανᾶς διὰ τὴν ἀκρασίαν ὑμῶν
kai palin epi to auto ēte, hina mē peirazē hymas ho Satanas dia tēn akrasian hymōn
and may be together again, that Satan tempt you not because of your incontinency.

τοῦτο δὲ λέγω κατὰ συγγνώμην, οὐ κατ' ἐπιταγή
touto de legō kata syngnōmēn, ou kat' epitagē
But this I say by way of concession, not of commandment.

θέλω δὲ πάντας ἀνθρώπους εἶναι ὡς καὶ ἐμαυτόν
thelō de pantas anthrōpous einai hōs kai emauton
Yet I would that all men were even as I myself.

ἀλλὰ ἕκαστος ἴδιον ἔχει χάρισμα ἐκ θεοῦ, ὁ μὲν οὕτως, ὁ δὲ οὕτως
alla hekastos idion echei charisma ek theou, ho men houtōs, ho de houtōs
Howbeit each man hath his own gift from God, one after this manner, and another after that.

Λέγω δὲ τοῖς ἀγάμοις καὶ ταῖς χήραις, καλὸν αὐτοῖς ἐὰν μείνωσιν ὡς κἀγώ
Legō de tois agamois kai tais chērais, kalon autois ean meinōsin hōs kagō
But I say to the unmarried and to widows, It is good for them if they abide even as I.

εἰ δὲ οὐκ ἐγκρατεύονται γαμησάτωσαν, κρεῖττον γάρ ἐστιν γαμῆσαι ἢ πυροῦσθαι
ei de ouk enkrateuontai gamēsatōsan, kreitton gar estin gamēsai ē pyrousthai
But if they have not continency, let them marry: for it is better to marry than to burn.

τοῖς δὲ γεγαμηκόσιν παραγγέλλω, οὐκ ἐγὼ ἀλλὰ ὁ κύριος, γυναῖκα ἀπὸ ἀνδρὸς μὴ χωρισθῆναι
tois de gegamēkosin parangellō, ouk egō alla ho kyrios, gynaika apo andros mē chōristhēnai
But unto the married I give charge, yea not I, but the Lord, That the wife depart not from her husband

ἐὰν δὲ καὶ χωρισθῇ, μενέτω ἄγαμος ἢ τῷ ἀνδρὶ καταλλαγήτω καὶ ἄνδρα γυναῖκα μὴ ἀφιέναι
ean de kai chōristhē, menetō agamos ē tō andri katallagētō kai andra gynaika mē aphienai
(but should she depart, let her remain unmarried, or else be reconciled to her husband); and that the husband leave not his wife.

Τοῖς δὲ λοιποῖς λέγω ἐγώ, οὐχ ὁ κύριος: εἴ τις ἀδελφὸς γυναῖκα ἔχει ἄπιστον
Tois de loipois legō egō, ouch ho kyrios: ei tis adelphos gynaika echei apiston
But to the rest say I, not the Lord: If any brother hath an unbelieving wife,

καὶ αὕτη συνευδοκεῖ οἰκεῖν μετ' αὐτοῦ, μὴ ἀφιέτω αὐτήν
kai hautē syneudokei oikein met' autou, mē aphietō autēn
and she is content to dwell with him, let him not leave her.

καὶ γυνὴ εἴ τις ἔχει ἄνδρα ἄπιστον, καὶ οὗτος συνευδοκεῖ οἰκεῖν μετ' αὐτῆς, μὴ ἀφιέτω τὸν ἄνδρα
kai gynē ei tis echei andra apiston, kai houtos syneudokei oikein met' autēs, mē aphietō ton andra
And the woman that hath an unbelieving husband, and he is content to dwell with her, let her not leave her husband.

ἡγίασται γὰρ ὁ ἀνὴρ ὁ ἄπιστος ἐν τῇ γυναικί, καὶ ἡγίασται ἡ γυνὴ ἡ ἄπιστος ἐν τῷ ἀδελφῷ
hēgiastai gar ho anēr ho apistos en tē gynaiki, kai hēgiastai hē gynē hē apistos en tō adelphō
For the unbelieving husband is sanctified in the wife, and the unbelieving wife is sanctified in the brother:

ἐπεὶ ἄρα τὰ τέκνα ὑμῶν ἀκάθαρτά ἐστιν, νῦν δὲ ἅγιά ἐστιν
epei ara ta tekna hymōn akatharta estin, nyn de hagia estin
else were your children unclean; but now are they holy.

εἰ δὲ ὁ ἄπιστος χωρίζεται, χωριζέσθω· οὐ δεδούλωται ὁ ἀδελφὸς ἢ ἡ ἀδελφὴ ἐν τοῖς τοιούτοις
ei de ho apistos chōrizetai, chōrizesthō: ou dedoulōtai ho adelphos ē hē adelphē en tois toioutois
Yet if the unbelieving departeth, let him depart: the brother or the sister is not under bondage in such cases:

ἐν δὲ εἰρήνῃ κέκληκεν ὑμᾶς ὁ θεός
en de eirēnē keklēken hymas ho theos
but God hath called us in peace.

τί γὰρ οἶδας, γύναι, εἰ τὸν ἄνδρα σώσεις
ti gar oidas, gynai, ei ton andra sōseis
For how knowest thou, O wife, whether thou shalt save thy husband?

ἢ τί οἶδας, ἄνερ, εἰ τὴν γυναῖκα σώσεις
ē ti oidas, aner, ei tēn gynaika sōseis
or how knowest thou, O husband, whether thou shalt save thy wife?

Εἰ μὴ ἑκάστῳ ὡς ἐμέρισεν ὁ κύριος, ἕκαστον ὡς κέκληκεν ὁ θεός, οὕτως περιπατείτω
Ei mē hekastō hōs emerisen ho kyrios, hekaston hōs keklēken ho theos, houtōs peripateitō
Only, as the Lord hath distributed to each man, as God hath called each, so let him walk.

καὶ οὕτως ἐν ταῖς ἐκκλησίαις πάσαις διατάσσομαι
kai houtōs en tais ekklēsiais pasais diatassomai
And so ordain I in all the churches.

περιτετμημένος τις ἐκλήθη; μὴ ἐπισπάσθω
peritetmēmenos tis eklēthē? mē epispasthō
Was any man called being circumcised? let him not become uncircumcised.

ἐν ἀκροβυστίᾳ κέκληταί τις; μὴ περιτεμνέσθω
en akrobystia keklētai tis? mē peritemnesthō
Hath any been called in uncircumcision? let him not be circumcised.

ἡ περιτομὴ οὐδέν ἐστιν, καὶ ἡ ἀκροβυστία οὐδέν ἐστιν, ἀλλὰ τήρησις ἐντολῶν θεοῦ
hē peritomē ouden estin, kai hē akrobystia ouden estin, alla tērēsis entolōn theou
Circumcision is nothing, and uncircumcision is nothing; but the keeping of the commandments of God.

ἕκαστος ἐν τῇ κλήσει ᾗ ἐκλήθη ἐν ταύτῃ μενέτω
hekastos en tē klēsei hē eklēthē en tautē menetō
Let each man abide in that calling wherein he was called.

δοῦλος ἐκλήθης; μή σοι μελέτω: ἀλλ' εἰ καὶ δύνασαι ἐλεύθερος γενέσθαι, μᾶλλον χρῆσαι
doulos eklēthēs? mē soi meletō: all' ei kai dynasai eleutheros genesthai, mallon chrēsai
Wast thou called being a bondservant? care not for it: nay, even if thou canst become free, use it rather.

ὁ γὰρ ἐν κυρίῳ κληθεὶς δοῦλος ἀπελεύθερος κυρίου ἐστίν: ὁμοίως ὁ ἐλεύθερος κληθεὶς δοῦλός ἐστιν Χριστοῦ
ho gar en kyriō klētheis doulos apeleutheros kyriou estin: homoiōs ho eleutheros klētheis doulos estin Christou
For he that was called in the Lord being a bondservant, is the Lord's freedman: likewise he that was called being free, is Christ's bondservant.

τιμῆς ἠγοράσθητε: μὴ γίνεσθε δοῦλοι ἀνθρώπων
timēs ēgorasthēte: mē ginesthe douloi anthrōpōn
Ye were bought with a price; become not bondservants of men.

ἕκαστος ἐν ᾧ ἐκλήθη, ἀδελφοί, ἐν τούτῳ μενέτω παρὰ θεῷ
hekastos en hō eklēthē, adelphoi, en toutō menetō para theō
Brethren, let each man, wherein he was called, therein abide with God.

Περὶ δὲ τῶν παρθένων ἐπιταγὴν κυρίου οὐκ ἔχω, γνώμην δὲ δίδωμι ὡς ἠλεημένος ὑπὸ κυρίου πιστὸς εἶναι
Peri de tōn parthenōn epitagēn kyriou ouk echō, gnōmēn de didōmi hōs ēleēmenos hypo kyriou pistos einai
Now concerning virgins I have no commandment of the Lord: but I give my judgment, as one that hath obtained mercy of the Lord to be trustworthy.

Νομίζω οὖν τοῦτο καλὸν ὑπάρχειν διὰ τὴν ἐνεστῶσαν ἀνάγκην, ὅτι καλὸν ἀνθρώπῳ τὸ οὕτως εἶναι
Nomizō oun touto kalon hyparchein dia tēn enestōsan anankēn, hoti kalon anthrōpō to houtōs einai
I think therefore that this is good by reason of the distress that is upon us, namely, that it is good for a man to be as he is.

δέδεσαι γυναικί; μὴ ζήτει λύσιν: λέλυσαι ἀπὸ γυναικός; μὴ ζήτει γυναῖκα
dedesai gynaiki? mē zētei lysin: lelysai apo gynaikos? mē zētei gynaika
Art thou bound unto a wife? seek not to be loosed. Art thou loosed from a wife? seek not a wife.

ἐὰν δὲ καὶ γαμήσῃς, οὐχ ἥμαρτες: καὶ ἐὰν γήμῃ ἡ παρθένος, οὐχ ἥμαρτεν
ean de kai gamēsēs, ouch hēmartes: kai ean gēmē hē parthenos, ouch hēmarten
But shouldest thou marry, thou hast not sinned; and if a virgin marry, she hath not sinned.

θλῖψιν δὲ τῇ σαρκὶ ἕξουσιν οἱ τοιοῦτοι, ἐγὼ δὲ ὑμῶν φείδομαι
thlipsin de tē sarki hexousin hoi toioutoi, egō de hymōn pheidomai
Yet such shall have tribulation in the flesh: and I would spare you.

τοῦτο δέ φημι, ἀδελφοί, ὁ καιρὸς συνεσταλμένος ἐστίν: τὸ λοιπὸν ἵνα καὶ οἱ ἔχοντες γυναῖκας ὡς μὴ ἔχοντες ὦσιν
touto de phēmi, adelphoi, ho kairos synestalmenos estin: to loipon hina kai hoi echontes gynaikas hōs mē echontes ōsin
But this I say, brethren, the time is shortened, that henceforth both those that have wives may be as though they had none;

καὶ οἱ κλαίοντες ὡς μὴ κλαίοντες, καὶ οἱ χαίροντες ὡς μὴ χαίροντες, καὶ οἱ ἀγοράζοντες ὡς μὴ κατέχοντες
kai hoi klaiontes hōs mē klaiontes, kai hoi chairontes hōs mē chairontes, kai hoi agorazontes hōs mē katechontes
and those that weep, as though they wept not; and those that rejoice, as though they rejoiced not; and those that buy, as though they possessed not;

καὶ οἱ χρώμενοι τὸν κόσμον ὡς μὴ καταχρώμενοι: παράγει γὰρ τὸ σχῆμα τοῦ κόσμου τούτου
kai hoi chrōmenoi ton kosmon hōs mē katachrōmenoi: paragei gar to schēma tou kosmou toutou
and those that use the world, as not using it to the full: for the fashion of this world passeth away.

θέλω δὲ ὑμᾶς ἀμερίμνους εἶναι
thelō de hymas amerimnous einai
But I would have you to be free from cares.

ὁ ἄγαμος μεριμνᾷ τὰ τοῦ κυρίου, πῶς ἀρέσῃ τῷ κυρίῳ
ho agamos merimna ta tou kyriou, pōs aresē tō kyriō
He that is unmarried is careful for the things of the Lord, how he may please the Lord:

ὁ δὲ γαμήσας μεριμνᾷ τὰ τοῦ κόσμου, πῶς ἀρέσῃ τῇ γυναικί
ho de gamēsas merimna ta tou kosmou, pōs aresē tē gynaiki
but he that is married is careful for the things of the world, how he may please his wife,

καὶ μεμέρισται. καὶ ἡ γυνὴ ἡ ἄγαμος καὶ ἡ παρθένος μεριμνᾷ τὰ τοῦ κυρίου
kai memeristai. kai hē gynē hē agamos kai hē parthenos merimna ta tou kyriou
and is divided. So also the woman that is unmarried and the virgin is careful for the things of the Lord,

ἵνα ᾖ ἁγία καὶ τῷ σώματι καὶ τῷ πνεύματι
hina ē hagia kai tō sōmati kai tō pneumati
that she may be holy both in body and in spirit:

ἡ δὲ γαμήσασα μεριμνᾷ τὰ τοῦ κόσμου, πῶς ἀρέσῃ τῷ ἀνδρί
hē de gamēsasa merimna ta tou kosmou, pōs aresē tō andri
but she that is married is careful for the things of the world, how she may please her husband.

τοῦτο δὲ πρὸς τὸ ὑμῶν αὐτῶν σύμφορον λέγω, οὐχ ἵνα βρόχον ὑμῖν ἐπιβάλω
touto de pros to hymōn autōn symphoron legō, ouch hina brochon hymin epibalō,
And this I say for your own profit; not that I may cast a snare upon you,

ἀλλὰ πρὸς τὸ εὔσχημον καὶ εὐπάρεδρον τῷ κυρίῳ ἀπερισπάστως
alla pros to euschēmon kai euparedron tō kyriō aperispastōs
but for that which is seemly, and that ye may attend upon the Lord without distraction.

Εἰ δέ τις ἀσχημονεῖν ἐπὶ τὴν παρθένον αὐτοῦ νομίζει ἐὰν ᾖ ὑπέρακμος
Ei de tis aschēmonein epi tēn parthenon autou nomizei ean ē hyperakmos
But if any man thinketh that he behaveth himself unseemly toward his virgin daughter, if she be past the flower of her age,

καὶ οὕτως ὀφείλει γίνεσθαι, ὃ θέλει ποιείτω: οὐχ ἁμαρτάνει: γαμείτωσαν
kai houtōs opheilei ginesthai, ho thelei poieitō: ouch hamartanei: gameitōsan
and if need so requireth, let him do what he will; he sinneth not; let them marry.

ὃς δὲ ἕστηκεν ἐν τῇ καρδίᾳ αὐτοῦ ἑδραῖος, μὴ ἔχων ἀνάγκην, ἐξουσίαν δὲ ἔχει περὶ τοῦ ἰδίου θελήματος
hos de hestēken en tē kardia autou hedraios, mē echōn anankēn, exousian de echei peri tou idiou thelēmatos
But he that standeth stedfast in his heart, having no necessity, but hath power as touching his own will,

καὶ τοῦτο κέκρικεν ἐν τῇ ἰδίᾳ καρδίᾳ, τηρεῖν τὴν ἑαυτοῦ παρθένον, καλῶς ποιήσει
kai touto kekriken en tē idia kardia, tērein tēn heautou parthenon, kalōs poiēsei
and hath determined this in his own heart, to keep his own virgin daughter, shall do well.

ὥστε καὶ ὁ γαμίζων τὴν ἑαυτοῦ παρθένον καλῶς ποιεῖ
hōste kai ho gamizōn tēn heautou parthenon kalōs poiei
So then both he that giveth his own virgin daughter in marriage doeth well;

καὶ ὁ μὴ γαμίζων κρεῖσσον ποιήσει
kai ho mē gamizōn kreisson poiēsei
and he that giveth her not in marriage shall do better.

Γυνὴ δέδεται ἐφ' ὅσον χρόνον ζῇ ὁ ἀνὴρ αὐτῆς
Gynē dedetai eph' hoson chronon zē ho anēr autēs
A wife is bound for so long time as her husband liveth;

ἐὰν δὲ κοιμηθῇ ὁ ἀνήρ, ἐλευθέρα ἐστὶν ᾧ θέλει γαμηθῆναι, μόνον ἐν κυρίῳ
ean de koimēthē ho anēr, eleuthera estin hō thelei gamēthēnai, monon en kyriō
but if the husband be dead, she is free to be married to whom she will; only in the Lord.

μακαριωτέρα δέ ἐστιν ἐὰν οὕτως μείνῃ, κατὰ τὴν ἐμὴν γνώμην, δοκῶ δὲ κἀγὼ πνεῦμα θεοῦ ἔχειν
makariōtera de estin ean houtōs meinē, kata tēn emēn gnōmēn, dokō de kagō pneuma theou echein
But she is happier if she abide as she is, after my judgment: and I think that I also have the Spirit of God.

η

Περὶ δὲ τῶν εἰδωλοθύτων
Peri de tōn eidōlothytōn
Now concerning things sacrificed to idols:

οἴδαμεν ὅτι πάντες γνῶσιν ἔχομεν. ἡ γνῶσις φυσιοῖ, ἡ δὲ ἀγάπη οἰκοδομεῖ
oidamen hoti pantes gnōsin echomen. hē gnōsis physioi, hē de agapē oikodomei
We know that we all have knowledge. Knowledge puffeth up, but love edifieth.

εἴ τις δοκεῖ ἐγνωκέναι τι, οὔπω ἔγνω καθὼς δεῖ γνῶναι
ei tis dokei egnōkenai ti, oupō egnō kathōs dei gnōnai
If any man thinketh that he knoweth anything, he knoweth not yet as he ought to know;

εἰ δέ τις ἀγαπᾷ τὸν θεόν, οὗτος ἔγνωσται ὑπ' αὐτοῦ
ei de tis agapa ton theon, houtos egnōstai hyp' autou
but if any man loveth God, the same is known by him.

Περὶ τῆς βρώσεως οὖν τῶν εἰδωλοθύτων
Peri tēs brōseōs oun tōn eidōlothytōn
Concerning therefore the eating of things sacrificed to idols,

οἴδαμεν ὅτι οὐδὲν εἴδωλον ἐν κόσμῳ, καὶ ὅτι οὐδεὶς θεὸς εἰ μὴ εἷς
oidamen hoti ouden eidōlon en kosmō, kai hoti oudeis theos ei mē heis
we know that no idol is anything in the world, and that there is no God but one.

καὶ γὰρ εἴπερ εἰσὶν λεγόμενοι θεοὶ εἴτε ἐν οὐρανῷ εἴτε ἐπὶ γῆς, ὥσπερ εἰσὶν θεοὶ πολλοὶ καὶ κύριοι πολλοί
kai gar eiper eisin legomenoi theoi eite en ouranō eite epi gēs, hōsper eisin theoi polloi kai kyrioi polloi
For though there be that are called gods, whether in heaven or on earth; as there are gods many, and lords many;

ἀλλ' ἡμῖν εἷς θεὸς ὁ πατήρ, ἐξ οὗ τὰ πάντα καὶ ἡμεῖς εἰς αὐτόν
all' hēmin heis theos ho patēr, ex hou ta panta kai hēmeis eis auton,
yet to us there is one God, the Father, of whom are all things, and we unto him;

καὶ εἷς κύριος Ἰησοῦς Χριστός, δι' οὗ τὰ πάντα καὶ ἡμεῖς δι' αὐτοῦ
kai heis kyrios Iēsous Christos, di' hou ta panta kai hēmeis di' autou
and one Lord, Jesus Christ, through whom are all things, and we through him.

Ἀλλ' οὐκ ἐν πᾶσιν ἡ γνῶσις
All' ouk en pasin hē gnōsis
Howbeit there is not in all men that knowledge:

τινὲς δὲ τῇ συνηθείᾳ ἕως ἄρτι τοῦ εἰδώλου ὡς εἰδωλόθυτον ἐσθίουσιν
tines de tē synētheia heōs arti tou eidōlou hōs eidōlothyton esthiousin
but some, being used until now to the idol, eat as of a thing sacrificed to an idol;

καὶ ἡ συνείδησις αὐτῶν ἀσθενὴς οὖσα μολύνεται
kai hē syneidēsis autōn asthenēs ousa molynetai
and their conscience being weak is defiled.

βρῶμα δὲ ἡμᾶς οὐ παραστήσει τῷ θεῷ: οὔτε ἐὰν μὴ φάγωμεν ὑστερούμεθα, οὔτε ἐὰν φάγωμεν περισσεύομεν
brōma de hēmas ou parastēsei tō theō: oute ean mē phagōmen hysteroumetha, oute ean phagōmen perisseuomen
But food will not commend us to God: neither, if we eat not, are we the worse; nor, if we eat, are we the better.

βλέπετε δὲ μή πως ἡ ἐξουσία ὑμῶν αὕτη πρόσκομμα γένηται τοῖς ἀσθενέσιν
blepete de mē pōs hē exousia hymōn hautē proskomma genētai tois asthenesin
But take heed lest by any means this liberty of yours become a stumblingblock to the weak.

ἐὰν γάρ τις ἴδῃ σὲ τὸν ἔχοντα γνῶσιν ἐν εἰδωλείῳ κατακείμενον
ean gar tis idē se ton echonta gnōsin en eidōleiō katakeimenon
For if a man see thee who hast knowledge sitting at meat in an idol's temple,

οὐχὶ ἡ συνείδησις αὐτοῦ ἀσθενοῦς ὄντος οἰκοδομηθήσεται εἰς τὸ τὰ εἰδωλόθυτα ἐσθίειν
ouchi hē syneidēsis autou asthenous ontos oikodomēthēsetai eis to ta eidōlothyta esthiein
will not his conscience, if he is weak, be emboldened to eat things sacrificed to idols?

ἀπόλλυται γὰρ ὁ ἀσθενῶν ἐν τῇ σῇ γνώσει, ὁ ἀδελφὸς δι' ὃν Χριστὸς ἀπέθανεν
apollytai gar ho asthenōn en tē sē gnōsei, ho adelphos di' hon Christos apethanen
For through thy knowledge he that is weak perisheth, the brother for whose sake Christ died.

οὕτως δὲ ἁμαρτάνοντες εἰς τοὺς ἀδελφοὺς καὶ τύπτοντες αὐτῶν τὴν συνείδησιν ἀσθενοῦσαν εἰς Χριστὸν ἁμαρτάνετε
houtōs de hamartanontes eis tous adelphous kai typtontes autōn tēn syneidēsin asthenousan eis Christon hamartanete
And thus, sinning against the brethren, and wounding their conscience when it is weak, ye sin against Christ.

διόπερ εἰ βρῶμα σκανδαλίζει τὸν ἀδελφόν μου, οὐ μὴ φάγω κρέα εἰς τὸν αἰῶνα, ἵνα μὴ τὸν ἀδελφόν μου σκανδαλίσω
dioper ei brōma skandalizei ton adelphon mou, ou mē phagō krea eis ton aiōna, hina mē ton adelphon mou skandalisō
Wherefore, if meat causeth my brother to stumble, I will eat no flesh for evermore, that I cause not my brother to stumble.

θ

Οὐκ εἰμὶ ἐλεύθερος; οὐκ εἰμὶ ἀπόστολος
Ouk eimi eleutheros? ouk eimi apostolos
Am I not free? am I not an apostle?

οὐχὶ Ἰησοῦν τὸν κύριον ἡμῶν ἑόρακα; οὐ τὸ ἔργον μου ὑμεῖς ἐστε ἐν κυρίῳ
ouchi Iēsoun ton kyrion hēmōn heoraka? ou to ergon mou hymeis este en kyriō
have I not seen Jesus our Lord? are not ye my work in the Lord?

εἰ ἄλλοις οὐκ εἰμὶ ἀπόστολος, ἀλλά γε ὑμῖν εἰμι: ἡ γὰρ σφραγίς μου τῆς ἀποστολῆς ὑμεῖς ἐστε ἐν κυρίῳ
ei allois ouk eimi apostolos, alla ge hymin eimi: hē gar sphragis mou tēs apostolēs hymeis este en kyriō
If to others I am not an apostle, yet at least I am to you; for the seal of mine apostleship are ye in the Lord.

Ἡ ἐμὴ ἀπολογία τοῖς ἐμὲ ἀνακρίνουσίν ἐστιν αὕτη
HĒ emē apologia tois eme anakrinousin estin hautē
My defence to them that examine me is this.

μὴ οὐκ ἔχομεν ἐξουσίαν φαγεῖν καὶ πεῖν
mē ouk echomen exousian phagein kai pein
Have we no right to eat and to drink?

μὴ οὐκ ἔχομεν ἐξουσίαν ἀδελφὴν γυναῖκα περιάγειν, ὡς καὶ οἱ λοιποὶ ἀπόστολοι καὶ οἱ ἀδελφοὶ τοῦ κυρίου καὶ Κηφᾶ
mē ouk echomen exousian adelphēn gynaika periagein, hōs kai hoi loipoi apostoloi kai hoi adelphoi tou kyriou kai Kēpha
Have we no right to lead about a wife that is a believer, even as the rest of the apostles, and the brethren of the Lord, and Cephas?

ἢ μόνος ἐγὼ καὶ Βαρναβᾶς οὐκ ἔχομεν ἐξουσίαν μὴ ἐργάζεσθαι
ē monos egō kai Barnabas ouk echomen exousian mē ergazesthai
Or I only and Barnabas, have we not a right to forbear working?

τίς στρατεύεται ἰδίοις ὀψωνίοις ποτέ; τίς φυτεύει ἀμπελῶνα καὶ τὸν καρπὸν αὐτοῦ οὐκ ἐσθίει
tis strateuetai idiois opsōniois pote? tis phyteuei ampelōna kai ton karpon autou ouk esthiei?
What soldier ever serveth at his own charges? who planteth a vineyard, and eateth not the fruit thereof?

ἢ τίς ποιμαίνει ποίμνην καὶ ἐκ τοῦ γάλακτος τῆς ποίμνης οὐκ ἐσθίει
ē tis poimainei poimnēn kai ek tou galaktos tēs poimnēs ouk esthiei
or who feedeth a flock, and eateth not of the milk of the flock?

Μὴ κατὰ ἄνθρωπον ταῦτα λαλῶ, ἢ καὶ ὁ νόμος ταῦτα οὐ λέγει
Mē kata anthrōpon tauta lalō, ē kai ho nomos tauta ou legei
Do I speak these things after the manner of men? or saith not the law also the same?

ἐν γὰρ τῷ Μωϋσέως νόμῳ γέγραπται, Οὐ κημώσεις βοῦν ἀλοῶντα
en gar tō Mōuseōs nomō gegraptai, Ou kēmōseis boun aloōnta
For it is written in the law of Moses, Thou shalt not muzzle the ox when he treadeth out the corn.

μὴ τῶν βοῶν μέλει τῷ θεῷ
mē tōn boōn melei tō theō
Is it for the oxen that God careth,

ἢ δι' ἡμᾶς πάντως λέγει; δι' ἡμᾶς γὰρ ἐγράφη, ὅτι ὀφείλει ἐπ' ἐλπίδι ὁ ἀροτριῶν ἀροτριᾶν
ē di' hēmas pantōs legei? di' hēmas gar egraphē, hoti opheilei ep' elpidi ho arotriōn arotrian
or saith he it assuredly for our sake? Yea, for our sake it was written: because he that ploweth ought to plow in hope,

καὶ ὁ ἀλοῶν ἐπ' ἐλπίδι τοῦ μετέχειν
kai ho aloōn ep' elpidi tou metechein
and he that thresheth, to thresh in hope of partaking.

εἰ ἡμεῖς ὑμῖν τὰ πνευματικὰ ἐσπείραμεν, μέγα εἰ ἡμεῖς ὑμῶν τὰ σαρκικὰ θερίσομεν
ei hēmeis hymin ta pneumatika espeiramen, mega ei hēmeis hymōn ta sarkika therisomen
If we sowed unto you spiritual things, is it a great matter if we shall reap your carnal things?

εἰ ἄλλοι τῆς ὑμῶν ἐξουσίας μετέχουσιν, οὐ μᾶλλον ἡμεῖς; Ἀλλ' οὐκ ἐχρησάμεθα τῇ ἐξουσίᾳ ταύτῃ
ei alloi tēs hymōn exousias metechousin, ou mallon hēmeis? All' ouk echrēsametha tē exousia tautē
If others partake of this right over you, do not we yet more? Nevertheless we did not use this right;

ἀλλὰ πάντα στέγομεν ἵνα μή τινα ἐγκοπὴν δῶμεν τῷ εὐαγγελίῳ τοῦ Χριστοῦ
alla panta stegomen hina mē tina enkopēn dōmen tō euangeliō tou Christou
but we bear all things, that we may cause no hindrance to the gospel of Christ.

οὐκ οἴδατε ὅτι οἱ τὰ ἱερὰ ἐργαζόμενοι [τὰ] ἐκ τοῦ ἱεροῦ ἐσθίουσιν
ouk oidate hoti hoi ta hiera ergazomenoi [ta] ek tou hierou esthiousin
Know ye not that they that minister about sacred things eat of the things of the temple,

οἱ τῷ θυσιαστηρίῳ παρεδρεύοντες τῷ θυσιαστηρίῳ συμμερίζονται
hoi tō thysiastēriō paredreuontes tō thysiastēriō symmerizontai
and they that wait upon the altar have their portion with the altar?

οὕτως καὶ ὁ κύριος διέταξεν τοῖς τὸ εὐαγγέλιον καταγγέλλουσιν ἐκ τοῦ εὐαγγελίου ζῆν
houtōs kai ho kyrios dietaxen tois to euangelion katangellousin ek tou euangeliou zēn
Even so did the Lord ordain that they that proclaim the gospel should live of the gospel.

ἐγὼ δὲ οὐ κέχρημαι οὐδενὶ τούτων. οὐκ ἔγραψα δὲ ταῦτα ἵνα οὕτως γένηται ἐν ἐμοί
egō de ou kechrēmai oudeni toutōn. ouk egrapsa de tauta hina houtōs genētai en emoi
But I have used none of these things: and I write not these things that it may be so done in my case;

καλὸν γάρ μοι μᾶλλον ἀποθανεῖν ἤ τὸ καύχημά μου οὐδεὶς κενώσει
kalon gar moi mallon apothanein ē to kauchēma mou oudeis kenōsei
for it were good for me rather to die, than that any man should make my glorying void.

ἐὰν γὰρ εὐαγγελίζωμαι, οὐκ ἔστιν μοι καύχημα: ἀνάγκη γάρ μοι ἐπίκειται
ean gar euangelizōmai, ouk estin moi kauchēma: anankē gar moi epikeitai
For if I preach the gospel, I have nothing to glory of; for necessity is laid upon me;

οὐαὶ γάρ μοί ἐστιν ἐὰν μὴ εὐαγγελίσωμαι
ouai gar moi estin ean mē euangelisōmai
for woe is unto me, if I preach not the gospel.

εἰ γὰρ ἑκὼν τοῦτο πράσσω, μισθὸν ἔχω: εἰ δὲ ἄκων, οἰκονομίαν πεπίστευμαι
ei gar hekōn touto prassō, misthon echō: ei de akōn, oikonomian pepisteumai
For if I do this of mine own will, I have a reward: but if not of mine own will, I have a stewardship intrusted to me.

τίς οὖν μού ἐστιν ὁ μισθός; ἵνα εὐαγγελιζόμενος ἀδάπανον θήσω τὸ εὐαγγέλιον
tis oun mou estin ho misthos? hina euangelizomenos adapanon thēsō to euangelion
What then is my reward? That, when I preach the gospel, I may make the gospel without charge,

εἰς τὸ μὴ καταχρήσασθαι τῇ ἐξουσίᾳ μου ἐν τῷ εὐαγγελίῳ
eis to mē katachrēsasthai tē exousia mou en tō euangeliō
so as not to use to the full my right in the gospel.

Ἐλεύθερος γὰρ ὢν ἐκ πάντων πᾶσιν ἐμαυτὸν ἐδούλωσα, ἵνα τοὺς πλείονας κερδήσω
Eleutheros gar ōn ek pantōn pasin emauton edoulōsa, hina tous pleionas kerdēsō
For though I was free from all men, I brought myself under bondage to all, that I might gain the more.

καὶ ἐγενόμην τοῖς Ἰουδαίοις ὡς Ἰουδαῖος, ἵνα Ἰουδαίους κερδήσω
kai egenomēn tois Ioudaiois hōs Ioudaios, hina Ioudaious kerdēsō
And to the Jews I became as a Jew, that I might gain Jews;

τοῖς ὑπὸ νόμον ὡς ὑπὸ νόμον, μὴ ὢν αὐτὸς ὑπὸ νόμον, ἵνα τοὺς ὑπὸ νόμον κερδήσω
tois hypo nomon hōs hypo nomon, mē ōn autos hypo nomon, hina tous hypo nomon kerdēsō
to them that are under the law, as under the law, not being myself under the law, that I might gain them that are under the law;

τοῖς ἀνόμοις ὡς ἄνομος, μὴ ὢν ἄνομος θεοῦ ἀλλ' ἔννομος Χριστοῦ, ἵνα κερδάνω τοὺς ἀνόμους
tois anomois hōs anomos, mē ōn anomos theou all' ennomos Christou, hina kerdanō tous anomous
to them that are without law, as without law, not being without law to God, but under law to Christ, that I might gain them that are without law.

ἐγενόμην τοῖς ἀσθενέσιν ἀσθενής, ἵνα τοὺς ἀσθενεῖς κερδήσω: τοῖς πᾶσιν γέγονα πάντα, ἵνα πάντως τινὰς σώσω
egenomēn tois asthenesin asthenēs, hina tous astheneis kerdēsō: tois pasin gegona panta, hina pantōs tinas sōsō
To the weak I became weak, that I might gain the weak: I am become all things to all men, that I may by all means save some.

πάντα δὲ ποιῶ διὰ τὸ εὐαγγέλιον, ἵνα συγκοινωνὸς αὐτοῦ γένωμαι
panta de poiō dia to euangelion, hina synkoinōnos autou genōmai
And I do all things for the gospel's sake, that I may be a joint partaker thereof.

Οὐκ οἴδατε ὅτι οἱ ἐν σταδίῳ τρέχοντες πάντες μὲν τρέχουσιν
Ouk oidate hoti hoi en stadiō trechontes pantes men trechousin
Know ye not that they that run in a race run all,

εἷς δὲ λαμβάνει τὸ βραβεῖον; οὕτως τρέχετε ἵνα καταλάβητε
heis de lambanei to brabeion? houtōs trechete hina katalabēte
but one receiveth the prize? Even so run; that ye may attain.

πᾶς δὲ ὁ ἀγωνιζόμενος πάντα ἐγκρατεύεται, ἐκεῖνοι μὲν οὖν ἵνα φθαρτὸν στέφανον λάβωσιν, ἡμεῖς δὲ ἄφθαρτον
pas de ho agōnizomenos panta enkrateuetai, ekeinoi men oun hina phtharton stephanon labōsin, hēmeis de aphtharton
And every man that striveth in the games exerciseth self-control in all things. Now they do it to receive a corruptible crown; but we an incorruptible.

ἐγὼ τοίνυν οὕτως τρέχω ὡς οὐκ ἀδήλως, οὕτως πυκτεύω ὡς οὐκ ἀέρα δέρων
egō toinyn houtōs trechō hōs ouk adēlōs, houtōs pykteuō hōs ouk aera derōn
I therefore so run, as not uncertainly; so fight I, as not beating the air:

ἀλλὰ ὑπωπιάζω μου τὸ σῶμα καὶ δουλαγωγῶ, μή πως ἄλλοις κηρύξας αὐτὸς ἀδόκιμος γένωμαι
alla hypōpiazō mou to sōma kai doulagōgō, mē pōs allois kēryxas autos adokimos genōmai
but I buffet my body, and bring it into bondage: lest by any means, after that I have preached to others, I myself should be rejected.

ι

Οὐ θέλω γὰρ ὑμᾶς ἀγνοεῖν, ἀδελφοί
Ou thelō gar hymas agnoein, adelphoi
For I would not, brethren, have you ignorant,

ὅτι οἱ πατέρες ἡμῶν πάντες ὑπὸ τὴν νεφέλην ἦσαν καὶ πάντες διὰ τῆς θαλάσσης διῆλθον
hoti hoi pateres hēmōn pantes hypo tēn nephelēn ēsan kai pantes dia tēs thalassēs diēlthon
that our fathers were all under the cloud, and all passed through the sea;

καὶ πάντες εἰς τὸν Μωϋσῆν ἐβαπτίσθησαν ἐν τῇ νεφέλῃ καὶ ἐν τῇ θαλάσσῃ
kai pantes eis ton Mōusēn ebaptisthēsan en tē nephelē kai en tē thalassē
and were all baptized unto Moses in the cloud and in the sea;

καὶ πάντες τὸ αὐτὸ πνευματικὸν βρῶμα ἔφαγον
kai pantes to auto pneumatikon brōma ephagon
and did all eat the same spiritual food;

καὶ πάντες τὸ αὐτὸ πνευματικὸν ἔπιον πόμα: ἔπινον γὰρ ἐκ πνευματικῆς ἀκολουθούσης πέτρας
kai pantes to auto pneumatikon epion poma: epinon gar ek pneumatikēs akolouthousēs petras
and did all drink the same spiritual drink: for they drank of a spiritual rock that followed them:

ἡ πέτρα δὲ ἦν ὁ Χριστός
hē petra de ēn ho Christos
and the rock was Christ.

ἀλλ' οὐκ ἐν τοῖς πλείοσιν αὐτῶν εὐδόκησεν ὁ θεός, κατεστρώθησαν γὰρ ἐν τῇ ἐρήμῳ
all' ouk en tois pleiosin autōn eudokēsen ho theos, katestrōthēsan gar en tē erēmō
Howbeit with most of them God was not well pleased: for they were overthrown in the wilderness.

ταῦτα δὲ τύποι ἡμῶν ἐγενήθησαν, εἰς τὸ μὴ εἶναι ἡμᾶς ἐπιθυμητὰς κακῶν, καθὼς κἀκεῖνοι ἐπεθύμησαν
tauta de typoi hēmōn egenēthēsan, eis to mē einai hēmas epithymētas kakōn, kathōs kakeinoi epethymēsan
Now these things were our examples, to the intent we should not lust after evil things, as they also lusted.

μηδὲ εἰδωλολάτραι γίνεσθε, καθώς τινες αὐτῶν
mēde eidōlolatrai ginesthe, kathōs tines autōn:
Neither be ye idolaters, as were some of them; as it is written,

ὥσπερ γέγραπται, Ἐκάθισεν ὁ λαὸς φαγεῖν καὶ πεῖν, καὶ ἀνέστησαν παίζειν
hōsper gegraptai, Ekathisen ho laos phagein kai pein, kai anestēsan paizein
The people sat down to eat and drink, and rose up to play.

μηδὲ πορνεύωμεν, καθώς τινες αὐτῶν ἐπόρνευσαν, καὶ ἔπεσαν μιᾷ ἡμέρᾳ εἴκοσι τρεῖς χιλιάδες
mēde porneuōmen, kathōs tines autōn eporneusan, kai epesan mia hēmera eikosi treis chiliades
Neither let us commit fornication, as some of them committed, and fell in one day three and twenty thousand.

μηδὲ ἐκπειράζωμεν τὸν Χριστόν, καθώς τινες αὐτῶν ἐπείρασαν, καὶ ὑπὸ τῶν ὄφεων ἀπώλλυντο
mēde ekpeirazōmen ton Christon, kathōs tines autōn epeirasan, kai hypo tōn opheōn apōllynto
Neither let us make trial of the Lord, as some of them made trial, and perished by the serpents.

μηδὲ γογγύζετε, καθάπερ τινὲς αὐτῶν ἐγόγγυσαν, καὶ ἀπώλοντο ὑπὸ τοῦ ὀλοθρευτοῦ
mēde gongyzete, kathaper tines autōn egongysan, kai apōlonto hypo tou olothreutou
Neither murmur ye, as some of them murmured, and perished by the destroyer.

ταῦτα δὲ τυπικῶς συνέβαινεν ἐκείνοις, ἐγράφη δὲ πρὸς νουθεσίαν ἡμῶν, εἰς οὓς τὰ τέλη τῶν αἰώνων κατήντηκεν
tauta de typikōs synebainen ekeinois, egraphē de pros nouthesian hēmōn, eis hous ta telē tōn aiōnōn katēntēken
Now these things happened unto them by way of example; and they were written for our admonition, upon whom the ends of the ages are come.

ὥστε ὁ δοκῶν ἑστάναι βλεπέτω μὴ πέσῃ
hōste ho dokōn hestanai blepetō mē pesē
Wherefore let him that thinketh he standeth take heed lest he fall.

πειρασμὸς ὑμᾶς οὐκ εἴληφεν εἰ μὴ ἀνθρώπινος· πιστὸς δὲ ὁ θεός,
peirasmos hymas ouk eilēphen ei mē anthrōpinos: pistos de ho theos,
There hath no temptation taken you but such as man can bear:

ὃς οὐκ ἐάσει ὑμᾶς πειρασθῆναι ὑπὲρ ὃ δύνασθε
hos ouk easei hymas peirasthēnai hyper ho dynasthe
but God is faithful, who will not suffer you to be tempted above that ye are able;

ἀλλὰ ποιήσει σὺν τῷ πειρασμῷ καὶ τὴν ἔκβασιν τοῦ δύνασθαι ὑπενεγκεῖν
alla poiēsei syn tō peirasmō kai tēn ekbasin tou dynasthai hypenenkein
but will with the temptation make also the way of escape, that ye may be able to endure it.

Διόπερ, ἀγαπητοί μου, φεύγετε ἀπὸ τῆς εἰδωλολατρίας
Dioper, agapētoi mou, pheugete apo tēs eidōlolatrias
Wherefore, my beloved, flee from idolatry.

ὡς φρονίμοις λέγω: κρίνατε ὑμεῖς ὅ φημι
hōs phronimois legō: krinate hymeis ho phēmi
I speak as to wise men; judge ye what I say.

τὸ ποτήριον τῆς εὐλογίας ὃ εὐλογοῦμεν, οὐχὶ κοινωνία ἐστὶν τοῦ αἵματος τοῦ Χριστοῦ
to potērion tēs eulogias ho eulogoumen, ouchi koinōnia estin tou haimatos tou Christou
The cup of blessing which we bless, is it not a communion of the blood of Christ?

τὸν ἄρτον ὃν κλῶμεν, οὐχὶ κοινωνία τοῦ σώματος τοῦ Χριστοῦ ἐστιν
ton arton hon klōmen, ouchi koinōnia tou sōmatos tou Christou estin
The bread which we break, is it not a communion of the body of Christ?

ὅτι εἷς ἄρτος, ἓν σῶμα οἱ πολλοί ἐσμεν, οἱ γὰρ πάντες ἐκ τοῦ ἑνὸς ἄρτου μετέχομεν
hoti heis artos, hen sōma hoi polloi esmen, hoi gar pantes ek tou henos artou metechomen
seeing that we, who are many, are one bread, one body: for we all partake of the one bread.

βλέπετε τὸν Ἰσραὴλ κατὰ σάρκα: οὐχ οἱ ἐσθίοντες τὰς θυσίας κοινωνοὶ τοῦ θυσιαστηρίου εἰσίν
blepete ton Israēl kata sarka: ouch hoi esthiontes tas thysias koinōnoi tou thysiastēriou eisin
Behold Israel after the flesh: have not they that eat the sacrifices communion with the altar?

τί οὖν φημι; ὅτι εἰδωλόθυτόν τί ἐστιν; ἢ ὅτι εἴδωλόν τί ἐστιν
ti oun phēmi? hoti eidōlothyton ti estin? ē hoti eidōlon ti estin
What say I then? that a thing sacrificed to idols is anything, or that an idol is anything?

ἀλλ' ὅτι ἃ θύουσιν, δαιμονίοις καὶ οὐ θεῷ [θύουσιν], οὐ θέλω δὲ ὑμᾶς κοινωνοὺς τῶν δαιμονίων γίνεσθαι
all' hoti ha thyousin, daimoniois kai ou theō [thyousin], ou thelō de hymas koinōnous tōn daimoniōn ginesthai
But I say, that the things which the Gentiles sacrifice, they sacrifice to demons, and not to God: and I would not that ye should have communion with demons.

οὐ δύνασθε ποτήριον κυρίου πίνειν καὶ ποτήριον δαιμονίων
ou dynasthe potērion kyriou pinein kai potērion daimoniōn
Ye cannot drink the cup of the Lord, and the cup of demons:

οὐ δύνασθε τραπέζης κυρίου μετέχειν καὶ τραπέζης δαιμονίων
ou dynasthe trapezēs kyriou metechein kai trapezēs daimoniōn
ye cannot partake of the table of the Lord, and of the table of demons.

ἢ παραζηλοῦμεν τὸν κύριον; μὴ ἰσχυρότεροι αὐτοῦ ἐσμεν
ē parazēloumen ton kyrion? mē ischyroteroi autou esmen
Or do we provoke the Lord to jealousy? are we stronger than he?

Πάντα ἔξεστιν, ἀλλ' οὐ πάντα συμφέρει. πάντα ἔξεστιν, ἀλλ' οὐ πάντα οἰκοδομεῖ
Panta exestin, all' ou panta sympherei. panta exestin, all' ou panta oikodomei
All things are lawful; but not all things are expedient. All things are lawful; but not all things edify.

μηδεὶς τὸ ἑαυτοῦ ζητείτω ἀλλὰ τὸ τοῦ ἑτέρου
mēdeis to heautou zēteitō alla to tou heterou
Let no man seek his own, but each his neighbor's good.

Πᾶν τὸ ἐν μακέλλῳ πωλούμενον ἐσθίετε μηδὲν ἀνακρίνοντες διὰ τὴν συνείδησιν
Pan to en makellō pōloumenon esthiete mēden anakrinontes dia tēn syneidēsin
Whatsoever is sold in the shambles, eat, asking no question for conscience' sake;

τοῦ κυρίου γὰρ ἡ γῆ καὶ τὸ πλήρωμα αὐτῆς
tou kyriou gar hē gē kai to plērōma autēs
for the earth is the Lord's, and the fulness thereof.

εἴ τις καλεῖ ὑμᾶς τῶν ἀπίστων καὶ θέλετε πορεύεσθαι
ei tis kalei hymas tōn apistōn kai thelete poreuesthai
If one of them that believe not biddeth you to a feast, and ye are disposed to go;

πᾶν τὸ παρατιθέμενον ὑμῖν ἐσθίετε μηδὲν ἀνακρίνοντες διὰ τὴν συνείδησιν
pan to paratithemenon hymin esthiete mēden anakrinontes dia tēn syneidēsin
whatsoever is set before you, eat, asking no question for conscience' sake.

ἐὰν δέ τις ὑμῖν εἴπῃ, Τοῦτο ἱερόθυτόν ἐστιν, μὴ ἐσθίετε δι' ἐκεῖνον τὸν μηνύσαντα καὶ τὴν συνείδησιν
ean de tis hymin eipē, Touto hierothyton estin, mē esthiete di' ekeinon ton mēnysanta kai tēn syneidēsin
But if any man say unto you, This hath been offered in sacrifice, eat not, for his sake that showed it, and for conscience'
sake:

συνείδησιν δὲ λέγω οὐχὶ τὴν ἑαυτοῦ ἀλλὰ τὴν τοῦ ἑτέρου. ἱνατί γὰρ ἡ ἐλευθερία μου κρίνεται ὑπὸ ἄλλης συνειδήσεως
syneidēsin de legō ouchi tēn heautou alla tēn tou heterou. hinati gar hē eleutheria mou krinetai hypo allēs syneidēseōs
conscience, I say, not thine own, but the other's; for why is my liberty judged by another conscience?

εἰ ἐγὼ χάριτι μετέχω, τί βλασφημοῦμαι ὑπὲρ οὗ ἐγὼ εὐχαριστῶ
ei egō chariti metechō, ti blasphēmoumai hyper hou egō eucharistō
If I partake with thankfulness, why am I evil spoken of for that for which I give thanks?

εἴτε οὖν ἐσθίετε εἴτε πίνετε εἴτε τι ποιεῖτε, πάντα εἰς δόξαν θεοῦ ποιεῖτε
eite oun esthiete eite pinete eite ti poieite, panta eis doxan theou poieite
Whether therefore ye eat, or drink, or whatsoever ye do, do all to the glory of God.

ἀπρόσκοποι καὶ Ἰουδαίοις γίνεσθε καὶ Ἕλλησιν καὶ τῇ ἐκκλησίᾳ τοῦ θεο
aproskopoi kai Ioudaiois ginesthe kai Ellēsin kai tē ekklēsia tou theo
Give no occasion of stumbling, either to Jews, or to Greeks, or to the church of God:

καθὼς κἀγὼ πάντα πᾶσιν ἀρέσκω, μὴ ζητῶν τὸ ἐμαυτοῦ σύμφορον ἀλλὰ τὸ τῶν πολλῶν, ἵνα σωθῶσιν
kathōs kagō panta pasin areskō, mē zētōn to emautou symphoron alla to tōn pollōn, hina sōthōsin
even as I also please all men in all things, not seeking mine own profit, but the profit of the many, that they may be saved.

ια

μιμηταί μου γίνεσθε, καθὼς κἀγὼ Χριστοῦ
mimētai mou ginesthe, kathōs kagō Christou
Be ye imitators of me, even as I also am of Christ.

Ἐπαινῶ δὲ ὑμᾶς ὅτι πάντα μου μέμνησθε καὶ καθὼς παρέδωκα ὑμῖν τὰς παραδόσεις κατέχετε
Epainō de hymas hoti panta mou memnēsthe kai kathōs paredōka hymin tas paradoseis katechete
Now I praise you that ye remember me in all things, and hold fast the traditions, even as I delivered them to you.

θέλω δὲ ὑμᾶς εἰδέναι ὅτι παντὸς ἀνδρὸς ἡ κεφαλὴ ὁ Χριστός ἐστιν
thelō de hymas eidenai hoti pantos andros hē kephalē ho Christos estin
But I would have you know, that the head of every man is Christ;

κεφαλὴ δὲ γυναικὸς ὁ ἀνήρ, κεφαλὴ δὲ τοῦ Χριστοῦ ὁ θεός
kephalē de gynaikos ho anēr, kephalē de tou Christou ho theos
and the head of the woman is the man; and the head of Christ is God.

πᾶς ἀνὴρ προσευχόμενος ἢ προφητεύων κατὰ κεφαλῆς ἔχων καταισχύνει τὴν κεφαλὴν αὐτοῦ
pas anēr proseuchomenos ē prophēteuōn kata kephalēs echōn kataischynei tēn kephalēn autou
Every man praying or prophesying, having his head covered, dishonoreth his head.

πᾶσα δὲ γυνὴ προσευχομένη ἢ προφητεύουσα ἀκατακαλύπτῳ τῇ κεφαλῇ καταισχύνει τὴν κεφαλὴν αὐτῆς
pasa de gynē proseuchomenē ē prophēteuousa akatakalyptō tē kephalē kataischynei tēn kephalēn autēs
But every woman praying or prophesying with her head unveiled dishonoreth her head;

ἓν γάρ ἐστιν καὶ τὸ αὐτὸ τῇ ἐξυρημένῃ
hen gar estin kai to auto tē exyrēmenē
for it is one and the same thing as if she were shaven.

εἰ γὰρ οὐ κατακαλύπτεται γυνή, καὶ κειράσθω
ei gar ou katakalyptetai gynē, kai keirasthō
For if a woman is not veiled, let her also be shorn:

εἰ δὲ αἰσχρὸν γυναικὶ τὸ κείρασθαι ἢ ξυρᾶσθαι, κατακαλυπτέσθω
ei de aischron gynaiki to keirasthai ē xyrasthai, katakalyptesthō
but if it is a shame to a woman to be shorn or shaven, let her be veiled.

ἀνὴρ μὲν γὰρ οὐκ ὀφείλει κατακαλύπτεσθαι τὴν κεφαλήν, εἰκὼν καὶ δόξα θεοῦ ὑπάρχων
anēr men gar ouk opheilei katakalyptesthai tēn kephalēn, eikōn kai doxa theou hyparchōn
For a man indeed ought not to have his head veiled, forasmuch as he is the image and glory of God:

ἡ γυνὴ δὲ δόξα ἀνδρός ἐστιν
hē gynē de doxa andros estin
but the woman is the glory of the man.

οὐ γάρ ἐστιν ἀνὴρ ἐκ γυναικός, ἀλλὰ γυνὴ ἐξ ἀνδρός
ou gar estin anēr ek gynaikos, alla gynē ex andros
For the man is not of the woman; but the woman of the man:

καὶ γὰρ οὐκ ἐκτίσθη ἀνὴρ διὰ τὴν γυναῖκα, ἀλλὰ γυνὴ διὰ τὸν ἄνδρα
kai gar ouk ektisthē anēr dia tēn gynaika, alla gynē dia ton andra
for neither was the man created for the woman; but the woman for the man:

διὰ τοῦτο ὀφείλει ἡ γυνὴ ἐξουσίαν ἔχειν ἐπὶ τῆς κεφαλῆς διὰ τοὺς ἀγγέλους
dia touto opheilei hē gynē exousian echein epi tēs kephalēs dia tous angelous
for this cause ought the woman to have a sign of authority on her head, because of the angels.

πλὴν οὔτε γυνὴ χωρὶς ἀνδρὸς οὔτε ἀνὴρ χωρὶς γυναικὸς ἐν κυρίῳ
plēn oute gynē chōris andros oute anēr chōris gynaikos en kyriō
Nevertheless, neither is the woman without the man, nor the man without the woman, in the Lord.

ὥσπερ γὰρ ἡ γυνὴ ἐκ τοῦ ἀνδρός, οὕτως καὶ ὁ ἀνὴρ διὰ τῆς γυναικός· τὰ δὲ πάντα ἐκ τοῦ θεοῦ
hōsper gar hē gynē ek tou andros, houtōs kai ho anēr dia tēs gynaikos: ta de panta ek tou theou
For as the woman is of the man, so is the man also by the woman; but all things are of God

ἐν ὑμῖν αὐτοῖς κρίνατε· πρέπον ἐστὶν γυναῖκα ἀκατακάλυπτον τῷ θεῷ προσεύχεσθαι
en hymin autois krinate: prepon estin gynaika akatakalypton tō theō proseuchesthai
Judge ye in yourselves: is it seemly that a woman pray unto God unveiled?

οὐδὲ ἡ φύσις αὐτὴ διδάσκει ὑμᾶς ὅτι ἀνὴρ μὲν ἐὰν κομᾷ ἀτιμία αὐτῷ ἐστιν
oude hē physis autē didaskei hymas hoti anēr men ean koma atimia autō estin
Doth not even nature itself teach you, that, if a man have long hair, it is a dishonor to him?

γυνὴ δὲ ἐὰν κομᾷ δόξα αὐτῇ ἐστιν; ὅτι ἡ κόμη ἀντὶ περιβολαίου δέδοται [αὐτῇ]
gynē de ean koma doxa autē estin? hoti hē komē anti peribolaiou dedotai [autē]
But if a woman have long hair, it is a glory to her: for her hair is given her for a covering.

Εἰ δέ τις δοκεῖ φιλόνεικος εἶναι, ἡμεῖς τοιαύτην συνήθειαν οὐκ ἔχομεν, οὐδὲ αἱ ἐκκλησίαι τοῦ θεοῦ
Ei de tis dokei philoneikos einai, hēmeis toiautēn synētheian ouk echomen, oude hai ekklēsiai tou theou
But if any man seemeth to be contentious, we have no such custom, neither the churches of God.

Τοῦτο δὲ παραγγέλλων οὐκ ἐπαινῶ ὅτι οὐκ εἰς τὸ κρεῖσσον ἀλλὰ εἰς τὸ ἧσσον συνέρχεσθε
Touto de parangellōn ouk epainō hoti ouk eis to kreisson alla eis to hēsson synerchesthe
But in giving you this charge, I praise you not, that ye come together not for the better but for the worse.

πρῶτον μὲν γὰρ συνερχομένων ὑμῶν ἐν ἐκκλησίᾳ ἀκούω σχίσματα ἐν ὑμῖν ὑπάρχειν, καὶ μέρος τι πιστεύω
prōton men gar synerchomenōn hymōn en ekklēsia akouō schismata en hymin hyparchein, kai meros ti pisteuō
For first of all, when ye come together in the church, I hear that divisions exist among you; and I partly believe it.

δεῖ γὰρ καὶ αἱρέσεις ἐν ὑμῖν εἶναι, ἵνα [καὶ] οἱ δόκιμοι φανεροὶ γένωνται ἐν ὑμῖν
dei gar kai haireseis en hymin einai, hina [kai] hoi dokimoi phaneroi genōntai en hymin
For there must be also factions among you, that they that are approved may be made manifest among you.

Συνερχομένων οὖν ὑμῶν ἐπὶ τὸ αὐτὸ οὐκ ἔστιν κυριακὸν δεῖπνον φαγεῖν
Synerchomenōn oun hymōn epi to auto ouk estin kyriakon deipnon phagein
When therefore ye assemble yourselves together, it is not possible to eat the Lord's supper:

ἕκαστος γὰρ τὸ ἴδιον δεῖπνον προλαμβάνει ἐν τῷ φαγεῖν, καὶ ὃς μὲν πεινᾷ, ὃς δὲ μεθύει
hekastos gar to idion deipnon prolambanei en tō phagein, kai hos men peina, hos de methyei
for in your eating each one taketh before other his own supper; and one is hungry, and another is drunken.

μὴ γὰρ οἰκίας οὐκ ἔχετε εἰς τὸ ἐσθίειν καὶ πίνειν; ἢ τῆς ἐκκλησίας τοῦ θεοῦ καταφρονεῖτε
mē gar oikias ouk echete eis to esthiein kai pinein? ē tēs ekklēsias tou theou kataphroneite
What, have ye not houses to eat and to drink in? or despise ye the church of God,

καὶ καταισχύνετε τοὺς μὴ ἔχοντας; τί εἴπω ὑμῖν; ἐπαινέσω ὑμᾶς; ἐν τούτῳ οὐκ ἐπαινῶ
kai kataischynete tous mē echontas? ti eipō hymin? epainesō hymas? en toutō ouk epainō
and put them to shame that have not? What shall I say to you? shall I praise you? In this I praise you not.

Ἐγὼ γὰρ παρέλαβον ἀπὸ τοῦ κυρίου, ὃ καὶ παρέδωκα ὑμῖν
Egō gar parelabon apo tou kyriou, ho kai paredōka hymin
For I received of the Lord that which also I delivered unto you,

ὅτι ὁ κύριος Ἰησοῦς ἐν τῇ νυκτὶ ᾗ παρεδίδετο ἔλαβεν ἄρτον
hoti ho kyrios Iēsous en tē nykti hē paredideto elaben arton
that the Lord Jesus in the night in which he was betrayed took bread;

καὶ εὐχαριστήσας ἔκλασεν καὶ εἶπεν, Τοῦτό μού ἐστιν τὸ σῶμα τὸ ὑπὲρ ὑμῶν: τοῦτο ποιεῖτε εἰς τὴν ἐμὴν ἀνάμνησιν
kai eucharistēsas eklasen kai eipen, Touto mou estin to sōma to hyper hymōn: touto poieite eis tēn emēn anamnēsin
and when he had given thanks, he brake it, and said, This is my body, which is for you: this do in remembrance of me.

ὡσαύτως καὶ τὸ ποτήριον μετὰ τὸ δειπνῆσαι, λέγων, Τοῦτο τὸ ποτήριον ἡ καινὴ διαθήκη ἐστὶν ἐν τῷ ἐμῷ αἵματι
hōsautōs kai to potērion meta to deipnēsai, legōn, Touto to potērion hē kainē diathēkē estin en tō emō haimati
In like manner also the cup, after supper, saying, This cup is the new covenant in my blood:

τοῦτο ποιεῖτε, ὁσάκις ἐὰν πίνητε, εἰς τὴν ἐμὴν ἀνάμνησιν
touto poieite, hosakis ean pinēte, eis tēn emēn anamnēsin
this do, as often as ye drink it, in remembrance of me.

ὁσάκις γὰρ ἐὰν ἐσθίητε τὸν ἄρτον τοῦτον καὶ τὸ ποτήριον πίνητε, τὸν θάνατον τοῦ κυρίου καταγγέλλετε, ἄχρις οὗ ἔλθῃ
hosakis gar ean esthiēte ton arton touton kai to potērion pinēte, ton thanaton tou kyriou katangellete, achris hou elthē
For as often as ye eat this bread, and drink the cup, ye proclaim the Lord's death till he come.

Ὥστε ὃς ἂν ἐσθίῃ τὸν ἄρτον ἢ πίνῃ τὸ ποτήριον τοῦ κυρίου ἀναξίως
Hōste hos an esthiē ton arton ē pinē to potērion tou kyriou anaxiōs
Wherefore whosoever shall eat the bread or drink the cup of the Lord in an unworthy manner,

ἔνοχος ἔσται τοῦ σώματος καὶ τοῦ αἵματος τοῦ κυρίου
enochos estai tou sōmatos kai tou haimatos tou kyriou
shall be guilty of the body and the blood of the Lord.

δοκιμαζέτω δὲ ἄνθρωπος ἑαυτόν, καὶ οὕτως ἐκ τοῦ ἄρτου ἐσθιέτω καὶ ἐκ τοῦ ποτηρίου πινέτω
dokimazetō de anthrōpos heauton, kai houtōs ek tou artou esthietō kai ek tou potēriou pinetō
But let a man prove himself, and so let him eat of the bread, and drink of the cup.

ὁ γὰρ ἐσθίων καὶ πίνων κρίμα ἑαυτῷ ἐσθίει καὶ πίνει μὴ διακρίνων τὸ σῶμα
ho gar esthiōn kai pinōn krima heautō esthiei kai pinei mē diakrinōn to sōma
For he that eateth and drinketh, eateth and drinketh judgment unto himself, if he discern not the body.

διὰ τοῦτο ἐν ὑμῖν πολλοὶ ἀσθενεῖς καὶ ἄρρωστοι καὶ κοιμῶνται ἱκανοί
dia touto en hymin polloi astheneis kai arrōstoi kai koimōntai hikanoi
For this cause many among you are weak and sickly, and not a few sleep.

εἰ δὲ ἑαυτοὺς διεκρίνομεν, οὐκ ἂν ἐκρινόμεθα
ei de heautous diekrinomen, ouk an ekrinometha
But if we discerned ourselves, we should not be judged.

κρινόμενοι δὲ ὑπὸ [τοῦ] κυρίου παιδευόμεθα, ἵνα μὴ σὺν τῷ κόσμῳ κατακριθῶμεν
krinomenoi de hypo [tou] kyriou paideuometha, hina mē syn tō kosmō katakrithōmen
But when we are judged, we are chastened of the Lord, that we may not be condemned with the world.

ὥστε, ἀδελφοί μου, συνερχόμενοι εἰς τὸ φαγεῖν ἀλλήλους ἐκδέχεσθε
hōste, adelphoi mou, synerchomenoi eis to phagein allēlous ekdechesthe
Wherefore, my brethren, when ye come together to eat, wait one for another.

εἴ τις πεινᾷ, ἐν οἴκῳ ἐσθιέτω, ἵνα μὴ εἰς κρίμα συνέρχησθε
ei tis peina, en oikō esthietō, hina mē eis krima synerchēsthe
If any man is hungry, let him eat at home; that your coming together be not unto judgment.

Τὰ δὲ λοιπὰ ὡς ἂν ἔλθω διατάξομαι
Ta de loipa hōs an elthō diataxomai
And the rest will I set in order whensoever I come.

ιβ

Περὶ δὲ τῶν πνευματικῶν, ἀδελφοί, οὐ θέλω ὑμᾶς ἀγνοεῖν
Peri de tōn pneumatikōn, adelphoi, ou thelō hymas agnoein
Now concerning spiritual gifts, brethren, I would not have you ignorant.

Οἴδατε ὅτι ὅτε ἔθνη ἦτε πρὸς τὰ εἴδωλα τὰ ἄφωνα ὡς ἂν ἤγεσθε ἀπαγόμενοι
Oidate hoti hote ethnē ēte pros ta eidōla ta aphōna hōs an ēgesthe apagomenoi
Ye know that when ye were Gentiles ye were led away unto those dumb idols, howsoever ye might be led.

διὸ γνωρίζω ὑμῖν ὅτι οὐδεὶς ἐν πνεύματι θεοῦ λαλῶν λέγει, Ἀνάθεμα Ἰησοῦς
dio gnōrizō hymin hoti oudeis en pneumati theou lalōn legei, Anathema Iēsous
Wherefore I make known unto you, that no man speaking in the Spirit of God saith, Jesus is anathema;

καὶ οὐδεὶς δύναται εἰπεῖν, Κύριος Ἰησοῦς, εἰ μὴ ἐν πνεύματι ἁγίῳ
kai oudeis dynatai eipein, Kyrios Iēsous, ei mē en pneumati hagiō
and no man can say, Jesus is Lord, but in the Holy Spirit.

Διαιρέσεις δὲ χαρισμάτων εἰσίν, τὸ δὲ αὐτὸ πνεῦμα
Diaireseis de charismatōn eisin, to de auto pneuma
Now there are diversities of gifts, but the same Spirit.

καὶ διαιρέσεις διακονιῶν εἰσιν, καὶ ὁ αὐτὸς κύριος
kai diaireseis diakoniōn eisin, kai ho autos kyrios
And there are diversities of ministrations, and the same Lord.

καὶ διαιρέσεις ἐνεργημάτων εἰσίν, ὁ δὲ αὐτὸς θεός, ὁ ἐνεργῶν τὰ πάντα ἐν πᾶσιν
kai diaireseis energēmatōn eisin, ho de autos theos, ho energōn ta panta en pasin
And there are diversities of workings, but the same God, who worketh all things in all.

ἑκάστῳ δὲ δίδοται ἡ φανέρωσις τοῦ πνεύματος πρὸς τὸ συμφέρον
hekastō de didotai hē phanerōsis tou pneumatos pros to sympheron
But to each one is given the manifestation of the Spirit to profit withal.

ᾧ μὲν γὰρ διὰ τοῦ πνεύματος δίδοται λόγος σοφίας
hō men gar dia tou pneumatos didotai logos sophias
For to one is given through the Spirit the word of wisdom;

ἄλλῳ δὲ λόγος γνώσεως κατὰ τὸ αὐτὸ πνεῦμα
allō de logos gnōseōs kata to auto pneuma
and to another the word of knowledge, according to the same Spirit:

ἑτέρῳ πίστις ἐν τῷ αὐτῷ πνεύματι, ἄλλῳ δὲ χαρίσματα ἰαμάτων ἐν τῷ ἑνὶ πνεύματι
heterō pistis en tō autō pneumati, allō de charismata iamatōn en tō heni pneumati
to another faith, in the same Spirit; and to another gifts of healings, in the one Spirit;

ἄλλῳ δὲ ἐνεργήματα δυνάμεων, ἄλλῳ [δὲ] προφητεία, ἄλλῳ [δὲ] διακρίσεις πνευμάτων
allō de energēmata dynameōn, allō [de] prophēteia, allō [de] diakriseis pneumatōn,
and to another workings of miracles; and to another prophecy; and to another discernings of spirits:

ἑτέρῳ γένη γλωσσῶν, ἄλλῳ δὲ ἑρμηνεία γλωσσῶν
heterō genē glōssōn, allō de hermēneia glōssōn
to another divers kinds of tongues; and to another the interpretation of tongues:

πάντα δὲ ταῦτα ἐνεργεῖ τὸ ἓν καὶ τὸ αὐτὸ πνεῦμα, διαιροῦν ἰδίᾳ ἑκάστῳ καθὼς βούλεται
panta de tauta energei to hen kai to auto pneuma, diairoun idia hekastō kathōs bouletai
but all these worketh the one and the same Spirit, dividing to each one severally even as he will.

Καθάπερ γὰρ τὸ σῶμα ἕν ἐστιν καὶ μέλη πολλὰ ἔχει
Kathaper gar to sōma hen estin kai melē polla echei
For as the body is one, and hath many members,

πάντα δὲ τὰ μέλη τοῦ σώματος πολλὰ ὄντα ἕν ἐστιν σῶμα, οὕτως καὶ ὁ Χριστός
panta de ta melē tou sōmatos polla onta hen estin sōma, houtōs kai ho Christos
and all the members of the body, being many, are one body; so also is Christ.

καὶ γὰρ ἐν ἑνὶ πνεύματι ἡμεῖς πάντες εἰς ἓν σῶμα ἐβαπτίσθημεν
kai gar en heni pneumati hēmeis pantes eis hen sōma ebaptisthēmen,
For in one Spirit were we all baptized into one body,

εἴτε Ἰουδαῖοι εἴτε Ἕλληνες, εἴτε δοῦλοι εἴτε ἐλεύθεροι, καὶ πάντες ἓν πνεῦμα ἐποτίσθημεν
eite Ioudaioi eite Ellēnes, eite douloi eite eleutheroi, kai pantes hen pneuma epotisthēmen
whether Jews or Greeks, whether bond or free; and were all made to drink of one Spirit.

καὶ γὰρ τὸ σῶμα οὐκ ἔστιν ἓν μέλος ἀλλὰ πολλά
kai gar to sōma ouk estin hen melos alla polla
For the body is not one member, but many.

ἐὰν εἴπῃ ὁ πούς, Ὅτι οὐκ εἰμὶ χείρ, οὐκ εἰμὶ ἐκ τοῦ σώματος, οὐ παρὰ τοῦτο οὐκ ἔστιν ἐκ τοῦ σώματος
ean eipē ho pous, Oti ouk eimi cheir, ouk eimi ek tou sōmatos, ou para touto ouk estin ek tou sōmatos
If the foot shall say, Because I am not the hand, I am not of the body; it is not therefore not of the body.

καὶ ἐὰν εἴπῃ τὸ οὖς, Ὅτι οὐκ εἰμὶ ὀφθαλμός, οὐκ εἰμὶ ἐκ τοῦ σώματος, οὐ παρὰ τοῦτο οὐκ ἔστιν ἐκ τοῦ σώματος
kai ean eipē to ous, Oti ouk eimi ophthalmos, ouk eimi ek tou sōmatos, ou para touto ouk estin ek tou sōmatos
And if the ear shall say, Because I am not the eye, I am not of the body; it is not therefore not of the body.

εἰ ὅλον τὸ σῶμα ὀφθαλμός, ποῦ ἡ ἀκοή; εἰ ὅλον ἀκοή, ποῦ ἡ ὄσφρησις
ei holon to sōma ophthalmos, pou hē akoē? ei holon akoē, pou hē osphrēsis
If the whole body were an eye, where were the hearing? If the whole were hearing, where were the smelling?

νυνὶ δὲ ὁ θεὸς ἔθετο τὰ μέλη, ἓν ἕκαστον αὐτῶν, ἐν τῷ σώματι καθὼς ἠθέλησεν
nyni de ho theos etheto ta melē, hen hekaston autōn, en tō sōmati kathōs ēthelēsen
But now hath God set the members each one of them in the body, even as it pleased him.

εἰ δὲ ἦν τὰ πάντα ἓν μέλος, ποῦ τὸ σῶμα νῦν δὲ πολλὰ μὲν μέλη, ἓν δὲ σῶμα
ei de ēn ta panta hen melos, pou to sōma nyn de polla men melē, hen de sōma
And if they were all one member, where were the body? But now they are many members, but one body.

οὐ δύναται δὲ ὁ ὀφθαλμὸς εἰπεῖν τῇ χειρί, Χρείαν σου οὐκ ἔχω
ou dynatai de ho ophthalmos eipein tē cheiri, Chreian sou ouk echō
And the eye cannot say to the hand, I have no need of thee:

ἢ πάλιν ἡ κεφαλὴ τοῖς ποσίν, Χρείαν ὑμῶν οὐκ ἔχω
ē palin hē kephalē tois posin, Chreian hymōn ouk echō
or again the head to the feet, I have no need of you.

ἀλλὰ πολλῷ μᾶλλον τὰ δοκοῦντα μέλη τοῦ σώματος ἀσθενέστερα ὑπάρχειν ἀναγκαῖά ἐστιν
alla pollō mallon ta dokounta melē tou sōmatos asthenestera hyparchein anankaia estin
Nay, much rather, those members of the body which seem to be more feeble are necessary:

καὶ ἃ δοκοῦμεν ἀτιμότερα εἶναι τοῦ σώματος, τούτοις τιμὴν περισσοτέραν περιτίθεμεν
kai ha dokoumen atimotera einai tou sōmatos, toutois timēn perissoteran peritithemen,
and those parts of the body, which we think to be less honorable, upon these we bestow more abundant honor;

καὶ τὰ ἀσχήμονα ἡμῶν εὐσχημοσύνην περισσοτέραν ἔχει
kai ta aschēmona hēmōn euschēmosynēn perissoteran echei
and our uncomely parts have more abundant comeliness;

τὰ δὲ εὐσχήμονα ἡμῶν οὐ χρείαν ἔχει
ta de euschēmona hēmōn ou chreian echei
whereas our comely parts have no need:

ἀλλὰ ὁ θεὸς συνεκέρασεν τὸ σῶμα, τῷ ὑστερουμένῳ περισσοτέραν δοὺς τιμήν
alla ho theos synekerasen to sōma, tō hysteroumenō perissoteran dous timēn
but God tempered the body together, giving more abundant honor to that part which lacked;

ἵνα μὴ ᾖ σχίσμα ἐν τῷ σώματι, ἀλλὰ τὸ αὐτὸ ὑπὲρ ἀλλήλων μεριμνῶσιν τὰ μέλη
hina mē ē schisma en tō sōmati, alla to auto hyper allēlōn merimnōsin ta melē
that there should be no schism in the body; but that the members should have the same care one for another.

καὶ εἴτε πάσχει ἓν μέλος, συμπάσχει πάντα τὰ μέλη
kai eite paschei hen melos, sympaschei panta ta melē
And whether one member suffereth, all the members suffer with it;

εἴτε δοξάζεται [ἓν] μέλος, συγχαίρει πάντα τὰ μέλη
eite doxazetai [hen] melos, synchairei panta ta melē
or one member is honored, all the members rejoice with it.

Ὑμεῖς δέ ἐστε σῶμα Χριστοῦ καὶ μέλη ἐκ μέρους
Hymeis de este sōma Christou kai melē ek merous
Now ye are the body of Christ, and severally members thereof.

καὶ οὓς μὲν ἔθετο ὁ θεὸς ἐν τῇ ἐκκλησίᾳ πρῶτον ἀποστόλους, δεύτερον προφήτας, τρίτον διδασκάλους
kai hous men etheto ho theos en tē ekklēsia prōton apostolous, deuteron prophētas, triton didaskalous,
And God hath set some in the church, first apostles, secondly prophets, thirdly teachers,

ἔπειτα δυνάμεις, ἔπειτα χαρίσματα ἰαμάτων, ἀντιλήμψεις, κυβερνήσεις, γένη γλωσσῶν
epeita dynameis, epeita charismata iamatōn, antilēmpseis, kybernēseis, genē glōssōn
then miracles, then gifts of healings, helps, governments, divers kinds of tongues.

μὴ πάντες ἀπόστολοι; μὴ πάντες προφῆται; μὴ πάντες διδάσκαλοι; μὴ πάντες δυνάμεις
mē pantes apostoloi? mē pantes prophētai? mē pantes didaskaloi? mē pantes dynameis
Are all apostles? are all prophets? are all teachers? are all workers of miracles?

μὴ πάντες χαρίσματα ἔχουσιν ἰαμάτων; μὴ πάντες γλώσσαις λαλοῦσιν; μὴ πάντες διερμηνεύουσιν
mē pantes charismata echousin iamatōn? mē pantes glōssais lalousin? mē pantes diermēneuousin
have all gifts of healings? do all speak with tongues? do all interpret?

ζηλοῦτε δὲ τὰ χαρίσματα τὰ μείζονα. Καὶ ἔτι καθ' ὑπερβολὴν ὁδὸν ὑμῖν δείκνυμι
zēloute de ta charismata ta meizona. Kai eti kath' hyperbolēn hodon hymin deiknymi
But desire earnestly the greater gifts. And moreover a most excellent way show I unto you.

ιγ

Ἐὰν ταῖς γλώσσαις τῶν ἀνθρώπων λαλῶ καὶ τῶν ἀγγέλων
Ean tais glōssais tōn anthrōpōn lalō kai tōn angelōn,
If I speak with the tongues of men and of angels,

ἀγάπην δὲ μὴ ἔχω, γέγονα χαλκὸς ἠχῶν ἢ κύμβαλον ἀλαλάζον
agapēn de mē echō, gegona chalkos ēchōn ē kymbalon alalazon
but have not love, I am become sounding brass, or a clanging cymbal.

καὶ ἐὰν ἔχω προφητείαν καὶ εἰδῶ τὰ μυστήρια πάντα καὶ πᾶσαν τὴν γνῶσιν
kai ean echō prophēteian kai eidō ta mystēria panta kai pasan tēn gnōsin
And if I have the gift of prophecy, and know all mysteries and all knowledge;

καὶ ἐὰν ἔχω πᾶσαν τὴν πίστιν ὥστε ὄρη μεθιστάναι, ἀγάπην δὲ μὴ ἔχω, οὐθέν εἰμι
kai ean echō pasan tēn pistin hōste orē methistanai, agapēn de mē echō, outhen eimi
and if I have all faith, so as to remove mountains, but have not love, I am nothing.

κἂν ψωμίσω πάντα τὰ ὑπάρχοντά μου
kan psōmisō panta ta hyparchonta mou
And if I bestow all my goods to feed the poor,

καὶ ἐὰν παραδῶ τὸ σῶμά μου ἵνα καυχήσωμαι, ἀγάπην δὲ μὴ ἔχω, οὐδὲν ὠφελοῦμαι
kai ean paradō to sōma mou hina kauchēsōmai, agapēn de mē echō, ouden ōpheloumai
and if I give my body to be burned, but have not love, it profiteth me nothing.

Ἡ ἀγάπη μακροθυμεῖ, χρηστεύεται ἡ ἀγάπη, οὐ ζηλοῖ, [ἡ ἀγάπη] οὐ περπερεύεται, οὐ φυσιοῦται
HĒ agapē makrothymei, chrēsteuetai hē agapē, ou zēloi, [hē agapē] ou perpereuetai, ou physioutai
Love suffereth long, and is kind; love envieth not; love vaunteth not itself, is not puffed up,

οὐκ ἀσχημονεῖ, οὐ ζητεῖ τὰ ἑαυτῆς, οὐ παροξύνεται, οὐ λογίζεται τὸ κακόν
ouk aschēmonei, ou zētei ta heautēs, ou paroxynetai, ou logizetai to kakon
doth not behave itself unseemly, seeketh not its own, is not provoked, taketh not account of evil;

οὐ χαίρει ἐπὶ τῇ ἀδικίᾳ, συγχαίρει δὲ τῇ ἀληθείᾳ
ou chairei epi tē adikia, synchairei de tē alētheia
rejoiceth not in unrighteousness, but rejoiceth with the truth;

πάντα στέγει, πάντα πιστεύει, πάντα ἐλπίζει, πάντα ὑπομένει
panta stegei, panta pisteuei, panta elpizei, panta hypomenei
beareth all things, believeth all things, hopeth all things, endureth all things.

Ἡ ἀγάπη οὐδέποτε πίπτει. εἴτε δὲ προφητεῖαι, καταργηθήσονται
HĒ agapē oudepote piptei. eite de prophēteiai, katargēthēsontai:
Love never faileth: but whether there be prophecies, they shall be done away;

εἴτε γλῶσσαι, παύσονται: εἴτε γνῶσις, καταργηθήσεται
eite glōssai, pausontai: eite gnōsis, katargēthēsetai
whether there be tongues, they shall cease; whether there be knowledge, it shall be done away.

ἐκ μέρους γὰρ γινώσκομεν καὶ ἐκ μέρους προφητεύομεν
ek merous gar ginōskomen kai ek merous prophēteuomen
For we know in part, and we prophesy in part;

ὅταν δὲ ἔλθῃ τὸ τέλειον, τὸ ἐκ μέρους καταργηθήσεται
hotan de elthē to teleion, to ek merous katargēthēsetai
but when that which is perfect is come, that which is in part shall be done away.

ὅτε ἤμην νήπιος, ἐλάλουν ὡς νήπιος, ἐφρόνουν ὡς νήπιος
hote ēmēn nēpios, elaloun hōs nēpios, ephronoun hōs nēpios
When I was a child, I spake as a child, I felt as a child,

ἐλογιζόμην ὡς νήπιος: ὅτε γέγονα ἀνήρ, κατήργηκα τὰ τοῦ νηπίου
elogizomēn hōs nēpios: hote gegona anēr, katērgēka ta tou nēpiou
I thought as a child: now that I am become a man, I have put away childish things.

βλέπομεν γὰρ ἄρτι δι' ἐσόπτρου ἐν αἰνίγματι, τότε δὲ πρόσωπον πρὸς πρόσωπον
blepomen gar arti di' esoptrou en ainigmati, tote de prosōpon pros prosōpon
For now we see in a mirror, darkly; but then face to face:

ἄρτι γινώσκω ἐκ μέρους, τότε δὲ ἐπιγνώσομαι καθὼς καὶ ἐπεγνώσθην
arti ginōskō ek merous, tote de epignōsomai kathōs kai epegnōsthēn
now I know in part; but then shall I know fully even as also I was fully known.

νυνὶ δὲ μένει πίστις, ἐλπίς, ἀγάπη, τὰ τρία ταῦτα· μείζων δὲ τούτων ἡ ἀγάπη
nyni de menei pistis, elpis, agapē, ta tria tauta: meizōn de toutōn hē agapē
But now abideth faith, hope, love, these three; and the greatest of these is love.

ιδ

Διώκετε τὴν ἀγάπην, ζηλοῦτε δὲ τὰ πνευματικά, μᾶλλον δὲ ἵνα προφητεύητε
Diōkete tēn agapēn, zēloute de ta pneumatika, mallon de hina prophēteuēte
Follow after love; yet desire earnestly spiritual gifts, but rather that ye may prophesy.

ὁ γὰρ λαλῶν γλώσσῃ οὐκ ἀνθρώποις λαλεῖ ἀλλὰ θεῷ
ho gar lalōn glōssē ouk anthrōpois lalei alla theō
For he that speaketh in a tongue speaketh not unto men, but unto God;

οὐδεὶς γὰρ ἀκούει, πνεύματι δὲ λαλεῖ μυστήρια
oudeis gar akouei, pneumati de lalei mystēria
for no man understandeth; but in the spirit he speaketh mysteries.

ὁ δὲ προφητεύων ἀνθρώποις λαλεῖ οἰκοδομὴν καὶ παράκλησιν καὶ παραμυθίαν
ho de prophēteuōn anthrōpois lalei oikodomēn kai paraklēsin kai paramythian
But he that prophesieth speaketh unto men edification, and exhortation, and consolation.

ὁ λαλῶν γλώσσῃ ἑαυτὸν οἰκοδομεῖ· ὁ δὲ προφητεύων ἐκκλησίαν οἰκοδομεῖ
ho lalōn glōssē heauton oikodomei: ho de prophēteuōn ekklēsian oikodomei
He that speaketh in a tongue edifieth himself; but he that prophesieth edifieth the church.

θέλω δὲ πάντας ὑμᾶς λαλεῖν γλώσσαις, μᾶλλον δὲ ἵνα προφητεύητε
thelō de pantas hymas lalein glōssais, mallon de hina prophēteuēte
Now I would have you all speak with tongues, but rather that ye should prophesy:

μείζων δὲ ὁ προφητεύων ἢ ὁ λαλῶν γλώσσαις,
meizōn de ho prophēteuōn ē ho lalōn glōssais
and greater is he that prophesieth than he that speaketh with tongues,

ἐκτὸς εἰ μὴ διερμηνεύῃ, ἵνα ἡ ἐκκλησία οἰκοδομὴν λάβῃ
ektos ei mē diermēneuē, hina hē ekklēsia oikodomēn labē
except he interpret, that the church may receive edifying.

Νῦν δέ, ἀδελφοί, ἐὰν ἔλθω πρὸς ὑμᾶς γλώσσαις λαλῶν
Nyn de, adelphoi, ean elthō pros hymas glōssais lalōn
But now, brethren, if I come unto you speaking with tongues,

τί ὑμᾶς ὠφελήσω, ἐὰν μὴ ὑμῖν λαλήσω ἢ ἐν ἀποκαλύψει ἢ ἐν γνώσει ἢ ἐν προφητείᾳ ἢ [ἐν] διδαχῇ
ti hymas ōphelēsō, ean mē hymin lalēsō ē en apokalypsei ē en gnōsei ē en prophēteia ē [en] didachē
what shall I profit you, unless I speak to you either by way of revelation, or of knowledge, or of prophesying, or of teaching?

ὅμως τὰ ἄψυχα φωνὴν διδόντα, εἴτε αὐλὸς εἴτε κιθάρα
homōs ta apsycha phōnēn didonta, eite aulos eite kithara
Even things without life, giving a voice, whether pipe or harp,

ἐὰν διαστολὴν τοῖς φθόγγοις μὴ δῷ, πῶς γνωσθήσεται τὸ αὐλούμενον ἢ τὸ κιθαριζόμενον
ean diastolēn tois phthongois mē dō, pōs gnōsthēsetai to auloumenon ē to kitharizomenon
if they give not a distinction in the sounds, how shall it be known what is piped or harped?

καὶ γὰρ ἐὰν ἄδηλον σάλπιγξ φωνὴν δῷ, τίς παρασκευάσεται εἰς πόλεμον
kai gar ean adēlon salpinx phōnēn dō, tis paraskeuasetai eis polemon
For if the trumpet give an uncertain voice, who shall prepare himself for war?

οὕτως καὶ ὑμεῖς διὰ τῆς γλώσσης ἐὰν μὴ εὔσημον λόγον δῶτε
houtōs kai hymeis dia tēs glōssēs ean mē eusēmon logon dōte
So also ye, unless ye utter by the tongue speech easy to be understood,

πῶς γνωσθήσεται τὸ λαλούμενον; ἔσεσθε γὰρ εἰς ἀέρα λαλοῦντες
pōs gnōsthēsetai to laloumenon? esesthe gar eis aera lalountes
how shall it be known what is spoken? for ye will be speaking into the air.

τοσαῦτα εἰ τύχοι γένη φωνῶν εἰσιν ἐν κόσμῳ, καὶ οὐδὲν ἄφωνον
tosauta ei tychoi genē phōnōn eisin en kosmō, kai ouden aphōnon
There are, it may be, so many kinds of voices in the world, and no kind is without signification.

ἐὰν οὖν μὴ εἰδῶ τὴν δύναμιν τῆς φωνῆς, ἔσομαι τῷ λαλοῦντι βάρβαρος καὶ ὁ λαλῶν ἐν ἐμοὶ βάρβαρος
ean oun mē eidō tēn dynamin tēs phōnēs, esomai tō lalounti barbaros kai ho lalōn en emoi barbaros
If then I know not the meaning of the voice, I shall be to him that speaketh a barbarian, and he that speaketh will be a barbarian unto me.

οὕτως καὶ ὑμεῖς, ἐπεὶ ζηλωταί ἐστε πνευμάτων, πρὸς τὴν οἰκοδομὴν τῆς ἐκκλησίας ζητεῖτε ἵνα περισσεύητε
houtōs kai hymeis, epei zēlōtai este pneumatōn, pros tēn oikodomēn tēs ekklēsias zēteite hina perisseuēte
So also ye, since ye are zealous of spiritual gifts, seek that ye may abound unto the edifying of the church.

διὸ ὁ λαλῶν γλώσσῃ προσευχέσθω ἵνα διερμηνεύῃ
dio ho lalōn glōssē proseuchesthō hina diermēneuē
Wherefore let him that speaketh in a tongue pray that he may interpret.

ἐὰν [γὰρ] προσεύχωμαι γλώσσῃ, τὸ πνεῦμά μου προσεύχεται, ὁ δὲ νοῦς μου ἄκαρπός ἐστιν
ean [gar] proseuchōmai glōssē, to pneuma mou proseuchetai, ho de nous mou akarpos estin
For if I pray in a tongue, my spirit prayeth, but my understanding is unfruitful.

τί οὖν ἐστιν; προσεύξομαι τῷ πνεύματι, προσεύξομαι δὲ καὶ τῷ νοΐ
ti oun estin? proseuxomai tō pneumati, proseuxomai de kai tō noi
What is it then? I will pray with the spirit, and I will pray with the understanding also:

ψαλῶ τῷ πνεύματι, ψαλῶ δὲ καὶ τῷ νοΐ
psalō tō pneumati, psalō de kai tō noi
I will sing with the spirit, and I will sing with the understanding also.

ἐπεὶ ἐὰν εὐλογῇς [ἐν] πνεύματι, ὁ ἀναπληρῶν τὸν τόπον τοῦ ἰδιώτου πῶς ἐρεῖ τὸ Ἀμήν ἐπὶ τῇ σῇ εὐχαριστίᾳ
epei ean eulogēs [en] pneumati, ho anaplērōn ton topon tou idiōtou pōs erei to Amēn epi tē sē eucharistia
Else if thou bless with the spirit, how shall he that filleth the place of the unlearned say the Amen at thy giving of thanks,

ἐπειδὴ τί λέγεις οὐκ οἶδεν
epeidē ti legeis ouk oiden
seeing he knoweth not what thou sayest?

σὺ μὲν γὰρ καλῶς εὐχαριστεῖς, ἀλλ' ὁ ἕτερος οὐκ οἰκοδομεῖται
sy men gar kalōs eucharisteis, all' ho heteros ouk oikodomeitai
For thou verily givest thanks well, but the other is not edified.

εὐχαριστῶ τῷ θεῷ, πάντων ὑμῶν μᾶλλον γλώσσαις λαλῶ
eucharistō tō theō, pantōn hymōn mallon glōssais lalō
I thank God, I speak with tongues more than you all:

ἀλλὰ ἐν ἐκκλησίᾳ θέλω πέντε λόγους τῷ νοΐ μου λαλῆσαι, ἵνα καὶ ἄλλους κατηχήσω
alla en ekklēsia thelō pente logous tō noi mou lalēsai, hina kai allous katēchēsō
howbeit in the church I had rather speak five words with my understanding, that I might instruct others also,

ἢ μυρίους λόγους ἐν γλώσσῃ
ē myrious logous en glōssē
than ten thousand words in a tongue.

Ἀδελφοί, μὴ παιδία γίνεσθε ταῖς φρεσίν, ἀλλὰ τῇ κακίᾳ νηπιάζετε, ταῖς δὲ φρεσὶν τέλειοι γίνεσθε
Adelphoi, mē paidia ginesthe tais phresin, alla tē kakia nēpiazete, tais de phresin teleioi ginesthe
Brethren, be not children in mind: yet in malice be ye babes, but in mind be men.

ἐν τῷ νόμῳ γέγραπται ὅτι Ἐν ἑτερογλώσσοις καὶ ἐν χείλεσιν ἑτέρων λαλήσω τῷ λαῷ τούτῳ
en tō nomō gegraptai hoti En heteroglōssois kai en cheilesin heterōn lalēsō tō laō toutō,
In the law it is written, By men of strange tongues and by the lips of strangers will I speak unto this people;

καὶ οὐδ' οὕτως εἰσακούσονταί μου, λέγει κύριος
kai oud' houtōs eisakousontai mou, legei kyrios
and not even thus will they hear me, saith the Lord.

ὥστε αἱ γλῶσσαι εἰς σημεῖόν εἰσιν οὐ τοῖς πιστεύουσιν ἀλλὰ τοῖς ἀπίστοις
hōste hai glōssai eis sēmeion eisin ou tois pisteuousin alla tois apistois
Wherefore tongues are for a sign, not to them that believe, but to the unbelieving:

ἡ δὲ προφητεία οὐ τοῖς ἀπίστοις ἀλλὰ τοῖς πιστεύουσιν
hē de prophēteia ou tois apistois alla tois pisteuousin
but prophesying is for a sign, not to the unbelieving, but to them that believe.

Ἐὰν οὖν συνέλθῃ ἡ ἐκκλησία ὅλη ἐπὶ τὸ αὐτὸ καὶ πάντες λαλῶσιν γλώσσαις
Ean oun synelthē hē ekklēsia holē epi to auto kai pantes lalōsin glōssais
If therefore the whole church be assembled together and all speak with tongues,

εἰσέλθωσιν δὲ ἰδιῶται ἢ ἄπιστοι, οὐκ ἐροῦσιν ὅτι μαίνεσθε
eiselthōsin de idiōtai ē apistoi, ouk erousin hoti mainesthe
and there come in men unlearned or unbelieving, will they not say that ye are mad?

ἐὰν δὲ πάντες προφητεύωσιν, εἰσέλθῃ δέ τις ἄπιστος ἢ ἰδιώτης, ἐλέγχεται ὑπὸ πάντων, ἀνακρίνεται ὑπὸ πάντων
ean de pantes prophēteuōsin, eiselthē de tis apistos ē idiōtēs, elenchetai hypo pantōn, anakrinetai hypo pantōn
But if all prophesy, and there come in one unbelieving or unlearned, he is reproved by all, he is judged by all;

τὰ κρυπτὰ τῆς καρδίας αὐτοῦ φανερὰ γίνεται, καὶ οὕτως πεσὼν ἐπὶ πρόσωπον προσκυνήσει τῷ θεῷ
ta krypta tēs kardias autou phanera ginetai, kai houtōs pesōn epi prosōpon proskynēsei tō theō
the secrets of his heart are made manifest; and so he will fall down on his face and worship God,

ἀπαγγέλλων ὅτι Ὄντως ὁ θεὸς ἐν ὑμῖν ἐστιν
apangellōn hoti Ontōs ho theos en hymin estin
declaring that God is among you indeed.

Τί οὖν ἐστιν, ἀδελφοί; ὅταν συνέρχησθε, ἕκαστος ψαλμὸν ἔχει, διδαχὴν ἔχει, ἀποκάλυψιν ἔχει
Ti oun estin, adelphoi? hotan synerchēsthe, hekastos psalmon echei, didachēn echei, apokalypsin echei
What is it then, brethren? When ye come together, each one hath a psalm, hath a teaching, hath a revelation,

γλῶσσαν ἔχει, ἑρμηνείαν ἔχει· πάντα πρὸς οἰκοδομὴν γινέσθω
glōssan echei, hermēneian echei: panta pros oikodomēn ginesthō
hath a tongue, hath an interpretation. Let all things be done unto edifying.

εἴτε γλώσσῃ τις λαλεῖ, κατὰ δύο ἢ τὸ πλεῖστον τρεῖς, καὶ ἀνὰ μέρος, καὶ εἷς διερμηνευέτω
eite glōssē tis lalei, kata dyo ē to pleiston treis, kai ana meros, kai heis diermēneuetō
If any man speaketh in a tongue, let it be by two, or at the most three, and that in turn; and let one interpret:

ἐὰν δὲ μὴ ᾖ διερμηνευτής, σιγάτω ἐν ἐκκλησίᾳ, ἑαυτῷ δὲ λαλείτω καὶ τῷ θεῷ
ean de mē ē diermēneutēs, sigatō en ekklēsia, heautō de laleitō kai tō theō
but if there be no interpreter, let him keep silence in the church; and let him speak to himself, and to God.

προφῆται δὲ δύο ἢ τρεῖς λαλείτωσαν, καὶ οἱ ἄλλοι διακρινέτωσαν
prophētai de dyo ē treis laleitōsan, kai hoi alloi diakrinetōsan
And let the prophets speak by two or three, and let the others discern.

ἐὰν δὲ ἄλλῳ ἀποκαλυφθῇ καθημένῳ, ὁ πρῶτος σιγάτω
ean de allō apokalyphthē kathēmenō, ho prōtos sigatō
But if a revelation be made to another sitting by, let the first keep silence.

δύνασθε γὰρ καθ' ἕνα πάντες προφητεύειν, ἵνα πάντες μανθάνωσιν καὶ πάντες παρακαλῶνται
dynasthe gar kath' hena pantes prophēteuein, hina pantes manthanōsin kai pantes parakalōntai
For ye all can prophesy one by one, that all may learn, and all may be exhorted;

καὶ πνεύματα προφητῶν προφήταις ὑποτάσσεται
kai pneumata prophētōn prophētais hypotassetai
and the spirits of the prophets are subject to the prophets;

οὐ γάρ ἐστιν ἀκαταστασίας ὁ θεὸς ἀλλὰ εἰρήνης. Ὡς ἐν πάσαις ταῖς ἐκκλησίαις τῶν ἁγίων
ou gar estin akatastasias ho theos alla eirēnēs. Hōs en pasais tais ekklēsiais tōn hagiōn
for God is not a God of confusion, but of peace. As in all the churches of the saints,

αἱ γυναῖκες ἐν ταῖς ἐκκλησίαις σιγάτωσαν, οὐ γὰρ ἐπιτρέπεται αὐταῖς λαλεῖν
hai gynaikes en tais ekklēsiais sigatōsan, ou gar epitrepetai autais lalein
let the women keep silence in the churches: for it is not permitted unto them to speak;

ἀλλὰ ὑποτασσέσθωσαν, καθὼς καὶ ὁ νόμος λέγει
alla hypotassesthōsan, kathōs kai ho nomos legei
but let them be in subjection, as also saith the law.

εἰ δέ τι μαθεῖν θέλουσιν, ἐν οἴκῳ τοὺς ἰδίους ἄνδρας ἐπερωτάτωσαν
ei de ti mathein thelousin, en oikō tous idious andras eperōtatōsan
And if they would learn anything, let them ask their own husbands at home:

αἰσχρὸν γάρ ἐστιν γυναικὶ λαλεῖν ἐν ἐκκλησίᾳ
aischron gar estin gynaiki lalein en ekklēsia
for it is shameful for a woman to speak in the church.

ἢ ἀφ' ὑμῶν ὁ λόγος τοῦ θεοῦ ἐξῆλθεν, ἢ εἰς ὑμᾶς μόνους κατήντησεν
ē aph' hymōn ho logos tou theou exēlthen, ē eis hymas monous katēntēsen
What? was it from you that the word of God went forth? or came it unto you alone?

Εἴ τις δοκεῖ προφήτης εἶναι ἢ πνευματικός, ἐπιγινωσκέτω ἃ γράφω ὑμῖν ὅτι κυρίου ἐστὶν ἐντολή
Ei tis dokei prophētēs einai ē pneumatikos, epiginōsketō ha graphō hymin hoti kyriou estin entolē
If any man thinketh himself to be a prophet, or spiritual, let him take knowledge of the things which I write unto you,
that they are the commandment of the Lord.

εἰ δέ τις ἀγνοεῖ, ἀγνοεῖται
ei de tis agnoei, agnoeitai
But if any man is ignorant, let him be ignorant.

ὥστε, ἀδελφοί [μου], ζηλοῦτε τὸ προφητεύειν, καὶ τὸ λαλεῖν μὴ κωλύετε γλώσσαις
hōste, adelphoi [mou], zēloute to prophēteuein, kai to lalein mē kōlyete glōssais
Wherefore, my brethren, desire earnestly to prophesy, and forbid not to speak with tongues.

πάντα δὲ εὐσχημόνως καὶ κατὰ τάξιν γινέσθω
panta de euschēmonōs kai kata taxin ginesthō
But let all things be done decently and in order.

ιε

Γνωρίζω δὲ ὑμῖν, ἀδελφοί, τὸ εὐαγγέλιον ὃ εὐηγγελισάμην ὑμῖν, ὃ καὶ παρελάβετε, ἐν ᾧ καὶ ἑστήκατε
Gnōrizō de hymin, adelphoi, to euangelion ho euēngelisamēn hymin, ho kai parelabete, en hō kai hestēkate
Now I make known unto you brethren, the gospel which I preached unto you, which also ye received, wherein also ye
stand,

δι' οὗ καὶ σῴζεσθε, τίνι λόγῳ εὐηγγελισάμην ὑμῖν εἰ κατέχετε, ἐκτὸς εἰ μὴ εἰκῇ ἐπιστεύσατε
di' hou kai sōzesthe, tini logō euēngelisamēn hymin ei katechete, ektos ei mē eikē episteusate
by which also ye are saved, if ye hold fast the word which I preached unto you, except ye believed in vain.

παρέδωκα γὰρ ὑμῖν ἐν πρώτοις, ὃ καὶ παρέλαβον, ὅτι Χριστὸς ἀπέθανεν ὑπὲρ τῶν ἁμαρτιῶν ἡμῶν κατὰ τὰς γραφάς
paredōka gar hymin en prōtois, ho kai parelabon, hoti Christos apethanen hyper tōn hamartiōn hēmōn kata tas graphas
For I delivered unto you first of all that which also I received: that Christ died for our sins according to the scriptures;

καὶ ὅτι ἐτάφη, καὶ ὅτι ἐγήγερται τῇ ἡμέρᾳ τῇ τρίτῃ κατὰ τὰς γραφάς
kai hoti etaphē, kai hoti egēgertai tē hēmera tē tritē kata tas graphas
and that he was buried; and that he hath been raised on the third day according to the scriptures;

καὶ ὅτι ὤφθη Κηφᾷ, εἶτα τοῖς δώδεκα
kai hoti ōphthē Kēpha, eita tois dōdeka
and that he appeared to Cephas; then to the twelve;

ἔπειτα ὤφθη ἐπάνω πεντακοσίοις ἀδελφοῖς ἐφάπαξ, ἐξ ὧν οἱ πλείονες μένουσιν ἕως ἄρτι, τινὲς δὲ ἐκοιμήθησαν
epeita ōphthē epanō pentakosiois adelphois ephapax, ex hōn hoi pleiones menousin heōs arti, tines de ekoimēthēsan
then he appeared to above five hundred brethren at once, of whom the greater part remain until now, but some are fallen asleep;

ἔπειτα ὤφθη Ἰακώβῳ, εἶτα τοῖς ἀποστόλοις πᾶσιν
epeita ōphthē Iakōbō, eita tois apostolois pasin
then he appeared to James; then to all the apostles;

ἔσχατον δὲ πάντων ὡσπερεὶ τῷ ἐκτρώματι ὤφθη κἀμοί
eschaton de pantōn hōsperei tō ektrōmati ōphthē kamoi
and last of all, as to the child untimely born, he appeared to me also.

Ἐγὼ γάρ εἰμι ὁ ἐλάχιστος τῶν ἀποστόλων, ὃς οὐκ εἰμὶ ἱκανὸς καλεῖσθαι ἀπόστολος
Egō gar eimi ho elachistos tōn apostolōn, hos ouk eimi hikanos kaleisthai apostolos
For I am the least of the apostles, that am not meet to be called an apostle,

διότι ἐδίωξα τὴν ἐκκλησίαν τοῦ θεοῦ
dioti ediōxa tēn ekklēsian tou theou
because I persecuted the church of God.

χάριτι δὲ θεοῦ εἰμι ὅ εἰμι, καὶ ἡ χάρις αὐτοῦ ἡ εἰς ἐμὲ οὐ κενὴ ἐγενήθη
chariti de theou eimi ho eimi, kai hē charis autou hē eis eme ou kenē egenēthē
But by the grace of God I am what I am: and his grace which was bestowed upon me was not found vain;

ἀλλὰ περισσότερον αὐτῶν πάντων ἐκοπίασα, οὐκ ἐγὼ δὲ ἀλλὰ ἡ χάρις τοῦ θεοῦ [ἡ] σὺν ἐμοί
alla perissoteron autōn pantōn ekopiasa, ouk egō de alla hē charis tou theou [hē] syn emoi
but I labored more abundantly than they all: yet not I, but the grace of God which was with me.

εἴτε οὖν ἐγὼ εἴτε ἐκεῖνοι, οὕτως κηρύσσομεν καὶ οὕτως ἐπιστεύσατε
eite oun egō eite ekeinoi, houtōs kēryssomen kai houtōs episteusate
Whether then it be I or they, so we preach, and so ye believed.

Εἰ δὲ Χριστὸς κηρύσσεται ὅτι ἐκ νεκρῶν ἐγήγερται
Ei de Christos kēryssetai hoti ek nekrōn egēgertai
Now if Christ is preached that he hath been raised from the dead,

πῶς λέγουσιν ἐν ὑμῖν τινες ὅτι ἀνάστασις νεκρῶν οὐκ ἔστιν
pōs legousin en hymin tines hoti anastasis nekrōn ouk estin
how say some among you that there is no resurrection of the dead?

εἰ δὲ ἀνάστασις νεκρῶν οὐκ ἔστιν, οὐδὲ Χριστὸς ἐγήγερται
ei de anastasis nekrōn ouk estin, oude Christos egēgertai
But if there is no resurrection of the dead, neither hath Christ been raised:

εἰ δὲ Χριστὸς οὐκ ἐγήγερται, κενὸν ἄρα [καὶ] τὸ κήρυγμα ἡμῶν, κενὴ καὶ ἡ πίστις ὑμῶν
ei de Christos ouk egēgertai, kenon ara [kai] to kērygma hēmōn, kenē kai hē pistis hymōn
and if Christ hath not been raised, then is our preaching vain, your faith also is vain.

εὑρισκόμεθα δὲ καὶ ψευδομάρτυρες τοῦ θεοῦ, ὅτι ἐμαρτυρήσαμεν κατὰ τοῦ θεοῦ ὅτι ἤγειρεν τὸν Χριστόν
heuriskometha de kai pseudomartyres tou theou, hoti emartyrēsamen kata tou theou hoti ēgeiren ton Christon
Yea, and we are found false witnesses of God; because we witnessed of God that he raised up Christ:

ὃν οὐκ ἤγειρεν εἴπερ ἄρα νεκροὶ οὐκ ἐγείρονται
hon ouk ēgeiren eiper ara nekroi ouk egeirontai
whom he raised not up, if so be that the dead are not raised.

εἰ γὰρ νεκροὶ οὐκ ἐγείρονται, οὐδὲ Χριστὸς ἐγήγερται
ei gar nekroi ouk egeirontai, oude Christos egēgertai
For if the dead are not raised, neither hath Christ been raised:

εἰ δὲ Χριστὸς οὐκ ἐγήγερται, ματαία ἡ πίστις ὑμῶν, ἔτι ἐστὲ ἐν ταῖς ἁμαρτίαις ὑμῶν
ei de Christos ouk egēgertai, mataia hē pistis hymōn, eti este en tais hamartiais hymōn
and if Christ hath not been raised, your faith is vain; ye are yet in your sins.

ἄρα καὶ οἱ κοιμηθέντες ἐν Χριστῷ ἀπώλοντο
ara kai hoi koimēthentes en Christō apōlonto
Then they also that are fallen asleep in Christ have perished.

εἰ ἐν τῇ ζωῇ ταύτῃ ἐν Χριστῷ ἠλπικότες ἐσμὲν μόνον, ἐλεεινότεροι πάντων ἀνθρώπων ἐσμέν
ei en tē zōē tautē en Christō ēlpikotes esmen monon, eleeinoteroi pantōn anthrōpōn esmen
If we have only hoped in Christ in this life, we are of all men most pitiable.

Νυνὶ δὲ Χριστὸς ἐγήγερται ἐκ νεκρῶν, ἀπαρχὴ τῶν κεκοιμημένων
Nyni de Christos egēgertai ek nekrōn, aparchē tōn kekoimēmenōn
But now hath Christ been raised from the dead, the firstfruits of them that are asleep.

ἐπειδὴ γὰρ δι' ἀνθρώπου θάνατος, καὶ δι' ἀνθρώπου ἀνάστασις νεκρῶν
epeidē gar di' anthrōpou thanatos, kai di' anthrōpou anastasis nekrōn
For since by man came death, by man came also the resurrection of the dead.

ὥσπερ γὰρ ἐν τῷ Ἀδὰμ πάντες ἀποθνῄσκουσιν, οὕτως καὶ ἐν τῷ Χριστῷ πάντες ζῳοποιηθήσονται
hōsper gar en tō Adam pantes apothnēskousin, houtōs kai en tō Christō pantes zōopoiēthēsontai
For as in Adam all die, so also in Christ shall all be made alive.

ἕκαστος δὲ ἐν τῷ ἰδίῳ τάγματι: ἀπαρχὴ Χριστός, ἔπειτα οἱ τοῦ Χριστοῦ ἐν τῇ παρουσίᾳ αὐτοῦ
hekastos de en tō idiō tagmati: aparchē Christos, epeita hoi tou Christou en tē parousia autou
But each in his own order: Christ the firstfruits; then they that are Christ's, at his coming.

εἶτα τὸ τέλος, ὅταν παραδιδῷ τὴν βασιλείαν τῷ θεῷ καὶ πατρί
eita to telos, hotan paradidō tēn basileian tō theō kai patri
Then cometh the end, when he shall deliver up the kingdom to God, even the Father;

ὅταν καταργήσῃ πᾶσαν ἀρχὴν καὶ πᾶσαν ἐξουσίαν καὶ δύναμιν
hotan katargēsē pasan archēn kai pasan exousian kai dynamin
when he shall have abolished all rule and all authority and power.

δεῖ γὰρ αὐτὸν βασιλεύειν ἄχρι οὗ θῇ πάντας τοὺς ἐχθροὺς ὑπὸ τοὺς πόδας αὐτοῦ
dei gar auton basileuein achri hou thē pantas tous echthrous hypo tous podas autou
For he must reign, till he hath put all his enemies under his feet.

ἔσχατος ἐχθρὸς καταργεῖται ὁ θάνατος
eschatos echthros katargeitai ho thanatos
The last enemy that shall be abolished is death.

πάντα γὰρ ὑπέταξεν ὑπὸ τοὺς πόδας αὐτοῦ
panta gar hypetaxen hypo tous podas autou
For, He put all things in subjection under his feet.

ὅταν δὲ εἴπῃ ὅτι πάντα ὑποτέτακται, δῆλον ὅτι ἐκτὸς τοῦ ὑποτάξαντος αὐτῷ τὰ πάντα
hotan de eipē hoti panta hypotetaktai, dēlon hoti ektos tou hypotaxantos autō ta panta
But when he saith, All things are put in subjection, it is evident that he is excepted who did subject all things unto him.

ὅταν δὲ ὑποταγῇ αὐτῷ τὰ πάντα, τότε [καὶ] αὐτὸς ὁ υἱὸς ὑποταγήσεται τῷ ὑποτάξαντι αὐτῷ τὰ πάντα
hotan de hypotagē autō ta panta, tote [kai] autos ho huios hypotagēsetai tō hypotaxanti autō ta panta
And when all things have been subjected unto him, then shall the Son also himself be subjected to him that did subject all things unto him,

ἵνα ᾖ ὁ θεὸς [τὰ] πάντα ἐν πᾶσιν
hina ē ho theos [ta] panta en pasin
that God may be all in all.

Ἐπεὶ τί ποιήσουσιν οἱ βαπτιζόμενοι ὑπὲρ τῶν νεκρῶν; εἰ ὅλως νεκροὶ οὐκ ἐγείρονται, τί καὶ βαπτίζονται ὑπὲρ αὐτῶν
Epei ti poiēsousin hoi baptizomenoi hyper tōn nekrōn? ei holōs nekroi ouk egeirontai, ti kai baptizontai hyper autōn
Else what shall they do that are baptized for the dead? If the dead are not raised at all, why then are they baptized for them?

τί καὶ ἡμεῖς κινδυνεύομεν πᾶσαν ὥραν
ti kai hēmeis kindyneuomen pasan hōran
Why do we also stand in jeopardy every hour?

καθ' ἡμέραν ἀποθνῄσκω, νὴ τὴν ὑμετέραν καύχησιν, [ἀδελφοί,] ἣν ἔχω ἐν Χριστῷ Ἰησοῦ τῷ κυρίῳ ἡμῶν
kath' hēmeran apothnēskō, nē tēn hymeteran kauchēsin, [adelphoi,] hēn echō en Christō Iēsou tō kyriō hēmōn
I protest by that glorying in you, brethren, which I have in Christ Jesus our Lord, I die daily.

εἰ κατὰ ἄνθρωπον ἐθηριομάχησα ἐν Ἐφέσῳ, τί μοι τὸ ὄφελος
ei kata anthrōpon ethēriomachēsa en Ephesō, ti moi to ophelos
If after the manner of men I fought with beasts at Ephesus, what doth it profit me?

εἰ νεκροὶ οὐκ ἐγείρονται Φάγωμεν καὶ πίωμεν, αὔριον γὰρ ἀποθνῄσκομεν
ei nekroi ouk egeirontai, Phagōmen kai piōmen, aurion gar apothnēskomen
If the dead are not raised, let us eat and drink, for to-morrow we die.

μὴ πλανᾶσθε: Φθείρουσιν ἤθη χρηστὰ ὁμιλίαι κακαί
mē planasthe: Phtheirousin ēthē chrēsta homiliai kakai
Be not deceived: Evil companionships corrupt good morals.

ἐκνήψατε δικαίως καὶ μὴ ἁμαρτάνετε, ἀγνωσίαν γὰρ θεοῦ τινες ἔχουσιν: πρὸς ἐντροπὴν ὑμῖν λαλῶ
eknēpsate dikaiōs kai mē hamartanete, agnōsian gar theou tines echousin: pros entropēn hymin lalō
Awake to soberness righteously, and sin not; for some have no knowledge of God: I speak this to move you to shame.

Ἀλλὰ ἐρεῖ τις, Πῶς ἐγείρονται οἱ νεκροί; ποίῳ δὲ σώματι ἔρχονται
Alla erei tis, Pōs egeirontai hoi nekroi? poiō de sōmati erchontai
But some one will say, How are the dead raised? and with what manner of body do they come?

ἄφρων, σὺ ὃ σπείρεις οὐ ζῳοποιεῖται ἐὰν μὴ ἀποθάνῃ
aphrōn, sy ho speireis ou zōopoieitai ean mē apothanē
Thou foolish one, that which thou thyself sowest is not quickened except it die:

καὶ ὃ σπείρεις, οὐ τὸ σῶμα τὸ γενησόμενον σπείρεις ἀλλὰ γυμνὸν κόκκον εἰ τύχοι σίτου ἤ τινος τῶν λοιπῶν
kai ho speireis, ou to sōma to genēsomenon speireis alla gymnon kokkon ei tychoi sitou ē tinos tōn loipōn
and that which thou sowest, thou sowest not the body that shall be, but a bare grain, it may chance of wheat, or of some other kind;

ὁ δὲ θεὸς δίδωσιν αὐτῷ σῶμα καθὼς ἠθέλησεν, καὶ ἑκάστῳ τῶν σπερμάτων ἴδιον σῶμα
ho de theos didōsin autō sōma kathōs ēthelēsen, kai hekastō tōn spermatōn idion sōma
but God giveth it a body even as it pleased him, and to each seed a body of its own.

οὐ πᾶσα σὰρξ ἡ αὐτὴ σάρξ, ἀλλὰ ἄλλη μὲν ἀνθρώπων, ἄλλη δὲ σὰρξ κτηνῶν, ἄλλη δὲ σὰρξ πτηνῶν, ἄλλη δὲ ἰχθύων
ou pasa sarx hē autē sarx, alla allē men anthrōpōn, allē de sarx ktēnōn, allē de sarx ptēnōn, allē de ichthyōn
All flesh is not the same flesh: but there is one flesh of men, and another flesh of beasts, and another flesh of birds, and another of fishes.

καὶ σώματα ἐπουράνια, καὶ σώματα ἐπίγεια: ἀλλὰ ἑτέρα μὲν ἡ τῶν ἐπουρανίων δόξα, ἑτέρα δὲ ἡ τῶν ἐπιγείων
kai sōmata epourania, kai sōmata epigeia: alla hetera men hē tōn epouraniōn doxa, hetera de hē tōn epigeiōn
There are also celestial bodies, and bodies terrestrial: but the glory of the celestial is one, and the glory of the terrestrial is another.

ἄλλη δόξα ἡλίου, καὶ ἄλλη δόξα σελήνης, καὶ ἄλλη δόξα ἀστέρων: ἀστὴρ γὰρ ἀστέρος διαφέρει ἐν δόξῃ
allē doxa hēliou, kai allē doxa selēnēs, kai allē doxa asterōn: astēr gar asteros diapherei en doxē
There is one glory of the sun, and another glory of the moon, and another glory of the stars; for one star differeth from another star in glory.

Οὕτως καὶ ἡ ἀνάστασις τῶν νεκρῶν. σπείρεται ἐν φθορᾷ, ἐγείρεται ἐν ἀφθαρσίᾳ
Houtōs kai hē anastasis tōn nekrōn. speiretai en phthora, egeiretai en aphtharsia
So also is the resurrection of the dead. It is sown in corruption; it is raised in incorruption:

σπείρεται ἐν ἀτιμίᾳ, ἐγείρεται ἐν δόξῃ: σπείρεται ἐν ἀσθενείᾳ, ἐγείρεται ἐν δυνάμει
speiretai en atimia, egeiretai en doxē: speiretai en astheneia, egeiretai en dynamei
it is sown in dishonor; it is raised in glory: it is sown in weakness; it is raised in power:

σπείρεται σῶμα ψυχικόν, ἐγείρεται σῶμα πνευματικόν. εἰ ἔστιν σῶμα ψυχικόν, ἔστιν καὶ πνευματικόν
speiretai sōma psychikon, egeiretai sōma pneumatikon. ei estin sōma psychikon, estin kai pneumatikon
it is sown a natural body; it is raised a spiritual body. If there is a natural body, there is also a spiritual body.

οὕτως καὶ γέγραπται, Ἐγένετο ὁ πρῶτος ἄνθρωπος Ἀδὰμ εἰς ψυχὴν ζῶσαν: ὁ ἔσχατος Ἀδὰμ εἰς πνεῦμα ζῳοποιοῦν
houtōs kai gegraptai, Egeneto ho prōtos anthrōpos Adam eis psychēn zōsan: ho eschatos Adam eis pneuma zōopoioun
So also it is written, The first man Adam became a living soul. The last Adam became a life-giving spirit.

ἀλλ' οὐ πρῶτον τὸ πνευματικὸν ἀλλὰ τὸ ψυχικόν, ἔπειτα τὸ πνευματικόν
all' ou prōton to pneumatikon alla to psychikon, epeita to pneumatikon
Howbeit that is not first which is spiritual, but that which is natural; then that which is spiritual.

ὁ πρῶτος ἄνθρωπος ἐκ γῆς χοϊκός, ὁ δεύτερος ἄνθρωπος ἐξ οὐρανοῦ
ho prōtos anthrōpos ek gēs choikos, ho deuteros anthrōpos ex ouranou
The first man is of the earth, earthy: the second man is of heaven.

οἷος ὁ χοϊκός, τοιοῦτοι καὶ οἱ χοϊκοί, καὶ οἷος ὁ ἐπουράνιος, τοιοῦτοι καὶ οἱ ἐπουράνιοι
hoios ho choikos, toioutoi kai hoi choikoi, kai hoios ho epouranios, toioutoi kai hoi epouranioi
As is the earthy, such are they also that are earthy: and as is the heavenly, such are they also that are heavenly.

καὶ καθὼς ἐφορέσαμεν τὴν εἰκόνα τοῦ χοϊκοῦ, φορέσομεν καὶ τὴν εἰκόνα τοῦ ἐπουρανίου
kai kathōs ephoresamen tēn eikona tou choikou, phoresomen kai tēn eikona tou epouraniou
And as we have borne the image of the earthy, we shall also bear the image of the heavenly.

Τοῦτο δέ φημι, ἀδελφοί, ὅτι σὰρξ καὶ αἷμα βασιλείαν θεοῦ κληρονομῆσαι οὐ δύναται
Touto de phēmi, adelphoi, hoti sarx kai haima basileian theou klēronomēsai ou dynatai
Now this I say, brethren, that flesh and blood cannot inherit the kingdom of God;

οὐδὲ ἡ φθορὰ τὴν ἀφθαρσίαν κληρονομεῖ
oude hē phthora tēn aphtharsian klēronomei
neither doth corruption inherit incorruption.

ἰδοὺ μυστήριον ὑμῖν λέγω: πάντες οὐ κοιμηθησόμεθα, πάντες δὲ ἀλλαγησόμεθα
idou mystērion hymin legō: pantes ou koimēthēsometha, pantes de allagēsometha
Behold, I tell you a mystery: We all shall not sleep, but we shall all be changed,

ἐν ἀτόμῳ, ἐν ῥιπῇ ὀφθαλμοῦ, ἐν τῇ ἐσχάτῃ σάλπιγγι
en atomō, en rhipē ophthalmou, en tē eschatē salpingi
in a moment, in the twinkling of an eye, at the last trump:

σαλπίσει γάρ, καὶ οἱ νεκροὶ ἐγερθήσονται ἄφθαρτοι, καὶ ἡμεῖς ἀλλαγησόμεθα
salpisei gar, kai hoi nekroi egerthēsontai aphthartoi, kai hēmeis allagēsometha
for the trumpet shall sound, and the dead shall be raised incorruptible, and we shall be changed.

δεῖ γὰρ τὸ φθαρτὸν τοῦτο ἐνδύσασθαι ἀφθαρσίαν καὶ τὸ θνητὸν τοῦτο ἐνδύσασθαι ἀθανασίαν
dei gar to phtharton touto endysasthai aphtharsian kai to thnēton touto endysasthai athanasian
For this corruptible must put on incorruption, and this mortal must put on immortality.

ὅταν δὲ τὸ φθαρτὸν τοῦτο ἐνδύσηται ἀφθαρσίαν καὶ τὸ θνητὸν τοῦτο ἐνδύσηται ἀθανασίαν
hotan de to phtharton touto endysētai aphtharsian kai to thnēton touto endysētai athanasian
But when this corruptible shall have put on incorruption, and this mortal shall have put on immortality,

τότε γενήσεται ὁ λόγος ὁ γεγραμμένος, Κατεπόθη ὁ θάνατος εἰς νῖκος
tote genēsetai ho logos ho gegrammenos, Katepothē ho thanatos eis nikos
then shall come to pass the saying that is written, Death is swallowed up in victory.

ποῦ σου, θάνατε, τὸ νῖκος; ποῦ σου, θάνατε, τὸ κέντρον
pou sou, thanate, to nikos? pou sou, thanate, to kentron
O death, where is thy victory? O death, where is thy sting?

τὸ δὲ κέντρον τοῦ θανάτου ἡ ἁμαρτία, ἡ δὲ δύναμις τῆς ἁμαρτίας ὁ νόμος
to de kentron tou thanatou hē hamartia, hē de dynamis tēs hamartias ho nomos
The sting of death is sin; and the power of sin is the law:

τῷ δὲ θεῷ χάρις τῷ διδόντι ἡμῖν τὸ νῖκος διὰ τοῦ κυρίου ἡμῶν Ἰησοῦ Χριστοῦ
tō de theō charis tō didonti hēmin to nikos dia tou kyriou hēmōn Iēsou Christou
but thanks be to God, who giveth us the victory through our Lord Jesus Christ.

Ὥστε, ἀδελφοί μου ἀγαπητοί, ἑδραῖοι γίνεσθε, ἀμετακίνητοι
Hōste, adelphoi mou agapētoi, hedraioi ginesthe, ametakinētoi
Wherefore, my beloved brethren, be ye stedfast, unmoveable,

περισσεύοντες ἐν τῷ ἔργῳ τοῦ κυρίου πάντοτε, εἰδότες ὅτι ὁ κόπος ὑμῶν οὐκ ἔστιν κενὸς ἐν κυρίῳ
perisseuontes en tō ergō tou kyriou pantote, eidotes hoti ho kopos hymōn ouk estin kenos en kyriō
always abounding in the work of the Lord, forasmuch as ye know that your labor is not vain in the Lord.

ις

Περὶ δὲ τῆς λογείας τῆς εἰς τοὺς ἁγίους, ὥσπερ διέταξα ταῖς ἐκκλησίαις τῆς Γαλατίας, οὕτως καὶ ὑμεῖς ποιήσατε
Peri de tēs logeias tēs eis tous hagious, hōsper dietaxa tais ekklēsiais tēs Galatias, houtōs kai hymeis poiēsate
Now concerning the collection for the saints, as I gave order to the churches of Galatia, so also do ye.

κατὰ μίαν σαββάτου ἕκαστος ὑμῶν παρ' ἑαυτῷ τιθέτω θησαυρίζων ὅ τι ἐὰν εὐοδῶται
kata mian sabbatou hekastos hymōn par' heautō tithetō thēsaurizōn ho ti ean euodōtai
Upon the first day of the week let each one of you lay by him in store, as he may prosper,

ἵνα μὴ ὅταν ἔλθω τότε λογεῖαι γίνωνται
hina mē hotan elthō tote logeiai ginōntai
that no collections be made when I come.

ὅταν δὲ παραγένωμαι, οὓς ἐὰν δοκιμάσητε
hotan de paragenōmai, hous ean dokimasēte
And when I arrive, whomsoever ye shall approve,

δι' ἐπιστολῶν τούτους πέμψω ἀπενεγκεῖν τὴν χάριν ὑμῶν εἰς Ἰερουσαλήμ
di' epistolōn toutous pempsō apenenkein tēn charin hymōn eis Ierousalēm
them will I send with letters to carry your bounty unto Jerusalem:

ἐὰν δὲ ἄξιον ᾖ τοῦ κἀμὲ πορεύεσθαι, σὺν ἐμοὶ πορεύσονται
ean de axion ē tou kame poreuesthai, syn emoi poreusontai
and if it be meet for me to go also, they shall go with me.

Ἐλεύσομαι δὲ πρὸς ὑμᾶς ὅταν Μακεδονίαν διέλθω, Μακεδονίαν γὰρ διέρχομαι
Eleusomai de pros hymas hotan Makedonian dielthō, Makedonian gar dierchomai
But I will come unto you, when I shall have passed through Macedonia; for I pass through Macedonia;

πρὸς ὑμᾶς δὲ τυχὸν παραμενῶ ἢ καὶ παραχειμάσω, ἵνα ὑμεῖς με προπέμψητε οὗ ἐὰν πορεύωμαι
pros hymas de tychon paramenō ē kai paracheimasō, hina hymeis me propempsēte hou ean poreuōmai
but with you it may be that I shall abide, or even winter, that ye may set me forward on my journey whithersoever I go.

οὐ θέλω γὰρ ὑμᾶς ἄρτι ἐν παρόδῳ ἰδεῖν, ἐλπίζω γὰρ χρόνον τινὰ ἐπιμεῖναι πρὸς ὑμᾶς, ἐὰν ὁ κύριος ἐπιτρέψῃ
ou thelō gar hymas arti en parodō idein, elpizō gar chronon tina epimeinai pros hymas, ean ho kyrios epitrepsē
For I do not wish to see you now by the way; for I hope to tarry a while with you, if the Lord permit.

ἐπιμενῶ δὲ ἐν Ἐφέσῳ ἕως τῆς πεντηκοστῆς
epimenō de en Ephesō heōs tēs pentēkostēs
But I will tarry at Ephesus until Pentecost;

θύρα γάρ μοι ἀνέῳγεν μεγάλη καὶ ἐνεργής, καὶ ἀντικείμενοι πολλοί
thyra gar moi aneōgen megalē kai energēs, kai antikeimenoi polloi
for a great door and effectual is opened unto me, and there are many adversaries.

Ἐὰν δὲ ἔλθῃ Τιμόθεος, βλέπετε ἵνα ἀφόβως γένηται πρὸς ὑμᾶς, τὸ γὰρ ἔργον κυρίου ἐργάζεται ὡς κἀγώ
Ean de elthē Timotheos, blepete hina aphobōs genētai pros hymas, to gar ergon kyriou ergazetai hōs kagō
Now if Timothy come, see that he be with you without fear; for he worketh the work of the Lord, as I also do:

μή τις οὖν αὐτὸν ἐξουθενήσῃ
mē tis oun auton exouthenēsē
let no man therefore despise him.

προπέμψατε δὲ αὐτὸν ἐν εἰρήνῃ ἵνα ἔλθῃ πρός με, ἐκδέχομαι γὰρ αὐτὸν μετὰ τῶν ἀδελφῶν
propempsate de auton en eirēnē, hina elthē pros me, ekdechomai gar auton meta tōn adelphōn
But set him forward on his journey in peace, that he may come unto me: for I expect him with the brethren.

Περὶ δὲ Ἀπολλῶ τοῦ ἀδελφοῦ, πολλὰ παρεκάλεσα αὐτὸν ἵνα ἔλθῃ πρὸς ὑμᾶς μετὰ τῶν ἀδελφῶν
Peri de Apollō tou adelphou, polla parekalesa auton hina elthē pros hymas meta tōn adelphōn
But as touching Apollos the brother, I besought him much to come unto you with the brethren:

καὶ πάντως οὐκ ἦν θέλημα ἵνα νῦν ἔλθῃ, ἐλεύσεται δὲ ὅταν εὐκαιρήσῃ
kai pantōs ouk ēn thelēma hina nyn elthē, eleusetai de hotan eukairēsē
and it was not at all his will to come now; but he will come when he shall have opportunity.

Γρηγορεῖτε, στήκετε ἐν τῇ πίστει, ἀνδρίζεσθε, κραταιοῦσθε. πάντα ὑμῶν ἐν ἀγάπῃ γινέσθω
Grēgoreite, stēkete en tē pistei, andrizesthe, krataiousthe. panta hymōn en agapē ginesthō
Watch ye, stand fast in the faith, quit you like men, be strong. Let all that ye do be done in love.

Παρακαλῶ δὲ ὑμᾶς, ἀδελφοί
Parakalō de hymas, adelphoi
Now I beseech you, brethren

οἴδατε τὴν οἰκίαν Στεφανᾶ, ὅτι ἐστὶν ἀπαρχὴ τῆς Ἀχαΐας καὶ εἰς διακονίαν τοῖς ἁγίοις ἔταξαν ἑαυτούς
oidate tēn oikian Stephana, hoti estin aparchē tēs Achaias kai eis diakonian tois hagiois etaxan heautous
(ye know the house of Stephanas, that it is the firstfruits of Achaia, and that they have set themselves to minister unto the saints),

ἵνα καὶ ὑμεῖς ὑποτάσσησθε τοῖς τοιούτοις καὶ παντὶ τῷ συνεργοῦντι καὶ κοπιῶντι
hina kai hymeis hypotassēsthe tois toioutois kai panti tō synergounti kai kopiōnti
that ye also be in subjection unto such, and to every one that helpeth in the work and laboreth.

χαίρω δὲ ἐπὶ τῇ παρουσίᾳ Στεφανᾶ καὶ Φορτουνάτου καὶ Ἀχαϊκοῦ
chairō de epi tē parousia Stephana kai Phortounatou kai Achaikou
And I rejoice at the coming of Stephanas and Fortunatus and Achaicus:

ὅτι τὸ ὑμέτερον ὑστέρημα οὗτοι ἀνεπλήρωσαν
hoti to hymeteron hysterēma houtoi aneplērōsan
for that which was lacking on your part they supplied.

ἀνέπαυσαν γὰρ τὸ ἐμὸν πνεῦμα καὶ τὸ ὑμῶν. ἐπιγινώσκετε οὖν τοὺς τοιούτους
anepausan gar to emon pneuma kai to hymōn. epiginōskete oun tous toioutous
For they refreshed my spirit and yours: acknowledge ye therefore them that are such.

Ἀσπάζονται ὑμᾶς αἱ ἐκκλησίαι τῆς Ἀσίας
Aspazontai hymas hai ekklēsiai tēs Asias
The churches of Asia salute you.

ἀσπάζεται ὑμᾶς ἐν κυρίῳ πολλὰ Ἀκύλας καὶ Πρίσκα σὺν τῇ κατ' οἶκον αὐτῶν ἐκκλησίᾳ
aspazetai hymas en kyriō polla Akylas kai Priska syn tē kat' oikon autōn ekklēsia
Aquila and Prisca salute you much in the Lord, with the church that is in their house.

ἀσπάζονται ὑμᾶς οἱ ἀδελφοὶ πάντες. Ἀσπάσασθε ἀλλήλους ἐν φιλήματι ἁγίῳ
aspazontai hymas hoi adelphoi pantes. Aspasasthe allēlous en philēmati hagiō
All the brethren salute you. Salute one another with a holy kiss.

Ὁ ἀσπασμὸς τῇ ἐμῇ χειρὶ Παύλου. εἴ τις οὐ φιλεῖ τὸν κύριον, ἤτω ἀνάθεμα. Μαρανα θα
HO aspasmos tē emē cheiri Paulou. ei tis ou philei ton kyrion, ētō anathema. Marana tha
The salutation of me Paul with mine own hand. If any man loveth not the Lord, let him be anathema. Maranatha.

ἡ χάρις τοῦ κυρίου Ἰησοῦ μεθ' ὑμῶν. ἡ ἀγάπη μου μετὰ πάντων ὑμῶν ἐν Χριστῷ Ἰησοῦ
hē charis tou kyriou Iēsou meth' hymōn. hē agapē mou meta pantōn hymōn en Christō Iēsou
The grace of the Lord Jesus Christ be with you. My love be with you all in Christ Jesus. Amen.

ΚΟΡΙΝΘΙΟΥΣ Β' α

Παῦλος ἀπόστολος Χριστοῦ Ἰησοῦ διὰ θελήματος θεοῦ καὶ Τιμόθεος ὁ ἀδελφός,
Paulos apostolos Christou Iēsou dia thelēmatos theou, kai Timotheos ho adelphos,
Paul, an apostle of Christ Jesus through the will of God, and Timothy our brother,

τῇ ἐκκλησίᾳ τοῦ θεοῦ τῇ οὔσῃ ἐν Κορίνθῳ, σὺν τοῖς ἁγίοις πᾶσιν τοῖς οὖσιν ἐν ὅλῃ τῇ Ἀχαΐ
tē ekklēsia tou theou tē ousē en Korinthō, syn tois hagiois pasin tois ousin en holē tē Achai
unto the church of God which is at Corinth, with all the saints that are in the whole of Achaia:

χάρις ὑμῖν καὶ εἰρήνη ἀπὸ θεοῦ πατρὸς ἡμῶν καὶ κυρίου Ἰησοῦ Χριστοῦ
charis hymin kai eirēnē apo theou patros hēmōn kai kyriou Iēsou Christou
Grace to you and peace from God our Father and the Lord Jesus Christ.

Εὐλογητὸς ὁ θεὸς καὶ πατὴρ τοῦ κυρίου ἡμῶν Ἰησοῦ Χριστοῦ, ὁ πατὴρ τῶν οἰκτιρμῶν καὶ θεὸς πάσης παρακλήσεως
Eulogētos ho theos kai patēr tou kyriou hēmōn Iēsou Christou, ho patēr tōn oiktirmōn kai theos pasēs paraklēseōs
Blessed be the God and Father of our Lord Jesus Christ, the Father of mercies and God of all comfort;

ὁ παρακαλῶν ἡμᾶς ἐπὶ πάσῃ τῇ θλίψει ἡμῶν
ho parakalōn hēmas epi pasē tē thlipsei hēmōn
who comforteth us in all our affliction,

εἰς τὸ δύνασθαι ἡμᾶς παρακαλεῖν τοὺς ἐν πάσῃ θλίψει διὰ τῆς παρακλήσεως ἧς παρακαλούμεθα αὐτοὶ ὑπὸ τοῦ θεοῦ
eis to dynasthai hēmas parakalein tous en pasē thlipsei dia tēs paraklēseōs hēs parakaloumetha autoi hypo tou theou
that we may be able to comfort them that are in any affliction, through the comfort wherewith we ourselves are comforted of God.

ὅτι καθὼς περισσεύει τὰ παθήματα τοῦ Χριστοῦ εἰς ἡμᾶς, οὕτως διὰ τοῦ Χριστοῦ περισσεύει καὶ ἡ παράκλησις ἡμῶν
hoti kathōs perisseuei ta pathēmata tou Christou eis hēmas, houtōs dia tou Christou perisseuei kai hē paraklēsis hēmōn
For as the sufferings of Christ abound unto us, even so our comfort also aboundeth through Christ.

εἴτε δὲ θλιβόμεθα, ὑπὲρ τῆς ὑμῶν παρακλήσεως καὶ σωτηρίας: εἴτε παρακαλούμεθα
eite de thlibometha, hyper tēs hymōn paraklēseōs kai sōtērias: eite parakaloumetha
But whether we are afflicted, it is for your comfort and salvation; or whether we are comforted,

ὑπὲρ τῆς ὑμῶν παρακλήσεως τῆς ἐνεργουμένης ἐν ὑπομονῇ τῶν αὐτῶν παθημάτων ὧν καὶ ἡμεῖς πάσχομεν
hyper tēs hymōn paraklēseōs tēs energoumenēs en hypomonē tōn autōn pathēmatōn hōn kai hēmeis paschomen
it is for your comfort, which worketh in the patient enduring of the same sufferings which we also suffer:

καὶ ἡ ἐλπὶς ἡμῶν βεβαία ὑπὲρ ὑμῶν, εἰδότες ὅτι ὡς κοινωνοί ἐστε τῶν παθημάτων, οὕτως καὶ τῆς παρακλήσεως
kai hē elpis hēmōn bebaia hyper hymōn, eidotes hoti hōs koinōnoi este tōn pathēmatōn, houtōs kai tēs paraklēseōs
and our hope for you is stedfast; knowing that, as ye are partakers of the sufferings, so also are ye of the comfort.

Οὐ γὰρ θέλομεν ὑμᾶς ἀγνοεῖν, ἀδελφοί, ὑπὲρ τῆς θλίψεως ἡμῶν τῆς γενομένης ἐν τῇ Ἀσίᾳ
Ou gar thelomen hymas agnoein, adelphoi, hyper tēs thlipseōs hēmōn tēs genomenēs en tē Asia
For we would not have you ignorant, brethren, concerning our affliction which befell us in Asia,

ὅτι καθ' ὑπερβολὴν ὑπὲρ δύναμιν ἐβαρήθημεν, ὥστε ἐξαπορηθῆναι ἡμᾶς καὶ τοῦ ζῆν
hoti kath' hyperbolēn hyper dynamin ebarēthēmen, hōste exaporēthēnai hēmas kai tou zēn
that we were weighed down exceedingly, beyond our power, insomuch that we despaired even of life:

ἀλλὰ αὐτοὶ ἐν ἑαυτοῖς τὸ ἀπόκριμα τοῦ θανάτου ἐσχήκαμεν
alla autoi en heautois to apokrima tou thanatou eschēkamen
yea, we ourselves have had the sentence of death within ourselves,

ἵνα μὴ πεποιθότες ὦμεν ἐφ' ἑαυτοῖς ἀλλ' ἐπὶ τῷ θεῷ τῷ ἐγείροντι τοὺς νεκρούς
hina mē pepoithotes ōmen eph' heautois all' epi tō theō tō egeironti tous nekrous
that we should not trust in ourselves, but in God who raiseth the dead:

ὃς ἐκ τηλικούτου θανάτου ἐρρύσατο ἡμᾶς καὶ ῥύσεται, εἰς ὃν ἠλπίκαμεν [ὅτι] καὶ ἔτι ῥύσεται
hos ek tēlikoutou thanatou errysato hēmas kai rhysetai, eis hon ēlpikamen [hoti] kai eti rhysetai
who delivered us out of so great a death, and will deliver: on whom we have set our hope that he will also still deliver us;

συνυπουργούντων καὶ ὑμῶν ὑπὲρ ἡμῶν τῇ δεήσει
synypourgountōn kai hymōn hyper hēmōn tē deēsei
ye also helping together on our behalf by your supplication;

ἵνα ἐκ πολλῶν προσώπων τὸ εἰς ἡμᾶς χάρισμα διὰ πολλῶν εὐχαριστηθῇ ὑπὲρ ἡμῶν
hina ek pollōn prosōpōn to eis hēmas charisma dia pollōn eucharistēthē hyper hēmōn
that, for the gift bestowed upon us by means of many, thanks may be given by many persons on our behalf.

Ἡ γὰρ καύχησις ἡμῶν αὕτη ἐστίν, τὸ μαρτύριον τῆς συνειδήσεως ἡμῶν, ὅτι ἐν ἁπλότητι καὶ εἰλικρινείᾳ τοῦ θεοῦ
HĒ gar kauchēsis hēmōn hautē estin, to martyrion tēs syneidēseōs hēmōn, hoti en haplotēti kai eilikrineia tou theou,
For our glorying is this, the testimony of our conscience, that in holiness and sincerity of God,

[καὶ] οὐκ ἐν σοφίᾳ σαρκικῇ ἀλλ' ἐν χάριτι θεοῦ, ἀνεστράφημεν ἐν τῷ κόσμῳ, περισσοτέρως δὲ πρὸς ὑμᾶς
[kai] ouk en sophia sarkikē all' en chariti theou, anestraphēmen en tō kosmō, perissoterōs de pros hymas
not in fleshly wisdom but in the grace of God, we behaved ourselves in the world, and more abundantly to you-ward.

οὐ γὰρ ἄλλα γράφομεν ὑμῖν ἀλλ' ἢ ἃ ἀναγινώσκετε ἢ καὶ ἐπιγινώσκετε, ἐλπίζω δὲ ὅτι ἕως τέλους ἐπιγνώσεσθε
ou gar alla graphomen hymin all' ē ha anaginōskete ē kai epiginōskete, elpizō de hoti heōs telous epignōsesthe
For we write no other things unto you, than what ye read or even acknowledge, and I hope ye will acknowledge unto the end:

καθὼς καὶ ἐπέγνωτε ἡμᾶς ἀπὸ μέρους
kathōs kai epegnōte hēmas apo merous
as also ye did acknowledge us in part,

ὅτι καύχημα ὑμῶν ἐσμεν καθάπερ καὶ ὑμεῖς ἡμῶν ἐν τῇ ἡμέρᾳ τοῦ κυρίου [ἡμῶν] Ἰησο
hoti kauchēma hymōn esmen kathaper kai hymeis hēmōn en tē hēmera tou kyriou [hēmōn] Iēso
that we are your glorying, even as ye also are ours, in the day of our Lord Jesus.

Καὶ ταύτῃ τῇ πεποιθήσει ἐβουλόμην πρότερον πρὸς ὑμᾶς ἐλθεῖν, ἵνα δευτέραν χάριν σχῆτε
Kai tautē tē pepoithēsei eboulomēn proteron pros hymas elthein, hina deuteran charin schēte
And in this confidence I was minded to come first unto you, that ye might have a second benefit

254

καὶ δι' ὑμῶν διελθεῖν εἰς Μακεδονίαν
kai di' hymōn dielthein eis Makedonian
and by you to pass into Macedonia,

καὶ πάλιν ἀπὸ Μακεδονίας ἐλθεῖν πρὸς ὑμᾶς καὶ ὑφ' ὑμῶν προπεμφθῆναι εἰς τὴν Ἰουδαίαν
kai palin apo Makedonias elthein pros hymas kai hyph' hymōn propemphthēnai eis tēn Ioudaian
and again from Macedonia to come unto you, and of you to be set forward on my journey unto Judæa.

τοῦτο οὖν βουλόμενος μήτι ἄρα τῇ ἐλαφρίᾳ ἐχρησάμην
touto oun boulomenos mēti ara tē elaphria echrēsamēn
When I therefore was thus minded, did I show fickleness?

ἢ ἃ βουλεύομαι κατὰ σάρκα βουλεύομαι
ē ha bouleuomai kata sarka bouleuomai
or the things that I purpose, do I purpose according to the flesh,

ἵνα ᾖ παρ' ἐμοὶ τὸ Ναὶ ναὶ καὶ τὸ Οὒ οὔ
hina ē par' emoi to Nai nai kai to Ou ou
that with me there should be the yea yea and the nay nay?

πιστὸς δὲ ὁ θεὸς ὅτι ὁ λόγος ἡμῶν ὁ πρὸς ὑμᾶς οὐκ ἔστιν Ναὶ καὶ Οὒ
pistos de ho theos hoti ho logos hēmōn ho pros hymas ouk estin Nai kai Ou
But as God is faithful, our word toward you is not yea and nay.

ὁ τοῦ θεοῦ γὰρ υἱὸς Ἰησοῦς Χριστὸς ὁ ἐν ὑμῖν δι' ἡμῶν κηρυχθείς
ho tou theou gar huios Iēsous Christos ho en hymin di' hēmōn kērychtheis
For the Son of God, Jesus Christ, who was preached among you by us,

δι' ἐμοῦ καὶ Σιλουανοῦ καὶ Τιμοθέου, οὐκ ἐγένετο Ναὶ καὶ Οὒ, ἀλλὰ Ναὶ ἐν αὐτῷ γέγονεν
di' emou kai Silouanou kai Timotheou, ouk egeneto Nai kai Ou, alla Nai en autō gegonen
even by me and Silvanus and Timothy, was not yea and nay, but in him is yea.

ὅσαι γὰρ ἐπαγγελίαι θεοῦ, ἐν αὐτῷ τὸ Ναί
hosai gar epangeliai theou, en autō to Nai
For how many soever be the promises of God, in him is the yea:

διὸ καὶ δι' αὐτοῦ τὸ Ἀμὴν τῷ θεῷ πρὸς δόξαν δι' ἡμῶν
dio kai di' autou to Amēn tō theō pros doxan di' hēmōn
wherefore also through him is the Amen, unto the glory of God through us.

ὁ δὲ βεβαιῶν ἡμᾶς σὺν ὑμῖν εἰς Χριστὸν καὶ χρίσας ἡμᾶς θεός
ho de bebaiōn hēmas syn hymin eis Christon kai chrisas hēmas theos
Now he that establisheth us with you in Christ, and anointed us, is God;

ὁ καὶ σφραγισάμενος ἡμᾶς καὶ δοὺς τὸν ἀρραβῶνα τοῦ πνεύματος ἐν ταῖς καρδίαις ἡμῶν
ho kai sphragisamenos hēmas kai dous ton arrabōna tou pneumatos en tais kardiais hēmōn
who also sealed us, and gave us the earnest of the Spirit in our hearts.

Ἐγὼ δὲ μάρτυρα τὸν θεὸν ἐπικαλοῦμαι ἐπὶ τὴν ἐμὴν ψυχήν, ὅτι φειδόμενος ὑμῶν οὐκέτι ἦλθον εἰς Κόρινθον
Egō de martyra ton theon epikaloumai epi tēn emēn psychēn, hoti pheidomenos hymōn ouketi ēlthon eis Korinthon
But I call God for a witness upon my soul, that to spare you I forbare to come unto Corinth.

οὐχ ὅτι κυριεύομεν ὑμῶν τῆς πίστεως, ἀλλὰ συνεργοί ἐσμεν τῆς χαρᾶς ὑμῶν, τῇ γὰρ πίστει ἐστήκατε
ouch hoti kyrieuomen hymōn tēs pisteōs, alla synergoi esmen tēs charas hymōn, tē gar pistei hestēkate
Not that we have lordship over your faith, but are helpers of your joy: for in faith ye stand fast.

β

ἔκρινα γὰρ ἐμαυτῷ τοῦτο, τὸ μὴ πάλιν ἐν λύπῃ πρὸς ὑμᾶς ἐλθεῖν
ekrina gar emautō touto, to mē palin en lypē pros hymas elthein
But I determined this for myself, that I would not come again to you with sorrow.

εἰ γὰρ ἐγὼ λυπῶ ὑμᾶς, καὶ τίς ὁ εὐφραίνων με εἰ μὴ ὁ λυπούμενος ἐξ ἐμοῦ
ei gar egō lypō hymas, kai tis ho euphrainōn me ei mē ho lypoumenos ex emou
For if I make you sorry, who then is he that maketh me glad but he that is made sorry by me?

καὶ ἔγραψα τοῦτο αὐτὸ ἵνα μὴ ἐλθὼν λύπην σχῶ ἀφ' ὧν ἔδει με χαίρειν
kai egrapsa touto auto hina mē elthōn lypēn schō aph' hōn edei me chairein
And I wrote this very thing, lest, when I came, I should have sorrow from them of whom I ought to rejoice;

πεποιθὼς ἐπὶ πάντας ὑμᾶς ὅτι ἡ ἐμὴ χαρὰ πάντων ὑμῶν ἐστιν
pepoithōs epi pantas hymas hoti hē emē chara pantōn hymōn estin
having confidence in you all, that my joy is the joy of you all.

ἐκ γὰρ πολλῆς θλίψεως καὶ συνοχῆς καρδίας ἔγραψα ὑμῖν διὰ πολλῶν δακρύων
ek gar pollēs thlipseōs kai synochēs kardias egrapsa hymin dia pollōn dakryōn,
For out of much affliction and anguish of heart I wrote unto you with many tears;

οὐχ ἵνα λυπηθῆτε ἀλλὰ τὴν ἀγάπην ἵνα γνῶτε ἣν ἔχω περισσοτέρως εἰς ὑμᾶς
ouch hina lypēthēte alla tēn agapēn hina gnōte hēn echō perissoterōs eis hymas
not that ye should be made sorry, but that ye might know the love which I have more abundantly unto you.

Εἰ δέ τις λελύπηκεν, οὐκ ἐμὲ λελύπηκεν, ἀλλὰ ἀπὸ μέρους, ἵνα μὴ ἐπιβαρῶ, πάντας ὑμᾶς
Ei de tis lelypēken, ouk eme lelypēken, alla apo merous, hina mē epibarō, pantas hymas
But if any hath caused sorrow, he hath caused sorrow, not to me, but in part (that I press not too heavily) to you all.

ἱκανὸν τῷ τοιούτῳ ἡ ἐπιτιμία αὕτη ἡ ὑπὸ τῶν πλειόνων
hikanon tō toioutō hē epitimia hautē hē hypo tōn pleionōn
Sufficient to such a one is this punishment which was inflicted by the many;

ὥστε τοὐναντίον μᾶλλον ὑμᾶς χαρίσασθαι καὶ παρακαλέσαι, μή πως τῇ περισσοτέρᾳ λύπῃ καταποθῇ ὁ τοιοῦτος
hōste tounantion mallon hymas charisasthai kai parakalesai, mē pōs tē perissotera lypē katapothē ho toioutos
so that contrariwise ye should rather forgive him and comfort him, lest by any means such a one should be swallowed up with his overmuch sorrow.

διὸ παρακαλῶ ὑμᾶς κυρῶσαι εἰς αὐτὸν ἀγάπην
dio parakalō hymas kyrōsai eis auton agapēn
Wherefore I beseech you to confirm your love toward him.

εἰς τοῦτο γὰρ καὶ ἔγραψα ἵνα γνῶ τὴν δοκιμὴν ὑμῶν, εἰ εἰς πάντα ὑπήκοοί ἐστε
eis touto gar kai egrapsa hina gnō tēn dokimēn hymōn, ei eis panta hypēkooi este
For to this end also did I write, that I might know the proof of you, whether ye are obedient in all things.

ᾧ δέ τι χαρίζεσθε, κἀγώ: καὶ γὰρ ἐγὼ ὃ κεχάρισμαι, εἴ τι κεχάρισμαι, δι' ὑμᾶς ἐν προσώπῳ Χριστοῦ
hō de ti charizesthe, kagō: kai gar egō ho kecharismai, ei ti kecharismai, di' hymas en prosōpō Christou
But to whom ye forgive anything, I forgive also: for what I also have forgiven, if I have forgiven anything, for your sakes have I forgiven it in the presence of Christ;

ἵνα μὴ πλεονεκτηθῶμεν ὑπὸ τοῦ Σατανᾶ, οὐ γὰρ αὐτοῦ τὰ νοήματα ἀγνοοῦμεν
hina mē pleonektēthōmen hypo tou Satana, ou gar autou ta noēmata agnooumen
that no advantage may be gained over us by Satan: for we are not ignorant of his devices.

Ἐλθὼν δὲ εἰς τὴν Τρῳάδα εἰς τὸ εὐαγγέλιον τοῦ Χριστοῦ, καὶ θύρας μοι ἀνεῳγμένης ἐν κυρίῳ
Elthōn de eis tēn Trōada eis to euangelion tou Christou, kai thyras moi aneōgmenēs en kyriō
Now when I came to Troas for the gospel of Christ, and when a door was opened unto me in the Lord,

οὐκ ἔσχηκα ἄνεσιν τῷ πνεύματί μου τῷ μὴ εὑρεῖν με Τίτον τὸν ἀδελφόν μου
ouk eschēka anesin tō pneumati mou tō mē heurein me Titon ton adelphon mou
I had no relief for my spirit, because I found not Titus my brother:

ἀλλὰ ἀποταξάμενος αὐτοῖς ἐξῆλθον εἰς Μακεδονίαν
alla apotaxamenos autois exēlthon eis Makedonian
but taking my leave of them, I went forth into Macedonia.

Τῷ δὲ θεῷ χάρις τῷ πάντοτε θριαμβεύοντι ἡμᾶς ἐν τῷ Χριστῷ
Tō de theō charis tō pantote thriambeuonti hēmas en tō Christō
But thanks be unto God, who always leadeth us in triumph in Christ,

καὶ τὴν ὀσμὴν τῆς γνώσεως αὐτοῦ φανεροῦντι δι' ἡμῶν ἐν παντὶ τόπῳ
kai tēn osmēn tēs gnōseōs autou phanerounti di' hēmōn en panti topō
and maketh manifest through us the savor of his knowledge in every place.

ὅτι Χριστοῦ εὐωδία ἐσμὲν τῷ θεῷ ἐν τοῖς σωζομένοις καὶ ἐν τοῖς ἀπολλυμένοις
hoti Christou euōdia esmen tō theō en tois sōzomenois kai en tois apollymenois
For we are a sweet savor of Christ unto God, in them that are saved, and in them that perish;

οἷς μὲν ὀσμὴ ἐκ θανάτου εἰς θάνατον, οἷς δὲ ὀσμὴ ἐκ ζωῆς εἰς ζωήν. καὶ πρὸς ταῦτα τίς ἱκανός
hois men osmē ek thanatou eis thanaton, hois de osmē ek zōēs eis zōēn. kai pros tauta tis hikanos
to the one a savor from death unto death; to the other a savor from life unto life. And who is sufficient for these things?

οὐ γάρ ἐσμεν ὡς οἱ πολλοὶ καπηλεύοντες τὸν λόγον τοῦ θεοῦ
ou gar esmen hōs hoi polloi kapēleuontes ton logon tou theou
For we are not as the many, corrupting the word of God:

ἀλλ' ὡς ἐξ εἰλικρινείας, ἀλλ' ὡς ἐκ θεοῦ κατέναντι θεοῦ ἐν Χριστῷ λαλοῦμεν
all' hōs ex eilikrineias, all' hōs ek theou katenanti theou en Christō laloumen
but as of sincerity, but as of God, in the sight of God, speak we in Christ.

γ

Ἀρχόμεθα πάλιν ἑαυτοὺς συνιστάνειν; ἢ μὴ χρῄζομεν ὥς τινες συστατικῶν ἐπιστολῶν πρὸς ὑμᾶς ἢ ἐξ ὑμῶν
Archometha palin heautous synistanein? ē mē chrēzomen hōs tines systatikōn epistolōn pros hymas ē ex hymōn
Are we beginning again to commend ourselves? or need we, as do some, epistles of commendation to you or from you?

ἡ ἐπιστολὴ ἡμῶν ὑμεῖς ἐστε, ἐγγεγραμμένη ἐν ταῖς καρδίαις ἡμῶν
hē epistolē hēmōn hymeis este, engegrammenē en tais kardiais hēmōn
Ye are our epistle, written in our hearts,

γινωσκομένη καὶ ἀναγινωσκομένη ὑπὸ πάντων ἀνθρώπων
ginōskomenē kai anaginōskomenē hypo pantōn anthrōpōn
known and read of all men;

φανερούμενοι ὅτι ἐστὲ ἐπιστολὴ Χριστοῦ διακονηθεῖσα ὑφ' ἡμῶν
phaneroumenoi hoti este epistolē Christou diakonētheisa hyph' hēmōn
being made manifest that ye are an epistle of Christ, ministered by us,

ἐγγεγραμμένη οὐ μέλανι ἀλλὰ πνεύματι θεοῦ ζῶντος, οὐκ ἐν πλαξὶν λιθίναις ἀλλ' ἐν πλαξὶν καρδίαις σαρκίναις
engegrammenē ou melani alla pneumati theou zōntos, ouk en plaxin lithinais all' en plaxin kardiais sarkinais
written not with ink, but with the Spirit of the living God; not in tables of stone, but in tables that are hearts of flesh.

Πεποίθησιν δὲ τοιαύτην ἔχομεν διὰ τοῦ Χριστοῦ πρὸς τὸν θεόν
Pepoithēsin de toiautēn echomen dia tou Christou pros ton theon
And such confidence have we through Christ to God-ward:

οὐχ ὅτι ἀφ' ἑαυτῶν ἱκανοί ἐσμεν λογίσασθαί τι ὡς ἐξ ἑαυτῶν, ἀλλ' ἡ ἱκανότης ἡμῶν ἐκ τοῦ θεοῦ
ouch hoti aph' heautōn hikanoi esmen logisasthai ti hōs ex heautōn, all' hē hikanotēs hēmōn ek tou theou
not that we are sufficient of ourselves, to account anything as from ourselves; but our sufficiency is from God;

ὃς καὶ ἱκάνωσεν ἡμᾶς διακόνους καινῆς διαθήκης, οὐ γράμματος ἀλλὰ πνεύματος
hos kai hikanōsen hēmas diakonous kainēs diathēkēs, ou grammatos alla pneumatos
who also made us sufficient as ministers of a new covenant; not of the letter, but of the spirit:

τὸ γὰρ γράμμα ἀποκτέννει, τὸ δὲ πνεῦμα ζῳοποιεῖ
to gar gramma apoktennei, to de pneuma zōopoiei
for the letter killeth, but the spirit giveth life.

Εἰ δὲ ἡ διακονία τοῦ θανάτου ἐν γράμμασιν ἐντετυπωμένη λίθοις ἐγενήθη ἐν δόξῃ
Ei de hē diakonia tou thanatou en grammasin entetypōmenē lithois egenēthē en doxē
But if the ministration of death, written, and engraven on stones, came with glory,

ὥστε μὴ δύνασθαι ἀτενίσαι τοὺς υἱοὺς Ἰσραὴλ εἰς τὸ πρόσωπον Μωϋσέως διὰ τὴν δόξαν τοῦ προσώπου αὐτοῦ
hōste mē dynasthai atenisai tous huious Israēl eis to prosōpon Mōuseōs dia tēn doxan tou prosōpou autou
so that the children of Israel could not look stedfastly upon the face of Moses for the glory of his face;

τὴν καταργουμένην
tēn katargoumenēn
which glory was passing away:

πῶς οὐχὶ μᾶλλον ἡ διακονία τοῦ πνεύματος ἔσται ἐν δόξῃ
pōs ouchi mallon hē diakonia tou pneumatos estai en doxē
how shall not rather the ministration of the spirit be with glory?

εἰ γὰρ τῇ διακονίᾳ τῆς κατακρίσεως δόξα, πολλῷ μᾶλλον περισσεύει ἡ διακονία τῆς δικαιοσύνης δόξῃ
ei gar tē diakonia tēs katakriseōs doxa, pollō mallon perisseuei hē diakonia tēs dikaiosynēs doxē
For if the ministration of condemnation hath glory, much rather doth the ministration of righteousness exceed in glory.

καὶ γὰρ οὐ δεδόξασται τὸ δεδοξασμένον ἐν τούτῳ τῷ μέρει εἵνεκεν τῆς ὑπερβαλλούσης δόξης
kai gar ou dedoxastai to dedoxasmenon en toutō tō merei heineken tēs hyperballousēs doxēs
For verily that which hath been made glorious hath not been made glorious in this respect, by reason of the glory that surpasseth.

εἰ γὰρ τὸ καταργούμενον διὰ δόξης, πολλῷ μᾶλλον τὸ μένον ἐν δόξῃ
ei gar to katargoumenon dia doxēs, pollō mallon to menon en doxē
For if that which passeth away was with glory, much more that which remaineth is in glory.

Ἔχοντες οὖν τοιαύτην ἐλπίδα πολλῇ παρρησίᾳ χρώμεθα
Echontes oun toiautēn elpida pollē parrēsia chrōmetha
Having therefore such a hope, we use great boldness of speech,

καὶ οὐ καθάπερ Μωϋσῆς ἐτίθει κάλυμμα ἐπὶ τὸ πρόσωπον αὐτοῦ
kai ou kathaper Mōusēs etithei kalymma epi to prosōpon autou
and are not as Moses, who put a veil upon his face,

πρὸς τὸ μὴ ἀτενίσαι τοὺς υἱοὺς Ἰσραὴλ εἰς τὸ τέλος τοῦ καταργουμένου
pros to mē atenisai tous huious Israēl eis to telos tou katargoumenou
that the children of Israel should not look stedfastly on the end of that which was passing away:

ἀλλὰ ἐπωρώθη τὰ νοήματα αὐτῶν
alla epōrōthē ta noēmata autōn
but their minds were hardened:

ἄχρι γὰρ τῆς σήμερον ἡμέρας τὸ αὐτὸ κάλυμμα ἐπὶ τῇ ἀναγνώσει τῆς παλαιᾶς διαθήκης μένει μὴ ἀνακαλυπτόμενον
achri gar tēs sēmeron hēmeras to auto kalymma epi tē anagnōsei tēs palaias diathēkēs menei mē anakalyptomenon
for until this very day at the reading of the old covenant the same veil remaineth, it not being revealed to them

ὅτι ἐν Χριστῷ καταργεῖται
hoti en Christō katargeitai
that it is done away in Christ.

ἀλλ' ἕως σήμερον ἡνίκα ἂν ἀναγινώσκηται Μωϋσῆς κάλυμμα ἐπὶ τὴν καρδίαν αὐτῶν κεῖται
all' heōs sēmeron hēnika an anaginōskētai Mōusēs kalymma epi tēn kardian autōn keitai
But unto this day, whensoever Moses is read, a veil lieth upon their heart.

ἡνίκα δὲ ἐὰν ἐπιστρέψῃ πρὸς κύριον, περιαιρεῖται τὸ κάλυμμα
hēnika de ean epistrepsē pros kyrion, periaireitai to kalymma
But whensoever it shall turn to the Lord, the veil is taken away.

ὁ δὲ κύριος τὸ πνεῦμά ἐστιν: οὗ δὲ τὸ πνεῦμα κυρίου, ἐλευθερία
ho de kyrios to pneuma estin: hou de to pneuma kyriou, eleutheria
Now the Lord is the Spirit: and where the Spirit of the Lord is, there is liberty.

ἡμεῖς δὲ πάντες ἀνακεκαλυμμένῳ προσώπῳ τὴν δόξαν κυρίου κατοπτριζόμενοι
hēmeis de pantes anakekalymmenō prosōpō tēn doxan kyriou katoptrizomenoi
But we all, with unveiled face beholding as in a mirror the glory of the Lord,

τὴν αὐτὴν εἰκόνα μεταμορφούμεθα ἀπὸ δόξης εἰς δόξαν, καθάπερ ἀπὸ κυρίου πνεύματος
tēn autēn eikona metamorphoumetha apo doxēs eis doxan, kathaper apo kyriou pneumatos
are transformed into the same image from glory to glory, even as from the Lord the Spirit.

δ

Διὰ τοῦτο, ἔχοντες τὴν διακονίαν ταύτην, καθὼς ἠλεήθημεν, οὐκ ἐγκακοῦμεν
Dia touto, echontes tēn diakonian tautēn, kathōs ēleēthēmen, ouk enkakoumen
Therefore seeing we have this ministry, even as we obtained mercy, we faint not:

ἀλλὰ ἀπειπάμεθα τὰ κρυπτὰ τῆς αἰσχύνης, μὴ περιπατοῦντες ἐν πανουργίᾳ μηδὲ δολοῦντες τὸν λόγον τοῦ θεοῦ
alla apeipametha ta krypta tēs aischynēs, mē peripatountes en panourgia mēde dolountes ton logon tou theou
but we have renounced the hidden things of shame, not walking in craftiness, nor handling the word of God deceitfully;

ἀλλὰ τῇ φανερώσει τῆς ἀληθείας συνιστάνοντες ἑαυτοὺς πρὸς πᾶσαν συνείδησιν ἀνθρώπων ἐνώπιον τοῦ θεοῦ
alla tē phanerōsei tēs alētheias synistanontes heautous pros pasan syneidēsin anthrōpōn enōpion tou theou
but by the manifestation of the truth commending ourselves to every man's conscience in the sight of God.

εἰ δὲ καὶ ἔστιν κεκαλυμμένον τὸ εὐαγγέλιον ἡμῶν, ἐν τοῖς ἀπολλυμένοις ἐστὶν κεκαλυμμένον
ei de kai estin kekalymmenon to euangelion hēmōn, en tois apollymenois estin kekalymmenon
And even if our gospel is veiled, it is veiled in them that perish:

ἐν οἷς ὁ θεὸς τοῦ αἰῶνος τούτου ἐτύφλωσεν τὰ νοήματα τῶν ἀπίστων
en hois ho theos tou aiōnos toutou etyphlōsen ta noēmata tōn apistōn
in whom the god of this world hath blinded the minds of the unbelieving,

εἰς τὸ μὴ αὐγάσαι τὸν φωτισμὸν τοῦ εὐαγγελίου τῆς δόξης τοῦ Χριστοῦ, ὅς ἐστιν εἰκὼν τοῦ θεο
eis to mē augasai ton phōtismon tou euangeliou tēs doxēs tou Christou, hos estin eikōn tou theo
that the light of the gospel of the glory of Christ, who is the image of God, should not dawn upon them.

οὐ γὰρ ἑαυτοὺς κηρύσσομεν ἀλλὰ Ἰησοῦν Χριστὸν κύριον, ἑαυτοὺς δὲ δούλους ὑμῶν διὰ Ἰησοῦν
ou gar heautous kēryssomen alla Iēsoun Christon kyrion, heautous de doulous hymōn dia Iēsoun
For we preach not ourselves, but Christ Jesus as Lord, and ourselves as your servants for Jesus' sake.

ὅτι ὁ θεὸς ὁ εἰπών, Ἐκ σκότους φῶς λάμψει, ὃς ἔλαμψεν ἐν ταῖς καρδίαις ἡμῶν
hoti ho theos ho eipōn, Ek skotous phōs lampsei, hos elampsen en tais kardiais hēmōn
Seeing it is God, that said, Light shall shine out of darkness, who shined in our hearts,

πρὸς φωτισμὸν τῆς γνώσεως τῆς δόξης τοῦ θεοῦ ἐν προσώπῳ [Ἰησοῦ] Χριστοῦ
pros phōtismon tēs gnōseōs tēs doxēs tou theou en prosōpō [Iēsou] Christou
to give the light of the knowledge of the glory of God in the face of Jesus Christ.

Ἔχομεν δὲ τὸν θησαυρὸν τοῦτον ἐν ὀστρακίνοις σκεύεσιν
Echomen de ton thēsauron touton en ostrakinois skeuesin
But we have this treasure in earthen vessels,

ἵνα ἡ ὑπερβολὴ τῆς δυνάμεως ᾖ τοῦ θεοῦ καὶ μὴ ἐξ ἡμῶν
hina hē hyperbolē tēs dynameōs ē tou theou kai mē ex hēmōn
that the exceeding greatness of the power may be of God, and not from ourselves;

ἐν παντὶ θλιβόμενοι ἀλλ' οὐ στενοχωρούμενοι, ἀπορούμενοι ἀλλ' οὐκ ἐξαπορούμενοι
en panti thlibomenoi all' ou stenochōroumenoi, aporoumenoi all' ouk exaporoumenoi
we are pressed on every side, yet not straitened; perplexed, yet not unto despair;

διωκόμενοι ἀλλ' οὐκ ἐγκαταλειπόμενοι, καταβαλλόμενοι ἀλλ' οὐκ ἀπολλύμενοι
diōkomenoi all' ouk enkataleipomenoi, kataballomenoi all' ouk apollymenoi
pursued, yet not forsaken; smitten down, yet not destroyed;

πάντοτε τὴν νέκρωσιν τοῦ Ἰησοῦ ἐν τῷ σώματι περιφέροντες, ἵνα καὶ ἡ ζωὴ τοῦ Ἰησοῦ ἐν τῷ σώματι ἡμῶν φανερωθῇ
pantote tēn nekrōsin tou Iēsou en tō sōmati peripherontes, hina kai hē zōē tou Iēsou en tō sōmati hēmōn phanerōthē
always bearing about in the body the dying of Jesus, that the life also of Jesus may be manifested in our body.

ἀεὶ γὰρ ἡμεῖς οἱ ζῶντες εἰς θάνατον παραδιδόμεθα διὰ Ἰησοῦν
aei gar hēmeis hoi zōntes eis thanaton paradidometha dia Iēsoun
For we who live are always delivered unto death for Jesus' sake,

ἵνα καὶ ἡ ζωὴ τοῦ Ἰησοῦ φανερωθῇ ἐν τῇ θνητῇ σαρκὶ ἡμῶν
hina kai hē zōē tou Iēsou phanerōthē en tē thnētē sarki hēmōn
that the life also of Jesus may be manifested in our mortal flesh.

ὥστε ὁ θάνατος ἐν ἡμῖν ἐνεργεῖται, ἡ δὲ ζωὴ ἐν ὑμῖν
hōste ho thanatos en hēmin energeitai, hē de zōē en hymin
So then death worketh in us, but life in you.

ἔχοντες δὲ τὸ αὐτὸ πνεῦμα τῆς πίστεως, κατὰ τὸ γεγραμμένον, Ἐπίστευσα, διὸ ἐλάλησα
echontes de to auto pneuma tēs pisteōs, kata to gegrammenon, Episteusa, dio elalēsa
But having the same spirit of faith, according to that which is written, I believed, and therefore did I speak;

καὶ ἡμεῖς πιστεύομεν, διὸ καὶ λαλοῦμεν
kai hēmeis pisteuomen, dio kai laloumen
we also believe, and therefore also we speak;

εἰδότες ὅτι ὁ ἐγείρας τὸν κύριον Ἰησοῦν καὶ ἡμᾶς σὺν Ἰησοῦ ἐγερεῖ καὶ παραστήσει σὺν ὑμῖν
eidotes hoti ho egeiras ton kyrion Iēsoun kai hēmas syn Iēsou egerei kai parastēsei syn hymin
knowing that he that raised up the Lord Jesus shall raise up us also with Jesus, and shall present us with you.

τὰ γὰρ πάντα δι' ὑμᾶς, ἵνα ἡ χάρις πλεονάσασα διὰ τῶν πλειόνων τὴν εὐχαριστίαν περισσεύσῃ εἰς τὴν δόξαν τοῦ θεοῦ
ta gar panta di' hymas, hina hē charis pleonasasa dia tōn pleionōn tēn eucharistian perisseusē eis tēn doxan tou theou
For all things are for your sakes, that the grace, being multiplied through the many, may cause the thanksgiving to abound unto the glory of God.

Διὸ οὐκ ἐγκακοῦμεν, ἀλλ' εἰ καὶ ὁ ἔξω ἡμῶν ἄνθρωπος διαφθείρεται
Dio ouk enkakoumen, all' ei kai ho exō hēmōn anthrōpos diaphtheiretai,
Wherefore we faint not; but though our outward man is decaying,

ἀλλ' ὁ ἔσω ἡμῶν ἀνακαινοῦται ἡμέρᾳ καὶ ἡμέρᾳ
all' ho esō hēmōn anakainoutai hēmera kai hēmera
yet our inward man is renewed day by day.

τὸ γὰρ παραυτίκα ἐλαφρὸν τῆς θλίψεως ἡμῶν καθ' ὑπερβολὴν εἰς ὑπερβολὴν αἰώνιον βάρος δόξης κατεργάζεται ἡμῖν
to gar parautika elaphron tēs thlipseōs hēmōn kath' hyperbolēn eis hyperbolēn aiōnion baros doxēs katergazetai hēmin
For our light affliction, which is for the moment, worketh for us more and more exceedingly an eternal weight of glory;

μὴ σκοπούντων ἡμῶν τὰ βλεπόμενα ἀλλὰ τὰ μὴ βλεπόμενα
mē skopountōn hēmōn ta blepomena alla ta mē blepomena
while we look not at the things which are seen, but at the things which are not seen:

τὰ γὰρ βλεπόμενα πρόσκαιρα, τὰ δὲ μὴ βλεπόμενα αἰώνια
ta gar blepomena proskaira, ta de mē blepomena aiōnia
for the things which are seen are temporal; but the things which are not seen are eternal.

ε

Οἴδαμεν γὰρ ὅτι ἐὰν ἡ ἐπίγειος ἡμῶν οἰκία τοῦ σκήνους καταλυθῇ
Oidamen gar hoti ean hē epigeios hēmōn oikia tou skēnous katalythē
For we know that if the earthly house of our tabernacle be dissolved,

οἰκοδομὴν ἐκ θεοῦ ἔχομεν οἰκίαν ἀχειροποίητον αἰώνιον ἐν τοῖς οὐρανοῖς
oikodomēn ek theou echomen oikian acheiropoiēton aiōnion en tois ouranois
we have a building from God, a house not made with hands, eternal, in the heavens.

καὶ γὰρ ἐν τούτῳ στενάζομεν, τὸ οἰκητήριον ἡμῶν τὸ ἐξ οὐρανοῦ ἐπενδύσασθαι ἐπιποθοῦντες
kai gar en toutō stenazomen, to oikētērion hēmōn to ex ouranou ependysasthai epipothountes
For verily in this we groan, longing to be clothed upon with our habitation which is from heaven:

εἴ γε καὶ ἐκδυσάμενοι οὐ γυμνοὶ εὑρεθησόμεθα
ei ge kai ekdysamenoi ou gymnoi heurethēsometha
if so be that being clothed we shall not be found naked.

καὶ γὰρ οἱ ὄντες ἐν τῷ σκήνει στενάζομεν βαρούμενοι
kai gar hoi ontes en tō skēnei stenazomen baroumenoi
For indeed we that are in this tabernacle do groan, being burdened;

ἐφ' ᾧ οὐ θέλομεν ἐκδύσασθαι ἀλλ' ἐπενδύσασθαι
eph' hō ou thelomen ekdysasthai all' ependysasthai
not for that we would be unclothed, but that we would be clothed upon,

ἵνα καταποθῇ τὸ θνητὸν ὑπὸ τῆς ζωῆς
hina katapothē to thnēton hypo tēs zōēs
that what is mortal may be swallowed up of life.

ὁ δὲ κατεργασάμενος ἡμᾶς εἰς αὐτὸ τοῦτο θεός, ὁ δοὺς ἡμῖν τὸν ἀρραβῶνα τοῦ πνεύματος
ho de katergasamenos hēmas eis auto touto theos, ho dous hēmin ton arrabōna tou pneumatos
Now he that wrought us for this very thing is God, who gave unto us the earnest of the Spirit.

Θαρροῦντες οὖν πάντοτε καὶ εἰδότες ὅτι ἐνδημοῦντες ἐν τῷ σώματι ἐκδημοῦμεν ἀπὸ τοῦ κυρίου
Tharrountes oun pantote kai eidotes hoti endēmountes en tō sōmati ekdēmoumen apo tou kyriou
Being therefore always of good courage, and knowing that, whilst we are at home in the body, we are absent from the Lord

διὰ πίστεως γὰρ περιπατοῦμεν οὐ διὰ εἴδους
dia pisteōs gar peripatoumen ou dia eidous
(for we walk by faith, not by sight);

θαρροῦμεν δὲ καὶ εὐδοκοῦμεν μᾶλλον ἐκδημῆσαι ἐκ τοῦ σώματος καὶ ἐνδημῆσαι πρὸς τὸν κύριον
tharroumen de kai eudokoumen mallon ekdēmēsai ek tou sōmatos kai endēmēsai pros ton kyrion
we are of good courage, I say, and are willing rather to be absent from the body, and to be at home with the Lord.

διὸ καὶ φιλοτιμούμεθα, εἴτε ἐνδημοῦντες εἴτε ἐκδημοῦντες, εὐάρεστοι αὐτῷ εἶναι
dio kai philotimoumetha, eite endēmountes eite ekdēmountes, euarestoi autō einai
Wherefore also we make it our aim, whether at home or absent, to be well-pleasing unto him.

τοὺς γὰρ πάντας ἡμᾶς φανερωθῆναι δεῖ ἔμπροσθεν τοῦ βήματος τοῦ Χριστοῦ
tous gar pantas hēmas phanerōthēnai dei emprosthen tou bēmatos tou Christou
For we must all be made manifest before the judgment-seat of Christ;

ἵνα κομίσηται ἕκαστος τὰ διὰ τοῦ σώματος πρὸς ἃ ἔπραξεν, εἴτε ἀγαθὸν εἴτε φαῦλον
hina komisētai hekastos ta dia tou sōmatos pros ha epraxen, eite agathon eite phaulon
that each one may receive the things done in the body, according to what he hath done, whether it be good or bad.

Εἰδότες οὖν τὸν φόβον τοῦ κυρίου ἀνθρώπους πείθομεν, θεῷ δὲ πεφανερώμεθα
Eidotes oun ton phobon tou kyriou anthrōpous peithomen, theō de pephanerōmetha
Knowing therefore the fear of the Lord, we persuade men, but we are made manifest unto God;

ἐλπίζω δὲ καὶ ἐν ταῖς συνειδήσεσιν ὑμῶν πεφανερῶσθαι
elpizō de kai en tais syneidēsesin hymōn pephanerōsthai
and I hope that we are made manifest also in your consciences.

οὐ πάλιν ἑαυτοὺς συνιστάνομεν ὑμῖν, ἀλλὰ ἀφορμὴν διδόντες ὑμῖν καυχήματος ὑπὲρ ἡμῶν
ou palin heautous synistanomen hymin, alla aphormēn didontes hymin kauchēmatos hyper hēmōn
We are not again commending ourselves unto you, but speak as giving you occasion of glorying on our behalf,

ἵνα ἔχητε πρὸς τοὺς ἐν προσώπῳ καυχωμένους καὶ μὴ ἐν καρδίᾳ
hina echēte pros tous en prosōpō kauchōmenous kai mē en kardia
that ye may have wherewith to answer them that glory in appearance, and not in heart.

εἴτε γὰρ ἐξέστημεν, θεῷ: εἴτε σωφρονοῦμεν, ὑμῖν
eite gar exestēmen, theō: eite sōphronoumen, hymin
For whether we are beside ourselves, it is unto God; or whether we are of sober mind, it is unto you.

ἡ γὰρ ἀγάπη τοῦ Χριστοῦ συνέχει ἡμᾶς, κρίναντας τοῦτο, ὅτι εἷς ὑπὲρ πάντων ἀπέθανεν
hē gar agapē tou Christou synechei hēmas, krinantas touto, hoti heis hyper pantōn apethanen
For the love of Christ constraineth us; because we thus judge, that one died for all,

ἄρα οἱ πάντες ἀπέθανον
ara hoi pantes apethanon
therefore all died;

καὶ ὑπὲρ πάντων ἀπέθανεν ἵνα οἱ ζῶντες μηκέτι ἑαυτοῖς ζῶσιν ἀλλὰ τῷ ὑπὲρ αὐτῶν ἀποθανόντι καὶ ἐγερθέντι
kai hyper pantōn apethanen hina hoi zōntes mēketi heautois zōsin alla tō hyper autōn apothanonti kai egerthenti
and he died for all, that they that live should no longer live unto themselves, but unto him who for their sakes died and rose again.

Ὥστε ἡμεῖς ἀπὸ τοῦ νῦν οὐδένα οἴδαμεν κατὰ σάρκα
Hōste hēmeis apo tou nyn oudena oidamen kata sarka
Wherefore we henceforth know no man after the flesh:

εἰ καὶ ἐγνώκαμεν κατὰ σάρκα Χριστόν, ἀλλὰ νῦν οὐκέτι γινώσκομεν
ei kai egnōkamen kata sarka Christon, alla nyn ouketi ginōskomen
even though we have known Christ after the flesh, yet now we know him so no more.

ὥστε εἴ τις ἐν Χριστῷ, καινὴ κτίσις: τὰ ἀρχαῖα παρῆλθεν, ἰδοὺ γέγονεν καινά
hōste ei tis en Christō, kainē ktisis: ta archaia parēlthen, idou gegonen kaina
Wherefore if any man is in Christ, he is a new creature: the old things are passed away; behold, they are become new.

τὰ δὲ πάντα ἐκ τοῦ θεοῦ τοῦ καταλλάξαντος ἡμᾶς ἑαυτῷ διὰ Χριστοῦ καὶ δόντος ἡμῖν τὴν διακονίαν τῆς καταλλαγῆς
ta de panta ek tou theou tou katallaxantos hēmas heautō dia Christou kai dontos hēmin tēn diakonian tēs katallagēs
But all things are of God, who reconciled us to himself through Christ, and gave unto us the ministry of reconciliation;

ὡς ὅτι θεὸς ἦν ἐν Χριστῷ κόσμον καταλλάσσων ἑαυτῷ, μὴ λογιζόμενος αὐτοῖς τὰ παραπτώματα αὐτῶν
hōs hoti theos ēn en Christō kosmon katallassōn heautō, mē logizomenos autois ta paraptōmata autōn,
to wit, that God was in Christ reconciling the world unto himself, not reckoning unto them their trespasses,

καὶ θέμενος ἐν ἡμῖν τὸν λόγον τῆς καταλλαγῆς
kai themenos en hēmin ton logon tēs katallagēs
and having committed unto us the word of reconciliation.

ὑπὲρ Χριστοῦ οὖν πρεσβεύομεν ὡς τοῦ θεοῦ παρακαλοῦντος δι' ἡμῶν
hyper Christou oun presbeuomen hōs tou theou parakalountos di' hēmōn
We are ambassadors therefore on behalf of Christ, as though God were entreating by us:

δεόμεθα ὑπὲρ Χριστοῦ, καταλλάγητε τῷ θεῷ
deometha hyper Christou, katallagēte tō theō
we beseech you on behalf of Christ, be ye reconciled to God.

τὸν μὴ γνόντα ἁμαρτίαν ὑπὲρ ἡμῶν ἁμαρτίαν ἐποίησεν, ἵνα ἡμεῖς γενώμεθα δικαιοσύνη θεοῦ ἐν αὐτῷ
ton mē gnonta hamartian hyper hēmōn hamartian epoiēsen, hina hēmeis genōmetha dikaiosynē theou en autō
Him who knew no sin he made to be sin on our behalf; that we might become the righteousness of God in him.

ς

Συνεργοῦντες δὲ καὶ παρακαλοῦμεν μὴ εἰς κενὸν τὴν χάριν τοῦ θεοῦ δέξασθαι ὑμᾶς
Synergountes de kai parakaloumen mē eis kenon tēn charin tou theou dexasthai hymas
And working together with him we entreat also that ye receive not the grace of God in vain

λέγει γάρ, Καιρῷ δεκτῷ ἐπήκουσά σου καὶ ἐν ἡμέρᾳ σωτηρίας ἐβοήθησά σοι
legei gar, Kairō dektō epēkousa sou kai en hēmera sōtērias eboēthēsa soi
(for he saith, At an acceptable time I hearkened unto thee, And in a day of salvation did I succor thee:

ἰδοὺ νῦν καιρὸς εὐπρόσδεκτος, ἰδοὺ νῦν ἡμέρα σωτηρίας
idou nyn kairos euprosdektos, idou nyn hēmera sōtērias
behold, now is the acceptable time; behold, now is the day of salvation):

μηδεμίαν ἐν μηδενὶ διδόντες προσκοπήν, ἵνα μὴ μωμηθῇ ἡ διακονία
mēdemian en mēdeni didontes proskopēn, hina mē mōmēthē hē diakonia
giving no occasion of stumbling in anything, that our ministration be not blamed;

ἀλλ' ἐν παντὶ συνίσταντες ἑαυτοὺς ὡς θεοῦ διάκονοι
all' en panti synistantes heautous hōs theou diakonoi
but in everything commending ourselves, as ministers of God,

ἐν ὑπομονῇ πολλῇ, ἐν θλίψεσιν, ἐν ἀνάγκαις, ἐν στενοχωρίαις
en hypomonē pollē, en thlipsesin, en anankais, en stenochōriais
in much patience, in afflictions, in necessities, in distresses,

ἐν πληγαῖς, ἐν φυλακαῖς, ἐν ἀκαταστασίαις, ἐν κόποις, ἐν ἀγρυπνίαις, ἐν νηστείαις
en plēgais, en phylakais, en akatastasiais, en kopois, en agrypniais, en nēsteiais
in stripes, in imprisonments, in tumults, in labors, in watchings, in fastings;

ἐν ἁγνότητι, ἐν γνώσει, ἐν μακροθυμίᾳ, ἐν χρηστότητι, ἐν πνεύματι ἁγίῳ, ἐν ἀγάπῃ ἀνυποκρίτῳ
en hagnotēti, en gnōsei, en makrothymia, en chrēstotēti, en pneumati hagiō, en agapē anypokritō
in pureness, in knowledge, in longsuffering, in kindness, in the Holy Spirit, in love unfeigned,

ἐν λόγῳ ἀληθείας, ἐν δυνάμει θεοῦ: διὰ τῶν ὅπλων τῆς δικαιοσύνης τῶν δεξιῶν καὶ ἀριστερῶν
en logō alētheias, en dynamei theou: dia tōn hoplōn tēs dikaiosynēs tōn dexiōn kai aristerōn
in the word of truth, in the power of God; by the armor of righteousness on the right hand and on the left,

διὰ δόξης καὶ ἀτιμίας, διὰ δυσφημίας καὶ εὐφημίας: ὡς πλάνοι καὶ ἀληθεῖς
dia doxēs kai atimias, dia dysphēmias kai euphēmias: hōs planoi kai alētheis
by glory and dishonor, by evil report and good report; as deceivers, and yet true;

ὡς ἀγνοούμενοι καὶ ἐπιγινωσκόμενοι, ὡς ἀποθνήσκοντες καὶ ἰδοὺ ζῶμεν, ὡς παιδευόμενοι καὶ μὴ θανατούμενοι
hōs agnooumenoi kai epiginōskomenoi, hōs apothnēskontes kai idou zōmen, hōs paideuomenoi kai mē thanatoumenoi
as unknown, and yet well known; as dying, and behold, we live; as chastened, and not killed;

ὡς λυπούμενοι ἀεὶ δὲ χαίροντες, ὡς πτωχοὶ πολλοὺς δὲ πλουτίζοντες, ὡς μηδὲν ἔχοντες καὶ πάντα κατέχοντε
hōs lypoumenoi aei de chairontes, hōs ptōchoi pollous de ploutizontes, hōs mēden echontes kai panta katechonte
as sorrowful, yet always rejoicing; as poor, yet making many rich; as having nothing, and yet possessing all things.

Τὸ στόμα ἡμῶν ἀνέῳγεν πρὸς ὑμᾶς, Κορίνθιοι, ἡ καρδία ἡμῶν πεπλάτυνται
To stoma hēmōn aneōgen pros hymas, Korinthioi, hē kardia hēmōn peplatyntai
Our mouth is open unto you, O Corinthians, our heart is enlarged.

οὐ στενοχωρεῖσθε ἐν ἡμῖν, στενοχωρεῖσθε δὲ ἐν τοῖς σπλάγχνοις ὑμῶν
ou stenochōreisthe en hēmin, stenochōreisthe de en tois splanchnois hymōn
Ye are not straitened in us, but ye are straitened in your own affections.

τὴν δὲ αὐτὴν ἀντιμισθίαν, ὡς τέκνοις λέγω, πλατύνθητε καὶ ὑμεῖς
tēn de autēn antimisthian, hōs teknois legō, platynthēte kai hymeis
Now for a recompense in like kind (I speak as unto my children), be ye also enlarged.

Μὴ γίνεσθε ἑτεροζυγοῦντες ἀπίστοις
Mē ginesthe heterozygountes apistois
Be not unequally yoked with unbelievers:

τίς γὰρ μετοχὴ δικαιοσύνῃ καὶ ἀνομίᾳ; ἢ τίς κοινωνία φωτὶ πρὸς σκότος
tis gar metochē dikaiosynē kai anomia? ē tis koinōnia phōti pros skotos
for what fellowship have righteousness and iniquity? or what communion hath light with darkness?

τίς δὲ συμφώνησις Χριστοῦ πρὸς Βελιάρ, ἢ τίς μερὶς πιστῷ μετὰ ἀπίστου
tis de symphōnēsis Christou pros Beliar, ē tis meris pistō meta apistou
And what concord hath Christ with Belial? or what portion hath a believer with an unbeliever?

τίς δὲ συγκατάθεσις ναῷ θεοῦ μετὰ εἰδώλων; ἡμεῖς γὰρ ναὸς θεοῦ ἐσμεν ζῶντος
tis de synkatathesis naō theou meta eidōlōn? hēmeis gar naos theou esmen zōntos:
And what agreement hath a temple of God with idols? for we are a temple of the living God;

καθὼς εἶπεν ὁ θεὸς ὅτι Ἐνοικήσω ἐν αὐτοῖς καὶ ἐμπεριπατήσω, καὶ ἔσομαι αὐτῶν θεός, καὶ αὐτοὶ ἔσονταί μου λαός
kathōs eipen ho theos hoti Enoikēsō en autois kai emperipatēsō, kai esomai autōn theos, kai autoi esontai mou laos
even as God said, I will dwell in them, and walk in them; and I will be their God, and they shall be my people.

διὸ ἐξέλθατε ἐκ μέσου αὐτῶν καὶ ἀφορίσθητε, λέγει κύριος, καὶ ἀκαθάρτου μὴ ἅπτεσθε· κἀγὼ εἰσδέξομαι ὑμᾶς
dio exelthate ek mesou autōn kai aphoristhēte, legei kyrios, kai akathartou mē haptesthe: kagō eisdexomai hymas
Wherefore Come ye out from among them, and be ye separate, saith the Lord, And touch no unclean thing; And I will receive you,

καὶ ἔσομαι ὑμῖν εἰς πατέρα, καὶ ὑμεῖς ἔσεσθέ μοι εἰς υἱοὺς καὶ θυγατέρας, λέγει κύριος παντοκράτωρ
kai esomai hymin eis patera, kai hymeis esesthe moi eis huious kai thygateras, legei kyrios pantokratōr
And will be to you a Father, And ye shall be to me sons and daughters, saith the Lord Almighty.

ζ

ταύτας οὖν ἔχοντες τὰς ἐπαγγελίας, ἀγαπητοί
tautas oun echontes tas epangelias, agapētoi
Having therefore these promises, beloved,

καθαρίσωμεν ἑαυτοὺς ἀπὸ παντὸς μολυσμοῦ σαρκὸς καὶ πνεύματος, ἐπιτελοῦντες ἁγιωσύνην ἐν φόβῳ θεοῦ
katharisōmen heautous apo pantos molysmou sarkos kai pneumatos, epitelountes hagiōsynēn en phobō theou
let us cleanse ourselves from all defilement of flesh and spirit, perfecting holiness in the fear of God.

Χωρήσατε ἡμᾶς· οὐδένα ἠδικήσαμεν, οὐδένα ἐφθείραμεν, οὐδένα ἐπλεονεκτήσαμεν
Chōrēsate hēmas: oudena ēdikēsamen, oudena ephtheiramen, oudena epleonektēsamen
Open your hearts to us: we wronged no man, we corrupted no man, we took advantage of no man.

πρὸς κατάκρισιν οὐ λέγω, προείρηκα γὰρ ὅτι ἐν ταῖς καρδίαις ἡμῶν ἐστε εἰς τὸ συναποθανεῖν καὶ συζῆν
pros katakrisin ou legō, proeirēka gar hoti en tais kardiais hēmōn este eis to synapothanein kai syzēn
I say it not to condemn you: for I have said before, that ye are in our hearts to die together and live together.

πολλή μοι παρρησία πρὸς ὑμᾶς, πολλή μοι καύχησις ὑπὲρ ὑμῶν
pollē moi parrēsia pros hymas, pollē moi kauchēsis hyper hymōn
Great is my boldness of speech toward you, great is my glorying on your behalf:

πεπλήρωμαι τῇ παρακλήσει, ὑπερπερισσεύομαι τῇ χαρᾷ ἐπὶ πάσῃ τῇ θλίψει ἡμῶν
peplērōmai tē paraklēsei, hyperperisseuomai tē chara epi pasē tē thlipsei hēmōn
I am filled with comfort, I overflow with joy in all our affliction.

Καὶ γὰρ ἐλθόντων ἡμῶν εἰς Μακεδονίαν οὐδεμίαν ἔσχηκεν ἄνεσιν ἡ σὰρξ ἡμῶν
Kai gar elthontōn hēmōn eis Makedonian oudemian eschēken anesin hē sarx hēmōn
For even when we were come into Macedonia our flesh had no relief,

ἀλλ' ἐν παντὶ θλιβόμενοι ἔξωθεν μάχαι, ἔσωθεν φόβοι
all' en panti thlibomenoi exōthen machai, esōthen phoboi
but we were afflicted on every side; without were fightings, within were fears.

ἀλλ' ὁ παρακαλῶν τοὺς ταπεινοὺς παρεκάλεσεν ἡμᾶς ὁ θεὸς ἐν τῇ παρουσίᾳ Τίτου
all' ho parakalōn tous tapeinous parekalesen hēmas ho theos en tē parousia Titou
Nevertheless he that comforteth the lowly, even God, comforted us by the coming of Titus;

οὐ μόνον δὲ ἐν τῇ παρουσίᾳ αὐτοῦ ἀλλὰ καὶ ἐν τῇ παρακλήσει ᾗ παρεκλήθη ἐφ' ὑμῖν
ou monon de en tē parousia autou alla kai en tē paraklēsei hē pareklēthē eph' hymin
and not by his coming only, but also by the comfort wherewith he was comforted in you,

ἀναγγέλλων ἡμῖν τὴν ὑμῶν ἐπιπόθησιν, τὸν ὑμῶν ὀδυρμόν, τὸν ὑμῶν ζῆλον ὑπὲρ ἐμοῦ
anangellōn hēmin tēn hymōn epipothēsin, ton hymōn odyrmon, ton hymōn zēlon hyper emou
while he told us your longing, your mourning, your zeal for me;

ὥστε με μᾶλλον χαρῆναι
hōste me mallon charēnai
so that I rejoiced yet more.

ὅτι εἰ καὶ ἐλύπησα ὑμᾶς ἐν τῇ ἐπιστολῇ, οὐ μεταμέλομαι
hoti ei kai elypēsa hymas en tē epistolē, ou metamelomai
For though I made you sorry with my epistle, I do not regret it:

εἰ καὶ μετεμελόμην {βλέπω [γὰρ] ὅτι ἡ ἐπιστολὴ ἐκείνη εἰ καὶ πρὸς ὥραν ἐλύπησεν ὑμᾶς}
ei kai metemelomēn {blepō [gar] hoti hē epistolē ekeinē ei kai pros hōran elypēsen hymas}
though I did regret it (for I see that that epistle made you sorry, though but for a season),

νῦν χαίρω, οὐχ ὅτι ἐλυπήθητε, ἀλλ' ὅτι ἐλυπήθητε εἰς μετάνοιαν
nyn chairō, ouch hoti elypēthēte, all' hoti elypēthēte eis metanoian
I now rejoice, not that ye were made sorry, but that ye were made sorry unto repentance;

ἐλυπήθητε γὰρ κατὰ θεόν, ἵνα ἐν μηδενὶ ζημιωθῆτε ἐξ ἡμῶν
elypēthēte gar kata theon, hina en mēdeni zēmiōthēte ex hēmōn
for ye were made sorry after a godly sort, that ye might suffer loss by us in nothing.

ἡ γὰρ κατὰ θεὸν λύπη μετάνοιαν εἰς σωτηρίαν ἀμεταμέλητον ἐργάζεται
hē gar kata theon lypē metanoian eis sōtērian ametamelēton ergazetai
For godly sorrow worketh repentance unto salvation, a repentance which bringeth no regret:

ἡ δὲ τοῦ κόσμου λύπη θάνατον κατεργάζεται
hē de tou kosmou lypē thanaton katergazetai
but the sorrow of the world worketh death.

ἰδοὺ γὰρ αὐτὸ τοῦτο τὸ κατὰ θεὸν λυπηθῆναι πόσην κατειργάσατο ὑμῖν σπουδήν, ἀλλὰ ἀπολογίαν
idou gar auto touto to kata theon lypēthēnai posēn kateirgasato hymin spoudēn, alla apologian,
For behold, this selfsame thing, that ye were made sorry after a godly sort, what earnest care it wrought in you, yea
what clearing of yourselves,

ἀλλὰ ἀγανάκτησιν, ἀλλὰ φόβον, ἀλλὰ ἐπιπόθησιν, ἀλλὰ ζῆλον, ἀλλὰ ἐκδίκησιν
alla aganaktēsin, alla phobon, alla epipothēsin, alla zēlon, alla ekdikēsin
yea what indignation, yea what fear, yea what longing, yea what zeal, yea what avenging!

ἐν παντὶ συνεστήσατε ἑαυτοὺς ἁγνοὺς εἶναι τῷ πράγματι
en panti synestēsate heautous hagnous einai tō pragmati
In everything ye approved yourselves to be pure in the matter.

ἄρα εἰ καὶ ἔγραψα ὑμῖν, οὐχ ἕνεκεν τοῦ ἀδικήσαντος, οὐδὲ ἕνεκεν τοῦ ἀδικηθέντος
ara ei kai egrapsa hymin, ouch heneken tou adikēsantos, oude heneken tou adikēthentos
So although I wrote unto you, I wrote not for his cause that did the wrong, nor for his cause that suffered the wrong,

ἀλλ' ἕνεκεν τοῦ φανερωθῆναι τὴν σπουδὴν ὑμῶν τὴν ὑπὲρ ἡμῶν πρὸς ὑμᾶς ἐνώπιον τοῦ θεοῦ
all' heneken tou phanerōthēnai tēn spoudēn hymōn tēn hyper hēmōn pros hymas enōpion tou theou
but that your earnest care for us might be made manifest unto you in the sight of God.

διὰ τοῦτο παρακεκλήμεθα. Ἐπὶ δὲ τῇ παρακλήσει ἡμῶν περισσοτέρως μᾶλλον ἐχάρημεν ἐπὶ τῇ χαρᾷ Τίτου
dia touto parakeklēmetha. Epi de tē paraklēsei hēmōn perissoterōs mallon echarēmen epi tē chara Titou
Therefore we have been comforted: and in our comfort we joyed the more exceedingly for the joy of Titus,

ὅτι ἀναπέπαυται τὸ πνεῦμα αὐτοῦ ἀπὸ πάντων ὑμῶν
hoti anapepautai to pneuma autou apo pantōn hymōn
because his spirit hath been refreshed by you all.

ὅτι εἴ τι αὐτῷ ὑπὲρ ὑμῶν κεκαύχημαι οὐ κατῃσχύνθην, ἀλλ' ὡς πάντα ἐν ἀληθείᾳ ἐλαλήσαμεν ὑμῖν
hoti ei ti autō hyper hymōn kekauchēmai ou katēschynthēn, all' hōs panta en alētheia elalēsamen hymin
For if in anything I have gloried to him on your behalf, I was not put to shame; but as we spake all things to you in truth,

οὕτως καὶ ἡ καύχησις ἡμῶν ἡ ἐπὶ Τίτου ἀλήθεια ἐγενήθη
houtōs kai hē kauchēsis hēmōn hē epi Titou alētheia egenēthē
so our glorying also which I made before Titus was found to be truth.

καὶ τὰ σπλάγχνα αὐτοῦ περισσοτέρως εἰς ὑμᾶς ἐστιν ἀναμιμνησκομένου τὴν πάντων ὑμῶν ὑπακοήν
kai ta splanchna autou perissoterōs eis hymas estin anamimnēskomenou tēn pantōn hymōn hypakoēn
And his affection is more abundantly toward you, while he remembereth the obedience of you all,

ὡς μετὰ φόβου καὶ τρόμου ἐδέξασθε αὐτόν
hōs meta phobou kai tromou edexasthe auton
how with fear and trembling ye received him.

χαίρω ὅτι ἐν παντὶ θαρρῶ ἐν ὑμῖν
chairō hoti en panti tharrō en hymin
I rejoice that in everything I am of good courage concerning you.

η

Γνωρίζομεν δὲ ὑμῖν, ἀδελφοί, τὴν χάριν τοῦ θεοῦ τὴν δεδομένην ἐν ταῖς ἐκκλησίαις τῆς Μακεδονίας
Gnōrizomen de hymin, adelphoi, tēn charin tou theou tēn dedomenēn en tais ekklēsiais tēs Makedonias
Moreover, brethren, we make known to you the grace of God which hath been given in the churches of Macedonia;

ὅτι ἐν πολλῇ δοκιμῇ θλίψεως ἡ περισσεία τῆς χαρᾶς αὐτῶν
hoti en pollē dokimē thlipseōs hē perisseia tēs charas autōn
how that in much proof of affliction the abundance of their joy

καὶ ἡ κατὰ βάθους πτωχεία αὐτῶν ἐπερίσσευσεν εἰς τὸ πλοῦτος τῆς ἁπλότητος αὐτῶν
kai hē kata bathous ptōcheia autōn eperisseusen eis to ploutos tēs haplotētos autōn
and their deep poverty abounded unto the riches of their liberality.

ὅτι κατὰ δύναμιν, μαρτυρῶ, καὶ παρὰ δύναμιν, αὐθαίρετοι
hoti kata dynamin, martyrō, kai para dynamin, authairetoi
For according to their power, I bear witness, yea and beyond their power, they gave of their own accord,

μετὰ πολλῆς παρακλήσεως δεόμενοι ἡμῶν τὴν χάριν καὶ τὴν κοινωνίαν τῆς διακονίας τῆς εἰς τοὺς ἁγίους
meta pollēs paraklēseōs deomenoi hēmōn tēn charin kai tēn koinōnian tēs diakonias tēs eis tous hagious
beseeching us with much entreaty in regard of this grace and the fellowship in the ministering to the saints:

καὶ οὐ καθὼς ἠλπίσαμεν ἀλλὰ ἑαυτοὺς ἔδωκαν πρῶτον τῷ κυρίῳ καὶ ἡμῖν διὰ θελήματος θεοῦ
kai ou kathōs ēlpisamen alla heautous edōkan prōton tō kyriō kai hēmin dia thelēmatos theou
and this, not as we had hoped, but first they gave their own selves to the Lord, and to us through the will of God.

εἰς τὸ παρακαλέσαι ἡμᾶς Τίτον ἵνα καθὼς προενήρξατο οὕτως καὶ ἐπιτελέσῃ εἰς ὑμᾶς καὶ τὴν χάριν ταύτην
eis to parakalesai hēmas Titon hina kathōs proenērxato houtōs kai epitelesē eis hymas kai tēn charin tautēn
Insomuch that we exhorted Titus, that as he had made a beginning before, so he would also complete in you this grace also.

ἀλλ' ὥσπερ ἐν παντὶ περισσεύετε, πίστει καὶ λόγῳ καὶ γνώσει καὶ πάσῃ σπουδῇ καὶ τῇ ἐξ ἡμῶν ἐν ὑμῖν ἀγάπῃ
all' hōsper en panti perisseuete, pistei kai logō kai gnōsei kai pasē spoudē kai tē ex hēmōn en hymin agapē
But as ye abound in everything, in faith, and utterance, and knowledge, and in all earnestness, and in your love to us,

ἵνα καὶ ἐν ταύτῃ τῇ χάριτι περισσεύητε
hina kai en tautē tē chariti perisseuēte
see that ye abound in this grace also.

Οὐ κατ' ἐπιταγὴν λέγω, ἀλλὰ διὰ τῆς ἑτέρων σπουδῆς καὶ τὸ τῆς ὑμετέρας ἀγάπης γνήσιον δοκιμάζων
Ou kat' epitagēn legō, alla dia tēs heterōn spoudēs kai to tēs hymeteras agapēs gnēsion dokimazōn
I speak not by way of commandment, but as proving through the earnestness of others the sincerity also of your love.

γινώσκετε γὰρ τὴν χάριν τοῦ κυρίου ἡμῶν Ἰησοῦ Χριστοῦ
ginōskete gar tēn charin tou kyriou hēmōn Iēsou Christou
For ye know the grace of our Lord Jesus Christ,

ὅτι δι' ὑμᾶς ἐπτώχευσεν πλούσιος ὤν, ἵνα ὑμεῖς τῇ ἐκείνου πτωχείᾳ πλουτήσητε
hoti di' hymas eptōcheusen plousios ōn, hina hymeis tē ekeinou ptōcheia ploutēsēte
that, though he was rich, yet for your sakes he became poor, that ye through his poverty might become rich

καὶ γνώμην ἐν τούτῳ δίδωμι
kai gnōmēn en toutō didōmi
And herein I give my judgment:

τοῦτο γὰρ ὑμῖν συμφέρει, οἵτινες οὐ μόνον τὸ ποιῆσαι ἀλλὰ καὶ τὸ θέλειν προενήρξασθε ἀπὸ πέρυσι
touto gar hymin sympherei, hoitines ou monon to poiēsai alla kai to thelein proenērxasthe apo perysi
for this is expedient for you, who were the first to make a beginning a year ago, not only to do, but also to will.

νυνὶ δὲ καὶ τὸ ποιῆσαι ἐπιτελέσατε, ὅπως καθάπερ ἡ προθυμία τοῦ θέλειν οὕτως καὶ τὸ ἐπιτελέσαι ἐκ τοῦ ἔχειν
nyni de kai to poiēsai epitelesate, hopōs kathaper hē prothymia tou thelein houtōs kai to epitelesai ek tou echein
But now complete the doing also; that as there was the readiness to will, so there may be the completion also out of your ability.

εἰ γὰρ ἡ προθυμία πρόκειται, καθὸ ἐὰν ἔχῃ εὐπρόσδεκτος, οὐ καθὸ οὐκ ἔχει
ei gar hē prothymia prokeitai, katho ean echē euprosdektos, ou katho ouk echei
For if the readiness is there, it is acceptable according as a man hath, not according as he hath not.

οὐ γὰρ ἵνα ἄλλοις ἄνεσις, ὑμῖν θλῖψις: ἀλλ' ἐξ ἰσότητος
ou gar hina allois anesis, hymin thlipsis: all' ex isotētos
For I say not this that others may be eased and ye distressed;

ἐν τῷ νῦν καιρῷ τὸ ὑμῶν περίσσευμα εἰς τὸ ἐκείνων ὑστέρημα
en tō nyn kairō to hymōn perisseuma eis to ekeinōn hysterēma
but by equality: your abundance being a supply at this present time for their want,

ἵνα καὶ τὸ ἐκείνων περίσσευμα γένηται εἰς τὸ ὑμῶν ὑστέρημα, ὅπως γένηται ἰσότης
hina kai to ekeinōn perisseuma genētai eis to hymōn hysterēma, hopōs genētai isotēs
that their abundance also may become a supply for your want; that there may be equality:

καθὼς γέγραπται, Ὁ τὸ πολὺ οὐκ ἐπλεόνασεν, καὶ ὁ τὸ ὀλίγον οὐκ ἠλαττόνησεν
kathōs gegraptai, HO to poly ouk epleonasen, kai ho to oligon ouk ēlattonēsen
as it is written, He that gathered much had nothing over; and he that gathered little had no lack.

Χάρις δὲ τῷ θεῷ τῷ δόντι τὴν αὐτὴν σπουδὴν ὑπὲρ ὑμῶν ἐν τῇ καρδίᾳ Τίτου
Charis de tō theō tō donti tēn autēn spoudēn hyper hymōn en tē kardia Titou
But thanks be to God, who putteth the same earnest care for you into the heart of Titus.

ὅτι τὴν μὲν παράκλησιν ἐδέξατο, σπουδαιότερος δὲ ὑπάρχων αὐθαίρετος ἐξῆλθεν πρὸς ὑμᾶς
hoti tēn men paraklēsin edexato, spoudaioteros de hyparchōn authairetos exēlthen pros hymas
For he accepted indeed our exhortation; but being himself very earnest, he went forth unto you of his own accord.

συνεπέμψαμεν δὲ μετ' αὐτοῦ τὸν ἀδελφὸν οὗ ὁ ἔπαινος ἐν τῷ εὐαγγελίῳ διὰ πασῶν τῶν ἐκκλησιῶν
synepempsamen de met' autou ton adelphon hou ho epainos en tō euangeliō dia pasōn tōn ekklēsiōn
And we have sent together with him the brother whose praise in the gospel is spread through all the churches;

οὐ μόνον δὲ ἀλλὰ καὶ χειροτονηθεὶς ὑπὸ τῶν ἐκκλησιῶν συνέκδημος ἡμῶν σὺν τῇ χάριτι
ou monon de alla kai cheirotonētheis hypo tōn ekklēsiōn synekdēmos hēmōn syn tē chariti
and not only so, but who was also appointed by the churches to travel with us in the matter of this grace,

ταύτῃ τῇ διακονουμένῃ ὑφ' ἡμῶν πρὸς τὴν [αὐτοῦ] τοῦ κυρίου δόξαν καὶ προθυμίαν ἡμῶν
which is ministered by us to the glory of the Lord, and to show our readiness:
tautē tē diakonoumenē hyph' hēmōn pros tēn [autou] tou kyriou doxan kai prothymian hēmōn

στελλόμενοι τοῦτο μή τις ἡμᾶς μωμήσηται ἐν τῇ ἀδρότητι ταύτῃ τῇ διακονουμένῃ ὑφ' ἡμῶν
stellomenoi touto mē tis hēmas mōmēsētai en tē hadrotēti tautē tē diakonoumenē hyph' hēmōn
avoiding this, that any man should blame us in the matter of this bounty which is ministered by us:

προνοοῦμεν γὰρ καλὰ οὐ μόνον ἐνώπιον κυρίου ἀλλὰ καὶ ἐνώπιον ἀνθρώπων
pronooumen gar kala ou monon enōpion kyriou alla kai enōpion anthrōpōn
for we take thought for things honorable, not only in the sight of the Lord, but also in the sight of men.

συνεπέμψαμεν δὲ αὐτοῖς τὸν ἀδελφὸν ἡμῶν ὃν ἐδοκιμάσαμεν ἐν πολλοῖς πολλάκις σπουδαῖον ὄντα
synepempsamen de autois ton adelphon hēmōn hon edokimasamen en pollois pollakis spoudaion onta
And we have sent with them our brother, whom we have many times proved earnest in many things,

νυνὶ δὲ πολὺ σπουδαιότερον πεποιθήσει πολλῇ τῇ εἰς ὑμᾶς
nyni de poly spoudaioteron pepoithēsei pollē tē eis hymas
but now much more earnest, by reason of the great confidence which he hath in you.

εἴτε ὑπὲρ Τίτου, κοινωνὸς ἐμὸς καὶ εἰς ὑμᾶς συνεργός
eite hyper Titou, koinōnos emos kai eis hymas synergos
Whether any inquire about Titus, he is my partner and my fellow-worker to you-ward

εἴτε ἀδελφοὶ ἡμῶν, ἀπόστολοι ἐκκλησιῶν, δόξα Χριστοῦ
eite adelphoi hēmōn, apostoloi ekklēsiōn, doxa Christou
or our brethren, they are the messengers of the churches, they are the glory of Christ.

τὴν οὖν ἔνδειξιν τῆς ἀγάπης ὑμῶν καὶ ἡμῶν καυχήσεως ὑπὲρ ὑμῶν εἰς αὐτοὺς ἐνδεικνύμενοι εἰς πρόσωπον τῶν ἐκκλησιῶν
tēn oun endeixin tēs agapēs hymōn kai hēmōn kauchēseōs hyper hymōn eis autous endeiknymenoi eis prosōpon tōn ekklēsiōn
Show ye therefore unto them in the face of the churches the proof of your love, and of our glorying on your behalf.

θ

Περὶ μὲν γὰρ τῆς διακονίας τῆς εἰς τοὺς ἁγίους περισσόν μοί ἐστιν τὸ γράφειν ὑμῖν
Peri men gar tēs diakonias tēs eis tous hagious perisson moi estin to graphein hymin
For as touching the ministering to the saints, it is superfluous for me to write to you:

οἶδα γὰρ τὴν προθυμίαν ὑμῶν ἣν ὑπὲρ ὑμῶν καυχῶμαι Μακεδόσιν
oida gar tēn prothymian hymōn hēn hyper hymōn kauchōmai Makedosin
for I know your readiness, of which I glory on your behalf to them of Macedonia,

ὅτι Ἀχαΐα παρεσκεύασται ἀπὸ πέρυσι, καὶ τὸ ὑμῶν ζῆλος ἠρέθισεν τοὺς πλείονας
hoti Achaia pareskeuastai apo perysi, kai to hymōn zēlos ērethisen tous pleionas
that Achaia hath been prepared for a year past; and your zeal hath stirred up very many of them.

ἔπεμψα δὲ τοὺς ἀδελφούς, ἵνα μὴ τὸ καύχημα ἡμῶν τὸ ὑπὲρ ὑμῶν κενωθῇ ἐν τῷ μέρει τούτῳ
epempsa de tous adelphous, hina mē to kauchēma hēmōn to hyper hymōn kenōthē en tō merei toutō
But I have sent the brethren, that our glorying on your behalf may not be made void in this respect;

ἵνα καθὼς ἔλεγον παρεσκευασμένοι ἦτε: μή πως ἐὰν ἔλθωσιν σὺν ἐμοὶ Μακεδόνες
hina kathōs elegon pareskeuasmenoi ēte: mē pōs ean elthōsin syn emoi Makedones
that, even as I said, ye may be prepared: lest by any means, if there come with me any of Macedonia

καὶ εὕρωσιν ὑμᾶς ἀπαρασκευάστους καταισχυνθῶμεν ἡμεῖς, ἵνα μὴ λέγω ὑμεῖς, ἐν τῇ ὑποστάσει ταύτῃ
kai heurōsin hymas aparaskeuastous kataischynthōmen hēmeis, hina mē legō hymeis, en tē hypostasei tautē
and find you unprepared, we (that we say not, ye) should be put to shame in this confidence.

ἀναγκαῖον οὖν ἡγησάμην παρακαλέσαι τοὺς ἀδελφοὺς ἵνα προέλθωσιν εἰς ὑμᾶς
anankaion oun hēgēsamēn parakalesai tous adelphous hina proelthōsin eis hymas
I thought it necessary therefore to entreat the brethren, that they would go before unto you,

καὶ προκαταρτίσωσιν τὴν προεπηγγελμένην εὐλογίαν ὑμῶν
kai prokatartisōsin tēn proepēngelmenēn eulogian hymōn
and make up beforehand your aforepromised bounty,

ταύτην ἑτοίμην εἶναι οὕτως ὡς εὐλογίαν καὶ μὴ ὡς πλεονεξίαν
tautēn hetoimēn einai houtōs hōs eulogian kai mē hōs pleonexian
that the same might be ready as a matter of bounty, and not of extortion.

Τοῦτο δέ, ὁ σπείρων φειδομένως φειδομένως καὶ θερίσει, καὶ ὁ σπείρων ἐπ' εὐλογίαις ἐπ' εὐλογίαις καὶ θερίσει
Touto de, ho speirōn pheidomenōs pheidomenōs kai therisei, kai ho speirōn ep' eulogiais ep' eulogiais kai therisei
But this I say, He that soweth sparingly shall reap also sparingly; and he that soweth bountifully shall reap also bountifully.

ἕκαστος καθὼς προῄρηται τῇ καρδίᾳ, μὴ ἐκ λύπης ἢ ἐξ ἀνάγκης, ἱλαρὸν γὰρ δότην ἀγαπᾷ ὁ θεός
hekastos kathōs proērētai tē kardia, mē ek lypēs ē ex anankēs, hilaron gar dotēn agapa ho theos
Let each man do according as he hath purposed in his heart: not grudgingly, or of necessity: for God loveth a cheerful giver.

δυνατεῖ δὲ ὁ θεὸς πᾶσαν χάριν περισσεῦσαι εἰς ὑμᾶς
dynatei de ho theos pasan charin perisseusai eis hymas
And God is able to make all grace abound unto you;

ἵνα ἐν παντὶ πάντοτε πᾶσαν αὐτάρκειαν ἔχοντες περισσεύητε εἰς πᾶν ἔργον ἀγαθόν
hina en panti pantote pasan autarkeian echontes perisseuēte eis pan ergon agathon
that ye, having always all sufficiency in everything, may abound unto every good work:

καθὼς γέγραπται, Ἐσκόρπισεν, ἔδωκεν τοῖς πένησιν, ἡ δικαιοσύνη αὐτοῦ μένει εἰς τὸν αἰῶνα
kathōs gegraptai, Eskorpisen, edōken tois penēsin, hē dikaiosynē autou menei eis ton aiōna
as it is written, He hath scattered abroad, he hath given to the poor; His righteousness abideth for ever.

ὁ δὲ ἐπιχορηγῶν σπόρον τῷ σπείροντι καὶ ἄρτον εἰς βρῶσιν χορηγήσει
ho de epichorēgōn sporon tō speironti kai arton eis brōsin chorēgēsei
And he that supplieth seed to the sower and bread for food,

καὶ πληθυνεῖ τὸν σπόρον ὑμῶν καὶ αὐξήσει τὰ γενήματα τῆς δικαιοσύνης ὑμῶν
kai plēthynei ton sporon hymōn kai auxēsei ta genēmata tēs dikaiosynēs hymōn
shall supply and multiply your seed for sowing, and increase the fruits of your righteousness:

ἐν παντὶ πλουτιζόμενοι εἰς πᾶσαν ἁπλότητα, ἥτις κατεργάζεται δι' ἡμῶν εὐχαριστίαν τῷ θε
en panti ploutizomenoi eis pasan haplotēta, hētis katergazetai di' hēmōn eucharistian tō the
ye being enriched in everything unto all liberality, which worketh through us thanksgiving to God.

ὅτι ἡ διακονία τῆς λειτουργίας ταύτης οὐ μόνον ἐστὶν προσαναπληροῦσα τὰ ὑστερήματα τῶν ἁγίων
hoti hē diakonia tēs leitourgias tautēs ou monon estin prosanaplērousa ta hysterēmata tōn hagiōn
For the ministration of this service not only filleth up the measure of the wants of the saints,

ἀλλὰ καὶ περισσεύουσα διὰ πολλῶν εὐχαριστιῶν τῷ θεῷ
alla kai perisseuousa dia pollōn eucharistiōn tō theō
but aboundeth also through many thanksgivings unto God;

διὰ τῆς δοκιμῆς τῆς διακονίας ταύτης δοξάζοντες τὸν θεὸν
dia tēs dokimēs tēs diakonias tautēs doxazontes ton theon
seeing that through the proving of you by this ministration they glorify God

ἐπὶ τῇ ὑποταγῇ τῆς ὁμολογίας ὑμῶν εἰς τὸ εὐαγγέλιον τοῦ
epi tē hypotagē tēs homologias hymōn eis to euangelion tou Christou
for the obedience of your confession unto the gospel of Christ,

Χριστοῦ καὶ ἁπλότητι τῆς κοινωνίας εἰς αὐτοὺς καὶ εἰς πάντας
kai haplotēti tēs koinōnias eis autous kai eis pantas
and for the liberality of your contribution unto them and unto all;

καὶ αὐτῶν δεήσει ὑπὲρ ὑμῶν ἐπιποθούντων ὑμᾶς διὰ τὴν ὑπερβάλλουσαν χάριν τοῦ θεοῦ ἐφ' ὑμῖ
kai autōn deēsei hyper hymōn epipothountōn hymas dia tēn hyperballousan charin tou theou eph' hymi
while they themselves also, with supplication on your behalf, long after you by reason of the exceeding grace of God in
you.

χάρις τῷ θεῷ ἐπὶ τῇ ἀνεκδιηγήτῳ αὐτοῦ δωρεᾷ
charis tō theō epi tē anekdiēgētō autou dōrea
Thanks be to God for his unspeakable gift.

ι

Αὐτὸς δὲ ἐγὼ Παῦλος παρακαλῶ ὑμᾶς διὰ τῆς πραΰτητος καὶ ἐπιεικείας τοῦ Χριστοῦ
Autos de egō Paulos parakalō hymas dia tēs prautētos kai epieikeias tou Christou
Now I Paul myself entreat you by the meekness and gentleness of Christ,

ὃς κατὰ πρόσωπον μὲν ταπεινὸς ἐν ὑμῖν, ἀπὼν δὲ θαρρῶ εἰς ὑμᾶς
hos kata prosōpon men tapeinos en hymin, apōn de tharrō eis hymas
I who in your presence am lowly among you, but being absent am of good courage toward you:

δέομαι δὲ τὸ μὴ παρὼν θαρρῆσαι
deomai de to mē parōn tharrēsai
yea, I beseech you, that I may not when present show courage

τῇ πεποιθήσει ᾗ λογίζομαι τολμῆσαι ἐπί τινας τοὺς λογιζομένους ἡμᾶς ὡς κατὰ σάρκα περιπατοῦντας
tē pepoithēsei hē logizomai tolmēsai epi tinas tous logizomenous hēmas hōs kata sarka peripatountas
with the confidence wherewith I count to be bold against some, who count of us as if we walked according to the flesh.

ἐν σαρκὶ γὰρ περιπατοῦντες οὐ κατὰ σάρκα στρατευόμεθα
en sarki gar peripatountes ou kata sarka strateuometha
For though we walk in the flesh, we do not war according to the flesh

τὰ γὰρ ὅπλα τῆς στρατείας ἡμῶν οὐ σαρκικὰ
ta gar hopla tēs strateias hēmōn ou sarkika
(for the weapons of our warfare are not of the flesh,

ἀλλὰ δυνατὰ τῷ θεῷ πρὸς καθαίρεσιν ὀχυρωμάτων λογισμοὺς καθαιροῦντες
alla dynata tō theō pros kathairesin ochyrōmatōn logismous kathairountes
but mighty before God to the casting down of strongholds);

καὶ πᾶν ὕψωμα ἐπαιρόμενον κατὰ τῆς γνώσεως τοῦ θεοῦ
kai pan hypsōma epairomenon kata tēs gnōseōs tou theou
casting down imaginations, and every high thing that is exalted against the knowledge of God,

καὶ αἰχμαλωτίζοντες πᾶν νόημα εἰς τὴν ὑπακοὴν τοῦ Χριστοῦ
kai aichmalōtizontes pan noēma eis tēn hypakoēn tou Christou
and bringing every thought into captivity to the obedience of Christ;

καὶ ἐν ἑτοίμῳ ἔχοντες ἐκδικῆσαι πᾶσαν παρακοήν, ὅταν πληρωθῇ ὑμῶν ἡ ὑπακοή
kai en hetoimō echontes ekdikēsai pasan parakoēn, hotan plērōthē hymōn hē hypakoē
and being in readiness to avenge all disobedience, when your obedience shall be made full.

Τὰ κατὰ πρόσωπον βλέπετε. εἴ τις πέποιθεν ἑαυτῷ Χριστοῦ εἶναι
Ta kata prosōpon blepete. ei tis pepoithen heautō Christou einai
Ye look at the things that are before your face. If any man trusteth in himself that he is Christ's,

τοῦτο λογιζέσθω πάλιν ἐφ' ἑαυτοῦ ὅτι καθὼς αὐτὸς Χριστοῦ οὕτως καὶ ἡμεῖς
touto logizesthō palin eph' heautou hoti kathōs autos Christou houtōs kai hēmeis
let him consider this again with himself, that, even as he is Christ's, so also are we.

ἐάν [τε] γὰρ περισσότερόν τι καυχήσωμαι περὶ τῆς ἐξουσίας ἡμῶν
ean [te] gar perissoteron ti kauchēsōmai peri tēs exousias hēmōn
For though I should glory somewhat abundantly concerning our authority

ἧς ἔδωκεν ὁ κύριος εἰς οἰκοδομὴν καὶ οὐκ εἰς καθαίρεσιν ὑμῶν, οὐκ αἰσχυνθήσομαι
hēs edōken ho kyrios eis oikodomēn kai ouk eis kathairesin hymōn, ouk aischynthēsomai
(which the Lord gave for building you up, and not for casting you down), I shall not be put to shame:

ἵνα μὴ δόξω ὡς ἂν ἐκφοβεῖν ὑμᾶς διὰ τῶν ἐπιστολῶν
hina mē doxō hōs an ekphobein hymas dia tōn epistolōn
that I may not seem as if I would terrify you by my letters.

ὅτι, Αἱ ἐπιστολαὶ μέν, φησίν, βαρεῖαι καὶ ἰσχυραί, ἡ δὲ παρουσία τοῦ σώματος ἀσθενὴς καὶ ὁ λόγος ἐξουθενημένος
hoti, HAi epistolai men, phēsin, bareiai kai ischyrai, hē de parousia tou sōmatos asthenēs kai ho logos exouthenēmenos
For, His letters, they say, are weighty and strong; but his bodily presence is weak, and his speech of no account.

τοῦτο λογιζέσθω ὁ τοιοῦτος, ὅτι οἷοί ἐσμεν τῷ λόγῳ δι' ἐπιστολῶν ἀπόντες, τοιοῦτοι καὶ παρόντες τῷ ἔργῳ
touto logizesthō ho toioutos, hoti hoioi esmen tō logō di' epistolōn apontes, toioutoi kai parontes tō ergō
Let such a one reckon this, that, what we are in word by letters when we are absent, such are we also in deed when we are present.

Οὐ γὰρ τολμῶμεν ἐγκρῖναι ἢ συγκρῖναι ἑαυτούς τισιν τῶν ἑαυτοὺς συνιστανόντων
Ou gar tolmōmen enkrinai ē synkrinai heautous tisin tōn heautous synistanontōn
For we are not bold to number or compare ourselves with certain of them that commend themselves:

ἀλλὰ αὐτοὶ ἐν ἑαυτοῖς ἑαυτοὺς μετροῦντες καὶ συγκρίνοντες ἑαυτοὺς ἑαυτοῖς οὐ συνιᾶσιν
alla autoi en heautois heautous metrountes kai synkrinontes heautous heautois ou syniasin
but they themselves, measuring themselves by themselves, and comparing themselves with themselves, are without understanding.

ἡμεῖς δὲ οὐκ εἰς τὰ ἄμετρα καυχησόμεθα
hēmeis de ouk eis ta ametra kauchēsometha
But we will not glory beyond our measure,

ἀλλὰ κατὰ τὸ μέτρον τοῦ κανόνος οὗ ἐμέρισεν ἡμῖν ὁ θεὸς μέτρου, ἐφικέσθαι ἄχρι καὶ ὑμῶν
alla kata to metron tou kanonos hou emerisen hēmin ho theos metrou, ephikesthai achri kai hymōn.
but according to the measure of the province which God apportioned to us as a measure, to reach even unto you.

οὐ γὰρ ὡς μὴ ἐφικνούμενοι εἰς ὑμᾶς ὑπερεκτείνομεν ἑαυτούς
ou gar hōs mē ephiknoumenoi eis hymas hyperekteinomen heautous
For we stretch not ourselves overmuch, as though we reached not unto you:

ἄχρι γὰρ καὶ ὑμῶν ἐφθάσαμεν ἐν τῷ εὐαγγελίῳ τοῦ Χριστοῦ
achri gar kai hymōn ephthasamen en tō euangeliō tou Christou
for we came even as far as unto you in the gospel of Christ:

οὐκ εἰς τὰ ἄμετρα καυχώμενοι ἐν ἀλλοτρίοις κόποις
ouk eis ta ametra kauchōmenoi en allotriois kopois
not glorying beyond our measure, that is, in other men's labors;

ἐλπίδα δὲ ἔχοντες αὐξανομένης τῆς πίστεως ὑμῶν ἐν ὑμῖν μεγαλυνθῆναι κατὰ τὸν κανόνα ἡμῶν εἰς περισσείαν
elpida de echontes auxanomenēs tēs pisteōs hymōn en hymin megalynthēnai kata ton kanona hēmōn eis perisseian
but having hope that, as your faith groweth, we shall be magnified in you according to our province unto further abundance,

εἰς τὰ ὑπερέκεινα ὑμῶν εὐαγγελίσασθαι, οὐκ ἐν ἀλλοτρίῳ κανόνι εἰς τὰ ἕτοιμα καυχήσασθαι
eis ta hyperekeina hymōn euangelisasthai, ouk en allotriō kanoni eis ta hetoima kauchēsasthai
so as to preach the gospel even unto the parts beyond you, and not to glory in another's province in regard of things ready to our hand.

Ὁ δὲ καυχώμενος ἐν κυρίῳ καυχάσθω
HO de kauchōmenos en kyriō kauchasthō
But he that glorieth, let him glory in the Lord.

οὐ γὰρ ὁ ἑαυτὸν συνιστάνων, ἐκεῖνός ἐστιν δόκιμος, ἀλλὰ ὃν ὁ κύριος συνίστησιν
ou gar ho heauton synistanōn, ekeinos estin dokimos, alla hon ho kyrios synistēsin
For not he that commendeth himself is approved, but whom the Lord commendeth.

ια

Ὄφελον ἀνείχεσθέ μου μικρόν τι ἀφροσύνης: ἀλλὰ καὶ ἀνέχεσθέ μου
Ophelon aneichesthe mou mikron ti aphrosynēs: alla kai anechesthe mou
Would that ye could bear with me in a little foolishness: but indeed ye do bear with me.

ζηλῶ γὰρ ὑμᾶς θεοῦ ζήλῳ, ἡρμοσάμην γὰρ ὑμᾶς ἑνὶ ἀνδρὶ παρθένον ἁγνὴν παραστῆσαι τῷ Χριστῷ
zēlō gar hymas theou zēlō, hērmosamēn gar hymas heni andri parthenon hagnēn parastēsai tō Christō
For I am jealous over you with a godly jealousy: for I espoused you to one husband, that I might present you as a pure virgin to Christ.

φοβοῦμαι δὲ μή πως, ὡς ὁ ὄφις ἐξηπάτησεν Εὕαν ἐν τῇ πανουργίᾳ αὐτοῦ
phoboumai de mē pōs, hōs ho ophis exēpatēsen Heuan en tē panourgia autou
But I fear, lest by any means, as the serpent beguiled Eve in his craftiness,

φθαρῇ τὰ νοήματα ὑμῶν ἀπὸ τῆς ἁπλότητος [καὶ τῆς ἁγνότητος] τῆς εἰς τὸν Χριστό
phtharē ta noēmata hymōn apo tēs haplotētos [kai tēs hagnotētos] tēs eis ton Christo
your minds should be corrupted from the simplicity and the purity that is toward Christ.

εἰ μὲν γὰρ ὁ ἐρχόμενος ἄλλον Ἰησοῦν κηρύσσει ὃν οὐκ ἐκηρύξαμεν, ἢ πνεῦμα ἕτερον λαμβάνετε ὃ οὐκ ἐλάβετε
ei men gar ho erchomenos allon Iēsoun kēryssei hon ouk ekēryxamen, ē pneuma heteron lambanete ho ouk elabete
For if he that cometh preacheth another Jesus, whom we did not preach, or if ye receive a different spirit, which ye did not receive,

ἢ εὐαγγέλιον ἕτερον ὃ οὐκ ἐδέξασθε, καλῶς ἀνέχεσθε
ē euangelion heteron ho ouk edexasthe, kalōs anechesthe
or a different gospel, which ye did not accept, ye do well to bear with him.

λογίζομαι γὰρ μηδὲν ὑστερηκέναι τῶν ὑπερλίαν ἀποστόλων
logizomai gar mēden hysterēkenai tōn hyperlian apostolōn
For I reckon that I am not a whit behind the very chiefest apostles.

εἰ δὲ καὶ ἰδιώτης τῷ λόγῳ, ἀλλ' οὐ τῇ γνώσει, ἀλλ' ἐν παντὶ φανερώσαντες ἐν πᾶσιν εἰς ὑμᾶς
ei de kai idiōtēs tō logō, all' ou tē gnōsei, all' en panti phanerōsantes en pasin eis hymas
But though I be rude in speech, yet am I not in knowledge; nay, in every way have we made this manifest unto you in all things.

Ἤ ἁμαρτίαν ἐποίησα ἐμαυτὸν ταπεινῶν ἵνα ὑμεῖς ὑψωθῆτε
Ē hamartian epoiēsa emauton tapeinōn hina hymeis hypsōthēte
Or did I commit a sin in abasing myself that ye might be exalted,

ὅτι δωρεὰν τὸ τοῦ θεοῦ εὐαγγέλιον εὐηγγελισάμην ὑμῖν
hoti dōrean to tou theou euangelion euēngelisamēn hymin
because I preached to you the gospel of God for nought?

ἄλλας ἐκκλησίας ἐσύλησα λαβὼν ὀψώνιον πρὸς τὴν ὑμῶν διακονίαν
allas ekklēsias esylēsa labōn opsōnion pros tēn hymōn diakonian
I robbed other churches, taking wages of them that I might minister unto you;

καὶ παρὼν πρὸς ὑμᾶς καὶ ὑστερηθεὶς οὐ κατενάρκησα οὐθενός
kai parōn pros hymas kai hysterētheis ou katenarkēsa outhenos
and when I was present with you and was in want, I was not a burden on any man;

τὸ γὰρ ὑστέρημά μου προσανεπλήρωσαν οἱ ἀδελφοὶ ἐλθόντες ἀπὸ Μακεδονίας
to gar hysterēma mou prosaneplērōsan hoi adelphoi elthontes apo Makedonias
for the brethren, when they came from Macedonia, supplied the measure of my want;

καὶ ἐν παντὶ ἀβαρῆ ἐμαυτὸν ὑμῖν ἐτήρησα καὶ τηρήσω
kai en panti abarē emauton hymin etērēsa kai tērēsō
and in everything I kept myself from being burdensome unto you, and so will I keep myself.

ἔστιν ἀλήθεια Χριστοῦ ἐν ἐμοὶ ὅτι ἡ καύχησις αὕτη οὐ φραγήσεται εἰς ἐμὲ ἐν τοῖς κλίμασιν τῆς Ἀχαΐας
estin alētheia Christou en emoi hoti hē kauchēsis hautē ou phragēsetai eis eme en tois klimasin tēs Achaias
As the truth of Christ is in me, no man shall stop me of this glorying in the regions of Achaia.

διὰ τί; ὅτι οὐκ ἀγαπῶ ὑμᾶς; ὁ θεὸς οἶδεν
dia ti? hoti ouk agapō hymas? ho theos oiden
Wherefore? because I love you not? God knoweth.

Ὅ δὲ ποιῶ καὶ ποιήσω, ἵνα ἐκκόψω τὴν ἀφορμὴν τῶν θελόντων ἀφορμήν
HO de poiō kai poiēsō, hina ekkopsō tēn aphormēn tōn thelontōn aphormēn
But what I do, that I will do, that I may cut off occasion from them that desire an occasion;

ἵνα ἐν ᾧ καυχῶνται εὑρεθῶσιν καθὼς καὶ ἡμεῖς
hina en hō kauchōntai heurethōsin kathōs kai hēmeis
that wherein they glory, they may be found even as we.

οἱ γὰρ τοιοῦτοι ψευδαπόστολοι, ἐργάται δόλιοι, μετασχηματιζόμενοι εἰς ἀποστόλους Χριστοῦ
hoi gar toioutoi pseudapostoloi, ergatai dolioi, metaschēmatizomenoi eis apostolous Christou
For such men are false apostles, deceitful workers, fashioning themselves into apostles of Christ.

καὶ οὐ θαῦμα, αὐτὸς γὰρ ὁ Σατανᾶς μετασχηματίζεται εἰς ἄγγελον φωτός
kai ou thauma, autos gar ho Satanas metaschēmatizetai eis angelon phōtos
And no marvel; for even Satan fashioneth himself into an angel of light.

οὐ μέγα οὖν εἰ καὶ οἱ διάκονοι αὐτοῦ μετασχηματίζονται ὡς διάκονοι δικαιοσύνης
ou mega oun ei kai hoi diakonoi autou metaschēmatizontai hōs diakonoi dikaiosynēs
It is no great thing therefore if his ministers also fashion themselves as ministers of righteousness;

ὧν τὸ τέλος ἔσται κατὰ τὰ ἔργα αὐτῶν
hōn to telos estai kata ta erga autōn
whose end shall be according to their works.

Πάλιν λέγω, μή τίς με δόξῃ ἄφρονα εἶναι: εἰ δὲ μή γε, κἂν ὡς ἄφρονα δέξασθέ με, ἵνα κἀγὼ μικρόν τι καυχήσωμαι
Palin legō, mē tis me doxē aphrona einai: ei de mē ge, kan hōs aphrona dexasthe me, hina kagō mikron ti kauchēsōmai
I say again, Let no man think me foolish; but if ye do, yet as foolish receive me, that I also may glory a little.

ὃ λαλῶ οὐ κατὰ κύριον λαλῶ, ἀλλ' ὡς ἐν ἀφροσύνῃ, ἐν ταύτῃ τῇ ὑποστάσει τῆς καυχήσεως
ho lalō ou kata kyrion lalō, all' hōs en aphrosynē, en tautē tē hypostasei tēs kauchēseōs
That which I speak, I speak not after the Lord, but as in foolishness, in this confidence of glorying.

ἐπεὶ πολλοὶ καυχῶνται κατὰ σάρκα, κἀγὼ καυχήσομαι
epei polloi kauchōntai kata sarka, kagō kauchēsomai
Seeing that many glory after the flesh, I will glory also.

ἡδέως γὰρ ἀνέχεσθε τῶν ἀφρόνων φρόνιμοι ὄντες
hēdeōs gar anechesthe tōn aphronōn phronimoi ontes
For ye bear with the foolish gladly, being wise yourselves.

ἀνέχεσθε γὰρ εἴ τις ὑμᾶς καταδουλοῖ, εἴ τις κατεσθίει, εἴ τις λαμβάνει, εἴ τις ἐπαίρεται, εἴ τις εἰς πρόσωπον ὑμᾶς δέρει
anechesthe gar ei tis hymas katadouloi, ei tis katesthiei, ei tis lambanei, ei tis epairetai, ei tis eis prosōpon hymas derei
For ye bear with a man, if he bringeth you into bondage, if he devoureth you, if he taketh you captive, if he exalteth himself, if he smiteth you on the face.

κατὰ ἀτιμίαν λέγω, ὡς ὅτι ἡμεῖς ἠσθενήκαμεν
kata atimian legō, hōs hoti hēmeis ēsthenēkamen
I speak by way of disparagement, as though we had been weak.

ἐν ᾧ δ' ἄν τις τολμᾷ, ἐν ἀφροσύνῃ λέγω, τολμῶ κἀγώ
en hō d' an tis tolma, en aphrosynē legō, tolmō kagō
Yet whereinsoever any is bold (I speak in foolishness), I am bold also.

Ἑβραῖοί εἰσιν; κἀγώ. Ἰσραηλῖταί εἰσιν; κἀγώ. σπέρμα Ἀβραάμ εἰσιν; κἀγώ
Hebraioi eisin? kagō. Israēlitai eisin? kagō. sperma Abraam eisin? Kagō
Are they Hebrews? so am I. Are they Israelites? so am I. Are they the seed of Abraham? so am I.

διάκονοι Χριστοῦ εἰσιν; παραφρονῶν λαλῶ, ὑπὲρ ἐγώ
diakonoi Christou eisin? paraphronōn lalō, hyper egō
Are they ministers of Christ? (I speak as one beside himself) I more;

ἐν κόποις περισσοτέρως, ἐν φυλακαῖς περισσοτέρως, ἐν πληγαῖς ὑπερβαλλόντως, ἐν θανάτοις πολλάκις
en kopois perissoterōs, en phylakais perissoterōs, en plēgais hyperballontōs, en thanatois pollakis
in labors more abundantly, in prisons more abundantly, in stripes above measure, in deaths oft.

ὑπὸ Ἰουδαίων πεντάκις τεσσεράκοντα παρὰ μίαν ἔλαβον
hypo Ioudaiōn pentakis tesserakonta para mian elabon
Of the Jews five times received I forty stripes save one.

τρὶς ἐρραβδίσθην, ἅπαξ ἐλιθάσθην, τρὶς ἐναυάγησα, νυχθήμερον ἐν τῷ βυθῷ πεποίηκα
tris errabdisthēn, hapax elithasthēn, tris enauagēsa, nychthēmeron en tō bythō pepoiēka
Thrice was I beaten with rods, once was I stoned, thrice I suffered shipwreck, a night and a day have I been in the deep;

ὁδοιπορίαις πολλάκις, κινδύνοις ποταμῶν, κινδύνοις ληστῶν, κινδύνοις ἐκ γένους, κινδύνοις ἐξ ἐθνῶν
hodoiporiais pollakis, kindynois potamōn, kindynois lēstōn, kindynois ek genous, kindynois ex ethnōn,
in journeyings often, in perils of rivers, in perils of robbers, in perils from my countrymen, in perils from the Gentiles,

κινδύνοις ἐν πόλει, κινδύνοις ἐν ἐρημίᾳ, κινδύνοις ἐν θαλάσσῃ, κινδύνοις ἐν ψευδαδέλφοις
kindynois en polei, kindynois en erēmia, kindynois en thalassē, kindynois en pseudadelphois
in perils in the city, in perils in the wilderness, in perils in the sea, in perils among false brethren;

κόπῳ καὶ μόχθῳ, ἐν ἀγρυπνίαις πολλάκις, ἐν λιμῷ καὶ δίψει, ἐν νηστείαις πολλάκις, ἐν ψύχει καὶ γυμνότητι
kopō kai mochthō, en agrypniais pollakis, en limō kai dipsei, en nēsteiais pollakis, en psychei kai gymnotēti
in labor and travail, in watchings often, in hunger and thirst, in fastings often, in cold and nakedness.

χωρὶς τῶν παρεκτὸς ἡ ἐπίστασίς μοι ἡ καθ' ἡμέραν, ἡ μέριμνα πασῶν τῶν ἐκκλησιῶν
chōris tōn parektos hē epistasis moi hē kath' hēmeran, hē merimna pasōn tōn ekklēsiōn
Besides those things that are without, there is that which presseth upon me daily, anxiety for all the churches.

τίς ἀσθενεῖ, καὶ οὐκ ἀσθενῶ; τίς σκανδαλίζεται, καὶ οὐκ ἐγὼ πυροῦμαι
tis asthenei, kai ouk asthenō? tis skandalizetai, kai ouk egō pyroumai
Who is weak, and I am not weak? who is caused to stumble, and I burn not?

Εἰ καυχᾶσθαι δεῖ, τὰ τῆς ἀσθενείας μου καυχήσομαι
Ei kauchasthai dei, ta tēs astheneias mou kauchēsomai
If I must needs glory, I will glory of the things that concern my weakness.

ὁ θεὸς καὶ πατὴρ τοῦ κυρίου Ἰησοῦ οἶδεν, ὁ ὢν εὐλογητὸς εἰς τοὺς αἰῶνας, ὅτι οὐ ψεύδομαι
ho theos kai patēr tou kyriou Iēsou oiden, ho ōn eulogētos eis tous aiōnas, hoti ou pseudomai
The God and Father of the Lord Jesus, he who is blessed for evermore knoweth that I lie not.

ἐν Δαμασκῷ ὁ ἐθνάρχης Ἀρέτα τοῦ βασιλέως ἐφρούρει τὴν πόλιν Δαμασκηνῶν πιάσαι με
en Damaskō ho ethnarchēs Hareta tou basileōs ephrourei tēn polin Damaskēnōn piasai me
In Damascus the governor under Aretas the king guarded the city of the Damascenes in order to take me:

καὶ διὰ θυρίδος ἐν σαργάνῃ ἐχαλάσθην διὰ τοῦ τείχους καὶ ἐξέφυγον τὰς χεῖρας αὐτοῦ
kai dia thyridos en sarganē echalasthēn dia tou teichous kai exephygon tas cheiras autou
and through a window was I let down in a basket by the wall, and escaped his hands.

ιβ

Καυχᾶσθαι δεῖ: οὐ συμφέρον μέν, ἐλεύσομαι δὲ εἰς ὀπτασίας καὶ ἀποκαλύψεις κυρίου
Kauchasthai dei: ou sympheron men, eleusomai de eis optasias kai apokalypseis kyriou
I must needs glory, though it is not expedient; but I will come to visions and revelations of the Lord.

οἶδα ἄνθρωπον ἐν Χριστῷ πρὸ ἐτῶν δεκατεσσάρων εἴτε ἐν σώματι οὐκ οἶδα
oida anthrōpon en Christō pro etōn dekatessarōn eite en sōmati ouk oida
I know a man in Christ, fourteen years ago (whether in the body, I know not;

εἴτε ἐκτὸς τοῦ σώματος οὐκ οἶδα, ὁ θεὸς οἶδεν ἁρπαγέντα τὸν τοιοῦτον ἕως τρίτου οὐρανοῦ
eite ektos tou sōmatos ouk oida, ho theos oiden harpagenta ton toiouton heōs tritou ouranou
or whether out of the body, I know not; God knoweth), such a one caught up even to the third heaven.

καὶ οἶδα τὸν τοιοῦτον ἄνθρωπον εἴτε ἐν σώματι εἴτε χωρὶς τοῦ σώματος οὐκ οἶδα, ὁ θεὸς οἶδεν
kai oida ton toiouton anthrōpon eite en sōmati eite chōris tou sōmatos ouk oida, ho theos oiden
And I know such a man (whether in the body, or apart from the body, I know not; God knoweth),

ὅτι ἡρπάγη εἰς τὸν παράδεισον καὶ ἤκουσεν ἄρρητα ῥήματα ἃ οὐκ ἐξὸν ἀνθρώπῳ λαλῆσαι
hoti hērpagē eis ton paradeison kai ēkousen arrēta rhēmata ha ouk exon anthrōpō lalēsai
how that he was caught up into Paradise, and heard unspeakable words, which it is not lawful for a man to utter.

ὑπὲρ τοῦ τοιούτου καυχήσομαι, ὑπὲρ δὲ ἐμαυτοῦ οὐ καυχήσομαι εἰ μὴ ἐν ταῖς ἀσθενείαις
hyper tou toioutou kauchēsomai, hyper de emautou ou kauchēsomai ei mē en tais astheneiais
On behalf of such a one will I glory: but on mine own behalf I will not glory, save in my weaknesses.

ἐὰν γὰρ θελήσω καυχήσασθαι, οὐκ ἔσομαι ἄφρων, ἀλήθειαν γὰρ ἐρῶ
ean gar thelēsō kauchēsasthai, ouk esomai aphrōn, alētheian gar erō
For if I should desire to glory, I shall not be foolish; for I shall speak the truth:

φείδομαι δέ, μή τις εἰς ἐμὲ λογίσηται ὑπὲρ ὃ βλέπει με ἢ ἀκούει [τι] ἐξ ἐμοῦ
pheidomai de, mē tis eis eme logisētai hyper ho blepei me ē akouei [ti] ex emou
but I forbear, lest any man should account of me above that which he seeth me to be, or heareth from me.

καὶ τῇ ὑπερβολῇ τῶν ἀποκαλύψεων. διό, ἵνα μὴ ὑπεραίρωμαι, ἐδόθη μοι σκόλοψ τῇ σαρκί
kai tē hyperbolē tōn apokalypseōn. dio, hina mē hyperairōmai, edothē moi skolops tē sarki,
And by reason of the exceeding greatness of the revelations, that I should not be exalted overmuch, there was given to me a thorn in the flesh,

ἄγγελος Σατανᾶ, ἵνα με κολαφίζῃ, ἵνα μὴ ὑπεραίρωμαι
angelos Satana, hina me kolaphizē, hina mē hyperairōmai
a messenger of Satan to buffet me, that I should not be exalted overmuch.

ὑπὲρ τούτου τρὶς τὸν κύριον παρεκάλεσα ἵνα ἀποστῇ ἀπ' ἐμοῦ
hyper toutou tris ton kyrion parekalesa hina apostē ap' emou
Concerning this thing I besought the Lord thrice, that it might depart from me.

καὶ εἴρηκέν μοι, Ἀρκεῖ σοι ἡ χάρις μου· ἡ γὰρ δύναμις ἐν ἀσθενείᾳ τελεῖται
kai eirēken moi, Arkei soi hē charis mou: hē gar dynamis en astheneia teleitai
And he hath said unto me, My grace is sufficient for thee: for my power is made perfect in weakness.

ἥδιστα οὖν μᾶλλον καυχήσομαι ἐν ταῖς ἀσθενείαις μου, ἵνα ἐπισκηνώσῃ ἐπ' ἐμὲ ἡ δύναμις τοῦ Χριστοῦ
hēdista oun mallon kauchēsomai en tais astheneiais mou, hina episkēnōsē ep' eme hē dynamis tou Christou
Most gladly therefore will I rather glory in my weaknesses, that the power of Christ may rest upon me.

διὸ εὐδοκῶ ἐν ἀσθενείαις, ἐν ὕβρεσιν, ἐν ἀνάγκαις, ἐν διωγμοῖς καὶ στενοχωρίαις, ὑπὲρ Χριστοῦ
dio eudokō en astheneiais, en hybresin, en anankais, en diōgmois kai stenochōriais, hyper Christou
Wherefore I take pleasure in weaknesses, in injuries, in necessities, in persecutions, in distresses, for Christ's sake:

ὅταν γὰρ ἀσθενῶ, τότε δυνατός εἰμι
hotan gar asthenō, tote dynatos eimi
for when I am weak, then am I strong.

Γέγονα ἄφρων· ὑμεῖς με ἠναγκάσατε· ἐγὼ γὰρ ὤφειλον ὑφ' ὑμῶν συνίστασθαι
Gegona aphrōn: hymeis me ēnankasate: egō gar ōpheilon hyph' hymōn synistasthai
I am become foolish: ye compelled me; for I ought to have been commended of you:

οὐδὲν γὰρ ὑστέρησα τῶν ὑπερλίαν ἀποστόλων, εἰ καὶ οὐδέν εἰμι
ouden gar hysterēsa tōn hyperlian apostolōn, ei kai ouden eimi
for in nothing was I behind the very chiefest apostles, though I am nothing.

τὰ μὲν σημεῖα τοῦ ἀποστόλου κατειργάσθη ἐν ὑμῖν ἐν πάσῃ ὑπομονῇ, σημείοις τε καὶ τέρασιν καὶ δυνάμεσιν
ta men sēmeia tou apostolou kateirgasthē en hymin en pasē hypomonē, sēmeiois te kai terasin kai dynamesin
Truly the signs of an apostle were wrought among you in all patience, by signs and wonders and mighty works.

τί γάρ ἐστιν ὃ ἡσσώθητε ὑπὲρ τὰς λοιπὰς ἐκκλησίας
ti gar estin ho hēssōthēte hyper tas loipas ekklēsias,
For what is there wherein ye were made inferior to the rest of the churches,

εἰ μὴ ὅτι αὐτὸς ἐγὼ οὐ κατενάρκησα ὑμῶν; χαρίσασθέ μοι τὴν ἀδικίαν ταύτην
ei mē hoti autos egō ou katenarkēsa hymōn? charisasthe moi tēn adikian tautēn
except it be that I myself was not a burden to you? forgive me this wrong.

Ἰδοὺ τρίτον τοῦτο ἑτοίμως ἔχω ἐλθεῖν πρὸς ὑμᾶς, καὶ οὐ καταναρκήσω· οὐ γὰρ ζητῶ τὰ ὑμῶν ἀλλὰ ὑμᾶς
Idou triton touto hetoimōs echō elthein pros hymas, kai ou katanarkēsō: ou gar zētō ta hymōn alla hymas
Behold, this is the third time I am ready to come to you; and I will not be a burden to you: for I seek not yours, but you:

οὐ γὰρ ὀφείλει τὰ τέκνα τοῖς γονεῦσιν θησαυρίζειν, ἀλλὰ οἱ γονεῖς τοῖς τέκνοις
ou gar opheilei ta tekna tois goneusin thēsaurizein, alla hoi goneis tois teknois
for the children ought not to lay up for the parents, but the parents for the children.

ἐγὼ δὲ ἥδιστα δαπανήσω καὶ ἐκδαπανηθήσομαι ὑπὲρ τῶν ψυχῶν ὑμῶν
egō de hēdista dapanēsō kai ekdapanēthēsomai hyper tōn psychōn hymōn
And I will most gladly spend and be spent for your souls.

εἰ περισσοτέρως ὑμᾶς ἀγαπῶ[ν], ἧσσον ἀγαπῶμαι
ei perissoterōs hymas agapō[n], hēsson agapōmai
If I love you more abundantly, am I loved the less?

ἔστω δέ, ἐγὼ οὐ κατεβάρησα ὑμᾶς: ἀλλὰ ὑπάρχων πανοῦργος δόλῳ ὑμᾶς ἔλαβον
estō de, egō ou katebarēsa hymas: alla hyparchōn panourgos dolō hymas elabon
But be it so, I did not myself burden you; but, being crafty, I caught you with guile.

μή τινα ὧν ἀπέσταλκα πρὸς ὑμᾶς, δι' αὐτοῦ ἐπλεονέκτησα ὑμᾶς
mē tina hōn apestalka pros hymas, di' autou epleonektēsa hymas
Did I take advantage of you by any one of them whom I have sent unto you?

παρεκάλεσα Τίτον καὶ συναπέστειλα τὸν ἀδελφόν
parekalesa Titon kai synapesteila ton adelphon
I exhorted Titus, and I sent the brother with him.

μήτι ἐπλεονέκτησεν ὑμᾶς Τίτος; οὐ τῷ αὐτῷ πνεύματι περιεπατήσαμεν; οὐ τοῖς αὐτοῖς ἴχνεσιν
mēti epleonektēsen hymas Titos? ou tō autō pneumati periepatēsamen? ou tois autois ichnesin
Did Titus take any advantage of you? walked we not in the same spirit? walked we not in the same steps?

Πάλαι δοκεῖτε ὅτι ὑμῖν ἀπολογούμεθα; κατέναντι θεοῦ ἐν Χριστῷ λαλοῦμεν
Palai dokeite hoti hymin apologoumetha? katenanti theou en Christō laloumen
Ye think all this time that we are excusing ourselves unto you. In the sight of God speak we in Christ.

τὰ δὲ πάντα, ἀγαπητοί, ὑπὲρ τῆς ὑμῶν οἰκοδομῆς
ta de panta, agapētoi, hyper tēs hymōn oikodomēs
But all things, beloved, are for your edifying.

φοβοῦμαι γὰρ μή πως ἐλθὼν οὐχ οἵους θέλω εὕρω ὑμᾶς, κἀγὼ εὑρεθῶ ὑμῖν οἷον οὐ θέλετε
phoboumai gar mē pōs elthōn ouch hoious thelō heurō hymas, kagō heurethō hymin hoion ou thelete
For I fear, lest by any means, when I come, I should find you not such as I would, and should myself be found of you such as ye would not;

μή πως ἔρις, ζῆλος, θυμοί, ἐριθείαι, καταλαλιαί, ψιθυρισμοί, φυσιώσεις, ἀκαταστασίαι
mē pōs eris, zēlos, thymoi, eritheiai, katalaliai, psithyrismoi, physiōseis, akatastasiai
lest by any means there should be strife, jealousy, wraths, factions, backbitings, whisperings, swellings, tumults;

μὴ πάλιν ἐλθόντος μου ταπεινώσῃ με ὁ θεός μου πρὸς ὑμᾶς, καὶ πενθήσω πολλοὺς τῶν προημαρτηκότων
mē palin elthontos mou tapeinōsē me ho theos mou pros hymas, kai penthēsō pollous tōn proēmartēkotōn
lest again when I come my God should humble me before you, and I should mourn for many of them that have sinned heretofore,

καὶ μὴ μετανοησάντων ἐπὶ τῇ ἀκαθαρσίᾳ καὶ πορνείᾳ καὶ ἀσελγείᾳ ᾗ ἔπραξαν
kai mē metanoēsantōn epi tē akatharsia kai porneia kai aselgeia hē epraxan
and repented not of the uncleanness and fornication and lasciviousness which they committed.

ιγ

Τρίτον τοῦτο ἔρχομαι πρὸς ὑμᾶς: ἐπὶ στόματος δύο μαρτύρων καὶ τριῶν σταθήσεται πᾶν ῥῆμα
Triton touto erchomai pros hymas: epi stomatos dyo martyrōn kai triōn stathēsetai pan rhēma
This is the third time I am coming to you. At the mouth of two witnesses or three shall every word be established.

προείρηκα καὶ προλέγω ὡς παρὼν τὸ δεύτερον
proeirēka kai prolegō hōs parōn to deuteron
I have said beforehand, and I do say beforehand, as when I was present the second time,

καὶ ἀπὼν νῦν τοῖς προημαρτηκόσιν καὶ τοῖς λοιποῖς πᾶσιν
kai apōn nyn tois proēmartēkosin kai tois loipois pasin
so now, being absent, to them that have sinned heretofore, and to all the rest,

ὅτι ἐὰν ἔλθω εἰς τὸ πάλιν οὐ φείσομαι
hoti ean elthō eis to palin ou pheisomai
that, if I come again, I will not spare;

ἐπεὶ δοκιμὴν ζητεῖτε τοῦ ἐν ἐμοὶ λαλοῦντος Χριστοῦ: ὃς εἰς ὑμᾶς οὐκ ἀσθενεῖ ἀλλὰ δυνατεῖ ἐν ὑμῖν
epei dokimēn zēteite tou en emoi lalountos Christou: hos eis hymas ouk asthenei alla dynatei en hymin
seeing that ye seek a proof of Christ that speaketh in me; who to you-ward is not weak, but is powerful in you:

καὶ γὰρ ἐσταυρώθη ἐξ ἀσθενείας, ἀλλὰ ζῇ ἐκ δυνάμεως θεοῦ
kai gar estaurōthē ex astheneias, alla zē ek dynameōs theou
for he was crucified through weakness, yet he liveth through the power of God.

καὶ γὰρ ἡμεῖς ἀσθενοῦμεν ἐν αὐτῷ, ἀλλὰ ζήσομεν σὺν αὐτῷ ἐκ δυνάμεως θεοῦ εἰς ὑμᾶς
kai gar hēmeis asthenoumen en autō, alla zēsomen syn autō ek dynameōs theou eis hymas
For we also are weak in him, but we shall live with him through the power of God toward you.

Ἑαυτοὺς πειράζετε εἰ ἐστὲ ἐν τῇ πίστει, ἑαυτοὺς δοκιμάζετε
Heautous peirazete ei este en tē pistei, heautous dokimazete
Try your own selves, whether ye are in the faith; prove your own selves.

ἢ οὐκ ἐπιγινώσκετε ἑαυτοὺς ὅτι Ἰησοῦς Χριστὸς ἐν ὑμῖν; εἰ μήτι ἀδόκιμοί ἐστε
ē ouk epiginōskete heautous hoti Iēsous Christos en hymin? ei mēti adokimoi este
Or know ye not as to your own selves, that Jesus Christ is in you? unless indeed ye be reprobate.

ἐλπίζω δὲ ὅτι γνώσεσθε ὅτι ἡμεῖς οὐκ ἐσμὲν ἀδόκιμοι
elpizō de hoti gnōsesthe hoti hēmeis ouk esmen adokimoi
But I hope that ye shall know that we are not reprobate.

εὐχόμεθα δὲ πρὸς τὸν θεὸν μὴ ποιῆσαι ὑμᾶς κακὸν μηδέν, οὐχ ἵνα ἡμεῖς δόκιμοι φανῶμεν
euchometha de pros ton theon mē poiēsai hymas kakon mēden, ouch hina hēmeis dokimoi phanōmen
Now we pray to God that ye do no evil; not that we may appear approved,

ἀλλ' ἵνα ὑμεῖς τὸ καλὸν ποιῆτε, ἡμεῖς δὲ ὡς ἀδόκιμοι ὦμεν
all' hina hymeis to kalon poiēte, hēmeis de hōs adokimoi ōmen
but that ye may do that which is honorable, though we be as reprobate.

οὐ γὰρ δυνάμεθά τι κατὰ τῆς ἀληθείας, ἀλλὰ ὑπὲρ τῆς ἀληθείας
ou gar dynametha ti kata tēs alētheias, alla hyper tēs alētheias
For we can do nothing against the truth, but for the truth.

χαίρομεν γὰρ ὅταν ἡμεῖς ἀσθενῶμεν, ὑμεῖς δὲ δυνατοὶ ἦτε· τοῦτο καὶ εὐχόμεθα, τὴν ὑμῶν κατάρτισιν
chairomen gar hotan hēmeis asthenōmen, hymeis de dynatoi ēte: touto kai euchometha, tēn hymōn katartisin
For we rejoice, when we are weak, and ye are strong: this we also pray for, even your perfecting.

διὰ τοῦτο ταῦτα ἀπὼν γράφω, ἵνα παρὼν μὴ ἀποτόμως χρήσωμαι κατὰ τὴν ἐξουσίαν ἣν ὁ κύριος ἔδωκέν μοι
dia touto tauta apōn graphō, hina parōn mē apotomōs chrēsōmai kata tēn exousian hēn ho kyrios edōken moi
For this cause I write these things while absent, that I may not when present deal sharply, according to the authority
which the Lord gave me for building up,

εἰς οἰκοδομὴν καὶ οὐκ εἰς καθαίρεσιν
eis oikodomēn kai ouk eis kathairesin
and not for casting down.

Λοιπόν, ἀδελφοί, χαίρετε, καταρτίζεσθε, παρακαλεῖσθε, τὸ αὐτὸ φρονεῖτε, εἰρηνεύετε
Loipon, adelphoi, chairete, katartizesthe, parakaleisthe, to auto phroneite, eirēneuete
Finally, brethren, farewell. Be perfected; be comforted; be of the same mind; live in peace:

καὶ ὁ θεὸς τῆς ἀγάπης καὶ εἰρήνης ἔσται μεθ' ὑμῶν
kai ho theos tēs agapēs kai eirēnēs estai meth' hymōn
and the God of love and peace shall be with you.

ἀσπάσασθε ἀλλήλους ἐν ἁγίῳ φιλήματι. ἀσπάζονται ὑμᾶς οἱ ἅγιοι πάντες
aspasasthe allēlous en hagiō philēmati. aspazontai hymas hoi hagioi pantes
Salute one another with a holy kiss. All the saints salute you.

Ἡ χάρις τοῦ κυρίου Ἰησοῦ Χριστοῦ καὶ ἡ ἀγάπη τοῦ θεοῦ καὶ ἡ κοινωνία τοῦ ἁγίου πνεύματος μετὰ πάντων ὑμῶν
HĒ charis tou kyriou Iēsou Christou kai hē agapē tou theou kai hē koinōnia tou hagiou pneumatos meta pantōn hymōn
The grace of the Lord Jesus Christ, and the love of God, and the communion of the Holy Spirit, be with you all.

ΓΑΛΆΤΑΣ α

Παῦλος ἀπόστολος
Paulos apostolos
Paul, an apostle

οὐκ ἀπ' ἀνθρώπων οὐδὲ δι' ἀνθρώπου ἀλλὰ διὰ Ἰησοῦ Χριστοῦ καὶ θεοῦ πατρὸς τοῦ ἐγείραντος αὐτὸν ἐκ νεκρῶν
ouk ap' anthrōpōn oude di' anthrōpou alla dia Iēsou Christou kai theou patros tou egeirantos auton ek nekrōn
(not from men, neither through man, but through Jesus Christ, and God the Father, who raised him from the dead),

καὶ οἱ σὺν ἐμοὶ πάντες ἀδελφοί, ταῖς ἐκκλησίαις τῆς Γαλατίας
kai hoi syn emoi pantes adelphoi, tais ekklēsiais tēs Galatias
and all the brethren that are with me, unto the churches of Galatia:

χάρις ὑμῖν καὶ εἰρήνη ἀπὸ θεοῦ πατρὸς ἡμῶν καὶ κυρίου Ἰησοῦ Χριστοῦ
charis hymin kai eirēnē apo theou patros hēmōn kai kyriou Iēsou Christou
Grace to you and peace from God the Father, and our Lord Jesus Christ,

τοῦ δόντος ἑαυτὸν ὑπὲρ τῶν ἁμαρτιῶν ἡμῶν
tou dontos heauton hyper tōn hamartiōn hēmōn
who gave himself for our sins,

ὅπως ἐξέληται ἡμᾶς ἐκ τοῦ αἰῶνος τοῦ ἐνεστῶτος πονηροῦ κατὰ τὸ θέλημα τοῦ θεοῦ καὶ πατρὸς ἡμῶ
hopōs exelētai hēmas ek tou aiōnos tou enestōtos ponērou kata to thelēma tou theou kai patros hēmō
that he might deliver us out of this present evil world, according to the will of our God and Father:

ᾧ ἡ δόξα εἰς τοὺς αἰῶνας τῶν αἰώνων: ἀμήν
hō hē doxa eis tous aiōnas tōn aiōnōn: amēn
to whom be the glory for ever and ever. Amen.

Θαυμάζω ὅτι οὕτως ταχέως μετατίθεσθε ἀπὸ τοῦ καλέσαντος ὑμᾶς ἐν χάριτι [Χριστοῦ] εἰς ἕτερον εὐαγγέλιον
Thaumazō hoti houtōs tacheōs metatithesthe apo tou kalesantos hymas en chariti [Christou] eis heteron euangelion
I marvel that ye are so quickly removing from him that called you in the grace of Christ unto a different gospel;

ὃ οὐκ ἔστιν ἄλλο: εἰ μή τινές εἰσιν οἱ ταράσσοντες ὑμᾶς καὶ θέλοντες μεταστρέψαι τὸ εὐαγγέλιον τοῦ Χριστοῦ
ho ouk estin allo: ei mē tines eisin hoi tarassontes hymas kai thelontes metastrepsai to euangelion tou Christou
which is not another gospel: only there are some that trouble you, and would pervert the gospel of Christ.

ἀλλὰ καὶ ἐὰν ἡμεῖς ἢ ἄγγελος ἐξ οὐρανοῦ εὐαγγελίζηται [ὑμῖν] παρ' ὃ εὐηγγελισάμεθα ὑμῖν, ἀνάθεμα ἔστω
alla kai ean hēmeis ē angelos ex ouranou euangelizētai [hymin] par' ho euēngelisametha hymin, anathema estō
But though we, or an angel from heaven, should preach unto you any gospel other than that which we preached unto you, let him be anathema.

ὡς προειρήκαμεν, καὶ ἄρτι πάλιν λέγω, εἴ τις ὑμᾶς εὐαγγελίζεται παρ' ὃ παρελάβετε, ἀνάθεμα ἔστω
hōs proeirēkamen, kai arti palin legō, ei tis hymas euangelizetai par' ho parelabete, anathema estō
As we have said before, so say I now again, If any man preacheth unto you any gospel other than that which ye received, let him be anathema.

Ἄρτι γὰρ ἀνθρώπους πείθω ἢ τὸν θεόν; ἢ ζητῶ ἀνθρώποις ἀρέσκειν
Arti gar anthrōpous peithō ē ton theon? ē zētō anthrōpois areskein
For am I now seeking the favor of men, or of God? or am I striving to please men?

εἰ ἔτι ἀνθρώποις ἤρεσκον, Χριστοῦ δοῦλος οὐκ ἂν ἤμην
ei eti anthrōpois ēreskon, Christou doulos ouk an ēmēn
if I were still pleasing men, I should not be a servant of Christ.

Γνωρίζω γὰρ ὑμῖν, ἀδελφοί, τὸ εὐαγγέλιον τὸ εὐαγγελισθὲν ὑπ' ἐμοῦ ὅτι οὐκ ἔστιν κατὰ ἄνθρωπον
Gnōrizō gar hymin, adelphoi, to euangelion to euangelisthen hyp' emou hoti ouk estin kata anthrōpon
For I make known to you, brethren, as touching the gospel which was preached by me, that it is not after man.

οὐδὲ γὰρ ἐγὼ παρὰ ἀνθρώπου παρέλαβον αὐτό, οὔτε ἐδιδάχθην, ἀλλὰ δι' ἀποκαλύψεως Ἰησοῦ Χριστοῦ
oude gar egō para anthrōpou parelabon auto, oute edidachthēn, alla di' apokalypseōs Iēsou Christou
For neither did I receive it from man, nor was I taught it, but it came to me through revelation of Jesus Christ.

Ἠκούσατε γὰρ τὴν ἐμὴν ἀναστροφήν ποτε ἐν τῷ Ἰουδαϊσμῷ
Ēkousate gar tēn emēn anastrophēn pote en tō Ioudaismō,
For ye have heard of my manner of life in time past in the Jews' religion,

ὅτι καθ' ὑπερβολὴν ἐδίωκον τὴν ἐκκλησίαν τοῦ θεοῦ καὶ ἐπόρθουν αὐτήν
hoti kath' hyperbolēn ediōkon tēn ekklēsian tou theou kai eporthoun autēn
how that beyond measure I persecuted the church of God, and made havoc of it:

καὶ προέκοπτον ἐν τῷ Ἰουδαϊσμῷ ὑπὲρ πολλοὺς συνηλικιώτας ἐν τῷ γένει μου
kai proekopton en tō Ioudaismō hyper pollous synēlikiōtas en tō genei mou
and I advanced in the Jews' religion beyond many of mine own age among my countrymen,

περισσοτέρως ζηλωτὴς ὑπάρχων τῶν πατρικῶν μου παραδόσεων
perissoterōs zēlōtēs hyparchōn tōn patrikōn mou paradoseōn
being more exceedingly zealous for the traditions of my fathers.

ὅτε δὲ εὐδόκησεν [ὁ θεὸς] ὁ ἀφορίσας με ἐκ κοιλίας μητρός μου καὶ καλέσας διὰ τῆς χάριτος αὐτοῦ
hote de eudokēsen [ho theos] ho aphorisas me ek koilias mētros mou kai kalesas dia tēs charitos autou
But when it was the good pleasure of God, who separated me, even from my mother's womb, and called me through his grace,

ἀποκαλύψαι τὸν υἱὸν αὐτοῦ ἐν ἐμοὶ ἵνα εὐαγγελίζωμαι αὐτὸν ἐν τοῖς ἔθνεσιν
apokalypsai ton huion autou en emoi hina euangelizōmai auton en tois ethnesin
to reveal his Son in me, that I might preach him among the Gentiles;

εὐθέως οὐ προσανεθέμην σαρκὶ καὶ αἵματι
eutheōs ou prosanethemēn sarki kai haimati
straightway I conferred not with flesh and blood:

οὐδὲ ἀνῆλθον εἰς Ἱεροσόλυμα πρὸς τοὺς πρὸ ἐμοῦ ἀποστόλους
oude anēlthon eis Hierosolyma pros tous pro emou apostolous
neither went I up to Jerusalem to them that were apostles before me:

ἀλλὰ ἀπῆλθον εἰς Ἀραβίαν, καὶ πάλιν ὑπέστρεψα εἰς Δαμασκόν
alla apēlthon eis Arabian, kai palin hypestrepsa eis Damaskon
but I went away into Arabia; and again I returned unto Damascus.

Ἔπειτα μετὰ ἔτη τρία ἀνῆλθον εἰς Ἱεροσόλυμα ἱστορῆσαι Κηφᾶν, καὶ ἐπέμεινα πρὸς αὐτὸν ἡμέρας δεκαπέντε
Epeita meta etē tria anēlthon eis Hierosolyma historēsai Kēphan, kai epemeina pros auton hēmeras dekapente
Then after three years I went up to Jerusalem to visit Cephas, and tarried with him fifteen days.

ἕτερον δὲ τῶν ἀποστόλων οὐκ εἶδον, εἰ μὴ Ἰάκωβον τὸν ἀδελφὸν τοῦ κυρίου
heteron de tōn apostolōn ouk eidon, ei mē Iakōbon ton adelphon tou kyriou
But other of the apostles saw I none, save James the Lord's brother.

ἃ δὲ γράφω ὑμῖν, ἰδοὺ ἐνώπιον τοῦ θεοῦ ὅτι οὐ ψεύδομαι
ha de graphō hymin, idou enōpion tou theou hoti ou pseudomai
Now touching the things which I write unto you, behold, before God, I lie not.

ἔπειτα ἦλθον εἰς τὰ κλίματα τῆς Συρίας καὶ τῆς Κιλικίας
epeita ēlthon eis ta klimata tēs Syrias kai tēs Kilikias
Then I came into the regions of Syria and Cilicia.

ἤμην δὲ ἀγνοούμενος τῷ προσώπῳ ταῖς ἐκκλησίαις τῆς Ἰουδαίας ταῖς ἐν Χριστῷ
ēmēn de agnooumenos tō prosōpō tais ekklēsiais tēs Ioudaias tais en Christō
And I was still unknown by face unto the churches of Judæa which were in Christ:

μόνον δὲ ἀκούοντες ἦσαν ὅτι Ὁ διώκων ἡμᾶς ποτε νῦν εὐαγγελίζεται τὴν πίστιν ἥν ποτε ἐπόρθει
monon de akouontes ēsan hoti HO diōkōn hēmas pote nyn euangelizetai tēn pistin hēn pote eporthei
but they only heard say, He that once persecuted us now preacheth the faith of which he once made havoc;

καὶ ἐδόξαζον ἐν ἐμοὶ τὸν θεό
kai edoxazon en emoi ton theo
and they glorified God in me.

β

Ἔπειτα διὰ δεκατεσσάρων ἐτῶν πάλιν ἀνέβην εἰς Ἱεροσόλυμα μετὰ Βαρναβᾶ, συμπαραλαβὼν καὶ Τίτον
Epeita dia dekatessarōn etōn palin anebēn eis Hierosolyma meta Barnaba, symparalabōn kai Titon
Then after the space of fourteen years I went up again to Jerusalem with Barnabas, taking Titus also with me.

ἀνέβην δὲ κατὰ ἀποκάλυψιν: καὶ ἀνεθέμην αὐτοῖς τὸ εὐαγγέλιον ὃ κηρύσσω ἐν τοῖς ἔθνεσιν
anebēn de kata apokalypsin: kai anethemēn autois to euangelion ho kēryssō en tois ethnesin
And I went up by revelation; and I laid before them the gospel which I preach among the Gentiles

κατ' ἰδίαν δὲ τοῖς δοκοῦσιν, μή πως εἰς κενὸν τρέχω ἢ ἔδραμον
kat' idian de tois dokousin, mē pōs eis kenon trechō ē edramon
but privately before them who were of repute, lest by any means I should be running, or had run, in vain.

ἀλλ' οὐδὲ Τίτος ὁ σὺν ἐμοί, Ἕλλην ὤν, ἠναγκάσθη περιτμηθῆναι
all' oude Titos ho syn emoi, Ellēn ōn, ēnankasthē peritmēthēnai
But not even Titus who was with me, being a Greek, was compelled to be circumcised:

διὰ δὲ τοὺς παρεισάκτους ψευδαδέλφους
dia de tous pareisaktous pseudadelphous
and that because of the false brethren privily brought in,

οἵτινες παρεισῆλθον κατασκοπῆσαι τὴν ἐλευθερίαν ἡμῶν ἣν ἔχομεν ἐν Χριστῷ Ἰησοῦ, ἵνα ἡμᾶς καταδουλώσουσιν
hoitines pareisēlthon kataskopēsai tēn eleutherian hēmōn hēn echomen en Christō Iēsou, hina hēmas katadoulōsousin
who came in privily to spy out our liberty which we have in Christ Jesus, that they might bring us into bondage:

οἷς οὐδὲ πρὸς ὥραν εἴξαμεν τῇ ὑποταγῇ, ἵνα ἡ ἀλήθεια τοῦ εὐαγγελίου διαμείνῃ πρὸς ὑμᾶς
hois oude pros hōran eixamen tē hypotagē, hina hē alētheia tou euangeliou diameinē pros hymas
to whom we gave place in the way of subjection, no, not for an hour; that the truth of the gospel might continue with you.

ἀπὸ δὲ τῶν δοκούντων εἶναί τι ὁποῖοί ποτε ἦσαν οὐδέν μοι διαφέρει
apo de tōn dokountōn einai ti hopoioi pote ēsan ouden moi diapherei
But from those who were reputed to be somewhat (whatsoever they were, it maketh no matter to me:

πρόσωπον [ὁ] θεὸς ἀνθρώπου οὐ λαμβάνει ἐμοὶ γὰρ οἱ δοκοῦντες οὐδὲν προσανέθεντο
prosōpon [ho] theos anthrōpou ou lambanei emoi gar hoi dokountes ouden prosanethento
God accepteth not man's person)—they, I say, who were of repute imparted nothing to me:

ἀλλὰ τοὐναντίον ἰδόντες ὅτι πεπίστευμαι τὸ εὐαγγέλιον τῆς ἀκροβυστίας καθὼς Πέτρος τῆς περιτομῆς
alla tounantion idontes hoti pepisteumai to euangelion tēs akrobystias kathōs Petros tēs peritomēs
but contrariwise, when they saw that I had been intrusted with the gospel of the uncircumcision, even as Peter with the gospel of the circumcision

ὁ γὰρ ἐνεργήσας Πέτρῳ εἰς ἀποστολὴν τῆς περιτομῆς ἐνήργησεν καὶ ἐμοὶ εἰς τὰ ἔθνη
ho gar energēsas Petrō eis apostolēn tēs peritomēs enērgēsen kai emoi eis ta ethnē
(for he that wrought for Peter unto the apostleship of the circumcision wrought for me also unto the Gentiles);

καὶ γνόντες τὴν χάριν τὴν δοθεῖσάν μοι, Ἰάκωβος καὶ Κηφᾶς καὶ Ἰωάννης, οἱ δοκοῦντες στῦλοι εἶναι
kai gnontes tēn charin tēn dotheisan moi, Iakōbos kai Kēphas kai Iōannēs, hoi dokountes styloi einai,
and when they perceived the grace that was given unto me, James and Cephas and John, they who were reputed to be pillars,

δεξιὰς ἔδωκαν ἐμοὶ καὶ Βαρναβᾷ κοινωνίας, ἵνα ἡμεῖς εἰς τὰ ἔθνη, αὐτοὶ δὲ εἰς τὴν περιτομήν
dexias edōkan emoi kai Barnaba koinōnias, hina hēmeis eis ta ethnē, autoi de eis tēn peritomēn
gave to me and Barnabas the right hands of fellowship, that we should go unto the Gentiles, and they unto the circumcision;

μόνον τῶν πτωχῶν ἵνα μνημονεύωμεν, ὃ καὶ ἐσπούδασα αὐτὸ τοῦτο ποιῆσαι
monon tōn ptōchōn hina mnēmoneuōmen, ho kai espoudasa auto touto poiēsai
only they would that we should remember the poor; which very thing I was also zealous to do.

Οτε δὲ ἦλθεν Κηφᾶς εἰς Ἀντιόχειαν, κατὰ πρόσωπον αὐτῷ ἀντέστην, ὅτι κατεγνωσμένος ἦν

Ote de ēlthen Kēphas eis Antiocheian, kata prosōpon autō antestēn, hoti kategnōsmenos ēn

But when Cephas came to Antioch, I resisted him to the face, because he stood condemned.

πρὸ τοῦ γὰρ ἐλθεῖν τινας ἀπὸ Ἰακώβου μετὰ τῶν ἐθνῶν συνήσθιεν

pro tou gar elthein tinas apo Iakōbou meta tōn ethnōn synēsthien

For before that certain came from James, he ate with the Gentiles;

ὅτε δὲ ἦλθον, ὑπέστελλεν καὶ ἀφώριζεν ἑαυτόν, φοβούμενος τοὺς ἐκ περιτομῆς

hote de ēlthon, hypestellen kai aphōrizen heauton, phoboumenos tous ek peritomēs

but when they came, he drew back and separated himself, fearing them that were of the circumcision.

καὶ συνυπεκρίθησαν αὐτῷ [καὶ] οἱ λοιποὶ Ἰουδαῖοι, ὥστε καὶ Βαρναβᾶς συναπήχθη αὐτῶν τῇ ὑποκρίσει

kai synypekrithēsan autō [kai] hoi loipoi Ioudaioi, hōste kai Barnabas synapēchthē autōn tē hypokrisei

And the rest of the Jews dissembled likewise with him; insomuch that even Barnabas was carried away with their dissimulation.

ἀλλ' ὅτε εἶδον ὅτι οὐκ ὀρθοποδοῦσιν πρὸς τὴν ἀλήθειαν τοῦ εὐαγγελίου, εἶπον τῷ Κηφᾷ ἔμπροσθεν πάντων

all' hote eidon hoti ouk orthopodousin pros tēn alētheian tou euangeliou, eipon tō Kēpha emprosthen pantōn,

But when I saw that they walked not uprightly according to the truth of the gospel, I said unto Cephas before them all,

Εἰ σὺ Ἰουδαῖος ὑπάρχων ἐθνικῶς καὶ οὐχὶ Ἰουδαϊκῶς ζῇς, πῶς τὰ ἔθνη ἀναγκάζεις Ἰουδαΐζειν

Ei sy Ioudaios hyparchōn ethnikōs kai ouchi Ioudaikōs zēs, pōs ta ethnē anankazeis Ioudaizein

If thou, being a Jew, livest as do the Gentiles, and not as do the Jews, how compellest thou the Gentiles to live as do the Jews?

Ἡμεῖς φύσει Ἰουδαῖοι καὶ οὐκ ἐξ ἐθνῶν ἁμαρτωλοί

Hēmeis physei Ioudaioi kai ouk ex ethnōn hamartōloi

We being Jews by nature, and not sinners of the Gentiles,

εἰδότες [δὲ] ὅτι οὐ δικαιοῦται ἄνθρωπος ἐξ ἔργων νόμου ἐὰν μὴ διὰ πίστεως Ἰησοῦ Χριστοῦ

eidotes [de] hoti ou dikaioutai anthrōpos ex ergōn nomou ean mē dia pisteōs Iēsou Christou,

yet knowing that a man is not justified by the works of the law but through faith in Jesus Christ,

καὶ ἡμεῖς εἰς Χριστὸν Ἰησοῦν ἐπιστεύσαμεν, ἵνα δικαιωθῶμεν ἐκ πίστεως Χριστοῦ καὶ οὐκ ἐξ ἔργων νόμου

kai hēmeis eis Christon Iēsoun episteusamen, hina dikaiōthōmen ek pisteōs Christou kai ouk ex ergōn nomou

even we believed on Christ Jesus, that we might be justified by faith in Christ, and not by the works of the law:

ὅτι ἐξ ἔργων νόμου οὐ δικαιωθήσεται πᾶσα σάρξ

hoti ex ergōn nomou ou dikaiōthēsetai pasa sarx

because by the works of the law shall no flesh be justified.

εἰ δὲ ζητοῦντες δικαιωθῆναι ἐν Χριστῷ εὑρέθημεν καὶ αὐτοὶ ἁμαρτωλοί, ἆρα Χριστὸς ἁμαρτίας διάκονος; μὴ γένοιτο

ei de zētountes dikaiōthēnai en Christō heurethēmen kai autoi hamartōloi, ara Christos hamartias diakonos? mē genoito

But if, while we sought to be justified in Christ, we ourselves also were found sinners, is Christ a minister of sin? God forbid.

εἰ γὰρ ἃ κατέλυσα ταῦτα πάλιν οἰκοδομῶ, παραβάτην ἐμαυτὸν συνιστάνω
ei gar ha katelysa tauta palin oikodomō, parabatēn emauton synistanō
For if I build up again those things which I destroyed, I prove myself a transgressor.

ἐγὼ γὰρ διὰ νόμου νόμῳ ἀπέθανον ἵνα θεῷ ζήσω.
egō gar dia nomou nomō apethanon hina theō zēsō.
For I through the law died unto the law, that I might live unto God.

Χριστῷ συνεσταύρωμαι ζῶ δὲ οὐκέτι ἐγώ, ζῇ δὲ ἐν ἐμοὶ Χριστός
Christō synestaurōmai zō de ouketi egō, zē de en emoi Christo
I have been crucified with Christ; and it is no longer I that live, but Christ liveth in me:

ὃ δὲ νῦν ζῶ ἐν σαρκί ἐν πίστει ζῶ τῇ τοῦ υἱοῦ τοῦ θεοῦ τοῦ ἀγαπήσαντός με καὶ παραδόντος ἑαυτὸν ὑπὲρ ἐμοῦ
ho de nyn zō en sarki en pistei zō tē tou huiou tou theou tou agapēsantos me kai paradontos heauton hyper emou
and that life which I now live in the flesh I live in faith, the faith which is in the Son of God, who loved me, and gave himself up for me.

Γ

ω ἀνόητοι Γαλάται, τίς ὑμᾶς ἐβάσκανεν, οἷς κατ' ὀφθαλμοὺς Ἰησοῦς Χριστὸς προεγράφη ἐσταυρωμένο
ō anoētoi Galatai, tis hymas ebaskanen, hois kat' ophthalmous Iēsous Christos proegraphē estaurōmeno
O foolish Galatians, who did bewitch you, before whose eyes Jesus Christ was openly set forth crucified?

τοῦτο μόνον θέλω μαθεῖν ἀφ' ὑμῶν, ἐξ ἔργων νόμου τὸ πνεῦμα ἐλάβετε ἢ ἐξ ἀκοῆς πίστεως
touto monon thelō mathein aph' hymōn, ex ergōn nomou to pneuma elabete ē ex akoēs pisteōs
This only would I learn from you, Received ye the Spirit by the works of the law, or by the hearing of faith?

οὕτως ἀνόητοί ἐστε; ἐναρξάμενοι πνεύματι νῦν σαρκὶ ἐπιτελεῖσθε
houtōs anoētoi este? enarxamenoi pneumati nyn sarki epiteleisthe
Are ye so foolish? having begun in the Spirit, are ye now perfected in the flesh?

τοσαῦτα ἐπάθετε εἰκῇ; εἴ γε καὶ εἰκῇ
tosauta epathete eikē? ei ge kai eikē
Did ye suffer so many things in vain? if it be indeed in vain.

ὁ οὖν ἐπιχορηγῶν ὑμῖν τὸ πνεῦμα καὶ ἐνεργῶν δυνάμεις ἐν ὑμῖν ἐξ ἔργων νόμου ἢ ἐξ ἀκοῆς πίστεως
ho oun epichorēgōn hymin to pneuma kai energōn dynameis en hymin ex ergōn nomou ē ex akoēs pisteōs
He therefore that supplieth to you the Spirit, and worketh miracles among you, doeth he it by the works of the law, or by the hearing of faith?

καθὼς Ἀβραὰμ ἐπίστευσεν τῷ θεῷ, καὶ ἐλογίσθη αὐτῷ εἰς δικαιοσύνην
kathōs Abraam episteusen tō theō, kai elogisthē autō eis dikaiosynēn
Even as Abraham believed God, and it was reckoned unto him for righteousness.

Γινώσκετε ἄρα ὅτι οἱ ἐκ πίστεως, οὗτοι υἱοί εἰσιν Ἀβραάμ
Ginōskete ara hoti hoi ek pisteōs, houtoi huioi eisin Abraam
Know therefore that they that are of faith, the same are sons of Abraham.

προϊδοῦσα δὲ ἡ γραφὴ ὅτι ἐκ πίστεως δικαιοῖ τὰ ἔθνη ὁ θεὸς
proidousa de hē graphē hoti ek pisteōs dikaioi ta ethnē ho theos
And the scripture, foreseeing that God would justify the Gentiles by faith,

προευηγγελίσατο τῷ Ἀβραὰμ ὅτι Ἐνευλογηθήσονται ἐν σοὶ πάντα τὰ ἔθνη
proeuēngelisato tō Abraam hoti Eneulogēthēsontai en soi panta ta ethnē
preached the gospel beforehand unto Abraham, saying, In thee shall all the nations be blessed.

ὥστε οἱ ἐκ πίστεως εὐλογοῦνται σὺν τῷ πιστῷ Ἀβραάμ
hōste hoi ek pisteōs eulogountai syn tō pistō Abraam
So then they that are of faith are blessed with the faithful Abraham.

ὅσοι γὰρ ἐξ ἔργων νόμου εἰσὶν ὑπὸ κατάραν εἰσίν
hosoi gar ex ergōn nomou eisin hypo kataran eisin
For as many as are of the works of the law are under a curse:

γέγραπται γὰρ ὅτι Ἐπικατάρατος πᾶς ὃς οὐκ ἐμμένει πᾶσιν τοῖς γεγραμμένοις ἐν τῷ βιβλίῳ τοῦ νόμου τοῦ ποιῆσαι αὐτά
gegraptai gar hoti Epikataratos pas hos ouk emmenei pasin tois gegrammenois en tō bibliō tou nomou tou poiēsai auta
for it is written, Cursed is every one who continueth not in all things that are written in the book of the law, to do them.

ὅτι δὲ ἐν νόμῳ οὐδεὶς δικαιοῦται παρὰ τῷ θεῷ δῆλον, ὅτι Ὁ δίκαιος ἐκ πίστεως ζήσεται
hoti de en nomō oudeis dikaioutai para tō theō dēlon, hoti HO dikaios ek pisteōs zēsetai
Now that no man is justified by the law before God, is evident: for, The righteous shall live by faith;

ὁ δὲ νόμος οὐκ ἔστιν ἐκ πίστεως, ἀλλ' Ὁ ποιήσας αὐτὰ ζήσεται ἐν αὐτοῖς
ho de nomos ouk estin ek pisteōs, all' HO poiēsas auta zēsetai en autois
and the law is not of faith; but, He that doeth them shall live in them.

Χριστὸς ἡμᾶς ἐξηγόρασεν ἐκ τῆς κατάρας τοῦ νόμου γενόμενος ὑπὲρ ἡμῶν κατάρα
Christos hēmas exēgorasen ek tēs kataras tou nomou genomenos hyper hēmōn katara
Christ redeemed us from the curse of the law, having become a curse for us;

ὅτι γέγραπται, Ἐπικατάρατος πᾶς ὁ κρεμάμενος ἐπὶ ξύλου
hoti gegraptai, Epikataratos pas ho kremamenos epi xylou
for it is written, Cursed is every one that hangeth on a tree:

ἵνα εἰς τὰ ἔθνη ἡ εὐλογία τοῦ Ἀβραὰμ γένηται ἐν Χριστῷ Ἰησοῦ
hina eis ta ethnē hē eulogia tou Abraam genētai en Christō Iēsou
that upon the Gentiles might come the blessing of Abraham in Christ Jesus;

ἵνα τὴν ἐπαγγελίαν τοῦ πνεύματος λάβωμεν διὰ τῆς πίστεως
hina tēn epangelian tou pneumatos labōmen dia tēs pisteōs
that we might receive the promise of the Spirit through faith.

Ἀδελφοί, κατὰ ἄνθρωπον λέγω: ὅμως ἀνθρώπου κεκυρωμένην διαθήκην οὐδεὶς ἀθετεῖ ἢ ἐπιδιατάσσεται
Adelphoi, kata anthrōpon legō: homōs anthrōpou kekyrōmenēn diathēkēn oudeis athetei ē epidiatassetai
Brethren, I speak after the manner of men: Though it be but a man's covenant, yet when it hath been confirmed, no one maketh it void, or addeth thereto.

τῷ δὲ Ἀβραὰμ ἐρρέθησαν αἱ ἐπαγγελίαι καὶ τῷ σπέρματι αὐτοῦ
tō de Abraam errethēsan hai epangeliai kai tō spermati autou
Now to Abraham were the promises spoken, and to his seed.

οὐ λέγει, Καὶ τοῖς σπέρμασιν, ὡς ἐπὶ πολλῶν, ἀλλ' ὡς ἐφ' ἑνός, Καὶ τῷ σπέρματί σου, ὅς ἐστιν Χριστός
ou legei, Kai tois spermasin, hōs epi pollōn, all' hōs eph' henos, Kai tō spermati sou, hos estin Christos
He saith not, And to seeds, as of many; but as of one, And to thy seed, which is Christ.

τοῦτο δὲ λέγω: διαθήκην προκεκυρωμένην ὑπὸ τοῦ θεοῦ
touto de legō: diathēkēn prokekyrōmenēn hypo tou theou
Now this I say: A covenant confirmed beforehand by God, the law,

ὁ μετὰ τετρακόσια καὶ τριάκοντα ἔτη γεγονὼς νόμος οὐκ ἀκυροῖ, εἰς τὸ καταργῆσαι τὴν ἐπαγγελίαν
ho meta tetrakosia kai triakonta etē gegonōs nomos ouk akyroi, eis to katargēsai tēn epangelian
which came four hundred and thirty years after, doth not disannul, so as to make the promise of none effect.

εἰ γὰρ ἐκ νόμου ἡ κληρονομία, οὐκέτι ἐξ ἐπαγγελίας: τῷ δὲ Ἀβραὰμ δι' ἐπαγγελίας κεχάρισται ὁ θεός
ei gar ek nomou hē klēronomia, ouketi ex epangelias: tō de Abraam di' epangelias kecharistai ho theos
For if the inheritance is of the law, it is no more of promise: but God hath granted it to Abraham by promise.

Τί οὖν ὁ νόμος; τῶν παραβάσεων χάριν προσετέθη
Ti oun ho nomos? tōn parabaseōn charin prosetethē,
What then is the law? It was added because of transgressions,

ἄχρις οὗ ἔλθῃ τὸ σπέρμα ᾧ ἐπήγγελται, διαταγεὶς δι' ἀγγέλων ἐν χειρὶ μεσίτου
achris hou elthē to sperma hō epēngeltai, diatageis di' angelōn en cheiri mesitou
till the seed should come to whom the promise hath been made; and it was ordained through angels by the hand of a mediator.

ὁ δὲ μεσίτης ἑνὸς οὐκ ἔστιν, ὁ δὲ θεὸς εἷς ἐστιν
ho de mesitēs henos ouk estin, ho de theos heis estin
Now a mediator is not a mediator of one; but God is one.

Ὁ οὖν νόμος κατὰ τῶν ἐπαγγελιῶν [τοῦ θεοῦ]; μὴ γένοιτο
HO oun nomos kata tōn epangeliōn [tou theou]? mē genoito
Is the law then against the promises of God? God forbid:

εἰ γὰρ ἐδόθη νόμος ὁ δυνάμενος ζῳοποιῆσαι, ὄντως ἐκ νόμου ἂν ἦν ἡ δικαιοσύνη
ei gar edothē nomos ho dynamenos zōopoiēsai, ontōs ek nomou an ēn hē dikaiosynē
for if there had been a law given which could make alive, verily righteousness would have been of the law.

ἀλλὰ συνέκλεισεν ἡ γραφὴ τὰ πάντα ὑπὸ ἁμαρτίαν ἵνα ἡ ἐπαγγελία ἐκ πίστεως Ἰησοῦ Χριστοῦ δοθῇ τοῖς πιστεύουσιν
alla synekleisen hē graphē ta panta hypo hamartian hina hē epangelia ek pisteōs Iēsou Christou dothē tois pisteuousin
But the scripture shut up all things under sin, that the promise by faith in Jesus Christ might be given to them that believe.

Πρὸ τοῦ δὲ ἐλθεῖν τὴν πίστιν ὑπὸ νόμον ἐφρουρούμεθα συγκλειόμενοι εἰς τὴν μέλλουσαν πίστιν ἀποκαλυφθῆναι
Pro tou de elthein tēn pistin hypo nomon ephrouroumetha synkleiomenoi eis tēn mellousan pistin apokalyphthēnai
But before faith came, we were kept in ward under the law, shut up unto the faith which should afterwards be revealed.

ὥστε ὁ νόμος παιδαγωγὸς ἡμῶν γέγονεν εἰς Χριστόν, ἵνα ἐκ πίστεως δικαιωθῶμεν
hōste ho nomos paidagōgos hēmōn gegonen eis Christon, hina ek pisteōs dikaiōthōmen
So that the law is become our tutor to bring us unto Christ, that we might be justified by faith.

ἐλθούσης δὲ τῆς πίστεως οὐκέτι ὑπὸ παιδαγωγόν ἐσμεν
elthousēs de tēs pisteōs ouketi hypo paidagōgon esmen
But now that faith is come, we are no longer under a tutor.

Πάντες γὰρ υἱοὶ θεοῦ ἐστε διὰ τῆς πίστεως ἐν Χριστῷ Ἰησοῦ
Pantes gar huioi theou este dia tēs pisteōs en Christō Iēsou
For ye are all sons of God, through faith, in Christ Jesus.

ὅσοι γὰρ εἰς Χριστὸν ἐβαπτίσθητε, Χριστὸν ἐνεδύσασθε
hosoi gar eis Christon ebaptisthēte, Christon enedysasthe
For as many of you as were baptized into Christ did put on Christ.

There can be neither Jew nor Greek, there can be neither bond nor free, there can be no male and female;
οὐκ ἔνι Ἰουδαῖος οὐδὲ Ελλην, οὐκ ἔνι δοῦλος οὐδὲ ἐλεύθερος, οὐκ ἔνι ἄρσεν καὶ θῆλυ
ouk eni Ioudaios oude Ellēn, ouk eni doulos oude eleutheros, ouk eni arsen kai thēly

πάντες γὰρ ὑμεῖς εἷς ἐστε ἐν Χριστῷ Ἰησοῦ
pantes gar hymeis heis este en Christō Iēsou
for ye all are one man in Christ Jesus.

εἰ δὲ ὑμεῖς Χριστοῦ, ἄρα τοῦ Ἀβραὰμ σπέρμα ἐστέ, κατ' ἐπαγγελίαν κληρονόμοι
ei de hymeis Christou, ara tou Abraam sperma este, kat' epangelian klēronomoi
And if ye are Christ's, then are ye Abraham's seed, heirs according to promise.

δ

Λέγω δέ, ἐφ' ὅσον χρόνον ὁ κληρονόμος νήπιός ἐστιν, οὐδὲν διαφέρει δούλου κύριος πάντων ὤν
Legō de, eph' hoson chronon ho klēronomos nēpios estin, ouden diapherei doulou kyrios pantōn ōn
But I say that so long as the heir is a child, he differeth nothing from a bondservant though he is lord of all;

ἀλλὰ ὑπὸ ἐπιτρόπους ἐστὶν καὶ οἰκονόμους ἄχρι τῆς προθεσμίας τοῦ πατρό
alla hypo epitropous estin kai oikonomous achri tēs prothesmias tou patro
but is under guardians and stewards until the day appointed of the father.

οὕτως καὶ ἡμεῖς, ὅτε ἦμεν νήπιοι, ὑπὸ τὰ στοιχεῖα τοῦ κόσμου ἤμεθα δεδουλωμένοι
houtōs kai hēmeis, hote ēmen nēpioi, hypo ta stoicheia tou kosmou ēmetha dedoulōmenoi
So we also, when we were children, were held in bondage under the rudiments of the world:

ὅτε δὲ ἦλθεν τὸ πλήρωμα τοῦ χρόνου, ἐξαπέστειλεν ὁ θεὸς τὸν υἱὸν αὐτοῦ
hote de ēlthen to plērōma tou chronou, exapesteilen ho theos ton huion autou,
but when the fulness of the time came, God sent forth his Son,

γενόμενον ἐκ γυναικός, γενόμενον ὑπὸ νόμον
genomenon ek gynaikos, genomenon hypo nomon
born of a woman, born under the law,

ἵνα τοὺς ὑπὸ νόμον ἐξαγοράσῃ, ἵνα τὴν υἱοθεσίαν ἀπολάβωμεν
hina tous hypo nomon exagorasē, hina tēn huiothesian apolabōmen
that he might redeem them that were under the law, that we might receive the adoption of sons.

Ὅτι δέ ἐστε υἱοί, ἐξαπέστειλεν ὁ θεὸς τὸ πνεῦμα τοῦ υἱοῦ αὐτοῦ εἰς τὰς καρδίας ἡμῶν, κρᾶζον, Ἀββα ὁ πατήρ
Oti de este huioi, exapesteilen ho theos to pneuma tou huiou autou eis tas kardias hēmōn, krazon, Abba ho patēr
And because ye are sons, God sent forth the Spirit of his Son into our hearts, crying, Abba, Father.

ὥστε οὐκέτι εἶ δοῦλος ἀλλὰ υἱός: εἰ δὲ υἱός, καὶ κληρονόμος διὰ θεοῦ
hōste ouketi ei doulos alla huios: ei de huios, kai klēronomos dia theou
So that thou art no longer a bondservant, but a son; and if a son, then an heir through God.

Ἀλλὰ τότε μὲν οὐκ εἰδότες θεὸν ἐδουλεύσατε τοῖς φύσει μὴ οὖσιν θεοῖς
Alla tote men ouk eidotes theon edouleusate tois physei mē ousin theois
Howbeit at that time, not knowing God, ye were in bondage to them that by nature are no gods:

νῦν δὲ γνόντες θεόν, μᾶλλον δὲ γνωσθέντες ὑπὸ θεοῦ
nyn de gnontes theon, mallon de gnōsthentes hypo theou
but now that ye have come to know God, or rather to be known by God,

πῶς ἐπιστρέφετε πάλιν ἐπὶ τὰ ἀσθενῆ καὶ πτωχὰ στοιχεῖα, οἷς πάλιν ἄνωθεν δουλεύειν θέλετ
pōs epistrephete palin epi ta asthenē kai ptōcha stoicheia, hois palin anōthen douleuein thelet
how turn ye back again to the weak and beggarly rudiments, whereunto ye desire to be in bondage over again?

ἡμέρας παρατηρεῖσθε καὶ μῆνας καὶ καιροὺς καὶ ἐνιαυτούς
hēmeras paratēreisthe kai mēnas kai kairous kai eniautous
Ye observe days, and months, and seasons, and years.

φοβοῦμαι ὑμᾶς μή πως εἰκῆ κεκοπίακα εἰς ὑμᾶς
phoboumai hymas mē pōs eikē kekopiaka eis hymas
I am afraid of you, lest by any means I have bestowed labor upon you in vain.

Γίνεσθε ὡς ἐγώ, ὅτι κἀγὼ ὡς ὑμεῖς, ἀδελφοί, δέομαι ὑμῶν. οὐδέν με ἠδικήσατε
Ginesthe hōs egō, hoti kagō hōs hymeis, adelphoi, deomai hymōn. ouden me ēdikēsate
I beseech you, brethren, become as I am, for I also am become as ye are. Ye did me no wrong:

οἴδατε δὲ ὅτι δι' ἀσθένειαν τῆς σαρκὸς εὐηγγελισάμην ὑμῖν τὸ πρότερον
oidate de hoti di' astheneian tēs sarkos euēngelisamēn hymin to proteron
but ye know that because of an infirmity of the flesh I preached the gospel unto you the first time:

καὶ τὸν πειρασμὸν ὑμῶν ἐν τῇ σαρκί μου οὐκ ἐξουθενήσατε οὐδὲ ἐξεπτύσατε
kai ton peirasmon hymōn en tē sarki mou ouk exouthenēsate oude exeptysate
and that which was a temptation to you in my flesh ye despised not, nor rejected;

ἀλλὰ ὡς ἄγγελον θεοῦ ἐδέξασθέ με, ὡς Χριστὸν Ἰησοῦν
alla hōs angelon theou edexasthe me, hōs Christon Iēsoun
but ye received me as an angel of God, even as Christ Jesus.

ποῦ οὖν ὁ μακαρισμὸς ὑμῶν
pou oun ho makarismos hymōn
Where then is that gratulation of yourselves?

μαρτυρῶ γὰρ ὑμῖν ὅτι εἰ δυνατὸν τοὺς ὀφθαλμοὺς ὑμῶν ἐξορύξαντες ἐδώκατέ μοι
martyrō gar hymin hoti ei dynaton tous ophthalmous hymōn exoryxantes edōkate moi
for I bear you witness, that, if possible, ye would have plucked out your eyes and given them to me.

ὥστε ἐχθρὸς ὑμῶν γέγονα ἀληθεύων ὑμῖν
hōste echthros hymōn gegona alētheuōn hymin
So then am I become your enemy, by telling you the truth?

ζηλοῦσιν ὑμᾶς οὐ καλῶς, ἀλλὰ ἐκκλεῖσαι ὑμᾶς θέλουσιν, ἵνα αὐτοὺς ζηλοῦτε
zēlousin hymas ou kalōs, alla ekkleisai hymas thelousin, hina autous zēloute
They zealously seek you in no good way; nay, they desire to shut you out, that ye may seek them.

καλὸν δὲ ζηλοῦσθαι ἐν καλῷ πάντοτε, καὶ μὴ μόνον ἐν τῷ παρεῖναί με πρὸς ὑμᾶς
kalon de zēlousthai en kalō pantote, kai mē monon en tō pareinai me pros hymas
But it is good to be zealously sought in a good matter at all times, and not only when I am present with you.

τέκνα μου, οὓς πάλιν ὠδίνω μέχρις οὗ μορφωθῇ Χριστὸς ἐν ὑμῖν
tekna mou, hous palin ōdinō mechris hou morphōthē Christos en hymin
My little children, of whom I am again in travail until Christ be formed in you—

ἤθελον δὲ παρεῖναι πρὸς ὑμᾶς ἄρτι, καὶ ἀλλάξαι τὴν φωνήν μου, ὅτι ἀποροῦμαι ἐν ὑμῖν
ēthelon de pareinai pros hymas arti, kai allaxai tēn phōnēn mou, hoti aporoumai en hymin
but I could wish to be present with you now, and to change my tone; for I am perplexed about you.

Λέγετέ μοι, οἱ ὑπὸ νόμον θέλοντες εἶναι, τὸν νόμον οὐκ ἀκούετε
Legete moi, hoi hypo nomon thelontes einai, ton nomon ouk akouete
Tell me, ye that desire to be under the law, do ye not hear the law?

γέγραπται γὰρ ὅτι Ἀβραὰμ δύο υἱοὺς ἔσχεν, ἕνα ἐκ τῆς παιδίσκης καὶ ἕνα ἐκ τῆς ἐλευθέρας
gegraptai gar hoti Abraam dyo huious eschen, hena ek tēs paidiskēs kai hena ek tēs eleutheras
For it is written, that Abraham had two sons, one by the handmaid, and one by the freewoman.

ἀλλ' ὁ μὲν ἐκ τῆς παιδίσκης κατὰ σάρκα γεγέννηται, ὁ δὲ ἐκ τῆς ἐλευθέρας δι' ἐπαγγελίας
all' ho men ek tēs paidiskēs kata sarka gegennētai, ho de ek tēs eleutheras di' epangelias
Howbeit the son by the handmaid is born after the flesh; but the son by the freewoman is born through promise.

ἅτινά ἐστιν ἀλληγορούμενα
hatina estin allēgoroumena
Which things contain an allegory:

αὗται γάρ εἰσιν δύο διαθῆκαι, μία μὲν ἀπὸ ὄρους Σινᾶ, εἰς δουλείαν γεννῶσα, ἥτις ἐστὶν Ἁγάρ
hautai gar eisin dyo diathēkai, mia men apo orous Sina, eis douleian gennōsa, hētis estin Hagar
for these women are two covenants; one from mount Sinai, bearing children unto bondage, which is Hagar.

τὸ δὲ Ἁγάρ Σινᾶ ὄρος ἐστὶν ἐν τῇ Ἀραβίᾳ, συστοιχεῖ δὲ τῇ νῦν Ἱερουσαλήμ
to de Hagar Sina oros estin en tē Arabia, systoichei de tē nyn Ierousalēm
Now this Hagar is mount Sinai in Arabia and answereth to the Jerusalem that now is:

δουλεύει γὰρ μετὰ τῶν τέκνων αὐτῆς
douleuei gar meta tōn teknōn autēs
for she is in bondage with her children.

ἡ δὲ ἄνω Ἱερουσαλὴμ ἐλευθέρα ἐστίν, ἥτις ἐστὶν μήτηρ ἡμῶν
hē de anō Ierousalēm eleuthera estin, hētis estin mētēr hēmōn
But the Jerusalem that is above is free, which is our mother.

γέγραπται γάρ, Εὐφράνθητι, στεῖρα ἡ οὐ τίκτουσα
gegraptai gar, Euphranthēti, steira hē ou tiktousa:
For it is written, Rejoice, thou barren that bearest not;

ῥῆξον καὶ βόησον, ἡ οὐκ ὠδίνουσα
rhēxon kai boēson, hē ouk ōdinousa
Break forth and cry, thou that travailest not:

ὅτι πολλὰ τὰ τέκνα τῆς ἐρήμου μᾶλλον ἢ τῆς ἐχούσης τὸν ἄνδρα
hoti polla ta tekna tēs erēmou mallon ē tēs echousēs ton andra
For more are the children of the desolate than of her that hath the husband.

ὑμεῖς δέ, ἀδελφοί, κατὰ Ἰσαὰκ ἐπαγγελίας τέκνα ἐστέ
hymeis de, adelphoi, kata Isaak epangelias tekna este
Now we, brethren, as Isaac was, are children of promise.

ἀλλ' ὥσπερ τότε ὁ κατὰ σάρκα γεννηθεὶς ἐδίωκεν τὸν κατὰ πνεῦμα, οὕτως καὶ νῦν
all' hōsper tote ho kata sarka gennētheis ediōken ton kata pneuma, houtōs kai nyn
But as then he that was born after the flesh persecuted him that was born after the Spirit, so also it is now.

ἀλλὰ τί λέγει ἡ γραφή; Ἔκβαλε τὴν παιδίσκην καὶ τὸν υἱὸν αὐτῆς
alla ti legei hē graphē? Ekbale tēn paidiskēn kai ton huion autēs
Howbeit what saith the scripture? Cast out the handmaid and her son:

οὐ γὰρ μὴ κληρονομήσει ὁ υἱὸς τῆς παιδίσκης μετὰ τοῦ υἱοῦ τῆς ἐλευθέρας
ou gar mē klēronomēsei ho huios tēs paidiskēs meta tou huiou tēs eleutheras
for the son of the handmaid shall not inherit with the son of the freewoman.

διό, ἀδελφοί, οὐκ ἐσμὲν παιδίσκης τέκνα ἀλλὰ τῆς ἐλευθέρας
dio, adelphoi, ouk esmen paidiskēs tekna alla tēs eleutheras
Wherefore, brethren, we are not children of a handmaid, but of the freewoman.

ε

τῇ ἐλευθερίᾳ ἡμᾶς Χριστὸς ἠλευθέρωσεν: στήκετε οὖν καὶ μὴ πάλιν ζυγῷ δουλείας ἐνέχεσθε
tē eleutheria hēmas Christos ēleutherōsen: stēkete oun kai mē palin zygō douleias enechesthe
For freedom did Christ set us free: stand fast therefore, and be not entangled again in a yoke of bondage.

Ἴδε ἐγὼ Παῦλος λέγω ὑμῖν ὅτι ἐὰν περιτέμνησθε Χριστὸς ὑμᾶς οὐδὲν ὠφελήσει
Ide egō Paulos legō hymin hoti ean peritemnēsthe Christos hymas ouden ōphelēsei
Behold, I Paul say unto you, that, if ye receive circumcision, Christ will profit you nothing.

μαρτύρομαι δὲ πάλιν παντὶ ἀνθρώπῳ περιτεμνομένῳ ὅτι ὀφειλέτης ἐστὶν ὅλον τὸν νόμον ποιῆσαι
martyromai de palin panti anthrōpō peritemnomenō hoti opheiletēs estin holon ton nomon poiēsai
Yea, I testify again to every man that receiveth circumcision, that he is a debtor to do the whole law.

κατηργήθητε ἀπὸ Χριστοῦ οἵτινες ἐν νόμῳ δικαιοῦσθε, τῆς χάριτος ἐξεπέσατε
katērgēthēte apo Christou hoitines en nomō dikaiousthe, tēs charitos exepesate
Ye are severed from Christ, ye who would be justified by the law; ye are fallen away from grace.

ἡμεῖς γὰρ πνεύματι ἐκ πίστεως ἐλπίδα δικαιοσύνης ἀπεκδεχόμεθα
hēmeis gar pneumati ek pisteōs elpida dikaiosynēs apekdechometha
For we through the Spirit by faith wait for the hope of righteousness.

ἐν γὰρ Χριστῷ Ἰησοῦ οὔτε περιτομή τι ἰσχύει οὔτε ἀκροβυστία, ἀλλὰ πίστις δι' ἀγάπης ἐνεργουμένη
en gar Christō Iēsou oute peritomē ti ischyei oute akrobystia, alla pistis di' agapēs energoumenē
For in Christ Jesus neither circumcision availeth anything, nor uncircumcision; but faith working through love.

Ἐτρέχετε καλῶς: τίς ὑμᾶς ἐνέκοψεν [τῇ] ἀληθείᾳ μὴ πείθεσθαι
Etrechete kalōs: tis hymas enekopsen [tē] alētheia mē peithesthai
Ye were running well; who hindered you that ye should not obey the truth?

ἡ πεισμονὴ οὐκ ἐκ τοῦ καλοῦντος ὑμᾶς. μικρὰ ζύμη ὅλον τὸ φύραμα ζυμοῖ
hē peismonē ouk ek tou kalountos hymas. mikra zymē holon to phyrama zymoi
This persuasion came not of him that calleth you. A little leaven leaveneth the whole lump.

ἐγὼ πέποιθα εἰς ὑμᾶς ἐν κυρίῳ ὅτι οὐδὲν ἄλλο φρονήσετε
egō pepoitha eis hymas en kyriō hoti ouden allo phronēsete
I have confidence to you-ward in the Lord, that ye will be none otherwise minded:

ὁ δὲ ταράσσων ὑμᾶς βαστάσει τὸ κρίμα, ὅστις ἐὰν ᾖ
ho de tarassōn hymas bastasei to krima, hostis ean ē
but he that troubleth you shall bear his judgment, whosoever he be.

ἐγὼ δέ, ἀδελφοί, εἰ περιτομὴν ἔτι κηρύσσω, τί ἔτι διώκομαι
egō de, adelphoi, ei peritomēn eti kēryssō, ti eti diōkomai
But I, brethren, if I still preach circumcision, why am I still persecuted?

ἄρα κατήργηται τὸ σκάνδαλον τοῦ σταυροῦ
ara katērgētai to skandalon tou staurou
then hath the stumbling-block of the cross been done away.

ὄφελον καὶ ἀποκόψονται οἱ ἀναστατοῦντες ὑμᾶς
ophelon kai apokopsontai hoi anastatountes hymas
I would that they that unsettle you would even go beyond circumcision.

Ὑμεῖς γὰρ ἐπ' ἐλευθερίᾳ ἐκλήθητε, ἀδελφοί
Hymeis gar ep' eleutheria eklēthēte, adelphoi
For ye, brethren, were called for freedom;

μόνον μὴ τὴν ἐλευθερίαν εἰς ἀφορμὴν τῇ σαρκί, ἀλλὰ διὰ τῆς ἀγάπης δουλεύετε ἀλλήλοις
monon mē tēn eleutherian eis aphormēn tē sarki, alla dia tēs agapēs douleuete allēlois
only use not your freedom for an occasion to the flesh, but through love be servants one to another.

ὁ γὰρ πᾶς νόμος ἐν ἑνὶ λόγῳ πεπλήρωται, ἐν τῷ Ἀγαπήσεις τὸν πλησίον σου ὡς σεαυτόν
ho gar pas nomos en heni logō peplērōtai, en tō Agapēseis ton plēsion sou hōs seauton
For the whole law is fulfilled in one word, even in this: Thou shalt love thy neighbor as thyself.

εἰ δὲ ἀλλήλους δάκνετε καὶ κατεσθίετε, βλέπετε μὴ ὑπ' ἀλλήλων ἀναλωθῆτε
ei de allēlous daknete kai katesthiete, blepete mē hyp' allēlōn analōthēte
But if ye bite and devour one another, take heed that ye be not consumed one of another.

Λέγω δέ, πνεύματι περιπατεῖτε καὶ ἐπιθυμίαν σαρκὸς οὐ μὴ τελέσητε
Legō de, pneumati peripateite kai epithymian sarkos ou mē telesēte
But I say, Walk by the Spirit, and ye shall not fulfil the lust of the flesh.

ἡ γὰρ σὰρξ ἐπιθυμεῖ κατὰ τοῦ πνεύματος, τὸ δὲ πνεῦμα κατὰ τῆς σαρκός
hē gar sarx epithymei kata tou pneumatos, to de pneuma kata tēs sarkos:
For the flesh lusteth against the Spirit, and the Spirit against the flesh;

ταῦτα γὰρ ἀλλήλοις ἀντίκειται, ἵνα μὴ ἃ ἐὰν θέλητε ταῦτα ποιῆτε
tauta gar allēlois antikeitai, hina mē ha ean thelēte tauta poiēte
for these are contrary the one to the other; that ye may not do the things that ye would.

εἰ δὲ πνεύματι ἄγεσθε, οὐκ ἐστὲ ὑπὸ νόμον
ei de pneumati agesthe, ouk este hypo nomon
But if ye are led by the Spirit, ye are not under the law.

φανερὰ δέ ἐστιν τὰ ἔργα τῆς σαρκός, ἅτινά ἐστιν πορνεία, ἀκαθαρσία, ἀσέλγεια
phanera de estin ta erga tēs sarkos, hatina estin porneia, akatharsia, aselgeia
Now the works of the flesh are manifest, which are these: fornication, uncleanness, lasciviousness,

εἰδωλολατρία, φαρμακεία, ἔχθραι, ἔρις, ζῆλος, θυμοί, ἐριθεῖαι, διχοστασίαι, αἱρέσεις
eidōlolatria, pharmakeia, echthrai, eris, zēlos, thymoi, eritheiai, dichostasiai, haireseis
idolatry, sorcery, enmities, strife, jealousies, wraths, factions, divisions, parties,

φθόνοι, μέθαι, κῶμοι, καὶ τὰ ὅμοια τούτοις
phthonoi, methai, kōmoi, kai ta homoia toutois
envyings, drunkenness, revellings, and such like;

ἃ προλέγω ὑμῖν καθὼς προεῖπον ὅτι οἱ τὰ τοιαῦτα πράσσοντες βασιλείαν θεοῦ οὐ κληρονομήσουσιν
ha prolegō hymin kathōs proeipon hoti hoi ta toiauta prassontes basileian theou ou klēronomēsousin
of which I forewarn you, even as I did forewarn you, that they who practise such things shall not inherit the kingdom of God.

Ὁ δὲ καρπὸς τοῦ πνεύματός ἐστιν ἀγάπη, χαρά, εἰρήνη, μακροθυμία, χρηστότης, ἀγαθωσύνη, πίστις
HO de karpos tou pneumatos estin agapē, chara, eirēnē, makrothymia, chrēstotēs, agathōsynē, pistis
But the fruit of the Spirit is love, joy, peace, longsuffering, kindness, goodness, faithfulness,

πραΰτης, ἐγκράτεια· κατὰ τῶν τοιούτων οὐκ ἔστιν νόμος
prautēs, enkrateia: kata tōn toioutōn ouk estin nomos
meekness, self-control; against such there is no law.

οἱ δὲ τοῦ Χριστοῦ [Ἰησοῦ] τὴν σάρκα ἐσταύρωσαν σὺν τοῖς παθήμασιν καὶ ταῖς ἐπιθυμίαις
hoi de tou Christou [Iēsou] tēn sarka estaurōsan syn tois pathēmasin kai tais epithymiais
And they that are of Christ Jesus have crucified the flesh with the passions and the lusts thereof.

εἰ ζῶμεν πνεύματι, πνεύματι καὶ στοιχῶμεν
ei zōmen pneumati, pneumati kai stoichōmen
If we live by the Spirit, by the Spirit let us also walk.

μὴ γινώμεθα κενόδοξοι, ἀλλήλους προκαλούμενοι, ἀλλήλοις φθονοῦντες
mē ginōmetha kenodoxoi, allēlous prokaloumenoi, allēlois phthonountes
Let us not become vainglorious, provoking one another, envying one another.

ς

Ἀδελφοί, ἐὰν καὶ προλημφθῇ ἄνθρωπος ἔν τινι παραπτώματι
Adelphoi, ean kai prolēmphthē anthrōpos en tini paraptōmati
Brethren, even if a man be overtaken in any trespass,

ὑμεῖς οἱ πνευματικοὶ καταρτίζετε τὸν τοιοῦτον ἐν πνεύματι πραΰτητος, σκοπῶν σεαυτόν, μὴ καὶ σὺ πειρασθῇς
hymeis hoi pneumatikoi katartizete ton toiouton en pneumati prautētos, skopōn seauton, mē kai sy peirasthēs
ye who are spiritual, restore such a one in a spirit of gentleness; looking to thyself, lest thou also be tempted.

Ἀλλήλων τὰ βάρη βαστάζετε, καὶ οὕτως ἀναπληρώσετε τὸν νόμον τοῦ Χριστοῦ
Allēlōn ta barē bastazete, kai houtōs anaplērōsete ton nomon tou Christou
Bear ye one another's burdens, and so fulfil the law of Christ.

εἰ γὰρ δοκεῖ τις εἶναί τι μηδὲν ὤν, φρεναπατᾷ ἑαυτόν
ei gar dokei tis einai ti mēden ōn, phrenapata heauton
For if a man thinketh himself to be something when he is nothing, he deceiveth himself.

τὸ δὲ ἔργον ἑαυτοῦ δοκιμαζέτω ἕκαστος
to de ergon heautou dokimazetō hekastos
But let each man prove his own work,

καὶ τότε εἰς ἑαυτὸν μόνον τὸ καύχημα ἕξει καὶ οὐκ εἰς τὸν ἕτερον
kai tote eis heauton monon to kauchēma hexei kai ouk eis ton heteron
and then shall he have his glorying in regard of himself alone, and not of his neighbor.

ἕκαστος γὰρ τὸ ἴδιον φορτίον βαστάσει
hekastos gar to idion phortion bastasei
For each man shall bear his own burden.

Κοινωνείτω δὲ ὁ κατηχούμενος τὸν λόγον τῷ κατηχοῦντι ἐν πᾶσιν ἀγαθοῖς
Koinōneitō de ho katēchoumenos ton logon tō katēchounti en pasin agathois
But let him that is taught in the word communicate unto him that teacheth in all good things.

Μὴ πλανᾶσθε, θεὸς οὐ μυκτηρίζεται· ὃ γὰρ ἐὰν σπείρῃ ἄνθρωπος, τοῦτο καὶ θερίσει
Mē planasthe, theos ou myktērizetai: ho gar ean speirē anthrōpos, touto kai therisei
Be not deceived; God is not mocked: for whatsoever a man soweth, that shall he also reap.

ὅτι ὁ σπείρων εἰς τὴν σάρκα ἑαυτοῦ ἐκ τῆς σαρκὸς θερίσει φθοράν
hoti ho speirōn eis tēn sarka heautou ek tēs sarkos therisei phthoran
For he that soweth unto his own flesh shall of the flesh reap corruption;

ὁ δὲ σπείρων εἰς τὸ πνεῦμα ἐκ τοῦ πνεύματος θερίσει ζωὴν αἰώνιον
ho de speirōn eis to pneuma ek tou pneumatos therisei zōēn aiōnion
but he that soweth unto the Spirit shall of the Spirit reap eternal life.

τὸ δὲ καλὸν ποιοῦντες μὴ ἐγκακῶμεν, καιρῷ γὰρ ἰδίῳ θερίσομεν μὴ ἐκλυόμενοι
to de kalon poiountes mē enkakōmen, kairō gar idiō therisomen mē eklyomenoi
And let us not be weary in well-doing: for in due season we shall reap, if we faint not.

ἄρα οὖν ὡς καιρὸν ἔχομεν, ἐργαζώμεθα τὸ ἀγαθὸν πρὸς πάντας, μάλιστα δὲ πρὸς τοὺς οἰκείους τῆς πίστεως
ara oun hōs kairon echomen, ergazōmetha to agathon pros pantas, malista de pros tous oikeious tēs pisteōs
So then, as we have opportunity, let us work that which is good toward all men, and especially toward them that are of the household of the faith.

Ἴδετε πηλίκοις ὑμῖν γράμμασιν ἔγραψα τῇ ἐμῇ χειρί
Idete pēlikois hymin grammasin egrapsa tē emē cheiri
See with how large letters I write unto you with mine own hand.

ὅσοι θέλουσιν εὐπροσωπῆσαι ἐν σαρκί, οὗτοι ἀναγκάζουσιν ὑμᾶς περιτέμνεσθαι,
hosoi thelousin euprosōpēsai en sarki, houtoi anankazousin hymas peritemnesthai,
As many as desire to make a fair show in the flesh, they compel you to be circumcised;

μόνον ἵνα τῷ σταυρῷ τοῦ Χριστοῦ μὴ διώκωνται
monon hina tō staurō tou Christou mē diōkōntai
only that they may not be persecuted for the cross of Christ.

οὐδὲ γὰρ οἱ περιτεμνόμενοι αὐτοὶ νόμον φυλάσσουσιν
oude gar hoi peritemnomenoi autoi nomon phylassousin
For not even they who receive circumcision do themselves keep the law;

ἀλλὰ θέλουσιν ὑμᾶς περιτέμνεσθαι ἵνα ἐν τῇ ὑμετέρᾳ σαρκὶ καυχήσωνται
alla thelousin hymas peritemnesthai hina en tē hymetera sarki kauchēsōntai
but they desire to have you circumcised, that they may glory in your flesh.

ἐμοὶ δὲ μὴ γένοιτο καυχᾶσθαι εἰ μὴ ἐν τῷ σταυρῷ τοῦ κυρίου ἡμῶν Ἰησοῦ Χριστοῦ
emoi de mē genoito kauchasthai ei mē en tō staurō tou kyriou hēmōn Iēsou Christou
But far be it from me to glory, save in the cross of our Lord Jesus Christ,

δι' οὗ ἐμοὶ κόσμος ἐσταύρωται κἀγὼ κόσμῳ
di' hou emoi kosmos estaurōtai kagō kosmō
through which the world hath been crucified unto me, and I unto the world.

οὔτε γὰρ περιτομή τί ἐστιν οὔτε ἀκροβυστία, ἀλλὰ καινὴ κτίσις
oute gar peritomē ti estin oute akrobystia, alla kainē ktisis
For neither is circumcision anything, nor uncircumcision, but a new creature.

καὶ ὅσοι τῷ κανόνι τούτῳ στοιχήσουσιν, εἰρήνη ἐπ' αὐτοὺς καὶ ἔλεος, καὶ ἐπὶ τὸν Ἰσραὴλ τοῦ θεοῦ
kai hosoi tō kanoni toutō stoichēsousin, eirēnē ep' autous kai eleos, kai epi ton Israēl tou theou
And as many as shall walk by this rule, peace be upon them, and mercy, and upon the Israel of God.

Τοῦ λοιποῦ κόπους μοι μηδεὶς παρεχέτω, ἐγὼ γὰρ τὰ στίγματα τοῦ Ἰησοῦ ἐν τῷ σώματί μου βαστάζω
Tou loipou kopous moi mēdeis parechetō, egō gar ta stigmata tou Iēsou en tō sōmati mou bastazō
Henceforth let no man trouble me; for I bear branded on my body the marks of Jesus.

Ἡ χάρις τοῦ κυρίου ἡμῶν Ἰησοῦ Χριστοῦ μετὰ τοῦ πνεύματος ὑμῶν, ἀδελφοί· ἀμήν
HĒ charis tou kyriou hēmōn Iēsou Christou meta tou pneumatos hymōn, adelphoi: amēn
The grace of our Lord Jesus Christ be with your spirit, brethren. Amen.

ἘΦΕΣΙΟΥΣ α

Παῦλος ἀπόστολος Χριστοῦ Ἰησοῦ διὰ θελήματος θεοῦ τοῖς ἁγίοις τοῖς οὖσιν [ἐν Ἐφέσῳ] καὶ πιστοῖς ἐν Χριστῷ Ἰησοῦ
Paulos apostolos Christou Iēsou dia thelēmatos theou tois hagiois tois ousin [en Ephesō] kai pistois en Christō Iēsou
Paul, an apostle of Christ Jesus through the will of God, to the saints that are at Ephesus, and the faithful in Christ Jesus:

χάρις ὑμῖν καὶ εἰρήνη ἀπὸ θεοῦ πατρὸς ἡμῶν καὶ κυρίου Ἰησοῦ Χριστοῦ
charis hymin kai eirēnē apo theou patros hēmōn kai kyriou Iēsou Christou
Grace to you and peace from God our Father and the Lord Jesus Christ.

Εὐλογητὸς ὁ θεὸς καὶ πατὴρ τοῦ κυρίου ἡμῶν Ἰησοῦ Χριστοῦ
Eulogētos ho theos kai patēr tou kyriou hēmōn Iēsou Christou
Blessed be the God and Father of our Lord Jesus Christ,

ὁ εὐλογήσας ἡμᾶς ἐν πάσῃ εὐλογίᾳ πνευματικῇ ἐν τοῖς ἐπουρανίοις ἐν Χριστῷ
ho eulogēsas hēmas en pasē eulogia pneumatikē en tois epouraniois en Christō
who hath blessed us with every spiritual blessing in the heavenly places in Christ:

καθὼς ἐξελέξατο ἡμᾶς ἐν αὐτῷ πρὸ καταβολῆς κόσμου
kathōs exelexato hēmas en autō pro katabolēs kosmou
even as he chose us in him before the foundation of the world,

εἶναι ἡμᾶς ἁγίους καὶ ἀμώμους κατενώπιον αὐτοῦ ἐν ἀγάπῃ
einai hēmas hagious kai amōmous katenōpion autou en agapē
that we should be holy and without blemish before him in love:

προορίσας ἡμᾶς εἰς υἱοθεσίαν διὰ Ἰησοῦ Χριστοῦ εἰς αὐτόν
proorisas hēmas eis huiothesian dia Iēsou Christou eis auton
having foreordained us unto adoption as sons through Jesus Christ unto himself,

κατὰ τὴν εὐδοκίαν τοῦ θελήματος αὐτοῦ
kata tēn eudokian tou thelēmatos autou
according to the good pleasure of his will,

εἰς ἔπαινον δόξης τῆς χάριτος αὐτοῦ ἧς ἐχαρίτωσεν ἡμᾶς ἐν τῷ ἠγαπημένῳ
eis epainon doxēs tēs charitos autou hēs echaritōsen hēmas en tō ēgapēmenō
to the praise of the glory of his grace, which he freely bestowed on us in the Beloved:

ἐν ᾧ ἔχομεν τὴν ἀπολύτρωσιν διὰ τοῦ αἵματος αὐτοῦ
en hō echomen tēn apolytrōsin dia tou haimatos autou
in whom we have our redemption through his blood,

τὴν ἄφεσιν τῶν παραπτωμάτων, κατὰ τὸ πλοῦτος τῆς χάριτος αὐτοῦ
tēn aphesin tōn paraptōmatōn, kata to ploutos tēs charitos autou
the forgiveness of our trespasses, according to the riches of his grace,

ἧς ἐπερίσσευσεν εἰς ἡμᾶς ἐν πάσῃ σοφίᾳ καὶ φρονήσει
hēs eperisseusen eis hēmas en pasē sophia kai phronēsei
which he made to abound toward us in all wisdom and prudence,

γνωρίσας ἡμῖν τὸ μυστήριον τοῦ θελήματος αὐτοῦ, κατὰ τὴν εὐδοκίαν αὐτοῦ ἣν προέθετο ἐν αὐτῷ
gnōrisas hēmin to mystērion tou thelēmatos autou, kata tēn eudokian autou hēn proetheto en autō
making known unto us the mystery of his will, according to his good pleasure which he purposed in him

εἰς οἰκονομίαν τοῦ πληρώματος τῶν καιρῶν
eis oikonomian tou plērōmatos tōn kairōn
unto a dispensation of the fulness of the times,

ἀνακεφαλαιώσασθαι τὰ πάντα ἐν τῷ Χριστῷ, τὰ ἐπὶ τοῖς οὐρανοῖς καὶ τὰ ἐπὶ τῆς γῆς: ἐν αὐτῷ
anakephalaiōsasthai ta panta en tō Christō, ta epi tois ouranois kai ta epi tēs gēs: en autō
to sum up all things in Christ, the things in the heavens, and the things upon the earth; in him, I say,

ἐν ᾧ καὶ ἐκληρώθημεν προορισθέντες κατὰ πρόθεσιν τοῦ τὰ πάντα ἐνεργοῦντος κατὰ τὴν βουλὴν τοῦ θελήματος αὐτοῦ
en hō kai eklērōthēmen prooristhentes kata prothesin tou ta panta energountos kata tēn boulēn tou thelēmatos autou
in whom also we were made a heritage, having been foreordained according to the purpose of him who worketh all things after the counsel of his will;

εἰς τὸ εἶναι ἡμᾶς εἰς ἔπαινον δόξης αὐτοῦ τοὺς προηλπικότας ἐν τῷ Χριστῷ
eis to einai hēmas eis epainon doxēs autou tous proēlpikotas en tō Christō
to the end that we should be unto the praise of his glory, we who had before hoped in Christ:

ἐν ᾧ καὶ ὑμεῖς ἀκούσαντες τὸν λόγον τῆς ἀληθείας, τὸ εὐαγγέλιον τῆς σωτηρίας ὑμῶν
en hō kai hymeis akousantes ton logon tēs alētheias, to euangelion tēs sōtērias hymōn
in whom ye also, having heard the word of the truth, the gospel of your salvation,—

ἐν ᾧ καὶ πιστεύσαντες ἐσφραγίσθητε τῷ πνεύματι τῆς ἐπαγγελίας τῷ ἁγίῳ
en hō kai pisteusantes esphragisthēte tō pneumati tēs epangelias tō hagiō
in whom, having also believed, ye were sealed with the Holy Spirit of promise,

ὅ ἐστιν ἀρραβὼν τῆς κληρονομίας ἡμῶν, εἰς ἀπολύτρωσιν τῆς περιποιήσεως, εἰς ἔπαινον τῆς δόξης αὐτοῦ
ho estin arrabōn tēs klēronomias hēmōn, eis apolytrōsin tēs peripoiēseōs, eis epainon tēs doxēs autou
which is an earnest of our inheritance, unto the redemption of God's own possession, unto the praise of his glory.

Διὰ τοῦτο κἀγώ, ἀκούσας τὴν καθ' ὑμᾶς πίστιν ἐν τῷ κυρίῳ Ἰησοῦ
Dia touto kagō, akousas tēn kath' hymas pistin en tō kyriō Iēsou
For this cause I also, having heard of the faith in the Lord Jesus which is among you

καὶ τὴν ἀγάπην τὴν εἰς πάντας τοὺς ἁγίους
kai tēn agapēn tēn eis pantas tous hagious
and the love which ye show toward all the saints,

οὐ παύομαι εὐχαριστῶν ὑπὲρ ὑμῶν μνείαν ποιούμενος ἐπὶ τῶν προσευχῶν μου
ou pauomai eucharistōn hyper hymōn mneian poioumenos epi tōn proseuchōn mou
cease not to give thanks for you, making mention of you in my prayers;

ἵνα ὁ θεὸς τοῦ κυρίου ἡμῶν Ἰησοῦ Χριστοῦ
hina ho theos tou kyriou hēmōn Iēsou Christou
that the God of our Lord Jesus Christ,

ὁ πατὴρ τῆς δόξης, δώῃ ὑμῖν πνεῦμα σοφίας καὶ ἀποκαλύψεως ἐν ἐπιγνώσει αὐτοῦ
ho patēr tēs doxēs, dōē hymin pneuma sophias kai apokalypseōs en epignōsei autou
the Father of glory, may give unto you a spirit of wisdom and revelation in the knowledge of him;

πεφωτισμένους τοὺς ὀφθαλμοὺς τῆς καρδίας [ὑμῶν] εἰς τὸ εἰδέναι ὑμᾶς τίς ἐστιν ἡ ἐλπὶς τῆς κλήσεως αὐτοῦ
pephōtismenous tous ophthalmous tēs kardias [hymōn] eis to eidenai hymas tis estin hē elpis tēs klēseōs autou
having the eyes of your heart enlightened, that ye may know what is the hope of his calling,

τίς ὁ πλοῦτος τῆς δόξης τῆς κληρονομίας αὐτοῦ ἐν τοῖς ἁγίοις
tis ho ploutos tēs doxēs tēs klēronomias autou en tois hagiois
what the riches of the glory of his inheritance in the saints,

καὶ τί τὸ ὑπερβάλλον μέγεθος τῆς δυνάμεως αὐτοῦ εἰς ἡμᾶς τοὺς πιστεύοντας
kai ti to hyperballon megethos tēs dynameōs autou eis hēmas tous pisteuontas
and what the exceeding greatness of his power to us-ward who believe,

κατὰ τὴν ἐνέργειαν τοῦ κράτους τῆς ἰσχύος αὐτοῦ
kata tēn energeian tou kratous tēs ischyos autou
according to that working of the strength of his might

ἣν ἐνήργησεν ἐν τῷ Χριστῷ ἐγείρας αὐτὸν ἐκ νεκρῶν
hēn enērgēsen en tō Christō egeiras auton ek nekrōn
which he wrought in Christ, when he raised him from the dead,

καὶ καθίσας ἐν δεξιᾷ αὐτοῦ ἐν τοῖς ἐπουρανίοις
kai kathisas en dexia autou en tois epouraniois
and made him to sit at his right hand in the heavenly places,

ὑπεράνω πάσης ἀρχῆς καὶ ἐξουσίας καὶ δυνάμεως καὶ κυριότητος
hyperanō pasēs archēs kai exousias kai dynameōs kai kyriotētos
far above all rule, and authority, and power, and dominion,

καὶ παντὸς ὀνόματος ὀνομαζομένου οὐ μόνον ἐν τῷ αἰῶνι τούτῳ ἀλλὰ καὶ ἐν τῷ μέλλοντι
kai pantos onomatos onomazomenou ou monon en tō aiōni toutō alla kai en tō mellonti
and every name that is named, not only in this world, but also in that which is to come:

καὶ πάντα ὑπέταξεν ὑπὸ τοὺς πόδας αὐτοῦ, καὶ αὐτὸν ἔδωκεν κεφαλὴν ὑπὲρ πάντα τῇ ἐκκλησίᾳ
kai panta hypetaxen hypo tous podas autou, kai auton edōken kephalēn hyper panta tē ekklēsia
and he put all things in subjection under his feet, and gave him to be head over all things to the church,

ἥτις ἐστὶν τὸ σῶμα αὐτοῦ, τὸ πλήρωμα τοῦ τὰ πάντα ἐν πᾶσιν πληρουμένου
hētis estin to sōma autou, to plērōma tou ta panta en pasin plēroumenou
which is his body, the fulness of him that filleth all in all.

β

Καὶ ὑμᾶς ὄντας νεκροὺς τοῖς παραπτώμασιν καὶ ταῖς ἁμαρτίαις ὑμῶν
Kai hymas ontas nekrous tois paraptōmasin kai tais hamartiais hymōn
And you did he make alive, when ye were dead through your trespasses and sins,

ἐν αἷς ποτε περιεπατήσατε κατὰ τὸν αἰῶνα τοῦ κόσμου τούτου, κατὰ τὸν ἄρχοντα τῆς ἐξουσίας τοῦ ἀέρος
en hais pote periepatēsate kata ton aiōna tou kosmou toutou, kata ton archonta tēs exousias tou aeros
wherein ye once walked according to the course of this world, according to the prince of the powers of the air,

τοῦ πνεύματος τοῦ νῦν ἐνεργοῦντος ἐν τοῖς υἱοῖς τῆς ἀπειθείας
tou pneumatos tou nyn energountos en tois huiois tēs apeitheias
of the spirit that now worketh in the sons of disobedience;

ἐν οἷς καὶ ἡμεῖς πάντες ἀνεστράφημέν ποτε ἐν ταῖς ἐπιθυμίαις τῆς σαρκὸς ἡμῶν
en hois kai hēmeis pantes anestraphēmen pote en tais epithymiais tēs sarkos hēmōn
among whom we also all once lived in the lusts of our flesh,

ποιοῦντες τὰ θελήματα τῆς σαρκὸς καὶ τῶν διανοιῶν, καὶ ἤμεθα τέκνα φύσει ὀργῆς ὡς καὶ οἱ λοιποί
poiountes ta thelēmata tēs sarkos kai tōn dianoiōn, kai ēmetha tekna physei orgēs hōs kai hoi loipoi
doing the desires of the flesh and of the mind, and were by nature children of wrath, even as the rest:—

ὁ δὲ θεὸς πλούσιος ὢν ἐν ἐλέει, διὰ τὴν πολλὴν ἀγάπην αὐτοῦ ἣν ἠγάπησεν ἡμᾶς
ho de theos plousios ōn en eleei, dia tēn pollēn agapēn autou hēn ēgapēsen hēmas
but God, being rich in mercy, for his great love wherewith he loved us,

καὶ ὄντας ἡμᾶς νεκροὺς τοῖς παραπτώμασιν συνεζωοποίησεν τῷ Χριστῷ χάριτί ἐστε σεσωσμένοι
kai ontas hēmas nekrous tois paraptōmasin synezōopoiēsen tō Christō chariti este sesōsmenoi
even when we were dead through our trespasses, made us alive together with Christ (by grace have ye been saved),

καὶ συνήγειρεν καὶ συνεκάθισεν ἐν τοῖς ἐπουρανίοις ἐν Χριστῷ Ἰησοῦ
kai synēgeiren kai synekathisen en tois epouraniois en Christō Iēsou
and raised us up with him, and made us to sit with him in the heavenly places, in Christ Jesus:

ἵνα ἐνδείξηται ἐν τοῖς αἰῶσιν τοῖς ἐπερχομένοις τὸ ὑπερβάλλον πλοῦτος τῆς χάριτος αὐτοῦ ἐν χρηστότητι ἐφ' ἡμᾶς
hina endeixētai en tois aiōsin tois eperchomenois to hyperballon ploutos tēs charitos autou en chrēstotēti eph' hēmas
that in the ages to come he might show the exceeding riches of his grace in kindness toward us

ἐν Χριστῷ Ἰησοῦ. τῇ γὰρ χάριτί ἐστε σεσωσμένοι διὰ πίστεως: καὶ τοῦτο οὐκ ἐξ ὑμῶν, θεοῦ τὸ δῶρον
en Christō Iēsou. tē gar chariti este sesōsmenoi dia pisteōs: kai touto ouk ex hymōn, theou to dōron
in Christ Jesus: for by grace have ye been saved through faith; and that not of yourselves, it is the gift of God;

οὐκ ἐξ ἔργων, ἵνα μή τις καυχήσηται
ouk ex ergōn, hina mē tis kauchēsētai
not of works, that no man should glory.

αὐτοῦ γάρ ἐσμεν ποίημα, κτισθέντες ἐν Χριστῷ Ἰησοῦ ἐπὶ ἔργοις ἀγαθοῖς
autou gar esmen poiēma, ktisthentes en Christō Iēsou epi ergois agathois
For we are his workmanship, created in Christ Jesus for good works,

οἷς προητοίμασεν ὁ θεὸς ἵνα ἐν αὐτοῖς περιπατήσωμεν
hois proētoimasen ho theos hina en autois peripatēsōmen
which God afore prepared that we should walk in them.

Διὸ μνημονεύετε ὅτι ποτὲ ὑμεῖς τὰ ἔθνη ἐν σαρκί
Dio mnēmoneuete hoti pote hymeis ta ethnē en sarki
Wherefore remember, that once ye, the Gentiles in the flesh,

οἱ λεγόμενοι ἀκροβυστία ὑπὸ τῆς λεγομένης περιτομῆς ἐν σαρκὶ χειροποιήτου
hoi legomenoi akrobystia hypo tēs legomenēs peritomēs en sarki cheiropoiētou
who are called Uncircumcision by that which is called Circumcision, in the flesh, made by hands;

ὅτι ἦτε τῷ καιρῷ ἐκείνῳ χωρὶς Χριστοῦ, ἀπηλλοτριωμένοι τῆς πολιτείας τοῦ Ἰσραὴλ
hoti ēte tō kairō ekeinō chōris Christou, apēllotriōmenoi tēs politeias tou Israēl
that ye were at that time separate from Christ, alienated from the commonwealth of Israel,

καὶ ξένοι τῶν διαθηκῶν τῆς ἐπαγγελίας, ἐλπίδα μὴ ἔχοντες καὶ ἄθεοι ἐν τῷ κόσμῳ
kai xenoi tōn diathēkōn tēs epangelias, elpida mē echontes kai atheoi en tō kosmō
and strangers from the covenants of the promise, having no hope and without God in the world.

νυνὶ δὲ ἐν Χριστῷ Ἰησοῦ ὑμεῖς οἵ ποτε ὄντες μακρὰν ἐγενήθητε ἐγγὺς ἐν τῷ αἵματι τοῦ Χριστοῦ
nyni de en Christō Iēsou hymeis hoi pote ontes makran egenēthēte engys en tō haimati tou Christou
But now in Christ Jesus ye that once were far off are made nigh in the blood of Christ.

Αὐτὸς γάρ ἐστιν ἡ εἰρήνη ἡμῶν
Autos gar estin hē eirēnē hēmōn
For he is our peace,

ὁ ποιήσας τὰ ἀμφότερα ἓν καὶ τὸ μεσότοιχον τοῦ φραγμοῦ λύσας, τὴν ἔχθραν, ἐν τῇ σαρκὶ αὐτοῦ
ho poiēsas ta amphotera hen kai to mesotoichon tou phragmou lysas, tēn echthran, en tē sarki autou
who made both one, and brake down the middle wall of partition, having abolished in his flesh the enmity,

τὸν νόμον τῶν ἐντολῶν ἐν δόγμασιν καταργήσας, ἵνα τοὺς δύο κτίσῃ ἐν αὐτῷ εἰς ἕνα καινὸν ἄνθρωπον ποιῶν εἰρήνην
ton nomon tōn entolōn en dogmasin katargēsas, hina tous dyo ktisē en autō eis hena kainon anthrōpon poiōn eirēnēn
even the law of commandments contained in ordinances; that he might create in himself of the two one new man, so making peace;

καὶ ἀποκαταλλάξῃ τοὺς ἀμφοτέρους ἐν ἑνὶ σώματι τῷ θεῷ διὰ τοῦ σταυροῦ, ἀποκτείνας τὴν ἔχθραν ἐν αὐτῷ
kai apokatallaxē tous amphoterous en heni sōmati tō theō dia tou staurou, apokteinas tēn echthran en autō
and might reconcile them both in one body unto God through the cross, having slain the enmity thereby:

καὶ ἐλθὼν εὐηγγελίσατο εἰρήνην ὑμῖν τοῖς μακρὰν καὶ εἰρήνην τοῖς ἐγγύς
kai elthōn euēngelisato eirēnēn hymin tois makran kai eirēnēn tois engys
and he came and preached peace to you that were far off, and peace to them that were nigh:

in whom ye also are builded together for a habitation of God in the Spirit.
ὅτι δι' αὐτοῦ ἔχομεν τὴν προσαγωγὴν οἱ ἀμφότεροι ἐν ἑνὶ πνεύματι πρὸς τὸν πατέρα
hoti di' autou echomen tēn prosagōgēn hoi amphoteroi en heni pneumati pros ton patera
for through him we both have our access in one Spirit unto the Father.

ἄρα οὖν οὐκέτι ἐστὲ ξένοι καὶ πάροικοι, ἀλλὰ ἐστὲ συμπολῖται τῶν ἁγίων καὶ οἰκεῖοι τοῦ θεοῦ
ara oun ouketi este xenoi kai paroikoi, alla este sympolitai tōn hagiōn kai oikeioi tou theou
So then ye are no more strangers and sojourners, but ye are fellow-citizens with the saints, and of the household of God,

ἐποικοδομηθέντες ἐπὶ τῷ θεμελίῳ τῶν ἀποστόλων καὶ προφητῶν, ὄντος ἀκρογωνιαίου αὐτοῦ Χριστοῦ Ἰησοῦ
epoikodomēthentes epi tō themeliō tōn apostolōn kai prophētōn, ontos akrogōniaiou autou Christou Iēsou
being built upon the foundation of the apostles and prophets, Christ Jesus himself being the chief corner stone;

ἐν ᾧ πᾶσα οἰκοδομὴ συναρμολογουμένη αὔξει εἰς ναὸν ἅγιον ἐν κυρίῳ
en hō pasa oikodomē synarmologoumenē auxei eis naon hagion en kyriō
in whom each several building, fitly framed together, groweth into a holy temple in the Lord;

ἐν ᾧ καὶ ὑμεῖς συνοικοδομεῖσθε εἰς κατοικητήριον τοῦ θεοῦ ἐν πνεύματι
en hō kai hymeis synoikodomeisthe eis katoikētērion tou theou en pneumati
in whom ye also are builded together for a habitation of God in the Spirit.

γ

Τούτου χάριν ἐγὼ Παῦλος ὁ δέσμιος τοῦ Χριστοῦ [Ἰησοῦ] ὑπὲρ ὑμῶν τῶν ἐθνῶν
Toutou charin egō Paulos ho desmios tou Christou [Iēsou] hyper hymōn tōn ethnōn
For this cause I Paul, the prisoner of Christ Jesus in behalf of you Gentiles,—

εἴ γε ἠκούσατε τὴν οἰκονομίαν τῆς χάριτος τοῦ θεοῦ τῆς δοθείσης μοι εἰς ὑμᾶς
ei ge ēkousate tēn oikonomian tēs charitos tou theou tēs dotheisēs moi eis hymas
if so be that ye have heard of the dispensation of that grace of God which was given me to you-ward;

[ὅτι] κατὰ ἀποκάλυψιν ἐγνωρίσθη μοι τὸ μυστήριον, καθὼς προέγραψα ἐν ὀλίγῳ
[hoti] kata apokalypsin egnōristhē moi to mystērion, kathōs proegrapsa en oligō
how that by revelation was made known unto me the mystery, as I wrote before in few words,

πρὸς ὃ δύνασθε ἀναγινώσκοντες νοῆσαι τὴν σύνεσίν μου ἐν τῷ μυστηρίῳ τοῦ Χριστοῦ
pros ho dynasthe anaginōskontes noēsai tēn synesin mou en tō mystēriō tou Christou
whereby, when ye read, ye can perceive my understanding in the mystery of Christ;

ὃ ἑτέραις γενεαῖς οὐκ ἐγνωρίσθη τοῖς υἱοῖς τῶν ἀνθρώπων
ho heterais geneais ouk egnōristhē tois huiois tōn anthrōpōn
which in other generations was not made known unto the sons of men,

ὡς νῦν ἀπεκαλύφθη τοῖς ἁγίοις ἀποστόλοις αὐτοῦ καὶ προφήταις ἐν πνεύματι
hōs nyn apekalyphthē tois hagiois apostolois autou kai prophētais en pneumati
as it hath now been revealed unto his holy apostles and prophets in the Spirit;

εἶναι τὰ ἔθνη συγκληρονόμα καὶ σύσσωμα καὶ συμμέτοχα τῆς ἐπαγγελίας ἐν Χριστῷ Ἰησοῦ διὰ τοῦ εὐαγγελίου
einai ta ethnē synklēronoma kai syssōma kai symmetocha tēs epangelias en Christō Iēsou dia tou euangeliou
to wit, that the Gentiles are fellow-heirs, and fellow-members of the body, and fellow-partakers of the promise in Christ Jesus through the gospel,

οὗ ἐγενήθην διάκονος
hou egenēthēn diakonos
whereof I was made a minister,

κατὰ τὴν δωρεὰν τῆς χάριτος τοῦ θεοῦ τῆς δοθείσης μοι κατὰ τὴν ἐνέργειαν τῆς δυνάμεως αὐτοῦ
kata tēn dōrean tēs charitos tou theou tēs dotheisēs moi kata tēn energeian tēs dynameōs autou
according to the gift of that grace of God which was given me according to the working of his power.

ἐμοὶ τῷ ἐλαχιστοτέρῳ πάντων ἁγίων ἐδόθη ἡ χάρις αὕτη
emoi tō elachistoterō pantōn hagiōn edothē hē charis hautē
Unto me, who am less than the least of all saints, was this grace given,

τοῖς ἔθνεσιν εὐαγγελίσασθαι τὸ ἀνεξιχνίαστον πλοῦτος τοῦ Χριστοῦ
tois ethnesin euangelisasthai to anexichniaston ploutos tou Christou
to preach unto the Gentiles the unsearchable riches of Christ;

καὶ φωτίσαι [πάντας] τίς ἡ οἰκονομία τοῦ μυστηρίου τοῦ ἀποκεκρυμμένου ἀπὸ τῶν αἰώνων ἐν τῷ θεῷ τῷ τὰ πάντα κτίσαντι
kai phōtisai [pantas] tis hē oikonomia tou mystēriou tou apokekrymmenou apo tōn aiōnōn en tō theō tō ta panta ktisanti
and to make all men see what is the dispensation of the mystery which for ages hath been hid in God who created all things;

ἵνα γνωρισθῇ νῦν ταῖς ἀρχαῖς καὶ ταῖς ἐξουσίαις ἐν τοῖς ἐπουρανίοις διὰ τῆς ἐκκλησίας ἡ πολυποίκιλος σοφία τοῦ θεοῦ
hina gnōristhē nyn tais archais kai tais exousiais en tois epouraniois dia tēs ekklēsias hē polypoikilos sophia tou theou
to the intent that now unto the principalities and the powers in the heavenly places might be made known through the church the manifold wisdom of God,

κατὰ πρόθεσιν τῶν αἰώνων ἣν ἐποίησεν ἐν τῷ Χριστῷ Ἰησοῦ τῷ κυρίῳ ἡμῶ
kata prothesin tōn aiōnōn hēn epoiēsen en tō Christō Iēsou tō kyriō hēmō
according to the eternal purpose which he purposed in Christ Jesus our Lord:

ἐν ᾧ ἔχομεν τὴν παρρησίαν καὶ προσαγωγὴν ἐν πεποιθήσει διὰ τῆς πίστεως αὐτοῦ
en hō echomen tēn parrēsian kai prosagōgēn en pepoithēsei dia tēs pisteōs autou
in whom we have boldness and access in confidence through our faith in him.

διὸ αἰτοῦμαι μὴ ἐγκακεῖν ἐν ταῖς θλίψεσίν μου ὑπὲρ ὑμῶν, ἥτις ἐστὶν δόξα ὑμῶν
dio aitoumai mē enkakein en tais thlipsesin mou hyper hymōn, hētis estin doxa hymōn
Wherefore I ask that ye may not faint at my tribulations for you, which are your glory.

Τούτου χάριν κάμπτω τὰ γόνατά μου πρὸς τὸν πατέρα
Toutou charin kamptō ta gonata mou pros ton patera
For this cause I bow my knees unto the Father,

ἐξ οὗ πᾶσα πατριὰ ἐν οὐρανοῖς καὶ ἐπὶ γῆς ὀνομάζεται
ex hou pasa patria en ouranois kai epi gēs onomazetai
from whom every family in heaven and on earth is named,

ἵνα δῷ ὑμῖν κατὰ τὸ πλοῦτος τῆς δόξης αὐτοῦ δυνάμει κραταιωθῆναι διὰ τοῦ πνεύματος αὐτοῦ εἰς τὸν ἔσω ἄνθρωπον
hina dō hymin kata to ploutos tēs doxēs autou dynamei krataiōthēnai dia tou pneumatos autou eis ton esō anthrōpon
that he would grant you, according to the riches of his glory, that ye may be strengthened with power through his Spirit
in the inward man;

κατοικῆσαι τὸν Χριστὸν διὰ τῆς πίστεως ἐν ταῖς καρδίαις ὑμῶν, ἐν ἀγάπῃ ἐρριζωμένοι καὶ τεθεμελιωμένοι
katoikēsai ton Christon dia tēs pisteōs en tais kardiais hymōn, en agapē errizōmenoi kai tethemeliōmenoi
that Christ may dwell in your hearts through faith; to the end that ye, being rooted and grounded in love,

ἵνα ἐξισχύσητε καταλαβέσθαι σὺν πᾶσιν τοῖς ἁγίοις τί τὸ πλάτος καὶ μῆκος καὶ ὕψος καὶ βάθος
hina exischysēte katalabesthai syn pasin tois hagiois ti to platos kai mēkos kai hypsos kai bathos
may be strong to apprehend with all the saints what is the breadth and length and height and depth,

γνῶναί τε τὴν ὑπερβάλλουσαν τῆς γνώσεως ἀγάπην τοῦ Χριστοῦ, ἵνα πληρωθῆτε εἰς πᾶν τὸ πλήρωμα τοῦ θεοῦ
gnōnai te tēn hyperballousan tēs gnōseōs agapēn tou Christou, hina plērōthēte eis pan to plērōma tou theou
and to know the love of Christ which passeth knowledge, that ye may be filled unto all the fulness of God.

Τῷ δὲ δυναμένῳ ὑπὲρ πάντα ποιῆσαι ὑπερεκπερισσοῦ ὧν αἰτούμεθα ἢ νοοῦμεν
Tō de dynamenō hyper panta poiēsai hyperekperissou hōn aitoumetha ē nooumen
Now unto him that is able to do exceeding abundantly above all that we ask or think,

κατὰ τὴν δύναμιν τὴν ἐνεργουμένην ἐν ἡμῖν
kata tēn dynamin tēn energoumenēn en hēmin
according to the power that worketh in us,

αὐτῷ ἡ δόξα ἐν τῇ ἐκκλησίᾳ καὶ ἐν Χριστῷ Ἰησοῦ εἰς πάσας τὰς γενεὰς τοῦ αἰῶνος τῶν αἰώνων: ἀμήν
autō hē doxa en tē ekklēsia kai en Christō Iēsou eis pasas tas geneas tou aiōnos tōn aiōnōn: amēn
unto him be the glory in the church and in Christ Jesus unto all generations for ever and ever. Amen.

δ

Παρακαλῶ οὖν ὑμᾶς ἐγὼ ὁ δέσμιος ἐν κυρίῳ ἀξίως περιπατῆσαι τῆς κλήσεως ἧς ἐκλήθητε
Parakalō oun hymas egō ho desmios en kyriō axiōs peripatēsai tēs klēseōs hēs eklēthēte
I therefore, the prisoner in the Lord, beseech you to walk worthily of the calling wherewith ye were called,

μετὰ πάσης ταπεινοφροσύνης καὶ πραΰτητος, μετὰ μακροθυμίας, ἀνεχόμενοι ἀλλήλων ἐν ἀγάπῃ
meta pasēs tapeinophrosynēs kai prautētos, meta makrothymias, anechomenoi allēlōn en agapē
with all lowliness and meekness, with longsuffering, forbearing one another in love;

σπουδάζοντες τηρεῖν τὴν ἑνότητα τοῦ πνεύματος ἐν τῷ συνδέσμῳ τῆς εἰρήνης
spoudazontes tērein tēn henotēta tou pneumatos en tō syndesmō tēs eirēnēs
giving diligence to keep the unity of the Spirit in the bond of peace.

ἓν σῶμα καὶ ἓν πνεῦμα, καθὼς καὶ ἐκλήθητε ἐν μιᾷ ἐλπίδι τῆς κλήσεως ὑμῶν
hen sōma kai hen pneuma, kathōs kai eklēthēte en mia elpidi tēs klēseōs hymōn
There is one body, and one Spirit, even as also ye were called in one hope of your calling;

εἷς κύριος, μία πίστις, ἓν βάπτισμα
heis kyrios, mia pistis, hen baptisma
one Lord, one faith, one baptism,

εἷς θεὸς καὶ πατὴρ πάντων, ὁ ἐπὶ πάντων καὶ διὰ πάντων καὶ ἐν πᾶσιν
heis theos kai patēr pantōn, ho epi pantōn kai dia pantōn kai en pasin
one God and Father of all, who is over all, and through all, and in all.

Ἑνὶ δὲ ἑκάστῳ ἡμῶν ἐδόθη ἡ χάρις κατὰ τὸ μέτρον τῆς δωρεᾶς τοῦ Χριστοῦ
Heni de hekastō hēmōn edothē hē charis kata to metron tēs dōreas tou Christou
But unto each one of us was the grace given according to the measure of the gift of Christ.

διὸ λέγει, Ἀναβὰς εἰς ὕψος ᾐχμαλώτευσεν αἰχμαλωσίαν, ἔδωκεν δόματα τοῖς ἀνθρώποις
dio legei, Anabas eis hypsos ēchmalōteusen aichmalōsian, edōken domata tois anthrōpois
Wherefore he saith, When he ascended on high, he led captivity captive, And gave gifts unto men.

τὸ δὲ Ἀνέβη τί ἐστιν εἰ μὴ ὅτι καὶ κατέβη εἰς τὰ κατώτερα [μέρη] τῆς γῆς
to de Anebē ti estin ei mē hoti kai katebē eis ta katōtera [merē] tēs gēs
(Now this, He ascended, what is it but that he also descended into the lower parts of the earth?

ὁ καταβὰς αὐτός ἐστιν καὶ ὁ ἀναβὰς ὑπεράνω πάντων τῶν οὐρανῶν, ἵνα πληρώσῃ τὰ πάντα
ho katabas autos estin kai ho anabas hyperanō pantōn tōn ouranōn, hina plērōsē ta panta
He that descended is the same also that ascended far above all the heavens, that he might fill all things.)

καὶ αὐτὸς ἔδωκεν τοὺς μὲν ἀποστόλους, τοὺς δὲ προφήτας, τοὺς δὲ εὐαγγελιστάς, τοὺς δὲ ποιμένας καὶ διδασκάλους
kai autos edōken tous men apostolous, tous de prophētas, tous de euangelistas, tous de poimenas kai didaskalous
And he gave some to be apostles; and some, prophets; and some, evangelists; and some, pastors and teachers;

πρὸς τὸν καταρτισμὸν τῶν ἁγίων εἰς ἔργον διακονίας, εἰς οἰκοδομὴν τοῦ σώματος τοῦ Χριστοῦ
pros ton katartismon tōn hagiōn eis ergon diakonias, eis oikodomēn tou sōmatos tou Christou
for the perfecting of the saints, unto the work of ministering, unto the building up of the body of Christ:

μέχρι καταντήσωμεν οἱ πάντες εἰς τὴν ἑνότητα τῆς πίστεως καὶ τῆς ἐπιγνώσεως τοῦ υἱοῦ τοῦ θεοῦ
mechri katantēsōmen hoi pantes eis tēn henotēta tēs pisteōs kai tēs epignōseōs tou huiou tou theou
till we all attain unto the unity of the faith, and of the knowledge of the Son of God, unto a fullgrown man,

εἰς ἄνδρα τέλειον, εἰς μέτρον ἡλικίας τοῦ πληρώματος τοῦ Χριστοῦ
eis andra teleion, eis metron hēlikias tou plērōmatos tou Christou
unto the measure of the stature of the fulness of Christ:

ἵνα μηκέτι ὦμεν νήπιοι, κλυδωνιζόμενοι καὶ περιφερόμενοι παντὶ ἀνέμῳ τῆς διδασκαλίας
hina mēketi ōmen nēpioi, klydōnizomenoi kai peripheromenoi panti anemō tēs didaskalias
that we may be no longer children, tossed to and fro and carried about with every wind of doctrine,

ἐν τῇ κυβείᾳ τῶν ἀνθρώπων ἐν πανουργίᾳ πρὸς τὴν μεθοδείαν τῆς πλάνης
en tē kybeia tōn anthrōpōn en panourgia pros tēn methodeian tēs planēs
by the sleight of men, in craftiness, after the wiles of error;

ἀληθεύοντες δὲ ἐν ἀγάπῃ αὐξήσωμεν εἰς αὐτὸν τὰ πάντα, ὅς ἐστιν ἡ κεφαλή, Χριστός
alētheuontes de en agapē auxēsōmen eis auton ta panta, hos estin hē kephalē, Christos
but speaking truth in love, may grow up in all things into him, who is the head, even Christ;

ἐξ οὗ πᾶν τὸ σῶμα συναρμολογούμενον καὶ συμβιβαζόμενον διὰ πάσης ἀφῆς τῆς ἐπιχορηγίας
ex hou pan to sōma synarmologoumenon kai symbibazomenon dia pasēs haphēs tēs epichorēgias
from whom all the body fitly framed and knit together through that which every joint supplieth,

κατ' ἐνέργειαν ἐν μέτρῳ ἑνὸς ἑκάστου μέρους τὴν αὔξησιν τοῦ σώματος ποιεῖται εἰς οἰκοδομὴν ἑαυτοῦ ἐν ἀγάπῃ
kat' energeian en metrō henos hekastou merous tēn auxēsin tou sōmatos poieitai eis oikodomēn heautou en agapē
according to the working in due measure of each several part, maketh the increase of the body unto the building up of itself in love.

Τοῦτο οὖν λέγω καὶ μαρτύρομαι ἐν κυρίῳ, μηκέτι ὑμᾶς περιπατεῖν
Touto oun legō kai martyromai en kyriō, mēketi hymas peripatein
This I say therefore, and testify in the Lord, that ye no longer walk

καθὼς καὶ τὰ ἔθνη περιπατεῖ ἐν ματαιότητι τοῦ νοὸς αὐτῶν
kathōs kai ta ethnē peripatei en mataiotēti tou noos autōn
as the Gentiles also walk, in the vanity of their mind,

ἐσκοτωμένοι τῇ διανοίᾳ ὄντες, ἀπηλλοτριωμένοι τῆς ζωῆς τοῦ θεοῦ
eskotōmenoi tē dianoia ontes, apēllotriōmenoi tēs zōēs tou theou
being darkened in their understanding, alienated from the life of God,

διὰ τὴν ἄγνοιαν τὴν οὖσαν ἐν αὐτοῖς, διὰ τὴν πώρωσιν τῆς καρδίας αὐτῶν
dia tēn agnoian tēn ousan en autois, dia tēn pōrōsin tēs kardias autōn
because of the ignorance that is in them, because of the hardening of their heart;

οἵτινες ἀπηλγηκότες ἑαυτοὺς παρέδωκαν τῇ ἀσελγείᾳ εἰς ἐργασίαν ἀκαθαρσίας πάσης ἐν πλεονεξίᾳ
hoitines apēlgēkotes heautous paredōkan tē aselgeia eis ergasian akatharsias pasēs en pleonexia
who being past feeling gave themselves up to lasciviousness, to work all uncleanness with greediness.

ὑμεῖς δὲ οὐχ οὕτως ἐμάθετε τὸν Χριστόν
hymeis de ouch houtōs emathete ton Christon
But ye did not so learn Christ;

εἴ γε αὐτὸν ἠκούσατε καὶ ἐν αὐτῷ ἐδιδάχθητε, καθώς ἐστιν ἀλήθεια ἐν τῷ Ἰησοῦ
ei ge auton ēkousate kai en autō edidachthēte, kathōs estin alētheia en tō Iēsou
if so be that ye heard him, and were taught in him, even as truth is in Jesus:

ἀποθέσθαι ὑμᾶς κατὰ τὴν προτέραν ἀναστροφὴν τὸν παλαιὸν ἄνθρωπον τὸν φθειρόμενον
apothesthai hymas kata tēn proteran anastrophēn ton palaion anthrōpon ton phtheiromenon
that ye put away, as concerning your former manner of life, the old man, that waxeth corrupt

κατὰ τὰς ἐπιθυμίας τῆς ἀπάτης, ἀνανεοῦσθαι δὲ τῷ πνεύματι τοῦ νοὸς ὑμῶν
kata tas epithymias tēs apatēs, ananeousthai de tō pneumati tou noos hymōn
after the lusts of deceit; and that ye be renewed in the spirit of your mind,

καὶ ἐνδύσασθαι τὸν καινὸν ἄνθρωπον τὸν κατὰ θεὸν κτισθέντα ἐν δικαιοσύνῃ καὶ ὁσιότητι τῆς ἀληθείας
kai endysasthai ton kainon anthrōpon ton kata theon ktisthenta en dikaiosynē kai hosiotēti tēs alētheias
and put on the new man, that after God hath been created in righteousness and holiness of truth.

Διὸ ἀποθέμενοι τὸ ψεῦδος λαλεῖτε ἀλήθειαν ἕκαστος μετὰ τοῦ πλησίον αὐτοῦ, ὅτι ἐσμὲν ἀλλήλων μέλη
Dio apothemenoi to pseudos laleite alētheian hekastos meta tou plēsion autou, hoti esmen allēlōn melē
Wherefore, putting away falsehood, speak ye truth each one with his neighbor: for we are members one of another.

ὀργίζεσθε καὶ μὴ ἁμαρτάνετε: ὁ ἥλιος μὴ ἐπιδυέτω ἐπὶ [τῷ] παροργισμῷ ὑμῶν: μηδὲ δίδοτε τόπον τῷ διαβόλῳ
orgizesthe kai mē hamartanete: ho hēlios mē epidyetō epi [tō] parorgismō hymōn: mēde didote topon tō diabolō
Be ye angry, and sin not: let not the sun go down upon your wrath: neither give place to the devil.

ὁ κλέπτων μηκέτι κλεπτέτω, μᾶλλον δὲ κοπιάτω ἐργαζόμενος ταῖς [ἰδίαις] χερσὶν τὸ ἀγαθόν
ho kleptōn mēketi kleptetō, mallon de kopiatō ergazomenos tais [idiais] chersin to agathon
Let him that stole steal no more: but rather let him labor, working with his hands the thing that is good,

ἵνα ἔχῃ μεταδιδόναι τῷ χρείαν ἔχοντι
hina echē metadidonai tō chreian echonti
that he may have whereof to give to him that hath need.

πᾶς λόγος σαπρὸς ἐκ τοῦ στόματος ὑμῶν μὴ ἐκπορευέσθω
pas logos sapros ek tou stomatos hymōn mē ekporeuesthō
Let no corrupt speech proceed out of your mouth,

ἀλλὰ εἴ τις ἀγαθὸς πρὸς οἰκοδομὴν τῆς χρείας, ἵνα δῷ χάριν τοῖς ἀκούουσιν
alla ei tis agathos pros oikodomēn tēs chreias, hina dō charin tois akouousin
but such as is good for edifying as the need may be, that it may give grace to them that hear.

καὶ μὴ λυπεῖτε τὸ πνεῦμα τὸ ἅγιον τοῦ θεοῦ, ἐν ᾧ ἐσφραγίσθητε εἰς ἡμέραν ἀπολυτρώσεως
kai mē lypeite to pneuma to hagion tou theou, en hō esphragisthēte eis hēmeran apolytrōseōs
And grieve not the Holy Spirit of God, in whom ye were sealed unto the day of redemption.

πᾶσα πικρία καὶ θυμὸς καὶ ὀργὴ καὶ κραυγὴ καὶ βλασφημία ἀρθήτω ἀφ' ὑμῶν σὺν πάσῃ κακίᾳ
pasa pikria kai thymos kai orgē kai kraugē kai blasphēmia arthētō aph' hymōn syn pasē kakia
Let all bitterness, and wrath, and anger, and clamor, and railing, be put away from you, with all malice:

γίνεσθε [δὲ] εἰς ἀλλήλους χρηστοί, εὔσπλαγχνοι, χαριζόμενοι ἑαυτοῖς καθὼς καὶ ὁ θεὸς ἐν Χριστῷ ἐχαρίσατο ὑμῖν
ginesthe [de] eis allēlous chrēstoi, eusplanchnoi, charizomenoi heautois kathōs kai ho theos en Christō echarisato hymin
and be ye kind one to another, tenderhearted, forgiving each other, even as God also in Christ forgave you.

ε

γίνεσθε οὖν μιμηταὶ τοῦ θεοῦ, ὡς τέκνα ἀγαπητά
ginesthe oun mimētai tou theou, hōs tekna agapēta
Be ye therefore imitators of God, as beloved children;

καὶ περιπατεῖτε ἐν ἀγάπῃ, καθὼς καὶ ὁ Χριστὸς ἠγάπησεν ἡμᾶς
kai peripateite en agapē, kathōs kai ho Christos ēgapēsen hēmas
and walk in love, even as Christ also loved you,

καὶ παρέδωκεν ἑαυτὸν ὑπὲρ ἡμῶν προσφορὰν καὶ θυσίαν τῷ θεῷ εἰς ὀσμὴν εὐωδίας
kai paredōken heauton hyper hēmōn prosphoran kai thysian tō theō eis osmēn euōdias
and gave himself up for us, an offering and a sacrifice to God for an odor of a sweet smell.

πορνεία δὲ καὶ ἀκαθαρσία πᾶσα ἢ πλεονεξία μηδὲ ὀνομαζέσθω ἐν ὑμῖν, καθὼς πρέπει ἁγίοις
porneia de kai akatharsia pasa ē pleonexia mēde onomazesthō en hymin, kathōs prepei hagiois
But fornication, and all uncleanness, or covetousness, let it not even be named among you, as becometh saints;

καὶ αἰσχρότης καὶ μωρολογία ἢ εὐτραπελία, ἃ οὐκ ἀνῆκεν, ἀλλὰ μᾶλλον εὐχαριστία
kai aischrotēs kai mōrologia ē eutrapelia, ha ouk anēken, alla mallon eucharistia
nor filthiness, nor foolish talking, or jesting, which are not befitting: but rather giving of thanks.

τοῦτο γὰρ ἴστε γινώσκοντες ὅτι πᾶς πόρνος ἢ ἀκάθαρτος ἢ πλεονέκτης, ὅ ἐστιν εἰδωλολάτρης
touto gar iste ginōskontes hoti pas pornos ē akathartos ē pleonektēs, ho estin eidōlolatrēs
For this ye know of a surety, that no fornicator, nor unclean person, nor covetous man,

οὐκ ἔχει κληρονομίαν ἐν τῇ βασιλείᾳ τοῦ Χριστοῦ καὶ θεοῦ
ouk echei klēronomian en tē basileia tou Christou kai theou.
who is an idolater, hath any inheritance in the kingdom of Christ and God.

Μηδεὶς ὑμᾶς ἀπατάτω κενοῖς λόγοις
Mēdeis hymas apatatō kenois logois
Let no man deceive you with empty words:

διὰ ταῦτα γὰρ ἔρχεται ἡ ὀργὴ τοῦ θεοῦ ἐπὶ τοὺς υἱοὺς τῆς ἀπειθείας
dia tauta gar erchetai hē orgē tou theou epi tous huious tēs apeitheias
for because of these things cometh the wrath of God upon the sons of disobedience.

μὴ οὖν γίνεσθε συμμέτοχοι αὐτῶν
mē oun ginesthe symmetochoi autōn
Be not ye therefore partakers with them;

ἦτε γάρ ποτε σκότος, νῦν δὲ φῶς ἐν κυρίῳ: ὡς τέκνα φωτὸς περιπατεῖτε
ēte gar pote skotos, nyn de phōs en kyriō: hōs tekna phōtos peripateite
For ye were once darkness, but are now light in the Lord: walk as children of light

ὁ γὰρ καρπὸς τοῦ φωτὸς ἐν πάσῃ ἀγαθωσύνῃ καὶ δικαιοσύνῃ καὶ ἀληθείᾳ
ho gar karpos tou phōtos en pasē agathōsynē kai dikaiosynē kai alētheia
(for the fruit of the light is in all goodness and righteousness and truth),

δοκιμάζοντες τί ἐστιν εὐάρεστον τῷ κυρίῳ
dokimazontes ti estin euareston tō kyriō
proving what is well-pleasing unto the Lord;

καὶ μὴ συγκοινωνεῖτε τοῖς ἔργοις τοῖς ἀκάρποις τοῦ σκότους, μᾶλλον δὲ καὶ ἐλέγχετε
kai mē synkoinōneite tois ergois tois akarpois tou skotous, mallon de kai elenchete
and have no fellowship with the unfruitful works of darkness, but rather even reprove them;

τὰ γὰρ κρυφῇ γινόμενα ὑπ' αὐτῶν αἰσχρόν ἐστιν καὶ λέγειν
ta gar kryphē ginomena hyp' autōn aischron estin kai legein
for the things which are done by them in secret it is a shame even to speak of.

τὰ δὲ πάντα ἐλεγχόμενα ὑπὸ τοῦ φωτὸς φανεροῦται: πᾶν γὰρ τὸ φανερούμενον φῶς ἐστιν.
ta de panta elenchomena hypo tou phōtos phaneroutai: pan gar to phaneroumenon phōs estin.
But all things when they are reproved are made manifest by the light: for everything that is made manifest is light.

διὸ λέγει, Ἔγειρε, ὁ καθεύδων, καὶ ἀνάστα ἐκ τῶν νεκρῶν, καὶ ἐπιφαύσει σοι ὁ Χριστός
dio legei, Egeire, ho katheudōn, kai anasta ek tōn nekrōn, kai epiphausei soi ho Christos
Wherefore he saith, Awake, thou that sleepest, and arise from the dead, and Christ shall shine upon thee.

Βλέπετε οὖν ἀκριβῶς πῶς περιπατεῖτε, μὴ ὡς ἄσοφοι ἀλλ' ὡς σοφοί
Blepete oun akribōs pōs peripateite, mē hōs asophoi all' hōs sophoi
Look therefore carefully how ye walk, not as unwise, but as wise;

ἐξαγοραζόμενοι τὸν καιρόν, ὅτι αἱ ἡμέραι πονηραί εἰσιν
exagorazomenoi ton kairon, hoti hai hēmerai ponērai eisin
redeeming the time, because the days are evil.

διὰ τοῦτο μὴ γίνεσθε ἄφρονες, ἀλλὰ συνίετε τί τὸ θέλημα τοῦ κυρίου
dia touto mē ginesthe aphrones, alla syniete ti to thelēma tou kyriou
Wherefore be ye not foolish, but understand what the will of the Lord is.

καὶ μὴ μεθύσκεσθε οἴνῳ, ἐν ᾧ ἐστιν ἀσωτία, ἀλλὰ πληροῦσθε ἐν πνεύματι
kai mē methyskesthe oinō, en hō estin asōtia, alla plērousthe en pneumati
And be not drunken with wine, wherein is riot, but be filled with the Spirit;

λαλοῦντες ἑαυτοῖς [ἐν] ψαλμοῖς καὶ ὕμνοις καὶ ᾠδαῖς πνευματικαῖς
lalountes heautois [en] psalmois kai hymnois kai ōdais pneumatikais
speaking one to another in psalms and hymns and spiritual songs,

ᾄδοντες καὶ ψάλλοντες τῇ καρδίᾳ ὑμῶν τῷ κυρίῳ
adontes kai psallontes tē kardia hymōn tō kyriō
singing and making melody with your heart to the Lord;

εὐχαριστοῦντες πάντοτε ὑπὲρ πάντων ἐν ὀνόματι τοῦ κυρίου ἡμῶν Ἰησοῦ Χριστοῦ τῷ θεῷ καὶ πατρί
eucharistountes pantote hyper pantōn en onomati tou kyriou hēmōn Iēsou Christou tō theō kai patri
giving thanks always for all things in the name of our Lord Jesus Christ to God, even the Father;

ὑποτασσόμενοι ἀλλήλοις ἐν φόβῳ Χριστοῦ
hypotassomenoi allēlois en phobō Christou
subjecting yourselves one to another in the fear of Christ.

Αἱ γυναῖκες τοῖς ἰδίοις ἀνδράσιν ὡς τῷ κυρίῳ
HAi gynaikes tois idiois andrasin hōs tō kyriō
Wives, be in subjection unto your own husbands, as unto the Lord.

ὅτι ἀνήρ ἐστιν κεφαλὴ τῆς γυναικὸς ὡς καὶ ὁ Χριστὸς κεφαλὴ τῆς ἐκκλησίας, αὐτὸς σωτὴρ τοῦ σώματος
hoti anēr estin kephalē tēs gynaikos hōs kai ho Christos kephalē tēs ekklēsias, autos sōtēr tou sōmatos
For the husband is the head of the wife, as Christ also is the head of the church, being himself the saviour of the body.

ἀλλὰ ὡς ἡ ἐκκλησία ὑποτάσσεται τῷ Χριστῷ, οὕτως καὶ αἱ γυναῖκες τοῖς ἀνδράσιν ἐν παντί
alla hōs hē ekklēsia hypotassetai tō Christō, houtōs kai hai gynaikes tois andrasin en panti
But as the church is subject to Christ, so let the wives also be to their husbands in everything.

Οἱ ἄνδρες, ἀγαπᾶτε τὰς γυναῖκας, καθὼς καὶ ὁ Χριστὸς ἠγάπησεν τὴν ἐκκλησίαν καὶ ἑαυτὸν παρέδωκεν ὑπὲρ αὐτῆς
HOi andres, agapate tas gynaikas, kathōs kai ho Christos ēgapēsen tēn ekklēsian kai heauton paredōken hyper autēs
Husbands, love your wives, even as Christ also loved the church, and gave himself up for it;

ἵνα αὐτὴν ἁγιάσῃ καθαρίσας τῷ λουτρῷ τοῦ ὕδατος ἐν ῥήματι
hina autēn hagiasē katharisas tō loutrō tou hydatos en rhēmati
that he might sanctify it, having cleansed it by the washing of water with the word,

ἵνα παραστήσῃ αὐτὸς ἑαυτῷ ἔνδοξον τὴν ἐκκλησίαν
hina parastēsē autos heautō endoxon tēn ekklēsian
that he might present the church to himself a glorious church,

μὴ ἔχουσαν σπίλον ἢ ῥυτίδα ἤ τι τῶν τοιούτων, ἀλλ' ἵνα ᾖ ἁγία καὶ ἄμωμο
mē echousan spilon ē rhytida ē ti tōn toioutōn, all' hina ē hagia kai amōmo
not having spot or wrinkle or any such thing; but that it should be holy and without blemish.

οὕτως ὀφείλουσιν [καὶ] οἱ ἄνδρες ἀγαπᾶν τὰς ἑαυτῶν γυναῖκας ὡς τὰ ἑαυτῶν σώματα
houtōs opheilousin [kai] hoi andres agapan tas heautōn gynaikas hōs ta heautōn sōmata
Even so ought husbands also to love their own wives as their own bodies.

ὁ ἀγαπῶν τὴν ἑαυτοῦ γυναῖκα ἑαυτὸν ἀγαπᾷ
ho agapōn tēn heautou gynaika heauton agapa
He that loveth his own wife loveth himself:

οὐδεὶς γάρ ποτε τὴν ἑαυτοῦ σάρκα ἐμίσησεν, ἀλλὰ ἐκτρέφει καὶ θάλπει αὐτήν, καθὼς καὶ ὁ Χριστὸς τὴν ἐκκλησίαν
oudeis gar pote tēn heautou sarka emisēsen, alla ektrephei kai thalpei autēn, kathōs kai ho Christos tēn ekklēsian
for no man ever hated his own flesh; but nourisheth and cherisheth it, even as Christ also the church;

ὅτι μέλη ἐσμὲν τοῦ σώματος αὐτοῦ ἀντὶ τούτου. καταλείψει ἄνθρωπος [τὸν] πατέρα καὶ [τὴν] μητέρα
hoti melē esmen tou sōmatos autou anti toutou. kataleipsei anthrōpos [ton] patera kai [tēn] mētera
because we are members of his body. For this cause shall a man leave his father and mother,

καὶ προσκολληθήσεται πρὸς τὴν γυναῖκα αὐτοῦ, καὶ ἔσονται οἱ δύο εἰς σάρκα μίαν
kai proskollēthēsetai pros tēn gynaika autou, kai esontai hoi dyo eis sarka mian
and shall cleave to his wife; and the two shall become one flesh.

τὸ μυστήριον τοῦτο μέγα ἐστίν, ἐγὼ δὲ λέγω εἰς Χριστὸν καὶ εἰς τὴν ἐκκλησίαν
to mystērion touto mega estin, egō de legō eis Christon kai eis tēn ekklēsian
This mystery is great: but I speak in regard of Christ and of the church.

πλὴν καὶ ὑμεῖς οἱ καθ' ἕνα ἕκαστος τὴν ἑαυτοῦ γυναῖκα οὕτως ἀγαπάτω ὡς ἑαυτόν
plēn kai hymeis hoi kath' hena hekastos tēn heautou gynaika houtōs agapatō hōs heauton
Nevertheless do ye also severally love each one his own wife even as himself;

ἡ δὲ γυνὴ ἵνα φοβῆται τὸν ἄνδρα
hē de gynē hina phobētai ton andra
and let the wife see that she fear her husband.

ς

Τὰ τέκνα, ὑπακούετε τοῖς γονεῦσιν ὑμῶν [ἐν κυρίῳ], τοῦτο γάρ ἐστιν δίκαιον
Ta tekna, hypakouete tois goneusin hymōn [en kyriō], touto gar estin dikaion
Children, obey your parents in the Lord: for this is right.

τίμα τὸν πατέρα σου καὶ τὴν μητέρα, ἥτις ἐστὶν ἐντολὴ πρώτη ἐν ἐπαγγελίᾳ
tima ton patera sou kai tēn mētera, hētis estin entolē prōtē en epangelia
Honor thy father and mother (which is the first commandment with promise),

ἵνα εὖ σοι γένηται καὶ ἔσῃ μακροχρόνιος ἐπὶ τῆς γῆς
hina eu soi genētai kai esē makrochronios epi tēs gēs
that it may be well with thee, and thou mayest live long on the earth.

Καὶ οἱ πατέρες, μὴ παροργίζετε τὰ τέκνα ὑμῶν, ἀλλὰ ἐκτρέφετε αὐτὰ ἐν παιδείᾳ καὶ νουθεσίᾳ κυρίου
Kai hoi pateres, mē parorgizete ta tekna hymōn, alla ektrephete auta en paideia kai nouthesia kyriou
And, ye fathers, provoke not your children to wrath: but nurture them in the chastening and admonition of the Lord.

Οἱ δοῦλοι, ὑπακούετε τοῖς κατὰ σάρκα κυρίοις μετὰ φόβου καὶ τρόμου ἐν ἁπλότητι τῆς καρδίας ὑμῶν ὡς τῷ Χριστῷ
HOi douloi, hypakouete tois kata sarka kyriois meta phobou kai tromou en haplotēti tēs kardias hymōn hōs tō Christō
Servants, be obedient unto them that according to the flesh are your masters, with fear and trembling, in singleness of
your heart, as unto Christ;

μὴ κατ' ὀφθαλμοδουλίαν ὡς ἀνθρωπάρεσκοι ἀλλ' ὡς δοῦλοι Χριστοῦ ποιοῦντες τὸ θέλημα τοῦ θεοῦ ἐκ ψυχῆς
mē kat' ophthalmodoulian hōs anthrōpareskoi all' hōs douloi Christou poiountes to thelēma tou theou ek psychēs
not in the way of eyeservice, as men-pleasers; but as servants of Christ, doing the will of God from the heart;

μετ' εὐνοίας δουλεύοντες, ὡς τῷ κυρίῳ καὶ οὐκ ἀνθρώποις
met' eunoias douleuontes, hōs tō kyriō kai ouk anthrōpois
with good will doing service, as unto the Lord, and not unto men:

εἰδότες ὅτι ἕκαστος, ἐάν τι ποιήσῃ ἀγαθόν, τοῦτο κομίσεται παρὰ κυρίου, εἴτε δοῦλος εἴτε ἐλεύθερος
eidotes hoti hekastos, ean ti poiēsē agathon, touto komisetai para kyriou, eite doulos eite eleutheros
knowing that whatsoever good thing each one doeth, the same shall he receive again from the Lord, whether he be bond or free.

Καὶ οἱ κύριοι, τὰ αὐτὰ ποιεῖτε πρὸς αὐτούς, ἀνιέντες τὴν ἀπειλήν
Kai hoi kyrioi, ta auta poieite pros autous, anientes tēn apeilēn
And, ye masters, do the same things unto them, and forbear threatening:

εἰδότες ὅτι καὶ αὐτῶν καὶ ὑμῶν ὁ κύριός ἐστιν ἐν οὐρανοῖς, καὶ προσωπολημψία οὐκ ἔστιν παρ' αὐτ
eidotes hoti kai autōn kai hymōn ho kyrios estin en ouranois, kai prosōpolēmpsia ouk estin par' aut
knowing that he who is both their Master and yours is in heaven, and there is no respect of persons with him.

Τοῦ λοιποῦ ἐνδυναμοῦσθε ἐν κυρίῳ καὶ ἐν τῷ κράτει τῆς ἰσχύος αὐτοῦ
Tou loipou endynamousthe en kyriō kai en tō kratei tēs ischyos autou
Finally, be strong in the Lord, and in the strength of his might.

ἐνδύσασθε τὴν πανοπλίαν τοῦ θεοῦ πρὸς τὸ δύνασθαι ὑμᾶς στῆναι πρὸς τὰς μεθοδείας τοῦ διαβόλου
endysasthe tēn panoplian tou theou pros to dynasthai hymas stēnai pros tas methodeias tou diabolou
Put on the whole armor of God, that ye may be able to stand against the wiles of the devil.

ὅτι οὐκ ἔστιν ἡμῖν ἡ πάλη πρὸς αἷμα καὶ σάρκα, ἀλλὰ πρὸς τὰς ἀρχάς, πρὸς τὰς ἐξουσίας
hoti ouk estin hēmin hē palē pros haima kai sarka, alla pros tas archas, pros tas exousias
For our wrestling is not against flesh and blood, but against the principalities, against the powers,

πρὸς τοὺς κοσμοκράτορας τοῦ σκότους τούτου, πρὸς τὰ πνευματικὰ τῆς πονηρίας ἐν τοῖς ἐπουρανίοις
pros tous kosmokratoras tou skotous toutou, pros ta pneumatika tēs ponērias en tois epouraniois
against the world-rulers of this darkness, against the spiritual hosts of wickedness in the heavenly places.

διὰ τοῦτο ἀναλάβετε τὴν πανοπλίαν τοῦ θεοῦ
dia touto analabete tēn panoplian tou theou
Wherefore take up the whole armor of God,

ἵνα δυνηθῆτε ἀντιστῆναι ἐν τῇ ἡμέρᾳ τῇ πονηρᾷ καὶ ἅπαντα κατεργασάμενοι στῆναι
hina dynēthēte antistēnai en tē hēmera tē ponēra kai hapanta katergasamenoi stēnai
that ye may be able to withstand in the evil day, and, having done all, to stand.

στῆτε οὖν περιζωσάμενοι τὴν ὀσφὺν ὑμῶν ἐν ἀληθείᾳ, καὶ ἐνδυσάμενοι τὸν θώρακα τῆς δικαιοσύνης
stēte oun perizōsamenoi tēn osphyn hymōn en alētheia, kai endysamenoi ton thōraka tēs dikaiosynēs
Stand therefore, having girded your loins with truth, and having put on the breastplate of righteousness,

καὶ ὑποδησάμενοι τοὺς πόδας ἐν ἑτοιμασίᾳ τοῦ εὐαγγελίου τῆς εἰρήνης
kai hypodēsamenoi tous podas en hetoimasia tou euangeliou tēs eirēnēs
and having shod your feet with the preparation of the gospel of peace;

ἐν πᾶσιν ἀναλαβόντες τὸν θυρεὸν τῆς πίστεως, ἐν ᾧ δυνήσεσθε πάντα τὰ βέλη τοῦ πονηροῦ [τὰ] πεπυρωμένα σβέσαι
en pasin analabontes ton thyreon tēs pisteōs, en hō dynēsesthe panta ta belē tou ponērou [ta] pepyrōmena sbesai
withal taking up the shield of faith, wherewith ye shall be able to quench all the fiery darts of the evil one.

καὶ τὴν περικεφαλαίαν τοῦ σωτηρίου δέξασθε, καὶ τὴν μάχαιραν τοῦ πνεύματος, ὅ ἐστιν ῥῆμα θεοῦ
kai tēn perikephalaian tou sōtēriou dexasthe, kai tēn machairan tou pneumatos, ho estin rhēma theou
And take the helmet of salvation, and the sword of the Spirit, which is the word of God:

διὰ πάσης προσευχῆς καὶ δεήσεως προσευχόμενοι ἐν παντὶ καιρῷ ἐν πνεύματι
dia pasēs proseuchēs kai deēseōs proseuchomenoi en panti kairō en pneumati
with all prayer and supplication praying at all seasons in the Spirit,

καὶ εἰς αὐτὸ ἀγρυπνοῦντες ἐν πάσῃ προσκαρτερήσει καὶ δεήσει περὶ πάντων τῶν ἁγίων
kai eis auto agrypnountes en pasē proskarterēsei kai deēsei peri pantōn tōn hagiōn
and watching thereunto in all perseverance and supplication for all the saints,

καὶ ὑπὲρ ἐμοῦ, ἵνα μοι δοθῇ λόγος ἐν ἀνοίξει τοῦ στόματός μου, ἐν παρρησίᾳ γνωρίσαι τὸ μυστήριον τοῦ εὐαγγελίου
kai hyper emou, hina moi dothē logos en anoixei tou stomatos mou, en parrēsia gnōrisai to mystērion tou euangeliou
and on my behalf, that utterance may be given unto me in opening my mouth, to make known with boldness the mystery of the gospel,

ὑπὲρ οὗ πρεσβεύω ἐν ἁλύσει, ἵνα ἐν αὐτῷ παρρησιάσωμαι ὡς δεῖ με λαλῆσαι
hyper hou presbeuō en halysei, hina en autō parrēsiasōmai hōs dei me lalēsai
for which I am an ambassador in chains; that in it I may speak boldly, as I ought to speak.

Ινα δὲ εἰδῆτε καὶ ὑμεῖς τὰ κατ' ἐμέ, τί πράσσω
Ina de eidēte kai hymeis ta kat' eme, ti prassō
But that ye also may know my affairs, how I do,

πάντα γνωρίσει ὑμῖν Τυχικὸς ὁ ἀγαπητὸς ἀδελφὸς καὶ πιστὸς διάκονος ἐν κυρίῳ
panta gnōrisei hymin Tychikos ho agapētos adelphos kai pistos diakonos en kyriō
Tychicus, the beloved brother and faithful minister in the Lord, shall make known to you all things:

ὃν ἔπεμψα πρὸς ὑμᾶς εἰς αὐτὸ τοῦτο ἵνα γνῶτε τὰ περὶ ἡμῶν καὶ παρακαλέσῃ τὰς καρδίας ὑμῶν
hon epempsa pros hymas eis auto touto hina gnōte ta peri hēmōn kai parakalesē tas kardias hymōn
whom I have sent unto you for this very purpose, that ye may know our state, and that he may comfort your hearts.

Εἰρήνη τοῖς ἀδελφοῖς καὶ ἀγάπη μετὰ πίστεως ἀπὸ θεοῦ πατρὸς καὶ κυρίου Ἰησοῦ Χριστοῦ
Eirēnē tois adelphois kai agapē meta pisteōs apo theou patros kai kyriou Iēsou Christou
Peace be to the brethren, and love with faith, from God the Father and the Lord Jesus Christ.

ἡ χάρις μετὰ πάντων τῶν ἀγαπώντων τὸν κύριον ἡμῶν Ἰησοῦν Χριστὸν ἐν ἀφθαρσίᾳ
hē charis meta pantōn tōn agapōntōn ton kyrion hēmōn Iēsoun Christon en aphtharsia
Grace be with all them that love our Lord Jesus Christ with a love incorruptible.

ΦΙΛΙΠΠΗΣΙΟΥΣ α

Παῦλος καὶ Τιμόθεος δοῦλοι Χριστοῦ Ἰησοῦ
Paulos kai Timotheos douloi Christou Iēsou
Paul and Timothy, servants of Christ Jesus,

πᾶσιν τοῖς ἁγίοις ἐν Χριστῷ Ἰησοῦ τοῖς οὖσιν ἐν Φιλίπποις σὺν ἐπισκόποις καὶ διακόνοις
pasin tois hagiois en Christō Iēsou tois ousin en Philippois syn episkopois kai diakonois
to all the saints in Christ Jesus that are at Philippi, with the bishops and deacons:

χάρις ὑμῖν καὶ εἰρήνη ἀπὸ θεοῦ πατρὸς ἡμῶν καὶ κυρίου Ἰησοῦ Χριστοῦ
charis hymin kai eirēnē apo theou patros hēmōn kai kyriou Iēsou Christou
Grace to you and peace from God our Father and the Lord Jesus Christ.

Εὐχαριστῶ τῷ θεῷ μου ἐπὶ πάσῃ τῇ μνείᾳ ὑμῶν
Eucharistō tō theō mou epi pasē tē mneia hymōn
I thank my God upon all my remembrance of you,

πάντοτε ἐν πάσῃ δεήσει μου ὑπὲρ πάντων ὑμῶν μετὰ χαρᾶς τὴν δέησιν ποιούμενος
pantote en pasē deēsei mou hyper pantōn hymōn meta charas tēn deēsin poioumenos
always in every supplication of mine on behalf of you all making my supplication with joy,

ἐπὶ τῇ κοινωνίᾳ ὑμῶν εἰς τὸ εὐαγγέλιον ἀπὸ τῆς πρώτης ἡμέρας ἄχρι τοῦ νῦ
epi tē koinōnia hymōn eis to euangelion apo tēs prōtēs hēmeras achri tou ny
for your fellowship in furtherance of the gospel from the first day until now;

πεποιθὼς αὐτὸ τοῦτο, ὅτι ὁ ἐναρξάμενος ἐν ὑμῖν ἔργον ἀγαθὸν ἐπιτελέσει ἄχρι ἡμέρας Χριστοῦ Ἰησοῦ
pepoithōs auto touto, hoti ho enarxamenos en hymin ergon agathon epitelesei achri hēmeras Christou Iēsou
being confident of this very thing, that he who began a good work in you will perfect it until the day of Jesus Christ:

καθώς ἐστιν δίκαιον ἐμοὶ τοῦτο φρονεῖν ὑπὲρ πάντων ὑμῶν
kathōs estin dikaion emoi touto phronein hyper pantōn hymōn
even as it is right for me to be thus minded on behalf of you all,

διὰ τὸ ἔχειν με ἐν τῇ καρδίᾳ ὑμᾶς, ἔν τε τοῖς δεσμοῖς μου καὶ ἐν τῇ ἀπολογίᾳ
dia to echein me en tē kardia hymas, en te tois desmois mou kai en tē apologia
because I have you in my heart, inasmuch as, both in my bonds and in the defence

καὶ βεβαιώσει τοῦ εὐαγγελίου συγκοινωνούς μου τῆς χάριτος πάντας ὑμᾶς ὄντας
kai bebaiōsei tou euangeliou synkoinōnous mou tēs charitos pantas hymas ontas
and confirmation of the gospel, ye all are partakers with me of grace.

μάρτυς γάρ μου ὁ θεός, ὡς ἐπιποθῶ πάντας ὑμᾶς ἐν σπλάγχνοις Χριστοῦ Ἰησοῦ
martys gar mou ho theos, hōs epipothō pantas hymas en splanchnois Christou Iēsou
For God is my witness, how I long after you all in the tender mercies of Christ Jesus.

καὶ τοῦτο προσεύχομαι, ἵνα ἡ ἀγάπη ὑμῶν ἔτι μᾶλλον καὶ μᾶλλον περισσεύῃ ἐν ἐπιγνώσει καὶ πάσῃ αἰσθήσει
kai touto proseuchomai, hina hē agapē hymōn eti mallon kai mallon perisseuē en epignōsei kai pasē aisthēsei
And this I pray, that your love may abound yet more and more in knowledge and all discernment;

εἰς τὸ δοκιμάζειν ὑμᾶς τὰ διαφέροντα, ἵνα ἦτε εἰλικρινεῖς καὶ ἀπρόσκοποι εἰς ἡμέραν Χριστοῦ
eis to dokimazein hymas ta diapheronta, hina ēte eilikrineis kai aproskopoi eis hēmeran Christou
so that ye may approve the things that are excellent; that ye may be sincere and void of offence unto the day of Christ;

πεπληρωμένοι καρπὸν δικαιοσύνης τὸν διὰ Ἰησοῦ Χριστοῦ εἰς δόξαν καὶ ἔπαινον θεοῦ
peplērōmenoi karpon dikaiosynēs ton dia Iēsou Christou eis doxan kai epainon theou
being filled with the fruits of righteousness, which are through Jesus Christ, unto the glory and praise of God.

Γινώσκειν δὲ ὑμᾶς βούλομαι, ἀδελφοί
Ginōskein de hymas boulomai, adelphoi
Now I would have you know, brethren,

ὅτι τὰ κατ' ἐμὲ μᾶλλον εἰς προκοπὴν τοῦ εὐαγγελίου ἐλήλυθεν
hoti ta kat' eme mallon eis prokopēn tou euangeliou elēlythen
that the things which happened unto me have fallen out rather unto the progress of the gospel;

ὥστε τοὺς δεσμούς μου φανεροὺς ἐν Χριστῷ γενέσθαι ἐν ὅλῳ τῷ πραιτωρίῳ καὶ τοῖς λοιποῖς πάσιν
hōste tous desmous mou phanerous en Christō genesthai en holō tō praitōriō kai tois loipois pasin
so that my bonds became manifest in Christ throughout the whole prætorian guard, and to all the rest;

καὶ τοὺς πλείονας τῶν ἀδελφῶν ἐν κυρίῳ πεποιθότας τοῖς δεσμοῖς μου
kai tous pleionas tōn adelphōn en kyriō pepoithotas tois desmois mou
and that most of the brethren in the Lord, being confident through my bonds,

περισσοτέρως τολμᾶν ἀφόβως τὸν λόγον λαλεῖν
perissoterōs tolman aphobōs ton logon lalein
are more abundantly bold to speak the word of God without fear.

Τινὲς μὲν καὶ διὰ φθόνον καὶ ἔριν, τινὲς δὲ καὶ δι' εὐδοκίαν τὸν Χριστὸν κηρύσσουσιν
Tines men kai dia phthonon kai erin, tines de kai di' eudokian ton Christon kēryssousin
Some indeed preach Christ even of envy and strife; and some also of good will:

οἱ μὲν ἐξ ἀγάπης, εἰδότες ὅτι εἰς ἀπολογίαν τοῦ εὐαγγελίου κεῖμαι
hoi men ex agapēs, eidotes hoti eis apologian tou euangeliou keimai
the one do it of love, knowing that I am set for the defence of the gospel;

οἱ δὲ ἐξ ἐριθείας τὸν Χριστὸν καταγγέλλουσιν, οὐχ ἁγνῶς, οἰόμενοι θλῖψιν ἐγείρειν τοῖς δεσμοῖς μο
hoi de ex eritheias ton Christon katangellousin, ouch hagnōs, oiomenoi thlipsin egeirein tois desmois mo
but the other proclaim Christ of faction, not sincerely, thinking to raise up affliction for me in my bonds.

τί γάρ; πλὴν ὅτι παντὶ τρόπῳ, εἴτε προφάσει εἴτε ἀληθείᾳ, Χριστὸς καταγγέλλεται, καὶ ἐν τούτῳ χαίρω
ti gar? plēn hoti panti tropō, eite prophasei eite alētheia, Christos katangelletai, kai en toutō chairō
What then? only that in every way, whether in pretence or in truth, Christ is proclaimed; and therein I rejoice,

ἀλλὰ καὶ χαρήσομαι
alla kai charēsomai
yea, and will rejoice.

οἶδα γὰρ ὅτι τοῦτό μοι ἀποβήσεται εἰς σωτηρίαν διὰ τῆς ὑμῶν δεήσεως καὶ ἐπιχορηγίας τοῦ πνεύματος Ἰησοῦ Χριστοῦ
oida gar hoti touto moi apobēsetai eis sōtērian dia tēs hymōn deēseōs kai epichorēgias tou pneumatos Iēsou Christou
For I know that this shall turn out to my salvation, through your supplication and the supply of the Spirit of Jesus Christ,

κατὰ τὴν ἀποκαραδοκίαν καὶ ἐλπίδα μου ὅτι ἐν οὐδενὶ αἰσχυνθήσομαι, ἀλλ' ἐν πάσῃ παρρησίᾳ ὡς πάντοτε
kata tēn apokaradokian kai elpida mou hoti en oudeni aischynthēsomai, all' en pasē parrēsia hōs pantote
according to my earnest expectation and hope, that in nothing shall I be put to shame, but that with all boldness, as always,

καὶ νῦν μεγαλυνθήσεται Χριστὸς ἐν τῷ σώματί μου, εἴτε διὰ ζωῆς εἴτε διὰ θανάτου
kai nyn megalynthēsetai Christos en tō sōmati mou, eite dia zōēs eite dia thanatou
so now also Christ shall be magnified in my body, whether by life, or by death.

ἐμοὶ γὰρ τὸ ζῆν Χριστὸς καὶ τὸ ἀποθανεῖν κέρδος
emoi gar to zēn Christos kai to apothanein kerdos
For to me to live is Christ, and to die is gain.

εἰ δὲ τὸ ζῆν ἐν σαρκί, τοῦτό μοι καρπὸς ἔργου: καὶ τί αἱρήσομαι οὐ γνωρίζ
ei de to zēn en sarki, touto moi karpos ergou: kai ti hairēsomai ou gnōriz
But if to live in the flesh,—if this shall bring fruit from my work, then what I shall choose I know not.

συνέχομαι δὲ ἐκ τῶν δύο, τὴν ἐπιθυμίαν ἔχων εἰς τὸ ἀναλῦσαι καὶ σὺν Χριστῷ εἶναι, πολλῷ [γὰρ] μᾶλλον κρεῖσσον
synechomai de ek tōn dyo, tēn epithymian echōn eis to analysai kai syn Christō einai, pollō [gar] mallon kreisson
But I am in a strait betwixt the two, having the desire to depart and be with Christ; for it is very far better:

τὸ δὲ ἐπιμένειν [ἐν] τῇ σαρκὶ ἀναγκαιότερον δι' ὑμᾶς
to de epimenein [en] tē sarki anankaioteron di' hymas
yet to abide in the flesh is more needful for your sake.

καὶ τοῦτο πεποιθὼς οἶδα ὅτι μενῶ καὶ παραμενῶ πᾶσιν ὑμῖν εἰς τὴν ὑμῶν προκοπὴν καὶ χαρὰν τῆς πίστεως
kai touto pepoithōs oida hoti menō kai paramenō pasin hymin eis tēn hymōn prokopēn kai charan tēs pisteōs
And having this confidence, I know that I shall abide, yea, and abide with you all, for your progress and joy in the faith;

ἵνα τὸ καύχημα ὑμῶν περισσεύῃ ἐν Χριστῷ Ἰησοῦ ἐν ἐμοὶ διὰ τῆς ἐμῆς παρουσίας πάλιν πρὸς ὑμᾶς
hina to kauchēma hymōn perisseuē en Christō Iēsou en emoi dia tēs emēs parousias palin pros hymas
that your glorying may abound in Christ Jesus in me through my presence with you again.

Μόνον ἀξίως τοῦ εὐαγγελίου τοῦ Χριστοῦ πολιτεύεσθε, ἵνα εἴτε ἐλθὼν καὶ ἰδὼν ὑμᾶς εἴτε ἀπὼν ἀκούω τὰ περὶ ὑμῶν
Monon axiōs tou euangeliou tou Christou politeuesthe, hina eite elthōn kai idōn hymas eite apōn akouō ta peri hymōn
Only let your manner of life be worthy of the gospel of Christ: that, whether I come and see you or be absent, I may hear of your state,

ὅτι στήκετε ἐν ἑνὶ πνεύματι, μιᾷ ψυχῇ συναθλοῦντες τῇ πίστει τοῦ εὐαγγελίου
hoti stēkete en heni pneumati, mia psychē synathlountes tē pistei tou euangeliou
that ye stand fast in one spirit, with one soul striving for the faith of the gospel;

καὶ μὴ πτυρόμενοι ἐν μηδενὶ ὑπὸ τῶν ἀντικειμένων, ἥτις ἐστὶν αὐτοῖς ἔνδειξις ἀπωλείας
kai mē ptyromenoi en mēdeni hypo tōn antikeimenōn, hētis estin autois endeixis apōleias
and in nothing affrighted by the adversaries: which is for them an evident token of perdition,

ὑμῶν δὲ σωτηρίας, καὶ τοῦτο ἀπὸ θεοῦ
hymōn de sōtērias, kai touto apo theou
but of your salvation, and that from God;

ὅτι ὑμῖν ἐχαρίσθη τὸ ὑπὲρ Χριστοῦ, οὐ μόνον τὸ εἰς αὐτὸν πιστεύειν ἀλλὰ καὶ τὸ ὑπὲρ αὐτοῦ πάσχειν
hoti hymin echaristhē to hyper Christou, ou monon to eis auton pisteuein alla kai to hyper autou paschein
because to you it hath been granted in the behalf of Christ, not only to believe on him, but also to suffer in his behalf:

τὸν αὐτὸν ἀγῶνα ἔχοντες οἷον εἴδετε ἐν ἐμοὶ καὶ νῦν ἀκούετε ἐν ἐμοί
ton auton agōna echontes hoion eidete en emoi kai nyn akouete en emoi
having the same conflict which ye saw in me, and now hear to be in me.

β

Εἴ τις οὖν παράκλησις ἐν Χριστῷ, εἴ τι παραμύθιον ἀγάπης, εἴ τις κοινωνία πνεύματος, εἴ τις σπλάγχνα καὶ οἰκτιρμοί
Ei tis oun paraklēsis en Christō, ei ti paramythion agapēs, ei tis koinōnia pneumatos, ei tis splanchna kai oiktirmoi
If there is therefore any exhortation in Christ, if any consolation of love, if any fellowship of the Spirit, if any tender mercies and compassions,

πληρώσατέ μου τὴν χαρὰν ἵνα τὸ αὐτὸ φρονῆτε, τὴν αὐτὴν ἀγάπην ἔχοντες, σύμψυχοι, τὸ ἓν φρονοῦντες
plērōsate mou tēn charan hina to auto phronēte, tēn autēn agapēn echontes, sympsychoi, to hen phronountes
make full my joy, that ye be of the same mind, having the same love, being of one accord, of one mind;

μηδὲν κατ' ἐριθείαν μηδὲ κατὰ κενοδοξίαν, ἀλλὰ τῇ ταπεινοφροσύνῃ ἀλλήλους ἡγούμενοι ὑπερέχοντας ἑαυτῶν
mēden kat' eritheian mēde kata kenodoxian, alla tē tapeinophrosynē allēlous hēgoumenoi hyperechontas heautōn
doing nothing through faction or through vainglory, but in lowliness of mind each counting other better than himself;

μὴ τὰ ἑαυτῶν ἕκαστος σκοποῦντες, ἀλλὰ [καὶ] τὰ ἑτέρων ἕκαστοι
mē ta heautōn hekastos skopountes, alla [kai] ta heterōn hekastoi
not looking each of you to his own things, but each of you also to the things of others.

τοῦτο φρονεῖτε ἐν ὑμῖν ὃ καὶ ἐν Χριστῷ Ἰησοῦ
touto phroneite en hymin ho kai en Christō Iēsou
Have this mind in you, which was also in Christ Jesus:

ὃς ἐν μορφῇ θεοῦ ὑπάρχων οὐχ ἁρπαγμὸν ἡγήσατο τὸ εἶναι ἴσα θεῷ
hos en morphē theou hyparchōn ouch harpagmon hēgēsato to einai isa theō
who, existing in the form of God, counted not the being on an equality with God a thing to be grasped,

ἀλλὰ ἑαυτὸν ἐκένωσεν μορφὴν δούλου λαβών, ἐν ὁμοιώματι ἀνθρώπων γενόμενος
alla heauton ekenōsen morphēn doulou labōn, en homoiōmati anthrōpōn genomenos:
but emptied himself, taking the form of a servant, being made in the likeness of men;

καὶ σχήματι εὑρεθεὶς ὡς ἄνθρωπος
kai schēmati heuretheis hōs anthrōpos
and being found in fashion as a man,

ἐταπείνωσεν ἑαυτὸν γενόμενος ὑπήκοος μέχρι θανάτου, θανάτου δὲ σταυροῦ
etapeinōsen heauton genomenos hypēkoos mechri thanatou, thanatou de staurou
he humbled himself, becoming obedient even unto death, yea, the death of the cross.

διὸ καὶ ὁ θεὸς αὐτὸν ὑπερύψωσεν καὶ ἐχαρίσατο αὐτῷ τὸ ὄνομα τὸ ὑπὲρ πᾶν ὄνομα
dio kai ho theos auton hyperypsōsen kai echarisato autō to onoma to hyper pan onoma
Wherefore also God highly exalted him, and gave unto him the name which is above every name;

ἵνα ἐν τῷ ὀνόματι Ἰησοῦ πᾶν γόνυ κάμψῃ ἐπουρανίων καὶ ἐπιγείων καὶ καταχθονίων
hina en tō onomati Iēsou pan gony kampsē epouraniōn kai epigeiōn kai katachthoniōn
that in the name of Jesus every knee should bow, of things in heaven and things on earth and things under the earth,

καὶ πᾶσα γλῶσσα ἐξομολογήσηται ὅτι κύριος Ἰησοῦς Χριστὸς εἰς δόξαν θεοῦ πατρός
kai pasa glōssa exomologēsētai hoti kyrios Iēsous Christos eis doxan theou patros
and that every tongue should confess that Jesus Christ is Lord, to the glory of God the Father.

Ὥστε, ἀγαπητοί μου, καθὼς πάντοτε ὑπηκούσατε
Hōste, agapētoi mou, kathōs pantote hypēkousate
So then, my beloved, even as ye have always obeyed,

μὴ ὡς ἐν τῇ παρουσίᾳ μου μόνον ἀλλὰ νῦν πολλῷ μᾶλλον ἐν τῇ ἀπουσίᾳ μου
mē hōs en tē parousia mou monon alla nyn pollō mallon en tē apousia mou
not as in my presence only, but now much more in my absence,

μετὰ φόβου καὶ τρόμου τὴν ἑαυτῶν σωτηρίαν κατεργάζεσθε
meta phobou kai tromou tēn heautōn sōtērian katergazesthe
work out your own salvation with fear and trembling;

θεὸς γάρ ἐστιν ὁ ἐνεργῶν ἐν ὑμῖν καὶ τὸ θέλειν καὶ τὸ ἐνεργεῖν ὑπὲρ τῆς εὐδοκίας
theos gar estin ho energōn en hymin kai to thelein kai to energein hyper tēs eudokias
for it is God who worketh in you both to will and to work, for his good pleasure.

πάντα ποιεῖτε χωρὶς γογγυσμῶν καὶ διαλογισμῶν
panta poieite chōris gongysmōn kai dialogismōn
Do all things without murmurings and questionings:

ἵνα γένησθε ἄμεμπτοι καὶ ἀκέραιοι, τέκνα θεοῦ ἄμωμα μέσον γενεᾶς σκολιᾶς καὶ διεστραμμένης
hina genēsthe amemptoi kai akeraioi, tekna theou amōma meson geneas skolias kai diestrammenēs
that ye may become blameless and harmless, children of God without blemish in the midst of a crooked and perverse generation,

ἐν οἷς φαίνεσθε ὡς φωστῆρες ἐν κόσμῳ
en hois phainesthe hōs phōstēres en kosmō
among whom ye are seen as lights in the world,

λόγον ζωῆς ἐπέχοντες, εἰς καύχημα ἐμοὶ εἰς ἡμέραν Χριστοῦ, ὅτι οὐκ εἰς κενὸν ἔδραμον οὐδὲ εἰς κενὸν ἐκοπίασα
logon zōēs epechontes, eis kauchēma emoi eis hēmeran Christou, hoti ouk eis kenon edramon oude eis kenon ekopiasa
holding forth the word of life; that I may have whereof to glory in the day of Christ, that I did not run in vain neither labor in vain.

ἀλλὰ εἰ καὶ σπένδομαι ἐπὶ τῇ θυσίᾳ καὶ λειτουργίᾳ τῆς πίστεως ὑμῶν, χαίρω καὶ συγχαίρω πᾶσιν ὑμῖν
alla ei kai spendomai epi tē thysia kai leitourgia tēs pisteōs hymōn, chairō kai synchairō pasin hymin
Yea, and if I am offered upon the sacrifice and service of your faith, I joy, and rejoice with you all:

τὸ δὲ αὐτὸ καὶ ὑμεῖς χαίρετε καὶ συγχαίρετέ μοι
to de auto kai hymeis chairete kai synchairete moi
and in the same manner do ye also joy, and rejoice with me.

Ἐλπίζω δὲ ἐν κυρίῳ Ἰησοῦ Τιμόθεον ταχέως πέμψαι ὑμῖν, ἵνα κἀγὼ εὐψυχῶ γνοὺς τὰ περὶ ὑμῶν
Elpizō de en kyriō Iēsou Timotheon tacheōs pempsai hymin, hina kagō eupsychō gnous ta peri hymōn
But I hope in the Lord Jesus to send Timothy shortly unto you, that I also may be of good comfort, when I know your state.

οὐδένα γὰρ ἔχω ἰσόψυχον ὅστις γνησίως τὰ περὶ ὑμῶν μεριμνήσει
oudena gar echō isopsychon hostis gnēsiōs ta peri hymōn merimnēsei
For I have no man likeminded, who will care truly for your state.

οἱ πάντες γὰρ τὰ ἑαυτῶν ζητοῦσιν, οὐ τὰ Ἰησοῦ Χριστοῦ
hoi pantes gar ta heautōn zētousin, ou ta Iēsou Christou
For they all seek their own, not the things of Jesus Christ.

τὴν δὲ δοκιμὴν αὐτοῦ γινώσκετε, ὅτι ὡς πατρὶ τέκνον σὺν ἐμοὶ ἐδούλευσεν εἰς τὸ εὐαγγέλιον
tēn de dokimēn autou ginōskete, hoti hōs patri teknon syn emoi edouleusen eis to euangelion
But ye know the proof of him, that, as a child serveth a father, so he served with me in furtherance of the gospel.

τοῦτον μὲν οὖν ἐλπίζω πέμψαι ὡς ἂν ἀφίδω τὰ περὶ ἐμὲ ἐξαυτῆς
touton men oun elpizō pempsai hōs an aphidō ta peri eme exautēs
Him therefore I hope to send forthwith, so soon as I shall see how it will go with me:

πέποιθα δὲ ἐν κυρίῳ ὅτι καὶ αὐτὸς ταχέως ἐλεύσομαι
pepoitha de en kyriō hoti kai autos tacheōs eleusomai
but I trust in the Lord that I myself also shall come shortly.

Ἀναγκαῖον δὲ ἡγησάμην Ἐπαφρόδιτον τὸν ἀδελφὸν καὶ συνεργὸν καὶ συστρατιώτην μου
Anankaion de hēgēsamēn Epaphroditon ton adelphon kai synergon kai systratiōtēn mou
But I counted it necessary to send to you Epaphroditus, my brother and fellow-worker and fellow-soldier,

ὑμῶν δὲ ἀπόστολον καὶ λειτουργὸν τῆς χρείας μου, πέμψαι πρὸς ὑμᾶς
hymōn de apostolon kai leitourgon tēs chreias mou, pempsai pros hymas
and your messenger and minister to my need;

ἐπειδὴ ἐπιποθῶν ἦν πάντας ὑμᾶς, καὶ ἀδημονῶν διότι ἠκούσατε ὅτι ἠσθένησεν
epeidē epipothōn ēn pantas hymas, kai adēmonōn dioti ēkousate hoti ēsthenēsen
since he longed after you all, and was sore troubled, because ye had heard that he was sick:

καὶ γὰρ ἠσθένησεν παραπλήσιον θανάτῳ
kai gar ēsthenēsen paraplēsion thanatō
for indeed he was sick nigh unto death:

ἀλλὰ ὁ θεὸς ἠλέησεν αὐτόν, οὐκ αὐτὸν δὲ μόνον ἀλλὰ καὶ ἐμέ, ἵνα μὴ λύπην ἐπὶ λύπην σχῶ
alla ho theos ēleēsen auton, ouk auton de monon alla kai eme, hina mē lypēn epi lypēn schō
but God had mercy on him; and not on him only, but on me also, that I might not have sorrow upon sorrow.

σπουδαιοτέρως οὖν ἔπεμψα αὐτὸν ἵνα ἰδόντες αὐτὸν πάλιν χαρῆτε κἀγὼ ἀλυπότερος ὦ
spoudaioterōs oun epempsa auton hina idontes auton palin charēte kagō alypoteros ō
I have sent him therefore the more diligently, that, when ye see him again, ye may rejoice, and that I may be the less sorrowful.

προσδέχεσθε οὖν αὐτὸν ἐν κυρίῳ μετὰ πάσης χαρᾶς, καὶ τοὺς τοιούτους ἐντίμους ἔχετε
prosdechesthe oun auton en kyriō meta pasēs charas, kai tous toioutous entimous echete
Receive him therefore in the Lord with all joy; and hold such in honor:

ὅτι διὰ τὸ ἔργον Χριστοῦ μέχρι θανάτου ἤγγισεν
hoti dia to ergon Christou mechri thanatou ēngisen
because for the work of Christ he came nigh unto death,

παραβολευσάμενος τῇ ψυχῇ ἵνα ἀναπληρώσῃ τὸ ὑμῶν ὑστέρημα τῆς πρός με λειτουργίας
paraboleusamenos tē psychē hina anaplērōsē to hymōn hysterēma tēs pros me leitourgias
hazarding his life to supply that which was lacking in your service toward me.

γ

Τὸ λοιπόν, ἀδελφοί μου, χαίρετε ἐν κυρίῳ
To loipon, adelphoi mou, chairete en kyriō
Finally, my brethren, rejoice in the Lord.

τὰ αὐτὰ γράφειν ὑμῖν ἐμοὶ μὲν οὐκ ὀκνηρόν, ὑμῖν δὲ ἀσφαλές
ta auta graphein hymin emoi men ouk oknēron, hymin de asphales
To write the same things to you, to me indeed is not irksome, but for you it is safe.

Βλέπετε τοὺς κύνας, βλέπετε τοὺς κακοὺς ἐργάτας, βλέπετε τὴν κατατομήν
Blepete tous kynas, blepete tous kakous ergatas, blepete tēn katatomēn
Beware of the dogs, beware of the evil workers, beware of the concision:

ἡμεῖς γάρ ἐσμεν ἡ περιτομή, οἱ πνεύματι θεοῦ λατρεύοντες καὶ καυχώμενοι ἐν Χριστῷ Ἰησοῦ
hēmeis gar esmen hē peritomē, hoi pneumati theou latreuontes kai kauchōmenoi en Christō Iēsou
for we are the circumcision, who worship by the Spirit of God, and glory in Christ Jesus,

καὶ οὐκ ἐν σαρκὶ πεποιθότες
kai ouk en sarki pepoithotes
and have no confidence in the flesh:

καίπερ ἐγὼ ἔχων πεποίθησιν καὶ ἐν σαρκί
kaiper egō echōn pepoithēsin kai en sarki
though I myself might have confidence even in the flesh:

εἴ τις δοκεῖ ἄλλος πεποιθέναι ἐν σαρκί, ἐγὼ μᾶλλον
ei tis dokei allos pepoithenai en sarki, egō mallon
if any other man thinketh to have confidence in the flesh, I yet more:

περιτομῇ ὀκταήμερος, ἐκ γένους Ἰσραήλ, φυλῆς Βενιαμίν, Ἑβραῖος ἐξ Ἑβραίων, κατὰ νόμον Φαρισαῖος
peritomē oktaēmeros, ek genous Israēl, phylēs Beniamin, Hebraios ex Hebraiōn, kata nomon Pharisaios
circumcised the eighth day, of the stock of Israel, of the tribe of Benjamin, a Hebrew of Hebrews; as touching the law, a
Pharisee;

κατὰ ζῆλος διώκων τὴν ἐκκλησίαν, κατὰ δικαιοσύνην τὴν ἐν νόμῳ γενόμενος ἄμεμπτος
kata zēlos diōkōn tēn ekklēsian, kata dikaiosynēn tēn en nomō genomenos amemptos
as touching zeal, persecuting the church; as touching the righteousness which is in the law, found blameless.

[ἀλλὰ] ἅτινα ἦν μοι κέρδη, ταῦτα ἥγημαι διὰ τὸν Χριστὸν ζημίαν
[alla] hatina ēn moi kerdē, tauta hēgēmai dia ton Christon zēmian
Howbeit what things were gain to me, these have I counted loss for Christ.

ἀλλὰ μενοῦνγε καὶ ἡγοῦμαι πάντα ζημίαν εἶναι διὰ τὸ ὑπερέχον τῆς γνώσεως Χριστοῦ Ἰησοῦ τοῦ κυρίου μου
alla menounge kai hēgoumai panta zēmian einai dia to hyperechon tēs gnōseōs Christou Iēsou tou kyriou mou
Yea verily, and I count all things to be loss for the excellency of the knowledge of Christ Jesus my Lord:

δι' ὃν τὰ πάντα ἐζημιώθην, καὶ ἡγοῦμαι σκύβαλα ἵνα Χριστὸν κερδήσω
di' hon ta panta ezēmiōthēn, kai hēgoumai skybala hina Christon kerdēsō
for whom I suffered the loss of all things, and do count them but refuse, that I may gain Christ,

καὶ εὑρεθῶ ἐν αὐτῷ, μὴ ἔχων ἐμὴν δικαιοσύνην τὴν ἐκ νόμου ἀλλὰ τὴν διὰ πίστεως Χριστοῦ
kai heurethō en autō, mē echōn emēn dikaiosynēn tēn ek nomou alla tēn dia pisteōs Christou
and be found in him, not having a righteousness of mine own, even that which is of the law, but that which is through
faith in Christ,

τὴν ἐκ θεοῦ δικαιοσύνην ἐπὶ τῇ πίστει
tēn ek theou dikaiosynēn epi tē pistei
the righteousness which is from God by faith:

τοῦ γνῶναι αὐτὸν καὶ τὴν δύναμιν τῆς ἀναστάσεως αὐτοῦ καὶ [τὴν] κοινωνίαν [τῶν] παθημάτων αὐτοῦ
tou gnōnai auton kai tēn dynamin tēs anastaseōs autou kai [tēn] koinōnian [tōn] pathēmatōn autou
that I may know him, and the power of his resurrection, and the fellowship of his sufferings,

συμμορφιζόμενος τῷ θανάτῳ αὐτοῦ
symmorphizomenos tō thanatō autou
becoming conformed unto his death;

εἴ πως καταντήσω εἰς τὴν ἐξανάστασιν τὴν ἐκ νεκρῶν
ei pōs katantēsō eis tēn exanastasin tēn ek nekrōn
if by any means I may attain unto the resurrection from the dead.

Οὐχ ὅτι ἤδη ἔλαβον ἢ ἤδη τετελείωμαι, διώκω δὲ εἰ καὶ καταλάβω, ἐφ' ᾧ καὶ κατελήμφθην ὑπὸ Χριστοῦ [Ἰησοῦ]
Ouch hoti ēdē elabon ē ēdē teteleiōmai, diōkō de ei kai katalabō, eph' hō kai katelēmphthēn hypo Christou [Iēsou]
Not that I have already obtained, or am already made perfect: but I press on, if so be that I may lay hold on that for which also I was laid hold on by Christ Jesus.

ἀδελφοί, ἐγὼ ἐμαυτὸν οὐ λογίζομαι κατειληφέναι
adelphoi, egō emauton ou logizomai kateilēphenai
Brethren, I count not myself yet to have laid hold:

ἓν δέ, τὰ μὲν ὀπίσω ἐπιλανθανόμενος τοῖς δὲ ἔμπροσθεν ἐπεκτεινόμενος
hen de, ta men opisō epilanthanomenos tois de emprosthen epekteinomenos
but one thing I do, forgetting the things which are behind, and stretching forward to the things which are before,

κατὰ σκοπὸν διώκω εἰς τὸ βραβεῖον τῆς ἄνω κλήσεως τοῦ θεοῦ ἐν Χριστῷ Ἰησοῦ
kata skopon diōkō eis to brabeion tēs anō klēseōs tou theou en Christō Iēsou
I press on toward the goal unto the prize of the high calling of God in Christ Jesus.

Οσοι οὖν τέλειοι, τοῦτο φρονῶμεν
Osoi oun teleioi, touto phronōmen
Let us therefore, as many as are perfect, be thus minded:

καὶ εἴ τι ἑτέρως φρονεῖτε, καὶ τοῦτο ὁ θεὸς ὑμῖν ἀποκαλύψει
kai ei ti heterōs phroneite, kai touto ho theos hymin apokalypsei
and if in anything ye are otherwise minded, this also shall God reveal unto you:

πλὴν εἰς ὃ ἐφθάσαμεν, τῷ αὐτῷ στοιχεῖν
plēn eis ho ephthasamen, tō autō stoichein
only, whereunto we have attained, by that same rule let us walk.

Συμμιμηταί μου γίνεσθε, ἀδελφοί, καὶ σκοπεῖτε τοὺς οὕτω περιπατοῦντας καθὼς ἔχετε τύπον ἡμᾶς
Symmimētai mou ginesthe, adelphoi, kai skopeite tous houtō peripatountas kathōs echete typon hēmas
Brethren, be ye imitators together of me, and mark them that so walk even as ye have us for an ensample.

πολλοὶ γὰρ περιπατοῦσιν οὓς πολλάκις ἔλεγον ὑμῖν, νῦν δὲ καὶ κλαίων λέγω, τοὺς ἐχθροὺς τοῦ σταυροῦ τοῦ Χριστοῦ
polloi gar peripatousin hous pollakis elegon hymin, nyn de kai klaiōn legō, tous echthrous tou staurou tou Christou
For many walk, of whom I told you often, and now tell you even weeping, that they are the enemies of the cross of Christ:

ὧν τὸ τέλος ἀπώλεια, ὧν ὁ θεὸς ἡ κοιλία καὶ ἡ δόξα ἐν τῇ αἰσχύνῃ αὐτῶν, οἱ τὰ ἐπίγεια φρονοῦντες
hōn to telos apōleia, hōn ho theos hē koilia kai hē doxa en tē aischynē autōn, hoi ta epigeia phronountes
whose end is perdition, whose god is the belly, and whose glory is in their shame, who mind earthly things.

ἡμῶν γὰρ τὸ πολίτευμα ἐν οὐρανοῖς ὑπάρχει, ἐξ οὗ καὶ σωτῆρα ἀπεκδεχόμεθα κύριον Ἰησοῦν Χριστόν
hēmōn gar to politeuma en ouranois hyparchei, ex hou kai sōtēra apekdechometha kyrion Iēsoun Christon
For our citizenship is in heaven; whence also we wait for a Saviour, the Lord Jesus Christ:

ὃς μετασχηματίσει τὸ σῶμα τῆς ταπεινώσεως ἡμῶν σύμμορφον τῷ σώματι τῆς δόξης αὐτοῦ
hos metaschēmatisei to sōma tēs tapeinōseōs hēmōn symmorphon tō sōmati tēs doxēs autou
who shall fashion anew the body of our humiliation, that it may be conformed to the body of his glory,

κατὰ τὴν ἐνέργειαν τοῦ δύνασθαι αὐτὸν καὶ ὑποτάξαι αὐτῷ τὰ πάντα
kata tēn energeian tou dynasthai auton kai hypotaxai autō ta panta
according to the working whereby he is able even to subject all things unto himself.

δ

Ὥστε, ἀδελφοί μου ἀγαπητοὶ καὶ ἐπιπόθητοι, χαρὰ καὶ στέφανός μου, οὕτως στήκετε ἐν κυρίῳ, ἀγαπητοί
Hōste, adelphoi mou agapētoi kai epipothētoi, chara kai stephanos mou, houtōs stēkete en kyriō, agapētoi
Wherefore, my brethren beloved and longed for, my joy and crown, so stand fast in the Lord, my beloved.

Εὐοδίαν παρακαλῶ καὶ Συντύχην παρακαλῶ τὸ αὐτὸ φρονεῖν ἐν κυρίῳ
Euodian parakalō kai Syntychēn parakalō to auto phronein en kyriō
I exhort Euodia, and I exhort Syntyche, to be of the same mind in the Lord.

ναὶ ἐρωτῶ καὶ σέ, γνήσιε σύζυγε, συλλαμβάνου αὐταῖς, αἵτινες ἐν τῷ εὐαγγελίῳ συνήθλησάν μοι μετὰ
nai erōtō kai se, gnēsie syzyge, syllambanou autais, haitines en tō euangeliō synēthlēsan moi meta
Yea, I beseech thee also, true yokefellow, help these women, for they labored with me in the gospel,

καὶ Κλήμεντος καὶ τῶν λοιπῶν συνεργῶν μου, ὧν τὰ ὀνόματα ἐν βίβλῳ ζωῆς
kai Klēmentos kai tōn loipōn synergōn mou, hōn ta onomata en biblō zōēs
with Clement also, and the rest of my fellow-workers, whose names are in the book of life.

Χαίρετε ἐν κυρίῳ πάντοτε: πάλιν ἐρῶ, χαίρετε
Chairete en kyriō pantote: palin erō, chairete
Rejoice in the Lord always: again I will say, Rejoice.

τὸ ἐπιεικὲς ὑμῶν γνωσθήτω πᾶσιν ἀνθρώποις. ὁ κύριος ἐγγύς
to epieikes hymōn gnōsthētō pasin anthrōpois. ho kyrios engys
Let your forbearance be known unto all men. The Lord is at hand.

μηδὲν μεριμνᾶτε, ἀλλ' ἐν παντὶ τῇ προσευχῇ
mēden merimnate, all' en panti tē proseuchē
In nothing be anxious; but in everything by prayer

καὶ τῇ δεήσει μετὰ εὐχαριστίας τὰ αἰτήματα ὑμῶν γνωριζέσθω πρὸς τὸν θεόν
kai tē deēsei meta eucharistias ta aitēmata hymōn gnōrizesthō pros ton theon
and supplication with thanksgiving let your requests be made known unto God.

καὶ ἡ εἰρήνη τοῦ θεοῦ ἡ ὑπερέχουσα πάντα νοῦν
kai hē eirēnē tou theou hē hyperechousa panta noun
And the peace of God, which passeth all understanding,

φρουρήσει τὰς καρδίας ὑμῶν καὶ τὰ νοήματα ὑμῶν ἐν Χριστῷ Ἰησοῦ
phrourēsei tas kardias hymōn kai ta noēmata hymōn en Christō Iēsou
shall guard your hearts and your thoughts in Christ Jesus.

Τὸ λοιπόν, ἀδελφοί, ὅσα ἐστὶν ἀληθῆ, ὅσα σεμνά, ὅσα δίκαια, ὅσα ἁγνά,
To loipon, adelphoi, hosa estin alēthē, hosa semna, hosa dikaia, hosa hagna,
Finally, brethren, whatsoever things are true, whatsoever things are honorable, whatsoever things are just, whatsoever things are pure,

ὅσα προσφιλῆ, ὅσα εὔφημα, εἴ τις ἀρετὴ καὶ εἴ τις ἔπαινος, ταῦτα λογίζεσθε
hosa prosphilē, hosa euphēma, ei tis aretē kai ei tis epainos, tauta logizesthe
whatsoever things are lovely, whatsoever things are of good report; if there be any virtue, and if there be any praise, think on these things.

ἃ καὶ ἐμάθετε καὶ παρελάβετε καὶ ἠκούσατε καὶ εἴδετε ἐν ἐμοί, ταῦτα πράσσετε
ha kai emathete kai parelabete kai ēkousate kai eidete en emoi, tauta prassete
The things which ye both learned and received and heard and saw in me, these things do:

καὶ ὁ θεὸς τῆς εἰρήνης ἔσται μεθ' ὑμῶν
kai ho theos tēs eirēnēs estai meth' hymōn
and the God of peace shall be with you.

Ἐχάρην δὲ ἐν κυρίῳ μεγάλως ὅτι ἤδη ποτὲ ἀνεθάλετε τὸ ὑπὲρ ἐμοῦ φρονεῖν, ἐφ' ᾧ καὶ ἐφρονεῖτε ἠκαιρεῖσθε δέ
Echarēn de en kyriō megalōs hoti ēdē pote anethalete to hyper emou phronein, eph' hō kai ephroneite ēkaireisthe de
But I rejoice in the Lord greatly, that now at length ye have revived your thought for me; wherein ye did indeed take thought, but ye lacked opportunity.

οὐχ ὅτι καθ' ὑστέρησιν λέγω, ἐγὼ γὰρ ἔμαθον ἐν οἷς εἰμι αὐτάρκης εἶνα
ouch hoti kath' hysterēsin legō, egō gar emathon en hois eimi autarkēs eina
Not that I speak in respect of want: for I have learned, in whatsoever state I am, therein to be content.

οἶδα καὶ ταπεινοῦσθαι, οἶδα καὶ περισσεύειν
oida kai tapeinousthai, oida kai perisseuein
I know how to be abased, and I know also how to abound:

ἐν παντὶ καὶ ἐν πᾶσιν μεμύημαι καὶ χορτάζεσθαι καὶ πεινᾶν, καὶ περισσεύειν καὶ ὑστερεῖσθαι
en panti kai en pasin memyēmai kai chortazesthai kai peinan, kai perisseuein kai hystereisthai
in everything and in all things have I learned the secret both to be filled and to be hungry, both to abound and to be in want.

πάντα ἰσχύω ἐν τῷ ἐνδυναμοῦντί με
panta ischyō en tō endynamounti me
I can do all things in him that strengtheneth me.

πλὴν καλῶς ἐποιήσατε συγκοινωνήσαντές μου τῇ θλίψει
plēn kalōs epoiēsate synkoinōnēsantes mou tē thlipsei
Howbeit ye did well that ye had fellowship with my affliction.

Οἴδατε δὲ καὶ ὑμεῖς, Φιλιππήσιοι, ὅτι ἐν ἀρχῇ τοῦ εὐαγγελίου, ὅτε ἐξῆλθον ἀπὸ Μακεδονίας
Oidate de kai hymeis, Philippēsioi, hoti en archē tou euangeliou, hote exēlthon apo Makedonias
And ye yourselves also know, ye Philippians, that in the beginning of the gospel, when I departed from Macedonia,

οὐδεμία μοι ἐκκλησία ἐκοινώνησεν εἰς λόγον δόσεως καὶ λήμψεως εἰ μὴ ὑμεῖς μόνοι
oudemia moi ekklēsia ekoinōnēsen eis logon doseōs kai lēmpseōs ei mē hymeis monoi
no church had fellowship with me in the matter of giving and receiving but ye only;

ὅτι καὶ ἐν Θεσσαλονίκῃ καὶ ἅπαξ καὶ δὶς εἰς τὴν χρείαν μοι ἐπέμψατε
hoti kai en Thessalonikē kai hapax kai dis eis tēn chreian moi epempsate
for even in Thessalonica ye sent once and again unto my need.

οὐχ ὅτι ἐπιζητῶ τὸ δόμα, ἀλλὰ ἐπιζητῶ τὸν καρπὸν τὸν πλεονάζοντα εἰς λόγον ὑμῶν
ouch hoti epizētō to doma, alla epizētō ton karpon ton pleonazonta eis logon hymōn
Not that I seek for the gift; but I seek for the fruit that increaseth to your account.

ἀπέχω δὲ πάντα καὶ περισσεύω
apechō de panta kai perisseuō
But I have all things, and abound:

πεπλήρωμαι δεξάμενος παρὰ Ἐπαφροδίτου τὰ παρ' ὑμῶν, ὀσμὴν εὐωδίας, θυσίαν δεκτήν, εὐάρεστον τῷ θεῷ
peplērōmai dexamenos para Epaphroditou ta par' hymōn, osmēn euōdias, thysian dektēn, euareston tō theō
I am filled, having received from Epaphroditus the things that came from you, an odor of a sweet smell, a sacrifice acceptable, well-pleasing to God.

ὁ δὲ θεός μου πληρώσει πᾶσαν χρείαν ὑμῶν κατὰ τὸ πλοῦτος αὐτοῦ ἐν δόξῃ ἐν Χριστῷ Ἰησοῦ
ho de theos mou plērōsei pasan chreian hymōn kata to ploutos autou en doxē en Christō Iēsou
And my God shall supply every need of yours according to his riches in glory in Christ Jesus.

τῷ δὲ θεῷ καὶ πατρὶ ἡμῶν ἡ δόξα εἰς τοὺς αἰῶνας τῶν αἰώνων: ἀμήν
tō de theō kai patri hēmōn hē doxa eis tous aiōnas tōn aiōnōn: amēn
Now unto our God and Father be the glory for ever and ever. Amen.

Ἀσπάσασθε πάντα ἅγιον ἐν Χριστῷ Ἰησοῦ. ἀσπάζονται ὑμᾶς οἱ σὺν ἐμοὶ ἀδελφοί
Aspasasthe panta hagion en Christō Iēsou. aspazontai hymas hoi syn emoi adelphoi
Salute every saint in Christ Jesus. The brethren that are with me salute you.

ἀσπάζονται ὑμᾶς πάντες οἱ ἅγιοι, μάλιστα δὲ οἱ ἐκ τῆς Καίσαρος οἰκίας
aspazontai hymas pantes hoi hagioi, malista de hoi ek tēs Kaisaros oikias
All the saints salute you, especially they that are of Cæsar's household.

ἡ χάρις τοῦ κυρίου Ἰησοῦ Χριστοῦ μετὰ τοῦ πνεύματος ὑμῶν
hē charis tou kyriou Iēsou Christou meta tou pneumatos hymōn
The grace of the Lord Jesus Christ be with your spirit.

ΚΟΛΟΣΣΑΕῖΣ α

Παῦλος ἀπόστολος Χριστοῦ Ἰησοῦ διὰ θελήματος θεοῦ καὶ Τιμόθεος ὁ ἀδελφὸς
Paulos apostolos Christou Iēsou dia thelēmatos theou kai Timotheos ho adelphos
Paul, an apostle of Christ Jesus through the will of God, and Timothy our brother,

τοῖς ἐν Κολοσσαῖς ἁγίοις καὶ πιστοῖς ἀδελφοῖς ἐν Χριστῷ: χάρις ὑμῖν καὶ εἰρήνη ἀπὸ θεοῦ πατρὸς ἡμῶν
tois en Kolossais hagiois kai pistois adelphois en Christō: charis hymin kai eirēnē apo theou patros hēmōn
To the saints and faithful brethren in Christ that are at Colossæ: Grace to you and peace from God our Father.

Εὐχαριστοῦμεν τῷ θεῷ πατρὶ τοῦ κυρίου ἡμῶν Ἰησοῦ Χριστοῦ πάντοτε περὶ ὑμῶν προσευχόμενοι
Eucharistoumen tō theō patri tou kyriou hēmōn Iēsou Christou pantote peri hymōn proseuchomenoi
We give thanks to God the Father of our Lord Jesus Christ, praying always for you,

ἀκούσαντες τὴν πίστιν ὑμῶν ἐν Χριστῷ Ἰησοῦ καὶ τὴν ἀγάπην ἣν ἔχετε εἰς πάντας τοὺς ἁγίους
akousantes tēn pistin hymōn en Christō Iēsou kai tēn agapēn hēn echete eis pantas tous hagious
having heard of your faith in Christ Jesus, and of the love which ye have toward all the saints,

διὰ τὴν ἐλπίδα τὴν ἀποκειμένην ὑμῖν ἐν τοῖς οὐρανοῖς
dia tēn elpida tēn apokeimenēn hymin en tois ouranois
because of the hope which is laid up for you in the heavens,

ἣν προηκούσατε ἐν τῷ λόγῳ τῆς ἀληθείας τοῦ εὐαγγελίου
hēn proēkousate en tō logō tēs alētheias tou euangeliou
whereof ye heard before in the word of the truth of the gospel,

τοῦ παρόντος εἰς ὑμᾶς, καθὼς καὶ ἐν παντὶ τῷ κόσμῳ ἐστὶν καρποφορούμενον καὶ αὐξανόμενον καθὼς καὶ ἐν ὑμῖν
tou parontos eis hymas, kathōs kai en panti tō kosmō estin karpophoroumenon kai auxanomenon kathōs kai en hymin
which is come unto you; even as it is also in all the world bearing fruit and increasing, as it doth in you also,

ἀφ' ἧς ἡμέρας ἠκούσατε καὶ ἐπέγνωτε τὴν χάριν τοῦ θεοῦ ἐν ἀληθείᾳ
aph' hēs hēmeras ēkousate kai epegnōte tēn charin tou theou en alētheia
since the day ye heard and knew the grace of God in truth;

καθὼς ἐμάθετε ἀπὸ Ἐπαφρᾶ τοῦ ἀγαπητοῦ συνδούλου ἡμῶν, ὅς ἐστιν πιστὸς ὑπὲρ ὑμῶν διάκονος τοῦ Χριστοῦ
kathōs emathete apo Epaphra tou agapētou syndoulou hēmōn, hos estin pistos hyper hymōn diakonos tou Christou
even as ye learned of Epaphras our beloved fellow-servant, who is a faithful minister of Christ on our behalf,

ὁ καὶ δηλώσας ἡμῖν τὴν ὑμῶν ἀγάπην ἐν πνεύματι
ho kai dēlōsas hēmin tēn hymōn agapēn en pneumati
who also declared unto us your love in the Spirit.

Διὰ τοῦτο καὶ ἡμεῖς, ἀφ' ἧς ἡμέρας ἠκούσαμεν, οὐ παυόμεθα ὑπὲρ ὑμῶν προσευχόμενοι
Dia touto kai hēmeis, aph' hēs hēmeras ēkousamen, ou pauometha hyper hymōn proseuchomenoi
For this cause we also, since the day we heard it, do not cease to pray

καὶ αἰτούμενοι ἵνα πληρωθῆτε τὴν ἐπίγνωσιν τοῦ θελήματος αὐτοῦ ἐν πάση σοφίᾳ καὶ συνέσει πνευματικῇ
kai aitoumenoi hina plērōthēte tēn epignōsin tou thelēmatos autou en pasē sophia kai synesei pneumatikē
and make request for you, that ye may be filled with the knowledge of his will in all spiritual wisdom and understanding,

περιπατῆσαι ἀξίως τοῦ κυρίου εἰς πᾶσαν ἀρεσκείαν, ἐν παντὶ ἔργῳ ἀγαθῷ καρποφοροῦντες
peripatēsai axiōs tou kyriou eis pasan areskeian, en panti ergō agathō karpophorountes
to walk worthily of the Lord unto all pleasing, bearing fruit in every good work,

καὶ αὐξανόμενοι τῇ ἐπιγνώσει τοῦ θεοῦ
kai auxanomenoi tē epignōsei tou theou
and increasing in the knowledge of God;

ἐν πάσῃ δυνάμει δυναμούμενοι κατὰ τὸ κράτος τῆς δόξης αὐτοῦ εἰς πᾶσαν ὑπομονὴν καὶ μακροθυμίαν, μετὰ χαρᾶς
en pasē dynamei dynamoumenoi kata to kratos tēs doxēs autou eis pasan hypomonēn kai makrothymian, meta charas
strengthened with all power, according to the might of his glory, unto all patience and longsuffering with joy;

εὐχαριστοῦντες τῷ πατρὶ τῷ ἱκανώσαντι ὑμᾶς εἰς τὴν μερίδα τοῦ κλήρου τῶν ἁγίων ἐν τῷ φωτί
eucharistountes tō patri tō hikanōsanti hymas eis tēn merida tou klērou tōn hagiōn en tō phōti
giving thanks unto the Father, who made us meet to be partakers of the inheritance of the saints in light;

ὃς ἐρρύσατο ἡμᾶς ἐκ τῆς ἐξουσίας τοῦ σκότους καὶ μετέστησεν εἰς τὴν βασιλείαν τοῦ υἱοῦ τῆς ἀγάπης αὐτοῦ
hos errysato hēmas ek tēs exousias tou skotous kai metestēsen eis tēn basileian tou huiou tēs agapēs autou
who delivered us out of the power of darkness, and translated us into the kingdom of the Son of his love;

ἐν ᾧ ἔχομεν τὴν ἀπολύτρωσιν, τὴν ἄφεσιν τῶν ἁμαρτιῶν
en hō echomen tēn apolytrōsin, tēn aphesin tōn hamartiōn
in whom we have our redemption, the forgiveness of our sins:

ὅς ἐστιν εἰκὼν τοῦ θεοῦ τοῦ ἀοράτου, πρωτότοκος πάσης κτίσεω
hos estin eikōn tou theou tou aoratou, prōtotokos pasēs ktiseō
who is the image of the invisible God, the firstborn of all creation;

ὅτι ἐν αὐτῷ ἐκτίσθη τὰ πάντα ἐν τοῖς οὐρανοῖς καὶ ἐπὶ τῆς γῆς, τὰ ὁρατὰ καὶ τὰ ἀόρατα
hoti en autō ektisthē ta panta en tois ouranois kai epi tēs gēs, ta horata kai ta aorata
for in him were all things created, in the heavens and upon the earth, things visible and things invisible,

εἴτε θρόνοι εἴτε κυριότητες εἴτε ἀρχαὶ εἴτε ἐξουσίαι: τὰ πάντα δι' αὐτοῦ καὶ εἰς αὐτὸν ἔκτισται
eite thronoi eite kyriotētes eite archai eite exousiai: ta panta di' autou kai eis auton ektistai
whether thrones or dominions or principalities or powers; all things have been created through him, and unto him;

καὶ αὐτός ἐστιν πρὸ πάντων καὶ τὰ πάντα ἐν αὐτῷ συνέστηκεν
kai autos estin pro pantōn kai ta panta en autō synestēken
and he is before all things, and in him all things consist.

καὶ αὐτός ἐστιν ἡ κεφαλὴ τοῦ σώματος, τῆς ἐκκλησίας
kai autos estin hē kephalē tou sōmatos, tēs ekklēsias
And he is the head of the body, the church:

ὅς ἐστιν ἀρχή, πρωτότοκος ἐκ τῶν νεκρῶν, ἵνα γένηται ἐν πᾶσιν αὐτὸς πρωτεύων
hos estin archē, prōtotokos ek tōn nekrōn, hina genētai en pasin autos prōteuōn
who is the beginning, the firstborn from the dead; that in all things he might have the preeminence.

ὅτι ἐν αὐτῷ εὐδόκησεν πᾶν τὸ πλήρωμα κατοικῆσαι
hoti en autō eudokēsen pan to plērōma katoikēsai
For it was the good pleasure of the Father that in him should all the fulness dwell;

καὶ δι' αὐτοῦ ἀποκαταλλάξαι τὰ πάντα εἰς αὐτόν
kai di' autou apokatallaxai ta panta eis auton
and through him to reconcile all things unto himself,

εἰρηνοποιήσας διὰ τοῦ αἵματος τοῦ σταυροῦ αὐτοῦ, [δι' αὐτοῦ] εἴτε τὰ ἐπὶ τῆς γῆς εἴτε τὰ ἐν τοῖς οὐρανοῖς
eirēnopoiēsas dia tou haimatos tou staurou autou, [di' autou] eite ta epi tēs gēs eite ta en tois ouranois
having made peace through the blood of his cross; through him, I say, whether things upon the earth, or things in the heavens.

Καὶ ὑμᾶς ποτε ὄντας ἀπηλλοτριωμένους καὶ ἐχθροὺς τῇ διανοίᾳ ἐν τοῖς ἔργοις τοῖς πονηροῖς
Kai hymas pote ontas apēllotriōmenous kai echthrous tē dianoia en tois ergois tois ponērois
And you, being in time past alienated and enemies in your mind in your evil works,

νυνὶ δὲ ἀποκατήλλαξεν ἐν τῷ σώματι τῆς σαρκὸς αὐτοῦ διὰ τοῦ θανάτου
nyni de apokatēllaxen en tō sōmati tēs sarkos autou dia tou thanatou
yet now hath he reconciled in the body of his flesh through death,

παραστῆσαι ὑμᾶς ἁγίους καὶ ἀμώμους καὶ ἀνεγκλήτους κατενώπιον αὐτοῦ
parastēsai hymas hagious kai amōmous kai anenklētous katenōpion autou
to present you holy and without blemish and unreproveable before him:

εἴ γε ἐπιμένετε τῇ πίστει τεθεμελιωμένοι καὶ ἑδραῖοι
ei ge epimenete tē pistei tethemeliōmenoi kai hedraioi
if so be that ye continue in the faith, grounded and stedfast,

καὶ μὴ μετακινούμενοι ἀπὸ τῆς ἐλπίδος τοῦ εὐαγγελίου οὗ ἠκούσατε,
kai mē metakinoumenoi apo tēs elpidos tou euangeliou hou ēkousate
and not moved away from the hope of the gospel which ye heard,

τοῦ κηρυχθέντος ἐν πάσῃ κτίσει τῇ ὑπὸ τὸν οὐρανόν, οὗ ἐγενόμην ἐγὼ Παῦλος διάκονος
tou kērychthentos en pasē ktisei tē hypo ton ouranon, hou egenomēn egō Paulos diakonos
which was preached in all creation under heaven; whereof I Paul was made a minister.

Νῦν χαίρω ἐν τοῖς παθήμασιν ὑπὲρ ὑμῶν
Nyn chairō en tois pathēmasin hyper hymōn
Now I rejoice in my sufferings for your sake,

καὶ ἀνταναπληρῶ τὰ ὑστερήματα τῶν θλίψεων τοῦ Χριστοῦ ἐν τῇ σαρκί μου ὑπὲρ τοῦ σώματος αὐτοῦ
kai antanaplērō ta hysterēmata tōn thlipseōn tou Christou en tē sarki mou hyper tou sōmatos autou
and fill up on my part that which is lacking of the afflictions of Christ in my flesh for his body's sake,

ὅ ἐστιν ἡ ἐκκλησία
ho estin hē ekklēsia
which is the church;

ἧς ἐγενόμην ἐγὼ διάκονος κατὰ τὴν οἰκονομίαν τοῦ θεοῦ τὴν δοθεῖσάν μοι εἰς ὑμᾶς πληρῶσαι τὸν λόγον τοῦ θεοῦ
hēs egenomēn egō diakonos kata tēn oikonomian tou theou tēn dotheisan moi eis hymas plērōsai ton logon tou theou
whereof I was made a minister, according to the dispensation of God which was given me to you-ward, to fulfil the word of God,

τὸ μυστήριον τὸ ἀποκεκρυμμένον ἀπὸ τῶν αἰώνων καὶ ἀπὸ τῶν γενεῶν νῦν δὲ ἐφανερώθη τοῖς ἁγίοις αὐτοῦ
to mystērion to apokekrymmenon apo tōn aiōnōn kai apo tōn geneōn nyn de ephanerōthē tois hagiois autou
even the mystery which hath been hid for ages and generations: but now hath it been manifested to his saints,

οἷς ἠθέλησεν ὁ θεὸς γνωρίσαι τί τὸ πλοῦτος τῆς δόξης τοῦ μυστηρίου τούτου ἐν τοῖς ἔθνεσιν
hois ēthelēsen ho theos gnōrisai ti to ploutos tēs doxēs tou mystēriou toutou en tois ethnesin
to whom God was pleased to make known what is the riches of the glory of this mystery among the Gentiles,

ὅ ἐστιν Χριστὸς ἐν ὑμῖν, ἡ ἐλπὶς τῆς δόξης
ho estin Christos en hymin, hē elpis tēs doxēs
which is Christ in you, the hope of glory:

ὃν ἡμεῖς καταγγέλλομεν νουθετοῦντες πάντα ἄνθρωπον καὶ διδάσκοντες πάντα ἄνθρωπον ἐν πάσῃ σοφίᾳ
hon hēmeis katangellomen nouthetountes panta anthrōpon kai didaskontes panta anthrōpon en pasē sophia,
whom we proclaim, admonishing every man and teaching every man in all wisdom,

ἵνα παραστήσωμεν πάντα ἄνθρωπον τέλειον ἐν Χριστῷ
hina parastēsōmen panta anthrōpon teleion en Christō
that we may present every man perfect in Christ;

εἰς ὃ καὶ κοπιῶ ἀγωνιζόμενος κατὰ τὴν ἐνέργειαν αὐτοῦ τὴν ἐνεργουμένην ἐν ἐμοὶ ἐν δυνάμει
eis ho kai kopiō agōnizomenos kata tēn energeian autou tēn energoumenēn en emoi en dynamei
whereunto I labor also, striving according to his working, which worketh in me mightily.

β

Θέλω γὰρ ὑμᾶς εἰδέναι ἡλίκον ἀγῶνα ἔχω ὑπὲρ ὑμῶν
Thelō gar hymas eidenai hēlikon agōna echō hyper hymōn
For I would have you know how greatly I strive for you,

καὶ τῶν ἐν Λαοδικείᾳ καὶ ὅσοι οὐχ ἑόρακαν τὸ πρόσωπόν μου ἐν σαρκί
kai tōn en Laodikeia kai hosoi ouch heorakan to prosōpon mou en sarki
and for them at Laodicea, and for as many as have not seen my face in the flesh;

ἵνα παρακληθῶσιν αἱ καρδίαι αὐτῶν, συμβιβασθέντες ἐν ἀγάπῃ
hina paraklēthōsin hai kardiai autōn, symbibasthentes en agapē
that their hearts may be comforted, they being knit together in love,

καὶ εἰς πᾶν πλοῦτος τῆς πληροφορίας τῆς συνέσεως, εἰς ἐπίγνωσιν τοῦ μυστηρίου τοῦ θεοῦ, Χριστοῦ
kai eis pan ploutos tēs plērophorias tēs syneseōs, eis epignōsin tou mystēriou tou theou, Christou
and unto all riches of the full assurance of understanding, that they may know the mystery of God, even Christ,

ἐν ᾧ εἰσιν πάντες οἱ θησαυροὶ τῆς σοφίας καὶ γνώσεως ἀπόκρυφοι
en hō eisin pantes hoi thēsauroi tēs sophias kai gnōseōs apokryphoi
in whom are all the treasures of wisdom and knowledge hidden.

Τοῦτο λέγω ἵνα μηδεὶς ὑμᾶς παραλογίζηται ἐν πιθανολογίᾳ
Touto legō hina mēdeis hymas paralogizētai en pithanologia
This I say, that no one may delude you with persuasiveness of speech.

εἰ γὰρ καὶ τῇ σαρκὶ ἄπειμι, ἀλλὰ τῷ πνεύματι σὺν ὑμῖν εἰμι
ei gar kai tē sarki apeimi, alla tō pneumati syn hymin eimi
For though I am absent in the flesh, yet am I with you in the spirit,

χαίρων καὶ βλέπων ὑμῶν τὴν τάξιν καὶ τὸ στερέωμα τῆς εἰς Χριστὸν πίστεως ὑμῶν
chairōn kai blepōn hymōn tēn taxin kai to stereōma tēs eis Christon pisteōs hymōn
joying and beholding your order, and the stedfastness of your faith in Christ.

Ὡς οὖν παρελάβετε τὸν Χριστὸν Ἰησοῦν τὸν κύριον, ἐν αὐτῷ περιπατεῖτε
Hōs oun parelabete ton Christon Iēsoun ton kyrion, en autō peripateite
As therefore ye received Christ Jesus the Lord, so walk in him,

ἐρριζωμένοι καὶ ἐποικοδομούμενοι ἐν αὐτῷ καὶ βεβαιούμενοι τῇ πίστει καθὼς ἐδιδάχθητε
errizōmenoi kai epoikodomoumenoi en autō kai bebaioumenoi tē pistei kathōs edidachthēte
rooted and builded up in him, and established in your faith, even as ye were taught,

περισσεύοντες ἐν εὐχαριστίᾳ
perisseuontes en eucharistia
abounding in thanksgiving.

βλέπετε μή τις ὑμᾶς ἔσται ὁ συλαγωγῶν διὰ τῆς φιλοσοφίας καὶ κενῆς ἀπάτης
blepete mē tis hymas estai ho sylagōgōn dia tēs philosophias kai kenēs apatēs
Take heed lest there shall be any one that maketh spoil of you through his philosophy and vain deceit,

κατὰ τὴν παράδοσιν τῶν ἀνθρώπων, κατὰ τὰ στοιχεῖα τοῦ κόσμου καὶ οὐ κατὰ Χριστόν
kata tēn paradosin tōn anthrōpōn, kata ta stoicheia tou kosmou kai ou kata Christon
after the tradition of men, after the rudiments of the world, and not after Christ:

ὅτι ἐν αὐτῷ κατοικεῖ πᾶν τὸ πλήρωμα τῆς θεότητος σωματικῶς
hoti en autō katoikei pan to plērōma tēs theotētos sōmatikōs
for in him dwelleth all the fulness of the Godhead bodily,

καὶ ἐστὲ ἐν αὐτῷ πεπληρωμένοι, ὅς ἐστιν ἡ κεφαλὴ πάσης ἀρχῆς καὶ ἐξουσίας
kai este en autō peplērōmenoi, hos estin hē kephalē pasēs archēs kai exousias
and in him ye are made full, who is the head of all principality and power:

ἐν ᾧ καὶ περιετμήθητε περιτομῇ ἀχειροποιήτῳ ἐν τῇ ἀπεκδύσει τοῦ σώματος τῆς σαρκός
en hō kai perietmēthēte peritomē acheiropoiētō en tē apekdysei tou sōmatos tēs sarkos
in whom ye were also circumcised with a circumcision not made with hands, in the putting off of the body of the flesh,

ἐν τῇ περιτομῇ τοῦ Χριστοῦ
en tē peritomē tou Christou
in the circumcision of Christ;

συνταφέντες αὐτῷ ἐν τῷ βαπτισμῷ
syntaphentes autō en tō baptismō
having been buried with him in baptism,

ἐν ᾧ καὶ συνηγέρθητε διὰ τῆς πίστεως τῆς ἐνεργείας τοῦ θεοῦ τοῦ ἐγείραντος αὐτὸν ἐκ νεκρῶν
en hō kai synēgerthēte dia tēs pisteōs tēs energeias tou theou tou egeirantos auton ek nekrōn
wherein ye were also raised with him through faith in the working of God, who raised him from the dead.

καὶ ὑμᾶς νεκροὺς ὄντας [ἐν] τοῖς παραπτώμασιν καὶ τῇ ἀκροβυστίᾳ τῆς σαρκὸς ὑμῶν
kai hymas nekrous ontas [en] tois paraptōmasin kai tē akrobystia tēs sarkos hymōn
And you, being dead through your trespasses and the uncircumcision of your flesh, you, I say,

συνεζωοποίησεν ὑμᾶς σὺν αὐτῷ, χαρισάμενος ἡμῖν πάντα τὰ παραπτώματα
synezōopoiēsen hymas syn autō, charisamenos hēmin panta ta paraptōmata
did he make alive together with him, having forgiven us all our trespasses;

ἐξαλείψας τὸ καθ' ἡμῶν χειρόγραφον τοῖς δόγμασιν ὃ ἦν ὑπεναντίον ἡμῖν
exaleipsas to kath' hēmōn cheirographon tois dogmasin ho ēn hypenantion hēmin
having blotted out the bond written in ordinances that was against us, which was contrary to us

καὶ αὐτὸ ἦρκεν ἐκ τοῦ μέσου προσηλώσας αὐτὸ τῷ σταυρῷ
kai auto ērken ek tou mesou prosēlōsas auto tō staurō
and he hath taken it out of the way, nailing it to the cross;

ἀπεκδυσάμενος τὰς ἀρχὰς καὶ τὰς ἐξουσίας ἐδειγμάτισεν ἐν παρρησίᾳ, θριαμβεύσας αὐτοὺς ἐν αὐτῷ
apekdysamenos tas archas kai tas exousias edeigmatisen en parrēsia, thriambeusas autous en autō
having despoiled the principalities and the powers, he made a show of them openly, triumphing over them in it.

Μὴ οὖν τις ὑμᾶς κρινέτω ἐν βρώσει καὶ ἐν πόσει ἢ ἐν μέρει ἑορτῆς ἢ νεομηνίας ἢ σαββάτων
Mē oun tis hymas krinetō en brōsei kai en posei ē en merei heortēs ē neomēnias ē sabbatōn
Let no man therefore judge you in meat, or in drink, or in respect of a feast day or a new moon or a sabbath day:

ἅ ἐστιν σκιὰ τῶν μελλόντων, τὸ δὲ σῶμα τοῦ Χριστοῦ
ha estin skia tōn mellontōn, to de sōma tou Christou
which are a shadow of the things to come; but the body is Christ's.

μηδεὶς ὑμᾶς καταβραβευέτω θέλων ἐν ταπεινοφροσύνῃ καὶ θρησκείᾳ τῶν ἀγγέλων
mēdeis hymas katabrabeuetō thelōn en tapeinophrosynē kai thrēskeia tōn angelōn
Let no man rob you of your prize by a voluntary humility and worshipping of the angels,

ἃ ἑόρακεν ἐμβατεύων, εἰκῇ φυσιούμενος ὑπὸ τοῦ νοὸς τῆς σαρκὸς αὐτοῦ
ha heoraken embateuōn, eikē physioumenos hypo tou noos tēs sarkos autou
dwelling in the things which he hath seen, vainly puffed up by his fleshly mind,

καὶ οὐ κρατῶν τὴν κεφαλήν, ἐξ οὗ πᾶν τὸ σῶμα διὰ τῶν ἁφῶν
kai ou kratōn tēn kephalēn, ex hou pan to sōma dia tōn haphōn
and not holding fast the Head, from whom all the body,

καὶ συνδέσμων ἐπιχορηγούμενον καὶ συμβιβαζόμενον αὔξει τὴν αὔξησιν τοῦ θεοῦ
kai syndesmōn epichorēgoumenon kai symbibazomenon auxei tēn auxēsin tou theou
being supplied and knit together through the joints and bands, increaseth with the increase of God.

Εἰ ἀπεθάνετε σὺν Χριστῷ ἀπὸ τῶν στοιχείων τοῦ κόσμου, τί ὡς ζῶντες ἐν κόσμῳ δογματίζεσθε
Ei apethanete syn Christō apo tōn stoicheiōn tou kosmou, ti hōs zōntes en kosmō dogmatizesthe
If ye died with Christ from the rudiments of the world, why, as though living in the world, do ye subject yourselves to ordinances,

Μὴ ἅψῃ μηδὲ γεύσῃ μηδὲ θίγῃς
Mē hapsē mēde geusē mēde thigēs
Handle not, nor taste, nor touch

ἅ ἐστιν πάντα εἰς φθορὰν τῇ ἀποχρήσει, κατὰ τὰ ἐντάλματα καὶ διδασκαλίας τῶν ἀνθρώπων
ha estin panta eis phthoran tē apochrēsei, kata ta entalmata kai didaskalias tōn anthrōpōn
(all which things are to perish with the using), after the precepts and doctrines of men?

ἅτινά ἐστιν λόγον μὲν ἔχοντα σοφίας ἐν ἐθελοθρησκίᾳ καὶ ταπεινοφροσύνῃ
hatina estin logon men echonta sophias en ethelothrēskia kai tapeinophrosynē
Which things have indeed a show of wisdom in will-worship, and humility,

[καὶ] ἀφειδίᾳ σώματος, οὐκ ἐν τιμῇ τινι πρὸς πλησμονὴν τῆς σαρκός
[kai] apheidia sōmatos, ouk en timē tini pros plēsmonēn tēs sarkos
and severity to the body; but are not of any value against the indulgence of the flesh.

γ

Εἰ οὖν συνηγέρθητε τῷ Χριστῷ, τὰ ἄνω ζητεῖτε, οὗ ὁ Χριστός ἐστιν ἐν δεξιᾷ τοῦ θεοῦ καθήμενος
Ei oun synēgerthēte tō Christō, ta anō zēteite, hou ho Christos estin en dexia tou theou kathēmenos
If then ye were raised together with Christ, seek the things that are above, where Christ is, seated on the right hand of God.

τὰ ἄνω φρονεῖτε, μὴ τὰ ἐπὶ τῆς γῆς
ta anō phroneite, mē ta epi tēs gēs
Set your mind on the things that are above, not on the things that are upon the earth.

ἀπεθάνετε γάρ, καὶ ἡ ζωὴ ὑμῶν κέκρυπται σὺν τῷ Χριστῷ ἐν τῷ θεῷ
apethanete gar, kai hē zōē hymōn kekryptai syn tō Christō en tō theō
For ye died, and your life is hid with Christ in God.

ὅταν ὁ Χριστὸς φανερωθῇ, ἡ ζωὴ ὑμῶν, τότε καὶ ὑμεῖς σὺν αὐτῷ φανερωθήσεσθε ἐν δόξῃ
hotan ho Christos phanerōthē, hē zōē hymōn, tote kai hymeis syn autō phanerōthēsesthe en doxē
When Christ, who is our life, shall be manifested, then shall ye also with him be manifested in glory.

Νεκρώσατε οὖν τὰ μέλη τὰ ἐπὶ τῆς γῆς, πορνείαν, ἀκαθαρσίαν, πάθος, ἐπιθυμίαν κακήν
Nekrōsate oun ta melē ta epi tēs gēs, porneian, akatharsian, pathos, epithymian kakēn
Put to death therefore your members which are upon the earth: fornication, uncleanness, passion, evil desire,

καὶ τὴν πλεονεξίαν ἥτις ἐστὶν εἰδωλολατρία
kai tēn pleonexian hētis estin eidōlolatria
and covetousness, which is idolatry;

δι' ἃ ἔρχεται ἡ ὀργὴ τοῦ θεοῦ [ἐπὶ τοὺς υἱοὺς τῆς ἀπειθείας]:
di' ha erchetai hē orgē tou theou [epi tous huious tēs apeitheias]:
for which things' sake cometh the wrath of God upon the sons of disobedience:

ἐν οἷς καὶ ὑμεῖς περιεπατήσατέ ποτε ὅτε ἐζῆτε ἐν τούτοις
en hois kai hymeis periepatēsate pote hote ezēte en toutois
wherein ye also once walked, when ye lived in these things;

νυνὶ δὲ ἀπόθεσθε καὶ ὑμεῖς τὰ πάντα, ὀργήν, θυμόν, κακίαν, βλασφημίαν, αἰσχρολογίαν ἐκ τοῦ στόματος ὑμῶν
nyni de apothesthe kai hymeis ta panta, orgēn, thymon, kakian, blasphēmian, aischrologian ek tou stomatos hymōn
but now do ye also put them all away: anger, wrath, malice, railing, shameful speaking out of your mouth:

μὴ ψεύδεσθε εἰς ἀλλήλους, ἀπεκδυσάμενοι τὸν παλαιὸν ἄνθρωπον σὺν ταῖς πράξεσιν αὐτοῦ
mē pseudesthe eis allēlous, apekdysamenoi ton palaion anthrōpon syn tais praxesin autou
lie not one to another; seeing that ye have put off the old man with his doings,

καὶ ἐνδυσάμενοι τὸν νέον τὸν ἀνακαινούμενον εἰς ἐπίγνωσιν κατ' εἰκόνα τοῦ κτίσαντος αὐτόν
kai endysamenoi ton neon ton anakainoumenon eis epignōsin kat' eikona tou ktisantos auton
and have put on the new man, that is being renewed unto knowledge after the image of him that created him:

ὅπου οὐκ ἔνι Ελλην καὶ Ἰουδαῖος, περιτομὴ καὶ ἀκροβυστία
hopou ouk eni Ellēn kai Ioudaios, peritomē kai akrobystia
where there cannot be Greek and Jew, circumcision and uncircumcision,

βάρβαρος, Σκύθης, δοῦλος, ἐλεύθερος, ἀλλὰ [τὰ] πάντα καὶ ἐν πᾶσιν Χριστός
barbaros, Skythēs, doulos, eleutheros, alla [ta] panta kai en pasin Christos
barbarian, Scythian, bondman, freeman; but Christ is all, and in all.

Ἐνδύσασθε οὖν ὡς ἐκλεκτοὶ τοῦ θεοῦ, ἅγιοι καὶ ἠγαπημένοι
Endysasthe oun hōs eklektoi tou theou, hagioi kai ēgapēmenoi,
Put on therefore, as God's elect, holy and beloved,

σπλάγχνα οἰκτιρμοῦ, χρηστότητα, ταπεινοφροσύνην, πραΰτητα, μακροθυμίαν
splanchna oiktirmou, chrēstotēta, tapeinophrosynēn, prautēta, makrothymian
a heart of compassion, kindness, lowliness, meekness, longsuffering;

ἀνεχόμενοι ἀλλήλων καὶ χαριζόμενοι ἑαυτοῖς ἐάν τις πρός τινα ἔχη μομφήν
anechomenoi allēlōn kai charizomenoi heautois ean tis pros tina echē momphēn
forbearing one another, and forgiving each other, if any man have a complaint against any;

καθὼς καὶ ὁ κύριος ἐχαρίσατο ὑμῖν οὕτως καὶ ὑμεῖς
kathōs kai ho kyrios echarisato hymin houtōs kai hymeis
even as the Lord forgave you, so also do ye:

ἐπὶ πᾶσιν δὲ τούτοις τὴν ἀγάπην, ὅ ἐστιν σύνδεσμος τῆς τελειότητος
epi pasin de toutois tēn agapēn, ho estin syndesmos tēs teleiotētos
and above all these things put on love, which is the bond of perfectness.

καὶ ἡ εἰρήνη τοῦ Χριστοῦ βραβευέτω ἐν ταῖς καρδίαις ὑμῶν, εἰς ἣν καὶ ἐκλήθητε ἐν ἑνὶ σώματι
kai hē eirēnē tou Christou brabeuetō en tais kardiais hymōn, eis hēn kai eklēthēte en heni sōmati
And let the peace of Christ rule in your hearts, to the which also ye were called in one body;

καὶ εὐχάριστοι γίνεσθε
kai eucharistoi ginesthe
and be ye thankful.

ὁ λόγος τοῦ Χριστοῦ ἐνοικείτω ἐν ὑμῖν πλουσίως, ἐν πάση σοφίᾳ διδάσκοντες καὶ νουθετοῦντες ἑαυτοὺς ψαλμοῖς
ho logos tou Christou enoikeitō en hymin plousiōs, en pasē sophia didaskontes kai nouthetountes heautous psalmois
Let the word of Christ dwell in you richly; in all wisdom teaching and admonishing one another with psalms

ὕμνοις, ᾠδαῖς πνευματικαῖς ἐν [τῇ] χάριτι ᾄδοντες ἐν ταῖς καρδίαις ὑμῶν τῷ θεῷ
hymnois, ōdais pneumatikais en [tē] chariti adontes en tais kardiais hymōn tō theō
and hymns and spiritual songs, singing with grace in your hearts unto God.

καὶ πᾶν ὅ τι ἐὰν ποιῆτε ἐν λόγῳ ἢ ἐν ἔργῳ, πάντα ἐν ὀνόματι κυρίου Ἰησοῦ
kai pan ho ti ean poiēte en logō ē en ergō, panta en onomati kyriou Iēsou
And whatsoever ye do, in word or in deed, do all in the name of the Lord Jesus,

εὐχαριστοῦντες τῷ θεῷ πατρὶ δι' αὐτοῦ
eucharistountes tō theō patri di' autou
giving thanks to God the Father through him.

Αἱ γυναῖκες, ὑποτάσσεσθε τοῖς ἀνδράσιν, ὡς ἀνῆκεν ἐν κυρίῳ
HAi gynaikes, hypotassesthe tois andrasin, hōs anēken en kyriō
Wives, be in subjection to your husbands, as is fitting in the Lord.

Οἱ ἄνδρες, ἀγαπᾶτε τὰς γυναῖκας καὶ μὴ πικραίνεσθε πρὸς αὐτάς
HOi andres, agapate tas gynaikas kai mē pikrainesthe pros autas
Husbands, love your wives, and be not bitter against them.

Τὰ τέκνα, ὑπακούετε τοῖς γονεῦσιν κατὰ πάντα, τοῦτο γὰρ εὐάρεστόν ἐστιν ἐν κυρίῳ
Ta tekna, hypakouete tois goneusin kata panta, touto gar euareston estin en kyriō
Children, obey your parents in all things, for this is well-pleasing in the Lord.

Οἱ πατέρες, μὴ ἐρεθίζετε τὰ τέκνα ὑμῶν, ἵνα μὴ ἀθυμῶσιν
HOi pateres, mē erethizete ta tekna hymōn, hina mē athymōsin
Fathers, provoke not your children, that they be not discouraged.

Οἱ δοῦλοι, ὑπακούετε κατὰ πάντα τοῖς κατὰ σάρκα κυρίοις, μὴ ἐν ὀφθαλμοδουλίᾳ ὡς ἀνθρωπάρεσκοι
HOi douloi, hypakouete kata panta tois kata sarka kyriois, mē en ophthalmodoulia hōs anthrōpareskoi
Servants, obey in all things them that are your masters according to the flesh; not with eye-service, as men-pleasers,

ἀλλ' ἐν ἁπλότητι καρδίας, φοβούμενοι τὸν κύριον
all' en haplotēti kardias, phoboumenoi ton kyrion
but in singleness of heart, fearing the Lord:

ὃ ἐὰν ποιῆτε, ἐκ ψυχῆς ἐργάζεσθε, ὡς τῷ κυρίῳ καὶ οὐκ ἀνθρώποις
ho ean poiēte, ek psychēs ergazesthe, hōs tō kyriō kai ouk anthrōpois
whatsoever ye do, work heartily, as unto the Lord, and not unto men;

εἰδότες ὅτι ἀπὸ κυρίου ἀπολήμψεσθε τὴν ἀνταπόδοσιν τῆς κληρονομίας. τῷ κυρίῳ Χριστῷ δουλεύετε
eidotes hoti apo kyriou apolēmpsesthe tēn antapodosin tēs klēronomias. tō kyriō Christō douleuete
knowing that from the Lord ye shall receive the recompense of the inheritance: ye serve the Lord Christ.

ὁ γὰρ ἀδικῶν κομίσεται ὃ ἠδίκησεν, καὶ οὐκ ἔστιν προσωπολημψία
ho gar adikōn komisetai ho ēdikēsen, kai ouk estin prosōpolēmpsia
For he that doeth wrong shall receive again for the wrong that he hath done: and there is no respect of persons.

δ

Οἱ κύριοι, τὸ δίκαιον καὶ τὴν ἰσότητα τοῖς δούλοις παρέχεσθε, εἰδότες ὅτι καὶ ὑμεῖς ἔχετε κύριον ἐν οὐρανῷ
HOi kyrioi, to dikaion kai tēn isotēta tois doulois parechesthe, eidotes hoti kai hymeis echete kyrion en ouranō
Masters, render unto your servants that which is just and equal; knowing that ye also have a Master in heaven.

Τῇ προσευχῇ προσκαρτερεῖτε, γρηγοροῦντες ἐν αὐτῇ ἐν εὐχαριστίᾳ
Tē proseuchē proskartereite, grēgorountes en autē en eucharistia
Continue stedfastly in prayer, watching therein with thanksgiving;

προσευχόμενοι ἅμα καὶ περὶ ἡμῶν, ἵνα ὁ θεὸς ἀνοίξῃ ἡμῖν θύραν τοῦ λόγου
proseuchomenoi hama kai peri hēmōn, hina ho theos anoixē hēmin thyran tou logou
withal praying for us also, that God may open unto us a door for the word,

λαλῆσαι τὸ μυστήριον τοῦ Χριστοῦ, δι' ὃ καὶ δέδεμαι
lalēsai to mystērion tou Christou, di' ho kai dedemai
to speak the mystery of Christ, for which I am also in bonds;

ἵνα φανερώσω αὐτὸ ὡς δεῖ με λαλῆσα
hina phanerōsō auto hōs dei me lalēsa
that I may make it manifest, as I ought to speak.

Ἐν σοφίᾳ περιπατεῖτε πρὸς τοὺς ἔξω, τὸν καιρὸν ἐξαγοραζόμενοι
En sophia peripateite pros tous exō, ton kairon exagorazomenoi
Walk in wisdom toward them that are without, redeeming the time.

ὁ λόγος ὑμῶν πάντοτε ἐν χάριτι, ἅλατι ἠρτυμένος, εἰδέναι πῶς δεῖ ὑμᾶς ἑνὶ ἑκάστῳ ἀποκρίνεσθαι
ho logos hymōn pantote en chariti, halati ērtymenos, eidenai pōs dei hymas heni hekastō apokrinesthai
Let your speech be always with grace, seasoned with salt, that ye may know how ye ought to answer each one.

Τὰ κατ' ἐμὲ πάντα γνωρίσει ὑμῖν Τυχικὸς ὁ ἀγαπητὸς ἀδελφὸς καὶ πιστὸς διάκονος καὶ σύνδουλος ἐν κυρίῳ
Ta kat' eme panta gnōrisei hymin Tychikos ho agapētos adelphos kai pistos diakonos kai syndoulos en kyriō
All my affairs shall Tychicus make known unto you, the beloved brother and faithful minister and fellow-servant in the Lord:

ὃν ἔπεμψα πρὸς ὑμᾶς εἰς αὐτὸ τοῦτο, ἵνα γνῶτε τὰ περὶ ἡμῶν καὶ παρακαλέσῃ τὰς καρδίας ὑμῶν
hon epempsa pros hymas eis auto touto, hina gnōte ta peri hēmōn kai parakalesē tas kardias hymōn
whom I have sent unto you for this very purpose, that ye may know our state, and that he may comfort your hearts;

σὺν Ὀνησίμῳ τῷ πιστῷ καὶ ἀγαπητῷ ἀδελφῷ, ὅς ἐστιν ἐξ ὑμῶν: πάντα ὑμῖν γνωρίσουσιν τὰ ὧδε
syn Onēsimō tō pistō kai agapētō adelphō, hos estin ex hymōn: panta hymin gnōrisousin ta hōde
together with Onesimus, the faithful and beloved brother, who is one of you. They shall make known unto you all things that are done here.

Ἀσπάζεται ὑμᾶς Ἀρίσταρχος ὁ συναιχμάλωτός μου
Aspazetai hymas Aristarchos ho synaichmalōtos mou
Aristarchus my fellow-prisoner saluteth you,

καὶ Μᾶρκος ὁ ἀνεψιὸς Βαρναβᾶ {περὶ οὗ ἐλάβετε ἐντολάς, ἐὰν ἔλθῃ πρὸς ὑμᾶς δέξασθε αὐτόν}
kai Markos ho anepsios Barnaba {peri hou elabete entolas, ean elthē pros hymas dexasthe auton}
and Mark, the cousin of Barnabas (touching whom ye received commandments; if he come unto you, receive him),

καὶ Ἰησοῦς ὁ λεγόμενος Ἰοῦστος, οἱ ὄντες ἐκ περιτομῆς οὗτοι μόνοι συνεργοὶ εἰς τὴν βασιλείαν τοῦ θεοῦ
kai Iēsous ho legomenos Ioustos, hoi ontes ek peritomēs houtoi monoi synergoi eis tēn basileian tou theou
and Jesus that is called Justus, who are of the circumcision: these only are my fellow-workers unto the kingdom of God,

οἵτινες ἐγενήθησάν μοι παρηγορία
hoitines egenēthēsan moi parēgoria
men that have been a comfort unto me.

ἀσπάζεται ὑμᾶς Ἐπαφρᾶς ὁ ἐξ ὑμῶν, δοῦλος Χριστοῦ [Ἰησοῦ]
aspazetai hymas Epaphras ho ex hymōn, doulos Christou [Iēsou]
Epaphras, who is one of you, a servant of Christ Jesus,

πάντοτε ἀγωνιζόμενος ὑπὲρ ὑμῶν ἐν ταῖς προσευχαῖς
pantote agōnizomenos hyper hymōn en tais proseuchais
saluteth you, always striving for you in his prayers,

ἵνα σταθῆτε τέλειοι καὶ πεπληροφορημένοι ἐν παντὶ θελήματι τοῦ θεοῦ
hina stathēte teleioi kai peplērophorēmenoi en panti thelēmati tou theou
that ye may stand perfect and fully assured in all the will of God.

μαρτυρῶ γὰρ αὐτῷ ὅτι ἔχει πολὺν πόνον ὑπὲρ ὑμῶν καὶ τῶν ἐν Λαοδικείᾳ καὶ τῶν ἐν Ἱεραπόλει
martyrō gar autō hoti echei polyn ponon hyper hymōn kai tōn en Laodikeia kai tōn en Hierapolei
For I bear him witness, that he hath much labor for you, and for them in Laodicea, and for them in Hierapolis.

ἀσπάζεται ὑμᾶς Λουκᾶς ὁ ἰατρὸς ὁ ἀγαπητὸς καὶ Δημᾶς
aspazetai hymas Loukas ho iatros ho agapētos kai Dēmas
Luke, the beloved physician, and Demas salute you.

Ἀσπάσασθε τοὺς ἐν Λαοδικείᾳ ἀδελφοὺς καὶ Νύμφαν καὶ τὴν κατ' οἶκον αὐτῆς ἐκκλησίαν
Aspasasthe tous en Laodikeia adelphous kai Nymphan kai tēn kat' oikon autēs ekklēsian
Salute the brethren that are in Laodicea, and Nymphas, and the church that is in their house.

καὶ ὅταν ἀναγνωσθῇ παρ' ὑμῖν ἡ ἐπιστολή, ποιήσατε ἵνα καὶ ἐν τῇ Λαοδικέων ἐκκλησίᾳ ἀναγνωσθῇ
kai hotan anagnōsthē par' hymin hē epistolē, poiēsate hina kai en tē Laodikeōn ekklēsia anagnōsthē
And when this epistle hath been read among you, cause that it be read also in the church of the Laodiceans;

καὶ τὴν ἐκ Λαοδικείας ἵνα καὶ ὑμεῖς ἀναγνῶτε
kai tēn ek Laodikeias hina kai hymeis anagnōte
and that ye also read the epistle from Laodicea.

καὶ εἴπατε Ἀρχίππῳ, Βλέπε τὴν διακονίαν ἣν παρέλαβες ἐν κυρίῳ, ἵνα αὐτὴν πληροῖς
kai eipate Archippō, Blepe tēn diakonian hēn parelabes en kyriō, hina autēn plērois
And say to Archippus, Take heed to the ministry which thou hast received in the Lord, that thou fulfil it.

Ὁ ἀσπασμὸς τῇ ἐμῇ χειρὶ Παύλου. μνημονεύετέ μου τῶν δεσμῶν. ἡ χάρις μεθ' ὑμῶν
HO aspasmos tē emē cheiri Paulou. mnēmoneuete mou tōn desmōn. hē charis meth' hymōn
The salutation of me Paul with mine own hand. Remember my bonds. Grace be with you.

ΘΕΣΣΑΛΟΝΙΚΕῖΣ Α' α

Παῦλος καὶ Σιλουανὸς καὶ Τιμόθεος τῇ ἐκκλησίᾳ Θεσσαλονικέων ἐν θεῷ πατρὶ καὶ κυρίῳ Ἰησοῦ Χριστῷ
Paulos kai Silouanos kai Timotheos tē ekklēsia Thessalonikeōn en theō patri kai kyriō Iēsou Christō
Paul, and Silvanus, and Timothy, unto the church of the Thessalonians in God the Father and the Lord Jesus Christ:

χάρις ὑμῖν καὶ εἰρήνη
charis hymin kai eirēnē
Grace to you and peace.

Εὐχαριστοῦμεν τῷ θεῷ πάντοτε περὶ πάντων ὑμῶν, μνείαν ποιούμενοι ἐπὶ τῶν προσευχῶν ἡμῶν, ἀδιαλείπτως
Eucharistoumen tō theō pantote peri pantōn hymōn, mneian poioumenoi epi tōn proseuchōn hēmōn, adialeiptōs
We give thanks to God always for you all, making mention of you in our prayers;

μνημονεύοντες ὑμῶν τοῦ ἔργου τῆς πίστεως
mnēmoneuontes hymōn tou ergou tēs pisteōs
remembering without ceasing your work of faith

καὶ τοῦ κόπου τῆς ἀγάπης
kai tou kopou tēs agapēs
and labor of love

καὶ τῆς ὑπομονῆς τῆς ἐλπίδος τοῦ κυρίου ἡμῶν Ἰησοῦ Χριστοῦ ἔμπροσθεν τοῦ θεοῦ καὶ πατρὸς ἡμῶν
kai tēs hypomonēs tēs elpidos tou kyriou hēmōn Iēsou Christou emprosthen tou theou kai patros hēmōn
and patience of hope in our Lord Jesus Christ, before our God and Father;

εἰδότες, ἀδελφοὶ ἠγαπημένοι ὑπὸ [τοῦ] θεοῦ, τὴν ἐκλογὴν ὑμῶν
eidotes, adelphoi ēgapēmenoi hypo [tou] theou, tēn eklogēn hymōn
knowing, brethren beloved of God, your election,

ὅτι τὸ εὐαγγέλιον ἡμῶν οὐκ ἐγενήθη εἰς ὑμᾶς ἐν λόγῳ μόνον ἀλλὰ καὶ ἐν δυνάμει καὶ ἐν πνεύματι ἁγίῳ
hoti to euangelion hēmōn ouk egenēthē eis hymas en logō monon alla kai en dynamei kai en pneumati hagiō
how that our gospel came not unto you in word only, but also in power, and in the Holy Spirit,

καὶ [ἐν] πληροφορίᾳ πολλῇ, καθὼς οἴδατε οἷοι ἐγενήθημεν [ἐν] ὑμῖν δι' ὑμᾶς
kai [en] plērophoria pollē, kathōs oidate hoioi egenēthēmen [en] hymin di' hymas
and in much assurance; even as ye know what manner of men we showed ourselves toward you for your sake.

καὶ ὑμεῖς μιμηταὶ ἡμῶν ἐγενήθητε καὶ τοῦ κυρίου, δεξάμενοι τὸν λόγον ἐν θλίψει πολλῇ μετὰ χαρᾶς πνεύματος ἁγίο
kai hymeis mimētai hēmōn egenēthēte kai tou kyriou, dexamenoi ton logon en thlipsei pollē meta charas pneumatos hagio
And ye became imitators of us, and of the Lord, having received the word in much affliction, with joy of the Holy Spirit;

ὥστε γενέσθαι ὑμᾶς τύπον πᾶσιν τοῖς πιστεύουσιν ἐν τῇ Μακεδονίᾳ καὶ ἐν τῇ Ἀχαΐᾳ
hōste genesthai hymas typon pasin tois pisteuousin en tē Makedonia kai en tē Achaia
so that ye became an ensample to all that believe in Macedonia and in Achaia.

ἀφ' ὑμῶν γὰρ ἐξήχηται ὁ λόγος τοῦ κυρίου οὐ μόνον ἐν τῇ Μακεδονίᾳ καὶ [ἐν τῇ] Ἀχαΐᾳ
aph' hymōn gar exēchētai ho logos tou kyriou ou monon en tē Makedonia kai [en tē] Achaia
For from you hath sounded forth the word of the Lord, not only in Macedonia and Achaia,

ἀλλ' ἐν παντὶ τόπῳ ἡ πίστις ὑμῶν ἡ πρὸς τὸν θεὸν ἐξελήλυθεν, ὥστε μὴ χρείαν ἔχειν ἡμᾶς λαλεῖν τι
all' en panti topō hē pistis hymōn hē pros ton theon exelēlythen, hōste mē chreian echein hēmas lalein ti
but in every place your faith to God-ward is gone forth; so that we need not to speak anything.

αὐτοὶ γὰρ περὶ ἡμῶν ἀπαγγέλλουσιν ὁποίαν εἴσοδον ἔσχομεν πρὸς ὑμᾶς
autoi gar peri hēmōn apangellousin hopoian eisodon eschomen pros hymas
For they themselves report concerning us what manner of entering in we had unto you;

καὶ πῶς ἐπεστρέψατε πρὸς τὸν θεὸν ἀπὸ τῶν εἰδώλων δουλεύειν θεῷ ζῶντι καὶ ἀληθινῷ
kai pōs epestrepsate pros ton theon apo tōn eidōlōn douleuein theō zōnti kai alēthinō
and how ye turned unto God from idols, to serve a living and true God,

καὶ ἀναμένειν τὸν υἱὸν αὐτοῦ ἐκ τῶν οὐρανῶν, ὃν ἤγειρεν ἐκ [τῶν] νεκρῶν
kai anamenein ton huion autou ek tōn ouranōn, hon ēgeiren ek [tōn] nekrōn,
and to wait for his Son from heaven, whom he raised from the dead,

Ἰησοῦν τὸν ῥυόμενον ἡμᾶς ἐκ τῆς ὀργῆς τῆς ἐρχομένης
Iēsoun ton rhyomenon hēmas ek tēs orgēs tēs erchomenēs
even Jesus, who delivereth us from the wrath to come.

β

Αὐτοὶ γὰρ οἴδατε, ἀδελφοί, τὴν εἴσοδον ἡμῶν τὴν πρὸς ὑμᾶς ὅτι οὐ κενὴ γέγονεν
Autoi gar oidate, adelphoi, tēn eisodon hēmōn tēn pros hymas hoti ou kenē gegonen
For yourselves, brethren, know our entering in unto you, that it hath not been found vain:

ἀλλὰ προπαθόντες καὶ ὑβρισθέντες καθὼς οἴδατε ἐν Φιλίπποις
alla propathontes kai hybristhentes kathōs oidate en Philippois
but having suffered before and been shamefully treated, as ye know, at Philippi,

ἐπαρρησιασάμεθα ἐν τῷ θεῷ ἡμῶν λαλῆσαι πρὸς ὑμᾶς τὸ εὐαγγέλιον τοῦ θεοῦ ἐν πολλῷ ἀγῶνι
eparrēsiasametha en tō theō hēmōn lalēsai pros hymas to euangelion tou theou en pollō agōni
we waxed bold in our God to speak unto you the gospel of God in much conflict.

ἡ γὰρ παράκλησις ἡμῶν οὐκ ἐκ πλάνης οὐδὲ ἐξ ἀκαθαρσίας οὐδὲ ἐν δόλῳ
hē gar paraklēsis hēmōn ouk ek planēs oude ex akatharsias oude en dolō
For our exhortation is not of error, nor of uncleanness, nor in guile:

ἀλλὰ καθὼς δεδοκιμάσμεθα ὑπὸ τοῦ θεοῦ πιστευθῆναι τὸ εὐαγγέλιον οὕτως λαλοῦμεν
alla kathōs dedokimasmetha hypo tou theou pisteuthēnai to euangelion houtōs laloumen
but even as we have been approved of God to be intrusted with the gospel, so we speak;

οὐχ ὡς ἀνθρώποις ἀρέσκοντες ἀλλὰ θεῷ τῷ δοκιμάζοντι τὰς καρδίας ἡμῶν
ouch hōs anthrōpois areskontes alla theō tō dokimazonti tas kardias hēmōn
not as pleasing men, but God who proveth our hearts.

οὔτε γάρ ποτε ἐν λόγῳ κολακείας ἐγενήθημεν, καθὼς οἴδατε, οὔτε ἐν προφάσει πλεονεξίας, θεὸς μάρτυς
oute gar pote en logō kolakeias egenēthēmen, kathōs oidate, oute en prophasei pleonexias, theos martys
For neither at any time were we found using words of flattery, as ye know, nor a cloak of covetousness, God is witness;

οὔτε ζητοῦντες ἐξ ἀνθρώπων δόξαν, οὔτε ἀφ' ὑμῶν οὔτε ἀπ' ἄλλων
oute zētountes ex anthrōpōn doxan, oute aph' hymōn oute ap' allōn
nor seeking glory of men, neither from you nor from others,

δυνάμενοι ἐν βάρει εἶναι ὡς Χριστοῦ ἀπόστολοι
dynamenoi en barei einai hōs Christou apostoloi
when we might have claimed authority as apostles of Christ.

ἀλλὰ ἐγενήθημεν νήπιοι ἐν μέσῳ ὑμῶν. ὡς ἐὰν τροφὸς θάλπῃ τὰ ἑαυτῆς τέκνα
alla egenēthēmen nēpioi en mesō hymōn. hōs ean trophos thalpē ta heautēs tekna
But we were gentle in the midst of you, as when a nurse cherisheth her own children:

οὕτως ὁμειρόμενοι ὑμῶν εὐδοκοῦμεν μεταδοῦναι ὑμῖν οὐ μόνον τὸ εὐαγγέλιον τοῦ θεοῦ
houtōs homeiromenoi hymōn eudokoumen metadounai hymin ou monon to euangelion tou theou
even so, being affectionately desirous of you, we were well pleased to impart unto you, not the gospel of God only,

ἀλλὰ καὶ τὰς ἑαυτῶν ψυχάς διότι ἀγαπητοὶ ἡμῖν ἐγενήθητε
alla kai tas heautōn psychas, dioti agapētoi hēmin egenēthēte
but also our own souls, because ye were become very dear to us.

μνημονεύετε γάρ, ἀδελφοί, τὸν κόπον ἡμῶν καὶ τὸν μόχθον
mnēmoneuete gar, adelphoi, ton kopon hēmōn kai ton mochthon
For ye remember, brethren, our labor and travail:

νυκτὸς καὶ ἡμέρας ἐργαζόμενοι πρὸς τὸ μὴ ἐπιβαρῆσαί τινα ὑμῶν ἐκηρύξαμεν εἰς ὑμᾶς τὸ εὐαγγέλιον τοῦ θεοῦ
nyktos kai hēmeras ergazomenoi pros to mē epibarēsai tina hymōn ekēryxamen eis hymas to euangelion tou theou
working night and day, that we might not burden any of you, we preached unto you the gospel of God.

ὑμεῖς μάρτυρες καὶ ὁ θεός, ὡς ὁσίως καὶ δικαίως καὶ ἀμέμπτως ὑμῖν τοῖς πιστεύουσιν ἐγενήθημεν
hymeis martyres kai ho theos, hōs hosiōs kai dikaiōs kai amemptōs hymin tois pisteuousin egenēthēmen
Ye are witnesses, and God also, how holily and righteously and unblamably we behaved ourselves toward you that believe:

καθάπερ οἴδατε ὡς ἕνα ἕκαστον ὑμῶν ὡς πατὴρ τέκνα ἑαυτοῦ
kathaper oidate hōs hena hekaston hymōn hōs patēr tekna heautou
as ye know how we dealt with each one of you, as a father with his own children,

παρακαλοῦντες ὑμᾶς καὶ παραμυθούμενοι καὶ μαρτυρόμενοι εἰς τὸ
parakalountes hymas kai paramythoumenoi kai martyromenoi eis to
exhorting you, and encouraging you, and testifying,

περιπατεῖν ὑμᾶς ἀξίως τοῦ θεοῦ τοῦ καλοῦντος ὑμᾶς εἰς τὴν ἑαυτοῦ βασιλείαν καὶ δόξαν
peripatein hymas axiōs tou theou tou kalountos hymas eis tēn heautou basileian kai doxan
to the end that ye should walk worthily of God, who calleth you into his own kingdom and glory.

Καὶ διὰ τοῦτο καὶ ἡμεῖς εὐχαριστοῦμεν τῷ θεῷ ἀδιαλείπτως
Kai dia touto kai hēmeis eucharistoumen tō theō adialeiptōs
And for this cause we also thank God without ceasing,

ὅτι παραλαβόντες λόγον ἀκοῆς παρ' ἡμῶν τοῦ θεοῦ ἐδέξασθε οὐ λόγον ἀνθρώπων
hoti paralabontes logon akoēs par' hēmōn tou theou edexasthe ou logon anthrōpōn
that, when ye received from us the word of the message, even the word of God, ye accepted it not as the word of men,

ἀλλὰ καθώς ἐστιν ἀληθῶς λόγον θεοῦ, ὃς καὶ ἐνεργεῖται ἐν ὑμῖν τοῖς πιστεύουσιν
alla kathōs estin alēthōs logon theou, hos kai energeitai en hymin tois pisteuousin
but, as it is in truth, the word of God, which also worketh in you that believe.

ὑμεῖς γὰρ μιμηταὶ ἐγενήθητε, ἀδελφοί, τῶν ἐκκλησιῶν τοῦ θεοῦ τῶν οὐσῶν ἐν τῇ Ἰουδαίᾳ ἐν Χριστῷ Ἰησοῦ
hymeis gar mimētai egenēthēte, adelphoi, tōn ekklēsiōn tou theou tōn ousōn en tē Ioudaia en Christō Iēsou
For ye, brethren, became imitators of the churches of God which are in Judæa in Christ Jesus:

ὅτι τὰ αὐτὰ ἐπάθετε καὶ ὑμεῖς ὑπὸ τῶν ἰδίων συμφυλετῶν καθὼς καὶ αὐτοὶ ὑπὸ τῶν Ἰουδαίων
hoti ta auta epathete kai hymeis hypo tōn idiōn symphyletōn kathōs kai autoi hypo tōn Ioudaiōn
for ye also suffered the same things of your own countrymen, even as they did of the Jews;

τῶν καὶ τὸν κύριον ἀποκτεινάντων Ἰησοῦν καὶ τοὺς προφήτας, καὶ ἡμᾶς ἐκδιωξάντων, καὶ θεῷ μὴ ἀρεσκόντων
tōn kai ton kyrion apokteinantōn Iēsoun kai tous prophētas, kai hēmas ekdiōxantōn, kai theō mē areskontōn
who both killed the Lord Jesus and the prophets, and drove out us, and please not God,

καὶ πᾶσιν ἀνθρώποις ἐναντίων
kai pasin anthrōpois enantiōn
and are contrary to all men;

κωλυόντων ἡμᾶς τοῖς ἔθνεσιν λαλῆσαι ἵνα σωθῶσιν, εἰς τὸ ἀναπληρῶσαι αὐτῶν τὰς ἁμαρτίας πάντοτε
kōlyontōn hēmas tois ethnesin lalēsai hina sōthōsin, eis to anaplērōsai autōn tas hamartias pantote
forbidding us to speak to the Gentiles that they may be saved; to fill up their sins always:

ἔφθασεν δὲ ἐπ' αὐτοὺς ἡ ὀργὴ εἰς τέλος
ephthasen de ep' autous hē orgē eis telos
but the wrath is come upon them to the uttermost.

Ἡμεῖς δέ, ἀδελφοί, ἀπορφανισθέντες ἀφ' ὑμῶν πρὸς καιρὸν ὥρας, προσώπῳ οὐ καρδίᾳ
Hēmeis de, adelphoi, aporphanisthentes aph' hymōn pros kairon hōras, prosōpō ou kardia
But we, brethren, being bereaved of you for a short season, in presence not in heart,

περισσοτέρως ἐσπουδάσαμεν τὸ πρόσωπον ὑμῶν ἰδεῖν ἐν πολλῇ ἐπιθυμίᾳ
perissoterōs espoudasamen to prosōpon hymōn idein en pollē epithymia
endeavored the more exceedingly to see your face with great desire:

διότι ἠθελήσαμεν ἐλθεῖν πρὸς ὑμᾶς, ἐγὼ μὲν Παῦλος καὶ ἅπαξ καὶ δίς, καὶ ἐνέκοψεν ἡμᾶς ὁ Σατανᾶς
dioti ēthelēsamen elthein pros hymas, egō men Paulos kai hapax kai dis, kai enekopsen hēmas ho Satanas
because we would fain have come unto you, I Paul once and again; and Satan hindered us.

τίς γὰρ ἡμῶν ἐλπὶς ἢ χαρὰ ἢ στέφανος καυχήσεως
tis gar hēmōn elpis ē chara ē stephanos kauchēseōs
For what is our hope, or joy, or crown of glorying?

ἢ οὐχὶ καὶ ὑμεῖς ἔμπροσθεν τοῦ κυρίου ἡμῶν Ἰησοῦ ἐν τῇ αὐτοῦ παρουσίᾳ
ē ouchi kai hymeis emprosthen tou kyriou hēmōn Iēsou en tē autou parousia
Are not even ye, before our Lord Jesus at his coming?

ὑμεῖς γάρ ἐστε ἡ δόξα ἡμῶν καὶ ἡ χαρά
hymeis gar este hē doxa hēmōn kai hē chara
For ye are our glory and our joy.

γ

Διὸ μηκέτι στέγοντες εὐδοκήσαμεν καταλειφθῆναι ἐν Ἀθήναις μόνοι
Dio mēketi stegontes eudokēsamen kataleiphthēnai en Athēnais monoi
Wherefore when we could no longer forbear, we thought it good to be left behind at Athens alone;

καὶ ἐπέμψαμεν Τιμόθεον, τὸν ἀδελφὸν ἡμῶν καὶ συνεργὸν τοῦ θεοῦ ἐν τῷ εὐαγγελίῳ τοῦ Χριστοῦ
kai epempsamen Timotheon, ton adelphon hēmōn kai synergon tou theou en tō euangeliō tou Christou
and sent Timothy, our brother and God's minister in the gospel of Christ,

εἰς τὸ στηρίξαι ὑμᾶς καὶ παρακαλέσαι ὑπὲρ τῆς πίστεως ὑμῶν
eis to stērixai hymas kai parakalesai hyper tēs pisteōs hymōn
to establish you, and to comfort you concerning your faith;

τὸ μηδένα σαίνεσθαι ἐν ταῖς θλίψεσιν ταύταις. αὐτοὶ γὰρ οἴδατε ὅτι εἰς τοῦτο κείμεθα
to mēdena sainesthai en tais thlipsesin tautais. autoi gar oidate hoti eis touto keimetha
that no man be moved by these afflictions; for yourselves know that hereunto we are appointed.

καὶ γὰρ ὅτε πρὸς ὑμᾶς ἦμεν, προελέγομεν ὑμῖν ὅτι μέλλομεν θλίβεσθαι, καθὼς καὶ ἐγένετο καὶ οἴδατε
kai gar hote pros hymas ēmen, proelegomen hymin hoti mellomen thlibesthai, kathōs kai egeneto kai oidate
For verily, when we were with you, we told you beforehand that we are to suffer affliction; even as it came to pass, and ye know.

διὰ τοῦτο κἀγὼ μηκέτι στέγων ἔπεμψα εἰς τὸ γνῶναι τὴν πίστιν ὑμῶν
dia touto kagō mēketi stegōn epempsa eis to gnōnai tēn pistin hymōn
For this cause I also, when I could no longer forbear, sent that I might know your faith,

μή πως ἐπείρασεν ὑμᾶς ὁ πειράζων καὶ εἰς κενὸν γένηται ὁ κόπος ἡμῶν
mē pōs epeirasen hymas ho peirazōn kai eis kenon genētai ho kopos hēmōn
lest by any means the tempter had tempted you, and our labor should be in vain.

Ἄρτι δὲ ἐλθόντος Τιμοθέου πρὸς ἡμᾶς ἀφ' ὑμῶν καὶ εὐαγγελισαμένου ἡμῖν τὴν πίστιν καὶ τὴν ἀγάπην ὑμῶν
Arti de elthontos Timotheou pros hēmas aph' hymōn kai euangelisamenou hēmin tēn pistin kai tēn agapēn hymōn
But when Timothy came even now unto us from you, and brought us glad tidings of your faith and love,

καὶ ὅτι ἔχετε μνείαν ἡμῶν ἀγαθὴν πάντοτε, ἐπιποθοῦντες ἡμᾶς ἰδεῖν καθάπερ καὶ ἡμεῖς ὑμᾶς
kai hoti echete mneian hēmōn agathēn pantote, epipothountes hēmas idein kathaper kai hēmeis hymas
and that ye have good remembrance of us always, longing to see us, even as we also to see you;

διὰ τοῦτο παρεκλήθημεν, ἀδελφοί, ἐφ' ὑμῖν ἐπὶ πάσῃ τῇ ἀνάγκῃ καὶ θλίψει ἡμῶν διὰ τῆς ὑμῶν πίστεως
dia touto pareklēthēmen, adelphoi, eph' hymin epi pasē tē anankē kai thlipsei hēmōn dia tēs hymōn pisteōs
for this cause, brethren, we were comforted over you in all our distress and affliction through your faith:

ὅτι νῦν ζῶμεν ἐὰν ὑμεῖς στήκετε ἐν κυρίῳ
hoti nyn zōmen ean hymeis stēkete en kyriō
for now we live, if ye stand fast in the Lord.

τίνα γὰρ εὐχαριστίαν δυνάμεθα τῷ θεῷ ἀνταποδοῦναι περὶ ὑμῶν
tina gar eucharistian dynametha tō theō antapodounai peri hymōn
For what thanksgiving can we render again unto God for you,

ἐπὶ πάσῃ τῇ χαρᾷ ᾗ χαίρομεν δι' ὑμᾶς ἔμπροσθεν τοῦ θεοῦ ἡμῶν
epi pasē tē chara hē chairomen di' hymas emprosthen tou theou hēmōn
for all the joy wherewith we joy for your sakes before our God;

νυκτὸς καὶ ἡμέρας ὑπερεκπερισσοῦ δεόμενοι εἰς τὸ ἰδεῖν ὑμῶν τὸ πρόσωπον
nyktos kai hēmeras hyperekperissou deomenoi eis to idein hymōn to prosōpon
night and day praying exceedingly that we may see your face,

καὶ καταρτίσαι τὰ ὑστερήματα τῆς πίστεως ὑμῶ
kai katartisai ta hysterēmata tēs pisteōs hymō
and may perfect that which is lacking in your faith?

Αὐτὸς δὲ ὁ θεὸς καὶ πατὴρ ἡμῶν καὶ ὁ κύριος ἡμῶν Ἰησοῦς κατευθύναι τὴν ὁδὸν ἡμῶν πρὸς ὑμᾶς
Autos de ho theos kai patēr hēmōn kai ho kyrios hēmōn Iēsous kateuthynai tēn hodon hēmōn pros hymas
Now may our God and Father himself, and our Lord Jesus, direct our way unto you:

ὑμᾶς δὲ ὁ κύριος πλεονάσαι καὶ περισσεύσαι τῇ ἀγάπῃ εἰς ἀλλήλους καὶ εἰς πάντας, καθάπερ καὶ ἡμεῖς εἰς ὑμᾶς
hymas de ho kyrios pleonasai kai perisseusai tē agapē eis allēlous kai eis pantas, kathaper kai hēmeis eis hymas
and the Lord make you to increase and abound in love one toward another, and toward all men, even as we also do toward you;

εἰς τὸ στηρίξαι ὑμῶν τὰς καρδίας ἀμέμπτους ἐν ἁγιωσύνῃ ἔμπροσθεν τοῦ θεοῦ
eis to stērixai hymōn tas kardias amemptous en hagiōsynē emprosthen tou theou
to the end he may establish your hearts unblameable in holiness before our God

καὶ πατρὸς ἡμῶν ἐν τῇ παρουσίᾳ τοῦ κυρίου ἡμῶν Ἰησοῦ μετὰ πάντων τῶν ἁγίων αὐτοῦ. [ἀμήν.]
kai patros hēmōn en tē parousia tou kyriou hēmōn Iēsou meta pantōn tōn hagiōn autou. [amēn.]
and Father, at the coming of our Lord Jesus with all his saints.

δ

Λοιπὸν οὖν, ἀδελφοί, ἐρωτῶμεν ὑμᾶς καὶ παρακαλοῦμεν ἐν κυρίῳ Ἰησοῦ
Loipon oun, adelphoi, erōtōmen hymas kai parakaloumen en kyriō Iēsou
Finally then, brethren, we beseech and exhort you in the Lord Jesus,

ἵνα καθὼς παρελάβετε παρ' ἡμῶν τὸ πῶς δεῖ ὑμᾶς περιπατεῖν
hina kathōs parelabete par' hēmōn to pōs dei hymas peripatein
that, as ye received of us how ye ought to walk

καὶ ἀρέσκειν θεῷ, καθὼς καὶ περιπατεῖτε, ἵνα περισσεύητε μᾶλλον
kai areskein theō, kathōs kai peripateite, hina perisseuēte mallon
and to please God, even as ye do walk,—that ye abound more and more.

οἴδατε γὰρ τίνας παραγγελίας ἐδώκαμεν ὑμῖν διὰ τοῦ κυρίου Ἰησοῦ
oidate gar tinas parangelias edōkamen hymin dia tou kyriou Iēsou
For ye know what charge we gave you through the Lord Jesus.

τοῦτο γὰρ ἐστιν θέλημα τοῦ θεοῦ, ὁ ἁγιασμὸς ὑμῶν, ἀπέχεσθαι ὑμᾶς ἀπὸ τῆς πορνείας
touto gar estin thelēma tou theou, ho hagiasmos hymōn, apechesthai hymas apo tēs porneias
For this is the will of God, even your sanctification, that ye abstain from fornication;

εἰδέναι ἕκαστον ὑμῶν τὸ ἑαυτοῦ σκεῦος κτᾶσθαι ἐν ἁγιασμῷ καὶ τιμῇ
eidenai hekaston hymōn to heautou skeuos ktasthai en hagiasmō kai timē
that each one of you know how to possess himself of his own vessel in sanctification and honor,

μὴ ἐν πάθει ἐπιθυμίας καθάπερ καὶ τὰ ἔθνη τὰ μὴ εἰδότα τὸν θεόν
mē en pathei epithymias kathaper kai ta ethnē ta mē eidota ton theon
not in the passion of lust, even as the Gentiles who know not God;

τὸ μὴ ὑπερβαίνειν καὶ πλεονεκτεῖν ἐν τῷ πράγματι τὸν ἀδελφὸν αὐτοῦ
to mē hyperbainein kai pleonektein en tō pragmati ton adelphon autou
that no man transgress, and wrong his brother in the matter:

διότι ἔκδικος κύριος περὶ πάντων τούτων, καθὼς καὶ προείπαμεν ὑμῖν καὶ διεμαρτυράμεθα
dioti ekdikos kyrios peri pantōn toutōn, kathōs kai proeipamen hymin kai diemartyrametha
because the Lord is an avenger in all these things, as also we forewarned you and testified.

οὐ γὰρ ἐκάλεσεν ἡμᾶς ὁ θεὸς ἐπὶ ἀκαθαρσίᾳ ἀλλ' ἐν ἁγιασμῷ
ou gar ekalesen hēmas ho theos epi akatharsia all' en hagiasmō
For God called us not for uncleanness, but in sanctification.

τοιγαροῦν ὁ ἀθετῶν οὐκ ἄνθρωπον ἀθετεῖ ἀλλὰ τὸν θεὸν τὸν [καὶ] διδόντα τὸ πνεῦμα αὐτοῦ τὸ ἅγιον εἰς ὑμᾶς
toigaroun ho athetōn ouk anthrōpon athetei alla ton theon ton [kai] didonta to pneuma autou to hagion eis hymas
Therefore he that rejecteth, rejecteth not man, but God, who giveth his Holy Spirit unto you.

Περὶ δὲ τῆς φιλαδελφίας οὐ χρείαν ἔχετε γράφειν ὑμῖν
Peri de tēs philadelphias ou chreian echete graphein hymin
But concerning love of the brethren ye have no need that one write unto you:

αὐτοὶ γὰρ ὑμεῖς θεοδίδακτοί ἐστε εἰς τὸ ἀγαπᾶν ἀλλήλους
autoi gar hymeis theodidaktoi este eis to agapan allēlous
for ye yourselves are taught of God to love one another;

καὶ γὰρ ποιεῖτε αὐτὸ εἰς πάντας τοὺς ἀδελφοὺς [τοὺς] ἐν ὅλῃ τῇ Μακεδονίᾳ
kai gar poieite auto eis pantas tous adelphous [tous] en holē tē Makedonia
for indeed ye do it toward all the brethren that are in all Macedonia.

παρακαλοῦμεν δὲ ὑμᾶς, ἀδελφοί, περισσεύειν μᾶλλον
parakaloumen de hymas, adelphoi, perisseuein mallon
But we exhort you, brethren, that ye abound more and more;

καὶ φιλοτιμεῖσθαι ἡσυχάζειν καὶ πράσσειν τὰ ἴδια
kai philotimeisthai hēsychazein kai prassein ta idia
and that ye study to be quiet, and to do your own business,

καὶ ἐργάζεσθαι ταῖς [ἰδίαις] χερσὶν ὑμῶν, καθὼς ὑμῖν παρηγγείλαμεν
kai ergazesthai tais [idiais] chersin hymōn, kathōs hymin parēngeilamen
and to work with your hands, even as we charged you;

ἵνα περιπατῆτε εὐσχημόνως πρὸς τοὺς ἔξω καὶ μηδενὸς χρείαν ἔχητε
hina peripatēte euschēmonōs pros tous exō kai mēdenos chreian echēte
that ye may walk becomingly toward them that are without, and may have need of nothing.

Οὐ θέλομεν δὲ ὑμᾶς ἀγνοεῖν, ἀδελφοί, περὶ τῶν κοιμωμένων
Ou thelomen de hymas agnoein, adelphoi, peri tōn koimōmenōn
But we would not have you ignorant, brethren, concerning them that fall asleep;

ἵνα μὴ λυπῆσθε καθὼς καὶ οἱ λοιποὶ οἱ μὴ ἔχοντες ἐλπίδα
hina mē lypēsthe kathōs kai hoi loipoi hoi mē echontes elpida
that ye sorrow not, even as the rest, who have no hope.

εἰ γὰρ πιστεύομεν ὅτι Ἰησοῦς ἀπέθανεν καὶ ἀνέστη, οὕτως καὶ ὁ θεὸς τοὺς κοιμηθέντας διὰ τοῦ Ἰησοῦ ἄξει σὺν αὐτῷ
ei gar pisteuomen hoti Iēsous apethanen kai anestē, houtōs kai ho theos tous koimēthentas dia tou Iēsou axei syn autō
For if we believe that Jesus died and rose again, even so them also that are fallen asleep in Jesus will God bring with him.

Τοῦτο γὰρ ὑμῖν λέγομεν ἐν λόγῳ κυρίου
Touto gar hymin legomen en logō kyriou
For this we say unto you by the word of the Lord,

ὅτι ἡμεῖς οἱ ζῶντες οἱ περιλειπόμενοι εἰς τὴν παρουσίαν τοῦ κυρίου οὐ μὴ φθάσωμεν τοὺς κοιμηθέντας
hoti hēmeis hoi zōntes hoi perileipomenoi eis tēn parousian tou kyriou ou mē phthasōmen tous koimēthentas
that we that are alive, that are left unto the coming of the Lord, shall in no wise precede them that are fallen asleep.

ὅτι αὐτὸς ὁ κύριος ἐν κελεύσματι, ἐν φωνῇ ἀρχαγγέλου καὶ ἐν σάλπιγγι θεοῦ, καταβήσεται ἀπ' οὐρανοῦ
hoti autos ho kyrios en keleusmati, en phōnē archangelou kai en salpingi theou, katabēsetai ap' ouranou
For the Lord himself shall descend from heaven, with a shout, with the voice of the archangel,

καὶ οἱ νεκροὶ ἐν Χριστῷ ἀναστήσονται πρῶτον
kai hoi nekroi en Christō anastēsontai prōton
and with the trump of God: and the dead in Christ shall rise first;

ἔπειτα ἡμεῖς οἱ ζῶντες οἱ περιλειπόμενοι ἅμα σὺν αὐτοῖς ἁρπαγησόμεθα ἐν νεφέλαις
epeita hēmeis hoi zōntes hoi perileipomenoi hama syn autois harpagēsometha en nephelais
then we that are alive, that are left, shall together with them be caught up in the clouds,

εἰς ἀπάντησιν τοῦ κυρίου εἰς ἀέρα: καὶ οὕτως πάντοτε σὺν κυρίῳ ἐσόμεθα
eis apantēsin tou kyriou eis aera: kai houtōs pantote syn kyriō esometha
to meet the Lord in the air: and so shall we ever be with the Lord.

Ὥστε παρακαλεῖτε ἀλλήλους ἐν τοῖς λόγοις τούτοις
Hōste parakaleite allēlous en tois logois toutois
Wherefore comfort one another with these words.

ε

Περὶ δὲ τῶν χρόνων καὶ τῶν καιρῶν, ἀδελφοί, οὐ χρείαν ἔχετε ὑμῖν γράφεσθαι
Peri de tōn chronōn kai tōn kairōn, adelphoi, ou chreian echete hymin graphesthai
But concerning the times and the seasons, brethren, ye have no need that aught be written unto you.

αὐτοὶ γὰρ ἀκριβῶς οἴδατε ὅτι ἡμέρα κυρίου ὡς κλέπτης ἐν νυκτὶ οὕτως ἔρχεται
autoi gar akribōs oidate hoti hēmera kyriou hōs kleptēs en nykti houtōs erchetai
For yourselves know perfectly that the day of the Lord so cometh as a thief in the night.

ὅταν λέγωσιν, Εἰρήνη καὶ ἀσφάλεια
hotan legōsin, Eirēnē kai asphaleia
When they are saying, Peace and safety,

τότε αἰφνίδιος αὐτοῖς ἐφίσταται ὄλεθρος ὥσπερ ἡ ὠδὶν τῇ ἐν γαστρὶ ἐχούσῃ, καὶ οὐ μὴ ἐκφύγωσιν
tote aiphnidios autois ephistatai olethros hōsper hē ōdin tē en gastri echousē, kai ou mē ekphygōsin
then sudden destruction cometh upon them, as travail upon a woman with child; and they shall in no wise escape.

ὑμεῖς δέ, ἀδελφοί, οὐκ ἐστὲ ἐν σκότει, ἵνα ἡ ἡμέρα ὑμᾶς ὡς κλέπτης καταλάβῃ
hymeis de, adelphoi, ouk este en skotei, hina hē hēmera hymas hōs kleptēs katalabē
But ye, brethren, are not in darkness, that that day should overtake you as a thief:

πάντες γὰρ ὑμεῖς υἱοὶ φωτός ἐστε καὶ υἱοὶ ἡμέρας. οὐκ ἐσμὲν νυκτὸς οὐδὲ σκότους
pantes gar hymeis huioi phōtos este kai huioi hēmeras. ouk esmen nyktos oude skotous
for ye are all sons of light, and sons of the day: we are not of the night, nor of darkness;

ἄρα οὖν μὴ καθεύδωμεν ὡς οἱ λοιποί, ἀλλὰ γρηγορῶμεν καὶ νήφωμεν
ara oun mē katheudōmen hōs hoi loipoi, alla grēgorōmen kai nēphōmen
so then let us not sleep, as do the rest, but let us watch and be sober.

οἱ γὰρ καθεύδοντες νυκτὸς καθεύδουσιν, καὶ οἱ μεθυσκόμενοι νυκτὸς μεθύουσιν
hoi gar katheudontes nyktos katheudousin, kai hoi methyskomenoi nyktos methyousin
For they that sleep sleep in the night; and they that are drunken are drunken in the night.

ἡμεῖς δὲ ἡμέρας ὄντες νήφωμεν, ἐνδυσάμενοι θώρακα πίστεως καὶ ἀγάπης
hēmeis de hēmeras ontes nēphōmen, endysamenoi thōraka pisteōs kai agapēs
But let us, since we are of the day, be sober, putting on the breastplate of faith and love;

καὶ περικεφαλαίαν ἐλπίδα σωτηρίας
kai perikephalaian elpida sōtērias
and for a helmet, the hope of salvation.

ὅτι οὐκ ἔθετο ἡμᾶς ὁ θεὸς εἰς ὀργὴν ἀλλὰ εἰς περιποίησιν σωτηρίας διὰ τοῦ κυρίου ἡμῶν Ἰησοῦ Χριστοῦ
hoti ouk etheto hēmas ho theos eis orgēn alla eis peripoiēsin sōtērias dia tou kyriou hēmōn Iēsou Christou
For God appointed us not unto wrath, but unto the obtaining of salvation through our Lord Jesus Christ,

τοῦ ἀποθανόντος ὑπὲρ ἡμῶν ἵνα εἴτε γρηγορῶμεν εἴτε καθεύδωμεν ἅμα σὺν αὐτῷ ζήσωμεν
tou apothanontos hyper hēmōn hina eite grēgorōmen eite katheudōmen hama syn autō zēsōmen
who died for us, that, whether we wake or sleep, we should live together with him.

Διὸ παρακαλεῖτε ἀλλήλους καὶ οἰκοδομεῖτε εἷς τὸν ἕνα, καθὼς καὶ ποιεῖτε. Ἐρωτῶμεν δὲ ὑμᾶς, ἀδελφοί
Dio parakaleite allēlous kai oikodomeite heis ton hena, kathōs kai poieite. Erōtōmen de hymas, adelphoi
Wherefore exhort one another, and build each other up, even as also ye do. But we beseech you, brethren,

εἰδέναι τοὺς κοπιῶντας ἐν ὑμῖν καὶ προϊσταμένους ὑμῶν ἐν κυρίῳ καὶ νουθετοῦντας ὑμᾶς
eidenai tous kopiōntas en hymin kai proistamenous hymōn en kyriō kai nouthetountas hymas
to know them that labor among you, and are over you in the Lord, and admonish you;

καὶ ἡγεῖσθαι αὐτοὺς ὑπερεκπερισσοῦ ἐν ἀγάπη διὰ τὸ ἔργον αὐτῶν. εἰρηνεύετε ἐν ἑαυτοῖς
kai hēgeisthai autous hyperekperissou en agapē dia to ergon autōn. eirēneuete en heautois
and to esteem them exceeding highly in love for their work's sake. Be at peace among yourselves.

παρακαλοῦμεν δὲ ὑμᾶς, ἀδελφοί, νουθετεῖτε τοὺς ἀτάκτους
parakaloumen de hymas, adelphoi, noutheteite tous ataktous
And we exhort you, brethren, admonish the disorderly,

παραμυθεῖσθε τοὺς ὀλιγοψύχους, ἀντέχεσθε τῶν ἀσθενῶν, μακροθυμεῖτε πρὸς πάντας
paramytheisthe tous oligopsychous, antechesthe tōn asthenōn, makrothymeite pros pantas
encourage the fainthearted, support the weak, be longsuffering toward all.

ὁρᾶτε μή τις κακὸν ἀντὶ κακοῦ τινι ἀποδῷ
horate mē tis kakon anti kakou tini apodō
See that none render unto any one evil for evil;

ἀλλὰ πάντοτε τὸ ἀγαθὸν διώκετε [καὶ] εἰς ἀλλήλους καὶ εἰς πάντας
alla pantote to agathon diōkete [kai] eis allēlous kai eis pantas
but always follow after that which is good, one toward another, and toward all.

Πάντοτε χαίρετε ἀδιαλείπτως προσεύχεσθε. ἐν παντὶ εὐχαριστεῖτε· τοῦτο γὰρ θέλημα θεοῦ ἐν Χριστῷ Ἰησοῦ εἰς ὑμᾶς
Pantote chairete adialeiptōs proseuchesthe. en panti eucharisteite: touto gar thelēma theou en Christō Iēsou eis hymas
Rejoice always; pray without ceasing; in everything give thanks: for this is the will of God in Christ Jesus to you-ward.

τὸ πνεῦμα μὴ σβέννυτε προφητείας μὴ ἐξουθενεῖτε πάντα δὲ δοκιμάζετε, τὸ καλὸν κατέχετε
to pneuma mē sbennyte prophēteias mē exoutheneite panta de dokimazete, to kalon katechete
Quench not the Spirit; despise not prophesyings; prove all things; hold fast that which is good;

ἀπὸ παντὸς εἴδους πονηροῦ ἀπέχεσθε
apo pantos eidous ponērou apechesthe
abstain from every form of evil.

Αὐτὸς δὲ ὁ θεὸς τῆς εἰρήνης ἁγιάσαι ὑμᾶς ὁλοτελεῖς, καὶ ὁλόκληρον ὑμῶν τὸ πνεῦμα
Autos de ho theos tēs eirēnēs hagiasai hymas holoteleis, kai holoklēron hymōn to pneuma
And the God of peace himself sanctify you wholly; and may your spirit

καὶ ἡ ψυχὴ καὶ τὸ σῶμα ἀμέμπτως ἐν τῇ παρουσίᾳ τοῦ κυρίου ἡμῶν Ἰησοῦ Χριστοῦ τηρηθείη
kai hē psychē kai to sōma amemptōs en tē parousia tou kyriou hēmōn Iēsou Christou tērētheiē
and soul and body be preserved entire, without blame at the coming of our Lord Jesus Christ.

πιστὸς ὁ καλῶν ὑμᾶς, ὃς καὶ ποιήσει. Ἀδελφοί, προσεύχεσθε [καὶ] περὶ ἡμῶν
pistos ho kalōn hymas, hos kai poiēsei. Adelphoi, proseuchesthe [kai] peri hēmōn
Faithful is he that calleth you, who will also do it. Brethren, pray for us.

Ἀσπάσασθε τοὺς ἀδελφοὺς πάντας ἐν φιλήματι ἁγίῳ
Aspasasthe tous adelphous pantas en philēmati hagiō
Salute all the brethren with a holy kiss.

Ἐνορκίζω ὑμᾶς τὸν κύριον ἀναγνωσθῆναι τὴν ἐπιστολὴν πᾶσιν τοῖς ἀδελφοῖς
Enorkizō hymas ton kyrion anagnōsthēnai tēn epistolēn pasin tois adelphois
I adjure you by the Lord that this epistle be read unto all the brethren.

Ἡ χάρις τοῦ κυρίου ἡμῶν Ἰησοῦ Χριστοῦ μεθ' ὑμῶν
HĒ charis tou kyriou hēmōn Iēsou Christou meth' hymōn
The grace of our Lord Jesus Christ be with you.

ΘΕΣΣΑΛΟΝΙΚΕῖΣ Β' α

Παῦλος καὶ Σιλουανὸς καὶ Τιμόθεος τῇ ἐκκλησίᾳ Θεσσαλονικέων ἐν θεῷ πατρὶ ἡμῶν καὶ κυρίῳ Ἰησοῦ Χριστῷ
Paulos kai Silouanos kai Timotheos tē ekklēsia Thessalonikeōn en theō patri hēmōn kai kyriō Iēsou Christō
Paul, and Silvanus, and Timothy, unto the church of the Thessalonians in God our Father and the Lord Jesus Christ;

χάρις ὑμῖν καὶ εἰρήνη ἀπὸ θεοῦ πατρὸς [ἡμῶν] καὶ κυρίου Ἰησοῦ Χριστοῦ
charis hymin kai eirēnē apo theou patros [hēmōn] kai kyriou Iēsou Christou
Grace to you and peace from God the Father and the Lord Jesus Christ.

Εὐχαριστεῖν ὀφείλομεν τῷ θεῷ πάντοτε περὶ ὑμῶν, ἀδελφοί, καθὼς ἄξιόν ἐστιν
Eucharistein opheilomen tō theō pantote peri hymōn, adelphoi, kathōs axion estin
We are bound to give thanks to God always for you, brethren, even as it is meet,

ὅτι ὑπεραυξάνει ἡ πίστις ὑμῶν καὶ πλεονάζει ἡ ἀγάπη ἑνὸς ἑκάστου πάντων ὑμῶν εἰς ἀλλήλους
hoti hyperauxanei hē pistis hymōn kai pleonazei hē agapē henos hekastou pantōn hymōn eis allēlous
for that your faith groweth exceedingly, and the love of each one of you all toward one another aboundeth;

ὥστε αὐτοὺς ἡμᾶς ἐν ὑμῖν ἐγκαυχᾶσθαι ἐν ταῖς ἐκκλησίαις τοῦ θεοῦ ὑπὲρ τῆς ὑπομονῆς ὑμῶν
hōste autous hēmas en hymin enkauchasthai en tais ekklēsiais tou theou hyper tēs hypomonēs hymōn
so that we ourselves glory in you in the churches of God for your patience

καὶ πίστεως ἐν πᾶσιν τοῖς διωγμοῖς ὑμῶν καὶ ταῖς θλίψεσιν αἷς ἀνέχεσθε
kai pisteōs en pasin tois diōgmois hymōn kai tais thlipsesin hais anechesthe
and faith in all your persecutions and in the afflictions which ye endure;

ἔνδειγμα τῆς δικαίας κρίσεως τοῦ θεοῦ
endeigma tēs dikaias kriseōs tou theou
which is a manifest token of the righteous judgment of God;

εἰς τὸ καταξιωθῆναι ὑμᾶς τῆς βασιλείας τοῦ θεοῦ, ὑπὲρ ἧς καὶ πάσχετε
eis to kataxiōthēnai hymas tēs basileias tou theou, hyper hēs kai paschete
to the end that ye may be counted worthy of the kingdom of God, for which ye also suffer:

εἴπερ δίκαιον παρὰ θεῷ ἀνταποδοῦναι τοῖς θλίβουσιν ὑμᾶς θλῖψιν
eiper dikaion para theō antapodounai tois thlibousin hymas thlipsin
if so be that it is a righteous thing with God to recompense affliction to them that afflict you,

καὶ ὑμῖν τοῖς θλιβομένοις
kai hymin tois thlibomenois
and to you that are afflicted

ἄνεσιν μεθ' ἡμῶν ἐν τῇ ἀποκαλύψει τοῦ κυρίου Ἰησοῦ ἀπ' οὐρανοῦ μετ' ἀγγέλων δυνάμεως αὐτοῦ
anesin meth' hēmōn en tē apokalypsei tou kyriou Iēsou ap' ouranou met' angelōn dynameōs autou
rest with us, at the revelation of the Lord Jesus from heaven with the angels of his power in flaming fire,

ἐν πυρὶ φλογός, διδόντος ἐκδίκησιν τοῖς μὴ εἰδόσιν θεὸν
en pyri phlogos, didontos ekdikēsin tois mē eidosin theon
rendering vengeance to them that know not God,

καὶ τοῖς μὴ ὑπακούουσιν τῷ εὐαγγελίῳ τοῦ κυρίου ἡμῶν Ἰησοῦ
kai tois mē hypakouousin tō euangeliō tou kyriou hēmōn Iēsou
and to them that obey not the gospel of our Lord Jesus:

οἵτινες δίκην τίσουσιν ὄλεθρον αἰώνιον ἀπὸ προσώπου τοῦ κυρίου καὶ ἀπὸ τῆς δόξης τῆς ἰσχύος αὐτοῦ
hoitines dikēn tisousin olethron aiōnion apo prosōpou tou kyriou kai apo tēs doxēs tēs ischyos autou
who shall suffer punishment, even eternal destruction from the face of the Lord and from the glory of his might,

ὅταν ἔλθῃ ἐνδοξασθῆναι ἐν τοῖς ἁγίοις αὐτοῦ καὶ θαυμασθῆναι ἐν πᾶσιν τοῖς πιστεύσασιν
hotan elthē endoxasthēnai en tois hagiois autou kai thaumasthēnai en pasin tois pisteusasin
when he shall come to be glorified in his saints, and to be marvelled at in all them that believed

ὅτι ἐπιστεύθη τὸ μαρτύριον ἡμῶν ἐφ' ὑμᾶς, ἐν τῇ ἡμέρᾳ ἐκείνῃ
hoti episteuthē to martyrion hēmōn eph' hymas, en tē hēmera ekeinē
(because our testimony unto you was believed) in that day.

εἰς ὃ καὶ προσευχόμεθα πάντοτε περὶ ὑμῶν, ἵνα ὑμᾶς ἀξιώσῃ τῆς κλήσεως ὁ θεὸς ἡμῶν
eis ho kai proseuchometha pantote peri hymōn, hina hymas axiōsē tēs klēseōs ho theos hēmōn
To which end we also pray always for you, that our God may count you worthy of your calling,

καὶ πληρώσῃ πᾶσαν εὐδοκίαν ἀγαθωσύνης καὶ ἔργον πίστεως ἐν δυνάμει
kai plērōsē pasan eudokian agathōsynēs kai ergon pisteōs en dynamei
and fulfil every desire of goodness and every work of faith, with power;

ὅπως ἐνδοξασθῇ τὸ ὄνομα τοῦ κυρίου ἡμῶν Ἰησοῦ ἐν ὑμῖν
hopōs endoxasthē to onoma tou kyriou hēmōn Iēsou en hymin,
that the name of our Lord Jesus may be glorified in you,

καὶ ὑμεῖς ἐν αὐτῷ, κατὰ τὴν χάριν τοῦ θεοῦ ἡμῶν καὶ κυρίου Ἰησοῦ Χριστοῦ
kai hymeis en autō, kata tēn charin tou theou hēmōn kai kyriou Iēsou Christou
and ye in him, according to the grace of our God and the Lord Jesus Christ.

β

Ἐρωτῶμεν δὲ ὑμᾶς, ἀδελφοί, ὑπὲρ τῆς παρουσίας τοῦ κυρίου ἡμῶν Ἰησοῦ Χριστοῦ καὶ ἡμῶν ἐπισυναγωγῆς ἐπ' αὐτόν
Erōtōmen de hymas, adelphoi, hyper tēs parousias tou kyriou hēmōn Iēsou Christou kai hēmōn episynagōgēs ep' auton
Now we beseech you, brethren, touching the coming of our Lord Jesus Christ, and our gathering together unto him;

εἰς τὸ μὴ ταχέως σαλευθῆναι ὑμᾶς ἀπὸ τοῦ νοὸς μηδὲ θροεῖσθαι μήτε διὰ πνεύματος
eis to mē tacheōs saleuthēnai hymas apo tou noos mēde throeisthai mēte dia pneumatos
to the end that ye be not quickly shaken from your mind, nor yet be troubled, either by spirit,

μήτε διὰ λόγου μήτε δι' ἐπιστολῆς ὡς δι' ἡμῶν, ὡς ὅτι ἐνέστηκεν ἡ ἡμέρα τοῦ κυρίου
mēte dia logou mēte di' epistolēs hōs di' hēmōn, hōs hoti enestēken hē hēmera tou kyriou
or by word, or by epistle as from us, as that the day of the Lord is just at hand;

μή τις ὑμᾶς ἐξαπατήσῃ κατὰ μηδένα τρόπον
mē tis hymas exapatēsē kata mēdena tropon
let no man beguile you in any wise:

ὅτι ἐὰν μὴ ἔλθῃ ἡ ἀποστασία πρῶτον καὶ ἀποκαλυφθῇ ὁ ἄνθρωπος τῆς ἀνομίας, ὁ υἱὸς τῆς ἀπωλείας
hoti ean mē elthē hē apostasia prōton kai apokalyphthē ho anthrōpos tēs anomias, ho huios tēs apōleias
for it will not be, except the falling away come first, and the man of sin be revealed, the son of perdition,

ὁ ἀντικείμενος καὶ ὑπεραιρόμενος ἐπὶ πάντα λεγόμενον θεὸν ἢ σέβασμα
ho antikeimenos kai hyperairomenos epi panta legomenon theon ē sebasma
he that opposeth and exalteth himself against all that is called God or that is worshipped;

ὥστε αὐτὸν εἰς τὸν ναὸν τοῦ θεοῦ καθίσαι, ἀποδεικνύντα ἑαυτὸν ὅτι ἔστιν θεός
hōste auton eis ton naon tou theou kathisai, apodeiknynta heauton hoti estin theos
so that he sitteth in the temple of God, setting himself forth as God.

Οὐ μνημονεύετε ὅτι ἔτι ὢν πρὸς ὑμᾶς ταῦτα ἔλεγον ὑμῖν
Ou mnēmoneuete hoti eti ōn pros hymas tauta elegon hymin
Remember ye not, that, when I was yet with you, I told you these things?

καὶ νῦν τὸ κατέχον οἴδατε, εἰς τὸ ἀποκαλυφθῆναι αὐτὸν ἐν τῷ ἑαυτοῦ καιρῷ
kai nyn to katechon oidate, eis to apokalyphthēnai auton en tō heautou kairō
And now ye know that which restraineth, to the end that he may be revealed in his own season.

τὸ γὰρ μυστήριον ἤδη ἐνεργεῖται τῆς ἀνομίας
to gar mystērion ēdē energeitai tēs anomias
For the mystery of lawlessness doth already work:

μόνον ὁ κατέχων ἄρτι ἕως ἐκ μέσου γένηται
monon ho katechōn arti heōs ek mesou genētai
only there is one that restraineth now, until he be taken out of the way.

καὶ τότε ἀποκαλυφθήσεται ὁ ἄνομος, ὃν ὁ κύριος [Ἰησοῦς] ἀνελεῖ τῷ πνεύματι τοῦ στόματος αὐτοῦ
kai tote apokalyphthēsetai ho anomos, hon ho kyrios [Iēsous] anelei tō pneumati tou stomatos autou
And then shall be revealed the lawless one, whom the Lord Jesus shall slay with the breath of his mouth,

καὶ καταργήσει τῇ ἐπιφανείᾳ τῆς παρουσίας αὐτοῦ
kai katargēsei tē epiphaneia tēs parousias autou
and bring to nought by the manifestation of his coming;

οὗ ἐστιν ἡ παρουσία κατ' ἐνέργειαν τοῦ Σατανᾶ ἐν πάσῃ δυνάμει καὶ σημείοις καὶ τέρασιν ψεύδους
hou estin hē parousia kat' energeian tou Satana en pasē dynamei kai sēmeiois kai terasin pseudous
even he, whose coming is according to the working of Satan with all power and signs and lying wonders,

καὶ ἐν πάσῃ ἀπάτῃ ἀδικίας τοῖς ἀπολλυμένοις
kai en pasē apatē adikias tois apollymenois
and with all deceit of unrighteousness for them that perish;

ἀνθ' ὧν τὴν ἀγάπην τῆς ἀληθείας οὐκ ἐδέξαντο εἰς τὸ σωθῆναι αὐτού
anth' hōn tēn agapēn tēs alētheias ouk edexanto eis to sōthēnai autou
because they received not the love of the truth, that they might be saved.

καὶ διὰ τοῦτο πέμπει αὐτοῖς ὁ θεὸς ἐνέργειαν πλάνης εἰς τὸ πιστεῦσαι αὐτοὺς τῷ ψεύδει
kai dia touto pempei autois ho theos energeian planēs eis to pisteusai autous tō pseudei
And for this cause God sendeth them a working of error, that they should believe a lie:

ἵνα κριθῶσιν πάντες οἱ μὴ πιστεύσαντες τῇ ἀληθείᾳ ἀλλὰ εὐδοκήσαντες τῇ ἀδικίᾳ
hina krithōsin pantes hoi mē pisteusantes tē alētheia alla eudokēsantes tē adikia
that they all might be judged who believed not the truth, but had pleasure in unrighteousness.

Ἡμεῖς δὲ ὀφείλομεν εὐχαριστεῖν τῷ θεῷ πάντοτε περὶ ὑμῶν, ἀδελφοὶ ἠγαπημένοι ὑπὸ κυρίου
Hēmeis de opheilomen eucharistein tō theō pantote peri hymōn, adelphoi ēgapēmenoi hypo kyriou
But we are bound to give thanks to God always for you, brethren beloved of the Lord,

ὅτι εἵλατο ὑμᾶς ὁ θεὸς ἀπαρχὴν εἰς σωτηρίαν ἐν ἁγιασμῷ πνεύματος καὶ πίστει ἀληθείας
hoti heilato hymas ho theos aparchēn eis sōtērian en hagiasmō pneumatos kai pistei alētheias
for that God chose you from the beginning unto salvation in sanctification of the Spirit and belief of the truth:

εἰς ὃ [καὶ] ἐκάλεσεν ὑμᾶς διὰ τοῦ εὐαγγελίου ἡμῶν, εἰς περιποίησιν δόξης τοῦ κυρίου ἡμῶν Ἰησοῦ Χριστοῦ
eis ho [kai] ekalesen hymas dia tou euangeliou hēmōn, eis peripoiēsin doxēs tou kyriou hēmōn Iēsou Christou
whereunto he called you through our gospel, to the obtaining of the glory of our Lord Jesus Christ.

ἄρα οὖν, ἀδελφοί, στήκετε, καὶ κρατεῖτε τὰς παραδόσεις ἃς ἐδιδάχθητε εἴτε διὰ λόγου εἴτε δι' ἐπιστολῆς ἡμῶν
ara oun, adelphoi, stēkete, kai krateite tas paradoseis has edidachthēte eite dia logou eite di' epistolēs hēmōn
So then, brethren, stand fast, and hold the traditions which ye were taught, whether by word, or by epistle of ours.

Αὐτὸς δὲ ὁ κύριος ἡμῶν Ἰησοῦς Χριστὸς καὶ [ὁ] θεὸς ὁ πατὴρ ἡμῶν
Autos de ho kyrios hēmōn Iēsous Christos kai [ho] theos ho patēr hēmōn
Now our Lord Jesus Christ himself, and God our Father

ὁ ἀγαπήσας ἡμᾶς καὶ δοὺς παράκλησιν αἰωνίαν καὶ ἐλπίδα ἀγαθὴν ἐν χάριτι
ho agapēsas hēmas kai dous paraklēsin aiōnian kai elpida agathēn en chariti
who loved us and gave us eternal comfort and good hope through grace,

παρακαλέσαι ὑμῶν τὰς καρδίας καὶ στηρίξαι ἐν παντὶ ἔργῳ καὶ λόγῳ ἀγαθῷ
parakalesai hymōn tas kardias kai stērixai en panti ergō kai logō agathō
comfort your hearts and establish them in every good work and word.

γ

Τὸ λοιπὸν προσεύχεσθε, ἀδελφοί, περὶ ἡμῶν, ἵνα ὁ λόγος τοῦ κυρίου τρέχῃ καὶ δοξάζηται καθὼς καὶ πρὸς ὑμᾶς
To loipon proseuchesthe, adelphoi, peri hēmōn, hina ho logos tou kyriou trechē kai doxazētai kathōs kai pros hymas
Finally, brethren, pray for us, that the word of the Lord may run and be glorified, even as also it is with you;

καὶ ἵνα ῥυσθῶμεν ἀπὸ τῶν ἀτόπων καὶ πονηρῶν ἀνθρώπων: οὐ γὰρ πάντων ἡ πίστις
kai hina rhysthōmen apo tōn atopōn kai ponērōn anthrōpōn: ou gar pantōn hē pistis
and that we may be delivered from unreasonable and evil men; for all have not faith.

πιστὸς δέ ἐστιν ὁ κύριος, ὃς στηρίξει ὑμᾶς καὶ φυλάξει ἀπὸ τοῦ πονηροῦ
pistos de estin ho kyrios, hos stērixei hymas kai phylaxei apo tou ponērou
But the Lord is faithful, who shall establish you, and guard you from the evil one.

πεποίθαμεν δὲ ἐν κυρίῳ ἐφ' ὑμᾶς, ὅτι ἃ παραγγέλλομεν [καὶ] ποιεῖτε καὶ ποιήσετε
pepoithamen de en kyriō eph' hymas, hoti ha parangellomen [kai] poieite kai poiēsete
And we have confidence in the Lord touching you, that ye both do and will do the things which we command.

Ὁ δὲ κύριος κατευθύναι ὑμῶν τὰς καρδίας εἰς τὴν ἀγάπην τοῦ θεοῦ καὶ εἰς τὴν ὑπομονὴν τοῦ Χριστοῦ
HO de kyrios kateuthynai hymōn tas kardias eis tēn agapēn tou theou kai eis tēn hypomonēn tou Christou
And the Lord direct your hearts into the love of God, and into the patience of Christ.

Παραγγέλλομεν δὲ ὑμῖν, ἀδελφοί, ἐν ὀνόματι τοῦ κυρίου [ἡμῶν] Ἰησοῦ Χριστοῦ
Parangellomen de hymin, adelphoi, en onomati tou kyriou [hēmōn] Iēsou Christou
Now we command you, brethren, in the name of our Lord Jesus Christ,

στέλλεσθαι ὑμᾶς ἀπὸ παντὸς ἀδελφοῦ ἀτάκτως περιπατοῦντος
stellesthai hymas apo pantos adelphou ataktōs peripatountos
that ye withdraw yourselves from every brother that walketh disorderly,

καὶ μὴ κατὰ τὴν παράδοσιν ἣν παρελάβοσαν παρ' ἡμῶν
kai mē kata tēn paradosin hēn parelabosan par' hēmōn
and not after the tradition which they received of us.

αὐτοὶ γὰρ οἴδατε πῶς δεῖ μιμεῖσθαι ἡμᾶς, ὅτι οὐκ ἠτακτήσαμεν ἐν ὑμῖν
autoi gar oidate pōs dei mimeisthai hēmas, hoti ouk ētaktēsamen en hymin
For yourselves know how ye ought to imitate us: for we behaved not ourselves disorderly among you;

οὐδὲ δωρεὰν ἄρτον ἐφάγομεν παρά τινος
oude dōrean arton ephagomen para tinos,
neither did we eat bread for nought at any man's hand,

ἀλλ' ἐν κόπῳ καὶ μόχθῳ νυκτὸς καὶ ἡμέρας ἐργαζόμενοι πρὸς τὸ μὴ ἐπιβαρῆσαί τινα ὑμῶν
all' en kopō kai mochthō nyktos kai hēmeras ergazomenoi pros to mē epibarēsai tina hymōn
but in labor and travail, working night and day, that we might not burden any of you:

οὐχ ὅτι οὐκ ἔχομεν ἐξουσίαν, ἀλλ' ἵνα ἑαυτοὺς τύπον δῶμεν ὑμῖν εἰς τὸ μιμεῖσθαι ἡμᾶς
ouch hoti ouk echomen exousian, all' hina heautous typon dōmen hymin eis to mimeisthai hēmas
not because we have not the right, but to make ourselves an ensample unto you, that ye should imitate us.

καὶ γὰρ ὅτε ἦμεν πρὸς ὑμᾶς, τοῦτο παρηγγέλλομεν ὑμῖν, ὅτι εἴ τις οὐ θέλει ἐργάζεσθαι μηδὲ ἐσθιέτω
kai gar hote ēmen pros hymas, touto parēngellomen hymin, hoti ei tis ou thelei ergazesthai mēde esthietō
For even when we were with you, this we commanded you, If any will not work, neither let him eat.

ἀκούομεν γάρ τινας περιπατοῦντας ἐν ὑμῖν ἀτάκτως, μηδὲν ἐργαζομένους ἀλλὰ περιεργαζομένους
akouomen gar tinas peripatountas en hymin ataktōs, mēden ergazomenous alla periergazomenous
For we hear of some that walk among you disorderly, that work not at all, but are busybodies.

τοῖς δὲ τοιούτοις παραγγέλλομεν
tois de toioutois parangellomen
Now them that are such we command

καὶ παρακαλοῦμεν ἐν κυρίῳ Ἰησοῦ Χριστῷ ἵνα μετὰ ἡσυχίας ἐργαζόμενοι τὸν ἑαυτῶν ἄρτον ἐσθίωσιν
kai parakaloumen en kyriō Iēsou Christō hina meta hēsychias ergazomenoi ton heautōn arton esthiōsin
and exhort in the Lord Jesus Christ, that with quietness they work, and eat their own bread.

Ὑμεῖς δέ, ἀδελφοί, μὴ ἐγκακήσητε καλοποιοῦντες
Hymeis de, adelphoi, mē enkakēsēte kalopoiountes
But ye, brethren, be not weary in well-doing.

εἰ δέ τις οὐχ ὑπακούει τῷ λόγῳ ἡμῶν διὰ τῆς ἐπιστολῆς, τοῦτον σημειοῦσθε, μὴ συναναμίγνυσθαι αὐτῷ, ἵνα ἐντραπῇ
ei de tis ouch hypakouei tō logō hēmōn dia tēs epistolēs, touton sēmeiousthe, mē synanamignysthai autō, hina entrapē
And if any man obeyeth not our word by this epistle, note that man, that ye have no company with him, to the end that he may be ashamed.

καὶ μὴ ὡς ἐχθρὸν ἡγεῖσθε, ἀλλὰ νουθετεῖτε ὡς ἀδελφόν
kai mē hōs echthron hēgeisthe, alla noutheteite hōs adelphon
And yet count him not as an enemy, but admonish him as a brother.

Αὐτὸς δὲ ὁ κύριος τῆς εἰρήνης δῴη ὑμῖν τὴν εἰρήνην διὰ παντὸς ἐν παντὶ τρόπῳ. ὁ κύριος μετὰ πάντων ὑμῶν
Autos de ho kyrios tēs eirēnēs dōē hymin tēn eirēnēn dia pantos en panti tropō. ho kyrios meta pantōn hymōn
Now the Lord of peace himself give you peace at all times in all ways. The Lord be with you all.

Ὁ ἀσπασμὸς τῇ ἐμῇ χειρὶ Παύλου, ὅ ἐστιν σημεῖον ἐν πάσῃ ἐπιστολῇ: οὕτως γράφω
HO aspasmos tē emē cheiri Paulou, ho estin sēmeion en pasē epistolē: houtōs graphō
The salutation of me Paul with mine own hand, which is the token in every epistle: so I write.

ἡ χάρις τοῦ κυρίου ἡμῶν Ἰησοῦ Χριστοῦ μετὰ πάντων ὑμῶν
hē charis tou kyriou hēmōn Iēsou Christou meta pantōn hymōn
The grace of our Lord Jesus Christ be with you all.

ΤΙΜΌΘΕΟΝ Α' α

Παῦλος ἀπόστολος Χριστοῦ Ἰησοῦ κατ' ἐπιταγὴν θεοῦ σωτῆρος ἡμῶν καὶ Χριστοῦ Ἰησοῦ τῆς ἐλπίδος ἡμῶν
Paulos apostolos Christou Iēsou kat' epitagēn theou sōtēros hēmōn kai Christou Iēsou tēs elpidos hēmōn
Paul, an apostle of Christ Jesus according to the commandment of God our Saviour, and Christ Jesus our hope;

Τιμοθέῳ γνησίῳ τέκνῳ ἐν πίστει: χάρις, ἔλεος, εἰρήνη ἀπὸ θεοῦ πατρὸς καὶ Χριστοῦ Ἰησοῦ τοῦ κυρίου ἡμῶν
Timotheō gnēsiō teknō en pistei: charis, eleos, eirēnē apo theou patros kai Christou Iēsou tou kyriou hēmōn
unto Timothy, my true child in faith: Grace, mercy, peace, from God the Father and Christ Jesus our Lord.

Καθὼς παρεκάλεσά σε προσμεῖναι ἐν Ἐφέσῳ πορευόμενος εἰς Μακεδονίαν
Kathōs parekalesa se prosmeinai en Ephesō poreuomenos eis Makedonian
As I exhorted thee to tarry at Ephesus, when I was going into Macedonia,

ἵνα παραγγείλῃς τισὶν μὴ ἑτεροδιδασκαλεῖν
hina parangeilēs tisin mē heterodidaskalein
that thou mightest charge certain men not to teach a different doctrine,

μηδὲ προσέχειν μύθοις καὶ γενεαλογίαις ἀπεράντοις
mēde prosechein mythois kai genealogiais aperantois
neither to give heed to fables and endless genealogies,

αἵτινες ἐκζητήσεις παρέχουσιν μᾶλλον ἢ οἰκονομίαν θεοῦ τὴν ἐν πίστει
haitines ekzētēseis parechousin mallon ē oikonomian theou tēn en pistei
which minister questionings, rather than a dispensation of God which is in faith; so do I now.

τὸ δὲ τέλος τῆς παραγγελίας ἐστὶν ἀγάπη ἐκ καθαρᾶς καρδίας καὶ συνειδήσεως ἀγαθῆς καὶ πίστεως ἀνυποκρίτου
to de telos tēs parangelias estin agapē ek katharas kardias kai syneidēseōs agathēs kai pisteōs anypokritou
But the end of the charge is love out of a pure heart and a good conscience and faith unfeigned:

ὧν τινες ἀστοχήσαντες ἐξετράπησαν εἰς ματαιολογίαν
hōn tines astochēsantes exetrapēsan eis mataiologian
from which things some having swerved have turned aside unto vain talking;

θέλοντες εἶναι νομοδιδάσκαλοι, μὴ νοοῦντες μήτε ἃ λέγουσιν μήτε περὶ τίνων διαβεβαιοῦντα
thelontes einai nomodidaskaloi, mē noountes mēte ha legousin mēte peri tinōn diabebaiounta
desiring to be teachers of the law, though they understand neither what they say, nor whereof they confidently affirm.

Οἴδαμεν δὲ ὅτι καλὸς ὁ νόμος ἐάν τις αὐτῷ νομίμως χρῆται
Oidamen de hoti kalos ho nomos ean tis autō nomimōs chrētai
But we know that the law is good, if a man use it lawfully,

εἰδὼς τοῦτο, ὅτι δικαίῳ νόμος οὐ κεῖται, ἀνόμοις δὲ καὶ ἀνυποτάκτοις
eidōs touto, hoti dikaiō nomos ou keitai, anomois de kai anypotaktois,
as knowing this, that law is not made for a righteous man, but for the lawless and unruly,

ἀσεβέσι καὶ ἁμαρτωλοῖς, ἀνοσίοις καὶ βεβήλοις
asebesi kai hamartōlois, anosiois kai bebēlois
for the ungodly and sinners, for the unholy and profane,

πατρολῴαις καὶ μητρολῴαις, ἀνδροφόνοις
patrolōais kai mētrolōais, androphonois
for murderers of fathers and murderers of mothers, for manslayers,

πόρνοις, ἀρσενοκοίταις, ἀνδραποδισταῖς, ψεύσταις, ἐπιόρκοις
pornois, arsenokoitais, andrapodistais, pseustais, epiorkois
for fornicators, for abusers of themselves with men, for menstealers, for liars, for false swearers,

καὶ εἴ τι ἕτερον τῇ ὑγιαινούσῃ διδασκαλίᾳ ἀντίκειται
kai ei ti heteron tē hygiainousē didaskalia antikeitai
and if there be any other thing contrary to the sound doctrine;

κατὰ τὸ εὐαγγέλιον τῆς δόξης τοῦ μακαρίου θεοῦ, ὃ ἐπιστεύθην ἐγώ
kata to euangelion tēs doxēs tou makariou theou, ho episteuthēn egō
according to the gospel of the glory of the blessed God, which was committed to my trust.

Χάριν ἔχω τῷ ἐνδυναμώσαντί με Χριστῷ Ἰησοῦ τῷ κυρίῳ ἡμῶν, ὅτι πιστόν με ἡγήσατο θέμενος εἰς διακονίαν
Charin echō tō endynamōsanti me Christō Iēsou tō kyriō hēmōn, hoti piston me hēgēsato themenos eis diakonian
I thank him that enabled me, even Christ Jesus our Lord, for that he counted me faithful, appointing me to his service;

τὸ πρότερον ὄντα βλάσφημον καὶ διώκτην καὶ ὑβριστήν
to proteron onta blasphēmon kai diōktēn kai hybristēn
though I was before a blasphemer, and a persecutor, and injurious:

ἀλλὰ ἠλεήθην, ὅτι ἀγνοῶν ἐποίησα ἐν ἀπιστίᾳ
alla ēleēthēn, hoti agnoōn epoiēsa en apistia
howbeit I obtained mercy, because I did it ignorantly in unbelief;

ὑπερεπλεόνασεν δὲ ἡ χάρις τοῦ κυρίου ἡμῶν μετὰ πίστεως καὶ ἀγάπης τῆς ἐν Χριστῷ Ἰησοῦ
hyperepleonasen de hē charis tou kyriou hēmōn meta pisteōs kai agapēs tēs en Christō Iēsou
and the grace of our Lord abounded exceedingly with faith and love which is in Christ Jesus.

πιστὸς ὁ λόγος καὶ πάσης ἀποδοχῆς ἄξιος, ὅτι Χριστὸς Ἰησοῦς ἦλθεν εἰς τὸν κόσμον ἁμαρτωλοὺς σῶσαι
pistos ho logos kai pasēs apodochēs axios, hoti Christos Iēsous ēlthen eis ton kosmon hamartōlous sōsai
Faithful is the saying, and worthy of all acceptation, that Christ Jesus came into the world to save sinners;

ὧν πρῶτός εἰμι ἐγώ
hōn prōtos eimi egō
of whom I am chief:

ἀλλὰ διὰ τοῦτο ἠλεήθην, ἵνα ἐν ἐμοὶ πρώτῳ ἐνδείξηται Χριστὸς Ἰησοῦς τὴν ἅπασαν μακροθυμίαν
alla dia touto ēleēthēn, hina en emoi prōtō endeixētai Christos Iēsous tēn hapasan makrothymian,
howbeit for this cause I obtained mercy, that in me as chief might Jesus Christ show forth all his longsuffering,

πρὸς ὑποτύπωσιν τῶν μελλόντων πιστεύειν ἐπ' αὐτῷ εἰς ζωὴν αἰώνιον
pros hypotypōsin tōn mellontōn pisteuein ep' autō eis zōēn aiōnion
for an ensample of them that should thereafter believe on him unto eternal life.

τῷ δὲ βασιλεῖ τῶν αἰώνων, ἀφθάρτῳ, ἀοράτῳ, μόνῳ θεῷ, τιμὴ καὶ δόξα εἰς τοὺς αἰῶνας τῶν αἰώνων: ἀμήν
tō de basilei tōn aiōnōn, aphthartō, aoratō, monō theō, timē kai doxa eis tous aiōnas tōn aiōnōn: amēn
Now unto the King eternal, immortal, invisible, the only God, be honor and glory for ever and ever. Amen.

Ταύτην τὴν παραγγελίαν παρατίθεμαί σοι, τέκνον Τιμόθεε
Tautēn tēn parangelian paratithemai soi, teknon Timothee,
This charge I commit unto thee, my child Timothy,

κατὰ τὰς προαγούσας ἐπὶ σὲ προφητείας, ἵνα στρατεύῃ ἐν αὐταῖς τὴν καλὴν στρατείαν
kata tas proagousas epi se prophēteias, hina strateuē en autais tēn kalēn strateian
according to the prophecies which led the way to thee, that by them thou mayest war the good warfare;

ἔχων πίστιν καὶ ἀγαθὴν συνείδησιν, ἥν τινες ἀπωσάμενοι περὶ τὴν πίστιν ἐναυάγησαν
echōn pistin kai agathēn syneidēsin, hēn tines apōsamenoi peri tēn pistin enauagēsan
holding faith and a good conscience; which some having thrust from them made shipwreck concerning the faith:

ὧν ἐστιν Ὑμέναιος καὶ Ἀλέξανδρος, οὓς παρέδωκα τῷ Σατανᾷ ἵνα παιδευθῶσιν μὴ βλασφημεῖν
hōn estin Hymenaios kai Alexandros, hous paredōka tō Satana hina paideuthōsin mē blasphēmein
of whom is Hymenæus and Alexander; whom I delivered unto Satan, that they might be taught not to blaspheme.

β

Παρακαλῶ οὖν πρῶτον πάντων ποιεῖσθαι δεήσεις, προσευχάς, ἐντεύξεις, εὐχαριστίας, ὑπὲρ πάντων ἀνθρώπων
Parakalō oun prōton pantōn poieisthai deēseis, proseuchas, enteuxeis, eucharistias, hyper pantōn anthrōpōn
I exhort therefore, first of all, that supplications, prayers, intercessions, thanksgivings, be made for all men;

ὑπὲρ βασιλέων καὶ πάντων τῶν ἐν ὑπεροχῇ ὄντων
hyper basileōn kai pantōn tōn en hyperochē ontōn
for kings and all that are in high place;

ἵνα ἤρεμον καὶ ἡσύχιον βίον διάγωμεν ἐν πάσῃ εὐσεβείᾳ καὶ σεμνότητι
hina ēremon kai hēsychion bion diagōmen en pasē eusebeia kai semnotēti
that we may lead a tranquil and quiet life in all godliness and gravity.

τοῦτο καλὸν καὶ ἀπόδεκτον ἐνώπιον τοῦ σωτῆρος ἡμῶν θεοῦ
touto kalon kai apodekton enōpion tou sōtēros hēmōn theou
This is good and acceptable in the sight of God our Saviour;

ὃς πάντας ἀνθρώπους θέλει σωθῆναι καὶ εἰς ἐπίγνωσιν ἀληθείας ἐλθεῖν
hos pantas anthrōpous thelei sōthēnai kai eis epignōsin alētheias elthein
who would have all men to be saved, and come to the knowledge of the truth.

εἷς γὰρ θεός, εἷς καὶ μεσίτης θεοῦ καὶ ἀνθρώπων, ἄνθρωπος Χριστὸς Ἰησοῦς
heis gar theos, heis kai mesitēs theou kai anthrōpōn, anthrōpos Christos Iēsous
For there is one God, one mediator also between God and men, himself man, Christ Jesus,

ὁ δοὺς ἑαυτὸν ἀντίλυτρον ὑπὲρ πάντων, τὸ μαρτύριον καιροῖς ἰδίοις
ho dous heauton antilytron hyper pantōn, to martyrion kairois idiois
who gave himself a ransom for all; the testimony to be borne in its own times;

εἰς ὃ ἐτέθην ἐγὼ κῆρυξ καὶ ἀπόστολος ἀλήθειαν λέγω οὐ ψεύδομαι
eis ho etethēn egō kēryx kai apostolos alētheian legō ou pseudomai
whereunto I was appointed a preacher and an apostle (I speak the truth, I lie not)

διδάσκαλος ἐθνῶν ἐν πίστει καὶ ἀληθείᾳ
didaskalos ethnōn en pistei kai alētheia
a teacher of the Gentiles in faith and truth.

Βούλομαι οὖν προσεύχεσθαι τοὺς ἄνδρας ἐν παντὶ τόπῳ, ἐπαίροντας ὁσίους χεῖρας χωρὶς ὀργῆς καὶ διαλογισμοῦ
Boulomai oun proseuchesthai tous andras en panti topō, epairontas hosious cheiras chōris orgēs kai dialogismou
I desire therefore that the men pray in every place, lifting up holy hands, without wrath and disputing.

ὡσαύτως [καὶ] γυναῖκας ἐν καταστολῇ κοσμίῳ μετὰ αἰδοῦς καὶ σωφροσύνης κοσμεῖν ἑαυτά
hōsautōs [kai] gynaikas en katastolē kosmiō meta aidous kai sōphrosynēs kosmein heautas
In like manner, that women adorn themselves in modest apparel, with shamefastness and sobriety;

μὴ ἐν πλέγμασιν καὶ χρυσίῳ ἢ μαργαρίταις ἢ ἱματισμῷ πολυτελεῖ
mē en plegmasin kai chrysiō ē margaritais ē himatismō polytelei
not with braided hair, and gold or pearls or costly raiment;

ἀλλ' ὃ πρέπει γυναιξὶν ἐπαγγελλομέναις θεοσέβειαν, δι' ἔργων ἀγαθῶν
all' ho prepei gynaixin epangellomenais theosebeian, di' ergōn agathōn
but (which becometh women professing godliness) through good works.

γυνὴ ἐν ἡσυχίᾳ μανθανέτω ἐν πάσῃ ὑποταγῇ
gynē en hēsychia manthanetō en pasē hypotagē
Let a woman learn in quietness with all subjection.

διδάσκειν δὲ γυναικὶ οὐκ ἐπιτρέπω, οὐδὲ αὐθεντεῖν ἀνδρός, ἀλλ' εἶναι ἐν ἡσυχίᾳ
didaskein de gynaiki ouk epitrepō, oude authentein andros, all' einai en hēsychia
But I permit not a woman to teach, nor to have dominion over a man, but to be in quietness.

Ἀδὰμ γὰρ πρῶτος ἐπλάσθη, εἶτα Εὕα
Adam gar prōtos eplasthē, eita Heua
For Adam was first formed, then Eve;

καὶ Ἀδὰμ οὐκ ἠπατήθη, ἡ δὲ γυνὴ ἐξαπατηθεῖσα ἐν παραβάσει γέγονεν
kai Adam ouk ēpatēthē, hē de gynē exapatētheisa en parabasei gegonen
and Adam was not beguiled, but the woman being beguiled hath fallen into transgression:

σωθήσεται δὲ διὰ τῆς τεκνογονίας, ἐὰν μείνωσιν ἐν πίστει καὶ ἀγάπῃ καὶ ἁγιασμῷ μετὰ σωφροσύνης
sōthēsetai de dia tēs teknogonias, ean meinōsin en pistei kai agapē kai hagiasmō meta sōphrosynēs
but she shall be saved through her child-bearing, if they continue in faith and love and sanctification with sobriety.

γ

Πιστὸς ὁ λόγος: εἴ τις ἐπισκοπῆς ὀρέγεται, καλοῦ ἔργου ἐπιθυμεῖ
Pistos ho logos: ei tis episkopēs oregetai, kalou ergou epithymei
Faithful is the saying, If a man seeketh the office of a bishop, he desireth a good work.

δεῖ οὖν τὸν ἐπίσκοπον ἀνεπίλημπτον εἶναι, μιᾶς γυναικὸς ἄνδρα
dei oun ton episkopon anepilēmpton einai, mias gynaikos andra
The bishop therefore must be without reproach, the husband of one wife,

νηφάλιον, σώφρονα, κόσμιον, φιλόξενον, διδακτικόν
nēphalion, sōphrona, kosmion, philoxenon, didaktikon
temperate, sober-minded, orderly, given to hospitality, apt to teach;

μὴ πάροινον, μὴ πλήκτην, ἀλλὰ ἐπιεικῆ, ἄμαχον, ἀφιλάργυρον
mē paroinon, mē plēktēn, alla epieikē, amachon, aphilargyron
no brawler, no striker; but gentle, not contentious, no lover of money;

τοῦ ἰδίου οἴκου καλῶς προϊστάμενον, τέκνα ἔχοντα ἐν ὑποταγῇ μετὰ πάσης σεμνότητος
tou idiou oikou kalōs proistamenon, tekna echonta en hypotagē meta pasēs semnotētos
one that ruleth well his own house, having his children in subjection with all gravity;

εἰ δέ τις τοῦ ἰδίου οἴκου προστῆναι οὐκ οἶδεν, πῶς ἐκκλησίας θεοῦ ἐπιμελήσεται
ei de tis tou idiou oikou prostēnai ouk oiden, pōs ekklēsias theou epimelēsetai
(but if a man knoweth not how to rule his own house, how shall he take care of the church of God?)

μὴ νεόφυτον, ἵνα μὴ τυφωθεὶς εἰς κρίμα ἐμπέσῃ τοῦ διαβόλου
mē neophyton, hina mē typhōtheis eis krima empesē tou diabolou
not a novice, lest being puffed up he fall into the condemnation of the devil.

δεῖ δὲ καὶ μαρτυρίαν καλὴν ἔχειν ἀπὸ τῶν ἔξωθεν, ἵνα μὴ εἰς ὀνειδισμὸν ἐμπέσῃ καὶ παγίδα τοῦ διαβόλου
dei de kai martyrian kalēn echein apo tōn exōthen, hina mē eis oneidismon empesē kai pagida tou diabolou
Moreover he must have good testimony from them that are without; lest he fall into reproach and the snare of the devil.

Διακόνους ὡσαύτως σεμνούς, μὴ διλόγους, μὴ οἴνῳ πολλῷ προσέχοντας, μὴ αἰσχροκερδεῖς
Diakonous hōsautōs semnous, mē dilogous, mē oinō pollō prosechontas, mē aischrokerdeis
Deacons in like manner must be grave, not double-tongued, not given to much wine, not greedy of filthy lucre;

ἔχοντας τὸ μυστήριον τῆς πίστεως ἐν καθαρᾷ συνειδήσει
echontas to mystērion tēs pisteōs en kathara syneidēsei
holding the mystery of the faith in a pure conscience.

καὶ οὗτοι δὲ δοκιμαζέσθωσαν πρῶτον, εἶτα διακονείτωσαν ἀνέγκλητοι ὄντες
kai houtoi de dokimazesthōsan prōton, eita diakoneitōsan anenklētoi ontes
And let these also first be proved; then let them serve as deacons, if they be blameless.

γυναῖκας ὡσαύτως σεμνάς, μὴ διαβόλους, νηφαλίους, πιστὰς ἐν πᾶσιν
gynaikas hōsautōs semnas, mē diabolous, nēphalious, pistas en pasin
Women in like manner must be grave, not slanderers, temperate, faithful in all things.

διάκονοι ἔστωσαν μιᾶς γυναικὸς ἄνδρες, τέκνων καλῶς προϊστάμενοι καὶ τῶν ἰδίων οἴκων
diakonoi estōsan mias gynaikos andres, teknōn kalōs proistamenoi kai tōn idiōn oikōn
Let deacons be husbands of one wife, ruling their children and their own houses well.

οἱ γὰρ καλῶς διακονήσαντες βαθμὸν ἑαυτοῖς καλὸν περιποιοῦνται
hoi gar kalōs diakonēsantes bathmon heautois kalon peripoiountai
For they that have served well as deacons gain to themselves a good standing,

καὶ πολλὴν παρρησίαν ἐν πίστει τῇ ἐν Χριστῷ Ἰησοῦ
kai pollēn parrēsian en pistei tē en Christō Iēsou
and great boldness in the faith which is in Christ Jesus.

Ταῦτά σοι γράφω, ἐλπίζων ἐλθεῖν πρὸς σὲ ἐν τάχει
Tauta soi graphō, elpizōn elthein pros se en tachei
These things write I unto thee, hoping to come unto thee shortly;

ἐὰν δὲ βραδύνω, ἵνα εἰδῇς πῶς δεῖ ἐν οἴκῳ θεοῦ ἀναστρέφεσθαι
ean de bradynō, hina eidēs pōs dei en oikō theou anastrephesthai,
but if I tarry long, that thou mayest know how men ought to behave themselves in the house of God,

ἥτις ἐστὶν ἐκκλησία θεοῦ ζῶντος, στῦλος καὶ ἑδραίωμα τῆς ἀληθείας
hētis estin ekklēsia theou zōntos, stylos kai hedraiōma tēs alētheias
which is the church of the living God, the pillar and ground of the truth.

καὶ ὁμολογουμένως μέγα ἐστὶν τὸ τῆς εὐσεβείας μυστήριον· Ὃς ἐφανερώθη ἐν σαρκί, ἐδικαιώθη ἐν πνεύματι
kai homologoumenōs mega estin to tēs eusebeias mystērion: Hos ephanerōthē en sarki, edikaiōthē en pneumati,
And without controversy great is the mystery of godliness; He who was manifested in the flesh, Justified in the spirit,

ὤφθη ἀγγέλοις, ἐκηρύχθη ἐν ἔθνεσιν, ἐπιστεύθη ἐν κόσμῳ, ἀνελήμφθη ἐν δόξῃ
ōphthē angelois, ekērychthē en ethnesin, episteuthē en kosmō, anelēmphthē en doxē
Seen of angels, Preached among the nations, Believed on in the world, Received up in glory.

δ

Τὸ δὲ πνεῦμα ῥητῶς λέγει ὅτι ἐν ὑστέροις καιροῖς ἀποστήσονταί τινες τῆς πίστεως
To de pneuma rhētōs legei hoti en hysterois kairois apostēsontai tines tēs pisteōs
But the Spirit saith expressly, that in later times some shall fall away from the faith,

προσέχοντες πνεύμασιν πλάνοις καὶ διδασκαλίαις δαιμονίων
prosechontes pneumasin planois kai didaskaliais daimoniōn
giving heed to seducing spirits and doctrines of demons,

ἐν ὑποκρίσει ψευδολόγων, κεκαυστηριασμένων τὴν ἰδίαν συνείδησιν
en hypokrisei pseudologōn, kekaustēriasmenōn tēn idian syneidēsin
through the hypocrisy of men that speak lies, branded in their own conscience as with a hot iron;

κωλυόντων γαμεῖν ἀπέχεσθαι βρωμάτων
kōlyontōn gamein apechesthai brōmatōn
forbidding to marry, and commanding to abstain from meats,

ἃ ὁ θεὸς ἔκτισεν εἰς μετάλημψιν μετὰ εὐχαριστίας τοῖς πιστοῖς καὶ ἐπεγνωκόσι τὴν ἀλήθειαν
ha ho theos ektisen eis metalēmpsin meta eucharistias tois pistois kai epegnōkosi tēn alētheian
which God created to be received with thanksgiving by them that believe and know the truth.

ὅτι πᾶν κτίσμα θεοῦ καλόν, καὶ οὐδὲν ἀπόβλητον μετὰ εὐχαριστίας λαμβανόμενον
hoti pan ktisma theou kalon, kai ouden apoblēton meta eucharistias lambanomenon
For every creature of God is good, and nothing is to be rejected, if it be received with thanksgiving:

ἁγιάζεται γὰρ διὰ λόγου θεοῦ καὶ ἐντεύξεως
hagiazetai gar dia logou theou kai enteuxeōs
for it is sanctified through the word of God and prayer.

Ταῦτα ὑποτιθέμενος τοῖς ἀδελφοῖς καλὸς ἔσῃ διάκονος Χριστοῦ Ἰησοῦ
Tauta hypotithemenos tois adelphois kalos esē diakonos Christou Iēsou
If thou put the brethren in mind of these things, thou shalt be a good minister of Christ Jesus,

ἐντρεφόμενος τοῖς λόγοις τῆς πίστεως καὶ τῆς καλῆς διδασκαλίας ᾗ παρηκολούθηκας
entrephomenos tois logois tēs pisteōs kai tēs kalēs didaskalias hē parēkolouthēkas
nourished in the words of the faith, and of the good doctrine which thou hast followed until now:

τοὺς δὲ βεβήλους καὶ γραώδεις μύθους παραιτοῦ. γύμναζε δὲ σεαυτὸν πρὸς εὐσέβειαν
tous de bebēlous kai graōdeis mythous paraitou. gymnaze de seauton pros eusebeian
but refuse profane and old wives' fables. And exercise thyself unto godliness:

ἡ γὰρ σωματικὴ γυμνασία πρὸς ὀλίγον ἐστὶν ὠφέλιμος, ἡ δὲ εὐσέβεια πρὸς πάντα ὠφέλιμός ἐστιν
hē gar sōmatikē gymnasia pros oligon estin ōphelimos, hē de eusebeia pros panta ōphelimos estin
for bodily exercise is profitable for a little; but godliness is profitable for all things,

ἐπαγγελίαν ἔχουσα ζωῆς τῆς νῦν καὶ τῆς μελλούσης
epangelian echousa zōēs tēs nyn kai tēs mellousēs
having promise of the life which now is, and of that which is to come.

πιστὸς ὁ λόγος καὶ πάσης ἀποδοχῆς ἄξιος
pistos ho logos kai pasēs apodochēs axios
Faithful is the saying, and worthy of all acceptation.

εἰς τοῦτο γὰρ κοπιῶμεν καὶ ἀγωνιζόμεθα, ὅτι ἠλπίκαμεν ἐπὶ θεῷ ζῶντι, ὅς ἐστιν σωτὴρ πάντων ἀνθρώπων
eis touto gar kopiōmen kai agōnizometha, hoti ēlpikamen epi theō zōnti, hos estin sōtēr pantōn anthrōpōn
For to this end we labor and strive, because we have our hope set on the living God, who is the Saviour of all men,

μάλιστα πιστῶν. Παράγγελλε ταῦτα καὶ δίδασκε
malista pistōn. Parangelle tauta kai didaske
specially of them that believe. These things command and teach.

μηδείς σου τῆς νεότητος καταφρονείτω, ἀλλὰ τύπος γίνου τῶν πιστῶν ἐν λόγῳ
mēdeis sou tēs neotētos kataphroneitō, alla typos ginou tōn pistōn en logō
Let no man despise thy youth; but be thou an ensample to them that believe, in word,

ἐν ἀναστροφῇ, ἐν ἀγάπῃ, ἐν πίστει, ἐν ἁγνείᾳ
en anastrophē, en agapē, en pistei, en hagneia
in manner of life, in love, in faith, in purity.

ἕως ἔρχομαι πρόσεχε τῇ ἀναγνώσει, τῇ παρακλήσει, τῇ διδασκαλίᾳ
heōs erchomai proseche tē anagnōsei, tē paraklēsei, tē didaskalia
Till I come, give heed to reading, to exhortation, to teaching.

μὴ ἀμέλει τοῦ ἐν σοὶ χαρίσματος, ὃ ἐδόθη σοι διὰ προφητείας μετὰ ἐπιθέσεως τῶν χειρῶν τοῦ πρεσβυτερίου
mē amelei tou en soi charismatos, ho edothē soi dia prophēteias meta epitheseōs tōn cheirōn tou presbyteriou
Neglect not the gift that is in thee, which was given thee by prophecy, with the laying on of the hands of the presbytery.

ταῦτα μελέτα, ἐν τούτοις ἴσθι, ἵνα σου ἡ προκοπὴ φανερὰ ᾖ πᾶσιν
tauta meleta, en toutois isthi, hina sou hē prokopē phanera ē pasin
Be diligent in these things; give thyself wholly to them; that thy progress may be manifest unto all.

ἔπεχε σεαυτῷ καὶ τῇ διδασκαλίᾳ
epeche seautō kai tē didaskalia
Take heed to thyself, and to thy teaching.

ἐπίμενε αὐτοῖς· τοῦτο γὰρ ποιῶν καὶ σεαυτὸν σώσεις καὶ τοὺς ἀκούοντάς σου
epimene autois: touto gar poiōn kai seauton sōseis kai tous akouontas sou
Continue in these things; for in doing this thou shalt save both thyself and them that hear thee.

ε

Πρεσβυτέρῳ μὴ ἐπιπλήξῃς, ἀλλὰ παρακάλει ὡς πατέρα, νεωτέρους ὡς ἀδελφούς
Presbyterō mē epiplēxēs, alla parakalei hōs patera, neōterous hōs adelphous
Rebuke not an elder, but exhort him as a father; the younger men as brethren:

πρεσβυτέρας ὡς μητέρας, νεωτέρας ὡς ἀδελφὰς ἐν πάσῃ ἁγνείᾳ
presbyteras hōs mēteras, neōteras hōs adelphas en pasē hagneia
the elder women as mothers; the younger as sisters, in all purity.

Χήρας τίμα τὰς ὄντως χήρας
Chēras tima tas ontōs chēras
Honor widows that are widows indeed.

εἰ δέ τις χήρα τέκνα ἢ ἔκγονα ἔχει, μανθανέτωσαν πρῶτον τὸν ἴδιον οἶκον εὐσεβεῖν
ei de tis chēra tekna ē ekgona echei, manthanetōsan prōton ton idion oikon eusebein
But if any widow hath children or grandchildren, let them learn first to show piety towards their own family,

καὶ ἀμοιβὰς ἀποδιδόναι τοῖς προγόνοις, τοῦτο γάρ ἐστιν ἀπόδεκτον ἐνώπιον τοῦ θεοῦ
kai amoibas apodidonai tois progonois, touto gar estin apodekton enōpion tou theou
and to requite their parents: for this is acceptable in the sight of God.

ἡ δὲ ὄντως χήρα καὶ μεμονωμένη ἤλπικεν ἐπὶ θεὸν
hē de ontōs chēra kai memonōmenē ēlpiken epi theon
Now she that is a widow indeed, and desolate, hath her hope set on God,

καὶ προσμένει ταῖς δεήσεσιν καὶ ταῖς προσευχαῖς νυκτὸς καὶ ἡμέρας
kai prosmenei tais deēsesin kai tais proseuchais nyktos kai hēmeras
and continueth in supplications and prayers night and day.

ἡ δὲ σπαταλῶσα ζῶσα τέθνηκεν
hē de spatalōsa zōsa tethnēken
But she that giveth herself to pleasure is dead while she liveth.

καὶ ταῦτα παράγγελλε, ἵνα ἀνεπίλημπτοι ὦσιν
kai tauta parangelle, hina anepilēmptoi ōsin
These things also command, that they may be without reproach.

εἰ δέ τις τῶν ἰδίων καὶ μάλιστα οἰκείων οὐ προνοεῖ
ei de tis tōn idiōn kai malista oikeiōn ou pronoei
But if any provideth not for his own, and specially his own household,

τὴν πίστιν ἤρνηται καὶ ἔστιν ἀπίστου χείρων
tēn pistin ērnētai kai estin apistou cheirōn
he hath denied the faith, and is worse than an unbeliever.

Χήρα καταλεγέσθω μὴ ἔλαττον ἐτῶν ἑξήκοντα γεγονυῖα, ἑνὸς ἀνδρὸς γυνή
Chēra katalegesthō mē elatton etōn hexēkonta gegonuia, henos andros gynē
Let none be enrolled as a widow under threescore years old, having been the wife of one man,

ἐν ἔργοις καλοῖς μαρτυρουμένη, εἰ ἐτεκνοτρόφησεν, εἰ ἐξενοδόχησεν
en ergois kalois martyroumenē, ei eteknotrophēsen, ei exenodochēsen
well reported of for good works; if she hath brought up children, if she hath used hospitality to strangers,

εἰ ἁγίων πόδας ἔνιψεν εἰ θλιβομένοις ἐπήρκεσεν, εἰ παντὶ ἔργῳ ἀγαθῷ ἐπηκολούθησεν
ei hagiōn podas enipsen, ei thlibomenois epērkesen, ei panti ergō agathō epēkolouthēsen
if she hath washed the saints' feet, if she hath relieved the afflicted, if she hath diligently followed every good work.

νεωτέρας δὲ χήρας παραιτοῦ· ὅταν γὰρ καταστρηνιάσωσιν τοῦ Χριστοῦ, γαμεῖν θέλουσιν
neōteras de chēras paraitou: hotan gar katastrēniasōsin tou Christou, gamein thelousin
But younger widows refuse: for when they have waxed wanton against Christ, they desire to marry;

ἔχουσαι κρίμα ὅτι τὴν πρώτην πίστιν ἠθέτησαν
echousai krima hoti tēn prōtēn pistin ēthetēsan
having condemnation, because they have rejected their first pledge.

ἅμα δὲ καὶ ἀργαὶ μανθάνουσιν, περιερχόμεναι τὰς οἰκίας
hama de kai argai manthanousin, perierchomenai tas oikias
And withal they learn also to be idle, going about from house to house;

οὐ μόνον δὲ ἀργαὶ ἀλλὰ καὶ φλύαροι καὶ περίεργοι, λαλοῦσαι τὰ μὴ δέοντα
ou monon de argai alla kai phlyaroi kai periergoi, lalousai ta mē deonta
and not only idle, but tattlers also and busybodies, speaking things which they ought not.

βούλομαι οὖν νεωτέρας γαμεῖν, τεκνογονεῖν, οἰκοδεσποτεῖν
boulomai oun neōteras gamein, teknogonein, oikodespotein
I desire therefore that the younger widows marry, bear children,

mēdemian aphormēn didonai tō antikeimenō loidorias charin
μηδεμίαν ἀφορμὴν διδόναι τῷ ἀντικειμένῳ λοιδορίας χάριν
rule the household, give no occasion to the adversary for reviling:

ἤδη γάρ τινες ἐξετράπησαν ὀπίσω τοῦ Σατανᾶ
ēdē gar tines exetrapēsan opisō tou Satana
for already some are turned aside after Satan.

εἴ τις πιστὴ ἔχει χήρας, ἐπαρκείτω αὐταῖς, καὶ μὴ βαρείσθω ἡ ἐκκλησία
ei tis pistē echei chēras, eparkeitō autais, kai mē bareisthō hē ekklēsia
If any woman that believeth hath widows, let her relieve them, and let not the church be burdened;

ἵνα ταῖς ὄντως χήραις ἐπαρκέσῃ
hina tais ontōs chērais eparkesē
that it may relieve them that are widows indeed.

Οἱ καλῶς προεστῶτες πρεσβύτεροι διπλῆς τιμῆς ἀξιούσθωσαν, μάλιστα οἱ κοπιῶντες ἐν λόγῳ καὶ διδασκαλίᾳ
HOi kalōs proestōtes presbyteroi diplēs timēs axiousthōsan, malista hoi kopiōntes en logō kai didaskalia
Let the elders that rule well be counted worthy of double honor, especially those who labor in the word and in teaching.

λέγει γὰρ ἡ γραφή, Βοῦν ἀλοῶντα οὐ φιμώσεις
legei gar hē graphē, Boun aloōnta ou phimōseis
For the scripture saith, Thou shalt not muzzle the ox when he treadeth out the corn.

καί, Ἄξιος ὁ ἐργάτης τοῦ μισθοῦ αὐτοῦ
kai, Axios ho ergatēs tou misthou autou
And, The laborer is worthy of his hire.

κατὰ πρεσβυτέρου κατηγορίαν μὴ παραδέχου, ἐκτὸς εἰ μὴ ἐπὶ δύο ἢ τριῶν μαρτύρων
kata presbyterou katēgorian mē paradechou, ektos ei mē epi dyo ē triōn martyrōn
Against an elder receive not an accusation, except at the mouth of two or three witnesses.

τοὺς ἁμαρτάνοντας ἐνώπιον πάντων ἔλεγχε, ἵνα καὶ οἱ λοιποὶ φόβον ἔχωσιν
tous hamartanontas enōpion pantōn elenche, hina kai hoi loipoi phobon echōsin
Them that sin reprove in the sight of all, that the rest also may be in fear.

Διαμαρτύρομαι ἐνώπιον τοῦ θεοῦ καὶ Χριστοῦ Ἰησοῦ καὶ τῶν ἐκλεκτῶν ἀγγέλων
Diamartyromai enōpion tou theou kai Christou Iēsou kai tōn eklektōn angelōn
I charge thee in the sight of God, and Christ Jesus, and the elect angels,

ἵνα ταῦτα φυλάξῃς χωρὶς προκρίματος, μηδὲν ποιῶν κατὰ πρόσκλισιν
hina tauta phylaxēs chōris prokrimatos, mēden poiōn kata prosklisin
that thou observe these things without prejudice, doing nothing by partiality.

Χεῖρας ταχέως μηδενὶ ἐπιτίθει, μηδὲ κοινώνει ἁμαρτίαις ἀλλοτρίαις: σεαυτὸν ἁγνὸν τήρει
Cheiras tacheōs mēdeni epitithei, mēde koinōnei hamartiais allotriais: seauton hagnon tērei
Lay hands hastily on no man, neither be partaker of other men's sins: keep thyself pure.

Μηκέτι ὑδροπότει, ἀλλὰ οἴνῳ ὀλίγῳ χρῶ διὰ τὸν στόμαχον καὶ τὰς πυκνάς σου ἀσθενεία
Mēketi hydropotei, alla oinō oligō chrō dia ton stomachon kai tas pyknas sou astheneia
Be no longer a drinker of water, but use a little wine for thy stomach's sake and thine often infirmities.

Τινῶν ἀνθρώπων αἱ ἁμαρτίαι πρόδηλοί εἰσιν, προάγουσαι εἰς κρίσιν, τισὶν δὲ καὶ ἐπακολουθοῦσιν:
Tinōn anthrōpōn hai hamartiai prodēloi eisin, proagousai eis krisin, tisin de kai epakolouthousin:
Some men's sins are evident, going before unto judgment; and some men also they follow after.

ὡσαύτως καὶ τὰ ἔργα τὰ καλὰ πρόδηλα, καὶ τὰ ἄλλως ἔχοντα κρυβῆναι οὐ δύνανται
hōsautōs kai ta erga ta kala prodēla, kai ta allōs echonta krybēnai ou dynantai
In like manner also there are good works that are evident; and such as are otherwise cannot be hid.

ς

Οσοι εἰσὶν ὑπὸ ζυγὸν δοῦλοι, τοὺς ἰδίους δεσπότας πάσης τιμῆς ἀξίους ἡγείσθωσαν
Osoi eisin hypo zygon douloi, tous idious despotas pasēs timēs axious hēgeisthōsan
Let as many as are servants under the yoke count their own masters worthy of all honor,

ἵνα μὴ τὸ ὄνομα τοῦ θεοῦ καὶ ἡ διδασκαλία βλασφημῆται
hina mē to onoma tou theou kai hē didaskalia blasphēmētai
that the name of God and the doctrine be not blasphemed.

οἱ δὲ πιστοὺς ἔχοντες δεσπότας μὴ καταφρονείτωσαν, ὅτι ἀδελφοί εἰσιν: ἀλλὰ μᾶλλον δουλευέτωσαν
hoi de pistous echontes despotas mē kataphroneitōsan, hoti adelphoi eisin: alla mallon douleuetōsan
And they that have believing masters, let them not despise them, because they are brethren; but let them serve them
the rather,

ὅτι πιστοί εἰσιν καὶ ἀγαπητοὶ οἱ τῆς εὐεργεσίας ἀντιλαμβανόμενοι. Ταῦτα δίδασκε καὶ παρακάλει
hoti pistoi eisin kai agapētoi hoi tēs euergesias antilambanomenoi. Tauta didaske kai parakalei
because they that partake of the benefit are believing and beloved. These things teach and exhort.

εἴ τις ἑτεροδιδασκαλεῖ καὶ μὴ προσέρχεται ὑγιαίνουσιν λόγοις
ei tis heterodidaskalei kai mē proserchetai hygiainousin logois
If any man teacheth a different doctrine, and consenteth not to sound words,

τοῖς τοῦ κυρίου ἡμῶν Ἰησοῦ Χριστοῦ, καὶ τῇ κατ' εὐσέβειαν διδασκαλίᾳ
tois tou kyriou hēmōn Iēsou Christou, kai tē kat' eusebeian didaskalia
even the words of our Lord Jesus Christ, and to the doctrine which is according to godliness;

τετύφωται, μηδὲν ἐπιστάμενος, ἀλλὰ νοσῶν περὶ ζητήσεις καὶ λογομαχίας
tetyphōtai, mēden epistamenos, alla nosōn peri zētēseis kai logomachias,
he is puffed up, knowing nothing, but doting about questionings and disputes of words,

ἐξ ὧν γίνεται φθόνος, ἔρις, βλασφημίαι, ὑπόνοιαι πονηραί
ex hōn ginetai phthonos, eris, blasphēmiai, hyponoiai ponērai
whereof cometh envy, strife, railings, evil surmisings,

διαπαρατριβαὶ διεφθαρμένων ἀνθρώπων τὸν νοῦν καὶ ἀπεστερημένων τῆς ἀληθείας
diaparatribai diephtharmenōn anthrōpōn ton noun kai apesterēmenōn tēs alētheias
wranglings of men corrupted in mind and bereft of the truth,

νομιζόντων πορισμὸν εἶναι τὴν εὐσέβεια
nomizontōn porismon einai tēn eusebeia
supposing that godliness is a way of gain.

ἔστιν δὲ πορισμὸς μέγας ἡ εὐσέβεια μετὰ αὐταρκείας
estin de porismos megas hē eusebeia meta autarkeias
But godliness with contentment is great gain:

οὐδὲν γὰρ εἰσηνέγκαμεν εἰς τὸν κόσμον, ὅτι οὐδὲ ἐξενεγκεῖν τι δυνάμεθα
ouden gar eisēnenkamen eis ton kosmon, hoti oude exenenkein ti dynametha
for we brought nothing into the world, for neither can we carry anything out;

ἔχοντες δὲ διατροφὰς καὶ σκεπάσματα, τούτοις ἀρκεσθησόμεθα
echontes de diatrophas kai skepasmata, toutois arkesthēsometha
but having food and covering we shall be therewith content.

οἱ δὲ βουλόμενοι πλουτεῖν ἐμπίπτουσιν εἰς πειρασμὸν καὶ παγίδα καὶ ἐπιθυμίας πολλὰς ἀνοήτους καὶ βλαβεράς
hoi de boulomenoi ploutein empiptousin eis peirasmon kai pagida kai epithymias pollas anoētous kai blaberas,
But they that are minded to be rich fall into a temptation and a snare and many foolish and hurtful lusts,

αἵτινες βυθίζουσιν τοὺς ἀνθρώπους εἰς ὄλεθρον καὶ ἀπώλειαν
haitines bythizousin tous anthrōpous eis olethron kai apōleian
such as drown men in destruction and perdition.

ῥίζα γὰρ πάντων τῶν κακῶν ἐστιν ἡ φιλαργυρία, ἧς τινες ὀρεγόμενοι ἀπεπλανήθησαν ἀπὸ τῆς πίστεως
rhiza gar pantōn tōn kakōn estin hē philargyria, hēs tines oregomenoi apeplanēthēsan apo tēs pisteōs
For the love of money is a root of all kinds of evil: which some reaching after have been led astray from the faith,

καὶ ἑαυτοὺς περιέπειραν ὀδύναις πολλαῖς
kai heautous periepeiran odynais pollais
and have pierced themselves through with many sorrows.

Σὺ δέ, ὦ ἄνθρωπε θεοῦ, ταῦτα φεῦγε· δίωκε δὲ δικαιοσύνην, εὐσέβειαν, πίστιν, ἀγάπην, ὑπομονήν, πραϋπαθίαν
Sy de, ō anthrōpe theou, tauta pheuge: diōke de dikaiosynēn, eusebeian, pistin, agapēn, hypomonēn, praupathian
But thou, O man of God, flee these things; and follow after righteousness, godliness, faith, love, patience, meekness.

ἀγωνίζου τὸν καλὸν ἀγῶνα τῆς πίστεως, ἐπιλαβοῦ τῆς αἰωνίου ζωῆς
agōnizou ton kalon agōna tēs pisteōs, epilabou tēs aiōniou zōēs
Fight the good fight of the faith, lay hold on the life eternal,

εἰς ἣν ἐκλήθης καὶ ὡμολόγησας τὴν καλὴν ὁμολογίαν ἐνώπιον πολλῶν μαρτύρων
eis hēn eklēthēs kai hōmologēsas tēn kalēn homologian enōpion pollōn martyrōn
whereunto thou wast called, and didst confess the good confession in the sight of many witnesses.

παραγγέλλω [σοι] ἐνώπιον τοῦ θεοῦ τοῦ ζωογονοῦντος τὰ πάντα
parangellō [soi] enōpion tou theou tou zōogonountos ta panta
I charge thee in the sight of God, who giveth life to all things,

καὶ Χριστοῦ Ἰησοῦ τοῦ μαρτυρήσαντος ἐπὶ Ποντίου Πιλάτου τὴν καλὴν ὁμολογίαν
kai Christou Iēsou tou martyrēsantos epi Pontiou Pilatou tēn kalēn homologian
and of Christ Jesus, who before Pontius Pilate witnessed the good confession;

τηρῆσαί σε τὴν ἐντολὴν ἄσπιλον ἀνεπίλημπτον μέχρι τῆς ἐπιφανείας τοῦ κυρίου ἡμῶν Ἰησοῦ Χριστοῦ
tērēsai se tēn entolēn aspilon anepilēmpton mechri tēs epiphaneias tou kyriou hēmōn Iēsou Christou
that thou keep the commandment, without spot, without reproach, until the appearing of our Lord Jesus Christ:

ἣν καιροῖς ἰδίοις δείξει ὁ μακάριος καὶ μόνος δυνάστης, ὁ βασιλεὺς τῶν βασιλευόντων καὶ κύριος τῶν κυριευόντων
hēn kairois idiois deixei ho makarios kai monos dynastēs, ho basileus tōn basileuontōn kai kyrios tōn kyrieuontōn
which in its own times he shall show, who is the blessed and only Potentate, the King of kings, and Lord of lords;

ὁ μόνος ἔχων ἀθανασίαν, φῶς οἰκῶν ἀπρόσιτον
ho monos echōn athanasian, phōs oikōn aprositon
who only hath immortality, dwelling in light unapproachable;

ὃν εἶδεν οὐδεὶς ἀνθρώπων οὐδὲ ἰδεῖν δύναται· ᾧ τιμὴ καὶ κράτος αἰώνιον· ἀμήν
hon eiden oudeis anthrōpōn oude idein dynatai: hō timē kai kratos aiōnion: amēn
whom no man hath seen, nor can see: to whom be honor and power eternal. Amen.

Τοῖς πλουσίοις ἐν τῷ νῦν αἰῶνι παράγγελλε μὴ ὑψηλοφρονεῖν μηδὲ ἠλπικέναι ἐπὶ πλούτου ἀδηλότητι
Tois plousiois en tō nyn aiōni parangelle mē hypsēlophronein mēde ēlpikenai epi ploutou adēlotēti
Charge them that are rich in this present world, that they be not highminded, nor have their hope set on the uncertainty of riches,

ἀλλ' ἐπὶ θεῷ τῷ παρέχοντι ἡμῖν πάντα πλουσίως εἰς ἀπόλαυσιν
all' epi theō tō parechonti hēmin panta plousiōs eis apolausin
but on God, who giveth us richly all things to enjoy;

ἀγαθοεργεῖν, πλουτεῖν ἐν ἔργοις καλοῖς, εὐμεταδότους εἶναι, κοινωνικούς
agathoergein, ploutein en ergois kalois, eumetadotous einai, koinōnikous
that they do good, that they be rich in good works, that they be ready to distribute, willing to communicate;

ἀποθησαυρίζοντας ἑαυτοῖς θεμέλιον καλὸν εἰς τὸ μέλλον
apothēsaurizontas heautois themelion kalon eis to mellon
laying up in store for themselves a good foundation against the time to come,

ἵνα ἐπιλάβωνται τῆς ὄντως ζωῆς
hina epilabōntai tēs ontōs zōēs
that they may lay hold on the life which is life indeed.

ω Τιμόθεε, τὴν παραθήκην φύλαξον
ō Timothee, tēn parathēkēn phylaxon,
O Timothy, guard that which is committed unto thee,

ἐκτρεπόμενος τὰς βεβήλους κενοφωνίας καὶ ἀντιθέσεις τῆς ψευδωνύμου γνώσεως
ektrepomenos tas bebēlous kenophōnias kai antitheseis tēs pseudōnymou gnōseōs
turning away from the profane babblings and oppositions of the knowledge which is falsely so called;

ἥν τινες ἐπαγγελλόμενοι περὶ τὴν πίστιν ἠστόχησαν. Ἡ χάρις μεθ' ὑμῶν
hēn tines epangellomenoi peri tēn pistin ēstochēsan. HĒ charis meth' hymōn
which some professing have erred concerning the faith. Grace be with you.

ΤΙΜΌΘΕΟΝ Β' α

Παῦλος ἀπόστολος Χριστοῦ Ἰησοῦ διὰ θελήματος θεοῦ κατ' ἐπαγγελίαν ζωῆς τῆς ἐν Χριστῷ Ἰησοῦ
Paulos apostolos Christou Iēsou dia thelēmatos theou kat' epangelian zōēs tēs en Christō Iēsou
Paul, an apostle of Christ Jesus through the will of God, according to the promise of the life which is in Christ Jesus,

Τιμοθέῳ ἀγαπητῷ τέκνῳ: χάρις, ἔλεος, εἰρήνη ἀπὸ θεοῦ πατρὸς καὶ Χριστοῦ Ἰησοῦ τοῦ κυρίου ἡμῶν
Timotheō agapētō teknō: charis, eleos, eirēnē apo theou patros kai Christou Iēsou tou kyriou hēmōn
to Timothy, my beloved child: Grace, mercy, peace, from God the Father and Christ Jesus our Lord.

Χάριν ἔχω τῷ θεῷ, ᾧ λατρεύω ἀπὸ προγόνων ἐν καθαρᾷ συνειδήσει
Charin echō tō theō, hō latreuō apo progonōn en kathara syneidēsei
I thank God, whom I serve from my forefathers in a pure conscience,

ὡς ἀδιάλειπτον ἔχω τὴν περὶ σοῦ μνείαν ἐν ταῖς δεήσεσίν μου νυκτὸς καὶ ἡμέρας
hōs adialeipton echō tēn peri sou mneian en tais deēsesin mou nyktos kai hēmeras
how unceasing is my remembrance of thee in my supplications, night and day

ἐπιποθῶν σε ἰδεῖν, μεμνημένος σου τῶν δακρύων, ἵνα χαρᾶς πληρωθῶ
epipothōn se idein, memnēmenos sou tōn dakryōn, hina charas plērōthō
longing to see thee, remembering thy tears, that I may be filled with joy;

ὑπόμνησιν λαβὼν τῆς ἐν σοὶ ἀνυποκρίτου πίστεως
hypomnēsin labōn tēs en soi anypokritou pisteōs
having been reminded of the unfeigned faith that is in thee;

ἥτις ἐνῴκησεν πρῶτον ἐν τῇ μάμμῃ σου Λωΐδι καὶ τῇ μητρί σου Εὐνίκῃ, πέπεισμαι δὲ ὅτι καὶ ἐν σοί
hētis enōkēsen prōton en tē mammē sou Lōidi kai tē mētri sou Eunikē, pepeismai de hoti kai en soi
which dwelt first in thy grandmother Lois, and thy mother Eunice; and, I am persuaded, in thee also.

δι' ἣν αἰτίαν ἀναμιμνῄσκω σε ἀναζωπυρεῖν τὸ χάρισμα τοῦ θεοῦ
di' hēn aitian anamimnēskō se anazōpyrein to charisma tou theou
For which cause I put thee in remembrance that thou stir up the gift of God,

ὅ ἐστιν ἐν σοὶ διὰ τῆς ἐπιθέσεως τῶν χειρῶν μου
ho estin en soi dia tēs epitheseōs tōn cheirōn mou
which is in thee through the laying on of my hands.

οὐ γὰρ ἔδωκεν ἡμῖν ὁ θεὸς πνεῦμα δειλίας, ἀλλὰ δυνάμεως καὶ ἀγάπης καὶ σωφρονισμοῦ
ou gar edōken hēmin ho theos pneuma deilias, alla dynameōs kai agapēs kai sōphronismou
For God gave us not a spirit of fearfulness; but of power and love and discipline.

μὴ οὖν ἐπαισχυνθῇς τὸ μαρτύριον τοῦ κυρίου ἡμῶν μηδὲ ἐμὲ τὸν δέσμιον αὐτοῦ
mē oun epaischynthēs to martyrion tou kyriou hēmōn mēde eme ton desmion autou
Be not ashamed therefore of the testimony of our Lord, nor of me his prisoner:

ἀλλὰ συγκακοπάθησον τῷ εὐαγγελίῳ κατὰ δύναμιν θεοῦ
alla synkakopathēson tō euangeliō kata dynamin theou
but suffer hardship with the gospel according to the power of God;

τοῦ σώσαντος ἡμᾶς καὶ καλέσαντος κλήσει ἁγίᾳ, οὐ κατὰ τὰ ἔργα ἡμῶν ἀλλὰ κατὰ ἰδίαν πρόθεσιν καὶ χάριν
tou sōsantos hēmas kai kalesantos klēsei hagia, ou kata ta erga hēmōn alla kata idian prothesin kai charin
who saved us, and called us with a holy calling, not according to our works, but according to his own purpose and grace,

τὴν δοθεῖσαν ἡμῖν ἐν Χριστῷ Ἰησοῦ πρὸ χρόνων αἰωνίων
tēn dotheisan hēmin en Christō Iēsou pro chronōn aiōniōn
which was given us in Christ Jesus before times eternal,

φανερωθεῖσαν δὲ νῦν διὰ τῆς ἐπιφανείας τοῦ σωτῆρος ἡμῶν Χριστοῦ Ἰησοῦ
phanerōtheisan de nyn dia tēs epiphaneias tou sōtēros hēmōn Christou Iēsou,
but hath now been manifested by the appearing of our Saviour Christ Jesus,

καταργήσαντος μὲν τὸν θάνατον φωτίσαντος δὲ ζωὴν καὶ ἀφθαρσίαν διὰ τοῦ εὐαγγελίου
katargēsantos men ton thanaton phōtisantos de zōēn kai aphtharsian dia tou euangeliou
who abolished death, and brought life and immortality to light through the gospel,

εἰς ὃ ἐτέθην ἐγὼ κῆρυξ καὶ ἀπόστολος καὶ διδάσκαλος
eis ho etethēn egō kēryx kai apostolos kai didaskalos
whereunto I was appointed a preacher, and an apostle, and a teacher.

δι' ἣν αἰτίαν καὶ ταῦτα πάσχω, ἀλλ' οὐκ ἐπαισχύνομαι, οἶδα γὰρ ᾧ πεπίστευκα
di' hēn aitian kai tauta paschō, all' ouk epaischynomai, oida gar hō pepisteuka
For which cause I suffer also these things: yet I am not ashamed; for I know him whom I have believed,

καὶ πέπεισμαι ὅτι δυνατός ἐστιν τὴν παραθήκην μου φυλάξαι εἰς ἐκείνην τὴν ἡμέραν
kai pepeismai hoti dynatos estin tēn parathēkēn mou phylaxai eis ekeinēn tēn hēmeran
and I am persuaded that he is able to guard that which I have committed unto him against that day.

ὑποτύπωσιν ἔχε ὑγιαινόντων λόγων ὧν παρ' ἐμοῦ ἤκουσας ἐν πίστει καὶ ἀγάπῃ τῇ ἐν Χριστῷ Ἰησο
hypotypōsin eche hygiainontōn logōn hōn par' emou ēkousas en pistei kai agapē tē en Christō Iēso
Hold the pattern of sound words which thou hast heard from me, in faith and love which is in Christ Jesus.

τὴν καλὴν παραθήκην φύλαξον διὰ πνεύματος ἁγίου τοῦ ἐνοικοῦντος ἐν ἡμῖ
tēn kalēn parathēkēn phylaxon dia pneumatos hagiou tou enoikountos en hēmi
That good thing which was committed unto thee guard through the Holy Spirit which dwelleth in us.

Οἶδας τοῦτο, ὅτι ἀπεστράφησάν με πάντες οἱ ἐν τῇ Ἀσίᾳ, ὧν ἐστιν Φύγελος καὶ Ἑρμογένης
Oidas touto, hoti apestraphēsan me pantes hoi en tē Asia, hōn estin Phygelos kai Hermogenēs
This thou knowest, that all that are in Asia turned away from me; of whom are Phygelus and Hermogenes.

δῴη ἔλεος ὁ κύριος τῷ Ὀνησιφόρου οἴκῳ, ὅτι πολλάκις με ἀνέψυξεν καὶ τὴν ἅλυσίν μου οὐκ ἐπαισχύνθη
dōē eleos ho kyrios tō Onēsiphorou oikō, hoti pollakis me anepsyxen kai tēn halysin mou ouk epaischynthē
The Lord grant mercy unto the house of Onesiphorus: for he oft refreshed me, and was not ashamed of my chain;

ἀλλὰ γενόμενος ἐν Ῥώμῃ σπουδαίως ἐζήτησέν με καὶ εὗρεν
alla genomenos en Rhōmē spoudaiōs ezētēsen me kai heuren
but, when he was in Rome, he sought me diligently, and found me

δώῃ αὐτῷ ὁ κύριος εὑρεῖν ἔλεος παρὰ κυρίου ἐν ἐκείνῃ τῇ ἡμέρᾳ
dōē autō ho kyrios heurein eleos para kyriou en ekeinē tē hēmera
(the Lord grant unto him to find mercy of the Lord in that day);

καὶ ὅσα ἐν Ἐφέσῳ διηκόνησεν, βέλτιον σὺ γινώσκεις
kai hosa en Ephesō diēkonēsen, beltion sy ginōskeis
and in how many things he ministered at Ephesus, thou knowest very well.

β

Σὺ οὖν, τέκνον μου, ἐνδυναμοῦ ἐν τῇ χάριτι τῇ ἐν Χριστῷ Ἰησοῦ
Sy oun, teknon mou, endynamou en tē chariti tē en Christō Iēsou
Thou therefore, my child, be strengthened in the grace that is in Christ Jesus.

καὶ ἃ ἤκουσας παρ' ἐμοῦ διὰ πολλῶν μαρτύρων, ταῦτα παράθου πιστοῖς ἀνθρώποις
kai ha ēkousas par' emou dia pollōn martyrōn, tauta parathou pistois anthrōpois
And the things which thou hast heard from me among many witnesses, the same commit thou to faithful men,

οἵτινες ἱκανοὶ ἔσονται καὶ ἑτέρους διδάξαι
hoitines hikanoi esontai kai heterous didaxai
who shall be able to teach others also.

συγκακοπάθησον ὡς καλὸς στρατιώτης Χριστοῦ Ἰησοῦ
synkakopathēson hōs kalos stratiōtēs Christou Iēsou
Suffer hardship with me, as a good soldier of Christ Jesus.

οὐδεὶς στρατευόμενος ἐμπλέκεται ταῖς τοῦ βίου πραγματείαις, ἵνα τῷ στρατολογήσαντι ἀρέσ
oudeis strateuomenos empleketai tais tou biou pragmateiais, hina tō stratologēsanti ares
No soldier on service entangleth himself in the affairs of this life; that he may please him who enrolled him as a soldier.

ἐὰν δὲ καὶ ἀθλῇ τις, οὐ στεφανοῦται ἐὰν μὴ νομίμως ἀθλήσῃ
ean de kai athlē tis, ou stephanoutai ean mē nomimōs athlēsē
And if also a man contend in the games, he is not crowned, except he have contended lawfully.

τὸν κοπιῶντα γεωργὸν δεῖ πρῶτον τῶν καρπῶν μεταλαμβάνει
ton kopiōnta geōrgon dei prōton tōn karpōn metalambanei
The husbandman that laboreth must be the first to partake of the fruits.

νόει ὃ λέγω· δώσει γάρ σοι ὁ κύριος σύνεσιν ἐν πᾶσιν
noei ho legō: dōsei gar soi ho kyrios synesin en pasin
Consider what I say; for the Lord shall give thee understanding in all things.

Μνημόνευε Ἰησοῦν Χριστὸν ἐγηγερμένον ἐκ νεκρῶν, ἐκ σπέρματος Δαυίδ, κατὰ τὸ εὐαγγέλιόν μου
Mnēmoneue Iēsoun Christon egēgermenon ek nekrōn, ek spermatos Dauid, kata to euangelion mou
Remember Jesus Christ, risen from the dead, of the seed of David, according to my gospel:

ἐν ᾧ κακοπαθῶ μέχρι δεσμῶν ὡς κακοῦργος, ἀλλὰ ὁ λόγος τοῦ θεοῦ οὐ δέδεται
en hō kakopathō mechri desmōn hōs kakourgos, alla ho logos tou theou ou dedetai
wherein I suffer hardship unto bonds, as a malefactor; but the word of God is not bound.

διὰ τοῦτο πάντα ὑπομένω διὰ τοὺς ἐκλεκτούς
dia touto panta hypomenō dia tous eklektous
Therefore I endure all things for the elect's sake,

ἵνα καὶ αὐτοὶ σωτηρίας τύχωσιν τῆς ἐν Χριστῷ Ἰησοῦ μετὰ δόξης αἰωνίου
hina kai autoi sōtērias tychōsin tēs en Christō Iēsou meta doxēs aiōniou
that they also may obtain the salvation which is in Christ Jesus with eternal glory.

πιστὸς ὁ λόγος: εἰ γὰρ συναπεθάνομεν, καὶ συζήσομεν
pistos ho logos: ei gar synapethanomen, kai syzēsomen
Faithful is the saying: For if we died with him, we shall also live with him:

εἰ ὑπομένομεν, καὶ συμβασιλεύσομεν: εἰ ἀρνησόμεθα, κἀκεῖνος ἀρνήσεται ἡμᾶς
ei hypomenomen, kai symbasileusomen: ei arnēsometha, kakeinos arnēsetai hēmas
if we endure, we shall also reign with him: if we shall deny him, he also will deny us:

εἰ ἀπιστοῦμεν, ἐκεῖνος πιστὸς μένει, ἀρνήσασθαι γὰρ ἑαυτὸν οὐ δύναται
ei apistoumen, ekeinos pistos menei, arnēsasthai gar heauton ou dynatai
if we are faithless, he abideth faithful; for he cannot deny himself.

Ταῦτα ὑπομίμνησκε, διαμαρτυρόμενος ἐνώπιον τοῦ θεοῦ μὴ λογομαχεῖν
Ταῦτα ὑπομίμνησκε, διαμαρτυρόμενος ἐνώπιον τοῦ θεοῦ μὴ λογομαχεῖν
Of these things put them in remembrance, charging them in the sight of the Lord, that they strive not about words,

ἐπ' οὐδὲν χρήσιμον, ἐπὶ καταστροφῇ τῶν ἀκουόντων
ἐπ' οὐδὲν χρήσιμον, ἐπὶ καταστροφῇ τῶν ἀκουόντων
to no profit, to the subverting of them that hear.

σπούδασον σεαυτὸν δόκιμον παραστῆσαι τῷ θεῷ
spoudason seauton dokimon parastēsai tō theō
Give diligence to present thyself approved unto God,

ἐργάτην ἀνεπαίσχυντον, ὀρθοτομοῦντα τὸν λόγον τῆς ἀληθείας
ergatēn anepaischynton, orthotomounta ton logon tēs alētheias
a workman that needeth not to be ashamed, handling aright the word of truth.

τὰς δὲ βεβήλους κενοφωνίας περιΐστασο: ἐπὶ πλεῖον γὰρ προκόψουσιν ἀσεβείας
tas de bebēlous kenophōnias periistaso: epi pleion gar prokopsousin asebeias
But shun profane babblings: for they will proceed further in ungodliness,

καὶ ὁ λόγος αὐτῶν ὡς γάγγραινα νομὴν ἕξει· ὧν ἐστιν Ὑμέναιος καὶ Φίλητος
kai ho logos autōn hōs gangraina nomēn hexei: hōn estin Hymenaios kai Philētos
and their word will eat as doth a gangrene: of whom is Hymenæus and Philetus;

οἵτινες περὶ τὴν ἀλήθειαν ἠστόχησαν, λέγοντες [τὴν] ἀνάστασιν ἤδη γεγονέναι, καὶ ἀνατρέπουσιν τήν τινων πίστιν
hoitines peri tēn alētheian ēstochēsan, legontes [tēn] anastasin ēdē gegonenai, kai anatrepousin tēn tinōn pistin
men who concerning the truth have erred, saying that the resurrection is past already, and overthrow the faith of some.

ὁ μέντοι στερεὸς θεμέλιος τοῦ θεοῦ ἕστηκεν, ἔχων τὴν σφραγῖδα ταύτην
ho mentoi stereos themelios tou theou hestēken, echōn tēn sphragida tautēn
Howbeit the firm foundation of God standeth, having this seal,

Ἔγνω κύριος τοὺς ὄντας αὐτοῦ, καί, Ἀποστήτω ἀπὸ ἀδικίας πᾶς ὁ ὀνομάζων τὸ ὄνομα κυρίου
Egnō kyrios tous ontas autou, kai, Apostētō apo adikias pas ho onomazōn to onoma kyriou
The Lord knoweth them that are his: and, Let every one that nameth the name of the Lord depart from unrighteousness.

Ἐν μεγάλῃ δὲ οἰκίᾳ οὐκ ἔστιν μόνον σκεύη χρυσᾶ καὶ ἀργυρᾶ ἀλλὰ καὶ ξύλινα καὶ ὀστράκινα
En megalē de oikia ouk estin monon skeuē chrysa kai argyra alla kai xylina kai ostrakina
Now in a great house there are not only vessels of gold and of silver, but also of wood and of earth;

καὶ ἃ μὲν εἰς τιμὴν ἃ δὲ εἰς ἀτιμίαν
kai ha men eis timēn ha de eis atimian
and some unto honor, and some unto dishonor.

ἐὰν οὖν τις ἐκκαθάρῃ ἑαυτὸν ἀπὸ τούτων, ἔσται σκεῦος εἰς τιμήν, ἡγιασμένον
ean oun tis ekkatharē heauton apo toutōn, estai skeuos eis timēn, hēgiasmenon,
If a man therefore purge himself from these, he shall be a vessel unto honor, sanctified,

εὔχρηστον τῷ δεσπότῃ, εἰς πᾶν ἔργον ἀγαθὸν ἡτοιμασμένον
euchrēston tō despotē, eis pan ergon agathon hētoimasmenon
meet for the master's use, prepared unto every good work.

τὰς δὲ νεωτερικὰς ἐπιθυμίας φεῦγε, δίωκε δὲ δικαιοσύνην, πίστιν
tas de neōterikas epithymias pheuge, diōke de dikaiosynēn, pistin,
But flee youthful lusts, and follow after righteousness, faith,

ἀγάπην, εἰρήνην μετὰ τῶν ἐπικαλουμένων τὸν κύριον ἐκ καθαρᾶς καρδίας
agapēn, eirēnēn meta tōn epikaloumenōn ton kyrion ek katharas kardias
love, peace, with them that call on the Lord out of a pure heart.

τὰς δὲ μωρὰς καὶ ἀπαιδεύτους ζητήσεις παραιτοῦ, εἰδὼς ὅτι γεννῶσιν μάχας
tas de mōras kai apaideutous zētēseis paraitou, eidōs hoti gennōsin machas
But foolish and ignorant questionings refuse, knowing that they gender strifes.

δοῦλον δὲ κυρίου οὐ δεῖ μάχεσθαι, ἀλλὰ ἤπιον εἶναι πρὸς πάντας, διδακτικόν, ἀνεξίκακον
doulon de kyriou ou dei machesthai, alla ēpion einai pros pantas, didaktikon, anexikakon
And the Lord's servant must not strive, but be gentle towards all, apt to teach, forbearing,

ἐν πραΰτητι παιδεύοντα τοὺς ἀντιδιατιθεμένους
en prautēti paideuonta tous antidiatithemenous
in meekness correcting them that oppose themselves;

μήποτε δώῃ αὐτοῖς ὁ θεὸς μετάνοιαν εἰς ἐπίγνωσιν ἀληθείας
mēpote dōē autois ho theos metanoian eis epignōsin alētheias
if peradventure God may give them repentance unto the knowledge of the truth,

καὶ ἀνανήψωσιν ἐκ τῆς τοῦ διαβόλου παγίδος, ἐζωγρημένοι ὑπ' αὐτοῦ εἰς τὸ ἐκείνου θέλημα
kai ananēpsōsin ek tēs tou diabolou pagidos, ezōgrēmenoi hyp' autou eis to ekeinou thelēma
and they may recover themselves out of the snare of the devil, having been taken captive by him unto his will.

γ

Τοῦτο δὲ γίνωσκε, ὅτι ἐν ἐσχάταις ἡμέραις ἐνστήσονται καιροὶ χαλεποί
Touto de ginōske, hoti en eschatais hēmerais enstēsontai kairoi chalepoi
But know this, that in the last days grievous times shall come.

ἔσονται γὰρ οἱ ἄνθρωποι φίλαυτοι, φιλάργυροι, ἀλαζόνες, ὑπερήφανοι
esontai gar hoi anthrōpoi philautoi, philargyroi, alazones, hyperēphanoi,
For men shall be lovers of self, lovers of money, boastful, haughty,

βλάσφημοι, γονεῦσιν ἀπειθεῖς, ἀχάριστοι, ἀνόσιοι
blasphēmoi, goneusin apeitheis, acharistoi, anosioi
railers, disobedient to parents, unthankful, unholy,

ἄστοργοι, ἄσπονδοι, διάβολοι, ἀκρατεῖς, ἀνήμεροι, ἀφιλάγαθοι
astorgoi, aspondoi, diaboloi, akrateis, anēmeroi, aphilagathoi
without natural affection, implacable, slanderers, without self-control, fierce, no lovers of good,

προδόται, προπετεῖς, τετυφωμένοι, φιλήδονοι μᾶλλον ἢ φιλόθεοι
prodotai, propeteis, tetyphōmenoi, philēdonoi mallon ē philotheoi
traitors, headstrong, puffed up, lovers of pleasure rather than lovers of God;

ἔχοντες μόρφωσιν εὐσεβείας τὴν δὲ δύναμιν αὐτῆς ἠρνημένοι· καὶ τούτους ἀποτρέπου
echontes morphōsin eusebeias tēn de dynamin autēs ērnēmenoi: kai toutous apotrepou
holding a form of godliness, but having denied the power thereof: from these also turn away.

ἐκ τούτων γάρ εἰσιν οἱ ἐνδύνοντες εἰς τὰς οἰκίας καὶ αἰχμαλωτίζοντες γυναικάρια σεσωρευμένα ἁμαρτίαις
ek toutōn gar eisin hoi endynontes eis tas oikias kai aichmalōtizontes gynaikaria sesōreumena hamartiais
For of these are they that creep into houses, and take captive silly women laden with sins,

ἀγόμενα ἐπιθυμίαις ποικίλαις
agomena epithymiais poikilais
led away by divers lusts,

πάντοτε μανθάνοντα καὶ μηδέποτε εἰς ἐπίγνωσιν ἀληθείας ἐλθεῖν δυνάμεν
pantote manthanonta kai mēdepote eis epignōsin alētheias elthein dynamen
ever learning, and never able to come to the knowledge of the truth.

ὃν τρόπον δὲ Ἰάννης καὶ Ἰαμβρῆς ἀντέστησαν Μωϋσεῖ, οὕτως καὶ οὗτοι ἀνθίστανται τῇ ἀληθείᾳ
hon tropon de Iannēs kai Iambrēs antestēsan Mōusei, houtōs kai houtoi anthistantai tē alētheia
And even as Jannes and Jambres withstood Moses, so do these also withstand the truth;

ἄνθρωποι κατεφθαρμένοι τὸν νοῦν, ἀδόκιμοι περὶ τὴν πίστιν
anthrōpoi katephtharmenoi ton noun, adokimoi peri tēn pistin
men corrupted in mind, reprobate concerning the faith.

ἀλλ' οὐ προκόψουσιν ἐπὶ πλεῖον, ἡ γὰρ ἄνοια αὐτῶν ἔκδηλος ἔσται πᾶσιν, ὡς καὶ ἡ ἐκείνων ἐγένετο
all' ou prokopsousin epi pleion, hē gar anoia autōn ekdēlos estai pasin, hōs kai hē ekeinōn egeneto
But they shall proceed no further: for their folly shall be evident unto all men, as theirs also came to be.

Σὺ δὲ παρηκολούθησάς μου τῇ διδασκαλίᾳ, τῇ ἀγωγῇ, τῇ προθέσει, τῇ πίστει, τῇ μακροθυμίᾳ, τῇ ἀγάπῃ, τῇ ὑπομονῇ
Sy de parēkolouthēsas mou tē didaskalia, tē agōgē, tē prothesei, tē pistei, tē makrothymia, tē agapē, tē hypomonē
But thou didst follow my teaching, conduct, purpose, faith, longsuffering, love, patience,

τοῖς διωγμοῖς, τοῖς παθήμασιν, οἷά μοι ἐγένετο ἐν Ἀντιοχείᾳ, ἐν Ἰκονίῳ, ἐν Λύστροις, οἵους διωγμοὺς ὑπήνεγκα
tois diōgmois, tois pathēmasin, hoia moi egeneto en Antiocheia, en Ikoniō, en Lystrois, hoious diōgmous hypēnenka:
persecutions, sufferings; what things befell me at Antioch, at Iconium, at Lystra; what persecutions I endured:

καὶ ἐκ πάντων με ἐρρύσατο ὁ κύριο
kai ek pantōn me errysato ho kyrio
and out of them all the Lord delivered me.

καὶ πάντες δὲ οἱ θέλοντες εὐσεβῶς ζῆν ἐν Χριστῷ Ἰησοῦ διωχθήσονται
kai pantes de hoi thelontes eusebōs zēn en Christō Iēsou diōchthēsontai
Yea, and all that would live godly in Christ Jesus shall suffer persecution.

πονηροὶ δὲ ἄνθρωποι καὶ γόητες προκόψουσιν ἐπὶ τὸ χεῖρον, πλανῶντες καὶ πλανώμενοι
ponēroi de anthrōpoi kai goētes prokopsousin epi to cheiron, planōntes kai planōmenoi
But evil men and impostors shall wax worse and worse, deceiving and being deceived.

σὺ δὲ μένε ἐν οἷς ἔμαθες καὶ ἐπιστώθης
sy de mene en hois emathes kai epistōthēs
But abide thou in the things which thou hast learned and hast been assured of,

εἰδὼς παρὰ τίνων ἔμαθες
eidōs para tinōn emathes
knowing of whom thou hast learned them;

καὶ ὅτι ἀπὸ βρέφους [τὰ] ἱερὰ γράμματα οἶδας
kai hoti apo brephous [ta] hiera grammata oidas
and that from a babe thou hast known the sacred writings

τὰ δυνάμενά σε σοφίσαι εἰς σωτηρίαν διὰ πίστεως τῆς ἐν Χριστῷ Ἰησοῦ
ta dynamena se sophisai eis sōtērian dia pisteōs tēs en Christō Iēsou
which are able to make thee wise unto salvation through faith which is in Christ Jesus.

πᾶσα γραφὴ θεόπνευστος καὶ ὠφέλιμος πρὸς διδασκαλίαν
pasa graphē theopneustos kai ōphelimos pros didaskalian
Every scripture inspired of God is also profitable for teaching,

πρὸς ἐλεγμόν, πρὸς ἐπανόρθωσιν, πρὸς παιδείαν τὴν ἐν δικαιοσύνη
pros elegmon, pros epanorthōsin, pros paideian tēn en dikaiosynē
for reproof, for correction, for instruction which is in righteousness:

ἵνα ἄρτιος ᾖ ὁ τοῦ θεοῦ ἄνθρωπος, πρὸς πᾶν ἔργον ἀγαθὸν ἐξηρτισμένος
hina artios ē ho tou theou anthrōpos, pros pan ergon agathon exērtismenos
that the man of God may be complete, furnished completely unto every good work.

δ

Διαμαρτύρομαι ἐνώπιον τοῦ θεοῦ καὶ Χριστοῦ Ἰησοῦ, τοῦ μέλλοντος κρίνειν ζῶντας καὶ νεκρούς
Diamartyromai enōpion tou theou kai Christou Iēsou, tou mellontos krinein zōntas kai nekrous
I charge thee in the sight of God, and of Christ Jesus, who shall judge the living and the dead,

καὶ τὴν ἐπιφάνειαν αὐτοῦ καὶ τὴν βασιλείαν αὐτοῦ
kai tēn epiphaneian autou kai tēn basileian autou
and by his appearing and his kingdom:

κήρυξον τὸν λόγον, ἐπίστηθι εὐκαίρως ἀκαίρως, ἔλεγξον, ἐπιτίμησον, παρακάλεσον, ἐν πάσῃ μακροθυμίᾳ καὶ διδαχῇ
kēryxon ton logon, epistēthi eukairōs akairōs, elenxon, epitimēson, parakaleson, en pasē makrothymia kai didachē
preach the word; be urgent in season, out of season; reprove, rebuke, exhort, with all longsuffering and teaching.

ἔσται γὰρ καιρὸς ὅτε τῆς ὑγιαινούσης διδασκαλίας οὐκ ἀνέξονται
estai gar kairos hote tēs hygiainousēs didaskalias ouk anexontai
For the time will come when they will not endure the sound doctrine;

ἀλλὰ κατὰ τὰς ἰδίας ἐπιθυμίας ἑαυτοῖς ἐπισωρεύσουσιν διδασκάλους κνηθόμενοι τὴν ἀκοήν
alla kata tas idias epithymias heautois episōreusousin didaskalous knēthomenoi tēn akoēn
but, having itching ears, will heap to themselves teachers after their own lusts;

καὶ ἀπὸ μὲν τῆς ἀληθείας τὴν ἀκοὴν ἀποστρέψουσιν, ἐπὶ δὲ τοὺς μύθους ἐκτραπήσονται
kai apo men tēs alētheias tēn akoēn apostrepsousin, epi de tous mythous ektrapēsontai
and will turn away their ears from the truth, and turn aside unto fables.

σὺ δὲ νῆφε ἐν πᾶσιν, κακοπάθησον, ἔργον ποίησον εὐαγγελιστοῦ, τὴν διακονίαν σου πληροφόρησον
sy de nēphe en pasin, kakopathēson, ergon poiēson euangelistou, tēn diakonian sou plērophorēson
But be thou sober in all things, suffer hardship, do the work of an evangelist, fulfil thy ministry.

Ἐγὼ γὰρ ἤδη σπένδομαι, καὶ ὁ καιρὸς τῆς ἀναλύσεώς μου ἐφέστηκεν
Egō gar ēdē spendomai, kai ho kairos tēs analyseōs mou ephestēken
For I am already being offered, and the time of my departure is come.

τὸν καλὸν ἀγῶνα ἠγώνισμαι, τὸν δρόμον τετέλεκα, τὴν πίστιν τετήρηκα
ton kalon agōna ēgōnismai, ton dromon teteleka, tēn pistin tetērēka
I have fought the good fight, I have finished the course, I have kept the faith:

λοιπὸν ἀπόκειταί μοι ὁ τῆς δικαιοσύνης στέφανος, ὃν ἀποδώσει μοι ὁ κύριος ἐν ἐκείνῃ τῇ ἡμέρᾳ ὁ δίκαιος κριτής,
loipon apokeitai moi ho tēs dikaiosynēs stephanos, hon apodōsei moi ho kyrios en ekeinē tē hēmera, ho dikaios kritēs,
henceforth there is laid up for me the crown of righteousness, which the Lord, the righteous judge, shall give to me at that day;

οὐ μόνον δὲ ἐμοὶ ἀλλὰ καὶ πᾶσι τοῖς ἠγαπηκόσι τὴν ἐπιφάνειαν αὐτοῦ. Σπούδασον ἐλθεῖν πρός με ταχέως
ou monon de emoi alla kai pasi tois ēgapēkosi tēn epiphaneian autou. Spoudason elthein pros me tacheōs
and not to me only, but also to all them that have loved his appearing. Give diligence to come shortly unto me:

Δημᾶς γάρ με ἐγκατέλιπεν ἀγαπήσας τὸν νῦν αἰῶνα
Dēmas gar me enkatelipen agapēsas ton nyn aiōna,
for Demas forsook me, having loved this present world,

καὶ ἐπορεύθη εἰς Θεσσαλονίκην, Κρήσκης εἰς Γαλατίαν, Τίτος εἰς Δαλματίαν
kai eporeuthē eis Thessalonikēn, Krēskēs eis Galatian, Titos eis Dalmatian
and went to Thessalonica; Crescens to Galatia, Titus to Dalmatia.

Λουκᾶς ἐστιν μόνος μετ' ἐμοῦ. Μᾶρκον ἀναλαβὼν ἄγε μετὰ σεαυτοῦ, ἔστιν γάρ μοι εὔχρηστος εἰς διακονίαν
Loukas estin monos met' emou. Markon analabōn age meta seautou, estin gar moi euchrēstos eis diakonian
Only Luke is with me. Take Mark, and bring him with thee; for he is useful to me for ministering.

Τυχικὸν δὲ ἀπέστειλα εἰς Ἔφεσον
Tychikon de apesteila eis Epheson
But Tychicus I sent to Ephesus.

τὸν φαιλόνην ὃν ἀπέλιπον ἐν Τρῳάδι παρὰ Κάρπῳ ἐρχόμενος φέρε, καὶ τὰ βιβλία, μάλιστα τὰς μεμβράνας
ton phailonēn hon apelipon en Trōadi para Karpō erchomenos phere, kai ta biblia, malista tas membranas
The cloak that I left at Troas with Carpus, bring when thou comest, and the books, especially the parchments.

Ἀλέξανδρος ὁ χαλκεὺς πολλά μοι κακὰ ἐνεδείξατο: ἀποδώσει αὐτῷ ὁ κύριος κατὰ τὰ ἔργα αὐτοῦ
Alexandros ho chalkeus polla moi kaka enedeixato: apodōsei autō ho kyrios kata ta erga autou
Alexander the coppersmith did me much evil: the Lord will render to him according to his works:

ὃν καὶ σὺ φυλάσσου, λίαν γὰρ ἀντέστη τοῖς ἡμετέροις λόγοις
hon kai sy phylassou, lian gar antestē tois hēmeterois logois
of whom do thou also beware; for he greatly withstood our words.

Ἐν τῇ πρώτῃ μου ἀπολογίᾳ οὐδείς μοι παρεγένετο, ἀλλὰ πάντες με ἐγκατέλιπον: μὴ αὐτοῖς λογισθείη
En tē prōtē mou apologia oudeis moi paregeneto, alla pantes me enkatelipon: mē autois logistheiē
At my first defence no one took my part, but all forsook me: may it not be laid to their account.

ὁ δὲ κύριός μοι παρέστη καὶ ἐνεδυνάμωσέν με, ἵνα δι' ἐμοῦ τὸ κήρυγμα πληροφορηθῇ
ho de kyrios moi parestē kai enedynamōsen me, hina di' emou to kērygma plērophorēthē
But the Lord stood by me, and strengthened me; that through me the message might be fully proclaimed,

καὶ ἀκούσωσιν πάντα τὰ ἔθνη, καὶ ἐρρύσθην ἐκ στόματος λέοντος
kai akousōsin panta ta ethnē, kai errysthēn ek stomatos leontos
and that all the Gentiles might hear: and I was delivered out of the mouth of the lion.

ῥύσεταί με ὁ κύριος ἀπὸ παντὸς ἔργου πονηροῦ καὶ σώσει εἰς τὴν βασιλείαν αὐτοῦ τὴν ἐπουράνιον
rhysetai me ho kyrios apo pantos ergou ponērou kai sōsei eis tēn basileian autou tēn epouranion
The Lord will deliver me from every evil work, and will save me unto his heavenly kingdom:

ᾧ ἡ δόξα εἰς τοὺς αἰῶνας τῶν αἰώνων: ἀμήν
hō hē doxa eis tous aiōnas tōn aiōnōn: amēn
to whom be the glory for ever and ever. Amen.

Ἄσπασαι Πρίσκαν καὶ Ἀκύλαν καὶ τὸν Ὀνησιφόρου οἶκον
Aspasai Priskan kai Akylan kai ton Onēsiphorou oikon
Salute Prisca and Aquila, and the house of Onesiphorus.

Ἔραστος ἔμεινεν ἐν Κορίνθῳ, Τρόφιμον δὲ ἀπέλιπον ἐν Μιλήτῳ ἀσθενοῦντα
Erastos emeinen en Korinthō, Trophimon de apelipon en Milētō asthenounta
Erastus remained at Corinth: but Trophimus I left at Miletus sick.

Σπούδασον πρὸ χειμῶνος ἐλθεῖν. Ἀσπάζεταί σε Εὔβουλος καὶ Πούδης καὶ Λίνος καὶ Κλαυδία καὶ οἱ ἀδελφοὶ πάντες
Spoudason pro cheimōnos elthein. Aspazetai se Euboulos kai Poudēs kai Linos kai Klaudia kai hoi adelphoi pantes
Give diligence to come before winter. Eubulus saluteth thee, and Pudens, and Linus, and Claudia, and all the brethren.

Ὁ κύριος μετὰ τοῦ πνεύματός σου. ἡ χάρις μεθ' ὑμῶν
HO kyrios meta tou pneumatos sou. hē charis meth' hymōn
The Lord be with thy spirit. Grace be with you.

TITON α

Παῦλος δοῦλος θεοῦ ἀπόστολος δὲ Ἰησοῦ Χριστοῦ
Paulos doulos theou, apostolos de Iēsou Christou
Paul, a servant of God, and an apostle of Jesus Christ,

κατὰ πίστιν ἐκλεκτῶν θεοῦ καὶ ἐπίγνωσιν ἀληθείας τῆς κατ' εὐσέβειαν
kata pistin eklektōn theou kai epignōsin alētheias tēs kat' eusebeian
according to the faith of God's elect, and the knowledge of the truth which is according to godliness,

ἐπ' ἐλπίδι ζωῆς αἰωνίου, ἣν ἐπηγγείλατο ὁ ἀψευδὴς θεὸς πρὸ χρόνων αἰωνίων
ep' elpidi zōēs aiōniou, hēn epēngeilato ho apseudēs theos pro chronōn aiōniōn
in hope of eternal life, which God, who cannot lie, promised before times eternal;

ἐφανέρωσεν δὲ καιροῖς ἰδίοις τὸν λόγον αὐτοῦ
ephanerōsen de kairois idiois ton logon autou
but in his own seasons manifested his word in the message,

ἐν κηρύγματι ὃ ἐπιστεύθην ἐγὼ κατ' ἐπιταγὴν τοῦ σωτῆρος ἡμῶν θεοῦ
en kērygmati ho episteuthēn egō kat' epitagēn tou sōtēros hēmōn theou
wherewith I was intrusted according to the commandment of God our Saviour;

Τίτῳ γνησίῳ τέκνῳ κατὰ κοινὴν πίστιν: χάρις καὶ εἰρήνη ἀπὸ θεοῦ πατρὸς καὶ Χριστοῦ Ἰησοῦ τοῦ σωτῆρος ἡμῶν
Titō gnēsiō teknō kata koinēn pistin: charis kai eirēnē apo theou patros kai Christou Iēsou tou sōtēros hēmōn
to Titus, my true child after a common faith: Grace and peace from God the Father and Christ Jesus our Saviour.

Τούτου χάριν ἀπέλιπόν σε ἐν Κρήτῃ
Toutou charin apelipon se en Krētē
For this cause left I thee in Crete,

ἵνα τὰ λείποντα ἐπιδιορθώσῃ καὶ καταστήσῃς κατὰ πόλιν πρεσβυτέρους, ὡς ἐγώ σοι διεταξάμην
hina ta leiponta epidiorthōsē kai katastēsēs kata polin presbyterous, hōs egō soi dietaxamēn
that thou shouldest set in order the things that were wanting, and appoint elders in every city, as I gave thee charge;

εἴ τίς ἐστιν ἀνέγκλητος, μιᾶς γυναικὸς ἀνήρ, τέκνα ἔχων πιστά, μὴ ἐν κατηγορίᾳ ἀσωτίας ἢ ἀνυπότακτα
ei tis estin anenklētos, mias gynaikos anēr, tekna echōn pista, mē en katēgoria asōtias ē anypotakta
if any man is blameless, the husband of one wife, having children that believe, who are not accused of riot or unruly.

δεῖ γὰρ τὸν ἐπίσκοπον ἀνέγκλητον εἶναι ὡς θεοῦ οἰκονόμον
dei gar ton episkopon anenklēton einai hōs theou oikonomon
For the bishop must be blameless, as God's steward;

μὴ αὐθάδη, μὴ ὀργίλον, μὴ πάροινον, μὴ πλήκτην, μὴ αἰσχροκερδῆ
mē authadē, mē orgilon, mē paroinon, mē plēktēn, mē aischrokerdē
not self-willed, not soon angry, no brawler, no striker, not greedy of filthy lucre;

ἀλλὰ φιλόξενον, φιλάγαθον, σώφρονα, δίκαιον, ὅσιον, ἐγκρατῆ
alla philoxenon, philagathon, sōphrona, dikaion, hosion, enkratē
but given to hospitality, a lover of good, sober-minded, just, holy, self-controlled;

ἀντεχόμενον τοῦ κατὰ τὴν διδαχὴν πιστοῦ λόγου
antechomenon tou kata tēn didachēn pistou logou
holding to the faithful word which is according to the teaching,

ἵνα δυνατὸς ᾖ καὶ παρακαλεῖν ἐν τῇ διδασκαλίᾳ τῇ ὑγιαινούσῃ καὶ τοὺς ἀντιλέγοντας ἐλέγχειν
hina dynatos ē kai parakalein en tē didaskalia tē hygiainousē kai tous antilegontas elenchein
that he may be able both to exhort in the sound doctrine, and to convict the gainsayers.

Εἰσὶν γὰρ πολλοὶ [καὶ] ἀνυπότακτοι, ματαιολόγοι καὶ φρεναπάται, μάλιστα οἱ ἐκ τῆς περιτομῆς
Eisin gar polloi [kai] anypotaktoi, mataiologoi kai phrenapatai, malista hoi ek tēs peritomēs
For there are many unruly men, vain talkers and deceivers, specially they of the circumcision,

οὓς δεῖ ἐπιστομίζειν, οἵτινες ὅλους οἴκους ἀνατρέπουσιν διδάσκοντες ἃ μὴ δεῖ αἰσχροῦ κέρδους χάριν
hous dei epistomizein, hoitines holous oikous anatrepousin didaskontes ha mē dei aischrou kerdous charin
whose mouths must be stopped; men who overthrow whole houses, teaching things which they ought not, for filthy lucre's sake.

εἶπέν τις ἐξ αὐτῶν, ἴδιος αὐτῶν προφήτης, Κρῆτες ἀεὶ ψεῦσται, κακὰ θηρία, γαστέρες ἀργαί
eipen tis ex autōn, idios autōn prophētēs, Krētes aei pseustai, kaka thēria, gasteres argai
One of themselves, a prophet of their own, said, Cretans are always liars, evil beasts, idle gluttons.

ἡ μαρτυρία αὕτη ἐστὶν ἀληθής. δι' ἣν αἰτίαν ἔλεγχε αὐτοὺς ἀποτόμως, ἵνα ὑγιαίνωσιν ἐν τῇ πίστει
hē martyria hautē estin alēthēs. di' hēn aitian elenche autous apotomōs, hina hygiainōsin en tē pistei
This testimony is true. For which cause reprove them sharply, that they may be sound in the faith,

μὴ προσέχοντες Ἰουδαϊκοῖς μύθοις καὶ ἐντολαῖς ἀνθρώπων ἀποστρεφομένων τὴν ἀλήθειαν
mē prosechontes Ioudaikois mythois kai entolais anthrōpōn apostrephomenōn tēn alētheian
not giving heed to Jewish fables, and commandments of men who turn away from the truth.

πάντα καθαρὰ τοῖς καθαροῖς: τοῖς δὲ μεμιαμμένοις καὶ ἀπίστοις οὐδὲν καθαρόν
panta kathara tois katharois: tois de memiammenois kai apistois ouden katharon
To the pure all things are pure: but to them that are defiled and unbelieving nothing is pure;

ἀλλὰ μεμίανται αὐτῶν καὶ ὁ νοῦς καὶ ἡ συνείδησις
alla memiantai autōn kai ho nous kai hē syneidēsis
but both their mind and their conscience are defiled.

θεὸν ὁμολογοῦσιν εἰδέναι, τοῖς δὲ ἔργοις ἀρνοῦνται
theon homologousin eidenai, tois de ergois arnountai,
They profess that they know God; but by their works they deny him,

βδελυκτοὶ ὄντες καὶ ἀπειθεῖς καὶ πρὸς πᾶν ἔργον ἀγαθὸν ἀδόκιμοι
bdelyktoi ontes kai apeitheis kai pros pan ergon agathon adokimoi
being abominable, and disobedient, and unto every good work reprobate.

β

Σὺ δὲ λάλει ἃ πρέπει τῇ ὑγιαινούσῃ διδασκαλίᾳ
Sy de lalei ha prepei tē hygiainousē didaskalia
But speak thou the things which befit the sound doctrine:

πρεσβύτας νηφαλίους εἶναι, σεμνούς, σώφρονας, ὑγιαίνοντας τῇ πίστει, τῇ ἀγάπῃ, τῇ ὑπομονῇ
presbytas nēphalious einai, semnous, sōphronas, hygiainontas tē pistei, tē agapē, tē hypomonē
that aged men be temperate, grave, sober-minded, sound in faith, in love, in patience:

πρεσβύτιδας ὡσαύτως ἐν καταστήματι ἱεροπρεπεῖς
presbytidas hōsautōs en katastēmati hieroprepeis
that aged women likewise be reverent in demeanor,

μὴ διαβόλους μὴ οἴνῳ πολλῷ δεδουλωμένας, καλοδιδασκάλους
mē diabolous mē oinō pollō dedoulōmenas, kalodidaskalous
not slanderers nor enslaved to much wine, teachers of that which is good;

ἵνα σωφρονίζωσιν τὰς νέας φιλάνδρους εἶναι, φιλοτέκνους
hina sōphronizōsin tas neas philandrous einai, philoteknous
that they may train the young women to love their husbands, to love their children,

σώφρονας, ἁγνάς, οἰκουργούς ἀγαθάς, ὑποτασσομένας τοῖς ἰδίοις ἀνδράσιν
sōphronas, hagnas, oikourgous agathas, hypotassomenas tois idiois andrasin
to be sober-minded, chaste, workers at home, kind, being in subjection to their own husbands,

ἵνα μὴ ὁ λόγος τοῦ θεοῦ βλασφημῆται
hina mē ho logos tou theou blasphēmētai
that the word of God be not blasphemed:

τοὺς νεωτέρους ὡσαύτως παρακάλει σωφρονεῖν
tous neōterous hōsautōs parakalei sōphronein
the younger men likewise exhort to be sober-minded:

περὶ πάντα σεαυτὸν παρεχόμενος τύπον καλῶν ἔργων, ἐν τῇ διδασκαλίᾳ ἀφθορίαν, σεμνότητα
peri panta seauton parechomenos typon kalōn ergōn, en tē didaskalia aphthorian, semnotēta
in all things showing thyself an ensample of good works; in thy doctrine showing uncorruptness, gravity,

λόγον ὑγιῆ ἀκατάγνωστον, ἵνα ὁ ἐξ ἐναντίας ἐντραπῇ
logon hygiē akatagnōston, hina ho ex enantias entrapē
sound speech, that cannot be condemned; that he that is of the contrary part may be ashamed,

μηδὲν ἔχων λέγειν περὶ ἡμῶν φαῦλον
mēden echōn legein peri hēmōn phaulon
having no evil thing to say of us.

δούλους ἰδίοις δεσπόταις ὑποτάσσεσθαι ἐν πᾶσιν, εὐαρέστους εἶναι, μὴ ἀντιλέγοντας
doulous idiois despotais hypotassesthai en pasin, euarestous einai, mē antilegontas
Exhort servants to be in subjection to their own masters, and to be well-pleasing to them in all things; not gainsaying;

μὴ νοσφιζομένους, ἀλλὰ πᾶσαν πίστιν ἐνδεικνυμένους ἀγαθήν
mē nosphizomenous, alla pasan pistin endeiknymenous agathēn
not purloining, but showing all good fidelity;

ἵνα τὴν διδασκαλίαν τὴν τοῦ σωτῆρος ἡμῶν θεοῦ κοσμῶσιν ἐν πᾶσιν
hina tēn didaskalian tēn tou sōtēros hēmōn theou kosmōsin en pasin
that they may adorn the doctrine of God our Saviour in all things.

Ἐπεφάνη γὰρ ἡ χάρις τοῦ θεοῦ σωτήριος πᾶσιν ἀνθρώποις
Epephanē gar hē charis tou theou sōtērios pasin anthrōpois
For the grace of God hath appeared, bringing salvation to all men,

παιδεύουσα ἡμᾶς ἵνα ἀρνησάμενοι τὴν ἀσέβειαν καὶ τὰς κοσμικὰς ἐπιθυμίας σωφρόνως
paideuousa hēmas hina arnēsamenoi tēn asebeian kai tas kosmikas epithymias sōphronōs
instructing us, to the intent that, denying ungodliness and worldly lusts, we should live soberly

καὶ δικαίως καὶ εὐσεβῶς ζήσωμεν ἐν τῷ νῦν αἰῶνι
kai dikaiōs kai eusebōs zēsōmen en tō nyn aiōni
and righteously and godly in this present world;

προσδεχόμενοι τὴν μακαρίαν ἐλπίδα καὶ ἐπιφάνειαν τῆς δόξης τοῦ μεγάλου θεοῦ καὶ σωτῆρος ἡμῶν Ἰησοῦ Χριστοῦ
prosdechomenoi tēn makarian elpida kai epiphaneian tēs doxēs tou megalou theou kai sōtēros hēmōn Iēsou Christou
looking for the blessed hope and appearing of the glory of the great God and our Saviour Jesus Christ;

ὃς ἔδωκεν ἑαυτὸν ὑπὲρ ἡμῶν ἵνα λυτρώσηται ἡμᾶς ἀπὸ πάσης ἀνομίας
hos edōken heauton hyper hēmōn hina lytrōsētai hēmas apo pasēs anomias
who gave himself for us, that he might redeem us from all iniquity,

καὶ καθαρίσῃ ἑαυτῷ λαὸν περιούσιον, ζηλωτὴν καλῶν ἔργων
kai katharisē heautō laon periousion, zēlōtēn kalōn ergōn
and purify unto himself a people for his own possession, zealous of good works.

Ταῦτα λάλει καὶ παρακάλει καὶ ἔλεγχε μετὰ πάσης ἐπιταγῆς· μηδείς σου περιφρονείτω
Tauta lalei kai parakalei kai elenche meta pasēs epitagēs: mēdeis sou periphroneitō
These things speak and exhort and reprove with all authority. Let no man despise thee.

γ

Ὑπομίμνησκε αὐτοὺς ἀρχαῖς ἐξουσίαις ὑποτάσσεσθαι, πειθαρχεῖν, πρὸς πᾶν ἔργον ἀγαθὸν ἑτοίμους εἶναι
Hypomimnēske autous archais exousiais hypotassesthai, peitharchein, pros pan ergon agathon hetoimous einai
Put them in mind to be in subjection to rulers, to authorities, to be obedient, to be ready unto every good work,

μηδένα βλασφημεῖν, ἀμάχους εἶναι, ἐπιεικεῖς, πᾶσαν ἐνδεικνυμένους πραΰτητα πρὸς πάντας ἀνθρώπους
mēdena blasphēmein, amachous einai, epieikeis, pasan endeiknymenous prautēta pros pantas anthrōpous
to speak evil of no man, not to be contentious, to be gentle, showing all meekness toward all men.

ημεν γάρ ποτε καὶ ἡμεῖς ἀνόητοι, ἀπειθεῖς, πλανώμενοι, δουλεύοντες ἐπιθυμίαις καὶ ἡδοναῖς ποικίλαις
ēmen gar pote kai hēmeis anoētoi, apeitheis, planōmenoi, douleuontes epithymiais kai hēdonais poikilais
For we also once were foolish, disobedient, deceived, serving divers lusts and pleasures,

ἐν κακίᾳ καὶ φθόνῳ διάγοντες, στυγητοί, μισοῦντες ἀλλήλους
en kakia kai phthonō diagontes, stygētoi, misountes allēlous
living in malice and envy, hateful, hating one another.

ὅτε δὲ ἡ χρηστότης καὶ ἡ φιλανθρωπία ἐπεφάνη τοῦ σωτῆρος ἡμῶν θεοῦ
hote de hē chrēstotēs kai hē philanthrōpia epephanē tou sōtēros hēmōn theou
But when the kindness of God our Saviour, and his love toward man, appeared,

οὐκ ἐξ ἔργων τῶν ἐν δικαιοσύνῃ ἃ ἐποιήσαμεν ἡμεῖς
ouk ex ergōn tōn en dikaiosynē ha epoiēsamen hēmeis
not by works done in righteousness, which we did ourselves,

ἀλλὰ κατὰ τὸ αὐτοῦ ἔλεος ἔσωσεν ἡμᾶς διὰ λουτροῦ παλιγγενεσίας καὶ ἀνακαινώσεως πνεύματος ἁγίου
alla kata to autou eleos esōsen hēmas dia loutrou palingenesias kai anakainōseōs pneumatos hagiou
but according to his mercy he saved us, through the washing of regeneration and renewing of the Holy Spirit,

οὗ ἐξέχεεν ἐφ' ἡμᾶς πλουσίως διὰ Ἰησοῦ Χριστοῦ τοῦ σωτῆρος ἡμῶν
hou execheen eph' hēmas plousiōs dia Iēsou Christou tou sōtēros hēmōn
which he poured out upon us richly, through Jesus Christ our Saviour;

ἵνα δικαιωθέντες τῇ ἐκείνου χάριτι κληρονόμοι γενηθῶμεν κατ' ἐλπίδα ζωῆς αἰωνίου
hina dikaiōthentes tē ekeinou chariti klēronomoi genēthōmen kat' elpida zōēs aiōniou
that, being justified by his grace, we might be made heirs according to the hope of eternal life

Πιστὸς ὁ λόγος, καὶ περὶ τούτων βούλομαί σε διαβεβαιοῦσθαι
Pistos ho logos, kai peri toutōn boulomai se diabebaiousthai
Faithful is the saying, and concerning these things I desire that thou affirm confidently,

ἵνα φροντίζωσιν καλῶν ἔργων προΐστασθαι οἱ πεπιστευκότες θεῷ
hina phrontizōsin kalōn ergōn proistasthai hoi pepisteukotes theō
to the end that they who have believed God may be careful to maintain good works.

ταῦτά ἐστιν καλὰ καὶ ὠφέλιμα τοῖς ἀνθρώποις
tauta estin kala kai ōphelima tois anthrōpois
These things are good and profitable unto men:

μωρὰς δὲ ζητήσεις καὶ γενεαλογίας καὶ ἔρεις καὶ μάχας νομικὰς περιΐστασο
mōras de zētēseis kai genealogias kai ereis kai machas nomikas periistaso
but shun foolish questionings, and genealogies, and strifes, and fightings about the law;

εἰσὶν γὰρ ἀνωφελεῖς καὶ μάταιοι
eisin gar anōpheleis kai mataioi
for they are unprofitable and vain.

αἱρετικὸν ἄνθρωπον μετὰ μίαν καὶ δευτέραν νουθεσίαν παραιτοῦ
hairetikon anthrōpon meta mian kai deuteran nouthesian paraitou
A factious man after a first and second admonition refuse;

εἰδὼς ὅτι ἐξέστραπται ὁ τοιοῦτος καὶ ἁμαρτάνει, ὢν αὐτοκατάκριτος
eidōs hoti exestraptai ho toioutos kai hamartanei, ōn autokatakritos
knowing that such a one is perverted, and sinneth, being self-condemned.

Οταν πέμψω Ἀρτεμᾶν πρός σὲ ἢ Τυχικόν, σπούδασον ἐλθεῖν πρός με εἰς Νικόπολιν
Otan pempsō Arteman pros se ē Tychikon, spoudason elthein pros me eis Nikopolin
When I shall send Artemas unto thee, or Tychicus, give diligence to come unto me to Nicopolis:

ἐκεῖ γὰρ κέκρικα παραχειμάσαι
ekei gar kekrika paracheimasai
for there I have determined to winter.

Ζηνᾶν τὸν νομικὸν καὶ Ἀπολλῶν σπουδαίως πρόπεμψον, ἵνα μηδὲν αὐτοῖς λείπῃ
Zēnan ton nomikon kai Apollōn spoudaiōs propempson, hina mēden autois leipē
Set forward Zenas the lawyer and Apollos on their journey diligently, that nothing be wanting unto them.

μανθανέτωσαν δὲ καὶ οἱ ἡμέτεροι καλῶν ἔργων προΐστασθαι εἰς τὰς ἀναγκαίας χρείας, ἵνα μὴ ὦσιν ἄκαρποι
manthanetōsan de kai hoi hēmeteroi kalōn ergōn proistasthai eis tas anankaias chreias, hina mē ōsin akarpoi
And let our people also learn to maintain good works for necessary uses, that they be not unfruitful.

Ἀσπάζονταί σε οἱ μετ' ἐμοῦ πάντες. Ἄσπασαι τοὺς φιλοῦντας ἡμᾶς ἐν πίστει. ἡ χάρις μετὰ πάντων ὑμῶν
Aspazontai se hoi met' emou pantes. Aspasai tous philountas hēmas en pistei. hē charis meta pantōn hymōn
All that are with me salute thee. Salute them that love us in faith. Grace be with you all.

ΦΙΛΉΜΟΝΑ α

Παῦλος δέσμιος Χριστοῦ Ἰησοῦ καὶ Τιμόθεος ὁ ἀδελφὸς Φιλήμονι τῷ ἀγαπητῷ καὶ συνεργῷ ἡμῶν
Paulos desmios Christou Iēsou kai Timotheos ho adelphos Philēmoni tō agapētō kai synergō hēmōn
Paul, a prisoner of Christ Jesus, and Timothy our brother, to Philemon our beloved and fellow-worker,

καὶ Ἀπφίᾳ τῇ ἀδελφῇ καὶ Ἀρχίππῳ τῷ συστρατιώτῃ ἡμῶν καὶ τῇ κατ' οἶκόν σου ἐκκλησίᾳ
kai Apphia tē adelphē kai Archippō tō systratiōtē hēmōn kai tē kat' oikon sou ekklēsia
and to Apphia our sister, and to Archippus our fellow-soldier, and to the church in thy house:

χάρις ὑμῖν καὶ εἰρήνη ἀπὸ θεοῦ πατρὸς ἡμῶν καὶ κυρίου Ἰησοῦ Χριστοῦ
charis hymin kai eirēnē apo theou patros hēmōn kai kyriou Iēsou Christou
Grace to you and peace from God our Father and the Lord Jesus Christ.

Εὐχαριστῶ τῷ θεῷ μου πάντοτε μνείαν σου ποιούμενος ἐπὶ τῶν προσευχῶν μου
Eucharistō tō theō mou pantote mneian sou poioumenos epi tōn proseuchōn mou
I thank my God always, making mention of thee in my prayers,

ἀκούων σου τὴν ἀγάπην καὶ τὴν πίστιν ἣν ἔχεις πρὸς τὸν κύριον Ἰησοῦν καὶ εἰς πάντας τοὺς ἁγίους
akouōn sou tēn agapēn kai tēn pistin hēn echeis pros ton kyrion Iēsoun kai eis pantas tous hagious
hearing of thy love, and of the faith which thou hast toward the Lord Jesus, and toward all the saints;

ὅπως ἡ κοινωνία τῆς πίστεώς σου ἐνεργὴς γένηται ἐν ἐπιγνώσει παντὸς ἀγαθοῦ τοῦ ἐν ἡμῖν εἰς Χριστόν
hopōs hē koinōnia tēs pisteōs sou energēs genētai en epignōsei pantos agathou tou en hēmin eis Christon
that the fellowship of thy faith may become effectual, in the knowledge of every good thing which is in you, unto Christ.

χαρὰν γὰρ πολλὴν ἔσχον καὶ παράκλησιν ἐπὶ τῇ ἀγάπῃ σου, ὅτι τὰ σπλάγχνα τῶν ἁγίων ἀναπέπαυται διὰ σοῦ, ἀδελφέ
charan gar pollēn eschon kai paraklēsin epi tē agapē sou, hoti ta splanchna tōn hagiōn anapepautai dia sou, adelphe
For I had much joy and comfort in thy love, because the hearts of the saints have been refreshed through thee, brother.

Διό, πολλὴν ἐν Χριστῷ παρρησίαν ἔχων ἐπιτάσσειν σοι τὸ ἀνῆκον
Dio, pollēn en Christō parrēsian echōn epitassein soi to anēkon
Wherefore, though I have all boldness in Christ to enjoin thee that which is befitting,

διὰ τὴν ἀγάπην μᾶλλον παρακαλῶ, τοιοῦτος ὢν ὡς Παῦλος πρεσβύτης, νυνὶ δὲ καὶ δέσμιος Χριστοῦ Ἰησοῦ
dia tēn agapēn mallon parakalō, toioutos ōn hōs Paulos presbytēs, nyni de kai desmios Christou Iēsou
yet for love's sake I rather beseech, being such a one as Paul the aged, and now a prisoner also of Christ Jesus:

παρακαλῶ σε περὶ τοῦ ἐμοῦ τέκνου, ὃν ἐγέννησα ἐν τοῖς δεσμοῖς Ὀνήσιμον
parakalō se peri tou emou teknou, hon egennēsa en tois desmois Onēsimon
I beseech thee for my child, whom I have begotten in my bonds, Onesimus,

τόν ποτέ σοι ἄχρηστον νυνὶ δὲ [καὶ] σοὶ καὶ ἐμοὶ εὔχρηστον
ton pote soi achrēston nyni de [kai] soi kai emoi euchrēston
who once was unprofitable to thee, but now is profitable to thee and to me:

ὃν ἀνέπεμψά σοι, αὐτόν, τοῦτ' ἔστιν τὰ ἐμὰ σπλάγχνα
hon anepempsa soi, auton, tout' estin ta ema splanchna
whom I have sent back to thee in his own person, that is, my very heart:

ὃν ἐγὼ ἐβουλόμην πρὸς ἐμαυτὸν κατέχειν, ἵνα ὑπὲρ σοῦ μοι διακονῇ ἐν τοῖς δεσμοῖς τοῦ εὐαγγελίου
hon egō eboulomēn pros emauton katechein, hina hyper sou moi diakonē en tois desmois tou euangeliou
whom I would fain have kept with me, that in thy behalf he might minister unto me in the bonds of the gospel:

χωρὶς δὲ τῆς σῆς γνώμης οὐδὲν ἠθέλησα ποιῆσαι, ἵνα μὴ ὡς κατὰ ἀνάγκην τὸ ἀγαθόν σου ᾖ ἀλλὰ κατὰ ἑκούσιον
chōris de tēs sēs gnōmēs ouden ēthelēsa poiēsai, hina mē hōs kata anankēn to agathon sou ē alla kata hekousion
but without thy mind I would do nothing; that thy goodness should not be as of necessity, but of free will.

τάχα γὰρ διὰ τοῦτο ἐχωρίσθη πρὸς ὥραν ἵνα αἰώνιον αὐτὸν ἀπέχῃς
tacha gar dia touto echōristhē pros hōran hina aiōnion auton apechēs
For perhaps he was therefore parted from thee for a season, that thou shouldest have him for ever;

οὐκέτι ὡς δοῦλον ἀλλ' ὑπὲρ δοῦλον, ἀδελφὸν ἀγαπητόν, μάλιστα ἐμοί
ouketi hōs doulon all' hyper doulon, adelphon agapēton, malista emoi
no longer as a servant, but more than a servant, a brother beloved, specially to me,

πόσῳ δὲ μᾶλλον σοὶ καὶ ἐν σαρκὶ καὶ ἐν κυρίῳ
posō de mallon soi kai en sarki kai en kyriō
but how much rather to thee, both in the flesh and in the Lord.

Εἰ οὖν με ἔχεις κοινωνόν, προσλαβοῦ αὐτὸν ὡς ἐμέ
Ei oun me echeis koinōnon, proslabou auton hōs eme
If then thou countest me a partner, receive him as myself.

εἰ δέ τι ἠδίκησέν σε ἢ ὀφείλει, τοῦτο ἐμοὶ ἐλλόγα
ei de ti ēdikēsen se ē opheilei, touto emoi elloga
But if he hath wronged thee at all, or oweth thee aught, put that to mine account;

ἐγὼ Παῦλος ἔγραψα τῇ ἐμῇ χειρί, ἐγὼ ἀποτίσω
egō Paulos egrapsa tē emē cheiri, egō apotisō
I Paul write it with mine own hand, I will repay it:

ἵνα μὴ λέγω σοι ὅτι καὶ σεαυτόν μοι προσοφείλεις
hina mē legō soi hoti kai seauton moi prosopheileis
that I say not unto thee that thou owest to me even thine own self besides.

ναί, ἀδελφέ, ἐγώ σου ὀναίμην ἐν κυρίῳ: ἀνάπαυσόν μου τὰ σπλάγχνα ἐν Χριστῷ
nai, adelphe, egō sou onaimēn en kyriō: anapauson mou ta splanchna en Christō
Yea, brother, let me have joy of thee in the Lord: refresh my heart in Christ.

Πεποιθὼς τῇ ὑπακοῇ σου ἔγραψά σοι, εἰδὼς ὅτι καὶ ὑπὲρ ἃ λέγω ποιήσεις
Pepoithōs tē hypakoē sou egrapsa soi, eidōs hoti kai hyper ha legō poiēseis
Having confidence in thine obedience I write unto thee, knowing that thou wilt do even beyond what I say.

ἅμα δὲ καὶ ἑτοίμαζέ μοι ξενίαν, ἐλπίζω γὰρ ὅτι διὰ τῶν προσευχῶν ὑμῶν χαρισθήσομαι ὑμῖ
hama de kai hetoimaze moi xenian, elpizō gar hoti dia tōn proseuchōn hymōn charisthēsomai hymi
But withal prepare me also a lodging: for I hope that through your prayers I shall be granted unto you.

Ἀσπάζεταί σε Ἐπαφρᾶς ὁ συναιχμάλωτός μου ἐν Χριστῷ Ἰησοῦ
Aspazetai se Epaphras ho synaichmalōtos mou en Christō Iēsou
Epaphras, my fellow-prisoner in Christ Jesus, saluteth thee;

Μᾶρκος, Ἀρίσταρχος, Δημᾶς, Λουκᾶς, οἱ συνεργοί μου
Markos, Aristarchos, Dēmas, Loukas, hoi synergoi mou
and so do Mark, Aristarchus, Demas, Luke, my fellow-workers.

Ἡ χάρις τοῦ κυρίου Ἰησοῦ Χριστοῦ μετὰ τοῦ πνεύματος ὑμῶν
HĒ charis tou kyriou Iēsou Christou meta tou pneumatos hymōn
The grace of our Lord Jesus Christ be with your spirit. Amen.

ἘΒΡΑΊΟΥΣ α

Πολυμερῶς καὶ πολυτρόπως πάλαι ὁ θεὸς λαλήσας τοῖς πατράσιν ἐν τοῖς προφήταις
Polymerōs kai polytropōs palai ho theos lalēsas tois patrasin en tois prophētais
God, having of old time spoken unto the fathers in the prophets by divers portions and in divers manners,

ἐπ' ἐσχάτου τῶν ἡμερῶν τούτων ἐλάλησεν ἡμῖν ἐν υἱῷ
ep' eschatou tōn hēmerōn toutōn elalēsen hēmin en huiō
hath at the end of these days spoken unto us in his Son,

ὃν ἔθηκεν κληρονόμον πάντων, δι' οὗ καὶ ἐποίησεν τοὺς αἰῶνας
hon ethēken klēronomon pantōn, di' hou kai epoiēsen tous aiōnas
whom he appointed heir of all things, through whom also he made the worlds;

ὃς ὢν ἀπαύγασμα τῆς δόξης καὶ χαρακτὴρ τῆς ὑποστάσεως αὐτοῦ
hos ōn apaugasma tēs doxēs kai charaktēr tēs hypostaseōs autou
who being the effulgence of his glory, and the very image of his substance,

φέρων τε τὰ πάντα τῷ ῥήματι τῆς δυνάμεως αὐτοῦ
pherōn te ta panta tō rhēmati tēs dynameōs autou
and upholding all things by the word of his power,

καθαρισμὸν τῶν ἁμαρτιῶν ποιησάμενος ἐκάθισεν ἐν δεξιᾷ τῆς μεγαλωσύνης ἐν ὑψηλοῖς
katharismon tōn hamartiōn poiēsamenos ekathisen en dexia tēs megalōsynēs en hypsēlois
when he had made purification of sins, sat down on the right hand of the Majesty on high;

τοσούτῳ κρείττων γενόμενος τῶν ἀγγέλων ὅσῳ διαφορώτερον παρ' αὐτοὺς κεκληρονόμηκεν ὄνομα
tosoutō kreittōn genomenos tōn angelōn hosō diaphorōteron par' autous keklēronomēken onoma
having become by so much better than the angels, as he hath inherited a more excellent name than they.

Τίνι γὰρ εἶπέν ποτε τῶν ἀγγέλων, Υἱός μου εἶ σύ, ἐγὼ σήμερον γεγέννηκά σε
Tini gar eipen pote tōn angelōn, Huios mou ei sy, egō sēmeron gegennēka se?
For unto which of the angels said he at any time, Thou art my Son, This day have I begotten thee?

καὶ πάλιν, Ἐγὼ ἔσομαι αὐτῷ εἰς πατέρα, καὶ αὐτὸς ἔσται μοι εἰς υἱόν
kai palin, Egō esomai autō eis patera, kai autos estai moi eis huion
and again, I will be to him a Father, And he shall be to me a Son?

ὅταν δὲ πάλιν εἰσαγάγῃ τὸν πρωτότοκον εἰς τὴν οἰκουμένην, λέγει, Καὶ προσκυνησάτωσαν αὐτῷ πάντες ἄγγελοι θεοῦ
hotan de palin eisagagē ton prōtotokon eis tēn oikoumenēn, legei, Kai proskynēsatōsan autō pantes angeloi theou
And when he again bringeth in the firstborn into the world he saith, And let all the angels of God worship him.

καὶ πρὸς μὲν τοὺς ἀγγέλους λέγει, Ὁ ποιῶν τοὺς ἀγγέλους αὐτοῦ πνεύματα, καὶ τοὺς λειτουργοὺς αὐτοῦ πυρὸς φλόγα
kai pros men tous angelous legei, HO poiōn tous angelous autou pneumata, kai tous leitourgous autou pyros phloga
And of the angels he saith, Who maketh his angels winds, And his ministers a flame of fire:

πρὸς δὲ τὸν υἱόν, Ὁ θρόνος σου, ὁ θεός, εἰς τὸν αἰῶνα τοῦ αἰῶνος
pros de ton huion, HO thronos sou, ho theos, eis ton aiōna tou aiōnos
but of the Son he saith, Thy throne, O God, is for ever and ever;

καὶ ἡ ῥάβδος τῆς εὐθύτητος ῥάβδος τῆς βασιλείας σου
kai hē rhabdos tēs euthytētos rhabdos tēs basileias sou
And the sceptre of uprightness is the sceptre of thy kingdom.

ἠγάπησας δικαιοσύνην καὶ ἐμίσησας ἀνομίαν
ēgapēsas dikaiosynēn kai emisēsas anomian
Thou hast loved righteousness, and hated iniquity;

διὰ τοῦτο ἔχρισέν σε ὁ θεός, ὁ θεός σου, ἔλαιον ἀγαλλιάσεως παρὰ τοὺς μετόχους σου
dia touto echrisen se ho theos, ho theos sou, elaion agalliaseōs para tous metochous sou
Therefore God, thy God, hath anointed thee With the oil of gladness above thy fellows.

καί, Σὺ κατ' ἀρχάς, κύριε, τὴν γῆν ἐθεμελίωσας, καὶ ἔργα τῶν χειρῶν σού εἰσιν οἱ οὐρανοί
kai, Sy kat' archas, kyrie, tēn gēn ethemeliōsas, kai erga tōn cheirōn sou eisin hoi ouranoi
And, Thou, Lord, in the beginning didst lay the foundation of the earth, And the heavens are the works of thy hands:

αὐτοὶ ἀπολοῦνται, σὺ δὲ διαμένεις: καὶ πάντες ὡς ἱμάτιον παλαιωθήσονται
autoi apolountai, sy de diameneis: kai pantes hōs himation palaiōthēsontai
They shall perish; but thou continuest: And they all shall wax old as doth a garment;

καὶ ὡσεὶ περιβόλαιον ἐλίξεις αὐτούς, ὡς ἱμάτιον καὶ ἀλλαγήσονται:
kai hōsei peribolaion helixeis autous, hōs himation kai allagēsontai:
And as a mantle shalt thou roll them up, As a garment, and they shall be changed:

σὺ δὲ ὁ αὐτὸς εἶ καὶ τὰ ἔτη σου οὐκ ἐκλείψουσιν
sy de ho autos ei kai ta etē sou ouk ekleipsousin
But thou art the same, And thy years shall not fail.

πρὸς τίνα δὲ τῶν ἀγγέλων εἴρηκέν ποτε,
pros tina de tōn angelōn eirēken pote,
But of which of the angels hath he said at any time,

Κάθου ἐκ δεξιῶν μου ἕως ἂν θῶ τοὺς ἐχθρούς σου ὑποπόδιον τῶν ποδῶν σου
Kathou ek dexiōn mou heōs an thō tous echthrous sou hypopodion tōn podōn sou
Sit thou on my right hand, Till I make thine enemies the footstool of thy feet?

οὐχὶ πάντες εἰσὶν λειτουργικὰ πνεύματα εἰς διακονίαν ἀποστελλόμενα διὰ τοὺς μέλλοντας κληρονομεῖν σωτηρίαν
ouchi pantes eisin leitourgika pneumata eis diakonian apostellomena dia tous mellontas klēronomein sōtērian
Are they not all ministering spirits, sent forth to do service for the sake of them that shall inherit salvation?

β

Διὰ τοῦτο δεῖ περισσοτέρως προσέχειν ἡμᾶς τοῖς ἀκουσθεῖσιν, μήποτε παραρυῶμεν
Dia touto dei perissoterōs prosechein hēmas tois akoustheisin, mēpote pararyōmen
Therefore we ought to give the more earnest heed to the things that were heard, lest haply we drift away from them.

εἰ γὰρ ὁ δι' ἀγγέλων λαληθεὶς λόγος ἐγένετο βέβαιος
ei gar ho di' angelōn lalētheis logos egeneto bebaios
For if the word spoken through angels proved stedfast,

καὶ πᾶσα παράβασις καὶ παρακοὴ ἔλαβεν ἔνδικον μισθαποδοσίαν
kai pasa parabasis kai parakoē elaben endikon misthapodosian
and every transgression and disobedience received a just recompense of reward;

πῶς ἡμεῖς ἐκφευξόμεθα τηλικαύτης ἀμελήσαντες σωτηρίας
pōs hēmeis ekpheuxometha tēlikautēs amelēsantes sōtērias
how shall we escape, if we neglect so great a salvation?

ἥτις, ἀρχὴν λαβοῦσα λαλεῖσθαι διὰ τοῦ κυρίου, ὑπὸ τῶν ἀκουσάντων εἰς ἡμᾶς ἐβεβαιώθη
hētis, archēn labousa laleisthai dia tou kyriou, hypo tōn akousantōn eis hēmas ebebaiōthē
which having at the first been spoken through the Lord, was confirmed unto us by them that heard;

συνεπιμαρτυροῦντος τοῦ θεοῦ σημείοις τε καὶ τέρασιν
synepimartyrountos tou theou sēmeiois te kai terasin
God also bearing witness with them, both by signs and wonders,

καὶ ποικίλαις δυνάμεσιν καὶ πνεύματος ἁγίου μερισμοῖς κατὰ τὴν αὐτοῦ θέλησιν
kai poikilais dynamesin kai pneumatos hagiou merismois kata tēn autou thelēsin
and by manifold powers, and by gifts of the Holy Spirit, according to his own will.

Οὐ γὰρ ἀγγέλοις ὑπέταξεν τὴν οἰκουμένην τὴν μέλλουσαν, περὶ ἧς λαλοῦμεν
Ou gar angelois hypetaxen tēn oikoumenēn tēn mellousan, peri hēs laloumen
For not unto angels did he subject the world to come, whereof we speak.

διεμαρτύρατο δέ πού τις λέγων
diemartyrato de pou tis legōn
But one hath somewhere testified, saying,

Τί ἐστιν ἄνθρωπος ὅτι μιμνήσκῃ αὐτοῦ, ἢ υἱὸς ἀνθρώπου ὅτι ἐπισκέπτῃ αὐτόν
Ti estin anthrōpos hoti mimnēskē autou, ē huios anthrōpou hoti episkeptē auton
What is man, that thou art mindful of him? Or the son of man, that thou visitest him?

ἠλάττωσας αὐτὸν βραχύ τι παρ' ἀγγέλους, δόξῃ καὶ τιμῇ ἐστεφάνωσας αὐτόν
ēlattōsas auton brachy ti par' angelous, doxē kai timē estephanōsas auton
Thou madest him a little lower than the angels; Thou crownedst him with glory and honor,

πάντα ὑπέταξας ὑποκάτω τῶν ποδῶν αὐτοῦ
panta hypetaxas hypokatō tōn podōn autou
Thou didst put all things in subjection under his feet.

ἐν τῷ γὰρ ὑποτάξαι [αὐτῷ] τὰ πάντα οὐδὲν ἀφῆκεν αὐτῷ ἀνυπότακτον
en tō gar hypotaxai [autō] ta panta ouden aphēken autō anypotakton
For in that he subjected all things unto him, he left nothing that is not subject to him.

νῦν δὲ οὔπω ὁρῶμεν αὐτῷ τὰ πάντα ὑποτεταγμένα
nyn de oupō horōmen autō ta panta hypotetagmena
But now we see not yet all things subjected to him.

τὸν δὲ βραχύ τι παρ' ἀγγέλους ἠλαττωμένον βλέπομεν Ἰησοῦν διὰ τὸ πάθημα τοῦ θανάτου
ton de brachy ti par' angelous ēlattōmenon blepomen Iēsoun dia to pathēma tou thanatou
But we behold him who hath been made a little lower than the angels, even Jesus, because of the suffering of death

δόξῃ καὶ τιμῇ ἐστεφανωμένον, ὅπως χάριτι θεοῦ ὑπὲρ παντὸς γεύσηται θανάτου
doxē kai timē estephanōmenon, hopōs chariti theou hyper pantos geusētai thanatou
crowned with glory and honor, that by the grace of God he should taste of death for every man.

Ἔπρεπεν γὰρ αὐτῷ, δι' ὃν τὰ πάντα καὶ δι' οὗ τὰ πάντα
Eprepen gar autō, di' hon ta panta kai di' hou ta panta
For it became him, for whom are all things, and through whom are all things,

πολλοὺς υἱοὺς εἰς δόξαν ἀγαγόντα τὸν ἀρχηγὸν τῆς σωτηρίας αὐτῶν διὰ παθημάτων τελειῶσαι
pollous huious eis doxan agagonta ton archēgon tēs sōtērias autōn dia pathēmatōn teleiōsai
in bringing many sons unto glory, to make the author of their salvation perfect through sufferings.

ὁ τε γὰρ ἁγιάζων καὶ οἱ ἁγιαζόμενοι ἐξ ἑνὸς πάντες
ho te gar hagiazōn kai hoi hagiazomenoi ex henos pantes
For both he that sanctifieth and they that are sanctified are all of one:

δι' ἣν αἰτίαν οὐκ ἐπαισχύνεται ἀδελφοὺς αὐτοὺς καλεῖν
di' hēn aitian ouk epaischynetai adelphous autous kalein
for which cause he is not ashamed to call them brethren,

λέγων, Ἀπαγγελῶ τὸ ὄνομά σου τοῖς ἀδελφοῖς μου, ἐν μέσῳ ἐκκλησίας ὑμνήσω σε
legōn, Apangelō to onoma sou tois adelphois mou, en mesō ekklēsias hymnēsō se
saying, I will declare thy name unto my brethren, In the midst of the congregation will I sing thy praise.

καὶ πάλιν, Ἐγὼ ἔσομαι πεποιθὼς ἐπ' αὐτῷ: καὶ πάλιν, Ἰδοὺ ἐγὼ καὶ τὰ παιδία ἅ μοι ἔδωκεν ὁ θεός
kai palin, Egō esomai pepoithōs ep' autō: kai palin, Idou egō kai ta paidia ha moi edōken ho theos
And again, I will put my trust in him. And again, Behold, I and the children whom God hath given me.

ἐπεὶ οὖν τὰ παιδία κεκοινώνηκεν αἵματος καὶ σαρκός, καὶ αὐτὸς παραπλησίως μετέσχεν τῶν αὐτῶν
epei oun ta paidia kekoinōnēken haimatos kai sarkos, kai autos paraplēsiōs meteschen tōn autōn
Since then the children are sharers in flesh and blood, he also himself in like manner partook of the same;

ἵνα διὰ τοῦ θανάτου καταργήσῃ τὸν τὸ κράτος ἔχοντα τοῦ θανάτου, τοῦτ' ἔστιν τὸν διάβολον
hina dia tou thanatou katargēsē ton to kratos echonta tou thanatou, tout' estin ton diabolon
that through death he might bring to nought him that had the power of death, that is, the devil;

καὶ ἀπαλλάξῃ τούτους, ὅσοι φόβῳ θανάτου διὰ παντὸς τοῦ ζῆν ἔνοχοι ἦσαν δουλείας
kai apallaxē toutous, hosoi phobō thanatou dia pantos tou zēn enochoi ēsan douleias
and might deliver all them who through fear of death were all their lifetime subject to bondage.

οὐ γὰρ δήπου ἀγγέλων ἐπιλαμβάνεται, ἀλλὰ σπέρματος Ἀβραὰμ ἐπιλαμβάνεται
ou gar dēpou angelōn epilambanetai, alla spermatos Abraam epilambanetai
For verily not to angels doth he give help, but he giveth help to the seed of Abraham.

ὅθεν ὤφειλεν κατὰ πάντα τοῖς ἀδελφοῖς ὁμοιωθῆναι
hothen ōpheilen kata panta tois adelphois homoiōthēnai,
Wherefore it behooved him in all things to be made like unto his brethren,

ἵνα ἐλεήμων γένηται καὶ πιστὸς ἀρχιερεὺς τὰ πρὸς τὸν θεόν
hina eleēmōn genētai kai pistos archiereus ta pros ton theon
that he might become a merciful and faithful high priest in things pertaining to God,

εἰς τὸ ἱλάσκεσθαι τὰς ἁμαρτίας τοῦ λαοῦ
eis to hilaskesthai tas hamartias tou laou
to make propitiation for the sins of the people.

ἐν ᾧ γὰρ πέπονθεν αὐτὸς πειρασθείς, δύναται τοῖς πειραζομένοις βοηθῆσαι
en hō gar peponthen autos peirastheis, dynatai tois peirazomenois boēthēsai
For in that he himself hath suffered being tempted, he is able to succor them that are tempted.

γ

Οθεν, ἀδελφοὶ ἅγιοι, κλήσεως ἐπουρανίου μέτοχοι
Othen, adelphoi hagioi, klēseōs epouraniou metochoi
Wherefore, holy brethren, partakers of a heavenly calling,

κατανοήσατε τὸν ἀπόστολον καὶ ἀρχιερέα τῆς ὁμολογίας ἡμῶν Ἰησοῦν
katanoēsate ton apostolon kai archierea tēs homologias hēmōn Iēsoun
consider the Apostle and High Priest of our confession, even Jesus;

πιστὸν ὄντα τῷ ποιήσαντι αὐτὸν ὡς καὶ Μωϋσῆς ἐν [ὅλῳ] τῷ οἴκῳ αὐτοῦ
piston onta tō poiēsanti auton hōs kai Mōusēs en [holō] tō oikō autou
who was faithful to him that appointed him, as also was Moses in all his house.

πλείονος γὰρ οὗτος δόξης παρὰ Μωϋσῆν ἠξίωται
pleionos gar houtos doxēs para Mōusēn ēxiōtai
For he hath been counted worthy of more glory than Moses,

καθ' ὅσον πλείονα τιμὴν ἔχει τοῦ οἴκου ὁ κατασκευάσας αὐτόν
kath' hoson pleiona timēn echei tou oikou ho kataskeuasas auton
by so much as he that built the house hath more honor than the house.

πᾶς γὰρ οἶκος κατασκευάζεται ὑπό τινος, ὁ δὲ πάντα κατασκευάσας θεός
pas gar oikos kataskeuazetai hypo tinos, ho de panta kataskeuasas theos
For every house is builded by some one; but he that built all things is God.

καὶ Μωϋσῆς μὲν πιστὸς ἐν ὅλῳ τῷ οἴκῳ αὐτοῦ ὡς θεράπων
kai Mōusēs men pistos en holō tō oikō autou hōs therapōn
And Moses indeed was faithful in all his house as a servant,

εἰς μαρτύριον τῶν λαληθησομένων
eis martyrion tōn lalēthēsomenōn
for a testimony of those things which were afterward to be spoken;

Χριστὸς δὲ ὡς υἱὸς ἐπὶ τὸν οἶκον αὐτοῦ· οὗ οἶκός ἐσμεν ἡμεῖς,
Christos de hōs huios epi ton oikon autou: hou oikos esmen hēmeis,
but Christ as a son, over his house; whose house are we,

ἐάν[περ] τὴν παρρησίαν καὶ τὸ καύχημα τῆς ἐλπίδος κατάσχωμεν
ean[per] tēn parrēsian kai to kauchēma tēs elpidos kataschōmen
if we hold fast our boldness and the glorying of our hope firm unto the end.

Διό, καθὼς λέγει τὸ πνεῦμα τὸ ἅγιον, Σήμερον ἐὰν τῆς φωνῆς αὐτοῦ ἀκούσητε
Dio, kathōs legei to pneuma to hagion, Sēmeron ean tēs phōnēs autou akousēte
Wherefore, even as the Holy Spirit saith, To-day if ye shall hear his voice,

μὴ σκληρύνητε τὰς καρδίας ὑμῶν ὡς ἐν τῷ παραπικρασμῷ, κατὰ τὴν ἡμέραν τοῦ πειρασμοῦ ἐν τῇ ἐρήμῳ
mē sklērynēte tas kardias hymōn hōs en tō parapikrasmō, kata tēn hēmeran tou peirasmou en tē erēmō
Harden not your hearts, as in the provocation, Like as in the day of the trial in the wilderness,

οὗ ἐπείρασαν οἱ πατέρες ὑμῶν ἐν δοκιμασίᾳ καὶ εἶδον τὰ ἔργα μου
hou epeirasan hoi pateres hymōn en dokimasia kai eidon ta erga mou
Where your fathers tried me by proving me, And saw my works forty years.

τεσσεράκοντα ἔτη· διὸ προσώχθισα τῇ γενεᾷ ταύτῃ καὶ εἶπον, Ἀεὶ πλανῶνται τῇ καρδίᾳ
tesserakonta etē: dio prosōchthisa tē genea tautē kai eipon, Aei planōntai tē kardia
Wherefore I was displeased with this generation, And said, They do always err in their heart

αὐτοὶ δὲ οὐκ ἔγνωσαν τὰς ὁδούς μου
autoi de ouk egnōsan tas hodous mou
: But they did not know my ways;

ὡς ὤμοσα ἐν τῇ ὀργῇ μου, Εἰ εἰσελεύσονται εἰς τὴν κατάπαυσίν μου
hōs ōmosa en tē orgē mou, Ei eiseleusontai eis tēn katapausin mou
As I sware in my wrath, They shall not enter into my rest.

Βλέπετε, ἀδελφοί, μήποτε ἔσται ἔν τινι ὑμῶν καρδία πονηρὰ ἀπιστίας
Blepete, adelphoi, mēpote estai en tini hymōn kardia ponēra apistias
Take heed, brethren, lest haply there shall be in any one of you an evil heart of unbelief,

ἐν τῷ ἀποστῆναι ἀπὸ θεοῦ ζῶντος
en tō apostēnai apo theou zōntos
in falling away from the living God:

ἀλλὰ παρακαλεῖτε ἑαυτοὺς καθ' ἑκάστην ἡμέραν, ἄχρις οὗ τὸ Σήμερον καλεῖται
alla parakaleite heautous kath' hekastēn hēmeran, achris hou to Sēmeron kaleitai,
but exhort one another day by day, so long as it is called To-day;

ἵνα μὴ σκληρυνθῇ τις ἐξ ὑμῶν ἀπάτῃ τῆς ἁμαρτίας
hina mē sklērynthē tis ex hymōn apatē tēs hamartias
lest any one of you be hardened by the deceitfulness of sin:

μέτοχοι γὰρ τοῦ Χριστοῦ γεγόναμεν, ἐάνπερ τὴν ἀρχὴν τῆς ὑποστάσεως μέχρι τέλους βεβαίαν κατάσχωμεν
metochoi gar tou Christou gegonamen, eanper tēn archēn tēs hypostaseōs mechri telous bebaian kataschōmen
for we are become partakers of Christ, if we hold fast the beginning of our confidence firm unto the end:

ἐν τῷ λέγεσθαι, Σήμερον ἐὰν τῆς φωνῆς αὐτοῦ ἀκούσητε, Μὴ σκληρύνητε τὰς καρδίας ὑμῶν ὡς ἐν τῷ παραπικρασμῷ
en tō legesthai, Sēmeron ean tēs phōnēs autou akousēte, Mē sklērynēte tas kardias hymōn hōs en tō parapikrasmō
while it is said, To-day if ye shall hear his voice, Harden not your hearts, as in the provocation.

τίνες γὰρ ἀκούσαντες παρεπίκραναν; ἀλλ' οὐ πάντες οἱ ἐξελθόντες ἐξ Αἰγύπτου διὰ Μωϋσέως
tines gar akousantes parepikranan? all' ou pantes hoi exelthontes ex Aigyptou dia Mōuseōs
For who, when they heard, did provoke? nay, did not all they that came out of Egypt by Moses?

τίσιν δὲ προσώχθισεν τεσσεράκοντα ἔτη; οὐχὶ τοῖς ἁμαρτήσασιν, ὧν τὰ κῶλα ἔπεσεν ἐν τῇ ἐρήμῳ
tisin de prosōchthisen tesserakonta etē? ouchi tois hamartēsasin, hōn ta kōla epesen en tē erēmō
And with whom was he displeased forty years? was it not with them that sinned, whose bodies fell in the wilderness?

τίσιν δὲ ὤμοσεν μὴ εἰσελεύσεσθαι εἰς τὴν κατάπαυσιν αὐτοῦ εἰ μὴ τοῖς ἀπειθήσασιν
tisin de ōmosen mē eiseleusesthai eis tēn katapausin autou ei mē tois apeithēsasin
And to whom sware he that they should not enter into his rest, but to them that were disobedient?

καὶ βλέπομεν ὅτι οὐκ ἠδυνήθησαν εἰσελθεῖν δι' ἀπιστίαν
kai blepomen hoti ouk ēdynēthēsan eiselthein di' apistian
And we see that they were not able to enter in because of unbelief.

δ

Φοβηθῶμεν οὖν
Phobēthōmen oun
Let us fear therefore,

μήποτε καταλειπομένης ἐπαγγελίας εἰσελθεῖν εἰς τὴν κατάπαυσιν αὐτοῦ δοκῇ τις ἐξ ὑμῶν ὑστερηκέναι
mēpote kataleipomenēs epangelias eiselthein eis tēn katapausin autou dokē tis ex hymōn hysterēkenai
lest haply, a promise being left of entering into his rest, any one of you should seem to have come short of it.

καὶ γάρ ἐσμεν εὐηγγελισμένοι καθάπερ κἀκεῖνοι
kai gar esmen euēngelismenoi kathaper kakeinoi
For indeed we have had good tidings preached unto us, even as also they:

ἀλλ' οὐκ ὠφέλησεν ὁ λόγος τῆς ἀκοῆς ἐκείνους, μὴ συγκεκερασμένους τῇ πίστει τοῖς ἀκούσασιν
all' ouk ōphelēsen ho logos tēs akoēs ekeinous, mē synkekerasmenous tē pistei tois akousasin
but the word of hearing did not profit them, because it was not united by faith with them that heard.

εἰσερχόμεθα γὰρ εἰς [τὴν] κατάπαυσιν οἱ πιστεύσαντες, καθὼς εἴρηκεν, Ὡς ὤμοσα ἐν τῇ ὀργῇ μου
eiserchometha gar eis [tēn] katapausin hoi pisteusantes, kathōs eirēken, Hōs ōmosa en tē orgē mou,
For we who have believed do enter into that rest; even as he hath said, As I sware in my wrath,

Εἰ εἰσελεύσονται εἰς τὴν κατάπαυσίν μου, καίτοι τῶν ἔργων ἀπὸ καταβολῆς κόσμου γενηθέντων
Ei eiseleusontai eis tēn katapausin mou, kaitoi tōn ergōn apo katabolēs kosmou genēthentōn
They shall not enter into my rest: although the works were finished from the foundation of the world.

εἴρηκεν γάρ που περὶ τῆς ἑβδόμης οὕτως
eirēken gar pou peri tēs hebdomēs houtōs
For he hath said somewhere of the seventh day on this wise,

Καὶ κατέπαυσεν ὁ θεὸς ἐν τῇ ἡμέρᾳ τῇ ἑβδόμῃ ἀπὸ πάντων τῶν ἔργων αὐτοῦ
Kai katepausen ho theos en tē hēmera tē hebdomē apo pantōn tōn ergōn autou
And God rested on the seventh day from all his works;

καὶ ἐν τούτῳ πάλιν, Εἰ εἰσελεύσονται εἰς τὴν κατάπαυσίν μου
kai en toutō palin, Ei eiseleusontai eis tēn katapausin mou
and in this place again, They shall not enter into my rest.

ἐπεὶ οὖν ἀπολείπεται τινὰς εἰσελθεῖν εἰς αὐτήν
epei oun apoleipetai tinas eiselthein eis autēn
Seeing therefore it remaineth that some should enter thereinto,

καὶ οἱ πρότερον εὐαγγελισθέντες οὐκ εἰσῆλθον δι' ἀπείθειαν
kai hoi proteron euangelisthentes ouk eisēlthon di' apeitheian
and they to whom the good tidings were before preached failed to enter in because of disobedience,

πάλιν τινὰ ὁρίζει ἡμέραν, Σήμερον, ἐν Δαυὶδ λέγων μετὰ τοσοῦτον χρόνον, καθὼς προείρηται
palin tina horizei hēmeran, Sēmeron, en Dauid legōn meta tosouton chronon, kathōs proeirētai,
he again defineth a certain day, To-day, saying in David so long a time afterward (even as hath been said before),

Σήμερον ἐὰν τῆς φωνῆς αὐτοῦ ἀκούσητε, μὴ σκληρύνητε τὰς καρδίας ὑμῶν
Sēmeron ean tēs phōnēs autou akousēte, mē sklērynēte tas kardias hymōn
To-day if ye shall hear his voice, Harden not your hearts.

εἰ γὰρ αὐτοὺς Ἰησοῦς κατέπαυσεν, οὐκ ἂν περὶ ἄλλης ἐλάλει μετὰ ταῦτα ἡμέρας
ei gar autous Iēsous katepausen, ouk an peri allēs elalei meta tauta hēmeras
For if Joshua had given them rest, he would not have spoken afterward of another day.

ἄρα ἀπολείπεται σαββατισμὸς τῷ λαῷ τοῦ θεοῦ
ara apoleipetai sabbatismos tō laō tou theou
There remaineth therefore a sabbath rest for the people of God.

ὁ γὰρ εἰσελθὼν εἰς τὴν κατάπαυσιν αὐτοῦ καὶ αὐτὸς κατέπαυσεν ἀπὸ τῶν ἔργων αὐτοῦ ὥσπερ ἀπὸ τῶν ἰδίων ὁ θεός
ho gar eiselthōn eis tēn katapausin autou kai autos katepausen apo tōn ergōn autou hōsper apo tōn idiōn ho theos
For he that is entered into his rest hath himself also rested from his works, as God did from his.

σπουδάσωμεν οὖν εἰσελθεῖν εἰς ἐκείνην τὴν κατάπαυσιν
spoudasōmen oun eiselthein eis ekeinēn tēn katapausin
Let us therefore give diligence to enter into that rest,

ἵνα μὴ ἐν τῷ αὐτῷ τις ὑποδείγματι πέσῃ τῆς ἀπειθείας
hina mē en tō autō tis hypodeigmati pesē tēs apeitheias
that no man fall after the same example of disobedience.

Ζῶν γὰρ ὁ λόγος τοῦ θεοῦ καὶ ἐνεργὴς καὶ τομώτερος ὑπὲρ πᾶσαν μάχαιραν δίστομον
Zōn gar ho logos tou theou kai energēs kai tomōteros hyper pasan machairan distomon
For the word of God is living, and active, and sharper than any two-edged sword,

καὶ διϊκνούμενος ἄχρι μερισμοῦ ψυχῆς καὶ πνεύματος
kai diiknoumenos achri merismou psychēs kai pneumatos,
and piercing even to the dividing of soul and spirit,

ἁρμῶν τε καὶ μυελῶν, καὶ κριτικὸς ἐνθυμήσεων καὶ ἐννοιῶν καρδίας
harmōn te kai myelōn, kai kritikos enthymēseōn kai ennoiōn kardias
of both joints and marrow, and quick to discern the thoughts and intents of the heart.

καὶ οὐκ ἔστιν κτίσις ἀφανὴς ἐνώπιον αὐτοῦ
kai ouk estin ktisis aphanēs enōpion autou
And there is no creature that is not manifest in his sight:

πάντα δὲ γυμνὰ καὶ τετραχηλισμένα τοῖς ὀφθαλμοῖς αὐτοῦ, πρὸς ὃν ἡμῖν ὁ λόγος
panta de gymna kai tetrachēlismena tois ophthalmois autou, pros hon hēmin ho logos
but all things are naked and laid open before the eyes of him with whom we have to do.

Ἔχοντες οὖν ἀρχιερέα μέγαν διεληλυθότα τοὺς οὐρανούς
Echontes oun archierea megan dielēlythota tous ouranous
Having then a great high priest, who hath passed through the heavens,

Ἰησοῦν τὸν υἱὸν τοῦ θεοῦ, κρατῶμεν τῆς ὁμολογίας
Iēsoun ton huion tou theou, kratōmen tēs homologias
Jesus the Son of God, let us hold fast our confession.

οὐ γὰρ ἔχομεν ἀρχιερέα μὴ δυνάμενον συμπαθῆσαι ταῖς ἀσθενείαις ἡμῶν
ou gar echomen archierea mē dynamenon sympathēsai tais astheneiais hēmōn,
For we have not a high priest that cannot be touched with the feeling of our infirmities;

πεπειρασμένον δὲ κατὰ πάντα καθ' ὁμοιότητα χωρὶς ἁμαρτίας
pepeirasmenon de kata panta kath' homoiotēta chōris hamartias
but one that hath been in all points tempted like as we are, yet without sin.

προσερχώμεθα οὖν μετὰ παρρησίας τῷ θρόνῳ τῆς χάριτος, ἵνα λάβωμεν ἔλεος
proserchōmetha oun meta parrēsias tō thronō tēs charitos, hina labōmen eleos
Let us therefore draw near with boldness unto the throne of grace, that we may receive mercy,

καὶ χάριν εὕρωμεν εἰς εὔκαιρον βοήθειαν
kai charin heurōmen eis eukairon boētheian
and may find grace to help us in time of need.

ε

Πᾶς γὰρ ἀρχιερεὺς ἐξ ἀνθρώπων λαμβανόμενος ὑπὲρ ἀνθρώπων καθίσταται
Pas gar archiereus ex anthrōpōn lambanomenos hyper anthrōpōn kathistatai
For every high priest, being taken from among men, is appointed for men

τὰ πρὸς τὸν θεόν, ἵνα προσφέρῃ δῶρά τε καὶ θυσίας ὑπὲρ ἁμαρτιῶν
ta pros ton theon, hina prospherē dōra te kai thysias hyper hamartiōn
in things pertaining to God, that he may offer both gifts and sacrifices for sins:

μετριοπαθεῖν δυνάμενος τοῖς ἀγνοοῦσιν καὶ πλανωμένοις, ἐπεὶ καὶ αὐτὸς περίκειται ἀσθένειαν
metriopathein dynamenos tois agnoousin kai planōmenois, epei kai autos perikeitai astheneian
who can bear gently with the ignorant and erring, for that he himself also is compassed with infirmity;

καὶ δι' αὐτὴν ὀφείλει καθὼς περὶ τοῦ λαοῦ οὕτως καὶ περὶ αὐτοῦ προσφέρειν περὶ ἁμαρτιῶν
kai di' autēn opheilei kathōs peri tou laou houtōs kai peri autou prospherein peri hamartiōn
and by reason thereof is bound, as for the people, so also for himself, to offer for sins.

καὶ οὐχ ἑαυτῷ τις λαμβάνει τὴν τιμήν, ἀλλὰ καλούμενος ὑπὸ τοῦ θεοῦ, καθώσπερ καὶ Ἀαρών
kai ouch heautō tis lambanei tēn timēn, alla kaloumenos hypo tou theou, kathōsper kai Aarōn
And no man taketh the honor unto himself, but when he is called of God, even as was Aaron.

Οὕτως καὶ ὁ Χριστὸς οὐχ ἑαυτὸν ἐδόξασεν γενηθῆναι ἀρχιερέα
Houtōs kai ho Christos ouch heauton edoxasen genēthēnai archierea,
So Christ also glorified not himself to be made a high priest,

ἀλλ' ὁ λαλήσας πρὸς αὐτόν, Υἱός μου εἶ σύ, ἐγὼ σήμερον γεγέννηκά σε
all' ho lalēsas pros auton, Huios mou ei sy, egō sēmeron gegennēka se
but he that spake unto him, Thou art my Son, This day have I begotten thee:

καθὼς καὶ ἐν ἑτέρῳ λέγει, Σὺ ἱερεὺς εἰς τὸν αἰῶνα κατὰ τὴν τάξιν Μελχισέδεκ
kathōs kai en heterō legei, Sy hiereus eis ton aiōna kata tēn taxin Melchisedek
as he saith also in another place, Thou art a priest for ever After the order of Melchizedek.

ὃς ἐν ταῖς ἡμέραις τῆς σαρκὸς αὐτοῦ
hos en tais hēmerais tēs sarkos autou
Who in the days of his flesh,

δεήσεις τε καὶ ἱκετηρίας πρὸς τὸν δυνάμενον σῴζειν αὐτὸν ἐκ θανάτου μετὰ κραυγῆς ἰσχυρᾶς καὶ δακρύων προσενέγκας
deēseis te kai hiketērias pros ton dynamenon sōzein auton ek thanatou meta kraugēs ischyras kai dakryōn prosenenkas
having offered up prayers and supplications with strong crying and tears unto him that was able to save him from death,

καὶ εἰσακουσθεὶς ἀπὸ τῆς εὐλαβείας
kai eisakoustheis apo tēs eulabeias
and having been heard for his godly fear,

καίπερ ὢν υἱὸς ἔμαθεν ἀφ' ὧν ἔπαθεν τὴν ὑπακοήν
kaiper ōn huios emathen aph' hōn epathen tēn hypakoēn
though he was a Son, yet learned obedience by the things which he suffered;

καὶ τελειωθεὶς ἐγένετο πᾶσιν τοῖς ὑπακούουσιν αὐτῷ αἴτιος σωτηρίας αἰωνίου
kai teleiōtheis egeneto pasin tois hypakouousin autō aitios sōtērias aiōniou
and having been made perfect, he became unto all them that obey him the author of eternal salvation;

προσαγορευθεὶς ὑπὸ τοῦ θεοῦ ἀρχιερεὺς κατὰ τὴν τάξιν Μελχισέδεκ
prosagoreutheis hypo tou theou archiereus kata tēn taxin Melchisedek
named of God a high priest after the order of Melchizedek.

Περὶ οὗ πολὺς ἡμῖν ὁ λόγος καὶ δυσερμήνευτος λέγειν, ἐπεὶ νωθροὶ γεγόνατε ταῖς ἀκοαῖς
Peri hou polys hēmin ho logos kai dysermēneutos legein, epei nōthroi gegonate tais akoais
Of whom we have many things to say, and hard of interpretation, seeing ye are become dull of hearing.

καὶ γὰρ ὀφείλοντες εἶναι διδάσκαλοι διὰ τὸν χρόνον
kai gar opheilontes einai didaskaloi dia ton chronon
For when by reason of the time ye ought to be teachers,

πάλιν χρείαν ἔχετε τοῦ διδάσκειν ὑμᾶς τινὰ τὰ στοιχεῖα τῆς ἀρχῆς τῶν λογίων τοῦ θεοῦ
palin chreian echete tou didaskein hymas tina ta stoicheia tēs archēs tōn logiōn tou theou
ye have need again that some one teach you the rudiments of the first principles of the oracles of God;

καὶ γεγόνατε χρείαν ἔχοντες γάλακτος, [καὶ] οὐ στερεᾶς τροφῆς
kai gegonate chreian echontes galaktos, [kai] ou stereas trophēs
and are become such as have need of milk, and not of solid food.

πᾶς γὰρ ὁ μετέχων γάλακτος ἄπειρος λόγου δικαιοσύνης, νήπιος γάρ ἐστιν
pas gar ho metechōn galaktos apeiros logou dikaiosynēs, nēpios gar estin
For every one that partaketh of milk is without experience of the word of righteousness; for he is a babe.

τελείων δέ ἐστιν ἡ στερεὰ τροφή
teleiōn de estin hē sterea trophē
But solid food is for fullgrown men,

τῶν διὰ τὴν ἕξιν τὰ αἰσθητήρια γεγυμνασμένα ἐχόντων πρὸς διάκρισιν καλοῦ τε καὶ κακοῦ
tōn dia tēn hexin ta aisthētēria gegymnasmena echontōn pros diakrisin kalou te kai kakou
even those who by reason of use have their senses exercised to discern good and evil.

ϛ

Διὸ ἀφέντες τὸν τῆς ἀρχῆς τοῦ Χριστοῦ λόγον ἐπὶ τὴν τελειότητα φερώμεθα
Dio aphentes ton tēs archēs tou Christou logon epi tēn teleiotēta pherōmetha
Wherefore leaving the doctrine of the first principles of Christ, let us press on unto perfection;

μὴ πάλιν θεμέλιον καταβαλλόμενοι μετανοίας ἀπὸ νεκρῶν ἔργων, καὶ πίστεως ἐπὶ θεόν
mē palin themelion kataballomenoi metanoias apo nekrōn ergōn, kai pisteōs epi theon
not laying again a foundation of repentance from dead works, and of faith toward God,

βαπτισμῶν διδαχῆς, ἐπιθέσεώς τε χειρῶν, ἀναστάσεώς τε νεκρῶν, καὶ κρίματος αἰωνίου
baptismōn didachēs, epitheseōs te cheirōn, anastaseōs te nekrōn, kai krimatos aiōniou
of the teaching of baptisms, and of laying on of hands, and of resurrection of the dead, and of eternal judgment.

καὶ τοῦτο ποιήσομεν ἐάνπερ ἐπιτρέπῃ ὁ θεός
kai touto poiēsomen eanper epitrepē ho theos
And this will we do, if God permit.

Ἀδύνατον γὰρ τοὺς ἅπαξ φωτισθέντας
Adynaton gar tous hapax phōtisthentas
For as touching those who were once enlightened

γευσαμένους τε τῆς δωρεᾶς τῆς ἐπουρανίου καὶ μετόχους γενηθέντας πνεύματος ἁγίου
geusamenous te tēs dōreas tēs epouraniou kai metochous genēthentas pneumatos hagiou
and tasted of the heavenly gift, and were made partakers of the Holy Spirit,

καὶ καλὸν γευσαμένους θεοῦ ῥῆμα δυνάμεις τε μέλλοντος αἰῶνος
kai kalon geusamenous theou rhēma dynameis te mellontos aiōnos
and tasted the good word of God, and the powers of the age to come,

καὶ παραπεσόντας, πάλιν ἀνακαινίζειν εἰς μετάνοιαν
kai parapesontas, palin anakainizein eis metanoian
and then fell away, it is impossible to renew them again unto repentance;

ἀνασταυροῦντας ἑαυτοῖς τὸν υἱὸν τοῦ θεοῦ καὶ παραδειγματίζοντας
anastaurountas heautois ton huion tou theou kai paradeigmatizontas
seeing they crucify to themselves the Son of God afresh, and put him to an open shame.

γῆ γὰρ ἡ πιοῦσα τὸν ἐπ' αὐτῆς ἐρχόμενον πολλάκις ὑετόν
gē gar hē piousa ton ep' autēs erchomenon pollakis hyeton
For the land which hath drunk the rain that cometh oft upon it,

καὶ τίκτουσα βοτάνην εὔθετον ἐκείνοις δι' οὓς καὶ γεωργεῖται, μεταλαμβάνει εὐλογίας ἀπὸ τοῦ θεοῦ
kai tiktousa botanēn eutheton ekeinois di' hous kai geōrgeitai, metalambanei eulogias apo tou theou
and bringeth forth herbs meet for them for whose sake it is also tilled, receiveth blessing from God:

ἐκφέρουσα δὲ ἀκάνθας καὶ τριβόλους ἀδόκιμος καὶ κατάρας ἐγγύς, ἧς τὸ τέλος εἰς καῦσιν
ekpherousa de akanthas kai tribolous adokimos kai kataras engys, hēs to telos eis kausin
but if it beareth thorns and thistles, it is rejected and nigh unto a curse; whose end is to be burned.

Πεπείσμεθα δὲ περὶ ὑμῶν, ἀγαπητοί, τὰ κρείσσονα καὶ ἐχόμενα σωτηρίας, εἰ καὶ οὕτως λαλοῦμεν
Pepeismetha de peri hymōn, agapētoi, ta kreissona kai echomena sōtērias, ei kai houtōs laloumen
But, beloved, we are persuaded better things of you, and things that accompany salvation, though we thus speak:

οὐ γὰρ ἄδικος ὁ θεὸς ἐπιλαθέσθαι τοῦ ἔργου ὑμῶν καὶ τῆς ἀγάπης ἧς ἐνεδείξασθε εἰς τὸ ὄνομα αὐτοῦ
ou gar adikos ho theos epilathesthai tou ergou hymōn kai tēs agapēs hēs enedeixasthe eis to onoma autou
for God is not unrighteous to forget your work and the love which ye showed toward his name,

διακονήσαντες τοῖς ἁγίοις καὶ διακονοῦντες
diakonēsantes tois hagiois kai diakonountes
in that ye ministered unto the saints, and still do minister.

ἐπιθυμοῦμεν δὲ ἕκαστον ὑμῶν τὴν αὐτὴν ἐνδείκνυσθαι σπουδὴν πρὸς τὴν πληροφορίαν τῆς ἐλπίδος ἄχρι τέλους
epithymoumen de hekaston hymōn tēn autēn endeiknysthai spoudēn pros tēn plērophorian tēs elpidos achri telous
And we desire that each one of you may show the same diligence unto the fulness of hope even to the end:

ἵνα μὴ νωθροὶ γένησθε, μιμηταὶ δὲ τῶν διὰ πίστεως καὶ μακροθυμίας κληρονομούντων τὰς ἐπαγγελίας
hina mē nōthroi genēsthe, mimētai de tōn dia pisteōs kai makrothymias klēronomountōn tas epangelias
that ye be not sluggish, but imitators of them who through faith and patience inherit the promises.

Τῷ γὰρ Ἀβραὰμ ἐπαγγειλάμενος ὁ θεός, ἐπεὶ κατ' οὐδενὸς εἶχεν μείζονος ὀμόσαι, ὤμοσεν καθ' ἑαυτοῦ
Tō gar Abraam epangeilamenos ho theos, epei kat' oudenos eichen meizonos omosai, ōmosen kath' heautou
For when God made promise to Abraham, since he could swear by none greater, he sware by himself,

λέγων, Εἰ μὴν εὐλογῶν εὐλογήσω σε καὶ πληθύνων πληθυνῶ σε
legōn, Ei mēn eulogōn eulogēsō se kai plēthynōn plēthynō se
saying, Surely blessing I will bless thee, and multiplying I will multiply thee.

καὶ οὕτως μακροθυμήσας ἐπέτυχεν τῆς ἐπαγγελίας
kai houtōs makrothymēsas epetychen tēs epangelias
And thus, having patiently endured, he obtained the promise.

ἄνθρωποι γὰρ κατὰ τοῦ μείζονος ὀμνύουσιν, καὶ πάσης αὐτοῖς ἀντιλογίας πέρας εἰς βεβαίωσιν ὁ ὅρκος
anthrōpoi gar kata tou meizonos omnyousin, kai pasēs autois antilogias peras eis bebaiōsin ho horkos
For men swear by the greater: and in every dispute of theirs the oath is final for confirmation.

ἐν ᾧ περισσότερον βουλόμενος ὁ θεὸς ἐπιδεῖξαι τοῖς κληρονόμοις τῆς ἐπαγγελίας τὸ ἀμετάθετον τῆς βουλῆς αὐτοῦ
en hō perissoteron boulomenos ho theos epideixai tois klēronomois tēs epangelias to ametatheton tēs boulēs autou
Wherein God, being minded to show more abundantly unto the heirs of the promise the immutability of his counsel,

ἐμεσίτευσεν ὅρκῳ
emesiteusen horkō
interposed with an oath;

ἵνα διὰ δύο πραγμάτων ἀμεταθέτων, ἐν οἷς ἀδύνατον ψεύσασθαι [τὸν] θεόν
hina dia dyo pragmatōn ametathetōn, en hois adynaton pseusasthai [ton] theon
that by two immutable things, in which it is impossible for God to lie,

ἰσχυρὰν παράκλησιν ἔχωμεν οἱ καταφυγόντες κρατῆσαι τῆς προκειμένης ἐλπίδος
ischyran paraklēsin echōmen hoi kataphygontes kratēsai tēs prokeimenēs elpidos
we may have a strong encouragement, who have fled for refuge to lay hold of the hope set before us:

ἣν ὡς ἄγκυραν ἔχομεν τῆς ψυχῆς, ἀσφαλῆ τε καὶ βεβαίαν καὶ εἰσερχομένην εἰς τὸ ἐσώτερον τοῦ καταπετάσματος
hēn hōs ankyran echomen tēs psychēs, asphalē te kai bebaian kai eiserchomenēn eis to esōteron tou katapetasmatos
which we have as an anchor of the soul, a hope both sure and stedfast and entering into that which is within the veil;

ὅπου πρόδρομος ὑπὲρ ἡμῶν εἰσῆλθεν Ἰησοῦς, κατὰ τὴν τάξιν Μελχισέδεκ ἀρχιερεὺς γενόμενος εἰς τὸν αἰῶνα
hopou prodromos hyper hēmōn eisēlthen Iēsous, kata tēn taxin Melchisedek archiereus genomenos eis ton aiōna
whither as a forerunner Jesus entered for us, having become a high priest for ever after the order of Melchizedek.

ζ

Οὗτος γὰρ ὁ Μελχισέδεκ, βασιλεὺς Σαλήμ, ἱερεὺς τοῦ θεοῦ τοῦ ὑψίστου
Houtos gar ho Melchisedek, basileus Salēm, hiereus tou theou tou hypsistou
For this Melchizedek, king of Salem, priest of God Most High,

ὁ συναντήσας Ἀβραὰμ ὑποστρέφοντι ἀπὸ τῆς κοπῆς τῶν βασιλέων καὶ εὐλογήσας αὐτόν
ho synantēsas Abraam hypostrephonti apo tēs kopēs tōn basileōn kai eulogēsas auton
who met Abraham returning from the slaughter of the kings and blessed him,

ᾧ καὶ δεκάτην ἀπὸ πάντων ἐμέρισεν Ἀβραάμ
hō kai dekatēn apo pantōn emerisen Abraam
to whom also Abraham divided a tenth part of all

πρῶτον μὲν ἑρμηνευόμενος βασιλεὺς δικαιοσύνης ἔπειτα δὲ καὶ βασιλεὺς Σαλήμ, ὅ ἐστιν βασιλεὺς εἰρήνης
prōton men hermēneuomenos basileus dikaiosynēs epeita de kai basileus Salēm, ho estin basileus eirēnēs
(being first, by interpretation, King of righteousness, and then also King of Salem, which is, King of peace;

ἀπάτωρ, ἀμήτωρ, ἀγενεαλόγητος, μήτε ἀρχὴν ἡμερῶν μήτε ζωῆς τέλος ἔχων
apatōr, amētōr, agenealogētos, mēte archēn hēmerōn mēte zōēs telos echōn
without father, without mother, without genealogy, having neither beginning of days nor end of life,

ἀφωμοιωμένος δὲ τῷ υἱῷ τοῦ θεοῦ, μένει ἱερεὺς εἰς τὸ διηνεκές
aphōmoiōmenos de tō huiō tou theou, menei hiereus eis to diēnekes
but made like unto the Son of God), abideth a priest continually.

Θεωρεῖτε δὲ πηλίκος οὗτος ᾧ [καὶ] δεκάτην Ἀβραὰμ ἔδωκεν ἐκ τῶν ἀκροθινίων ὁ πατριάρχης
Theōreite de pēlikos houtos hō [kai] dekatēn Abraam edōken ek tōn akrothiniōn ho patriarchēs
Now consider how great this man was, unto whom Abraham, the patriarch, gave a tenth out of the chief spoils.

καὶ οἱ μὲν ἐκ τῶν υἱῶν Λευὶ τὴν ἱερατείαν λαμβάνοντες ἐντολὴν ἔχουσιν ἀποδεκατοῦν τὸν λαὸν κατὰ τὸν νόμον
kai hoi men ek tōn huiōn Leui tēn hierateian lambanontes entolēn echousin apodekatoun ton laon kata ton nomon
And they indeed of the sons of Levi that receive the priest's office have commandment to take tithes of the people according to the law,

τοῦτ' ἔστιν τοὺς ἀδελφοὺς αὐτῶν, καίπερ ἐξεληλυθότας ἐκ τῆς ὀσφύος Ἀβραάμ
tout' estin tous adelphous autōn, kaiper exelēlythotas ek tēs osphyos Abraam
that is, of their brethren, though these have come out of the loins of Abraham:

ὁ δὲ μὴ γενεαλογούμενος ἐξ αὐτῶν δεδεκάτωκεν Ἀβραάμ
ho de mē genealogoumenos ex autōn dedekatōken Abraam
but he whose genealogy is not counted from them hath taken tithes of Abraham,

καὶ τὸν ἔχοντα τὰς ἐπαγγελίας εὐλόγηκεν
kai ton echonta tas epangelias eulogēken
and hath blessed him that hath the promises.

χωρὶς δὲ πάσης ἀντιλογίας τὸ ἔλαττον ὑπὸ τοῦ κρείττονος εὐλογεῖται
chōris de pasēs antilogias to elatton hypo tou kreittonos eulogeitai
But without any dispute the less is blessed of the better.

καὶ ὧδε μὲν δεκάτας ἀποθνήσκοντες ἄνθρωποι λαμβάνουσιν, ἐκεῖ δὲ μαρτυρούμενος ὅτι ζῇ
kai hōde men dekatas apothnēskontes anthrōpoi lambanousin, ekei de martyroumenos hoti zē
And here men that die receive tithes; but there one, of whom it is witnessed that he liveth.

καὶ ὡς ἔπος εἰπεῖν, δι' Ἀβραὰμ καὶ Λευὶ ὁ δεκάτας λαμβάνων δεδεκάτωται
kai hōs epos eipein, di' Abraam kai Leui ho dekatas lambanōn dedekatōtai
And, so to say, through Abraham even Levi, who receiveth tithes, hath paid tithes;

ἔτι γὰρ ἐν τῇ ὀσφύϊ τοῦ πατρὸς ἦν ὅτε συνήντησεν αὐτῷ Μελχισέδεκ
eti gar en tē osphui tou patros ēn hote synēntēsen autō Melchisedek
for he was yet in the loins of his father, when Melchizedek met him.

Εἰ μὲν οὖν τελείωσις διὰ τῆς Λευιτικῆς ἱερωσύνης ἦν, ὁ λαὸς γὰρ ἐπ' αὐτῆς νενομοθέτηται
Ei men oun teleiōsis dia tēs Leuitikēs hierōsynēs ēn, ho laos gar ep' autēs nenomothetētai
Now if there was perfection through the Levitical priesthood (for under it hath the people received the law),

τίς ἔτι χρεία κατὰ τὴν τάξιν Μελχισέδεκ ἕτερον ἀνίστασθαι ἱερέα
tis eti chreia kata tēn taxin Melchisedek heteron anistasthai hierea
what further need was there that another priest should arise after the order of Melchizedek,

καὶ οὐ κατὰ τὴν τάξιν Ἀαρὼν λέγεσθαι
kai ou kata tēn taxin Aarōn legesthai
and not be reckoned after the order of Aaron?

μετατιθεμένης γὰρ τῆς ἱερωσύνης ἐξ ἀνάγκης καὶ νόμου μετάθεσις γίνεται
metatithemenēs gar tēs hierōsynēs ex anankēs kai nomou metathesis ginetai
For the priesthood being changed, there is made of necessity a change also of the law.

ἐφ' ὃν γὰρ λέγεται ταῦτα φυλῆς ἑτέρας μετέσχηκεν, ἀφ' ἧς οὐδεὶς προσέσχηκεν τῷ θυσιαστηρίῳ
eph' hon gar legetai tauta phylēs heteras meteschēken, aph' hēs oudeis proseschēken tō thysiastēriō
For he of whom these things are said belongeth to another tribe, from which no man hath given attendance at the altar.

πρόδηλον γὰρ ὅτι ἐξ Ἰούδα ἀνατέταλκεν ὁ κύριος ἡμῶν, εἰς ἣν φυλὴν περὶ ἱερέων οὐδὲν Μωϋσῆς ἐλάλησεν
prodēlon gar hoti ex Iouda anatetalken ho kyrios hēmōn, eis hēn phylēn peri hiereōn ouden Mōusēs elalēsen
For it is evident that our Lord hath sprung out of Judah; as to which tribe Moses spake nothing concerning priests.

καὶ περισσότερον ἔτι κατάδηλόν ἐστιν, εἰ κατὰ τὴν ὁμοιότητα Μελχισέδεκ ἀνίσταται ἱερεὺς ἕτερος
kai perissoteron eti katadēlon estin, ei kata tēn homoiotēta Melchisedek anistatai hiereus heteros
And what we say is yet more abundantly evident, if after the likeness of Melchizedek there ariseth another priest,

ὃς οὐ κατὰ νόμον ἐντολῆς σαρκίνης γέγονεν ἀλλὰ κατὰ δύναμιν ζωῆς ἀκαταλύτου
hos ou kata nomon entolēs sarkinēs gegonen alla kata dynamin zōēs akatalytou
who hath been made, not after the law of a carnal commandment, but after the power of an endless life:

μαρτυρεῖται γὰρ ὅτι Σὺ ἱερεὺς εἰς τὸν αἰῶνα κατὰ τὴν τάξιν Μελχισέδεκ
martyreitai gar hoti Sy hiereus eis ton aiōna kata tēn taxin Melchisedek
for it is witnessed of him, Thou art a priest for ever After the order of Melchizedek.

ἀθέτησις μὲν γὰρ γίνεται προαγούσης ἐντολῆς διὰ τὸ αὐτῆς ἀσθενὲς καὶ ἀνωφελές
athetēsis men gar ginetai proagousēs entolēs dia to autēs asthenes kai anōpheles
For there is a disannulling of a foregoing commandment because of its weakness and unprofitableness

οὐδὲν γὰρ ἐτελείωσεν ὁ νόμος, ἐπεισαγωγὴ δὲ κρείττονος ἐλπίδος, δι' ἧς ἐγγίζομεν τῷ θεῷ
ouden gar eteleiōsen ho nomos, epeisagōgē de kreittonos elpidos, di' hēs engizomen tō theō
(for the law made nothing perfect), and a bringing in thereupon of a better hope, through which we draw nigh unto God.

Καὶ καθ' ὅσον οὐ χωρὶς ὁρκωμοσίας, οἱ μὲν γὰρ χωρὶς ὁρκωμοσίας εἰσὶν ἱερεῖς γεγονότες
Kai kath' hoson ou chōris horkōmosias, hoi men gar chōris horkōmosias eisin hiereis gegonotes
And inasmuch as it is not without the taking of an oath (for they indeed have been made priests without an oath;

ὁ δὲ μετὰ ὁρκωμοσίας διὰ τοῦ λέγοντος πρὸς αὐτόν, Ὤμοσεν κύριος, καὶ οὐ μεταμεληθήσεται, Σὺ ἱερεὺς εἰς τὸν αἰῶνα
ho de meta horkōmosias dia tou legontos pros auton, Ōmosen kyrios, kai ou metamelēthēsetai, Sy hiereus eis ton aiōna
but he with an oath by him that saith of him, The Lord sware and will not repent himself, Thou art a priest for ever);

κατὰ τοσοῦτο [καὶ] κρείττονος διαθήκης γέγονεν ἔγγυος Ἰησοῦς
kata tosouto [kai] kreittonos diathēkēs gegonen engyos Iēsous
by so much also hath Jesus become the surety of a better covenant.

καὶ οἱ μὲν πλείονές εἰσιν γεγονότες ἱερεῖς διὰ τὸ θανάτῳ κωλύεσθαι παραμένειν
kai hoi men pleiones eisin gegonotes hiereis dia to thanatō kōlyesthai paramenein
And they indeed have been made priests many in number, because that by death they are hindered from continuing:

ὁ δὲ διὰ τὸ μένειν αὐτὸν εἰς τὸν αἰῶνα ἀπαράβατον ἔχει τὴν ἱερωσύνην
ho de dia to menein auton eis ton aiōna aparabaton echei tēn hierōsynēn
but he, because he abideth for ever, hath his priesthood unchangeable.

ὅθεν καὶ σῴζειν εἰς τὸ παντελὲς δύναται τοὺς προσερχομένους δι' αὐτοῦ τῷ θεῷ
hothen kai sōzein eis to panteles dynatai tous proserchomenous di' autou tō theō
Wherefore also he is able to save to the uttermost them that draw near unto God through him,

πάντοτε ζῶν εἰς τὸ ἐντυγχάνειν ὑπὲρ αὐτῶν
pantote zōn eis to entynchanein hyper autōn
seeing he ever liveth to make intercession for them.

Τοιοῦτος γὰρ ἡμῖν καὶ ἔπρεπεν ἀρχιερεύς, ὅσιος, ἄκακος, ἀμίαντος, κεχωρισμένος ἀπὸ τῶν ἁμαρτωλῶν
Toioutos gar hēmin kai eprepen archiereus, hosios, akakos, amiantos, kechōrismenos apo tōn hamartōlōn
For such a high priest became us, holy, guileless, undefiled, separated from sinners,

καὶ ὑψηλότερος τῶν οὐρανῶν γενόμενος
kai hypsēloteros tōn ouranōn genomenos
and made higher than the heavens;

ὃς οὐκ ἔχει καθ' ἡμέραν ἀνάγκην, ὥσπερ οἱ ἀρχιερεῖς, πρότερον ὑπὲρ τῶν ἰδίων ἁμαρτιῶν θυσίας ἀναφέρειν
hos ouk echei kath' hēmeran anankēn, hōsper hoi archiereis, proteron hyper tōn idiōn hamartiōn thysias anapherein
who needeth not daily, like those high priests, to offer up sacrifices, first for his own sins,

ἔπειτα τῶν τοῦ λαοῦ· τοῦτο γὰρ ἐποίησεν ἐφάπαξ ἑαυτὸν ἀνενέγκας
epeita tōn tou laou: touto gar epoiēsen ephapax heauton anenenkas
and then for the sins of the people: for this he did once for all, when he offered up himself.

ὁ νόμος γὰρ ἀνθρώπους καθίστησιν ἀρχιερεῖς ἔχοντας ἀσθένειαν
ho nomos gar anthrōpous kathistēsin archiereis echontas astheneian,
For the law appointeth men high priests, having infirmity;

ὁ λόγος δὲ τῆς ὁρκωμοσίας τῆς μετὰ τὸν νόμον υἱὸν εἰς τὸν αἰῶνα τετελειωμένον
ho logos de tēs horkōmosias tēs meta ton nomon huion eis ton aiōna teteleiōmenon
but the word of the oath, which was after the law, appointeth a Son, perfected for evermore.

η

Κεφάλαιον δὲ ἐπὶ τοῖς λεγομένοις, τοιοῦτον ἔχομεν ἀρχιερέα
Kephalaion de epi tois legomenois, toiouton echomen archierea
Now in the things which we are saying the chief point is this: We have such a high priest,

ὃς ἐκάθισεν ἐν δεξιᾷ τοῦ θρόνου τῆς μεγαλωσύνης ἐν τοῖς οὐρανοῖς
hos ekathisen en dexia tou thronou tēs megalōsynēs en tois ouranois
who sat down on the right hand of the throne of the Majesty in the heavens,

τῶν ἁγίων λειτουργὸς καὶ τῆς σκηνῆς τῆς ἀληθινῆς, ἣν ἔπηξεν ὁ κύριος, οὐκ ἄνθρωπος
tōn hagiōn leitourgos kai tēs skēnēs tēs alēthinēs, hēn epēxen ho kyrios, ouk anthrōpos
a minister of the sanctuary, and of the true tabernacle, which the Lord pitched, not man.

πᾶς γὰρ ἀρχιερεὺς εἰς τὸ προσφέρειν δῶρά τε καὶ θυσίας καθίσταται
pas gar archiereus eis to prospherein dōra te kai thysias kathistatai
For every high priest is appointed to offer both gifts and sacrifices:

ὅθεν ἀναγκαῖον ἔχειν τι καὶ τοῦτον ὃ προσενέγκῃ
hothen anankaion echein ti kai touton ho prosenenkē
wherefore it is necessary that this high priest also have somewhat to offer.

εἰ μὲν οὖν ἦν ἐπὶ γῆς, οὐδ' ἂν ἦν ἱερεύς, ὄντων τῶν προσφερόντων κατὰ νόμον τὰ δῶρα
ei men oun ēn epi gēs, oud' an ēn hiereus, ontōn tōn prospherontōn kata nomon ta dōra
Now if he were on earth, he would not be a priest at all, seeing there are those who offer the gifts according to the law;

οἵτινες ὑποδείγματι καὶ σκιᾷ λατρεύουσιν τῶν ἐπουρανίων
hoitines hypodeigmati kai skia latreuousin tōn epouraniōn
who serve that which is a copy and shadow of the heavenly things,

καθὼς κεχρημάτισται Μωϋσῆς μέλλων ἐπιτελεῖν τὴν σκηνήν
kathōs kechrēmatistai Mōusēs mellōn epitelein tēn skēnēn
even as Moses is warned of God when he is about to make the tabernacle:

Ορα γάρ, φησίν, ποιήσεις πάντα κατὰ τὸν τύπον τὸν δειχθέντα σοι ἐν τῷ ὄρει
Ora gar, phēsin, poiēseis panta kata ton typon ton deichthenta soi en tō orei
for, See, saith he, that thou make all things according to the pattern that was showed thee in the mount.

νυν[ὶ] δὲ διαφορωτέρας τέτυχεν λειτουργίας, ὅσῳ καὶ κρείττονός ἐστιν διαθήκης μεσίτης
nyn[i] de diaphorōteras tetychen leitourgias, hosō kai kreittonos estin diathēkēs mesitēs
But now hath he obtained a ministry the more excellent, by so much as he is also the mediator of a better covenant,

ἥτις ἐπὶ κρείττοσιν ἐπαγγελίαις νενομοθέτηται
hētis epi kreittosin epangeliais nenomothetētai
which hath been enacted upon better promises.

Εἰ γὰρ ἡ πρώτη ἐκείνη ἦν ἄμεμπτος, οὐκ ἂν δευτέρας ἐζητεῖτο τόπος
Ei gar hē prōtē ekeinē ēn amemptos, ouk an deuteras ezēteito topos
For if that first covenant had been faultless, then would no place have been sought for a second.

μεμφόμενος γὰρ αὐτοὺς λέγει, Ἰδοὺ ἡμέραι ἔρχονται, λέγει κύριος
memphomenos gar autous legei, Idou hēmerai erchontai, legei kyrios,
For finding fault with them, he saith, Behold, the days come, saith the Lord,

καὶ συντελέσω ἐπὶ τὸν οἶκον Ἰσραὴλ καὶ ἐπὶ τὸν οἶκον Ἰούδα διαθήκην καινήν
kai synteleso epi ton oikon Israēl kai epi ton oikon Iouda diathēkēn kainēn
That I will make a new covenant with the house of Israel and with the house of Judah;

οὐ κατὰ τὴν διαθήκην ἣν ἐποίησα τοῖς πατράσιν αὐτῶν
ou kata tēn diathēkēn hēn epoiēsa tois patrasin autōn
Not according to the covenant that I made with their fathers

ἐν ἡμέρᾳ ἐπιλαβομένου μου τῆς χειρὸς αὐτῶν ἐξαγαγεῖν αὐτοὺς ἐκ γῆς Αἰγύπτου
en hēmera epilabomenou mou tēs cheiros autōn exagagein autous ek gēs Aigyptou
In the day that I took them by the hand to lead them forth out of the land of Egypt;

ὅτι αὐτοὶ οὐκ ἐνέμειναν ἐν τῇ διαθήκῃ μου, κἀγὼ ἠμέλησα αὐτῶν, λέγει κύριος
hoti autoi ouk enemeinan en tē diathēkē mou, kagō ēmelēsa autōn, legei kyrios
For they continued not in my covenant, And I regarded them not, saith the Lord.

ὅτι αὕτη ἡ διαθήκη ἣν διαθήσομαι τῷ οἴκῳ Ἰσραὴλ μετὰ τὰς ἡμέρας ἐκείνας, λέγει κύριος
hoti hautē hē diathēkē hēn diathēsomai tō oikō Israēl meta tas hēmeras ekeinas, legei kyrios
For this is the covenant that I will make with the house of Israel After those days, saith the Lord;

διδοὺς νόμους μου εἰς τὴν διάνοιαν αὐτῶν, καὶ ἐπὶ καρδίας αὐτῶν ἐπιγράψω αὐτούς
didous nomous mou eis tēn dianoian autōn, kai epi kardias autōn epigrapsō autous
I will put my laws into their mind, And on their heart also will I write them:

καὶ ἔσομαι αὐτοῖς εἰς θεὸν καὶ αὐτοὶ ἔσονταί μοι εἰς λαόν
kai esomai autois eis theon kai autoi esontai moi eis laon
And I will be to them a God, And they shall be to me a people:

καὶ οὐ μὴ διδάξωσιν ἕκαστος τὸν πολίτην αὐτοῦ καὶ ἕκαστος τὸν ἀδελφὸν αὐτοῦ, λέγων
kai ou mē didaxōsin hekastos ton politēn autou kai hekastos ton adelphon autou, legōn
And they shall not teach every man his fellow-citizen, And every man his brother, saying,

Γνῶθι τὸν κύριον, ὅτι πάντες εἰδήσουσίν με ἀπὸ μικροῦ ἕως μεγάλου αὐτῶν
Gnōthi ton kyrion, hoti pantes eidēsousin me apo mikrou heōs megalou autōn
Know the Lord: For all shall know me, From the least to the greatest of them.

ὅτι ἵλεως ἔσομαι ταῖς ἀδικίαις αὐτῶν, καὶ τῶν ἁμαρτιῶν αὐτῶν οὐ μὴ μνησθῶ ἔτι
hoti hileōs esomai tais adikiais autōn, kai tōn hamartiōn autōn ou mē mnēsthō eti
For I will be merciful to their iniquities, And their sins will I remember no more.

ἐν τῷ λέγειν Καινὴν πεπαλαίωκεν τὴν πρώτην
en tō legein Kainēn pepalaiōken tēn prōtēn
In that he saith, A new covenant, he hath made the first old.

τὸ δὲ παλαιούμενον καὶ γηράσκον ἐγγὺς ἀφανισμοῦ
to de palaioumenon kai gēraskon engys aphanismou
But that which is becoming old and waxeth aged is nigh unto vanishing away.

θ

Εἶχε μὲν οὖν [καὶ] ἡ πρώτη δικαιώματα λατρείας τό τε ἅγιον κοσμικόν
Eiche men oun [kai] hē prōtē dikaiōmata latreias to te hagion kosmikon
Now even the first covenant had ordinances of divine service, and its sanctuary, a sanctuary of this world.

σκηνὴ γὰρ κατεσκευάσθη ἡ πρώτη ἐν ᾗ ἥ τε λυχνία καὶ ἡ τράπεζα καὶ ἡ πρόθεσις τῶν ἄρτων, ἥτις λέγεται Αγια
skēnē gar kateskeuasthē hē prōtē en hē hē te lychnia kai hē trapeza kai hē prothesis tōn artōn, hētis legetai Agia
For there was a tabernacle prepared, the first, wherein were the candlestick, and the table, and the showbread; which is called the Holy place.

μετὰ δὲ τὸ δεύτερον καταπέτασμα σκηνὴ ἡ λεγομένη Αγια Ἁγίων
meta de to deuteron katapetasma skēnē hē legomenē Agia Hagiōn
And after the second veil, the tabernacle which is called the Holy of holies;

χρυσοῦν ἔχουσα θυμιατήριον καὶ τὴν κιβωτὸν τῆς διαθήκης περικεκαλυμμένην πάντοθεν χρυσίῳ
chrysoun echousa thymiatērion kai tēn kibōton tēs diathēkēs perikekalymmenēn pantothen chrysiō
having a golden altar of incense, and the ark of the covenant overlaid round about with gold,

ἐν ᾗ στάμνος χρυσῆ ἔχουσα τὸ μάννα καὶ ἡ ῥάβδος Ἀαρὼν ἡ βλαστήσασα καὶ αἱ πλάκες τῆς διαθήκης
en hē stamnos chrysē echousa to manna kai hē rhabdos Aarōn hē blastēsasa kai hai plakes tēs diathēkēs
wherein was a golden pot holding the manna, and Aaron's rod that budded, and the tables of the covenant;

ὑπεράνω δὲ αὐτῆς Χερουβὶν δόξης κατασκιάζοντα τὸ ἱλαστήριον: περὶ ὧν οὐκ ἔστιν νῦν λέγειν κατὰ μέρος
hyperanō de autēs Cheroubin doxēs kataskiazonta to hilastērion: peri hōn ouk estin nyn legein kata meros
and above it cherubim of glory overshadowing the mercy-seat; of which things we cannot now speak severally.

Τούτων δὲ οὕτως κατεσκευασμένων,
Toutōn de houtōs kateskeuasmenōn,
Now these things having been thus prepared,

εἰς μὲν τὴν πρώτην σκηνὴν διὰ παντὸς εἰσίασιν οἱ ἱερεῖς τὰς λατρείας ἐπιτελοῦντες
eis men tēn prōtēn skēnēn dia pantos eisiasin hoi hiereis tas latreias epitelountes
the priests go in continually into the first tabernacle, accomplishing the services;

εἰς δὲ τὴν δευτέραν ἅπαξ τοῦ ἐνιαυτοῦ μόνος ὁ ἀρχιερεύς
eis de tēn deuteran hapax tou eniautou monos ho archiereus
but into the second the high priest alone, once in the year,

οὐ χωρὶς αἵματος, ὃ προσφέρει ὑπὲρ ἑαυτοῦ καὶ τῶν τοῦ λαοῦ ἀγνοημάτων
ou chōris haimatos, ho prospherei hyper heautou kai tōn tou laou agnoēmatōn
not without blood, which he offereth for himself, and for the errors of the people:

τοῦτο δηλοῦντος τοῦ πνεύματος τοῦ ἁγίου
touto dēlountos tou pneumatos tou hagiou,
the Holy Spirit this signifying,

μήπω πεφανερῶσθαι τὴν τῶν ἁγίων ὁδὸν ἔτι τῆς πρώτης σκηνῆς ἐχούσης στάσιν
mēpō pephanerōsthai tēn tōn hagiōn hodon eti tēs prōtēs skēnēs echousēs stasin
that the way into the holy place hath not yet been made manifest, while the first tabernacle is yet standing;

ἥτις παραβολὴ εἰς τὸν καιρὸν τὸν ἐνεστηκότα
hētis parabolē eis ton kairon ton enestēkota
which is a figure for the time present;

καθ' ἣν δῶρά τε καὶ θυσίαι προσφέρονται μὴ δυνάμεναι κατὰ συνείδησιν τελειῶσαι τὸν λατρεύοντα
kath' hēn dōra te kai thysiai prospherontai mē dynamenai kata syneidēsin teleiōsai ton latreuonta
according to which are offered both gifts and sacrifices that cannot, as touching the conscience, make the worshipper perfect,

μόνον ἐπὶ βρώμασιν καὶ πόμασιν καὶ διαφόροις βαπτισμοῖς, δικαιώματα σαρκὸς μέχρι καιροῦ διορθώσεως ἐπικείμενα
monon epi brōmasin kai pomasin kai diaphorois baptismois, dikaiōmata sarkos mechri kairou diorthōseōs epikeimena
being only (with meats and drinks and divers washings) carnal ordinances, imposed until a time of reformation.

Χριστὸς δὲ παραγενόμενος ἀρχιερεὺς τῶν γενομένων ἀγαθῶν διὰ τῆς μείζονος καὶ τελειοτέρας σκηνῆς
Christos de paragenomenos archiereus tōn genomenōn agathōn dia tēs meizonos kai teleioteras skēnēs
But Christ having come a high priest of the good things to come, through the greater and more perfect tabernacle,

οὐ χειροποιήτου, τοῦτ' ἔστιν οὐ ταύτης τῆς κτίσεως
ou cheiropoiētou, tout' estin ou tautēs tēs ktiseōs
not made with hands, that is to say, not of this creation,

οὐδὲ δι' αἵματος τράγων καὶ μόσχων διὰ δὲ τοῦ ἰδίου αἵματος
oude di' haimatos tragōn kai moschōn dia de tou idiou haimatos
nor yet through the blood of goats and calves, but through his own blood,

εἰσῆλθεν ἐφάπαξ εἰς τὰ ἅγια, αἰωνίαν λύτρωσιν εὑράμενος
eisēlthen ephapax eis ta hagia, aiōnian lytrōsin heuramenos
entered in once for all into the holy place, having obtained eternal redemption.

εἰ γὰρ τὸ αἷμα τράγων καὶ ταύρων
ei gar to haima tragōn kai taurōn
For if the blood of goats and bulls,

καὶ σποδὸς δαμάλεως ῥαντίζουσα τοὺς κεκοινωμένους ἁγιάζει πρὸς τὴν τῆς σαρκὸς καθαρότητα
kai spodos damaleōs rhantizousa tous kekoinōmenous hagiazei pros tēn tēs sarkos katharotēta
and the ashes of a heifer sprinkling them that have been defiled, sanctify unto the cleanness of the flesh:

πόσῳ μᾶλλον τὸ αἷμα τοῦ Χριστοῦ, ὃς διὰ πνεύματος αἰωνίου ἑαυτὸν προσήνεγκεν ἄμωμον τῷ θεῷ
posō mallon to haima tou Christou, hos dia pneumatos aiōniou heauton prosēnenken amōmon tō theō
how much more shall the blood of Christ, who through the eternal Spirit offered himself without blemish unto God,

καθαριεῖ τὴν συνείδησιν ἡμῶν ἀπὸ νεκρῶν ἔργων εἰς τὸ λατρεύειν θεῷ ζῶντι
kathariei tēn syneidēsin hēmōn apo nekrōn ergōn eis to latreuein theō zōnti
cleanse your conscience from dead works to serve the living God?

Καὶ διὰ τοῦτο διαθήκης καινῆς μεσίτης ἐστίν
Kai dia touto diathēkēs kainēs mesitēs estin
And for this cause he is the mediator of a new covenant,

ὅπως θανάτου γενομένου εἰς ἀπολύτρωσιν τῶν ἐπὶ τῇ πρώτῃ διαθήκῃ παραβάσεων
hopōs thanatou genomenou eis apolytrōsin tōn epi tē prōtē diathēkē parabaseōn
that a death having taken place for the redemption of the transgressions that were under the first covenant,

τὴν ἐπαγγελίαν λάβωσιν οἱ κεκλημένοι τῆς αἰωνίου κληρονομίας
tēn epangelian labōsin hoi keklēmenoi tēs aiōniou klēronomias
they that have been called may receive the promise of the eternal inheritance.

ὅπου γὰρ διαθήκη, θάνατον ἀνάγκη φέρεσθαι τοῦ διαθεμένου
hopou gar diathēkē, thanaton anankē pheresthai tou diathemenou
For where a testament is, there must of necessity be the death of him that made it.

διαθήκη γὰρ ἐπὶ νεκροῖς βεβαία, ἐπεὶ μήποτε ἰσχύει ὅτε ζῇ ὁ διαθέμενος
diathēkē gar epi nekrois bebaia, epei mēpote ischyei hote zē ho diathemenos
For a testament is of force where there hath been death: for it doth never avail while he that made it liveth.

ὅθεν οὐδὲ ἡ πρώτη χωρὶς αἵματος ἐγκεκαίνισται
hothen oude hē prōtē chōris haimatos enkekainistai
Wherefore even the first covenant hath not been dedicated without blood.

λαληθείσης γὰρ πάσης ἐντολῆς κατὰ τὸν νόμον ὑπὸ Μωϋσέως παντὶ τῷ λαῷ, λαβὼν τὸ αἷμα τῶν μόσχων
lalētheisēs gar pasēs entolēs kata ton nomon hypo Mōuseōs panti tō laō, labōn to haima tōn moschōn
For when every commandment had been spoken by Moses unto all the people according to the law, he took the blood of the calves

[καὶ τῶν τράγων] μετὰ ὕδατος καὶ ἐρίου κοκκίνου καὶ ὑσσώπου αὐτό τε τὸ βιβλίον καὶ πάντα τὸν λαὸν ἐρράντισεν
[kai tōn tragōn] meta hydatos kai eriou kokkinou kai hyssōpou auto te to biblion kai panta ton laon errantisen
and the goats, with water and scarlet wool and hyssop, and sprinkled both the book itself and all the people,

λέγων, Τοῦτο τὸ αἷμα τῆς διαθήκης ἧς ἐνετείλατο πρὸς ὑμᾶς ὁ θεός
legōn, Touto to haima tēs diathēkēs hēs eneteilato pros hymas ho theos
saying, This is the blood of the covenant which God commanded to you-ward.

καὶ τὴν σκηνὴν δὲ καὶ πάντα τὰ σκεύη τῆς λειτουργίας τῷ αἵματι ὁμοίως ἐρράντισεν
kai tēn skēnēn de kai panta ta skeuē tēs leitourgias tō haimati homoiōs errantisen
Moreover the tabernacle and all the vessels of the ministry he sprinkled in like manner with the blood.

καὶ σχεδὸν ἐν αἵματι πάντα καθαρίζεται κατὰ τὸν νόμον, καὶ χωρὶς αἱματεκχυσίας οὐ γίνεται ἄφεσις
kai schedon en haimati panta katharizetai kata ton nomon, kai chōris haimatekchysias ou ginetai aphesis
And according to the law, I may almost say, all things are cleansed with blood, and apart from shedding of blood there is no remission.

Ἀνάγκη οὖν τὰ μὲν ὑποδείγματα τῶν ἐν τοῖς οὐρανοῖς τούτοις καθαρίζεσθαι
Anankē oun ta men hypodeigmata tōn en tois ouranois toutois katharizesthai
It was necessary therefore that the copies of the things in the heavens should be cleansed with these;

αὐτὰ δὲ τὰ ἐπουράνια κρείττοσιν θυσίαις παρὰ ταύτας
auta de ta epourania kreittosin thysiais para tautas
but the heavenly things themselves with better sacrifices than these.

οὐ γὰρ εἰς χειροποίητα εἰσῆλθεν ἅγια Χριστός, ἀντίτυπα τῶν ἀληθινῶν
ou gar eis cheiropoiēta eisēlthen hagia Christos, antitypa tōn alēthinōn
For Christ entered not into a holy place made with hands, like in pattern to the true;

ἀλλ' εἰς αὐτὸν τὸν οὐρανόν, νῦν ἐμφανισθῆναι τῷ προσώπῳ τοῦ θεοῦ ὑπὲρ ἡμῶν
all' eis auton ton ouranon, nyn emphanisthēnai tō prosōpō tou theou hyper hēmōn
but into heaven itself, now to appear before the face of God for us:

οὐδ' ἵνα πολλάκις προσφέρῃ ἑαυτόν, ὥσπερ ὁ ἀρχιερεὺς εἰσέρχεται εἰς τὰ ἅγια κατ' ἐνιαυτὸν ἐν αἵματι ἀλλοτρίῳ
oud' hina pollakis prospherē heauton, hōsper ho archiereus eiserchetai eis ta hagia kat' eniauton en haimati allotriō
nor yet that he should offer himself often, as the high priest entereth into the holy place year by year with blood not his own;

ἐπεὶ ἔδει αὐτὸν πολλάκις παθεῖν ἀπὸ καταβολῆς κόσμου
epei edei auton pollakis pathein apo katabolēs kosmou
else must he often have suffered since the foundation of the world:

νυνὶ δὲ ἅπαξ ἐπὶ συντελείᾳ τῶν αἰώνων εἰς ἀθέτησιν [τῆς] ἁμαρτίας διὰ τῆς θυσίας αὐτοῦ πεφανέρωται
nyni de hapax epi synteleia tōn aiōnōn eis athetēsin [tēs] hamartias dia tēs thysias autou pephanerōtai
but now once at the end of the ages hath he been manifested to put away sin by the sacrifice of himself.

καὶ καθ' ὅσον ἀπόκειται τοῖς ἀνθρώποις ἅπαξ ἀποθανεῖν, μετὰ δὲ τοῦτο κρίσις
kai kath' hoson apokeitai tois anthrōpois hapax apothanein, meta de touto krisis
And inasmuch as it is appointed unto men once to die, and after this cometh judgment;

οὕτως καὶ ὁ Χριστός, ἅπαξ προσενεχθεὶς εἰς τὸ πολλῶν ἀνενεγκεῖν ἁμαρτίας, ἐκ δευτέρου χωρὶς ἁμαρτίας
houtōs kai ho Christos, hapax prosenechtheis eis to pollōn anenenkein hamartias, ek deuterou chōris hamartias
so Christ also, having been once offered to bear the sins of many, shall appear a second time,

ὀφθήσεται τοῖς αὐτὸν ἀπεκδεχομένοις εἰς σωτηρίαν
ophthēsetai tois auton apekdechomenois eis sōtērian
apart from sin, to them that wait for him, unto salvation.

ι

Σκιὰν γὰρ ἔχων ὁ νόμος τῶν μελλόντων ἀγαθῶν, οὐκ αὐτὴν τὴν εἰκόνα τῶν πραγμάτων
Skian gar echōn ho nomos tōn mellontōn agathōn, ouk autēn tēn eikona tōn pragmatōn,
For the law having a shadow of the good things to come, not the very image of the things,

κατ' ἐνιαυτὸν ταῖς αὐταῖς θυσίαις ἃς προσφέρουσιν εἰς τὸ διηνεκὲς οὐδέποτε δύναται τοὺς προσερχομένους τελειῶσαι
kat' eniauton tais autais thysiais has prospherousin eis to diēnekes oudepote dynatai tous proserchomenous teleiōsai
can never with the same sacrifices year by year, which they offer continually, make perfect them that draw nigh.

ἐπεὶ οὐκ ἂν ἐπαύσαντο προσφερόμεναι
epei ouk an epausanto prospheromenai
Else would they not have ceased to be offered?

διὰ τὸ μηδεμίαν ἔχειν ἔτι συνείδησιν ἁμαρτιῶν τοὺς λατρεύοντας ἅπαξ κεκαθαρισμένους
dia to mēdemian echein eti syneidēsin hamartiōn tous latreuontas hapax kekatharismenous
because the worshippers, having been once cleansed, would have had no more consciousness of sins.

ἀλλ' ἐν αὐταῖς ἀνάμνησις ἁμαρτιῶν κατ' ἐνιαυτόν
all' en autais anamnēsis hamartiōn kat' eniauton
But in those sacrifices there is a remembrance made of sins year by year.

ἀδύνατον γὰρ αἷμα ταύρων καὶ τράγων ἀφαιρεῖν ἁμαρτίας
adynaton gar haima taurōn kai tragōn aphairein hamartias
For it is impossible that the blood of bulls and goats should take away sins.

Διὸ εἰσερχόμενος εἰς τὸν κόσμον λέγει
Dio eiserchomenos eis ton kosmon legei
Wherefore when he cometh into the world, he saith,

Θυσίαν καὶ προσφορὰν οὐκ ἠθέλησας, σῶμα δὲ κατηρτίσω μοι
Thysian kai prosphoran ouk ēthelēsas, sōma de katērtisō moi
Sacrifice and offering thou wouldest not, But a body didst thou prepare for me;

ὁλοκαυτώματα καὶ περὶ ἁμαρτίας οὐκ εὐδόκησας
holokautōmata kai peri hamartias ouk eudokēsas
In whole burnt offerings and sacrifices for sin thou hadst no pleasure:

τότε εἶπον, Ἰδοὺ ἥκω, ἐν κεφαλίδι βιβλίου γέγραπται περὶ ἐμοῦ, τοῦ ποιῆσαι, ὁ θεός, τὸ θέλημά σου
tote eipon, Idou hēkō, en kephalidi bibliou gegraptai peri emou, tou poiēsai, ho theos, to thelēma sou
Then said I, Lo, I am come (In the roll of the book it is written of me) To do thy will, O God.

ἀνώτερον λέγων ὅτι Θυσίας καὶ προσφορὰς καὶ ὁλοκαυτώματα
anōteron legōn hoti Thysias kai prosphoras kai holokautōmata
Saying above, Sacrifices and offerings and whole burnt offerings

καὶ περὶ ἁμαρτίας οὐκ ἠθέλησας οὐδὲ εὐδόκησας, αἵτινες κατὰ νόμον προσφέρονται
kai peri hamartias ouk ēthelēsas oude eudokēsas, haitines kata nomon prospherontai
and sacrifices for sin thou wouldest not, neither hadst pleasure therein (the which are offered according to the law),

τότε εἴρηκεν, Ἰδοὺ ἥκω τοῦ ποιῆσαι τὸ θέλημά σου. ἀναιρεῖ τὸ πρῶτον ἵνα τὸ δεύτερον στήσῃ
tote eirēken, Idou hēkō tou poiēsai to thelēma sou. anairei to prōton hina to deuteron stēsē
then hath he said, Lo, I am come to do thy will. He taketh away the first, that he may establish the second.

ἐν ᾧ θελήματι ἡγιασμένοι ἐσμὲν διὰ τῆς προσφορᾶς τοῦ σώματος Ἰησοῦ Χριστοῦ ἐφάπαξ
en hō thelēmati hēgiasmenoi esmen dia tēs prosphoras tou sōmatos Iēsou Christou ephapax
By which will we have been sanctified through the offering of the body of Jesus Christ once for all.

Καὶ πᾶς μὲν ἱερεὺς ἕστηκεν καθ' ἡμέραν λειτουργῶν καὶ τὰς αὐτὰς πολλάκις προσφέρων θυσίας
Kai pas men hiereus hestēken kath' hēmeran leitourgōn kai tas autas pollakis prospherōn thysias
And every priest indeed standeth day by day ministering and offering oftentimes the same sacrifices,

αἵτινες οὐδέποτε δύνανται περιελεῖν ἁμαρτίας
haitines oudepote dynantai perielein hamartias
the which can never take away sins:

οὗτος δὲ μίαν ὑπὲρ ἁμαρτιῶν προσενέγκας θυσίαν εἰς τὸ διηνεκὲς ἐκάθισεν ἐν δεξιᾷ τοῦ θεοῦ
houtos de mian hyper hamartiōn prosenenkas thysian eis to diēnekes ekathisen en dexia tou theou
but he, when he had offered one sacrifice for sins for ever, sat down on the right hand of God;

τὸ λοιπὸν ἐκδεχόμενος ἕως τεθῶσιν οἱ ἐχθροὶ αὐτοῦ ὑποπόδιον τῶν ποδῶν αὐτοῦ
to loipon ekdechomenos heōs tethōsin hoi echthroi autou hypopodion tōn podōn autou
henceforth expecting till his enemies be made the footstool of his feet.

μιᾷ γὰρ προσφορᾷ τετελείωκεν εἰς τὸ διηνεκὲς τοὺς ἁγιαζομένους
mia gar prosphora teteleiōken eis to diēnekes tous hagiazomenous
For by one offering he hath perfected for ever them that are sanctified.

Μαρτυρεῖ δὲ ἡμῖν καὶ τὸ πνεῦμα τὸ ἅγιον: μετὰ γὰρ τὸ εἰρηκέναι
Martyrei de hēmin kai to pneuma to hagion: meta gar to eirēkenai
And the Holy Spirit also beareth witness to us; for after he hath said,

Αὕτη ἡ διαθήκη ἣν διαθήσομαι πρὸς αὐτοὺς μετὰ τὰς ἡμέρας ἐκείνας, λέγει κύριος
Hautē hē diathēkē hēn diathēsomai pros autous meta tas hēmeras ekeinas, legei kyrios
This is the covenant that I will make with them After those days, saith the Lord:

διδοὺς νόμους μου ἐπὶ καρδίας αὐτῶν, καὶ ἐπὶ τὴν διάνοιαν αὐτῶν ἐπιγράψω αὐτούς
didous nomous mou epi kardias autōn, kai epi tēn dianoian autōn epigrapsō autous
I will put my laws on their heart, And upon their mind also will I write them; then saith he,

καὶ τῶν ἁμαρτιῶν αὐτῶν καὶ τῶν ἀνομιῶν αὐτῶν οὐ μὴ μνησθήσομαι ἔτι
kai tōn hamartiōn autōn kai tōn anomiōn autōn ou mē mnēsthēsomai eti
And their sins and their iniquities will I remember no more.

ὅπου δὲ ἄφεσις τούτων, οὐκέτι προσφορὰ περὶ ἁμαρτίας
hopou de aphesis toutōn, ouketi prosphora peri hamartias
Now where remission of these is, there is no more offering for sin.

Ἔχοντες οὖν, ἀδελφοί, παρρησίαν εἰς τὴν εἴσοδον τῶν ἁγίων ἐν τῷ αἵματι Ἰησοῦ
Echontes oun, adelphoi, parrēsian eis tēn eisodon tōn hagiōn en tō haimati Iēsou
Having therefore, brethren, boldness to enter into the holy place by the blood of Jesus,

ἣν ἐνεκαίνισεν ἡμῖν ὁδὸν πρόσφατον καὶ ζῶσαν διὰ τοῦ καταπετάσματος, τοῦτ' ἔστιν τῆς σαρκὸς αὐτοῦ
hēn enekainisen hēmin hodon prosphaton kai zōsan dia tou katapetasmatos, tout' estin tēs sarkos autou
by the way which he dedicated for us, a new and living way, through the veil, that is to say, his flesh;

καὶ ἱερέα μέγαν ἐπὶ τὸν οἶκον τοῦ θεοῦ
kai hierea megan epi ton oikon tou theou
and having a great priest over the house of God;

προσερχώμεθα μετὰ ἀληθινῆς καρδίας ἐν πληροφορίᾳ πίστεως
proserchōmetha meta alēthinēs kardias en plērophoria pisteōs
let us draw near with a true heart in fulness of faith,

ῥεραντισμένοι τὰς καρδίας ἀπὸ συνειδήσεως πονηρᾶς καὶ λελουσμένοι τὸ σῶμα ὕδατι καθαρῷ
rherantismenoi tas kardias apo syneidēseōs ponēras kai lelousmenoi to sōma hydati katharō
having our hearts sprinkled from an evil conscience: and having our body washed with pure water,

κατέχωμεν τὴν ὁμολογίαν τῆς ἐλπίδος ἀκλινῆ, πιστὸς γὰρ ὁ ἐπαγγειλάμενος
katechōmen tēn homologian tēs elpidos aklinē, pistos gar ho epangeilamenos
let us hold fast the confession of our hope that it waver not; for he is faithful that promised:

καὶ κατανοῶμεν ἀλλήλους εἰς παροξυσμὸν ἀγάπης καὶ καλῶν ἔργων
kai katanoōmen allēlous eis paroxysmon agapēs kai kalōn ergōn
and let us consider one another to provoke unto love and good works;

μὴ ἐγκαταλείποντες τὴν ἐπισυναγωγὴν ἑαυτῶν, καθὼς ἔθος τισίν, ἀλλὰ παρακαλοῦντες
mē enkataleipontes tēn episynagōgēn heautōn, kathōs ethos tisin, alla parakalountes,
not forsaking our own assembling together, as the custom of some is, but exhorting one another;

καὶ τοσούτῳ μᾶλλον ὅσῳ βλέπετε ἐγγίζουσαν τὴν ἡμέραν
kai tosoutō mallon hosō blepete engizousan tēn hēmeran
and so much the more, as ye see the day drawing nigh.

Ἑκουσίως γὰρ ἁμαρτανόντων ἡμῶν μετὰ τὸ λαβεῖν τὴν ἐπίγνωσιν τῆς ἀληθείας, οὐκέτι περὶ ἁμαρτιῶν ἀπολείπεται θυσία
Hekousiōs gar hamartanontōn hēmōn meta to labein tēn epignōsin tēs alētheias, ouketi peri hamartiōn apoleipetai thysia
For if we sin wilfully after that we have received the knowledge of the truth, there remaineth no more a sacrifice for sins,

φοβερὰ δέ τις ἐκδοχὴ κρίσεως καὶ πυρὸς ζῆλος ἐσθίειν μέλλοντος τοὺς ὑπεναντίους
phobera de tis ekdochē kriseōs kai pyros zēlos esthiein mellontos tous hypenantious
but a certain fearful expectation of judgment, and a fierceness of fire which shall devour the adversaries.

ἀθετήσας τις νόμον Μωϋσέως χωρὶς οἰκτιρμῶν ἐπὶ δυσὶν ἢ τρισὶν μάρτυσιν ἀποθνήσκει
athetēsas tis nomon Mōuseōs chōris oiktirmōn epi dysin ē trisin martysin apothnēskei
A man that hath set at nought Moses' law dieth without compassion on the word of two or three witnesses:

πόσῳ δοκεῖτε χείρονος ἀξιωθήσεται τιμωρίας ὁ τὸν υἱὸν τοῦ θεοῦ καταπατήσας
posō dokeite cheironos axiōthēsetai timōrias ho ton huion tou theou katapatēsas
of how much sorer punishment, think ye, shall he be judged worthy, who hath trodden under foot the Son of God,

καὶ τὸ αἷμα τῆς διαθήκης κοινὸν ἡγησάμενος ἐν ᾧ ἡγιάσθη
kai to haima tēs diathēkēs koinon hēgēsamenos en hō hēgiasthē
and hath counted the blood of the covenant wherewith he was sanctified an unholy thing,

καὶ τὸ πνεῦμα τῆς χάριτος ἐνυβρίσας
kai to pneuma tēs charitos enybrisas
and hath done despite unto the Spirit of grace?

οἴδαμεν γὰρ τὸν εἰπόντα, Ἐμοὶ ἐκδίκησις, ἐγὼ ἀνταποδώσω· καὶ πάλιν, Κρινεῖ κύριος τὸν λαὸν αὐτοῦ
oidamen gar ton eiponta, Emoi ekdikēsis, egō antapodōsō: kai palin, Krinei kyrios ton laon autou
For we know him that said, Vengeance belongeth unto me, I will recompense. And again, The Lord shall judge his people.

φοβερὸν τὸ ἐμπεσεῖν εἰς χεῖρας θεοῦ ζῶντος
phoberon to empesein eis cheiras theou zōntos
It is a fearful thing to fall into the hands of the living God.

Ἀναμιμνήσκεσθε δὲ τὰς πρότερον ἡμέρας, ἐν αἷς φωτισθέντες πολλὴν ἄθλησιν ὑπεμείνατε παθημάτων
Anamimnēskesthe de tas proteron hēmeras, en hais phōtisthentes pollēn athlēsin hypemeinate pathēmatōn
But call to remembrance the former days, in which, after ye were enlightened, ye endured a great conflict of sufferings;

τοῦτο μὲν ὀνειδισμοῖς τε καὶ θλίψεσιν θεατριζόμενοι
touto men oneidismois te kai thlipsesin theatrizomenoi
partly, being made a gazingstock both by reproaches and afflictions;

τοῦτο δὲ κοινωνοὶ τῶν οὕτως ἀναστρεφομένων γενηθέντες
touto de koinōnoi tōn houtōs anastrephomenōn genēthentes
and partly, becoming partakers with them that were so used.

καὶ γὰρ τοῖς δεσμίοις συνεπαθήσατε, καὶ τὴν ἁρπαγὴν τῶν ὑπαρχόντων ὑμῶν μετὰ χαρᾶς προσεδέξασθε
kai gar tois desmiois synepathēsate, kai tēn harpagēn tōn hyparchontōn hymōn meta charas prosedexasthe
For ye both had compassion on them that were in bonds, and took joyfully the spoiling of your possessions,

γινώσκοντες ἔχειν ἑαυτοὺς κρείττονα ὕπαρξιν καὶ μένουσαν
ginōskontes echein heautous kreittona hyparxin kai menousan
knowing that ye have for yourselves a better possession and an abiding one.

μὴ ἀποβάλητε οὖν τὴν παρρησίαν ὑμῶν, ἥτις ἔχει μεγάλην μισθαποδοσίαν
mē apobalēte oun tēn parrēsian hymōn, hētis echei megalēn misthapodosian
Cast not away therefore your boldness, which hath great recompense of reward.

ὑπομονῆς γὰρ ἔχετε χρείαν ἵνα τὸ θέλημα τοῦ θεοῦ ποιήσαντες κομίσησθε τὴν ἐπαγγελίαν.
hypomonēs gar echete chreian hina to thelēma tou theou poiēsantes komisēsthe tēn epangelian.
For ye have need of patience, that, having done the will of God, ye may receive the promise.

ἔτι γὰρ μικρὸν ὅσον ὅσον, ὁ ἐρχόμενος ἥξει καὶ οὐ χρονίσει
eti gar mikron hoson hoson, ho erchomenos hēxei kai ou chronisei
For yet a very little while, He that cometh shall come, and shall not tarry.

ὁ δὲ δίκαιός μου ἐκ πίστεως ζήσεται, καὶ ἐὰν ὑποστείληται, οὐκ εὐδοκεῖ ἡ ψυχή μου ἐν αὐτῷ
ho de dikaios mou ek pisteōs zēsetai, kai ean hyposteilētai, ouk eudokei hē psychē mou en autō
But my righteous one shall live by faith: And if he shrink back, my soul hath no pleasure in him.

ἡμεῖς δὲ οὐκ ἐσμὲν ὑποστολῆς εἰς ἀπώλειαν, ἀλλὰ πίστεως εἰς περιποίησιν ψυχῆς
hēmeis de ouk esmen hypostolēs eis apōleian, alla pisteōs eis peripoiēsin psychēs
But we are not of them that shrink back unto perdition; but of them that have faith unto the saving of the soul.

ια

Ἔστιν δὲ πίστις ἐλπιζομένων ὑπόστασις, πραγμάτων ἔλεγχος οὐ βλεπομένων
Estin de pistis elpizomenōn hypostasis, pragmatōn elenchos ou blepomenōn
Now faith is assurance of things hoped for, a conviction of things not seen.

ἐν ταύτῃ γὰρ ἐμαρτυρήθησαν οἱ πρεσβύτεροι
en tautē gar emartyrēthēsan hoi presbyteroi
For therein the elders had witness borne to them.

Πίστει νοοῦμεν κατηρτίσθαι τοὺς αἰῶνας ῥήματι θεοῦ
Pistei nooumen katērtisthai tous aiōnas rhēmati theou
By faith we understand that the worlds have been framed by the word of God,

εἰς τὸ μὴ ἐκ φαινομένων τὸ βλεπόμενον γεγονένα
eis to mē ek phainomenōn to blepomenon gegonena
so that what is seen hath not been made out of things which appear.

Πίστει πλείονα θυσίαν Ἀβελ παρὰ Κάϊν προσήνεγκεν τῷ θεῷ
Pistei pleiona thysian Abel para Kain prosēnenken tō theō
By faith Abel offered unto God a more excellent sacrifice than Cain,

δι' ἧς ἐμαρτυρήθη εἶναι δίκαιος
di' hēs emartyrēthē einai dikaios
through which he had witness borne to him that he was righteous,

μαρτυροῦντος ἐπὶ τοῖς δώροις αὐτοῦ τοῦ θεοῦ, καὶ δι' αὐτῆς ἀποθανὼν ἔτι λαλεῖ
martyrountos epi tois dōrois autou tou theou, kai di' autēs apothanōn eti lalei
God bearing witness in respect of his gifts: and through it he being dead yet speaketh.

Πίστει Ἑνὼχ μετετέθη τοῦ μὴ ἰδεῖν θάνατον, καὶ οὐχ ηὑρίσκετο διότι μετέθηκεν αὐτὸν ὁ θεός
Pistei Henōch metetethē tou mē idein thanaton, kai ouch hēurisketo dioti metethēken auton ho theos
By faith Enoch was translated that he should not see death; and he was not found, because God translated him:

πρὸ γὰρ τῆς μεταθέσεως μεμαρτύρηται εὐαρεστηκέναι τῷ θεῷ
pro gar tēs metatheseōs memartyrētai euarestēkenai tō theō
for he hath had witness borne to him that before his translation he had been well-pleasing unto God:

χωρὶς δὲ πίστεως ἀδύνατον εὐαρεστῆσαι
chōris de pisteōs adynaton euarestēsai
And without faith it is impossible to be well-pleasing unto him;

πιστεῦσαι γὰρ δεῖ τὸν προσερχόμενον τῷ θεῷ ὅτι ἔστιν καὶ τοῖς ἐκζητοῦσιν αὐτὸν μισθαποδότης γίνεται
pisteusai gar dei ton proserchomenon tō theō hoti estin kai tois ekzētousin auton misthapodotēs ginetai
for he that cometh to God must believe that he is, and that he is a rewarder of them that seek after him.

Πίστει χρηματισθεὶς Νῶε περὶ τῶν μηδέπω βλεπομένων εὐλαβηθεὶς
Pistei chrēmatistheis Nōe peri tōn mēdepō blepomenōn eulabētheis
By faith Noah, being warned of God concerning things not seen as yet, moved with godly fear,

κατεσκεύασεν κιβωτὸν εἰς σωτηρίαν τοῦ οἴκου αὐτοῦ
kateskeuasen kibōton eis sōtērian tou oikou autou
prepared an ark to the saving of his house;

δι' ἧς κατέκρινεν τὸν κόσμον, καὶ τῆς κατὰ πίστιν δικαιοσύνης ἐγένετο κληρονόμος
di' hēs katekrinen ton kosmon, kai tēs kata pistin dikaiosynēs egeneto klēronomos
through which he condemned the world, and became heir of the righteousness which is according to faith.

Πίστει καλούμενος Ἀβραὰμ ὑπήκουσεν ἐξελθεῖν εἰς τόπον ὃν ἤμελλεν λαμβάνειν εἰς κληρονομίαν
Pistei kaloumenos Abraam hypēkousen exelthein eis topon hon ēmellen lambanein eis klēronomian
By faith Abraham, when he was called, obeyed to go out unto a place which he was to receive for an inheritance;

καὶ ἐξῆλθεν μὴ ἐπιστάμενος ποῦ ἔρχεται
kai exēlthen mē epistamenos pou erchetai
and he went out, not knowing whither he went.

Πίστει παρῴκησεν εἰς γῆν τῆς ἐπαγγελίας ὡς ἀλλοτρίαν
Pistei parōkēsen eis gēn tēs epangelias hōs allotrian
By faith he became a sojourner in the land of promise, as in a land not his own,

ἐν σκηναῖς κατοικήσας μετὰ Ἰσαὰκ καὶ Ἰακὼβ τῶν συγκληρονόμων τῆς ἐπαγγελίας τῆς αὐτῆς
en skēnais katoikēsas meta Isaak kai Iakōb tōn synklēronomōn tēs epangelias tēs autēs
dwelling in tents, with Isaac and Jacob, the heirs with him of the same promise:

ἐξεδέχετο γὰρ τὴν τοὺς θεμελίους ἔχουσαν πόλιν, ἧς τεχνίτης καὶ δημιουργὸς ὁ θεός
exedecheto gar tēn tous themelious echousan polin, hēs technitēs kai dēmiourgos ho theos
for he looked for the city which hath the foundations, whose builder and maker is God.

Πίστει καὶ αὐτὴ Σάρρα στεῖρα δύναμιν εἰς καταβολὴν σπέρματος ἔλαβεν καὶ παρὰ καιρὸν ἡλικίας
Pistei kai autē Sarra steira dynamin eis katabolēn spermatos elaben kai para kairon hēlikias
By faith even Sarah herself received power to conceive seed when she was past age,

ἐπεὶ πιστὸν ἡγήσατο τὸν ἐπαγγειλάμενον
epei piston hēgēsato ton epangeilamenon
since she counted him faithful who had promised:

διὸ καὶ ἀφ' ἑνὸς ἐγεννήθησαν, καὶ ταῦτα νενεκρωμένου
dio kai aph' henos egennēthēsan, kai tauta nenekrōmenou
wherefore also there sprang of one, and him as good as dead,

καθὼς τὰ ἄστρα τοῦ οὐρανοῦ τῷ πλήθει καὶ ὡς ἡ ἄμμος ἡ παρὰ τὸ χεῖλος τῆς θαλάσσης ἡ ἀναρίθμητος
kathōs ta astra tou ouranou tō plēthei kai hōs hē ammos hē para to cheilos tēs thalassēs hē anarithmētos
so many as the stars of heaven in multitude, and as the sand, which is by the sea-shore, innumerable.

Κατὰ πίστιν ἀπέθανον οὗτοι πάντες, μὴ λαβόντες τὰς ἐπαγγελίας
Kata pistin apethanon houtoi pantes, mē labontes tas epangelias,
These all died in faith, not having received the promises,

ἀλλὰ πόρρωθεν αὐτὰς ἰδόντες καὶ ἀσπασάμενοι
alla porrōthen autas idontes kai aspasamenoi
but having seen them and greeted them from afar,

καὶ ὁμολογήσαντες ὅτι ξένοι καὶ παρεπίδημοί εἰσιν ἐπὶ τῆς γῆς
kai homologēsantes hoti xenoi kai parepidēmoi eisin epi tēs gēs
and having confessed that they were strangers and pilgrims on the earth.

οἱ γὰρ τοιαῦτα λέγοντες ἐμφανίζουσιν ὅτι πατρίδα ἐπιζητοῦσιν
hoi gar toiauta legontes emphanizousin hoti patrida epizētousin
For they that say such things make it manifest that they are seeking after a country of their own.

καὶ εἰ μὲν ἐκείνης ἐμνημόνευον ἀφ' ἧς ἐξέβησαν,
kai ei men ekeinēs emnēmoneuon aph' hēs exebēsan,
And if indeed they had been mindful of that country from which they went out,

εἶχον ἂν καιρὸν ἀνακάμψαι
eichon an kairon anakampsai
they would have had opportunity to return.

νῦν δὲ κρείττονος ὀρέγονται, τοῦτ' ἔστιν ἐπουρανίου
nyn de kreittonos oregontai, tout' estin epouraniou
But now they desire a better country, that is, a heavenly:

διὸ οὐκ ἐπαισχύνεται αὐτοὺς ὁ θεὸς θεὸς ἐπικαλεῖσθαι αὐτῶν, ἡτοίμασεν γὰρ αὐτοῖς πόλιν
dio ouk epaischynetai autous ho theos theos epikaleisthai autōn, hētoimasen gar autois polin
wherefore God is not ashamed of them, to be called their God; for he hath prepared for them a city.

Πίστει προσενήνοχεν Ἀβραὰμ τὸν Ἰσαὰκ πειραζόμενος
Pistei prosenēnochen Abraam ton Isaak peirazomenos
By faith Abraham, being tried, offered up Isaac:

καὶ τὸν μονογενῆ προσέφερεν ὁ τὰς ἐπαγγελίας ἀναδεξάμενος
kai ton monogenē prospheren ho tas epangelias anadexamenos
yea, he that had gladly received the promises was offering up his only begotten son;

πρὸς ὃν ἐλαλήθη ὅτι Ἐν Ἰσαὰκ κληθήσεταί σοι σπέρμα
pros hon elalēthē hoti En Isaak klēthēsetai soi sperma
even he to whom it was said, In Isaac shall thy seed be called:

λογισάμενος ὅτι καὶ ἐκ νεκρῶν ἐγείρειν δυνατὸς ὁ θεός: ὅθεν αὐτὸν καὶ ἐν παραβολῇ ἐκομίσατο
logisamenos hoti kai ek nekrōn egeirein dynatos ho theos: hothen auton kai en parabolē ekomisato
accounting that God is able to raise up, even from the dead; from whence he did also in a figure receive him back.

Πίστει καὶ περὶ μελλόντων εὐλόγησεν Ἰσαὰκ τὸν Ἰακὼβ καὶ τὸν Ἠσαῦ
Pistei kai peri mellontōn eulogēsen Isaak ton Iakōb kai ton Ēsau
By faith Isaac blessed Jacob and Esau, even concerning things to come.

Πίστει Ἰακὼβ ἀποθνήσκων ἕκαστον τῶν υἱῶν Ἰωσὴφ εὐλόγησεν, καὶ προσεκύνησεν ἐπὶ τὸ ἄκρον τῆς ῥάβδου αὐτοῦ
Pistei Iakōb apothnēskōn hekaston tōn huiōn Iōsēph eulogēsen, kai prosekynēsen epi to akron tēs rhabdou autou
By faith Jacob, when he was dying, blessed each of the sons of Joseph; and worshipped, leaning upon the top of his staff.

Πίστει Ἰωσὴφ τελευτῶν περὶ τῆς ἐξόδου τῶν υἱῶν Ἰσραὴλ ἐμνημόνευσεν, καὶ περὶ τῶν ὀστέων αὐτοῦ ἐνετείλατο
Pistei Iōsēph teleutōn peri tēs exodou tōn huiōn Israēl emnēmoneusen, kai peri tōn osteōn autou eneteilato
By faith Joseph, when his end was nigh, made mention of the departure of the children of Israel; and gave commandment concerning his bones.

Πίστει Μωϋσῆς γεννηθεὶς ἐκρύβη τρίμηνον ὑπὸ τῶν πατέρων αὐτοῦ, διότι εἶδον ἀστεῖον τὸ παιδίον
Pistei Mōusēs gennētheis ekrybē trimēnon hypo tōn paterōn autou, dioti eidon asteion to paidion
By faith Moses, when he was born, was hid three months by his parents, because they saw he was a goodly child;

καὶ οὐκ ἐφοβήθησαν τὸ διάταγμα τοῦ βασιλέως
kai ouk ephobēthēsan to diatagma tou basileōs
and they were not afraid of the king's commandment.

Πίστει Μωϋσῆς μέγας γενόμενος ἠρνήσατο λέγεσθαι υἱὸς θυγατρὸς Φαραώ
Pistei Mōusēs megas genomenos ērnēsato legesthai huios thygatros Pharaō
By faith Moses, when he was grown up, refused to be called the son of Pharaoh's daughter;

μᾶλλον ἑλόμενος συγκακουχεῖσθαι τῷ λαῷ τοῦ θεοῦ ἢ πρόσκαιρον ἔχειν ἁμαρτίας ἀπόλαυσιν
mallon helomenos synkakoucheisthai tō laō tou theou ē proskairon echein hamartias apolausin
choosing rather to share ill treatment with the people of God, than to enjoy the pleasures of sin for a season;

μείζονα πλοῦτον ἡγησάμενος τῶν Αἰγύπτου θησαυρῶν τὸν ὀνειδισμὸν τοῦ Χριστοῦ
meizona plouton hēgēsamenos tōn Aigyptou thēsaurōn ton oneidismon tou Christou
accounting the reproach of Christ greater riches than the treasures of Egypt:

ἀπέβλεπεν γὰρ εἰς τὴν μισθαποδοσίαν
apeblepen gar eis tēn misthapodosian
for he looked unto the recompense of reward.

Πίστει κατέλιπεν Αἴγυπτον, μὴ φοβηθεὶς τὸν θυμὸν τοῦ βασιλέως, τὸν γὰρ ἀόρατον ὡς ὁρῶν ἐκαρτέρησεν
Pistei katelipen Aigypton, mē phobētheis ton thymon tou basileōs, ton gar aoraton hōs horōn ekarterēsen
By faith he forsook Egypt, not fearing the wrath of the king: for he endured, as seeing him who is invisible.

Πίστει πεποίηκεν τὸ πάσχα καὶ τὴν πρόσχυσιν τοῦ αἵματος, ἵνα μὴ ὁ ὀλοθρεύων τὰ πρωτότοκα θίγῃ αὐτῶν
Pistei pepoiēken to pascha kai tēn proschysin tou haimatos, hina mē ho olothreuōn ta prōtotoka thigē autōn
By faith he kept the passover, and the sprinkling of the blood, that the destroyer of the firstborn should not touch them.

Πίστει διέβησαν τὴν Ἐρυθρὰν Θάλασσαν ὡς διὰ ξηρᾶς γῆς, ἧς πεῖραν λαβόντες οἱ Αἰγύπτιοι κατεπόθησαν
Pistei diebēsan tēn Erythran Thalassan hōs dia xēras gēs, hēs peiran labontes hoi Aigyptioi katepothēsan
By faith they passed through the Red sea as by dry land: which the Egyptians assaying to do were swallowed up.

Πίστει τὰ τείχη Ἰεριχὼ ἔπεσαν κυκλωθέντα ἐπὶ ἑπτὰ ἡμέρας
Pistei ta teichē Ierichō epesan kyklōthenta epi hepta hēmeras
By faith the walls of Jericho fell down, after they had been compassed about for seven days.

Πίστει Ῥαὰβ ἡ πόρνη οὐ συναπώλετο τοῖς ἀπειθήσασιν, δεξαμένη τοὺς κατασκόπους μετ' εἰρήνης
Pistei Rhaab hē pornē ou synapōleto tois apeithēsasin, dexamenē tous kataskopous met' eirēnēs
By faith Rahab the harlot perished not with them that were disobedient, having received the spies with peace.

Καὶ τί ἔτι λέγω; ἐπιλείψει με γὰρ διηγούμενον ὁ χρόνος περὶ Γεδεών
Kai ti eti legō? epileipsei me gar diēgoumenon ho chronos peri Gedeōn
And what shall I more say? for the time will fail me if I tell of Gideon,

Βαράκ, Σαμψών, Ἰεφθάε, Δαυίδ τε καὶ Σαμουὴλ καὶ τῶν προφητῶν
Barak, Sampsōn, Iephthae, Dauid te kai Samouēl kai tōn prophētōn
Barak, Samson, Jephthah; of David and Samuel and the prophets:

οἳ διὰ πίστεως κατηγωνίσαντο βασιλείας, εἰργάσαντο δικαιοσύνην, ἐπέτυχον ἐπαγγελιῶν, ἔφραξαν στόματα λεόντων
hoi dia pisteōs katēgōnisanto basileias, eirgasanto dikaiosynēn, epetychon epangeliōn, ephraxan stomata leontōn
who through faith subdued kingdoms, wrought righteousness, obtained promises, stopped the mouths of lions,

ἔσβεσαν δύναμιν πυρός, ἔφυγον στόματα μαχαίρης, ἐδυναμώθησαν ἀπὸ ἀσθενείας
esbesan dynamin pyros, ephygon stomata machairēs, edynamōthēsan apo astheneias
quenched the power of fire, escaped the edge of the sword, from weakness were made strong,

ἐγενήθησαν ἰσχυροὶ ἐν πολέμῳ, παρεμβολὰς ἔκλιναν ἀλλοτρίων
egenēthēsan ischyroi en polemō, parembolas eklinan allotriōn
waxed mighty in war, turned to flight armies of aliens.

ἔλαβον γυναῖκες ἐξ ἀναστάσεως τοὺς νεκροὺς αὐτῶν
elabon gynaikes ex anastaseōs tous nekrous autōn
Women received their dead by a resurrection:

ἄλλοι δὲ ἐτυμπανίσθησαν, οὐ προσδεξάμενοι τὴν ἀπολύτρωσιν, ἵνα κρείττονος ἀναστάσεως τύχωσιν
alloi de etympanisthēsan, ou prosdexamenoi tēn apolytrōsin, hina kreittonos anastaseōs tychōsin
and others were tortured, not accepting their deliverance; that they might obtain a better resurrection:

ἕτεροι δὲ ἐμπαιγμῶν καὶ μαστίγων πεῖραν ἔλαβον, ἔτι δὲ δεσμῶν καὶ φυλακῆς
heteroi de empaigmōn kai mastigōn peiran elabon, eti de desmōn kai phylakēs
and others had trial of mockings and scourgings, yea, moreover of bonds and imprisonment:

ἐλιθάσθησαν, ἐπρίσθησαν, ἐν φόνῳ μαχαίρης ἀπέθανον, περιῆλθον ἐν μηλωταῖς
elithasthēsan, epristhēsan, en phonō machairēs apethanon, periēlthon en mēlōtais,
they were stoned, they were sawn asunder, they were tempted, they were slain with the sword:

ἐν αἰγείοις δέρμασιν, ὑστερούμενοι, θλιβόμενοι, κακουχούμενοι
en aigeiois dermasin, hysteroumenoi, thlibomenoi, kakouchoumenoi
they went about in sheepskins, in goatskins; being destitute, afflicted, ill-treated

ὧν οὐκ ἦν ἄξιος ὁ κόσμος, ἐπὶ ἐρημίαις πλανώμενοι καὶ ὄρεσιν καὶ σπηλαίοις καὶ ταῖς ὀπαῖς τῆς γῆς
hōn ouk ēn axios ho kosmos, epi erēmiais planōmenoi kai oresin kai spēlaiois kai tais opais tēs gēs
(of whom the world was not worthy), wandering in deserts and mountains and caves, and the holes of the earth.

Καὶ οὗτοι πάντες μαρτυρηθέντες διὰ τῆς πίστεως οὐκ ἐκομίσαντο τὴν ἐπαγγελίαν
Kai houtoi pantes martyrēthentes dia tēs pisteōs ouk ekomisanto tēn epangelian
And these all, having had witness borne to them through their faith, received not the promise,

τοῦ θεοῦ περὶ ἡμῶν κρεῖττόν τι προβλεψαμένου, ἵνα μὴ χωρὶς ἡμῶν τελειωθῶσιν
tou theou peri hēmōn kreitton ti problepsamenou, hina mē chōris hēmōn teleiōthōsin
God having provided some better thing concerning us, that apart from us they should not be made perfect.

ιβ

Τοιγαροῦν καὶ ἡμεῖς, τοσοῦτον ἔχοντες περικείμενον ἡμῖν νέφος μαρτύρων, ὄγκον ἀποθέμενοι πάντα
Toigaroun kai hēmeis, tosouton echontes perikeimenon hēmin nephos martyrōn, onkon apothemenoi panta
Therefore let us also, seeing we are compassed about with so great a cloud of witnesses, lay aside every weight,

καὶ τὴν εὐπερίστατον ἁμαρτίαν, δι' ὑπομονῆς τρέχωμεν τὸν προκείμενον ἡμῖν ἀγῶνα
kai tēn euperistaton hamartian, di' hypomonēs trechōmen ton prokeimenon hēmin agōna
and the sin which doth so easily beset us, and let us run with patience the race that is set before us,

ἀφορῶντες εἰς τὸν τῆς πίστεως ἀρχηγὸν καὶ τελειωτὴν Ἰησοῦν
aphorōntes eis ton tēs pisteōs archēgon kai teleiōtēn Iēsoun
looking unto Jesus the author and perfecter of our faith,

ὃς ἀντὶ τῆς προκειμένης αὐτῷ χαρᾶς ὑπέμεινεν σταυρὸν αἰσχύνης καταφρονήσας
hos anti tēs prokeimenēs autō charas hypemeinen stauron aischynēs kataphronēsas
who for the joy that was set before him endured the cross, despising shame,

ἐν δεξιᾷ τε τοῦ θρόνου τοῦ θεοῦ κεκάθικεν
en dexia te tou thronou tou theou kekathiken
and hath sat down at the right hand of the throne of God.

ἀναλογίσασθε γὰρ τὸν τοιαύτην ὑπομεμενηκότα ὑπὸ τῶν ἁμαρτωλῶν εἰς ἑαυτὸν ἀντιλογίαν
analogisasthe gar ton toiautēn hypomemenēkota hypo tōn hamartōlōn eis heauton antilogian
For consider him that hath endured such gainsaying of sinners against himself,

ἵνα μὴ κάμητε ταῖς ψυχαῖς ὑμῶν ἐκλυόμενοι
hina mē kamēte tais psychais hymōn eklyomenoi
that ye wax not weary, fainting in your souls.

Οὔπω μέχρις αἵματος ἀντικατέστητε πρὸς τὴν ἁμαρτίαν ἀνταγωνιζόμενοι
Oupō mechris haimatos antikatestēte pros tēn hamartian antagōnizomenoi
Ye have not yet resisted unto blood, striving against sin:

καὶ ἐκλέλησθε τῆς παρακλήσεως, ἥτις ὑμῖν ὡς υἱοῖς διαλέγεται
kai eklelēsthe tēs paraklēseōs, hētis hymin hōs huiois dialegetai
and ye have forgotten the exhortation which reasoneth with you as with sons,

Υἱέ μου, μὴ ὀλιγώρει παιδείας κυρίου μηδὲ ἐκλύου ὑπ' αὐτοῦ ἐλεγχόμενος
Huie mou, mē oligōrei paideias kyriou mēde eklyou hyp' autou elenchomenos
My son, regard not lightly the chastening of the Lord, Nor faint when thou art reproved of him;

ὃν γὰρ ἀγαπᾷ κύριος παιδεύει, μαστιγοῖ δὲ πάντα υἱὸν ὃν παραδέχεται
hon gar agapa kyrios paideuei, mastigoi de panta huion hon paradechetai
For whom the Lord loveth he chasteneth, And scourgeth every son whom he receiveth.

εἰς παιδείαν ὑπομένετε: ὡς υἱοῖς ὑμῖν προσφέρεται ὁ θεός
eis paideian hypomenete: hōs huiois hymin prospheretai ho theos
It is for chastening that ye endure; God dealeth with you as with sons;

τίς γὰρ υἱὸς ὃν οὐ παιδεύει πατήρ
tis gar huios hon ou paideuei patēr
for what son is there whom his father chasteneth not?

εἰ δὲ χωρίς ἐστε παιδείας ἧς μέτοχοι γεγόνασιν πάντες, ἄρα νόθοι καὶ οὐχ υἱοί ἐστε
ei de chōris este paideias hēs metochoi gegonasin pantes, ara nothoi kai ouch huioi este
But if ye are without chastening, whereof all have been made partakers, then are ye bastards, and not sons.

εἶτα τοὺς μὲν τῆς σαρκὸς ἡμῶν πατέρας εἴχομεν παιδευτὰς καὶ ἐνετρεπόμεθα
eita tous men tēs sarkos hēmōn pateras eichomen paideutas kai enetrepometha
Furthermore, we had the fathers of our flesh to chasten us, and we gave them reverence:

οὐ πολὺ [δὲ] μᾶλλον ὑποταγησόμεθα τῷ πατρὶ τῶν πνευμάτων καὶ ζήσομεν
ou poly [de] mallon hypotagēsometha tō patri tōn pneumatōn kai zēsomen
shall we not much rather be in subjection unto the Father of spirits, and live?

οἱ μὲν γὰρ πρὸς ὀλίγας ἡμέρας κατὰ τὸ δοκοῦν αὐτοῖς ἐπαίδευον
hoi men gar pros oligas hēmeras kata to dokoun autois epaideuon
For they indeed for a few days chastened us as seemed good to them;

ὁ δὲ ἐπὶ τὸ συμφέρον εἰς τὸ μεταλαβεῖν τῆς ἁγιότητος αὐτοῦ
ho de epi to sympheron eis to metalabein tēs hagiotētos autou
but he for our profit, that we may be partakers of his holiness.

πᾶσα δὲ παιδεία πρὸς μὲν τὸ παρὸν οὐ δοκεῖ χαρᾶς εἶναι ἀλλὰ λύπης
pasa de paideia pros men to paron ou dokei charas einai alla lypēs
All chastening seemeth for the present to be not joyous but grievous;

ὕστερον δὲ καρπὸν εἰρηνικὸν τοῖς δι' αὐτῆς γεγυμνασμένοις ἀποδίδωσιν δικαιοσύνης
hysteron de karpon eirēnikon tois di' autēs gegymnasmenois apodidōsin dikaiosynēs
yet afterward it yieldeth peaceable fruit unto them that have been exercised thereby, even the fruit of righteousness.

Διὸ τὰς παρειμένας χεῖρας καὶ τὰ παραλελυμένα γόνατα ἀνορθώσατε
Dio tas pareimenas cheiras kai ta paralelymena gonata anorthōsate
Wherefore lift up the hands that hang down, and the palsied knees;

καὶ τροχιὰς ὀρθὰς ποιεῖτε τοῖς ποσὶν ὑμῶν, ἵνα μὴ τὸ χωλὸν ἐκτραπῇ, ἰαθῇ δὲ μᾶλλον
kai trochias orthas poieite tois posin hymōn, hina mē to chōlon ektrapē, iathē de mallon
and make straight paths for your feet, that that which is lame be not turned out of the way, but rather be healed.

Εἰρήνην διώκετε μετὰ πάντων, καὶ τὸν ἁγιασμόν, οὗ χωρὶς οὐδεὶς ὄψεται τὸν κύριον
Eirēnēn diōkete meta pantōn, kai ton hagiasmon, hou chōris oudeis opsetai ton kyrion
Follow after peace with all men, and the sanctification without which no man shall see the Lord:

ἐπισκοποῦντες μή τις ὑστερῶν ἀπὸ τῆς χάριτος τοῦ θεοῦ
episkopountes mē tis hysterōn apo tēs charitos tou theou
looking carefully lest there be any man that falleth short of the grace of God;

μή τις ῥίζα πικρίας ἄνω φύουσα ἐνοχλῇ καὶ δι' αὐτῆς μιανθῶσιν πολλοί
mē tis rhiza pikrias anō phyousa enochlē kai di' autēs mianthōsin polloi
lest any root of bitterness springing up trouble you, and thereby the many be defiled;

μή τις πόρνος ἢ βέβηλος ὡς Ἠσαῦ, ὃς ἀντὶ βρώσεως μιᾶς ἀπέδετο τὰ πρωτοτόκια ἑαυτοῦ
mē tis pornos ē bebēlos hōs Ēsau, hos anti brōseōs mias apedeto ta prōtotokia heautou
lest there be any fornicator, or profane person, as Esau, who for one mess of meat sold his own birthright.

ἴστε γὰρ ὅτι καὶ μετέπειτα θέλων κληρονομῆσαι τὴν εὐλογίαν ἀπεδοκιμάσθη
iste gar hoti kai metepeita thelōn klēronomēsai tēn eulogian apedokimasthē
For ye know that even when he afterward desired to inherit the blessing, he was rejected;

μετανοίας γὰρ τόπον οὐχ εὗρεν, καίπερ μετὰ δακρύων ἐκζητήσας αὐτήν
metanoias gar topon ouch heuren, kaiper meta dakryōn ekzētēsas autēn
for he found no place for a change of mind in his father, though he sought it diligently with tears.

Οὐ γὰρ προσεληλύθατε ψηλαφωμένῳ
Ou gar proselēlythate psēlaphōmenō
For ye are not come unto a mount that might be touched,

καὶ κεκαυμένῳ πυρὶ καὶ γνόφῳ καὶ ζόφῳ καὶ θυέλλῃ
kai kekaumenō pyri kai gnophō kai zophō kai thyellē
and that burned with fire, and unto blackness, and darkness, and tempest,

καὶ σάλπιγγος ἤχῳ καὶ φωνῇ ῥημάτων
kai salpingos ēchō kai phōnē rhēmatōn
and the sound of a trumpet, and the voice of words;

ἧς οἱ ἀκούσαντες παρῃτήσαντο μὴ προστεθῆναι αὐτοῖς λόγον
hēs hoi akousantes parētēsanto mē prostethēnai autois logon
which voice they that heard entreated that no word more should be spoken unto them;

οὐκ ἔφερον γὰρ τὸ διαστελλόμενον, Κἂν θηρίον θίγῃ τοῦ ὄρους, λιθοβοληθήσεται
ouk epheron gar to diastellomenon, Kan thērion thigē tou orous, lithobolēthēsetai
for they could not endure that which was enjoined, If even a beast touch the mountain, it shall be stoned;

καί, οὕτω φοβερὸν ἦν τὸ φανταζόμενον, Μωϋσῆς εἶπεν, Ἔκφοβός εἰμι καὶ ἔντρομος
kai, houtō phoberon ēn to phantazomenon, Mōusēs eipen, Ekphobos eimi kai entromos
and so fearful was the appearance, that Moses said, I exceedingly fear and quake:

ἀλλὰ προσεληλύθατε Σιὼν ὄρει καὶ πόλει θεοῦ ζῶντος
alla proselēlythate Siōn orei kai polei theou zōntos
but ye are come unto mount Zion, and unto the city of the living God,

Ἰερουσαλὴμ ἐπουρανίῳ, καὶ μυριάσιν ἀγγέλων, πανηγύρει
Ierousalēm epouraniō, kai myriasin angelōn, panēgyrei
the heavenly Jerusalem, and to innumerable hosts of angels,

καὶ ἐκκλησίᾳ πρωτοτόκων ἀπογεγραμμένων ἐν οὐρανοῖς
kai ekklēsia prōtotokōn apogegrammenōn en ouranois
to the general assembly and church of the firstborn who are enrolled in heaven,

καὶ κριτῇ θεῷ πάντων, καὶ πνεύμασι δικαίων τετελειωμένων
kai kritē theō pantōn, kai pneumasi dikaiōn teteleiōmenōn
and to God the Judge of all, and to the spirits of just men made perfect,

καὶ διαθήκης νέας μεσίτῃ Ἰησοῦ, καὶ αἵματι ῥαντισμοῦ κρεῖττον λαλοῦντι παρὰ τὸν Ἀβελ
kai diathēkēs neas mesitē Iēsou, kai haimati rhantismou kreitton lalounti para ton Abel
and to Jesus the mediator of a new covenant, and to the blood of sprinkling that speaketh better than that of Abel.

Βλέπετε μὴ παραιτήσησθε τὸν λαλοῦντα: εἰ γὰρ ἐκεῖνοι οὐκ ἐξέφυγον ἐπὶ γῆς παραιτησάμενοι τὸν χρηματίζοντα
Blepete mē paraitēsēsthe ton lalounta: ei gar ekeinoi ouk exephygon epi gēs paraitēsamenoi ton chrēmatizonta
See that ye refuse not him that speaketh. For if they escaped not when they refused him that warned them on earth,

πολὺ μᾶλλον ἡμεῖς οἱ τὸν ἀπ' οὐρανῶν ἀποστρεφόμενοι
poly mallon hēmeis hoi ton ap' ouranōn apostrephomenoi
much more shall not we escape who turn away from him that warneth from heaven:

οὗ ἡ φωνὴ τὴν γῆν ἐσάλευσεν τότε, νῦν δὲ ἐπήγγελται λέγων
hou hē phōnē tēn gēn esaleusen tote, nyn de epēngeltai legōn
whose voice then shook the earth: but now he hath promised, saying,

Ἔτι ἅπαξ ἐγὼ σείσω οὐ μόνον τὴν γῆν ἀλλὰ καὶ τὸν οὐρανόν
Eti hapax egō seisō ou monon tēn gēn alla kai ton ouranon
Yet once more will I make to tremble not the earth only, but also the heaven.

τὸ δέ, Ἔτι ἅπαξ δηλοῖ [τὴν] τῶν σαλευομένων μετάθεσιν ὡς πεποιημένων
to de, Eti hapax dēloi [tēn] tōn saleuomenōn metathesin hōs pepoiēmenōn
And this word, Yet once more, signifieth the removing of those things that are shaken, as of things that have been made,

ἵνα μείνῃ τὰ μὴ σαλευόμενα
hina meinē ta mē saleuomena
that those things which are not shaken may remain.

Διὸ βασιλείαν ἀσάλευτον παραλαμβάνοντες ἔχωμεν χάριν
Dio basileian asaleuton paralambanontes echōmen charin
Wherefore, receiving a kingdom that cannot be shaken, let us have grace,

δι' ἧς λατρεύωμεν εὐαρέστως τῷ θεῷ μετὰ εὐλαβείας καὶ δέους
di' hēs latreuōmen euarestōs tō theō meta eulabeias kai deous
whereby we may offer service well-pleasing to God with reverence and awe:

καὶ γὰρ ὁ θεὸς ἡμῶν πῦρ καταναλίσκον
kai gar ho theos hēmōn pyr katanaliskon
for our God is a consuming fire.

ιγ

Ἡ φιλαδελφία μενέτω
HĒ philadelphia menetō
Let love of the brethren continue.

τῆς φιλοξενίας μὴ ἐπιλανθάνεσθε, διὰ ταύτης γὰρ ἔλαθόν τινες ξενίσαντες ἀγγέλους
tēs philoxenias mē epilanthanesthe, dia tautēs gar elathon tines xenisantes angelous
Forget not to show love unto strangers: for thereby some have entertained angels unawares.

μιμνήσκεσθε τῶν δεσμίων ὡς συνδεδεμένοι, τῶν κακουχουμένων ὡς καὶ αὐτοὶ ὄντες ἐν σώματι
mimnēskesthe tōn desmiōn hōs syndedemenoi, tōn kakouchoumenōn hōs kai autoi ontes en sōmati
Remember them that are in bonds, as bound with them; them that are ill-treated, as being yourselves also in the body.

Τίμιος ὁ γάμος ἐν πᾶσιν καὶ ἡ κοίτη ἀμίαντος, πόρνους γὰρ καὶ μοιχοὺς κρινεῖ ὁ θεός
Timios ho gamos en pasin kai hē koitē amiantos, pornous gar kai moichous krinei ho theos
Let marriage be had in honor among all, and let the bed be undefiled: for fornicators and adulterers God will judge.

Ἀφιλάργυρος ὁ τρόπος· ἀρκούμενοι τοῖς παροῦσιν
Aphilargyros ho tropos: arkoumenoi tois parousin
Be ye free from the love of money; content with such things as ye have:

αὐτὸς γὰρ εἴρηκεν, Οὐ μή σε ἀνῶ οὐδ' οὐ μή σε ἐγκαταλίπω
autos gar eirēken, Ou mē se anō oud' ou mē se enkatalipō
for himself hath said, I will in no wise fail thee, neither will I in any wise forsake thee.

ὥστε θαρροῦντας ἡμᾶς λέγειν, Κύριος ἐμοὶ βοηθός, [καὶ] οὐ φοβηθήσομαι· τί ποιήσει μοι ἄνθρωπος
hōste tharrountas hēmas legein, Kyrios emoi boēthos, [kai] ou phobēthēsomai: ti poiēsei moi anthrōpos
So that with good courage we say, The Lord is my helper; I will not fear: What shall man do unto me?

Μνημονεύετε τῶν ἡγουμένων ὑμῶν, οἵτινες ἐλάλησαν ὑμῖν τὸν λόγον τοῦ θεοῦ
Mnēmoneuete tōn hēgoumenōn hymōn, hoitines elalēsan hymin ton logon tou theou
Remember them that had the rule over you, men that spake unto you the word of God;

ὧν ἀναθεωροῦντες τὴν ἔκβασιν τῆς ἀναστροφῆς μιμεῖσθε τὴν πίστιν
hōn anatheōrountes tēn ekbasin tēs anastrophēs mimeisthe tēn pistin
and considering the issue of their life, imitate their faith.

Ἰησοῦς Χριστὸς ἐχθὲς καὶ σήμερον ὁ αὐτός, καὶ εἰς τοὺς αἰῶνας
Iēsous Christos echthes kai sēmeron ho autos, kai eis tous aiōnas
Jesus Christ is the same yesterday and to-day, yea and for ever.

διδαχαῖς ποικίλαις καὶ ξέναις μὴ παραφέρεσθε
didachais poikilais kai xenais mē parapheresthe
Be not carried away by divers and strange teachings:

καλὸν γὰρ χάριτι βεβαιοῦσθαι τὴν καρδίαν, οὐ βρώμασιν
kalon gar chariti bebaiousthai tēn kardian, ou brōmasin
for it is good that the heart be established by grace; not by meats,

ἐν οἷς οὐκ ὠφελήθησαν οἱ περιπατοῦντες
en hois ouk ōphelēthēsan hoi peripatountes
wherein they that occupied themselves were not profited.

ἔχομεν θυσιαστήριον ἐξ οὗ φαγεῖν οὐκ ἔχουσιν ἐξουσίαν οἱ τῇ σκηνῇ λατρεύοντες
echomen thysiastērion ex hou phagein ouk echousin exousian hoi tē skēnē latreuontes
We have an altar, whereof they have no right to eat that serve the tabernacle.

ὧν γὰρ εἰσφέρεται ζῴων τὸ αἷμα περὶ ἁμαρτίας εἰς τὰ ἅγια διὰ τοῦ ἀρχιερέως τούτων τὰ σώματα
hōn gar eispheretai zōōn to haima peri hamartias eis ta hagia dia tou archiereōs, toutōn ta sōmata
For the bodies of those beasts whose blood is brought into the holy place by the high priest as an offering for sin,

κατακαίεται ἔξω τῆς παρεμβολῆς
katakaietai exō tēs parembolēs
are burned without the camp.

διὸ καὶ Ἰησοῦς, ἵνα ἁγιάσῃ διὰ τοῦ ἰδίου αἵματος τὸν λαόν, ἔξω τῆς πύλης ἔπαθεν
dio kai Iēsous, hina hagiasē dia tou idiou haimatos ton laon, exō tēs pylēs epathen
Wherefore Jesus also, that he might sanctify the people through his own blood, suffered without the gate.

τοίνυν ἐξερχώμεθα πρὸς αὐτὸν ἔξω τῆς παρεμβολῆς, τὸν ὀνειδισμὸν αὐτοῦ φέροντες
toinyn exerchōmetha pros auton exō tēs parembolēs, ton oneidismon autou pherontes
Let us therefore go forth unto him without the camp, bearing his reproach.

οὐ γὰρ ἔχομεν ὧδε μένουσαν πόλιν, ἀλλὰ τὴν μέλλουσαν ἐπιζητοῦμεν
ou gar echomen hōde menousan polin, alla tēn mellousan epizētoumen
For we have not here an abiding city, but we seek after the city which is to come.

δι' αὐτοῦ [οὖν] ἀναφέρωμεν θυσίαν αἰνέσεως διὰ παντὸς τῷ θεῷ
di' autou [oun] anapherōmen thysian aineseōs dia pantos tō theō
Through him then let us offer up a sacrifice of praise to God continually,

τοῦτ' ἔστιν καρπὸν χειλέων ὁμολογούντων τῷ ὀνόματι αὐτοῦ
tout' estin karpon cheileōn homologountōn tō onomati autou
that is, the fruit of lips which make confession to his name.

τῆς δὲ εὐποιΐας καὶ κοινωνίας μὴ ἐπιλανθάνεσθε, τοιαύταις γὰρ θυσίαις εὐαρεστεῖται ὁ θεός
tēs de eupoiias kai koinōnias mē epilanthanesthe, toiautais gar thysiais euaresteitai ho theos
But to do good and to communicate forget not: for with such sacrifices God is well pleased.

Πείθεσθε τοῖς ἡγουμένοις ὑμῶν καὶ ὑπείκετε
Peithesthe tois hēgoumenois hymōn kai hypeikete
Obey them that have the rule over you, and submit to them:

αὐτοὶ γὰρ ἀγρυπνοῦσιν ὑπὲρ τῶν ψυχῶν ὑμῶν ὡς λόγον ἀποδώσοντες
autoi gar agrypnousin hyper tōn psychōn hymōn hōs logon apodōsontes
for they watch in behalf of your souls, as they that shall give account;

ἵνα μετὰ χαρᾶς τοῦτο ποιῶσιν καὶ μὴ στενάζοντες, ἀλυσιτελὲς γὰρ ὑμῖν τοῦτο
hina meta charas touto poiōsin kai mē stenazontes, alysiteles gar hymin touto
that they may do this with joy, and not with grief: for this were unprofitable for you.

Προσεύχεσθε περὶ ἡμῶν, πειθόμεθα γὰρ ὅτι καλὴν συνείδησιν ἔχομεν, ἐν πᾶσιν καλῶς θέλοντες ἀναστρέφεσθαι
Proseuchesthe peri hēmōn, peithometha gar hoti kalēn syneidēsin echomen, en pasin kalōs thelontes anastrephesthai
Pray for us: for we are persuaded that we have a good conscience, desiring to live honorably in all things.

περισσοτέρως δὲ παρακαλῶ τοῦτο ποιῆσαι ἵνα τάχιον ἀποκατασταθῶ ὑμῖν
perissoterōs de parakalō touto poiēsai hina tachion apokatastathō hymin
And I exhort you the more exceedingly to do this, that I may be restored to you the sooner.

Ὁ δὲ θεὸς τῆς εἰρήνης
HO de theos tēs eirēnēs
Now the God of peace,

ὁ ἀναγαγὼν ἐκ νεκρῶν τὸν ποιμένα τῶν προβάτων τὸν μέγαν ἐν αἵματι διαθήκης αἰωνίου
ho anagagōn ek nekrōn ton poimena tōn probatōn ton megan en haimati diathēkēs aiōniou
who brought again from the dead the great shepherd of the sheep with the blood of an eternal covenant,

τὸν κύριον ἡμῶν Ἰησοῦν
ton kyrion hēmōn Iēsoun
even our Lord Jesus,

καταρτίσαι ὑμᾶς ἐν παντὶ ἀγαθῷ εἰς τὸ ποιῆσαι τὸ θέλημα αὐτοῦ ποιῶν ἐν ἡμῖν τὸ εὐάρεστον ἐνώπιον αὐτοῦ
katartisai hymas en panti agathō eis to poiēsai to thelēma autou, poiōn en hēmin to euareston enōpion autou
make you perfect in every good thing to do his will, working in us that which is well-pleasing in his sight,

διὰ Ἰησοῦ Χριστοῦ, ᾧ ἡ δόξα εἰς τοὺς αἰῶνας [τῶν αἰώνων]· ἀμήν
dia Iēsou Christou, hō hē doxa eis tous aiōnas [tōn aiōnōn]: amēn
through Jesus Christ; to whom be the glory for ever and ever. Amen.

Παρακαλῶ δὲ ὑμᾶς, ἀδελφοί, ἀνέχεσθε τοῦ λόγου τῆς παρακλήσεως, καὶ γὰρ διὰ βραχέων ἐπέστειλα ὑμῖν
Parakalō de hymas, adelphoi, anechesthe tou logou tēs paraklēseōs, kai gar dia bracheōn epesteila hymin
But I exhort you, brethren, bear with the word of exhortation: for I have written unto you in few words.

Γινώσκετε τὸν ἀδελφὸν ἡμῶν Τιμόθεον ἀπολελυμένον, μεθ' οὗ ἐὰν τάχιον ἔρχηται ὄψομαι ὑμᾶς
Ginōskete ton adelphon hēmōn Timotheon apolelymenon, meth' hou ean tachion erchētai opsomai hymas
Know ye that our brother Timothy hath been set at liberty; with whom, if he come shortly, I will see you.

Ἀσπάσασθε πάντας τοὺς ἡγουμένους ὑμῶν καὶ πάντας τοὺς ἁγίους. ἀσπάζονται ὑμᾶς οἱ ἀπὸ τῆς Ἰταλίας
Aspasasthe pantas tous hēgoumenous hymōn kai pantas tous hagious. aspazontai hymas hoi apo tēs Italias
Salute all them that have the rule over you, and all the saints. They of Italy salute you.

ἡ χάρις μετὰ πάντων ὑμῶν
hē charis meta pantōn hymōn
Grace be with you all. Amen.

ἸΆΚΩΒΟΣ α

Ἰάκωβος θεοῦ καὶ κυρίου Ἰησοῦ Χριστοῦ δοῦλος ταῖς δώδεκα φυλαῖς ταῖς ἐν τῇ διασπορᾷ χαίρειν
Iakōbos theou kai kyriou Iēsou Christou doulos tais dōdeka phylais tais en tē diaspora chairein
James, a servant of God and of the Lord Jesus Christ, to the twelve tribes which are of the Dispersion, greeting.

Πᾶσαν χαρὰν ἡγήσασθε, ἀδελφοί μου, ὅταν πειρασμοῖς περιπέσητε ποικίλοις
Pasan charan hēgēsasthe, adelphoi mou, hotan peirasmois peripesēte poikilois
Count it all joy, my brethren, when ye fall into manifold temptations;

γινώσκοντες ὅτι τὸ δοκίμιον ὑμῶν τῆς πίστεως κατεργάζεται ὑπομονήν
ginōskontes hoti to dokimion hymōn tēs pisteōs katergazetai hypomonēn
knowing that the proving of your faith worketh patience.

ἡ δὲ ὑπομονὴ ἔργον τέλειον ἐχέτω, ἵνα ἦτε τέλειοι καὶ ὁλόκληροι, ἐν μηδενὶ λειπόμενοι
hē de hypomonē ergon teleion echetō, hina ēte teleioi kai holoklēroi, en mēdeni leipomenoi
And let patience have its perfect work, that ye may be perfect and entire, lacking in nothing.

Εἰ δέ τις ὑμῶν λείπεται σοφίας, αἰτείτω παρὰ τοῦ διδόντος θεοῦ πᾶσιν ἁπλῶς καὶ μὴ ὀνειδίζοντος, καὶ δοθήσεται αὐτῷ
Ei de tis hymōn leipetai sophias, aiteitō para tou didontos theou pasin haplōs kai mē oneidizontos, kai dothēsetai autō
But if any of you lacketh wisdom, let him ask of God, who giveth to all liberally and upbraideth not; and it shall be given him.

αἰτείτω δὲ ἐν πίστει, μηδὲν διακρινόμενος, ὁ γὰρ διακρινόμενος ἔοικεν κλύδωνι θαλάσσης ἀνεμιζομένῳ καὶ ῥιπιζομένῳ
aiteitō de en pistei, mēden diakrinomenos, ho gar diakrinomenos eoiken klydōni thalassēs anemizomenō kai rhipizomenō
But let him ask in faith, nothing doubting: for he that doubteth is like the surge of the sea driven by the wind and tossed.

μὴ γὰρ οἰέσθω ὁ ἄνθρωπος ἐκεῖνος ὅτι λήμψεταί τι παρὰ τοῦ κυρίου
mē gar oiesthō ho anthrōpos ekeinos hoti lēmpsetai ti para tou kyriou
For let not that man think that he shall receive anything of the Lord;

ἀνὴρ δίψυχος, ἀκατάστατος ἐν πάσαις ταῖς ὁδοῖς αὐτοῦ
anēr dipsychos, akatastatos en pasais tais hodois autou
a doubleminded man, unstable in all his ways.

Καυχάσθω δὲ ὁ ἀδελφὸς ὁ ταπεινὸς ἐν τῷ ὕψει αὐτοῦ
Kauchasthō de ho adelphos ho tapeinos en tō hypsei autou
But let the brother of low degree glory in his high estate:

ὁ δὲ πλούσιος ἐν τῇ ταπεινώσει αὐτοῦ, ὅτι ὡς ἄνθος χόρτου παρελεύσεται
ho de plousios en tē tapeinōsei autou, hoti hōs anthos chortou pareleusetai
and the rich, in that he is made low: because as the flower of the grass he shall pass away.

ἀνέτειλεν γὰρ ὁ ἥλιος σὺν τῷ καύσωνι καὶ ἐξήρανεν τὸν χόρτον, καὶ τὸ ἄνθος αὐτοῦ ἐξέπεσεν
aneteilen gar ho hēlios syn tō kausōni kai exēranen ton chorton, kai to anthos autou exepesen
For the sun ariseth with the scorching wind, and withereth the grass; and the flower thereof falleth,

καὶ ἡ εὐπρέπεια τοῦ προσώπου αὐτοῦ ἀπώλετο: οὕτως καὶ ὁ πλούσιος ἐν ταῖς πορείαις αὐτοῦ μαρανθήσεται
kai hē euprepeia tou prosōpou autou apōleto: houtōs kai ho plousios en tais poreiais autou maranthēsetai
and the grace of the fashion of it perisheth: so also shall the rich man fade away in his goings.

Μακάριος ἀνὴρ ὃς ὑπομένει πειρασμόν, ὅτι δόκιμος γενόμενος λήμψεται τὸν στέφανον τῆς ζωῆς
Makarios anēr hos hypomenei peirasmon, hoti dokimos genomenos lēmpsetai ton stephanon tēs zōēs
Blessed is the man that endureth temptation; for when he hath been approved, he shall receive the crown of life,

ὃν ἐπηγγείλατο τοῖς ἀγαπῶσιν αὐτόν
hon epēngeilato tois agapōsin auton
which the Lord promised to them that love him.

μηδεὶς πειραζόμενος λεγέτω ὅτι Ἀπὸ θεοῦ πειράζομαι
mēdeis peirazomenos legetō hoti Apo theou peirazomai
Let no man say when he is tempted, I am tempted of God;

ὁ γὰρ θεὸς ἀπείραστός ἐστιν κακῶν, πειράζει δὲ αὐτὸς οὐδένα
ho gar theos apeirastos estin kakōn, peirazei de autos oudena
for God cannot be tempted with evil, and he himself tempteth no man:

ἕκαστος δὲ πειράζεται ὑπὸ τῆς ἰδίας ἐπιθυμίας ἐξελκόμενος καὶ δελεαζόμενος
hekastos de peirazetai hypo tēs idias epithymias exelkomenos kai deleazomenos
but each man is tempted, when he is drawn away by his own lust, and enticed.

εἶτα ἡ ἐπιθυμία συλλαβοῦσα τίκτει ἁμαρτίαν, ἡ δὲ ἁμαρτία ἀποτελεσθεῖσα ἀποκύει θάνατον
eita hē epithymia syllabousa tiktei hamartian, hē de hamartia apotelestheisa apokyei thanaton
Then the lust, when it hath conceived, beareth sin: and the sin, when it is fullgrown, bringeth forth death.

Μὴ πλανᾶσθε, ἀδελφοί μου ἀγαπητοί
Mē planasthe, adelphoi mou agapētoi
Be not deceived, my beloved brethren.

πᾶσα δόσις ἀγαθὴ καὶ πᾶν δώρημα τέλειον ἄνωθέν ἐστιν, καταβαῖνον ἀπὸ τοῦ πατρὸς τῶν φώτων
pasa dosis agathē kai pan dōrēma teleion anōthen estin, katabainon apo tou patros tōn phōtōn
Every good gift and every perfect gift is from above, coming down from the Father of lights,

παρ' ᾧ οὐκ ἔνι παραλλαγὴ ἢ τροπῆς ἀποσκίασμα.
par' hō ouk eni parallagē ē tropēs aposkiasma.
with whom can be no variation, neither shadow that is cast by turning.

βουληθεὶς ἀπεκύησεν ἡμᾶς λόγῳ ἀληθείας, εἰς τὸ εἶναι ἡμᾶς ἀπαρχήν τινα τῶν αὐτοῦ κτισμάτων
boulētheis apekyēsen hēmas logō alētheias, eis to einai hēmas aparchēn tina tōn autou ktismatōn
Of his own will he brought us forth by the word of truth, that we should be a kind of firstfruits of his creatures.

Ἴστε, ἀδελφοί μου ἀγαπητοί. ἔστω δὲ πᾶς ἄνθρωπος ταχὺς εἰς τὸ ἀκοῦσαι, βραδὺς εἰς τὸ λαλῆσαι, βραδὺς εἰς ὀργήν
Iste, adelphoi mou agapētoi. estō de pas anthrōpos tachys eis to akousai, bradys eis to lalēsai, bradys eis orgēn
Ye know this, my beloved brethren. But let every man be swift to hear, slow to speak, slow to wrath:

ὀργὴ γὰρ ἀνδρὸς δικαιοσύνην θεοῦ οὐκ ἐργάζεται
orgē gar andros dikaiosynēn theou ouk ergazetai
for the wrath of man worketh not the righteousness of God.

διὸ ἀποθέμενοι πᾶσαν ῥυπαρίαν
dio apothemenoi pasan rhyparian
Wherefore putting away all filthiness

καὶ περισσείαν κακίας ἐν πραΰτητι δέξασθε τὸν ἔμφυτον λόγον τὸν δυνάμενον σῶσαι τὰς ψυχὰς ὑμῶν
kai perisseian kakias en prautēti dexasthe ton emphyton logon ton dynamenon sōsai tas psychas hymōn
and overflowing of wickedness, receive with meekness the implanted word, which is able to save your souls.

Γίνεσθε δὲ ποιηταὶ λόγου καὶ μὴ μόνον ἀκροαταὶ παραλογιζόμενοι ἑαυτούς
Ginesthe de poiētai logou kai mē monon akroatai paralogizomenoi heautous
But be ye doers of the word, and not hearers only, deluding your own selves.

ὅτι εἴ τις ἀκροατὴς λόγου ἐστὶν καὶ οὐ ποιητής
hoti ei tis akroatēs logou estin kai ou poiētēs
For if any one is a hearer of the word and not a doer,

οὗτος ἔοικεν ἀνδρὶ κατανοοῦντι τὸ πρόσωπον τῆς γενέσεως αὐτοῦ ἐν ἐσόπτρῳ
houtos eoiken andri katanoounti to prosōpon tēs geneseōs autou en esoptrō
he is like unto a man beholding his natural face in a mirror:

κατενόησεν γὰρ ἑαυτὸν καὶ ἀπελήλυθεν καὶ εὐθέως ἐπελάθετο ὁποῖος ἦν
katenoēsen gar heauton kai apelēlythen kai eutheōs epelatheto hopoios ēn
for he beholdeth himself, and goeth away, and straightway forgetteth what manner of man he was.

ὁ δὲ παρακύψας εἰς νόμον τέλειον τὸν τῆς ἐλευθερίας καὶ παραμείνας, οὐκ ἀκροατὴς ἐπιλησμονῆς γενόμενος
ho de parakypsas eis nomon teleion ton tēs eleutherias kai parameinas, ouk akroatēs epilēsmonēs genomenos
But he that looketh into the perfect law, the law of liberty, and so continueth, being not a hearer that forgetteth

ἀλλὰ ποιητὴς ἔργου, οὗτος μακάριος ἐν τῇ ποιήσει αὐτοῦ ἔσται
alla poiētēs ergou, houtos makarios en tē poiēsei autou estai
but a doer that worketh, this man shall be blessed in his doing.

Εἴ τις δοκεῖ θρησκὸς εἶναι, μὴ χαλιναγωγῶν γλῶσσαν αὐτοῦ ἀλλὰ ἀπατῶν καρδίαν αὐτοῦ, τούτου μάταιος ἡ θρησκεία
Ei tis dokei thrēskos einai, mē chalinagōgōn glōssan autou alla apatōn kardian autou, toutou mataios hē thrēskeia
If any man thinketh himself to be religious, while he bridleth not his tongue but deceiveth his heart, this man's religion is vain.

θρησκεία καθαρὰ καὶ ἀμίαντος παρὰ τῷ θεῷ καὶ πατρὶ αὕτη ἐστίν, ἐπισκέπτεσθαι ὀρφανοὺς
thrēskeia kathara kai amiantos para tō theō kai patri hautē estin, episkeptesthai orphanous
Pure religion and undefiled before our God and Father is this, to visit the fatherless

καὶ χήρας ἐν τῇ θλίψει αὐτῶν, ἄσπιλον ἑαυτὸν τηρεῖν ἀπὸ τοῦ κόσμου
kai chēras en tē thlipsei autōn, aspilon heauton tērein apo tou kosmou
and widows in their affliction, and to keep oneself unspotted from the world.

β

Ἀδελφοί μου, μὴ ἐν προσωπολημψίαις ἔχετε τὴν πίστιν τοῦ κυρίου ἡμῶν Ἰησοῦ Χριστοῦ τῆς δόξης
Adelphoi mou, mē en prosōpolēmpsiais echete tēn pistin tou kyriou hēmōn Iēsou Christou tēs doxēs
My brethren, hold not the faith of our Lord Jesus Christ, the Lord of glory, with respect of persons.

ἐὰν γὰρ εἰσέλθῃ εἰς συναγωγὴν ὑμῶν ἀνὴρ χρυσοδακτύλιος ἐν ἐσθῆτι λαμπρᾷ,
ean gar eiselthē eis synagōgēn hymōn anēr chrysodaktylios en esthēti lampra,
For if there come into your synagogue a man with a gold ring, in fine clothing,

εἰσέλθῃ δὲ καὶ πτωχὸς ἐν ῥυπαρᾷ ἐσθῆτι
eiselthē de kai ptōchos en rhypara esthēti
and there come in also a poor man in vile clothing;

ἐπιβλέψητε δὲ ἐπὶ τὸν φοροῦντα τὴν ἐσθῆτα τὴν λαμπρὰν καὶ εἴπητε, Σὺ κάθου ὧδε καλῶς
epiblepsēte de epi ton phorounta tēn esthēta tēn lampran kai eipēte, Sy kathou hōde kalōs
and ye have regard to him that weareth the fine clothing, and say, Sit thou here in a good place;

καὶ τῷ πτωχῷ εἴπητε, Σὺ στῆθι ἐκεῖ ἢ κάθου ὑπὸ τὸ ὑποπόδιόν μου
kai tō ptōchō eipēte, Sy stēthi ekei ē kathou hypo to hypopodion mou
and ye say to the poor man, Stand thou there, or sit under my footstool;

οὐ διεκρίθητε ἐν ἑαυτοῖς καὶ ἐγένεσθε κριταὶ διαλογισμῶν πονηρῶν
ou diekrithēte en heautois kai egenesthe kritai dialogismōn ponērōn
do ye not make distinctions among yourselves, and become judges with evil thoughts?

Ἀκούσατε, ἀδελφοί μου ἀγαπητοί. οὐχ ὁ θεὸς ἐξελέξατο τοὺς πτωχοὺς τῷ κόσμῳ πλουσίους ἐν πίστει
Akousate, adelphoi mou agapētoi. ouch ho theos exelexato tous ptōchous tō kosmō plousious en pistei
Hearken, my beloved brethren; did not God choose them that are poor as to the world to be rich in faith,

καὶ κληρονόμους τῆς βασιλείας ἧς ἐπηγγείλατο τοῖς ἀγαπῶσιν αὐτόν
kai klēronomous tēs basileias hēs epēngeilato tois agapōsin auton
and heirs of the kingdom which he promised to them that love him?

ὑμεῖς δὲ ἠτιμάσατε τὸν πτωχόν. οὐχ οἱ πλούσιοι καταδυναστεύουσιν ὑμῶν, καὶ αὐτοὶ ἕλκουσιν ὑμᾶς εἰς κριτήρια
hymeis de ētimasate ton ptōchon. ouch hoi plousioi katadynasteuousin hymōn, kai autoi helkousin hymas eis kritēria
But ye have dishonored the poor man. Do not the rich oppress you, and themselves drag you before the judgment-seats?

οὐκ αὐτοὶ βλασφημοῦσιν τὸ καλὸν ὄνομα τὸ ἐπικληθὲν ἐφ' ὑμᾶς
ouk autoi blasphēmousin to kalon onoma to epiklēthen eph' hymas
Do not they blaspheme the honorable name by which ye are called?

εἰ μέντοι νόμον τελεῖτε βασιλικὸν κατὰ τὴν γραφήν, Ἀγαπήσεις τὸν πλησίον σου ὡς σεαυτόν, καλῶς ποιεῖτε
ei mentoi nomon teleite basilikon kata tēn graphēn, Agapēseis ton plēsion sou hōs seauton, kalōs poieite
Howbeit if ye fulfil the royal law, according to the scripture, Thou shalt love thy neighbor as thyself, ye do well:

εἰ δὲ προσωπολημπτεῖτε, ἁμαρτίαν ἐργάζεσθε, ἐλεγχόμενοι ὑπὸ τοῦ νόμου ὡς παραβάται
ei de prosōpolēmpteite, hamartian ergazesthe, elenchomenoi hypo tou nomou hōs parabatai
but if ye have respect of persons, ye commit sin, being convicted by the law as transgressors.

ὅστις γὰρ ὅλον τὸν νόμον τηρήσῃ, πταίσῃ δὲ ἐν ἑνί, γέγονεν πάντων ἔνοχος
hostis gar holon ton nomon tērēsē, ptaisē de en heni, gegonen pantōn enochos
For whosoever shall keep the whole law, and yet stumble in one point, he is become guilty of all.

ὁ γὰρ εἰπών, Μὴ μοιχεύσῃς, εἶπεν καί, Μὴ φονεύσῃς:
ho gar eipōn, Mē moicheusēs, eipen kai, Mē phoneusēs:
For he that said, Do not commit adultery, said also, Do not kill.

εἰ δὲ οὐ μοιχεύεις, φονεύεις δέ, γέγονας παραβάτης νόμου
ei de ou moicheueis, phoneueis de, gegonas parabatēs nomou
Now if thou dost not commit adultery, but killest, thou art become a transgressor of the law.

οὕτως λαλεῖτε καὶ οὕτως ποιεῖτε ὡς διὰ νόμου ἐλευθερίας μέλλοντες κρίνεσθαι
houtōs laleite kai houtōs poieite hōs dia nomou eleutherias mellontes krinesthai
So speak ye, and so do, as men that are to be judged by a law of liberty.

ἡ γὰρ κρίσις ἀνέλεος τῷ μὴ ποιήσαντι ἔλεος: κατακαυχᾶται ἔλεος κρίσεως
hē gar krisis aneleos tō mē poiēsanti eleos: katakauchatai eleos kriseōs
For judgment is without mercy to him that hath showed no mercy: mercy glorieth against judgment.

Τί τὸ ὄφελος, ἀδελφοί μου, ἐὰν πίστιν λέγῃ τις ἔχειν, ἔργα δὲ μὴ ἔχῃ; μὴ δύναται ἡ πίστις σῶσαι αὐτόν
Ti to ophelos, adelphoi mou, ean pistin legē tis echein, erga de mē echē? mē dynatai hē pistis sōsai auton
What doth it profit, my brethren, if a man say he hath faith, but have not works? can that faith save him?

ἐὰν ἀδελφὸς ἢ ἀδελφὴ γυμνοὶ ὑπάρχωσιν καὶ λειπόμενοι τῆς ἐφημέρου τροφῆς
ean adelphos ē adelphē gymnoi hyparchōsin kai leipomenoi tēs ephēmerou trophēs
If a brother or sister be naked and in lack of daily food,

εἴπῃ δέ τις αὐτοῖς ἐξ ὑμῶν, Ὑπάγετε ἐν εἰρήνῃ, θερμαίνεσθε καὶ χορτάζεσθε
eipē de tis autois ex hymōn, Hypagete en eirēnē, thermainesthe kai chortazesthe,
and one of you say unto them, Go in peace, be ye warmed and filled;

μὴ δῶτε δὲ αὐτοῖς τὰ ἐπιτήδεια τοῦ σώματος, τί τὸ ὄφελος
mē dōte de autois ta epitēdeia tou sōmatos, ti to ophelos
and yet ye give them not the things needful to the body; what doth it profit?

οὕτως καὶ ἡ πίστις, ἐὰν μὴ ἔχῃ ἔργα, νεκρά ἐστιν καθ' ἑαυτήν
houtōs kai hē pistis, ean mē echē erga, nekra estin kath' heautēn
Even so faith, if it have not works, is dead in itself.

Ἀλλ' ἐρεῖ τις, Σὺ πίστιν ἔχεις κἀγὼ ἔργα ἔχω
All' erei tis, Sy pistin echeis kagō erga echō
Yea, a man will say, Thou hast faith, and I have works:

δεῖξόν μοι τὴν πίστιν σου χωρὶς τῶν ἔργων, κἀγώ σοι δείξω ἐκ τῶν ἔργων μου τὴν πίστιν
deixon moi tēn pistin sou chōris tōn ergōn, kagō soi deixō ek tōn ergōn mou tēn pistin
show me thy faith apart from thy works, and I by my works will show thee my faith.

σὺ πιστεύεις ὅτι εἷς ἐστιν ὁ θεός; καλῶς ποιεῖς: καὶ τὰ δαιμόνια πιστεύουσιν καὶ φρίσσουσιν
sy pisteueis hoti heis estin ho theos? kalōs poieis: kai ta daimonia pisteuousin kai phrissousin
Thou believest that God is one; thou doest well: the demons also believe, and shudder.

θέλεις δὲ γνῶναι, ὦ ἄνθρωπε κενέ, ὅτι ἡ πίστις χωρὶς τῶν ἔργων ἀργή ἐστιν
theleis de gnōnai, ō anthrōpe kene, hoti hē pistis chōris tōn ergōn argē estin
But wilt thou know, O vain man, that faith apart from works is barren?

Ἀβραὰμ ὁ πατὴρ ἡμῶν οὐκ ἐξ ἔργων ἐδικαιώθη, ἀνενέγκας Ἰσαὰκ τὸν υἱὸν αὐτοῦ ἐπὶ τὸ θυσιαστήριον
Abraam ho patēr hēmōn ouk ex ergōn edikaiōthē, anenenkas Isaak ton huion autou epi to thysiastērion
Was not Abraham our father justified by works, in that he offered up Isaac his son upon the altar?

βλέπεις ὅτι ἡ πίστις συνήργει τοῖς ἔργοις αὐτοῦ καὶ ἐκ τῶν ἔργων ἡ πίστις ἐτελειώθη
blepeis hoti hē pistis synērgei tois ergois autou kai ek tōn ergōn hē pistis eteleiōthē
Thou seest that faith wrought with his works, and by works was faith made perfect;

καὶ ἐπληρώθη ἡ γραφὴ ἡ λέγουσα, Ἐπίστευσεν δὲ Ἀβραὰμ τῷ θεῷ
kai eplērōthē hē graphē hē legousa, Episteusen de Abraam tō theō
and the scripture was fulfilled which saith, And Abraham believed God,

καὶ ἐλογίσθη αὐτῷ εἰς δικαιοσύνην, καὶ φίλος θεοῦ ἐκλήθη
kai elogisthē autō eis dikaiosynēn, kai philos theou eklēthē
and it was reckoned unto him for righteousness; and he was called the friend of God.

ὁρᾶτε ὅτι ἐξ ἔργων δικαιοῦται ἄνθρωπος καὶ οὐκ ἐκ πίστεως μόνον
horate hoti ex ergōn dikaioutai anthrōpos kai ouk ek pisteōs monon
Ye see that by works a man is justified, and not only by faith.

ὁμοίως δὲ καὶ Ῥαὰβ ἡ πόρνη οὐκ ἐξ ἔργων ἐδικαιώθη
homoiōs de kai Rhaab hē pornē ouk ex ergōn edikaiōthē
And in like manner was not also Rahab the harlot justified by works,

ὑποδεξαμένη τοὺς ἀγγέλους καὶ ἑτέρα ὁδῷ ἐκβαλοῦσα
hypodexamenē tous angelous kai hetera hodō ekbalousa
in that she received the messengers, and sent them out another way?

ὥσπερ γὰρ τὸ σῶμα χωρὶς πνεύματος νεκρόν ἐστιν, οὕτως καὶ ἡ πίστις χωρὶς ἔργων νεκρά ἐστιν
hōsper gar to sōma chōris pneumatos nekron estin, houtōs kai hē pistis chōris ergōn nekra estin
For as the body apart from the spirit is dead, even so faith apart from works is dead.

γ

Μὴ πολλοὶ διδάσκαλοι γίνεσθε, ἀδελφοί μου, εἰδότες ὅτι μεῖζον κρίμα λημψόμεθα
Mē polloi didaskaloi ginesthe, adelphoi mou, eidotes hoti meizon krima lēmpsometha
Be not many of you teachers, my brethren, knowing that we shall receive heavier judgment.

πολλὰ γὰρ πταίομεν ἅπαντες. εἴ τις ἐν λόγῳ οὐ πταίει
polla gar ptaiomen hapantes. ei tis en logō ou ptaiei
For in many things we all stumble. If any stumbleth not in word,

οὗτος τέλειος ἀνήρ, δυνατὸς χαλιναγωγῆσαι καὶ ὅλον τὸ σῶμα
houtos teleios anēr, dynatos chalinagōgēsai kai holon to sōma
the same is a perfect man, able to bridle the whole body also.

εἰ δὲ τῶν ἵππων τοὺς χαλινοὺς εἰς τὰ στόματα βάλλομεν εἰς τὸ πείθεσθαι αὐτοὺς ἡμῖν
ei de tōn hippōn tous chalinous eis ta stomata ballomen eis to peithesthai autous hēmin
Now if we put the horses' bridles into their mouths that they may obey us,

καὶ ὅλον τὸ σῶμα αὐτῶν μετάγομεν
kai holon to sōma autōn metagomen
we turn about their whole body also.

ἰδοὺ καὶ τὰ πλοῖα, τηλικαῦτα ὄντα καὶ ὑπὸ ἀνέμων σκληρῶν ἐλαυνόμενα
idou kai ta ploia, tēlikauta onta kai hypo anemōn sklērōn elaunomena
Behold, the ships also, though they are so great and are driven by rough winds,

μετάγεται ὑπὸ ἐλαχίστου πηδαλίου ὅπου ἡ ὁρμὴ τοῦ εὐθύνοντος βούλεται
metagetai hypo elachistou pēdaliou hopou hē hormē tou euthynontos bouletai
are yet turned about by a very small rudder, whither the impulse of the steersman willeth.

οὕτως καὶ ἡ γλῶσσα μικρὸν μέλος ἐστὶν καὶ μεγάλα αὐχεῖ. Ἰδοὺ ἡλίκον πῦρ ἡλίκην ὕλην ἀνάπτει
houtōs kai hē glōssa mikron melos estin kai megala auchei. Idou hēlikon pyr hēlikēn hylēn anaptei
So the tongue also is a little member, and boasteth great things. Behold, how much wood is kindled by how small a fire!

καὶ ἡ γλῶσσα πῦρ, ὁ κόσμος τῆς ἀδικίας, ἡ γλῶσσα καθίσταται ἐν τοῖς μέλεσιν ἡμῶν
kai hē glōssa pyr, ho kosmos tēs adikias, hē glōssa kathistatai en tois melesin hēmōn
And the tongue is a fire: the world of iniquity among our members is the tongue,

ἡ σπιλοῦσα ὅλον τὸ σῶμα καὶ φλογίζουσα τὸν τροχὸν τῆς γενέσεως καὶ φλογιζομένη ὑπὸ τῆς γεέννης
hē spilousa holon to sōma kai phlogizousa ton trochon tēs geneseōs kai phlogizomenē hypo tēs geennēs
which defileth the whole body, and setteth on fire the wheel of nature, and is set on fire by hell.

πᾶσα γὰρ φύσις θηρίων τε καὶ πετεινῶν ἑρπετῶν τε καὶ ἐναλίων δαμάζεται καὶ δεδάμασται τῇ φύσει τῇ ἀνθρωπίνῃ
pasa gar physis thēriōn te kai peteinōn herpetōn te kai enaliōn damazetai kai dedamastai tē physei tē anthrōpinē
For every kind of beasts and birds, of creeping things and things in the sea, is tamed, and hath been tamed by mankind:

τὴν δὲ γλῶσσαν οὐδεὶς δαμάσαι δύναται ἀνθρώπων: ἀκατάστατον κακόν, μεστὴ ἰοῦ θανατηφόρου
tēn de glōssan oudeis damasai dynatai anthrōpōn: akatastaton kakon, mestē iou thanatēphorou
but the tongue can no man tame; it is a restless evil, it is full of deadly poison.

ἐν αὐτῇ εὐλογοῦμεν τὸν κύριον καὶ πατέρα
en autē eulogoumen ton kyrion kai patera
Therewith bless we the Lord and Father;

καὶ ἐν αὐτῇ καταρώμεθα τοὺς ἀνθρώπους τοὺς καθ' ὁμοίωσιν θεοῦ γεγονότας
kai en autē katarōmetha tous anthrōpous tous kath' homoiōsin theou gegonotas
and therewith curse we men, who are made after the likeness of God:

ἐκ τοῦ αὐτοῦ στόματος ἐξέρχεται εὐλογία καὶ κατάρα. οὐ χρή, ἀδελφοί μου, ταῦτα οὕτως γίνεσθαι
ek tou autou stomatos exerchetai eulogia kai katara. ou chrē, adelphoi mou, tauta houtōs ginesthai
out of the same mouth cometh forth blessing and cursing. My brethren, these things ought not so to be.

μήτι ἡ πηγὴ ἐκ τῆς αὐτῆς ὀπῆς βρύει τὸ γλυκὺ καὶ τὸ πικρόν
mēti hē pēgē ek tēs autēs opēs bryei to glyky kai to pikron
Doth the fountain send forth from the same opening sweet water and bitter?

μὴ δύναται, ἀδελφοί μου, συκῆ ἐλαίας ποιῆσαι ἢ ἄμπελος σῦκα; οὔτε ἁλυκὸν γλυκὺ ποιῆσαι ὕδωρ
mē dynatai, adelphoi mou, sykē elaias poiēsai ē ampelos syka? oute halykon glyky poiēsai hydōr
can a fig tree, my brethren, yield olives, or a vine figs? neither can salt water yield sweet.

Τίς σοφὸς καὶ ἐπιστήμων ἐν ὑμῖν; δειξάτω ἐκ τῆς καλῆς ἀναστροφῆς τὰ ἔργα αὐτοῦ ἐν πραΰτητι σοφίας
Tis sophos kai epistēmōn en hymin? deixatō ek tēs kalēs anastrophēs ta erga autou en prautēti sophias
Who is wise and understanding among you? let him show by his good life his works in meekness of wisdom.

εἰ δὲ ζῆλον πικρὸν ἔχετε καὶ ἐριθείαν ἐν τῇ καρδίᾳ ὑμῶν, μὴ κατακαυχᾶσθε καὶ ψεύδεσθε κατὰ τῆς ἀληθείας
ei de zēlon pikron echete kai eritheian en tē kardia hymōn, mē katakauchasthe kai pseudesthe kata tēs alētheias
But if ye have bitter jealousy and faction in your heart, glory not and lie not against the truth.

οὐκ ἔστιν αὕτη ἡ σοφία ἄνωθεν κατερχομένη, ἀλλὰ ἐπίγειος, ψυχική, δαιμονιώδης
ouk estin hautē hē sophia anōthen katerchomenē, alla epigeios, psychikē, daimoniōdēs
This wisdom is not a wisdom that cometh down from above, but is earthly, sensual, devilish.

ὅπου γὰρ ζῆλος καὶ ἐριθεία, ἐκεῖ ἀκαταστασία καὶ πᾶν φαῦλον πρᾶγμα
hopou gar zēlos kai eritheia, ekei akatastasia kai pan phaulon pragma
For where jealousy and faction are, there is confusion and every vile deed.

ἡ δὲ ἄνωθεν σοφία πρῶτον μὲν ἁγνή ἐστιν, ἔπειτα εἰρηνική, ἐπιεικής,
hē de anōthen sophia prōton men hagnē estin, epeita eirēnikē, epieikēs,
But the wisdom that is from above is first pure, then peaceable, gentle,

εὐπειθής, μεστὴ ἐλέους καὶ καρπῶν ἀγαθῶν, ἀδιάκριτος, ἀνυπόκριτος
eupeithēs, mestē eleous kai karpōn agathōn, adiakritos, anypokritos
easy to be entreated, full of mercy and good fruits, without variance, without hypocrisy.

καρπὸς δὲ δικαιοσύνης ἐν εἰρήνη σπείρεται τοῖς ποιοῦσιν εἰρήνην
karpos de dikaiosynēs en eirēnē speiretai tois poiousin eirēnēn
And the fruit of righteousness is sown in peace for them that make peace.

δ

Πόθεν πόλεμοι καὶ πόθεν μάχαι ἐν ὑμῖν
Pothen polemoi kai pothen machai en hymin
Whence come wars and whence come fightings among you?

οὐκ ἐντεῦθεν, ἐκ τῶν ἡδονῶν ὑμῶν τῶν στρατευομένων ἐν τοῖς μέλεσιν ὑμῶν
ouk enteuthen, ek tōn hēdonōn hymōn tōn strateuomenōn en tois melesin hymōn
come they not hence, even of your pleasures that war in your members?

ἐπιθυμεῖτε, καὶ οὐκ ἔχετε: φονεύετε καὶ ζηλοῦτε, καὶ οὐ δύνασθε ἐπιτυχεῖν
epithymeite, kai ouk echete: phoneuete kai zēloute, kai ou dynasthe epitychein
Ye lust, and have not: ye kill, and covet, and cannot obtain:

μάχεσθε καὶ πολεμεῖτε. οὐκ ἔχετε διὰ τὸ μὴ αἰτεῖσθαι ὑμᾶς
machesthe kai polemeite. ouk echete dia to mē aiteisthai hymas
ye fight and war; ye have not, because ye ask not.

αἰτεῖτε καὶ οὐ λαμβάνετε, διότι κακῶς αἰτεῖσθε, ἵνα ἐν ταῖς ἡδοναῖς ὑμῶν δαπανήσητε
aiteite kai ou lambanete, dioti kakōs aiteisthe, hina en tais hēdonais hymōn dapanēsēte
Ye ask, and receive not, because ye ask amiss, that ye may spend it in your pleasures.

μοιχαλίδες, οὐκ οἴδατε ὅτι ἡ φιλία τοῦ κόσμου ἔχθρα τοῦ θεοῦ ἐστιν
moichalides, ouk oidate hoti hē philia tou kosmou echthra tou theou estin?
Ye adulteresses, know ye not that the friendship of the world is enmity with God?

ὃς ἐὰν οὖν βουληθῇ φίλος εἶναι τοῦ κόσμου, ἐχθρὸς τοῦ θεοῦ καθίσταται
hos ean oun boulēthē philos einai tou kosmou, echthros tou theou kathistatai
Whosoever therefore would be a friend of the world maketh himself an enemy of God.

ἢ δοκεῖτε ὅτι κενῶς ἡ γραφὴ λέγει, Πρὸς φθόνον ἐπιποθεῖ τὸ πνεῦμα ὃ κατῴκισεν ἐν ἡμῖν
ē dokeite hoti kenōs hē graphē legei, Pros phthonon epipothei to pneuma ho katōkisen en hēmin
Or think ye that the scripture speaketh in vain? Doth the spirit which he made to dwell in us long unto envying?

μείζονα δὲ δίδωσιν χάριν: διὸ λέγει, Ὁ θεὸς ὑπερηφάνοις ἀντιτάσσεται, ταπεινοῖς δὲ δίδωσιν χάριν
meizona de didōsin charin: dio legei, HO theos hyperēphanois antitassetai, tapeinois de didōsin charin
But he giveth more grace. Wherefore the scripture saith, God resisteth the proud, but giveth grace to the humble.

ὑποτάγητε οὖν τῷ θεῷ: ἀντίστητε δὲ τῷ διαβόλῳ, καὶ φεύξεται ἀφ' ὑμῶν
hypotagēte oun tō theō: antistēte de tō diabolō, kai pheuxetai aph' hymōn
Be subject therefore unto God; but resist the devil, and he will flee from you.

ἐγγίσατε τῷ θεῷ, καὶ ἐγγιεῖ ὑμῖν. καθαρίσατε χεῖρας, ἁμαρτωλοί, καὶ ἁγνίσατε καρδίας, δίψυχοι
engisate tō theō, kai engiei hymin. katharisate cheiras, hamartōloi, kai hagnisate kardias, dipsychoi
Draw nigh to God, and he will draw nigh to you. Cleanse your hands, ye sinners; and purify your hearts, ye doubleminded.

ταλαιπωρήσατε καὶ πενθήσατε καὶ κλαύσατε: ὁ γέλως ὑμῶν εἰς πένθος μετατραπήτω καὶ ἡ χαρὰ εἰς κατήφειαν
talaipōrēsate kai penthēsate kai klausate: ho gelōs hymōn eis penthos metatrapētō kai hē chara eis katēpheian
Be afflicted, and mourn, and weep: let your laughter be turned to mourning, and your joy to heaviness.

ταπεινώθητε ἐνώπιον κυρίου, καὶ ὑψώσει ὑμᾶς
tapeinōthēte enōpion kyriou, kai hypsōsei hymas
Humble yourselves in the sight of the Lord, and he shall exalt you.

Μὴ καταλαλεῖτε ἀλλήλων, ἀδελφοί: ὁ καταλαλῶν ἀδελφοῦ ἢ κρίνων τὸν ἀδελφὸν αὐτοῦ
Mē katalaleite allēlōn, adelphoi: ho katalalōn adelphou ē krinōn ton adelphon autou
Speak not one against another, brethren. He that speaketh against a brother, or judgeth his brother,

καταλαλεῖ νόμου καὶ κρίνει νόμον:εἰ δὲ νόμον κρίνεις, οὐκ εἶ ποιητὴς νόμου ἀλλὰ κριτής
katalalei nomou kai krinei nomon: ei de nomon krineis, ouk ei poiētēs nomou alla kritēs
speaketh against the law, and judgeth the law: but if thou judgest the law, thou art not a doer of the law, but a judge.

εἷς ἐστιν [ὁ] νομοθέτης καὶ κριτής, ὁ δυνάμενος σῶσαι καὶ ἀπολέσαι
heis estin [ho] nomothetēs kai kritēs, ho dynamenos sōsai kai apolesai
One only is the lawgiver and judge, even he who is able to save and to destroy:

σὺ δὲ τίς εἶ, ὁ κρίνων τὸν πλησίον
sy de tis ei, ho krinōn ton plēsion
but who art thou that judgest thy neighbor?

Ἄγε νῦν οἱ λέγοντες, Σήμερον ἢ αὔριον πορευσόμεθα εἰς τήνδε τὴν πόλιν καὶ ποιήσομεν ἐκεῖ ἐνιαυτὸν
Age nyn hoi legontes, Sēmeron ē aurion poreusometha eis tēnde tēn polin kai poiēsomen ekei eniauton
Come now, ye that say, To-day or to-morrow we will go into this city, and spend a year there,

καὶ ἐμπορευσόμεθα καὶ κερδήσομεν
kai emporeusometha kai kerdēsomen
and trade, and get gain:

οἵτινες οὐκ ἐπίστασθε τὸ τῆς αὔριον ποία ἡ ζωὴ ὑμῶν
hoitines ouk epistasthe to tēs aurion poia hē zōē hymōn
whereas ye know not what shall be on the morrow. What is your life?

ἀτμὶς γάρ ἐστε ἡ πρὸς ὀλίγον φαινομένη, ἔπειτα καὶ ἀφανιζομένη
atmis gar este hē pros oligon phainomenē, epeita kai aphanizomenē
For ye are a vapor that appeareth for a little time, and then vanisheth away.

ἀντὶ τοῦ λέγειν ὑμᾶς, Ἐὰν ὁ κύριος θελήσῃ, καὶ ζήσομεν καὶ ποιήσομεν τοῦτο ἢ ἐκεῖνο
anti tou legein hymas, Ean ho kyrios thelēsē, kai zēsomen kai poiēsomen touto ē ekeino
For that ye ought to say, If the Lord will, we shall both live, and do this or that.

νῦν δὲ καυχᾶσθε ἐν ταῖς ἀλαζονείαις ὑμῶν: πᾶσα καύχησις τοιαύτη πονηρά ἐστιν
nyn de kauchasthe en tais alazoneiais hymōn: pasa kauchēsis toiautē ponēra estin
But now ye glory in your vauntings: all such glorying is evil.

εἰδότι οὖν καλὸν ποιεῖν καὶ μὴ ποιοῦντι, ἁμαρτία αὐτῷ ἐστιν
eidoti oun kalon poiein kai mē poiounti, hamartia autō estin
To him therefore that knoweth to do good, and doeth it not, to him it is sin.

ε

Ἄγε νῦν οἱ πλούσιοι, κλαύσατε ὀλολύζοντες ἐπὶ ταῖς ταλαιπωρίαις ὑμῶν ταῖς ἐπερχομέναις
Age nyn hoi plousioi, klausate ololyzontes epi tais talaipōriais hymōn tais eperchomenais
Come now, ye rich, weep and howl for your miseries that are coming upon you.

ὁ πλοῦτος ὑμῶν σέσηπεν καὶ τὰ ἱμάτια ὑμῶν σητόβρωτα γέγονεν
ho ploutos hymōn sesēpen kai ta himatia hymōn sētobrōta gegonen
Your riches are corrupted, and your garments are moth-eaten.

ὁ χρυσὸς ὑμῶν καὶ ὁ ἄργυρος κατίωται, καὶ ὁ ἰὸς αὐτῶν εἰς μαρτύριον ὑμῖν ἔσται καὶ φάγεται τὰς σάρκας ὑμῶν ὡς πῦρ
ho chrysos hymōn kai ho argyros katiōtai, kai ho ios autōn eis martyrion hymin estai kai phagetai tas sarkas hymōn hōs pyr:
Your gold and your silver are rusted; and their rust shall be for a testimony against you, and shall eat your flesh as fire.

ἐθησαυρίσατε ἐν ἐσχάταις ἡμέραις
ethēsaurisate en eschatais hēmerais
Ye have laid up your treasure in the last days.

ἰδοὺ ὁ μισθὸς τῶν ἐργατῶν τῶν ἀμησάντων τὰς χώρας ὑμῶν ὁ ἀπεστερημένος ἀφ' ὑμῶν κράζει
idou ho misthos tōn ergatōn tōn amēsantōn tas chōras hymōn ho apesterēmenos aph' hymōn krazei
Behold, the hire of the laborers who mowed your fields, which is of you kept back by fraud, crieth out:

καὶ αἱ βοαὶ τῶν θερισάντων εἰς τὰ ὦτα κυρίου Σαβαὼθ εἰσελήλυθασιν
kai hai boai tōn therisantōn eis ta ōta kyriou Sabaōth eiselēlythasin
and the cries of them that reaped have entered into the ears of the Lord of Sabaoth.

ἐτρυφήσατε ἐπὶ τῆς γῆς καὶ ἐσπαταλήσατε, ἐθρέψατε τὰς καρδίας ὑμῶν ἐν ἡμέρᾳ σφαγῆς
etryphēsate epi tēs gēs kai espatalēsate, ethrepsate tas kardias hymōn en hēmera sphagēs
Ye have lived delicately on the earth, and taken your pleasure; ye have nourished your hearts in a day of slaughter.

κατεδικάσατε, ἐφονεύσατε τὸν δίκαιον. οὐκ ἀντιτάσσεται ὑμῖν
katedikasate, ephoneusate ton dikaion. ouk antitassetai hymin
Ye have condemned, ye have killed the righteous one; he doth not resist you.

Μακροθυμήσατε οὖν, ἀδελφοί, ἕως τῆς παρουσίας τοῦ κυρίου
Makrothymēsate oun, adelphoi, heōs tēs parousias tou kyriou
Be patient therefore, brethren, until the coming of the Lord.

ἰδοὺ ὁ γεωργὸς ἐκδέχεται τὸν τίμιον καρπὸν τῆς γῆς, μακροθυμῶν ἐπ' αὐτῷ ἕως λάβῃ πρόϊμον καὶ ὄψιμον
idou ho geōrgos ekdechetai ton timion karpon tēs gēs, makrothymōn ep' autō heōs labē proimon kai opsimon
Behold, the husbandman waiteth for the precious fruit of the earth, being patient over it, until it receive the early and latter rain.

μακροθυμήσατε καὶ ὑμεῖς, στηρίξατε τὰς καρδίας ὑμῶν, ὅτι ἡ παρουσία τοῦ κυρίου ἤγγικεν
makrothymēsate kai hymeis, stērixate tas kardias hymōn, hoti hē parousia tou kyriou ēngiken
Be ye also patient; establish your hearts: for the coming of the Lord is at hand.

μὴ στενάζετε, ἀδελφοί, κατ' ἀλλήλων, ἵνα μὴ κριθῆτε: ἰδοὺ ὁ κριτὴς πρὸ τῶν θυρῶν ἔστηκεν
mē stenazete, adelphoi, kat' allēlōn, hina mē krithēte: idou ho kritēs pro tōn thyrōn hestēken
Murmur not, brethren, one against another, that ye be not judged: behold, the judge standeth before the doors.

ὑπόδειγμα λάβετε, ἀδελφοί, τῆς κακοπαθίας καὶ τῆς μακροθυμίας τοὺς προφήτας, οἳ ἐλάλησαν ἐν τῷ ὀνόματι κυρίου
hypodeigma labete, adelphoi, tēs kakopathias kai tēs makrothymias tous prophētas, hoi elalēsan en tō onomati kyriou
Take, brethren, for an example of suffering and of patience, the prophets who spake in the name of the Lord.

ἰδοὺ μακαρίζομεν τοὺς ὑπομείναντας: τὴν ὑπομονὴν Ἰὼβ ἠκούσατε
idou makarizomen tous hypomeinantas: tēn hypomonēn Iōb ēkousate
Behold, we call them blessed that endured: ye have heard of the patience of Job,

καὶ τὸ τέλος κυρίου εἴδετε, ὅτι πολύσπλαγχνός ἐστιν ὁ κύριος καὶ οἰκτίρμων
kai to telos kyriou eidete, hoti polysplanchnos estin ho kyrios kai oiktirmōn
and have seen the end of the Lord, how that the Lord is full of pity, and merciful.

Πρὸ πάντων δέ, ἀδελφοί μου, μὴ ὀμνύετε, μήτε τὸν οὐρανὸν μήτε τὴν γῆν μήτε ἄλλον τινὰ ὅρκον
Pro pantōn de, adelphoi mou, mē omnyete, mēte ton ouranon mēte tēn gēn mēte allon tina horkon
But above all things, my brethren, swear not, neither by the heaven, nor by the earth, nor by any other oath:

ἤτω δὲ ὑμῶν τὸ Ναὶ ναὶ καὶ τὸ Οὒ οὔ, ἵνα μὴ ὑπὸ κρίσιν πέσητε
ētō de hymōn to Nai nai kai to Ou ou, hina mē hypo krisin pesēte
but let your yea be yea, and your nay, nay; that ye fall not under judgment.

Κακοπαθεῖ τις ἐν ὑμῖν; προσευχέσθω: εὐθυμεῖ τις; ψαλλέτω
Kakopathei tis en hymin? proseuchesthō: euthymei tis? Psalletō
Is any among you suffering? let him pray. Is any cheerful? let him sing praise.

ἀσθενεῖ τις ἐν ὑμῖν; προσκαλεσάσθω τοὺς πρεσβυτέρους τῆς ἐκκλησίας
asthenei tis en hymin? proskalesasthō tous presbyterous tēs ekklēsias
Is any among you sick? let him call for the elders of the church;

καὶ προσευξάσθωσαν ἐπ' αὐτὸν ἀλείψαντες [αὐτὸν] ἐλαίῳ ἐν τῷ ὀνόματι τοῦ κυρίου
kai proseuxasthōsan ep' auton aleipsantes [auton] elaiō en tō onomati tou kyriou
and let them pray over him, anointing him with oil in the name of the Lord:

καὶ ἡ εὐχὴ τῆς πίστεως σώσει τὸν κάμνοντα, καὶ ἐγερεῖ αὐτὸν ὁ κύριος· κἂν ἁμαρτίας ᾖ πεποιηκώς, ἀφεθήσεται αὐτ
kai hē euchē tēs pisteōs sōsei ton kamnonta, kai egerei auton ho kyrios: kan hamartias ē pepoiēkōs, aphethēsetai aut
and the prayer of faith shall save him that is sick, and the Lord shall raise him up; and if he have committed sins, it shall be forgiven him.

ἐξομολογεῖσθε οὖν ἀλλήλοις τὰς ἁμαρτίας καὶ εὔχεσθε ὑπὲρ ἀλλήλων, ὅπως ἰαθῆτε
exomologeisthe oun allēlois tas hamartias kai euchesthe hyper allēlōn, hopōs iathēte
Confess therefore your sins one to another, and pray one for another, that ye may be healed.

πολὺ ἰσχύει δέησις δικαίου ἐνεργουμένη
poly ischyei deēsis dikaiou energoumenē
The supplication of a righteous man availeth much in its working.

Ἡλίας ἄνθρωπος ἦν ὁμοιοπαθὴς ἡμῖν
Ēlias anthrōpos ēn homoiopathēs hēmin
Elijah was a man of like passions with us,

καὶ προσευχῇ προσηύξατο τοῦ μὴ βρέξαι, καὶ οὐκ ἔβρεξεν ἐπὶ τῆς γῆς ἐνιαυτοὺς τρεῖς καὶ μῆνας ἕξ
kai proseuchē prosēuxato tou mē brexai, kai ouk ebrexen epi tēs gēs eniautous treis kai mēnas hex
and he prayed fervently that it might not rain; and it rained not on the earth for three years and six months.

καὶ πάλιν προσηύξατο, καὶ ὁ οὐρανὸς ὑετὸν ἔδωκεν καὶ ἡ γῆ ἐβλάστησεν τὸν καρπὸν αὐτῆς
kai palin prosēuxato, kai ho ouranos hyeton edōken kai hē gē eblastēsen ton karpon autēs
And he prayed again; and the heaven gave rain, and the earth brought forth her fruit.

Ἀδελφοί μου, ἐάν τις ἐν ὑμῖν πλανηθῇ ἀπὸ τῆς ἀληθείας καὶ ἐπιστρέψῃ τις αὐτόν
Adelphoi mou, ean tis en hymin planēthē apo tēs alētheias kai epistrepsē tis auton
My brethren, if any among you err from the truth, and one convert him;

γινωσκέτω ὅτι ὁ ἐπιστρέψας ἁμαρτωλὸν ἐκ πλάνης ὁδοῦ αὐτοῦ σώσει ψυχὴν αὐτοῦ ἐκ θανάτου
ginōsketō hoti ho epistrepsas hamartōlon ek planēs hodou autou sōsei psychēn autou ek thanatou
let him know, that he who converteth a sinner from the error of his way shall save a soul from death,

καὶ καλύψει πλῆθος ἁμαρτιῶν
kai kalypsei plēthos hamartiōn
and shall cover a multitude of sins.

ΠΈΤΡΟΥ Α΄ α

Πέτρος ἀπόστολος Ἰησοῦ Χριστοῦ ἐκλεκτοῖς παρεπιδήμοις διασπορᾶς Πόντου
Petros apostolos Iēsou Christou eklektois parepidēmois diasporas Pontou
Peter, an apostle of Jesus Christ, to the elect who are sojourners of the Dispersion in Pontus,

Γαλατίας, Καππαδοκίας, Ἀσίας, καὶ Βιθυνίας
Galatias, Kappadokias, Asias, kai Bithynias
Galatia, Cappadocia, Asia, and Bithynia,

κατὰ πρόγνωσιν θεοῦ πατρός, ἐν ἁγιασμῷ πνεύματος
kata prognōsin theou patros, en hagiasmō pneumatos
according to the foreknowledge of God the Father, in sanctification of the Spirit,

εἰς ὑπακοὴν καὶ ῥαντισμὸν αἵματος Ἰησοῦ Χριστοῦ: χάρις ὑμῖν καὶ εἰρήνη πληθυνθείη
eis hypakoēn kai rhantismon haimatos Iēsou Christou: charis hymin kai eirēnē plēthyntheiē
unto obedience and sprinkling of the blood of Jesus Christ: Grace to you and peace be multiplied.

Εὐλογητὸς ὁ θεὸς καὶ πατὴρ τοῦ κυρίου ἡμῶν Ἰησοῦ Χριστοῦ
Eulogētos ho theos kai patēr tou kyriou hēmōn Iēsou Christou
Blessed be the God and Father of our Lord Jesus Christ,

ὁ κατὰ τὸ πολὺ αὐτοῦ ἔλεος ἀναγεννήσας ἡμᾶς εἰς ἐλπίδα ζῶσαν δι' ἀναστάσεως Ἰησοῦ Χριστοῦ ἐκ νεκρῶν
ho kata to poly autou eleos anagennēsas hēmas eis elpida zōsan di' anastaseōs Iēsou Christou ek nekrōn
who according to his great mercy begat us again unto a living hope by the resurrection of Jesus Christ from the dead,

εἰς κληρονομίαν ἄφθαρτον καὶ ἀμίαντον καὶ ἀμάραντον, τετηρημένην ἐν οὐρανοῖς εἰς ὑμᾶς
eis klēronomian aphtharton kai amianton kai amaranton, tetērēmenēn en ouranois eis hymas
unto an inheritance incorruptible, and undefiled, and that fadeth not away, reserved in heaven for you,

τοὺς ἐν δυνάμει θεοῦ φρουρουμένους διὰ πίστεως εἰς σωτηρίαν ἑτοίμην ἀποκαλυφθῆναι ἐν καιρῷ ἐσχάτῳ
tous en dynamei theou phrouroumenous dia pisteōs eis sōtērian hetoimēn apokalyphthēnai en kairō eschatō
who by the power of God are guarded through faith unto a salvation ready to be revealed in the last time.

ἐν ᾧ ἀγαλλιᾶσθε, ὀλίγον ἄρτι εἰ δέον [ἐστὶν] λυπηθέντες ἐν ποικίλοις πειρασμοῖς
en hō agalliasthe, oligon arti ei deon [estin] lypēthentes en poikilois peirasmois
Wherein ye greatly rejoice, though now for a little while, if need be, ye have been put to grief in manifold trials,

ἵνα τὸ δοκίμιον ὑμῶν τῆς πίστεως πολυτιμότερον χρυσίου τοῦ ἀπολλυμένου
hina to dokimion hymōn tēs pisteōs polytimoteron chrysiou tou apollymenou
that the proof of your faith, being more precious than gold that perisheth

διὰ πυρὸς δὲ δοκιμαζομένου, εὑρεθῇ εἰς ἔπαινον καὶ δόξαν καὶ τιμὴν ἐν ἀποκαλύψει Ἰησοῦ Χριστοῦ
dia pyros de dokimazomenou, heurethē eis epainon kai doxan kai timēn en apokalypsei Iēsou Christou
though it is proved by fire, may be found unto praise and glory and honor at the revelation of Jesus Christ:

ὃν οὐκ ἰδόντες ἀγαπᾶτε, εἰς ὃν ἄρτι μὴ ὁρῶντες πιστεύοντες δὲ ἀγαλλιᾶσθε χαρᾷ ἀνεκλαλήτῳ καὶ δεδοξασμένῃ
hon ouk idontes agapate, eis hon arti mē horōntes pisteuontes de agalliasthe chara aneklalētō kai dedoxasmenē
whom not having seen ye love; on whom, though now ye see him not, yet believing, ye rejoice greatly with joy unspeakable and full of glory:

κομιζόμενοι τὸ τέλος τῆς πίστεως [ὑμῶν] σωτηρίαν ψυχῶν
komizomenoi to telos tēs pisteōs [hymōn] sōtērian psychōn
receiving the end of your faith, even the salvation of your souls.

Περὶ ἧς σωτηρίας ἐξεζήτησαν καὶ ἐξηραύνησαν προφῆται οἱ περὶ τῆς εἰς ὑμᾶς χάριτος προφητεύσαντες
Peri hēs sōtērias exezētēsan kai exēraunēsan prophētai hoi peri tēs eis hymas charitos prophēteusantes
Concerning which salvation the prophets sought and searched diligently, who prophesied of the grace that should come unto you:

ἐραυνῶντες εἰς τίνα ἢ ποῖον καιρὸν ἐδήλου τὸ ἐν αὐτοῖς πνεῦμα Χριστοῦ προμαρτυρόμενον τὰ εἰς Χριστὸν παθήματα
eraunōntes eis tina ē poion kairon edēlou to en autois pneuma Christou promartyromenon ta eis Christon pathēmata
searching what time or what manner of time the Spirit of Christ which was in them did point unto, when it testified beforehand the sufferings of Christ,

καὶ τὰς μετὰ ταῦτα δόξας
kai tas meta tauta doxas
and the glories that should follow them.

οἷς ἀπεκαλύφθη ὅτι οὐχ ἑαυτοῖς ὑμῖν δὲ διηκόνουν αὐτά ἃ νῦν ἀνηγγέλη ὑμῖν διὰ τῶν εὐαγγελισαμένων ὑμᾶς [ἐν] πνεύματι ἁγίῳ ἀποσταλέντι ἀπ' οὐρανοῦ
hois apekalyphthē hoti ouch heautois hymin de diēkonoun auta ha nyn anēngelē hymin dia tōn euangelisamenōn hymas [en] pneumati hagiō apostalenti ap' ouranou
To whom it was revealed, that not unto themselves, but unto you, did they minister these things, which now have been announced unto you through them that preached the gospel unto you by the Holy Spirit sent forth from heaven;

εἰς ἃ ἐπιθυμοῦσιν ἄγγελοι παρακύψαι
eis ha epithymousin angeloi parakypsai
which things angels desire to look into.

Διὸ ἀναζωσάμενοι τὰς ὀσφύας τῆς διανοίας ὑμῶν, νήφοντες τελείως
Dio anazōsamenoi tas osphyas tēs dianoias hymōn, nēphontes teleiōs
Wherefore girding up the loins of your mind, be sober

ἐλπίσατε ἐπὶ τὴν φερομένην ὑμῖν χάριν ἐν ἀποκαλύψει Ἰησοῦ Χριστοῦ
elpisate epi tēn pheromenēn hymin charin en apokalypsei Iēsou Christou
and set your hope perfectly on the grace that is to be brought unto you at the revelation of Jesus Christ;

ὡς τέκνα ὑπακοῆς, μὴ συσχηματιζόμενοι ταῖς πρότερον ἐν τῇ ἀγνοίᾳ ὑμῶν ἐπιθυμίαις
hōs tekna hypakoēs, mē syschēmatizomenoi tais proteron en tē agnoia hymōn epithymiais
as children of obedience, not fashioning yourselves according to your former lusts in the time of your ignorance:

ἀλλὰ κατὰ τὸν καλέσαντα ὑμᾶς ἅγιον καὶ αὐτοὶ ἅγιοι ἐν πάσῃ ἀναστροφῇ γενήθητε
alla kata ton kalesanta hymas hagion kai autoi hagioi en pasē anastrophē genēthēte
but like as he who called you is holy, be ye yourselves also holy in all manner of living;

διότι γέγραπται [ὅτι] Ἅγιοι ἔσεσθε, ὅτι ἐγὼ ἅγιος [εἰμι]
dioti gegraptai [hoti] Agioi esesthe, hoti egō hagios [eimi]
because it is written, Ye shall be holy; for I am holy.

Καὶ εἰ πατέρα ἐπικαλεῖσθε τὸν ἀπροσωπολήμπτως κρίνοντα κατὰ τὸ ἑκάστου ἔργον
Kai ei patera epikaleisthe ton aprosōpolēmptōs krinonta kata to hekastou ergon
And if ye call on him as Father, who without respect of persons judgeth according to each man's work,

ἐν φόβῳ τὸν τῆς παροικίας ὑμῶν χρόνον ἀναστράφητε
en phobō ton tēs paroikias hymōn chronon anastraphēte
pass the time of your sojourning in fear:

εἰδότες ὅτι οὐ φθαρτοῖς, ἀργυρίῳ ἢ χρυσίῳ ἐλυτρώθητε ἐκ τῆς ματαίας ὑμῶν ἀναστροφῆς πατροπαραδότου
eidotes hoti ou phthartois, argyriō ē chrysiō elytrōthēte ek tēs mataias hymōn anastrophēs patroparadotou
knowing that ye were redeemed, not with corruptible things, with silver or gold, from your vain manner of life handed down from your fathers;

ἀλλὰ τιμίῳ αἵματι ὡς ἀμνοῦ ἀμώμου καὶ ἀσπίλου Χριστοῦ
alla timiō haimati hōs amnou amōmou kai aspilou Christou
but with precious blood, as of a lamb without blemish and without spot, even the blood of Christ:

προεγνωσμένου μὲν πρὸ καταβολῆς κόσμου, φανερωθέντος δὲ ἐπ' ἐσχάτου τῶν χρόνων δι' ὑμᾶς
proegnōsmenou men pro katabolēs kosmou, phanerōthentos de ep' eschatou tōn chronōn di' hymas
who was foreknown indeed before the foundation of the world, but was manifested at the end of the times for your sake,

τοὺς δι' αὐτοῦ πιστοὺς εἰς θεὸν τὸν ἐγείραντα αὐτὸν ἐκ νεκρῶν καὶ δόξαν αὐτῷ δόντα
tous di' autou pistous eis theon ton egeiranta auton ek nekrōn kai doxan autō donta
who through him are believers in God, that raised him from the dead, and gave him glory;

ὥστε τὴν πίστιν ὑμῶν καὶ ἐλπίδα εἶναι εἰς θεόν
hōste tēn pistin hymōn kai elpida einai eis theon
so that your faith and hope might be in God.

Τὰς ψυχὰς ὑμῶν ἡγνικότες ἐν τῇ ὑπακοῇ τῆς ἀληθείας εἰς φιλαδελφίαν ἀνυπόκριτον
Tas psychas hymōn hēgnikotes en tē hypakoē tēs alētheias eis philadelphian anypokriton
Seeing ye have purified your souls in your obedience to the truth unto unfeigned love of the brethren,

ἐκ [καθαρᾶς] καρδίας ἀλλήλους ἀγαπήσατε ἐκτενῶς
ek [katharas] kardias allēlous agapēsate ektenōs
love one another from the heart fervently:

ἀναγεγεννημένοι οὐκ ἐκ σπορᾶς φθαρτῆς ἀλλὰ ἀφθάρτου, διὰ λόγου ζῶντος θεοῦ καὶ μένοντος
anagegennēmenoi ouk ek sporas phthartēs alla aphthartou, dia logou zōntos theou kai menontos
having been begotten again, not of corruptible seed, but of incorruptible, through the word of God, which liveth and abideth.

διότι πᾶσα σὰρξ ὡς χόρτος, καὶ πᾶσα δόξα αὐτῆς ὡς ἄνθος χόρτου: ἐξηράνθη ὁ χόρτος, καὶ τὸ ἄνθος ἐξέπεσεν
dioti pasa sarx hōs chortos, kai pasa doxa autēs hōs anthos chortou: exēranthē ho chortos, kai to anthos exepesen
For, All flesh is as grass, And all the glory thereof as the flower of grass. The grass withereth, and the flower falleth:

τὸ δὲ ῥῆμα κυρίου μένει εἰς τὸν αἰῶνα. τοῦτο δέ ἐστιν τὸ ῥῆμα τὸ εὐαγγελισθὲν εἰς ὑμᾶς
to de rhēma kyriou menei eis ton aiōna. touto de estin to rhēma to euangelisthen eis hymas
But the word of the Lord abideth for ever. And this is the word of good tidings which was preached unto you.

β

Ἀποθέμενοι οὖν πᾶσαν κακίαν καὶ πάντα δόλον καὶ ὑποκρίσεις καὶ φθόνους καὶ πάσας καταλαλιάς
Apothemenoi oun pasan kakian kai panta dolon kai hypokriseis kai phthonous kai pasas katalalias
Putting away therefore all wickedness, and all guile, and hypocrisies, and envies, and all evil speakings,

ὡς ἀρτιγέννητα βρέφη τὸ λογικὸν ἄδολον γάλα ἐπιποθήσατε, ἵνα ἐν αὐτῷ αὐξηθῆτε εἰς σωτηρίαν
hōs artigennēta brephē to logikon adolon gala epipothēsate, hina en autō auxēthēte eis sōtērian
as newborn babes, long for the spiritual milk which is without guile, that ye may grow thereby unto salvation;

εἰ ἐγεύσασθε ὅτι χρηστὸς ὁ κύριος
ei egeusasthe hoti chrēstos ho kyrios
if ye have tasted that the Lord is gracious:

πρὸς ὃν προσερχόμενοι, λίθον ζῶντα, ὑπὸ ἀνθρώπων μὲν ἀποδεδοκιμασμένον παρὰ δὲ θεῷ ἐκλεκτὸν ἔντιμον
pros hon proserchomenoi, lithon zōnta, hypo anthrōpōn men apodedokimasmenon para de theō eklekton entimon
unto whom coming, a living stone, rejected indeed of men, but with God elect, precious,

καὶ αὐτοὶ ὡς λίθοι ζῶντες οἰκοδομεῖσθε οἶκος πνευματικὸς εἰς ἱεράτευμα ἅγιον
kai autoi hōs lithoi zōntes oikodomeisthe oikos pneumatikos eis hierateuma hagion
ye also, as living stones, are built up a spiritual house, to be a holy priesthood,

ἀνενέγκαι πνευματικὰς θυσίας εὐπροσδέκτους [τῷ] θεῷ διὰ Ἰησοῦ Χριστοῦ
anenenkai pneumatikas thysias euprosdektous [tō] theō dia Iēsou Christou
to offer up spiritual sacrifices, acceptable to God through Jesus Christ.

διότι περιέχει ἐν γραφῇ, Ἰδοὺ τίθημι ἐν Σιὼν λίθον ἀκρογωνιαῖον ἐκλεκτὸν ἔντιμον
dioti periechei en graphē, Idou tithēmi en Siōn lithon akrogōniaion eklekton entimon
Because it is contained in scripture, Behold, I lay in Zion a chief corner stone, elect, precious:

καὶ ὁ πιστεύων ἐπ' αὐτῷ οὐ μὴ καταισχυνθῇ
kai ho pisteuōn ep' autō ou mē kataischynthē
And he that believeth on him shall not be put to shame.

ὑμῖν οὖν ἡ τιμὴ τοῖς πιστεύουσιν
hymin oun hē timē tois pisteuousin
For you therefore that believe is the preciousness:

ἀπιστοῦσιν δὲ λίθος ὃν ἀπεδοκίμασαν οἱ οἰκοδομοῦντες οὗτος ἐγενήθη εἰς κεφαλὴν γωνίας
apistousin de lithos hon apedokimasan hoi oikodomountes houtos egenēthē eis kephalēn gōnias
but for such as disbelieve, The stone which the builders rejected, The same was made the head of the corner;

καὶ λίθος προσκόμματος καὶ πέτρα σκανδάλου: οἳ προσκόπτουσιν τῷ λόγῳ ἀπειθοῦντες, εἰς ὃ καὶ ἐτέθησαν
kai lithos proskommatos kai petra skandalou: hoi proskoptousin tō logō apeithountes, eis ho kai etethēsan
and, A stone of stumbling, and a rock of offence; for they stumble at the word, being disobedient: whereunto also they were appointed.

Ὑμεῖς δὲ γένος ἐκλεκτόν, βασίλειον ἱεράτευμα, ἔθνος ἅγιον
Hymeis de genos eklekton, basileion hierateuma, ethnos hagion
But ye are an elect race, a royal priesthood, a holy nation,

λαὸς εἰς περιποίησιν, ὅπως τὰς ἀρετὰς ἐξαγγείλητε τοῦ ἐκ σκότους ὑμᾶς καλέσαντος εἰς τὸ θαυμαστὸν αὐτοῦ φῶς
laos eis peripoiēsin, hopōs tas aretas exangeilēte tou ek skotous hymas kalesantos eis to thaumaston autou phōs
a people for God's own possession, that ye may show forth the excellencies of him who called you out of darkness into his marvellous light:

οἵ ποτε οὐ λαὸς νῦν δὲ λαὸς θεοῦ
hoi pote ou laos nyn de laos theou
who in time past were no people, but now are the people of God:

οἱ οὐκ ἠλεημένοι νῦν δὲ ἐλεηθέντες
hoi ouk ēleēmenoi nyn de eleēthentes
who had not obtained mercy, but now have obtained mercy.

Ἀγαπητοί, παρακαλῶ ὡς παροίκους καὶ παρεπιδήμους ἀπέχεσθαι τῶν σαρκικῶν ἐπιθυμιῶν
Agapētoi, parakalō hōs paroikous kai parepidēmous apechesthai tōn sarkikōn epithymiōn
Beloved, I beseech you as sojourners and pilgrims, to abstain from fleshly lusts,

αἵτινες στρατεύονται κατὰ τῆς ψυχῆς
haitines strateuontai kata tēs psychēs
which war against the soul;

τὴν ἀναστροφὴν ὑμῶν ἐν τοῖς ἔθνεσιν ἔχοντες καλήν, ἵνα
tēn anastrophēn hymōn en tois ethnesin echontes kalēn, hina
having your behavior seemly among the Gentiles; that,

ἐν ᾧ καταλαλοῦσιν ὑμῶν ὡς κακοποιῶν, ἐκ τῶν καλῶν ἔργων ἐποπτεύοντες δοξάσωσιν τὸν θεὸν ἐν ἡμέρᾳ ἐπισκοπῆς
en hō katalalousin hymōn hōs kakopoiōn, ek tōn kalōn ergōn epopteuontes doxasōsin ton theon en hēmera episkopēs
wherein they speak against you as evil-doers, they may by your good works, which they behold, glorify God in the day of visitation.

Ὑποτάγητε πάσῃ ἀνθρωπίνῃ κτίσει διὰ τὸν κύριον: εἴτε βασιλεῖ ὡς ὑπερέχοντι
Hypotagēte pasē anthrōpinē ktisei dia ton kyrion: eite basilei hōs hyperechonti
Be subject to every ordinance of man for the Lord's sake: whether to the king, as supreme;

εἴτε ἡγεμόσιν ὡς δι' αὐτοῦ πεμπομένοις εἰς ἐκδίκησιν κακοποιῶν ἔπαινον δὲ ἀγαθοποιῶν
eite hēgemosin hōs di' autou pempomenois eis ekdikēsin kakopoiōn epainon de agathopoiōn
or unto governors, as sent by him for vengeance on evil-doers and for praise to them that do well.

ὅτι οὕτως ἐστὶν τὸ θέλημα τοῦ θεοῦ, ἀγαθοποιοῦντας φιμοῦν τὴν τῶν ἀφρόνων ἀνθρώπων ἀγνωσίαν
hoti houtōs estin to thelēma tou theou, agathopoiountas phimoun tēn tōn aphronōn anthrōpōn agnōsian
For so is the will of God, that by well-doing ye should put to silence the ignorance of foolish men:

ὡς ἐλεύθεροι, καὶ μὴ ὡς ἐπικάλυμμα ἔχοντες τῆς κακίας τὴν ἐλευθερίαν, ἀλλ' ὡς θεοῦ δοῦλοι
hōs eleutheroi, kai mē hōs epikalymma echontes tēs kakias tēn eleutherian, all' hōs theou douloi
as free, and not using your freedom for a cloak of wickedness, but as bondservants of God.

πάντας τιμήσατε, τὴν ἀδελφότητα ἀγαπᾶτε, τὸν θεὸν φοβεῖσθε, τὸν βασιλέα τιμᾶτε
pantas timēsate, tēn adelphotēta agapate, ton theon phobeisthe, ton basilea timate
Honor all men. Love the brotherhood. Fear God. Honor the king.

Οἱ οἰκέται ὑποτασσόμενοι ἐν παντὶ φόβῳ τοῖς δεσπόταις, οὐ μόνον τοῖς ἀγαθοῖς καὶ ἐπιεικέσιν ἀλλὰ καὶ τοῖς σκολιοῖς
HOi oiketai hypotassomenoi en panti phobō tois despotais, ou monon tois agathois kai epieikesin alla kai tois skoliois
Servants, be in subjection to your masters with all fear; not only to the good and gentle, but also to the froward.

τοῦτο γὰρ χάρις εἰ διὰ συνείδησιν θεοῦ ὑποφέρει τις λύπας πάσχων ἀδίκως
touto gar charis ei dia syneidēsin theou hypopherei tis lypas paschōn adikōs
For this is acceptable, if for conscience toward God a man endureth griefs, suffering wrongfully.

ποῖον γὰρ κλέος εἰ ἁμαρτάνοντες καὶ κολαφιζόμενοι ὑπομενεῖτε
poion gar kleos ei hamartanontes kai kolaphizomenoi hypomeneite
For what glory is it, if, when ye sin, and are buffeted for it, ye shall take it patiently?

ἀλλ' εἰ ἀγαθοποιοῦντες καὶ πάσχοντες ὑπομενεῖτε, τοῦτο χάρις παρὰ θεῷ
all' ei agathopoiountes kai paschontes hypomeneite, touto charis para theō
but if, when ye do well, and suffer for it, ye shall take it patiently, this is acceptable with God.

εἰς τοῦτο γὰρ ἐκλήθητε, ὅτι καὶ Χριστὸς ἔπαθεν ὑπὲρ ὑμῶν
eis touto gar eklēthēte, hoti kai Christos epathen hyper hymōn
For hereunto were ye called: because Christ also suffered for you,

ὑμῖν ὑπολιμπάνων ὑπογραμμὸν ἵνα ἐπακολουθήσητε τοῖς ἴχνεσιν αὐτοῦ
hymin hypolimpanōn hypogrammon hina epakolouthēsēte tois ichnesin autou
leaving you an example, that ye should follow his steps:

ὃς ἁμαρτίαν οὐκ ἐποίησεν οὐδὲ εὑρέθη δόλος ἐν τῷ στόματι αὐτοῦ
hos hamartian ouk epoiēsen oude heurethē dolos en tō stomati autou
who did no sin, neither was guile found in his mouth:

ὃς λοιδορούμενος οὐκ ἀντελοιδόρει, πάσχων οὐκ ἠπείλει,
hos loidoroumenos ouk anteloidorei, paschōn ouk ēpeilei,
who, when he was reviled, reviled not again; when he suffered, threatened not;

παρεδίδου δὲ τῷ κρίνοντι δικαίως
paredidou de tō krinonti dikaiōs
but committed himself to him that judgeth righteously:

ὃς τὰς ἁμαρτίας ἡμῶν αὐτὸς ἀνήνεγκεν ἐν τῷ σώματι αὐτοῦ ἐπὶ τὸ ξύλον
hos tas hamartias hēmōn autos anēnenken en tō sōmati autou epi to xylon,
who his own self bare our sins in his body upon the tree,

ἵνα ταῖς ἁμαρτίαις ἀπογενόμενοι τῇ δικαιοσύνῃ ζήσωμεν: οὗ τῷ μώλωπι ἰάθητε
hina tais hamartiais apogenomenoi tē dikaiosynē zēsōmen: hou tō mōlōpi iathēte
that we, having died unto sins, might live unto righteousness; by whose stripes ye were healed.

ἦτε γὰρ ὡς πρόβατα πλανώμενοι, ἀλλὰ ἐπεστράφητε νῦν ἐπὶ τὸν ποιμένα καὶ ἐπίσκοπον τῶν ψυχῶν ὑμῶν
ēte gar hōs probata planōmenoi, alla epestraphēte nyn epi ton poimena kai episkopon tōn psychōn hymōn
For ye were going astray like sheep; but are now returned unto the Shepherd and Bishop of your souls.

γ

Ὁμοίως [αἱ] γυναῖκες ὑποτασσόμεναι τοῖς ἰδίοις ἀνδράσιν
Homoiōs [hai] gynaikes hypotassomenai tois idiois andrasin
In like manner, ye wives, be in subjection to your own husbands;

ἵνα καὶ εἴ τινες ἀπειθοῦσιν τῷ λόγῳ διὰ τῆς τῶν γυναικῶν ἀναστροφῆς ἄνευ λόγου κερδηθήσονται
hina kai ei tines apeithousin tō logō dia tēs tōn gynaikōn anastrophēs aneu logou kerdēthēsontai
that, even if any obey not the word, they may without the word be gained by the behavior of their wives;

ἐποπτεύσαντες τὴν ἐν φόβῳ ἁγνὴν ἀναστροφὴν ὑμῶν
epopteusantes tēn en phobō hagnēn anastrophēn hymōn
beholding your chaste behavior coupled with fear.

ὧν ἔστω οὐχ ὁ ἔξωθεν ἐμπλοκῆς τριχῶν
hōn estō ouch ho exōthen emplokēs trichōn
Whose adorning let it not be the outward adorning of braiding the hair,

καὶ περιθέσεως χρυσίων ἢ ἐνδύσεως ἱματίων κόσμος
kai peritheseōs chrysiōn ē endyseōs himatiōn kosmos
and of wearing jewels of gold, or of putting on apparel;

ἀλλ' ὁ κρυπτὸς τῆς καρδίας ἄνθρωπος ἐν τῷ ἀφθάρτῳ τοῦ πραέως καὶ ἡσυχίου πνεύματος
all' ho kryptos tēs kardias anthrōpos en tō aphthartō tou praeōs kai hēsychiou pneumatos
but let it be the hidden man of the heart, in the incorruptible apparel of a meek and quiet spirit,

ὅ ἐστιν ἐνώπιον τοῦ θεοῦ πολυτελές
ho estin enōpion tou theou polyteles
which is in the sight of God of great price.

οὕτως γάρ ποτε καὶ αἱ ἅγιαι γυναῖκες αἱ ἐλπίζουσαι εἰς θεὸν ἐκόσμουν ἑαυτάς, ὑποτασσόμεναι τοῖς ἰδίοις ἀνδράσιν
houtōs gar pote kai hai hagiai gynaikes hai elpizousai eis theon ekosmoun heautas, hypotassomenai tois idiois andrasin
For after this manner aforetime the holy women also, who hoped in God, adorned themselves, being in subjection to their own husbands:

ὡς Σάρρα ὑπήκουσεν τῷ Ἀβραάμ, κύριον αὐτὸν καλοῦσα
hōs Sarra hypēkousen tō Abraam, kyrion auton kalousa:
as Sarah obeyed Abraham, calling him lord:

ἧς ἐγενήθητε τέκνα ἀγαθοποιοῦσαι καὶ μὴ φοβούμεναι μηδεμίαν πτόησιν
hēs egenēthēte tekna agathopoiousai kai mē phoboumenai mēdemian ptoēsin
whose children ye now are, if ye do well, and are not put in fear by any terror.

Οἱ ἄνδρες ὁμοίως συνοικοῦντες κατὰ γνῶσιν, ὡς ἀσθενεστέρῳ σκεύει τῷ γυναικείῳ ἀπονέμοντες τιμήν
HOi andres homoiōs synoikountes kata gnōsin, hōs asthenesterō skeuei tō gynaikeiō aponemontes timēn
Ye husbands, in like manner, dwell with your wives according to knowledge, giving honor unto the woman,

ὡς καὶ συγκληρονόμοις χάριτος ζωῆς, εἰς τὸ μὴ ἐγκόπτεσθαι τὰς προσευχὰς ὑμῶν
hōs kai synklēronomois charitos zōēs, eis to mē enkoptesthai tas proseuchas hymōn
as unto the weaker vessel, as being also joint-heirs of the grace of life; to the end that your prayers be not hindered.

Τὸ δὲ τέλος πάντες ὁμόφρονες, συμπαθεῖς, φιλάδελφοι, εὔσπλαγχνοι, ταπεινόφρονες
To de telos pantes homophrones, sympatheis, philadelphoi, eusplanchnoi, tapeinophrones
Finally, be ye all likeminded, compassionate, loving as brethren, tenderhearted, humbleminded:

μὴ ἀποδιδόντες κακὸν ἀντὶ κακοῦ ἢ λοιδορίαν ἀντὶ λοιδορίας
mē apodidontes kakon anti kakou ē loidorian anti loidorias
not rendering evil for evil, or reviling for reviling;

τοὐναντίον δὲ εὐλογοῦντες, ὅτι εἰς τοῦτο ἐκλήθητε ἵνα εὐλογίαν κληρονομήσητε
tounantion de eulogountes, hoti eis touto eklēthēte hina eulogian klēronomēsēte
but contrariwise blessing; for hereunto were ye called, that ye should inherit a blessing.

ὁ γὰρ θέλων ζωὴν ἀγαπᾶν καὶ ἰδεῖν ἡμέρας ἀγαθὰς παυσάτω τὴν γλῶσσαν ἀπὸ κακοῦ καὶ χείλη τοῦ μὴ λαλῆσαι δόλον
ho gar thelōn zōēn agapan kai idein hēmeras agathas pausatō tēn glōssan apo kakou kai cheilē tou mē lalēsai dolon
For, He that would love life, And see good days, Let him refrain his tongue from evil, And his lips that they speak no guile:

ἐκκλινάτω δὲ ἀπὸ κακοῦ καὶ ποιησάτω ἀγαθόν, ζητησάτω εἰρήνην καὶ διωξάτω αὐτήν
ekklinatō de apo kakou kai poiēsatō agathon, zētēsatō eirēnēn kai diōxatō autēn
And let him turn away from evil, and do good; Let him seek peace, and pursue it.

ὅτι ὀφθαλμοὶ κυρίου ἐπὶ δικαίους καὶ ὦτα αὐτοῦ εἰς δέησιν αὐτῶν
hoti ophthalmoi kyriou epi dikaious kai ōta autou eis deēsin autōn
For the eyes of the Lord are upon the righteous, And his ears unto their supplication:
πρόσωπον δὲ κυρίου ἐπὶ ποιοῦντας κακά
prosōpon de kyriou epi poiountas kaka
But the face of the Lord is upon them that do evil.

Καὶ τίς ὁ κακώσων ὑμᾶς ἐὰν τοῦ ἀγαθοῦ ζηλωταὶ γένησθε
Kai tis ho kakōsōn hymas ean tou agathou zēlōtai genēsthe
And who is he that will harm you, if ye be zealous of that which is good?

ἀλλ' εἰ καὶ πάσχοιτε διὰ δικαιοσύνην, μακάριοι. τὸν δὲ φόβον αὐτῶν μὴ φοβηθῆτε μηδὲ ταραχθῆτε
all' ei kai paschoite dia dikaiosynēn, makarioi. ton de phobon autōn mē phobēthēte mēde tarachthēte
But even if ye should suffer for righteousness' sake, blessed are ye: and fear not their fear, neither be troubled;

κύριον δὲ τὸν Χριστὸν ἁγιάσατε ἐν ταῖς καρδίαις ὑμῶν
kyrion de ton Christon hagiasate en tais kardiais hymōn,
but sanctify in your hearts Christ as Lord:

ἕτοιμοι ἀεὶ πρὸς ἀπολογίαν παντὶ τῷ αἰτοῦντι ὑμᾶς λόγον περὶ τῆς ἐν ὑμῖν ἐλπίδος ἀλλὰ μετὰ πραΰτητος καὶ φόβου
hetoimoi aei pros apologian panti tō aitounti hymas logon peri tēs en hymin elpidos alla meta prautētos kai phobou
being ready always to give answer to every man that asketh you a reason concerning the hope that is in you, yet with meekness and fear:

συνείδησιν ἔχοντες ἀγαθήν
syneidēsin echontes agathēn,
having a good conscience;

ἵνα ἐν ᾧ καταλαλεῖσθε καταισχυνθῶσιν οἱ ἐπηρεάζοντες ὑμῶν τὴν ἀγαθὴν ἐν Χριστῷ ἀναστροφήν
hina en hō katalaleisthe kataischynthōsin hoi epēreazontes hymōn tēn agathēn en Christō anastrophēn
that, wherein ye are spoken against, they may be put to shame who revile your good manner of life in Christ.

κρεῖττον γὰρ ἀγαθοποιοῦντας, εἰ θέλοι τὸ θέλημα τοῦ θεοῦ, πάσχειν ἢ κακοποιοῦντα
kreitton gar agathopoiountas, ei theloi to thelēma tou theou, paschein ē kakopoiounta
For it is better, if the will of God should so will, that ye suffer for well-doing than for evil-doing.

ὅτι καὶ Χριστὸς ἅπαξ περὶ ἁμαρτιῶν ἔπαθεν, δίκαιος ὑπὲρ ἀδίκων,
hoti kai Christos hapax peri hamartiōn epathen, dikaios hyper adikōn,
Because Christ also suffered for sins once, the righteous for the unrighteous,

ἵνα ὑμᾶς προσαγάγῃ τῷ θεῷ, θανατωθεὶς μὲν σαρκὶ ζωοποιηθεὶς δὲ πνεύματι
hina hymas prosagagē tō theō, thanatōtheis men sarki zōopoiētheis de pneumati
that he might bring us to God; being put to death in the flesh, but made alive in the spirit;

ἐν ᾧ καὶ τοῖς ἐν φυλακῇ πνεύμασιν πορευθεὶς ἐκήρυξεν
en hō kai tois en phylakē pneumasin poreutheis ekēryxen
in which also he went and preached unto the spirits in prison,

ἀπειθήσασίν ποτε ὅτε ἀπεξεδέχετο ἡ τοῦ θεοῦ μακροθυμία ἐν ἡμέραις Νῶε
apeithēsasin pote hote apexedecheto hē tou theou makrothymia en hēmerais Nōe
that aforetime were disobedient, when the longsuffering of God waited in the days of Noah,

κατασκευαζομένης κιβωτοῦ εἰς ἣν ὀλίγοι, τοῦτ' ἔστιν ὀκτὼ ψυχαί, διεσώθησαν δι' ὕδατος
kataskeuazomenēs kibōtou eis hēn oligoi, tout' estin oktō psychai, diesōthēsan di' hydatos
while the ark was a preparing, wherein few, that is, eight souls, were saved through water:

ὃ καὶ ὑμᾶς ἀντίτυπον νῦν σῴζει βάπτισμα, οὐ σαρκὸς ἀπόθεσις ῥύπου
ho kai hymas antitypon nyn sōzei baptisma, ou sarkos apothesis rhypou
which also after a true likeness doth now save you, even baptism, not the putting away of the filth of the flesh,

ἀλλὰ συνειδήσεως ἀγαθῆς ἐπερώτημα εἰς θεόν, δι' ἀναστάσεως Ἰησοῦ Χριστοῦ
alla syneidēseōs agathēs eperōtēma eis theon, di' anastaseōs Iēsou Christou
but the interrogation of a good conscience toward God, through the resurrection of Jesus Christ;

ὅς ἐστιν ἐν δεξιᾷ [τοῦ] θεοῦ, πορευθεὶς εἰς οὐρανόν
hos estin en dexia [tou] theou, poreutheis eis ouranon
who is on the right hand of God, having gone into heaven;

ὑποταγέντων αὐτῷ ἀγγέλων καὶ ἐξουσιῶν καὶ δυνάμεων
hypotagentōn autō angelōn kai exousiōn kai dynameōn
angels and authorities and powers being made subject unto him.

δ

Χριστοῦ οὖν παθόντος σαρκὶ καὶ ὑμεῖς τὴν αὐτὴν ἔννοιαν ὁπλίσασθε, ὅτι ὁ παθὼν σαρκὶ πέπαυται ἁμαρτίας
Christou oun pathontos sarki kai hymeis tēn autēn ennoian hoplisasthe, hoti ho pathōn sarki pepautai hamartias
Forasmuch then as Christ suffered in the flesh, arm ye yourselves also with the same mind; for he that hath suffered in the flesh hath ceased from sin;

εἰς τὸ μηκέτι ἀνθρώπων ἐπιθυμίαις ἀλλὰ θελήματι θεοῦ τὸν ἐπίλοιπον ἐν σαρκὶ βιῶσαι χρόνον
eis to mēketi anthrōpōn epithymiais alla thelēmati theou ton epiloipon en sarki biōsai chronon
that ye no longer should live the rest of your time in the flesh to the lusts of men, but to the will of God.

ἀρκετὸς γὰρ ὁ παρεληλυθὼς χρόνος τὸ βούλημα τῶν ἐθνῶν κατειργάσθαι
arketos gar ho parelēlythōs chronos to boulēma tōn ethnōn kateirgasthai
For the time past may suffice to have wrought the desire of the Gentiles,

πεπορευμένους ἐν ἀσελγείαις, ἐπιθυμίαις, οἰνοφλυγίαις, κώμοις, πότοις, καὶ ἀθεμίτοις εἰδωλολατρίαις
peporeumenous en aselgeiais, epithymiais, oinophlygiais, kōmois, potois, kai athemitois eidōlolatriais
and to have walked in lasciviousness, lusts, winebibbings, revellings, carousings, and abominable idolatries:

ἐν ᾧ ξενίζονται μὴ συντρεχόντων ὑμῶν εἰς τὴν αὐτὴν τῆς ἀσωτίας ἀνάχυσιν, βλασφημοῦντες
en hō xenizontai mē syntrechontōn hymōn eis tēn autēn tēs asōtias anachysin, blasphēmountes
wherein they think it strange that ye run not with them into the same excess of riot, speaking evil of you:

οἳ ἀποδώσουσιν λόγον τῷ ἑτοίμως ἔχοντι κρῖναι ζῶντας καὶ νεκρούς
hoi apodōsousin logon tō hetoimōs echonti krinai zōntas kai nekrous
who shall give account to him that is ready to judge the living and the dead.

εἰς τοῦτο γὰρ καὶ νεκροῖς εὐηγγελίσθη ἵνα κριθῶσι μὲν κατὰ ἀνθρώπους σαρκὶ ζῶσι δὲ κατὰ θεὸν πνεύματι

eis touto gar kai nekrois euēngelisthē hina krithōsi men kata anthrōpous sarki zōsi de kata theon pneumati
For unto this end was the gospel preached even to the dead, that they might be judged indeed according to men in the flesh, but live according to God in the spirit.

Πάντων δὲ τὸ τέλος ἤγγικεν. σωφρονήσατε οὖν καὶ νήψατε εἰς προσευχάς
Pantōn de to telos ēngiken. sōphronēsate oun kai nēpsate eis proseuchas
But the end of all things is at hand: be ye therefore of sound mind, and be sober unto prayer:

πρὸ πάντων τὴν εἰς ἑαυτοὺς ἀγάπην ἐκτενῆ ἔχοντες, ὅτι ἀγάπη καλύπτει πλῆθος ἁμαρτιῶν
pro pantōn tēn eis heautous agapēn ektenē echontes, hoti agapē kalyptei plēthos hamartiōn
above all things being fervent in your love among yourselves; for love covereth a multitude of sins:

φιλόξενοι εἰς ἀλλήλους ἄνευ γογγυσμοῦ
philoxenoi eis allēlous aneu gongysmou
using hospitality one to another without murmuring:

ἕκαστος καθὼς ἔλαβεν χάρισμα, εἰς ἑαυτοὺς αὐτὸ διακονοῦντες ὡς καλοὶ οἰκονόμοι ποικίλης χάριτος θεοῦ
hekastos kathōs elaben charisma, eis heautous auto diakonountes hōs kaloi oikonomoi poikilēs charitos theou
according as each hath received a gift, ministering it among yourselves, as good stewards of the manifold grace of God;

εἴ τις λαλεῖ, ὡς λόγια θεοῦ: εἴ τις διακονεῖ, ὡς ἐξ ἰσχύος ἧς χορηγεῖ ὁ θεός:
ei tis lalei, hōs logia theou: ei tis diakonei, hōs ex ischyos hēs chorēgei ho theos:
if any man speaketh, speaking as it were oracles of God; if any man ministereth, ministering as of the strength which God supplieth:

ἵνα ἐν πᾶσιν δοξάζηται ὁ θεὸς διὰ Ἰησοῦ Χριστοῦ, ᾧ ἐστιν ἡ δόξα καὶ τὸ κράτος εἰς τοὺς αἰῶνας τῶν αἰώνων: ἀμήν
hina en pasin doxazētai ho theos dia Iēsou Christou, hō estin hē doxa kai to kratos eis tous aiōnas tōn aiōnōn: amēn
that in all things God may be glorified through Jesus Christ, whose is the glory and the dominion for ever and ever. Amen.

Ἀγαπητοί, μὴ ξενίζεσθε τῇ ἐν ὑμῖν πυρώσει πρὸς πειρασμὸν ὑμῖν γινομένῃ ὡς ξένου ὑμῖν συμβαίνοντος
Agapētoi, mē xenizesthe tē en hymin pyrōsei pros peirasmon hymin ginomenē hōs xenou hymin symbainontos
Beloved, think it not strange concerning the fiery trial among you, which cometh upon you to prove you, as though a strange thing happened unto you:

ἀλλὰ καθὸ κοινωνεῖτε τοῖς τοῦ Χριστοῦ παθήμασιν χαίρετε
alla katho koinōneite tois tou Christou pathēmasin chairete
but insomuch as ye are partakers of Christ's sufferings, rejoice;

ἵνα καὶ ἐν τῇ ἀποκαλύψει τῆς δόξης αὐτοῦ χαρῆτε ἀγαλλιώμενοι
hina kai en tē apokalypsei tēs doxēs autou charēte agalliōmenoi
that at the revelation of his glory also ye may rejoice with exceeding joy.

εἰ ὀνειδίζεσθε ἐν ὀνόματι Χριστοῦ, μακάριοι
ei oneidizesthe en onomati Christou, makarioi
If ye are reproached for the name of Christ, blessed are ye;

ὅτι τὸ τῆς δόξης καὶ τὸ τοῦ θεοῦ πνεῦμα ἐφ' ὑμᾶς ἀναπαύεται
hoti to tēs doxēs kai to tou theou pneuma eph' hymas anapauetai
because the Spirit of glory and the Spirit of God resteth upon you.

μὴ γάρ τις ὑμῶν πασχέτω ὡς φονεὺς ἢ κλέπτης ἢ κακοποιὸς ἢ ὡς ἀλλοτριεπίσκοπος
mē gar tis hymōn paschetō hōs phoneus ē kleptēs ē kakopoios ē hōs allotriepiskopos
For let none of you suffer as a murderer, or a thief, or an evil-doer, or as a meddler in other men's matters:

εἰ δὲ ὡς Χριστιανός, μὴ αἰσχυνέσθω, δοξαζέτω δὲ τὸν θεὸν ἐν τῷ ὀνόματι τούτῳ
ei de hōs Christianos, mē aischynesthō, doxazetō de ton theon en tō onomati toutō
but if a man suffer as a Christian, let him not be ashamed; but let him glorify God in this name.

ὅτι [ὁ] καιρὸς τοῦ ἄρξασθαι τὸ κρίμα ἀπὸ τοῦ οἴκου τοῦ θεοῦ
hoti [ho] kairos tou arxasthai to krima apo tou oikou tou theou
For the time is come for judgment to begin at the house of God:

εἰ δὲ πρῶτον ἀφ' ἡμῶν, τί τὸ τέλος τῶν ἀπειθούντων τῷ τοῦ θεοῦ εὐαγγελίῳ
ei de prōton aph' hēmōn, ti to telos tōn apeithountōn tō tou theou euangeliō
and if it begin first at us, what shall be the end of them that obey not the gospel of God?

καὶ εἰ ὁ δίκαιος μόλις σῴζεται, ὁ ἀσεβὴς καὶ ἁμαρτωλὸς ποῦ φανεῖται
kai ei ho dikaios molis sōzetai, ho asebēs kai hamartōlos pou phaneitai
And if the righteous is scarcely saved, where shall the ungodly and sinner appear?

ὥστε καὶ οἱ πάσχοντες κατὰ τὸ θέλημα τοῦ θεοῦ πιστῷ κτίστῃ παρατιθέσθωσαν τὰς ψυχὰς αὐτῶν ἐν ἀγαθοποιΐᾳ
hōste kai hoi paschontes kata to thelēma tou theou pistō ktistē paratithesthōsan tas psychas autōn en agathopoiia
Wherefore let them also that suffer according to the will of God commit their souls in well-doing unto a faithful Creator.

ε

Πρεσβυτέρους οὖν ἐν ὑμῖν παρακαλῶ ὁ συμπρεσβύτερος καὶ μάρτυς τῶν τοῦ Χριστοῦ παθημάτων
Presbyterous oun en hymin parakalō ho sympresbyteros kai martys tōn tou Christou pathēmatōn
The elders therefore among you I exhort, who am a fellow-elder, and a witness of the sufferings of Christ,

ὁ καὶ τῆς μελλούσης ἀποκαλύπτεσθαι δόξης κοινωνός
ho kai tēs mellousēs apokalyptesthai doxēs koinōnos
who am also a partaker of the glory that shall be revealed:

ποιμάνατε τὸ ἐν ὑμῖν ποίμνιον τοῦ θεοῦ [,ἐπισκοποῦντες] μὴ ἀναγκαστῶς ἀλλὰ ἑκουσίως κατὰ θεόν
poimanate to en hymin poimnion tou theou [,episkopountes] mē anankastōs alla hekousiōs kata theon,
Tend the flock of God which is among you, exercising the oversight, not of constraint, but willingly, according to the will of God;

μηδὲ αἰσχροκερδῶς ἀλλὰ προθύμως
mēde aischrokerdōs alla prothymōs
nor yet for filthy lucre, but of a ready mind;

μηδ' ὡς κατακυριεύοντες τῶν κλήρων ἀλλὰ τύποι γινόμενοι τοῦ ποιμνίου
mēd' hōs katakyrieuontes tōn klērōn alla typoi ginomenoi tou poimniou
neither as lording it over the charge allotted to you, but making yourselves ensamples to the flock.

καὶ φανερωθέντος τοῦ ἀρχιποίμενος κομιεῖσθε τὸν ἀμαράντινον τῆς δόξης στέφανον
kai phanerōthentos tou archipoimenos komieisthe ton amarantinon tēs doxēs stephanon
And when the chief Shepherd shall be manifested, ye shall receive the crown of glory that fadeth not away.

Ὁμοίως, νεώτεροι, ὑποτάγητε πρεσβυτέροις. πάντες δὲ ἀλλήλοις τὴν ταπεινοφροσύνην ἐγκομβώσασθε
Homoiōs, neōteroi, hypotagēte presbyterois. pantes de allēlois tēn tapeinophrosynēn enkombōsasthe
Likewise, ye younger, be subject unto the elder. Yea, all of you gird yourselves with humility, to serve one another:

ὅτι [Ὁ] θεὸς ὑπερηφάνοις ἀντιτάσσεται, ταπεινοῖς δὲ δίδωσιν χάριν
hoti [HO] theos hyperēphanois antitassetai, tapeinois de didōsin charin
for God resisteth the proud, but giveth grace to the humble.

Ταπεινώθητε οὖν ὑπὸ τὴν κραταιὰν χεῖρα τοῦ θεοῦ, ἵνα ὑμᾶς ὑψώσῃ ἐν καιρῷ
Tapeinōthēte oun hypo tēn krataian cheira tou theou, hina hymas hypsōsē en kairō
Humble yourselves therefore under the mighty hand of God, that he may exalt you in due time;

πᾶσαν τὴν μέριμναν ὑμῶν ἐπιρίψαντες ἐπ' αὐτόν, ὅτι αὐτῷ μέλει περὶ ὑμῶν
pasan tēn merimnan hymōn epiripsantes ep' auton, hoti autō melei peri hymōn
casting all your anxiety upon him, because he careth for you.

Νήψατε, γρηγορήσατε. ὁ ἀντίδικος ὑμῶν διάβολος ὡς λέων ὠρυόμενος περιπατεῖ ζητῶν [τινα] καταπιεῖν
Nēpsate, grēgorēsate. ho antidikos hymōn diabolos hōs leōn ōryomenos peripatei zētōn [tina] katapiein
Be sober, be watchful: your adversary the devil, as a roaring lion, walketh about, seeking whom he may devour:

ᾧ ἀντίστητε στερεοὶ τῇ πίστει, εἰδότες τὰ αὐτὰ τῶν παθημάτων τῇ ἐν [τῷ] κόσμῳ ὑμῶν ἀδελφότητι ἐπιτελεῖσθαι
hō antistēte stereoi tē pistei, eidotes ta auta tōn pathēmatōn tē en [tō] kosmō hymōn adelphotēti epiteleisthai
whom withstand stedfast in your faith, knowing that the same sufferings are accomplished in your brethren who are in the world.

Ὁ δὲ θεὸς πάσης χάριτος, ὁ καλέσας ὑμᾶς εἰς τὴν αἰώνιον αὐτοῦ δόξαν ἐν Χριστῷ [Ἰησοῦ]
HO de theos pasēs charitos, ho kalesas hymas eis tēn aiōnion autou doxan en Christō [Iēsou]
And the God of all grace, who called you unto his eternal glory in Christ,

ὀλίγον παθόντας αὐτὸς καταρτίσει, στηρίξει, σθενώσει, θεμελιώσει
oligon pathontas autos katartisei, stērixei, sthenōsei, themeliōsei
after that ye have suffered a little while, shall himself perfect, establish, strengthen you.

αὐτῷ τὸ κράτος εἰς τοὺς αἰῶνας· ἀμήν
autō to kratos eis tous aiōnas: amēn
To him be the dominion for ever and ever. Amen.

Διὰ Σιλουανοῦ ὑμῖν τοῦ πιστοῦ ἀδελφοῦ, ὡς λογίζομαι, δι' ὀλίγων ἔγραψα
Dia Silouanou hymin tou pistou adelphou, hōs logizomai, di' oligōn egrapsa,
By Silvanus, our faithful brother, as I account him, I have written unto you briefly,

παρακαλῶν καὶ ἐπιμαρτυρῶν ταύτην εἶναι ἀληθῆ χάριν τοῦ θεοῦ: εἰς ἣν στῆτε
parakalōn kai epimartyrōn tautēn einai alēthē charin tou theou: eis hēn stēte
exhorting, and testifying that this is the true grace of God: stand ye fast therein.

Ἀσπάζεται ὑμᾶς ἡ ἐν Βαβυλῶνι συνεκλεκτὴ καὶ Μᾶρκος ὁ υἱός μου
Aspazetai hymas hē en Babylōni syneklektē kai Markos ho huios mou
She that is in Babylon, elect together with you, saluteth you; and so doth Mark my son.

ἀσπάσασθε ἀλλήλους ἐν φιλήματι ἀγάπης. εἰρήνη ὑμῖν πᾶσιν τοῖς ἐν Χριστῷ
aspasasthe allēlous en philēmati agapēs. eirēnē hymin pasin tois en Christō
Salute one another with a kiss of love. Peace be unto you all that are in Christ.

ΠΕΤΡΟΥ Β' α

Συμεὼν Πέτρος δοῦλος καὶ ἀπόστολος Ἰησοῦ Χριστοῦ
Symeōn Petros doulos kai apostolos Iēsou Christou
Simon Peter, a servant and apostle of Jesus Christ,

τοῖς ἰσότιμον ἡμῖν λαχοῦσιν πίστιν ἐν δικαιοσύνῃ τοῦ θεοῦ ἡμῶν καὶ σωτῆρος Ἰησοῦ Χριστοῦ
tois isotimon hēmin lachousin pistin en dikaiosynē tou theou hēmōn kai sōtēros Iēsou Christou
to them that have obtained a like precious faith with us in the righteousness of our God and the Saviour Jesus Christ:

χάρις ὑμῖν καὶ εἰρήνη πληθυνθείη ἐν ἐπιγνώσει τοῦ θεοῦ καὶ Ἰησοῦ τοῦ κυρίου ἡμῶν
charis hymin kai eirēnē plēthyntheiē en epignōsei tou theou kai Iēsou tou kyriou hēmōn
Grace to you and peace be multiplied in the knowledge of God and of Jesus our Lord;

Ὡς πάντα ἡμῖν τῆς θείας δυνάμεως αὐτοῦ τὰ πρὸς ζωὴν
Hōs panta hēmin tēs theias dynameōs autou ta pros zōēn
seeing that his divine power hath granted unto us all things that pertain unto life

καὶ εὐσέβειαν δεδωρημένης διὰ τῆς ἐπιγνώσεως τοῦ καλέσαντος ἡμᾶς ἰδίᾳ δόξῃ καὶ ἀρετῇ
kai eusebeian dedōrēmenēs dia tēs epignōseōs tou kalesantos hēmas idia doxē kai aretē
and godliness, through the knowledge of him that called us by his own glory and virtue;

δι' ὧν τὰ τίμια καὶ μέγιστα ἡμῖν ἐπαγγέλματα δεδώρηται
di' hōn ta timia kai megista hēmin epangelmata dedōrētai
whereby he hath granted unto us his precious and exceeding great promises;

ἵνα διὰ τούτων γένησθε θείας κοινωνοὶ φύσεως
hina dia toutōn genēsthe theias koinōnoi physeōs
that through these ye may become partakers of the divine nature,

ἀποφυγόντες τῆς ἐν τῷ κόσμῳ ἐν ἐπιθυμίᾳ φθορᾶς
apophygontes tēs en tō kosmō en epithymia phthoras
having escaped from the corruption that is in the world by lust.

καὶ αὐτὸ τοῦτο δὲ σπουδὴν πᾶσαν παρεισενέγκαντες ἐπιχορηγήσατε ἐν τῇ πίστει ὑμῶν τὴν ἀρετήν
kai auto touto de spoudēn pasan pareisenenkantes epichorēgēsate en tē pistei hymōn tēn aretēn
Yea, and for this very cause adding on your part all diligence, in your faith supply virtue;

ἐν δὲ τῇ ἀρετῇ τὴν γνῶσι
en de tē aretē tēn gnōsi
and in your virtue knowledge;

ἐν δὲ τῇ γνώσει τὴν ἐγκράτειαν, ἐν δὲ τῇ ἐγκρατείᾳ τὴν ὑπομονήν, ἐν δὲ τῇ ὑπομονῇ τὴν εὐσέβειαν,
en de tē gnōsei tēn enkrateian, en de tē enkrateia tēn hypomonēn, en de tē hypomonē tēn eusebeian,
and in your knowledge self-control; and in your self-control patience; and in your patience godliness;

ἐν δὲ τῇ εὐσεβείᾳ τὴν φιλαδελφίαν, ἐν δὲ τῇ φιλαδελφίᾳ τὴν ἀγάπην
en de tē eusebeia tēn philadelphian, en de tē philadelphia tēn agapēn
and in your godliness brotherly kindness; and in your brotherly kindness love.

ταῦτα γὰρ ὑμῖν ὑπάρχοντα καὶ πλεονάζοντα οὐκ ἀργοὺς οὐδὲ ἀκάρπους καθίστησιν
tauta gar hymin hyparchonta kai pleonazonta ouk argous oude akarpous kathistēsin
For if these things are yours and abound, they make you to be not idle nor unfruitful

εἰς τὴν τοῦ κυρίου ἡμῶν Ἰησοῦ Χριστοῦ ἐπίγνωσιν
eis tēn tou kyriou hēmōn Iēsou Christou epignōsin
unto the knowledge of our Lord Jesus Christ.

ᾧ γὰρ μὴ πάρεστιν ταῦτα, τυφλός ἐστιν μυωπάζων, λήθην λαβὼν τοῦ καθαρισμοῦ τῶν πάλαι αὐτοῦ ἁμαρτιῶν
hō gar mē parestin tauta, typhlos estin myōpazōn, lēthēn labōn tou katharismou tōn palai autou hamartiōn
For he that lacketh these things is blind, seeing only what is near, having forgotten the cleansing from his old sins.

διὸ μᾶλλον, ἀδελφοί, σπουδάσατε βεβαίαν ὑμῶν τὴν κλῆσιν καὶ ἐκλογὴν ποιεῖσθαι
dio mallon, adelphoi, spoudasate bebaian hymōn tēn klēsin kai eklogēn poieisthai
Wherefore, brethren, give the more diligence to make your calling and election sure:

ταῦτα γὰρ ποιοῦντες οὐ μὴ πταίσητέ ποτε
tauta gar poiountes ou mē ptaisēte pote
for if ye do these things, ye shall never stumble:

οὕτως γὰρ πλουσίως ἐπιχορηγηθήσεται ὑμῖν ἡ εἴσοδος εἰς τὴν αἰώνιον βασιλείαν τοῦ κυρίου ἡμῶν καὶ σωτῆρος Ἰησοῦ Χριστοῦ
houtōs gar plousiōs epichorēgēthēsetai hymin hē eisodos eis tēn aiōnion basileian tou kyriou hēmōn kai sōtēros Iēsou Christou
for thus shall be richly supplied unto you the entrance into the eternal kingdom of our Lord and Saviour Jesus Christ.

Διὸ μελλήσω ἀεὶ ὑμᾶς ὑπομιμνῄσκειν περὶ τούτων, καίπερ εἰδότας καὶ ἐστηριγμένους ἐν τῇ παρούσῃ ἀληθείᾳ
Dio mellēsō aei hymas hypomimnēskein peri toutōn, kaiper eidotas kai estērigmenous en tē parousē alētheia
Wherefore I shall be ready always to put you in remembrance of these things, though ye know them, and are established in the truth which is with you.

δίκαιον δὲ ἡγοῦμαι, ἐφ' ὅσον εἰμὶ ἐν τούτῳ τῷ σκηνώματι, διεγείρειν ὑμᾶς ἐν ὑπομνήσει
dikaion de hēgoumai, eph' hoson eimi en toutō tō skēnōmati, diegeirein hymas en hypomnēsei
And I think it right, as long as I am in this tabernacle, to stir you up by putting you in remembrance;

εἰδὼς ὅτι ταχινή ἐστιν ἡ ἀπόθεσις τοῦ σκηνώματός μου, καθὼς καὶ ὁ κύριος ἡμῶν Ἰησοῦς Χριστὸς ἐδήλωσέν μοι
eidōs hoti tachinē estin hē apothesis tou skēnōmatos mou, kathōs kai ho kyrios hēmōn Iēsous Christos edēlōsen moi
knowing that the putting off of my tabernacle cometh swiftly, even as our Lord Jesus Christ signified unto me.

σπουδάσω δὲ καὶ ἑκάστοτε ἔχειν ὑμᾶς μετὰ τὴν ἐμὴν ἔξοδον τὴν τούτων μνήμην ποιεῖσθαι
spoudasō de kai hekastote echein hymas meta tēn emēn exodon tēn toutōn mnēmēn poieisthai
Yea, I will give diligence that at every time ye may be able after my decease to call these things to remembrance.

Οὐ γὰρ σεσοφισμένοις μύθοις ἐξακολουθήσαντες
Ou gar sesophismenois mythois exakolouthēsantes
For we did not follow cunningly devised fables,

ἐγνωρίσαμεν ὑμῖν τὴν τοῦ κυρίου ἡμῶν Ἰησοῦ Χριστοῦ δύναμιν καὶ παρουσίαν
egnōrisamen hymin tēn tou kyriou hēmōn Iēsou Christou dynamin kai parousian
when we made known unto you the power and coming of our Lord Jesus Christ,

ἀλλ' ἐπόπται γενηθέντες τῆς ἐκείνου μεγαλειότητος
all' epoptai genēthentes tēs ekeinou megaleiotētos
but we were eyewitnesses of his majesty.

λαβὼν γὰρ παρὰ θεοῦ πατρὸς τιμὴν καὶ δόξαν φωνῆς ἐνεχθείσης αὐτῷ τοιᾶσδε ὑπὸ τῆς μεγαλοπρεποῦς δόξης
labōn gar para theou patros timēn kai doxan phōnēs enechtheisēs autō toiasde hypo tēs megaloprepous doxēs,
For he received from God the Father honor and glory, when there was borne such a voice to him by the Majestic Glory,

Ὁ υἱός μου ὁ ἀγαπητός μου οὗτός ἐστιν, εἰς ὃν ἐγὼ εὐδόκησα
HO huios mou ho agapētos mou houtos estin, eis hon egō eudokēsa
This is my beloved Son, in whom I am well pleased:

καὶ ταύτην τὴν φωνὴν ἡμεῖς ἠκούσαμεν ἐξ οὐρανοῦ ἐνεχθεῖσαν σὺν αὐτῷ ὄντες ἐν τῷ ἁγίῳ ὄρει
kai tautēn tēn phōnēn hēmeis ēkousamen ex ouranou enechtheisan syn autō ontes en tō hagiō orei
and this voice we ourselves heard borne out of heaven, when we were with him in the holy mount.

καὶ ἔχομεν βεβαιότερον τὸν προφητικὸν λόγον, ᾧ καλῶς ποιεῖτε προσέχοντες ὡς λύχνῳ φαίνοντι ἐν αὐχμηρῷ τόπῳ
kai echomen bebaioteron ton prophētikon logon, hō kalōs poieite prosechontes hōs lychnō phainonti en auchmērō topō
And we have the word of prophecy made more sure; whereunto ye do well that ye take heed, as unto a lamp shining in a dark place,

ἕως οὗ ἡμέρα διαυγάσῃ καὶ φωσφόρος ἀνατείλῃ ἐν ταῖς καρδίαις ὑμῶν
heōs hou hēmera diaugasē kai phōsphoros anateilē en tais kardiais hymōn
until the day dawn, and the day-star arise in your hearts:

τοῦτο πρῶτον γινώσκοντες, ὅτι πᾶσα προφητεία γραφῆς ἰδίας ἐπιλύσεως οὐ γίνεται
touto prōton ginōskontes, hoti pasa prophēteia graphēs idias epilyseōs ou ginetai
knowing this first, that no prophecy of scripture is of private interpretation.

οὐ γὰρ θελήματι ἀνθρώπου ἠνέχθη προφητεία ποτέ
ou gar thelēmati anthrōpou ēnechthē prophēteia pote
For no prophecy ever came by the will of man:

ἀλλὰ ὑπὸ πνεύματος ἁγίου φερόμενοι ἐλάλησαν ἀπὸ θεοῦ ἄνθρωποι
alla hypo pneumatos hagiou pheromenoi elalēsan apo theou anthrōpoi
but men spake from God, being moved by the Holy Spirit.

β

Ἐγένοντο δὲ καὶ ψευδοπροφῆται ἐν τῷ λαῷ, ὡς καὶ ἐν ὑμῖν ἔσονται ψευδοδιδάσκαλοι
Egenonto de kai pseudoprophētai en tō laō, hōs kai en hymin esontai pseudodidaskaloi
But there arose false prophets also among the people, as among you also there shall be false teachers,

οἵτινες παρεισάξουσιν αἱρέσεις ἀπωλείας, καὶ τὸν ἀγοράσαντα αὐτοὺς δεσπότην ἀρνούμενοι
hoitines pareisaxousin haireseis apōleias, kai ton agorasanta autous despotēn arnoumenoi
who shall privily bring in destructive heresies, denying even the Master that bought them,

ἐπάγοντες ἑαυτοῖς ταχινὴν ἀπώλειαν
epagontes heautois tachinēn apōleian
bringing upon themselves swift destruction.

καὶ πολλοὶ ἐξακολουθήσουσιν αὐτῶν ταῖς ἀσελγείαις, δι' οὓς ἡ ὁδὸς τῆς ἀληθείας βλασφημηθήσεται
kai polloi exakolouthēsousin autōn tais aselgeiais, di' hous hē hodos tēs alētheias blasphēmēthēsetai
And many shall follow their lascivious doings; by reason of whom the way of the truth shall be evil spoken of.

καὶ ἐν πλεονεξίᾳ πλαστοῖς λόγοις ὑμᾶς ἐμπορεύσονται
kai en pleonexia plastois logois hymas emporeusontai
And in covetousness shall they with feigned words make merchandise of you:

οἷς τὸ κρίμα ἔκπαλαι οὐκ ἀργεῖ, καὶ ἡ ἀπώλεια αὐτῶν οὐ νυστάζει
hois to krima ekpalai ouk argei, kai hē apōleia autōn ou nystazei
whose sentence now from of old lingereth not, and their destruction slumbereth not.

Εἰ γὰρ ὁ θεὸς ἀγγέλων ἁμαρτησάντων οὐκ ἐφείσατο
Ei gar ho theos angelōn hamartēsantōn ouk epheisato
For if God spared not angels when they sinned,

ἀλλὰ σειραῖς ζόφου ταρταρώσας παρέδωκεν εἰς κρίσιν τηρουμένους
alla seirais zophou tartarōsas paredōken eis krisin tēroumenous
but cast them down to hell, and committed them to pits of darkness, to be reserved unto judgment;

καὶ ἀρχαίου κόσμου οὐκ ἐφείσατο, ἀλλὰ ὄγδοον Νῶε δικαιοσύνης
kai archaiou kosmou ouk epheisato, alla ogdoon Nōe dikaiosynēs
and spared not the ancient world, but preserved Noah with seven others,

κήρυκα ἐφύλαξεν, κατακλυσμὸν κόσμῳ ἀσεβῶν ἐπάξας
kēryka ephylaxen, kataklysmon kosmō asebōn epaxas
a preacher of righteousness, when he brought a flood upon the world of the ungodly;

καὶ πόλεις Σοδόμων καὶ Γομόρρας τεφρώσας [καταστροφῇ] κατέκρινεν
kai poleis Sodomōn kai Gomorras tephrōsas [katastrophē] katekrinen
and turning the cities of Sodom and Gomorrah into ashes condemned them with an overthrow,

ὑπόδειγμα μελλόντων ἀσεβέ[ς]ιν τεθεικώς
hypodeigma mellontōn asebe[s]in tetheikōs
having made them an example unto those that should live ungodly;

καὶ δίκαιον Λῶτ καταπονούμενον ὑπὸ τῆς τῶν ἀθέσμων ἐν ἀσελγείᾳ ἀναστροφῆς ἐρρύσατο
kai dikaion Lōt kataponoumenon hypo tēs tōn athesmōn en aselgeia anastrophēs errysato
and delivered righteous Lot, sore distressed by the lascivious life of the wicked

βλέμματι γὰρ καὶ ἀκοῇ ὁ δίκαιος ἐγκατοικῶν ἐν αὐτοῖς ἡμέραν ἐξ ἡμέρας ψυχὴν δικαίαν ἀνόμοις ἔργοις ἐβασάνιζεν
blemmati gar kai akoē ho dikaios enkatoikōn en autois hēmeran ex hēmeras psychēn dikaian anomois ergois ebasanizen
(for that righteous man dwelling among them, in seeing and hearing, vexed his righteous soul from day to day with their lawless deeds):

οἶδεν κύριος εὐσεβεῖς ἐκ πειρασμοῦ ῥύεσθαι
oiden kyrios eusebeis ek peirasmou rhyesthai
the Lord knoweth how to deliver the godly out of temptation,

ἀδίκους δὲ εἰς ἡμέραν κρίσεως κολαζομένους τηρεῖν
adikous de eis hēmeran kriseōs kolazomenous tērein
and to keep the unrighteous under punishment unto the day of judgment;

μάλιστα δὲ τοὺς ὀπίσω σαρκὸς ἐν ἐπιθυμίᾳ μιασμοῦ πορευομένους καὶ κυριότητος καταφρονοῦντας
malista de tous opisō sarkos en epithymia miasmou poreuomenous kai kyriotētos kataphronountas
but chiefly them that walk after the flesh in the lust of defilement, and despise dominion.

Τολμηταί, αὐθάδεις, δόξας οὐ τρέμουσιν βλασφημοῦντες
Tolmētai, authadeis, doxas ou tremousin blasphēmountes
Daring, self-willed, they tremble not to rail at dignities:

ὅπου ἄγγελοι ἰσχύϊ καὶ δυνάμει μείζονες ὄντες οὐ φέρουσιν κατ' αὐτῶν παρὰ κυρίου βλάσφημον κρίσιν
hopou angeloi ischui kai dynamei meizones ontes ou pherousin kat' autōn para kyriou blasphēmon krisin
whereas angels, though greater in might and power, bring not a railing judgment against them before the Lord.

οὗτοι δέ, ὡς ἄλογα ζῷα γεγεννημένα φυσικὰ εἰς ἅλωσιν καὶ φθοράν
houtoi de, hōs aloga zōa gegennēmena physika eis halōsin kai phthoran
But these, as creatures without reason, born mere animals to be taken and destroyed,

ἐν οἷς ἀγνοοῦσιν βλασφημοῦντες, ἐν τῇ φθορᾷ αὐτῶν καὶ φθαρήσονται
en hois agnoousin blasphēmountes, en tē phthora autōn kai phtharēsontai
railing in matters whereof they are ignorant, shall in their destroying surely be destroyed,

ἀδικούμενοι μισθὸν ἀδικίας: ἡδονὴν ἡγούμενοι τὴν ἐν ἡμέρᾳ τρυφήν
adikoumenoi misthon adikias: hēdonēn hēgoumenoi tēn en hēmera tryphēn,
suffering wrong as the hire of wrong-doing; men that count it pleasure to revel in the day-time,

σπίλοι καὶ μῶμοι ἐντρυφῶντες ἐν ταῖς ἀπάταις αὐτῶν συνευωχούμενοι ὑμῖν
spiloi kai mōmoi entryphōntes en tais apatais autōn syneuōchoumenoi hymin
spots and blemishes, revelling in their deceivings while they feast with you;

ὀφθαλμοὺς ἔχοντες μεστοὺς μοιχαλίδος καὶ ἀκαταπαύστους ἁμαρτίας, δελεάζοντες ψυχὰς ἀστηρίκτους
ophthalmous echontes mestous moichalidos kai akatapaustous hamartias, deleazontes psychas astēriktous
having eyes full of adultery, and that cannot cease from sin; enticing unstedfast souls;

καρδίαν γεγυμνασμένην πλεονεξίας ἔχοντες, κατάρας τέκνα
kardian gegymnasmenēn pleonexias echontes, kataras tekna
having a heart exercised in covetousness; children of cursing;

καταλείποντες εὐθεῖαν ὁδὸν ἐπλανήθησαν, ἐξακολουθήσαντες τῇ ὁδῷ τοῦ Βαλαὰμ τοῦ Βοσόρ
kataleipontes eutheian hodon eplanēthēsan, exakolouthēsantes tē hodō tou Balaam tou Bosor
forsaking the right way, they went astray, having followed the way of Balaam the son of Beor,

ὃς μισθὸν ἀδικίας ἠγάπησεν; ἔλεγξιν δὲ ἔσχεν ἰδίας παρανομίας
hos misthon adikias ēgapēsen; elenxin de eschen idias paranomias
who loved the hire of wrong-doing; but he was rebuked for his own transgression:

ὑποζύγιον ἄφωνον ἐν ἀνθρώπου φωνῇ φθεγξάμενον ἐκώλυσεν τὴν τοῦ προφήτου παραφρονίαν
hypozygion aphōnon en anthrōpou phōnē phthenxamenon ekōlysen tēn tou prophētou paraphronian
a dumb ass spake with man's voice and stayed the madness of the prophet.

Οὗτοί εἰσιν πηγαὶ ἄνυδροι καὶ ὁμίχλαι ὑπὸ λαίλαπος ἐλαυνόμεναι, οἷς ὁ ζόφος τοῦ σκότους τετήρηται
Houtoi eisin pēgai anydroi kai homichlai hypo lailapos elaunomenai, hois ho zophos tou skotous tetērētai
These are springs without water, and mists driven by a storm; for whom the blackness of darkness hath been reserved.

ὑπέρογκα γὰρ ματαιότητος φθεγγόμενοι δελεάζουσιν ἐν ἐπιθυμίαις σαρκὸς
hyperonka gar mataiotētos phthengomenoi deleazousin en epithymiais sarkos
For, uttering great swelling words of vanity, they entice in the lusts of the flesh,

ἀσελγείαις τοὺς ὀλίγως ἀποφεύγοντας τοὺς ἐν πλάνῃ ἀναστρεφομένους
aselgeiais tous oligōs apopheugontas tous en planē anastrephomenous
by lasciviousness, those who are just escaping from them that live in error;

ἐλευθερίαν αὐτοῖς ἐπαγγελλόμενοι, αὐτοὶ δοῦλοι ὑπάρχοντες τῆς φθορᾶς
eleutherian autois epangellomenoi, autoi douloi hyparchontes tēs phthoras
promising them liberty, while they themselves are bondservants of corruption;

ᾧ γάρ τις ἥττηται, τούτῳ δεδούλωται
hō gar tis hēttētai, toutō dedoulōtai
for of whom a man is overcome, of the same is he also brought into bondage.

εἰ γὰρ ἀποφυγόντες τὰ μιάσματα τοῦ κόσμου ἐν ἐπιγνώσει τοῦ κυρίου [ἡμῶν] καὶ σωτῆρος Ἰησοῦ Χριστοῦ
ei gar apophygontes ta miasmata tou kosmou en epignōsei tou kyriou [hēmōn] kai sōtēros Iēsou Christou
For if, after they have escaped the defilements of the world through the knowledge of the Lord and Saviour Jesus Christ,

τούτοις δὲ πάλιν ἐμπλακέντες ἡττῶνται, γέγονεν αὐτοῖς τὰ ἔσχατα χείρονα τῶν πρώτων
toutois de palin emplakentes hēttōntai, gegonen autois ta eschata cheirona tōn prōtōn
they are again entangled therein and overcome, the last state is become worse with them than the first.

κρεῖττον γὰρ ἦν αὐτοῖς μὴ ἐπεγνωκέναι τὴν ὁδὸν τῆς δικαιοσύνης
kreitton gar ēn autois mē epegnōkenai tēn hodon tēs dikaiosynēs
For it were better for them not to have known the way of righteousness,

ἢ ἐπιγνοῦσιν ὑποστρέψαι ἐκ τῆς παραδοθείσης αὐτοῖς ἁγίας ἐντολῆς
ē epignousin hypostrepsai ek tēs paradotheisēs autois hagias entolēs
than, after knowing it, to turn back from the holy commandment delivered unto them.

συμβέβηκεν αὐτοῖς τὸ τῆς ἀληθοῦς παροιμίας, Κύων ἐπιστρέψας ἐπὶ τὸ ἴδιον ἐξέραμα
symbebēken autois to tēs alēthous paroimias, Kyōn epistrepsas epi to idion exerama
It has happened unto them according to the true proverb, The dog turning to his own vomit again,

καί, ὓς λουσαμένη εἰς κυλισμὸν βορβόρου
kai, ys lousamenē eis kylismon borborou
and the sow that had washed to wallowing in the mire.

γ

Ταύτην ἤδη, ἀγαπητοί, δευτέραν ὑμῖν γράφω ἐπιστολήν
Tautēn ēdē, agapētoi, deuteran hymin graphō epistolēn
This is now, beloved, the second epistle that I write unto you;

ἐν αἷς διεγείρω ὑμῶν ἐν ὑπομνήσει τὴν εἰλικρινῆ διάνοιαν
en hais diegeirō hymōn en hypomnēsei tēn eilikrinē dianoian
and in both of them I stir up your sincere mind by putting you in remembrance;

μνησθῆναι τῶν προειρημένων ῥημάτων ὑπὸ τῶν ἁγίων προφητῶν
mnēsthēnai tōn proeirēmenōn rhēmatōn hypo tōn hagiōn prophētōn
that ye should remember the words which were spoken before by the holy prophets,

καὶ τῆς τῶν ἀποστόλων ὑμῶν ἐντολῆς τοῦ κυρίου καὶ σωτῆρος
kai tēs tōn apostolōn hymōn entolēs tou kyriou kai sōtēros
and the commandment of the Lord and Saviour through your apostles:

τοῦτο πρῶτον γινώσκοντες, ὅτι ἐλεύσονται ἐπ' ἐσχάτων τῶν ἡμερῶν [ἐν] ἐμπαιγμονῇ ἐμπαῖκται
touto prōton ginōskontes, hoti eleusontai ep' eschatōn tōn hēmerōn [en] empaigmonē empaiktai
knowing this first, that in the last days mockers shall come with mockery,

κατὰ τὰς ἰδίας ἐπιθυμίας αὐτῶν πορευόμενοι
kata tas idias epithymias autōn poreuomenoi
walking after their own lusts,

καὶ λέγοντες, Ποῦ ἐστιν ἡ ἐπαγγελία τῆς παρουσίας αὐτοῦ
kai legontes, Pou estin hē epangelia tēs parousias autou?
and saying, Where is the promise of his coming?

άφ' ἧς γὰρ οἱ πατέρες ἐκοιμήθησαν, πάντα οὕτως διαμένει ἀπ' ἀρχῆς κτίσεως
aph' hēs gar hoi pateres ekoimēthēsan, panta houtōs diamenei ap' archēs ktiseōs
for, from the day that the fathers fell asleep, all things continue as they were from the beginning of the creation.

λανθάνει γὰρ αὐτοὺς τοῦτο θέλοντας, ὅτι οὐρανοὶ ἦσαν ἔκπαλαι
lanthanei gar autous touto thelontas, hoti ouranoi ēsan ekpalai
For this they wilfully forget, that there were heavens from of old,

καὶ γῆ ἐξ ὕδατος καὶ δι' ὕδατος συνεστῶσα τῷ τοῦ θεοῦ λόγῳ
kai gē ex hydatos kai di' hydatos synestōsa tō tou theou logō
and an earth compacted out of water and amidst water, by the word of God;

δι' ὧν ὁ τότε κόσμος ὕδατι κατακλυσθεὶς ἀπώλετο
di' hōn ho tote kosmos hydati kataklystheis apōleto
by which means the world that then was, being overflowed with water, perished:

οἱ δὲ νῦν οὐρανοὶ καὶ ἡ γῆ τῷ αὐτῷ λόγῳ τεθησαυρισμένοι εἰσὶν πυρί
hoi de nyn ouranoi kai hē gē tō autō logō tethēsaurismenoi eisin pyri
but the heavens that now are, and the earth, by the same word have been stored up for fire,

τηρούμενοι εἰς ἡμέραν κρίσεως καὶ ἀπωλείας τῶν ἀσεβῶν ἀνθρώπων
tēroumenoi eis hēmeran kriseōs kai apōleias tōn asebōn anthrōpōn
being reserved against the day of judgment and destruction of ungodly men.

Ἓν δὲ τοῦτο μὴ λανθανέτω ὑμᾶς, ἀγαπητοί, ὅτι μία ἡμέρα παρὰ κυρίῳ ὡς χίλια ἔτη καὶ χίλια ἔτη ὡς ἡμέρα μία
Hen de touto mē lanthanetō hymas, agapētoi, hoti mia hēmera para kyriō hōs chilia etē kai chilia etē hōs hēmera mia
But forget not this one thing, beloved, that one day is with the Lord as a thousand years, and a thousand years as one day.

οὐ βραδύνει κύριος τῆς ἐπαγγελίας, ὥς τινες βραδύτητα ἡγοῦνται
ou bradynei kyrios tēs epangelias, hōs tines bradytēta hēgountai,
The Lord is not slack concerning his promise, as some count slackness;

ἀλλὰ μακροθυμεῖ εἰς ὑμᾶς, μὴ βουλόμενός τινας ἀπολέσθαι ἀλλὰ πάντας εἰς μετάνοιαν χωρῆσαι
alla makrothymei eis hymas, mē boulomenos tinas apolesthai alla pantas eis metanoian chōrēsai
but is longsuffering to you-ward, not wishing that any should perish, but that all should come to repentance.

Ἥξει δὲ ἡμέρα κυρίου ὡς κλέπτης, ἐν ᾗ οἱ οὐρανοὶ ῥοιζηδὸν παρελεύσονται
Ēxei de hēmera kyriou hōs kleptēs, en hē hoi ouranoi rhoizēdon pareleusontai
But the day of the Lord will come as a thief; in the which the heavens shall pass away with a great noise,

στοιχεῖα δὲ καυσούμενα λυθήσεται, καὶ γῆ καὶ τὰ ἐν αὐτῇ ἔργα εὑρεθήσεται
stoicheia de kausoumena lythēsetai, kai gē kai ta en autē erga heurethēsetai
and the elements shall be dissolved with fervent heat, and the earth and the works that are therein shall be burned up.

τούτων οὕτως πάντων λυομένων ποταποὺς δεῖ ὑπάρχειν [ὑμᾶς] ἐν ἁγίαις ἀναστροφαῖς καὶ εὐσεβείαις
toutōn houtōs pantōn lyomenōn potapous dei hyparchein [hymas] en hagiais anastrophais kai eusebeiais
Seeing that these things are thus all to be dissolved, what manner of persons ought ye to be in all holy living and godliness,

προσδοκῶντας καὶ σπεύδοντας τὴν παρουσίαν τῆς τοῦ θεοῦ ἡμέρας
prosdokōntas kai speudontas tēn parousian tēs tou theou hēmeras
looking for and earnestly desiring the coming of the day of God,

δι' ἣν οὐρανοὶ πυρούμενοι λυθήσονται καὶ στοιχεῖα καυσούμενα τήκεται
di' hēn ouranoi pyroumenoi lythēsontai kai stoicheia kausoumena tēketai
by reason of which the heavens being on fire shall be dissolved, and the elements shall melt with fervent heat?

καινοὺς δὲ οὐρανοὺς καὶ γῆν καινὴν κατὰ τὸ ἐπάγγελμα αὐτοῦ προσδοκῶμεν, ἐν οἷς δικαιοσύνη κατοικεῖ
kainous de ouranous kai gēn kainēn kata to epangelma autou prosdokōmen, en hois dikaiosynē katoikei
But, according to his promise, we look for new heavens and a new earth, wherein dwelleth righteousness.

Διό, ἀγαπητοί, ταῦτα προσδοκῶντες σπουδάσατε ἄσπιλοι καὶ ἀμώμητοι αὐτῷ εὑρεθῆναι ἐν εἰρήνῃ
Dio, agapētoi, tauta prosdokōntes spoudasate aspiloi kai amōmētoi autō heurethēnai en eirēnē
Wherefore, beloved, seeing that ye look for these things, give diligence that ye may be found in peace, without spot and blameless in his sight.

καὶ τὴν τοῦ κυρίου ἡμῶν μακροθυμίαν σωτηρίαν ἡγεῖσθε
kai tēn tou kyriou hēmōn makrothymian sōtērian hēgeisthe
And account that the longsuffering of our Lord is salvation;

καθὼς καὶ ὁ ἀγαπητὸς ἡμῶν ἀδελφὸς Παῦλος κατὰ τὴν δοθεῖσαν αὐτῷ σοφίαν ἔγραψεν ὑμῖν
kathōs kai ho agapētos hēmōn adelphos Paulos kata tēn dotheisan autō sophian egrapsen hymin
even as our beloved brother Paul also, according to the wisdom given to him, wrote unto you;

ὡς καὶ ἐν πάσαις ἐπιστολαῖς λαλῶν ἐν αὐταῖς περὶ τούτων, ἐν αἷς ἐστιν δυσνόητά τινα
hōs kai en pasais epistolais lalōn en autais peri toutōn, en hais estin dysnoēta tina
as also in all his epistles, speaking in them of these things; wherein are some things hard to be understood,

ἃ οἱ ἀμαθεῖς καὶ ἀστήρικτοι στρεβλοῦσιν ὡς καὶ τὰς λοιπὰς γραφὰς πρὸς τὴν ἰδίαν αὐτῶν ἀπώλειαν
ha hoi amatheis kai astēriktoi streblousin hōs kai tas loipas graphas pros tēn idian autōn apōleian
which the ignorant and unstedfast wrest, as they do also the other scriptures, unto their own destruction.

Ὑμεῖς οὖν, ἀγαπητοί, προγινώσκοντες
Hymeis oun, agapētoi, proginōskontes
Ye therefore, beloved, knowing these things beforehand,

φυλάσσεσθε ἵνα μὴ τῇ τῶν ἀθέσμων πλάνῃ συναπαχθέντες ἐκπέσητε τοῦ ἰδίου στηριγμοῦ
phylassesthe hina mē tē tōn athesmōn planē synapachthentes ekpesēte tou idiou stērigmou
beware lest, being carried away with the error of the wicked, ye fall from your own stedfastness.

αὐξάνετε δὲ ἐν χάριτι καὶ γνώσει τοῦ κυρίου ἡμῶν καὶ σωτῆρος Ἰησοῦ Χριστοῦ
auxanete de en chariti kai gnōsei tou kyriou hēmōn kai sōtēros Iēsou Christou
But grow in the grace and knowledge of our Lord and Saviour Jesus Christ.

αὐτῷ ἡ δόξα καὶ νῦν καὶ εἰς ἡμέραν αἰῶνος. ἀμήν
autō hē doxa kai nyn kai eis hēmeran aiōnos. amēn
To him be the glory both now and for ever. Amen.

ΙΩΆΝΝΗ Α΄ α

Ὅ ἦν ἀπ' ἀρχῆς, ὃ ἀκηκόαμεν, ὃ ἑωράκαμεν τοῖς ὀφθαλμοῖς ἡμῶν
HO ēn ap' archēs, ho akēkoamen, ho heōrakamen tois ophthalmois hēmōn
That which was from the beginning, that which we have heard, that which we have seen with our eyes,

ὃ ἐθεασάμεθα καὶ αἱ χεῖρες ἡμῶν ἐψηλάφησαν, περὶ τοῦ λόγου τῆς ζωῆς
ho etheasametha kai hai cheires hēmōn epsēlaphēsan, peri tou logou tēs zōēs
that which we beheld, and our hands handled, concerning the Word of life

καὶ ἡ ζωὴ ἐφανερώθη, καὶ ἑωράκαμεν καὶ μαρτυροῦμεν
kai hē zōē ephanerōthē, kai heōrakamen kai martyroumen
(and the life was manifested, and we have seen, and bear witness,

καὶ ἀπαγγέλλομεν ὑμῖν τὴν ζωὴν τὴν αἰώνιον ἥτις ἦν πρὸς τὸν πατέρα καὶ ἐφανερώθη ἡμῖν
kai apangellomen hymin tēn zōēn tēn aiōnion hētis ēn pros ton patera kai ephanerōthē hēmin
and declare unto you the life, the eternal life, which was with the Father, and was manifested unto us);

ὃ ἑωράκαμεν καὶ ἀκηκόαμεν ἀπαγγέλλομεν καὶ ὑμῖν, ἵνα καὶ ὑμεῖς κοινωνίαν ἔχητε μεθ' ἡμῶν
ho heōrakamen kai akēkoamen apangellomen kai hymin, hina kai hymeis koinōnian echēte meth' hēmōn
that which we have seen and heard declare we unto you also, that ye also may have fellowship with us:

καὶ ἡ κοινωνία δὲ ἡ ἡμετέρα μετὰ τοῦ πατρὸς καὶ μετὰ τοῦ υἱοῦ αὐτοῦ Ἰησοῦ Χριστοῦ
kai hē koinōnia de hē hēmetera meta tou patros kai meta tou huiou autou Iēsou Christou
yea, and our fellowship is with the Father, and with his Son Jesus Christ:

καὶ ταῦτα γράφομεν ἡμεῖς ἵνα ἡ χαρὰ ἡμῶν ᾖ πεπληρωμένη
kai tauta graphomen hēmeis hina hē chara hēmōn ē peplērōmenē
and these things we write, that our joy may be made full.

Καὶ ἔστιν αὕτη ἡ ἀγγελία ἣν ἀκηκόαμεν ἀπ' αὐτοῦ καὶ ἀναγγέλλομεν ὑμῖν
Kai estin hautē hē angelia hēn akēkoamen ap' autou kai anangellomen hymin
And this is the message which we have heard from him and announce unto you,

ὅτι ὁ θεὸς φῶς ἐστιν καὶ σκοτία ἐν αὐτῷ οὐκ ἔστιν οὐδεμία
hoti ho theos phōs estin kai skotia en autō ouk estin oudemia
that God is light, and in him is no darkness at all.

Ἐὰν εἴπωμεν ὅτι κοινωνίαν ἔχομεν μετ' αὐτοῦ καὶ ἐν τῷ σκότει περιπατῶμεν
Ean eipōmen hoti koinōnian echomen met' autou kai en tō skotei peripatōmen
If we say that we have fellowship with him and walk in the darkness,

ψευδόμεθα καὶ οὐ ποιοῦμεν τὴν ἀλήθειαν
pseudometha kai ou poioumen tēn alētheian
we lie, and do not the truth:

ἐὰν δὲ ἐν τῷ φωτὶ περιπατῶμεν ὡς αὐτός ἐστιν ἐν τῷ φωτί, κοινωνίαν ἔχομεν μετ' ἀλλήλων
ean de en tō phōti peripatōmen hōs autos estin en tō phōti, koinōnian echomen met' allēlōn
but if we walk in the light, as he is in the light, we have fellowship one with another,

καὶ τὸ αἷμα Ἰησοῦ τοῦ υἱοῦ αὐτοῦ καθαρίζει ἡμᾶς ἀπὸ πάσης ἁμαρτίας
kai to haima Iēsou tou huiou autou katharizei hēmas apo pasēs hamartias
and the blood of Jesus his Son cleanseth us from all sin.

ἐὰν εἴπωμεν ὅτι ἁμαρτίαν οὐκ ἔχομεν, ἑαυτοὺς πλανῶμεν καὶ ἡ ἀλήθεια οὐκ ἔστιν ἐν ἡμῖν
ean eipōmen hoti hamartian ouk echomen, heautous planōmen kai hē alētheia ouk estin en hēmin
If we say that we have no sin, we deceive ourselves, and the truth is not in us.

ἐὰν ὁμολογῶμεν τὰς ἁμαρτίας ἡμῶν
ean homologōmen tas hamartias hēmōn
If we confess our sins,

πιστός ἐστιν καὶ δίκαιος ἵνα ἀφῇ ἡμῖν τὰς ἁμαρτίας καὶ καθαρίσῃ ἡμᾶς ἀπὸ πάσης ἀδικία
pistos estin kai dikaios hina aphē hēmin tas hamartias kai katharisē hēmas apo pasēs adikia
he is faithful and righteous to forgive us our sins, and to cleanse us from all unrighteousness.

ἐὰν εἴπωμεν ὅτι οὐχ ἡμαρτήκαμεν, ψεύστην ποιοῦμεν αὐτὸν καὶ ὁ λόγος αὐτοῦ οὐκ ἔστιν ἐν ἡμῖν
ean eipōmen hoti ouch hēmartēkamen, pseustēn poioumen auton kai ho logos autou ouk estin en hēmin
If we say that we have not sinned, we make him a liar, and his word is not in us.

β

Τεκνία μου, ταῦτα γράφω ὑμῖν ἵνα μὴ ἁμάρτητε
Teknia mou, tauta graphō hymin hina mē hamartēte.
My little children, these things write I unto you that ye may not sin.

καὶ ἐάν τις ἁμάρτῃ, παράκλητον ἔχομεν πρὸς τὸν πατέρα, Ἰησοῦν Χριστὸν δίκαιον
kai ean tis hamartē, paraklēton echomen pros ton patera, Iēsoun Christon dikaion
And if any man sin, we have an Advocate with the Father, Jesus Christ the righteous:

καὶ αὐτὸς ἱλασμός ἐστιν περὶ τῶν ἁμαρτιῶν ἡμῶν, οὐ περὶ τῶν ἡμετέρων δὲ μόνον ἀλλὰ καὶ περὶ ὅλου τοῦ κόσμου
kai autos hilasmos estin peri tōn hamartiōn hēmōn, ou peri tōn hēmeterōn de monon alla kai peri holou tou kosmou
and he is the propitiation for our sins; and not for ours only, but also for the whole world.

Καὶ ἐν τούτῳ γινώσκομεν ὅτι ἐγνώκαμεν αὐτόν, ἐὰν τὰς ἐντολὰς αὐτοῦ τηρῶμεν
Kai en toutō ginōskomen hoti egnōkamen auton, ean tas entolas autou tērōmen
And hereby we know that we know him, if we keep his commandments.

ὁ λέγων ὅτι Ἔγνωκα αὐτόν, καὶ τὰς ἐντολὰς αὐτοῦ μὴ τηρῶν, ψεύστης ἐστίν, καὶ ἐν τούτῳ ἡ ἀλήθεια οὐκ ἔστιν
ho legōn hoti Egnōka auton, kai tas entolas autou mē tērōn, pseustēs estin, kai en toutō hē alētheia ouk estin
He that saith, I know him, and keepeth not his commandments, is a liar, and the truth is not in him;

ὃς δ' ἂν τηρῇ αὐτοῦ τὸν λόγον, ἀληθῶς ἐν τούτῳ ἡ ἀγάπη τοῦ θεοῦ τετελείωται. ἐν τούτῳ γινώσκομεν ὅτι ἐν αὐτῷ ἐσμεν

hos d' an tērē autou ton logon, alēthōs en toutō hē agapē tou theou teteleiōtai. en toutō ginōskomen hoti en autō esmen

but whoso keepeth his word, in him verily hath the love of God been perfected. Hereby we know that we are in him:

ὁ λέγων ἐν αὐτῷ μένειν ὀφείλει καθὼς ἐκεῖνος περιεπάτησεν καὶ αὐτὸς [οὕτως] περιπατεῖν

ho legōn en autō menein opheilei kathōs ekeinos periepatēsen kai autos [houtōs] peripatein

he that saith he abideth in him ought himself also to walk even as he walked.

Ἀγαπητοί, οὐκ ἐντολὴν καινὴν γράφω ὑμῖν, ἀλλ' ἐντολὴν παλαιὰν ἣν εἴχετε ἀπ' ἀρχῆς

Agapētoi, ouk entolēn kainēn graphō hymin, all' entolēn palaian hēn eichete ap' archēs

Beloved, no new commandment write I unto you, but an old commandment which ye had from the beginning:

ἡ ἐντολὴ ἡ παλαιά ἐστιν ὁ λόγος ὃν ἠκούσατε

hē entolē hē palaia estin ho logos hon ēkousate

the old commandment is the word which ye heard.

πάλιν ἐντολὴν καινὴν γράφω ὑμῖν, ὅ ἐστιν ἀληθὲς ἐν αὐτῷ καὶ ἐν ὑμῖν

palin entolēn kainēn graphō hymin, ho estin alēthes en autō kai en hymin

Again, a new commandment write I unto you, which thing is true in him and in you;

ὅτι ἡ σκοτία παράγεται καὶ τὸ φῶς τὸ ἀληθινὸν ἤδη φαίνει

hoti hē skotia paragetai kai to phōs to alēthinon ēdē phainei

because the darkness is passing away, and the true light already shineth.

ὁ λέγων ἐν τῷ φωτὶ εἶναι καὶ τὸν ἀδελφὸν αὐτοῦ μισῶν ἐν τῇ σκοτίᾳ ἐστὶν ἕως ἄρτι

ho legōn en tō phōti einai kai ton adelphon autou misōn en tē skotia estin heōs arti

He that saith he is in the light and hateth his brother, is in the darkness even until now.

ὁ ἀγαπῶν τὸν ἀδελφὸν αὐτοῦ ἐν τῷ φωτὶ μένει, καὶ σκάνδαλον ἐν αὐτῷ οὐκ ἔστι

ho agapōn ton adelphon autou en tō phōti menei, kai skandalon en autō ouk esti

He that loveth his brother abideth in the light, and there is no occasion of stumbling in him.

ὁ δὲ μισῶν τὸν ἀδελφὸν αὐτοῦ ἐν τῇ σκοτίᾳ ἐστὶν καὶ ἐν τῇ σκοτίᾳ περιπατεῖ

ho de misōn ton adelphon autou en tē skotia estin kai en tē skotia peripatei

But he that hateth his brother is in the darkness, and walketh in the darkness,

καὶ οὐκ οἶδεν ποῦ ὑπάγει, ὅτι ἡ σκοτία ἐτύφλωσεν τοὺς ὀφθαλμοὺς αὐτοῦ

kai ouk oiden pou hypagei, hoti hē skotia etyphlōsen tous ophthalmous autou

and knoweth not whither he goeth, because the darkness hath blinded his eyes.

Γράφω ὑμῖν, τεκνία, ὅτι ἀφέωνται ὑμῖν αἱ ἁμαρτίαι διὰ τὸ ὄνομα αὐτοῦ

Graphō hymin, teknia, hoti apheōntai hymin hai hamartiai dia to onoma autou

I write unto you, my little children, because your sins are forgiven you for his name's sake.

γράφω ὑμῖν, πατέρες, ὅτι ἐγνώκατε τὸν ἀπ' ἀρχῆς
graphō hymin, pateres, hoti egnōkate ton ap' archēs
I write unto you, fathers, because ye know him who is from the beginning.

γράφω ὑμῖν, νεανίσκοι, ὅτι νενικήκατε τὸν πονηρόν
graphō hymin, neaniskoi, hoti nenikēkate ton ponēron
I write unto you, young men, because ye have overcome the evil one.

ἔγραψα ὑμῖν, παιδία, ὅτι ἐγνώκατε τὸν πατέρα
egrapsa hymin, paidia, hoti egnōkate ton patera
I have written unto you, little children, because ye know the Father.

ἔγραψα ὑμῖν, πατέρες, ὅτι ἐγνώκατε τὸν ἀπ' ἀρχῆς
egrapsa hymin, pateres, hoti egnōkate ton ap' archēs
I have written unto you, fathers, because ye know him who is from the beginning.

ἔγραψα ὑμῖν, νεανίσκοι, ὅτι ἰσχυροί ἐστε
egrapsa hymin, neaniskoi, hoti ischyroi este
I have written unto you, young men, because ye are strong,

καὶ ὁ λόγος τοῦ θεοῦ ἐν ὑμῖν μένει καὶ νενικήκατε τὸν πονηρόν
kai ho logos tou theou en hymin menei kai nenikēkate ton ponēron
and the word of God abideth in you, and ye have overcome the evil one.

Μὴ ἀγαπᾶτε τὸν κόσμον μηδὲ τὰ ἐν τῷ κόσμῳ. ἐάν τις ἀγαπᾷ τὸν κόσμον, οὐκ ἔστιν ἡ ἀγάπη τοῦ πατρὸς ἐν αὐτῷ
Mē agapate ton kosmon mēde ta en tō kosmō. ean tis agapa ton kosmon, ouk estin hē agapē tou patros en autō
Love not the world, neither the things that are in the world. If any man love the world, the love of the Father is not in him.

ὅτι πᾶν τὸ ἐν τῷ κόσμῳ, ἡ ἐπιθυμία τῆς σαρκὸς καὶ ἡ ἐπιθυμία τῶν ὀφθαλμῶν καὶ ἡ ἀλαζονεία τοῦ βίου
hoti pan to en tō kosmō, hē epithymia tēs sarkos kai hē epithymia tōn ophthalmōn kai hē alazoneia tou biou
For all that is in the world, the lust of the flesh and the lust of the eyes and the vainglory of life,

οὐκ ἔστιν ἐκ τοῦ πατρὸς ἀλλ' ἐκ τοῦ κόσμου ἐστίν
ouk estin ek tou patros all' ek tou kosmou estin
is not of the Father, but is of the world.

καὶ ὁ κόσμος παράγεται καὶ ἡ ἐπιθυμία αὐτοῦ, ὁ δὲ ποιῶν τὸ θέλημα τοῦ θεοῦ μένει εἰς τὸν αἰῶνα
kai ho kosmos paragetai kai hē epithymia autou, ho de poiōn to thelēma tou theou menei eis ton aiōna
And the world passeth away, and the lust thereof: but he that doeth the will of God abideth for ever.

Παιδία, ἐσχάτη ὥρα ἐστίν, καὶ καθὼς ἠκούσατε ὅτι ἀντίχριστος ἔρχεται, καὶ νῦν ἀντίχριστοι πολλοὶ γεγόνασιν
Παιδία, ἐσχάτη ὥρα ἐστίν, καὶ καθὼς ἠκούσατε ὅτι ἀντίχριστος ἔρχεται, καὶ νῦν ἀντίχριστοι πολλοὶ γεγόνασιν:
Little children, it is the last hour: and as ye heard that antichrist cometh, even now have there arisen many antichrists;

ὅθεν γινώσκομεν ὅτι ἐσχάτη ὥρα ἐστίν
ὅθεν γινώσκομεν ὅτι ἐσχάτη ὥρα ἐστίν
whereby we know that it is the last hour.

ἐξ ἡμῶν ἐξῆλθαν, ἀλλ' οὐκ ἦσαν ἐξ ἡμῶν: εἰ γὰρ ἐξ ἡμῶν ἦσαν, μεμενήκεισαν ἂν μεθ' ἡμῶν
ex hēmōn exēlthan, all' ouk ēsan ex hēmōn: ei gar ex hēmōn ēsan, memenēkeisan an meth' hēmōn
They went out from us, but they were not of us; for if they had been of us, they would have continued with us:

ἀλλ' ἵνα φανερωθῶσιν ὅτι οὐκ εἰσὶν πάντες ἐξ ἡμῶν
all' hina phanerōthōsin hoti ouk eisin pantes ex hēmōn
but they went out, that they might be made manifest that they all are not of us.

καὶ ὑμεῖς χρῖσμα ἔχετε ἀπὸ τοῦ ἁγίου, καὶ οἴδατε πάντες
kai hymeis chrisma echete apo tou hagiou, kai oidate pantes
And ye have an anointing from the Holy One, and ye know all things.

οὐκ ἔγραψα ὑμῖν ὅτι οὐκ οἴδατε τὴν ἀλήθειαν, ἀλλ' ὅτι οἴδατε αὐτήν, καὶ ὅτι πᾶν ψεῦδος ἐκ τῆς ἀληθείας οὐκ ἔστιν
ouk egrapsa hymin hoti ouk oidate tēn alētheian, all' hoti oidate autēn, kai hoti pan pseudos ek tēs alētheias ouk estin
I have not written unto you because ye know not the truth, but because ye know it, and because no lie is of the truth.

Τίς ἐστιν ὁ ψεύστης εἰ μὴ ὁ ἀρνούμενος ὅτι Ἰησοῦς οὐκ ἔστιν ὁ Χριστός
Tis estin ho pseustēs ei mē ho arnoumenos hoti Iēsous ouk estin ho Christos
Who is the liar but he that denieth that Jesus is the Christ?

οὗτός ἐστιν ὁ ἀντίχριστος, ὁ ἀρνούμενος τὸν πατέρα καὶ τὸν υἱόν
houtos estin ho antichristos, ho arnoumenos ton patera kai ton huion
This is the antichrist, even he that denieth the Father and the Son.

πᾶς ὁ ἀρνούμενος τὸν υἱὸν οὐδὲ τὸν πατέρα ἔχει: ὁ ὁμολογῶν τὸν υἱὸν καὶ τὸν πατέρα ἔχει
pas ho arnoumenos ton huion oude ton patera echei: ho homologōn ton huion kai ton patera echei
Whosoever denieth the Son, the same hath not the Father: he that confesseth the Son hath the Father also.

ὑμεῖς ὃ ἠκούσατε ἀπ' ἀρχῆς ἐν ὑμῖν μενέτω
hymeis ho ēkousate ap' archēs en hymin menetō
As for you, let that abide in you which ye heard from the beginning.

ἐὰν ἐν ὑμῖν μείνῃ ὃ ἀπ' ἀρχῆς ἠκούσατε καὶ ὑμεῖς ἐν τῷ υἱῷ καὶ ἐν τῷ πατρὶ μενεῖτε
ean en hymin meinē ho ap' archēs ēkousate kai hymeis en tō huiō kai en tō patri meneite
If that which ye heard from the beginning abide in you, ye also shall abide in the Son, and in the Father.

καὶ αὕτη ἐστὶν ἡ ἐπαγγελία ἣν αὐτὸς ἐπηγγείλατο ἡμῖν, τὴν ζωὴν τὴν αἰώνιον
kai hautē estin hē epangelia hēn autos epēngeilato hēmin, tēn zōēn tēn aiōnion
And this is the promise which he promised us, even the life eternal.

Ταῦτα ἔγραψα ὑμῖν περὶ τῶν πλανώντων ὑμᾶς
Tauta egrapsa hymin peri tōn planōntōn hymas
These things have I written unto you concerning them that would lead you astray.

καὶ ὑμεῖς τὸ χρῖσμα ὃ ἐλάβετε ἀπ' αὐτοῦ μένει ἐν ὑμῖν, καὶ οὐ χρείαν ἔχετε ἵνα τις διδάσκῃ ὑμᾶς
kai hymeis to chrisma ho elabete ap' autou menei en hymin, kai ou chreian echete hina tis didaskē hymas:
And as for you, the anointing which ye received of him abideth in you, and ye need not that any one teach you;

ἀλλ' ὡς τὸ αὐτοῦ χρῖσμα διδάσκει ὑμᾶς περὶ πάντων, καὶ ἀληθές ἐστιν καὶ οὐκ ἔστιν ψεῦδος
all' hōs to autou chrisma didaskei hymas peri pantōn, kai alēthes estin kai ouk estin pseudos,
but as his anointing teacheth you concerning all things, and is true, and is no lie,

καὶ καθὼς ἐδίδαξεν ὑμᾶς, μένετε ἐν αὐτῷ
kai kathōs edidaxen hymas, menete en autō
and even as it taught you, ye abide in him.

Καὶ νῦν, τεκνία, μένετε ἐν αὐτῷ, ἵνα ἐὰν φανερωθῇ σχῶμεν παρρησίαν
Kai nyn, teknia, menete en autō, hina ean phanerōthē schōmen parrēsian
And now, my little children, abide in him; that, if he shall be manifested, we may have boldness,

καὶ μὴ αἰσχυνθῶμεν ἀπ' αὐτοῦ ἐν τῇ παρουσίᾳ αὐτοῦ
kai mē aischynthōmen ap' autou en tē parousia autou
and not be ashamed before him at his coming.

ἐὰν εἰδῆτε ὅτι δίκαιός ἐστιν, γινώσκετε ὅτι καὶ πᾶς ὁ ποιῶν τὴν δικαιοσύνην ἐξ αὐτοῦ γεγέννηται
ean eidēte hoti dikaios estin, ginōskete hoti kai pas ho poiōn tēn dikaiosynēn ex autou gegennētai
If ye know that he is righteous, ye know that every one also that doeth righteousness is begotten of him.

γ

ἴδετε ποταπὴν ἀγάπην δέδωκεν ἡμῖν ὁ πατὴρ ἵνα τέκνα θεοῦ κληθῶμεν
idete potapēn agapēn dedōken hēmin ho patēr hina tekna theou klēthōmen:
Behold what manner of love the Father hath bestowed upon us, that we should be called children of God;

καὶ ἐσμέν. διὰ τοῦτο ὁ κόσμος οὐ γινώσκει ἡμᾶς ὅτι οὐκ ἔγνω αὐτόν
kai esmen. dia touto ho kosmos ou ginōskei hēmas hoti ouk egnō auton
and such we are. For this cause the world knoweth us not, because it knew him not.

Ἀγαπητοί, νῦν τέκνα θεοῦ ἐσμεν, καὶ οὔπω ἐφανερώθη τί ἐσόμεθα
Agapētoi, nyn tekna theou esmen, kai oupō ephanerōthē ti esometha
Beloved, now are we children of God, and it is not yet made manifest what we shall be.

οἴδαμεν ὅτι ἐὰν φανερωθῇ ὅμοιοι αὐτῷ ἐσόμεθα, ὅτι ὀψόμεθα αὐτὸν καθώς ἐστιν
oidamen hoti ean phanerōthē homoioi autō esometha, hoti opsometha auton kathōs estin
We know that, if he shall be manifested, we shall be like him; for we shall see him even as he is.

καὶ πᾶς ὁ ἔχων τὴν ἐλπίδα ταύτην ἐπ' αὐτῷ ἁγνίζει ἑαυτὸν καθὼς ἐκεῖνος ἁγνός ἐστιν
kai pas ho echōn tēn elpida tautēn ep' autō hagnizei heauton kathōs ekeinos hagnos estin
And every one that hath this hope set on him purifieth himself, even as he is pure.

Πᾶς ὁ ποιῶν τὴν ἁμαρτίαν καὶ τὴν ἀνομίαν ποιεῖ, καὶ ἡ ἁμαρτία ἐστὶν ἡ ἀνομία
Pas ho poiōn tēn hamartian kai tēn anomian poiei, kai hē hamartia estin hē anomia
Every one that doeth sin doeth also lawlessness; and sin is lawlessness.

καὶ οἴδατε ὅτι ἐκεῖνος ἐφανερώθη ἵνα τὰς ἁμαρτίας ἄρῃ, καὶ ἁμαρτία ἐν αὐτῷ οὐκ ἔστιν
kai oidate hoti ekeinos ephanerōthē hina tas hamartias arē, kai hamartia en autō ouk estin
And ye know that he was manifested to take away sins; and in him is no sin.

πᾶς ὁ ἐν αὐτῷ μένων οὐχ ἁμαρτάνει: πᾶς ὁ ἁμαρτάνων οὐχ ἑώρακεν αὐτὸν οὐδὲ ἔγνωκεν αὐτό
pas ho en autō menōn ouch hamartanei: pas ho hamartanōn ouch heōraken auton oude egnōken auto
Whosoever abideth in him sinneth not: whosoever sinneth hath not seen him, neither knoweth him.

Τεκνία, μηδεὶς πλανάτω ὑμᾶς: ὁ ποιῶν τὴν δικαιοσύνην δίκαιός ἐστιν, καθὼς ἐκεῖνος δίκαιός ἐστιν
Teknia, mēdeis planatō hymas: ho poiōn tēn dikaiosynēn dikaios estin, kathōs ekeinos dikaios estin
My little children, let no man lead you astray: he that doeth righteousness is righteous, even as he is righteous:

ὁ ποιῶν τὴν ἁμαρτίαν ἐκ τοῦ διαβόλου ἐστίν, ὅτι ἀπ' ἀρχῆς ὁ διάβολος ἁμαρτάνει
ho poiōn tēn hamartian ek tou diabolou estin, hoti ap' archēs ho diabolos hamartanei
he that doeth sin is of the devil; for the devil sinneth from the beginning.

εἰς τοῦτο ἐφανερώθη ὁ υἱὸς τοῦ θεοῦ, ἵνα λύσῃ τὰ ἔργα τοῦ διαβόλου
eis touto ephanerōthē ho huios tou theou, hina lysē ta erga tou diabolou
To this end was the Son of God manifested, that he might destroy the works of the devil.

Πᾶς ὁ γεγεννημένος ἐκ τοῦ θεοῦ ἁμαρτίαν οὐ ποιεῖ, ὅτι σπέρμα αὐτοῦ ἐν αὐτῷ μένει
Pas ho gegennēmenos ek tou theou hamartian ou poiei, hoti sperma autou en autō menei
Whosoever is begotten of God doeth no sin, because his seed abideth in him:

καὶ οὐ δύναται ἁμαρτάνειν, ὅτι ἐκ τοῦ θεοῦ γεγέννηται
kai ou dynatai hamartanein, hoti ek tou theou gegennētai
and he cannot sin, because he is begotten of God.

ἐν τούτῳ φανερά ἐστιν τὰ τέκνα τοῦ θεοῦ καὶ τὰ τέκνα τοῦ διαβόλου
en toutō phanera estin ta tekna tou theou kai ta tekna tou diabolou:
In this the children of God are manifest, and the children of the devil:

πᾶς ὁ μὴ ποιῶν δικαιοσύνην οὐκ ἔστιν ἐκ τοῦ θεοῦ, καὶ ὁ μὴ ἀγαπῶν τὸν ἀδελφὸν αὐτοῦ
pas ho mē poiōn dikaiosynēn ouk estin ek tou theou, kai ho mē agapōn ton adelphon autou
whosoever doeth not righteousness is not of God, neither he that loveth not his brother.

Ὅτι αὕτη ἐστὶν ἡ ἀγγελία ἣν ἠκούσατε ἀπ' ἀρχῆς, ἵνα ἀγαπῶμεν ἀλλήλους
Oti hautē estin hē angelia hēn ēkousate ap' archēs, hina agapōmen allēlous
For this is the message which ye heard from the beginning, that we should love one another:

οὐ καθὼς Κάϊν ἐκ τοῦ πονηροῦ ἦν καὶ ἔσφαξεν τὸν ἀδελφὸν αὐτοῦ
ou kathōs Kain ek tou ponērou ēn kai esphaxen ton adelphon autou:
not as Cain was of the evil one, and slew his brother.

καὶ χάριν τίνος ἔσφαξεν αὐτόν; ὅτι τὰ ἔργα αὐτοῦ πονηρὰ ἦν, τὰ δὲ τοῦ ἀδελφοῦ αὐτοῦ δίκαια
kai charin tinos esphaxen auton? hoti ta erga autou ponēra ēn, ta de tou adelphou autou dikaia
And wherefore slew he him? Because his works were evil, and his brother's righteous.

[καὶ] μὴ θαυμάζετε, ἀδελφοί, εἰ μισεῖ ὑμᾶς ὁ κόσμος
[kai] mē thaumazete, adelphoi, ei misei hymas ho kosmos
Marvel not, brethren, if the world hateth you.

ἡμεῖς οἴδαμεν ὅτι μεταβεβήκαμεν ἐκ τοῦ θανάτου εἰς τὴν ζωήν, ὅτι ἀγαπῶμεν τοὺς ἀδελφούς
hēmeis oidamen hoti metabebēkamen ek tou thanatou eis tēn zōēn, hoti agapōmen tous adelphous
We know that we have passed out of death into life, because we love the brethren.

ὁ μὴ ἀγαπῶν μένει ἐν τῷ θανάτῳ
ho mē agapōn menei en tō thanatō
He that loveth not abideth in death.

πᾶς ὁ μισῶν τὸν ἀδελφὸν αὐτοῦ ἀνθρωποκτόνος ἐστίν
pas ho misōn ton adelphon autou anthrōpoktonos estin,
Whosoever hateth his brother is a murderer:

καὶ οἴδατε ὅτι πᾶς ἀνθρωποκτόνος οὐκ ἔχει ζωὴν αἰώνιον ἐν αὐτῷ μένουσαν
kai oidate hoti pas anthrōpoktonos ouk echei zōēn aiōnion en autō menousan
and ye know that no murderer hath eternal life abiding in him.

ἐν τούτῳ ἐγνώκαμεν τὴν ἀγάπην, ὅτι ἐκεῖνος ὑπὲρ ἡμῶν τὴν ψυχὴν αὐτοῦ ἔθηκεν
en toutō egnōkamen tēn agapēn, hoti ekeinos hyper hēmōn tēn psychēn autou ethēken
Hereby know we love, because he laid down his life for us:

καὶ ἡμεῖς ὀφείλομεν ὑπὲρ τῶν ἀδελφῶν τὰς ψυχὰς θεῖναι
kai hēmeis opheilomen hyper tōn adelphōn tas psychas theinai
and we ought to lay down our lives for the brethren.

ὃς δ' ἂν ἔχῃ τὸν βίον τοῦ κόσμου καὶ θεωρῇ τὸν ἀδελφὸν αὐτοῦ χρείαν ἔχοντα
hos d' an echē ton bion tou kosmou kai theōrē ton adelphon autou chreian echonta
But whoso hath the world's goods, and beholdeth his brother in need,

καὶ κλείσῃ τὰ σπλάγχνα αὐτοῦ ἀπ' αὐτοῦ, πῶς ἡ ἀγάπη τοῦ θεοῦ μένει ἐν αὐτῷ
kai kleisē ta splanchna autou ap' autou, pōs hē agapē tou theou menei en autō
and shutteth up his compassion from him, how doth the love of God abide in him?

Τεκνία, μὴ ἀγαπῶμεν λόγῳ μηδὲ τῇ γλώσσῃ ἀλλὰ ἐν ἔργῳ καὶ ἀληθείᾳ
Teknia, mē agapōmen logō mēde tē glōssē alla en ergō kai alētheia
My little children, let us not love in word, neither with the tongue; but in deed and truth.

[Καὶ] ἐν τούτῳ γνωσόμεθα ὅτι ἐκ τῆς ἀληθείας ἐσμέν, καὶ ἔμπροσθεν αὐτοῦ πείσομεν τὴν καρδίαν ἡμῶν
[Kai] en toutō gnōsometha hoti ek tēs alētheias esmen, kai emprosthen autou peisomen tēn kardian hēmōn
Hereby shall we know that we are of the truth, and shall assure our heart before him:

ὅτι ἐὰν καταγινώσκῃ ἡμῶν ἡ καρδία, ὅτι μείζων ἐστὶν ὁ θεὸς τῆς καρδίας ἡμῶν καὶ γινώσκει πάντα
hoti ean kataginōskē hēmōn hē kardia, hoti meizōn estin ho theos tēs kardias hēmōn kai ginōskei panta
because if our heart condemn us, God is greater than our heart, and knoweth all things.

Ἀγαπητοί, ἐὰν ἡ καρδία [ἡμῶν] μὴ καταγινώσκῃ, παρρησίαν ἔχομεν πρὸς τὸν θεόν
Agapētoi, ean hē kardia [hēmōn] mē kataginōskē, parrēsian echomen pros ton theon
Beloved, if our heart condemn us not, we have boldness toward God;

καὶ ὃ ἐὰν αἰτῶμεν λαμβάνομεν ἀπ' αὐτοῦ
kai ho ean aitōmen lambanomen ap' autou
and whatsoever we ask we receive of him,

ὅτι τὰς ἐντολὰς αὐτοῦ τηροῦμεν καὶ τὰ ἀρεστὰ ἐνώπιον αὐτοῦ ποιοῦμεν
hoti tas entolas autou tēroumen kai ta aresta enōpion autou poioumen
because we keep his commandments and do the things that are pleasing in his sight.

καὶ αὕτη ἐστὶν ἡ ἐντολὴ αὐτοῦ, ἵνα πιστεύσωμεν τῷ ὀνόματι τοῦ υἱοῦ αὐτοῦ Ἰησοῦ Χριστοῦ
kai hautē estin hē entolē autou, hina pisteusōmen tō onomati tou huiou autou Iēsou Christou
And this is his commandment, that we should believe in the name of his Son Jesus Christ,

καὶ ἀγαπῶμεν ἀλλήλους, καθὼς ἔδωκεν ἐντολὴν ἡμῖν
kai agapōmen allēlous, kathōs edōken entolēn hēmin
and love one another, even as he gave us commandment.

καὶ ὁ τηρῶν τὰς ἐντολὰς αὐτοῦ ἐν αὐτῷ μένει καὶ αὐτὸς ἐν αὐτῷ
kai ho tērōn tas entolas autou en autō menei kai autos en autō:
And he that keepeth his commandments abideth in him, and he in him.

καὶ ἐν τούτῳ γινώσκομεν ὅτι μένει ἐν ἡμῖν, ἐκ τοῦ πνεύματος οὗ ἡμῖν ἔδωκεν
kai en toutō ginōskomen hoti menei en hēmin, ek tou pneumatos hou hēmin edōken
And hereby we know that he abideth in us, by the Spirit which he gave us.

δ

Ἀγαπητοί, μὴ παντὶ πνεύματι πιστεύετε, ἀλλὰ δοκιμάζετε τὰ πνεύματα εἰ ἐκ τοῦ θεοῦ ἐστιν
Agapētoi, mē panti pneumati pisteuete, alla dokimazete ta pneumata ei ek tou theou estin
Beloved, believe not every spirit, but prove the spirits, whether they are of God;

ὅτι πολλοὶ ψευδοπροφῆται ἐξεληλύθασιν εἰς τὸν κόσμον
hoti polloi pseudoprophētai exelēlythasin eis ton kosmon
because many false prophets are gone out into the world.

ἐν τούτῳ γινώσκετε τὸ πνεῦμα τοῦ θεοῦ
en toutō ginōskete to pneuma tou theou
Hereby know ye the Spirit of God:

πᾶν πνεῦμα ὃ ὁμολογεῖ Ἰησοῦν Χριστὸν ἐν σαρκὶ ἐληλυθότα ἐκ τοῦ θεοῦ ἐστιν
pan pneuma ho homologei Iēsoun Christon en sarki elēlythota ek tou theou estin
every spirit that confesseth that Jesus Christ is come in the flesh is of God:

καὶ πᾶν πνεῦμα ὃ μὴ ὁμολογεῖ τὸν Ἰησοῦν ἐκ τοῦ θεοῦ οὐκ ἔστιν
kai pan pneuma ho mē homologei ton Iēsoun ek tou theou ouk estin
and every spirit that confesseth not Jesus is not of God:

καὶ τοῦτό ἐστιν τὸ τοῦ ἀντιχρίστου, ὃ ἀκηκόατε ὅτι ἔρχεται, καὶ νῦν ἐν τῷ κόσμῳ ἐστὶν ἤδη
kai touto estin to tou antichristou, ho akēkoate hoti erchetai, kai nyn en tō kosmō estin ēdē
and this is the spirit of the antichrist, whereof ye have heard that it cometh; and now it is in the world already.

ὑμεῖς ἐκ τοῦ θεοῦ ἐστε, τεκνία, καὶ νενικήκατε αὐτούς, ὅτι μείζων ἐστὶν ὁ ἐν ὑμῖν ἢ ὁ ἐν τῷ κόσμῳ
hymeis ek tou theou este, teknia, kai nenikēkate autous, hoti meizōn estin ho en hymin ē ho en tō kosmō
Ye are of God, my little children, and have overcome them: because greater is he that is in you than he that is in the world.

αὐτοὶ ἐκ τοῦ κόσμου εἰσίν: διὰ τοῦτο ἐκ τοῦ κόσμου λαλοῦσιν καὶ ὁ κόσμος αὐτῶν ἀκούει
autoi ek tou kosmou eisin: dia touto ek tou kosmou lalousin kai ho kosmos autōn akouei
They are of the world: therefore speak they as of the world, and the world heareth them.

ἡμεῖς ἐκ τοῦ θεοῦ ἐσμεν: ὁ γινώσκων τὸν θεὸν ἀκούει ἡμῶν, ὃς οὐκ ἔστιν ἐκ τοῦ θεοῦ οὐκ ἀκούει ἡμῶν
hēmeis ek tou theou esmen: ho ginōskōn ton theon akouei hēmōn, hos ouk estin ek tou theou ouk akouei hēmōn
We are of God: he that knoweth God heareth us; he who is not of God heareth us not.

ἐκ τούτου γινώσκομεν τὸ πνεῦμα τῆς ἀληθείας καὶ τὸ πνεῦμα τῆς πλάνης
ek toutou ginōskomen to pneuma tēs alētheias kai to pneuma tēs planēs
By this we know the spirit of truth, and the spirit of error.

Ἀγαπητοί, ἀγαπῶμεν ἀλλήλους, ὅτι ἡ ἀγάπη ἐκ τοῦ θεοῦ ἐστιν
Agapētoi, agapōmen allēlous, hoti hē agapē ek tou theou estin
Beloved, let us love one another: for love is of God;

καὶ πᾶς ὁ ἀγαπῶν ἐκ τοῦ θεοῦ γεγέννηται καὶ γινώσκει τὸν θεόν
kai pas ho agapōn ek tou theou gegennētai kai ginōskei ton theon
and every one that loveth is begotten of God, and knoweth God.

ὁ μὴ ἀγαπῶν οὐκ ἔγνω τὸν θεόν, ὅτι ὁ θεὸς ἀγάπη ἐστίν
ho mē agapōn ouk egnō ton theon, hoti ho theos agapē estin
He that loveth not knoweth not God; for God is love.

ἐν τούτῳ ἐφανερώθη ἡ ἀγάπη τοῦ θεοῦ ἐν ἡμῖν
en toutō ephanerōthē hē agapē tou theou en hēmin
Herein was the love of God manifested in us,

ὅτι τὸν υἱὸν αὐτοῦ τὸν μονογενῆ ἀπέσταλκεν ὁ θεὸς εἰς τὸν κόσμον ἵνα ζήσωμεν δι' αὐτοῦ
hoti ton huion autou ton monogenē apestalken ho theos eis ton kosmon hina zēsōmen di' autou
that God hath sent his only begotten Son into the world that we might live through him.

ἐν τούτῳ ἐστὶν ἡ ἀγάπη, οὐχ ὅτι ἡμεῖς ἠγαπήκαμεν τὸν θεόν
en toutō estin hē agapē, ouch hoti hēmeis ēgapēkamen ton theon
Herein is love, not that we loved God,

ἀλλ' ὅτι αὐτὸς ἠγάπησεν ἡμᾶς καὶ ἀπέστειλεν τὸν υἱὸν αὐτοῦ ἱλασμὸν περὶ τῶν ἁμαρτιῶν ἡμῶν
all' hoti autos ēgapēsen hēmas kai apesteilen ton huion autou hilasmon peri tōn hamartiōn hēmōn
but that he loved us, and sent his Son to be the propitiation for our sins.

Ἀγαπητοί, εἰ οὕτως ὁ θεὸς ἠγάπησεν ἡμᾶς, καὶ ἡμεῖς ὀφείλομεν ἀλλήλους ἀγαπᾶν
Agapētoi, ei houtōs ho theos ēgapēsen hēmas, kai hēmeis opheilomen allēlous agapan
Beloved, if God so loved us, we also ought to love one another.

θεὸν οὐδεὶς πώποτε τεθέαται
theon oudeis pōpote tetheatai
No man hath beheld God at any time:

ἐὰν ἀγαπῶμεν ἀλλήλους, ὁ θεὸς ἐν ἡμῖν μένει καὶ ἡ ἀγάπη αὐτοῦ ἐν ἡμῖν τετελειωμένη ἐστιν
ean agapōmen allēlous, ho theos en hēmin menei kai hē agapē autou en hēmin teteleiōmenē estin
if we love one another, God abideth in us, and his love is perfected in us:

Ἐν τούτῳ γινώσκομεν ὅτι ἐν αὐτῷ μένομεν καὶ αὐτὸς ἐν ἡμῖν, ὅτι ἐκ τοῦ πνεύματος αὐτοῦ δέδωκεν ἡμῖν
En toutō ginōskomen hoti en autō menomen kai autos en hēmin, hoti ek tou pneumatos autou dedōken hēmin
hereby we know that we abide in him and he in us, because he hath given us of his Spirit.

καὶ ἡμεῖς τεθεάμεθα καὶ μαρτυροῦμεν ὅτι ὁ πατὴρ ἀπέσταλκεν τὸν υἱὸν σωτῆρα τοῦ κόσμου
kai hēmeis tetheametha kai martyroumen hoti ho patēr apestalken ton huion sōtēra tou kosmou
And we have beheld and bear witness that the Father hath sent the Son to be the Saviour of the world.

ὃς ἐὰν ὁμολογήσῃ ὅτι Ἰησοῦς ἐστιν ὁ υἱὸς τοῦ θεοῦ, ὁ θεὸς ἐν αὐτῷ μένει καὶ αὐτὸς ἐν τῷ θεῷ
hos ean homologēsē hoti Iēsous estin ho huios tou theou, ho theos en autō menei kai autos en tō theō
Whosoever shall confess that Jesus is the Son of God, God abideth in him, and he in God.

καὶ ἡμεῖς ἐγνώκαμεν καὶ πεπιστεύκαμεν τὴν ἀγάπην ἣν ἔχει ὁ θεὸς ἐν ἡμῖν
kai hēmeis egnōkamen kai pepisteukamen tēn agapēn hēn echei ho theos en hēmin
And we know and have believed the love which God hath in us.

Ὁ θεὸς ἀγάπη ἐστίν, καὶ ὁ μένων ἐν τῇ ἀγάπῃ ἐν τῷ θεῷ μένει καὶ ὁ θεὸς ἐν αὐτῷ μένει
HO theos agapē estin, kai ho menōn en tē agapē en tō theō menei kai ho theos en autō menei
God is love; and he that abideth in love abideth in God, and God abideth in him.

ἐν τούτῳ τετελείωται ἡ ἀγάπη μεθ' ἡμῶν, ἵνα παρρησίαν ἔχωμεν ἐν τῇ ἡμέρᾳ τῆς κρίσεως
en toutō teteleiōtai hē agapē meth' hēmōn, hina parrēsian echōmen en tē hēmera tēs kriseōs,
Herein is love made perfect with us, that we may have boldness in the day of judgment;

ὅτι καθὼς ἐκεῖνός ἐστιν καὶ ἡμεῖς ἐσμεν ἐν τῷ κόσμῳ τούτῳ
hoti kathōs ekeinos estin kai hēmeis esmen en tō kosmō toutō
because as he is, even so are we in this world.

φόβος οὐκ ἔστιν ἐν τῇ ἀγάπῃ, ἀλλ' ἡ τελεία ἀγάπη ἔξω βάλλει τὸν φόβον
phobos ouk estin en tē agapē, all' hē teleia agapē exō ballei ton phobon,
There is no fear in love: but perfect love casteth out fear,

ὅτι ὁ φόβος κόλασιν ἔχει, ὁ δὲ φοβούμενος οὐ τετελείωται ἐν τῇ ἀγάπῃ
hoti ho phobos kolasin echei, ho de phoboumenos ou teteleiōtai en tē agapē
because fear hath punishment; and he that feareth is not made perfect in love.

ἡμεῖς ἀγαπῶμεν, ὅτι αὐτὸς πρῶτος ἠγάπησεν ἡμᾶς
hēmeis agapōmen, hoti autos prōtos ēgapēsen hēmas
We love, because he first loved us.

ἐάν τις εἴπῃ ὅτι Ἀγαπῶ τὸν θεόν, καὶ τὸν ἀδελφὸν αὐτοῦ μισῇ, ψεύστης ἐστίν
ean tis eipē hoti Agapō ton theon, kai ton adelphon autou misē, pseustēs estin
If a man say, I love God, and hateth his brother, he is a liar:

ὁ γὰρ μὴ ἀγαπῶν τὸν ἀδελφὸν αὐτοῦ ὃν ἑώρακεν, τὸν θεὸν ὃν οὐχ ἑώρακεν οὐ δύναται ἀγαπᾶν
ho gar mē agapōn ton adelphon autou hon heōraken, ton theon hon ouch heōraken ou dynatai agapan
for he that loveth not his brother whom he hath seen, cannot love God whom he hath not seen.

καὶ ταύτην τὴν ἐντολὴν ἔχομεν ἀπ' αὐτοῦ, ἵνα ὁ ἀγαπῶν τὸν θεὸν ἀγαπᾷ καὶ τὸν ἀδελφὸν αὐτοῦ
kai tautēn tēn entolēn echomen ap' autou, hina ho agapōn ton theon agapa kai ton adelphon autou
And this commandment have we from him, that he who loveth God love his brother also.

ε

Πᾶς ὁ πιστεύων ὅτι Ἰησοῦς ἐστιν ὁ Χριστὸς ἐκ τοῦ θεοῦ γεγέννηται
Pas ho pisteuōn hoti Iēsous estin ho Christos ek tou theou gegennētai
Whosoever believeth that Jesus is the Christ is begotten of God:

καὶ πᾶς ὁ ἀγαπῶν τὸν γεννήσαντα ἀγαπᾷ [καὶ] τὸν γεγεννημένον ἐξ αὐτοῦ
kai pas ho agapōn ton gennēsanta agapa [kai] ton gegennēmenon ex autou
and whosoever loveth him that begat loveth him also that is begotten of him.

ἐν τούτῳ γινώσκομεν ὅτι ἀγαπῶμεν τὰ τέκνα τοῦ θεοῦ, ὅταν τὸν θεὸν ἀγαπῶμεν καὶ τὰς ἐντολὰς αὐτοῦ ποιῶμεν
en toutō ginōskomen hoti agapōmen ta tekna tou theou, hotan ton theon agapōmen kai tas entolas autou poiōmen
Hereby we know that we love the children of God, when we love God and do his commandments.

αὕτη γάρ ἐστιν ἡ ἀγάπη τοῦ θεοῦ, ἵνα τὰς ἐντολὰς αὐτοῦ τηρῶμεν: καὶ αἱ ἐντολαὶ αὐτοῦ βαρεῖαι οὐκ εἰσίν
hautē gar estin hē agapē tou theou, hina tas entolas autou tērōmen: kai hai entolai autou bareiai ouk eisin
For this is the love of God, that we keep his commandments: and his commandments are not grievous.

ὅτι πᾶν τὸ γεγεννημένον ἐκ τοῦ θεοῦ νικᾷ τὸν κόσμον
hoti pan to gegennēmenon ek tou theou nika ton kosmon
For whatsoever is begotten of God overcometh the world:

καὶ αὕτη ἐστὶν ἡ νίκη ἡ νικήσασα τὸν κόσμον, ἡ πίστις ἡμῶ
kai hautē estin hē nikē hē nikēsasa ton kosmon, hē pistis hēmō
and this is the victory that hath overcome the world, even our faith.

τίς [δέ] ἐστιν ὁ νικῶν τὸν κόσμον εἰ μὴ ὁ πιστεύων ὅτι Ἰησοῦς ἐστιν ὁ υἱὸς τοῦ θεοῦ
tis [de] estin ho nikōn ton kosmon ei mē ho pisteuōn hoti Iēsous estin ho huios tou theou
And who is he that overcometh the world, but he that believeth that Jesus is the Son of God?

Οὗτός ἐστιν ὁ ἐλθὼν δι' ὕδατος καὶ αἵματος, Ἰησοῦς Χριστός·
Houtos estin ho elthōn di' hydatos kai haimatos, Iēsous Christos
This is he that came by water and blood, even Jesus Christ;

οὐκ ἐν τῷ ὕδατι μόνον ἀλλ' ἐν τῷ ὕδατι καὶ ἐν τῷ αἵματι
ouk en tō hydati monon all' en tō hydati kai en tō haimati:
not with the water only, but with the water and with the blood.

καὶ τὸ πνεῦμά ἐστιν τὸ μαρτυροῦν, ὅτι τὸ πνεῦμά ἐστιν ἡ ἀλήθεια
kai to pneuma estin to martyroun, hoti to pneuma estin hē alētheia
And it is the Spirit that beareth witness, because the Spirit is the truth.

ὅτι τρεῖς εἰσιν οἱ μαρτυροῦντες τὸ πνεῦμα καὶ τὸ ὕδωρ καὶ τὸ αἷμα, καὶ οἱ τρεῖς εἰς τὸ ἕν εἰσιν
hoti treis eisin hoi martyrountes to pneuma kai to hydōr kai to haima, kai hoi treis eis to hen eisin
For there are three who bear witness, the Spirit, and the water, and the blood: and the three agree in one.

εἰ τὴν μαρτυρίαν τῶν ἀνθρώπων λαμβάνομεν, ἡ μαρτυρία τοῦ θεοῦ μείζων ἐστίν
ei tēn martyrian tōn anthrōpōn lambanomen, hē martyria tou theou meizōn estin
If we receive the witness of men, the witness of God is greater:

ὅτι αὕτη ἐστὶν ἡ μαρτυρία τοῦ θεοῦ, ὅτι μεμαρτύρηκεν περὶ τοῦ υἱοῦ αὐτοῦ
hoti hautē estin hē martyria tou theou, hoti memartyrēken peri tou huiou autou
for the witness of God is this, that he hath borne witness concerning his Son.

ὁ πιστεύων εἰς τὸν υἱὸν τοῦ θεοῦ ἔχει τὴν μαρτυρίαν ἐν ἑαυτῷ
ho pisteuōn eis ton huion tou theou echei tēn martyrian en heautō:
He that believeth on the Son of God hath the witness in him:

ὁ μὴ πιστεύων τῷ θεῷ ψεύστην πεποίηκεν αὐτόν
ho mē pisteuōn tō theō pseustēn pepoiēken auton,
he that believeth not God hath made him a liar;

ὅτι οὐ πεπίστευκεν εἰς τὴν μαρτυρίαν ἣν μεμαρτύρηκεν ὁ θεὸς περὶ τοῦ υἱοῦ αὐτοῦ
hoti ou pepisteuken eis tēn martyrian hēn memartyrēken ho theos peri tou huiou autou
because he hath not believed in the witness that God hath borne concerning his Son.

καὶ αὕτη ἐστὶν ἡ μαρτυρία, ὅτι ζωὴν αἰώνιον ἔδωκεν ἡμῖν ὁ θεός, καὶ αὕτη ἡ ζωὴ ἐν τῷ υἱῷ αὐτοῦ ἐστιν
kai hautē estin hē martyria, hoti zōēn aiōnion edōken hēmin ho theos, kai hautē hē zōē en tō huiō autou estin
And the witness is this, that God gave unto us eternal life, and this life is in his Son.

ὁ ἔχων τὸν υἱὸν ἔχει τὴν ζωήν· ὁ μὴ ἔχων τὸν υἱὸν τοῦ θεοῦ τὴν ζωὴν οὐκ ἔχει
ho echōn ton huion echei tēn zōēn: ho mē echōn ton huion tou theou tēn zōēn ouk echei
He that hath the Son hath the life; he that hath not the Son of God hath not the life.

Ταῦτα ἔγραψα ὑμῖν ἵνα εἰδῆτε ὅτι ζωὴν ἔχετε αἰώνιον, τοῖς πιστεύουσιν εἰς τὸ ὄνομα τοῦ υἱοῦ τοῦ θεοῦ
Tauta egrapsa hymin hina eidēte hoti zōēn echete aiōnion, tois pisteuousin eis to onoma tou huiou tou theou
These things have I written unto you, that ye may know that ye have eternal life, even unto you that believe on the name of the Son of God.

καὶ αὕτη ἐστὶν ἡ παρρησία ἣν ἔχομεν πρὸς αὐτόν, ὅτι ἐάν τι αἰτώμεθα κατὰ τὸ θέλημα αὐτοῦ ἀκούει ἡμῶν
kai hautē estin hē parrēsia hēn echomen pros auton, hoti ean ti aitōmetha kata to thelēma autou akouei hēmōn
And this is the boldness which we have toward him, that, if we ask anything according to his will, he heareth us:

καὶ ἐὰν οἴδαμεν ὅτι ἀκούει ἡμῶν ὃ ἐὰν αἰτώμεθα, οἴδαμεν ὅτι ἔχομεν τὰ αἰτήματα ἃ ᾐτήκαμεν ἀπ' αὐτοῦ
kai ean oidamen hoti akouei hēmōn ho ean aitōmetha, oidamen hoti echomen ta aitēmata ha ētēkamen ap' autou
and if we know that he heareth us whatsoever we ask, we know that we have the petitions which we have asked of him.

Ἐάν τις ἴδῃ τὸν ἀδελφὸν αὐτοῦ ἁμαρτάνοντα ἁμαρτίαν μὴ πρὸς θάνατον, αἰτήσει, καὶ δώσει αὐτῷ ζωήν
Ean tis idē ton adelphon autou hamartanonta hamartian mē pros thanaton, aitēsei, kai dōsei autō zōēn,
If any man see his brother sinning a sin not unto death, he shall ask, and God will give him life

τοῖς ἁμαρτάνουσιν μὴ πρὸς θάνατον. ἔστιν ἁμαρτία πρὸς θάνατον: οὐ περὶ ἐκείνης λέγω ἵνα ἐρωτήσῃ
tois hamartanousin mē pros thanaton. estin hamartia pros thanaton: ou peri ekeinēs legō hina erōtēsē
for them that sin not unto death. There is a sin unto death: not concerning this do I say that he should make request.

πᾶσα ἀδικία ἁμαρτία ἐστίν, καὶ ἔστιν ἁμαρτία οὐ πρὸς θάνατον
pasa adikia hamartia estin, kai estin hamartia ou pros thanaton
All unrighteousness is sin: and there is a sin not unto death.

Οἴδαμεν ὅτι πᾶς ὁ γεγεννημένος ἐκ τοῦ θεοῦ οὐχ ἁμαρτάνει
Oidamen hoti pas ho gegennēmenos ek tou theou ouch hamartanei
We know that whosoever is begotten of God sinneth not;

ἀλλ' ὁ γεννηθεὶς ἐκ τοῦ θεοῦ τηρεῖ αὐτόν, καὶ ὁ πονηρὸς οὐχ ἅπτεται αὐτοῦ
all' ho gennētheis ek tou theou tērei auton, kai ho ponēros ouch haptetai autou
but he that was begotten of God keepeth himself, and the evil one toucheth him not.

οἴδαμεν ὅτι ἐκ τοῦ θεοῦ ἐσμεν, καὶ ὁ κόσμος ὅλος ἐν τῷ πονηρῷ κεῖται
oidamen hoti ek tou theou esmen, kai ho kosmos holos en tō ponērō keitai
We know that we are of God, and the whole world lieth in the evil one.

οἴδαμεν δὲ ὅτι ὁ υἱὸς τοῦ θεοῦ ἥκει, καὶ δέδωκεν ἡμῖν διάνοιαν ἵνα γινώσκωμεν τὸν ἀληθινόν
oidamen de hoti ho huios tou theou hēkei, kai dedōken hēmin dianoian hina ginōskōmen ton alēthinon
And we know that the Son of God is come, and hath given us an understanding, that we know him that is true,

καὶ ἐσμὲν ἐν τῷ ἀληθινῷ, ἐν τῷ υἱῷ αὐτοῦ Ἰησοῦ Χριστῷ. οὗτός ἐστιν ὁ ἀληθινὸς θεὸς καὶ ζωὴ αἰώνιος
kai esmen en tō alēthinō, en tō huiō autou Iēsou Christō. houtos estin ho alēthinos theos kai zōē aiōnios
and we are in him that is true, even in his Son Jesus Christ. This is the true God, and eternal life.

Τεκνία, φυλάξατε ἑαυτὰ ἀπὸ τῶν εἰδώλων
Teknia, phylaxate heauta apo tōn eidōlōn
My little children, guard yourselves from idols.

ΙΩΆΝΝΗ Β΄

Ὁ πρεσβύτερος ἐκλεκτῇ κυρίᾳ καὶ τοῖς τέκνοις αὐτῆς, οὓς ἐγὼ ἀγαπῶ ἐν ἀληθείᾳ
HO presbyteros eklektē kyria kai tois teknois autēs, hous egō agapō en alētheia
The elder unto the elect lady and her children, whom I love in truth;

καὶ οὐκ ἐγὼ μόνος ἀλλὰ καὶ πάντες οἱ ἐγνωκότες τὴν ἀλήθειαν
kai ouk egō monos alla kai pantes hoi egnōkotes tēn alētheian
and not I only, but also all they that know the truth;

διὰ τὴν ἀλήθειαν τὴν μένουσαν ἐν ἡμῖν, καὶ μεθ' ἡμῶν ἔσται εἰς τὸν αἰῶνα
dia tēn alētheian tēn menousan en hēmin, kai meth' hēmōn estai eis ton aiōna
for the truth's sake which abideth in us, and it shall be with us for ever:

ἔσται μεθ' ἡμῶν χάρις ἔλεος εἰρήνη παρὰ θεοῦ πατρός
estai meth' hēmōn charis eleos eirēnē para theou patros,
Grace, mercy, peace shall be with us, from God the Father,

καὶ παρὰ Ἰησοῦ Χριστοῦ τοῦ υἱοῦ τοῦ πατρός, ἐν ἀληθείᾳ καὶ ἀγάπῃ
kai para Iēsou Christou tou huiou tou patros, en alētheia kai agapē
and from Jesus Christ, the Son of the Father, in truth and love.

Ἐχάρην λίαν ὅτι εὕρηκα ἐκ τῶν τέκνων σου περιπατοῦντας ἐν ἀληθείᾳ, καθὼς ἐντολὴν ἐλάβομεν παρὰ τοῦ πατρό
Echarēn lian hoti heurēka ek tōn teknōn sou peripatountas en alētheia, kathōs entolēn elabomen para tou patro
I rejoice greatly that I have found certain of thy children walking in truth, even as we received commandment from the
Father.

καὶ νῦν ἐρωτῶ σε, κυρία, οὐχ ὡς ἐντολὴν καινὴν γράφων σοι ἀλλὰ ἣν εἴχομεν ἀπ' ἀρχῆς, ἵνα ἀγαπῶμεν ἀλλήλους
kai nyn erōtō se, kyria, ouch hōs entolēn kainēn graphōn soi alla hēn eichomen ap' archēs, hina agapōmen allēlous
And now I beseech thee, lady, not as though I wrote to thee a new commandment, but that which we had from the
beginning, that we love one another.

καὶ αὕτη ἐστὶν ἡ ἀγάπη, ἵνα περιπατῶμεν κατὰ τὰς ἐντολὰς αὐτοῦ
kai hautē estin hē agapē, hina peripatōmen kata tas entolas autou:
And this is love, that we should walk after his commandments.

αὕτη ἡ ἐντολή ἐστιν, καθὼς ἠκούσατε ἀπ' ἀρχῆς, ἵνα ἐν αὐτῇ περιπατῆτε
hautē hē entolē estin, kathōs ēkousate ap' archēs, hina en autē peripatēte
This is the commandment, even as ye heard from the beginning, that ye should walk in it.

ὅτι πολλοὶ πλάνοι ἐξῆλθον εἰς τὸν κόσμον, οἱ μὴ ὁμολογοῦντες Ἰησοῦν Χριστὸν ἐρχόμενον ἐν σαρκί
hoti polloi planoi exēlthon eis ton kosmon, hoi mē homologountes Iēsoun Christon erchomenon en sarki
For many deceivers are gone forth into the world, even they that confess not that Jesus Christ cometh in the flesh.

οὗτός ἐστιν ὁ πλάνος καὶ ὁ ἀντίχριστος
houtos estin ho planos kai ho antichristos
This is the deceiver and the anti-christ.

βλέπετε ἑαυτούς, ἵνα μὴ ἀπολέσητε ἃ εἰργασάμεθα ἀλλὰ μισθὸν πλήρη ἀπολάβητε
blepete heautous, hina mē apolesēte ha eirgasametha alla misthon plērē apolabēte
Look to yourselves, that ye lose not the things which we have wrought, but that ye receive a full reward.

πᾶς ὁ προάγων καὶ μὴ μένων ἐν τῇ διδαχῇ τοῦ Χριστοῦ θεὸν οὐκ ἔχει
pas ho proagōn kai mē menōn en tē didachē tou Christou theon ouk echei:
Whosoever goeth onward and abideth not in the teaching of Christ, hath not God:

ὁ μένων ἐν τῇ διδαχῇ, οὗτος καὶ τὸν πατέρα καὶ τὸν υἱὸν ἔχει
ho menōn en tē didachē, houtos kai ton patera kai ton huion echei
he that abideth in the teaching, the same hath both the Father and the Son.

εἴ τις ἔρχεται πρὸς ὑμᾶς καὶ ταύτην τὴν διδαχὴν οὐ φέρει, μὴ λαμβάνετε αὐτὸν εἰς οἰκίαν καὶ χαίρειν αὐτῷ μὴ λέγετε
ei tis erchetai pros hymas kai tautēn tēn didachēn ou pherei, mē lambanete auton eis oikian kai chairein autō mē legete
If any one cometh unto you, and bringeth not this teaching, receive him not into your house, and give him no greeting:

ὁ λέγων γὰρ αὐτῷ χαίρειν κοινωνεῖ τοῖς ἔργοις αὐτοῦ τοῖς πονηροῖς
ho legōn gar autō chairein koinōnei tois ergois autou tois ponērois
for he that giveth him greeting partaketh in his evil works.

Πολλὰ ἔχων ὑμῖν γράφειν οὐκ ἐβουλήθην διὰ χάρτου καὶ μέλανος
Polla echōn hymin graphein ouk eboulēthēn dia chartou kai melanos
Having many things to write unto you, I would not write them with paper and ink:

ἀλλὰ ἐλπίζω γενέσθαι πρὸς ὑμᾶς καὶ στόμα πρὸς στόμα λαλῆσαι, ἵνα ἡ χαρὰ ἡμῶν πεπληρωμένη
alla elpizō genesthai pros hymas kai stoma pros stoma lalēsai, hina hē chara hēmōn peplērōmenē
but I hope to come unto you, and to speak face to face, that your joy may be made full.

Ἀσπάζεταί σε τὰ τέκνα τῆς ἀδελφῆς σου τῆς ἐκλεκτῆς
Aspazetai se ta tekna tēs adelphēs sou tēs eklektēs
The children of thine elect sister salute thee.

ΙΩΆΝΝΗ Γ´

Ὁ πρεσβύτερος Γαΐῳ τῷ ἀγαπητῷ, ὃν ἐγὼ ἀγαπῶ ἐν ἀληθείᾳ
HO presbyteros Gaiō tō agapētō, hon egō agapō en alētheia
The elder unto Gaius the beloved, whom I love in truth.

Ἀγαπητέ, περὶ πάντων εὔχομαί σε εὐοδοῦσθαι καὶ ὑγιαίνειν, καθὼς εὐοδοῦταί σου ἡ ψυχή
Agapēte, peri pantōn euchomai se euodousthai kai hygiainein, kathōs euodoutai sou hē psychē
Beloved, I pray that in all things thou mayest prosper and be in health, even as thy soul prospereth.

ἐχάρην γὰρ λίαν ἐρχομένων ἀδελφῶν καὶ μαρτυρούντων σου τῇ ἀληθείᾳ, καθὼς σὺ ἐν ἀληθείᾳ περιπατεῖ
echarēn gar lian erchomenōn adelphōn kai martyrountōn sou tē alētheia, kathōs sy en alētheia peripatei
For I rejoiced greatly, when brethren came and bare witness unto thy truth, even as thou walkest in truth.

μειζοτέραν τούτων οὐκ ἔχω χαράν, ἵνα ἀκούω τὰ ἐμὰ τέκνα ἐν τῇ ἀληθείᾳ περιπατοῦντα
meizoteran toutōn ouk echō charan, hina akouō ta ema tekna en tē alētheia peripatounta
Greater joy have I none than this, to hear of my children walking in the truth.

Ἀγαπητέ, πιστὸν ποιεῖς ὃ ἐὰν ἐργάσῃ εἰς τοὺς ἀδελφοὺς καὶ τοῦτο ξένους
Agapēte, piston poieis ho ean ergasē eis tous adelphous kai touto xenous
Beloved, thou doest a faithful work in whatsoever thou doest toward them that are brethren and strangers withal;

οἳ ἐμαρτύρησάν σου τῇ ἀγάπῃ ἐνώπιον ἐκκλησίας, οὓς καλῶς ποιήσεις προπέμψας ἀξίως τοῦ θεοῦ
hoi emartyrēsan sou tē agapē enōpion ekklēsias, hous kalōs poiēseis propempsas axiōs tou theou
who bare witness to thy love before the church: whom thou wilt do well to set forward on their journey worthily of God:

ὑπὲρ γὰρ τοῦ ὀνόματος ἐξῆλθον μηδὲν λαμβάνοντες ἀπὸ τῶν ἐθνικῶν
hyper gar tou onomatos exēlthon mēden lambanontes apo tōn ethnikōn
because that for the sake of the Name they went forth, taking nothing of the Gentiles.

ἡμεῖς οὖν ὀφείλομεν ὑπολαμβάνειν τοὺς τοιούτους, ἵνα συνεργοὶ γινώμεθα τῇ ἀληθεί
hēmeis oun opheilomen hypolambanein tous toioutous, hina synergoi ginōmetha tē alēthei
We therefore ought to welcome such, that we may be fellow-workers for the truth.

Ἔγραψά τι τῇ ἐκκλησίᾳ· ἀλλ' ὁ φιλοπρωτεύων αὐτῶν Διοτρέφης οὐκ ἐπιδέχεται ἡμᾶς
Egrapsa ti tē ekklēsia: all' ho philoprōteuōn autōn Diotrephēs ouk epidechetai hēmas
I wrote somewhat unto the church: but Diotrephes, who loveth to have the preeminence among them, receiveth us not.

διὰ τοῦτο, ἐὰν ἔλθω, ὑπομνήσω αὐτοῦ τὰ ἔργα ἃ ποιεῖ, λόγοις πονηροῖς φλυαρῶν ἡμᾶς
dia touto, ean elthō, hypomnēsō autou ta erga ha poiei, logois ponērois phlyarōn hēmas
Therefore, if I come, I will bring to remembrance his works which he doeth, prating against us with wicked words:

καὶ μὴ ἀρκούμενος ἐπὶ τούτοις
kai mē arkoumenos epi toutois
and not content therewith,

οὔτε αὐτὸς ἐπιδέχεται τοὺς ἀδελφοὺς καὶ τοὺς βουλομένους κωλύει καὶ ἐκ τῆς ἐκκλησίας ἐκβάλλει
oute autos epidechetai tous adelphous kai tous boulomenous kōlyei kai ek tēs ekklēsias ekballei
neither doth he himself receive the brethren, and them that would he forbiddeth and casteth them out of the church.

Ἀγαπητέ, μὴ μιμοῦ τὸ κακὸν ἀλλὰ τὸ ἀγαθόν
Agapēte, mē mimou to kakon alla to agathon
Beloved, imitate not that which is evil, but that which is good.

ὁ ἀγαθοποιῶν ἐκ τοῦ θεοῦ ἐστιν: ὁ κακοποιῶν οὐχ ἑώρακεν τὸν θεόν
ho agathopoiōn ek tou theou estin: ho kakopoiōn ouch heōraken ton theon
He that doeth good is of God: he that doeth evil hath not seen God.

Δημητρίῳ μεμαρτύρηται ὑπὸ πάντων καὶ ὑπὸ αὐτῆς τῆς ἀληθείας
Dēmētriō memartyrētai hypo pantōn kai hypo autēs tēs alētheias:
Demetrius hath the witness of all men, and of the truth itself:

καὶ ἡμεῖς δὲ μαρτυροῦμεν, καὶ οἶδας ὅτι ἡ μαρτυρία ἡμῶν ἀληθής ἐστιν
kai hēmeis de martyroumen, kai oidas hoti hē martyria hēmōn alēthēs estin
yea, we also bear witness; and thou knowest that our witness is true.

Πολλὰ εἶχον γράψαι σοι, ἀλλ' οὐ θέλω διὰ μέλανος καὶ καλάμου σοι γράφειν
Polla eichon grapsai soi, all' ou thelō dia melanos kai kalamou soi graphein
I had many things to write unto thee, but I am unwilling to write them to thee with ink and pen:

ἐλπίζω δὲ εὐθέως σε ἰδεῖν, καὶ στόμα πρὸς στόμα λαλήσομεν
elpizō de eutheōs se idein, kai stoma pros stoma lalēsomen
but I hope shortly to see thee, and we shall speak face to face.

εἰρήνη σοι. ἀσπάζονταί σε οἱ φίλοι. ἀσπάζου τοὺς φίλους κατ' ὄνομα
eirēnē soi. aspazontai se hoi philoi. aspazou tous philous kat' onoma
Peace be unto thee. The friends salute thee. Salute the friends by name.

ΙΟΥΔΑ

Ἰούδας Ἰησοῦ Χριστοῦ δοῦλος, ἀδελφὸς δὲ Ἰακώβου
Ioudas Iēsou Christou doulos, adelphos de Iakōbou
Jude, a servant of Jesus Christ, and brother of James,

τοῖς ἐν θεῷ πατρὶ ἠγαπημένοις καὶ Ἰησοῦ Χριστῷ τετηρημένοις κλητοῖς
tois en theō patri ēgapēmenois kai Iēsou Christō tetērēmenois klētois
to them that are called, beloved in God the Father, and kept for Jesus Christ:

ἔλεος ὑμῖν καὶ εἰρήνη καὶ ἀγάπη πληθυνθείη
eleos hymin kai eirēnē kai agapē plēthyntheiē
Mercy unto you and peace and love be multiplied.

Ἀγαπητοί, πᾶσαν σπουδὴν ποιούμενος γράφειν ὑμῖν περὶ τῆς κοινῆς ἡμῶν σωτηρίας
Agapētoi, pasan spoudēn poioumenos graphein hymin peri tēs koinēs hēmōn sōtērias
Beloved, while I was giving all diligence to write unto you of our common salvation,

ἀνάγκην ἔσχον γράψαι ὑμῖν παρακαλῶν ἐπαγωνίζεσθαι τῇ ἅπαξ παραδοθείσῃ τοῖς ἁγίοις πίστει
anankēn eschon grapsai hymin parakalōn epagōnizesthai tē hapax paradotheisē tois hagiois pistei
I was constrained to write unto you exhorting you to contend earnestly for the faith which was once for all delivered unto the saints.

παρεισέδυσαν γάρ τινες ἄνθρωποι
pareisedysan gar tines anthrōpoi
For there are certain men crept in privily,

οἱ πάλαι προγεγραμμένοι εἰς τοῦτο τὸ κρίμα, ἀσεβεῖς
hoi palai progegrammenoi eis touto to krima, asebeis
even they who were of old written of beforehand unto this condemnation, ungodly men,

τὴν τοῦ θεοῦ ἡμῶν χάριτα μετατιθέντες εἰς ἀσέλγειαν
tēn tou theou hēmōn charita metatithentes eis aselgeian
turning the grace of our God into lasciviousness,

καὶ τὸν μόνον δεσπότην καὶ κύριον ἡμῶν Ἰησοῦν Χριστὸν ἀρνούμενοι
kai ton monon despotēn kai kyrion hēmōn Iēsoun Christon arnoumenoi
and denying our only Master and Lord, Jesus Christ.

Ὑπομνῆσαι δὲ ὑμᾶς βούλομαι, εἰδότας [ὑμᾶς] πάντα
Hypomnēsai de hymas boulomai, eidotas [hymas] panta,
Now I desire to put you in remembrance, though ye know all things once for all,

ὅτι [ὁ] κύριος ἅπαξ λαὸν ἐκ γῆς Αἰγύπτου σώσας τὸ δεύτερον τοὺς μὴ πιστεύσαντας ἀπώλεσεν
hoti [ho] kyrios hapax laon ek gēs Aigyptou sōsas to deuteron tous mē pisteusantas apōlesen
that the Lord, having saved a people out of the land of Egypt, afterward destroyed them that believed not.

ἀγγέλους τε τοὺς μὴ τηρήσαντας τὴν ἑαυτῶν ἀρχὴν
angelous te tous mē tērēsantas tēn heautōn archēn
And angels that kept not their own principality,

ἀλλὰ ἀπολιπόντας τὸ ἴδιον οἰκητήριον εἰς κρίσιν μεγάλης ἡμέρας δεσμοῖς ἀϊδίοις ὑπὸ ζόφον τετήρηκεν
alla apolipontas to idion oikētērion eis krisin megalēs hēmeras desmois aidiois hypo zophon tetērēken
but left their proper habitation, he hath kept in everlasting bonds under darkness unto the judgment of the great day.

ὡς Σόδομα καὶ Γόμορρα καὶ αἱ περὶ αὐτὰς πόλεις
hōs Sodoma kai Gomorra kai hai peri autas poleis
Even as Sodom and Gomorrah, and the cities about them,

τὸν ὅμοιον τρόπον τούτοις ἐκπορνεύσασαι καὶ ἀπελθοῦσαι ὀπίσω σαρκὸς ἑτέρας
ton homoion tropon toutois ekporneusasai kai apelthousai opisō sarkos heteras
having in like manner with these given themselves over to fornication and gone after strange flesh,

πρόκεινται δεῖγμα πυρὸς αἰωνίου δίκην ὑπέχουσαι
prokeintai deigma pyros aiōniou dikēn hypechousai
are set forth as an example, suffering the punishment of eternal fire.

Ὁμοίως μέντοι καὶ οὗτοι ἐνυπνιαζόμενοι σάρκα μὲν μιαίνουσιν, κυριότητα δὲ ἀθετοῦσιν, δόξας δὲ βλασφημοῦσιν
Homoiōs mentoi kai houtoi enypniazomenoi sarka men miainousin, kyriotēta de athetousin, doxas de blasphēmousin
Yet in like manner these also in their dreamings defile the flesh, and set at nought dominion, and rail at dignities.

ὁ δὲ Μιχαὴλ ὁ ἀρχάγγελος, ὅτε τῷ διαβόλῳ διακρινόμενος διελέγετο περὶ τοῦ Μωϋσέως σώματος
ho de Michaēl ho archangelos, hote tō diabolō diakrinomenos dielegeto peri tou Mōuseōs sōmatos,
But Michael the archangel, when contending with the devil he disputed about the body of Moses,

οὐκ ἐτόλμησεν κρίσιν ἐπενεγκεῖν βλασφημίας, ἀλλὰ εἶπεν, Ἐπιτιμήσαι σοι κύριος
ouk etolmēsen krisin epenenkein blasphēmias, alla eipen, Epitimēsai soi kyrios
durst not bring against him a railing judgment, but said, The Lord rebuke thee.

οὗτοι δὲ ὅσα μὲν οὐκ οἴδασιν βλασφημοῦσιν
houtoi de hosa men ouk oidasin blasphēmousin
But these rail at whatsoever things they know not:

ὅσα δὲ φυσικῶς ὡς τὰ ἄλογα ζῷα ἐπίστανται, ἐν τούτοις φθείρονται
hosa de physikōs hōs ta aloga zōa epistantai, en toutois phtheirontai
and what they understand naturally, like the creatures without reason, in these things are they destroyed.

οὐαὶ αὐτοῖς, ὅτι τῇ ὁδῷ τοῦ Κάϊν ἐπορεύθησαν
ouai autois, hoti tē hodō tou Kain eporeuthēsan,
Woe unto them! for they went in the way of Cain,

καὶ τῇ πλάνῃ τοῦ Βαλαὰμ μισθοῦ ἐξεχύθησαν, καὶ τῇ ἀντιλογίᾳ τοῦ Κόρε ἀπώλοντο
kai tē planē tou Balaam misthou exechythēsan, kai tē antilogia tou Kore apōlonto
and ran riotously in the error of Balaam for hire, and perished in the gainsaying of Korah.

οὗτοί εἰσιν οἱ ἐν ταῖς ἀγάπαις ὑμῶν σπιλάδες συνευωχούμενοι ἀφόβως, ἑαυτοὺς ποιμαίνοντες
houtoi eisin hoi en tais agapais hymōn spilades syneuōchoumenoi aphobōs, heautous poimainontes,
These are they who are hidden rocks in your love-feasts when they feast with you, shepherds that without fear feed
themselves;

νεφέλαι ἄνυδροι ὑπὸ ἀνέμων παραφερόμεναι, δένδρα φθινοπωρινὰ ἄκαρπα δὶς ἀποθανόντα ἐκριζωθέντ
nephelai anydroi hypo anemōn parapheromenai, dendra phthinopōrina akarpa dis apothanonta ekrizōthent
clouds without water, carried along by winds; autumn trees without fruit, twice dead, plucked up by the roots;

κύματα ἄγρια θαλάσσης ἐπαφρίζοντα τὰς ἑαυτῶν αἰσχύνας
kymata agria thalassēs epaphrizonta tas heautōn aischynas
wild waves of the sea, foaming out their own shame;

ἀστέρες πλανῆται οἷς ὁ ζόφος τοῦ σκότους εἰς αἰῶνα τετήρηται
asteres planētai hois ho zophos tou skotous eis aiōna tetērētai
wandering stars, for whom the blackness of darkness hath been reserved for ever.

Προεφήτευσεν δὲ καὶ τούτοις ἕβδομος ἀπὸ Ἀδὰμ Ἑνὼχ λέγων
Proephēteusen de kai toutois hebdomos apo Adam Henōch legōn
And to these also Enoch, the seventh from Adam, prophesied, saying,

Ἰδοὺ ἦλθεν κύριος ἐν ἁγίαις μυριάσιν αὐτοῦ
Idou ēlthen kyrios en hagiais myriasin autou
Behold, the Lord came with ten thousands of his holy ones,

ποιῆσαι κρίσιν κατὰ πάντων
poiēsai krisin kata pantōn
to execute judgment upon all,

καὶ ἐλέγξαι πᾶσαν ψυχὴν περὶ πάντων τῶν ἔργων ἀσεβείας αὐτῶν ὧν ἠσέβησαν
kai elenxai pasan psychēn peri pantōn tōn ergōn asebeias autōn hōn ēsebēsan
and to convict all the ungodly of all their works of ungodliness which they have ungodly wrought,

καὶ περὶ πάντων τῶν σκληρῶν ὧν ἐλάλησαν κατ' αὐτοῦ ἁμαρτωλοὶ ἀσεβεῖς
kai peri pantōn tōn sklērōn hōn elalēsan kat' autou hamartōloi asebeis
and of all the hard things which ungodly sinners have spoken against him.

Οὗτοί εἰσιν γογγυσταί, μεμψίμοιροι, κατὰ τὰς ἐπιθυμίας ἑαυτῶν πορευόμενοι
Houtoi eisin gongystai, mempsimoiroi, kata tas epithymias heautōn poreuomenoi
These are murmurers, complainers, walking after their lusts

καὶ τὸ στόμα αὐτῶν λαλεῖ ὑπέρογκα, θαυμάζοντες πρόσωπα ὠφελείας χάριν
kai to stoma autōn lalei hyperonka, thaumazontes prosōpa ōpheleias charin
(and their mouth speaketh great swelling words), showing respect of persons for the sake of advantage.

Ὑμεῖς δέ, ἀγαπητοί, μνήσθητε τῶν ῥημάτων τῶν προειρημένων ὑπὸ τῶν ἀποστόλων τοῦ κυρίου ἡμῶν Ἰησοῦ Χριστοῦ
Hymeis de, agapētoi, mnēsthēte tōn rhēmatōn tōn proeirēmenōn hypo tōn apostolōn tou kyriou hēmōn Iēsou Christou
But ye, beloved, remember ye the words which have been spoken before by the apostles of our Lord Jesus Christ;

ὅτι ἔλεγον ὑμῖν [ὅτι] Ἐπ' ἐσχάτου [τοῦ] χρόνου ἔσονται ἐμπαῖκται
hoti elegon hymin [hoti] Ep' eschatou [tou] chronou esontai empaiktai
that they said to you, In the last time there shall be mockers,

κατὰ τὰς ἑαυτῶν ἐπιθυμίας πορευόμενοι τῶν ἀσεβειῶν
kata tas heautōn epithymias poreuomenoi tōn asebeiōn
walking after their own ungodly lusts.

Οὗτοί εἰσιν οἱ ἀποδιορίζοντες, ψυχικοί, πνεῦμα μὴ ἔχοντες
Houtoi eisin hoi apodiorizontes, psychikoi, pneuma mē echontes
These are they who make separations, sensual, having not the Spirit.

ὑμεῖς δέ, ἀγαπητοί, ἐποικοδομοῦντες ἑαυτοὺς τῇ ἁγιωτάτῃ ὑμῶν πίστει, ἐν πνεύματι ἁγίῳ προσευχόμενοι
hymeis de, agapētoi, epoikodomountes heautous tē hagiōtatē hymōn pistei, en pneumati hagiō proseuchomenoi
But ye, beloved, building up yourselves on your most holy faith, praying in the Holy Spirit,

ἑαυτοὺς ἐν ἀγάπῃ θεοῦ τηρήσατε, προσδεχόμενοι τὸ ἔλεος τοῦ κυρίου ἡμῶν Ἰησοῦ Χριστοῦ εἰς ζωὴν αἰώνιον
heautous en agapē theou tērēsate, prosdechomenoi to eleos tou kyriou hēmōn Iēsou Christou eis zōēn aiōnion
keep yourselves in the love of God, looking for the mercy of our Lord Jesus Christ unto eternal life.

καὶ οὓς μὲν ἐλεᾶτε διακρινομένους
kai hous men eleate diakrinomenous
And on some have mercy, who are in doubt;

οὓς δὲ σῴζετε ἐκ πυρὸς ἁρπάζοντες, οὓς δὲ ἐλεᾶτε ἐν φόβῳ
hous de sōzete ek pyros harpazontes, hous de eleate en phobō
and some save, snatching them out of the fire; and on some have mercy with fear;

μισοῦντες καὶ τὸν ἀπὸ τῆς σαρκὸς ἐσπιλωμένον χιτῶνα
misountes kai ton apo tēs sarkos espilōmenon chitōna
hating even the garment spotted by the flesh.

Τῷ δὲ δυναμένῳ φυλάξαι ὑμᾶς ἀπταίστους
Tō de dynamenō phylaxai hymas aptaistous
Now unto him that is able to guard you from stumbling,

καὶ στῆσαι κατενώπιον τῆς δόξης αὐτοῦ ἀμώμους ἐν ἀγαλλιάσει
kai stēsai katenōpion tēs doxēs autou amōmous en agalliasei
and to set you before the presence of his glory without blemish in exceeding joy,

μόνῳ θεῷ σωτῆρι ἡμῶν διὰ Ἰησοῦ Χριστοῦ τοῦ κυρίου ἡμῶν δόξα μεγαλωσύνη κράτος
monō theō sōtēri hēmōn dia Iēsou Christou tou kyriou hēmōn doxa megalōsynē kratos
to the only God our Saviour, through Jesus Christ our Lord, be glory, majesty, dominion

καὶ ἐξουσία πρὸ παντὸς τοῦ αἰῶνος καὶ νῦν καὶ εἰς πάντας τοὺς αἰῶνας: ἀμήν
kai exousia pro pantos tou aiōnos kai nyn kai eis pantas tous aiōnas: amēn
and power, before all time, and now, and for evermore. Amen.

ΑΠΟΚΆΛΥΨΗ α

Ἀποκάλυψις Ἰησοῦ Χριστοῦ, ἣν ἔδωκεν αὐτῷ ὁ θεός δεῖξαι τοῖς δούλοις αὐτοῦ
Apokalypsis Iēsou Christou, hēn edōken autō ho theos deixai tois doulois
The Revelation of Jesus Christ, which God gave him to show unto his servants,

ἃ δεῖ γενέσθαι ἐν τάχει
autou ha dei genesthai en tachei
even the things which must shortly come to pass:

καὶ ἐσήμανεν ἀποστείλας διὰ τοῦ ἀγγέλου αὐτοῦ τῷ δούλῳ αὐτοῦ Ἰωάννῃ
kai esēmanen aposteilas dia tou angelou autou tō doulō autou Iōannē
and he sent and signified it by his angel unto his servant John;

ὃς ἐμαρτύρησεν τὸν λόγον τοῦ θεοῦ καὶ τὴν μαρτυρίαν Ἰησοῦ Χριστοῦ, ὅσα εἶδεν
hos emartyrēsen ton logon tou theou kai tēn martyrian Iēsou Christou, hosa eiden
who bare witness of the word of God, and of the testimony of Jesus Christ, even of all things that he saw.

μακάριος ὁ ἀναγινώσκων καὶ οἱ ἀκούοντες τοὺς λόγους τῆς προφητείας
makarios ho anaginōskōn kai hoi akouontes tous logous tēs prophēteias
Blessed is he that readeth, and they that hear the words of the prophecy,

καὶ τηροῦντες τὰ ἐν αὐτῇ γεγραμμένα, ὁ γὰρ καιρὸς ἐγγύς
kai tērountes ta en autē gegrammena, ho gar kairos engys
and keep the things that are written therein: for the time is at hand.

Ἰωάννης ταῖς ἑπτὰ ἐκκλησίαις ταῖς ἐν τῇ Ἀσίᾳ
Iōannēs tais hepta ekklēsiais tais en tē Asia:
John to the seven churches that are in Asia: Grace to you and peace,

χάρις ὑμῖν καὶ εἰρήνη ἀπὸ ὁ ὢν καὶ ὁ ἦν καὶ ὁ ἐρχόμενος
charis hymin kai eirēnē apo ho ōn kai ho ēn kai ho erchomenos
from him who is and who was and who is to come;

καὶ ἀπὸ τῶν ἑπτὰ πνευμάτων ἃ ἐνώπιον τοῦ θρόνου αὐτοῦ
kai apo tōn hepta pneumatōn ha enōpion tou thronou autou
and from the seven Spirits that are before his throne;

καὶ ἀπὸ Ἰησοῦ Χριστοῦ, ὁ μάρτυς ὁ πιστός, ὁ πρωτότοκος τῶν νεκρῶν καὶ ὁ ἄρχων τῶν βασιλέων τῆς γῆς
kai apo Iēsou Christou, ho martys ho pistos, ho prōtotokos tōn nekrōn kai ho archōn tōn basileōn tēs gēs
and from Jesus Christ, who is the faithful witness, the firstborn of the dead, and the ruler of the kings of the earth.

Τῷ ἀγαπῶντι ἡμᾶς καὶ λύσαντι ἡμᾶς ἐκ τῶν ἁμαρτιῶν ἡμῶν ἐν τῷ αἵματι αὐτοῦ
Tō agapōnti hēmas kai lysanti hēmas ek tōn hamartiōn hēmōn en tō haimati autou
Unto him that loveth us, and loosed us from our sins by his blood;

καὶ ἐποίησεν ἡμᾶς βασιλείαν, ἱερεῖς τῷ θεῷ καὶ πατρὶ αὐτοῦ
kai epoiēsen hēmas basileian, hiereis tō theō kai patri autou
and he made us to be a kingdom, to be priests unto his God and Father;

αὐτῷ ἡ δόξα καὶ τὸ κράτος εἰς τοὺς αἰῶνας [τῶν αἰώνων]: ἀμήν
autō hē doxa kai to kratos eis tous aiōnas [tōn aiōnōn]: amēn
to him be the glory and the dominion for ever and ever. Amen.

Ἰδοὺ ἔρχεται μετὰ τῶν νεφελῶν, καὶ ὄψεται αὐτὸν πᾶς ὀφθαλμὸς καὶ οἵτινες αὐτὸν ἐξεκέντησαν
Idou erchetai meta tōn nephelōn, kai opsetai auton pas ophthalmos kai hoitines auton exekentēsan
Behold, he cometh with the clouds; and every eye shall see him, and they that pierced him;

καὶ κόψονται ἐπ' αὐτὸν πᾶσαι αἱ φυλαὶ τῆς γῆς. ναί, ἀμήν
kai kopsontai ep' auton pasai hai phylai tēs gēs. nai, amēn
and all the tribes of the earth shall mourn over him. Even so, Amen.

Ἐγώ εἰμι τὸ Ἄλφα καὶ τὸ ω, λέγει κύριος ὁ θεός, ὁ ὢν καὶ ὁ ἦν καὶ ὁ ἐρχόμενος, ὁ παντοκράτωρ
Egō eimi to Alpha kai to ō, legei kyrios ho theos, ho ōn kai ho ēn kai ho erchomenos, ho pantokratōr
I am the Alpha and the Omega, saith the Lord God, who is and who was and who is to come, the Almighty.

Ἐγώ Ἰωάννης, ὁ ἀδελφὸς ὑμῶν καὶ συγκοινωνὸς ἐν τῇ θλίψει καὶ βασιλείᾳ καὶ ὑπομονῇ ἐν Ἰησοῦ
Egō Iōannēs, ho adelphos hymōn kai synkoinōnos en tē thlipsei kai basileia kai hypomonē en Iēsou
I John, your brother and partaker with you in the tribulation and kingdom and patience which are in Jesus,

ἐγενόμην ἐν τῇ νήσῳ τῇ καλουμένῃ Πάτμῳ διὰ τὸν λόγον τοῦ θεοῦ καὶ τὴν μαρτυρίαν Ἰησοῦ
egenomēn en tē nēsō tē kaloumenē Patmō dia ton logon tou theou kai tēn martyrian Iēsou
was in the isle that is called Patmos, for the word of God and the testimony of Jesus.

ἐγενόμην ἐν πνεύματι ἐν τῇ κυριακῇ ἡμέρᾳ, καὶ ἤκουσα ὀπίσω μου φωνὴν μεγάλην ὡς σάλπιγγος
egenomēn en pneumati en tē kyriakē hēmera, kai ēkousa opisō mou phōnēn megalēn hōs salpingos
I was in the Spirit on the Lord's day, and I heard behind me a great voice, as of a trumpet

λεγούσης, Ὃ βλέπεις γράψον εἰς βιβλίον καὶ πέμψον ταῖς ἑπτὰ ἐκκλησίαις
legousēs, HO blepeis grapson eis biblion kai pempson tais hepta ekklēsiais,
saying, What thou seest, write in a book and send it to the seven churches:

εἰς Ἔφεσον καὶ εἰς Σμύρναν καὶ εἰς Πέργαμον καὶ εἰς Θυάτειρα καὶ εἰς Σάρδεις καὶ εἰς Φιλαδέλφειαν καὶ εἰς Λαοδίκειαν
eis Epheson kai eis Smyrnan kai eis Pergamon kai eis Thyateira kai eis Sardeis kai eis Philadelpheian kai eis Laodikeian
unto Ephesus, and unto Smyrna, and unto Pergamum, and unto Thyatira, and unto Sardis, and unto Philadelphia, and unto Laodicea.

Καὶ ἐπέστρεψα βλέπειν τὴν φωνὴν ἥτις ἐλάλει μετ' ἐμοῦ: καὶ ἐπιστρέψας εἶδον ἑπτὰ λυχνίας χρυσᾶς
Kai epestrepsa blepein tēn phōnēn hētis elalei met' emou: kai epistrepsas eidon hepta lychnias chrysas
And I turned to see the voice that spake with me. And having turned I saw seven golden candlesticks;

καὶ ἐν μέσῳ τῶν λυχνιῶν ὅμοιον υἱὸν ἀνθρώπου
kai en mesō tōn lychniōn homoion huion anthrōpou
and in the midst of the candlesticks one like unto a son of man,

ἐνδεδυμένον ποδήρη καὶ περιεζωσμένον πρὸς τοῖς μαστοῖς ζώνην χρυσᾶν
endedymenon podērē kai periezōsmenon pros tois mastois zōnēn chrysan
clothed with a garment down to the foot, and girt about at the breasts with a golden girdle.

ἡ δὲ κεφαλὴ αὐτοῦ καὶ αἱ τρίχες λευκαὶ ὡς ἔριον λευκόν, ὡς χιών, καὶ οἱ ὀφθαλμοὶ αὐτοῦ ὡς φλὸξ πυρός
hē de kephalē autou kai hai triches leukai hōs erion leukon, hōs chiōn, kai hoi ophthalmoi autou hōs phlox pyros
And his head and his hair were white as white wool, white as snow; and his eyes were as a flame of fire;

καὶ οἱ πόδες αὐτοῦ ὅμοιοι χαλκολιβάνῳ ὡς ἐν καμίνῳ πεπυρωμένης, καὶ ἡ φωνὴ αὐτοῦ ὡς φωνὴ ὑδάτων πολλῶν
kai hoi podes autou homoioi chalkolibanō hōs en kaminō pepyrōmenēs, kai hē phōnē autou hōs phōnē hydatōn pollōn
and his feet like unto burnished brass, as if it had been refined in a furnace; and his voice as the voice of many waters.

καὶ ἔχων ἐν τῇ δεξιᾷ χειρὶ αὐτοῦ ἀστέρας ἑπτά, καὶ ἐκ τοῦ στόματος αὐτοῦ ῥομφαία δίστομος ὀξεῖα ἐκπορευομένη
kai echōn en tē dexia cheiri autou asteras hepta, kai ek tou stomatos autou rhomphaia distomos oxeia ekporeuomenē
And he had in his right hand seven stars: and out of his mouth proceeded a sharp two-edged sword:

καὶ ἡ ὄψις αὐτοῦ ὡς ὁ ἥλιος φαίνει ἐν τῇ δυνάμει αὐτοῦ
kai hē opsis autou hōs ho hēlios phainei en tē dynamei autou
and his countenance was as the sun shineth in his strength.

Καὶ ὅτε εἶδον αὐτόν, ἔπεσα πρὸς τοὺς πόδας αὐτοῦ ὡς νεκρός· καὶ ἔθηκεν τὴν δεξιὰν αὐτοῦ ἐπ' ἐμὲ λέγων, Μὴ φοβοῦ
Kai hote eidon auton, epesa pros tous podas autou hōs nekros: kai ethēken tēn dexian autou ep' eme legōn, Mē phobou:
And when I saw him, I fell at his feet as one dead. And he laid his right hand upon me, saying, Fear not;

ἐγώ εἰμι ὁ πρῶτος καὶ ὁ ἔσχατος
egō eimi ho prōtos kai ho eschatos
I am the first and the last,

καὶ ὁ ζῶν, καὶ ἐγενόμην νεκρὸς καὶ ἰδοὺ ζῶν εἰμι εἰς τοὺς αἰῶνας τῶν αἰώνων
kai ho zōn, kai egenomēn nekros kai idou zōn eimi eis tous aiōnas tōn aiōnōn
and the Living one; and I was dead, and behold, I am alive for evermore,

καὶ ἔχω τὰς κλεῖς τοῦ θανάτου καὶ τοῦ ἅ|δου
kai echō tas kleis tou thanatou kai tou ha|dou
and I have the keys of death and of Hades.

γράψον οὖν ἃ εἶδες καὶ ἃ εἰσὶν
grapson oun ha eides kai ha eisin
Write therefore the things which thou sawest, and the things which are,

καὶ ἃ μέλλει γενέσθαι μετὰ ταῦτα
kai ha mellei genesthai meta tauta
and the things which shall come to pass hereafter;

τὸ μυστήριον τῶν ἑπτὰ ἀστέρων οὓς εἶδες ἐπὶ τῆς δεξιᾶς μου, καὶ τὰς ἑπτὰ λυχνίας τὰς χρυσᾶς
to mystērion tōn hepta asterōn hous eides epi tēs dexias mou, kai tas hepta lychnias tas chrysas:
the mystery of the seven stars which thou sawest in my right hand, and the seven golden candlesticks.

οἱ ἑπτὰ ἀστέρες ἄγγελοι τῶν ἑπτὰ ἐκκλησιῶν εἰσιν, καὶ αἱ λυχνίαι αἱ ἑπτὰ ἑπτὰ ἐκκλησίαι εἰσίν
hoi hepta asteres angeloi tōn hepta ekklēsiōn eisin, kai hai lychniai hai hepta hepta ekklēsiai eisin
The seven stars are the angels of the seven churches: and the seven candlesticks are seven churches.

β

Τῷ ἀγγέλῳ τῆς ἐν Ἐφέσῳ ἐκκλησίας γράψον
Tō angelō tēs en Ephesō ekklēsias grapson
To the angel of the church in Ephesus write:

Τάδε λέγει ὁ κρατῶν τοὺς ἑπτὰ ἀστέρας ἐν τῇ δεξιᾷ αὐτοῦ
Tade legei ho kratōn tous hepta asteras en tē dexia autou
These things saith he that holdeth the seven stars in his right hand,

ὁ περιπατῶν ἐν μέσῳ τῶν ἑπτὰ λυχνιῶν τῶν χρυσῶν
ho peripatōn en mesō tōn hepta lychniōn tōn chrysōn
he that walketh in the midst of the seven golden candlesticks:

Οἶδα τὰ ἔργα σου καὶ τὸν κόπον καὶ τὴν ὑπομονήν σου, καὶ ὅτι οὐ δύνη βαστάσαι κακούς
Oida ta erga sou kai ton kopon kai tēn hypomonēn sou, kai hoti ou dynē bastasai kakous
I know thy works, and thy toil and patience, and that thou canst not bear evil men,

καὶ ἐπείρασας τοὺς λέγοντας ἑαυτοὺς ἀποστόλους καὶ οὐκ εἰσίν, καὶ εὗρες αὐτοὺς ψευδεῖς
kai epeirasas tous legontas heautous apostolous kai ouk eisin, kai heures autous pseudeis
and didst try them that call themselves apostles, and they are not, and didst find them false;

καὶ ὑπομονὴν ἔχεις, καὶ ἐβάστασας διὰ τὸ ὄνομά μου, καὶ οὐ κεκοπίακες
kai hypomonēn echeis, kai ebastasas dia to onoma mou, kai ou kekopiakes
and thou hast patience and didst bear for my name's sake, and hast not grown weary.

ἀλλὰ ἔχω κατὰ σοῦ ὅτι τὴν ἀγάπην σου τὴν πρώτην ἀφῆκες
alla echō kata sou hoti tēn agapēn sou tēn prōtēn aphēkes
But I have this against thee, that thou didst leave thy first love.

μνημόνευε οὖν πόθεν πέπτωκας, καὶ μετανόησον καὶ τὰ πρῶτα ἔργα ποίησον
mnēmoneue oun pothen peptōkas, kai metanoēson kai ta prōta erga poiēson
Remember therefore whence thou art fallen, and repent and do the first works;

εἰ δὲ μή, ἔρχομαί σοι καὶ κινήσω τὴν λυχνίαν σου ἐκ τοῦ τόπου αὐτῆς, ἐὰν μὴ μετανοήσῃς
ei de mē, erchomai soi kai kinēsō tēn lychnian sou ek tou topou autēs, ean mē metanoēsēs
or else I come to thee, and will move thy candlestick out of its place, except thou repent.

ἀλλὰ τοῦτο ἔχεις, ὅτι μισεῖς τὰ ἔργα τῶν Νικολαϊτῶν, ἃ κἀγὼ μισῶ
alla touto echeis, hoti miseis ta erga tōn Nikolaitōn, ha kagō misō
But this thou hast, that thou hatest the works of the Nicolaitans, which I also hate.

ὁ ἔχων οὖς ἀκουσάτω τί τὸ πνεῦμα λέγει ταῖς ἐκκλησίαις
ho echōn ous akousatō ti to pneuma legei tais ekklēsiais
He that hath an ear, let him hear what the Spirit saith to the churches.

τῷ νικῶντι δώσω αὐτῷ φαγεῖν ἐκ τοῦ ξύλου τῆς ζωῆς, ὅ ἐστιν ἐν τῷ παραδείσῳ τοῦ θεοῦ
tō nikōnti dōsō autō phagein ek tou xylou tēs zōēs, ho estin en tō paradeisō tou theou
To him that overcometh, to him will I give to eat of the tree of life, which is in the Paradise of God.

Καὶ τῷ ἀγγέλῳ τῆς ἐν Σμύρνη ἐκκλησίας γράψον: Τάδε λέγει ὁ πρῶτος καὶ ὁ ἔσχατος, ὃς ἐγένετο νεκρὸς καὶ ἔζησεν
Kai tō angelō tēs en Smyrnē ekklēsias grapson: Tade legei ho prōtos kai ho eschatos, hos egeneto nekros kai ezēsen
And to the angel of the church in Smyrna write: These things saith the first and the last, who was dead, and lived again:

Οἶδά σου τὴν θλῖψιν καὶ τὴν πτωχείαν, ἀλλὰ πλούσιος εἶ
Oida sou tēn thlipsin kai tēn ptōcheian, alla plousios ei
I know thy tribulation, and thy poverty (but thou art rich),

καὶ τὴν βλασφημίαν ἐκ τῶν λεγόντων Ἰουδαίους εἶναι ἑαυτούς, καὶ οὐκ εἰσὶν ἀλλὰ συναγωγὴ τοῦ Σατανᾶ
kai tēn blasphēmian ek tōn legontōn Ioudaious einai heautous, kai ouk eisin alla synagōgē tou Satana
and the blasphemy of them that say they are Jews, and they are not, but are a synagogue of Satan.

μηδὲν φοβοῦ ἃ μέλλεις πάσχειν. ἰδοὺ μέλλει βάλλειν ὁ διάβολος ἐξ ὑμῶν εἰς φυλακὴν ἵνα πειρασθῆτε
mēden phobou ha melleis paschein. idou mellei ballein ho diabolos ex hymōn eis phylakēn hina peirasthēte
Fear not the things which thou art about to suffer: behold, the devil is about to cast some of you into prison,

καὶ ἕξετε θλῖψιν ἡμερῶν δέκα.
kai hexete thlipsin hēmerōn deka.
that ye may be tried; and ye shall have tribulation ten days.

γίνου πιστὸς ἄχρι θανάτου, καὶ δώσω σοι τὸν στέφανον τῆς ζωῆς
ginou pistos achri thanatou, kai dōsō soi ton stephanon tēs zōēs
Be thou faithful unto death, and I will give thee the crown of life.

ὁ ἔχων οὖς ἀκουσάτω τί τὸ πνεῦμα λέγει ταῖς ἐκκλησίαις
ho echōn ous akousatō ti to pneuma legei tais ekklēsiais
He that hath an ear, let him hear what the Spirit saith to the churches.

ὁ νικῶν οὐ μὴ ἀδικηθῇ ἐκ τοῦ θανάτου τοῦ δευτέρου
ho nikōn ou mē adikēthē ek tou thanatou tou deuterou
He that overcometh shall not be hurt of the second death.

Καὶ τῷ ἀγγέλῳ τῆς ἐν Περγάμῳ ἐκκλησίας γράψον: Τάδε λέγει ὁ ἔχων τὴν ῥομφαίαν τὴν δίστομον τὴν ὀξεῖαν
Kai tō angelō tēs en Pergamō ekklēsias grapson: Tade legei ho echōn tēn rhomphaian tēn distomon tēn oxeian
And to the angel of the church in Pergamum write: These things saith he that hath the sharp two-edged sword:

Οἶδα ποῦ κατοικεῖς, ὅπου ὁ θρόνος τοῦ Σατανᾶ, καὶ κρατεῖς τὸ ὄνομά μου, καὶ οὐκ ἠρνήσω τὴν πίστιν μου
Oida pou katoikeis, hopou ho thronos tou Satana, kai krateis to onoma mou, kai ouk ērnēsō tēn pistin mou
I know where thou dwellest, even where Satan's throne is; and thou holdest fast my name, and didst not deny my faith,

καὶ ἐν ταῖς ἡμέραις Ἀντιπᾶς ὁ μάρτυς μου ὁ πιστός μου, ὃς ἀπεκτάνθη παρ' ὑμῖν, ὅπου ὁ Σατανᾶς κατοικεῖ
kai en tais hēmerais Antipas ho martys mou ho pistos mou, hos apektanthē par' hymin, hopou ho Satanas katoikei
even in the days of Antipas my witness, my faithful one, who was killed among you, where Satan dwelleth.

ἀλλ' ἔχω κατὰ σοῦ ὀλίγα, ὅτι ἔχεις ἐκεῖ κρατοῦντας τὴν διδαχὴν Βαλαάμ
all' echō kata sou oliga, hoti echeis ekei kratountas tēn didachēn Balaam
But I have a few things against thee, because thou hast there some that hold the teaching of Balaam,

ὃς ἐδίδασκεν τῷ Βαλὰκ βαλεῖν σκάνδαλον ἐνώπιον τῶν υἱῶν Ἰσραήλ
hos edidasken tō Balak balein skandalon enōpion tōn huiōn Israēl
who taught Balak to cast a stumblingblock before the children of Israel,

φαγεῖν εἰδωλόθυτα καὶ πορνεῦσαι
phagein eidōlothyta kai porneusai
to eat things sacrificed to idols, and to commit fornication.

οὕτως ἔχεις καὶ σὺ κρατοῦντας τὴν διδαχὴν [τῶν] Νικολαϊτῶν ὁμοίως
houtōs echeis kai sy kratountas tēn didachēn [tōn] Nikolaitōn homoiōs
So hast thou also some that hold the teaching of the Nicolaitans in like manner.

μετανόησον οὖν: εἰ δὲ μή, ἔρχομαί σοι ταχύ, καὶ πολεμήσω μετ' αὐτῶν ἐν τῇ ῥομφαίᾳ τοῦ στόματός μου
metanoēson oun: ei de mē, erchomai soi tachy, kai polemēsō met' autōn en tē rhomphaia tou stomatos mou
Repent therefore; or else I come to thee quickly, and I will make war against them with the sword of my mouth.

ὁ ἔχων οὖς ἀκουσάτω τί τὸ πνεῦμα λέγει ταῖς ἐκκλησίαις
ho echōn ous akousatō ti to pneuma legei tais ekklēsiais
He that hath an ear, let him hear what the Spirit saith to the churches.

τῷ νικῶντι δώσω αὐτῷ τοῦ μάννα τοῦ κεκρυμμένου
tō nikōnti dōsō autō tou manna tou kekrymmenou
To him that overcometh, to him will I give of the hidden manna,

καὶ δώσω αὐτῷ ψῆφον λευκὴν καὶ ἐπὶ τὴν ψῆφον ὄνομα καινὸν γεγραμμένον
kai dōsō autō psēphon leukēn kai epi tēn psēphon onoma kainon gegrammenon
and I will give him a white stone, and upon the stone a new name written,

ὃ οὐδεὶς οἶδεν εἰ μὴ ὁ λαμβάνων
ho oudeis oiden ei mē ho lambanōn
which no one knoweth but he that receiveth it.

Καὶ τῷ ἀγγέλῳ τῆς ἐν Θυατείροις ἐκκλησίας γράψον
Kai tō angelō tēs en Thyateirois ekklēsias grapson:
And to the angel of the church in Thyatira write:

Τάδε λέγει ὁ υἱὸς τοῦ θεοῦ, ὁ ἔχων τοὺς ὀφθαλμοὺς αὐτοῦ ὡς φλόγα πυρός
Tade legei ho huios tou theou, ho echōn tous ophthalmous autou hōs phloga pyros
These things saith the Son of God, who hath his eyes like a flame of fire,

καὶ οἱ πόδες αὐτοῦ ὅμοιοι χαλκολιβάνῳ
kai hoi podes autou homoioi chalkolibanō
and his feet are like unto burnished brass:

Οἶδά σου τὰ ἔργα καὶ τὴν ἀγάπην καὶ τὴν πίστιν καὶ τὴν διακονίαν καὶ τὴν ὑπομονήν σου
Oida sou ta erga kai tēn agapēn kai tēn pistin kai tēn diakonian kai tēn hypomonēn sou
I know thy works, and thy love and faith and ministry and patience,

καὶ τὰ ἔργα σου τὰ ἔσχατα πλείονα τῶν πρώτων
kai ta erga sou ta eschata pleiona tōn prōtōn
and that thy last works are more than the first.

ἀλλὰ ἔχω κατὰ σοῦ ὅτι ἀφεῖς τὴν γυναῖκα Ἰεζάβελ, ἡ λέγουσα ἑαυτὴν προφῆτιν
alla echō kata sou hoti apheis tēn gynaika Iezabel, hē legousa heautēn prophētin
But I have this against thee, that thou sufferest the woman Jezebel, who calleth herself a prophetess;

καὶ διδάσκει καὶ πλανᾷ τοὺς ἐμοὺς δούλους πορνεῦσαι καὶ φαγεῖν εἰδωλόθυτα
kai didaskei kai plana tous emous doulous porneusai kai phagein eidōlothyta
and she teacheth and seduceth my servants to commit fornication, and to eat things sacrificed to idols.

καὶ ἔδωκα αὐτῇ χρόνον ἵνα μετανοήσῃ, καὶ οὐ θέλει μετανοῆσαι ἐκ τῆς πορνείας αὐτῆς
kai edōka autē chronon hina metanoēsē, kai ou thelei metanoēsai ek tēs porneias autēs
And I gave her time that she should repent; and she willeth not to repent of her fornication.

ἰδοὺ βάλλω αὐτὴν εἰς κλίνην, καὶ τοὺς μοιχεύοντας μετ' αὐτῆς εἰς θλῖψιν μεγάλην
idou ballō autēn eis klinēn, kai tous moicheuontas met' autēs eis thlipsin megalēn
Behold, I cast her into a bed, and them that commit adultery with her into great tribulation,

ἐὰν μὴ μετανοήσωσιν ἐκ τῶν ἔργων αὐτῆς
ean mē metanoēsōsin ek tōn ergōn autēs
except they repent of her works.

καὶ τὰ τέκνα αὐτῆς ἀποκτενῶ ἐν θανάτῳ
kai ta tekna autēs apoktenō en thanatō
And I will kill her children with death;

καὶ γνώσονται πᾶσαι αἱ ἐκκλησίαι ὅτι ἐγώ εἰμι ὁ ἐραυνῶν νεφροὺς καὶ καρδίας
kai gnōsontai pasai hai ekklēsiai hoti egō eimi ho eraunōn nephrous kai kardias
and all the churches shall know that I am he that searcheth the reins and hearts:

καὶ δώσω ὑμῖν ἑκάστῳ κατὰ τὰ ἔργα ὑμῶν
kai dōsō hymin hekastō kata ta erga hymōn
and I will give unto each one of you according to your works.

ὑμῖν δὲ λέγω τοῖς λοιποῖς τοῖς ἐν Θυατείροις, ὅσοι οὐκ ἔχουσιν τὴν διδαχὴν ταύτην
hymin de legō tois loipois tois en Thyateirois, hosoi ouk echousin tēn didachēn tautēn
But to you I say, to the rest that are in Thyatira, as many as have not this teaching

οἵτινες οὐκ ἔγνωσαν τὰ βαθέα τοῦ Σατανᾶ, ὡς λέγουσιν, οὐ βάλλω ἐφ' ὑμᾶς ἄλλο βάρος
hoitines ouk egnōsan ta bathea tou Satana, hōs legousin, ou ballō eph' hymas allo baros
who know not the deep things of Satan, as they are wont to say; I cast upon you none other burden.

πλὴν ὃ ἔχετε κρατήσατε ἄχρι[ς] οὗ ἂν ἥξω
plēn ho echete kratēsate achri[s] hou an hēxō
Nevertheless that which ye have, hold fast till I come.

καὶ ὁ νικῶν καὶ ὁ τηρῶν ἄχρι τέλους τὰ ἔργα μου, δώσω αὐτῷ ἐξουσίαν ἐπὶ τῶν ἐθνῶν
kai ho nikōn kai ho tērōn achri telous ta erga mou, dōsō autō exousian epi tōn ethnōn
And he that overcometh, and he that keepeth my works unto the end, to him will I give authority over the nations:

καὶ ποιμανεῖ αὐτοὺς ἐν ῥάβδῳ σιδηρᾷ, ὡς τὰ σκεύη τὰ κεραμικὰ συντρίβεται
kai poimanei autous en rhabdō sidēra, hōs ta skeuē ta keramika syntribetai
and he shall rule them with a rod of iron, as the vessels of the potter are broken to shivers;

ὡς κἀγὼ εἴληφα παρὰ τοῦ πατρός μου, καὶ δώσω αὐτῷ τὸν ἀστέρα τὸν πρωϊνόν
hōs kagō eilēpha para tou patros mou, kai dōsō autō ton astera ton prōinon
as I also have received of my Father: and I will give him the morning star.

ὁ ἔχων οὖς ἀκουσάτω τί τὸ πνεῦμα λέγει ταῖς ἐκκλησίαις
ho echōn ous akousatō ti to pneuma legei tais ekklēsiais
He that hath an ear, let him hear what the Spirit saith to the churches.

γ

Καὶ τῷ ἀγγέλῳ τῆς ἐν Σάρδεσιν ἐκκλησίας γράψον
Kai tō angelō tēs en Sardesin ekklēsias grapson
And to the angel of the church in Sardis write:

Τάδε λέγει ὁ ἔχων τὰ ἑπτὰ πνεύματα τοῦ θεοῦ καὶ τοὺς ἑπτὰ ἀστέρας
Tade legei ho echōn ta hepta pneumata tou theou kai tous hepta asteras
These things saith he that hath the seven Spirits of God, and the seven stars:

Οἶδά σου τὰ ἔργα, ὅτι ὄνομα ἔχεις ὅτι ζῇς, καὶ νεκρὸς εἶ
Oida sou ta erga, hoti onoma echeis hoti zēs, kai nekros ei
I know thy works, that thou hast a name that thou livest, and thou art dead.

γίνου γρηγορῶν, καὶ στήρισον τὰ λοιπὰ ἃ ἔμελλον ἀποθανεῖν
ginou grēgorōn, kai stērison ta loipa ha emellon apothanein
Be thou watchful, and establish the things that remain, which were ready to die:

οὐ γὰρ εὕρηκά σου τὰ ἔργα πεπληρωμένα ἐνώπιον τοῦ θεοῦ μου
ou gar heurēka sou ta erga peplērōmena enōpion tou theou mou
for I have found no works of thine perfected before my God.

μνημόνευε οὖν πῶς εἴληφας καὶ ἤκουσας, καὶ τήρει, καὶ μετανόησον. ἐὰν οὖν μὴ γρηγορήσης
mnēmoneue oun pōs eilēphas kai ēkousas, kai tērei, kai metanoēson. ean oun mē grēgorēsēs
Remember therefore how thou hast received and didst hear; and keep it, and repent. If therefore thou shalt not watch,

ἥξω ὡς κλέπτης καὶ οὐ μὴ γνῷς ποίαν ὥραν ἥξω ἐπὶ σέ
hēxō hōs kleptēs kai ou mē gnōs poian hōran hēxō epi se
I will come as a thief, and thou shalt not know what hour I will come upon thee.

ἀλλὰ ἔχεις ὀλίγα ὀνόματα ἐν Σάρδεσιν ἃ οὐκ ἐμόλυναν τὰ ἱμάτια αὐτῶν
alla echeis oliga onomata en Sardesin ha ouk emolynan ta himatia autōn,
But thou hast a few names in Sardis that did not defile their garments:

καὶ περιπατήσουσιν μετ' ἐμοῦ ἐν λευκοῖς, ὅτι ἄξιοί εἰσιν
kai peripatēsousin met' emou en leukois, hoti axioi eisin
and they shall walk with me in white; for they are worthy.

ὁ νικῶν οὕτως περιβαλεῖται ἐν ἱματίοις λευκοῖς, καὶ οὐ μὴ ἐξαλείψω τὸ ὄνομα αὐτοῦ ἐκ τῆς βίβλου τῆς ζωῆς
ho nikōn houtōs peribaleitai en himatiois leukois, kai ou mē exaleipsō to onoma autou ek tēs biblou tēs zōēs
He that overcometh shall thus be arrayed in white garments; and I will in no wise blot his name out of the book of life,

καὶ ὁμολογήσω τὸ ὄνομα αὐτοῦ ἐνώπιον τοῦ πατρός μου καὶ ἐνώπιον τῶν ἀγγέλων αὐτοῦ
kai homologēsō to onoma autou enōpion tou patros mou kai enōpion tōn angelōn autou
and I will confess his name before my Father, and before his angels.

ὁ ἔχων οὖς ἀκουσάτω τί τὸ πνεῦμα λέγει ταῖς ἐκκλησίαις
ho echōn ous akousatō ti to pneuma legei tais ekklēsiais
He that hath an ear, let him hear what the Spirit saith to the churches.

Καὶ τῷ ἀγγέλῳ τῆς ἐν Φιλαδελφείᾳ ἐκκλησίας γράψον
Kai tō angelō tēs en Philadelpheia ekklēsias grapson:
And to the angel of the church in Philadelphia write:

Τάδε λέγει ὁ ἅγιος, ὁ ἀληθινός, ὁ ἔχων τὴν κλεῖν Δαυίδ
Tade legei ho hagios, ho alēthinos, ho echōn tēn klein Dauid
These things saith he that is holy, he that is true, he that hath the key of David,

ὁ ἀνοίγων καὶ οὐδεὶς κλείσει, καὶ κλείων καὶ οὐδεὶς ἀνοίγει
ho anoigōn kai oudeis kleisei, kai kleiōn kai oudeis anoigei
he that openeth and none shall shut, and that shutteth and none openeth:

Οἶδά σου τὰ ἔργα ἰδοὺ δέδωκα ἐνώπιόν σου θύραν ἠνεῳγμένην, ἣν οὐδεὶς δύναται κλεῖσαι αὐτήν
Oida sou ta erga idou dedōka enōpion sou thyran ēneōgmenēn, hēn oudeis dynatai kleisai autēn
I know thy works (behold, I have set before thee a door opened, which none can shut),

ὅτι μικρὰν ἔχεις δύναμιν, καὶ ἐτήρησάς μου τὸν λόγον, καὶ οὐκ ἠρνήσω τὸ ὄνομά μου
hoti mikran echeis dynamin, kai etērēsas mou ton logon, kai ouk ērnēsō to onoma mou
that thou hast a little power, and didst keep my word, and didst not deny my name.

ἰδοὺ διδῶ ἐκ τῆς συναγωγῆς τοῦ Σατανᾶ, τῶν λεγόντων ἑαυτοὺς Ἰουδαίους εἶναι, καὶ οὐκ εἰσὶν ἀλλὰ ψεύδονται
idou didō ek tēs synagōgēs tou Satana, tōn legontōn heautous Ioudaious einai, kai ouk eisin alla pseudontai
Behold, I give of the synagogue of Satan, of them that say they are Jews, and they are not, but do lie;

ἰδοὺ ποιήσω αὐτοὺς ἵνα ἥξουσιν καὶ προσκυνήσουσιν ἐνώπιον τῶν ποδῶν σου, καὶ γνῶσιν ὅτι ἐγὼ ἠγάπησά σε
idou poiēsō autous hina hēxousin kai proskynēsousin enōpion tōn podōn sou, kai gnōsin hoti egō ēgapēsa se
behold, I will make them to come and worship before thy feet, and to know that I have loved thee.

ὅτι ἐτήρησας τὸν λόγον τῆς ὑπομονῆς μου
hoti etērēsas ton logon tēs hypomonēs mou
Because thou didst keep the word of my patience,

κἀγώ σε τηρήσω ἐκ τῆς ὥρας τοῦ πειρασμοῦ τῆς μελλούσης ἔρχεσθαι ἐπὶ τῆς οἰκουμένης ὅλης
kagō se tērēsō ek tēs hōras tou peirasmou tēs mellousēs erchesthai epi tēs oikoumenēs holēs
I also will keep thee from the hour of trial, that hour which is to come upon the whole world,

πειράσαι τοὺς κατοικοῦντας ἐπὶ τῆς γῆς
peirasai tous katoikountas epi tēs gēs
to try them that dwell upon the earth.

ἔρχομαι ταχύ: κράτει ὃ ἔχεις, ἵνα μηδεὶς λάβῃ τὸν στέφανόν σου
erchomai tachy: kratei ho echeis, hina mēdeis labē ton stephanon sou
I come quickly: hold fast that which thou hast, that no one take thy crown.

ὁ νικῶν ποιήσω αὐτὸν στῦλον ἐν τῷ ναῷ τοῦ θεοῦ μου, καὶ ἔξω οὐ μὴ ἐξέλθῃ ἔτι
ho nikōn poiēsō auton stylon en tō naō tou theou mou, kai exō ou mē exelthē eti
He that overcometh, I will make him a pillar in the temple of my God, and he shall go out thence no more:

καὶ γράψω ἐπ' αὐτὸν τὸ ὄνομα τοῦ θεοῦ μου καὶ τὸ ὄνομα τῆς πόλεως τοῦ θεοῦ μου
kai grapsō ep' auton to onoma tou theou mou kai to onoma tēs poleōs tou theou mou
and I will write upon him the name of my God, and the name of the city of my God,

τῆς καινῆς Ἰερουσαλήμ, ἡ καταβαίνουσα ἐκ τοῦ οὐρανοῦ ἀπὸ τοῦ θεοῦ μου, καὶ τὸ ὄνομά μου τὸ καινόν
tēs kainēs Ierousalēm, hē katabainousa ek tou ouranou apo tou theou mou, kai to onoma mou to kainon
the new Jerusalem, which cometh down out of heaven from my God, and mine own new name.

ὁ ἔχων οὖς ἀκουσάτω τί τὸ πνεῦμα λέγει ταῖς ἐκκλησίαις
ho echōn ous akousatō ti to pneuma legei tais ekklēsiais
He that hath an ear, let him hear what the Spirit saith to the churches.

Καὶ τῷ ἀγγέλῳ τῆς ἐν Λαοδικείᾳ ἐκκλησίας γράψον
Kai tō angelō tēs en Laodikeia ekklēsias grapson
And to the angel of the church in Laodicea write:

Τάδε λέγει ὁ Ἀμήν, ὁ μάρτυς ὁ πιστὸς καὶ ἀληθινός, ἡ ἀρχὴ τῆς κτίσεως τοῦ θεοῦ
Tade legei ho Amēn, ho martys ho pistos kai alēthinos, hē archē tēs ktiseōs tou theou
These things saith the Amen, the faithful and true witness, the beginning of the creation of God:

Οἶδά σου τὰ ἔργα, ὅτι οὔτε ψυχρὸς εἶ οὔτε ζεστός. ὄφελον ψυχρὸς ἧς ἢ ζεστός
Oida sou ta erga, hoti oute psychros ei oute zestos. ophelon psychros ēs ē zestos
I know thy works, that thou art neither cold nor hot: I would thou wert cold or hot.

οὕτως, ὅτι χλιαρὸς εἶ καὶ οὔτε ζεστὸς οὔτε ψυχρός, μέλλω σε ἐμέσαι ἐκ τοῦ στόματός μου
houtōs, hoti chliaros ei kai oute zestos oute psychros, mellō se emesai ek tou stomatos mou
So because thou art lukewarm, and neither hot nor cold, I will spew thee out of my mouth.

ὅτι λέγεις ὅτι Πλούσιός εἰμι καὶ πεπλούτηκα καὶ οὐδὲν χρείαν ἔχω
hoti legeis hoti Plousios eimi kai peploutēka kai ouden chreian echō
Because thou sayest, I am rich, and have gotten riches, and have need of nothing;

καὶ οὐκ οἶδας ὅτι σὺ εἶ ὁ ταλαίπωρος καὶ ἐλεεινὸς καὶ πτωχὸς καὶ τυφλὸς καὶ γυμνός
kai ouk oidas hoti sy ei ho talaipōros kai eleeinos kai ptōchos kai typhlos kai gymnos
and knowest not that thou art the wretched one and miserable and poor and blind and naked:

συμβουλεύω σοι ἀγοράσαι παρ' ἐμοῦ χρυσίον πεπυρωμένον ἐκ πυρὸς ἵνα πλουτήσῃς
symbouleuō soi agorasai par' emou chrysion pepyrōmenon ek pyros hina ploutēsēs
I counsel thee to buy of me gold refined by fire, that thou mayest become rich;

καὶ ἱμάτια λευκὰ ἵνα περιβάλῃ καὶ μὴ φανερωθῇ ἡ αἰσχύνη τῆς γυμνότητός σου
kai himatia leuka hina peribalē kai mē phanerōthē hē aischynē tēs gymnotētos sou
and white garments, that thou mayest clothe thyself, and that the shame of thy nakedness be not made manifest;

καὶ κολλ[ο]ύριον ἐγχρῖσαι τοὺς ὀφθαλμούς σου ἵνα βλέπῃς
kai koll[o]yrion enchrisai tous ophthalmous sou hina blepēs
and eyesalve to anoint thine eyes, that thou mayest see.

ἐγὼ ὅσους ἐὰν φιλῶ ἐλέγχω καὶ παιδεύω: ζήλευε οὖν καὶ μετανόησον
egō hosous ean philō elenchō kai paideuō: zēleue oun kai metanoēson
As many as I love, I reprove and chasten: be zealous therefore, and repent.

ἰδοὺ ἕστηκα ἐπὶ τὴν θύραν καὶ κρούω: ἐάν τις ἀκούσῃ τῆς φωνῆς μου καὶ ἀνοίξῃ τὴν θύραν
idou hestēka epi tēn thyran kai krouō: ean tis akousē tēs phōnēs mou kai anoixē tēn thyran
Behold, I stand at the door and knock: if any man hear my voice and open the door,

[καὶ] εἰσελεύσομαι πρὸς αὐτὸν καὶ δειπνήσω μετ' αὐτοῦ καὶ αὐτὸς μετ' ἐμοῦ
[kai] eiseleusomai pros auton kai deipnēsō met' autou kai autos met' emou
I will come in to him, and will sup with him, and he with me.

ὁ νικῶν δώσω αὐτῷ καθίσαι μετ' ἐμοῦ ἐν τῷ θρόνῳ μου
ho nikōn dōsō autō kathisai met' emou en tō thronō mou
He that overcometh, I will give to him to sit down with me in my throne,

ὡς κἀγὼ ἐνίκησα καὶ ἐκάθισα μετὰ τοῦ πατρός μου ἐν τῷ θρόνῳ αὐτοῦ
hōs kagō enikēsa kai ekathisa meta tou patros mou en tō thronō autou
as I also overcame, and sat down with my Father in his throne.

504

ὁ ἔχων οὖς ἀκουσάτω τί τὸ πνεῦμα λέγει ταῖς ἐκκλησίαις
ho echōn ous akousatō ti to pneuma legei tais ekklēsiais
He that hath an ear, let him hear what the Spirit saith to the churches.

δ

Μετὰ ταῦτα εἶδον, καὶ ἰδοὺ θύρα ἠνεῳγμένη ἐν τῷ οὐρανῷ
Meta tauta eidon, kai idou thyra ēneōgmenē en tō ouranō
After these things I saw, and behold, a door opened in heaven,

καὶ ἡ φωνὴ ἡ πρώτη ἣν ἤκουσα ὡς σάλπιγγος λαλούσης μετ' ἐμοῦ λέγων, Ἀνάβα ὧδε
kai hē phōnē hē prōtē hēn ēkousa hōs salpingos lalousēs met' emou legōn, Anaba hōde
and the first voice that I heard, a voice as of a trumpet speaking with me, one saying, Come up hither,

καὶ δείξω σοι ἃ δεῖ γενέσθαι μετὰ ταῦτα
kai deixō soi ha dei genesthai meta tauta
and I will show thee the things which must come to pass hereafter.

εὐθέως ἐγενόμην ἐν πνεύματι· καὶ ἰδοὺ θρόνος ἔκειτο ἐν τῷ οὐρανῷ, καὶ ἐπὶ τὸν θρόνον καθήμενος
eutheōs egenomēn en pneumati: kai idou thronos ekeito en tō ouranō, kai epi ton thronon kathēmenos
Straightway I was in the Spirit: and behold, there was a throne set in heaven, and one sitting upon the throne;

καὶ ὁ καθήμενος ὅμοιος ὁράσει λίθῳ ἰάσπιδι καὶ σαρδίῳ
kai ho kathēmenos homoios horasei lithō iaspidi kai sardiō
and he that sat was to look upon like a jasper stone and a sardius:

καὶ ἶρις κυκλόθεν τοῦ θρόνου ὅμοιος ὁράσει σμαραγδίνῳ
kai iris kyklothen tou thronou homoios horasei smaragdinō
and there was a rainbow round about the throne, like an emerald to look upon.

καὶ κυκλόθεν τοῦ θρόνου θρόνους εἴκοσι τέσσαρες
kai kyklothen tou thronou thronous eikosi tessares
And round about the throne were four and twenty thrones:

καὶ ἐπὶ τοὺς θρόνους εἴκοσι τέσσαρας πρεσβυτέρους καθημένους περιβεβλημένους ἐν ἱματίοις λευκοῖς
kai epi tous thronous eikosi tessaras presbyterous kathēmenous peribeblēmenous en himatiois leukois
and upon the thrones I saw four and twenty elders sitting, arrayed in white garments;

καὶ ἐπὶ τὰς κεφαλὰς αὐτῶν στεφάνους χρυσοῦς
kai epi tas kephalas autōn stephanous chrysous
and on their heads crowns of gold.

καὶ ἐκ τοῦ θρόνου ἐκπορεύονται ἀστραπαὶ καὶ φωναὶ καὶ βρονταί
kai ek tou thronou ekporeuontai astrapai kai phōnai kai brontai
And out of the throne proceed lightnings and voices and thunders.

καὶ ἑπτὰ λαμπάδες πυρὸς καιόμεναι ἐνώπιον τοῦ θρόνου, ἅ εἰσιν τὰ ἑπτὰ πνεύματα τοῦ θεοῦ
kai hepta lampades pyros kaiomenai enōpion tou thronou, ha eisin ta hepta pneumata tou theou
And there were seven lamps of fire burning before the throne, which are the seven Spirits of God;

καὶ ἐνώπιον τοῦ θρόνου ὡς θάλασσα ὑαλίνη ὁμοία κρυστάλλῳ
kai enōpion tou thronou hōs thalassa hyalinē homoia krystallō
and before the throne, as it were a sea of glass like unto crystal;

Καὶ ἐν μέσῳ τοῦ θρόνου καὶ κύκλῳ τοῦ θρόνου τέσσαρα ζῷα γέμοντα ὀφθαλμῶν ἔμπροσθεν καὶ ὄπισθεν
Kai en mesō tou thronou kai kyklō tou thronou tessara zōa gemonta ophthalmōn emprosthen kai opisthen
and in the midst of the throne, and round about the throne, four living creatures full of eyes before and behind.

καὶ τὸ ζῷον τὸ πρῶτον ὅμοιον λέοντι, καὶ τὸ δεύτερον ζῷον ὅμοιον μόσχῳ
kai to zōon to prōton homoion leonti, kai to deuteron zōon homoion moschō,
And the first creature was like a lion, and the second creature like a calf,

καὶ τὸ τρίτον ζῷον ἔχων τὸ πρόσωπον ὡς ἀνθρώπου, καὶ τὸ τέταρτον ζῷον ὅμοιον ἀετῷ πετομένῳ
kai to triton zōon echōn to prosōpon hōs anthrōpou, kai to tetarton zōon homoion aetō petomenō
and the third creature had a face as of a man, and the fourth creature was like a flying eagle.

καὶ τὰ τέσσαρα ζῷα, ἓν καθ' ἓν αὐτῶν ἔχων ἀνὰ πτέρυγας ἕξ, κυκλόθεν καὶ ἔσωθεν γέμουσιν ὀφθαλμῶν
kai ta tessara zōa, hen kath' hen autōn echōn ana pterygas hex, kyklothen kai esōthen gemousin ophthalmōn
And the four living creatures, having each one of them six wings, are full of eyes round about and within:

καὶ ἀνάπαυσιν οὐκ ἔχουσιν ἡμέρας καὶ νυκτὸς λέγοντες
kai anapausin ouk echousin hēmeras kai nyktos legontes
and they have no rest day and night, saying,

Ἅγιος ἅγιος ἅγιος κύριος ὁ θεὸς ὁ παντοκράτωρ, ὁ ἦν καὶ ὁ ὢν καὶ ὁ ἐρχόμενος
Agios hagios hagios kyrios ho theos ho pantokratōr, ho ēn kai ho ōn kai ho erchomenos
Holy, holy, holy, is the Lord God, the Almighty, who was and who is and who is to come.

καὶ ὅταν δώσουσιν τὰ ζῷα δόξαν καὶ τιμὴν καὶ εὐχαριστίαν τῷ καθημένῳ ἐπὶ τῷ θρόνῳ
kai hotan dōsousin ta zōa doxan kai timēn kai eucharistian tō kathēmenō epi tō thronō
And when the living creatures shall give glory and honor and thanks to him that sitteth on the throne,

τῷ ζῶντι εἰς τοὺς αἰῶνας τῶν αἰώνων
tō zōnti eis tous aiōnas tōn aiōnōn
to him that liveth for ever and ever,

πεσοῦνται οἱ εἴκοσι τέσσαρες πρεσβύτεροι ἐνώπιον τοῦ καθημένου ἐπὶ τοῦ θρόνου
pesountai hoi eikosi tessares presbyteroi enōpion tou kathēmenou epi tou thronou
the four and twenty elders shall fall down before him that sitteth on the throne,

καὶ προσκυνήσουσιν τῷ ζῶντι εἰς τοὺς αἰῶνας τῶν αἰώνων
kai proskynēsousin tō zōnti eis tous aiōnas tōn aiōnōn
and shall worship him that liveth for ever and ever,

καὶ βαλοῦσιν τοὺς στεφάνους αὐτῶν ἐνώπιον τοῦ θρόνου λέγοντες
kai balousin tous stephanous autōn enōpion tou thronou legontes
and shall cast their crowns before the throne, saying,

Ἄξιος εἶ, ὁ κύριος καὶ ὁ θεὸς ἡμῶν, λαβεῖν τὴν δόξαν καὶ τὴν τιμὴν καὶ τὴν δύναμιν
Axios ei, ho kyrios kai ho theos hēmōn, labein tēn doxan kai tēn timēn kai tēn dynamin
Worthy art thou, our Lord and our God, to receive the glory and the honor and the power:

ὅτι σὺ ἔκτισας τὰ πάντα, καὶ διὰ τὸ θέλημά σου ἦσαν καὶ ἐκτίσθησαν
hoti sy ektisas ta panta, kai dia to thelēma sou ēsan kai ektisthēsan
for thou didst create all things, and because of thy will they were, and were created.

ε

Καὶ εἶδον ἐπὶ τὴν δεξιὰν τοῦ καθημένου ἐπὶ τοῦ θρόνου βιβλίον γεγραμμένον ἔσωθεν καὶ ὄπισθεν
Kai eidon epi tēn dexian tou kathēmenou epi tou thronou biblion gegrammenon esōthen kai opisthen
And I saw in the right hand of him that sat on the throne a book written within and on the back,

κατεσφραγισμένον σφραγῖσιν ἑπτά
katesphragismenon sphragisin hepta
close sealed with seven seals.

καὶ εἶδον ἄγγελον ἰσχυρὸν κηρύσσοντα ἐν φωνῇ μεγάλῃ, Τίς ἄξιος ἀνοῖξαι τὸ βιβλίον καὶ λῦσαι τὰς σφραγῖδας αὐτοῦ
kai eidon angelon ischyron kēryssonta en phōnē megalē, Tis axios anoixai to biblion kai lysai tas sphragidas autou
And I saw a strong angel proclaiming with a great voice, Who is worthy to open the book, and to loose the seals thereof?

καὶ οὐδεὶς ἐδύνατο ἐν τῷ οὐρανῷ οὐδὲ ἐπὶ τῆς γῆς οὐδὲ ὑποκάτω τῆς γῆς ἀνοῖξαι τὸ βιβλίον οὔτε βλέπειν αὐτό
kai oudeis edynato en tō ouranō oude epi tēs gēs oude hypokatō tēs gēs anoixai to biblion oute blepein auto
And no one in the heaven, or on the earth, or under the earth, was able to open the book, or to look thereon.

καὶ ἔκλαιον πολὺ ὅτι οὐδεὶς ἄξιος εὑρέθη ἀνοῖξαι τὸ βιβλίον οὔτε βλέπειν αὐτό
kai eklaion poly hoti oudeis axios heurethē anoixai to biblion oute blepein auto
And I wept much, because no one was found worthy to open the book, or to look thereon:

καὶ εἷς ἐκ τῶν πρεσβυτέρων λέγει μοι, Μὴ κλαῖε
kai heis ek tōn presbyterōn legei moi, Mē klaie:
and one of the elders saith unto me, Weep not;

ἰδοὺ ἐνίκησεν ὁ λέων ὁ ἐκ τῆς φυλῆς Ἰούδα, ἡ ῥίζα Δαυίδ,
idou enikēsen ho leōn ho ek tēs phylēs Iouda, hē rhiza Dauid,
behold, the Lion that is of the tribe of Judah, the Root of David,

ἀνοῖξαι τὸ βιβλίον καὶ τὰς ἑπτὰ σφραγῖδας αὐτοῦ
anoixai to biblion kai tas hepta sphragidas autou
hath overcome to open the book and the seven seals thereof.

Καὶ εἶδον ἐν μέσῳ τοῦ θρόνου καὶ τῶν τεσσάρων ζῴων
Kai eidon en mesō tou thronou kai tōn tessarōn zōōn
And I saw in the midst of the throne and of the four living creatures,

καὶ ἐν μέσῳ τῶν πρεσβυτέρων ἀρνίον ἑστηκὸς ὡς ἐσφαγμένον
kai en mesō tōn presbyterōn arnion hestēkos hōs esphagmenon
and in the midst of the elders, a Lamb standing, as though it had been slain,

ἔχων κέρατα ἑπτὰ καὶ ὀφθαλμοὺς ἑπτά, οἵ εἰσιν τὰ [ἑπτὰ] πνεύματα τοῦ θεοῦ ἀπεσταλμένοι εἰς πᾶσαν τὴν γῆν
echōn kerata hepta kai ophthalmous hepta, hoi eisin ta [hepta] pneumata tou theou apestalmenoi eis pasan tēn gēn
having seven horns, and seven eyes, which are the seven Spirits of God, sent forth into all the earth.

καὶ ἦλθεν καὶ εἴληφεν ἐκ τῆς δεξιᾶς τοῦ καθημένου ἐπὶ τοῦ θρόνου
kai ēlthen kai eilēphen ek tēs dexias tou kathēmenou epi tou thronou
And he came, and he taketh it out of the right hand of him that sat on the throne.

καὶ ὅτε ἔλαβεν τὸ βιβλίον, τὰ τέσσαρα ζῷα καὶ οἱ εἴκοσι τέσσαρες πρεσβύτεροι ἔπεσαν ἐνώπιον τοῦ ἀρνίου
kai hote elaben to biblion, ta tessara zōa kai hoi eikosi tessares presbyteroi epesan enōpion tou arniou
And when he had taken the book, the four living creatures and the four and twenty elders fell down before the Lamb,

ἔχοντες ἕκαστος κιθάραν καὶ φιάλας χρυσᾶς γεμούσας θυμιαμάτων, αἵ εἰσιν αἱ προσευχαὶ τῶν ἁγίων
echontes hekastos kitharan kai phialas chrysas gemousas thymiamatōn, hai eisin hai proseuchai tōn hagiōn
having each one a harp, and golden bowls full of incense, which are the prayers of the saints.

καὶ ᾄδουσιν ᾠδὴν καινὴν λέγοντες, Ἄξιος εἶ λαβεῖν τὸ βιβλίον καὶ ἀνοῖξαι τὰς σφραγῖδας αὐτοῦ
kai adousin ōdēn kainēn legontes, Axios ei labein to biblion kai anoixai tas sphragidas autou
And they sing a new song, saying, Worthy art thou to take the book, and to open the seals thereof:

ὅτι ἐσφάγης καὶ ἠγόρασας τῷ θεῷ ἐν τῷ αἵματί σου ἐκ πάσης φυλῆς καὶ γλώσσης καὶ λαοῦ καὶ ἔθνους
hoti esphagēs kai ēgorasas tō theō en tō haimati sou ek pasēs phylēs kai glōssēs kai laou kai ethnous
for thou wast slain, and didst purchase unto God with thy blood men of every tribe, and tongue, and people, and nation,

καὶ ἐποίησας αὐτοὺς τῷ θεῷ ἡμῶν βασιλείαν καὶ ἱερεῖς, καὶ βασιλεύσουσιν ἐπὶ τῆς γῆς
kai epoiēsas autous tō theō hēmōn basileian kai hiereis, kai basileusousin epi tēs gēs
and madest them to be unto our God a kingdom and priests; and they reign upon the earth.

Καὶ εἶδον, καὶ ἤκουσα φωνὴν ἀγγέλων πολλῶν κύκλῳ τοῦ θρόνου καὶ τῶν ζῴων καὶ τῶν πρεσβυτέρων
Kai eidon, kai ēkousa phōnēn angelōn pollōn kyklō tou thronou kai tōn zōōn kai tōn presbyterōn,
And I saw, and I heard a voice of many angels round about the throne and the living creatures and the elders;

καὶ ἦν ὁ ἀριθμὸς αὐτῶν μυριάδες μυριάδων καὶ χιλιάδες χιλιάδων
kai ēn ho arithmos autōn myriades myriadōn kai chiliades chiliadōn
and the number of them was ten thousand times ten thousand, and thousands of thousands;

λέγοντες φωνῇ μεγάλῃ, Ἄξιόν ἐστιν τὸ ἀρνίον τὸ ἐσφαγμένον λαβεῖν τὴν δύναμιν
legontes phōnē megalē, Axion estin to arnion to esphagmenon labein tēn dynamin
saying with a great voice, Worthy is the Lamb that hath been slain to receive the power,

καὶ πλοῦτον καὶ σοφίαν καὶ ἰσχὺν καὶ τιμὴν καὶ δόξαν καὶ εὐλογίαν
kai plouton kai sophian kai ischyn kai timēn kai doxan kai eulogian
and riches, and wisdom, and might, and honor, and glory, and blessing.

καὶ πᾶν κτίσμα ὃ ἐν τῷ οὐρανῷ καὶ ἐπὶ τῆς γῆς καὶ ὑποκάτω τῆς γῆς καὶ ἐπὶ τῆς θαλάσσης
kai pan ktisma ho en tō ouranō kai epi tēs gēs kai hypokatō tēs gēs kai epi tēs thalassēs
And every created thing which is in the heaven, and on the earth, and under the earth, and on the sea,

καὶ τὰ ἐν αὐτοῖς πάντα ἤκουσα λέγοντας, Τῷ καθημένῳ ἐπὶ τῷ θρόνῳ καὶ τῷ ἀρνίῳ ἡ εὐλογία
kai ta en autois panta ēkousa legontas, Tō kathēmenō epi tō thronō kai tō arniō hē eulogia
and all things that are in them, heard I saying, Unto him that sitteth on the throne, and unto the Lamb, be the blessing,

καὶ ἡ τιμὴ καὶ ἡ δόξα καὶ τὸ κράτος εἰς τοὺς αἰῶνας τῶν αἰώνων
kai hē timē kai hē doxa kai to kratos eis tous aiōnas tōn aiōnōn
and the honor, and the glory, and the dominion, for ever and ever.

καὶ τὰ τέσσαρα ζῷα ἔλεγον, Ἀμήν· καὶ οἱ πρεσβύτεροι ἔπεσαν καὶ προσεκύνησαν
kai ta tessara zōa elegon, Amēn: kai hoi presbyteroi epesan kai prosekynēsan
And the four living creatures said, Amen. And the elders fell down and worshipped.

ς

Καὶ εἶδον ὅτε ἤνοιξεν τὸ ἀρνίον μίαν ἐκ τῶν ἑπτὰ σφραγίδων
Kai eidon hote ēnoixen to arnion mian ek tōn hepta sphragidōn
And I saw when the Lamb opened one of the seven seals,

καὶ ἤκουσα ἑνὸς ἐκ τῶν τεσσάρων ζῴων λέγοντος ὡς φωνὴ βροντῆς, Ἔρχου
kai ēkousa henos ek tōn tessarōn zōōn legontos hōs phōnē brontēs, Erchou
and I heard one of the four living creatures saying as with a voice of thunder, Come.

καὶ εἶδον, καὶ ἰδοὺ ἵππος λευκός, καὶ ὁ καθήμενος ἐπ' αὐτὸν ἔχων τόξον
kai eidon, kai idou hippos leukos, kai ho kathēmenos ep' auton echōn toxon
And I saw, and behold, a white horse, and he that sat thereon had a bow;

καὶ ἐδόθη αὐτῷ στέφανος, καὶ ἐξῆλθεν νικῶν καὶ ἵνα νικήσῃ
kai edothē autō stephanos, kai exēlthen nikōn kai hina nikēsē
and there was given unto him a crown: and he came forth conquering, and to conquer.

Καὶ ὅτε ἤνοιξεν τὴν σφραγίδα τὴν δευτέραν, ἤκουσα τοῦ δευτέρου ζῴου λέγοντος, Ἔρχου
Kai hote ēnoixen tēn sphragida tēn deuteran, ēkousa tou deuterou zōou legontos, Erchou
And when he opened the second seal, I heard the second living creature saying, Come.

καὶ ἐξῆλθεν ἄλλος ἵππος πυρρός, καὶ τῷ καθημένῳ ἐπ' αὐτὸν ἐδόθη αὐτῷ λαβεῖν τὴν εἰρήνην ἐκ τῆς γῆς
kai exēlthen allos hippos pyrros, kai tō kathēmenō ep' auton edothē autō labein tēn eirēnēn ek tēs gēs
And another horse came forth, a red horse: and to him that sat thereon it was given to take peace from the earth,

509

καὶ ἵνα ἀλλήλους σφάξουσιν, καὶ ἐδόθη αὐτῷ μάχαιρα μεγάλη
kai hina allēlous sphaxousin, kai edothē autō machaira megalē
and that they should slay one another: and there was given unto him a great sword.

Καὶ ὅτε ἤνοιξεν τὴν σφραγῖδα τὴν τρίτην, ἤκουσα τοῦ τρίτου ζῴου λέγοντος, Ἔρχου
Kai hote ēnoixen tēn sphragida tēn tritēn, ēkousa tou tritou zōou legontos, Erchou
And when he opened the third seal, I heard the third living creature saying, Come.

καὶ εἶδον, καὶ ἰδοὺ ἵππος μέλας, καὶ ὁ καθήμενος ἐπ' αὐτὸν ἔχων ζυγὸν ἐν τῇ χειρὶ αὐτο
kai eidon, kai idou hippos melas, kai ho kathēmenos ep' auton echōn zygon en tē cheiri auto
And I saw, and behold, a black horse; and he that sat thereon had a balance in his hand.

καὶ ἤκουσα ὡς φωνὴν ἐν μέσῳ τῶν τεσσάρων ζῴων λέγουσαν, Χοῖνιξ σίτου δηναρίου
kai ēkousa hōs phōnēn en mesō tōn tessarōn zōōn legousan, Choinix sitou dēnariou
And I heard as it were a voice in the midst of the four living creatures saying, A measure of wheat for a shilling,

καὶ τρεῖς χοίνικες κριθῶν δηναρίου: καὶ τὸ ἔλαιον καὶ τὸν οἶνον μὴ ἀδικήσῃς
kai treis choinikes krithōn dēnariou: kai to elaion kai ton oinon mē adikēsēs
and three measures of barley for a shilling; and the oil and the wine hurt thou not.

Καὶ ὅτε ἤνοιξεν τὴν σφραγῖδα τὴν τετάρτην, ἤκουσα φωνὴν τοῦ τετάρτου ζῴου λέγοντος, Ἔρχου
Kai hote ēnoixen tēn sphragida tēn tetartēn, ēkousa phōnēn tou tetartou zōou legontos, Erchou
And when he opened the fourth seal, I heard the voice of the fourth living creature saying, Come.

καὶ εἶδον, καὶ ἰδοὺ ἵππος χλωρός, καὶ ὁ καθήμενος ἐπάνω αὐτοῦ ὄνομα αὐτῷ [ὁ] Θάνατος
kai eidon, kai idou hippos chlōros, kai ho kathēmenos epanō autou onoma autō [ho] Thanatos,
And I saw, and behold, a pale horse: and he that sat upon him, his name was Death;

καὶ ὁ ἅ|δης ἠκολούθει μετ' αὐτοῦ: καὶ ἐδόθη αὐτοῖς ἐξουσία ἐπὶ τὸ τέταρτον τῆς γῆς
kai ho ha|dēs ēkolouthei met' autou: kai edothē autois exousia epi to tetarton tēs gēs,
and Hades followed with him. And there was given unto them authority over the fourth part of the earth,

ἀποκτεῖναι ἐν ῥομφαίᾳ καὶ ἐν λιμῷ καὶ ἐν θανάτῳ καὶ ὑπὸ τῶν θηρίων τῆς γῆς
apokteinai en rhomphaia kai en limō kai en thanatō kai hypo tōn thēriōn tēs gēs
to kill with sword, and with famine, and with death, and by the wild beasts of the earth.

Καὶ ὅτε ἤνοιξεν τὴν πέμπτην σφραγῖδα
Kai hote ēnoixen tēn pemptēn sphragida
And when he opened the fifth seal,

εἶδον ὑποκάτω τοῦ θυσιαστηρίου τὰς ψυχὰς τῶν ἐσφαγμένων διὰ τὸν λόγον τοῦ θεοῦ
eidon hypokatō tou thysiastēriou tas psychas tōn esphagmenōn dia ton logon tou theou
I saw underneath the altar the souls of them that had been slain for the word of God,

καὶ διὰ τὴν μαρτυρίαν ἣν εἶχον
kai dia tēn martyrian hēn eichon
and for the testimony which they held:

καὶ ἔκραξαν φωνῇ μεγάλῃ λέγοντες, Εως πότε, ὁ δεσπότης ὁ ἅγιος καὶ ἀληθινός
kai ekraxan phōnē megalē legontes, Eōs pote, ho despotēs ho hagios kai alēthinos,
and they cried with a great voice, saying, How long, O Master, the holy and true,

οὐ κρίνεις καὶ ἐκδικεῖς τὸ αἷμα ἡμῶν ἐκ τῶν κατοικούντων ἐπὶ τῆς γῆς
ou krineis kai ekdikeis to haima hēmōn ek tōn katoikountōn epi tēs gēs
dost thou not judge and avenge our blood on them that dwell on the earth?

καὶ ἐδόθη αὐτοῖς ἑκάστῳ στολὴ λευκή, καὶ ἐρρέθη αὐτοῖς ἵνα ἀναπαύσονται ἔτι χρόνον μικρόν
kai edothē autois hekastō stolē leukē, kai errethē autois hina anapausontai eti chronon mikron
And there was given them to each one a white robe; and it was said unto them, that they should rest yet for a little time,

ἕως πληρωθῶσιν καὶ οἱ σύνδουλοι αὐτῶν καὶ οἱ ἀδελφοὶ αὐτῶν οἱ μέλλοντες ἀποκτέννεσθαι ὡς καὶ αὐτοί
heōs plērōthōsin kai hoi syndouloi autōn kai hoi adelphoi autōn hoi mellontes apoktennesthai hōs kai autoi
until their fellow-servants also and their brethren, who should be killed even as they were, should have fulfilled their course.

Καὶ εἶδον ὅτε ἤνοιξεν τὴν σφραγῖδα τὴν ἕκτην, καὶ σεισμὸς μέγας ἐγένετο
Kai eidon hote ēnoixen tēn sphragida tēn hektēn, kai seismos megas egeneto
And I saw when he opened the sixth seal, and there was a great earthquake;

καὶ ὁ ἥλιος ἐγένετο μέλας ὡς σάκκος τρίχινος, καὶ ἡ σελήνη ὅλη ἐγένετο ὡς αἷμα
kai ho hēlios egeneto melas hōs sakkos trichinos, kai hē selēnē holē egeneto hōs haima
and the sun became black as sackcloth of hair, and the whole moon became as blood;

καὶ οἱ ἀστέρες τοῦ οὐρανοῦ ἔπεσαν εἰς τὴν γῆν, ὡς συκῆ βάλλει τοὺς ὀλύνθους αὐτῆς ὑπὸ ἀνέμου μεγάλου σειομένη
kai hoi asteres tou ouranou epesan eis tēn gēn, hōs sykē ballei tous olynthous autēs hypo anemou megalou seiomenē
and the stars of the heaven fell unto the earth, as a fig tree casteth her unripe figs when she is shaken of a great wind.

καὶ ὁ οὐρανὸς ἀπεχωρίσθη ὡς βιβλίον ἑλισσόμενον
kai ho ouranos apechōristhē hōs biblion helissomenon
And the heaven was removed as a scroll when it is rolled up;

καὶ πᾶν ὄρος καὶ νῆσος ἐκ τῶν τόπων αὐτῶν ἐκινήθησαν
kai pan oros kai nēsos ek tōn topōn autōn ekinēthēsan
and every mountain and island were moved out of their places.

καὶ οἱ βασιλεῖς τῆς γῆς καὶ οἱ μεγιστᾶνες καὶ οἱ χιλίαρχοι καὶ οἱ πλούσιοι καὶ οἱ ἰσχυροὶ
kai hoi basileis tēs gēs kai hoi megistanes kai hoi chiliarchoi kai hoi plousioi kai hoi ischyroi
And the kings of the earth, and the princes, and the chief captains, and the rich, and the strong,

καὶ πᾶς δοῦλος καὶ ἐλεύθερος ἔκρυψαν ἑαυτοὺς εἰς τὰ σπήλαια καὶ εἰς τὰς πέτρας τῶν ὀρέων
kai pas doulos kai eleutheros ekrypsan heautous eis ta spēlaia kai eis tas petras tōn oreōn
and every bondman and freeman, hid themselves in the caves and in the rocks of the mountains;

καὶ λέγουσιν τοῖς ὄρεσιν καὶ ταῖς πέτραις
kai legousin tois oresin kai tais petrais,
and they say to the mountains and to the rocks,

Πέσετε ἐφ' ἡμᾶς καὶ κρύψατε ἡμᾶς ἀπὸ προσώπου τοῦ καθημένου ἐπὶ τοῦ θρόνου καὶ ἀπὸ τῆς ὀργῆς τοῦ ἀρνίο
Pesete eph' hēmas kai krypsate hēmas apo prosōpou tou kathēmenou epi tou thronou kai apo tēs orgēs tou arnio
Fall on us, and hide us from the face of him that sitteth on the throne, and from the wrath of the Lamb:

ὅτι ἦλθεν ἡ ἡμέρα ἡ μεγάλη τῆς ὀργῆς αὐτῶν, καὶ τίς δύναται σταθῆναι
hoti ēlthen hē hēmera hē megalē tēs orgēs autōn, kai tis dynatai stathēnai
for the great day of their wrath is come; and who is able to stand?

ζ

Μετὰ τοῦτο εἶδον τέσσαρας ἀγγέλους ἑστῶτας ἐπὶ τὰς τέσσαρας γωνίας τῆς γῆς
Meta touto eidon tessaras angelous hestōtas epi tas tessaras gōnias tēs gēs
After this I saw four angels standing at the four corners of the earth,

κρατοῦντας τοὺς τέσσαρας ἀνέμους τῆς γῆς
kratountas tous tessaras anemous tēs gēs
holding the four winds of the earth,

ἵνα μὴ πνέῃ ἄνεμος ἐπὶ τῆς γῆς μήτε ἐπὶ τῆς θαλάσσης μήτε ἐπὶ πᾶν δένδρον
hina mē pneē anemos epi tēs gēs mēte epi tēs thalassēs mēte epi pan dendron
that no wind should blow on the earth, or on the sea, or upon any tree.

καὶ εἶδον ἄλλον ἄγγελον ἀναβαίνοντα ἀπὸ ἀνατολῆς ἡλίου, ἔχοντα σφραγῖδα θεοῦ ζῶντος
kai eidon allon angelon anabainonta apo anatolēs hēliou, echonta sphragida theou zōntos
And I saw another angel ascend from the sunrising, having the seal of the living God:

καὶ ἔκραξεν φωνῇ μεγάλῃ τοῖς τέσσαρσιν ἀγγέλοις οἷς ἐδόθη αὐτοῖς ἀδικῆσαι τὴν γῆν καὶ τὴν θάλασσαν
kai ekraxen phōnē megalē tois tessarsin angelois hois edothē autois adikēsai tēn gēn kai tēn thalassan
and he cried with a great voice to the four angels to whom it was given to hurt the earth and the sea,

λέγων, Μὴ ἀδικήσητε τὴν γῆν μήτε τὴν θάλασσαν μήτε τὰ δένδρα
legōn, Mē adikēsēte tēn gēn mēte tēn thalassan mēte ta dendra
saying, Hurt not the earth, neither the sea, nor the trees,

ἄχρι σφραγίσωμεν τοὺς δούλους τοῦ θεοῦ ἡμῶν ἐπὶ τῶν μετώπων αὐτῶν
achri sphragisōmen tous doulous tou theou hēmōn epi tōn metōpōn autōn
till we shall have sealed the servants of our God on their foreheads.

καὶ ἤκουσα τὸν ἀριθμὸν τῶν ἐσφραγισμένων, ἑκατὸν τεσσεράκοντα τέσσαρες χιλιάδες
kai ēkousa ton arithmon tōn esphragismenōn, hekaton tesserakonta tessares chiliades
And I heard the number of them that were sealed, a hundred and forty and four thousand,

ἐσφραγισμένοι ἐκ πάσης φυλῆς υἱῶν Ἰσραήλ
esphragismenoi ek pasēs phylēs huiōn Israēl
sealed out of every tribe of the children of Israel:

ἐκ φυλῆς Ἰούδα δώδεκα χιλιάδες ἐσφραγισμένοι, ἐκ φυλῆς Ῥουβὴν δώδεκα χιλιάδες, ἐκ φυλῆς Γὰδ δώδεκα χιλιάδες
ek phylēs Iouda dōdeka chiliades esphragismenoi, ek phylēs Rhoubēn dōdeka chiliades, ek phylēs Gad dōdeka chiliades
Of the tribe of Judah were sealed twelve thousand; Of the tribe of Reuben twelve thousand; Of the tribe of Gad twelve thousand;

ἐκ φυλῆς Ἀσὴρ δώδεκα χιλιάδες, ἐκ φυλῆς Νεφθαλὶμ δώδεκα χιλιάδες, ἐκ φυλῆς Μανασσῆ δώδεκα χιλιάδες
ek phylēs Asēr dōdeka chiliades, ek phylēs Nephthalim dōdeka chiliades, ek phylēs Manassē dōdeka chiliades
Of the tribe of Asher twelve thousand; Of the tribe of Naphtali twelve thousand; Of the tribe of Manasseh twelve thousand;

ἐκ φυλῆς Συμεὼν δώδεκα χιλιάδες, ἐκ φυλῆς Λευὶ δώδεκα χιλιάδες, ἐκ φυλῆς Ἰσσαχὰρ δώδεκα χιλιάδες
ek phylēs Symeōn dōdeka chiliades, ek phylēs Leui dōdeka chiliades, ek phylēs Issachar dōdeka chiliades
Of the tribe of Simeon twelve thousand; Of the tribe of Levi twelve thousand; Of the tribe of Issachar twelve thousand;

ἐκ φυλῆς Ζαβουλὼν δώδεκα χιλιάδες, ἐκ φυλῆς Ἰωσὴφ δώδεκα χιλιάδες
ek phylēs Zaboulōn dōdeka chiliades, ek phylēs Iōsēph dōdeka chiliades
Of the tribe of Zebulun twelve thousand; Of the tribe of Joseph twelve thousand;

ἐκ φυλῆς Βενιαμὶν δώδεκα χιλιάδες ἐσφραγισμένοι
ek phylēs Beniamin dōdeka chiliades esphragismenoi
Of the tribe of Benjamin were sealed twelve thousand.

Μετὰ ταῦτα εἶδον, καὶ ἰδοὺ ὄχλος πολύς, ὃν ἀριθμῆσαι αὐτὸν οὐδεὶς ἐδύνατο
Meta tauta eidon, kai idou ochlos polys, hon arithmēsai auton oudeis edynato,
After these things I saw, and behold, a great multitude, which no man could number,

ἐκ παντὸς ἔθνους καὶ φυλῶν καὶ λαῶν καὶ γλωσσῶν, ἑστῶτες ἐνώπιον τοῦ θρόνου καὶ ἐνώπιον τοῦ ἀρνίου
ek pantos ethnous kai phylōn kai laōn kai glōssōn, hestōtes enōpion tou thronou kai enōpion tou arniou
out of every nation and of all tribes and peoples and tongues, standing before the throne and before the Lamb,

περιβεβλημένους στολὰς λευκάς, καὶ φοίνικες ἐν ταῖς χερσὶν αὐτῶν
peribeblēmenous stolas leukas, kai phoinikes en tais chersin autōn
arrayed in white robes, and palms in their hands;

καὶ κράζουσιν φωνῇ μεγάλῃ λέγοντες, Ἡ σωτηρία τῷ θεῷ ἡμῶν τῷ καθημένῳ ἐπὶ τῷ θρόνῳ καὶ τῷ ἀρνίῳ
kai krazousin phōnē megalē legontes, HĒ sōtēria tō theō hēmōn tō kathēmenō epi tō thronō kai tō arniō
and they cry with a great voice, saying, Salvation unto our God who sitteth on the throne, and unto the Lamb.

καὶ πάντες οἱ ἄγγελοι εἱστήκεισαν κύκλῳ τοῦ θρόνου καὶ τῶν πρεσβυτέρων καὶ τῶν τεσσάρων ζώων
kai pantes hoi angeloi heistēkeisan kyklō tou thronou kai tōn presbyterōn kai tōn tessarōn zōōn
And all the angels were standing round about the throne, and about the elders and the four living creatures;

καὶ ἔπεσαν ἐνώπιον τοῦ θρόνου ἐπὶ τὰ πρόσωπα αὐτῶν καὶ προσεκύνησαν τῷ θεῷ
kai epesan enōpion tou thronou epi ta prosōpa autōn kai prosekynēsan tō theō
and they fell before the throne on their faces, and worshipped God,

513

λέγοντες, Ἀμήν· ἡ εὐλογία καὶ ἡ δόξα καὶ ἡ σοφία καὶ ἡ εὐχαριστία καὶ ἡ τιμὴ καὶ ἡ δύναμις
legontes, Amēn: hē eulogia kai hē doxa kai hē sophia kai hē eucharistia kai hē timē kai hē dynamis
saying, Amen: Blessing, and glory, and wisdom, and thanksgiving, and honor, and power,

καὶ ἡ ἰσχὺς τῷ θεῷ ἡμῶν εἰς τοὺς αἰῶνας τῶν αἰώνων· ἀμήν
kai hē ischys tō theō hēmōn eis tous aiōnas tōn aiōnōn: amēn
and might, be unto our God for ever and ever. Amen.

Καὶ ἀπεκρίθη εἷς ἐκ τῶν πρεσβυτέρων λέγων μοι
Kai apekrithē heis ek tōn presbyterōn legōn moi
And one of the elders answered, saying unto me,

Οὗτοι οἱ περιβεβλημένοι τὰς στολὰς τὰς λευκὰς τίνες εἰσὶν καὶ πόθεν ἦλθον
Houtoi hoi peribeblēmenoi tas stolas tas leukas tines eisin kai pothen ēlthon
These that are arrayed in the white robes, who are they, and whence came they?

καὶ εἴρηκα αὐτῷ, Κύριέ μου, σὺ οἶδας. καὶ εἶπέν μοι, Οὗτοί εἰσιν οἱ ἐρχόμενοι ἐκ τῆς θλίψεως τῆς μεγάλης
kai eirēka autō, Kyrie mou, sy oidas. kai eipen moi, Houtoi eisin hoi erchomenoi ek tēs thlipseōs tēs megalēs
And I say unto him, My lord, thou knowest. And he said to me, These are they that come out of the great tribulation,

καὶ ἔπλυναν τὰς στολὰς αὐτῶν καὶ ἐλεύκαναν αὐτὰς ἐν τῷ αἵματι τοῦ ἀρνίου
kai eplynan tas stolas autōn kai eleukanan autas en tō haimati tou arniou
and they washed their robes, and made them white in the blood of the Lamb.

διὰ τοῦτό εἰσιν ἐνώπιον τοῦ θρόνου τοῦ θεοῦ, καὶ λατρεύουσιν αὐτῷ ἡμέρας καὶ νυκτὸς ἐν τῷ ναῷ αὐτοῦ
dia touto eisin enōpion tou thronou tou theou, kai latreuousin autō hēmeras kai nyktos en tō naō autou,
Therefore are they before the throne of God; and they serve him day and night in his temple:

καὶ ὁ καθήμενος ἐπὶ τοῦ θρόνου σκηνώσει ἐπ' αὐτούς
kai ho kathēmenos epi tou thronou skēnōsei ep' autous
and he that sitteth on the throne shall spread his tabernacle over them.

οὐ πεινάσουσιν ἔτι οὐδὲ διψήσουσιν ἔτι, οὐδὲ μὴ πέσῃ ἐπ' αὐτοὺς ὁ ἥλιος οὐδὲ πᾶν καῦμα
ou peinasousin eti oude dipsēsousin eti, oude mē pesē ep' autous ho hēlios oude pan kauma
They shall hunger no more, neither thirst any more; neither shall the sun strike upon them, nor any heat:

ὅτι τὸ ἀρνίον τὸ ἀνὰ μέσον τοῦ θρόνου ποιμανεῖ αὐτούς
hoti to arnion to ana meson tou thronou poimanei autous
for the Lamb that is in the midst of the throne shall be their shepherd,

καὶ ὁδηγήσει αὐτοὺς ἐπὶ ζωῆς πηγὰς ὑδάτων
kai hodēgēsei autous epi zōēs pēgas hydatōn
and shall guide them unto fountains of waters of life:

καὶ ἐξαλείψει ὁ θεὸς πᾶν δάκρυον ἐκ τῶν ὀφθαλμῶν αὐτῶν
kai exaleipsei ho theos pan dakryon ek tōn ophthalmōn autōn
and God shall wipe away every tear from their eyes.

η

Καὶ ὅταν ἤνοιξεν τὴν σφραγῖδα τὴν ἑβδόμην, ἐγένετο σιγὴ ἐν τῷ οὐρανῷ ὡς ἡμιώριον
Kai hotan ēnoixen tēn sphragida tēn hebdomēn, egeneto sigē en tō ouranō hōs hēmiōrion
And when he opened the seventh seal, there followed a silence in heaven about the space of half an hour.

καὶ εἶδον τοὺς ἑπτὰ ἀγγέλους οἳ ἐνώπιον τοῦ θεοῦ ἑστήκασιν, καὶ ἐδόθησαν αὐτοῖς ἑπτὰ σάλπιγγες
kai eidon tous hepta angelous hoi enōpion tou theou hestēkasin, kai edothēsan autois hepta salpinges
And I saw the seven angels that stand before God; and there were given unto them seven trumpets.

Καὶ ἄλλος ἄγγελος ἦλθεν καὶ ἐστάθη ἐπὶ τοῦ θυσιαστηρίου ἔχων λιβανωτὸν χρυσοῦν καὶ ἐδόθη αὐτῷ θυμιάματα πολλὰ
Kai allos angelos ēlthen kai estathē epi tou thysiastēriou echōn libanōton chrysoun kai edothē autō thymiamata polla
And another angel came and stood over the altar, having a golden censer; and there was given unto him much incense,

ἵνα δώσει ταῖς προσευχαῖς τῶν ἁγίων πάντων ἐπὶ τὸ θυσιαστήριον τὸ χρυσοῦν τὸ ἐνώπιον τοῦ θρόνου
hina dōsei tais proseuchais tōn hagiōn pantōn epi to thysiastērion to chrysoun to enōpion tou thronou
that he should add it unto the prayers of all the saints upon the golden altar which was before the throne.

καὶ ἀνέβη ὁ καπνὸς τῶν θυμιαμάτων ταῖς προσευχαῖς τῶν ἁγίων ἐκ χειρὸς τοῦ ἀγγέλου ἐνώπιον τοῦ θεοῦ
kai anebē ho kapnos tōn thymiamatōn tais proseuchais tōn hagiōn ek cheiros tou angelou enōpion tou theou
And the smoke of the incense, with the prayers of the saints, went up before God out of the angel's hand.

καὶ εἴληφεν ὁ ἄγγελος τὸν λιβανωτόν, καὶ ἐγέμισεν αὐτὸν ἐκ τοῦ πυρὸς τοῦ θυσιαστηρίου καὶ ἔβαλεν εἰς τὴν γῆν
kai eilēphen ho angelos ton libanōton, kai egemisen auton ek tou pyros tou thysiastēriou kai ebalen eis tēn gēn
And the angel taketh the censer; and he filled it with the fire of the altar, and cast it upon the earth:

καὶ ἐγένοντο βρονταὶ καὶ φωναὶ καὶ ἀστραπαὶ καὶ σεισμός
kai egenonto brontai kai phōnai kai astrapai kai seismos
and there followed thunders, and voices, and lightnings, and an earthquake.

Καὶ οἱ ἑπτὰ ἄγγελοι οἱ ἔχοντες τὰς ἑπτὰ σάλπιγγας ἡτοίμασαν αὐτοὺς ἵνα σαλπίσωσιν
Kai hoi hepta angeloi hoi echontes tas hepta salpingas hētoimasan autous hina salpisōsin
And the seven angels that had the seven trumpets prepared themselves to sound.

Καὶ ὁ πρῶτος ἐσάλπισεν: καὶ ἐγένετο χάλαζα καὶ πῦρ μεμιγμένα ἐν αἵματι, καὶ ἐβλήθη εἰς τὴν γῆν
Kai ho prōtos esalpisen: kai egeneto chalaza kai pyr memigmena en haimati, kai eblēthē eis tēn gēn
And the first sounded, and there followed hail and fire, mingled with blood, and they were cast upon the earth:

καὶ τὸ τρίτον τῆς γῆς κατεκάη, καὶ τὸ τρίτον τῶν δένδρων κατεκάη
kai to triton tēs gēs katekaē, kai to triton tōn dendrōn katekaē
and the third part of the earth was burnt up, and the third part of the trees was burnt up,

καὶ πᾶς χόρτος χλωρὸς κατεκάη
kai pas chortos chlōros katekaē
and all green grass was burnt up.

Καὶ ὁ δεύτερος ἄγγελος ἐσάλπισεν: καὶ ὡς ὄρος μέγα πυρὶ καιόμενον ἐβλήθη εἰς τὴν θάλασσαν
Kai ho deuteros angelos esalpisen: kai hōs oros mega pyri kaiomenon eblēthē eis tēn thalassan
And the second angel sounded, and as it were a great mountain burning with fire was cast into the sea:

καὶ ἐγένετο τὸ τρίτον τῆς θαλάσσης αἷμα
kai egeneto to triton tēs thalassēs haima
and the third part of the sea became blood;

καὶ ἀπέθανεν τὸ τρίτον τῶν κτισμάτων τῶν ἐν τῇ θαλάσσῃ, τὰ ἔχοντα ψυχάς
kai apethanen to triton tōn ktismatōn tōn en tē thalassē, ta echonta psychas
and there died the third part of the creatures which were in the sea, even they that had life;

καὶ τὸ τρίτον τῶν πλοίων διεφθάρησαν
kai to triton tōn ploiōn diephtharēsan
and the third part of the ships was destroyed.

Καὶ ὁ τρίτος ἄγγελος ἐσάλπισεν: καὶ ἔπεσεν ἐκ τοῦ οὐρανοῦ ἀστὴρ μέγας καιόμενος ὡς λαμπάς
Kai ho tritos angelos esalpisen: kai epesen ek tou ouranou astēr megas kaiomenos hōs lampas,
And the third angel sounded, and there fell from heaven a great star, burning as a torch,

καὶ ἔπεσεν ἐπὶ τὸ τρίτον τῶν ποταμῶν καὶ ἐπὶ τὰς πηγὰς τῶν ὑδάτων
kai epesen epi to triton tōn potamōn kai epi tas pēgas tōn hydatōn
and it fell upon the third part of the rivers, and upon the fountains of the waters;

καὶ τὸ ὄνομα τοῦ ἀστέρος λέγεται ὁ Ἄψινθος. καὶ ἐγένετο τὸ τρίτον τῶν ὑδάτων εἰς ἄψινθον
kai to onoma tou asteros legetai ho Apsinthos. kai egeneto to triton tōn hydatōn eis apsinthon
and the name of the star is called Wormwood: and the third part of the waters became wormwood;

καὶ πολλοὶ τῶν ἀνθρώπων ἀπέθανον ἐκ τῶν ὑδάτων, ὅτι ἐπικράνθησαν
kai polloi tōn anthrōpōn apethanon ek tōn hydatōn, hoti epikranthēsan
and many men died of the waters, because they were made bitter.

Καὶ ὁ τέταρτος ἄγγελος ἐσάλπισεν: καὶ ἐπλήγη τὸ τρίτον τοῦ ἡλίου
Kai ho tetartos angelos esalpisen: kai eplēgē to triton tou hēliou
And the fourth angel sounded, and the third part of the sun was smitten,

καὶ τὸ τρίτον τῆς σελήνης καὶ τὸ τρίτον τῶν ἀστέρων
kai to triton tēs selēnēs kai to triton tōn asterōn
and the third part of the moon, and the third part of the stars;

ἵνα σκοτισθῇ τὸ τρίτον αὐτῶν καὶ ἡ ἡμέρα μὴ φάνῃ τὸ τρίτον αὐτῆς
hina skotisthē to triton autōn kai hē hēmera mē phanē to triton autēs
that the third part of them should be darkened, and the day should not shine for the third part of it,

καὶ ἡ νὺξ ὁμοίως
kai hē nyx homoiōs
and the night in like manner.

Καὶ εἶδον, καὶ ἤκουσα ἑνὸς ἀετοῦ πετομένου ἐν μεσουρανήματι λέγοντος φωνῇ μεγάλῃ
Kai eidon, kai ēkousa henos aetou petomenou en mesouranēmati legontos phōnē megalē
And I saw, and I heard an eagle, flying in mid heaven, saying with a great voice,

Οὐαὶ οὐαὶ οὐαὶ τοὺς κατοικοῦντας ἐπὶ τῆς γῆς ἐκ τῶν λοιπῶν φωνῶν τῆς σάλπιγγος τῶν τριῶν ἀγγέλων
Ouai ouai ouai tous katoikountas epi tēs gēs ek tōn loipōn phōnōn tēs salpingos tōn triōn angelōn
Woe, woe, woe, for them that dwell on the earth, by reason of the other voices of the trumpet of the three angels,

τῶν μελλόντων σαλπίζειν
tōn mellontōn salpizein
who are yet to sound.

θ

Καὶ ὁ πέμπτος ἄγγελος ἐσάλπισεν
Kai ho pemptos angelos esalpisen
And the fifth angel sounded,

καὶ εἶδον ἀστέρα ἐκ τοῦ οὐρανοῦ πεπτωκότα εἰς τὴν γῆν, καὶ ἐδόθη αὐτῷ ἡ κλεὶς τοῦ φρέατος τῆς ἀβύσσου
kai eidon astera ek tou ouranou peptōkota eis tēn gēn, kai edothē autō hē kleis tou phreatos tēs abyssou
and I saw a star from heaven fallen unto the earth: and there was given to him the key of the pit of the abyss.

καὶ ἤνοιξεν τὸ φρέαρ τῆς ἀβύσσου, καὶ ἀνέβη καπνὸς ἐκ τοῦ φρέατος ὡς καπνὸς καμίνου μεγάλης
kai ēnoixen to phrear tēs abyssou, kai anebē kapnos ek tou phreatos hōs kapnos kaminou megalēs
And he opened the pit of the abyss; and there went up a smoke out of the pit, as the smoke of a great furnace;

καὶ ἐσκοτώθη ὁ ἥλιος καὶ ὁ ἀὴρ ἐκ τοῦ καπνοῦ τοῦ φρέατος
kai eskotōthē ho hēlios kai ho aēr ek tou kapnou tou phreatos
and the sun and the air were darkened by reason of the smoke of the pit.

καὶ ἐκ τοῦ καπνοῦ ἐξῆλθον ἀκρίδες εἰς τὴν γῆν
kai ek tou kapnou exēlthon akrides eis tēn gēn
And out of the smoke came forth locusts upon the earth;

καὶ ἐδόθη αὐταῖς ἐξουσία ὡς ἔχουσιν ἐξουσίαν οἱ σκορπίοι τῆς γῆς
kai edothē autais exousia hōs echousin exousian hoi skorpioi tēs gēs
and power was given them, as the scorpions of the earth have power.

καὶ ἐρρέθη αὐταῖς ἵνα μὴ ἀδικήσουσιν τὸν χόρτον τῆς γῆς οὐδὲ πᾶν χλωρὸν οὐδὲ πᾶν δένδρον
kai errethē autais hina mē adikēsousin ton chorton tēs gēs oude pan chlōron oude pan dendron
And it was said unto them that they should not hurt the grass of the earth, neither any green thing, neither any tree,

εἰ μὴ τοὺς ἀνθρώπους οἵτινες οὐκ ἔχουσι τὴν σφραγῖδα τοῦ θεοῦ ἐπὶ τῶν μετώπων
ei mē tous anthrōpous hoitines ouk echousi tēn sphragida tou theou epi tōn metōpōn
but only such men as have not the seal of God on their foreheads.

καὶ ἐδόθη αὐτοῖς ἵνα μὴ ἀποκτείνωσιν αὐτούς, ἀλλ' ἵνα βασανισθήσονται μῆνας πέντε
kai edothē autois hina mē apokteinōsin autous, all' hina basanisthēsontai mēnas pente
And it was given them that they should not kill them, but that they should be tormented five months:

καὶ ὁ βασανισμὸς αὐτῶν ὡς βασανισμὸς σκορπίου, ὅταν παίσῃ ἄνθρωπον
kai ho basanismos autōn hōs basanismos skorpiou, hotan paisē anthrōpon
and their torment was as the torment of a scorpion, when it striketh a man.

καὶ ἐν ταῖς ἡμέραις ἐκείναις ζητήσουσιν οἱ ἄνθρωποι τὸν θάνατον καὶ οὐ μὴ εὑρήσουσιν αὐτόν
kai en tais hēmerais ekeinais zētēsousin hoi anthrōpoi ton thanaton kai ou mē heurēsousin auton
And in those days men shall seek death, and shall in no wise find it;

καὶ ἐπιθυμήσουσιν ἀποθανεῖν καὶ φεύγει ὁ θάνατος ἀπ' αὐτῶν
kai epithymēsousin apothanein kai pheugei ho thanatos ap' autōn
and they shall desire to die, and death fleeth from them.

Καὶ τὰ ὁμοιώματα τῶν ἀκρίδων ὅμοια ἵπποις ἡτοιμασμένοις εἰς πόλεμον
Kai ta homoiōmata tōn akridōn homoia hippois hētoimasmenois eis polemon
And the shapes of the locusts were like unto horses prepared for war;

καὶ ἐπὶ τὰς κεφαλὰς αὐτῶν ὡς στέφανοι ὅμοιοι χρυσῷ, καὶ τὰ πρόσωπα αὐτῶν ὡς πρόσωπα ἀνθρώπων
kai epi tas kephalas autōn hōs stephanoi homoioi chrysō, kai ta prosōpa autōn hōs prosōpa anthrōpōn
and upon their heads as it were crowns like unto gold, and their faces were as men's faces.

καὶ εἶχον τρίχας ὡς τρίχας γυναικῶν, καὶ οἱ ὀδόντες αὐτῶν ὡς λεόντων ἦσαν
kai eichon trichas hōs trichas gynaikōn, kai hoi odontes autōn hōs leontōn ēsan
And they had hair as the hair of women, and their teeth were as the teeth of lions.

καὶ εἶχον θώρακας ὡς θώρακας σιδηροῦς,
kai eichon thōrakas hōs thōrakas sidērous,
And they had breastplates, as it were breastplates of iron;

καὶ ἡ φωνὴ τῶν πτερύγων αὐτῶν ὡς φωνὴ ἁρμάτων ἵππων πολλῶν τρεχόντων εἰς πόλεμον
kai hē phōnē tōn pterygōn autōn hōs phōnē harmatōn hippōn pollōn trechontōn eis polemon
and the sound of their wings was as the sound of chariots, of many horses rushing to war.

καὶ ἔχουσιν οὐρὰς ὁμοίας σκορπίοις καὶ κέντρα
kai echousin ouras homoias skorpiois kai kentra
And they have tails like unto scorpions, and stings;

καὶ ἐν ταῖς οὐραῖς αὐτῶν ἡ ἐξουσία αὐτῶν ἀδικῆσαι τοὺς ἀνθρώπους μῆνας πέντε
kai en tais ourais autōn hē exousia autōn adikēsai tous anthrōpous mēnas pente
and in their tails is their power to hurt men five months.

ἔχουσιν ἐπ' αὐτῶν βασιλέα τὸν ἄγγελον τῆς ἀβύσσου
echousin ep' autōn basilea ton angelon tēs abyssou
They have over them as king the angel of the abyss:

ὄνομα αὐτῷ Ἑβραϊστὶ Ἀβαδδὼν καὶ ἐν τῇ Ἑλληνικῇ ὄνομα ἔχει Ἀπολλύων
onoma autō Hebraisti Abaddōn kai en tē Hellēnikē onoma echei Apollyōn
his name in Hebrew is Abaddon, and in the Greek tongue he hath the name Apollyon.

Ἡ οὐαὶ ἡ μία ἀπῆλθεν: ἰδοὺ ἔρχεται ἔτι δύο οὐαὶ μετὰ ταῦτα
HĒ ouai hē mia apēlthen: idou erchetai eti dyo ouai meta tauta
The first Woe is past: behold, there come yet two Woes hereafter.

Καὶ ὁ ἕκτος ἄγγελος ἐσάλπισεν
Kai ho hektos angelos esalpisen
And the sixth angel sounded,

καὶ ἤκουσα φωνὴν μίαν ἐκ τῶν [τεσσάρων] κεράτων τοῦ θυσιαστηρίου τοῦ χρυσοῦ τοῦ ἐνώπιον τοῦ θεοῦ
kai ēkousa phōnēn mian ek tōn [tessarōn] keratōn tou thysiastēriou tou chrysou tou enōpion tou theou
and I heard a voice from the horns of the golden altar which is before God,

λέγοντα τῷ ἕκτῳ ἀγγέλῳ, ὁ ἔχων τὴν σάλπιγγα
legonta tō hektō angelō, ho echōn tēn salpinga
one saying to the sixth angel that had the trumpet,

Λῦσον τοὺς τέσσαρας ἀγγέλους τοὺς δεδεμένους ἐπὶ τῷ ποταμῷ τῷ μεγάλῳ Εὐφράτῃ
Lyson tous tessaras angelous tous dedemenous epi tō potamō tō megalō Euphratē
Loose the four angels that are bound at the great river Euphrates.

καὶ ἐλύθησαν οἱ τέσσαρες ἄγγελοι οἱ ἡτοιμασμένοι εἰς τὴν ὥραν καὶ ἡμέραν καὶ μῆνα καὶ ἐνιαυτόν
kai elythēsan hoi tessares angeloi hoi hētoimasmenoi eis tēn hōran kai hēmeran kai mēna kai eniauton
And the four angels were loosed, that had been prepared for the hour and day and month and year,

ἵνα ἀποκτείνωσιν τὸ τρίτον τῶν ἀνθρώπων
hina apokteinōsin to triton tōn anthrōpōn
that they should kill the third part of men.

καὶ ὁ ἀριθμὸς τῶν στρατευμάτων τοῦ ἱππικοῦ δισμυριάδες μυριάδων
kai ho arithmos tōn strateumatōn tou hippikou dismyriades myriadōn
And the number of the armies of the horsemen was twice ten thousand times ten thousand:

ἤκουσα τὸν ἀριθμὸν αὐτῶν
ēkousa ton arithmon autōn
I heard the number of them.

καὶ οὕτως εἶδον τοὺς ἵππους ἐν τῇ ὁράσει καὶ τοὺς καθημένους ἐπ' αὐτῶν
kai houtōs eidon tous hippous en tē horasei kai tous kathēmenous ep' autōn
And thus I saw the horses in the vision, and them that sat on them,

ἔχοντας θώρακας πυρίνους καὶ ὑακινθίνους καὶ θειώδεις: καὶ αἱ κεφαλαὶ τῶν ἵππων ὡς κεφαλαὶ λεόντων
echontas thōrakas pyrinous kai hyakinthinous kai theiōdeis: kai hai kephalai tōn hippōn hōs kephalai leontōn
having breastplates as of fire and of hyacinth and of brimstone: and the heads of the horses are as the heads of lions;

καὶ ἐκ τῶν στομάτων αὐτῶν ἐκπορεύεται πῦρ καὶ καπνὸς καὶ θεῖον
kai ek tōn stomatōn autōn ekporeuetai pyr kai kapnos kai theion
and out of their mouths proceedeth fire and smoke and brimstone.

ἀπὸ τῶν τριῶν πληγῶν τούτων ἀπεκτάνθησαν τὸ τρίτον τῶν ἀνθρώπων
apo tōn triōn plēgōn toutōn apektanthēsan to triton tōn anthrōpōn
By these three plagues was the third part of men killed,

ἐκ τοῦ πυρὸς καὶ τοῦ καπνοῦ καὶ τοῦ θείου τοῦ ἐκπορευομένου ἐκ τῶν στομάτων αὐτῶν
ek tou pyros kai tou kapnou kai tou theiou tou ekporeuomenou ek tōn stomatōn autōn
by the fire and the smoke and the brimstone, which proceeded out of their mouths.

ἡ γὰρ ἐξουσία τῶν ἵππων ἐν τῷ στόματι αὐτῶν ἐστιν καὶ ἐν ταῖς οὐραῖς αὐτῶν
hē gar exousia tōn hippōn en tō stomati autōn estin kai en tais ourais autōn
For the power of the horses is in their mouth, and in their tails:

αἱ γὰρ οὐραὶ αὐτῶν ὅμοιαι ὄφεσιν, ἔχουσαι κεφαλάς, καὶ ἐν αὐταῖς ἀδικοῦσιν
hai gar ourai autōn homoiai ophesin, echousai kephalas, kai en autais adikousin
for their tails are like unto serpents, and have heads; and with them they hurt.

Καὶ οἱ λοιποὶ τῶν ἀνθρώπων, οἳ οὐκ ἀπεκτάνθησαν ἐν ταῖς πληγαῖς ταύταις
Kai hoi loipoi tōn anthrōpōn, hoi ouk apektanthēsan en tais plēgais tautais,
And the rest of mankind, who were not killed with these plagues,

οὐδὲ μετενόησαν ἐκ τῶν ἔργων τῶν χειρῶν αὐτῶν, ἵνα μὴ προσκυνήσουσιν τὰ δαιμόνια καὶ τὰ εἴδωλα τὰ χρυσᾶ
oude metenoēsan ek tōn ergōn tōn cheirōn autōn, hina mē proskynēsousin ta daimonia kai ta eidōla ta chrysa
repented not of the works of their hands, that they should not worship demons, and the idols of gold,

καὶ τὰ ἀργυρᾶ καὶ τὰ χαλκᾶ καὶ τὰ λίθινα καὶ τὰ ξύλινα, ἃ οὔτε βλέπειν δύνανται οὔτε ἀκούειν οὔτε περιπατεῖν
kai ta argyra kai ta chalka kai ta lithina kai ta xylina, ha oute blepein dynantai oute akouein oute peripatein
and of silver, and of brass, and of stone, and of wood; which can neither see, nor hear, nor walk:

καὶ οὐ μετενόησαν ἐκ τῶν φόνων αὐτῶν οὔτε ἐκ τῶν φαρμάκων αὐτῶν
kai ou metenoēsan ek tōn phonōn autōn oute ek tōn pharmakōn autōn
and they repented not of their murders, nor of their sorceries,

οὔτε ἐκ τῆς πορνείας αὐτῶν οὔτε ἐκ τῶν κλεμμάτων αὐτῶν
oute ek tēs porneias autōn oute ek tōn klemmatōn autōn
nor of their fornication, nor of their thefts.

ι

Καὶ εἶδον ἄλλον ἄγγελον ἰσχυρὸν καταβαίνοντα ἐκ τοῦ οὐρανοῦ, περιβεβλημένον νεφέλην
Kai eidon allon angelon ischyron katabainonta ek tou ouranou, peribeblēmenon nephelēn
And I saw another strong angel coming down out of heaven, arrayed with a cloud;

καὶ ἡ ἶρις ἐπὶ τῆς κεφαλῆς αὐτοῦ, καὶ τὸ πρόσωπον αὐτοῦ ὡς ὁ ἥλιος, καὶ οἱ πόδες αὐτοῦ ὡς στῦλοι πυρός
kai hē iris epi tēs kephalēs autou, kai to prosōpon autou hōs ho hēlios, kai hoi podes autou hōs styloi pyros
and the rainbow was upon his head, and his face was as the sun, and his feet as pillars of fire;

καὶ ἔχων ἐν τῇ χειρὶ αὐτοῦ βιβλαρίδιον ἠνεῳγμένον
kai echōn en tē cheiri autou biblaridion ēneōgmenon
and he had in his hand a little book open:

καὶ ἔθηκεν τὸν πόδα αὐτοῦ τὸν δεξιὸν ἐπὶ τῆς θαλάσσης, τὸν δὲ εὐώνυμον ἐπὶ τῆς γῆς
kai ethēken ton poda autou ton dexion epi tēs thalassēs, ton de euōnymon epi tēs gēs
and he set his right foot upon the sea, and his left upon the earth;

καὶ ἔκραξεν φωνῇ μεγάλῃ ὥσπερ λέων μυκᾶται. καὶ ὅτε ἔκραξεν, ἐλάλησαν αἱ ἑπτὰ βρονταὶ τὰς ἑαυτῶν φωνάς
kai ekraxen phōnē megalē hōsper leōn mykatai. kai hote ekraxen, elalēsan hai hepta brontai tas heautōn phōnas
and he cried with a great voice, as a lion roareth: and when he cried, the seven thunders uttered their voices.

καὶ ὅτε ἐλάλησαν αἱ ἑπτὰ βρονταί, ἤμελλον γράφειν
kai hote elalēsan hai hepta brontai, ēmellon graphein
And when the seven thunders uttered their voices,

καὶ ἤκουσα φωνὴν ἐκ τοῦ οὐρανοῦ λέγουσαν
kai ēkousa phōnēn ek tou ouranou legousan
I was about to write: and I heard a voice from heaven saying,

Σφράγισον ἃ ἐλάλησαν αἱ ἑπτὰ βρονταί, καὶ μὴ αὐτὰ γράψῃς
Sphragison ha elalēsan hai hepta brontai, kai mē auta grapsēs
Seal up the things which the seven thunders uttered, and write them not.

Καὶ ὁ ἄγγελος ὃν εἶδον ἑστῶτα ἐπὶ τῆς θαλάσσης καὶ ἐπὶ τῆς γῆς ἦρεν τὴν χεῖρα αὐτοῦ τὴν δεξιὰν εἰς τὸν οὐρανὸν
Kai ho angelos hon eidon hestōta epi tēs thalassēs kai epi tēs gēs ēren tēn cheira autou tēn dexian eis ton ouranon
And the angel that I saw standing upon the sea and upon the earth lifted up his right hand to heaven,

καὶ ὤμοσεν ἐν τῷ ζῶντι εἰς τοὺς αἰῶνας τῶν αἰώνων, ὃς ἔκτισεν τὸν οὐρανὸν καὶ τὰ ἐν αὐτῷ
kai ōmosen en tō zōnti eis tous aiōnas tōn aiōnōn, hos ektisen ton ouranon kai ta en autō
and sware by him that liveth for ever and ever, who created the heaven and the things that are therein,

καὶ τὴν γῆν καὶ τὰ ἐν αὐτῇ καὶ τὴν θάλασσαν καὶ τὰ ἐν αὐτῇ
kai tēn gēn kai ta en autē kai tēn thalassan kai ta en autē
and the earth and the things that are therein, and the sea and the things that are therein,

ὅτι χρόνος οὐκέτι ἔσται
hoti chronos ouketi estai
that there shall be delay no longer:

ἀλλ' ἐν ταῖς ἡμέραις τῆς φωνῆς τοῦ ἑβδόμου ἀγγέλου, ὅταν μέλλῃ σαλπίζειν
all' en tais hēmerais tēs phōnēs tou hebdomou angelou, hotan mellē salpizein
but in the days of the voice of the seventh angel, when he is about to sound,

καὶ ἐτελέσθη τὸ μυστήριον τοῦ θεοῦ, ὡς εὐηγγέλισεν τοὺς ἑαυτοῦ δούλους τοὺς προφήτας
kai etelesthē to mystērion tou theou, hōs euēngelisen tous heautou doulous tous prophētas
then is finished the mystery of God, according to the good tidings which he declared to his servants the prophets.

Καὶ ἡ φωνὴ ἣν ἤκουσα ἐκ τοῦ οὐρανοῦ, πάλιν λαλοῦσαν μετ' ἐμοῦ καὶ λέγουσαν
Kai hē phōnē hēn ēkousa ek tou ouranou, palin lalousan met' emou kai legousan
And the voice which I heard from heaven, I heard it again speaking with me, and saying,

Ὕπαγε λάβε τὸ βιβλίον τὸ ἠνεῳγμένον ἐν τῇ χειρὶ τοῦ ἀγγέλου τοῦ ἑστῶτος ἐπὶ τῆς θαλάσσης καὶ ἐπὶ τῆς γῆς
Ypage labe to biblion to ēneōgmenon en tē cheiri tou angelou tou hestōtos epi tēs thalassēs kai epi tēs gēs
Go, take the book which is open in the hand of the angel that standeth upon the sea and upon the earth.

καὶ ἀπῆλθα πρὸς τὸν ἄγγελον λέγων αὐτῷ δοῦναί μοι τὸ βιβλαρίδιον. καὶ λέγει μοι
kai apēltha pros ton angelon legōn autō dounai moi to biblaridion. kai legei moi
And I went unto the angel, saying unto him that he should give me the little book. And he saith unto me,

Λάβε καὶ κατάφαγε αὐτό, καὶ πικρανεῖ σου τὴν κοιλίαν, ἀλλ' ἐν τῷ στόματί σου ἔσται γλυκὺ ὡς μέλι
Labe kai kataphage auto, kai pikranei sou tēn koilian, all' en tō stomati sou estai glyky hōs meli
Take it, and eat it up; and it shall make thy belly bitter, but in thy mouth it shall be sweet as honey.

καὶ ἔλαβον τὸ βιβλαρίδιον ἐκ τῆς χειρὸς τοῦ ἀγγέλου καὶ κατέφαγον αὐτό, καὶ ἦν ἐν τῷ στόματί μου ὡς μέλι γλυκύ
kai elabon to biblaridion ek tēs cheiros tou angelou kai katephagon auto, kai ēn en tō stomati mou hōs meli glyky
And I took the little book out of the angel's hand, and ate it up; and it was in my mouth sweet as honey:

καὶ ὅτε ἔφαγον αὐτό, ἐπικράνθη ἡ κοιλία μου
kai hote ephagon auto, epikranthē hē koilia mou
and when I had eaten it, my belly was made bitter.

καὶ λέγουσίν μοι, Δεῖ σε πάλιν προφητεῦσαι ἐπὶ λαοῖς καὶ ἔθνεσιν καὶ γλώσσαις καὶ βασιλεῦσιν πολλοῖς
kai legousin moi, Dei se palin prophēteusai epi laois kai ethnesin kai glōssais kai basileusin pollois
And they say unto me, Thou must prophesy again over many peoples and nations and tongues and kings.

ια

Καὶ ἐδόθη μοι κάλαμος ὅμοιος ῥάβδῳ, λέγων
Kai edothē moi kalamos homoios rhabdō, legōn
And there was given me a reed like unto a rod: and one said,

Ἔγειρε καὶ μέτρησον τὸν ναὸν τοῦ θεοῦ καὶ τὸ θυσιαστήριον καὶ τοὺς προσκυνοῦντας ἐν αὐτῷ
Egeire kai metrēson ton naon tou theou kai to thysiastērion kai tous proskynountas en autō
Rise, and measure the temple of God, and the altar, and them that worship therein.

καὶ τὴν αὐλὴν τὴν ἔξωθεν τοῦ ναοῦ ἔκβαλε ἔξωθεν καὶ μὴ αὐτὴν μετρήσῃς, ὅτι ἐδόθη τοῖς ἔθνεσιν
kai tēn aulēn tēn exōthen tou naou ekbale exōthen kai mē autēn metrēsēs, hoti edothē tois ethnesin
And the court which is without the temple leave without, and measure it not; for it hath been given unto the nations:

καὶ τὴν πόλιν τὴν ἁγίαν πατήσουσιν μῆνας τεσσεράκοντα [καὶ] δύο
kai tēn polin tēn hagian patēsousin mēnas tesserakonta [kai] dyo
and the holy city shall they tread under foot forty and two months.

καὶ δώσω τοῖς δυσὶν μάρτυσίν μου
kai dōsō tois dysin martysin mou
And I will give unto my two witnesses,

καὶ προφητεύσουσιν ἡμέρας χιλίας διακοσίας ἑξήκοντα περιβεβλημένοι σάκκους
kai prophēteusousin hēmeras chilias diakosias hexēkonta peribeblēmenoi sakkous
and they shall prophesy a thousand two hundred and threescore days, clothed in sackcloth.

οὗτοί εἰσιν αἱ δύο ἐλαῖαι καὶ αἱ δύο λυχνίαι αἱ ἐνώπιον τοῦ κυρίου τῆς γῆς ἑστῶτες
houtoi eisin hai dyo elaiai kai hai dyo lychniai hai enōpion tou kyriou tēs gēs hestōtes
These are the two olive trees and the two candlesticks, standing before the Lord of the earth.

καὶ εἴ τις αὐτοὺς θέλει ἀδικῆσαι, πῦρ ἐκπορεύεται ἐκ τοῦ στόματος αὐτῶν καὶ κατεσθίει τοὺς ἐχθροὺς αὐτῶν
kai ei tis autous thelei adikēsai, pyr ekporeuetai ek tou stomatos autōn kai katesthiei tous echthrous autōn
And if any man desireth to hurt them, fire proceedeth out of their mouth and devoureth their enemies;

καὶ εἴ τις θελήσῃ αὐτοὺς ἀδικῆσαι, οὕτως δεῖ αὐτὸν ἀποκτανθῆναι
kai ei tis thelēsē autous adikēsai, houtōs dei auton apoktanthēnai
and if any man shall desire to hurt them, in this manner must he be killed.

οὗτοι ἔχουσιν τὴν ἐξουσίαν κλεῖσαι τὸν οὐρανόν, ἵνα μὴ ὑετὸς βρέχῃ τὰς ἡμέρας τῆς προφητείας αὐτῶν
houtoi echousin tēn exousian kleisai ton ouranon, hina mē hyetos brechē tas hēmeras tēs prophēteias autōn
These have the power to shut the heaven, that it rain not during the days of their prophecy:

καὶ ἐξουσίαν ἔχουσιν ἐπὶ τῶν ὑδάτων στρέφειν αὐτὰ εἰς αἷμα
kai exousian echousin epi tōn hydatōn strephein auta eis haima
and they have power over the waters to turn them into blood,

καὶ πατάξαι τὴν γῆν ἐν πάσῃ πληγῇ ὁσάκις ἐὰν θελήσωσιν
kai pataxai tēn gēn en pasē plēgē hosakis ean thelēsōsin
and to smite the earth with every plague, as often as they shall desire.

καὶ ὅταν τελέσωσιν τὴν μαρτυρίαν αὐτῶν, τὸ θηρίον τὸ ἀναβαῖνον ἐκ τῆς ἀβύσσου ποιήσει μετ' αὐτῶν πόλεμον
kai hotan telesōsin tēn martyrian autōn, to thērion to anabainon ek tēs abyssou poiēsei met' autōn polemon
And when they shall have finished their testimony, the beast that cometh up out of the abyss shall make war with them,

καὶ νικήσει αὐτοὺς καὶ ἀποκτενεῖ αὐτούς
kai nikēsei autous kai apoktenei autous
and overcome them, and kill them.

καὶ τὸ πτῶμα αὐτῶν ἐπὶ τῆς πλατείας τῆς πόλεως τῆς μεγάλης, ἥτις καλεῖται πνευματικῶς Σόδομα καὶ Αἴγυπτος
kai to ptōma autōn epi tēs plateias tēs poleōs tēs megalēs, hētis kaleitai pneumatikōs Sodoma kai Aigyptos
And their dead bodies lie in the street of the great city, which spiritually is called Sodom and Egypt,

ὅπου καὶ ὁ κύριος αὐτῶν ἐσταυρώθη
hopou kai ho kyrios autōn estaurōthē
where also their Lord was crucified.

καὶ βλέπουσιν ἐκ τῶν λαῶν καὶ φυλῶν καὶ γλωσσῶν καὶ ἐθνῶν τὸ πτῶμα αὐτῶν ἡμέρας τρεῖς καὶ ἥμισυ
kai blepousin ek tōn laōn kai phylōn kai glōssōn kai ethnōn to ptōma autōn hēmeras treis kai hēmisy
And from among the peoples and tribes and tongues and nations do men look upon their dead bodies three days and a half,

καὶ τὰ πτώματα αὐτῶν οὐκ ἀφίουσιν τεθῆναι εἰς μνῆμα
kai ta ptōmata autōn ouk aphiousin tethēnai eis mnēma
and suffer not their dead bodies to be laid in a tomb.

καὶ οἱ κατοικοῦντες ἐπὶ τῆς γῆς χαίρουσιν ἐπ' αὐτοῖς καὶ εὐφραίνονται, καὶ δῶρα πέμψουσιν ἀλλήλοις
kai hoi katoikountes epi tēs gēs chairousin ep' autois kai euphrainontai, kai dōra pempsousin allēlois
And they that dwell on the earth rejoice over them, and make merry; and they shall send gifts one to another;

ὅτι οὗτοι οἱ δύο προφῆται ἐβασάνισαν τοὺς κατοικοῦντας ἐπὶ τῆς γῆς
hoti houtoi hoi dyo prophētai ebasanisan tous katoikountas epi tēs gēs
because these two prophets tormented them that dwell on the earth.

καὶ μετὰ τὰς τρεῖς ἡμέρας καὶ ἥμισυ πνεῦμα ζωῆς ἐκ τοῦ θεοῦ εἰσῆλθεν ἐν αὐτοῖς
kai meta tas treis hēmeras kai hēmisy pneuma zōēs ek tou theou eisēlthen en autois
And after the three days and a half the breath of life from God entered into them,

καὶ ἔστησαν ἐπὶ τοὺς πόδας αὐτῶν, καὶ φόβος μέγας ἐπέπεσεν ἐπὶ τοὺς θεωροῦντας αὐτούς
kai estēsan epi tous podas autōn, kai phobos megas epepesen epi tous theōrountas autous
and they stood upon their feet; and great fear fell upon them that beheld them.

καὶ ἤκουσαν φωνῆς μεγάλης ἐκ τοῦ οὐρανοῦ λεγούσης αὐτοῖς, Ἀνάβατε ὧδε
kai ēkousan phōnēs megalēs ek tou ouranou legousēs autois, Anabate hōde
And they heard a great voice from heaven saying unto them, Come up hither.

καὶ ἀνέβησαν εἰς τὸν οὐρανὸν ἐν τῇ νεφέλῃ, καὶ ἐθεώρησαν αὐτοὺς οἱ ἐχθροὶ αὐτῶν
kai anebēsan eis ton ouranon en tē nephelē, kai etheōrēsan autous hoi echthroi autōn
And they went up into heaven in the cloud; and their enemies beheld them.

Καὶ ἐν ἐκείνῃ τῇ ὥρᾳ ἐγένετο σεισμὸς μέγας, καὶ τὸ δέκατον τῆς πόλεως ἔπεσεν
Kai en ekeinē tē hōra egeneto seismos megas, kai to dekaton tēs poleōs epesen
And in that hour there was a great earthquake, and the tenth part of the city fell;

καὶ ἀπεκτάνθησαν ἐν τῷ σεισμῷ ὀνόματα ἀνθρώπων χιλιάδες ἑπτά
kai apektanthēsan en tō seismō onomata anthrōpōn chiliades hepta
and there were killed in the earthquake seven thousand persons:

καὶ οἱ λοιποὶ ἔμφοβοι ἐγένοντο καὶ ἔδωκαν δόξαν τῷ θεῷ τοῦ οὐρανοῦ
kai hoi loipoi emphoboi egenonto kai edōkan doxan tō theō tou ouranou
and the rest were affrighted, and gave glory to the God of heaven.

Ἡ οὐαὶ ἡ δευτέρα ἀπῆλθεν: ἰδοὺ ἡ οὐαὶ ἡ τρίτη ἔρχεται ταχύ
HĒ ouai hē deutera apēlthen: idou hē ouai hē tritē erchetai tachy
The second Woe is past: behold, the third Woe cometh quickly.

Καὶ ὁ ἕβδομος ἄγγελος ἐσάλπισεν: καὶ ἐγένοντο φωναὶ μεγάλαι ἐν τῷ οὐρανῷ λέγοντες
Kai ho hebdomos angelos esalpisen: kai egenonto phōnai megalai en tō ouranō legontes
And the seventh angel sounded; and there followed great voices in heaven, and they said,

Ἐγένετο ἡ βασιλεία τοῦ κόσμου τοῦ κυρίου ἡμῶν καὶ τοῦ Χριστοῦ αὐτοῦ, καὶ βασιλεύσει εἰς τοὺς αἰῶνας τῶν αἰώνων
Egeneto hē basileia tou kosmou tou kyriou hēmōn kai tou Christou autou, kai basileusei eis tous aiōnas tōn aiōnōn
The kingdom of the world is become the kingdom of our Lord, and of his Christ: and he shall reign for ever and ever.

καὶ οἱ εἴκοσι τέσσαρες πρεσβύτεροι [οἱ] ἐνώπιον τοῦ θεοῦ καθήμενοι ἐπὶ τοὺς θρόνους αὐτῶν
kai hoi eikosi tessares presbyteroi [hoi] enōpion tou theou kathēmenoi epi tous thronous autōn
And the four and twenty elders, who sit before God on their thrones,

ἔπεσαν ἐπὶ τὰ πρόσωπα αὐτῶν καὶ προσεκύνησαν τῷ θεῷ
epesan epi ta prosōpa autōn kai prosekynēsan tō theō
fell upon their faces and worshipped God,

λέγοντες, Εὐχαριστοῦμέν σοι, κύριε ὁ θεὸς ὁ παντοκράτωρ, ὁ ὢν καὶ ὁ ἦν
legontes, Eucharistoumen soi, kyrie ho theos ho pantokratōr, ho ōn kai ho ēn
saying, We give thee thanks, O Lord God, the Almighty, who art and who wast;

ὅτι εἴληφας τὴν δύναμίν σου τὴν μεγάλην καὶ ἐβασίλευσας
hoti eilēphas tēn dynamin sou tēn megalēn kai ebasileusas
because thou hast taken thy great power, and didst reign.

καὶ τὰ ἔθνη ὠργίσθησαν, καὶ ἦλθεν ἡ ὀργή σου καὶ ὁ καιρὸς τῶν νεκρῶν κριθῆναι
kai ta ethnē ōrgisthēsan, kai ēlthen hē orgē sou kai ho kairos tōn nekrōn krithēnai
And the nations were wroth, and thy wrath came, and the time of the dead to be judged,

καὶ δοῦναι τὸν μισθὸν τοῖς δούλοις σου τοῖς προφήταις καὶ τοῖς ἁγίοις καὶ τοῖς φοβουμένοις τὸ ὄνομά σου
kai dounai ton misthon tois doulois sou tois prophētais kai tois hagiois kai tois phoboumenois to onoma sou
and the time to give their reward to thy servants the prophets, and to the saints, and to them that fear thy name,

τοὺς μικροὺς καὶ τοὺς μεγάλους, καὶ διαφθεῖραι τοὺς διαφθείροντας τὴν γῆν
tous mikrous kai tous megalous, kai diaphtheirai tous diaphtheirontas tēn gēn
the small and the great; and to destroy them that destroy the earth.

καὶ ἠνοίγη ὁ ναὸς τοῦ θεοῦ ὁ ἐν τῷ οὐρανῷ, καὶ ὤφθη ἡ κιβωτὸς τῆς διαθήκης αὐτοῦ ἐν τῷ ναῷ αὐτοῦ
kai ēnoigē ho naos tou theou ho en tō ouranō, kai ōphthē hē kibōtos tēs diathēkēs autou en tō naō autou
And there was opened the temple of God that is in heaven; and there was seen in his temple the ark of his covenant;

καὶ ἐγένοντο ἀστραπαὶ καὶ φωναὶ καὶ βρονταὶ καὶ σεισμὸς καὶ χάλαζα μεγάλη
kai egenonto astrapai kai phōnai kai brontai kai seismos kai chalaza megalē
and there followed lightnings, and voices, and thunders, and an earthquake, and great hail.

ιβ

Καὶ σημεῖον μέγα ὤφθη ἐν τῷ οὐρανῷ, γυνὴ περιβεβλημένη τὸν ἥλιον, καὶ ἡ σελήνη ὑποκάτω τῶν ποδῶν αὐτῆς
Kai sēmeion mega ōphthē en tō ouranō, gynē peribeblēmenē ton hēlion, kai hē selēnē hypokatō tōn podōn autēs
And a great sign was seen in heaven: a woman arrayed with the sun, and the moon under her feet,

καὶ ἐπὶ τῆς κεφαλῆς αὐτῆς στέφανος ἀστέρων δώδεκα
kai epi tēs kephalēs autēs stephanos asterōn dōdeka
and upon her head a crown of twelve stars;

καὶ ἐν γαστρὶ ἔχουσα, καὶ κράζει ὠδίνουσα καὶ βασανιζομένη τεκεῖν
kai en gastri echousa, kai krazei ōdinousa kai basanizomenē tekein
and she was with child; and she crieth out, travailing in birth, and in pain to be delivered.

καὶ ὤφθη ἄλλο σημεῖον ἐν τῷ οὐρανῷ, καὶ ἰδοὺ δράκων μέγας πυρρός
kai ōphthē allo sēmeion en tō ouranō, kai idou drakōn megas pyrros,
And there was seen another sign in heaven: and behold, a great red dragon,

ἔχων κεφαλὰς ἑπτὰ καὶ κέρατα δέκα καὶ ἐπὶ τὰς κεφαλὰς αὐτοῦ ἑπτὰ διαδήματα
echōn kephalas hepta kai kerata deka kai epi tas kephalas autou hepta diadēmata
having seven heads and ten horns, and upon his heads seven diadems.

καὶ ἡ οὐρὰ αὐτοῦ σύρει τὸ τρίτον τῶν ἀστέρων τοῦ οὐρανοῦ καὶ ἔβαλεν αὐτοὺς εἰς τὴν γῆν
kai hē oura autou syrei to triton tōn asterōn tou ouranou kai ebalen autous eis tēn gēn
And his tail draweth the third part of the stars of heaven, and did cast them to the earth:

καὶ ὁ δράκων ἕστηκεν ἐνώπιον τῆς γυναικὸς τῆς μελλούσης τεκεῖν
kai ho drakōn hestēken enōpion tēs gynaikos tēs mellousēs tekein
and the dragon standeth before the woman that is about to be delivered,

ἵνα ὅταν τέκῃ τὸ τέκνον αὐτῆς καταφάγῃ
hina hotan tekē to teknon autēs kataphagē
that when she is delivered he may devour her child.

καὶ ἔτεκεν υἱόν, ἄρσεν, ὃς μέλλει ποιμαίνειν πάντα τὰ ἔθνη ἐν ῥάβδῳ σιδηρᾷ
kai eteken huion, arsen, hos mellei poimainein panta ta ethnē en rhabdō sidēra
And she was delivered of a son, a man child, who is to rule all the nations with a rod of iron:

καὶ ἡρπάσθη τὸ τέκνον αὐτῆς πρὸς τὸν θεὸν καὶ πρὸς τὸν θρόνον αὐτοῦ
kai hērpasthē to teknon autēs pros ton theon kai pros ton thronon autou
and her child was caught up unto God, and unto his throne.

καὶ ἡ γυνὴ ἔφυγεν εἰς τὴν ἔρημον, ὅπου ἔχει ἐκεῖ τόπον ἡτοιμασμένον ἀπὸ τοῦ θεοῦ
kai hē gynē ephygen eis tēn erēmon, hopou echei ekei topon hētoimasmenon apo tou theou
And the woman fled into the wilderness, where she hath a place prepared of God,

ἵνα ἐκεῖ τρέφωσιν αὐτὴν ἡμέρας χιλίας διακοσίας ἑξήκοντα
hina ekei trephōsin autēn hēmeras chilias diakosias hexēkonta
that there they may nourish her a thousand two hundred and threescore days.

Καὶ ἐγένετο πόλεμος ἐν τῷ οὐρανῷ, ὁ Μιχαὴλ καὶ οἱ ἄγγελοι αὐτοῦ τοῦ πολεμῆσαι μετὰ τοῦ δράκοντος
Kai egeneto polemos en tō ouranō, ho Michaēl kai hoi angeloi autou tou polemēsai meta tou drakontos
And there was war in heaven: Michael and his angels going forth to war with the dragon;

καὶ ὁ δράκων ἐπολέμησεν καὶ οἱ ἄγγελοι αὐτοῦ
kai ho drakōn epolemēsen kai hoi angeloi autou
and the dragon warred and his angels;

καὶ οὐκ ἴσχυσεν, οὐδὲ τόπος εὑρέθη αὐτῶν ἔτι ἐν τῷ οὐρανῷ
kai ouk ischysen, oude topos heurethē autōn eti en tō ouranō
and they prevailed not, neither was their place found any more in heaven.

καὶ ἐβλήθη ὁ δράκων ὁ μέγας, ὁ ὄφις ὁ ἀρχαῖος, ὁ καλούμενος Διάβολος καὶ ὁ Σατανᾶς
kai eblēthē ho drakōn ho megas, ho ophis ho archaios, ho kaloumenos Diabolos kai ho Satanas
And the great dragon was cast down, the old serpent, he that is called the Devil and Satan,

ὁ πλανῶν τὴν οἰκουμένην ὅλην ἐβλήθη εἰς τὴν γῆν, καὶ οἱ ἄγγελοι αὐτοῦ μετ' αὐτοῦ ἐβλήθησαν
ho planōn tēn oikoumenēn holēn eblēthē eis tēn gēn, kai hoi angeloi autou met' autou eblēthēsan
the deceiver of the whole world; he was cast down to the earth, and his angels were cast down with him.

καὶ ἤκουσα φωνὴν μεγάλην ἐν τῷ οὐρανῷ λέγουσαν
kai ēkousa phōnēn megalēn en tō ouranō legousan
And I heard a great voice in heaven, saying,

Ἄρτι ἐγένετο ἡ σωτηρία καὶ ἡ δύναμις καὶ ἡ βασιλεία τοῦ θεοῦ ἡμῶν καὶ ἡ ἐξουσία τοῦ Χριστοῦ αὐτοῦ
Arti egeneto hē sōtēria kai hē dynamis kai hē basileia tou theou hēmōn kai hē exousia tou Christou autou
Now is come the salvation, and the power, and the kingdom of our God, and the authority of his Christ:

ὅτι ἐβλήθη ὁ κατήγωρ τῶν ἀδελφῶν ἡμῶν, ὁ κατηγορῶν αὐτοὺς ἐνώπιον τοῦ θεοῦ ἡμῶν ἡμέρας καὶ νυκτός
hoti eblēthē ho katēgōr tōn adelphōn hēmōn, ho katēgorōn autous enōpion tou theou hēmōn hēmeras kai nyktos
for the accuser of our brethren is cast down, who accuseth them before our God day and night.

καὶ αὐτοὶ ἐνίκησαν αὐτὸν διὰ τὸ αἷμα τοῦ ἀρνίου καὶ διὰ τὸν λόγον τῆς μαρτυρίας αὐτῶν
kai autoi enikēsan auton dia to haima tou arniou kai dia ton logon tēs martyrias autōn
And they overcame him because of the blood of the Lamb, and because of the word of their testimony;

καὶ οὐκ ἠγάπησαν τὴν ψυχὴν αὐτῶν ἄχρι θανάτου
kai ouk ēgapēsan tēn psychēn autōn achri thanatou
and they loved not their life even unto death.

διὰ τοῦτο εὐφραίνεσθε, [οἱ] οὐρανοὶ καὶ οἱ ἐν αὐτοῖς σκηνοῦντες οὐαί. τὴν γῆν καὶ τὴν θάλασσαν,
dia touto euphrainesthe, [hoi] ouranoi kai hoi en autois skēnountes. ouai tēn gēn kai tēn thalassan,
Therefore rejoice, O heavens, and ye that dwell in them. Woe for the earth and for the sea:

ὅτι κατέβη ὁ διάβολος πρὸς ὑμᾶς ἔχων θυμὸν μέγαν, εἰδὼς ὅτι ὀλίγον καιρὸν ἔχει
hoti katebē ho diabolos pros hymas echōn thymon megan, eidōs hoti oligon kairon echei
because the devil is gone down unto you, having great wrath, knowing that he hath but a short time.

Καὶ ὅτε εἶδεν ὁ δράκων ὅτι ἐβλήθη εἰς τὴν γῆν
Kai hote eiden ho drakōn hoti eblēthē eis tēn gēn
And when the dragon saw that he was cast down to the earth,

ἐδίωξεν τὴν γυναῖκα ἥτις ἔτεκεν τὸν ἄρσενα
ediōxen tēn gynaika hētis eteken ton arsena
he persecuted the woman that brought forth the man child.

καὶ ἐδόθησαν τῇ γυναικὶ αἱ δύο πτέρυγες τοῦ ἀετοῦ τοῦ μεγάλου
kai edothēsan tē gynaiki hai dyo pteryges tou aetou tou megalou
And there were given to the woman the two wings of the great eagle,

ἵνα πέτηται εἰς τὴν ἔρημον εἰς τὸν τόπον αὐτῆς
hina petētai eis tēn erēmon eis ton topon autēs
that she might fly into the wilderness unto her place,

ὅπου τρέφεται ἐκεῖ καιρὸν καὶ καιροὺς καὶ ἥμισυ καιροῦ ἀπὸ προσώπου τοῦ ὄφεως
hopou trephetai ekei kairon kai kairous kai hēmisy kairou apo prosōpou tou opheōs
where she is nourished for a time, and times, and half a time, from the face of the serpent.

καὶ ἔβαλεν ὁ ὄφις ἐκ τοῦ στόματος αὐτοῦ ὀπίσω τῆς γυναικὸς ὕδωρ ὡς ποταμόν
kai ebalen ho ophis ek tou stomatos autou opisō tēs gynaikos hydōr hōs potamon
And the serpent cast out of his mouth after the woman water as a river,

ἵνα αὐτὴν ποταμοφόρητον ποιήσῃ
hina autēn potamophorēton poiēsē
that he might cause her to be carried away by the stream.

καὶ ἐβοήθησεν ἡ γῆ τῇ γυναικί, καὶ ἤνοιξεν ἡ γῆ τὸ στόμα αὐτῆς
kai eboēthēsen hē gē tē gynaiki, kai ēnoixen hē gē to stoma autēs
And the earth helped the woman, and the earth opened her mouth

καὶ κατέπιεν τὸν ποταμὸν ὃν ἔβαλεν ὁ δράκων ἐκ τοῦ στόματος αὐτοῦ
kai katepien ton potamon hon ebalen ho drakōn ek tou stomatos autou
and swallowed up the river which the dragon cast out of his mouth.

καὶ ὠργίσθη ὁ δράκων ἐπὶ τῇ γυναικί, καὶ ἀπῆλθεν ποιῆσαι πόλεμον μετὰ τῶν λοιπῶν τοῦ σπέρματος αὐτῆς
kai ōrgisthē ho drakōn epi tē gynaiki, kai apēlthen poiēsai polemon meta tōn loipōn tou spermatos autēs
And the dragon waxed wroth with the woman, and went away to make war with the rest of her seed,

τῶν τηρούντων τὰς ἐντολὰς τοῦ θεοῦ καὶ ἐχόντων τὴν μαρτυρίαν Ἰησοῦ
tōn tērountōn tas entolas tou theou kai echontōn tēn martyrian Iēsou
that keep the commandments of God, and hold the testimony of Jesus:

καὶ ἐστάθη ἐπὶ τὴν ἄμμον τῆς θαλάσσης
kai estathē epi tēn ammon tēs thalassēs
and he stood upon the sand of the sea.

ιγ

Καὶ εἶδον ἐκ τῆς θαλάσσης θηρίον ἀναβαῖνον, ἔχον κέρατα δέκα καὶ κεφαλὰς ἑπτά
Kai eidon ek tēs thalassēs thērion anabainon, echon kerata deka kai kephalas hepta
And I saw a beast coming up out of the sea, having ten horns and seven heads,

καὶ ἐπὶ τῶν κεράτων αὐτοῦ δέκα διαδήματα, καὶ ἐπὶ τὰς κεφαλὰς αὐτοῦ ὀνόμα[τα] βλασφημίας
kai epi tōn keratōn autou deka diadēmata, kai epi tas kephalas autou onoma[ta] blasphēmias
and on his horns ten diadems, and upon his heads names of blasphemy.

καὶ τὸ θηρίον ὃ εἶδον ἦν ὅμοιον παρδάλει
kai to thērion ho eidon ēn homoion pardalei
And the beast which I saw was like unto a leopard,

καὶ οἱ πόδες αὐτοῦ ὡς ἄρκου, καὶ τὸ στόμα αὐτοῦ ὡς στόμα λέοντος
kai hoi podes autou hōs arkou, kai to stoma autou hōs stoma leontos
and his feet were as the feet of a bear, and his mouth as the mouth of a lion:

καὶ ἔδωκεν αὐτῷ ὁ δράκων τὴν δύναμιν αὐτοῦ καὶ τὸν θρόνον αὐτοῦ καὶ ἐξουσίαν μεγάλην
kai edōken autō ho drakōn tēn dynamin autou kai ton thronon autou kai exousian megalēn
and the dragon gave him his power, and his throne, and great authority.

καὶ μίαν ἐκ τῶν κεφαλῶν αὐτοῦ ὡς ἐσφαγμένην εἰς θάνατον, καὶ ἡ πληγὴ τοῦ θανάτου αὐτοῦ ἐθεραπεύθη
kai mian ek tōn kephalōn autou hōs esphagmenēn eis thanaton, kai hē plēgē tou thanatou autou etherapeuthē
And I saw one of his heads as though it had been smitten unto death; and his death-stroke was healed:

καὶ ἐθαυμάσθη ὅλη ἡ γῆ ὀπίσω τοῦ θηρίου
kai ethaumasthē holē hē gē opisō tou thēriou
and the whole earth wondered after the beast;

καὶ προσεκύνησαν τῷ δράκοντι ὅτι ἔδωκεν τὴν ἐξουσίαν τῷ θηρίῳ
kai prosekynēsan tō drakonti hoti edōken tēn exousian tō thēriō,
and they worshipped the dragon, because he gave his authority unto the beast;

καὶ προσεκύνησαν τῷ θηρίῳ λέγοντες, Τίς ὅμοιος τῷ θηρίῳ, καὶ τίς δύναται πολεμῆσαι μετ' αὐτοῦ
kai prosekynēsan tō thēriō legontes, Tis homoios tō thēriō, kai tis dynatai polemēsai met' autou
and they worshipped the beast, saying, Who is like unto the beast? and who is able to war with him?

Καὶ ἐδόθη αὐτῷ στόμα λαλοῦν μεγάλα καὶ βλασφημίας
Kai edothē autō stoma laloun megala kai blasphēmias
and there was given to him a mouth speaking great things and blasphemies;

καὶ ἐδόθη αὐτῷ ἐξουσία ποιῆσαι μῆνας τεσσεράκοντα [καὶ] δύο
kai edothē autō exousia poiēsai mēnas tesserakonta [kai] dyo
and there was given to him authority to continue forty and two months.

καὶ ἤνοιξεν τὸ στόμα αὐτοῦ εἰς βλασφημίας πρὸς τὸν θεόν
kai ēnoixen to stoma autou eis blasphēmias pros ton theon,
And he opened his mouth for blasphemies against God,

βλασφημῆσαι τὸ ὄνομα αὐτοῦ καὶ τὴν σκηνὴν αὐτοῦ, τοὺς ἐν τῷ οὐρανῷ σκηνοῦντας
blasphēmēsai to onoma autou kai tēn skēnēn autou, tous en tō ouranō skēnountas
to blaspheme his name, and his tabernacle, even them that dwell in the heaven.

καὶ ἐδόθη αὐτῷ ποιῆσαι πόλεμον μετὰ τῶν ἁγίων καὶ νικῆσαι αὐτούς
kai edothē autō poiēsai polemon meta tōn hagiōn kai nikēsai autous,
And it was given unto him to make war with the saints, and to overcome them:

καὶ ἐδόθη αὐτῷ ἐξουσία ἐπὶ πᾶσαν φυλὴν καὶ λαὸν καὶ γλῶσσαν καὶ ἔθνος
kai edothē autō exousia epi pasan phylēn kai laon kai glōssan kai ethnos
and there was given to him authority over every tribe and people and tongue and nation.

καὶ προσκυνήσουσιν αὐτὸν πάντες οἱ κατοικοῦντες ἐπὶ τῆς γῆς
kai proskynēsousin auton pantes hoi katoikountes epi tēs gēs
And all that dwell on the earth shall worship him,

οὗ οὐ γέγραπται τὸ ὄνομα αὐτοῦ ἐν τῷ βιβλίῳ τῆς ζωῆς τοῦ ἀρνίου τοῦ ἐσφαγμένου ἀπὸ καταβολῆς κόσμου
hou ou gegraptai to onoma autou en tō bibliō tēs zōēs tou arniou tou esphagmenou apo katabolēs kosmou
every one whose name hath not been written from the foundation of the world in the book of life of the Lamb that hath been slain.

Εἴ τις ἔχει οὖς ἀκουσάτ
Ei tis echei ous akousat
If any man hath an ear, let him hear.

εἴ τις εἰς αἰχμαλωσίαν, εἰς αἰχμαλωσίαν ὑπάγει· εἴ τις ἐν μαχαίρῃ ἀποκτανθῆναι, αὐτὸν ἐν μαχαίρῃ ἀποκτανθῆναι
ei tis eis aichmalōsian, eis aichmalōsian hypagei: ei tis en machairē apoktanthēnai, auton en machairē apoktanthēnai
If any man is for captivity, into captivity he goeth: if any man shall kill with the sword, with the sword must he be killed.

ωδέ ἐστιν ἡ ὑπομονὴ καὶ ἡ πίστις τῶν ἁγίων
ōde estin hē hypomonē kai hē pistis tōn hagiōn
Here is the patience and the faith of the saints.

Καὶ εἶδον ἄλλο θηρίον ἀναβαῖνον ἐκ τῆς γῆς, καὶ εἶχεν κέρατα δύο ὅμοια ἀρνίῳ, καὶ ἐλάλει ὡς δράκων
Kai eidon allo thērion anabainon ek tēs gēs, kai eichen kerata dyo homoia arniō, kai elalei hōs drakōn
And I saw another beast coming up out of the earth; and he had two horns like unto a lamb, and he spake as a dragon.

καὶ τὴν ἐξουσίαν τοῦ πρώτου θηρίου πᾶσαν ποιεῖ ἐνώπιον αὐτοῦ. καὶ ποιεῖ τὴν γῆν
kai tēn exousian tou prōtou thēriou pasan poiei enōpion autou. kai poiei tēn gēn
And he exerciseth all the authority of the first beast in his sight. And he maketh the earth

καὶ τοὺς ἐν αὐτῇ κατοικοῦντας ἵνα προσκυνήσουσιν τὸ θηρίον τὸ πρῶτον, οὗ ἐθεραπεύθη ἡ πληγὴ τοῦ θανάτου αὐτοῦ
kai tous en autē katoikountas hina proskynēsousin to thērion to prōton, hou etherapeuthē hē plēgē tou thanatou autou
and them that dwell therein to worship the first beast, whose death-stroke was healed.

καὶ ποιεῖ σημεῖα μεγάλα
kai poiei sēmeia megala
And he doeth great signs,

ἵνα καὶ πῦρ ποιῇ ἐκ τοῦ οὐρανοῦ καταβαίνειν εἰς τὴν γῆν ἐνώπιον τῶν ἀνθρώπων
hina kai pyr poiē ek tou ouranou katabainein eis tēn gēn enōpion tōn anthrōpōn
that he should even make fire to come down out of heaven upon the earth in the sight of men.

καὶ πλανᾷ τοὺς κατοικοῦντας ἐπὶ τῆς γῆς διὰ τὰ σημεῖα ἃ ἐδόθη αὐτῷ ποιῆσαι ἐνώπιον τοῦ θηρίου
kai plana tous katoikountas epi tēs gēs dia ta sēmeia ha edothē autō poiēsai enōpion tou thēriou
And he deceiveth them that dwell on the earth by reason of the signs which it was given him to do in the sight of the beast;

λέγων τοῖς κατοικοῦσιν ἐπὶ τῆς γῆς ποιῆσαι εἰκόνα τῷ θηρίῳ ὃς ἔχει τὴν πληγὴν τῆς μαχαίρης καὶ ἔζησεν
legōn tois katoikousin epi tēs gēs poiēsai eikona tō thēriō hos echei tēn plēgēn tēs machairēs kai ezēsen
saying to them that dwell on the earth, that they should make an image to the beast who hath the stroke of the sword and lived.

καὶ ἐδόθη αὐτῷ δοῦναι πνεῦμα τῇ εἰκόνι τοῦ θηρίου
kai edothē autō dounai pneuma tē eikoni tou thēriou
And it was given unto him to give breath to it, even to the image of the beast,

ἵνα καὶ λαλήσῃ ἡ εἰκὼν τοῦ θηρίου
hina kai lalēsē hē eikōn tou thēriou
that the image of the beast should both speak,

καὶ ποιήσῃ [ἵνα] ὅσοι ἐὰν μὴ προσκυνήσωσιν τῇ εἰκόνι τοῦ θηρίου ἀποκτανθῶσιν
kai poiēsē [hina] hosoi ean mē proskynēsōsin tē eikoni tou thēriou apoktanthōsin
and cause that as many as should not worship the image of the beast should be killed.

καὶ ποιεῖ πάντας, τοὺς μικροὺς καὶ τοὺς μεγάλους, καὶ τοὺς πλουσίους καὶ τοὺς πτωχούς
kai poiei pantas, tous mikrous kai tous megalous, kai tous plousious kai tous ptōchous
And he causeth all, the small and the great, and the rich and the poor,

καὶ τοὺς ἐλευθέρους καὶ τοὺς δούλους
kai tous eleutherous kai tous doulous
and the free and the bond,

ἵνα δῶσιν αὐτοῖς χάραγμα ἐπὶ τῆς χειρὸς αὐτῶν τῆς δεξιᾶς ἢ ἐπὶ τὸ μέτωπον αὐτῶν
hina dōsin autois charagma epi tēs cheiros autōn tēs dexias ē epi to metōpon autōn
that there be given them a mark on their right hand, or upon their forehead;

καὶ ἵνα μή τις δύνηται ἀγοράσαι ἢ πωλῆσαι εἰ μὴ ὁ ἔχων τὸ χάραγμα,
kai hina mē tis dynētai agorasai ē pōlēsai ei mē ho echōn to charagma,
and that no man should be able to buy or to sell, save he that hath the mark,

τὸ ὄνομα τοῦ θηρίου ἢ τὸν ἀριθμὸν τοῦ ὀνόματος αὐτοῦ
to onoma tou thēriou ē ton arithmon tou onomatos autou
even the name of the beast or the number of his name.

ωδε ἡ σοφία ἐστίν· ὁ ἔχων νοῦν ψηφισάτω τὸν ἀριθμὸν τοῦ θηρίου, ἀριθμὸς γὰρ ἀνθρώπου ἐστίν
ōde hē sophia estin: ho echōn noun psēphisatō ton arithmon tou thēriou, arithmos gar anthrōpou estin:
Here is wisdom. He that hath understanding, let him count the number of the beast; for it is the number of a man:

καὶ ὁ ἀριθμὸς αὐτοῦ ἑξακόσιοι ἑξήκοντα ἕξ
kai ho arithmos autou hexakosioi hexēkonta hex
and his number is Six hundred and sixty and six.

ιδ

Καὶ εἶδον, καὶ ἰδοὺ τὸ ἀρνίον ἑστὸς ἐπὶ τὸ ὄρος Σιών
Kai eidon, kai idou to arnion hestos epi to oros Siōn
And I saw, and behold, the Lamb standing on the mount Zion,

καὶ μετ' αὐτοῦ ἑκατὸν τεσσεράκοντα τέσσαρες χιλιάδες ἔχουσαι τὸ ὄνομα αὐτοῦ
kai met' autou hekaton tesserakonta tessares chiliades echousai to onoma autou
and with him a hundred and forty and four thousand, having his name,

καὶ τὸ ὄνομα τοῦ πατρὸς αὐτοῦ γεγραμμένον ἐπὶ τῶν μετώπων αὐτῶν
kai to onoma tou patros autou gegrammenon epi tōn metōpōn autōn
and the name of his Father, written on their foreheads.

καὶ ἤκουσα φωνὴν ἐκ τοῦ οὐρανοῦ ὡς φωνὴν ὑδάτων πολλῶν καὶ ὡς φωνὴν βροντῆς μεγάλης
kai ēkousa phōnēn ek tou ouranou hōs phōnēn hydatōn pollōn kai hōs phōnēn brontēs megalēs
And I heard a voice from heaven, as the voice of many waters, and as the voice of a great thunder:

καὶ ἡ φωνὴ ἣν ἤκουσα ὡς κιθαρῳδῶν κιθαριζόντων ἐν ταῖς κιθάραις αὐτῶν
kai hē phōnē hēn ēkousa hōs kitharōdōn kitharizontōn en tais kitharais autōn
and the voice which I heard was as the voice of harpers harping with their harps:

καὶ ᾄδουσιν [ὡς] ᾠδὴν καινὴν ἐνώπιον τοῦ θρόνου καὶ ἐνώπιον τῶν τεσσάρων ζῴων καὶ τῶν πρεσβυτέρων
kai adousin [hōs] ōdēn kainēn enōpion tou thronou kai enōpion tōn tessarōn zōōn kai tōn presbyterōn
and they sing as it were a new song before the throne, and before the four living creatures and the elders:

καὶ οὐδεὶς ἐδύνατο μαθεῖν τὴν ᾠδὴν εἰ μὴ αἱ ἑκατὸν τεσσεράκοντα τέσσαρες χιλιάδες
kai oudeis edynato mathein tēn ōdēn ei mē hai hekaton tesserakonta tessares chiliades
and no man could learn the song save the hundred and forty and four thousand,

οἱ ἠγορασμένοι ἀπὸ τῆς γῆς
hoi ēgorasmenoi apo tēs gēs
even they that had been purchased out of the earth.

οὗτοί εἰσιν οἳ μετὰ γυναικῶν οὐκ ἐμολύνθησαν, παρθένοι γάρ εἰσιν
houtoi eisin hoi meta gynaikōn ouk emolynthēsan, parthenoi gar eisin
These are they that were not defiled with women; for they are virgins.

οὗτοι οἱ ἀκολουθοῦντες τῷ ἀρνίῳ ὅπου ἂν ὑπάγῃ
houtoi hoi akolouthountes tō arniō hopou an hypagē
These are they that follow the Lamb whithersoever he goeth.

οὗτοι ἠγοράσθησαν ἀπὸ τῶν ἀνθρώπων ἀπαρχὴ τῷ θεῷ καὶ τῷ ἀρνίῳ
houtoi ēgorasthēsan apo tōn anthrōpōn aparchē tō theō kai tō arniō
These were purchased from among men, to be the firstfruits unto God and unto the Lamb.

καὶ ἐν τῷ στόματι αὐτῶν οὐχ εὑρέθη ψεῦδος: ἄμωμοί εἰσιν
kai en tō stomati autōn ouch heurethē pseudos: amōmoi eisin
And in their mouth was found no lie: they are without blemish.

Καὶ εἶδον ἄλλον ἄγγελον πετόμενον ἐν μεσουρανήματι
Kai eidon allon angelon petomenon en mesouranēmati
And I saw another angel flying in mid heaven,

ἔχοντα εὐαγγέλιον αἰώνιον εὐαγγελίσαι ἐπὶ τοὺς καθημένους ἐπὶ τῆς γῆς
echonta euangelion aiōnion euangelisai epi tous kathēmenous epi tēs gēs
having eternal good tidings to proclaim unto them that dwell on the earth,

καὶ ἐπὶ πᾶν ἔθνος καὶ φυλὴν καὶ γλῶσσαν καὶ λαόν
kai epi pan ethnos kai phylēn kai glōssan kai laon
and unto every nation and tribe and tongue and people;

λέγων ἐν φωνῇ μεγάλῃ, Φοβήθητε τὸν θεὸν καὶ δότε αὐτῷ δόξαν, ὅτι ἦλθεν ἡ ὥρα τῆς κρίσεως αὐτοῦ
legōn en phōnē megalē, Phobēthēte ton theon kai dote autō doxan, hoti ēlthen hē hōra tēs kriseōs autou
and he saith with a great voice, Fear God, and give him glory; for the hour of his judgment is come:

καὶ προσκυνήσατε τῷ ποιήσαντι τὸν οὐρανὸν καὶ τὴν γῆν καὶ θάλασσαν καὶ πηγὰς ὑδάτων
kai proskynēsate tō poiēsanti ton ouranon kai tēn gēn kai thalassan kai pēgas hydatōn
and worship him that made the heaven and the earth and sea and fountains of waters.

Καὶ ἄλλος ἄγγελος δεύτερος ἠκολούθησεν λέγων, Ἔπεσεν, ἔπεσεν Βαβυλὼν ἡ μεγάλη
Kai allos angelos deuteros ēkolouthēsen legōn, Epesen, epesen Babylōn hē megalē
And another, a second angel, followed, saying, Fallen, fallen is Babylon the great,

ἣ ἐκ τοῦ οἴνου τοῦ θυμοῦ τῆς πορνείας αὐτῆς πεπότικεν πάντα τὰ ἔθνη
hē ek tou oinou tou thymou tēs porneias autēs pepotiken panta ta ethnē
that hath made all the nations to drink of the wine of the wrath of her fornication.

Καὶ ἄλλος ἄγγελος τρίτος ἠκολούθησεν αὐτοῖς λέγων ἐν φωνῇ μεγάλῃ
Kai allos angelos tritos ēkolouthēsen autois legōn en phōnē megalē
And another angel, a third, followed them, saying with a great voice,

Εἴ τις προσκυνεῖ τὸ θηρίον καὶ τὴν εἰκόνα αὐτοῦ, καὶ λαμβάνει χάραγμα ἐπὶ τοῦ μετώπου αὐτοῦ ἢ ἐπὶ τὴν χεῖρα αὐτοῦ
Ei tis proskynei to thērion kai tēn eikona autou, kai lambanei charagma epi tou metōpou autou ē epi tēn cheira autou
If any man worshippeth the beast and his image, and receiveth a mark on his forehead, or upon his hand,

καὶ αὐτὸς πίεται ἐκ τοῦ οἴνου τοῦ θυμοῦ τοῦ θεοῦ τοῦ κεκερασμένου ἀκράτου ἐν τῷ ποτηρίῳ τῆς ὀργῆς αὐτοῦ
kai autos pietai ek tou oinou tou thymou tou theou tou kekerasmenou akratou en tō potēriō tēs orgēs autou,
he also shall drink of the wine of the wrath of God, which is prepared unmixed in the cup of his anger;

καὶ βασανισθήσεται ἐν πυρὶ καὶ θείῳ ἐνώπιον ἀγγέλων ἁγίων καὶ ἐνώπιον τοῦ ἀρνίου
kai basanisthēsetai en pyri kai theiō enōpion angelōn hagiōn kai enōpion tou arniou
and he shall be tormented with fire and brimstone in the presence of the holy angels, and in the presence of the Lamb:

καὶ ὁ καπνὸς τοῦ βασανισμοῦ αὐτῶν εἰς αἰῶνας αἰώνων ἀναβαίνει, καὶ οὐκ ἔχουσιν ἀνάπαυσιν ἡμέρας καὶ νυκτός
kai ho kapnos tou basanismou autōn eis aiōnas aiōnōn anabainei, kai ouk echousin anapausin hēmeras kai nyktos
and the smoke of their torment goeth up for ever and ever; and they have no rest day and night,

οἱ προσκυνοῦντες τὸ θηρίον καὶ τὴν εἰκόνα αὐτοῦ, καὶ εἴ τις λαμβάνει τὸ χάραγμα τοῦ ὀνόματος αὐτοῦ
hoi proskynountes to thērion kai tēn eikona autou, kai ei tis lambanei to charagma tou onomatos autou
they that worship the beast and his image, and whoso receiveth the mark of his name.

ωδε ἡ ὑπομονὴ τῶν ἁγίων ἐστίν, οἱ τηροῦντες τὰς ἐντολὰς τοῦ θεοῦ καὶ τὴν πίστιν Ἰησοῦ
ōde hē hypomonē tōn hagiōn estin, hoi tērountes tas entolas tou theou kai tēn pistin Iēsou
Here is the patience of the saints, they that keep the commandments of God, and the faith of Jesus.

Καὶ ἤκουσα φωνῆς ἐκ τοῦ οὐρανοῦ λεγούσης, Γράψον: Μακάριοι οἱ νεκροὶ οἱ ἐν κυρίῳ ἀποθνήσκοντες ἀπ' ἄρτι
Kai ēkousa phōnēs ek tou ouranou legousēs, Grapson: Makarioi hoi nekroi hoi en kyriō apothnēskontes ap' arti
And I heard a voice from heaven saying, Write, Blessed are the dead who die in the Lord from henceforth:

ναί, λέγει τὸ πνεῦμα, ἵνα ἀναπαήσονται ἐκ τῶν κόπων αὐτῶν: τὰ γὰρ ἔργα αὐτῶν ἀκολουθεῖ μετ' αὐτῶν
nai, legei to pneuma, hina anapaēsontai ek tōn kopōn autōn: ta gar erga autōn akolouthei met' autōn
yea, saith the Spirit, that they may rest from their labors; for their works follow with them.

Καὶ εἶδον, καὶ ἰδοὺ νεφέλη λευκή, καὶ ἐπὶ τὴν νεφέλην καθήμενον ὅμοιον υἱὸν ἀνθρώπου
Kai eidon, kai idou nephelē leukē, kai epi tēn nephelēn kathēmenon homoion huion anthrōpou
And I saw, and behold, a white cloud; and on the cloud I saw one sitting like unto a son of man,

ἔχων ἐπὶ τῆς κεφαλῆς αὐτοῦ στέφανον χρυσοῦν καὶ ἐν τῇ χειρὶ αὐτοῦ δρέπανον ὀξύ
echōn epi tēs kephalēs autou stephanon chrysoun kai en tē cheiri autou drepanon oxy
having on his head a golden crown, and in his hand a sharp sickle.

καὶ ἄλλος ἄγγελος ἐξῆλθεν ἐκ τοῦ ναοῦ, κράζων ἐν φωνῇ μεγάλῃ τῷ καθημένῳ ἐπὶ τῆς νεφέλης
kai allos angelos exēlthen ek tou naou, krazōn en phōnē megalē tō kathēmenō epi tēs nephelēs,
And another angel came out from the temple, crying with a great voice to him that sat on the cloud,

Πέμψον τὸ δρέπανόν σου καὶ θέρισον, ὅτι ἦλθεν ἡ ὥρα θερίσαι, ὅτι ἐξηράνθη ὁ θερισμὸς τῆς γῆς
Pempson to drepanon sou kai therison, hoti ēlthen hē hōra therisai, hoti exēranthē ho therismos tēs gēs
Send forth thy sickle, and reap: for the hour to reap is come; for the harvest of the earth is ripe.

καὶ ἔβαλεν ὁ καθήμενος ἐπὶ τῆς νεφέλης τὸ δρέπανον αὐτοῦ ἐπὶ τὴν γῆν, καὶ ἐθερίσθη ἡ γῆ
kai ebalen ho kathēmenos epi tēs nephelēs to drepanon autou epi tēn gēn, kai etheristhē hē gē
And he that sat on the cloud cast his sickle upon the earth; and the earth was reaped.

Καὶ ἄλλος ἄγγελος ἐξῆλθεν ἐκ τοῦ ναοῦ τοῦ ἐν τῷ οὐρανῷ, ἔχων καὶ αὐτὸς δρέπανον ὀξύ
Kai allos angelos exēlthen ek tou naou tou en tō ouranō, echōn kai autos drepanon oxy
And another angel came out from the temple which is in heaven, he also having a sharp sickle.

Καὶ ἄλλος ἄγγελος [ἐξῆλθεν] ἐκ τοῦ θυσιαστηρίου, [ὁ] ἔχων ἐξουσίαν ἐπὶ τοῦ πυρός
Kai allos angelos [exēlthen] ek tou thysiastēriou, [ho] echōn exousian epi tou pyros
And another angel came out from the altar, he that hath power over fire;

καὶ ἐφώνησεν φωνῇ μεγάλῃ τῷ ἔχοντι τὸ δρέπανον τὸ ὀξὺ λέγων
kai ephōnēsen phōnē megalē tō echonti to drepanon to oxy legōn
and he called with a great voice to him that had the sharp sickle, saying,

Πέμψον σου τὸ δρέπανον τὸ ὀξὺ καὶ τρύγησον τοὺς βότρυας τῆς ἀμπέλου τῆς γῆς, ὅτι ἤκμασαν αἱ σταφυλαὶ αὐτῆς
Pempson sou to drepanon to oxy kai trygēson tous botryas tēs ampelou tēs gēs, hoti ēkmasan hai staphylai autēs
Send forth thy sharp sickle, and gather the clusters of the vine of the earth; for her grapes are fully ripe.

καὶ ἔβαλεν ὁ ἄγγελος τὸ δρέπανον αὐτοῦ εἰς τὴν γῆν
kai ebalen ho angelos to drepanon autou eis tēn gēn
And the angel cast his sickle into the earth, and gathered the vintage of the earth,

καὶ ἐτρύγησεν τὴν ἄμπελον τῆς γῆς καὶ ἔβαλεν εἰς τὴν ληνὸν τοῦ θυμοῦ τοῦ θεοῦ τὸν μέγαν
kai etrygēsen tēn ampelon tēs gēs kai ebalen eis tēn lēnon tou thymou tou theou ton megan
and cast it into the winepress, the great winepress, of the wrath of God.

καὶ ἐπατήθη ἡ ληνὸς ἔξωθεν τῆς πόλεως
kai epatēthē hē lēnos exōthen tēs poleōs
And the winepress was trodden without the city,

καὶ ἐξῆλθεν αἷμα ἐκ τῆς ληνοῦ ἄχρι τῶν χαλινῶν τῶν ἵππων ἀπὸ σταδίων χιλίων ἑξακοσίων
kai exēlthen haima ek tēs lēnou achri tōn chalinōn tōn hippōn apo stadiōn chiliōn hexakosiōn
and there came out blood from the winepress, even unto the bridles of the horses, as far as a thousand and six hundred furlongs.

ιε

Καὶ εἶδον ἄλλο σημεῖον ἐν τῷ οὐρανῷ μέγα καὶ θαυμαστόν, ἀγγέλους ἑπτὰ ἔχοντας πληγὰς ἑπτὰ τὰς ἐσχάτας,
Kai eidon allo sēmeion en tō ouranō mega kai thaumaston, angelous hepta echontas plēgas hepta tas eschatas,
And I saw another sign in heaven, great and marvellous, seven angels having seven plagues, which are the last,

ὅτι ἐν αὐταῖς ἐτελέσθη ὁ θυμὸς τοῦ θεοῦ
hoti en autais etelesthē ho thymos tou theou
for in them is finished the wrath of God.

Καὶ εἶδον ὡς θάλασσαν ὑαλίνην μεμιγμένην πυρί, καὶ τοὺς νικῶντας ἐκ τοῦ θηρίου καὶ ἐκ τῆς εἰκόνος αὐτοῦ
Kai eidon hōs thalassan hyalinēn memigmenēn pyri, kai tous nikōntas ek tou thēriou kai ek tēs eikonos autou
And I saw as it were a sea of glass mingled with fire; and them that come off victorious from the beast,

καὶ ἐκ τοῦ ἀριθμοῦ τοῦ ὀνόματος αὐτοῦ ἑστῶτας ἐπὶ τὴν θάλασσαν τὴν ὑαλίνην, ἔχοντας κιθάρας τοῦ θεοῦ
kai ek tou arithmou tou onomatos autou hestōtas epi tēn thalassan tēn hyalinēn, echontas kitharas tou theou
and from his image, and from the number of his name, standing by the sea of glass, having harps of God.

καὶ ᾄδουσιν τὴν ᾠδὴν Μωϋσέως τοῦ δούλου τοῦ θεοῦ καὶ τὴν ᾠδὴν τοῦ ἀρνίου λέγοντες
kai adousin tēn ōdēn Mōuseōs tou doulou tou theou kai tēn ōdēn tou arniou legontes
And they sing the song of Moses the servant of God, and the song of the Lamb, saying,

Μεγάλα καὶ θαυμαστὰ τὰ ἔργα σου, κύριε ὁ θεὸς ὁ παντοκράτωρ
Megala kai thaumasta ta erga sou, kyrie ho theos ho pantokratōr
Great and marvellous are thy works, O Lord God, the Almighty;

δίκαιαι καὶ ἀληθιναὶ αἱ ὁδοί σου, ὁ βασιλεὺς τῶν ἐθνῶν
dikaiai kai alēthinai hai hodoi sou, ho basileus tōn ethnōn
righteous and true are thy ways, thou King of the ages.

τίς οὐ μὴ φοβηθῇ, κύριε, καὶ δοξάσει τὸ ὄνομά σου; ὅτι μόνος ὅσιος
tis ou mē phobēthē, kyrie, kai doxasei to onoma sou? hoti monos hosios
Who shall not fear, O Lord, and glorify thy name? for thou only art holy;

ὅτι πάντα τὰ ἔθνη ἥξουσιν καὶ προσκυνήσουσιν ἐνώπιόν σου, ὅτι τὰ δικαιώματά σου ἐφανερώθησαν
hoti panta ta ethnē hēxousin kai proskynēsousin enōpion sou, hoti ta dikaiōmata sou ephanerōthēsan
for all the nations shall come and worship before thee; for thy righteous acts have been made manifest.

Καὶ μετὰ ταῦτα εἶδον, καὶ ἠνοίγη ὁ ναὸς τῆς σκηνῆς τοῦ μαρτυρίου ἐν τῷ οὐρανῷ
Kai meta tauta eidon, kai ēnoigē ho naos tēs skēnēs tou martyriou en tō ouranō
And after these things I saw, and the temple of the tabernacle of the testimony in heaven was opened:

καὶ ἐξῆλθον οἱ ἑπτὰ ἄγγελοι [οἱ] ἔχοντες τὰς ἑπτὰ πληγὰς ἐκ τοῦ ναοῦ,
kai exēlthon hoi hepta angeloi [hoi] echontes tas hepta plēgas ek tou naou,
and there came out from the temple the seven angels that had the seven plagues,

ἐνδεδυμένοι λίνον καθαρὸν λαμπρὸν καὶ περιεζωσμένοι περὶ τὰ στήθη ζώνας χρυσᾶς
endedymenoi linon katharon lampron kai periezōsmenoi peri ta stēthē zōnas chrysas
arrayed with precious stone, pure and bright, and girt about their breasts with golden girdles.

καὶ ἓν ἐκ τῶν τεσσάρων ζῴων ἔδωκεν τοῖς ἑπτὰ ἀγγέλοις ἑπτὰ φιάλας χρυσᾶς γεμούσας τοῦ θυμοῦ τοῦ θεοῦ
kai hen ek tōn tessarōn zōōn edōken tois hepta angelois hepta phialas chrysas gemousas tou thymou tou theou
And one of the four living creatures gave unto the seven angels seven golden bowls full of the wrath of God,

τοῦ ζῶντος εἰς τοὺς αἰῶνας τῶν αἰώνων
tou zōntos eis tous aiōnas tōn aiōnōn
who liveth for ever and ever.

καὶ ἐγεμίσθη ὁ ναὸς καπνοῦ ἐκ τῆς δόξης τοῦ θεοῦ καὶ ἐκ τῆς δυνάμεως αὐτοῦ
kai egemisthē ho naos kapnou ek tēs doxēs tou theou kai ek tēs dynameōs autou
And the temple was filled with smoke from the glory of God, and from his power;

καὶ οὐδεὶς ἐδύνατο εἰσελθεῖν εἰς τὸν ναὸν ἄχρι τελεσθῶσιν αἱ ἑπτὰ πληγαὶ τῶν ἑπτὰ ἀγγέλων
kai oudeis edynato eiselthein eis ton naon achri telesthōsin hai hepta plēgai tōn hepta angelōn
and none was able to enter into the temple, till the seven plagues of the seven angels should be finished.

ις

Καὶ ἤκουσα μεγάλης φωνῆς ἐκ τοῦ ναοῦ λεγούσης τοῖς ἑπτὰ ἀγγέλοις
Kai ēkousa megalēs phōnēs ek tou naou legousēs tois hepta angelois,
And I heard a great voice out of the temple, saying to the seven angels,

Ὑπάγετε καὶ ἐκχέετε τὰς ἑπτὰ φιάλας τοῦ θυμοῦ τοῦ θεοῦ εἰς τὴν γῆν
Hypagete kai ekcheete tas hepta phialas tou thymou tou theou eis tēn gēn
Go ye, and pour out the seven bowls of the wrath of God into the earth.

Καὶ ἀπῆλθεν ὁ πρῶτος καὶ ἐξέχεεν τὴν φιάλην αὐτοῦ εἰς τὴν γῆν
Kai apēlthen ho prōtos kai execheen tēn phialēn autou eis tēn gēn
And the first went, and poured out his bowl into the earth;

καὶ ἐγένετο ἕλκος κακὸν καὶ πονηρὸν ἐπὶ τοὺς ἀνθρώπους τοὺς ἔχοντας τὸ χάραγμα τοῦ θηρίου
kai egeneto helkos kakon kai ponēron epi tous anthrōpous tous echontas to charagma tou thēriou
and it became a noisome and grievous sore upon the men that had the mark of the beast,

καὶ τοὺς προσκυνοῦντας τῇ εἰκόνι αὐτοῦ
kai tous proskynountas tē eikoni autou
and that worshipped his image.

Καὶ ὁ δεύτερος ἐξέχεεν τὴν φιάλην αὐτοῦ εἰς τὴν θάλασσαν
Kai ho deuteros execheen tēn phialēn autou eis tēn thalassan
And the second poured out his bowl into the sea;

καὶ ἐγένετο αἷμα ὡς νεκροῦ, καὶ πᾶσα ψυχὴ ζωῆς ἀπέθανεν, τὰ ἐν τῇ θαλάσσῃ
kai egeneto haima hōs nekrou, kai pasa psychē zōēs apethanen, ta en tē thalassē
and it became blood as of a dead man; and every living soul died, even the things that were in the sea.

Καὶ ὁ τρίτος ἐξέχεεν τὴν φιάλην αὐτοῦ εἰς τοὺς ποταμοὺς καὶ τὰς πηγὰς τῶν ὑδάτων: καὶ ἐγένετο αἷμα
Kai ho tritos execheen tēn phialēn autou eis tous potamous kai tas pēgas tōn hydatōn: kai egeneto haima
And the third poured out his bowl into the rivers and the fountains of the waters; and it became blood.

καὶ ἤκουσα τοῦ ἀγγέλου τῶν ὑδάτων λέγοντος
kai ēkousa tou angelou tōn hydatōn legontos
And I heard the angel of the waters saying,

Δίκαιος εἶ, ὁ ὢν καὶ ὁ ἦν, ὁ ὅσιος, ὅτι ταῦτα ἔκρινας
Dikaios ei, ho ōn kai ho ēn, ho hosios, hoti tauta ekrinas
Righteous art thou, who art and who wast, thou Holy One, because thou didst thus judge:

ὅτι αἷμα ἁγίων καὶ προφητῶν ἐξέχεαν, καὶ αἷμα αὐτοῖς [δ]έδωκας πιεῖν: ἄξιοί εἰσιν
hoti haima hagiōn kai prophētōn exechean, kai haima autois [d]edōkas piein: axioi eisin
for they poured out the blood of saints and prophets, and blood hast thou given them to drink: they are worthy.

καὶ ἤκουσα τοῦ θυσιαστηρίου λέγοντος, Ναί, κύριε ὁ θεὸς ὁ παντοκράτωρ, ἀληθιναὶ καὶ δίκαιαι αἱ κρίσεις σου
kai ēkousa tou thysiastēriou legontos, Nai, kyrie ho theos ho pantokratōr, alēthinai kai dikaiai hai kriseis sou
And I heard the altar saying, Yea, O Lord God, the Almighty, true and righteous are thy judgments.

Καὶ ὁ τέταρτος ἐξέχεεν τὴν φιάλην αὐτοῦ ἐπὶ τὸν ἥλιον: καὶ ἐδόθη αὐτῷ καυματίσαι τοὺς ἀνθρώπους ἐν πυρί
Kai ho tetartos execheen tēn phialēn autou epi ton hēlion: kai edothē autō kaumatisai tous anthrōpous en pyri
And the fourth poured out his bowl upon the sun; and it was given unto it to scorch men with fire.

καὶ ἐκαυματίσθησαν οἱ ἄνθρωποι καῦμα μέγα
kai ekaumatisthēsan hoi anthrōpoi kauma mega
And men were scorched with great heat:

καὶ ἐβλασφήμησαν τὸ ὄνομα τοῦ θεοῦ τοῦ ἔχοντος τὴν ἐξουσίαν ἐπὶ τὰς πληγὰς ταύτας
kai eblasphēmēsan to onoma tou theou tou echontos tēn exousian epi tas plēgas tautas
and they blasphemed the name of God who hath the power over these plagues;

καὶ οὐ μετενόησαν δοῦναι αὐτῷ δόξαν
kai ou metenoēsan dounai autō doxan
and they repented not to give him glory.

Καὶ ὁ πέμπτος ἐξέχεεν τὴν φιάλην αὐτοῦ ἐπὶ τὸν θρόνον τοῦ θηρίου
Kai ho pemptos execheen tēn phialēn autou epi ton thronon tou thēriou
And the fifth poured out his bowl upon the throne of the beast;

καὶ ἐγένετο ἡ βασιλεία αὐτοῦ ἐσκοτωμένη, καὶ ἐμασῶντο τὰς γλώσσας αὐτῶν ἐκ τοῦ πόνου
kai egeneto hē basileia autou eskotōmenē, kai emasōnto tas glōssas autōn ek tou ponou
and his kingdom was darkened; and they gnawed their tongues for pain,

καὶ ἐβλασφήμησαν τὸν θεὸν τοῦ οὐρανοῦ ἐκ τῶν πόνων αὐτῶν
kai eblasphēmēsan ton theon tou ouranou ek tōn ponōn autōn
and they blasphemed the God of heaven because of their pains

καὶ ἐκ τῶν ἑλκῶν αὐτῶν, καὶ οὐ μετενόησαν ἐκ τῶν ἔργων αὐτῶν
kai ek tōn helkōn autōn, kai ou metenoēsan ek tōn ergōn autōn
and their sores; and they repented not of their works.

Καὶ ὁ ἕκτος ἐξέχεεν τὴν φιάλην αὐτοῦ ἐπὶ τὸν ποταμὸν τὸν μέγαν τὸν Εὐφράτην
Kai ho hektos execheen tēn phialēn autou epi ton potamon ton megan ton Euphratēn
And the sixth poured out his bowl upon the great river, the river Euphrates;

καὶ ἐξηράνθη τὸ ὕδωρ αὐτοῦ, ἵνα ἑτοιμασθῇ ἡ ὁδὸς τῶν βασιλέων τῶν ἀπὸ ἀνατολῆς ἡλίου
kai exēranthē to hydōr autou, hina hetoimasthē hē hodos tōn basileōn tōn apo anatolēs hēliou
and the water thereof was dried up, that the way might be made ready for the kings that come from the sunrising.

Καὶ εἶδον ἐκ τοῦ στόματος τοῦ δράκοντος καὶ ἐκ τοῦ στόματος τοῦ θηρίου
Kai eidon ek tou stomatos tou drakontos kai ek tou stomatos tou thēriou
And I saw coming out of the mouth of the dragon, and out of the mouth of the beast,

καὶ ἐκ τοῦ στόματος τοῦ ψευδοπροφήτου πνεύματα τρία ἀκάθαρτα ὡς βάτραχοι
kai ek tou stomatos tou pseudoprophētou pneumata tria akatharta hōs batrachoi
and out of the mouth of the false prophet, three unclean spirits, as it were frogs:

εἰσὶν γὰρ πνεύματα δαιμονίων ποιοῦντα σημεῖα, ἃ ἐκπορεύεται ἐπὶ τοὺς βασιλεῖς τῆς οἰκουμένης ὅλης
eisin gar pneumata daimoniōn poiounta sēmeia, ha ekporeuetai epi tous basileis tēs oikoumenēs holēs
for they are spirits of demons, working signs; which go forth unto the kings of the whole world,

συναγαγεῖν αὐτοὺς εἰς τὸν πόλεμον τῆς ἡμέρας τῆς μεγάλης τοῦ θεοῦ τοῦ παντοκράτορος
synagagein autous eis ton polemon tēs hēmeras tēs megalēs tou theou tou pantokratoros
to gather them together unto the war of the great day of God, the Almighty.

Ἰδοὺ ἔρχομαι ὡς κλέπτης. μακάριος ὁ γρηγορῶν καὶ τηρῶν τὰ ἱμάτια αὐτοῦ
Idou erchomai hōs kleptēs. makarios ho grēgorōn kai tērōn ta himatia autou
(Behold, I come as a thief. Blessed is he that watcheth, and keepeth his garments,

ἵνα μὴ γυμνὸς περιπατῇ καὶ βλέπωσιν τὴν ἀσχημοσύνην αὐτοῦ
hina mē gymnos peripatē kai blepōsin tēn aschēmosynēn autou
lest he walk naked, and they see his shame.)

καὶ συνήγαγεν αὐτοὺς εἰς τὸν τόπον τὸν καλούμενον Ἑβραϊστὶ Ἁρμαγεδώ
kai synēgagen autous eis ton topon ton kaloumenon Hebraisti Harmagedō
And they gathered them together into the place which is called in Hebrew Har-Magedon.

Καὶ ὁ ἕβδομος ἐξέχεεν τὴν φιάλην αὐτοῦ ἐπὶ τὸν ἀέρα
Kai ho hebdomos execheen tēn phialēn autou epi ton aera
And the seventh poured out his bowl upon the air;

καὶ ἐξῆλθεν φωνὴ μεγάλη ἐκ τοῦ ναοῦ ἀπὸ τοῦ θρόνου λέγουσα, Γέγονεν
kai exēlthen phōnē megalē ek tou naou apo tou thronou legousa, Gegonen
and there came forth a great voice out of the temple, from the throne, saying, It is done:

καὶ ἐγένοντο ἀστραπαὶ καὶ φωναὶ καὶ βρονταί
kai egenonto astrapai kai phōnai kai brontai
and there were lightnings, and voices, and thunders;

καὶ σεισμὸς ἐγένετο μέγας οἷος οὐκ ἐγένετο ἀφ' οὗ ἄνθρωπος ἐγένετο ἐπὶ τῆς γῆς
kai seismos egeneto megas hoios ouk egeneto aph' hou anthrōpos egeneto epi tēs gēs
and there was a great earthquake, such as was not since there were men upon the earth,

τηλικοῦτος σεισμὸς οὕτω μέγας
tēlikoutos seismos houtō megas
so great an earthquake, so mighty.

καὶ ἐγένετο ἡ πόλις ἡ μεγάλη εἰς τρία μέρη, καὶ αἱ πόλεις τῶν ἐθνῶν ἔπεσαν
kai egeneto hē polis hē megalē eis tria merē, kai hai poleis tōn ethnōn epesan
And the great city was divided into three parts, and the cities of the nations fell:

καὶ Βαβυλὼν ἡ μεγάλη ἐμνήσθη ἐνώπιον τοῦ θεοῦ
kai Babylōn hē megalē emnēsthē enōpion tou theou
and Babylon the great was remembered in the sight of God,

δοῦναι αὐτῇ τὸ ποτήριον τοῦ οἴνου τοῦ θυμοῦ τῆς ὀργῆς αὐτοῦ
dounai autē to potērion tou oinou tou thymou tēs orgēs autou
to give unto her the cup of the wine of the fierceness of his wrath.

καὶ πᾶσα νῆσος ἔφυγεν, καὶ ὄρη οὐχ εὑρέθησαν
kai pasa nēsos ephygen, kai orē ouch heurethēsan
And every island fled away, and the mountains were not found.

καὶ χάλαζα μεγάλη ὡς ταλαντιαία καταβαίνει ἐκ τοῦ οὐρανοῦ ἐπὶ τοὺς ἀνθρώπους
kai chalaza megalē hōs talantiaia katabainei ek tou ouranou epi tous anthrōpous
And great hail, every stone about the weight of a talent, cometh down out of heaven upon men:

καὶ ἐβλασφήμησαν οἱ ἄνθρωποι τὸν θεὸν ἐκ τῆς πληγῆς τῆς χαλάζης, ὅτι μεγάλη ἐστὶν ἡ πληγὴ αὐτῆς σφόδρα
kai eblasphēmēsan hoi anthrōpoi ton theon ek tēs plēgēs tēs chalazēs, hoti megalē estin hē plēgē autēs sphodra
and men blasphemed God because of the plague of the hail; for the plague thereof is exceeding great.

ιζ

Καὶ ἦλθεν εἷς ἐκ τῶν ἑπτὰ ἀγγέλων τῶν ἐχόντων τὰς ἑπτὰ φιάλας, καὶ ἐλάλησεν μετ' ἐμοῦ λέγων
Kai ēlthen heis ek tōn hepta angelōn tōn echontōn tas hepta phialas, kai elalēsen met' emou legōn,
And there came one of the seven angels that had the seven bowls, and spake with me, saying,

Δεῦρο, δείξω σοι τὸ κρίμα τῆς πόρνης τῆς μεγάλης τῆς καθημένης ἐπὶ ὑδάτων πολλῶν
Deuro, deixō soi to krima tēs pornēs tēs megalēs tēs kathēmenēs epi hydatōn pollōn
Come hither, I will show thee the judgment of the great harlot that sitteth upon many waters;

μεθ' ἧς ἐπόρνευσαν οἱ βασιλεῖς τῆς γῆς
meth' hēs eporneusan hoi basileis tēs gēs
with whom the kings of the earth committed fornication,

καὶ ἐμεθύσθησαν οἱ κατοικοῦντες τὴν γῆν ἐκ τοῦ οἴνου τῆς πορνείας αὐτῆς
kai emethysthēsan hoi katoikountes tēn gēn ek tou oinou tēs porneias autēs
and they that dwell in the earth were made drunken with the wine of her fornication.

καὶ ἀπήνεγκέν με εἰς ἔρημον ἐν πνεύματι. καὶ εἶδον γυναῖκα καθημένην ἐπὶ θηρίον κόκκινον
kai apēnenken me eis erēmon en pneumati. kai eidon gynaika kathēmenēn epi thērion kokkinon
And he carried me away in the Spirit into a wilderness: and I saw a woman sitting upon a scarlet-colored beast,

γέμον[τα] ὀνόματα βλασφημίας, ἔχων κεφαλὰς ἑπτὰ καὶ κέρατα δέκα
gemon[ta] onomata blasphēmias, echōn kephalas hepta kai kerata deka
full of names of blasphemy, having seven heads and ten horns.

καὶ ἡ γυνὴ ἦν περιβεβλημένη πορφυροῦν καὶ κόκκινον, καὶ κεχρυσωμένη χρυσίῳ καὶ λίθῳ τιμίῳ καὶ μαργαρίταις
kai hē gynē ēn peribeblēmenē porphyroun kai kokkinon, kai kechrysōmenē chrysiō kai lithō timiō kai margaritais
And the woman was arrayed in purple and scarlet, and decked with gold and precious stone and pearls,

ἔχουσα ποτήριον χρυσοῦν ἐν τῇ χειρὶ αὐτῆς γέμον βδελυγμάτων καὶ τὰ ἀκάθαρτα τῆς πορνείας αὐτῆς
echousa potērion chrysoun en tē cheiri autēs gemon bdelygmatōn kai ta akatharta tēs porneias autēs
having in her hand a golden cup full of abominations, even the unclean things of her fornication,

καὶ ἐπὶ τὸ μέτωπον αὐτῆς ὄνομα γεγραμμένον
kai epi to metōpon autēs onoma gegrammenon
and upon her forehead a name written,

μυστήριον Βαβυλὼν ἡ μεγάλη, ἡ μήτηρ τῶν πορνῶν καὶ τῶν βδελυγμάτων τῆς γῆς
mystērion Babylōn hē megalē, hē mētēr tōn pornōn kai tōn bdelygmatōn tēs gēs
MYSTERY, BABYLON THE GREAT, THE MOTHER OF THE HARLOTS AND OF THE ABOMINATIONS OF THE EARTH.

καὶ εἶδον τὴν γυναῖκα μεθύουσαν ἐκ τοῦ αἵματος τῶν ἁγίων καὶ ἐκ τοῦ αἵματος τῶν μαρτύρων Ἰησοῦ
kai eidon tēn gynaika methyousan ek tou haimatos tōn hagiōn kai ek tou haimatos tōn martyrōn Iēsou
And I saw the woman drunken with the blood of the saints, and with the blood of the martyrs of Jesus.

Καὶ ἐθαύμασα ἰδὼν αὐτὴν θαῦμα μέγα
Kai ethaumasa idōn autēn thauma mega
And when I saw her, I wondered with a great wonder.

καὶ εἶπέν μοι ὁ ἄγγελος, Διὰ τί ἐθαύμασας; ἐγὼ ἐρῶ σοι τὸ μυστήριον τῆς γυναικὸς
kai eipen moi ho angelos, Dia ti ethaumasas? egō erō soi to mystērion tēs gynaikos
And the angel said unto me, Wherefore didst thou wonder? I will tell thee the mystery of the woman,

καὶ τοῦ θηρίου τοῦ βαστάζοντος αὐτήν, τοῦ ἔχοντος τὰς ἑπτὰ κεφαλὰς καὶ τὰ δέκα κέρατα
kai tou thēriou tou bastazontos autēn, tou echontos tas hepta kephalas kai ta deka kerata
and of the beast that carrieth her, which hath the seven heads and the ten horns.

τὸ θηρίον ὃ εἶδες ἦν καὶ οὐκ ἔστιν, καὶ μέλλει ἀναβαίνειν ἐκ τῆς ἀβύσσου, καὶ εἰς ἀπώλειαν ὑπάγει
to thērion ho eides ēn kai ouk estin, kai mellei anabainein ek tēs abyssou, kai eis apōleian hypagei
The beast that thou sawest was, and is not; and is about to come up out of the abyss, and to go into perdition.

καὶ θαυμασθήσονται οἱ κατοικοῦντες ἐπὶ τῆς γῆς
kai thaumasthēsontai hoi katoikountes epi tēs gēs,
And they that dwell on the earth shall wonder,

ὧν οὐ γέγραπται τὸ ὄνομα ἐπὶ τὸ βιβλίον τῆς ζωῆς ἀπὸ καταβολῆς κόσμου
hōn ou gegraptai to onoma epi to biblion tēs zōēs apo katabolēs kosmou
they whose name hath not been written in the book of life from the foundation of the world,

βλεπόντων τὸ θηρίον ὅτι ἦν καὶ οὐκ ἔστιν καὶ παρέσται
blepontōn to thērion hoti ēn kai ouk estin kai parestai
when they behold the beast, how that he was, and is not, and shall come.

ὧδε ὁ νοῦς ὁ ἔχων σοφίαν. αἱ ἑπτὰ κεφαλαὶ ἑπτὰ ὄρη εἰσίν, ὅπου ἡ γυνὴ κάθηται ἐπ' αὐτῶν
hōde ho nous ho echōn sophian. hai hepta kephalai hepta orē eisin, hopou hē gynē kathētai ep' autōn
Here is the mind that hath wisdom. The seven heads are seven mountains, on which the woman sitteth:

καὶ βασιλεῖς ἑπτά εἰσιν
kai basileis hepta eisin
and they are seven kings;

οἱ πέντε ἔπεσαν, ὁ εἷς ἔστιν, ὁ ἄλλος οὔπω ἦλθεν, καὶ ὅταν ἔλθῃ ὀλίγον αὐτὸν δεῖ μεῖναι
hoi pente epesan, ho heis estin, ho allos oupō ēlthen, kai hotan elthē oligon auton dei meinai
the five are fallen, the one is, the other is not yet come; and when he cometh, he must continue a little while.

καὶ τὸ θηρίον ὃ ἦν καὶ οὐκ ἔστιν, καὶ αὐτὸς ὄγδοός ἐστιν καὶ ἐκ τῶν ἑπτά ἐστιν, καὶ εἰς ἀπώλειαν ὑπάγει
kai to thērion ho ēn kai ouk estin, kai autos ogdoos estin kai ek tōn hepta estin, kai eis apōleian hypagei
And the beast that was, and is not, is himself also an eighth, and is of the seven; and he goeth into perdition.

καὶ τὰ δέκα κέρατα ἃ εἶδες δέκα βασιλεῖς εἰσιν, οἵτινες βασιλείαν οὔπω ἔλαβον
kai ta deka kerata ha eides deka basileis eisin, hoitines basileian oupō elabon
And the ten horns that thou sawest are ten kings, who have received no kingdom as yet;

ἀλλὰ ἐξουσίαν ὡς βασιλεῖς μίαν ὥραν λαμβάνουσιν μετὰ τοῦ θηρίου
alla exousian hōs basileis mian hōran lambanousin meta tou thēriou
but they receive authority as kings, with the beast, for one hour.

οὗτοι μίαν γνώμην ἔχουσιν, καὶ τὴν δύναμιν καὶ ἐξουσίαν αὐτῶν τῷ θηρίῳ διδόασιν
houtoi mian gnōmēn echousin, kai tēn dynamin kai exousian autōn tō thēriō didoasin
These have one mind, and they give their power and authority unto the beast.

οὗτοι μετὰ τοῦ ἀρνίου πολεμήσουσιν, καὶ τὸ ἀρνίον νικήσει αὐτούς, ὅτι κύριος κυρίων ἐστὶν καὶ βασιλεὺς βασιλέων
houtoi meta tou arniou polemēsousin, kai to arnion nikēsei autous, hoti kyrios kyriōn estin kai basileus basileōn,
These shall war against the Lamb, and the Lamb shall overcome them, for he is Lord of lords, and King of kings;

καὶ οἱ μετ' αὐτοῦ κλητοὶ καὶ ἐκλεκτοὶ καὶ πιστοί
kai hoi met' autou klētoi kai eklektoi kai pistoi
and they also shall overcome that are with him, called and chosen and faithful.

Καὶ λέγει μοι, Τὰ ὕδατα ἃ εἶδες
Kai legei moi, Ta hydata ha eides
And he saith unto me, The waters which thou sawest,

οὗ ἡ πόρνη κάθηται, λαοὶ καὶ ὄχλοι εἰσὶν καὶ ἔθνη καὶ γλῶσσαι
hou hē pornē kathētai, laoi kai ochloi eisin kai ethnē kai glōssai
where the harlot sitteth, are peoples, and multitudes, and nations, and tongues.

καὶ τὰ δέκα κέρατα ἃ εἶδες καὶ τὸ θηρίον, οὗτοι μισήσουσιν τὴν πόρνην
kai ta deka kerata ha eides kai to thērion, houtoi misēsousin tēn pornēn
And the ten horns which thou sawest, and the beast, these shall hate the harlot,

καὶ ἠρημωμένην ποιήσουσιν αὐτὴν καὶ γυμνήν, καὶ τὰς σάρκας αὐτῆς φάγονται, καὶ αὐτὴν κατακαύσουσιν ἐν πυρί
kai ērēmōmenēn poiēsousin autēn kai gymnēn, kai tas sarkas autēs phagontai, kai autēn katakausousin en pyri
and shall make her desolate and naked, and shall eat her flesh, and shall burn her utterly with fire.

ὁ γὰρ θεὸς ἔδωκεν εἰς τὰς καρδίας αὐτῶν ποιῆσαι τὴν γνώμην αὐτοῦ
ho gar theos edōken eis tas kardias autōn poiēsai tēn gnōmēn autou
For God did put in their hearts to do his mind, and to come to one mind,

καὶ ποιῆσαι μίαν γνώμην καὶ δοῦναι τὴν βασιλείαν αὐτῶν τῷ θηρίῳ, ἄχρι τελεσθήσονται οἱ λόγοι τοῦ θεοῦ
kai poiēsai mian gnōmēn kai dounai tēn basileian autōn tō thēriō, achri telesthēsontai hoi logoi tou theou
and to give their kingdom unto the beast, until the words of God should be accomplished.

καὶ ἡ γυνὴ ἣν εἶδες ἔστιν ἡ πόλις ἡ μεγάλη ἡ ἔχουσα βασιλείαν ἐπὶ τῶν βασιλέων τῆς γῆς
kai hē gynē hēn eides estin hē polis hē megalē hē echousa basileian epi tōn basileōn tēs gēs
And the woman whom thou sawest is the great city, which reigneth over the kings of the earth.

ιη

Μετὰ ταῦτα εἶδον ἄλλον ἄγγελον καταβαίνοντα ἐκ τοῦ οὐρανοῦ
Meta tauta eidon allon angelon katabainonta ek tou ouranou
After these things I saw another angel coming down out of heaven,

ἔχοντα ἐξουσίαν μεγάλην, καὶ ἡ γῆ ἐφωτίσθη ἐκ τῆς δόξης αὐτοῦ
echonta exousian megalēn, kai hē gē ephōtisthē ek tēs doxēs autou
having great authority; and the earth was lightened with his glory.

καὶ ἔκραξεν ἐν ἰσχυρᾷ φωνῇ λέγων, Ἔπεσεν, ἔπεσεν Βαβυλὼν ἡ μεγάλη
kai ekraxen en ischyra phōnē legōn, Epesen, epesen Babylōn hē megalē
And he cried with a mighty voice, saying, Fallen, fallen is Babylon the great,

καὶ ἐγένετο κατοικητήριον δαιμονίων καὶ φυλακὴ παντὸς πνεύματος ἀκαθάρτου
kai egeneto katoikētērion daimoniōn kai phylakē pantos pneumatos akathartou
and is become a habitation of demons, and a hold of every unclean spirit,

καὶ φυλακὴ παντὸς ὀρνέου ἀκαθάρτου [καὶ φυλακὴ παντὸς θηρίου ἀκαθάρτου] καὶ μεμισημένου
kai phylakē pantos orneou akathartou [kai phylakē pantos thēriou akathartou] kai memisēmenou
and a hold of every unclean and hateful bird.

ὅτι ἐκ τοῦ οἴνου τοῦ θυμοῦ τῆς πορνείας αὐτῆς πέπωκαν πάντα τὰ ἔθνη
hoti ek tou oinou tou thymou tēs porneias autēs pepōkan panta ta ethnē
For by the wine of the wrath of her fornication all the nations are fallen;

καὶ οἱ βασιλεῖς τῆς γῆς μετ' αὐτῆς ἐπόρνευσαν
kai hoi basileis tēs gēs met' autēs eporneusan
and the kings of the earth committed fornication with her,

καὶ οἱ ἔμποροι τῆς γῆς ἐκ τῆς δυνάμεως τοῦ στρήνους αὐτῆς ἐπλούτησαν
kai hoi emporoi tēs gēs ek tēs dynameōs tou strēnous autēs eploutēsan
and the merchants of the earth waxed rich by the power of her wantonness.

Καὶ ἤκουσα ἄλλην φωνὴν ἐκ τοῦ οὐρανοῦ λέγουσαν, Ἐξέλθατε, ὁ λαός μου, ἐξ αὐτῆς
Kai ēkousa allēn phōnēn ek tou ouranou legousan, Exelthate, ho laos mou, ex autēs
And I heard another voice from heaven, saying, Come forth, my people, out of her,

ἵνα μὴ συγκοινωνήσητε ταῖς ἁμαρτίαις αὐτῆς, καὶ ἐκ τῶν πληγῶν αὐτῆς ἵνα μὴ λάβητε
hina mē synkoinōnēsēte tais hamartiais autēs, kai ek tōn plēgōn autēs hina mē labēte
that ye have no fellowship with her sins, and that ye receive not of her plagues:

ὅτι ἐκολλήθησαν αὐτῆς αἱ ἁμαρτίαι ἄχρι τοῦ οὐρανοῦ, καὶ ἐμνημόνευσεν ὁ θεὸς τὰ ἀδικήματα αὐτῆς
hoti ekollēthēsan autēs hai hamartiai achri tou ouranou, kai emnēmoneusen ho theos ta adikēmata autēs
for her sins have reached even unto heaven, and God hath remembered her iniquities.

ἀπόδοτε αὐτῇ ὡς καὶ αὐτὴ ἀπέδωκεν, καὶ διπλώσατε τὰ διπλᾶ κατὰ τὰ ἔργα αὐτῆς
apodote autē hōs kai autē apedōken, kai diplōsate ta dipla kata ta erga autēs
Render unto her even as she rendered, and double unto her the double according to her works:

ἐν τῷ ποτηρίῳ ᾧ ἐκέρασεν κεράσατε αὐτῇ διπλοῦν
en tō potēriō hō ekerasen kerasate autē diploun
in the cup which she mingled, mingle unto her double.

ὅσα ἐδόξασεν αὐτὴν καὶ ἐστρηνίασεν, τοσοῦτον δότε αὐτῇ βασανισμὸν καὶ πένθος
hosa edoxasen autēn kai estrēniasen, tosouton dote autē basanismon kai penthos
How much soever she glorified herself, and waxed wanton, so much give her of torment and mourning:

ὅτι ἐν τῇ καρδίᾳ αὐτῆς λέγει ὅτι Κάθημαι βασίλισσα, καὶ χήρα οὐκ εἰμί, καὶ πένθος οὐ μὴ ἴδω
hoti en tē kardia autēs legei hoti Kathēmai basilissa, kai chēra ouk eimi, kai penthos ou mē idō
for she saith in her heart, I sit a queen, and am no widow, and shall in no wise see mourning.

διὰ τοῦτο ἐν μιᾷ ἡμέρᾳ ἥξουσιν αἱ πληγαὶ αὐτῆς, θάνατος καὶ πένθος καὶ λιμός
dia touto en mia hēmera hēxousin hai plēgai autēs, thanatos kai penthos kai limos
Therefore in one day shall her plagues come, death, and mourning, and famine;

καὶ ἐν πυρὶ κατακαυθήσεται: ὅτι ἰσχυρὸς κύριος ὁ θεὸς ὁ κρίνας αὐτήν
kai en pyri katakauthēsetai: hoti ischyros kyrios ho theos ho krinas autēn
and she shall be utterly burned with fire; for strong is the Lord God who judged her.

Καὶ κλαύσουσιν καὶ κόψονται ἐπ' αὐτὴν οἱ βασιλεῖς τῆς γῆς οἱ μετ' αὐτῆς πορνεύσαντες καὶ στρηνιάσαντες
Kai klausousin kai kopsontai ep' autēn hoi basileis tēs gēs hoi met' autēs porneusantes kai strēniasantes
And the kings of the earth, who committed fornication and lived wantonly with her, shall weep and wail over her,

ὅταν βλέπωσιν τὸν καπνὸν τῆς πυρώσεως αὐτῆς
hotan blepōsin ton kapnon tēs pyrōseōs autēs
when they look upon the smoke of her burning,

ἀπὸ μακρόθεν ἑστηκότες διὰ τὸν φόβον τοῦ βασανισμοῦ αὐτῆς, λέγοντες
apo makrothen hestēkotes dia ton phobon tou basanismou autēs, legontes
standing afar off for the fear of her torment, saying,

Οὐαὶ οὐαί, ἡ πόλις ἡ μεγάλη, Βαβυλὼν ἡ πόλις ἡ ἰσχυρά, ὅτι μιᾷ ὥρᾳ ἦλθεν ἡ κρίσις σου
Ouai ouai, hē polis hē megalē, Babylōn hē polis hē ischyra, hoti mia hōra ēlthen hē krisis sou
Woe, woe, the great city, Babylon, the strong city! for in one hour is thy judgment come.

Καὶ οἱ ἔμποροι τῆς γῆς κλαίουσιν καὶ πενθοῦσιν ἐπ' αὐτήν, ὅτι τὸν γόμον αὐτῶν οὐδεὶς ἀγοράζει οὐκέτι
Kai hoi emporoi tēs gēs klaiousin kai penthousin ep' autēn, hoti ton gomon autōn oudeis agorazei ouketi
And the merchants of the earth weep and mourn over her, for no man buyeth their merchandise any more;

γόμον χρυσοῦ καὶ ἀργύρου καὶ λίθου τιμίου καὶ μαργαριτῶν καὶ βυσσίνου καὶ πορφύρας καὶ σιρικοῦ καὶ κοκκίνου
gomon chrysou kai argyrou kai lithou timiou kai margaritōn kai byssinou kai porphyras kai sirikou kai kokkinou
merchandise of gold, and silver, and precious stone, and pearls, and fine linen, and purple, and silk, and scarlet;

καὶ πᾶν ξύλον θύϊνον καὶ πᾶν σκεῦος ἐλεφάντινον
kai pan xylon thuinon kai pan skeuos elephantinon
and all thyine wood, and every vessel of ivory,

καὶ πᾶν σκεῦος ἐκ ξύλου τιμιωτάτου καὶ χαλκοῦ καὶ σιδήρου καὶ μαρμάρου
kai pan skeuos ek xylou timiōtatou kai chalkou kai sidērou kai marmarou
and every vessel made of most precious wood, and of brass, and iron, and marble;

καὶ κιννάμωμον καὶ ἄμωμον καὶ θυμιάματα καὶ μύρον καὶ λίβανον καὶ οἶνον καὶ ἔλαιον καὶ σεμίδαλιν
kai kinnamōmon kai amōmon kai thymiamata kai myron kai libanon kai oinon kai elaion kai semidalin
and cinnamon, and spice, and incense, and ointment, and frankincense, and wine, and oil, and fine flour,

καὶ σῖτον καὶ κτήνη καὶ πρόβατα, καὶ ἵππων καὶ ῥεδῶν καὶ σωμάτων, καὶ ψυχὰς ἀνθρώπων
kai siton kai ktēnē kai probata, kai hippōn kai rhedōn kai sōmatōn, kai psychas anthrōpōn
and wheat, and cattle, and sheep; and merchandise of horses and chariots and slaves; and souls of men.

καὶ ἡ ὀπώρα σου τῆς ἐπιθυμίας τῆς ψυχῆς ἀπῆλθεν ἀπὸ σοῦ
kai hē opōra sou tēs epithymias tēs psychēs apēlthen apo sou,
And the fruits which thy soul lusted after are gone from thee,

καὶ πάντα τὰ λιπαρὰ καὶ τὰ λαμπρὰ ἀπώλετο ἀπὸ σοῦ, καὶ οὐκέτι οὐ μὴ αὐτὰ εὑρήσουσι
kai panta ta lipara kai ta lampra apōleto apo sou, kai ouketi ou mē auta heurēsousi
and all things that were dainty and sumptuous are perished from thee, and men shall find them no more at all.

οἱ ἔμποροι τούτων, οἱ πλουτήσαντες ἀπ' αὐτῆς, ἀπὸ μακρόθεν στήσονται διὰ τὸν φόβον τοῦ βασανισμοῦ αὐτῆς
hoi emporoi toutōn, hoi ploutēsantes ap' autēs, apo makrothen stēsontai dia ton phobon tou basanismou autēs
The merchants of these things, who were made rich by her, shall stand afar off for the fear of her torment,

κλαίοντες καὶ πενθοῦντες
klaiontes kai penthountes
weeping and mourning;

λέγοντες, Οὐαὶ οὐαί, ἡ πόλις ἡ μεγάλη, ἡ περιβεβλημένη βύσσινον καὶ πορφυροῦν καὶ κόκκινον
legontes, Ouai ouai, hē polis hē megalē, hē peribeblēmenē byssinon kai porphyroun kai kokkinon
saying, Woe, woe, the great city, she that was arrayed in fine linen and purple and scarlet,

καὶ κεχρυσωμένη [ἐν] χρυσίῳ καὶ λίθῳ τιμίῳ καὶ μαργαρίτῃ
kai kechrysōmenē [en] chrysiō kai lithō timiō kai margaritē
and decked with gold and precious stone and pearl!

ὅτι μιᾷ ὥρᾳ ἠρημώθη ὁ τοσοῦτος πλοῦτος. Καὶ πᾶς κυβερνήτης καὶ πᾶς ὁ ἐπὶ τόπον πλέων
hoti mia hōra ērēmōthē ho tosoutos ploutos. Kai pas kybernētēs kai pas ho epi topon pleōn
for in one hour so great riches is made desolate. And every shipmaster, and every one that saileth any whither,

καὶ ναῦται καὶ ὅσοι τὴν θάλασσαν ἐργάζονται ἀπὸ μακρόθεν ἔστησαν
kai nautai kai hosoi tēn thalassan ergazontai apo makrothen estēsan
and mariners, and as many as gain their living by sea, stood afar off,

καὶ ἔκραζον βλέποντες τὸν καπνὸν τῆς πυρώσεως αὐτῆς λέγοντες, Τίς ὁμοία τῇ πόλει τῇ μεγάλῃ
kai ekrazon blepontes ton kapnon tēs pyrōseōs autēs legontes, Tis homoia tē polei tē megalē
and cried out as they looked upon the smoke of her burning, saying, What city is like the great city?

καὶ ἔβαλον χοῦν ἐπὶ τὰς κεφαλὰς αὐτῶν καὶ ἔκραζον κλαίοντες καὶ πενθοῦντες, λέγοντες, Οὐαὶ οὐαί, ἡ πόλις ἡ μεγάλη
kai ebalon choun epi tas kephalas autōn kai ekrazon klaiontes kai penthountes, legontes, Ouai ouai, hē polis hē megalē
And they cast dust on their heads, and cried, weeping and mourning, saying, Woe, woe, the great city,

ἐν ᾗ ἐπλούτησαν πάντες οἱ ἔχοντες τὰ πλοῖα ἐν τῇ θαλάσσῃ ἐκ τῆς τιμιότητος αὐτῆς
en hē eploutēsan pantes hoi echontes ta ploia en tē thalassē ek tēs timiotētos autēs
wherein all that had their ships in the sea were made rich by reason of her costliness!

ὅτι μιᾷ ὥρᾳ ἠρημώθη
hoti mia hōra ērēmōthē
for in one hour is she made desolate.

Εὐφραίνου ἐπ' αὐτῇ, οὐρανέ, καὶ οἱ ἅγιοι καὶ οἱ ἀπόστολοι καὶ οἱ προφῆται
Euphrainou ep' autē, ourane, kai hoi hagioi kai hoi apostoloi kai hoi prophētai
Rejoice over her, thou heaven, and ye saints, and ye apostles, and ye prophets;

ὅτι ἔκρινεν ὁ θεὸς τὸ κρίμα ὑμῶν ἐξ αὐτῆς
hoti ekrinen ho theos to krima hymōn ex autēs
for God hath judged your judgment on her.

Καὶ ἦρεν εἷς ἄγγελος ἰσχυρὸς λίθον ὡς μύλινον μέγαν καὶ ἔβαλεν εἰς τὴν θάλασσαν λέγων
Kai ēren heis angelos ischyros lithon hōs mylinon megan kai ebalen eis tēn thalassan legōn
And a strong angel took up a stone as it were a great millstone and cast it into the sea, saying,

Οὕτως ὁρμήματι βληθήσεται Βαβυλὼν ἡ μεγάλη πόλις, καὶ οὐ μὴ εὑρεθῇ ἔτι
Houtōs hormēmati blēthēsetai Babylōn hē megalē polis, kai ou mē heurethē eti
Thus with a mighty fall shall Babylon, the great city, be cast down, and shall be found no more at all.

καὶ φωνὴ κιθαρῳδῶν καὶ μουσικῶν καὶ αὐλητῶν καὶ σαλπιστῶν οὐ μὴ ἀκουσθῇ ἐν σοὶ ἔτι
kai phōnē kitharōdōn kai mousikōn kai aulētōn kai salpistōn ou mē akousthē en soi eti
And the voice of harpers and minstrels and flute-players and trumpeters shall be heard no more at all in thee;

καὶ πᾶς τεχνίτης πάσης τέχνης οὐ μὴ εὑρεθῇ ἐν σοὶ ἔτι,
kai pas technitēs pasēs technēs ou mē heurethē en soi eti,
and no craftsman, of whatsoever craft, shall be found any more at all in thee;

καὶ φωνὴ μύλου οὐ μὴ ἀκουσθῇ ἐν σοὶ ἔτι
kai phōnē mylou ou mē akousthē en soi eti
and the voice of a mill shall be heard no more at all in thee;

καὶ φῶς λύχνου οὐ μὴ φάνῃ ἐν σοὶ ἔτι
kai phōs lychnou ou mē phanē en soi eti
and the light of a lamp shall shine no more at all in thee;

καὶ φωνὴ νυμφίου καὶ νύμφης οὐ μὴ ἀκουσθῇ ἐν σοὶ ἔτι
kai phōnē nymphiou kai nymphēs ou mē akousthē en soi eti
and the voice of the bridegroom and of the bride shall be heard no more at all in thee:

ὅτι οἱ ἔμποροί σου ἦσαν οἱ μεγιστᾶνες τῆς γῆς, ὅτι ἐν τῇ φαρμακείᾳ σου ἐπλανήθησαν πάντα τὰ ἔθνη
hoti hoi emporoi sou ēsan hoi megistanes tēs gēs, hoti en tē pharmakeia sou eplanēthēsan panta ta ethnē
for thy merchants were the princes of the earth; for with thy sorcery were all the nations deceived.

καὶ ἐν αὐτῇ αἷμα προφητῶν καὶ ἁγίων εὑρέθη καὶ πάντων τῶν ἐσφαγμένων ἐπὶ τῆς γῆς
kai en autē haima prophētōn kai hagiōn heurethē kai pantōn tōn esphagmenōn epi tēs gēs
And in her was found the blood of prophets and of saints, and of all that have been slain upon the earth.

ιθ

Μετὰ ταῦτα ἤκουσα ὡς φωνὴν μεγάλην ὄχλου πολλοῦ ἐν τῷ οὐρανῷ λεγόντων, Ἀλληλουϊά
Meta tauta ēkousa hōs phōnēn megalēn ochlou pollou en tō ouranō legontōn, Hallēlouia
After these things I heard as it were a great voice of a great multitude in heaven, saying, Hallelujah;

ἡ σωτηρία καὶ ἡ δόξα καὶ ἡ δύναμις τοῦ θεοῦ ἡμῶν
hē sōtēria kai hē doxa kai hē dynamis tou theou hēmōn
Salvation, and glory, and power, belong to our God:

ὅτι ἀληθιναὶ καὶ δίκαιαι αἱ κρίσεις αὐτοῦ
hoti alēthinai kai dikaiai hai kriseis autou
for true and righteous are his judgments;

ὅτι ἔκρινεν τὴν πόρνην τὴν μεγάλην ἥτις ἔφθειρεν τὴν γῆν ἐν τῇ πορνείᾳ αὐτῆς
hoti ekrinen tēn pornēn tēn megalēn hētis ephtheiren tēn gēn en tē porneia autēs
for he hath judged the great harlot, her that corrupted the earth with her fornication,

καὶ ἐξεδίκησεν τὸ αἷμα τῶν δούλων αὐτοῦ ἐκ χειρὸς αὐτῆς
kai exedikēsen to haima tōn doulōn autou ek cheiros autēs
and he hath avenged the blood of his servants at her hand.

καὶ δεύτερον εἴρηκαν, Ἁλληλουϊά· καὶ ὁ καπνὸς αὐτῆς ἀναβαίνει εἰς τοὺς αἰῶνας τῶν αἰώνων
kai deuteron eirēkan, Hallēlouia: kai ho kapnos autēs anabainei eis tous aiōnas tōn aiōnōn
And a second time they say, Hallelujah. And her smoke goeth up for ever and ever.

καὶ ἔπεσαν οἱ πρεσβύτεροι οἱ εἴκοσι τέσσαρες καὶ τὰ τέσσαρα ζῷα
kai epesan hoi presbyteroi hoi eikosi tessares kai ta tessara zōa
And the four and twenty elders and the four living creatures fell down

καὶ προσεκύνησαν τῷ θεῷ τῷ καθημένῳ ἐπὶ τῷ θρόνῳ, λέγοντες, Ἀμήν, Ἁλληλουϊά
kai prosekynēsan tō theō tō kathēmenō epi tō thronō, legontes, Amēn, Hallēlouia
and worshipped God that sitteth on the throne, saying, Amen; Hallelujah.

Καὶ φωνὴ ἀπὸ τοῦ θρόνου ἐξῆλθεν λέγουσα, Αἰνεῖτε τῷ θεῷ ἡμῶν
Kai phōnē apo tou thronou exēlthen legousa, Aineite tō theō hēmōn
And a voice came forth from the throne, saying, Give praise to our God,

πάντες οἱ δοῦλοι αὐτοῦ, [καὶ] οἱ φοβούμενοι αὐτόν, οἱ μικροὶ καὶ οἱ μεγάλοι
pantes hoi douloi autou, [kai] hoi phoboumenoi auton, hoi mikroi kai hoi megaloi
all ye his servants, ye that fear him, the small and the great.

καὶ ἤκουσα ὡς φωνὴν ὄχλου πολλοῦ καὶ ὡς φωνὴν ὑδάτων πολλῶν
kai ēkousa hōs phōnēn ochlou pollou kai hōs phōnēn hydatōn pollōn
And I heard as it were the voice of a great multitude, and as the voice of many waters,

καὶ ὡς φωνὴν βροντῶν ἰσχυρῶν λεγόντων, Ἁλληλουϊά, ὅτι ἐβασίλευσεν κύριος ὁ θεὸς [ἡμῶν] ὁ παντοκράτωρ
kai hōs phōnēn brontōn ischyrōn legontōn, Hallēlouia, hoti ebasileusen kyrios ho theos [hēmōn] ho pantokratōr
and as the voice of mighty thunders, saying, Hallelujah: for the Lord our God, the Almighty, reigneth.

χαίρωμεν καὶ ἀγαλλιῶμεν, καὶ δώσωμεν τὴν δόξαν αὐτῷ, ὅτι ἦλθεν ὁ γάμος τοῦ ἀρνίου
chairōmen kai agalliōmen, kai dōsōmen tēn doxan autō, hoti ēlthen ho gamos tou arniou
Let us rejoice and be exceeding glad, and let us give the glory unto him: for the marriage of the Lamb is come,

καὶ ἡ γυνὴ αὐτοῦ ἡτοίμασεν ἑαυτήν
kai hē gynē autou hētoimasen heautēn
and his wife hath made herself ready.

καὶ ἐδόθη αὐτῇ ἵνα περιβάληται βύσσινον λαμπρὸν καθαρόν
kai edothē autē hina peribalētai byssinon lampron katharon
And it was given unto her that she should array herself in fine linen, bright and pure:

τὸ γὰρ βύσσινον τὰ δικαιώματα τῶν ἁγίων ἐστίν
to gar byssinon ta dikaiōmata tōn hagiōn estin
for the fine linen is the righteous acts of the saints.

Καὶ λέγει μοι, Γράψον: Μακάριοι οἱ εἰς τὸ δεῖπνον τοῦ γάμου τοῦ ἀρνίου κεκλημένοι
Kai legei moi, Grapson: Makarioi hoi eis to deipnon tou gamou tou arniou keklēmenoi.
And he saith unto me, Write, Blessed are they that are bidden to the marriage supper of the Lamb.

καὶ λέγει μοι, Οὗτοι οἱ λόγοι ἀληθινοὶ τοῦ θεοῦ εἰσιν
kai legei moi, Houtoi hoi logoi alēthinoi tou theou eisin
And he saith unto me, These are true words of God.

καὶ ἔπεσα ἔμπροσθεν τῶν ποδῶν αὐτοῦ προσκυνῆσαι αὐτῷ. καὶ λέγει μοι, Ορα μή
kai epesa emprosthen tōn podōn autou proskynēsai autō. kai legei moi, Ora mē:
And I fell down before his feet to worship him. And he saith unto me, See thou do it not:

σύνδουλός σού εἰμι καὶ τῶν ἀδελφῶν σου τῶν ἐχόντων τὴν μαρτυρίαν Ἰησοῦ: τῷ θεῷ προσκύνησον
syndoulos sou eimi kai tōn adelphōn sou tōn echontōn tēn martyrian Iēsou: tō theō proskynēson
I am a fellow-servant with thee and with thy brethren that hold the testimony of Jesus: worship God:

ἡ γὰρ μαρτυρία Ἰησοῦ ἐστιν τὸ πνεῦμα τῆς προφητείας
hē gar martyria Iēsou estin to pneuma tēs prophēteias
for the testimony of Jesus is the spirit of prophecy.

Καὶ εἶδον τὸν οὐρανὸν ἠνεῳγμένον, καὶ ἰδοὺ ἵππος λευκός
Kai eidon ton ouranon ēneōgmenon, kai idou hippos leukos
And I saw the heaven opened; and behold, a white horse,

καὶ ὁ καθήμενος ἐπ' αὐτὸν [καλούμενος] πιστὸς καὶ ἀληθινός, καὶ ἐν δικαιοσύνῃ κρίνει καὶ πολεμεῖ
kai ho kathēmenos ep' auton [kaloumenos] pistos kai alēthinos, kai en dikaiosynē krinei kai polemei
and he that sat thereon called Faithful and True; and in righteousness he doth judge and make war.

οἱ δὲ ὀφθαλμοὶ αὐτοῦ [ὡς] φλὸξ πυρός
hoi de ophthalmoi autou [hōs] phlox pyros
And his eyes are a flame of fire,

καὶ ἐπὶ τὴν κεφαλὴν αὐτοῦ διαδήματα πολλά, ἔχων ὄνομα γεγραμμένον ὃ οὐδεὶς οἶδεν εἰ μὴ αὐτός
kai epi tēn kephalēn autou diadēmata polla, echōn onoma gegrammenon ho oudeis oiden ei mē autos
and upon his head are many diadems; and he hath a name written which no one knoweth but he himself.

καὶ περιβεβλημένος ἱμάτιον βεβαμμένον αἵματι, καὶ κέκληται τὸ ὄνομα αὐτοῦ ὁ λόγος τοῦ θεοῦ
kai peribeblēmenos himation bebammenon haimati, kai keklētai to onoma autou ho logos tou theou
And he is arrayed in a garment sprinkled with blood: and his name is called The Word of God.

καὶ τὰ στρατεύματα [τὰ] ἐν τῷ οὐρανῷ ἠκολούθει αὐτῷ ἐφ' ἵπποις λευκοῖς, ἐνδεδυμένοι βύσσινον λευκὸν καθαρόν
kai ta strateumata [ta] en tō ouranō ēkolouthei autō eph' hippois leukois, endedymenoi byssinon leukon katharon
And the armies which are in heaven followed him upon white horses, clothed in fine linen, white and pure.

καὶ ἐκ τοῦ στόματος αὐτοῦ ἐκπορεύεται ῥομφαία ὀξεῖα
kai ek tou stomatos autou ekporeuetai rhomphaia oxeia
And out of his mouth proceedeth a sharp sword,

ἵνα ἐν αὐτῇ πατάξῃ τὰ ἔθνη, καὶ αὐτὸς ποιμανεῖ αὐτοὺς ἐν ῥάβδῳ σιδηρᾷ
hina en autē pataxē ta ethnē, kai autos poimanei autous en rhabdō sidēra
that with it he should smite the nations: and he shall rule them with a rod of iron:

καὶ αὐτὸς πατεῖ τὴν ληνὸν τοῦ οἴνου τοῦ θυμοῦ τῆς ὀργῆς τοῦ θεοῦ τοῦ παντοκράτορος
kai autos patei tēn lēnon tou oinou tou thymou tēs orgēs tou theou tou pantokratoros
and he treadeth the winepress of the fierceness of the wrath of God, the Almighty.

καὶ ἔχει ἐπὶ τὸ ἱμάτιον καὶ ἐπὶ τὸν μηρὸν αὐτοῦ ὄνομα γεγραμμένον: Βασιλεὺς βασιλέων καὶ κύριος κυρίων
kai echei epi to himation kai epi ton mēron autou onoma gegrammenon: Basileus basileōn kai kyrios kyriōn
And he hath on his garment and on his thigh a name written, KING OF KINGS, AND LORD OF LORDS.

Καὶ εἶδον ἕνα ἄγγελον ἑστῶτα ἐν τῷ ἡλίῳ
Kai eidon hena angelon hestōta en tō hēliō
And I saw an angel standing in the sun;

καὶ ἔκραξεν [ἐν] φωνῇ μεγάλῃ λέγων πᾶσιν τοῖς ὀρνέοις τοῖς πετομένοις ἐν μεσουρανήματι
kai ekraxen [en] phōnē megalē legōn pasin tois orneois tois petomenois en mesouranēmati
and he cried with a loud voice, saying to all the birds that fly in mid heaven,

Δεῦτε συνάχθητε εἰς τὸ δεῖπνον τὸ μέγα τοῦ θεοῦ
Deute synachthēte eis to deipnon to mega tou theou
Come and be gathered together unto the great supper of God;

ἵνα φάγητε σάρκας βασιλέων καὶ σάρκας χιλιάρχων καὶ σάρκας ἰσχυρῶν καὶ σάρκας ἵππων
hina phagēte sarkas basileōn kai sarkas chiliarchōn kai sarkas ischyrōn kai sarkas hippōn
that ye may eat the flesh of kings, and the flesh of captains, and the flesh of mighty men,

καὶ τῶν καθημένων ἐπ' αὐτῶν καὶ σάρκας πάντων ἐλευθέρων τε καὶ δούλων καὶ μικρῶν καὶ μεγάλων
kai tōn kathēmenōn ep' autōn kai sarkas pantōn eleutherōn te kai doulōn kai mikrōn kai megalōn
and the flesh of horses and of them that sit thereon, and the flesh of all men, both free and bond, and small and great.

Καὶ εἶδον τὸ θηρίον καὶ τοὺς βασιλεῖς τῆς γῆς
Kai eidon to thērion kai tous basileis tēs gēs
And I saw the beast, and the kings of the earth,

καὶ τὰ στρατεύματα αὐτῶν συνηγμένα ποιῆσαι τὸν πόλεμον μετὰ τοῦ καθημένου ἐπὶ τοῦ ἵππου
kai ta strateumata autōn synēgmena poiēsai ton polemon meta tou kathēmenou epi tou hippou
and their armies, gathered together to make war against him that sat upon the horse,

καὶ μετὰ τοῦ στρατεύματος αὐτοῦ
kai meta tou strateumatos autou
and against his army.

καὶ ἐπιάσθη τὸ θηρίον καὶ μετ' αὐτοῦ ὁ ψευδοπροφήτης ὁ ποιήσας τὰ σημεῖα ἐνώπιον αὐτοῦ
kai epiasthē to thērion kai met' autou ho pseudoprophētēs ho poiēsas ta sēmeia enōpion autou
And the beast was taken, and with him the false prophet that wrought the signs in his sight,

ἐν οἷς ἐπλάνησεν τοὺς λαβόντας τὸ χάραγμα τοῦ θηρίου καὶ τοὺς προσκυνοῦντας τῇ εἰκόνι αὐτοῦ
en hois eplanēsen tous labontas to charagma tou thēriou kai tous proskynountas tē eikoni autou
wherewith he deceived them that had received the mark of the beast and them that worshipped his image:

ζῶντες ἐβλήθησαν οἱ δύο εἰς τὴν λίμνην τοῦ πυρὸς τῆς καιομένης ἐν θείῳ
zōntes eblēthēsan hoi dyo eis tēn limnēn tou pyros tēs kaiomenēs en theiō
they two were cast alive into the lake of fire that burneth with brimstone:

καὶ οἱ λοιποὶ ἀπεκτάνθησαν ἐν τῇ ῥομφαίᾳ τοῦ καθημένου ἐπὶ τοῦ ἵππου τῇ ἐξελθούσῃ ἐκ τοῦ στόματος αὐτοῦ
kai hoi loipoi apektanthēsan en tē rhomphaia tou kathēmenou epi tou hippou tē exelthousē ek tou stomatos autou,
and the rest were killed with the sword of him that sat upon the horse, even the sword which came forth out of his mouth:

καὶ πάντα τὰ ὄρνεα ἐχορτάσθησαν ἐκ τῶν σαρκῶν αὐτῶν
kai panta ta ornea echortasthēsan ek tōn sarkōn autōn
and all the birds were filled with their flesh.

K

Καὶ εἶδον ἄγγελον καταβαίνοντα ἐκ τοῦ οὐρανοῦ
Kai eidon angelon katabainonta ek tou ouranou
And I saw an angel coming down out of heaven,

ἔχοντα τὴν κλεῖν τῆς ἀβύσσου καὶ ἅλυσιν μεγάλην ἐπὶ τὴν χεῖρα αὐτοῦ
echonta tēn klein tēs abyssou kai halysin megalēn epi tēn cheira autou
having the key of the abyss and a great chain in his hand.

καὶ ἐκράτησεν τὸν δράκοντα, ὁ ὄφις ὁ ἀρχαῖος, ὅς ἐστιν Διάβολος καὶ ὁ Σατανᾶς, καὶ ἔδησεν αὐτὸν χίλια ἔτη
kai ekratēsen ton drakonta, ho ophis ho archaios, hos estin Diabolos kai ho Satanas, kai edēsen auton chilia etē
And he laid hold on the dragon, the old serpent, which is the Devil and Satan, and bound him for a thousand years,

καὶ ἔβαλεν αὐτὸν εἰς τὴν ἄβυσσον καὶ ἔκλεισεν καὶ ἐσφράγισεν ἐπάνω αὐτοῦ
kai ebalen auton eis tēn abysson kai ekleisen kai esphragisen epanō autou
and cast him into the abyss, and shut it, and sealed it over him,

ἵνα μὴ πλανήσῃ ἔτι τὰ ἔθνη ἄχρι τελεσθῇ τὰ χίλια ἔτη
hina mē planēsē eti ta ethnē achri telesthē ta chilia etē
that he should deceive the nations no more, until the thousand years should be finished:

μετὰ ταῦτα δεῖ λυθῆναι αὐτὸν μικρὸν χρόνον
meta tauta dei lythēnai auton mikron chronon
after this he must be loosed for a little time.

Καὶ εἶδον θρόνους, καὶ ἐκάθισαν ἐπ' αὐτούς, καὶ κρίμα ἐδόθη αὐτοῖς
Kai eidon thronous, kai ekathisan ep' autous, kai krima edothē autois,
And I saw thrones, and they sat upon them, and judgment was given unto them:

καὶ τὰς ψυχὰς τῶν πεπελεκισμένων διὰ τὴν μαρτυρίαν Ἰησοῦ καὶ διὰ τὸν λόγον τοῦ θεοῦ
kai tas psychas tōn pepelekismenōn dia tēn martyrian Iēsou kai dia ton logon tou theou
and I saw the souls of them that had been beheaded for the testimony of Jesus, and for the word of God,

καὶ οἵτινες οὐ προσεκύνησαν τὸ θηρίον οὐδὲ τὴν εἰκόνα αὐτοῦ καὶ οὐκ ἔλαβον τὸ χάραγμα ἐπὶ τὸ μέτωπον
kai hoitines ou prosekynēsan to thērion oude tēn eikona autou kai ouk elabon to charagma epi to metōpon
and such as worshipped not the beast, neither his image, and received not the mark upon their forehead

καὶ ἐπὶ τὴν χεῖρα αὐτῶν: καὶ ἔζησαν καὶ ἐβασίλευσαν μετὰ τοῦ Χριστοῦ χίλια ἔτη
kai epi tēn cheira autōn: kai ezēsan kai ebasileusan meta tou Christou chilia etē
and upon their hand; and they lived, and reigned with Christ a thousand years.

οἱ λοιποὶ τῶν νεκρῶν οὐκ ἔζησαν ἄχρι τελεσθῇ τὰ χίλια ἔτη. αὕτη ἡ ἀνάστασις ἡ πρώτη
hoi loipoi tōn nekrōn ouk ezēsan achri telesthē ta chilia etē. hautē hē anastasis hē prōtē
The rest of the dead lived not until the thousand years should be finished. This is the first resurrection.

μακάριος καὶ ἅγιος ὁ ἔχων μέρος ἐν τῇ ἀναστάσει τῇ πρώτῃ
makarios kai hagios ho echōn meros en tē anastasei tē prōtē
Blessed and holy is he that hath part in the first resurrection:

ἐπὶ τούτων ὁ δεύτερος θάνατος οὐκ ἔχει ἐξουσίαν, ἀλλ' ἔσονται ἱερεῖς τοῦ θεοῦ καὶ τοῦ Χριστοῦ
epi toutōn ho deuteros thanatos ouk echei exousian, all' esontai hiereis tou theou kai tou Christou
over these the second death hath no power; but they shall be priests of God and of Christ,

καὶ βασιλεύσουσιν μετ' αὐτοῦ [τὰ] χίλια ἔτη
kai basileusousin met' autou [ta] chilia etē
and shall reign with him a thousand years.

Καὶ ὅταν τελεσθῇ τὰ χίλια ἔτη, λυθήσεται ὁ Σατανᾶς ἐκ τῆς φυλακῆς αὐτοῦ
Kai hotan telesthē ta chilia etē, lythēsetai ho Satanas ek tēs phylakēs autou
And when the thousand years are finished, Satan shall be loosed out of his prison,

καὶ ἐξελεύσεται πλανῆσαι τὰ ἔθνη τὰ ἐν ταῖς τέσσαρσιν γωνίαις τῆς γῆς, τὸν Γὼγ καὶ Μαγώγ
kai exeleusetai planēsai ta ethnē ta en tais tessarsin gōniais tēs gēs, ton Gōg kai Magōg
and shall come forth to deceive the nations which are in the four corners of the earth, Gog and Magog,

συναγαγεῖν αὐτοὺς εἰς τὸν πόλεμον, ὧν ὁ ἀριθμὸς αὐτῶν ὡς ἡ ἄμμος τῆς θαλάσσης
synagagein autous eis ton polemon, hōn ho arithmos autōn hōs hē ammos tēs thalassēs
to gather them together to the war: the number of whom is as the sand of the sea.

καὶ ἀνέβησαν ἐπὶ τὸ πλάτος τῆς γῆς καὶ ἐκύκλευσαν τὴν παρεμβολὴν τῶν ἁγίων καὶ τὴν πόλιν τὴν ἠγαπημένην
kai anebēsan epi to platos tēs gēs kai ekykleusan tēn parembolēn tōn hagiōn kai tēn polin tēn ēgapēmenēn
And they went up over the breadth of the earth, and compassed the camp of the saints about, and the beloved city:

καὶ κατέβη πῦρ ἐκ τοῦ οὐρανοῦ καὶ κατέφαγεν αὐτούς
kai katebē pyr ek tou ouranou kai katephagen autous
and fire came down out of heaven, and devoured them.

καὶ ὁ διάβολος ὁ πλανῶν αὐτοὺς ἐβλήθη εἰς τὴν λίμνην τοῦ πυρὸς καὶ θείου
kai ho diabolos ho planōn autous eblēthē eis tēn limnēn tou pyros kai theiou
And the devil that deceived them was cast into the lake of fire and brimstone,

ὅπου καὶ τὸ θηρίον καὶ ὁ ψευδοπροφήτης, καὶ βασανισθήσονται ἡμέρας καὶ νυκτὸς εἰς τοὺς αἰῶνας τῶν αἰώνων
hopou kai to thērion kai ho pseudoprophētēs, kai basanisthēsontai hēmeras kai nyktos eis tous aiōnas tōn aiōnōn
where are also the beast and the false prophet; and they shall be tormented day and night for ever and ever.

Καὶ εἶδον θρόνον μέγαν λευκὸν καὶ τὸν καθήμενον ἐπ' αὐτόν
Kai eidon thronon megan leukon kai ton kathēmenon ep' auton
And I saw a great white throne, and him that sat upon it,

οὗ ἀπὸ τοῦ προσώπου ἔφυγεν ἡ γῆ καὶ ὁ οὐρανός, καὶ τόπος οὐχ εὑρέθη αὐτοῖς
hou apo tou prosōpou ephygen hē gē kai ho ouranos, kai topos ouch heurethē autois
from whose face the earth and the heaven fled away; and there was found no place for them.

καὶ εἶδον τοὺς νεκρούς, τοὺς μεγάλους καὶ τοὺς μικρούς, ἑστῶτας ἐνώπιον τοῦ θρόνου, καὶ βιβλία ἠνοίχθησαν
kai eidon tous nekrous, tous megalous kai tous mikrous, hestōtas enōpion tou thronou, kai biblia ēnoichthēsan
And I saw the dead, the great and the small, standing before the throne; and books were opened:

καὶ ἄλλο βιβλίον ἠνοίχθη, ὅ ἐστιν τῆς ζωῆς
kai allo biblion ēnoichthē, ho estin tēs zōēs:
and another book was opened, which is the book of life:

καὶ ἐκρίθησαν οἱ νεκροὶ ἐκ τῶν γεγραμμένων ἐν τοῖς βιβλίοις κατὰ τὰ ἔργα αὐτῶν
kai ekrithēsan hoi nekroi ek tōn gegrammenōn en tois bibliois kata ta erga autōn
and the dead were judged out of the things which were written in the books, according to their works.

καὶ ἔδωκεν ἡ θάλασσα τοὺς νεκροὺς τοὺς ἐν αὐτῇ
kai edōken hē thalassa tous nekrous tous en autē
And the sea gave up the dead that were in it;

καὶ ὁ θάνατος καὶ ὁ ἅ|δης ἔδωκαν τοὺς νεκροὺς τοὺς ἐν αὐτοῖς, καὶ ἐκρίθησαν ἕκαστος κατὰ τὰ ἔργα αὐτῶν
kai ho thanatos kai ho ha|dēs edōkan tous nekrous tous en autois, kai ekrithēsan hekastos kata ta erga autōn
and death and Hades gave up the dead that were in them: and they were judged every man according to their works.

καὶ ὁ θάνατος καὶ ὁ ἅ|δης ἐβλήθησαν εἰς τὴν λίμνην τοῦ πυρός
kai ho thanatos kai ho ha|dēs eblēthēsan eis tēn limnēn tou pyros
And death and Hades were cast into the lake of fire.

οὗτος ὁ θάνατος ὁ δεύτερός ἐστιν, ἡ λίμνη τοῦ πυρός
houtos ho thanatos ho deuteros estin, hē limnē tou pyros
This is the second death, even the lake of fire.

καὶ εἴ τις οὐχ εὑρέθη ἐν τῇ βίβλῳ τῆς ζωῆς γεγραμμένος ἐβλήθη εἰς τὴν λίμνην τοῦ πυρός
kai ei tis ouch heurethē en tē biblō tēs zōēs gegrammenos eblēthē eis tēn limnēn tou pyros
And if any was not found written in the book of life, he was cast into the lake of fire.

κα

Καὶ εἶδον οὐρανὸν καινὸν καὶ γῆν καινήν: ὁ γὰρ πρῶτος οὐρανὸς καὶ ἡ πρώτη γῆ ἀπῆλθαν
Kai eidon ouranon kainon kai gēn kainēn: ho gar prōtos ouranos kai hē prōtē gē apēlthan
And I saw a new heaven and a new earth: for the first heaven and the first earth are passed away;

καὶ ἡ θάλασσα οὐκ ἔστιν ἔτι
kai hē thalassa ouk estin eti
and the sea is no more.

καὶ τὴν πόλιν τὴν ἁγίαν Ἰερουσαλὴμ καινὴν εἶδον καταβαίνουσαν ἐκ τοῦ οὐρανοῦ ἀπὸ τοῦ θεοῦ
kai tēn polin tēn hagian Ierousalēm kainēn eidon katabainousan ek tou ouranou apo tou theou
And I saw the holy city, new Jerusalem, coming down out of heaven from God,

ἡτοιμασμένην ὡς νύμφην κεκοσμημένην τῷ ἀνδρὶ αὐτῆς
hētoimasmenēn hōs nymphēn kekosmēmenēn tō andri autēs
made ready as a bride adorned for her husband.

καὶ ἤκουσα φωνῆς μεγάλης ἐκ τοῦ θρόνου λεγούσης, Ἰδοὺ ἡ σκηνὴ τοῦ θεοῦ μετὰ τῶν ἀνθρώπων,
kai ēkousa phōnēs megalēs ek tou thronou legousēs, Idou hē skēnē tou theou meta tōn anthrōpōn,
And I heard a great voice out of the throne saying, Behold, the tabernacle of God is with men,

καὶ σκηνώσει μετ' αὐτῶν, καὶ αὐτοὶ λαοὶ αὐτοῦ ἔσονται, καὶ αὐτὸς ὁ θεὸς μετ' αὐτῶν ἔσται, [αὐτῶν θεός,]
kai skēnōsei met' autōn, kai autoi laoi autou esontai, kai autos ho theos met' autōn estai, [autōn theos,]
and he shall dwell with them, and they shall be his peoples, and God himself shall be with them, and be their God:

καὶ ἐξαλείψει πᾶν δάκρυον ἐκ τῶν ὀφθαλμῶν αὐτῶν, καὶ ὁ θάνατος οὐκ ἔσται ἔτι,
kai exaleipsei pan dakryon ek tōn ophthalmōn autōn, kai ho thanatos ouk estai eti,
and he shall wipe away every tear from their eyes; and death shall be no more;

οὔτε πένθος οὔτε κραυγὴ οὔτε πόνος οὐκ ἔσται ἔτι: [ὅτι] τὰ πρῶτα ἀπῆλθαν
oute penthos oute kraugē oute ponos ouk estai eti: [hoti] ta prōta apēlthan
neither shall there be mourning, nor crying, nor pain, any more: the first things are passed away.

Καὶ εἶπεν ὁ καθήμενος ἐπὶ τῷ θρόνῳ, Ἰδοὺ καινὰ ποιῶ πάντα
Kai eipen ho kathēmenos epi tō thronō, Idou kaina poiō panta
And he that sitteth on the throne said, Behold, I make all things new.

καὶ λέγει, Γράψον, ὅτι οὗτοι οἱ λόγοι πιστοὶ καὶ ἀληθινοί εἰσιν
kai legei, Grapson, hoti houtoi hoi logoi pistoi kai alēthinoi eisin
And he saith, Write: for these words are faithful and true.

καὶ εἶπέν μοι, Γέγοναν. ἐγώ [εἰμι] τὸ Ἄλφα καὶ τὸ ω, ἡ ἀρχὴ καὶ τὸ τέλος
kai eipen moi, Gegonan. egō [eimi] to Alpha kai to ō, hē archē kai to telos
And he said unto me, They are come to pass. I am the Alpha and the Omega, the beginning and the end.

ἐγώ τῷ διψῶντι δώσω ἐκ τῆς πηγῆς τοῦ ὕδατος τῆς ζωῆς δωρεάν
egō tō dipsōnti dōsō ek tēs pēgēs tou hydatos tēs zōēs dōrean
I will give unto him that is athirst of the fountain of the water of life freely.

ὁ νικῶν κληρονομήσει ταῦτα, καὶ ἔσομαι αὐτῷ θεὸς καὶ αὐτὸς ἔσται μοι υἱός
ho nikōn klēronomēsei tauta, kai esomai autō theos kai autos estai moi huios
He that overcometh shall inherit these things; and I will be his God, and he shall be my son.

τοῖς δὲ δειλοῖς καὶ ἀπίστοις καὶ ἐβδελυγμένοις καὶ φονεῦσιν καὶ πόρνοις καὶ φαρμάκοις καὶ εἰδωλολάτραις
tois de deilois kai apistois kai ebdelygmenois kai phoneusin kai pornois kai pharmakois kai eidōlolatrais
But for the fearful, and unbelieving, and abominable, and murderers, and fornicators, and sorcerers, and idolaters,

καὶ πᾶσιν τοῖς ψευδέσιν τὸ μέρος αὐτῶν ἐν τῇ λίμνῃ τῇ καιομένῃ πυρὶ καὶ θείῳ, ὅ ἐστιν ὁ θάνατος ὁ δεύτερος
kai pasin tois pseudesin to meros autōn en tē limnē tē kaiomenē pyri kai theiō, ho estin ho thanatos ho deuteros
and all liars, their part shall be in the lake that burneth with fire and brimstone; which is the second death.

Καὶ ἦλθεν εἷς ἐκ τῶν ἑπτὰ ἀγγέλων τῶν ἐχόντων τὰς ἑπτὰ φιάλας, τῶν γεμόντων τῶν ἑπτὰ πληγῶν τῶν ἐσχάτων
Kai ēlthen heis ek tōn hepta angelōn tōn echontōn tas hepta phialas, tōn gemontōn tōn hepta plēgōn tōn eschatōn
And there came one of the seven angels who had the seven bowls, who were laden with the seven last plagues;

καὶ ἐλάλησεν μετ' ἐμοῦ λέγων, Δεῦρο, δείξω σοι τὴν νύμφην τὴν γυναῖκα τοῦ ἀρνίου
kai elalēsen met' emou legōn, Deuro, deixō soi tēn nymphēn tēn gynaika tou arniou
and he spake with me, saying, Come hither, I will show thee the bride, the wife of the Lamb.

καὶ ἀπήνεγκέν με ἐν πνεύματι ἐπὶ ὄρος μέγα καὶ ὑψηλόν
kai apēnenken me en pneumati epi oros mega kai hypsēlon
And he carried me away in the Spirit to a mountain great and high,

καὶ ἔδειξέν μοι τὴν πόλιν τὴν ἁγίαν Ἰερουσαλὴμ καταβαίνουσαν ἐκ τοῦ οὐρανοῦ ἀπὸ τοῦ θεοῦ
kai edeixen moi tēn polin tēn hagian Ierousalēm katabainousan ek tou ouranou apo tou theou
and showed me the holy city Jerusalem, coming down out of heaven from God,

ἔχουσαν τὴν δόξαν τοῦ θεοῦ: ὁ φωστὴρ αὐτῆς ὅμοιος λίθῳ τιμιωτάτῳ, ὡς λίθῳ ἰάσπιδι κρυσταλλίζοντι
echousan tēn doxan tou theou: ho phōstēr autēs homoios lithō timiōtatō, hōs lithō iaspidi krystallizonti
having the glory of God: her light was like unto a stone most precious, as it were a jasper stone, clear as crystal:

ἔχουσα τεῖχος μέγα καὶ ὑψηλόν, ἔχουσα πυλῶνας δώδεκα, καὶ ἐπὶ τοῖς πυλῶσιν ἀγγέλους δώδεκα
echousa teichos mega kai hypsēlon, echousa pylōnas dōdeka, kai epi tois pylōsin angelous dōdeka
having a wall great and high; having twelve gates, and at the gates twelve angels;

καὶ ὀνόματα ἐπιγεγραμμένα ἅ ἐστιν [τὰ ὀνόματα] τῶν δώδεκα φυλῶν υἱῶν Ἰσραήλ
kai onomata epigegrammena ha estin [ta onomata] tōn dōdeka phylōn huiōn Israēl
and names written thereon, which are the names of the twelve tribes of the children of Israel:

ἀπὸ ἀνατολῆς πυλῶνες τρεῖς, καὶ ἀπὸ βορρᾶ πυλῶνες τρεῖς, καὶ ἀπὸ νότου πυλῶνες τρεῖς
apo anatolēs pylōnes treis, kai apo borra pylōnes treis, kai apo notou pylōnes treis,
on the east were three gates; and on the north three gates; and on the south three gates;

καὶ ἀπὸ δυσμῶν πυλῶνες τρεῖ
kai apo dysmōn pylōnes trei
and on the west three gates.

καὶ τὸ τεῖχος τῆς πόλεως ἔχων θεμελίους δώδεκα, καὶ ἐπ' αὐτῶν δώδεκα ὀνόματα τῶν δώδεκα ἀποστόλων τοῦ ἀρνίου
kai to teichos tēs poleōs echōn themelious dōdeka, kai ep' autōn dōdeka onomata tōn dōdeka apostolōn tou arniou
And the wall of the city had twelve foundations, and on them twelve names of the twelve apostles of the Lamb.

Καὶ ὁ λαλῶν μετ' ἐμοῦ εἶχεν μέτρον κάλαμον χρυσοῦν
Kai ho lalōn met' emou eichen metron kalamon chrysoun
And he that spake with me had for a measure a golden reed

ἵνα μετρήσῃ τὴν πόλιν καὶ τοὺς πυλῶνας αὐτῆς καὶ τὸ τεῖχος αὐτῆς
hina metrēsē tēn polin kai tous pylōnas autēs kai to teichos autēs
to measure the city, and the gates thereof, and the wall thereof.

καὶ ἡ πόλις τετράγωνος κεῖται, καὶ τὸ μῆκος αὐτῆς ὅσον [καὶ] τὸ πλάτος
kai hē polis tetragōnos keitai, kai to mēkos autēs hoson [kai] to platos
And the city lieth foursquare, and the length thereof is as great as the breadth:

καὶ ἐμέτρησεν τὴν πόλιν τῷ καλάμῳ ἐπὶ σταδίων δώδεκα χιλιάδων
kai emetrēsen tēn polin tō kalamō epi stadiōn dōdeka chiliadōn
and he measured the city with the reed, twelve thousand furlongs:

τὸ μῆκος καὶ τὸ πλάτος καὶ τὸ ὕψος αὐτῆς ἴσα ἐστί
to mēkos kai to platos kai to hypsos autēs isa esti
the length and the breadth and the height thereof are equal.

καὶ ἐμέτρησεν τὸ τεῖχος αὐτῆς ἑκατὸν τεσσεράκοντα τεσσάρων πηχῶν
kai emetrēsen to teichos autēs hekaton tesserakonta tessarōn pēchōn
And he measured the wall thereof, a hundred and forty and four cubits,

μέτρον ἀνθρώπου, ὅ ἐστιν ἀγγέλου
metron anthrōpou, ho estin angelou
according to the measure of a man, that is, of an angel.

καὶ ἡ ἐνδώμησις τοῦ τείχους αὐτῆς ἴασπις, καὶ ἡ πόλις χρυσίον καθαρὸν ὅμοιον ὑάλῳ καθαρῷ
kai hē endōmēsis tou teichous autēs iaspis, kai hē polis chrysion katharon homoion hyalō katharō
And the building of the wall thereof was jasper: and the city was pure gold, like unto pure glass.

οἱ θεμέλιοι τοῦ τείχους τῆς πόλεως παντὶ λίθῳ τιμίῳ κεκοσμημένοι
hoi themelioi tou teichous tēs poleōs panti lithō timiō kekosmēmenoi
The foundations of the wall of the city were adorned with all manner of precious stones.

ὁ θεμέλιος ὁ πρῶτος ἴασπις, ὁ δεύτερος σάπφιρος, ὁ τρίτος χαλκηδών, ὁ τέταρτος σμάραγδος
ho themelios ho prōtos iaspis, ho deuteros sapphiros, ho tritos chalkēdōn, ho tetartos smaragdos
The first foundation was jasper; the second, sapphire; the third, chalcedony; the fourth, emerald;

ὁ πέμπτος σαρδόνυξ, ὁ ἔκτος σάρδιον, ὁ ἔβδομος χρυσόλιθος, ὁ ὄγδοος βήρυλλος
ho pemptos sardonyx, ho hektos sardion, ho hebdomos chrysolithos, ho ogdoos bēryllos
the fifth, sardonyx; the sixth, sardius; the seventh, chrysolite; the eighth, beryl;

ὁ ἔνατος τοπάζιον, ὁ δέκατος χρυσόπρασος, ὁ ἑνδέκατος ὑάκινθος, ὁ δωδέκατος ἀμέθυστος
ho enatos topazion, ho dekatos chrysoprasos, ho hendekatos hyakinthos, ho dōdekatos amethystos
the ninth, topaz; the tenth, chrysoprase; the eleventh, jacinth; the twelfth, amethyst.

καὶ οἱ δώδεκα πυλῶνες δώδεκα μαργαρῖται, ἀνὰ εἷς ἕκαστος τῶν πυλώνων ἦν ἐξ ἑνὸς μαργαρίτου
kai hoi dōdeka pylōnes dōdeka margaritai, ana heis hekastos tōn pylōnōn ēn ex henos margaritou
And the twelve gates were twelve pearls; each one of the several gates was of one pearl:

καὶ ἡ πλατεῖα τῆς πόλεως χρυσίον καθαρὸν ὡς ὕαλος διαυγής
kai hē plateia tēs poleōs chrysion katharon hōs hyalos diaugēs
and the street of the city was pure gold, as it were transparent glass.

Καὶ ναὸν οὐκ εἶδον ἐν αὐτῇ, ὁ γὰρ κύριος ὁ θεὸς ὁ παντοκράτωρ ναὸς αὐτῆς ἐστιν, καὶ τὸ ἀρνίον
Kai naon ouk eidon en autē, ho gar kyrios ho theos ho pantokratōr naos autēs estin, kai to arnion
And I saw no temple therein: for the Lord God the Almighty, and the Lamb, are the temple thereof.

καὶ ἡ πόλις οὐ χρείαν ἔχει τοῦ ἡλίου οὐδὲ τῆς σελήνης, ἵνα φαίνωσιν αὐτῇ
kai hē polis ou chreian echei tou hēliou oude tēs selēnēs, hina phainōsin autē
And the city hath no need of the sun, neither of the moon, to shine upon it:

ἡ γὰρ δόξα τοῦ θεοῦ ἐφώτισεν αὐτήν, καὶ ὁ λύχνος αὐτῆς τὸ ἀρνίον
hē gar doxa tou theou ephōtisen autēn, kai ho lychnos autēs to arnion
for the glory of God did lighten it, and the lamp thereof is the Lamb.

καὶ περιπατήσουσιν τὰ ἔθνη διὰ τοῦ φωτὸς αὐτῆς· καὶ οἱ βασιλεῖς τῆς γῆς φέρουσιν τὴν δόξαν αὐτῶν εἰς αὐτήν
kai peripatēsousin ta ethnē dia tou phōtos autēs: kai hoi basileis tēs gēs pherousin tēn doxan autōn eis autēn
And the nations shall walk amidst the light thereof: and the kings of the earth bring their glory into it.

καὶ οἱ πυλῶνες αὐτῆς οὐ μὴ κλεισθῶσιν ἡμέρας, νὺξ γὰρ οὐκ ἔσται ἐκεῖ
kai hoi pylōnes autēs ou mē kleisthōsin hēmeras, nyx gar ouk estai ekei
And the gates thereof shall in no wise be shut by day (for there shall be no night there):

καὶ οἴσουσιν τὴν δόξαν καὶ τὴν τιμὴν τῶν ἐθνῶν εἰς αὐτήν
kai oisousin tēn doxan kai tēn timēn tōn ethnōn eis autēn
and they shall bring the glory and the honor of the nations into it:

καὶ οὐ μὴ εἰσέλθῃ εἰς αὐτὴν πᾶν κοινὸν καὶ [ὁ] ποιῶν βδέλυγμα καὶ ψεῦδος
kai ou mē eiselthē eis autēn pan koinon kai [ho] poiōn bdelygma kai pseudos
and there shall in no wise enter into it anything unclean, or he that maketh an abomination and a lie:

εἰ μὴ οἱ γεγραμμένοι ἐν τῷ βιβλίῳ τῆς ζωῆς τοῦ ἀρνίου
ei mē hoi gegrammenoi en tō bibliō tēs zōēs tou arniou
but only they that are written in the Lamb's book of life.

κβ

Καὶ ἔδειξέν μοι ποταμὸν ὕδατος ζωῆς, λαμπρὸν ὡς κρύσταλλον
Kai edeixen moi potamon hydatos zōēs, lampron hōs krystallon
And he showed me a river of water of life, bright as crystal,

ἐκπορευόμενον ἐκ τοῦ θρόνου τοῦ θεοῦ καὶ τοῦ ἀρνίου
ekporeuomenon ek tou thronou tou theou kai tou arniou
proceeding out of the throne of God and of the Lamb,

ἐν μέσῳ τῆς πλατείας αὐτῆς
en mesō tēs plateias autēs
in the midst of the street thereof.

καὶ τοῦ ποταμοῦ, ἐντεῦθεν καὶ ἐκεῖθεν, ξύλον ζωῆς
kai tou potamou, enteuthen kai ekeithen, xylon zōēs
And on this side of the river and on that was the tree of life,

ποιοῦν καρποὺς δώδεκα, κατὰ μῆνα ἕκαστον ἀποδιδοὺς τὸν καρπὸν αὐτοῦ,
poioun karpous dōdeka, kata mēna hekaston apodidous ton karpon autou,
bearing twelve manner of fruits, yielding its fruit every month:

καὶ τὰ φύλλα τοῦ ξύλου εἰς θεραπείαν τῶν ἐθνῶν
kai ta phylla tou xylou eis therapeian tōn ethnōn
and the leaves of the tree were for the healing of the nations.

καὶ πᾶν κατάθεμα οὐκ ἔσται ἔτι, καὶ ὁ θρόνος τοῦ θεοῦ καὶ τοῦ ἀρνίου ἐν αὐτῇ ἔσται
kai pan katathema ouk estai eti, kai ho thronos tou theou kai tou arniou en autē estai
And there shall be no curse any more: and the throne of God and of the Lamb shall be therein:

καὶ οἱ δοῦλοι αὐτοῦ λατρεύσουσιν αὐτῷ
kai hoi douloi autou latreusousin autō
and his servants shall serve him;

καὶ ὄψονται τὸ πρόσωπον αὐτοῦ, καὶ τὸ ὄνομα αὐτοῦ ἐπὶ τῶν μετώπων αὐτῶν
kai opsontai to prosōpon autou, kai to onoma autou epi tōn metōpōn autōn
and they shall see his face; and his name shall be on their foreheads.

καὶ νὺξ οὐκ ἔσται ἔτι, καὶ οὐκ ἔχουσιν χρείαν φωτὸς λύχνου καὶ φωτὸς ἡλίου
kai nyx ouk estai eti, kai ouk echousin chreian phōtos lychnou kai phōtos hēliou
And there shall be night no more; and they need no light of lamp, neither light of sun;

ὅτι κύριος ὁ θεὸς φωτίσει ἐπ᾽ αὐτούς: καὶ βασιλεύσουσιν εἰς τοὺς αἰῶνας τῶν αἰώνων
hoti kyrios ho theos phōtisei ep᾽ autous: kai basileusousin eis tous aiōnas tōn aiōnōn
for the Lord God shall give them light: and they shall reign for ever and ever.

Καὶ εἶπέν μοι· οὗτοι οἱ λόγοι πιστοὶ καὶ ἀληθινοί
Kai eipen moi; houtoi hoi logoi pistoi kai alēthinoi
And he said unto me, These words are faithful and true:

καὶ ὁ κύριος ὁ θεὸς τῶν πνευμάτων τῶν προφητῶν ἀπέστειλεν τὸν ἄγγελον αὐτοῦ
kai ho kyrios ho theos tōn pneumatōn tōn prophētōn apesteilen ton angelon autou
and the Lord, the God of the spirits of the prophets, sent his angel

δεῖξαι τοῖς δούλοις αὐτοῦ ἃ δεῖ γενέσθαι ἐν τάχει
deixai tois doulois autou ha dei genesthai en tachei
to show unto his servants the things which must shortly come to pass.

καὶ ἰδοὺ ἔρχομαι ταχύ. μακάριος ὁ τηρῶν τοὺς λόγους τῆς προφητείας τοῦ βιβλίου τούτου
kai idou erchomai tachy. makarios ho tērōn tous logous tēs prophēteias tou bibliou toutou
And behold, I come quickly. Blessed is he that keepeth the words of the prophecy of this book.

κἀγὼ Ἰωάννης ὁ ἀκούων καὶ βλέπων ταῦτα· καὶ ὅτε ἤκουσα καὶ ἔβλεψα
kagō Iōannēs ho akouōn kai blepōn tauta; kai hote ēkousa kai eblepsa
And I John am he that heard and saw these things. And when I heard and saw,

ἔπεσα προσκυνῆσαι ἔμπροσθεν τῶν ποδῶν τοῦ ἀγγέλου τοῦ δεικνύοντός μοι ταῦτα
epesa proskynēsai emprosthen tōn podōn tou angelou tou deiknyontos moi tauta
I fell down to worship before the feet of the angel that showed me these things.

καὶ λέγει μοι· ὅρα μή, σύνδουλός σου εἰμὶ καὶ τῶν ἀδελφῶν σου τῶν προφητῶν
kai legei moi; hora mē, syndoulos sou eimi kai tōn adelphōn sou tōn prophētōn
And he saith unto me, See thou do it not: I am a fellow-servant with thee and with thy brethren the prophets,

καὶ τῶν τηρούντων τοὺς λόγους τοῦ βιβλίου τούτου· τῷ θεῷ προσκύνησον
kai tōn tērountōn tous logous tou bibliou toutou; tō theō proskynēson
and with them that keep the words of this book: worship God.

Καὶ λέγει μοι· μὴ σφραγίσῃς τοὺς λόγους τῆς προφητείας τοῦ βιβλίου τούτου, ὁ καιρὸς γὰρ ἐγγύς ἐστιν
Kai legei moi; mē sphragisēs tous logous tēs prophēteias tou bibliou toutou, ho kairos gar engys estin
And he saith unto me, Seal not up the words of the prophecy of this book; for the time is at hand.

ὁ ἀδικῶν ἀδικησάτω ἔτι, καὶ ὁ ῥυπαρὸς ῥυπανθήτω ἔτι,
ho adikōn adikēsatō eti, kai ho rhyparos rhypanthētō eti,
He that is unrighteous, let him do unrighteousness still: and he that is filthy, let him be made filthy still:

καὶ ὁ δίκαιος δικαιοσύνην ποιησάτω ἔτι· καὶ ὁ ἅγιος ἁγιασθήτω ἔτι
kai ho dikaios dikaiosynēn poiēsatō eti; kai ho hagios hagiasthētō eti
and he that is righteous, let him do righteousness still: and he that is holy, let him be made holy still.

ἰδοὺ ἔρχομαι ταχύ, καὶ ὁ μισθός μου μετ᾽ ἐμοῦ ἀποδοῦναι ἑκάστῳ ὡς τὸ ἔργον ἐστὶν αὐτοῦ
idou erchomai tachy, kai ho misthos mou met᾽ emou apodounai hekastō hōs to ergon estin autou
Behold, I come quickly; and my reward is with me, to render to each man according as his work is.

ἐγὼ τὸ ἄλφα καὶ τὸ ὦ, ὁ πρῶτος καὶ ὁ ἔσχατος, ἡ ἀρχὴ καὶ τὸ τέλος
egō to alpha kai to ō, ho prōtos kai ho eschatos, hē archē kai to telos
I am the Alpha and the Omega, the first and the last, the beginning and the end.

Μακάριοι οἱ πλύνοντες τὰς στολὰς αὐτῶν, ἵνα ἔσται ἡ ἐξουσία αὐτῶν ἐπὶ τὸ ξύλον τῆς ζωῆς
Makarioi hoi plynontes tas stolas autōn, hina estai hē exousia autōn epi to xylon tēs zōēs,
Blessed are they that wash their robes, that they may have the right to come to the tree of life,

καὶ τοῖς πυλῶσιν εἰσέλθωσιν εἰς τὴν πόλιν
kai tois pylōsin eiselthōsin eis tēn polin
and may enter in by the gates into the city.

Ἔξω οἱ κύνες καὶ οἱ φάρμακοι καὶ οἱ πόρνοι
Exō hoi kynes kai hoi pharmakoi kai hoi pornoi
Without are the dogs, and the sorcerers, and the fornicators,

καὶ οἱ φονεῖς καὶ οἱ εἰδωλολάτραι καὶ πᾶς φιλῶν καὶ ποιῶν ψεῦδος
kai hoi phoneis kai hoi eidōlolatrai kai pas philōn kai poiōn pseudos
and the murderers, and the idolaters, and every one that loveth and maketh a lie.

Ἐγὼ Ἰησοῦς ἔπεμψα τὸν ἄγγελόν μου μαρτυρῆσαι ὑμῖν ταῦτα ἐπὶ ταῖς ἐκκλησίαις
Egō Iēsous epempsa ton angelon mou martyrēsai hymin tauta epi tais ekklēsiais
I Jesus have sent mine angel to testify unto you these things for the churches.

ἐγώ εἰμι ἡ ῥίζα καὶ τὸ γένος Δαυίδ, ὁ ἀστὴρ ὁ λαμπρὸς ὁ πρωϊνός
egō eimi hē rhiza kai to genos Dauid, ho astēr ho lampros ho prōinos
I am the root and the offspring of David, the bright, the morning star.

καὶ τὸ πνεῦμα καὶ ἡ νύμφη λέγουσιν· ἔρχου. καὶ ὁ ἀκούων εἰπάτω· ἔρχου
kai to pneuma kai hē nymphē legousin; erchou. kai ho akouōn eipatō; erchou
And the Spirit and the bride say, Come. And he that heareth, let him say, Come.

καὶ ὁ διψῶν ἐρχέσθω, ὁ θέλων λαβέτω ὕδωρ ζωῆς δωρεάν
kai ho dipsōn erchesthō, ho thelōn labetō hydōr zōēs dōrean
And he that is athirst, let him come: he that will, let him take the water of life freely.

Μαρτυρῶ ἐγὼ παντὶ τῷ ἀκούοντι τοὺς λόγους τῆς προφητείας τοῦ βιβλίου τούτου· ἐάν τις ἐπιθῇ ἐπ᾽ αὐτά
Martyrō egō panti tō akouonti tous logous tēs prophēteias tou bibliou toutou; ean tis epithē ep᾽ auta
I testify unto every man that heareth the words of the prophecy of this book, If any man shall add unto them,

ἐπιθήσει ἐπ᾽ αὐτὸν ὁ θεὸς τὰς πληγὰς τὰς γεγραμμένας ἐν τῷ βιβλίῳ τούτῳ
epithēsei ep᾽ auton ho theos tas plēgas tas gegrammenas en tō bibliō toutō
God shall add unto him the plagues which are written in this book:

καὶ ἐάν τις ἀφέλῃ ἀπὸ τῶν λόγων τοῦ βιβλίου τῆς προφητείας ταύτης
kai ean tis aphelē apo tōn logōn tou bibliou tēs prophēteias tautēs
and if any man shall take away from the words of the book of this prophecy,

ἀφελεῖ ὁ θεὸς τὸ μέρος αὐτοῦ ἀπὸ τοῦ ξύλου τῆς ζωῆς καὶ ἐκ τῆς πόλεως τῆς ἁγίας
aphelei ho theos to meros autou apo tou xylou tēs zōēs kai ek tēs poleōs tēs hagias
God shall take away his part from the tree of life, and out of the holy city,

τῶν γεγραμμένων ἐν τῷ βιβλίῳ τούτῳ
tōn gegrammenōn en tō bibliō toutō
which are written in this book.

Λέγει ὁ μαρτυρῶν ταῦτα· ναὶ ἔρχομαι ταχύ· ἀμήν. ἔρχου, κύριε Ἰησοῦ
Legei ho martyrōn tauta; nai erchomai tachy; amēn. erchou, kyrie Iēsou
He who testifieth these things saith, Yea: I come quickly. Amen: come, Lord Jesus.

Ἡ χάρις τοῦ κυρίου Ἰησοῦ μετὰ [α]τῶν ἁγίων. ἀμήν
HĒ charis tou kyriou Iēsou meta [a]tōn hagiōn. amēn
The grace of the Lord Jesus be with the saints. Amen.